Malte Sieber

Chile und die Osterinsel

chi099 ms

„Die beste Bildung findet ein gescheiter Mensch auf Reisen."
Johann Wolfgang v. Goethe

Impressum

Malte Sieber
Reise Know-How Chile und die Osterinsel

erschienen im
Reise Know-How Verlag Peter Rump GmbH,
Bielefeld, Osnabrücker Str. 79, 33649 Bielefeld

**8., neu bearbeitete
und komplett aktualisierte Auflage 2013**

Gestaltung:
Umschlag: G. Pawlak, P. Rump (Layout);
M. Luck (Realisierung)
Inhalt: G. Pawlak (Layout); M. Luck (Realisierung)
Fotonachweis: M. Sieber (ms), M. Luck (ml),
F. Schubert (fs), D. Elsen (de), A. Fischer (af),
F. Neira (fn), European Southern Observatory/
G. Hüdepohl (eso), PTI Arica-Parinacota (pti),
Presidencia de Chile (pc),
Archivo Nacional de Chile (anc)
Titelfoto: M. Sieber
Karten: der Verlag; B. Spachmüller; C. Raisin;
world mapping project™ (Übersichtskarten)

Lektorat: M. Luck

Druck und Bindung: Wilhelm & Adam, Heusenstamm

ISBN 978-3-8317-2290-7
Printed in Germany

Dieses Buch ist erhältlich in jeder Buchhandlung Deutschlands, der Schweiz, Österreichs, Belgiens und der Niederlande. Bitte informieren Sie Ihren Buchhändler über folgende Bezugsadressen:

Deutschland
Prolit GmbH, Postfach 9, D-35461 Fernwald (Annerod)
sowie alle Barsortimente
Schweiz
AVA Verlagsauslieferung AG
Postfach 27, CH-8910 Affoltern
Österreich
Mohr Morawa Buchvertrieb GmbH
Sulzengasse 2, A-1230 Wien
Niederlande, Belgien
Willems Adventure, www.willemsadventure.nl

Wer im Buchhandel trotzdem kein Glück hat, bekommt unsere Bücher auch über unseren **Büchershop im Internet: www.reise-know-how.de**

chi13-003 ms

Wir freuen uns über Kritik, Kommentare und Verbesserungsvorschläge, gern auch per E-Mail an info@reise-know-how.de.

Alle Informationen in diesem Buch sind vom Autor mit größter Sorgfalt gesammelt und vom Lektorat des Verlages gewissenhaft bearbeitet und überprüft worden.

Da inhaltliche und sachliche Fehler nicht ausgeschlossen werden können, erklärt der Verlag, dass alle Angaben im Sinne der Produkthaftung ohne Garantie erfolgen und dass Verlag wie Autor keinerlei Verantwortung und Haftung für inhaltliche und sachliche Fehler übernehmen.

Die Nennung von Firmen und ihren Produkten und ihre Reihenfolge sind als Beispiel ohne Wertung gegenüber anderen anzusehen. Qualitäts- und Quantitätsangaben sind rein subjektive Einschätzungen des Autors und dienen keinesfalls der Bewerbung von Firmen oder Produkten.

Malte Sieber

CHILE UND DIE OSTERINSEL

Vorwort

Chile, das **schmale Land am Ende der Welt,** schafft es nur selten in die internationalen Schlagzeilen. Da müssen es schon Katastrophen sein wie die vom 27. Februar 2010, als die Bilder von den schweren Zerstörungen um die Welt gingen, die das Erdbeben der Stärke 8,8 in Mittelchile angerichtet hatte – das sechststärkste Beben seit Beginn der Aufzeichnungen weltweit. Über 500 Menschen starben, Tausende verloren ihr Heim und ihre Existenzgrundlage. Wenige Monate darauf sah es erneut nach dem Schlimmsten aus, als 33 Bergleute in einer Kupfermine in Nordchile verschüttet wurden. Doch wie durch ein Wunder überlebten sie alle und konnten nach mehr als zwei Monaten in einer spektakulären, weltweit auf den Fernsehschirmen verfolgten Rettungsaktion geborgen werden.

Ob Schreckensnachrichten oder Drama mit Happy End: Chile rückte für ein paar Wochen vom unbeachteten Rand ins Zentrum der globalen Aufmerksamkeit – eine ganz ungewohnte Situation für das kleine Land. Gut für die Wirtschaft und erstaunlicherweise auch für den Tourismus, so bestätigen es die unbeirrt **wachsenden Besucherzahlen** der letzten Jahre. Verdient hat es das Reiseland Chile allemal. Zumal man heute, drei Jahre nach dem großen Beben, davon kaum noch etwas sieht oder merkt. Land und Leute haben sich schnell wieder aufgerappelt, Zerstörtes wurde bzw. wird wieder aufgebaut, und die Naturwunder des Landes kann man genießen wie eh und je.

Als „Insel auf dem Festland" und „Land mit einer verrückten Geografie" wird Chile gern bezeichnet. Beides stimmt: Das Land im Südwesten des südamerikanischen Kontinents ist durch die Andengipfel von seinen Nachbarn getrennt, inselartig abgeschnitten. Verrückte Geografie sowieso: **4300 Kilometer lang** und **durchschnittlich nur 180 Kilometer breit,** ein Querschnitt durch alle Klimazonen außer der tropischen. Doch besser als diese Zahlen verdeutlicht eine gern zitierte Legende die **kontrastreiche Natur** des Landes: „Als Gott seine in sieben Tagen erschaffene Welt betrachtete, stellte er fest, dass noch einiges übrig geblieben war: Vulkane, Urwälder, Wüsten, Fjorde, Flüsse und Eis. Er gab den Engeln den Auftrag, alles das hinter einem langen Gebirge aufzuschütten – den Anden. So entstand Chile, das vielgestaltigste Land der Erde."

Für jeden Besucher ist etwas dabei: Gipfelstürmer haben die Andenkette, Strandfreunde Tausende Kilometer Küste, Wanderer spektakuläre Naturwälder in Mittelchile und im Seengebiet. Wer Einsamkeit sucht, findet sie in den kargen Wüsten des Nordens oder in den grünen Weiten Patagoniens, und eine gänzlich andere, fremde Südseekultur offenbart die Osterinsel.

Festlandchile bietet eine **faszinierende Mischung aus europäischen und indigenen Kulturen.** Im hohen Norden finden sich die ältesten Mumien der Welt und faszinierende kleine Kolonialkirchen, deren spanischer Einfluss ebenso wenig zu übersehen ist wie der indianische, aber auch abgeschiedene Aymara-Dörfer, in denen die Menschen von der spärlichen Viehzucht leben, die auf dem Hochland möglich ist. In Araukanien wiederum leben viele Mapuche-Indianer – wie alle indianischen Völker Südamerikas gehören auch sie nicht zu den Reichen im Land. Und man sieht an der Form der Häuser und an den Speisekarten gut, wer den Süden kolonisierte: Einwanderer aus Deutschland, der Schweiz und Österreich.

Allerdings sollte man deren Einfluss nicht überschätzen: Auch wenn einige Chilenen deutsch und manche englisch sprechen – ein paar Brocken **Spanisch** helfen enorm und erleichtern das Reisen beträchtlich. Und keine Scheu vorm Radebrechen: Das schlechteste Spanisch ist besser als keines, und die Anstrengungen des Ausländers wissen die **gastfreundlichen Chilenen** zu schätzen.

Heute besuchen jährlich 3,5 Millionen Menschen aus aller Welt das Land – überlaufen kann man das beileibe nicht nennen. Vergleichbar entfernte Reiseziele wie Neuseeland oder Namibia verzeichnen einen wesentlich größeren Besucheransturm. Chile hat sich einen Namen gemacht bei **Individualreisenden,** die ursprüngliche Natur, Einsamkeit und ein bisschen Abenteuer suchen, aber auch mal in einem guten Hotel absteigen und sich verwöhnen lassen wollen. Die **touristische Infrastruktur** wurde in den letzten Jahren immer besser. Gute Überlandbusse und ein exzellentes Flugnetz bringen Reisende überall hin, in den Touristenorten gibt es eine breite Auswahl an Unterkünften aller Preisklassen, dazu immer mehr Angebote für Aktivurlauber: Reiten, Wandern, Rafting etc.

Anders als viele lateinamerikanische Länder ist Chile **kein Billigland.** Dafür ist es für Touristen eines der sichersten des Kontinents, dazu gut organisiert und **leicht zu bereisen.**

Wir haben uns beim vorliegenden Band bemüht, alle Informationen sorgfältig zu überprüfen und zu aktualisieren. Dennoch ist ein Reiseführer wie dieser dazu verdammt, im Moment seines Erscheinens bereits „veraltet" zu sein: Zu schnell ändern sich Telefonnummern und Mailadressen, wechseln Hotelbesitzer, werden Restaurants geschlossen und andere eröffnet. Auch Preise können variieren, da reicht schon eine stärkere Wechselkursschwankung. Die angegebenen Euro-Preise beruhen auf einem Kurs von 1 Euro = 600 Pesos (Stand: April 2013).

Mir bleibt nur, Ihnen einen schönen und unvergesslichen Aufenthalt in dem Land zu wünschen, das mich vor über 20 Jahren in seinen Bann schlug und seither nicht mehr losgelassen hat.

Ergänzung zur 8. Auflage: Die Resonanz auf dieses Buch war und ist hervorragend. Allen Leserbriefschreibern möchten wir hiermit für Kritik und Lob, ihre wertvollen Tipps und Hinweise sehr herzlich danken. Auch ihrer Mitarbeit ist es zu verdanken, dass dieses Buch komplett aktualisiert und überarbeitet neu erscheint. Gracias!

Malte Sieber

Hinweis

Die **Internet- und E-Mail-Adressen** in diesem Buch können – bedingt durch den Zeilenumbruch – so getrennt werden, dass ein Trennstrich erscheint, der nicht zur Adresse gehören muss!

Inhalt

Vorwort 4
Exkurse 8
Karten 11
Reise-Bausteine 13
Die Regionen im Überblick 14

1 Santiago de Chile und Umgebung 17

Santiago de Chile 19
Die Umgebung von Santiago 59
Pomaire 59
Weingüter 59
Kleinbrauereien 62
Camino a Farellones 63
Cajón del Maipo 63
Los Andes und die Ruta 60 nach Argentinien 66

2 Der Große Norden: Von Arica bis Antofagasta 69

Arica 77
Die Umgebung von Arica 83
Valle de Azapa 83
Valle de Codpa 85
Pisagua 85
Auf den Altiplano 86
Valle de Lluta 86
Putre 86
Parque Nacional Lauca 89
Altiplano-Rundfahrt 90
Iquique 93
Die Umgebung von Iquique 100
Die Salpeterstädte Humberstone und Santa Laura 100
Geoglifos del Cerro Unita/ Gigante de Atacama 101
Tarapacá 103

Mamiña 103
Parque Nacional Salar de Huasco 103
Reserva Nacional
Pampa de Tamarugal 104
La Tirana 104
Pica 105
Valle Dinosaurio 105
Von Iquique nach Süden 105
Calama 106
Die Umgebung von La Calama 109
Chuquicamata 109
San Pedro de Atacama 112
Die Umgebung von
San Pedro de Atacama 118
Pukará de Quitor und Catarpe 118
Valle de la Muerte 118
Valle de la Luna 120
Geysire El Tatio 121
Über den Altiplano nach Calama 122
Toconao und Salar de Atacama 123
Zu den Lagunen
Meñiques und Miscanti 125
Nach Argentinien
über den Paso de Jama 125
Antofagasta 126
Die Umgebung von Antofagasta 130
La Portada 130
Salpeterstadt Chacabuco 131
Observatorium Cerro Paranal 132
Taltal 132

3 Der Kleine Norden: Von Pan de Azúcar bis Los Molles 135

Parque Nacional Pan de Azúcar 138
Caldera und Bahía Inglesa 143
Copiapó 144
Die Umgebung von Copiapó 149
Chañarcillo 149
Zum Paso San Francisco und
zum Vulkan Ojos del Salado 149
Die Küstenstraße 151
Oberes Huasco-Tal 152
La Serena 152
Die Umgebung von La Serena 157
Coquimbo 157
Die Strände 157
Die Observatorien 158
Reserva Natural
Pingüino de Humboldt 159
Das Valle de Elqui 161
Vicuña 161
Diagüita und Montegrande 163
Pisco Elqui 163
Nach Argentinien 167
Ovalle 167
Die Umgebung von Ovalle 168
Pichasca und Río Hurtado 168
Valle del Encanto 169
Parque Nacional Fray Jorge 169
Río Grande und Combarbalá 170
Reserva Nacional Las Chinchillas 172
Ruta Los Cristales 172
Los Vilos 172
Los Molles 173

4 Mittelchile: Die Küste von Viña del Mar bis nach Concepción und die zentrale Ebene von Rancagua bis nach Chillán 175

Valparaíso 182
Die Umgebung von Valparaíso 193
Richtung Süden bis nach Isla Negra 193
Cartagena 195
San Antonio 196
Viña del Mar 196
Die Umgebung von Viña del Mar 201
Die Badeorte im Norden 201
Parque Nacional La Campana 202
Rancagua 203
Die Umgebung von Rancagua 205

El Teniente und Sewell 205
Reserva Nacional
Río Los Cipreses 207
Valle de Colchagua 207
Pichilemu und Cahuil 209
Curicó 210
Die Umgebung von Curicó 211
Parque Nacional Radal-Siete Tazas 211
Lago Vichuquén und Pazifikküste 212
Talca 213
Die Umgebung von Talca 216
Reserva Nacional Altos de Lircay 216
Valle del Maule 216
Valle Melado 217
Kolonialdörfer und Weingüter 218
Die Küstenroute 218
Constitución 218
Die Dünen von Putú 220
Loanco, Laguna Reloca
und Chanco 220
Pelluhue und Curanipe 221
Chillán 221
Termas de Chillán 223
Salto del Laja 224
Concepción 224
Costa del Carbón 228

Exkurse

Großer Norden
Geoglyphen – Erdzeichnungen 102
Charles Darwin im Jahr 1835 über die Lebensweise der chilenischen Minenarbeiter 110
Chuqui – lukratives Loch in der Wüste 111

Kleiner Norden
Die 33 Helden 148

Mittelchile
Die Aufzüge (Valparaíso) 188
Rodeo 204

Kleiner Süden/Chiloé
Marea Roja 324

Großer Süden/Patagonien
Douglas Tompkins 346
Ein Vulkan zerstört eine Stadt 351
Río Baker in Gefahr 375
Im Reich des Puma 413

Feuerland
Karukinka, ein modernes Feuerland-Märchen 439

Juan-Fernández-Archipel
Alexander Selkirk – Vorbild für Defoes „Robinson Crusoe" 462

Osterinsel
Der Vogelmann-Kult 505

Praktische Reisetipps A–Z
Weinbau in Chile 526

Land und Leute
Vulkanismus und Erdbeben 616
Llamas, Alpacas, Guanakos und Vicuñas 626
Salvador Allende (1908–1973) 638
Augusto Pinochet (1915–2006) 640
Sebastián Piñera / von *P. Albütz* 644
Huasos und Rotos 666
Colonia Dignidad 672

5 Der Kleine Süden: Araukarien und das Seengebiet von Los Angeles bis nach Puerto Montt 231

Los Angeles 242
Die Umgebung von Los Angeles 243
Salto del Laja 243
Parque Nacional Laguna del Laja 243
Parque Nacional Nahuelbuta 244
Der Oberlauf des Río Biobío 244
Temuco 246
Die Umgebung von Temuco 250
Lonquimay und das Quellgebiet des Biobío 250
Parque Nacional Conguillío 255
Pazifikküste und Lago Budi 256
Isla Mocha 257
Villarrica 257
Pucón 261
Die Umgebung von Pucón 267
Parque Nacional Huerquehue 267
Parque Nacional Villarrica 268
Die Thermalbäder 270
Curarrehue 272
Lican Ray 273
Coñaripe 273
Termas de Coñaripe und Liquiñe 273
Entlang der Sieben Seen 273
Valdivia 275
Die Umgebung von Valdivia 280
Bootsausflüge 280
Spanische Festungen 281
Los Molinos 282
Parque Oncol 282
Mehuín 282
Von Valdivia nach Osorno 282
Osorno 283
Die Umgebung von Osorno 285
Bahía Mansa 285
Parque Nacional Puyehue 285
Lago Llanquihue 287
Puerto Octay 288
Las Cascadas 289
Frutillar 290
Puerto Varas 292
Die Umgebung von Puerto Varas 297
Ralún, Cochamó und das Puelo-Tal 301
Puerto Montt 303
Die Umgebung von Puerto Montt 310
Parque Nacional Alerce Andino 310
Vulkan Calbuco 311
Calbuco 311
Maullín 311
Carretera Austral 311

Der Kleine Süden: Isla de Chiloé 313

Geschichte 315
Ancud 316
Die Umgebung von Ancud 319
Península Lacuy 319
Pingüinera Puñihuil 319
Parque Ahuenco 320
Parque Mitológico Ecológico 320
Castro 321
Die Umgebung von Castro 324
Die Dörfer der Ostküste 324
Chonchi 326
Nationalpark Chiloé 327
Quellón 328
Die Umgebung von Quellón 330
Isla Cailín 330
Parque Tantauco 331
Walbeobachtung 331

6 Der Große Süden: Patagonien entlang der Carretera Austral 333

Geschichte 341
Gegenwart 342
Die Carretera Austral 343
Von Puerto Montt bis Chaitén 344

Hornopirén 344
Parque Pumalín 347
Chaitén 348
Von Chaitén nach Coyhaique 352
Futaleufú 354
Raúl Marín Balmaceda 355
Puerto Puyuhuapi 356
Parque Nacional Queulat 357
Weiter auf der Carretera Austral 358
Coyhaique 359
Die Umgebung von Coyhaique 364
Reserva Nacional Coyhaique 364
Reserva Nacional Río Simpson 364
Die Seen Castor, Pólux und Frío 364
Puerto Aysén und Puerto Chacabuco 364
Laguna San Rafael 365
Von Coyhaique nach Villa O'Higgins 367
Reserva Nacional Cerro Castillo 368
Villa Cerro Castillo 368
Zum Lago General Carrera 369
Puerto Ibáñez 370
Chile Chico 371
Südufer des Lago General Carrera 372
Westufer des Lago General Carrera 372
Valle Exploradores 373
Cochrane 376
Die letzten Kilometer der Carretera Austral 377
Villa O'Higgins 379
Nach El Chaltén (Argentinien) 381

Der Große Süden: Patagonien – von Punta Arenas zu den Torres del Paine 383

Zur Geschichte Patagoniens 385
Gegenwart 386
Punta Arenas 390
Die Umgebung von Punta Arenas 398
Pinguinkolonien 398
Wale im Parque Marino Francisco Coloane 399
Puerto del Hambre und Fuerte Bulnes 399
Zum Cabo Froward 400
Estancia San Gregorio und Parque Nacional Pali-Aike 400
Puerto Natales 401
Die Umgebung von Puerto Natales 406
Puerto Bories 406
Cueva del Milodón 406
Seno Última Esperanza und Glaciar Balmaceda 407
Parque Nacional Torres del Paine 408
El Calafate (Argentinien) 417
Parque Nacional Los Glaciares (Argentinien) 421
Am Fitz-Roy-Massiv 422
El Chaltén 425

7 Feuerland: Tierra del Fuego 429

Zur Geschichte Feuerlands 434
Reisezeit und Anreise 435
Porvenir 436
Die Umgebung von Porvenir 438
Cordillera Darwin und Beagle-Kanal 440
Puerto Williams und Isla Navarino 441
Ushuaia (Argentinien) 444
Río Grande (Argentinien) 454

8 Juan-Fernández-Archipel 457

Geografie, Flora und Fauna 461
Geschichte 463
Besuchszeit 464
Isla Robinson Crusoe: San Juan Bautista 465
Die Umgebung von San Juan Bautista 467

Karten

Am Anfang der Kapitel stehen Übersichts- und Regionalkarten. Auf die Karten wird in den Kopfzeilen verwiesen. Nach den Ortsnamen erfolgt zudem ein Verweis auf die genaue Platzierung der Orte in der entsprechenden Regionalkarte, sodass Städte, Ortschaften, Nationalparks etc. mit Hilfe des Koordinatengitters schnell aufzufinden sind.

Chile, nördlicher und mittlerer Teil

Umschlagklappe vorn

Chile, südlicher Teil

Umschlagklappe hinten

Übersichtskarten

Feuerland	432
Großer Norden	72
Großer Süden/Patagonien	336, 384
Isla de Chiloé	314
Juan-Fernández-Archipel	461
Kleiner Norden	139
Kleiner Süden	234
Mittelchile	178
Osterinsel	474
San Pedro de Atacama Umgebung	119
Santiago de Chile Umgebung	60

Stadtpläne

Antofagasta	127
Arica	78
Calama	107
Castro (Chiloé)	322
Concepción	226
Copiapó	146
Coyhaique	360
El Calafate (Argentinien)	418
Hanga Roa	500
Iquique	95
La Serena	153
Pucón	262
Puerto Montt	304
Puerto Natales	403
Puerto Varas	293
Punta Arenas	390
San Pedro de Atacama	113
Santiago de Chile Zentrum	22
Santiago de Chile	20
Temuco	248
Ushuaia (Argentinien)	446
Valdivia	276
Valparaíso	184
Villarrica	259
Viña del Mar	198

Nationalparks

Fitz Roy Trekking (Argentinien)	424
Los Glaciares (Argentinien)	423
Torres del Paine	410

Nicht verpassen!

Diese Tipps am Anfang eines Kapitels erkennt man an der **gelben Hinterlegung**.

9 Die Osterinsel: Rapa Nui 471

Geschichte 475
Die Osterinsel heute 484
Geografie und Klima 485
Flora und Fauna 486
Zur Kultur der Osterinsel 487
Allgemeine Reiseinformationen 494
Hanga Roa 498
Archäologische Stätten
und Sehenswürdigkeiten 503

10 Praktische Reisetipps A–Z 511

Anreise 512
Ausrüstung 517
Botschaften und Konsulate 519
Dokumente,
Ein- und Ausreisebestimmungen 520
Essen und Trinken 522
Feiertage 529
Fotografieren 529
Frauen allein unterwegs 531
Geld 531
Gesundheit 534
Informationen 538
Kleidung und Umgangsformen 539
Medien 540
Notfälle 541
Öffnungszeiten 542
Organisierte Touren 542
Post, Telefon, E-Mail und Internet 543
Reisen in Chile 549
Reisezeit 560
Sicherheit 560
Souvenirs und Einkäufe 561
Stromspannung 561
Studieren und Praktika 562
Unterkunft 563
Versicherungen 565
Zeit 567

11 Outdoor 569
von *D. Elsen* und *M. Sieber*

Einleitung 570
Trekking 570
Bergsteigen 581
Canyoning 588
Skifahren 589
Reiten 592
Mountainbiking 597
Kajak und Rafting 598
Surfen 603
Paragliding 604
Sportangeln 605

12 Land und Leute 609

Geografie 610
Klima 621
Pflanzen- und Tierwelt 621
Geschichte 627
Politik 642
Wirtschaft 650
Naturschutz und Umweltprobleme 657
Bevölkerung und Gesellschaft 663
Kunst, Kultur, Medien 674
Sport 681

13 Anhang 683

Sprache 684
Literatur 687
Landkarten 689
Reise-Gesundheitsinformationen 690
Register 700
Die Autoren 708

Reise-Bausteine

Im Folgenden listen wir ein paar Bausteine auf, die **beliebig kombiniert** werden können. Es handelt sich um die wichtigsten und beliebtesten Reiseziele. Zur besseren Orientierung wird zuerst die nächstliegende große Stadt (Flughafen) genannt.

Großer Norden

- Arica: **Altiplano-Rundfahrt** (Nationalparks Lauca, Las Vicuñas und Volcán Isluga bis Iquique): 4 Tage
- Calama: **San Pedro de Atacama** (Attraktionen der Umgebung): 3–6 Tage

Kleiner Norden

- Copiapó: **Bahía Inglesa – Altiplano:** 3 Tage
- La Serena: **Valle de Elqui – Isla Damas:** 3–4 Tage

Mittelchile

- **Santiago,** Besuch der Hauptstadt: 2–3 Tage
- Santiago: **Valparaíso – Viña del Mar – Pazifikküste:** 1–3 Tage
- Santiago: **Valle Colchagua** (Wein) **– Talca – NP Altos de Lircay – Termas de Chillán:** 3–5 Tage

Kleiner Süden

- Temuco: **Lonquimay** und **NP Conguillío:** 3–4 Tage
- Temuco: **Pucón und Umgebung:** 3–5 Tage
- Temuco/Valdivia: **Valdivia – Lago Panguipulli – Reserva Huilo-Huilo:** 2–3 Tage
- Puerto Montt: **Puerto Varas – Lago Llanquihue – NP Vicente Pérez Rosales:** 2–4 Tage
- Puerto Montt: **Isla Chiloé:** 2–4 Tage

Großer Süden/ Patagonien/Feuerland

- Puerto Montt/Coyhaique: **Carretera Austral (Nordteil):** 4–7 Tage
- Coyhaique: **Carretera Austral (Südteil):** 3–7 Tage
- Punta Arenas: **Pinguine – Puerto Natales – NP Torres del Paine:** 3–7 Tage
- Punta Arenas: **Feuerland:** 2–5 Tage

Osterinsel: 3–7 Tage

chi13-011 ms

Die Regionen im Überblick

Aufgrund der „verrückten" Geografie **liegt die Reiseroute in Chile fest:** Man landet in Santiago und reist dann je nach Zeitrahmen einmal bis ganz nach Süden und/oder einmal bis ganz nach Norden. **Jede Region lockt mit speziellen Attraktionen.** Die großen Entfernungen machen es allerdings schwierig, das Land in Gänze kennen zu lernen. Wer nur wenig Zeit hat, sollte sich auf einen Landesteil konzentrieren oder bestimmte Ziele schnell anfliegen. In diesem Reiseführer wird zunächst die Hauptstadt Santiago de Chile mit Umgebung vorgestellt, dann der Rest des Landes von Norden nach Süden.

1 Santiago de Chile | 19

Für Santiago sollte man sich ein paar Tage Zeit nehmen, um in das Großstadtleben einzutauchen, seien es die Nachmittage auf der Plaza de Armas, die Abende im Barrio Bellavista oder die Wochenenden der Chilenen in den Shoppingmalls. Ausflüge nach Valparaíso und Viña del Mar sind von Santiago ebenso problemlos möglich wie Bergtouren in den nahen Zentralanden.

2 Großer Norden | 69

Im Großen Norden gehören die Nationalparks Lauca und Isluga sowie die wilden Landschaften um San Pedro de Atacama zu den schönsten Zielen. Von Arica und Iquique bzw. von Calama sind sie leicht zu erreichen. Salzseen, Geysire und mehr als 6000 Meter hohe Vulkane kann man hier bewundern. Dazu kommen Oasen wie San Pedro oder verlassene Salpeterstädte in der Wüste wie Humberstone.

3 Kleiner Norden | 135

Der **Kleine Norden** lockt mit Badestränden bei La Serena, Pinguinschutzgebieten und Flussoasen wie dem Valle del Elqui; Technikfreunde und Sternengucker werden eins der Observatorien besuchen.

4 Mittelchile | 175

Rund um Santiago und bis nach Los Angeles erstreckt sich die Zentralzone, deren wenig erschlossene Andenkordillere mit ihren grünen Hochtälern und vergletscherten Gipfeln ebenso reizt wie die Strände, verträumten Kolonialdörfer oder alten Weingüter.

5 Kleiner Süden | 231

Südlich des Río Biobío beginnen Araukanien und die Seenregion. Hier liegen die Mapuche-Dörfer, erstrecken sich wundervolle Nationalparks mit schneebedeckten Vulkanen, blauen Seen und dunklen Urwäldern – eine Bilderbuchlandschaft. Chiloé ist die Insel der Muschelfischer, der wilden Mythen und fröhlichen Feste.

6 Großer Süden: Patagonien | 333

Auf die Suche nach Abenteuern kann man auf der Carretera Austral gehen. 1200 Kilometer führt die Straße durch die Einsamkeit, vorbei an tief eingeschnittenen Fjorden und vergletscherten Gipfeln, durch dichte Regenwälder und winzige Siedlungen. Die Region Magallanes steht für südpatagonische Steppe und wild gezackte Bergmassive. Hier liegt der wunderbare Nationalpark Torres del Paine, hier münden Gletscher in Seen und Pazifikarme.

7 Feuerland: Tierra del Fuego | 429

Von der früheren Pionierstadt Punta Arenas starten die Fahrten nach Feuerland, zum südlichsten Zipfel des südamerikanischen Kontinents und in die Antarktis.

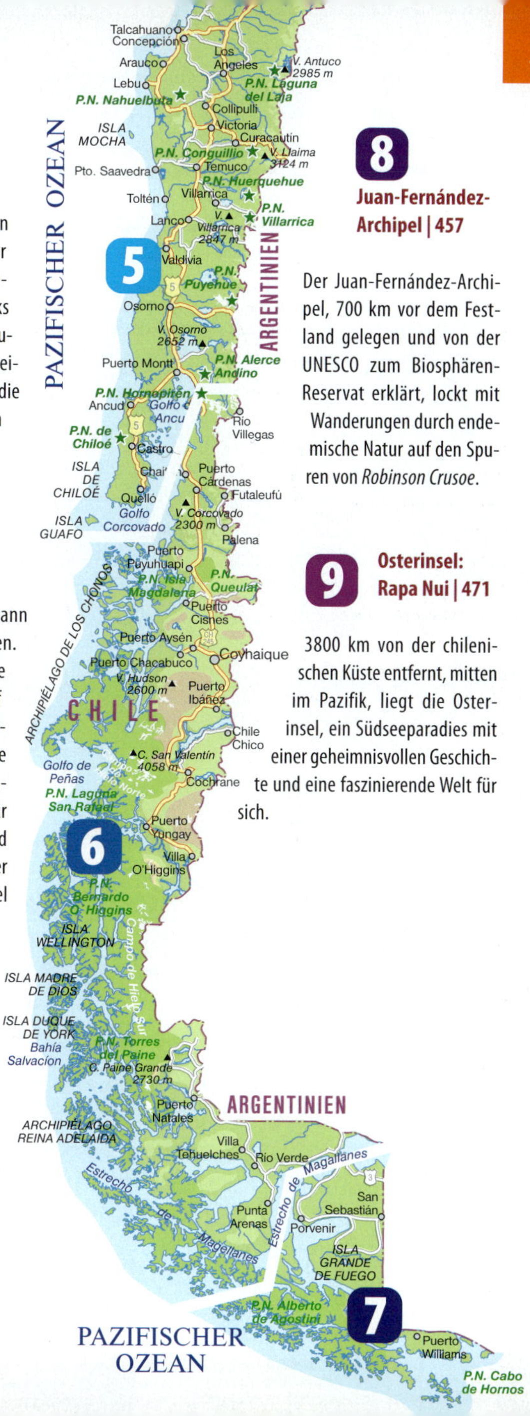

8 Juan-Fernández-Archipel | 457

Der Juan-Fernández-Archipel, 700 km vor dem Festland gelegen und von der UNESCO zum Biosphären-Reservat erklärt, lockt mit Wanderungen durch endemische Natur auf den Spuren von *Robinson Crusoe*.

9 Osterinsel: Rapa Nui | 471

3800 km von der chilenischen Küste entfernt, mitten im Pazifik, liegt die Osterinsel, ein Südseeparadies mit einer geheimnisvollen Geschichte und eine faszinierende Welt für sich.

Cajón del Maipo | 63

Camino a Farellones | 63

Kleinbrauereien | 62

Los Andes und
die Ruta 60 nach Argentinien | 66

Pomaire | 59

Santiago de Chile | 19

Weingüter | 59

chi13-004 ms

1 Santiago de Chile und Umgebung

Santiago ist das uneingeschränkte Zentrum Chiles, eine weitläufige Millionenmetropole mit einem doch überschaubaren Stadtkern. Der Kontrast zur Umgebung könnte kaum größer sein, wo Dörfer, traditionsreiche Weingüter und weite Landschaften das Bild bestimmen.

< Santiago: Häuser- und Lichtermeer zu Füßen der Anden

NICHT VERPASSEN!

- **Plaza de Armas:** hier schlägt das Herz der Stadt | 26
- **La Moneda:** Regierungssitz mit bewegter Geschichte | 29
- **Cerro Santa Lucia:** hier wurde die Stadt gegründet | 31
- **Barrio Bellas Artes – Lastarria:** moderne Kunst, Design & Boheme | 32
- **Cerro San Cristóbal:** Stadtpark mit Ausblick | 34
- **Barrio Italia:** Santiagos neues Trendviertel | 35

Diese **Tipps** sind gelb hinterlegt.

Das Teatro Municipal

chi020 ms

SANTIAGO DE CHILE

180/B2

An klaren Tagen ist schon der Anflug auf Santiago wunderbar: **die schneebedeckten Gipfel der Anden, das satte Grün der Ebene und das Häusermeer,** aus dem grüne Hügel und die Bürotürme in der Innenstadt herausragen. Der zweite Eindruck ist der unerwarteter Vertrautheit: Wer das Südamerika-Klischee einer bunten, chaotischen Metropole im Hinterkopf hat, der wird überrascht sein angesichts des europäischen Stadtbilds, der modernen Autobahnen und der hellhäutigen Menschen.

Santiago ist zum einen typisch für Chile, zum anderen auch überhaupt nicht. Typisch, weil im Großraum der Hauptstadt immerhin **ein Drittel der Chilenen** lebt (rund 6 Millionen Menschen), untypisch, weil der Kontrast zu den Siedlungen im Norden oder im Süden des Landes, ja schon zu den Dörfern 30 Kilometer weiter, kaum größer sein könnte. Santiago steht für das Wirtschaftswachstumsland: die in flotte Anzüge gekleideten und gelfrisierten Jungmanager, die ihre Jacketts auch bei größter Hitze nicht ausziehen, die kreischenden Alarmanlagen der Autos, die Villen in Vitacura, deren englischer Rasen morgens von den Hausmeistern gefegt wird, und die verspiegelten Shopping-Center in Las Condes, in denen in teures Tuch gekleidete Damen edel dekorierte Schaufenster betrachten. Aber es ist auch die Stadt, in der fliegende Händler billige Plastikwecker auf der Straße verkaufen und Schuhputzer ihre Dienste anpreisen, in der Hausmädchen und Büroboten Händchen haltend am Cerro Santa Lucía spazieren gehen und in der ein stolzes Elternpaar seine herausgeputzte Tochter auf einem Plüschpferd vor der Kathedrale fotografieren lässt. Die weißen Söckchen und die Lackschühchen werden normalerweise nur beim Sonntagsaus-

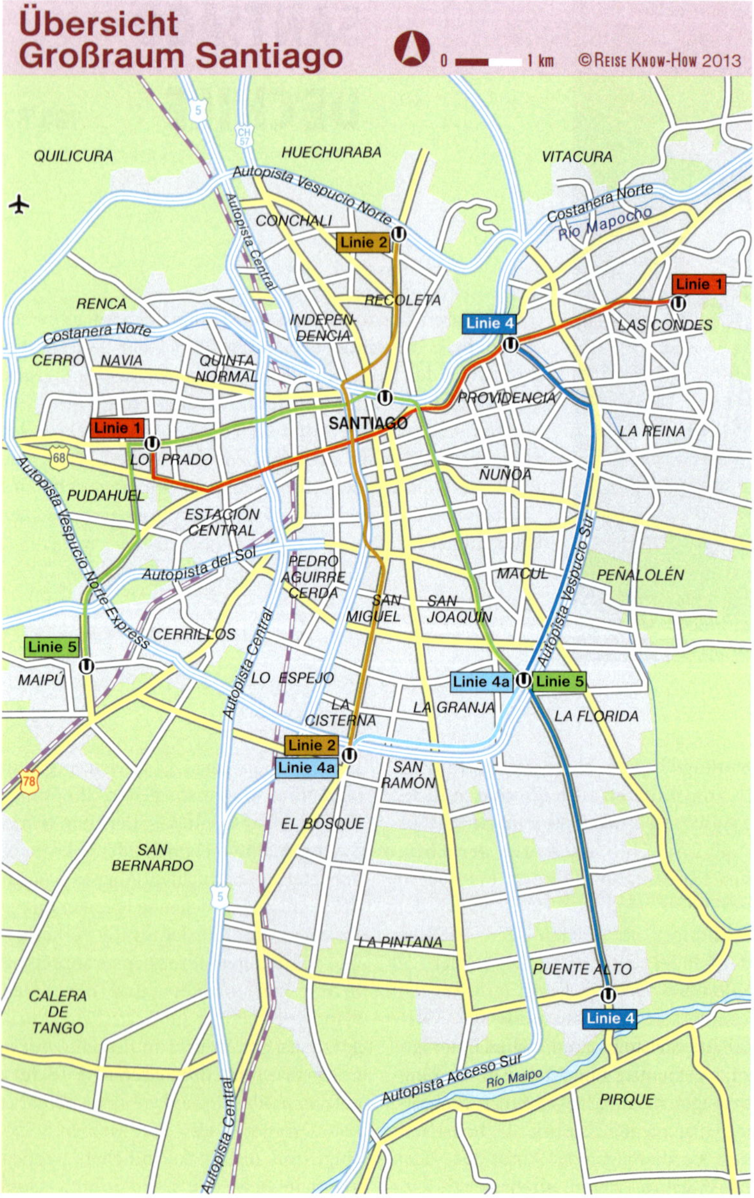
Übersicht
Großraum Santiago
0 1 km
©Reise Know-How 2013
5
CH 57
QUILICURA
HUECHURABA
VITACURA
Autopista Vespucio Norte
Autopista Central
CONCHALI
Linie 2
Costanera Norte
Río Mapocho
Linie 1
RENCA
RECOLETA
INDEPEN-
DENCIA
Linie 4
LAS CONDES
Costanera Norte
CERRO NAVIA
QUINTA
NORMAL
PROVIDENCIA
SANTIAGO
Linie 1
LA REINA
68
LO PRADO
ÑUÑOA
Autopista Vespucio Norte Express
PUDAHUEL
ESTACIÓN
CENTRAL
Autopista Vespucio Sur
Autopista del Sol
PEDRO
AGUIRRE
CERDA
MACUL
PEÑALOLÉN
SAN
MIGUEL
SAN
JOAQUÍN
Autopista Central
CERRILLOS
Linie 5
MAIPÚ
LO ESPEJO
Linie 4a
Linie 5
LA
CISTERNA
LA GRANJA
LA FLORIDA
Linie 2
Linie 4a
78
SAN
RAMÓN
EL BOSQUE
SAN
BERNARDO
5
LA PINTANA
PUENTE ALTO
CALERA
DE
TANGO
Linie 4
Autopista Acceso Sur
Río Maipo
PIRQUE
Autopista Central

flug auf den Cerro San Cristóbal getragen, von dem die riesige Muttergottesfigur, eingerahmt von Mobilfunkantennen, durch den Dunstschleier auf Santiago herunterschaut.

Geschichte

Der Blick vom Cerro Santa Lucía oder auf einen Stadtplan macht eines schnell deutlich: **Pedro de Valdivia** hatte sich im **Februar 1541** den Ort für eine **Stadtgründung** gut und nach strategischen Gesichtspunkten ausgesucht. *Santiago del Nuevo Extremo* hieß die Stadt damals (der Heilige Jakob, *San Diego,* war Schutzpatron des spanischen Heeres). Der Name nutzte zunächst nicht viel, **Mapuche-Krieger** zerstörten die erste Siedlung knapp sechs Monate später. Doch die spanischen Eroberer waren hartnäckig – schon bald wurde der Ort neu gegründet, diesmal besser befestigt. Doch zunächst blieb Santiago nichts weiter als eine kleine Siedlung mit Häusern aus ungebrannten Lehmziegeln.

Erst nachdem die Spanier weiter südlich erste Festungen gegründet hatten (um 1550), wuchs die Stadt. Ende des 16. Jahrhunderts hatte sie etwa 200 Häuser – sie erstreckte sich westlich des Cerro Santa Lucía zwischen dem Río Mapocho und der heutigen Alameda. Die Kirche San Francisco, 1586 erbaut, war damals das südlichste Gebäude der Stadt. Insgesamt lebten einige tausend Menschen hier, die meisten waren Indianer, lediglich 700 Spanier und Mestizen wurden damals verzeichnet. Bis Mitte des 17. Jahrhunderts ging es stetig aufwärts, dann kam der **13. Mai 1647:** das erste schwere von vielen **Erdbeben,** die im Lauf der Jahrhunderte die Stadt erschütterten. „Hier stürzte noch ein Haus zusammen, und jagte ihn, die Trümmer weit umherschleudernd, in eine Nebenstraße; hier leckte die Flamme schon, in Dampfwolken blitzend, aus allen Giebeln, und trieb ihn schreckenvoll in eine andere; hier wälzte sich, aus seinem Gestade gehoben, der Mapochofluss auf ihn heran, und riss ihn brüllend in eine dritte." So schrieb *Heinrich von Kleist* über „Das Erdbeben in Chili", das damals die Stadt nahezu komplett zerstörte.

Dennoch, **Wachstum und Aufstieg** Santiagos waren nicht mehr aufzuhalten: Die Stadt wurde immer wichtiger, sie erhielt 1609 den Titel einer „Real Audiencia" mit eigener Gerichtsbarkeit und eingeschränkter Selbstverwaltung. Dann wurde 1743 die Casa de Moneda gegründet, die Geld prägte, und 1793 das Konsulatstribunal, das über den Handel der Kolonien mit dem Mutterland wachte. Mehr als 30.000 Einwohner hatte Santiago damals nicht; die Stadt war eine Ansammlung von mehr oder weniger gediegenen Gebäuden. „Von der Stadt selbst habe ich nichts Besonderes zu erwähnen", notierte der durchreisende *Charles Darwin* am 27. August 1834 in seinem Reisetagebuch. 50 Jahre später hätte *Darwin* anders geurteilt, denn das Stadtbild hatte sich geändert. Santiago wuchs – 1875 lebten hier bereits 150.000 Menschen – und blühte auf: Mit dem Geld aus dem Salpetergeschäft ließen sich prächtige Gebäude errichten; Architekten aus Frankreich und Italien wurden verpflichtet und schufen viele der heute noch zu bewundernden öffentlichen und privaten Bauten. Immer mehr Menschen zogen in die Stadt – 1920 waren es bereits 16% aller Chilenen.

Santiago Zentrum

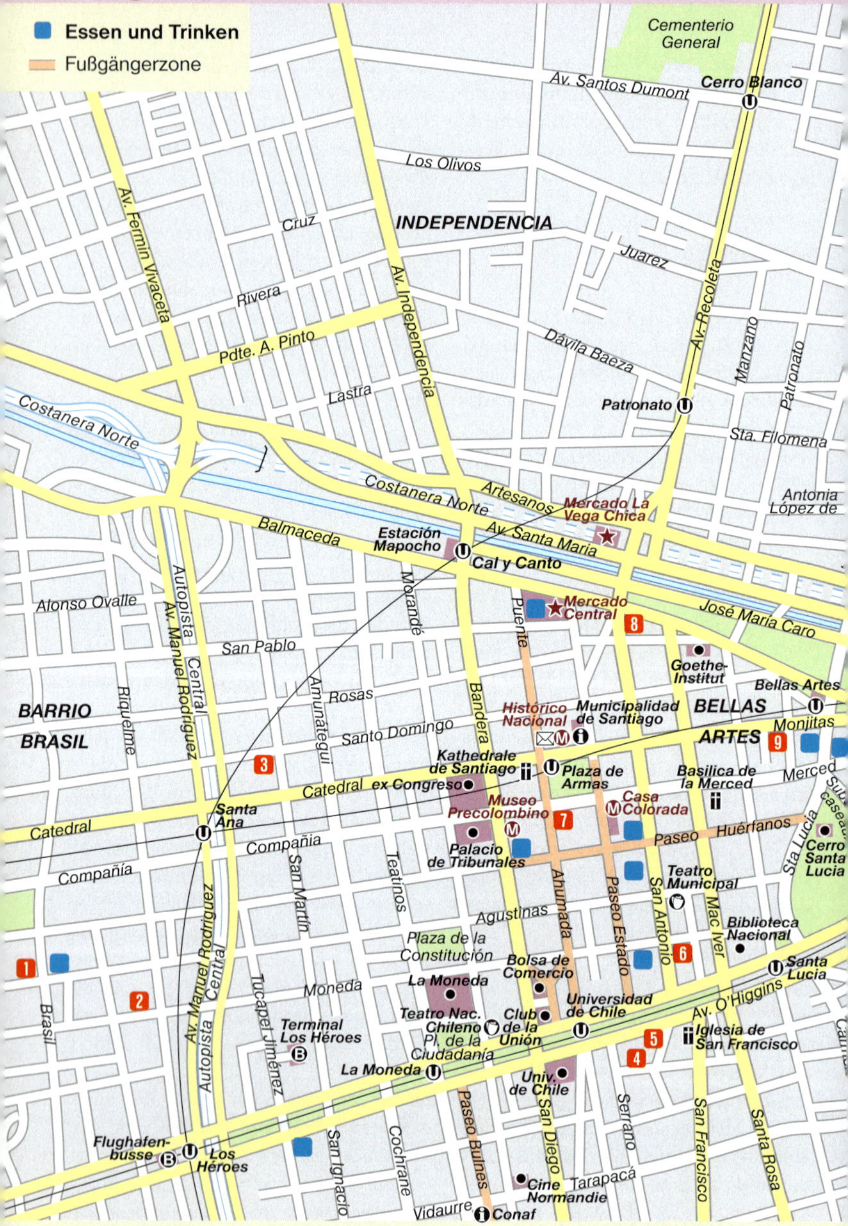

Übernachtung
1 La Casa Roja
2 Happy House
3 Hotel Majestic
4 Hotel Fundador, Paris Londres, Hotel Vegas
5 Plaza San Francisco
6 Hotel Galerías
7 Hostal Plaza de Armas
8 Hostal Casaltura
9 Andes Hostel

10 Hotel Montecarlo
11 Hotel Su Merced
12 Crowne Plaza Hotel
13 Principado
14 Hostal Almenas
15 El Patio Suizo
16 Ají Hostel
17 Hotel NH Ciudad
18 Rado Hostel
19 Apart-Hotel Monteverde
20 Hostal La Chimba
21 The Aubrey
22 Sheraton Santiago
23 Alcalá del Río

Santiago heute

In der Stadt leben über **5 Millionen Menschen,** mit Vororten und Trabantenstädten sogar über 6 Millionen. Das sind etwa **35% aller Chilenen,** und das Wachstumspotenzial der Stadt ist längst noch nicht ausgeschöpft: Jährlich kommen rund 100.000 Einwohner hinzu.

Santiago ist das **uneingeschränkte Zentrum Chiles.** Hier sind alle wichtigen politischen, wirtschaftlichen und kulturellen Institutionen des Landes angesiedelt – nur das Parlament tagt in Valparaíso.

Übrigens: Als Santiago wird verwaltungstechnisch zunächst das Zentrum der chilenischen Hauptstadt bezeichnet, drumherum gruppieren sich weitere **31 comunas (Stadtbezirke),** die alle eine eigene Verwaltung mit eigenem Bürgermeister besitzen und gemeinsam die Provinz Santiago bilden.

Unterwegs in Santiago

Orientierung

Obwohl Santiago de Chile sehr weitläufig ist, fällt die Orientierung in der Stadt leicht. Das **Zentrum ist überschaubar,** die Straßen verlaufen rechtwinklig zueinander, und einzelne **markante Punkte** wie der Verlauf des Río Mapocho oder der Avenida O'Higgins (Alameda), der Cerro Santa Lucía und der Cerro San Cristóbal sowie die Andenkette im Osten sorgen dafür, dass man sich in der City gut zurechtfindet.

Das **absolute Zentrum** Santiagos erstreckt sich um die **Plaza de Armas** und von dort etwa vier bis fünf Blocks in alle Richtungen. Im Süden wird es begrenzt von der Avenida O'Higgins, die von allen Alameda genannt wird, im Norden reicht es bis zum Río Mapocho, im Westen bis zur Calle Amunátegui und im Osten bis zum Cerro Santa Lucía. In diesem Geviert befinden sich die wichtigsten Sehenswürdigkeiten des kolonialen Santiago und die Fußgängerzonen Paseo Ahumada, Paseo Huérfanos und Paseo Estado.

Östlich dieses Zentrums, an der Plaza Baquedano, treffen Río Mapocho und Alameda aufeinander. Denn der Fluss und die Hauptachse laufen nicht parallel, sondern spitzwinklig aufeinander zu. Auf der Nordseite des Flusses erstreckt sich zu Füßen des Cerro San Cristóbal, leicht an der Marienstatue auf dem Gipfel zu erkennen, das **Kneipen- und Künstlerviertel Bellavista.**

Die **Plaza Italia** (auch Plaza Baquedano genannt) ist ein wichtiger Knotenpunkt in Santiago. Ab hier beginnt die **Zählung aller Hausnummern** der Stadt. Hier, an der Kreuzung der West-Ost-Achse Av. O'Higgins/Av. Providencia mit der Nord-Süd-Achse Pío Nono/Av. Vicuña Mackenna, ist der Nullpunkt, der nächste Block beginnt in jede Richtung bei Hausnummer 100. **Zwischen zwei Querstraßen liegen meist 100 Hausnummern,** auch wenn es nie 100 Häuser sind. Theoretisch sollten die einzelnen Blocks immer 100 Meter lang sein, deshalb kann man sich ungefähr ausrechnen, wie weit bestimmte Adressen voneinander entfernt liegen. Ein Beispiel: Will man vom Paseo Ahumada Ecke Av. O'Higgins zur Touristeninformation in der Av. Providencia 1550, so rechnet man einfach: Der Paseo Ahumada liegt etwa bei Hausnummer 800 an der Av.

chi13-052 ms

O'Higgins; bis zur Plaza Italia sind es also acht Blocks (etwa 800 Meter) und von dort etwas mehr als 15 Blocks (1500 Meter) bis zum Sernatur-Büro (insgesamt also 2300 Meter).

Östlich der Plaza Baquedano beginnt die **Av. Providencia.** Sie führt in den sogenannten *Barrio Alto,* die höher gelegenen Stadtteile: **Providencia, Las Condes** und **Vitacura** haben sich zu wichtigen Geschäfts- und Wohnvierteln gemausert. Hier haben sich viele nationale und internationale Firmen angesiedelt, hier leben die gehobene Mittel- und die Oberschicht, teilweise in Apartmenthäusern mit allem Komfort, teils – weiter außerhalb – in Villenvierteln.

Gefahren

Santiago ist keine besonders gefährliche Stadt. Es drohen keine Gefahren für Leib und Leben, vor Kleinkriminalität sollte man sich jedoch in Acht nehmen: „¡Ojo! – Augen auf!" heißt das in Lateinamerika. Zum Beispiel in der Metrostation Sie ist ein beliebtes Arbeitsgebiet von **Taschendieben,** die im Gedränge sehr geschickt Portemonnaie und Handy aus Taschen und Rucksäcken ziehen. Das schreit nach Vorsichtsmaßnahmen: Geldgürtel (unter der Kleidung getragen) sind nützlich, Rucksäcke immer im Blick haben und möglichst ebenso wie Handtaschen immer vor dem Körper tragen. Lassen Sie den Pass und wichtige Papiere im Hotel(safe), und nehmen Sie nur Fotokopien mit auf Ihren Stadtrundgang. Bewaffnete Überfälle sind sehr selten, sollten Sie aber das Pech haben, wehren Sie sich nicht.

⌃ Restaurant im Patio Bellavista

chi11-017 ms

Nachts sollten Sie bestimmte Viertel meiden. **Der Cerro Santa Lucía und der Cerro San Cristóbal sind nach Einbruch der Dunkelheit unsicher,** auch die Gegend westlich und nordwestlich der Plaza de Armas. Stadtrandgebiete und Armenviertel *(poblaciones)* sollte man auch tagsüber nicht ohne ortskundige Begleitung aufsuchen.

Denkmal für Allende vor der Moneda

Stadtbesichtigung

Im Stadtzentrum – um die Plaza de Armas

Die Stadtbesichtigung beginnt im Herzen der Stadt, an der Plaza de Armas. Hier ist das **historische Zentrum,** das des kolonialen Santiago. An der Plaza de Armas standen die wichtigsten Gebäude der Stadt: Kathedrale, Post, Stadtverwaltung und die Häuser der wichtigsten Familien.

Das ist heute anders – dennoch ist die schattige Plaza de Armas das Herz der chilenischen Hauptstadt, und wer die Metropole bis dahin nur als laute und stressige Großstadt erlebt hat, ändert vielleicht jetzt seine Meinung: Morgens sitzen die Rentner auf den Bänken, studieren ihre Zeitungen, Geschäftsleute lassen noch schnell ihre Schuhe auf Hochglanz bringen, später bauen die Fotografen gemächlich ihre Kastenkameras und Plüschpferde auf. Quengelnde Kinder stehen vor den riesigen Trauben gasgefüllter Ballons, Liebespaare vor den in Kupfer getriebenen und in Holz geschnitzten Sinnsprüchen, Verkäuferinnen essen hier ihr Mittagsbrot, und die Schachspieler sitzen – umringt von schweigenden und mitunter fachmännisch den Kopf schüttelnden Zuschauern – mit ernster Miene vor ihren Brettern. Abends spielt vielleicht noch eine Musikcombo gegen den Gesang einer anglikanischen Sekte an, ein paar Gaukler führen ihre Kunststücke vor, und geschäftstüchtige Besitzer großer Teleskope lassen in klaren Sommernächten Passanten für ein paar Pesos einen Blick auf den dicken, bleichen Mond über Santiago werfen.

Größtes Gebäude an der Plaza ist die **Kathedrale,** deren wuchtiger Bau weitgehend aus dem späten 18. Jahrhundert stammt. Die vier Vorgängerbauten wurden zerstört – die erste Kirche, noch unter *Pedro de Valdivia* errichtet, kurz nach der Vollendung durch Indianer, die späteren, immer größeren, durch Erdbeben: 1552, 1647 und 1730 wurden weite Teile der Altstadt in Schutt und Asche gelegt. 1747 begann man mit dem Bau der jetzigen dreischiffigen Kirche, einer der wichtigsten Architekten war *Joaquín Toesca,* der für viele Gebäude im Stadtbild Santiagos verantwortlich zeichnet. Er gestaltete 1780–89 die neoklassizistische Fassade zur Plaza. Die beiden Türme kamen erst 1899 hinzu.

Die Innenausstattung der Kirche ist schwer und wuchtig – die wichtigsten Kunstgegenstände sind im **Museum** nebenan zu bewundern: barocke Altäre, alte Manuskripte, liturgische Geräte, die meisten stammen aus der Werkstatt bayrischer Jesuiten (Mo bis Sa 9.30–20 Uhr, So 9.30–14 Uhr). Links neben der Kirche steht der alte **Erzbischöfliche Palast.** Er ist heute fast nicht mehr zu erkennen, gut getarnt hinter den Tischen, Stühlen und Sonnenschirmen der Restaurants.

Am Nordende begrenzen drei Gebäude die Plaza de Armas: die Hauptpost, **Correo Central,** Ende des 19. Jahrhunderts im neobarocken Stil auf den Grundmauern des Gouverneurspalastes erbaut, daneben der Palacio de Real Audiencia und das Gebäude der Municipalidad de Santiago.

Der **Palacio de Real Audiencia** wurde Anfang des 19. Jahrhunderts erbaut. Er diente den letzten spanischen Kolonialherren als Dienstsitz, wurde dann vom ersten chilenischen Kongress und der Nationalregierung genutzt, bis diese 1846 in die Moneda umzog. Seit 1982 ist in dem neoklassizistischen Gebäude mit dem charakteristischen Turm das Nationalhistorische Museum untergebracht. Möbel, Bilder, religiöse und profane Kunstgegenstände, Waffen, Uniformen und Trachten aus vorkolumbischer Zeit bis ins 20. Jahrhundert sind hier ausgestellt; hin und wieder finden auch Sonderausstellungen statt (im Sommer: Di bis So 10–18 Uhr). Das Gebäude nebenan stammt aus dem späten 18. Jahrhundert (Architekt: *Joaquín Toesca*) und beherbergt die **Stadtbezirksverwaltung** *(municipalidad)* von Santiago Zentrum. Im Souterrain gibt es eine kleine Touristeninformation der Stadt.

Die Ostseite der Plaza begrenzen einige Geschäftshäuser, an der Südseite lässt sich unter den Arkaden ein schneller Snack einnehmen: *Empanadas,* gefüllt mit Käse oder Fleisch, ein Stück Pizza oder einen der beliebten *Completos.* Nicht übersehen sollte man zwei Gebäude an der Südostecke der Plaza, dort, wo sich die Straßen Merced und Estado kreuzen: das blau-weiße, kuppelgekrönte **Edificio Comercial Edwards,** ein schönes Beispiel für die Stahlgerüstarchitektur des späten 19. Jahrhunderts (1892), sowie die **Casa Colorada,** einer der wichtigsten Kolonialbauten Santiagos (Merced 860). 1769 ließ sich der reiche Kaufmann und spätere Präsident *Mateo de Toro y Zambrano* das zweistöckige Haus erbauen – im unteren Geschoss waren die Geschäftsräume untergebracht, das Obergeschoss wurde von der Familie bewohnt. In der Casa Colorada ist heute das **Museo de Santiago,** das stadthistorische Museum, untergebracht. Möbel, Gemälde und andere Einrichtungsgegenstände vermitteln ein Bild von der Wohn- und Lebensart der oberen Schichten Santiagos bis zum Ende des 19. Jahrhunderts. Interessanter sind jedoch die zahlreichen 3D-Modelle, die Episoden aus der Stadtentwicklung verdeutlichen: So sieht man beispielsweise das brennende Santiago nach dem Erdbeben von 1647, bei dem ein Zehntel der Stadtbevölkerung sein Leben verlor (Di bis Fr 10–18 Uhr, Sa 10–17 Uhr, So 11–14 Uhr).

Jeden Sonntag bauen Antiquare und Antiquitätenhändler in der **Fußgängerzone Estado** ihre Stände auf, spielt das Polizeiorchester (!) Pop-Schmonzetten nach, mitunter treten Puppenspieler und Folkloregruppen auf.

Im Stadtzentrum – von der Plaza de Armas zur Moneda

Von der Südwestecke der Plaza de Armas wenden wir uns nach Westen in die Straße Compañía und treffen an der nächsten Ecke (Compañía und Bandera) auf eine der größten Sehenswürdigkeiten in Santiago. Im **Palacio Real Casa Aduana,** dem ehemaligen Zollgebäude, ist das **Museo Chileno de Arte Precolombino,** das Chilenische Museum für präkolumbische Kunst, untergebracht. Nicht nur Kunstwerke aus Chile werden hier präsentiert, vertreten sind auch die alten Kulturen Ecuadors (Funde aus Valdivia, um 3000 v.Chr.), Perus und Mittelamerikas. Insgesamt besitzt das Museum einen Fundus von mehr als 2000 präkolumbischen Stücken, Keramiken, Textilien, Gemälden und Plastiken (wegen Umbau bis Ende 2013 geschlossen).

chi051 ms

> ⌄ La Moneda, der Regierungspalast im Zentrum der Hauptstadt

Einen Block weiter westlich führt die Calle Compañía zwischen zwei prächtigen Gebäuden hindurch. Rechts liegt der **ehemalige Kongress,** der nur noch zu besonderen Anlässen genutzt wird, seit das Parlament nach Valparaíso verlegt wurde. Mitte des 19. Jahrhunderts erbaut, ist das Gebäude von einem kleinen Park umgeben, in dem eine Marienstatue und ein Holzgerüst mit Glocken an die 2000 Menschen erinnern, die 1863 beim Brand der Iglesia de la Compañía ums Leben kamen. Die Kirche hatte an diesem Ort gestanden. Der Park und die Bibliothek des Kongresses stehen Besuchern offen.

Das Gebäude zur Linken, das den gesamten Block einnimmt, ist der **Palacio de Tribunales,** Sitz des Obersten Gerichts und des Berufungsgerichts, 1907 bis 1929 im neoklassizistischen Stil erbaut. Im Innern sind schöne Mosaikfliesen und Jugendstilfenster zu bewundern (Besichtigung im Sommer: Mo 13–18.30 Uhr, Di bis Fr 8–13 Uhr, im Winter: Mo bis Fr 13–18.30 Uhr).

Auf der Straße Morandé südwärts erreichen wir nach zwei Blocks die **Plaza de la Constitución,** den Platz der Verfassung vor der imposanten Fassade des Regierungspalastes **La Moneda.** An der Nordwestecke der Plaza steht das ehemalige **Luxushotel Carrera,** aus dessen Fenstern 1973 internationale Journalisten den Putsch gegen die Allende-Regierung filmten und das seit 2005 Sitz des Außenministeriums ist. Seit einigen Jahren steht an der Plaza neben anderen Statuen von chilenischen Präsidenten auch ein Denkmal für *Salvador Allende.*

Der **Palacio de la Moneda** wurde 1788 bis 1805 unter Leitung des italienischen Architekten *Joaquín Toesca* erbaut – angeblich so breit und niedrig, um eine

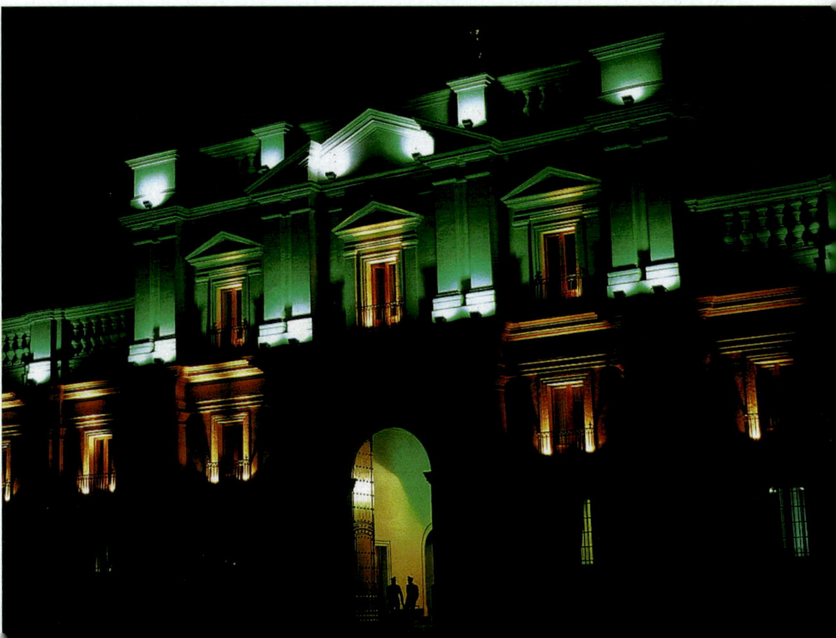

chi053 ms

höhere Sicherheit bei Erdbeben zu erreichen. Er diente zunächst als Münzstätte des Landes, wurde aber schon ab 1846 als Residenz des Staatspräsidenten genutzt. Seit 1958 wohnen die Präsidenten nicht mehr in der Moneda, sondern haben hier ihre Büros, ebenso wie einige wichtige Regierungsstellen und Berater. *Allende* nahm sich 1973 in dem von Putschisten beschossenen und bombardierten Gebäude das Leben. *Pinochet* zog 1981 nach umfassender Restaurierung in die Moneda, und auch der erste wieder frei gewählte Präsident *Aylwin* nutzte den Palast erneut als Regierungssitz. Die Moneda kann prinzipiell besichtigt werden, wenn nicht – was leider häufig vorkommt – wegen eines Staatsbesuchs oder aus anderen Gründen der Zugang gesperrt ist; dieser erfolgt von der Nordseite her. Die Innenräume sind freilich tabu, man kann stattdessen durch die sehr schönen Innenhöfe schlendern und trifft dabei mit ein bisschen Glück den einen oder anderen Minister oder gar den Präsidenten selbst.

Die Südseite des Regierungspalastes wurde 2005/06 komplett zur großen **Plaza de la Ciudadanía** (Bürgerplatz) umgestaltet, mit aufwendigen Wasserspielen und dem unterirdischen **Centro Cultural Palacio de la Moneda.** In dem modern gestalteten Kulturzentrum ist das Nationale Filmarchiv untergebracht und finden Ausstellungen statt, sehenswert ist auch eine gut gemachte Schau regionalen Kunsthandwerks. Auf der Südseite des Platzes liegen die sterblichen Reste von Staatsgründer *Bernardo O'Higgins* in einer unterirdischen, von oben durch Glasplatten sichtbaren Marmor-Krypta begraben.

Im Stadtzentrum – von der Moneda zum Cerro Santa Lucía

Der weitere Weg unseres Rundgangs führt auf der Straße Moneda nach Osten. An der Ecke Bandera überspannt linker Hand eine aufsehenerregende Glasröhre die Straße in luftiger Höhe, sie verbindet zwei Gebäude einer großen Bank. Auch rechter Hand geht es ums Geld, nämlich in dem neoklassizistischen, spitz zulaufenden Gebäude der **Bolsa de Comercio** (1917), der Börse von Santiago. Sie steht zu Handelszeiten (Mo bis Fr 9.30–16.30 Uhr) auch Besuchern offen.

Durch die schmale, sympathische Fußgängerzone La Bolsa-Nueva York gelangen wir zur Alameda, wie die Avenida O'Higgins bei den Santiaguinos heißt. Hier ist der **Club de la Unión** nicht zu übersehen. Er wurde 1864 gegründet, und jeder, der im Land Rang und Namen hat, sollte diesem Club angehören. Das Gebäude wurde 1917–25 erbaut, es dient auch für Empfänge bei Staatsbesuchen und als Treffpunkt von Geschäftsleuten. Hier kommt man nur in Begleitung eines Mitglieds hinein.

Gegenüber dem Club de la Unión erstreckt sich das Hauptgebäude der **Universidad de Chile,** der großen staatlichen Universität mit der Statue ihres Gründers *Andrés Bello* davor. Knapp drei Blocks ostwärts, auf der Südseite der Alameda, stehen wir vor der rot getünchten **Iglesia San Francisco,** der ältesten Kirche Santiagos, die noch erhalten ist. *Pedro de Valdivia* hatte hier die erste Kapelle seiner neu gegründeten Stadt erbauen lassen, die Kirche selbst wurde ab 1586 errichtet und hat alle Beben, die Santiago in den letzten Jahrhunderten heimgesucht haben, überstanden.

Ihr Turm wurde 1857 zugefügt; die drei Vorgänger hatten die Erdbeben nicht überlebt. Das Innere der Kirche ist bis auf die vergoldete Kassettendecke recht schlicht, es birgt jedoch eine große Kostbarkeit: am Hochaltar die Statue der Virgen del Socorro, ein Kunstwerk aus Italien, das *Pedro de Valdivia* selbst nach Santiago gebracht hat. Zur Kirche gehört auch der **Franziskanerkonvent** mit seinem schönen **Museum,** einer Oase der Ruhe mitten im quirligen Zentrum. Hier wird vor allem kirchliche Kunst ausgestellt, darunter Werke der berühmtesten Kunstschulen Lateinamerikas (Quito, Cuzco und Potosí), aber auch ein Faksimile der Nobelpreisurkunde von *Gabriela Mistral.* Schließlich war die Dichterin bis an ihr Lebensende Laienschwester des Franziskanerordens (Di bis Sa 10–13.30 und 15–18 Uhr, So 10–14 Uhr).

Südlich des Konvents schließt sich der **Barrio París-Londres** an, ein kleines, schönes Stadtviertel mit Patrizierhäusern aus den 1920er Jahren und gepflasterten Straßen. Die Besonderheit: Hier finden sich die einzigen geschwungen verlaufenden Straßen im gesamten Zentrum Santiagos, ein Werk des deutschstämmigen Architekten *Ernesto Holzmann.*

Wieder zurück auf der Alameda, wenden wir uns Richtung Anden (Osten), wechseln die Straßenseite und stehen vor der monumentalen **Biblioteca Nacional,** erbaut 1913–24 und eine der größten Bibliotheken Lateinamerikas. Drinnen lädt ein nettes Tagescafé zum Verweilen ein. Auf der Straße MacIver nordwärts gelangen wir nach zwei Blocks zum **Teatro Municipal.** In seinem prunkvollen Saal werden klassische Musik, Opern und Ballett aufgeführt.

Zwei Straßen weiter (MacIver Ecke Merced) steht die **Basílica de la Merced.** Die ersten Mauern sind noch von 1549; Erdbeben ließen die Basilika immer wieder einstürzen. Die dreischiffige Kirche besitzt wertvolle Kunstgegenstände, darunter eine Marienstatue von 1548. Im angeschlossenen Museum ist auch eine Schrifttafel von der Osterinsel zu bewundern (Di bis Fr 10–13 und 15–18 Uhr, Sa 10–13 Uhr). Wer will, erreicht von hier über die Straße Merced nach Osten den Nordeingang des **Cerro Santa Lucía** und das Viertel Lastarria (s.u.). Prunkvoller, mit geschwungenen Freitreppen und Wasserspielen, präsentiert sich der Haupteingang zum Hügel auf dessen Südwestseite, an der Alameda gegenüber der Nationalbibliothek. Auf diesem 70 Meter über der Ebene aufragenden Hügel gründete *Pedro de Valdivia* 1541 die Stadt. Einige der spanischen Befestigungen haben den Zahn der Zeit überlebt, und um 12 Uhr mittags donnert von hier oben ein Kanonenschuss. Der zum **öffentlichen Park** umgestaltete Cerro ist heute ein beliebtes Ziel – von oben genießt man an klaren Tagen einen wunderbaren Blick über die Stadt bis zur Kette der Anden. Tipp: An der Calle Huérfanos kürzt ein Fahrstuhl ein paar Höhenmeter zum Hügel ab.

Im Stadtzentrum – von der Plaza de Armas zum Río Mapocho

Der Paseo Puente führt von der Plaza de Armas nach Norden. Hier beginnt das Reich der Straßenhändler – „a mil, a mil" – „für tausend, für tausend" (1,70 Euro) ist das meistgehörte Wort. Nur wenn Carabineros durch die Fußgängerzone schlendern, wird schnell alles zusammengepackt, ein wenig gewartet – und dann werden die Waren wieder auf einem Tuch ausgebreitet.

Drei Blocks nördlich der Plaza liegt das Gebäude des **Mercado Central,** das 1872 eigentlich als Ausstellungshalle für chilenische Künstler errichtet wurde. Die Eisenkonstruktion wurde in England gefertigt und hier zusammengebaut, doch bald nach der Vollendung mussten sich die Künstler einen anderen Platz suchen: Die Marktleute kamen, und wo ursprünglich Bilder hängen sollten, werden heute Fisch und Muscheln, Tomaten und Trauben verkauft. Der Markt ist nicht nur ein Platz zum Einkaufen, alles kann auch an Ort und Stelle frisch zubereitet verspeist werden.

Nordwestlich der Markthalle, direkt am Río Mapocho, liegt ein weiteres zweckentfremdetes Gebäude. Die **Estación Mapocho** war bis in die 1980er Jahre der Bahnhof für die Züge nach Valparaíso. Das beeindruckende Gebäude wurde 1912 von dem französischen Architekten *Emile Jacquier* entworfen, es dient jetzt als Kulturzentrum, in dem große Konzerte und Messen stattfinden.

Die Brücke an der Estación Mapocho führt über den Fluss hinüber zum farbenprächtigen **Blumen- und Gemüsemarkt La Vega Chica** – ein Abstecher lohnt sich. Auf der Südseite des Río Mapocho erstreckt sich eine weitläufige Parkanlage, die zunächst **Parque Venezuela,** später dann (weiter östlich) **Parque Forestal** heißt. Mitten im Park lockt das **Museo de Bellas Artes** mit seiner großen Kunstsammlung. In dem klassizistischen Gebäude mit der lichtdurchfluteten zentralen Ausstellungshalle werden v.a. Werke chilenischer und anderer lateinamerikanischer Künstler gezeigt, aber immer wieder finden auch Ausstellungen internationaler Größen statt (Di bis So 10–18.50 Uhr, 1 Euro, So gratis). Auf der Rückseite desselben Gebäudes sind im **Museo de Arte Contemporáneo** wechselnde Präsentationen zeitgenössischer Kunst zu sehen (Di bis Sa 11–19 Uhr, So 11–18 Uhr, 1 Euro, So gratis).

Zwischen dem Parque Forestal und dem Cerro Santa Lucía liegt eines der schönsten Viertel der Innenstadt: der **Barrio Bellas Artes – Lastarria.** Hier haben in den letzten Jahren zahlreiche gemütliche Cafés, schmucke Designerläden und Restaurants eröffnet. Mittendrin ist die kleine **Plaza Mulato Gil de Castro** (Lastarria 307), ein großer Innenhof mit Restaurant und Café, Töpferwerkstatt und dem lohnenswerten, der modernen Kunst gewidmeten **Museo de Artes Visuales** (**MAVI,** Di bis So 10.30–18.30 Uhr, 1,70 Euro). Wenige Schritte weiter, an der Lastarria Ecke Villavicencio, sollte man einen Blick in das rot getünchte **Observatorio Lastarria** werfen, ein schön restauriertes Bürgerhaus mit gemütlichem Café, Ausstellungssaal und Kellerrestaurant.

Bellavista und der Cerro San Cristóbal

Der Stadtteil **Bellavista** nördlich des Río Mapocho ist Santiagos beliebtestes **Ausgehviertel.** Entlang der Straße Pío Nono und in den Seitenstraßen locken unzählige Restaurants, Kneipen und Diskotheken; an den Wochenenden im Sommer sind die Straßen schwarz vor Menschen. Nur eines fehlt dann den Bewohnern des Viertels: Nachtruhe. Aber auch tagsüber lohnt sich der Bummel durch die baum-

chi141 ms

bestandenen Straßen mit den niedrigen, bunt gestrichenen Häusern. Man trinkt irgendwo einen Kaffee, stöbert in den Designerläden der Straße Constitución oder besucht eine Lapislazuli-Werkstatt auf der Calle Bellavista. Die Straßen Ernesto Pinto Lagarrigue und Antonia López de Bello wurden zum **Paseo de las Artes** umgestaltet, mit von Künstlern bemalten Fassaden, Steinmosaiken im Pflaster und originellen Bänken. Relativ neu ist auch der **Patio Bellavista** (Pío Nono 55 bzw. Constitución 30–70), wo mehrere Innenhöfe entkernt und zur Flaniermeile mit netten Kneipen, feinen Restaurants und schickem Kunsthandwerk umgebaut wurde. (Weitere Tipps in den Abschnitten „Restaurants", „Discos" sowie „Kneipen und Clubs".)

Außer vielen Nachtschwärmern und Schmuckjägern kommen auch Literaturliebhaber nach Bellavista. In der Calle Fernando Marqués de la Plata 0192 steht **La Chascona,** das von außen unscheinbare und mit den kleinen Fenstern der ersten Etage eher abweisend wirkende **Haus Pablo Nerudas** in Santiago. Das war auch die Absicht des Dichters – niemand sollte wissen, was sich hinter diesen Mauern abspielte. *Neruda* richtete La Chascona – am besten mit Strubbel- oder Lockenkopf zu übersetzen – als heimliches Liebesnest ein. Als er es 1953 für die lockige *Matilde Urrutia* erwarb, war er noch mit *Delia del Carril* verheiratet. Heute gelangt man freilich durch einen neuen, großzügigen Empfangsbereich ins Innere, und dort ändert sich der abweisende Eindruck: Zur Rückseite ist das Gebäude licht und offen. In einem netten Café kann man den Beginn der nächsten Führung abwarten. Dabei wandelt man durch originell dekorierte

⌃ Wolkenkratzer-Landschaft

Räume mit Geheimtüren und Wendeltreppen, und man sieht förmlich den Bohemien *Neruda,* wie er hier mit seinen Freunden tafelte, trank und Verse deklamierte (Di bis So 10–18 Uhr, Jan./Feb. 10–19 Uhr, ständige Führungen auf Spanisch und Englisch, 5 Euro).

Nur wenige Schritte sind es von hier zur **Plaza Caupolicán,** von der der **Funicular** hinauf zum Cerro San Cristóbal rattert (Di bis So 10–19 Uhr, Mo 14–19 Uhr, hin und zurück 3 Euro). Unterwegs macht die bereits 1925 eingeweihte Standseilbahn einmal Rast – am Eingang des kleinen Zoos, in dem man von Pinguin bis Puma die wichtigsten chilenischen Land- und Meerestiere sehen kann. Auch einige Exoten (Tiger, Elefanten etc.) haben hier ein Zuhause (Di bis So 10–19 Uhr, 5 Euro). Rund 250 Meter höher als die Plaza Caupolicán liegt die Endstation, von dort sind es fünf Minuten Fußweg bis zur Statue der **Virgen de la Immaculada Concepción,** die – 14 Meter hoch und 36 Tonnen schwer – über der Stadt thront. Bei klarem Wetter ist der Ausblick von oben wundervoll.

Der **Cerro San Cristóbal** ist, wenn man so will, der Central Park von Santiago – eine grüne Oase mitten in der Stadt. Ein **Spaziergang** auf dem lang gestreckten Hügel lohnt sich schon allein wegen der immer wieder neuen Fotomotive mit dem Hochhausmeer vor der Andenkulisse. Man folgt dabei teils der Straße, teils Pfaden durch den Wald.

Weiter östlich locken ein Botanischer Garten, die beiden schönsten **Freibäder** Santiagos, **Tupahue** und **Antilén** (Letzteres mit 360°-Rundblick, beide Di bis So 10–19.30 Uhr geöffnet, nur Mitte Nov. bis Mitte März, 10 bzw. 12,50 Euro), sowie das Camino Real, ein Restaurant mit Weinmuseum und Aussichtsterrasse (Mo geschl.). An den Wochenenden belebt sich der Cerro mit Radfahrern und Joggern.

Die Seilbahn ist derzeit geschlossen und wartet auf eine komplette Runderneuerung.

Providencia und Las Condes

Von der Plaza Italia führt die Av. Providencia in den **Barrio Alto,** die höher gelegenen Stadtviertel. Das Gebäude von Movistar an der Plaza Italia, gestaltet in Form eines riesigen Handys, stimmt darauf ein, was kommt: die neuen Zentren der Stadt.

Entlang der **Av. Providencia,** vor allem etwa ab den 1500er Hausnummern, haben zahlreiche internationale Unternehmen ihren Sitz, hier finden sich schicke Boutiquen, Restaurants und Pubs, Shopping-Malls und Hotels. Während in den Seitenstraßen prächtige alte Villen dem Vormarsch der Hochhäuser trotzen, schießen an den Hauptachsen immer neue Wolkenkratzer mit Großraumbüros oder Apartments aus dem Boden. Ein schon klassischer Pol mit Kaufhäusern und Ladengalerien liegt rund um die Metrostation Los Leones. An der Av. Providencia Ecke Av. Vitacura wurde 2012 Santiagos modernste Shopping Mall eingeweiht, das **Costanera Center.** 2013 soll auch der dazugehörige markante Büroturm fertig werden, die komplett verglaste Gran Torre Santiago, mit 303 Metern das höchste Gebäude Lateinamerikas. Eine Aussichtsterrasse für Besucher ist geplant.

Weiter Richtung Anden schließt sich das **teuerste Viertel der Hauptstadt** an,

El Golf. Hier, zwischen den Metrostationen Tobalaba und Alcántara, kostet der Quadratmeter mehr als in der Münchner Innenstadt, hier versuchen sich spiegelnde Glaspaläste gegenseitig zu übertreffen (entlang und nördlich der Av. Apoquindo), hier reiht sich ein erlesenes Restaurant ans andere (El Bosque Norte und Isidora Goyenechea). Eine Adresse in „Sanhattan" – ob als Firmensitz oder Privatwohnung – zeigt Status an.

Das Costanera Center ist nur das neueste einer ganzen Reihe von Konsumparadiesen, in denen man sich in die USA versetzt fühlt. Dazu gehören in Las Condes noch der **Parque Arauco,** Av. Kennedy 5413 (per Bus ab der Metrostation Escuela Militar zu erreichen), und der **Alto Las Condes** mit drei Kaufhäusern, über 200 Läden, Restaurants, einem Supermarkt und einem Multiplexkino – das größte in ganz Lateinamerika (Av. Kennedy 9001). Wer von Chile nur die Dörfer im Altiplano oder in Patagonien oder von Santiago nur die Plaza de Armas kannte, bekommt hier ein völlig anderes Lateinamerika-Bild vermittelt.

Barrio Italia

Auch Santiago hat sein „Little Italy". In dem Viertel entlang der **Avenida Italia** siedelten sich ab den 1920er Jahren italienische Handwerker an: Blechtöpfer, Hutmacher, Schreiner. Das einst beliebte Kino Italia im Art-déco-Stil (Italia Ecke Bilbao) verlieh dem Viertel seinen Namen. Nach einem langen Dornröschenschlaf ist der Barrio in den letzten Jahren **zu neuem Leben erwacht:** Künstler installieren Ateliers, Schreiner restaurieren Möbel, Architekten erwecken die alten Fachwerkhäuser zu neuem Leben, um dort schicke Designerläden und gemütliche Cafés einzurichten. Die ehemalige Hutmacherfabrik an der Bilbao Ecke Italia wird derzeit zu einem Kulturzentrum umgebaut. Der Bummel durch die Av. Italia erinnert Buenos-Aires-Kenner an Palermo Soho und lohnt sich wie dort für alle, die auf Boheme-Atmosphäre und diese faszinierende Mischung aus Alt und Neu stehen (Metrostation Bustamante, www.barrioitalia.cl).

Parks und Gärten

Die wichtigsten Parks der Innenstadt – Parque Forestal, Cerro Santa Lucía und Cerro San Cristóbal – wurden oben beschrieben. Weitere sind:

Parque Quinta Normal

Dieser Park liegt westlich des Stadtzentrums und ist einer der beliebtesten Treffpunkte an schönen Sommersonntagen. Hier picknicken Familien, Kinder und Jugendliche jagen dem Fußball hinterher, Liebespaare schmusen unter alten Bäumen. Inmitten des 40 Hektar großen Parks gibt es einige Museen, darunter das **Museo Nacional de Historia Natural.** Es vermittelt mit Schaukästen und Dioramen einen Einblick in die faszinierende Naturgeschichte Chiles. Dazu kommen Knochen von Walen und Urtieren, wie beispielsweise des Mylodons (Di bis Sa 10–17.30 Uhr, So 11–17.30 Uhr, 1 Euro, So gratis). Zu erreichen ist der Park bequem mit der Metro-Linie 5 (Station Quinta Normal).

Unmittelbar daneben, mit direktem Zugang vom U-Bahnhof, steht das **Museo de la Memoria** – ein Muss für alle, die sich für die jüngere Zeitgeschichte interessieren. Das 2010 eingeweihte „Museum der Erinnerung“ will die Erinnerung an die Menschenrechtsverletzungen in der Pinochet-Diktatur wachhalten. Das Gebäude besticht schon durch seine schlichte, dabei markante Architektur – die Fassaden sind mit grünlichen, halb durchsichtigen Kupferplatten verkleidet. In dem Museum wurden packende Fotos, Dokumente und Videos aus jener Zeit zusammengetragen, sie werden eindrucksvoll und zumeist zweisprachig – spanisch und englisch – präsentiert. Die Schau beginnt mit den Aufnahmen von der Bombardierung des Regierungspalastes am 11. September 1973 und endet mit der Rede des wieder frei gewählten Präsidenten *Patricio Aylwin* 1990 im Nationalstadion. Dazwischen geht es um das Schicksal der ermordeten oder „verschwundenen“ Regimegegner, aber auch um die Demokratiebewegung der 1980er Jahre, die *Pinochet* schließlich zu Fall brachte (Di bis So 10–18 Uhr, Eintritt frei, www.museodelamemoria.cl).

Parque O'Higgins

Auch dieser, leider etwas vernachlässigte Freizeitpark in Santiago ist Treffpunkt

von Familien, Fußballspielern und Liebespaaren. Am Parkeingang wartet **„El Pueblito“**, eine Ladenstraße mit Nachbauten alter Häuser, in denen Restaurants, aber auch ein Museo del Huaso, das sich dem chilenischen Landmann widmet, untergebracht sind. Hauptattraktion für die meisten Besucher ist **Fantasilandia,** ein Vergnügungspark mit Attraktionen von Geister- bis Achterbahn (Jan. bis März tgl., April bis Dez. nur Sa/So 12–21 Uhr, 12 Euro). Der Parque O'Higgins ist einfach per Metro zu erreichen, die Linie 2 hält direkt am Eingang.

Im „Museum der Erinnerung"

chi13-005 ms

Cementerio General

Eine schattig-grüne Oase der Ruhe ist auch der ausgedehnte **Zentralfriedhof** der Stadt. Hier sind fast alle Präsidenten Chiles sowie zahlreiche wichtige Persönlichkeiten begraben, zum Teil in pompösen Mausoleen. Ein ausgewiesener Rundweg führt zu den interessantesten Stellen, darunter auch das Grabmal *Allendes* und das Mahnmal für die *Detenidos-Desaparecidos,* die während der Militärdiktatur Verhafteten und „Verschwundenen". Im Rahmen von Führungen (Mo bis Fr 9.30, 11.30 und 15.30 Uhr sowie – besonders stimmungsvoll – auch abends) erfährt man zahlreiche Anekdoten und kann viel über die chilenische Geschichte lernen (Metrostation Cementerios, Linie 2, www.cementerio-general.cl).

Praktische Tipps

Touristeninformation und nützliche Adressen

- **Vorwahl von Santiago: 2**

Sernatur

- **Av. Providencia 1550,** Metrostation Manuel Montt, Tel. 2731 8336, geöffnet Mo bis Fr 9–21 Uhr, Sa 9–17 Uhr. Informationen über Santiago de Chile und das gesamte Land, darunter Listen mit Hotels und Broschüren.
- Sernatur unterhält auch einen **Informationskiosk am Flughafen.**

Stadtverwaltung

- **Informationsbüro** direkt neben der Municipalidad an der Nordseite der Plaza de Armas, Tel. 2713 6745, Mo bis Fr 9–18 Uhr, Sa/So 10–16 Uhr.

Stadtpläne

- **Bei allen Informationsstellen** erhält man einen kleinen kostenlosen Stadtplan von Santiago, in dem auch das U-Bahn-Netz eingezeichnet ist.
- Einen detailgenauen, speziell für ausländische Besucher gestalteten **Stadtplan mit Kurzführer** gibt **ContactChile** auf Englisch und Spanisch heraus. Erhältlich im Buchhandel sowie im ContactChile-Büro, Rafael Cañas 174, Metrostation Salvador. Hier gibt es auch die Reise- und Wanderkarten von Trekkingchile zu kaufen.
- Unter **www.mapcity.cl** und **www.planos.cl** kann man sich jede Adresse in der Stadt sowie die Route dorthin als Detailkarte anzeigen lassen.
- Auch **Google Maps** inklusive Street View ist für Santiago verfügbar.

Conaf (Nationalparks)

- **Paseo Bulnes 285,** Metrostation Moneda, Tel. 2663 0000, www.conaf.cl, Mo bis Do 9–17.45 Uhr, Fr 9–16.45 Uhr. Infos über die Nationalparks inkl. simpler Karten.

Instituto Geográfico Militar

- **Dieciocho 369,** Metrostation Toesca, Tel. 2410 9463. Hier gibt es Detailkarten zu spezifischen Zielen. Online-Auswahl unter www.igm.cl.

Hostelling International

- **Hernando de Aguirre 201,** of. 401, Metrostation Tobalaba, Tel. 2577 1200. Jugendherbergsausweise, Passfoto erforderlich.
- Die **Jugendherberge** selbst ist in Cienfuegos 151 im Barrio Brasil (Metrostation Los Héroes, Tel. 2671 8532). Sie kostet mit Herbergsausweis 10 Euro, ohne 11,50 Euro. Übernachtet wird in Vier- bis Sechsbettzimmern (auch spezielle Zimmer für Frauen), es gibt Schließfächer, eine Caféteria und einen Aufenthaltsraum.

Blick vom Cerro Santa Lucía aufs Zentrum

chi11-032 ms

Hotels

Einfach und preiswert

Moai Viajero Hostel
Toesca 2335, Tel. 2723 6499, Zentrum, Metrostation República. Von Lesern empfohlene freundliche Unterkunft mit Mehrbett- oder Doppelzimmern, schönem Garten mit Grillplatz, Küchenbenutzung, Wäscheservice, WLAN, Videothek. Ab 13 Euro p.P., DZ ab 30 Euro. www.moaiviajerohostel.cl

La Casa Roja
Agustinas 2113, Barrio Brasil, Metrostation Cumming, Tel. 2696 4241. Backpackerhostel in einem riesigen Aristokratenpalais; neue Betten, moderne Gemeinschaftsbäder, Internet, Patio. 12 Euro p.P. im Mehrbettzimmer, DZ ab 34 Euro. www.lacasaroja.cl

Hostal La Chimba
Ernesto Pinto Lagarrigue 262, Barrio Bellavista, Metrostation Baquedano, Tel. 2899 7145. Gelobtes Backpacker-Hostel mitten im Nachtleben, nette Atmosphäre, ab 12 Euro p.P., DZ ab 21 Euro. www.lachimba.hostel.com

París Londres
Londres 54, Metrostation Universidad de Chile, Tel. 2638 2215. Ein Klassiker im Barrio París-Londres. 2010 renoviert, mit großen hellen Zimmern, Parkettboden und antiken Möbeln. Garten und Fahrradverleih. DZ ohne/mit Bad 32/47 Euro. www.londres.cl

Andes Hostel
Monjitas 506, Zentrum, Metrostation Bellas Artes, Tel. 2632 9990. Backpacker-Hostel mitten im Viertel Bellas Artes, mit Küchenbenutzung, WLAN, Bar, Wäscheservice, Zentralheizung, Fahrradverleih und Sonnenterrasse. Mehrbettzimmer ab 13 Euro p.P., DZ ab 39 Euro. www.andeshostel.com

Hostal Plaza de Armas
Compañía 960 depto. 607, Zentrum, Metrostation Plaza de Armas, Tel. 2671 4436. Schön restaurierte Etage eines alten Palais direkt an der Plaza, mit Balkonblick auf diesen, internationale Atmosphäre. 12 Euro p.P., DZ mit Bad 43 Euro. www.plazadearmashostel.com

Aji Hostel
Triana 863, Providencia, Metrostation Salvador, Tel. 2236 4401. Lebhaftes Hostel mit Küchenbenutzung, Internet (auch WLAN), Restobar, Fahrradverleih, Wäscheservice. Mehrbettzimmer 13 Euro p.P., DZ ab 46 Euro. www.ajihostel.cl

Rado Hostel
Pío Nono 5, Barrio Bellavista, Metrostation Baquedano, Tel. 2429 4420. 2012 eröffnetes Popart-Hostel (Kurt-Cobain-Zimmer etc.), Lounge und riesige Dachterrasse, mitten im Nightlife-Viertel. DZ ab 40 Euro. www.radohostel.com

Hostal Almenas
Ricardo Matte Pérez 0270, Providencia, Metrostation Baquedano, Tel. 2894 2584. Ruhig, nett, zentral gelegen, alle Zimmer mit Bad und Kabel-TV. DZ 45 Euro. www.hostalalmenas.cl

Happy House Hostel
Moneda 1829, Barrio Brasil, Metrostation Los Héroes, Tel. 2688 4849. Restaurierte hundertjährige Villa mit hohen, großen Räumen und elegant-eklektischer Einrichtung. Komplette Küche, Dachterrasse, Internet gratis, Bar und Pool, leider viel Verkehrslärm. Ab 13 Euro p.P., DZ 42–62 Euro. www.happyhousehostel.cl

Hostal Casaltura
San Antonio 811, Zentrum, Metrostation Cal y Canto, Tel. 2633 5076. Neues Hostel hinter alter Fassade. Gute Betten, schöne Bäder (geteilt oder privat), Schallschutzfenster, Frühstücksbuffet, WLAN und Sonnenterrasse. 16 Euro p.P. im Viererzimmer, DZ ab 45 Euro. www.casaltura.cl

El Patio Suizo
Condell 847, Providencia, Metrostation Bustamante, Tel. 2474 0634. Familiäre, gemütliche Herberge, geführt von einem Schweizer. Schöne Zimmer, Bar, Garten, Internet, Touren, Gemeinschafts- oder Privatbad, DZ 48/65 Euro. www.patiosuizo.com

Apart-Hotel Monteverde
Pío Nono 193, Barrio Bellavista, Metrostation Baquedano, Tel. 2777 3607. Hotel mit kleinen Apartments in Santiagos Ausgehviertel, daher gut für Nachtschwärmer, aber nichts für Geräuschempfind-

liche. Nur Mikrowelle als Kochgelegenheit. Apartment für 1 Person 49 Euro, 2 Personen 55 Euro. www.aparthotelmonteverde.cl

Mittelklasse-Hotels

Hotel Montecarlo
Subercaseaux 209, Zentrum, Tel. 2633 9905. Schön am Cerro Santa Lucía gelegen, freundlich, mit etwas kleinen Räumen, Restaurant. DZ ab 70 Euro. www.hotelmontecarlo.cl

Principado
Av. Vicuña Mackenna 30, Zentrum, Tel. 2222 8142. Kabel-TV, freundlich, gut. DZ ab 50 Euro. www.hotelprincipadosantiago.com

Hotel Vegas
Londres 49, Zentrum, Tel. 2632 2514. Geräumige, renovierte Zimmer, ruhig und schön gelegen, sehr freundlich. DZ ab 77 Euro. www.hotelvegas.net

Hotel Lyon
Av. Ricardo Lyon 1525, Providencia, Tel. 2225 7732. Gutes Mittelklassehotel, deutschsprachig, etwas abseits, DZ ab 66 Euro. www.hotellyon.cl

Hotel Majestic
Santo Domingo 1526, Zentrum, Tel. 2690 9400. Gutes Hotel mit Pool, Safe im Zimmer, Parkplatz, Gepäckaufbewahrung und exzellentem indischen Restaurant. Frühstücksbuffet. DZ ca. 78 Euro. www.hotelmajestic.cl

Alcalá del Río
Padre Mariano 331, Providencia, Tel. 2236 0871. Ruhiges Mittelklasse-Hotel in guter Lage, Nähe Metrostation Pedro de Valdivia. DZ ab 78 Euro. www.hotelalcala.cl

Hotel Orly
Pedro de Valdivia 027, Providencia, Tel. 2231 8947. Gemütliches Hotel im Herzen von Providencia mit 28 Zimmern im französischen Stil. DZ ca. 129 Euro. www.orlyhotel.com

Hotel Fundador
Paseo Serrano 34, Tel. 2387 1200. Klassisches Hotel im europäischen Stil, mitten im Barrio Paris-Londres. Spa, Sauna, Pool. DZ 98 Euro. www.fundador.cl

Hotel NH Ciudad
Condell 40, Providencia, Tel. 2341 7575. Bequemes, beliebtes Hotel in guter Lage, überteuertes Restaurant. DZ 100 Euro. www.nh-hotels.com

Hotel Rugendas
Callao 3123, Las Condes, Tel. 2856 9800. 4-Sterne-Hotel im Boutique-Stil im exklusiven Viertel El Golf, Gym und Sauna, zu empfehlen. DZ ab 105 Euro. www.rugendas.cl

Hotel Su Merced
Santiago Bueras 121, Zentrum, Tel. 2584 7230. 2012 eröffnetes Boutique-Hotel mit 9 modern-eleganten Zimmern, die besseren mit Blick auf den Parque Forestal. Lounge und Restaurant. DZ ab 130 Euro. www.sumercedhotel.com

Hotel Atton El Bosque
Roger de Flor 2770, Las Condes, Tel. 2947 3600. Modernes Hotel, verkehrsgünstig (Metrostation Tobalaba), dabei ruhig, auch Suites für Familien, Pool und Gym. DZ 105 Euro. www.atton.cl

Hotel Galerías
San Antonio 65, Zentrum, Tel. 2470 7400. Sehr zentral, schön dekoriert, mit Lärmschutzverglasung. DZ ab 140 Euro, Suite ab 260 Euro. www.hotelgalerias.cl

Luxus-Hotels

The Aubrey
Constitución 299, Barrio Bellavista, Tel. 2940 2800. Luxuriöses Boutique-Hotel in einer stilvoll restaurierten alten Villa direkt am Cerro San Cristóbal. Exzellenter Service, 15 erlesen eingerichtete Zimmer und Suiten. Pool, Bar, Restaurant. DZ 180–400 Euro. www.theaubrey.com

Plaza San Francisco
Alameda 816, Zentrum, Tel. 2360 4445. Solide Spitzenklasse mitten im Stadtzentrum. DZ ab 130 Euro. www.plazasanfrancisco.cl

Crowne Plaza Hotel
Alameda 136, Zentrum, Tel. 2638 1042. 300 Zimmer mit Blick über die Stadt, dazu Pool, Sauna und Tennisplätze. DZ ab 175 Euro. www.crowneplaza.cl

Sheraton Santiago
Av. Santa María 1742, Providencia, Tel. 2233 5000. Erprobte Eleganz am Cerro San Cristóbal. Mit neuem Luxusgebäude „San Cristóbal Tower". DZ 130–200 Euro. 4-Sterne-Ableger Four Points Sheraton in Santa Magdalena 111, Providencia, Tel. 2750 0300, DZ ab 150 Euro. www.sheraton.cl

Plaza El Bosque Park & Suites
Ebro 2828 und San Sebastián 2800, Las Condes, Tel. 2498 1800. Große, sehr bequeme, distinguierte Hotels im modernen Geschäftsviertel „Sanhattan", mit Restaurants und Pool. DZ ab 125 Euro. www.plazaelbosque.cl

Marriott Santiago
Av. Kennedy 5741, Tel. 2426 2000. Luxus in einem Hochhausfinger mit toller Aussicht. Pool, Sauna etc., edle Restaurants. DZ ab 240 Euro. www.santiagomarriott.com

Le Reve
Orrego Luco 023, Providencia, Tel. 2757 6000. Gilt als bestes Boutique-Hotel Santiagos. 31 Zimmer in einem restaurierten Stadtpalais, aufmerksamer Service, Frühstück im Innenhof. DZ ab 250 Euro. www.lereve.cl

W Santiago
Isidora Goyenechea 3000, Las Condes, Tel. 2770 0000. Neu und todschick mitten in „Sanhattan", mit Pool und verglaster Bar auf dem Dach. DZ ab 300 Euro. www.starwoodhotels.com

Camping

In Santiago selbst gibt es keinen Campingplatz. Die nächsten Zeltplätze finden sich im **Cajón de Maipo** bei El Manzano (ca. 40 km vom Zentrum Santiagos entfernt) und in **San José** (ca. 50 km).

Längere Aufenthalte

Eine Unterkunft für länger zu finden ist relativ einfach. Ein akzeptables möbliertes Zimmer im Stadtteil Providencia ist ab ca. 200 Euro im Monat zu haben, eine Wohnung mit ein oder zwei Schlafzimmern kostet das Doppelte bis Dreifache. Im Internet finden sich **zahlreiche Angebote,** die meisten freilich ohne jegliche Garantie für Seriosität und Qualität der Unterkunft. Wer sich unangenehme Erfahrungen ersparen will, sollte sich an eine eingeführte Agentur wenden.

Das deutschsprachige Team von **ContactChile** vermittelt eine breite Auswahl an Zimmern in Familien, Studenten-WGs oder -Pensionen sowie möblierten Wohnungen. Auf der ContactChile-Website kann man sich verfügbare Unterkünfte mit Fotos, Beschreibung und Lageplan anzeigen lassen. Darüber hinaus organisiert die Agentur Praktika in chilenischen Firmen und Institutionen. Adresse: Rafael Cañas 174, Providencia, Tel. 2264 1719, www.contactchile.de.

Restaurants

Egal welche Küche man bevorzugt – **in Santiago wird jeder auf seinen Geschmack kommen.** Es gibt eine Überfülle an Restaurants, vom einfachen Imbiss an der Ecke bis hin zum eleganten Feinschmeckerpalast. Die billigeren sind meistens Fast-Food-Restaurants, in denen in passendem Ambiente Geflügel, Sandwiches, Pizza und Pommes serviert werden. Wer schön und gut essen will, muss abends mit mindestens 12 Euro p.P. (inklusive Getränke) rechnen, zum Mittagessen bieten viele Restaurants preiswertere Menüs an.

Ein gutes Mittagessen bekommt man im **Mercado Central** auf der San Pablo Ecke Puente. Hier werden frisch alle Fischarten und Meeresfrüchte serviert, die in Chile zu haben sind. Die preiswerteren Garküchen befinden sich außen an der Markthalle oder direkt neben den Fischverkaufsständen – hier sitzt man auf wackligen Stühlen vor Plastiktischen. Etwas vornehmer, aber immer noch rustikal geht es im Innern der Markthalle zu, wo „Don Augusto" die Szenerie beherrscht.

Die Markthändler selbst essen im **Mercado La Vega,** nördlich der Markthalle und des Río Mapocho. Dort gibt es einen gebratenen Fisch schon ab 1 Euro.

Im Zentrum

Bar Nacional
Bandera 317 und Huérfanos 1151. Beide Restaurants sind mittags immer voll, sehr beliebt bei Geschäftsleuten, wechselnde Tageskarte, hervorragende Empanadas.

De los Reyes
Compañía 1073. Authentische peruanische Gerichte in diesem und weiteren Restaurants im „Klein-Lima" westlich der Plaza de Armas.

La Piccola Italia
Alameda 870, neben dem Hotel Plaza San Francisco. Italienisches auf gutem Niveau, nicht teuer.

Bar Unión
New York 1. Trotz der dunklen Einrichtung eine echte Bier- und Weinbar mit guter, einfacher Küche, große Portionen.

Confitería Torres
Alameda 1570. Klassiker mit Tangomusik, aber nicht billig.

Bristol
Im Hotel Plaza San Francisco, Alameda 816. Vielfach ausgezeichnete Spitzenküche, die allerdings auch ihren Preis hat.

Blue Jar
Almirante Gotuzzo 102, Tel. 2699 8399. Schönes Bistro mit kreativen Gerichten und guten Salaten, gehobene Preise.

Zabo Sushi
Plaza Mulato Gil, Lastarria 305. Leckeres Sushi und flotte Drinks an einem romantischen Ort der Ruhe inmitten der hektischen Innenstadt.

Sur Patagónico
Lastarria 96. Nostalgisch eingerichtetes Restaurant mit Tischen auf der Straße, gute Gerichte & Salate.

Gatopardo
Lastarria 192, Tel. 2632 6420. Landestypische Küche vom Feinsten, guter Service, nur abends geöffnet.

Opera/Catedral
Merced 395 Ecke de la Barra, Tel. 2664 3048. Unten exzellentes, französisch inspiriertes Restaurant, oben angesagte Lounge-Bar mit Terrasse und Live-Musik.

Barrio Bellavista

Im Ausgehviertel von Santiago liegen zahlreiche Restaurants und Kneipen. Einige Empfehlungen:

El Caramaño
Purísima 257. Typisch chilenisch in uriger Atmosphäre.

Eladio
Pío Nono 251. Gute und große Fleischportionen.

Venecia
Pío Nono 200, Ecke López de Bello. Alteingesessene, etwas heruntergekommene Kneipe, berühmt als früheres Stammlokal von *Pablo Neruda* – der hatte es von seinem Haus in Bellavista auch nicht weit.

Galindo
Dardignac 098 Ecke Constitución. Klassisch, preiswert und immer gut besucht: chilenische Gerichte, Sandwiches und Bier vom Fass.

Azul Profundo
Constitución 111, Tel. 2738 0288. Exzellente Meeresfrüchte in passendem Ambiente.

Santería
Chucre Manzur 1, Tel. 2732 9316. Kulinarische Kreationen in schickem Ambiente, mit Lounge-Terrasse.

Ky
Av. Perú 631, Tel. 2777 7245. Thailändisch inspirierte Küche in einer witzig-eklektisch dekorierten Villa. Nicht billig, Voranmeldung empfohlen.

Providencia

Liguria
Av. Providencia 1373, direkt an der Metrostation Manuel Montt. Sehr beliebter, oft voller Treffpunkt mit guter italienisch-chilenischer Küche, üppige Portionen. Weitere Filialen, mit weniger Boheme-Ambiente, in Pedro de Valdivia 048 und Luis Thayer Ojeda 019 (Metrostation Tobalaba).

Astrid y Gastón
Antonio Bellet 201, Tel. 2650 9125. Der Ableger des peruanischen Originalrestaurants hat sich mit kreativen internationalen Gerichten unter die Top Ten der Stadt gekocht.

Barandiarán
Manuel Montt 315, Tel. 2236 6854. Peruanische Küche pur, von Ceviches über Meerschwein bis zur *Chifa* (peruanisch-chinesisches Gericht).

Le Flaubert
Orrego Luco 125, Tel. 2231 9424. Französische Speisen, klein und fein, mit gemütlichem Innenhof. Teespezialitäten.

Casa Luz
Av. Italia 805, Tel. 2918 7204. Romantisches Ambiente im Barrio Italia, internationale Küche.

Las Condes und Vitacura

Europeo
Alonso de Córdova 2417, Tel. 2208 3603. Vor allem französisch inspirierte Kreationen des Spitzenkochs *Carlos Meyer.* Mehrfach als bestes Restaurant Chiles ausgezeichnet, dabei angemessene Preise.

Osadía
Nueva Costanera 3677, Tel. 2206 5549. Jung, gewagt und gut – wie der Besitzer und Spitzenkoch *Carlo von Mühlenbrock.* Innovative Innenarchitektur.

Boragó
Nueva Costanera 3467, Tel. 2953 8894. Seespargel, Guanako, weiße Erdbeeren – Meisterkoch *Rodolfo Guzmán* bezaubert mit einheimischen Produkten und innovativen Gerichten.

Puerto Fuy
Nueva Costanera 3969, Tel. 2208 8908. Hochgelobte kulinarische Kreationen von *Giancarlo Mazzarelli.*

La Sal
Av. Vitacura 8411, Tel. 2224 1410. Steaks, Fisch und Pasta auf spanische Art, faire Preisgestaltung.

Vegetarisch

El Naturista
Moneda 846, Zentrum. Vegetarische Kost, meist aus biologischem Anbau.

El Árbol
Huelén 71, Providencia. Exzellente, dabei preiswerte organische Mittagsmenüs, Salate und Quiches.

Café del Patio
Providencia 1670, Local 8-A. Tofu-Gerichte und leckere Salate in nettem Ambiente.

El Huerto
Orrego Luco 054, Providencia, Tel. 2233 2690. Nicht ganz preiswerte, kreative Küche.

Cafés

In Sachen Kaffeekultur hat Chile und insbesondere Santiago in den letzten Jahren einen großen Sprung gemacht. Wo man früher nur Nescafé serviert bekam, gibt es heute vielerorts Espresso. Explodiert ist vor allem das Angebot an Cafés, wo Kaffee in **verschiedensten Varianten** zubereitet und eine reiche Auswahl an süßem Gebäck und Eis serviert wird. Wo es die Örtlichkeiten erlauben, werden Tische auf die Straße gestellt, liegen Zeitungen bereit oder kann man im Internet surfen. Auch in den Einkaufszentren hat die Kultur des leckeren Kaffees Einzug gehalten. Hier eine kleine Auswahl:

Mosqueto
Mosqueto 440, Centro. Gemütlicher Buchladen mit Café.

Wonderful
Lastarria 90, Centro. Spezialität: „Latte Art".

Otros Aires
Av. Providencia 1439, Providencia. Kaffee aus Brasilien und Indien, vor Ort geröstet.

Café Magdalena
Las Urbinas 27, Providencia. Leckere Fruchtsäfte, Tee, Kaffee und Kuchen. Abends Bar.

Cory
Av. Providencia 2155 (im Mall Panorámico). Österreichische Kaffeekultur vom Feinsten.

Melba
Don Carlos 2898, Las Condes. Wohl das beste Frühstück der Stadt.

■ Eine skurrile chilenische Spezialität sind die **„Cafés con piernas"** (Café mit Beinen), die sich v.a. in den alten Ladenpassagen des Zentrums finden. Hier lassen sich in graue Anzüge gekleidete Männer von jungen Damen in Miniröcken oder Bikini einen *cortado* (Espresso mit Milch) servieren. Frauen ist vom Besuch dieser zwielichtigen, von außen nicht einsehbaren Kaffeebars abzuraten.

Kinos

Die Kinos in Santiago zeigen dieselben Filme wie die in London, Dallas oder Köln – die internationalen Verleihfirmen bestimmen auch hier das Programm. Die Besonderheit: **Die meisten Filme laufen im Original** und sind spanisch untertitelt. Etliche Kinos liegen im Zentrum auf dem Paseo Huérfanos, das größte Multiplex im Zentrum ist das Hoyts San Agustín (San Antonio Ecke Moneda, www.cinehoyts.cl). Weitere große Multiplex-Kinos finden sich in Einkaufszentren wie Costanera Center, Parque Arauco und Alto Las Condes. Sämtliche Programme unter www.800.cl. Mittwochs gelten ermäßigte Preise.

Wer Originelleres möchte – einige **„Kunstkinos" (Cines Arte)** bieten ein Programm neben dem Mainstream (alle im Zentrum):

■ **Alameda,** www.centroartealameda.cl
Av. O'Higgins 139, Tel. 2664 8821.

■ **El Biógrafo,** www.cinearte.cl
Lastarria 181, Tel. 2633 4435.

■ **Normandie,** www.normandie.cl
Tarapacá 1181, Tel. 2697 2979.

■ **Sala Blanca,** www.cineuc.cl
In der Universidad Católica, Centro de Extensión, Alameda 390, Tel. 2354 6507.

Theater und Konzerte

Die Theaterszene Santiagos ist nicht sehr groß, aber ambitioniert. Die wenigsten Bühnen haben feste Ensembles. Ihr Programm wird in der Tagespresse veröffentlicht, oder man schaut unter www.800.cl.

chi11-020 ms

Viele Theater spielen nur von Donnerstag bis Sonntag. Die wichtigsten Theater oder Spielstätten, an denen freie Ensembles auftreten, sind:

- **Centro Cultural Matucana 100,** www.m100.cl Av. Matucana 100, Metrostation Quinta Normal, Tel. 2682 4502.
- **Teatro Nacional Chileno,** www.tnch.uchile.cl Sala Antonio Varas, Morandé 25, Zentrum, Tel. 2696 1200.
- **Centro Mori,** www.centromori.cl Constitución 183, Bellavista, Tel. 2777 5046.
- **Lastarria 90,** www.lastarria90.cl Lastarria 90, Zentrum, Tel. 2632 7497.
- **Teatro Ictus,** www.teatroictus.cl Merced 349, Zentrum, Tel. 2639 1523.
- **Centro Cultural Gabriela Mistral** Av. Bernardo O'Higgins 227, Centro, Tel. 2566 5500, www.gam.cl.
- **Teatro de la Universidad Católica** Jorge Washington 26, Ñuñoa, Tel. 2205 5652, www.teuc.cl.

Klassische und zeitgenössische E-Musik stehen in folgenden Konzerthäusern auf dem Programm:

- **Teatro Municipal** San Antonio 149, Tel. 2463 1000. Konzerte des Philharmonischen Orchesters, Kammerkonzerte, Opern und Ballett. www.municipal.cl
- **Teatro Universidad de Chile** Providencia 043, Tel. 2978 2480. Konzerte des Sinfonieorchesters der Universidad de Santiago. www.teatro.uchile.cl
- **Teatro Municipal de Las Condes** Av. Apoquindo 3300, Tel. 2950 7700. Hochmoderner Konzertsaal, hier finden u.a. die Kammerkonzerte der Beethoven-Stiftung statt. www.tmlascondes.cl

Konzerte mit populärer Musik finden hauptsächlich in den kleineren Clubs statt (siehe Tagespresse), ab und an kommen aber auch internationale Stars nach Santiago, die dann im Estadio Nacional oder dem Estadio Víctor Jara auftreten (Plakatierung beachten). Der Vorverkauf dafür läuft über die Filialen des Plattenladens „Feria del Disco", z.B. auf der Ahumada 286, der Ahumada/Ecke Alameda oder in Providencia auf der Ecke der Av. Providencia mit der Av. Suecia, sowie über die Websites www.ticketek.cl und www.feriaticket.cl.

Discos

Vor allem die Straßen von Bellavista, die Calle Suecia und General Holley in Providencia sowie die Av. Vitacura (Höhe 9000) – hier besonders betucht und etabliert – gehören zu den beliebtesten Ausgehvierteln. Unten eine Auswahl an Diskotheken. Vor Mitternacht ist dort nichts los, am besten kommt man nicht vor 1 Uhr. Die Eintrittspreise betragen in der Regel zwischen 6 und 15 Euro.

- **Club La Feria** Constitución 275, Bellavista. Beliebter Treff für Fans elektronischer Musik.
- **Punta Brown** Recoleta 345, Recoleta. Kleiner und feiner Tanzschuppen.
- **Club Miel** Bilbao 465, Providencia. Thematische Fiestas und Konzerte von Mi bis Sa.
- **La Maestra Vida** Pío Nono 380. Beliebte Salsothek, oft wird Live-Musik gespielt.
- **Sala Murano** Av. Las Condes 14.950, Lo Barnechea. Schicke Disco.
- **Aura Club** Av. Vitacura 9339. Elektronische Musik in gestyltem Ambiente.

☒ Restaurant im Viertel Lastarria

chi049 ms

Spiegelungen an der Plaza de Armas

Kneipen und Clubs

An verschiedenen Brennpunkten der Stadt konzentrieren sich angesagte Kneipen, Pubs und Clubs. Eine Auswahl:

Barrio Brasil

Baires
Brasil 255. Großer Sushi-Pub, weitere derselben Kette in der Nähe.

Per Piacere
Catedral 2201 Ecke Maturana. Weinbar mit relaxtem Ambiente.

Zentrum

Unión Chica
Nueva York 11. Wein trinken, Domino spielen, Sandwich essen im Schatten der Börse.

Diablito
Merced 336. Nostalgisch eingerichtete, gemütliche Bar mit gutem Essen.

Bocanáriz
Lastarria 276. Eine echte Weinbar mit über 300 chilenischen Tropfen.

Barrio Bellavista

Étniko
Constitución 172 Ecke López de Bello. Live-DJs spielen Ethno-Techno, gute Sushis.

Perseguidor
López de Bello 0126. Treff für Literaten und Nachtwandler. Jeden Abend Live-Jazz.

La Casa en el Aire
López de Bello 0125. Einfach und preiswert, Balladensänger und Geschichtenerzähler.

El Mesón Nerudiano
Dominica 35. Jazz, Boleros und Liedermacher, gute Küche.

Thelonious
Bombero Núñez 336. Urige Jazzkneipe, intime Konzerte.

Providencia/Las Condes

Bar Central
Av. Providencia 1391, neben dem Liguria. Coole Bar.

Ummo
Pérez Valenzuela 1470. Junges Publikum, Fusion-Küche.

Orgániko
Manuel Montt 442. Modern und angesagt: Sushi, Maisfladen und Sandwiches, Freitagnacht Party.

Ecléctico
Condell 639. Stimmungsvolle, immer gut besuchte Bar mit großer Auswahl an Wein und Drinks.

Sushito
Paseo Orrego Luco 46, Metrostation Los Leones. Eine von mehreren beliebten Bars und Straßencafés in dieser Fußgängerzone. Nach Mitternacht Disco im Subterráneo nebenan.

Ilé Habana
Bucarest 95. Live-Musik aus Cuba.

Flannery's Irish Geo-Pub

Encomenderos 83. Internationales Traveller-Publikum, Fußball-Übertragungen.

Plaza Ñuñoa

Ein relativ neuer, aber immer beliebterer Treff für junge Leute. Alle genannten Lokale sind direkt an der oder in unmittelbarer Nähe der Plaza.

Las Lanzas

Humberto Trucco 25. Einfach und unschlagbar, ein Dauerbrenner.

Ébano

Jorge Washington 176. Weine, Whisky, Sushi und nette Snacks.

La Batuta

Jorge Washington 52. Verrauchte Grunge-Atmosphäre, oft Live-Gigs.

Tango-Bars

El Cachafaz Tango Bar

Guardia Vieja 188. Do bis Sa Tango mit einer tollen argentinischen Altherrenband, zum Zuschauen oder Mittanzen.

Confitería Las Torres

Alameda 1570. Atmosphäre und Ausstattung wie zur vorletzten Jahrhundertwende mit Tango live.

Flugzeug

Der **internationale Flughafen** von Santiago mit dem langen Namen **Comodoro Arturo Merino Benítez,** mit dem nationalen Terminal im selben Gebäude, liegt im Ortsteil Pudahuel rund 25 km nordwestlich des Stadtzentrums. Auch die Flüge auf die Osterinsel starten hier.

Die billigste Möglichkeit, ins Zentrum zu gelangen, bieten die **Flughafenbusse,** die von 6 bis 22.30 Uhr im 20-Minuten-Takt zwischen Flughafen und City pendeln; Fahrtzeit 30–45 Min., je nach Verkehrsaufkommen. Die Busunternehmen heißen Centropuerto (Tel. 2601 9883, 2,50 Euro) und Tur-Bus (Tel. 2822 7741, 3 Euro). Die Busse starten direkt vor dem Flughafengebäude (nicht zu übersehen), in umgekehrter Richtung ab den Metrostationen Los Héroes, Estación Central und Pajaritos, jeweils auf der Nordseite der Alameda (Av. O'Higgins). Wer Zeit sparen will, steigt auf dem Weg in die Stadt in Pajaritos in die Metro um oder fährt auf dem Weg zum Flughafen mit der Metro (Linie 1) bis Pajaritos vor und steigt dort in den Flughafenbus.

Zweitbilligste Variante ist der **Shuttle-Service von TransVip** (Tel. 2677 3000) oder **Delfos** (Tel. 2913 8800). Für 11–13 Euro p.P. (je nach Fahrtziel) bringen Kleinbusse mehrere Kunden in Sammelfahrt direkt zur gewünschten Adresse bzw. holen sie dort ab. Der Schalter findet sich direkt nach der Zollkontrolle, noch vor dem Ausgang, ein zweiter in der Ankunftshalle. Für die Fahrt zum Flughafen bestellt man den zuverlässigen Service spätestens einen Tag vorher.

Ein **Taxi** ist ab zwei Personen eine gute und schnellere Alternative zum Kleinbus und kostet 27–38 Euro, je nach Fahrtziel. Buchung ebenfalls über den offiziellen Schalter nach der Zollkontrolle.

Achtung: Im Ausgangsbereich des Flughafens wartet eine aufdringliche Meute von Taxifahrern und Transfer-Anbietern auf die Touristen. Die wenigsten von ihnen haben eine Genehmigung. Unser Rat: Wollen Sie nicht Abzockern auf den Leim gehen, schütteln Sie alle mit einem freundlichen „No, gracias" ab, und buchen Sie den Transfer am Schalter der offiziellen Anbieter! Achten Sie auf Ihr Gepäck und vergewissern Sie sich, in das richtige Fahrzeug zu steigen! Die deutlich mit dem Firmenlogo „TransVip" oder „Delfos" gekennzeichneten Kleinbusse und Taxis halten direkt vor dem mittleren Ausgang des Flughafens.

Bei Flügen ab Santiago ist es ratsam, sich vor der Fahrt zum Flughafen zu vergewissern, dass die Maschine im Zeitplan liegt, um Wartezeiten zu vermeiden. Dichter Morgennebel kann den Flughafen schon mal einen Vormittag lang lahm legen. Zentrales **Flughafen-Tel. 2690 1752** bzw. bei den Fluglinien oder unter www.aeropuertosantiago.cl.

Direkt am Flughafen gibt es ein Hotel der Kette **Holiday Inn,** DZ ca. 150 Euro, Tel. 2799 9900, www.holidayinnexpress.cl.

Fluggesellschaften

Die wichtigsten **nationalen und internationalen Fluggesellschaften** sind mit ihren Büros in Santiago de Chile vertreten:

- **Aerolíneas Argentinas**
Roger de Flor 2921, Los Condes, Tel. 800-610200.
- **Air Canada**
Av. Andrés Bello 2687, piso 16, Tel. 2460 2206.
- **Air France/KLM**
Joaquin Montero 3000, Vitacura, Tel. 2580 9696.
- **Alitalia**
Av. Providencia 1998 of. 208, Tel. 2335 1010.
- **American Airlines**
Huérfanos 1199 und Av. El Bosque Norte 0107, Local 11, Las Condes, Tel. 2679 0300.
- **British Airways,** Tel. 800-532998.
- **Delta Airlines**
Isidora Goyenechea 2939, of. 601, Tel. 800-202020.
- **Iberia**
Alonso de Córdova 5151, Vitacura, Tel. 2870 1070.
- **LAN**
Huérfanos 926 (Zentrum) sowie Av. Providencia 2006 Ecke Pedro de Valdivia; zentrales Buchungstelefon: 600-5262000.
- **Lufthansa/Swiss**
El Bosque Norte 500, piso 16, Tel. 2630 1655.
- **PAL Airlines**
El Bosque Norte 0142, Tel. 2651 0600.
- **Sky Airlines**
El Bosque Norte 0117, Las Condes, Buchungstelefon landesweit: 600-6002828.
- **TAM**
Av. Vitacura 2943, Las Condes, Tel. 2499 0200.

Busse

Fernbusse

Von Santiago fahren Busse in alle Orte des Landes. Die **Fahrzeiten** zu den wichtigsten Zielen betragen:

Stadtautobahn – nur am Sonntagmorgen so leer

chi13-006 ms

- **Arica:** 30 Stunden
- **Antofagasta:** 19 Stunden
- **Concepción:** 6 Stunden
- **Copiapó:** 11 Stunden
- **Iquique:** 26 Stunden
- **La Serena:** 7 Stunden
- **Osorno:** 12 Stunden
- **Puerto Montt:** 14 Stunden
- **Punta Arenas:** 60 Stunden
- **Temuco:** 8 Stunden
- **Valdivia:** 10 Stunden
- **Valparaíso:** 2 Stunden
- **Villarrica:** 10 Stunden

Die **Preise** hängen von der Busklasse, der Saison und der Strecke ab. So bekommt man ein Ticket für die 1000 Kilometer nach Puerto Montt in der einfachen Touristenklasse schon ab 7500 Pesos (ca. 11 Euro), der Schlafbus kostet etwa das Doppelte. Auf überlangen Strecken wie nach Arica (2100 km) verkehren nur Semi-Cama- und Cama-Busse, die Preise liegen hier an normalen Tagen zwischen 28 und 60 Euro. Zu Busfahrten über Land siehe auch den Abschnitt „Reisen in Chile".

Busbahnhöfe

Santiago hat **vier Busbahnhöfe,** die **alle an der Alameda (Av. O'Higgins)** liegen:

Terminal de Buses Alameda
Av. O'Higgins 3750; leicht zu erreichen, da direkt am südlichen Ausgang der Metrostation Universidad de Santiago. Zwei große Busgesellschaften starten von hier: **Pullman Bus** und **Tur-Bus.** Beide Gesellschaften fahren von hier nach Valparaíso und Viña del Mar, Pullman Bus nach Norden bis nach Arica (einschließlich Zwischenstationen), Tur-Bus nach Arica im Norden (einschließlich Zwischenstationen) und Puerto Montt im Süden (einschließlich Zwischenstationen) – so kann fast jeder Ort Chiles von hier aus erreicht werden. Tur-Bus unterhält auch einen direkten **Shuttle** von hier **zum Flughafen** (alle 30 Min., 3 Euro). Im Busbahnhof gibt es eine kleine Shopping Mall mit Fast Food, Frisör und Internet-Café. Informationen unter:
www.turbus.cl, www.pullman.cl

Terminal de Buses Santiago
Av. O'Higgins 3848, Tel. 2376 1750, nur 150 Meter westlich des südlichen Ausgangs der Metrostation Universidad de Santiago. Von hier starten **mehrere Busgesellschaften** vor allem in den Süden des Landes. Ziele sind einzelne Orte im Seengebiet, alle Orte entlang der Panamericana bis nach Puerto Montt und die Küstenorte im Süden und auf Chiloé. Einzelne Buslinien fahren sogar bis Punta Arenas, und auch einige wenige Orte in der nördlichen Hälfte des Landes werden von hier angesteuert. Informationen unter:
www.terminaldebusessantiago.cl

Der Terminal de Buses Santiago ist auch der wichtigste Busbahnhof für die **internationalen Linien.** Von hier starten **Busse in fast jedes lateinamerikanische Land.** Wer will und Zeit hat, kann sich und sein Sitzfleisch testen: Die Fahrt nach Caracas (Venezuela) etwa nimmt fast zehn Tage in Anspruch. Realistisch sind Fahrten nach Argentinien. Viele Unternehmen fahren nach Mendoza (Argentinien, 7 Std., ca. 12 Euro) mit Anschluss nach Buenos Aires oder bieten andere Ziele im Nachbarland an. Auch Verbindungen nach Montevideo (Uruguay, 24 Std., 60 Euro) oder Asunción (Paraguay, 30 Std., 80 Euro) sind noch erträglich. Der **Preis-, Service- und Zeitvergleich** für die einzelnen internationalen Linien im Terminal de Buses Santiago lohnt sich.

Terminal Los Héroes
Tucapel Jiménez 21, Tel. 2420 0099, direkt an der Av. O'Higgins, nahe der Metrostation Los Héroes. Von hier fahren **Busse in alle Landesteile;** der Busbahnhof ist wesentlich kleiner und übersichtlicher als die anderen.

Terminal San Borja
San Borja 184, direkt an der Estación Central. Der Zugang zum Busbahnhof erfolgt durch die Ladengalerie rechts vom Eingang des Eisenbahn-Bahnhofs. Von hier fahren vor allem **Busse in kleinere Orte in der Umgebung von Santiago und in der Zentralzone.** Etwa 25 verschiedene Busgesellschaften verkaufen hier ihre Tickets, aber nicht alle Busse starten von hier. An der Information kann man erfahren, welche Buslinie welchen Zielort ansteuert. www.terminalsanborja.cl

Stadtbusse

Der 2007 eingeführte **Verkehrsverbund Transantiago** hat versucht, Ordnung in das bis dahin herrschende Chaos der Buslinien zu bringen. Das ist nur zum Teil gelungen: Speziell zu den Spitzenzeiten reichen die Busse nicht aus, fehlende Busspuren und Staus verlängern die Fahrzeiten, und das Linien- und Umsteigesystem ist selbst für die Santiaguinos kaum zu durchschauen. Um so schwieriger wird es für den Besucher herauszubekommen, welcher Bus ihn zum gewünschten Ziel bringt. Die wichtigsten Stationen oder Achsen sind an der Windschutzscheibe angeschrieben, einen Strecken- oder gar Fahrplan sucht man an den Haltestellen jedoch vergebens. Unter www.transantiago.cl kann man versuchen, sich die Route zurechtzulegen. Unterschieden wird zwischen **buses troncales,** die die Hauptachsen bedienen, und **buses alimentadores,** den lokalen Zubringern (je nach Stadtviertel). Die unterschiedlichen Farben der Busse markieren lediglich die jeweilige private Betreiberfirma, nicht die Route. Der Fahrpreis beträgt 590 Pesos (1 Euro), für Bus + Metro gilt ein geringfügig höherer Verbundtarif (je nach Tageszeit). Studenten können über ihre Universität eine Studentenkarte bekommen und zahlen nur 190 Pesos. Bezahlt wird ausschließlich mit der Prepaid-Karte Bip!, die man vorher in der Metro oder an entsprechend gekennzeichneten Verkaufsstellen und Automaten erwerben (1350 Pesos, 2,20 Euro) und mit einem Guthaben aufladen muss; beim Einsteigen wird die Karte an ein Lesegerät gehalten, das „bip" macht (daher der Name). In den Bussen wird keine Barzahlung akzeptiert. Nach dem ersten Einsteigen kann man 120 Min. lang in andere Busse und Metrolinien umsteigen, ohne erneut zu bezahlen (man hält die Karte ans Lesegerät, das die Fahrt registriert, aber nicht erneut abbucht).

Bahn

Personenzüge verkehren von Santiago nur noch bis **Chillán.** Sie halten in allen größeren Städten auf der Strecke. Immerhin fünfmal am Tag verkehrt der Schnellzug TerraSur von Santiago über **Talca** (3 Std.) nach Chillán (4½ Std.). Fahrpläne unter www.terrasur.cl, Auskunft Tel. 600-585 5000.

Darüber hinaus fährt etwa stündlich der ebenfalls schnelle Vorortzug **Metrotrén** über Rancagua nach San Fernando. Fahrpläne unter www.tmsa.cl.

Außer in der **Estación Central** (gleichnamige Metrostation, Mo bis Sa 7–22.45 Uhr, So 8–22.45 Uhr) kann man **Bahntickets** an entsprechenden Verkaufsstellen in den Metrostationen Universidad de Chile und Manuel Montt erwerben.

Zum Zugfahren vgl. auch „Reisen in Chile/Mit dem Zug".

Taxis

Die Taxis in Santiago sind **schwarz mit gelbem Dach.** Es gibt sie in Hülle und Fülle, und man kann sie überall anhalten. Sie sind **recht preiswert,** die Einzelfahrt beginnt bei 250 Pesos (0,40 Euro), alle

☐ Mobilität in der Großstadt: die Metro

chi054 ms

Red de Metro – U-Bahn-Netz

©Reise Know-How 2013

200 Meter kommen 100–120 Pesos (0,15–0,20 Euro) hinzu. Fast alle Taxis sind mit Taxameter ausgestattet, und die Taxifahrer schalten diese in der Regel auch ein. Bei längeren Strecken lohnt es sich, vorher einen Preis auszuhandeln (vgl. auch „Reisen in Chile/Mit dem Taxi").

Taxi Colectivo

Das sind **Sammeltaxis,** die auf festen Routen durch die Stadt kreuzen. Sie sind in der Regel ganz schwarz und haben auf dem Dach ein Schild, das ihre Fahrtroute anzeigt. Sie kosten etwa 0,80–1 Euro je Fahrt, abhängig von der Route.

U-Bahn

Die Metro ist prinzipiell das **schnellste und beste Verkehrsmittel,** um durch Santiago zu kommen. Allerdings muss man zu den Stoßzeiten (7–9 Uhr und 18–20 Uhr) an neuralgischen Stationen mit Menschenstaus rechnen, und die Personendichte in den Zügen steigt auf bedenkliche sieben pro Quadratmeter. Dann halten die Züge auf einigen Linien nicht mehr an jeder Station (Markierung Rot-Grün beachten), und sog. Klonbusse *(buses clones),* die an der Oberfläche dieselbe Strecke abfahren, versuchen die U-Bahn zu entlasten.

Die Metro verkehrt auf **fünf Linien** (siehe Plan), eine sechste ist in Bau; die wichtigsten sind die Linie 1 in Ost-West-Richtung, die das Zentrum mit Providencia und Las Condes verbindet, und die Linie 5, die direkt durch das alte Zentrum fährt. Alle Stationen sind gut ausgeschildert, in jeder Station hängt ein Plan der Umgebung. Leider ist die Metro kein Verkehrsmittel für Nachtschwärmer, sie fährt nur zwischen ca. 5.40 und 23.30 Uhr, an den Wochenenden startet der Betrieb eine Stunde später.

Die **Metropreise** sind nach Tageszeit gestaffelt und bewegen sich zwischen 560 und 670 Pesos (0,90–1,10 Euro) je Einzelfahrt. Man erwirbt Einzelfahrscheine und hält diese an den Scanner der automatischen Sperre. Mit dem einmal gelösten Ticket kann man auch auf eine andere Linie umsteigen.

Wer öfter fahren will, sollte sich die **Prepaid-Karte „Bip!"** für 1350 Pesos (2,20 Euro) kaufen, die beliebig nachgeladen werden kann. Damit wird die einzelne Fahrt etwas billiger, und man kann kostenlos in die Stadtbusse umsteigen (s.o.).

Mietwagen

Die großen Verleiher haben nicht nur einen Schalter am Flughafen, sondern bieten in der Regel auch die Übergabe des Wagens im Hotel an. Obwohl es im Verkehr in Santiago für lateinamerikanische Verhältnisse recht gesittet zugeht, sollten sich nur geübte Fahrer mit dem Wagen durch die Hauptstadt bewegen (s.a. „Reisen in Chile/Mietwagen"). Hier einige Adressen:

- **Avis,** www.avis.cl
San Pablo 9900, Pudahuel, Tel. 2795 3996, sowie im Hotel Radisson und am Flughafen. Buchungstelefon: 3682000.
- **ContactChile,** www.contactchile.de
Rafael Cañas 174, Providencia, Tel. 2264 1719. Die deutschsprachige Agentur vermittelt seriöse Angebote bei verschiedenen Verleihern und berät bei der Reiseplanung.
- **Europcar,** www.europcar.cl
Av. Vespucio 1373, Pudahuel, Tel. 2598 3200. Filiale am Flughafen.
- **First,** www.first.cl
Rancagua 0514, Providencia, Tel. 2225 6328.
- **Hertz,** www.hertz.cl
Av. Andrés Bello 1469, Providencia, Tel. 2360 8600. Flughafenfiliale.

Botschaften

- **Deutschland: Embajada de Alemania**
Las Hualtatas 5677, Vitacura, Tel. 2463 2500.
- **Österreich: Embajada de Austria**
Barros Errázuriz 1968, piso 3, Providencia, Tel. 2223 4774, 2223 4281 oder 2274 1590.
- **Schweiz: Embajada de Suiza**
Américo Vespucio Sur 100, piso 14, Las Condes, Tel. 2928 0100.

Wer von Chile nach Argentinien, Bolivien oder Peru einreisen möchte, sollte ggf. die Einreisevorschriften bei den Botschaften dieser Länder erfragen. Zurzeit ist die Einreise in alle drei Länder für Deutsche, Schweizer und Österreicher mit Reisepass kein Problem.

- **Argentinien**
Vicuña Mackenna 41, Tel. 2582 2606.
- **Bolivien,** Av. Santa María 2796, Tel. 2658 1281.
- **Peru,** Bucarest 162, Tel. 2231 8020.

Geldwechsel und Kreditkarten

Geldwechsel ist unproblematisch in Santiago. In der Calle Agustinas, zwischen der Fußgängerzone Paseo Ahumada und der Calle Bandera, findet sich eine **Wechselstube** neben der anderen, fast alle bieten denselben Kurs. Weitere finden sich in der Nähe der U-Bahnstationen Manuel Montt, Pedro de Valdivia und Los Leones. Wechselstuben haben einen schnelleren Service als Banken, auch die Kommissionen sind dort niedriger. Vor den Wechselstuben bieten oft Anreißer einen geringfügig besseren Kurs in einer anderen Wechselstube – dabei kann es sich leicht um Betrüger handeln.

Entlang der Haupteinkaufsstraßen finden sich zahlreiche Banken, in denen mit Euroscheck- oder Kreditkarten und PIN-Code problemlos **Geld am Automaten** gezogen werden kann.

Hier die Nummern der wichtigsten **Kreditkartenfirmen:**

- **American Express**
Tel. 800-361002 oder 2783 8755 bei Notfällen oder Kartenverlust.
- **Diner's Club International**
Tel. 800-220220.
- **Eurocard/MasterCard**
Tel. 2373 7200, bei Notfällen (gestohlene oder verlorene Kreditkarte) Tel. USA +1-230-020-2012.
- **VISA International**
Notrufnummer: USA +1-230-020-2136.

Post und Telefon

- Die **Hauptpost** befindet sich **an der Plaza de Armas.** Sie ist Mo bis Fr von 8.30–19 Uhr geöffnet, Sa bis 15 Uhr. Sollten die Schlangen drinnen zu lang sein: Die Händler vor dem Gebäude verkaufen neben Ansichtskarten, Umschlägen und allerlei Verpackungsmaterial auch Briefmarkenheftchen. Auch wer nicht schreiben will, sollte das Gebäude aufsuchen – die wunderschöne Schalterhalle sucht ihresgleichen.
- **Weitere Postfilialen:** Moneda 1170; U-Bhf. Universidad de Chile; Av. 11 de septiembre 2092; Luis Thayer Ojeda 0146; Av. Apoquindo 3291 und 4499; Mall Parque Arauco.
- **Öffentliche Telefonzentralen** finden sich in allen größeren Metrostationen und in den Fußgängerzonen.

Zeitungen

Einige **Zeitungskioske auf dem Paseo Ahumada** und in den großen Malls verkaufen aktuelle Zeitungen und Zeitschriften aus aller Welt: „Spiegel", „Zeit" und „Süddeutsche Zeitung" sind dort problemlos – und sehr teuer – zwei bis drei Tage nach Erscheinen in Deutschland zu bekommen.

Internet

Internet-Cafés gibt es an jeder Ecke, je nach Lage und Ausstattung liegen die Tarife für die Nutzung eines PCs zwischen 0,80 und 2 Euro pro Stunde. Die meisten **Hostels und Hotels, Cafés und viele Restaurants** bieten ihren Kunden WLAN gratis an – einfach nach dem Passwort fragen!

Sonstiges

Einkaufen

Die großen **Kaufhäuser** París, Falabella und Ripley sind im Zentrum und in Providencia mehrfach vertreten. **Shopping Malls** mit Ladengalerien sind z.B. Mall del Centro, Puente 689, Stgo. Centro; Mall Vivo, Av. 11 de septiembre Ecke Lyon, Providencia; Costanera Center, Av. Vitacura Ecke Providencia; Apumanque, Manquehue Ecke Apoquindo, Las Condes; Parque Arauco, Av. Kennedy 5413, Las Condes; Alto Las Condes, Av. Kennedy 9001, Las Condes.

Chilenische **Musik** aller Stilrichtungen gibt es u.a. bei Chilenmusica im Patio Bellavista (Constitución 30). Wer chilenische **Literatur** sucht, wird z.B. bei Lea Más fündig, einer auf nationale Autoren spezialisierten Buchhandlung im Kulturzentrum Gabriela Mistral (O'Higgins 227).

Kunsthandwerk

- **Feria Santa Lucía**
Alameda Ecke Carmen; bunt und preiswert, v.a. Schmuck und Kleidung, viel Kitsch; gegenüber, et-

was versteckt im Cerro Santa Lucía (Zugang von Miraflores), gibt es gutes Kunsthandwerk der chilenischen Ureinwohner.

Patio Bellavista

Pío Nono 55/Constitución 30–70. Viel originelles und hochwertiges Kunsthandwerk und Schmuck gibt es in dieser Laden- und Kneipengalerie. Tgl. geöffnet.

Constitución 8

Gleich neben dem Patio Bellavista. Hier haben einige Textilkünstler ihre Werkstätten, in einem kleinen Laden wird anspruchsvolles Kunsthandwerk verkauft. Hinzu kommt ein nettes Café.

Artesanías de Chile

Av. Bellavista 0357. Schöner Laden einer Fair-Trade-Stiftung mit authentischen Erzeugnissen ausgewählter Kunsthandwerker aus ganz Chile. Mo bis Sa 10–18 Uhr. Weitere Lokale in Los Dominicos (s.u.) und im Centro Cultural La Moneda. www.artesaniasdechile.cl

Los Dominicos

Av. Apoquindo 9085, Metrostation Los Dominicos; Kunsthandwerker-Dörfchen neben einem alten Kloster; schöne Atmosphäre, gute Qualität, nicht billig, vielfach Einblick in die Werkstatt.

Sprachschulen (Auswahl)

Tandem Santiago

Triana 853, Metrostation Salvador, Tel. 2236 4241. Beliebt, gute Lehrer, junge Atmosphäre, flexibel, Beiprogramm. www.tandemsantiago.cl

Instituto de Idiomas Bellavista

Calle Arzobispo 0605, Metrostation Salvador, Tel. 2732 3443. Familiär, kleine Gruppen, flexibel. www.escuelabellavista.cl

Natalis Language Center

Arturo Bürhle 47, Metrostation Baquedano, Tel. 2222 8685. Preiswert, engagiert. www.natalislang.com

Goethe-Institut

Holanda 100, Metrostation Tobalaba, Tel. 2952 8000. Große Gruppen, Einstieg nur monatlich, dafür preiswert; am Schwarzen Brett des Instituts wird auch immer wieder privater Spanisch-Unterricht angeboten oder ein deutsch-spanischer Sprachaustausch gesucht. www.goethe.de/santiago

Die deutschsprachige Agentur **ContactChile,** Tel. 2264 1719, vermittelt gute und preiswerte Spanischkurse mit Unterkunft in der Hauptstadt und anderen Städten. www.contactchile.de.

Das Non-Profit-Projekt **Spanish4students.com** listet rund ein Dutzend Sprachschulen, teilweise mit Rabatten. Leider nicht immer aktuelle Infos.

Outdoor-Shops

Andesgear

Helvecia 210, Metrostation Tobalaba, Tel. 2245 7076. Outdoor-Ausrüstung und -Kleidung, internationale Marken, ziemlich teuer. www.andesgear.cl

Doite

Läden in den großen Malls. Größter chilenischer Hersteller von Camping- und Outdoor-Ausrüstung. www.doite.cl

La Cumbre

Av. Apoquindo 5258, Metrostation Escuela Militar, Tel. 2220 9907. Der beste Outdoor-Laden der Stadt, hilfsbereit, viele internationale Marken, aber nicht billig. www.lacumbreonline.cl

Lippi

Läden in den großen Malls. Chilenischer Hersteller von Outdoor-Kleidung, Ruck- und Schlafsäcken. www.lippioutdoor.com

Mall Sport

Av. Las Condes 13.451, Tel. 2429 3030. Konsumtempel für Freizeitsportler, mit zahlreichen Outdoor-Läden. www.mallsport.cl

Tatoo

Los Leones 81, Metrostation Los Leones, Tel. 2946 0008. Breites Sortiment an Kleidung und Ausrüstung, moderate Preise. Auch im Mall Sport.

Stadtrundgänge/-fahrten

Free Tour Santiago

Kostenloser englischsprachiger Stadtrundgang durchs Zentrum (4 Std.), die Guides erwarten nur ein Trinkgeld. Mo bis Sa 10 und 15 Uhr, Treffpunkt ist vor der Kathedrale an der Plaza de Armas. www.freetoursantiago.cl

■ Turistik

Tel. 2820 1000. Eine sehr gute Möglichkeit, in relativ kurzer Zeit mehr von Santiago zu sehen, als nur das alte Zentrum, bieten die roten Panorama-Busse dieser Firma. Die Doppeldecker funktionieren nach dem Prinzip „hop-on/hop-off", man kann mit einem Tagesticket für 30 Euro beliebig oft aus- und in den nächsten Bus wieder einsteigen. Sie verkehren von 9.30 bis 18 Uhr ca. alle 30 Minuten zwischen den wichtigsten Sehenswürdigkeiten des Zentrums, von Providencia, Las Condes und Vitacura. Zusteigen kann man an 13 Haltestellen, u.a. an der Plaza de Armas, an der Moneda, vor der Universidad de Chile, am Mercado Central, an der Plaza Italia und im Einkaufszentrum Parque Arauco. www.turistik.cl

■ ContactChile

Tel. 2264 1719. Die Agentur organisiert individuell abgestimmte Stadtführungen mit erfahrenen deutschsprachigen Guides. Beispiel: 4 Stunden für 2 Pers. 85 Euro. Auch Ausflüge in die Umgebung (Weingüter, Berge) und nach Valparaíso. www.contactchile.de

Kulturinstitute

■ Centro Cultural Palacio La Moneda

Plaza de la Ciudadanía, auf der Südseite des Regierungspalastes. Sonderausstellungen, Filmarchiv. www.ccplm.cl

■ Centro Cultural Matucana 100

Av. Matucana 100, Metrostation Quinta Normal. Spannendes Programm auf einem ehemaligen Fabrikgelände: Bildende Kunst, Theater, Konzerte. www.m100.cl

■ Centro Gabriela Mistral (GAM)

Av. O'Higgins 227, Metrostation Universidad Católica. Theater, Musik, Tanz in einem modernen, 2010 eröffneten Zentrum. www.gam.cl

■ Centro Cultural de España

Av. Providencia 927, Metrostation Salvador, Tel. 2795 9700. Veranstaltungen und Bibliothek. www.ccespana.cl

■ Goethe-Institut

Holanda 100, Metrostation Los Leones, Tel. 2952 8000. Abwechslungsreiches Kulturprogramm, gute Bibliothek. www.goethe.de/santiago

Ausflüge

Etliche in Santiago ansässige Veranstalter für ganz Chile werden im Abschnitt „Organisierte Touren" sowie im Outdoor-Kapitel aufgelistet. Hier zusätzlich zwei Adressen für Touren rund um Santiago:

chi13-007 ms

Cumbre Andina

Moneda 772, of. 402B, Tel. 2470 7460; Tagesausflüge und längere Touren in die Anden, professioneller Service. www.cumbreandina.cl

Santiago Adventures

Guardia Vieja 255, of. 406, Tel. 2244 2750; Ausflüge zu Weingütern, Wander- und Reittouren in den Anden und an der Küste. Englischsprachig. www.santiagoadventures.com

Cabalgatas Santiago

Nueva Bilbao, La Reina, Tel. 09/9533 4999. Die deutsche Reitlehrerin *Nina Stumpf* bietet Pferdetouren für jedermann an, auch ohne Reiterfahrung. Auf ruhigen Criollos genießt man die Natur der Voranden mit Blick auf Santiago. Ab 40 Euro p.P. www.cabalgatasantiago.com

Das moderne Kulturzentrum Gabriela Mistral (GAM)

NICHT VERPASSEN!

Valle Casablanca: Wein kosten in schicken Winzereien | 61

Kross in Curacaví: ein Berliner braut Bier | 62

Farellones und La Parva: Skifahren & Wandern | 63

Concha y Toro: hochherrschaftliches Weingut in Pirque | 64

Refugio Alemán Lo Valdés: deutsche Berghütte in den Anden | 66

Route 60 nach Mendoza: spektakulärer Andenpass | 66

Diese **Tipps** sind gelb hinterlegt.

Weinfelder im Casablanca-Tal

chi13-032 ms

DIE UMGEBUNG VON SANTIAGO

Die strategisch günstige Lage der Hauptstadt inmitten der Wein- und Obstgärten des Landes, nahe spektakulärer Hochanden und nur anderthalb Autostunden von der Küste entfernt lädt dazu ein, zu verweilen und die nähere Umgebung zu erkunden. Lieber ein traditionsreiches Weingut mit Landschaftspark oder eine modern gestylte Boutique-Winzerei? Ein Blick in die Sterne oder eine Reittour in die Berge? Eine Trekkingtour hoch über der Stadt oder Entspannung in einer Thermalquelle?

Pomaire 180/A2

Etwa auf halber Strecke zwischen Santiago und San Antonio an der Pazifikküste, 65 Kilometer von der Hauptstadt entfernt, liegt das Dörfchen Pomaire. Es ist per Bus vom Terminal San Borja in Santiago problemlos zu erreichen.

Im **Töpferzentrum** Chiles sitzen Dutzende von Töpfern in ihren Werkstätten und produzieren Tassen, Teller und Töpfe zu durchaus moderaten Preisen – vielleicht das richtige Mitbringsel aus dem Chile-Urlaub.

Berühmt ist Pomaire auch für seine **Riesen-Empanadas** (1 kg), an denen sich zwei bequem satt essen können. Auch sonst gibt es hier deftige Gerichte, an urigen Restaurants mangelt es nicht.

Weingüter

Direkt in Hauptstadtnähe können einige sehr schöne Weingüter besichtigt werden (vgl. Exkurs „Weinbau in Chile"). Das nächstgelegene ist die **Viña Cousiño Macul,** Av. Quilín 7100 (Metrostati-

Umgebung Santiago
0 10 km
©Reise Know-How 2013
Rungue
Los Vilos
Los Andes, Ruta 60
Tiltil
Viña del Mar
Panamericana
Mina La Disputado
Termas de Colina
4910
Cerro La Paloma
Colina
Lampa
Chicureo
El Arrayán
Farellones
Quilicura
Skigebiete, Farillones, La Parva
Aeropuerto
Pudahuel
Valparaíso
Río Mapocho
Santiago
Maipú
3249
Co. San Ramón
La Florida
El Manzano
Río Colorado
Las Vertientes
San Bernardo
Peñaflor
Puente Alto
Las Vizcachas
Guayacán
Pirque
Talagante
Calera de Tango
San José de Maipo
Río Maipo (Cajón del Maipo)
Buin
El Melocotón
San Antonio, Pomaire
Alto Jahuel
Isla de Maipo
Reserva Nacional Río Clarillo
Laguna de Acuelo
Paine
Champa
Pintué
Rancagua, San Fernando
4000
3000
2500
2000
1500
1000
300 m

on Quilín, dann Bus D-17 oder 30 Min. Fußweg oder Taxi). Cousiño Macul ist das **älteste Weingut Chiles,** angeblich wurde es bereits 1546 gegründet. Es besitzt einen wundervollen Park, der allerdings nicht zugänglich ist. Besichtigt werden können die Bodegas Mo bis Fr um 11, 12, 15 und 16 Uhr sowie Sa um 11 und 12 Uhr, Führungen jeweils auch auf Englisch, Eintritt 13 Euro inkl. Verkostung; Anmeldung nötig unter Tel. 2/ 2351 4135, www.cousinomacul.com.

Zur **Viña Concha y Toro** siehe unter Cajón del Maipo (s.u.).

Das Weingut **Santa Rita** ca. 40 Kilometer südlich von Santiago ist per Auto (Panamericana nach Süden bis Buin, 35 km, dort Richtung Alto Jahuel) oder per Metrotren (ab Estación Central, in Buin aussteigen, von dort Colectivo) zu erreichen. Die denkmalgeschützte Anlage im Valle Maipo, die 1880 gegründet wurde, lohnt allein wegen des wunderschönen Parks den Besuch. Englischsprachige Führungen Di bis So 12 und 15 Uhr, Sa/So 12 und 15.40 Uhr, nur nach Anmeldung, 16 Euro inkl. Weinprobe. Auch distinguiertes Restaurant. Tel. 2/2362 2594, www.santarita.com.

Die **Viña Undurraga** liegt 35 Kilometer südwestlich der Stadt zwischen Peñaflor und Talagante (Buses Peñaflor ab San Borja). Undurraga ist eines der bekanntesten Weingüter in Chile und wurde Ende des 19. Jahrhunderts (1885) gegründet. Umgeben ist das Haupthaus von einem sehr schönen Park. Täglich Führungen mit Verkostung, auch englischsprachig (Mo bis Fr 10.15, 12, 14 und 15.30 Uhr, Sa/So 10.15, 12 und 15.30 Uhr), für 13 Euro, Anmeldung unter Tel. 2/2372 2850, www.undurraga.cl.

Den Kontrast zu den altehrwürdigen Kellereien markieren die modernen Weingüter im **Valle Casablanca,** das man auf dem Weg nach Valparaíso und Viña del Mar durchfährt. Hier wird erst seit Beginn der 1990er Jahre Wein angebaut, mit exzellenten Ergebnissen insbesondere bei Weißweinen. Die Bodegas haben sich das kalifornische Napa Valley zum Vorbild genommen und nicht nur viel Geld in Reben und Keltertechnik, sondern auch in die touristische Infrastruktur gesteckt. Sie locken mit Restaurants, Verkostungen und Läden, in denen man vom T-Shirt bis zum Korkenzieher alles bekommt – natürlich auch und vor allem Wein. Zu nennen sind die etwas großspurig geratene **Viña Indómita** mit gutem Mittagsrestaurant und Talblick (km 60, 4 Führungen täglich, mit Weinprobe 14 Euro, Tel. 32/215 3900, www.indomita.cl); das organische und biodynamische **Weingut Emiliana,** mit Lamas und Gänsen, Degustation nach Wahl, Tour (5x tgl., 17 Euro) oder nur Kaffee (km 61,5, Tel. 2/2353 9151, www.emiliana.cl); die gediegene, geschmackvoll präsentierte **Viña Casas del Bosque** mit sehr schönem Terrassenrestaurant und einem Aussichtshügel in den Weinfeldern (bei Casablanca, Tel. 2/ 2377 9431, 4 Führungen täglich, 18 Euro mit Weinprobe, www.casasdelbosque.cl) und das Weinrestaurant House of Morandé der **Viña Morandé** mit preisgekrönter Spitzenküche (km 61, Tel. 32/ 275 4700, geöffnet Di bis So 12–16 Uhr).

Kleinbrauereien

Nicht nur Wein-, auch Bierfreunde kommen in der Umgebung von Santiago auf ihre Kosten. Im Zuge des Booms der **„cervezas artesanales“**, der „handgemachten Biere“, sind in den letzten Jahren rund um die Hauptstadt kleine Brauereien entstanden, die man zum Teil auch besuchen kann. Natürlich haben deutsche Braumeister die Hand im Spiel, so im Fall von **Kross**, der größten der Kleinbrauereien. Die Anlage bei Curacaví, 50 Kilometer westlich von Santiago (Busse ab Metro-Terminal Pajaritos), wurde von dem Berliner *Asbjörn Gerlach* gegründet, der die Gäste persönlich und mit Enthusiasmus durch die Anlagen führt und zum Probieren von Golden Ale, Stout, Pilsner und Maibock einlädt (12 Euro p.P., nur nach Anmeldung, Tel. 2/2957 0280, www. kross.cl).

Einen schönen Ausflug lohnt auch der ländliche Biergarten von **Tauss Bräu** bei Limache, 120 Kilometer nordwestlich der Hauptstadt (Busse Sol del Sur ab Terminal Santiago). Hier zapft *Robert Tauss*, Braumeister mit Weihenstephaner Diplom, sein viel gerühmtes Weizenbier, passend dazu gibt es Weißwürste (Camino Limache – Olmué Paradero 8, Tel. 33/41 4786, www.cervezatauss.cl).

chi13-008 ms

Camino a Farellones 180/B2

Direkt am Ostrand der Hauptstadt beginnen die Anden mit kakteenbestandenen Hängen, wild sprudelnden Flüsschen und schroffen Felswänden, über denen Kondore kreisen. Bergwanderer können hier zahlreiche Gipfel erklimmen, aber auch wer nur schauen will, kommt bei einem Tagesausflug auf seine Kosten. Am Ende der Av. Las Condes zweigt der Camino a Farellones ab, eine **schmale, geteerte Route,** die sich zunächst im Tal des Río Mapocho nach oben schlängelt.

Bei km 5 liegt an der Brücke Ñilhue der Zugang zum **Parque Cordillera.** In dem kommunal verwalteten Naturpark führen Wanderwege bis auf den 2700 Meter hohen Cerro Provincia (Eintritt 2,50 Euro, www.asociacionparquecordillera.cl).

Bei km 8 geht es links ab zum **Observatorio Astronómico Andino,** einer schönen neuen Anlage mit großen 16-Zoll-Teleskopen und lohnenswerten Sternentouren (21 und 23 Uhr, je 2 Std.). Ca. 100 Euro inkl. Abholung in Santiago und Snack, Tel. 2215 1459, www.oaa.cl.

Die Straße verlässt bald das Mapocho-Tal und führt in Haarnadelkurven steil hinauf. Bei km 24 geht es links ab ins **Santuario de la Naturaleza Yerba Loca,** ein unter Naturschutz stehendes, steil eingeschnittenes Andental, an dessen Ende der **Cerro Altar** (5222 m) und der Gletschergipfel **La Paloma** (4910 m) thronen. Eine ausgesetzte Piste führt 4 Kilometer ins Tal hinein, dort kann man zelten; Wanderwege erschließen das Gebiet (Eintritt 4 Euro).

Fährt man die Teerstraße weiter hinauf, erreicht man bei km 32 **Farellones,** im Sommer nur eine Ansammlung verrammelter Ferienhäuser, im Winter ein quirliges Skigebiet. Farellones/El Colorado ist das erste von drei nah beieinander liegenden Skizentren (siehe Kapitel „Outdoor“, ebenso zu Unterkunftsmöglichkeiten). Einige wenige Hotels sind auch im Sommer geöffnet und bieten Trekking- und Reittouren an. In **Valle Nevado** fährt der Sessellift von Dez. bis März auf den Cerro Mirador (3300 m, 13 Euro). Von **La Parva** auf 2700 Meter Höhe können geübte Bergwanderer in einer einfachen Hochandentour die Gipfel La Parva (4047 m) und **El Pintor** (4180 m) besteigen, mit fantastischen Blicken auf die vergletscherten Fünf- und Sechstausender weiter östlich.

Außerhalb der Skisaison benötigt man einen Mietwagen oder kann die Tour mit einer Agentur organisieren.

☒ In der Kleinbrauerei Kross

Cajón del Maipo 180/B2

Südöstlich der Hauptstadt, direkt hinter ihren letzten Ausläufern bei Puente Alto, beginnt der Cajón del Maipo, die **tiefe Schlucht,** die der Río Maipo in die Vorkordillere gegraben hat. Sie ist eines der beliebtesten Naherholungsgebiete der

Hauptstädter und lädt zu schönen Touren ein. Der Cajón del Maipo ist mit Bussen einfach zu erreichen (s.u.).

Erste Station kann **Pirque** sein, ein kleines Dorf südlich von Puente Alto. An den Wochenenden gibt es hier einen Kunsthandwerkermarkt, täglich lädt das **Weingut Concha y Toro,** das größte des Landes, zu einer Besichtigung ein (Tel. 2476 5680). Die Viña ist gut besucht, daher gibt es von Mo bis So (außer an Feiertagen) von 10–17 Uhr ständig Führungen, auch auf Englisch (13 Euro). Voranmeldung ist nötig, besichtigt werden der herrschaftliche Park, das Palais (von außen), die Weinfelder und die Weinkeller, natürlich mit Verkostung. Pirque ist per Colectivo oder Taxi ab Plaza Puente Alto (Endstation der Linie 4 der Metro) zu erreichen. Infos unter www.conchaytoro.cl.

Pirque eignet sich auch für einen Ausflug in die **Reserva Nacional Río Clarillo** 23 Kilometer südlich des Ortes, die per Bus zu erreichen ist. In den 10.000 Hektar großen Park (Eintritt 4 Euro) führen einige Wanderwege, die teils als Naturlehrpfade angelegt sind. Es gibt im Park keine Übernachtungsmöglichkeit, Campen ist aber erlaubt.

Folgt man dem Río Maipo flussaufwärts, gelangt man, vorbei an zahlreichen ländlichen Restaurants, Picknickplätzen mit Pool und Hotels, nach **San José de Maipo** (50 km von Santiago). Es ist der größte Ort im Cajón, er bietet aber neben einer schönen denkmalgeschützten Kolonialkirche von 1798 nicht viel. Unmittelbar hinter San José zweigt links eine Schotterstraße ab, sie steigt steil an und führt nach 16 km zum **Skigebiet Lagunillas** auf 2250 Meter Höhe, wo man im Sommer auch schön wandern kann (einfaches Refugio des Club Andino, Übernachtung ab 18 Euro p.P., Tel. 09/7600 8057, guillermo@sulz.cl).

14 km talaufwärts von San José liegt im Flecken **San Alfonso** der Eingang zum **Santuario de la Naturaleza Cascada de las Animas.** In dem privaten Naturschutzgebiet werden Touren durchgeführt, man kann wandern, reiten oder raften (Eintritt 8–16 Euro, je nach Saison). Für die Übernachtung stehen nette Cabañas bereit (ab 3 Pers., 100 Euro), einfache Hostelzimmer (DZ 50 Euro) und neue Suites in runden, originell eingerichteten Adobebauten (DZ 160 Euro); auch Zelten ist möglich (ab 16 Euro p.P.). Reservierung nötig, Tel. 2861 1303, www.cascadadelasanimas.cl.

Hinter San Alfonso passiert die Straße die schmalste Stelle der Schlucht und bei km 66 das **Observatorium Pailalén,** eine 2011 eingeweihte Anlage mit unterhaltsamen astronomischen Touren (Fr und Sa 22 Uhr, 25 Euro, Anmeldung erforderlich) und einem romantischen Restaurant, wo man bei Kerzenlicht unter einem an die Kuppeldecke projizierten Sternenhimmel speist (Fr/Sa abends, Sa/So mittags, www.pailalen.cl).

Hinter San Gabriel (km 74 ab Santiago) endet der Asphalt, und bald darauf gabelt sich die Straße. Nach Norden führt sie weiter entlang des **Río Yeso.** Sie passiert auf 3000 Meter Höhe den gleichnamigen türkisfarbenen Stausee zwischen steilen Andenhängen und endet nach 36 holprigen Kilometern bei

☒ Raue Hochanden im Cajón del Maipo

den **Baños del Plomo,** schlichten Becken mit Thermalwasser, die im Sommer gut besucht sind (Zelten möglich).

Die südliche Straße führt bald nach Osten entlang des **Río Volcán** durch ein Hochtal mit rot schimmernden Felswänden und dem majestätischen Vulkan San José am Talende. Nach 19 Kilometern erreicht man das heimelige **Refugio Alemán Lo Valdés** (Übernachtung 25 Euro im Schlafsaal, 40 Euro p.P. im DZ, Camping möglich, Tel. 09/9220 8525, www.refugiolovaldes.com). Das Steinhaus des Deutschen Andenvereins war 1932 die erste Hütte in den Anden und ist bis heute weit und breit die einzige Baude im europäischen Stil. Serviert werden herzhafte Gerichte, auch für Tagesgäste.

Auf der anderen Flussseite liegt **Baños Morales** mit nur lauwarmen Thermalquellen, einfachen Restaurants und Unterkünften (Pensión Díaz und Los Chicos Malos, beide freundlich und okay, 12 Euro p.P., sowie die empfohlenen Cabañas Correcaminos für 2 bis 5 Pers., www.loscorrecaminos. cl). Hier beginnt das **Naturschutzgebiet El Morado** (Eintritt 4 Euro). In zwei grünen Hochandentälern mit schroffen Wänden kann man schöne Tageswanderungen und Reittouren unternehmen, Ziel sind verschiedene Lagunen und Gletscher; Informationen bei den Parkwächtern oder im Refugio Alemán, Zelten gestattet. 10 km oberhalb des Refugio gelangt man zu den heißeren und schön gelegenen **Baños Colina** (Eintritt 10 Euro), die allerdings im Januar und Februar überlaufen sind.

Auf Freunde des **Bergwanderns und -steigens** warten in den schroffen Hochanden oberhalb von Lo Valdés großartige Herausforderungen: Einige der schwierigsten Kletterwände Chiles finden sich hier, und hoch oben thronen mehrere Fünf- und Sechstausender, darunter der Vulkan **San José** (5850 m) und der **Cerro Marmolejo** (6109 m). Nähere Infos im Outdoor-Kapitel, im Refugio Lo Valdés und auf der erstklassigen Website www.trekkingchile.com, dort gibt es auch eine Wanderkarte.

■ In den Cajón verkehren **Metrobusse und Sammeltaxis** ab der Metrostation Las Mercedes (Linie 4, vorletzte Station) nach San José de Maipo, seltener bis San Alfonso. Der Metrobus Nr. 72 fährt ca. stündlich (1 Euro), die Colectivos, wenn 3 bis 4 Passagiere zusammenkommen (ca. 2 Euro).

■ Wer weiter hinauf will, kann auf die **Minibusse** zurückgreifen, die morgens die gesamte Strecke von Santiago bis zu den Thermen Morales und Colina und abends wieder zurück fahren. Abfahrt ist Sa/So und an Feiertagen um 7.30 Uhr an der Plaza Italia vor dem Teatro Universidad de Chile, im Sommer auch unter Woche (vorher checken und reservieren bei Turismo Arpué, Tel. 2681 8475, oder Turismontaña, Tel. 2850 0555, 10–12 Euro hin und zurück, die Rückfahrt kann am selben oder am nächsten Tag erfolgen). Beide Firmen bieten Sonderfahrten und -preise für Gruppen.

Los Andes und die Ruta 60 nach Argentinien

Die hier beschriebene Tour führt über einen atemberaubenden Andenpass nach Argentinien und lässt sich am besten mit einem geliehenen Pkw machen. Alle Busse nach Mendoza (Argentinien) benutzen diese Route, man kann sich also unterwegs an jedem beliebigen Ort absetzen lassen.

Man verlässt Santiago **nach Norden** Richtung Colina auf der zur Autobahn ausgebauten Ruta 57. Vor dem Tunnel von **Chacabuco** erinnert ein Siegesdenkmal an die Schlacht von Chacabuco, bei der am 12. Februar 1817 die Chilenen den Spaniern im Unabhängigkeitskampf eine entscheidende Niederlage beibrachten. Kurz hinter dem Tunnel führt ein Abzweig Richtung Norden nach **San Felipe,** eine Agrarstadt mit 45.000 Einwohnern. Direkt am Abzweig liegt das **Santuario Santa Teresa de Los Andes,** ein Karmelitinnen-Kloster, in dem die erste Heilige Chiles (heiliggesprochen 1993) beerdigt liegt.

Die Ruta 57 umgeht die Stadt **Los Andes** in weitem Bogem. 1791 gegründet, bietet der Ort außer seinem Museo Arqueológico und der Keramikfabrik „Cala“ nicht viel Sehenswertes.

■ Übernachten kann man einfach im **Hotel Central,** Esmeralda 278, Tel. 34/421 275, freundlich, sauber, einzelne Zimmer ohne Fenster, DZ 27 Euro ohne Frühstück, oder besser im familiären, soliden **Hotel Los Andes,** Av. de los Maristas 1100, Tel. 34/242 8484, DZ 76 Euro, www.hotellosandes.cl.

■ Wenige Kilometer nördlich von Los Andes liegt die exklusive, überteuerte **Thermalanlage El Corazón** (DZ ab 230 Euro mit Vollpension, Tel. 34/248 2852, www.termaselcorazon.cl).

Die Ruta 60 steigt östlich von Los Andes zunächst sanft, dann immer steiler und kurvenreicher an. Kurz vor der chilenisch-argentinischen Grenze erstreckt sich in spektakulärer Lage oberhalb der Laguna del Inca das **Skizentrum Portillo,** das angeblich zu den zehn besten der Welt gehört. Auf 2800 Metern Höhe gibt es Abfahrten jeden Schwierigkeitsgrades, dazu ein mit allem Komfort versehenes Sporthotel, in dem man mindestens 1500 Euro die Woche bezahlt. Die Skisaison dauert von Juni bis Sept./Okt. (Tel. 2/2263 0606, www.skiportillo.com).

Auf 3200 Metern Höhe führt seit 1980 ein **Tunnel** durch die Anden nach Argentinien. Der Tunnel ist 3 Kilometer lang und überquert die Grenze, die Formalitäten werden an einem gemeinsamen Kontrollpunkt auf argentinischer Seite erledigt; mit längeren Wartezeiten ist zu rechnen. Die alte Grenze verlief über den **Bermejo-Pass** (3900 m), dort steht die **Statue des Cristo Redentor;** sie ist nur von der argentinischen Seite über eine abenteuerliche Serpentinen-Erdpiste zu erreichen. Von hier hat man einen herausragenden Blick über die **Andengipfel,** die Sicht reicht bis zum Aconcagua, dem höchsten Gipfel Amerikas (6959 m). Wer zum Cristo Redentor hinauf will, muss entweder mit einem geländegängigen Fahrzeug unterwegs sein oder sich bei Puente del Inca (in Argentinien) absetzen lassen. Von dort kann man in mehreren Stunden zu Fuß zum Bermejo-Pass aufsteigen. Puente del Inca ist auch Ausgangspunkt für Touren in den argentinischen Parque Provincial Aconcagua. Von der Grenze bis Mendoza sind es noch 200 Kilometer, insgesamt 340 Kilometer von Santiago.

Altiplano-Rundfahrt | 90
Antofagasta | 126
Arica | 77
Calama | 106
Cerro Paranal | 132
Chacabuco | 131
Chuquicamata | 109
Geoglifos del Cerro Unita/
Gigante de Atacama | 101
Geysire El Tatio | 121
Humberstone und Santa Laura | 100
Iquique | 93
La Portada | 130
La Tirana | 104
Lauca | 89
Mamiña | 103
Meñiques und Miscanti | 125
Pampa de Tamarugal | 104
Pica | 105
Pisagua | 85
Pukará de Quitor und Catarpe | 118
Putre | 86
Salar de Huasco | 103
San Pedro de Atacama | 112
Taltal | 132
Tarapacá | 103
Toconao und Salar de Atacama | 123
Valle de Azapa | 83
Valle de Codpa | 85
Valle de la Luna | 120
Valle de la Muerte | 118
Valle de Lluta | 86
Valle Dinosaurio | 105

chi13-009 ms

2 Der Große Norden

Unendliche Weiten, menschenleere Wüstenlandschaften, Salzseen und Felszeichnungen, drei große Städte direkt am Pazifik – der Gran Norte ist eine Gegend der Gegensätze und Extreme und gerade deswegen von besonderer Faszination.

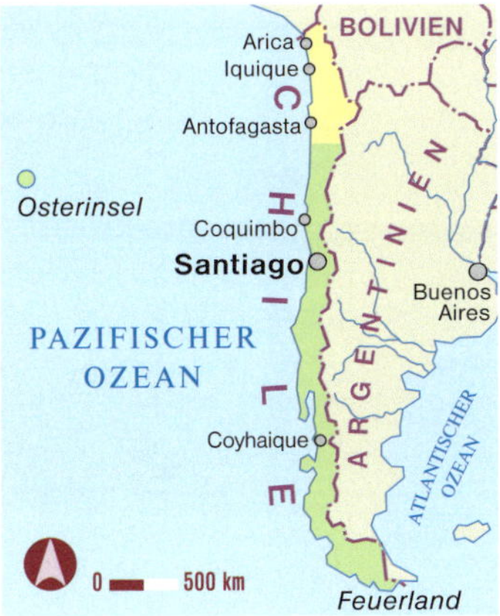

< Vielfalt der Farben und Formen am Cerro Milagros bei Putre

NICHT VERPASSEN!

- **Museo San Miguel de Azapa:** die ältesten Mumien der Welt | 83
- **Altiplano-Rundfahrt:** atemberaubende Natur auf 4500 m Höhe | 90
- **Iquique:** die Stadt der Salpeterbarone | 93
- **Kupfermine Chuquicamata:** das größte Loch der Welt | 111
- **Laguna Cejar:** Schwimmen wie im Toten Meer | 124
- **Chacabuco:** Geisterstadt aus der Salpeterzeit | 131

Diese **Tipps** sind gelb hinterlegt.

Flamingos auf dem Salar de Surire

chi13-010 ms

VON ARICA BIS ANTOFAGASTA

Wüste, Wüste, Wüste – der Große Norden **(Norte Grande),** der sich mehr als 1000 Kilometer von Arica bis südlich von Antofagasta erstreckt, ist eine der eindrucksvollsten Landschaften Chiles: Die Wüste ist alles andere als eintönig – es gibt ockerfarbene Wüstenberge, schneebedeckte Vulkane, tiefblaue und türkisgrüne Lagunen, in denen rosa Flamingos stehen, grüne Oasen, und im Abendlicht glühen selbst die ansonsten schroffen und lebensfeindlich aussehenden Salzseen (Salare) in wundervollen Pastelltönen.

Die zentralen Teile der **Atacama-Wüste** gehören zu den trockensten der Erde, mit weniger als 1 mm Niederschlag pro Jahr. Manche Messstationen registrieren seit Jahrzehnten keinen Tropfen Regen! Hier erreicht die Sonnenstrahlung mit 7,5 kwh pro Quadratmeter Weltrekord: Mit Solarpaneelen von 20 x 20 Kilometern könnte man theoretisch den Energiebedarf ganz Chiles decken.

Der Große Norden umfasst **drei Regionen:** die **Region Arica-Parinacota** (Hauptstadt: Arica), die **Region Tarapacá** mit der Hauptstadt Iquique sowie die **Region Antofagasta** mit der gleichnamigen Hauptstadt. Alle drei Regionen sind dünn besiedelt, und alle großen Städte wie Arica, Iquique und Antofagasta liegen direkt am Pazifik. Im Landesinnern sind lediglich Kleinstädte zu finden, die Ausnahme ist die Bergbaustadt Calama.

Seit Jahrtausenden waren hier verschiedene **indianische Völker** ansässig, sie lebten von der Fischerei und vom Ackerbau in den wenigen Oasen. Sie durchquerten die Wüste, und die Küstenvölker trieben Handel mit denjenigen im Andenhochland. Sie hinterließen bedeutende Zeichen ihrer Kultur, die ältesten Mumien der Welt wurden hier gefunden, und riesige Geoglyphen (Land-

Großer Norden

0 50 km

PERU
CHILE
BOLIVIA
Arica
Iquique
Estacion El Hospicio
Los Palos
Concordia
Santa Rosa de Lima
Paso Concordia
Iglesia de San Marcos
Museo Arqueológico
El Morro de Arica
Angostura
Socoroma
Pampa Ossa
Zora
Central
Lindero
Molinos
Poconchile
Putre
Zapahuira
Murmuntani
Belén
Arica y
Parinacota
Humagata
Sobraya
Valle de Azapa
Azapa
Ausipar
Pucará de Saxamar
Tignamar
Chucuyo
Lago Chungará
Paso Chungará
4660
Chungará
Tambo Quemado
Cosapa
Lagunas
Nacional
Lauca
Río Lauca
Volcán Guallatiri
6063
Guallatiri
Res. Nacional
Las Vicuñas
Macaya
Sacabaya
Paquisa
Cotasi
Caracallo
Port. de Marquez
Cobija
Timar
Itisa
Cerro Arintica
5590
Salar de Surire
Chilcaya
Monumento Nacional
Salar de Surire
Parcohalla
Taruguire
Surire
Polloquere
Chitita
Codpa
Saguara
Esquiña
Caleta Vitor
Punta Argolla
Chaca
Parcelas de Chaca
Cero Punta Madrid
1188
Punta Madrid
Pampa de Camarones
Camarones
Mulluri
Caritaya
Embalse Caritaya
Todos Santos
Mucomucone
Virgen del Carmen
Aguas Calientes
Palca
Co. Mamuta
4594
Miñita
Quipinta
Minimiñi
Nama
Pumire
Vn. Isluga
5530
Enquelga
Isluga
Paso Colchane-Pisiga
Colchane
Caleta Camarones
Cuya
Pampa de Suca
Suca
Chaca Sur
Cerro Atajaña
1575
Punta Gorda
Vilavila
Altuza
Camiña
Latarana
Parq. Nac.
Volcán Isluga
Puchuldiza
Quebe
Cariquima
Calatambo
Tana
Corsa
Geoglifos de Tiliviche
Tiliviche
Quiuña
Saya
Pisagua
Zapiga
Junin
R. N. Pampa del Tamarugal
Pampa del Tamarugal
Ariquilda
Q. Aroma
Aroma
Chiapa
Sotoca
Guasquiña
Cta. Junin
Oficina Dolores
Cerro Alto Toroni
5982
Chusmisa
La Rinconada
Chaviri
Cerro Mejillones
1690
Negreiros
Curaña
Punta Península
Cta. Buena
El Gigante de Atacama
Mocha
Coscaya
Pachica
Cancosa
Tarapacá
Cerro Paza
5122
Mina San Carlos
Huara
Parca
1741
Punta Colorada
Punta de Piedras
Oficina Humberstone
Duplijsa
Mamiña
Collacagua
Cerro Piga
5038
Macaya
Cerro Chillinohilin
4506
Rinconada
Alto Hospicio
Tambillo
Las Cascadas
P. N. Salar de Huasco
Salar de Huasco
Centro histórico, Zona Franca
Oficina Sta. Laura
Pozo Almonte
Huasco Lipez
Playa Blanca
Yacolén
Sta. Rosa
1554
La Tirana
Pampa Alona
Bahía Chucunata
San Antonio
Res. Nac. Pampa del Tamarugal
Pica
Matilla
Oficina Gloria
A
B
1
2
3

A
B
1
2
3
PAZIFISCHER
OZEAN
Túnel Galleguillos
Cerro Tolar
2290
Cerro de la Posada
1922
81
Iberia
Puntillas
Teresa
Est. El Toco
Río Loa
Desierto de Atacama
Cordillera de la Costa
Punta Mamiña
Tocopilla
Ojeda
Bamiles
Tigre
Colupito
1500
24
60
Crucero
70
Punta Blanca
Caleta Buena
75
María Elena
Of. Coya
Chacance
R. San Salvador
Río Loa
Cerritos Bay
Escalera
2294
Of. Vergara
Salar de Miraje
Of. Pedro de Valdivia
38
Bombas
Punta Guasilla
Cobija
114
Michillas
2090
Lynch
69
Rosario
25
Limón Verde
Punta Gualaguala
Alcorta
Sierra Gorda
Campamento Esmeralda
Planta Aconcagua
200
Hornitos
Elenita
Rencoret
Oficina Anita
Oficina Concepción
Bahía de Mejillones
1310
1710
Punta Angamos
Reveca
Salitrera Chacabuco
Chacabuco
Of. Ercilia
Punta Baja
70
Centinela
Mejillones
18
Porvenir
Carmen Alto
San Juan
Flor del Desierto
Pen. de Mejillones
33
3126
Cerro Centinela
Los Placeres
Baquedano
Cerrillos
Julia
Pampa
Mantos Blancos
Las Cruces
35
Museo del Ferrocarril
Sa. de San Christobal
Cerro Peinado
2318
101
Estación Cuevitas
I. Santa Maria
Cerro Moreno
68
Lomas Bayas
Bolsico
1148
Juan López
La Chimba
Antofagasta
Est. Uribe
Monumento Natural La Portada
R.N. La Chimba
1567
San Cristóbal
Cerro Búfalo
2328
Antofagasta
Est. O'Higgins
Paradero El Desierto
Ruinas de Huanchaca, Estación
Salar de Navidad
Salar de Los Morros
Puerto Coloso
La Negra
Playa Lenguado
El Way
Palestina
3131
Cabo Jarda
Q. Mateo
1500
Sierra del Jardín
51
Oficina Castilla
Cerro Negro
Yungay
B-55
Paradero Barazarte
Oficina Oriente
Est. Augusta Victoria
Barazarte
Caleta Agua Dulce
5
Aguas Blancas
Est. Varilles
Punta Agua Salada
2128
Oficina Valparaíso
Rosario
1

2

Anschlusskarte nach Süden S. 140

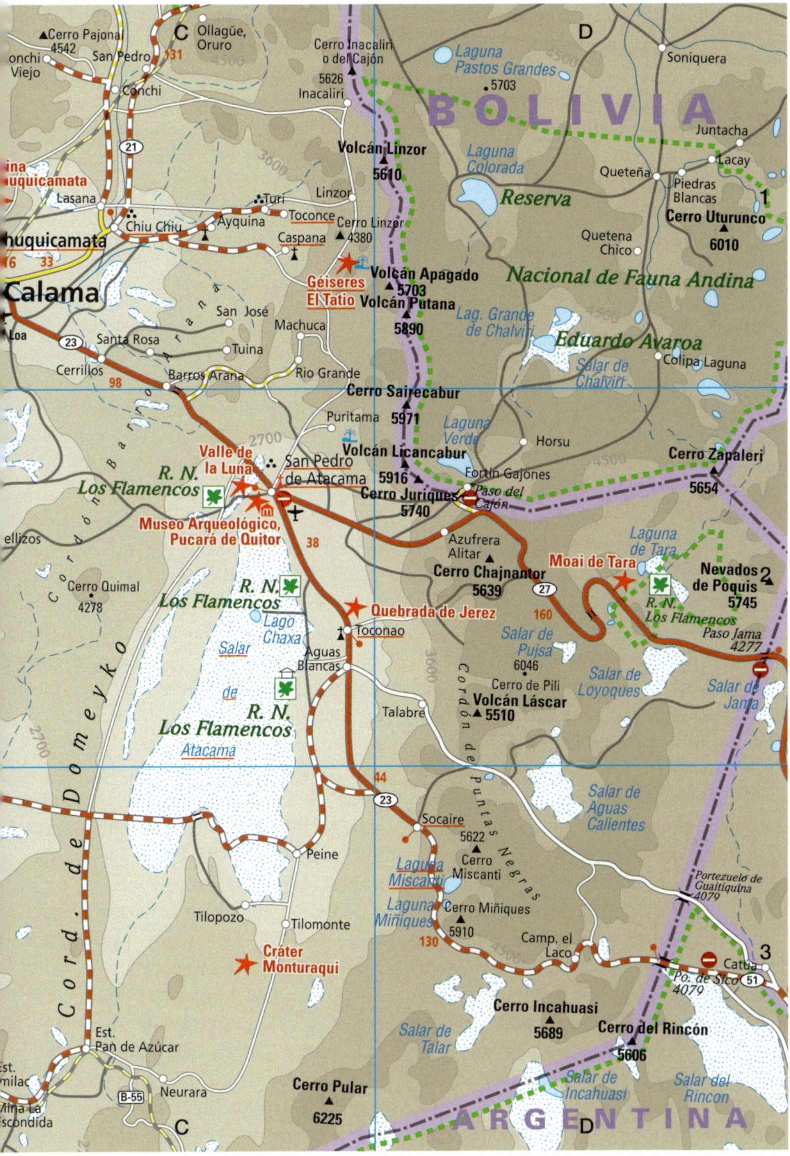

zeichnungen) erstaunen Wissenschaftler und Touristen. Die **ersten Spanier** kamen 1536 und 1540, es waren die Expeditionen von *Diego de Almagro* und *Pedro de Valdivia.* Arica war die erste Siedlung, von hier wurde ab 1545 Silber aus dem heute bolivianischen Potosí nach Europa verschifft.

Für die spanischen Eroberer war die Wüstenregion jedoch weitgehend uninteressant. Erst Anfang des 19. Jahrhunderts fand der deutsche Forschungsreisende *Thaddaeus Haenke* heraus, dass die Atacama-Wüste voller **Natriumnitrat** ist, besser bekannt als **Salpeter.** Salpeter war damals gefragt – als unverzichtbarer Grundstoff für die Herstellung von Schießpulver. Als *Justus Liebig* später entdeckte, dass man aus Natriumnitrat Kunstdünger herstellen kann, war der Salpeterboom nicht mehr aufzuhalten. Überall in der Wüste entstanden sog. *oficinas,* Bergbausiedlungen, in denen das „weiße Gold" gefördert wurde.

Doch bis ins späte 19. Jahrhundert gehörte die Atacama noch nicht zu Chile. **Peru und Bolivien** teilten sich das riesige Gebiet, Chile war lediglich durch viele Wanderarbeiter, die nördlich der Grenze arbeiteten, und durch eine Gesellschaft in Antofagasta am Salpeterboom beteiligt. Als die bolivianische Regierung 1879 dieses Unternehmen zunächst hoch besteuern und dann enteignen wollte, schlug Chile zu: Chilenische Truppen besetzten die Stadt, und der so genannte **Salpeterkrieg** (in Chile **Guerra del Pacífico,** Pazifikkrieg) begann. 1883 waren Peru und Bolivien geschlagen, Chile eroberte das Salpetermonopol und zwei Provinzen: Antofagasta und Tarapacá. Bolivien ist seither ein Binnenstaat, allerdings wurde den Bolivianern damals die Nutzung der Häfen von Arica und Antofagasta zugesagt.

Es folgten knapp 40 Jahre Reichtum. Doch so schnell, wie der Salpeter-Aufschwung begann, so schnell endete er auch. *Fritz Haber,* ein Chemiker aus Berlin, entdeckte 1909, dass sich Natriumnitrat auch künstlich und billiger herstellen lässt – Natur-Salpeter wurde überflüssig.

Heute sind die meisten Salpeterstädte von einst verfallen. Dafür wuchsen anderswo mitten im Staub Städte heran: Chuquicamata beispielsweise. **Kupfer** hieß das Zauberwort, und internationale Konzerne begannen zu Beginn des 20. Jahrhunderts im großen Stil in den Abbau und die industrielle Verhüttung des Edelmetalls zu investieren. So entstanden mitten im Nichts gigantische Maschinerien, Tausende Arbeiter förderten unter spartanischen Bedingungen das Gestein aus der Wüste. In den 1960er Jahren wurden viele große Minen verstaatlicht, und bis heute macht Kupfer die Hälfte der chilenischen Exporte aus. In der Wüste schlummern noch viel mehr **Bodenschätze:** Schwefel, Phosphate, Gold, Silber, Mangan oder auch weniger bekannte wie Molybdän, Rhenium und Lithium, die für die Elektronikindustrie an Bedeutung gewinnen.

In der Neuzeit war der Große Norden auch ein Ort der großen **politischen Auseinandersetzungen.** Hier entstand die chilenische Linke, hier fanden die ersten großen Streiks für bessere Lebens- und Arbeitsbedingungen statt, hier hatte die Volksfront Unidad Popular ihren größten Rückhalt. Das muss nicht wundern, denn hier waren und sind die Arbeitsverhältnisse eher industriell geprägt. Die Menschen zogen in bis dahin nicht besiedelte Gegenden, sie lebten nur dort, weil und so lange es die Minen gab. Den Minenbesitzern gehörten die Häuser, die Geschäfte, sie ließen eigenes Geld prägen und bestimmten natürlich auch, wie viel sie ihren Arbeitern bezahlten. Sie selbst lebten nicht in der Einöde der Wüste, sondern in den aufstrebenden Städten an der Küste. Widerspruch gegen ihre Willkürherrschaft wurde unterdrückt, oft mit Waffengewalt und Unterstützung durch das staatliche Militär. 1907 schossen Regierungstruppen in Iquique demonstrierende Arbeiter und deren Familien zusammen – 2000 bis 3000 Menschen starben.

Die **„Eigenarten der Wüste"** beschrieb der Wissenschaftler *Otto Bürger* 1926 sehr lapidar: „Die Wüste ist ein unruhiges, welliges, hügeliges Gelände, bedeckt von einem gelblichen bis braunroten Guss, den die Sonne leuchten und erglühen lässt, die tote Landschaft mit einer eigenartigen Farbenpracht belebend."

Arica

73/A1

Die **nördlichste Stadt Chiles** hat 175.000 Einwohner. Sie liegt am Ausgang des Azapa-Tales, geschützt nach Süden durch den 260 Meter hohen Bergrücken des **Morro de Arica,** der die Stadt überragt.

Farbenspiel am Morro de Arica

chi115 pti

Geschichte

Arica ist **eine der ältesten Siedlungen Chiles,** denn schon lange vor der Ankunft der Spanier war der Platz an der Mündung des heute nur noch selten Wasser führenden **Río San José** von indianischen Völkern bewohnt. Diese trieben eifrig Handel mit Völkern im Andenhochland. Der Handelsweg folgte dem Azapa-Tal, heute verläuft dort eine Straße.

Die Spanier übernahmen die Indianer-Siedlung und legten einen Hafen an, um von hier das Silber aus Potosí zu verschiffen. Bereits 1570 erhielt Arica die Stadtrechte, und bis 1776 ging es nur bergauf. Dann aber wurde das Vizekönigreich Río de la Plata gegründet, und die Silbertransporte nahmen einen anderen Weg: Sie wurden über Buenos Aires und den Río de la Plata verschifft. Arica wurde bedeutungslos, und als dann noch 1782 die heute peruanische Stadt Arequipa regionale Hauptstadt innerhalb des Vizekönigreiches Peru wurde, war die Blütezeit Aricas zunächst vorbei. Erst nach der Entdeckung des Salpeters wuchs auch Arica als Hafenstadt wieder, erreichte allerdings nie die Bedeutung von Iquique oder Antofagasta – was auch heute im Stadtbild abzulesen ist.

Bis 1880 gehörte Arica zu Peru; damals erstürmten die Chilenen den Morro, auf dem sich die Peruaner hinter starken Befestigungen verschanzt hatten. Man sagt, die chilenischen Truppen hätten sich „gedopt" – mit einer Mischung aus Branntwein und Schießpulver. Gnadenlos wurden flüchtende Peruaner niedergemacht. Seither ist Arica de facto chilenisch, offiziell wurde es das erst

1929. Gleichzeitig ist Arica die wichtigste Hafenstadt Boliviens und eine der wichtigsten Perus, denn beiden Ländern wurden Sonderrechte in den Häfen eingeräumt.

Wirtschaftlich stand Arica immer im Schatten der bisherigen Regionalhauptstadt Iquique und neidet dieser vor allem den Freihafen. Seit Arica sich 2006 von Iquique „abspaltete" und Hauptstadt der

neu geschaffenen Region Arica-Parinacota wurde, gab es einige neue Impulse. Ob allein dadurch der Boom eintritt, darf bezweifelt werden. Jenseits des kleinen Zentrums können die dekorativen Hibiskusbüsche und exotischen Palmen in den Straßen nur schlecht verbergen, dass es nicht gut steht um die reichlich verlotterte Grenzstadt. Ohne den Badetourismus und die gelegentlich anlegenden Kreuzfahrtschiffe wäre Arica wohl verloren.

Sehenswertes

Arica hat für eine chilenische Stadt einen recht **ungewöhnlichen Grundriss – es fehlt die zentrale Plaza.** Dennoch wird man sich in dem kleinen Zentrum kaum verlaufen – es zieht sich parallel zur Wasserfront vom Morro im Süden bis zum Parque Brasil im Norden.

Ein Stadtbummel geht schnell und führt durch die schmale **Calle Bolognesi** – die lebhafte Fußgängerzone – hinunter zur **Plaza Colón,** an der eine der wichtigsten Sehenswürdigkeiten Aricas steht: die **Iglesia San Marcos,** die 1875 als Fertigbau-Eisenkonstruktion errichtet wurde. Ihr Architekt brachte es 14 Jahre später (1889) mit einer anderen, ungleich höheren Eisenkonstruktion zu unsterblichem Ruhm: Es war der Franzose **Alexandre Gustave Eiffel.**

Wendet man sich an der Kirche Richtung Wasserfront, so sieht man rechts den **Bahnhofsvorplatz** (Plazoleta Estación), der leicht an der alten Lokomotive, die dort als Denkmal aufgestellt wurde, zu erkennen ist. Die Lok wurde 1924 in der „Maschinenfabrik Esslingen" gebaut; früher zog sie den Zug, der von Arica nach La Paz (Bolivien) fuhr. Am Bahnhofsvorplatz steht ein weiteres Werk von *Eiffel* – er entwarf auch die Pläne für das Gebäude der **Aduana** (Zoll, 1874). Heute wird das Haus als **Casa de la Cultura** (Haus der Kultur) und für Wechselausstellungen genutzt. Wenige Schritte führen von hier aus zum **Fischereihafen,** wo man gut essen kann. Hier werden auch Bootstouren zu Pinguin- und Seelöwenkolonien angeboten. Am Südende der Straße Colón, zu Füßen des Morro, wurden im Jahr 2004 bei Bauarbeiten mehrere tausend Jahre alte Mumien der Chinchorro-Kultur gefunden (s.u., Valle de Azapa). Der Fundort wurde von der örtlichen Universität in ein kleines, aber feines Museum in situ verwandelt. Das **Museo de Sitio Colón 10** kann aus Platzgründen nur von kleinen Gruppen besichtigt werden (Di bis So 10–18 Uhr, 3 Euro, Tel. 205041).

Von hier führt ein 15-minütiger Fußweg hinauf auf den **Morro.** Wer mit dem Auto unterwegs ist, folgt der Straße Sotomayor hinauf bis zum ausgeschilderten Abzweig auf den Morro. Von der Aussichtsterrasse eröffnet sich ein Panoramablick über die Stadt, den Hafen und weit ins Landesinnere. Eine gigantische chilenische Fahne lässt keinen Zweifel an den Besitzverhältnissen, und natürlich erinnert ein Museum an die entscheidende Schlacht im Salpeterkrieg zwischen Peru und Chile am 7. Juni 1880.

Bleiben die **Strände,** über die *Otto Bürger* 1923 voller Emphase schrieb: „Der vegetationslose Felsstrand Aricas ist einer der malerischsten und eigenartigsten. Er zieht sich unter dem lotrecht aufsteigenden düsteren, zerwaschenen und zerklüfteten Gestein des Morros mit Zungen und Graten, mit natürlichen Wannen und tiefeinschneidenden Kanälen hin, umbrandet vom tiefblauen Meer mit dem Ausblick auf die weißen Gestade der Insel Alacrán." Einen Strandtag sind sie allemal wert, die **Playa El Laucho** und **La Lisera** mit ihrer sanften Brandung direkt unterhalb des Morro, auch wenn seit *Bürgers* Zeiten einige Hotels und Restaurants hinzugekommen sind. Weiter südlich (ca. 10 km) liegt die einsamere **Playa Corazones,** per Bus Nr. 8 von der Ecke Velázquez und Chacabuco zu erreichen. Die Einheimischen und Surfer bevorzugen die 2 Kilometer nördlich des Zentrums liegende **Playa Chinchorro.**

Praktische Tipps

Touristeninformation

Vorwahl von Arica: 58
Sernatur, San Marcos 101 (neben der Aduana), Tel. 223 3993, infoarica@sernatur.cl.
Conaf (Nationalparks)
Vicuña Mackenna 820, Tel. 220 1201.

Unterkunft

Sehr viele **preiswerte Residenciales befinden sich auf der Calle Velásquez;** diese ist die Verlängerung der Fußgängerzone Paseo Bolognesi nach Norden. Die meisten dieser Residenciales verlangen etwa 6 bis 10 Euro p.P. Ansonsten:

Residencial América
Sotomayor 430, Tel. 225 4148. Sauber und relativ neue Zimmer. DZ 30 Euro. www.residencialamerica.com
Jardín del Sol
Sotomayor 848, Tel. 223 2795. Alle Zimmer um einen Patio, freundlich, sauber. 17 Euro p.P. im Schlafsaal, DZ mit Bad 58 Euro. www.hostaljardindelsol.cl
Lynch
Lynch 589, Tel. 223 1581. Sauber, hilfsbereit, schöne Anlage, zentral, Parkplatz. DZ mit Bad 30 Euro.
Hostal Sunny Days
Tomás Aravena 161, Poblacion Chinchorro, Tel. 224 1038. Familiäre Backpacker-Herberge unter neuseeländisch-chilenischer Leitung in der Nähe des Busbahnhofs. Große saubere Zimmer mit Küchenbenutzung, Wäscheservice, Internet und üppigem Frühstück. Übernachtung im Mehrbettzimmer ab 13 Euro p.P., DZ mit Bad ab 37 Euro. www.sunny-days-arica.cl
Arica Surf Hostel
O'Higgins 661, Tel. 231 2213. Nettes, lebhaftes Hostel mit jungem Publikum, natürlich mit allen Infos und Service rund ums Surfen. 15 Euro p.P. im Mehrbettzimmer, DZ ab 37 Euro. www.aricasurfhostel.cl
Hotel Mar Azul
Colón 665, Tel. 09/8360 5592. Kleine Zimmer mit Privatbad, Pool, DZ ab 27 Euro. www.hotelmarazul.cl
Hotel El Paso
General Velásquez 1109, Tel. 225 8202. Elegant, mitten im Park beim Kasino, großer Pool, Zimmer mit Klimaanlage. DZ ab 82 Euro. www.hotelelpaso.cl
Hotel Savona
Yungay 380, Tel. 223 1000. Sauber und ruhig, mit Pool, Internet und Fahrradverleih. DZ 62 Euro. www.hotelsavona.cl
Hotel Casa Beltrán
Sotomayor 266, Tel. 225 7898. Schick, modern und zentral, mit minimalistisch-eleganten und geräuscharmen Zimmern und kreativem Restaurant. DZ 100 Euro. www.hotelcasabeltran.cl
Hotel Arica
San Martín 599, Tel. 225 4540. Das Beste am Ort, etwas außerhalb direkt am Strand, gute Küche. DZ ab 97 Euro. www.hotelarica.cl

Essen und Trinken

Gut und preiswert kann man in den **Fischlokalen am Hafen** bzw. gegenüber essen. Ansonsten:

Casino de Bomberos
Colón 357. Guter Mittagstisch in der Feuerwache (auch für Nicht-Feuerwehrleute).
Maracuyá
Comandante San Martín 0321. Direkt am Strand, sehr gute Meeresgerichte, aber stolze Preise.
Los Aleros de 21
21 de Mayo 736. Speziell Fleisch und Fisch, preiswerter als das Maracuyá.
Terra Amata
Yungay 201, Tel. 25 9057. Erlesene Küche, schöne Einrichtung, Blick auf den Morro.

Cantaverdi
Bolognesi 453. Einfache, nette Kneipe in der Fußgängerzone.

Flugzeug

Der **Internationale Flughafen Chacalluta** liegt 18 Kilometer nördlich des Zentrums, nahe der peruanischen Grenze. Arica Service (Tel. 222 2899) unterhält einen Shuttle-Service (Sammeltaxi 3,50 Euro). Ein Taxi kostet ca. 8 Euro und kann bestellt werden unter Tel. 225 4812. Beim Flug nach Santiago sollte man links sitzen (Andenblick).

- **LAN,** Arturo Prat 391. Mehrfach täglich nach Santiago über Iquique und Antofagasta.
- **Sky,** 21 de Mayo 356. 2x täglich nach Santiago, 3x wöchentlich nach La Paz (Bolivien), 2x wöchentlich nach Arequipa (Peru).
- **PAL,** Colón 375. 2x täglich nach Santiago.

Bahn

- Von Arica fahren 2x täglich Züge nach **Tacna** (Peru). Die Fahrt dauert 1½ Stunden, kostet ca. 1,50 Euro (Ticket am Tag zuvor kaufen) und ist interessanter als per Colectivo. Adresse: Máximo Lira 889.
- Bis vor einigen Jahren verkehrte ein Schienenbus zwischen Arica und **La Paz** (Bolivien). Er überwand auf einer Strecke von nur 180 Kilometern einen Höhenunterschied von 4256 Metern. Heute ist der Personenverkehr auf dieser Route leider eingestellt, die Wiederaufnahme ungewiss.

Überlandbusse

Der zentrale **Busbahnhof** ist auf der Av. Diego Portales 948 Ecke Av. Santa María, zu erreichen per Bus oder besser Taxi-Colectivo (Nr. 8 und 18) oder Taxi (ca. 2 Euro vom Zentrum). Da Arica Grenzstadt und Drogenumschlagplatz ist, wird alles Gepäck vom Zoll untersucht, erst im Bahnhof, später auf der Strecke noch einmal. Von Arica starten Busse nach:

- **Santiago de Chile,** 30 Std., 45–70 Euro je nach Service; vor allem die luxuriöseren Busse auch für Teilstrecken früh buchen
- **Iquique,** 4½ Std., 10 Euro
- **Antofagasta,** 10 Std., 15–30 Euro
- **Calama,** 10 Std., 15–30 Euro
- **San Pedro de Atacama,** 12 Std., 25–40 Euro
- **La Serena,** 18 Std., 25–50 Euro
- **La Paz** (Bolivien), 8 Std., 10 Euro
- **Lima** (Peru), 28 Euro
- **Tacna** (Peru), 2 Euro

- Nach **La Paz** fährt man am besten mit Pullman Bus, ab dem Busbahnhof.
- **Tacna** (Peru) wird auch von Colectivos angefahren (4 Euro, ab dem „internationalen" Terminal neben dem Busbahnhof – in 1½ Stunden ist man, Zollformalitäten eingeschlossen, in der Nachbarstadt.
- Nach **Putre** fahren die Gesellschaft La Paloma (Tel. 222 2710, tgl. 6.30 Uhr, ab Germán Riesco 2071, 5 Euro) sowie Buses Gutiérrez (Tel. 222 9338, Mi bis Fr 6.30 Uhr und So 20 Uhr, ab Esteban Ríos 2140, 5 Euro). Beide Abfahrtsstellen erreicht man am besten mit dem Taxi. Alternativ kann man mit einem der Busse nach La Paz mitfahren (vom Busbahnhof) und am Abzweig Putre aussteigen, von dort sind es 4 km bergab in den Ort.
- La Paloma verkehrt auch nach **Codpa,** nur Mo, Mi, Fr und So um 8 Uhr (4 Euro).
- Tur-Bus (im Busbahnhof) fährt jede Nacht (ca. 22 Uhr) über Calama durch nach **San Pedro de Atacama.**

Reiseveranstalter/Touren

Tourveranstalter in Arica bieten meist dasselbe Programm: **Tagesausflüge in den Lauca-National-**

park (um 27 Euro p.P., 7.30–20.30 Uhr), **Halbtagestouren ins Valle de Azapa** (ca. 10 Euro) oder auch **Stadtrundfahrten.** Das Problem bei allen Tagestouren in den Lauca-Nationalpark ist zum einen die Zeit (man verbringt die meiste im Bus), zum anderen die enorme Höhendifferenz, die man in nur wenigen Stunden überwindet. Wenn Sie es trotzdem wagen, lassen Sie sich den Tourverlauf genau erklären, auch mit was für einem Fahrzeug Sie unterwegs sind. Einige Reiseveranstalter haben Sauerstoff (in Flaschen) dabei, um die akute **Höhenkrankheit** zu kontrollieren. Die Tour in den Nationalpark geht von null auf 4500 Meter Höhe, was starke Kopfschmerzen und Schlimmeres mit sich bringen kann. Scheuen Sie sich nicht, dem Reiseleiter zu sagen, wenn Sie Kopfschmerzen haben, schlecht Luft bekommen oder Ihnen übel wird – mit der Höhenkrankheit ist nicht zu spaßen! Wenn Sie irgendwie können, wählen Sie lieber eine Zwei- oder Mehrtagestour auf den Altiplano (s.u.).

Einige Tourveranstalter

- **Raíces Andinas**
  Galería comercial Las 3 Esquinas local 29, Tel. 223 3305. Empfohlene Rundtouren auf dem Altiplano mit kundigen lokalen Guides.
  www.raicesandinas.com
- **Mayuru Tours**
  Baquedano 411, Tel. 09/8582 1493. Altiplano-Touren, auch deutschsprachige Guides, Leserempfehlung. www.mayurutours.com
- **Latinorizons**
  Colón 7, Tel. 225 0007, www.latinorizons.com.
- **Olas de Arica**
  Bolognesi 440, Tel. 225 2125. Surfschule, nur im Sommer. Weitere Surfschulen und -verleiher direkt am Strand Chinchorro nördlich des Zentrums.
- **Arica en Vuelo**
  Tel. 09/8455 6797. Gleitschirmfliegen am Strand und an Geoglyphen, auch im Tandem.
  www.aricaenvuelo.cl

Mietwagen

- **Europcar,** Colón 996, Tel. 225 8911.
- **Cactus,** General Lagos 666, Tel. 225 7430.

Sonstiges

- **Fahrradverleih** bei Turismo Chogna, Patricio Lynch 1017, Tel. 223 0574, 8 Euro für 3 Std., www.turismochogna.com.
- **Hauptpost,** Prat 305.
- **Telefonzentralen,** 21 de Mayo 211, 345 und 477; Colón 430.
- **Wäscherei,** 18 de Septiembre 457.

Die Umgebung von Arica

Valle de Azapa 73/A1

Das Azapa-Tal ist ein schmaler, fruchtbarer Einschnitt in die Wüste, genährt vom **Río San José,** der im Hochland entspringt. Hier werden Obst und Gemüse für die Märkte in Arica, aber auch für die in Zentralchile angebaut.

Im Tal befindet sich eines der besten archäologischen Museen Chiles, das **Museo Arqueológico San Miguel de Azapa.** 12 Kilometer vom Zentrum Aricas entfernt, ist es leicht per Taxi-Colectivo von der Ecke Chacabuco/Lynch in Arica zu erreichen (1 Euro). Geöffnet von Januar bis Mitte März täglich von 9–20 Uhr, ansonsten von 10–18 Uhr (Tel. 58/220 5551). Das Museum präsentiert anschaulich die verschiedenen präkolumbischen Kulturen der Region – im

Azapa-Tal wurden wertvolle Ausgrabungen gemacht. Die wichtigsten Ausstellungsstücke sind die **Chinchorro-Mumien.** Mit der C-14-/Radiokarbonmethode hat man ihr Alter bestimmen können: Man schätzt sie auf 7810 Jahre (+/-180 Jahre). Die Chinchorros benutzten komplizierte Techniken zur Mumifizierung ihrer Toten: Sie entfernten mit Messern aus Pelikanschnäbeln sämtliche Weichteile und Muskeln der Toten, leerten die Schädel und bauten im Prinzip um das Skelett den Körper neu auf. Der Kopf wurde mit einem Holzstab mit dem Körper verbunden, die Hohlräume mit Stroh und Wolle gefüllt, Arme und Beine wurden bandagiert und ausgepolstert, der Körper aus Lehm teilweise neu modelliert, und der Kopf erhielt schließlich eine Totenmaske. Den Toten wurden auch Speisen in Bastkörben und Tonkrügen mit ins Grab gegeben.

Im Azapa-Tal lassen sich auch einige große **präkolumbische Scharrbilder (Geoglyphen)** und **Befestigungsanlagen** bewundern. Am nächsten kommt man ihnen auf einer Nebenstraße, die zwei Kilometer südöstlich von Arica abzweigt und an den Südhängen des Azapa-Tals entlang führt. Am Cerro Sombrero und Cerro Sagrado sind 600 bis 1000 Jahre alte, überdimensionale Darstellungen verschiedener Symbole und Tiere (Lamas) zu sehen. Nach 13 Kilometern erreicht man auf der Höhe des Museums die Ruinen des **Pukará de San Lorenzo,** einer Befestigungsanlage aus dem 12. Jahrhundert.

Apachetas auf dem Weg nach Codpa

chi11-001 ms

Valle de Codpa 73/A1

Abseits der Touristenströme versteckt sich mitten in der Hochwüste die grüne Flussoase Codpa. Ca. 2000 Meter hoch gelegen, ist sie gut geeignet, um sich für den Altiplano zu **akklimatisieren.** Zudem gelangt man von hier direkt zum Salar de Surire (s.u.). Codpa liegt 115 Kilometer südöstlich von Arica, von wo auch Busse verkehren.

Die Anfahrt führt die Vielfalt der Atacama-Wüste vor Augen: Von Arica geht es durch schier endlose flache Steinwüste ohne jede Vegetation, auf dem leeren, schnurgeraden Teerstraßenband flimmert die heiße Luft. Plötzlich fällt die Straße ab hinunter zur ersten Flussoase, der **Quebrada de Vitor.** Ein Abstecher führt auf guter Erdpiste zum 20 Kilometer entfernten einsamen Strand an der **Caleta Vitor,** wo man in einem Palmenhain auch campen kann. Auf der Panamericana geht es weiter südwärts, bis bei km 67 der Abzweig nach Codpa erreicht ist. Eine Asphaltstraße führt hinauf in die zerklüftete Hochwüste, vereinzelt grüßen Kandelaberkakteen. Bei km 98 wird man von einem Feld voller mysteriöser brusthoher Steinpyramiden überrascht: Diese **Apachetas** dienten den Hochland-Indianern sowohl als Wegzeichen als auch als eine Art Altar für die Pachamama, die Mutter Erde; jede *apacheta* steht für eine Bitte bzw. ein Dankeschön an die Pachamama. Vergessen Sie nicht, selbst auch einen Stein auf eine der Pyramiden zu legen! Das Pyramidenfeld liegt direkt an einer atemberaubenden, mehrere hundert Meter tiefen Schlucht mit roten Felswänden.

Schließlich ist **Codpa** erreicht, der Hauptort eines tief eingeschnittenen Canyons mit ca. 160 Einwohnern. Auf den bewässerten Feldern gedeihen Guajaven, Orangen und eine spezielle Traubensorte, die zu einem schweren süßen Wein namens Pintatani verarbeitet wird. Kleine weiß gekalkte Häuser ducken sich in den engen Gassen um die Lehmziegelkirche aus dem 17. Jahrhundert.

4 Kilometer weiter flussaufwärts liegt der Flecken **Guañacagua** mit einer noch älteren Kapelle (16. Jh.). Deren steinerner Glockenturm, wie die meisten in Nordchile freistehend, ist einer der schönsten Vertreter des andinen Barock.

■ In Codpa gibt es ein paar Läden, zwei einfache Restaurants und die gediegene **Codpa Valley Lodge** mit 16 geschmackvoll eingerichteten Zimmern um einen Pool (DZ ab 78 Euro, Tel. in Santiago 2235 1519, www.codpavalleylodge.cl).

Von Codpa führt eine streckenweise nur mühsam zu befahrende Erdpiste mitten durch beeindruckende Altiplano-Landschaften über die Siedung Parcohalla zur Conaf-Hütte an der Westseite des weiter unten beschriebenen **Salar de Surire** (93 km, ca. 4 Std.). Von dort geht es nach Norden weiter Richtung Nationalpark Lauca und Putre oder nach Süden Richtung Isluga.

Pisagua 73/A2

Knappe 100 Kilometer Luftlinie südlich von Arica, aber 235 Kilometer über die Straße entfernt, liegt der Ort Pisagua (200 Einwohner), der eine **düstere Geschichte** besitzt. Einst als Salpeterhafen gegründet und ausgebaut mit britischem Uhrturm und riesigem städtischen Theater, wurde die Stadt nach dem Zusammenbruch des Salpetermarktes zu einer **Gefangenenkolonie.** Auch nach dem Militärputsch von 1973 wurden hier politische Gegner inhaftiert; 1990 hob man ein Massengrab mit Pinochet-Opfern aus.

■ Für die **Anreise** braucht man ein eigenes Fahrzeug oder viel Glück beim Autostopp, denn kein Bus fährt nach Pisagua; sie halten alle nur an der Abzweigung von der Panamericana, von dort sind es noch 38 Kilometer.

■ Übernachten kann man im **Hostal La Roca,** Tel. 57/273 1502, puertopisagua@hotmail.com, mit freundlicher Betreuung und schöner Aussicht (13 Euro p.P.).

Auf den Altiplano

Die **Passstraße nach Bolivien** ermöglicht eine atemberaubende Fahrt über das Altiplano genannte **Andenhochland.** Auf weniger als 200 Kilometern schraubt man sich dabei vom Meeresspiegel auf 4500 Meter Höhe, hinauf zum **Lago Chungará,** der wiederum von 6000er Vulkanen überragt wird. Eine tolle mehrtägige Rundtour führt über die einsame Hochebene durch mehrere Nationalparks und wieder hinunter nach Iquique (s.u.).

Valle de Lluta 73/A1

Die **Ruta 11,** die internationale Straße nach Bolivien, führt zunächst durch das Tal des **Río Lluta.** Nach wenigen Kilometern sieht man rechter Hand große Geoglyphen (Erdzeichnungen, vgl. den Exkurs weiter unten). Es sind die **Geoglifos de Lluta,** die Lamas und Menschen darstellen, auch ein Adler soll zu sehen sein.

In **Poconchile** (35 km von Arica) steht eine der ältesten Lehmziegelkirchen (1605) der Region. Bevor man in die ungastliche Hochwüste hinauffährt, sollte man sich im rustikalen **Restaurant Puro Chile** direkt vor der Brücke über den Río Lluta noch einmal stärken: Hier gibt es leckere Empanadas, *Pastel de choclo* und frisch gepresste Fruchtsäfte. Etwa 10 Kilometer weiter führt die Straße aus dem Tal hinaus immer weiter bergan; oft ergeben sich wunderbare Ausblicke auf die grüne Flussoase zwischen den kahlen Bergen, die weiter oben mit riesigen Kandelaberkakteen bewachsen sind.

Putre 73/A1

Der einzige größere Ort auf der Strecke (153 km von Arica) hat ca. 1200 Einwohner und liegt bereits auf 3500 Metern Höhe. Die meisten Einwohner sind **Aymara, Indios** aus einem Volksstamm, der ursprünglich weite Teile des heute von Peru, Bolivien und Chile geteilten Hochlands bewohnte. Sie leben vorwiegend von der Viehzucht (Lamas und Alpacas), von der Spinnerei und dem Verkauf der Wolle und zunehmend vom Tourismus. Ihre eigene Sprache gerät immer mehr in Vergessenheit, die meisten Kinder lernen sie nicht mehr von ihren Eltern. Immerhin ist Aymara seit einiger Zeit Unterrichtsfach in der Dorfschule von Putre.

Putre liegt, umgeben von grünen Terrassenfeldern, in großartiger Szenerie zu Füßen der schneebedeckten Gipfel der

Nevados de Putre (5825 m). Im Ort, gegründet um 1580 als Station für die Silbertransporte aus Potosí, finden sich zahlreiche Zeugnisse der Kolonialzeit: eine schöne Kirche von 1670, etliche Patrizierhäuser an den gepflasterten Gassen und ein offenes Aquädukt direkt unter der Hauptstraße O'Higgins. Putre hat sich herausgemacht: Der Hauptplatz wurde verschönert, Wandmalereien mit Aymara-Mythen zieren mehrere Gebäude. Und in den vergangenen Jahren ist hier langsam, aber stetig eine touristische Infrastruktur entstanden, die es nahelegt, hier zu verweilen und sich an die Höhe zu gewöhnen. Ein Ausflug etwa zu den **Termas de Jurasi** (11 km entfernt) eignet sich hervorragend als Akklimatisierungstour. Die 50 Grad heißen Becken auf 4100 Metern Höhe sind von Putre aus zu Fuß in etwa 2 Stunden zu erreichen oder auch bequem mit dem Wagen. Andere Wanderwege führen durch tiefe Schluchten voller Kakteen zu prähispanischen Felszeichnungen.

Ein Tipp ist die **Quebrada de Allané** rund 50 Kilometer nördlich von Putre. Die gut ausgebaute Erdpiste dorthin führt über einen im Wortsinn atemberaubenden, fast 5000 Meter hohen Pass direkt unterhalb der Nevados de Putre. Unterwegs lassen sich Guanakos beobachten, und mit etwas Glück sieht man eine Taruca, die kleine Verwandte des in Südchile heimischen Andenhirschs Huemul. Die Quebrada de Allané ist ein beeindruckender, 400 Meter tief in die Hochwüste eingeschnittener Canyon mit rot, gelb und weiß leuchtenden Sandsteinwänden. Die Straße führt hinunter in den Talgrund (3400 m) mit schönen Rastplätzen an einem schilfbestandenen Flüsschen.

Touristeninformation

- **Vorwahl Putre: 58**
- **Tourismusbüro am Hauptplatz**

Tel. 224 5989.

- Eine sehr gute **Karte** der gesamten Gegend, mit Wanderwegen, ist erhältlich unter www.trekking-chile.com/karten.

Unterkunft

- **Hostal La Paloma**

O'Higgins 353, Tel. 09/9197 9319. Simpel und sauber, mit Restaurant. 17 Euro p.P.

- **Hostal Cali**

Baquedano 399, Tel. 224 4220. Sauber und einfach. 11 Euro p.P.

- **La Chakana**

Unterhalb des Ortes hinter der Kaserne, Tel. 09/9745 9519. Gemütliche Lodge mit kleinem Aymara-Museum. 6 separate Cabaña-Zimmer mit Federbetten und Heizung, exzellentes Frühstück (auch Küchenbenutzung) und viele Tipps sowie Tourangebote. 19 Euro p.P. im Mehrbettzimmer, DZ mit Bad 52 Euro. www.la-chakana.com

- **Hotel Kukuli**

Baquedano 301, Tel. 09/9161 4709. Einfache kleine Zimmer zum Patio, simples Frühstück, preiswertes Restaurant. DZ mit Bad 50 Euro.

- **Terrace Lodge**

Av. Circunvalación 25, Tel. 258 4275. Die beste Option vor Ort, geführt von einem freundlichen italienischen Paar. 5 neue, schön dekorierte Zimmer mit Bergblick und Heizung, Internet-PCs und WLAN; gute Tipps. DZ 52 Euro. www.terracelodge.com

- **Hotel Q'antati**

Hijuela 208, Tel. 22 8916. 10 kühl-moderne Zimmer mit Bergblick, kein Internet, seelenloser Service. DZ mit Bad ca. 50 Euro. hotelqantati.blogspot.com

Essen und Trinken

■ **Cantaverdi**
An der Plaza. Lecker und preiswert, auch vegetarische Gerichte.

■ **Rosamel**
An der Plaza. Typisch chilenische Küche.

■ **Kuchu Marka**
Baquedano 351. Regionale Gerichte.

Kandelaberkaktus im Valle de Lluta

Busse

■ **Busse** ab der Plaza. La Paloma fährt tgl. um 14 Uhr **nach Arica,** Gutiérrez Mi und Fr um 17 Uhr (5 Euro).

Reiseveranstalter/Touren

Alle Agenturen tummeln sich auf der Baquedano und haben Ausflüge in die nähere Umgebung und Rundtouren auf dem Altiplano im Angebot.

■ **Tour Andino**
Baquedano 340, Tel. 09/9011 0702.
www.tourandino.com

chi13-012 ms

■ **Cali Tours**
Baquedano 399, Tel. 09/8518 0960. www.calitours.cl

■ **Birding Alto Andino**
Baquedano 229, Tel. 09/9282 6195. Die US-amerikanische Biologin *Barbara Knapton* bietet individuell geführte, hochgelobte Naturtouren an, insbesondere zur Vogelbeobachtung. Vorabreservierung nötig. www.birdingaltoandino.com

Sonstiges

■ **Internet und Telefon:** Baquedano und direkt an der Plaza.

■ **Bankautomat** an der Plaza, funktioniert aber nicht mit VISA-Karten!

■ **Benzin** erhältlich aus Flaschen bei Cali Tours und im Hotel Kukuli.

Parque Nac. Lauca 73/B1

Hinter Putre schraubt sich die Ruta 11 auf über 4000 Meter Höhe. Nach 23 Kilometern erreicht man die **Conaf-Station Las Cuevas** im Nationalpark Lauca. Er umfasst eine Fläche von 138.000 Hektar, die Ruta 11 von Arica nach Bolivien ist durchgehend asphaltiert und führt mitten hindurch.

Unterwegs sieht man immer mehr **Lama- und Alpacaherden.** Sie werden als Nutztiere gehalten und sind meistens im Ohr markiert. Ihre frei lebenden Verwandten, die schlanken **Vicuñas,** lassen sich meist nur aus gebührendem Abstand beobachten (vgl. den Exkurs in „Tier- und Pflanzenwelt"). An felsigen Stellen sind **Vizcachas** zu sehen, Verwandte der Chinchillas. Auf Steinen und Felsen wachsen die grün leuchtenden **Llareta-Pflanzen,** die nur in Höhen ab 4000 Meter gedeihen. Sie sehen weich wie ein Polster aus, ihre Oberfläche ist aber rau, da die Zweige verharzen und verholzen.

Direkt hinter der Conaf-Station zweigt rechts eine nur mit Vierradantrieb befahrbare Piste zum Fuß des **Cerro Milagro** (5025 m) ab. Die etwa einstündige mühsame Holpertour wird mit einem einzigartigen Panorama belohnt: Die Bergkette heißt bei den Einheimischen Sietecolores: zu Recht, schimmern ihre Steilwände doch je nach Sonnenwinkel in allen sieben Farben des Regenbogens. Zurück auf der Straße, rücken bald die

Kegel der Sechstausender ins Blickfeld, und linker Hand erstreckt sich das weitläufige Hochmoor von Parinacota, in dem Flamingos, Wildgänse und -enten leben. **Parinacota** (48 km von Putre) liegt etwas abseits der internationalen Straße und ist ein fast verlassenes Dorf auf 4450 Metern Höhe mit 50 Häusern und 15 Menschen; die meisten Häuser werden von ihren Besitzern nur zu großen Festen aufgesucht. Hier steht eine der schönsten Kirchen des Nordens – ein typischer Bau (1789) mit einem wuchtigen, frei stehenden gestuften Glockenturm. Innen sind Fresken zu bewundern, wahrscheinlich Arbeiten der Schule aus Cuzco.

■ In Parinacota gibt es das von Aymara betriebene **Hostal Uta Kala Don Leo** (Tel. 58/226 1526, 09/9010 6315, leonel_parinacota@hotmail.com, 9 Euro p.P., auch Essen).

Von Parinacota führt eine Erdpiste direkt an den **Lagunas de Cotacotani** vorbei, die smaragdgrün bis kobaltblau zu Füßen einer atemberaubenden Kulisse leuchten: Es sind die **Zwillingsvulkane Pomerape** (6250 m) und **Parinacota** (6330 m), zwei ebenmäßige Kegel mit Schneekragen direkt auf der Grenze zu Bolivien.

Zurück auf der Ruta 11 sind es nur noch wenige Kilometer bis zum **Lago Chungará** (62 km ab Putre), dem angeblich höchsten See der Erde – mit 4570 Metern Höhe allemal rekordverdächtig. Bei gutem Wetter spiegeln sich in ihm die **Vulkane Parinacota und Sajama** (6520 m) – eines der schönsten Naturpanoramen des Nordens. Am Ufer gibt es eine Schutzhütte von Conaf, von hier bis zur Grenze sind es noch 12 Kilometer.

Von Arica kommen Busse mit Tagesgästen hier herauf. Von dieser Strapaze – in wenigen Stunden von null auf 4500 Meter Höhe – kann aber nur abgeraten werden. Die unbarmherzige Höhenkrankheit sorgt dafür, dass viele das Naturschauspiel nicht genießen können.

Altiplano-Rundfahrt

Die Fahrt über den Altiplano durch die südlich an den Lauca-Park anschließenden Schutzgebiete gehört zu den großartigen Naturerlebnissen in Chile. Sie kann nur mit einem **Mietwagen** oder im Rahmen einer **organisierten Tour** bewältigt werden, öffentliche Verkehrsmittel gibt es hier nicht. Die Route führt auf Höhen von 3500 bis 4500 Meter durch die Reserva Nacional Las Vicuñas und das Monumento Natural Salar de Surire in den Nationalpark Vulkan Isluga. Vorbei an weiteren Attraktionen geht es wieder hinunter in die Atacama-Wüste, zurück nach Arica oder nach Iquique.

Einige wichtige Tipps

Die Rundfahrt sollte nur mit einem **geländegängigen Fahrzeug** unternommen werden; Allradantrieb ist nicht zwingend notwendig, wird aber empfohlen. Von Arica bis Huara (Panamericana) sind es etwa 650 Kilometer, von dort 242 Kilometer über die Panamericana zurück nach Arica oder 85 Kilometer hinunter nach Iquique. Nur in Putre (km 153) und in Pozo Almonte (40 km südlich von Huara) kann man sicher sein, **Benzin** oder Diesel zu bekommen, in den wenigen anderen Orten ist das Glückssache. Im Allradmodus verbraucht ein Wagen mehr Treibstoff, daher kann ein voller 20-Liter-Ersatzkanister nützlich sein.

Man kann diese Tour bei einer der unter Arica, Putre und Iquique genannten **Agenturen** buchen. Dabei muss man pro Person mit ca. 80 Euro am Tag rechnen, Verpflegung und Übernachtung inklusive. Oft wird die komplette Route an drei Tagen gemacht (zwei Übernachtungen, in Putre und Colchane), wesentlich besser ist es aber, sich einen Tag mehr Zeit zu nehmen.

Wer selber fahren möchte, sollte sich auf ein echtes Abenteuer vorbereiten: Die Tour führt in weitgehend menschenleere Wildnis auf über 4000 Metern Höhe, ohne Handynetz und ärztlichen Notdienst. Die Strecke ist zwar halbwegs ausgeschildert, und Karten können hilfreich sein. Trotzdem sollte man unterwegs so oft wie möglich nach dem Weg und seinem Zustand fragen. Hat es geregnet, sind bestimmte Stellen evtl. unpassierbar. Fahren Sie nie in der Dunkelheit!

Übernachten kann man zwischen Putre (s.o.) und Colchane (s.u.) nur in einfachen Hütten der Nationalparkverwaltung Conaf: zwei im Lauca-Park (in Parinacota und am Lago Chungará), eine in Guallatiri, eine am Salar de Surire, eine in Enquelga. Alle Refugios sind spärlich ausgestattet, sie kosten jeweils etwa 12 Euro p.P., ein eigener Schlafsack ist erforderlich. Vergewissern Sie sich vor der Abfahrt, ob die Refugios überhaupt geöffnet sind, und melden Sie sich dort an (Tel. 58/220 1200, siehe Arica).

Lebensmittel sollte man in ausreichender Menge mitnehmen. **Kochen** kann man in der Regel in den Refugios; **Restaurants** gibt es nur in Putre und Colchane.

Im Hochland wird es **nachts sehr kalt** (warme Kleidung und Handschuhe mitnehmen), tagsüber braucht man einen guten Sonnenschutz.

Die Route

25 Kilometer östlich von Putre zweigt eine gut ausgebaute Schotterstraße von der Ruta 11 ab und erreicht nach etwa 25 Kilometern eine Brücke über den Río Lauca und die **Reserva Nacional Las Vicuñas** (210.000 ha), das Schutzgebiet für die wilden Verwandten des Lamas. Nachdem die Vicuñas Anfang der 1970er Jahre in dieser Region fast verschwunden waren, richtete man Schutzzonen für sie ein; der Erfolg war phänomenal: Heute leben auf dem chilenischen Altiplano wieder mehr als 30.000 Tiere. Eine alternative Strecke zweigt direkt an der Grenzkontrolle am Lago Chungará nach Süden ab und stößt nach ca. 20 Kilometern auf die von Putre kommende Straße.

Nach 83 Kilometern ab Putre ist **Guallatiri** zu Füßen des gleichnamigen, stets rauchenden Vulkans (6063 m) erreicht. Wie die meisten Hochlanddörfer ist auch dieses weitgehend verwaist, die Bewohner sind in die Städte abgewandert. Außer der Steinkirche gibt es noch das Refugio von Conaf und eine Station der Carabineros (anmelden).

Weitere 45 Kilometer, immer begleitet von Sechstausendern zur Linken, sind es zur Polizeistation Chilcaya am Nordrand des **Salar de Surire.** Der 17.500 Hektar große Salzsee erstreckt sich blendend weiß zwischen rotbraunen Höhenzügen. Auf 4250 Metern Höhe nisten hier drei Flamingo-Arten, die in den salzkrustenfreien Lagunen ausreichend Kleinstkrebse als Nahrung finden. Leider ist dieses Naturspektakel von Weltrang latent bedroht: Mitten auf dem Salzsee – einem Naturdenkmal im Naturschutzgebiet – baut eine private Gesellschaft, die sich auf alte Schürfrechte beruft, in großen Mengen **Borax** ab und schädigt so das Habitat der Flamingos. Die Laster donnern im Fünfminutentakt nach Norden und vertreiben Guanakos und Ñandus. Im Conaf-Refugio am Westufer des

Salzsees (140 km ab Putre) kann man übernachten.

Den Salar umrundend, gelangt man zu den naturbelassenen **Thermalquellen Polloquere** an seinem Südrand (24 km vom Refugio). Das Bad in den schwefeldampfenden, bis zu 50 Grad heißen Schlammtümpeln, vor sich das Panorama des berggesäumten Salzsees, gehört zu den Höhepunkten der Fahrt. Nun geht es auf spürbar schlechteren Pisten südwärts Richtung Colchane. Dabei muss man mehrfach Furten durchfahren.

Bei der Siedlung Mucomucone beginnt der **Nationalpark Volcán Isluga,** der 175.000 Hektar umfasst und typische Hochmoore *(bofedales)* schützt, in denen Wasservögel und Nandus leben. Linker Hand sieht man nun den **Vulkan Isluga** (5530 m), sein Panorama bleibt bis **Enquelga** (80 km ab dem Salar) erhalten. In dem Aymara-Dorf auf 3850 Metern Höhe gibt es ein Conaf-Refugio, etwa 90 Häuser mit ca. 300 Einwohnern, eine Kirche, eine Schule und eine einfache Thermalquelle.

Von Enquelga sind es 10 Kilometer bis nach **Isluga.** Die Siedlung ist vollständig verlassen, es handelt sich um ein reines **„Ritualdorf" der Aymara.** Sie kommen hier nur an ihren hohen Feiertagen zusammen, Feiertage, die mitunter mit den katholischen zusammenfallen, aber einen gänzlich anderen Ursprung haben. Die Religion der Aymara ist synkretistisch, sie haben auf Druck der Eroberer christliche Elemente übernommen, eigene aber behalten. So feiern die Aymara ihre Feste nicht in der Kirche – die von Isluga ist eine der schönsten Adobe-Kirchen im ganzen Norden –, sondern auf dem unscheinbaren Platz nebenan (der noch von den Kirchenmauern eingeschlossen ist). Die spanischen Missionare errichteten ihre Kirchen oft mit Absicht neben dem rituellen Versammlungsort der Indianer.

Von Isluga sind es 6 Kilometer bis zur internationalen Straße, die Iquique mit Bolivien verbindet, und weitere 5 Kilometer bis zum **Grenzort Colchane.**

■ Übernachten kann man im schlichten, freundlichen **Hostal Camino del Inca** (Tel. 55/234 9552, DZ 25 Euro mit Halbpension, hostal_caminodelinka@hotmail.com) und im neuen **Hotel Isluga** (Tel. 09/8991 1975, DZ 69 Euro, www.hotelisluga.cl).

Endlich wieder auf Asphalt (allerdings mit großen Löchern und einigen Schotterabschnitten), geht es hinunter nach **Huara** (183 km). Der schönere Weg aber führt zunächst zurück nach Enquelga. Kurz vorher überquert man nach links den Fluss, folgt ihm auf der anderen Seite westwärts und biegt nach 14 Kilometern links nach **Mauque** ab (weitere 15 km, hübsche Kirche). Kurz hinter dem Ort führt ein lohnender Abstecher rechts ab nach **Puchuldiza** (22 km, schlechte Piste). Hier, auf 4200 Metern Höhe, sprudeln die schönsten Geysire in Nordchile. Mit hohem Druck wird das bis zu 85 Grad heiße schwefelhaltige Wasser mehrere Meter hoch aus dem Boden gepresst. Wo es als Sprühregen zur Erde fällt, entstehen im Winter Salzeishügel, die mehrere Meter hoch werden können. In einem kleinen Thermalbecken kann man baden.

Zurück zur Kreuzung, erreicht man nach 10 Kilometern die Straße von Colchane nach Huara, biegt dort rechts ein und fährt durch spektakuläre Canyons und bizarre Mondlandschaften. Nach 68

Kilometern führt links eine schmale Straße zu den **Termas de Chusmiza** auf 3600 Metern Höhe (5 km, einfache Cabañas mit Verpflegung).

Zurück auf der Hauptstraße sind es noch 82 Kilometer bis zur Panamericana bei Huara. Unterwegs passiert man noch **Tarapacá** (49 km) und den **Gigante de Atacama;** beide Sehenswürdigkeiten werden im Kapitel „Die Umgebung von Iquique" beschrieben. Wer nach Iquique weiterfährt, kann die Rundtour noch mit einem Besuch in den Salpeterstädten **Humberstone** und **Santa Laura** verbinden (ebenda). Von Huara sind es 242 Kilometer bis Arica und 85 Kilometer bis Iquique.

Wer nicht wieder zur Panamericana hinunterfahren, sondern **weiter den Altiplano erkunden** will, kann das dank der neuen Verbindung Colchane – Cariquima – Lirima – Salar de Huasco, immer entlang des Westrands der Hochanden. Hinter dem **Salar de Huasco** (siehe „Die Umgebung von Iquique") geht es zunächst auf Asphalt weiter südwärts (die Straße führt zur Kupfermine Collahuasi), dann auf überaus prekären Pisten bis zum Grenzübergang Ollagüe und – wieder auf besserer Straße – hinunter ins **Loa-Tal** und nach Calama. Das größte Problem dieser reizvollen, absolut einsamen Strecke (ca. 430 km von Colchane nach Calama) ist die Logistik: In Colchane bekommt man mit Glück noch Treibstoff und Lebensmittel, danach nicht mehr. Einfachste Unterkünfte gibt es in Cariquima, Collacagua und Ollagüe.

Iquique

73/A3

Charles Darwin war ein genauer Beobachter, und er notierte im Juli 1835 über Iquique: „Die Stadt enthält ungefähr tausend Einwohner und steht auf einer kleinen Ebene von Sand am Fuße einer großen, 2000 Fuß hohen, hier die Küste bildenden Felswand. Das Ganze ist vollkommen wüst." Von *Darwins* Beschreibung stimmt fast nichts mehr – außer der Lage der Stadt. Sie erstreckt sich tatsächlich auf einer **schmalen Uferplattform** zwischen dem Pazifik und einer direkt hinter der Stadt auf über 600 Meter Höhe aufragenden Kordillerenwand.

Aus *Darwins* ödem Fischernest, in dem in vorspanischer Zeit bereits Chango-Indianer vom Fischfang und dem Guano-Abbau lebten, ist inzwischen die nach Antofagasta zweitgrößte Stadt im chilenischen Norden geworden. Iquique hat heute 215.000 Einwohner, ist die **Hauptstadt der Region Tarapacá** und **einer der wichtigsten Häfen im Norden.** „Welcher Seemann Deutschlands kennt nicht Iquique?", schrieb *Otto Bürger* 1923 emphatisch. Damals war es wahrscheinlich so. Aus Iquique wurde in Massen **Guano** exportiert, stickstoffhaltiger Vogelmist, der als Dünger weltweit genutzt wurde, dazu Salpeter aus den großen Salpeterminen. Iquiques große Zeit war zwischen 1880 und 1920, als der Hafen boomte und mit Salpeter gute Geschäfte zu machen waren. Die reichen Salpeterbarone bauten sich ihre Stadtpaläste, sorgten für ein repräsentatives Theater und eine ebensolche Plaza. Nach kurzem Niedergang lebte Iquique seit den 1950er Jahren wieder auf. Der Hafen mauserte sich zum größten Exporthafen für Fischmehl, und seit 1985 besitzt die Stadt auch einen **Zollfreihafen** und eine Freihandelszone mit angeschlossenem Einkaufszentrum.

Iquique gehört zweifellos zu den **schönsten Städten Chiles,** insbesondere nach der Restaurierung des **historischen Stadtkerns** in den letzten Jahren, bei der u.a. Fassaden renoviert, die hölzernen Gehwege wieder hergestellt und eine Strandpromenade angelegt wurden.

Sehenswertes

Bester Ausgangspunkt für einen Rundgang ist die **Plaza Prat,** das restaurierte Schmuckstück der Stadt. Umgeben von hoch gewachsenen Palmen, steht mitten auf der Plaza der **Uhrturm** (Torre Reloj), das 1877 aufgestellte Wahrzeichen von Iquique. Auffälligster Bau ist das neoklassizistische **Teatro Municipal** an der Südseite des Platzes, das 1890 als Opernhaus eingeweiht wurde und besichtigt werden kann. Daneben steht das Gebäude der **Sociedad Protectora de Empleados de Tarapacá** (1913), eines der ersten Gewerkschaftshäuser des Landes.

Eines der schönsten Gebäude an der Plaza, das blau gekachelte **Centro Español,** fällt architektonisch aus dem Rahmen: Es wurde 1904 in maurisch-spanischem Stil für die spanische Kolonie der Stadt erbaut. Fragen Sie, ob Sie einen Blick hinein werfen können, oder gehen Sie zum Abendessen hierher – das Centro beherbergt ein teures Restaurant.

Die beiden Plätze des Zentrums wurden nach den wichtigsten Seehelden Chiles benannt. **Arturo Prat** und **Carlos Condell** waren zwei Kapitäne der chilenischen Kriegsmarine, die bei Iquique am 21. Mai 1879 eine wichtige Schlacht im Salpeterkrieg verloren. *Prat* kam dabei um, als er todesmutig, wie immer versichert wird, dem Feind entgegentrat; *Condell* konnte sich nach Antofagasta retten. Seither ist der 21. Mai Nationalfeiertag.

An der Plaza Prat beginnt die **Av. Baquedano,** eine der wenigen Straßen, deren bauliches Ensemble komplett noch so erhalten ist, wie es sich vor hundert Jahren, zur Blütezeit der Stadt, darstellte. *Otto Bürger* beschrieb 1923 Iquique so: „Die Straßen sind breit und gut im Stande, die mit Holz getäfelten Steige sauber und die Holzhäuser oft villenartig elegant. (…) Die meist mit behaglicher

chi116 ms

Die Plaza Prat mit dem Stadttheater

Übernachtung
8 Hotel Inti Llanka
11 Hotel Barros Arana
12 La Casona 1920,
15 Backpacker's Hostel Iquique
16 Hostería Cavancha, Terrado Suites

Essen und Trinken
1 El Wagón
4 Centro Español
10 El Rey del Pescado
13 Neptuno
14 El Tercer Ojito
17 El Sombrero, Nomadesert

Einkaufen/ Sonstiges
3 PAL
6 LAN
7 Sky
9 Markthalle

Raumverschwendung aufgebauten Wohnungen in dem frischen hellen Anstrich (…), mit der Veranda straßenwärts, haben eine Eigentümlichkeit, die man sonst in Chile nicht findet. Sie besitzen ein zweites Dach, die Asotea, das die Hitze abhält, und unter dem man abends einen luftigen Aufenthalt findet." Viele solcher Bauensembles sind allerdings nicht erhalten. Die Stadt wurde oft Opfer von **Erdbeben und Feuersbrünsten** – 1868 ein Erdbeben, 1875 ein Großbrand, 1877 ein Erd- und Seebeben, 1880, 1883 und 1907 erneut große Brände. Die Fußgängerzone zeigt sich heute restauriert und wieder mit den von *Bürger* bewunderten hölzernen Fußwegen. Auch die Kabel wurden unterirdisch verlegt, was in Chile die Ausnahme ist.

An der Av. Baquedano steht auch das **Museo Regional** (Hausnummer 951, Di bis Fr 9–17.30 Uhr, Sa 9.30–18 Uhr): Es bietet einen hervorragenden Überblick zur Natur- und Kulturgeschichte der Region, angefangen von den ältesten Mumien über den Nachbau eines Aymara-Dorfes bis hin zu komplett eingerichteten *oficinas* der Salpeterminen – absolut sehenswert.

Wendet man sich einen Block weiter südlich nach links in die Calle O'Higgins, trifft man auf den **Palacio Astoreca,** eines der besterhaltenen Wohngebäude der Salpeter-Zeit. Hier sieht man, wie der Geldadel damals wohnte, einige Originalmöbel sind auch ausgestellt (Hausnummer 350, Mo bis Fr 10–13 und 16–19 Uhr, Sa 11–14 Uhr).

Von hier ist es nicht weit zum **Hafen,** wo die Boote für die lohnende Rundfahrt starten. Dabei passiert man auch die Stelle, an der *Arturo Prats* Schiff „Esmeralda" sank, sowie eine kleine Seehundkolonie (1 Std., 3 Euro). Einige Meter weiter nördlich, an der **Mole für die Fischer,** treiben Seelöwen behäbig im Wasser: Sie hoffen auf Fischabfälle, ebenso wie die gefräßigen Pelikane, die die Fischer mitunter fast zur Seite schieben müssen, um arbeiten zu können.

Direkt an den beiden Molen steht das zweistöckige Gebäude der **Aduana,** erbaut 1871 im klassischen Kolonialstil mit Patio und achteckigem Ausguck. Heute ist hier das **Museo Naval** untergebracht; natürlich geht es um *Prats* „Esmeralda" und das Leben des Seehelden (Mo bis Fr 10–13 und 16–19 Uhr, Sa/So 11–14 Uhr). Viel anschaulicher ist freilich die **„neue" Esmeralda,** ein Nachbau des berühmten Segelschiffs mit allen Details im Maßstab 1:1, eingeweiht 2011 an der Costanera Ecke Lynch. Das aufwendige Freiluftmuseum wurde von einer Minengesellschaft gestiftet (Di bis So 10–17.45 Uhr, Eintritt 3 Euro).

Gleich daneben beginnen die **Strände** von Iquique. Der erste große innenstadtnahe Strand ist die Playa Cavancha: An der Uferpromenade gibt es neben dem Spielcasino einen Themenpark mit Kakteen, Lamas und Alligatoren sowie eine Seelöwenshow (zweimal täglich, Eintritt 2 Euro) – Miami lässt grüßen. Weiter südlich folgt die Playa Brava, und kilometerweit ziehen sich die Strände südwärts. Sie sind leicht mit dem Auto zu erreichen, die Ruta 1 führt immer an der Küste entlang.

Die meisten Chilenen besuchen die Stadt wegen der riesigen **Zona franca de Iquique,** kurz „Zofri" genannt. Die Freihandelszone beschäftigt ca. 10.000 Menschen in weit mehr als 1000 Unternehmen. In mehreren hundert Läden gibt es vor allem elektronische Güter zu kaufen

– sie sind hier billiger als sonstwo in Chile, allerdings immer noch teurer als in Europa. Auch gebrauchte Autos und Jeeps aus Asien sind preiswert zu haben. Die Zofri erreicht man per Colectivo-Taxi (alle nach Norden fahrenden). Geöffnet ist sie Mo bis Sa von 11–21 Uhr.

Am Abend kann man auf die Düne des **Cerro Dragón** steigen und den Sonnenuntergang bewundern; ein Pfad führt vom Ende der Calle Chipana hinauf. Nicht zuletzt ist die Stadt ein Paradies für **Gleitschirmflieger,** die sich von der Düne zum Strand hinuntertragen lassen, und für Surfer, die sich in bis zu sechs Meter hohe Wellen stürzen können (Näheres im Outdoor-Kapitel).

Praktische Tipps

Touristeninformation

- **Vorwahl von Iquique: 57**
- **Sernatur,** Anibal Pinto 436, Tel. 241 9241, infoiquique@sernatur.cl.
- **www.iquique.cl**

Unterkunft

Backpacker's Hostel Iquique
Amunátegui 2075, Tel. 232 0223. Lebendiges Haus mit internationalem Flair, nur wenige Schritte vom Strand, Gemeinschaftsbäder. Ab 12 Euro p.P. im Mehrbettzimmer. www.hosteliquique.cl

La Casona 1920
Barros Arana 1585, Tel. 241 3000. Nettes, sauberes Hostel mit 6 Gemeinschaftsbädern, W-Lan und großem Patio, Waschmaschine, Küchenbenutzung, auch Essen. Warmherzige, sehr hilfreiche deutschsprachige Betreiber (Leserlob), 5 Min. zum Strand. Ab 9 Euro p.P. www.casonahosteliquique.cl

Hotel Inti Llanka
Obispo Labbé 825, Tel. 231 1104. Altmodisch und unfreundlich, kleine Zimmer mit Bad und Kabel-TV, zur Straße laut, sehr bescheidenes Frühstück. DZ ab 58 Euro. www.inti-llanka.cl

Hotel Barros Arana
Barros Arana 1302, Tel. 241 2840. Gepflegtes Haus, modern, schöne Zimmer, netter Service, Pool, DZ mit Bad 77 Euro. www.hotelbarrosarana.cl

Hostería Cavancha
Los Rieles 250, Tel. 243 1007. Guter Standard der Oberklasse am Strand, DZ ab 115 Euro. www.hosteriacavancha.cl

Terrado Suites
Los Rieles 126, Tel. 236 3900. Das Feinste, was Iquique zu bieten hat. DZ ab 150 Euro, mit Palmen-Pool direkt am Meer. www.terrado.cl

Essen und Trinken

Gute und preiswerte Restaurants (Fisch und Meeresfrüchte) sind **im zweiten Stock der Markthalle** zu finden, mit dem Plus der Aussicht auch **am Hafen.** Sehr schön essen und sitzen kann man in den Bars und Restaurants der **Fußgängerzone Baquedano;** vielerorts gibt es frisch gepresste tropische Fruchtsäfte. Ansonsten:

Neptuno
Riquelme 234. Muschel-Empanadas und Fisch, preiswert und gut.

Centro Español
Plaza Prat. Wundervolles Ambiente (s.a. „Sehenswertes"), aber mäßiges, überteuertes Essen und nachlässige Bedienung.

El Rey del Pescado
Bulnes Ecke J. Martínez. Gute Fischgerichte, sehr preiswert.

El Wagón
Thompson 85. Gute regionale Küche und Live-Musik, stimmungsvoller Treff der Einheimischen, moderate Preise.

El Tercer Ojito
P. Lynch 1420, Tel. 241 3847. Vegetarische, thailändisch inspirierte Kost in schönem Innenhof, hochgelobt, nicht billig.
Kiru
Amunátegui 1912. Peruanische Spezialitäten, nette Atmosphäre.
El Sombrero
Los Rieles 704, Tel. 231 2410. Meerestiere vom Feinsten auf einer schönen Terrasse an der Bucht. Sonntags Familienbuffet.
Nomadesert
Eleuterio Ramírez 1535. Neues, gemütliches Café mit WLAN und Fahrradverleih.

Flugzeug

Der **Flughafen Diego Aracena** liegt 41 Kilometer südlich der Stadt an der Ruta 1, ein Taxi-Colectivo vom Zentrum dorthin kostet ca. 7 Euro, vom Airport fährt ein Bus ins Zentrum. Die Kleinbusse von Aerotransfer holen Passagiere am Hotel ab und bringen sie zum Flughafen bzw. umgekehrt (8 Euro, Tel. 231 0800).

LAN, Tarapacá 465. Mehrfach täglich nach Santiago sowie nach Antofagasta und Arica; fast täglich nach La Paz (Bolivien).
Sky, Tarapacá 530. 3x täglich nach Santiago, mehrmals wöchentlich nach Arequipa (Peru).
PAL, Plaza Prat 570. 3x täglich nach Santiago.

Überlandbusse

Der zentrale **Busbahnhof** ist am nördlichen Ende der Patricio Lynch, **nahe des Hafens.** Die meisten Busunternehmen haben hier ein Büro, fast alle zusätzlich ein zweites in den Blocks um den **Mercado Centenario** (Straßen Aldea und Arana). **Tur-Bus** hat seinen eigenen Terminal am nördlichen Ende der Straße Ramírez. Da Iquique Freihandelszone ist, wird alles Gepäck vom Zoll untersucht, einmal im Bahnhof, später auf der Strecke nach Süden bei Quillagua noch einmal. Vom Busbahnhof starten Busse nach:

- **Santiago,** 26 Std., 35–70 Euro
- **Arica,** 4½ Std., 7–10 Euro
- **Calama,** 6–7 Std., 12–20 Euro
- **Antofagasta,** 6 Std., 15–28 Euro
- **Copiapó,** 13 Std., 25–50 Euro
- **La Serena,** 17–18 Std., 30–60 Euro

Verschiedene Gesellschaften fahren täglich vom Terminal nach **La Paz,** Bolivien (14 Std., 30 Euro).
Wechselnde Gesellschaften bedienen die Strecke nach **Colchane** an der bolivianischen Grenze.

Bahn

Transatacama
Seit 2010 vekehrt jeden Sa um 8.30 Uhr ein Touristenzug von Iquique 100 km **quer durch die Wüste zu den Geoglyphen von Cerros Pintados.** Die belgischen Waggons aus den 1930er Jahren wurden komplett runderneuert, den Zug zieht eine Diesellok von 1960. Die Fahrt dauert 4½ Stunden, dann werden die Geoglyphen besichtigt und im Bahnhof zu Mittag gegessen. Im Anschluss fährt man mit Bussen nach Humberstone (s.u.) inkl. Besichtigung der Salpetermine und zurück nach Iquique (an 19 Uhr). Über die Tour hört man Unterschiedliches, sie ist wohl eher etwas für Eisenbahnfreunde. Preis: 140 Euro (Classic), 190 Euro (Premium). Zu buchen über www.transatacama.com oder Agenturen.

> Am Strand Cavancha

Reiseveranstalter/Touren

Die meisten Reiseveranstalter bieten von Iquique aus dasselbe **Programm** an: Stadtrundfahrten (ca. 12 Euro p.P.), Ausflüge in die Salpeterstädte und zu den Geoglyphen (25–35 Euro p.P.), ins Tarapacá-Tal (30 Euro) oder nach Pisagua (40 Euro). Mindestens vier Personen müssen sich finden, damit eine solche Tour zustande kommt.

Viele Veranstalter bieten eine **dreitägige Tour** (mit zwei Übernachtungen) **auf den Altiplano** an; sie verläuft entgegengesetzt zu der, die oben vor Iquique beschrieben ist. Für diese drei Tage muss man pro Person mit 80–100 Euro am Tag rechnen.

Civet Adventure
Bolívar 684, Tel. 242 8483. Abenteuertourismus im Hochland, speziell ausgearbeitete Trips von einem Tag bis zur dreiwöchigen Fahrradrundtour durch den Altiplano, sehr guter Service, etwas teurer, auch Autowerkstatt, deutschsprachig. www.civet-adventure.cl

Turismo Lirima
Gorostiaga 301 Ecke Baquedano, Tel. 239 1384. Sehr freundlich und hilfsbereit, *Manuel Solis* ist ein sehr guter Führer, spricht allerdings nur spanisch. Individuelle Vereinbarungen. www.turismolirima.com

Extremo Norte
Filomeno Valenzuela 712, of. 102, Tel. 276 0997. Jede Menge Wüstenprogramme, aber auch Stadttouren und Tierbeobachtung. www.extremonorte.cl

Iquique gilt als Mekka der **Gleitschirmflieger, Surfer und Taucher.** Drei Agenturen:

Altazor Skysports
Vía 6, Manzana A, Sitio 3, Bajo Molle, Tel. 238 0110, 09/9886 2362. Alles rund ums Gleitschirmfliegen, deutschsprachig. Tandemflüge für 67 Euro, 2 Wochen Gleitschirmkurs ab 950 Euro, auch Unterkunft. www.altazor.cl

Vertical
Javier Silva, Tel. 09/9414 3563. Surfkurse und Surftouren. www.verticalst.cl

chi056 ms

■ **Centro de Buceo de Iquique**
Sector Bajo Molle, Tel. 09/9523 3113. Tauchkurse und Ausrüstungsverleih.

Mietwagen

■ **Hertz,** Anibal Pinto 1303, Tel. 251 0432.
■ **ProCar,** Serrano 796, Tel. 241 3470.

Sonstiges

■ **Hauptpost,** Bolívar 458.
■ **Telefonzentralen,** Serrano 620, Ramírez 587, Gorostiaga 287, Diego Portales 840.
■ Preiswerte **Internet-Anbieter** gibt es zahlreich in den Straßen östlich der Plaza Prat, gemütlich ist das Café an der Ecke Obispo Labbé/Gorostiaga.
■ **Wäschereien,** Bulnes 170, Obispo Labbé 1446.

Die Umgebung von Iquique

Die meisten Ausflüge von Iquique führen ins Landesinnere. Die einzige Straße erklettert in Serpentinen die 600 Meter hohe Kordillerenwand. Oben kann man von einem Aussichtspunkt den Blick über die Stadt, den Pazifik sowie über die gigantische, mehrere hundert Meter hohe Sanddüne, die sich südlich der Stadt erstreckt und wegen ihrer Form **El Dragón** (der Drache) genannt wird, genießen. Die meisten Ausflüge können kombiniert werden.

Die Salpeterstädte Humberstone und Santa Laura 73/A3

Kurz vor der Kreuzung der Straße von Iquique (Ruta 16) mit der Panamericana und daher einfach auch mit dem Bus zu erreichen (alle von Iquique nach Osten oder Norden fahrenden Busse kommen hier vorbei) liegen die beiden verlassenen Salpeterstädte Santa Laura und Humberstone. Beide *oficinas* – so nannte man die Abbaustellen – waren fast 100 Jahre in Betrieb. Sie wurden 1862 bzw. 1872 eröffnet und 1960 endgültig geschlossen, obwohl der Salpeterboom bereits Mitte der 1920er Jahre vorüber war. Rund um die Industrieanlagen entstanden richtige Kleinstädte, mit Wohnungen für die Arbeiter, selten auch – wie in Humberstone – mit Freizeitanlagen für diese, mit Geschäften und einem Theater. Diese *salitreras,* Salpeterorte, gehörten de facto den Minenbesitzern, ihnen gehörten die Häuser der Arbeiter ebenso wie die wenigen Geschäfte, die Kneipen und die Freizeiteinrichtungen. Ausbezahlt wurden die Arbeiter mit *fichas,* Münzen, die nur in der jeweiligen Salitrera gültig und außerhalb, z.B. in anderen Salitreras oder in Iquique, wertlos waren. So wurde mit einem einfachen System gewährleistet, dass die Arbeiter ihre Löhne direkt wieder bei ihrem Arbeitgeber ablieferten.

Mit der Einstellung der Betriebe rosteten die Industrieanlagen zunächst mehrere Jahrzehnte vor sich hin; heute sind Humberstone und Santa Laura – leider ziemlich vernachlässigte – **Industriemuseen** (täglich geöffnet). Im Museum von Santa Laura wurden Zimmer

chi117 ms

im Stil der Salpeterzeit restauriert, allerdings sind nur noch Teile der Industrieanlagen erhalten. Dafür kann man sich in **Humberstone** noch gut das Leben in der kleinen Salpeterstadt vorstellen. Die ziemlich verfallenen Unterkünfte der Arbeiter sind zu besichtigen, ebenso das restaurierte Theater und das Schwimmbad, das aus dem Wrack eines Schiffes gebaut wurde.

Geoglifos del Cerro Unita/ Gigante de Atacama 73/A3

Etwa 14 Kilometer östlich von Huara führt von der Straße Richtung Colchane eine Schotterpiste nach Norden, zum Cerro Unita, einem isoliert stehenden Hügel in der Wüste. An dessen Westseite ist eine der schönsten Geoglyphen zu bewundern: der **Gigante de Atacama,** der „Riese der Atacama-Wüste", mit einer Länge von 86 Metern angeblich die größte menschliche Figur, die Archäologen bislang weltweit gefunden haben. Der Riese wurde mit Hilfe der „raspaje"-Technik (siehe Exkurs „Geoglyphen – Erdzeichnungen") geschaffen. Die Figur stellt vermutlich einen **indianischen Herrscher oder** eine **Gottheit** dar, sie trägt eine Maske und Federschmuck. Die vier nach oben aufragenden Federn sind sehr gut zu erkennen, die vier jeweils zu den Seiten zeigenden nicht ganz so gut (alle sehen auch irgendwie wie Strahlen aus). Deutlich sieht man hingegen den langen, eckigen Körper sowie die Gliedmaßen.

Neben dem Riesen sind **zwei weitere Figuren** zu sehen: links (vom Betrachter aus) ein Zeige- oder Spazierstock oder Herrschaftsstab (relativ undeutlich),

Der „Atacama-Riese" bei Huara

Geoglyphen – Erdzeichnungen

Laut Meyers Lexikon ist „Land-art eine Richtung der Konzeptkunst, die sich mit landschaftlichen Formveränderungen beschäftigt, indem Eingriffe in den natürlich gewachsenen, aber auch besiedelten Landschaftsraum vom Künstler selbst inszeniert (...) werden."

Viele Land-art-Künstler schufen in Wüstenregionen ihre eindrucksvollsten Werke – in den Wüsten Nordchiles kann man einige bewundern, die schon vor Jahrhunderten entstanden sind, lange bevor von Land-art überhaupt die Rede war. Zwischen 1000 und 1400 wurden die großformatigen Erdbilder, die Geoglyphen, von heute unbekannten Künstlern geschaffen – man weiß wann und wie, aber nicht warum.

Drei Techniken wurden angewandt, zwei sehr unterschiedliche und eine als Mischung aus den beiden. Bei der Mosaiktechnik („Mosaico" oder „Técnica de Adición") legte man einfach auf dem hellen Wüstensand mit dunkleren (meist Lava-) Steinen flächige Muster aus; so entstanden die Bilder in der Quebrada de Chiza, im Valle de Azapa und im Valle de Lluta, alle drei in der Nähe von Arica. Es sind alles dunkle Figuren auf einem hellem Hintergrund.

Die zweite Technik wird „raspaje" (Abschaben) genannt, das Ergebnis sind helle Figuren auf dunklem Hintergrund. Die dunkle oxidierte obere Schicht des Wüstenbodens wurde abgeschabt, so dass darunter das hellere Gestein zum Vorschein kam – auch so entstehen Bilder, Negative der Mosaiktechnik. Die wichtigsten Beispiele für diese Technik sind in der Nähe von Iquique zu finden – es sind der Gigante de Atacama am Cerro Unita und die Geoglyphen an den Cerros Pintados. Dort sieht man auch Beispiele für die Mischtechnik.

Die meisten Geoglyphen finden sich an den Osthängen der Küstenkordillere. Sie sind in Chile über eine Strecke von knapp 700 Kilometern verbreitet, die nördlichsten kann man im Valle de Lluta, die südlichsten bei María Elena bewundern. In Peru findet man ebenfalls Geoglyphen, die bekanntesten sind die merkwürdigen Linien von Nazca im Süden des Landes.

Unterscheiden lassen sich **drei Motivgruppen:** Es gibt rein geometrische Figuren, Tierdarstellungen (vor allem Lamas) und menschenähnliche Figuren.

Warum die wahrscheinlich in Gemeinschaftsarbeit entstandenen Erdbilder gezeichnet wurden, weiß man nicht. Vermutungen gibt es reichlich, vor allem abstruse – die mit den Außerirdischen darf selbstverständlich auch hier nicht fehlen. Realistischer ist schon die Behauptung, die Bilder seien „lediglich" Wegweiser für nomadisch lebende Wüstenvölker gewesen. Wahrscheinlich hatten sie eine mythisch-religiöse, kultische Bedeutung. Aber welche?

rechts (ebenfalls nur mit viel Fantasie zu erkennen) ein Reptil, das die Verbindung zur Unterwelt bedeuten soll. Andere sehen in dieser Figur einen Affen.

Am besten ist der Riese aus einiger Entfernung zu erkennen. Klettern oder fahren Sie auf keinen Fall den Berg hinauf!

Tarapacá 73/B3

Der Ort, der der gesamten Region ihren Namen gab, war in kolonialen Zeiten eine der wichtigsten Siedlungen im Norden. Erst als 1855 die Provinzregierung von hier nach Iquique verlegt wurde, sank die Bedeutung Tarapacás – so wie die von Iquique stieg. Einige **Zeugen der kolonialen Vergangenheit** sind noch erhalten: ein Dutzend Privathäuser aus dem 17. bis 19. Jahrhundert, dazu die Kirche San Lorenzo, erbaut im 18. Jahrhundert aus Stein und Lehmziegeln mit dem für die Region üblichen freistehenden, gestuften Glockenturm.

Tarapacá liegt 15 Kilometer östlich vom Cerro Unita, etwas abseits der Straße nach Colchane. Im Ort gibt es weder Hotel noch Restaurant.

Mamiña 73/B3

Von **Pozo Almonte,** wenige Kilometer südlich der Einmündung der Ruta 16 von Iquique auf die Panamericana, führt eine Asphaltstraße nach Mamiña (73 km), einen **Thermalbadeort** in der Präkordillere auf 2700 Metern Höhe. Heute wird das 500-Seelen-Dorf wegen seiner heißen Quellen besucht, man kann aber auch Zeugnisse der Vergangenheit bewundern. Beispielsweise den Pukará del Cerro Inca, eine präkolumbische Festungsanlage, und die Iglesia de Nuestra Señora del Rosario, die aus dem Jahr 1632 stammt und die einzige Kolonialkirche in Nordchile ist, die zwei direkt ans Kirchenschiff angebaute Türme besitzt.

- Zu erreichen ist Mamiña ab Iquique mit dem **Kleinbus** (täglich von der Ecke Arana und Latorre, etwa 7 Euro).
- Übernachten kann man in **einfachen Residenciales** für ca. 10 Euro, teurer im **Hotel Tamarugal** (Tel. 09/7469 5000, ca. 33 Euro p.P. inkl. Vollpension) und wohl am besten im **Hotel Termas de Mamiña** (Tel. 57/257 4635, DZ ab 67 Euro, www.termasdemamina.cl). Einige Hotels verfügen über eigene Thermalbecken oder -badewannen, ein öffentliches Bad ist Baños de Ipla.

Parque Nacional Salar de Huasco 73/B3

Abseits in der Hochwüste, jedoch vergleichsweise gut erreichbar („nur" 210 km von Iquique, aber davon 200 asphaltiert), erstreckt sich auf über 3700 Metern Höhe **einer der schönsten Salzseen Nordchiles.** Im Salar de Huasco, einer riesigen, von Bergen umrundeten Salzlagune, leben drei Flamingoarten und zahlreiche weitere Wasservögel. Der Salar wurde erst 2010 zum Nationalpark deklariert, die Infrastruktur des 111.000 Hektar großen Gebiets ist entsprechend dürftig. Immerhin gibt es ein neues Refugio mit Übernachtungsmöglichkeit und Restaurant; nähere Infos und Reservierungen über Conaf in Iquique (siehe dort). 45 Kilometer weiter auf einer guten Erdpiste nach Norden gelangt man in das pittoreske Aymara-Dorf **Collacagua** (3800 m), dessen Bewohner von der Lamazucht leben (einfache Herberge). Auf dem Rückweg kann man auch über Pica (schlechte Schotterpiste) und La Tirana (s.u.) fahren – eine schöne Rundtour.

Reserva Nacional Pampa de Tamarugal 73/A3

Kaum zu glauben, dass in der Wüste des Nordens etwas wächst: Der **Tamarugo-Baum** *(Prosopis tamarugo)* trotzt der Trockenheit und dem versalzenen Boden. Bis der Salpeterboom begann und man für den Aufbau der Orte und der Industrieanlagen den Tamarugo-Baum großflächig abholzte, waren weite Teile der Wüste mit lichten Wäldern bewachsen. Die sehr tief reichenden Wurzeln des Tamarugo können das Grundwasser aus 5 bis 12 Meter Tiefe ziehen. Der Baum besitzt kleine harte Blätter, sie werden wie auch die Fruchtschoten als Viehfutter genutzt.

Knapp 110.000 Hektar ist das **aus drei Teilen bestehende Schutzgebiet** groß, auf einem Viertel der Fläche wachsen heute wieder Bäume, die fast alle aufgeforstet wurden. Der schönste Teil liegt 24 Kilometer südlich von Pozo Almonte am Salar de Pintados. Hier, direkt an der Panamericana, befindet sich auch das Informationszentrum von Conaf, dazu ein Refugio (12 Euro p.P.) sowie ein kleiner Campingplatz.

Etwa 20 Kilometer weiter südlich führt ein Schotterweg nach Westen. Folgt man ihm, erreicht man 7 Kilometer weiter, nahe der alten Bahnlinie, die **Geoglifos Pintados,** die mit 400 Einzelbildern größte Ansammlung von Geoglyphen. Hier finden sich alle Arten von Darstellungen: rein geometrische Figuren, Tiere und Menschen, ausgeführt in allen Techniken.

La Tirana 73/A3

Eine der besten Möglichkeiten, die für den Norden typische Synthese aus indianischen Bräuchen und katholischen Riten zu erleben, bietet sich alljährlich in La Tirana. Dann lebt das staubige 500-Seelen-Dorf 19 Kilometer südöstlich von Pozo Almonte (66 km von Iquique) auf: Zum **Wallfahrtsfest der Jungfrau Carmen,** das vom 12. bis 18. Juli gefeiert wird, strömen bis zu 150.000 Menschen zusammen. Bei dem Spektakel tanzen maskierte und farbenfroh gekleidete Folklore-Gruppen vom Altiplano unermüdlich auf Straßen und Plätzen, dazu spielen Blechbläser und Trommler stampfende Rhythmen. Aus der Aymara-Tradition stammen beispielsweise die Tänze mit wilden Teufelsmasken *(diabladas).*

■ Während der Festwoche gibt es sehr schlichte, dabei überteuerte und überfüllte **Unterkunftsmöglichkeiten.** Man steigt besser in Iquique oder Pica ab und pendelt mit einem der vielen Busse und Colectivos, die dann nach La Tirana fahren.

■ Auf halbem Weg nach Pica, 14 km von La Tirana, liegt das **Ecocamping El Huarango** mit fest installierten und möblierten Kuppelzelten, wahlweise mit Frühstück und Mahlzeiten, Zweierzelt ab 69 Euro, im eigenen Zelt 15 Euro p.P., Tel. 09/8129 9221, www.ecocampamentoelhuarango.cl.

Pica 73/B3

Die kleine **Oasenstadt** (ca. 1800 Einwohner, 42 km hinter La Tirana) lebt vom Anbau von Wein und tropischen Früchten, die überall in Chile vertrieben werden. Hier gedeihen Mangos, Guaven, Maracujas und Datteln. Vor allem die kleinen, kräftigen **Limonen** aus Pica werden landauf, landab geschätzt, mit ihnen lässt sich der beste Pisco Sour mixen. Die Oase liegt an einer alten Inkastraße, hier kam auch *Diego de Almagro* bei seinem Erkundungs- und Eroberungszug 1535 vorbei. 1559 ließen sich die ersten Spanier nieder. Später wurde der Ort zum Versorgungszentrum für die nahe gelegenen Minen. Heute ist Pica ein beliebtes Ausflugsziel. Die Besucher kommen, um in dem Naturschwimmbecken mit Thermalwasser und Grotten zu baden, durch die winzige Altstadt zu schlendern oder die Kirche aus dem späten 19. Jahrhundert zu besichtigen – die beiden Vorgängerbauten wurden bei Erdbeben zerstört.

Von Pica sind es 56 Kilometer auf einer Erdpiste zum **Salar de Huasco,** der oben beschrieben wird. Zur Weiterfahrt nach Ollagüe siehe den Abschnitt „Altiplano-Rundfahrt" weiter oben.

- Pica ist leicht per **Bus** von Iquique zu erreichen, die Straße ist gut ausgebaut.
- Übernachten kann man einfach und gut in einigen Hostales, u.a. im **Hotel San Andrés** (Balmaceda 179, Tel. 57/274 1319, DZ 33 Euro), oder im **Hostal Café Suizo** (Gral. Ibáñez 210, nahe der Thermen, Tel. 57/274 1551, modern, sauber, DZ 34 Euro).
- Leser empfehlen für **Wüstentouren** (z.B. zum Salar de Huasco oder zu den Sanddünen bei Pica) den ortsansässigen Führer **Alex Cayo,** arenasdelsolpica@gmail.com.

Valle Dinosaurio

100 Millionen Jahre alte Dinosaurierspuren haben sich dank des extrem trockenen Klimas der Atacama-Wüste an den Lehmwänden der Quebrada de Chacarilla erhalten. Die Schlucht, die erst seit kurzem wissenschaftlich erforscht wird, stellt eine **paläontologische Sensation** dar. Das 2004 zum Naturheiligtum erklärte Valle Dinosaurio liegt ca. 70 Kilometer südöstlich von Pica; für die ausgesetzte Strecke (Vierradantrieb unabdingbar) braucht man ca. 2½ Stunden ... Am besten fragt man im Museum oder bei der Touristeninformation von Pica nach einem ortskundigen Führer.

Von Iquique nach Süden

Von Iquique führen zwei Routen nach Süden: die **Panamericana** (Ruta 5) oder die ungleich schönere **Ruta 1,** immer die Küste entlang, mit einsamen Krabbenstränden und schönen Bademöglichkeiten unterwegs. Die Panamericana führt über die Hochebene der Küstenkordillere als endloses Band durch die Wüste, vorbei an Salaren, Geoglyphen, stillgelegten Salpeterminen und auch noch an einer aktiven: In **María Elena** wird heute noch Salpeter gefördert. 1926 von der nordamerikanischen Guggenheim Brothers gegründet (denen auch Chuquicamata gehörte), bildete María Elena zusammen mit der benachbarten *oficina* Pedro de Valdivia den mit Abstand modernsten Salpeterkomplex der Welt. Davon zeugt ein instruktives **Museum** (Mo bis Fr 9–13 und 15–21 Uhr, Sa/So 10–14 und 15– 21 Uhr). Alle Busse benutzen die Küstenstraße, über die man nach 223 Kilometern die Küstenstadt **Tocopilla** erreicht, ein Industriehafen, der nichts zu bieten hat. Von hier geht es weiter nach Süden, immer die abwechslungsreiche Küste entlang. Bei km 340 führt ein Abzweig nach **Mejillones** (weitere 16 km), einer etwas seltsam anmutenden Mischung aus Bergbauhafen und Badeort mit Sandstränden an einer weit geschwungenen Bucht. Hier legt man gern eine Reisepause ein, im Pazifik tummeln sich Seelöwen und Meeresschildkröten.

■ Übernachten kann man im netten **Hotel Miramar,** San Martín 650, Tel. 55/262 1638, DZ 48 Euro, oder ganz modern im neuen **Alto del Sol,** La Torre 838, Tel. 55/62 3220, DZ 92 Euro, www.hotelaltodelsol.cl. Von Lesern wird das **Restaurant Zlatka** empfohlen.

60 Kilometer südlich von Mejillones (400 Kilometer ab Iquique) erreicht man Antofagasta, das weiter unten beschrieben wird. Zwischen beiden Orten gibt es regelmäßigen Busverkehr.

Calama 75/C1

Die meisten Besucher verlassen Calama (etwa 140.000 Einwohner) schnell wieder Richtung San Pedro de Atacama oder zum Altiplano – und sie tun recht daran. Calama ist eine triste, staubige Zweckstadt mit Wildwest-Flair mitten in der Wüste. Hier leben die **Minenarbeiter** von Chuquicamata und anderen Tagebauen – Calama „ist für die am Río Loa aufwärts liegenden Bergwerke der nächste städtische Ort, mit Läden, Vergnügungslokalen, Bars und Hotels, Post und Verwaltung. Es ist wohl all dies vorhanden, doch darf man an die Art der Ausführung keine hohen Anforderungen stellen.“ Das schrieb der deutsche Reisende *Fritz Klute* 1925, und viel hat sich bis heute daran nicht geändert.

Die auf 2250 Meter Höhe liegende Stadt ist im **Zentrum** recht übersichtlich. Alles Wichtige spielt sich zwischen dem Bahnhof im Osten und der Av. Santa María im Westen ab.

Die wichtigste Sehenswürdigkeit der Stadt liegt außerhalb dieses Zentrums, 2 Kilometer südlich an der Av. O'Higgins: der **Parque El Loa** mit dem Nachbau eines typischen Kolonialdorfes (Mo geschlossen), dabei auch der verkleinerte Nachbau der **Kirche von Chiu Chiu,** einer der schönsten Kolonialkirchen der Region. Chiu Chiu selbst liegt 33 Kilometer östlich von Calama, die Kirche dort wurde 1672 erbaut, sie besitzt über ein Meter dicke Lehmziegelmauern und ist im Innern stellenweise mit Kakteenholz verkleidet. Im Parque El Loa (täglich 10–18 Uhr) gibt es auch das **Museo Arqueológico y Etnológico,** gewidmet den präkolumbischen Kulturen (Di bis Fr 10–13 und 14.30–18 Uhr, Sa/So 11–18.30 Uhr).

Praktische Tipps

Touristeninformation

■ **Vorwahl von Calama: 55**

■ **Touristeninformation,** Latorre 1689, Tel. 253 1707.

Calama
0 100 m
©Reise Know-How 2013
Übernachtung
4 Hotel El Mirador
6 Hotel Atenas
7 Residencial Los Andes
9 Hostería Calama
Busterminal, Pullman Bus, Chuquicamata
Tarapacá
Abaroa
Cisterna
Félix Hoyos
Antofagasta
Sokol
Vivar
Av. Granaderos
Atacama 2000
Frontera del Norte
Latorre
Géminis
B. Espinoza
Vargas
Velásquez
Fénix de Loa
Av. Balmaceda
Zentraler Markt
Flota Barrios
Tur-Bus-Büro
Bahnhof
Ramírez
Plaza 23 de Marzo
Sotomayor
Sammeltaxi nach Chuquicamata
Vicuña
Mackenna
San Pedro de Atacama
Atacama
Av. Matta
Cobija
León Gallo
Manzano
Flughafen, Parque El Loa, Antofagasta
Av. Ecuador
Essen und Trinken
1 Mariscal JP
2 Club Croata
3 Bavaria
Sonstiges
5 LAN
8 PAL
10 Sky

Unterkunft

Residencial Los Andes
Vivar 1920, Tel. 234 1073. Sauber, renoviert, oft voll. Ab 11 Euro p.P.

Hotel Atenas
Ramírez 1961, Tel. 234 2666. Günstig und akzeptabel, in der Fußgängerzone, DZ 33 Euro. www.hotelatenas.cl

Hotel El Mirador
Sotomayor 2064, Tel. 234 0329. Sehr freundlich, stilvoll, große Zimmer, schöne Bäder, Innenhof. DZ mit Bad ca. 76 Euro. www.hotelmirador.cl

Hotel Jatata
Sotomayor 1822, Tel. 236 1640. Zentral, einfach und unpersönlich, Fenster zum Gang, schlichtes Frühstück. DZ mit Bad ab 80 Euro.

Hostería Calama
Latorre 1521, Tel. 34 1511. Mit gutem Restaurant. DZ mit Bad ab 74 Euro. www.hosteriacalama.cl

Essen und Trinken

Die billigsten Plätze finden sich in der Markthalle. Ansonsten ist Calama teurer als viele andere Städte Chiles. Ausprobieren kann man folgende Restaurants:

Bavaria
Sotomayor 2093. Restaurant der gleichnamigen Kette. Das Essen ist in Ordnung, aber nichts Besonderes.

Club Croata
Abaroa 1869. Üppige und preiswerte Mittags- und Abendmenüs.

Mariscal JP
Felix Hoyos 2127, Tel. 231 2559. Fisch und Meeresfrüchte.

Flugzeug

Der **Flughafen El Loa** liegt wenige Kilometer außerhalb der Stadt. Ein Taxi kostet etwa 6 Euro, preiswerter (5 Euro) ist der Transfer City Express, Tel. 234 1022. Kleinbusse fahren direkt vom Flughafen nach San Pedro, ohne den Umweg über die Stadt: Transfer Licancabur, Tel. 254 3426, transfer@sanpedroatacama.com, 20 Euro p.P.

LAN, Latorre 1726. Mehrmals täglich über Antofagasta nach Santiago.
Sky, Latorre 1499. 2x täglich nach Santiago.
PAL, Sotomayor 1814. 2x täglich nach Santiago.

Überlandbusse

Calama hat keinen zentralen Busbahnhof. Die wichtigsten **Busgesellschaften und Verbindungen** sind:

Tur-Bus
Büro: Ramírez 1850, Terminal: Av. Granaderos 3000, Tel. 268 8812. Alle großen Städte, auch San Pedro (halten auch am Stadtbüro).

Pullman Bus
Av. Granaderos 3000, Tel. 231 9769. Antofagasta, Santiago, Arica, Iquique sowie Jujuy und Salta (beide Argentinien).

Flota Barrios
Ramírez 2298, Tel. 234 1497. Alle Ziele entlang der Panamericana bis Santiago.

Géminis
Antofagasta 2239 Ecke Granaderos, Tel. 289 2050. Antofagasta, Santiago, Arica, Iquique sowie Jujuy und Salta.

Atacama 2000
Abaroa 2106, Tel. 231 6664. Mehrmals täglich nach San Pedro und Toconao, mehrmals wöchentlich nach Socaire und Peine. 4x pro Woche (zuletzt Mo, Mi, Do, So) nach Uyuni/Bolivien.

- **Frontera del Norte**
Antofagasta 2046, Tel. 282 4269. 6x täglich nach San Pedro de Atacama. 3x pro Woche (zuletzt Mo, Do, So 6 Uhr) nach Uyuni.
- **Fénix de Loa**
Balmaceda 1918 (Terminal Sictur), Tel. 09/9301 1494. 4x pro Woche (zuletzt Mo, Mi, Do, So 6 Uhr) nach Uyuni.
- Nach **Chuquicamata** fahren gelbe Taxi-Colectivos ab der Plaza 23 de Marzo (2 Euro).

Preise und Fahrzeiten

- **Santiago,** 23 Std., 27–68 Euro
- **Iquique,** 6–7 Std., 12–25 Euro
- **Tocopilla,** 3 Std., 6–8 Euro
- **Antofagasta,** 3 Std., 5–13 Euro
- **San Pedro de Atacama,** 90 Min., 3–7 Euro
- **Jujuy** und **Salta** (Argentinien), ca. 13 Std., 35–46 Euro (frühzeitig buchen)
- **Uyuni** (Bolivien), über Ollagüe, mit Umsteigen in bolivianische Busse, ca. 10 Std., 14 Euro

Bahn

Der Passagierzug, der früher einmal wöchentlich auf einer atemberaubenden Strecke von Calama nach **Uyuni** (Bolivien) fuhr, verkehrt seit 2007 nicht mehr. Die Wiederaufnahme ist ungewiss, aktuelle Informationen am Bahnhof Calama, Tel. 234 8900.

Reiseveranstalter/Touren

In Calama bieten einige Tourveranstalter **Ausflüge in die Wüste oder zu den Tatio-Geysiren** an, die meisten Besucher machen diese Ausflüge aber von San Pedro de Atacama aus. Von dort sind sie preiswerter und meistens auch besser. Wer dennoch in Calama starten will, für den hier ein Veranstalter:

- **Tour Aventura Valle de la Luna**
Abaroa 1620, Tel. 231 0720.

Mietwagen

Wer auf eigene Faust die Wüste um Calama und San Pedro erleben will, muss sein Auto in Calama mieten – in San Pedro de Atacama gibt es keinen Autoverleih. Am besten eignet sich ein 4WD-Fahrzeug mit großer Bodenfreiheit. Man muss mit 75–100 Euro je Tag rechnen. Die Verleiher haben auch Schalter am Flughafen.

- **Econorent,** Latorre 2507, Tel. 234 1076.
- **Hertz,** Granaderos 1416, Tel. 234 1380.
- **First,** Antofagasta 2268, Tel. 231 5453.

Sonstiges

- **Hauptpost,** Av. Vicuña Mackenna 2167.
- **Telefonzentralen,** Abarao 1756 und 1987, Sotomayor 2027 und Vargas 1927.
- **Internet-Cafés,** Calle Vargas Nr. 2014 und 2054, das gemütlichste ist das Machi in Vivar 1944.
- **Wäscherei,** Sotomayor 1867.
- Bevor man in die Wüste oder auf den Altiplano fährt, kann man sich in Calama mit Proviant und Ausrüstung eindecken, am besten in der **Mall Calama** (Av. Balmaceda 3242, auch Sa/So geöffnet).

Die Umgebung von Calama

Chuquicamata 75/C1

Die Anfahrt nach „Chuqui“, wie Chuquicamata meist genannt wird, ist vierspurig ausgebaut, und so brauchen Colectivos von Calama aus nur 15 Min. für die 14 Kilometer. Einst lebten hier auf knapp 3000 Meter Höhe über 10.000 Menschen. Zu Beginn dieses Jahrhunderts wurden die letzten Arbeiter nach Calama umgesiedelt, was die Siedlung Chuquicamata, so lange sie nicht von Halden zugeschüttet wird, zu einem riesigen **Freiluftmuseum** macht.

Die Besucher von Chuqui kommen freilich wegen der **größten offenen Kupfermine der Welt,** die hier besichtigt werden kann. Sie ist ein riesiges Loch mit Industrieanlagen drumherum: 5 Kilometer lang, 3 Kilometer breit und in Terrassen etwa 1000 Meter tief. Täglich werden hier mehrere hunderttausend Tonnen Gestein gesprengt, abgefräst, auf gigantische Lastwagen verladen, hochgekarrt, zertrümmert, geschmolzen oder ausgewaschen mit Chemikalien und schließlich zu Abraumhalden aufgeschüttet. Übrig bleiben im Jahr etwa **500.000 Tonnen reinen Kupfers** (99,6%) sowie – als Abfallprodukte – andere wertvolle Mineralien in geringeren Mengen, darunter auch Gold und Silber (siehe Exkurs).

Die **Führungen** durch die Mine beginnen mit einem Video (spanisch und englisch), per Bus geht es dann durch die Anlagen. Man weiß hinterher, dass die Reifen der Lastwagen vier Meter hoch sind, dass ihre Ladefläche 225 Tonnen Gestein fasst und wie viel Erz pro Tag gefördert wird. Man sieht das große Loch, in dem die Lastwagen wie Kinderspielzeug wirken, insgesamt ein beeindruckendes Erlebnis, nicht nur für Technikfreunde.

■ Das **PR-Büro von Codelco** führt die Touren durch. Sie beginnen Mo bis Fr um 14 Uhr am Haupteingang zur Mine gegenüber der ehemaligen Schule (Transport nach Anmeldung um 13.15 Uhr von der Touristeninfo in Calama, Granaderos Ecke Central Sur). Man muss sich mindestens drei Tage vorher für die Touren anmelden: Tel. 55/232 2122 oder visitas@codelco.cl. Die Bustour durch die Mine ist kostenlos, eine Spende für das Kinderhilfswerk von Chuquicamata wird erwartet.

Charles Darwin im Jahr 1835 über die Lebensweise der chilenischen Minenarbeiter

„Die chilenischen Bergleute sind in ihrer Lebensweise eine eigentümliche Rasse Menschen. Da sie wochenlang in den wüstesten Orten zusammenleben, von wo sie nur an Festtagen nach den Dörfern herabsteigen, gibt es keine Art von Exzessen oder Ausschweifungen, welche sie nicht darböten. Zuweilen gewinnen sie eine beträchtliche Summe und versuchen dann, wie Matrosen mit Prisengeldern, in wie kurzer Zeit sie es wieder verschwenden können. Sie trinken ganz ungeheuerlich, kaufen Massen von Zeugs und kehren nach zwei Tagen ohne einen Pfennig nach ihrer elenden Arbeitsstätte zurück, wo sie schwerer als Lasttiere arbeiten. Diese Gedankenlosigkeit ist wie bei den Matrosen offenbar das Resultat einer ähnlichen Lebensweise. Ihre tägliche Nahrung wird ihnen verabfolgt, und sie erlangen nicht die Gewohnheit der Sorglichkeit; überdies wird sowohl die Versuchung als das Mittel, ihr nachzugeben, zu derselben Zeit in ihre Hand gelegt."

Chuqui – lukratives Loch in der Wüste

Kupfer ist das **wichtigste Exportprodukt Chiles,** rund die Hälfte aller Exporterlöse wird allein mit dem roten Metall erwirtschaftet. Doch schwanken die Einnahmen von Jahr zu Jahr, der Kupferpreis ist wie der aller anderen Rohstoffe starken Schwankungen und Spekulationen unterworfen. Zudem steigen die Förderkosten ständig, da die Kupferadern immer schwerer zugänglich sind bzw. ihr Metallgehalt sinkt.

Chuquicamata, einst Chiles ertragreichste Kupfermine, gehört zur staatlichen Kupfergesellschaft **Codelco** *(Corporación del Cobre de Chile).* Ausgebeutet wird sie bereits seit 1915, zunächst durch die US-amerikanische Anaconda Copper Mining Company. Unter deren Ägide entstanden das große Loch und die Stadt in der Wüste. Die Kupfervorräte waren und sind erheblich größer, als man damals vermuten konnte. So wundert es nicht, dass bereits in den 1950er Jahren viele Chilenen forderten, die Kupferbergwerke zu verstaatlichen. Unter christdemokratischer Regierung erwarb der Staat in den 1960er Jahren nach und nach die Mehrheit einzelner Kupfergesellschaften, darunter auch von Anaconda, und 1971 wurden die Kupfergesellschaften gänzlich verstaatlicht. Nach dem Putsch wurden diese Verstaatlichungen nicht rückgängig gemacht.

Chuqui ist noch lange nicht am Ende. Die Kupfervorräte reichen noch zwei oder drei Jahrzehnte. Derzeit wird der Tagebau in eine unterirdische Mine umgewandelt. Außerdem sorgt man vor: Mit der Mine Radomiro Tomic in der Nachbarschaft hat man einen Kupferarm erschlossen, aus dem man heute über 300.000 Tonnen des roten Metalls gewinnt. Zwar ist das Gestein nicht sehr rein, aber selbst bei weniger als 0,8% Kupfer lohnt die Förderung noch. Weitere Lagerstätten in der Umgebung werden derzeit erschlossen.

Die **Arbeiter von Chuqui** gehören zu den bestbezahlten in Chile. Ihr Durchschnittsverdienst liegt bei monatlich 2000 Euro (landesweit: 600 Euro), sie wohnen mietfrei und haben eines der bestausgestatteten Krankenhäuser des Landes. Bei den Tarifverhandlungen 2012 kassierten alle *mineros* Boni von 30.000 Euro. Die leitenden Angestellten bekommen Freiflüge in die Ferien spendiert, ihre Kinder dürfen auf Firmenkosten studieren. Trotzdem wollen die wenigsten höheren Angestellten lange in Chuqui bleiben. „Wer in einer Großstadt studiert hat, wer den Süden kennt oder andere Länder, der will hier nicht sein Leben verbringen", verrät einer der Minen-Ingenieure im Gespräch.

Vielleicht nicht nur, weil Calama so öde ist, vielleicht auch, weil das größte offene Kupferbergwerk der Welt **eine der größten Dreckschleudern Chiles** ist. Im klaren Wüstenhimmel sind der Rauch der Verhüttungsanlagen und der Staub der riesigen Lastwagen weit zu sehen – ein wichtiger Grund für die Umsiedlung der Arbeiter nach Calama. Nicht zu sehen sind die giftigen Chemikalien, die beim Reinigen des Rohkupfers freigesetzt werden. Schwefelsäure und Arsen sind darunter, welche die gesamte Umgebung der Stadt, auch das Trinkwasser, schwer belasten.

chi057 ms

San Pedro de Atacama 75/C2

Sagt jemand in Chile: „Ich fahre in die Wüste“, dann meint er fast immer: Ich fahre nach San Pedro de Atacama. Die 2000-Seelen-Oase hat sich in den letzten 20 Jahren zu dem **Standardziel** schlechthin gemausert. Entscheidend für diese Karriere sind vor allem drei Faktoren: die Umgebung voller Naturwunder, die sich von San Pedro in bequemen Tagestouren erreichen lassen, die gute Anbindung über eine Asphaltstraße und eine ständig wachsende touristische Infrastruktur. San Pedro liegt auf 2440 Metern Höhe, umgeben von einem knappen Dutzend Fünf- und Sechstausendern, von denen der Vulkan Licancabur (5916 m) der auffälligste Gipfel ist.

Geschichte

Der Ort war bereits das Zentrum einiger Siedlungen der **Atacama-Indianer,** bevor er um 1450 von den Inka eingenommen wurde. Sie errichteten hier eine Festung. Auch die spanischen Eroberer *Diego de Almagro* (1536) und *Pedro de Valdivia* (1540) machten San Pedro de Atacama zum Stützpunkt auf ihrem Eroberungszug. Im 19. Jahrhundert lebte die Siedlung von durchziehenden Karawanen, die Vieh und andere Waren von Salta und Jujuy zu den Minen in der Wüste und zu den Häfen am Pazifik brachten.

Heute ist der **Tourismus** die größte Einnahmequelle des Ortes. Das Klischee der abgeschiedenen Wüstenoase stimmt längst nicht mehr, auch darf der ausländische Besucher nicht unbedingt darauf hoffen, dass die einheimischen Bewohner von ihm begeistert sind: An vielen geht der Aufschwung durch den Tourismus vorbei. Zahlreiche Hotels, Pensionen und Reiseunternehmen sind in Händen von Ausländern oder Santiaguinos, und wenig begeistert schauen die alteingesessenen Bewohner auf die europäischen Aussteiger, die sich hier einfacher als sie selbst mit dem Ersparten aus Europa und dank ihrer Sprachkenntnisse eine neue Existenz aufbauen können. So kommt es immer wieder zu Auseinandersetzungen zwischen Atacameños und Tourismus-Unternehmern, z.B. wegen der hohen Wasserzölle und dem Bestreben der Gemeinden, den Zutritt zu beliebten Touristenzielen wie dem Valle de la Luna zu kontrollieren.

Sehenswertes

Verlaufen kann man sich in San Pedro nicht. Der eigentliche Ort besteht lediglich aus vier Straßen in Nord-Süd- und dreien in Ost-West-Richtung. Kein wichtiger Punkt ist mehr als 250 Meter von der Plaza entfernt.

An der Plaza steht die **Kathedrale,** die 1744 erbaut wurde. Sie besteht aus einem schlichten, sehr geräumigen einschiffigen Raum, angebaut ist ein wuchtiger, gestufter Glockenturm, und umgeben ist der gesamte Komplex von einer Mauer. Alles ist erbaut aus Adobe (luftgetrockneten Lehmziegeln), die blendend weiß gestrichen sind. Das Innere ist von beeindruckender Schlichtheit: Der dunkle Raum ist fast gar nicht ausgeschmückt, auffällig ist die Dachkon-

Übernachtung
1 Hotel Altiplánico, Hotel Alto Atacama
4 Backpackers San Pedro
5 Residencial Chiloé
7 Hotel Katarpe
8 Hotel Tambillo
9 Hostal La Rose d'Atacama
12 Lodge Terrantai
17 Hostal Sumaj-Jallpa, Hostal Iquisa
18 Hostería San Pedro
25 Hostal Vilacoyo
26 La Casa de Don Tomás
32 Hotel Poblado Kimal
33 Hotel Kimal
34 Hotel Takha Takha, Camping
35 Hotel Don Sebastián
36 Casa Adobe
37 Hotel La Aldea

Essen und Trinken
2 Quitor
3 Ckunna
6 Bendito Desierto
10 Las Delicias de Carmen
14 Café Etniko
19 La Cave
21 Tierra, Todo Natural
22 Estaka
27 Café Adobe
28 La Casona
29 Casa Piedra
30 Blanco
33 Paacha

Sonstiges
11 La Herradura
13 Layana
15 Desert Adventure
16 World White Travel
23 Cosmo Andino
24 Cordillera
31 Cactus

struktion aus Kaktusholz, die mit Lederriemen anstelle von Nägeln oder Holzdübeln zusammengehalten wird.

Gegenüber der Kirche, ebenfalls an der Plaza, steht die **Casa Incaica,** das älteste Gebäude des Ortes, in dem schon *Pedro de Valdivia* 1540 übernachtet haben soll. Es ist nicht zu besichtigen.

Anders 50 Meter weiter das **Museo Arqueológico Padre Gustavo Le Paige,** eines der besten archäologischen Museen Chiles, begründet von dem belgischen Pater *Gustavo Le Paige.* Der kam 1955 als Seelsorger nach San Pedro und wurde hier zum Archäologen: Er grub in der Atacama-Wüste, entdeckte die Gräber und Wohnhäuser der früheren Bewohner, fand Werkzeuge, Wohnungen, Mumien und Rauschgeräte – alles perfekt erhalten, weil im trockenen Wüstenklima nichts zerfällt. Bis zu seinem Tod 1980 trug der Pater eine riesige Sammlung zusammen – von den vielen tausend Fundstücken kann das Museum nur einen Bruchteil zeigen. Dokumentiert werden die Lebensweise der frühen Atacama-Bewohner, die unterschiedlichen Kulturen, auch der Lebensraum Wüste sowie die spanische Eroberung. Die Mumien werden nicht gezeigt, dafür Stoffe, Rauschmittel-Geräte, Spielzeug und Schmuck (Mo bis Fr 9–18 Uhr, Sa/So 10–18 Uhr; Eintritt 4 Euro).

Praktische Tipps

Touristeninformation

- **Vorwahl von San Pedro: 55**
- **Infobüro Sernatur** an der Plaza, Tel. 285 1420.
- Auf der Website **www.sanpedroatacama.com** finden sich die meisten Unterkünfte, Restaurants und Agenturen, dazu gibt es Wissenswertes über

chi118 ms

das Dorf, einen virtuellen Rundgang, Panoramafotos der Ausflugsziele, Videos und jede Menge mehr. Auch in (etwas holprigem) Englisch.

■ Die beste **Karte** zum gesamten Gebiet um San Pedro, mit sämtlichen Ausflugszielen, Wanderwegen und einem Ortsplan, hat Trekkingchile publiziert. Sie ist online erhältlich unter www.trekkingchile.com/karten.

Unterkunft

■ **Backpackers San Pedro**

Pasaje Portal del Inca 486, im Nordteil des Ortes, Tel. 242 4783. Relativ neue Unterkunft mit herzlichen, aufmerksamen Gastgebern. Saubere Zimmer mit Stockbetten, Innenhof mit Hängematten, Internet-PC und W-Lan, Küchenbenutzung, Wäscheservice und Tourangebote. 14 Euro p.P., DZ 41 Euro (kein Frühstück). www.backpackersanpedro.cl

■ **Casa Adobe**

Atienza 582, etwa 300 m südlich von Caracoles, Tel. 285 1910. Eine der wenigen Herbergen in einheimischer Hand. Sehr freundlich und sauber, großes Grundstück, Gemeinschaftsbäder, kein Frühstück, aber Küchenbenutzung möglich. Ab 15 Euro p.P. casadobe@sanpedroatacama.com

■ **Hostal Vilacoyo**

Tocopilla 387, Tel. 285 1006. Einfache Zimmer für 2 bis 4 Pers., Gemeinschaftsbäder, Küche, Innenhof. 13 Euro p.P.

■ **Hostal La Rose d'Atacama**

Le Paige 202 Ecke Calama, Tel. 242 3500. Neue, von Franzosen geführte Unterkunft, nett und einfach, Traveller-Atmosphäre. 13 Euro p.P. im Schlafsaal, DZ ohne/mit Bad 33/53 Euro.
www.larosedatacama.com

☒ Die Kirche von San Pedro

■ **Hostal Iquisa**

Puripica 172, Tel. 285 1303. Familiäre Unterkunft 10 Min. zu Fuß von der Plaza entfernt, einfach, sauber und ruhig, mit Innenhof, Küchenbenutzung, Internet. DZ ab 23 Euro.

■ **Hostal Sumaj-Jallpa**

Volcán El Tatio 703, Tel. 285 1416. Etwas außerhalb, sehr freundlich und familiär, einfach und sauber, Küchenbenutzung, Internet gratis. Übernachtung im Mehrbettzimmer ab 16 Euro, DZ mit Bad ab 46 Euro. www.hostalsumaj.cl

■ **Residencial Chiloé**

Atienza 404, Tel. 285 1017. Freundlich, sauber, Gelegenheit zum Wäschewaschen. DZ ohne/mit Bad 34/52 Euro.

■ **Hotel Katarpe**

Atienza 441, Tel. 285 1033. Einfach und sauber, Parkplatz. DZ mit Bad und Frühstück ab 67 Euro.
www.katarpe.cl

■ **Hotel Tambillo**

Gustavo Le Paige 159, Tel. 285 1078. Zentral, eng, sauber und freundlich. DZ mit Bad 66 Euro.
www.hoteltambillo.cl

■ **Hotel Takha Takha**

Caracoles 101-A, Tel. 285 1038. Schlichte Mittelklasse mit Pool, großem Garten und Frühstück. DZ mit Privatbad 84 Euro, Camping 18 Euro p.P.
www.takhatakha.cl

■ **Hotel Don Sebastian**

Atienza 140, Tel. 285 1972. Ruhiger Garten, Pool, gutes Frühstück, Abholservice von Calama, hilfsbereit. DZ 115 Euro.
www.donsebastian.cl

■ **La Casa de Don Tomás**

Tocopilla, etwas außerhalb, Tel. 285 1055. Typische Atacama-Architektur, 50 geräumige Zimmer, Parkplatz, Touren. DZ mit Bad und Frühstück 110 Euro.
www.dontomas.cl

■ **Hotel Poblado Kimal**

Atienza Ecke Caracoles, Tel. 285 1152. Neuer Ableger des Hotel Kimal (gegenüber), geräumige Bungalowzimmer mit Terrasse, Pool. DZ 135 Euro.
www.poblado.kimal.cl

Hostería San Pedro
Toconao 460, Tel. 285 1011. Kleine Zimmer, mit Pool und Restaurant. DZ mit Bad ca. 165 Euro. hosteria@sanpedroatacama.com

Hotel La Aldea
Ckilapana 69B, Tel. 285 1331. Schicker Adobe-Stil, etwas außerhalb (10 Min. zu Fuß vom Zentrum), Pool, Fahrradverleih. DZ 173 Euro (Juni/Juli 50% Rabatt). www.hotelaldea.cl

Lodge Terrantai
Tocopilla 411, Tel. 285 1140. Für gehobene Ansprüche, 21 sehr schöne Zimmer, Schwimmbecken, nette Bar, Pauschalpakete (2–6 Tage). DZ mit Bad ab 175 Euro. www.terrantai.com

Hotel Altiplánico
Atienza 282, Tel. 285 1212. Großzügige Anlage im traditionellen Lehmziegelbau 1 km außerhalb, spartanisch-schöne Zimmer, Pool. DZ 185 Euro. www.altiplanico.cl

Hotel Alto Atacama
Ayllú de Quitor, 3 km außerhalb, Tel. 2912 3900. Das Nonplusultra des modernen, von der lokalen Natur und Kultur inspirierten Hoteldesigns: Luxusanlage im Adobe-Schick nahe der Festung Quitor, 32 Zimmer von raffinierter Schlichtheit, 6 Schwimmbecken, Spa und Restaurant. DZ mit Halbpension ca. 365 Euro. www.altoatacama.com

Essen und Trinken

Neben den Restaurants in den Residenciales und Hotels gibt es zahlreiche, oft wechselnde Restaurants in der **Calle Caracoles.** Das ist auch die beliebteste „Ausgehstraße". Empfehlenswert sind:

Las Delicias de Carmen
Le Paige 370. Einfache Garküche mit typischen, preiswerten Gerichten.

Quitor
Licancabur 154, neben Turbus. Heimische Küche, u.a. Quinoa, Rica-Rica-Sauce, Chañar-Eis.

Bendito Desierto
Atienza 426. Preiswertes Essen, u.a. Lamafleisch *(llamo)*.

Estaka
Caracoles 259-B. Pub mit guter Musik und teuren Drinks.

La Casona
Caracoles. Gutes Essen, etwas ungemütlich.

Casa Piedra
Caracoles 225. Preiswertes Menü, abends spielt die Kellnerband.

Café Adobe
Caracoles 211. Der Gringo-Treff mit echtem Kaffee, Pizzas und Internet.

Café Etniko
Tocopilla. Gute Sandwiches und Fruchtsäfte, echter Kaffee, Büchertausch und Internetzugang.

Blanco
Caracoles 195. „Fusions-Küche" und Sushi in minimalistischem Ambiente.

Ckunna
Tocopilla 359. Kreative Gerichte auf Basis einheimischer Ingredienzen.

Tierra, Todo Natural
Caracoles 271. Gelobtes Essen mit frischen Zutaten.

La Cave
Toconao 447. Französischer Koch, gemütlicher Innenhof, Karaoke-Bar.

Paacha
Im Hotel Kimal, Atienza Ecke Caracoles. Gerichte mit mediterranem Einschlag, teuer, aber gut.

Überlandbusse

San Pedro besitzt keinen Busbahnhof. Die Busse starten alle auf der Calle Licancabur.

Tur-Bus
Calama Ecke Licancabur. Ca. 15x tägl. nach Calama (3–7 Euro), 12x tägl. nach Antofagasta (8–15 Euro), ein Nachtbus nach Arica (19–37 Euro), 6x tägl. nach Santiago (ca. 24 Std., 35–75 Euro).

Pullman Bus
Tocopilla 432. Calama und Antofagasta. Mo, Mi, Fr um 10 Uhr über den Jama-Pass nach Jujuy und Salta/Argentinien (ca. 11 Std., 40 Euro). Vorab reservieren (s. Calama).

Géminis
Toconao Nähe Plaza, Tel. 285 1338. Di, Fr, So um 10 Uhr nach Jujuy und Salta/Argentinien (ca. 11 Std., 33 Euro). Reservieren!

Frontera del Norte
Licancabur. Ca. alle 2 Stunden nach Calama (3 Euro), 3x täglich nach Toconao (2 Euro), 4x wöchentlich nach Socaire.

Atacama 2000
Licancabur/Fußballplatz. Mehrmals täglich nach Calama (3 Euro), täglich nach Toconao und Peine.

Reiseveranstalter/Touren

San Pedro quillt über von Reiseveranstaltern, die alle (fast) dasselbe Programm zu den selben Preisen anbieten. **Standardausflüge: Valle de la Luna** (ab 10 Euro), **Tatio-Geysire** (ab 25 Euro), **Toconao** und **Salar de Atacama** (ab 10 Euro), **Lagunas Altiplánicas** (ab 50 Euro), letztere auch in Kombination mit dem Salar de Atacama. Erkundigen Sie sich vorher genau nach dem gebotenen Service, den Sicherheitsvorkehrungen, der Mehrsprachigkeit des Führers, ggf. der Qualität der Ausrüstung und der nötigen Kleidung, insbesondere bei Touren ins Andenhochland! Die einzelnen Ausflüge sind unten genauer beschrieben. Einige **Reiseveranstalter** mit guter Reputation sind:

Cosmo Andino Expediciones
Caracoles Ecke Tocopilla, Tel. 285 1069. Der Besitzer ist ein deutschsprachiger Holländer. Etwas teurer, guter Service. Auch Extra-Touren (Trekking) im Angebot. www.cosmoandino.cl

Layana
Tocopilla 429, Tel. 256 0233. Englischsprachig, günstig, von Lesern empfohlen. www.turismolayana.cl

Desert Adventure
Caracoles Ecke Tocopilla, Tel. 285 1067. Gute Fahrzeuge, deutschsprachige Führer.
www.desertadventure.cl

Nomade Expediciones
Caracoles 163, Tel. 285 1158. Touren abseits ausgetretener Pfade, Besteigungen.
www.nomadeexpediciones.cl

Atacama Desert Trails
Tel. 09/9316 7915. Empfohlene Touren zu alten Salpeterminen und Friedhöfen.
www.rutasdeldesierto.cl

Cordillera Traveller
Toconao nahe Caracoles, Tel. 285 1291. Dreitages-Touren im 6-Personen-Jeep nach Bolivien, von San Pedro über den Cajón-Pass (4480 m), vorbei an den Lagunen Verde, Blanco und Colorada zum Salar de Uyuni und dem gleichnamigen Städtchen. Übernachtung an der Laguna Colorada und im Hotel del Sal am Salar de Uyuni. Preis 3 Tage/2 Nächte inkl. Übernachtung und Mahlzeiten 120 Euro. Mit diesem und einem weiteren Anbieter dieser Tour, der bolivianischen Agentur Colque Tours, haben Leser unterschiedliche Erfahrungen gemacht.
www.cordilleratraveller.com

World White Travel
Caracoles 337, Tel. 242 3222. Neuer, von Lesern empfohlener Anbieter für die Touren zum Uyuni-Salzsee. Ab 125 Euro. www.worldwhitetravel.com

Cactus
Caracoles 362-D, Tel. 285 1587. Empfohlene Standardtouren. www.cactustour.cl

La Herradura
Tocopilla 406, Tel. 285 1956. Renommierter Veranstalter für Reitausflüge in die Täler der Umgebung.
www.atacamahorseadventure.com

Space
Caracoles 166, Tel. 285 1935, 09/9817 8354. Von einem französischen Astronomen aufgebautes touristisches Observatorium außerhalb von San Pedro mit großen Profi-Teleskopen. Jeden Abend spannende, charmante Sternentour (26 Euro inkl. Transport, warm anziehen!). www.spaceobs.com

■ **Ecored Lickan Antay**
Touren mit indigenen Führern, bei denen man die Atacameño-Kultur kennenlernen kann; auch Unterkünfte in entlegenen Siedlungen. Kontakt über das Tourismusbüro oder per Mail an ecoredlickanantay @gmail.com.

Sonstiges

■ **Genügend Bargeld mitführen!** Es gibt nur zwei Geldautomaten, der eine akzeptiert VISA, der andere MasterCard, mit Ausfällen ist zu rechnen.
■ **Geldwechsel,** Cambio Atacama, Toconao 422.
■ **Post,** Padre Le Paige, gegenüber dem Museum.
■ **Telefonzentralen** direkt an der Plaza und auf der Calle Caracoles nahe der Plaza.
■ **Internetzugang** in den Cafés Adobe (Caracoles), Etniko (Tocopilla) und Apacheta (Toconao, an der Plaza), jeweils für 1,50 Euro pro Stunde.
■ **Fahrräder:** Bikes kann man fast überall mieten, sie kosten etwa 12 Euro pro Tag. Sehr schöne Fahrradtouren kann man zu den Festungen Quitor und Catarpe, zum Valle de la Muerte, zur Quebrada del Diablo oder ins Valle de la Luna unternehmen. Nähere Infos bei den Verleihern.
■ **Benzin** gibt es neben der Hostería San Pedro in der Calle Toconao – die letzte Tankstelle für alle Touren zum Salzsee und auf den Altiplano!
■ Erstklassiges **Kunsthandwerk,** handgewebt und -gestrickt von Atacameño-Frauen, gibt es im Lokal der Fair-Trade-Stiftung **Artesanías de Chile,** Caracoles 195-C (tgl. geöffnet).

Die Umgebung von San Pedro de Atacama

Pukará de Quitor und Catarpe 75/C2

Nur 3 Kilometer von San Pedro entfernt liegen die **Ruinen der Festung Quitor.** Sie sind gut zu Fuß oder per Miet-Fahrrad zu erreichen – man folgt einfach der Straße Atienza nach Norden und hält sich dann immer parallel zum Lauf des Río San Pedro. Dabei kann man nach 1 Kilometer sehen, wie die Bewässerungsanlage für das Dorf und die Oase funktioniert. Die Festung wurde im 12. Jahrhundert erbaut – daher das Quechua-Wort *pukará* = Wehrdorf. 1540 wurde sie von *Francisco de Aguirre* mit 30 berittenen und mit Musketen bewaffneten Soldaten im Handstreich blutig erobert – sie war der letzte Rückzugsort der damals hier herrschenden Inkas. Die hatten ihr eigentliches Zentrum 5 Kilometer weiter nördlich in Catarpe. Die Festungsanlage von Quitor zieht sich in Terrassen einen Hügel hinauf, von oben hat man einen hervorragenden Blick über die gesamte Oase um San Pedro bis weit über den weiß glänzenden Salar de Atacama (Eintritt 5 Euro).

Valle de la Muerte 75/C2

Ebenfalls zu Fuß oder per Fahrrad zu erreichen ist das Tal des Todes, ein **enger**

Canyon mit wild zerklüfteten, in allen Rot- und Brauntönen leuchtenden Wänden. Von der Straße nach Calama führt nach ca. 1,5 Kilometern (Linkskurve) rechts eine Sandpiste in die Schlucht hinein und ca. 4 Kilometer lang nach oben, bevor sie wieder auf die Straße trifft. In umgekehrter Richtung ist die Runde einfacher zu fahren (Teerstraße hoch, Sandpiste runter). Die Tour kann auch mit dem Valle de la Luna kombiniert werden. Tipp: Mit dem Fahrrad ein Sandboard ausleihen und die Dünen runtersausen!

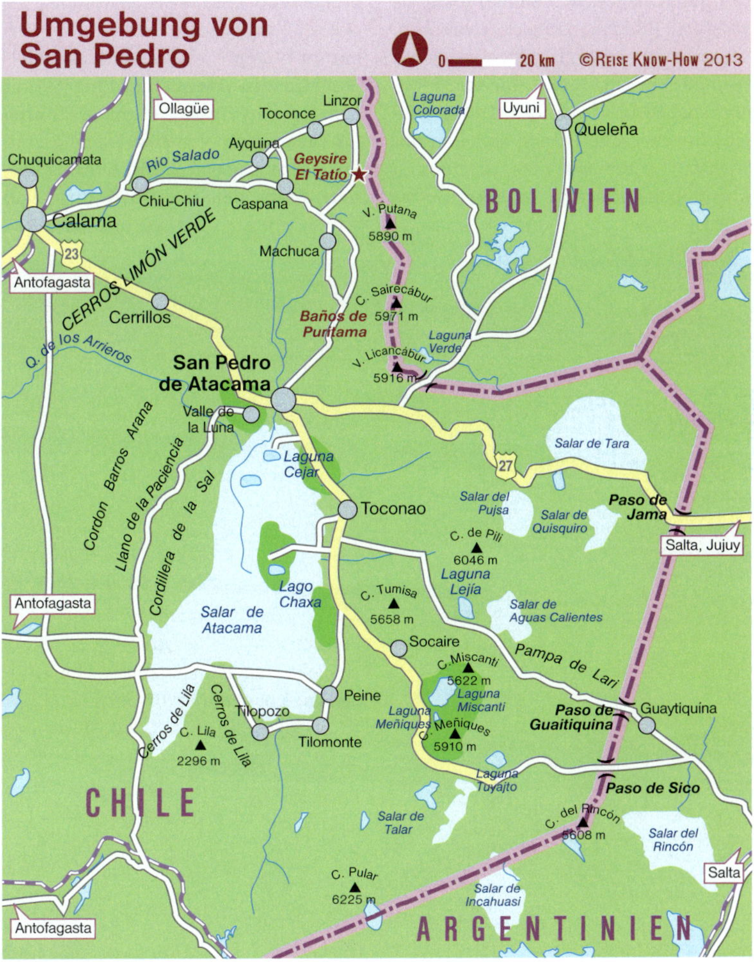

Valle de la Luna 75/C2

Ein Muss für alle San-Pedro-Besucher: der **Sonnenuntergang** im Tal des Mondes. Das Tal war vor Urzeiten ein See, dessen Boden bei seismischen Erschütterungen in die Höhe gedrückt und aufgefaltet wurde. Wind und Wetter hatten dann die Chance, sich einmal mehr als begabtes Bildhauerteam hervorzutun. Sie schufen in Jahrmillionen eine bizarre Formenwelt, schliffen Türme und Figuren aus Sand, Salz und Lehm und schichteten große Dünen auf. Von der höchsten Düne hat man den besten Abendblick auf den in der Ferne aufragenden Vulkan Licancabur. Bei Sonnenuntergang leuchten er und das Tal zunächst gelb-orange, dann tiefrot, später violett und am Ende dunkelblau, bis der Mond alles in fahles Licht taucht.

Das Valle de la Luna liegt etwa 12 Kilometer westlich des Dorfes an der alten Straße von San Pedro nach Calama. Zu Fuß braucht man etwa 2½ Stunden für den sehr anstrengenden Weg (Sonnenhut und -creme, aber auch dicke Kleidung für den Abend sind Pflicht), mit dem Fahrrad etwa 40 Minuten. Touren ins Valle werden von allen Agenturen in San Pedro angeboten. Am Eingang kassiert die Gemeinde einen Eintritt von

5 Euro. Wer zu Vollmondzeiten in San Pedro ist, sollte in jedem Fall auch einen Nachtausflug dorthin unternehmen (Campen verboten).

Geysire El Tatio 75/C1

Das **Hochtal von El Tatio,** knappe 100 Kilometer nördlich von San Pedro und mit 4300 Metern das höchste Geysirfeld der Welt, gehört wie das Valle de la Luna zum Pflichtprogramm für die Besucher des Wüstenortes. Aus Dutzenden von Erdlöchern dampft und sprudelt heißes Wasser, mitunter schießen auch größere Fontänen in die Luft – hier merkt man, dass die Anden ein junges vulkanisches Gebirge sind, das nicht zur Ruhe gekommen ist. Mal tritt mehr, mal weniger Dampf aus – die Erde lebt und bebt. Allerdings sind die Veränderungen nicht nur der Natur geschuldet: Vor wenigen Jahren sorgten Erkundungsbohrungen einer Erdwärme-Firma dafür, dass die Geysire versiegten. Erst auf den Protest der Atacameños und der Tourismusbranche hin wurde das Projekt eingestellt, und die Fontänen schossen wieder.

chi13-013 ms

Man erreicht El Tatio über eine eher schlecht als recht ausgebaute Schotterstraße, die von San Pedro nach Norden führt. Am einfachsten ist es per **organisiertem Ausflug,** denn man sollte vor Sonnenaufgang im Tatio-Tal sein. In der Dämmerung und im frühen Morgenlicht ist das Schauspiel des aus den Fumarolen austretenden Dampfes vor dem blauen Himmel des Altiplano am besten zu beobachten, nach 9 Uhr wird der Dampf weniger, und der Morgenwind zerstreut ihn. Wer selbst fahren will, kann das mit einem Leihwagen machen. Die Strecke ist halbwegs ausgeschildert, im Zweifelsfall sollte man immer der breiteren Piste folgen. Der Eintritt zu den Geysiren kostet 8 Euro.

Einige Kilometer vorher gibt es Baracken, in denen man spartanisch **übernachten** kann. Oder man schläft im Auto oder im Zelt an den Geysiren. Dann sollte man sich mit dicker Kleidung, Decke und Schlafsack gegen die bittere Kälte nachts wappnen: Temperaturen bis

☐ Im Valle de la Luna

chi059 ms

-15°C sind keine Seltenheit. Das Wasser der Geysire ist nicht trinkbar. Vorsicht, nicht zu nahe an den Rand der Geysire treten! Der Boden ist brüchig, und man kann sich am heißen Wasser furchtbar verbrennen. In den letzten Jahren sind immer wieder Menschen an den Verbrennungsfolgen gestorben, darunter ein deutscher Tourist, der sich für ein Foto zu nahe an einen Geysir gewagt hatte.

Einige Überwindung kostet es, sich in der eisigen Morgenkälte seiner Sachen zu entledigen und direkt neben den Geysiren in einen **Naturpool mit Thermalwasser** (ca. 20 Grad) zu steigen. Liegt man erst mal drin, ist es urgemütlich (Badezeug einpacken!). In der Nähe lassen sich auch gut Vizcachas beobachten.

Maskenfest in Ayquina

Nach dem Geysir-Besuch führt die Tour noch einige Zeit über den **Altiplano,** vorbei an eiskristallverzierten Bachläufen, an mit Llareta-Polstern bewachsenen Steinhängen und schneebedeckten Vulkanen, mitunter sieht man Füchse oder Vicuñas.

Früher gehörten die **Termas de Puritama,** ca. 30 Kilometer von San Pedro entfernt, zum Standardprogramm auf dem Rückweg von den Geysiren. Seit die Thermalquelle vom 5-Sterne-Hotel Explora in San Pedro übernommen und aufgepeppt wurde, bieten nur noch manche Veranstalter den Abstecher im Paket an (tgl. geöffnet 9.15–17.30 Uhr, normal 25 Euro, Mo bis Fr ab 14 Uhr, 15 Euro, www.termasdepuritama.cl).

Dafür fahren die meisten auf der Rückfahrt in **Machuca** vorbei, einer malerischen Siedlung mit roter Sandsteinkirche auf 3800 Meter Höhe. Hier steht ein einfaches Refugio (Übernachtung 10 Euro, Küchenbenutzung). Wer will, kann sich hier absetzen lassen und am nächsten oder übernächsten Tag mit einer Tatio-Tour nach San Pedro zurückfahren. Die nähere Umgebung lockt mit schönen Wanderungen: ein Feuchtgebiet mit Flamingos und Andengänsen, ein spektakulärer Canyon oder der 4300 Meter hohe Mirador mit tollem Rundblick (3–4 Std.).

Über den Altiplano nach Calama

75/C1

Einen eindrucksvollen Einblick in die **Kultur der Hochandenvölker** vermittelt die Weiterfahrt von den Tatio-Geysiren über den Altiplano nach Calama. Wer etwa in Calama ein geländegängiges Fahrzeug gemietet hat und damit im Raum San Pedro unterwegs war, kann diese Route als Bonbon für die Rückfahrt aufheben. Man fährt frühmorgens zu den Geysiren und von dort auf teils gut ausgebauten, teils ausgesetzten Pisten zu den malerischen Aymara-Dörfern **Caspana** und **Toconce.** Im Gegensatz zum touristisch überlaufenen San Pedro wirken diese Siedlungen, die von der Lamazucht und dem Terrassenfeldbau leben, weit authentischer. Vorbei an tief eingeschnittenen Canyons und den Ruinen des **Pukará de Turi** gelangt man in das Wüstendorf **Ayquina,** das sich alljährlich zur Feier der ortsansässigen Jungfrau (7./8. Sept.) in einen wilden Jahrmarkt mit Tanzgruppen aus ganz Nordchile verwandelt – übrigens ähnlich wie Caspana (1. bis 3. Feb.) und Toconce (25. Juli). Vorbei an dem verblüffenden Wüstensee **Inka-Coya** und durch die Oase **Chiu Chiu** mit ihrer berühmten Kirche geht es schließlich hinunter nach Calama. Die Tour (ca. 200 km ab El Tatio) ist anhand einer Karte gut auf eigene Faust und an einem langen Tag zu bewältigen. Erkundigen Sie sich unbedingt vorab bei der Polizei in San Pedro nach dem Straßenzustand! Einfache Unterkünfte gibt es in Caspana, Toconce und Chiu Chiu.

Toconao und Salar de Atacama 75/C2,3

Auch diese Tour gehört zu den obligatorischen Ausflügen ab San Pedro. Man verlässt den Ort auf der Ruta 23 gen Süden und erreicht, vorbei an einer Tamarugo-Baum-Pflanzung, nach 38 Kilometern **Toconao.** Das Dörfchen mit seinen 550 Einwohnern besitzt eine sehr schöne Kolonialkirche, die vor 1744 erbaut wurde. Fotografiert wird meist der frei stehende dreistufige Glockenturm auf der Plaza mit seiner schweren Tür aus Kakteenholz. Er wurde um 1750 aus Liparita-Gestein erbaut, einem weichen, weißen Vulkangestein, aus dem die Bewohner von Toconao auch kleine Figuren schlagen (Kunsthandwerkermarkt direkt an der Plaza). In Toconao sollte man unbedingt den Friedhof besichtigen; er liegt etwas außerhalb. Hinter den kreuz und quer durcheinander stehenden Grabkreuzen und Stelen, verziert mit buntem Papierblumenschmuck, erheben sich eindrucksvoll die Wüste und die Vulkane. Preiswert und gut übernachten kann man im **Residencial Valle de Toconao,** Calle Láscar 236, Tel. 55/285 2009, ca. 10 Euro.

Eine wundervolle Oase in der Wüste ist die **Quebrada de Jerez** etwas östlich von Toconao (Eintritt 3 Euro). Der kleine Fluss, der auch das Dorf versorgt, hat in seiner Schlucht ein grünes Paradies gezaubert: Obstgärten, satte grüne Feigenbäume und natürliche Planschbecken. Leider wurde die Schlucht im Zuge der Regenfälle 2012 überflutet und ziemlich in Mitleidenschaft gezogen.

4 Kilometer hinter Toconao geht es rechts ab zum Lago Chaxa auf dem **Salar de Atacama** (20 km). Dieser riesige Salzsee erstreckt sich über eine Fläche von ca. 3000 km². Er ist das zentrale Sammelbecken für das stark mineralische Wasser, das der **Río San Pedro** führt, dazu wird er gespeist von zahlreichen unterirdischen Zuflüssen. In der abflusslosen Senke verdunstet das Wasser, und an

der Oberfläche setzt sich eine stark salzhaltige Schicht ab, die im Salar de Atacama mit Lehm vermischt ist. Die krustige und körnige Oberfläche ist nur stellenweise blendend weiß, meist aber braun, gelb und grau.

Der Salar de Atacama ist **kein Nationalpark,** nur einzelne Zonen gehören zur **Reserva Nacional Los Flamencos.** Der größte Salar Chiles ist gleichzeitig eines der größten Reservoirs an Bodenschätzen; allein ein Viertel der Weltvorräte an Lithium sollen hier verborgen sein. Dazu finden sich Jod, Kalium und Borax – alles Metalle und Mineralien, die viel Geld einbringen und die im Südteil des Salzsees im großen Stil abgebaut werden.

Einige Wasserbecken haben die Salz-Lehm-Kruste der Oberfläche durchbrochen. Es sind kleinere Lagunen, die vor allem Flamingos Lebensraum bieten. Die größte und am leichtesten zugängliche ist der **Lago Chaxa,** ziemlich im Zentrum des Salar (Eintritt 4 Euro). Hier ist es vor allem bei Sonnenuntergang fantastisch – die Salzwüste glänzt in allen Kitschfarben, die Flamingos stehen im Wasser, und in der Ferne glitzern die Vulkane.

Eine weitere Attraktion ist die **Laguna Cejar** am Nordende des Salzsees (Abzweig am km 8 der Straße von San Pedro nach Toconao, Eintritt 3 Euro). Badesachen mitnehmen: Der Salzgehalt des Sees von über 40% lässt den Körper an der Oberfläche schwimmen – wie im Toten Meer!

☑ Salar de Atacama

chi119 ms

Zu den Lagunen Meñiques und Miscanti

75/C2,D3

Eine der schönsten Touren von San Pedro aus führt vorbei am Salar de Atacama über Toconao und Socaire zu den Lagunen Meñiques und Miscanti. Abstecher lassen sich zur Laguna Lejía, zum Lago Chaxa und nach Peine machen.

32 Kilometer südlich von Toconao (s.o.) gelangt man an die Abzweigung zum Dörfchen **Peine** (Abstecher, ca. 30 km). Der Ort hat durch die intensive Salzgewinnung, die in der Nähe betrieben wird, viel von seinem Charme verloren. Lediglich die Kirche, die Inka-Ruinen von Peine Viejo und die Felszeichnungen nahe des Ortes lohnen einen kurzen Besuch. Übernachtung in einer netten, von Einheimischen geführten Herberge (12 Euro).

Zurück auf dem Camino Internacional (Ruta 23), gelangt man nach 17 Asphalt-Kilometern ins Dörfchen **Socaire** (250 Einwohner, 3250 m, 87 km von San Pedro), ebenfalls vor allem wegen seiner Kolonialkirche bekannt. Übernachten (ab 10 Euro) und essen kann man in einem Refugio der Atacameños.

Die Ruta 23, von hier an geschottert, steigt weiter steil an, das Bergpanorama wird immer großartiger, vereinzelt stehen kleine Lamaherden an der Piste.

Östlich der Straße erheben sich die prächtigen Gipfel des **Cerro Miscanti** (5622 m) und des **Cerro Meñiques** (5910 m), zwischen ihnen zwei wundervolle **Lagunen,** die die Namen der Berge tragen. Zu erreichen sind sie über eine ausgesetzte Piste, die 21 Kilometer südlich von Socaire von der Ruta 23 abzweigt (7 km bergauf, dann ist das Panorama da; 115 km von San Pedro). Das Wasser ist tiefblau, auf den Gipfeln liegt ein Hauch von Schnee, darüber gestreut wie Puderzucker, und am Rande der Lagunen glitzert es ebenfalls weiß – Salzkristalle. Am Ufer der Laguna Miscanti wird Eintritt erhoben (3 Euro), hier steht auch eine einfache Hütte (4 Betten, Küchenbenutzung, Wasser und Essen mitbringen!, 8 Euro p.P.).

Weiter oberhalb an der Passstraße kommt man am **Salar de Talar** und der **Laguna Tuyajto** vorbei, ebenfalls einsam und großartig. Die Straße führt schließlich über den 4079 Meter hohen **Paso de Sico** hinüber in die argentinische Provinzhauptstadt Salta.

Diese Route lässt sich **nicht komplett mit öffentlichen Verkehrsmitteln** machen, lediglich nach Toconao, Peine und Socaire fahren Busse. **Reiseagenturen in San Pedro** bieten Ausflüge zu den Lagunas Altiplánicas an, teilweise kombiniert mit einem Besuch des Lago Chaxa.

Nach Argentinien über den Paso de Jama

75/D2

Die Strecke **von San Pedro** über den Paso de Jama **bis nach Jujuy** (Argentinien) ist **514 Kilometer** lang, komplett asphaltiert und in 10 Stunden zu bewältigen. Am besten startet man in San Pedro frühmorgens (die Grenzstation unmittelbar hinter dem Ort öffnet offiziell um 8 Uhr). Der chilenische Teil der Strecke lohnt auch einen Tagesausflug: Er führt über spektakuläre Altiplano-Ebenen, vorbei an Salzseen und skurrilen geologischen Formationen, auf über 4800 Meter Höhe.

Man beginnt bei 2440 Metern in San Pedro. Die ersten 45 Kilometer führen steil bergan, bis auf 4000 Metern Höhe der **Altiplano** erreicht ist. Bei km 41 geht links die Straße ab zum Portezuelo del Cajón, dem Pass nach Bolivien auf 4480 Metern Höhe. Zur Linken erhebt sich der fast 6000 Meter hohe Vulkan Licancabur. Weiter bergauf ist bei km 48 mit 4825 Metern der höchste Punkt der Strecke erreicht. Kurz danach lohnt sich der Halt an einem Aussichtspunkt über vereiste Lagunen mit Salzkrusten und Flamingos. Auf der Ebene von **Chajnantor** (ca. km 60, nicht von der Straße aus einsehbar und auch nicht ohne Genehmigung zu besichtigen) wird derzeit die **größte Radioteleskop-Anlage der Welt** gebaut, ein europäisch-amerikanisches Projekt namens ALMA, bei dem 64 Parabolspiegel von je 12 Metern Durchmesser gekoppelt werden. Parallel entsteht hier unter der Ägide der NASA ein Forschungszentrum für Mars- und Mondmissionen, da hier die Bedingungen denen auf dem Mars am nächsten kommen: starke Strahlung, extreme Temperaturen, niedrige Luftfeuchtigkeit und heftige Winde.

Weiter geht es durch schier endlose Hochsteppen, vorbei an vereisten Lagunen und Salzseen. Bei km 99 erreicht man die zerklüfteten Felswände der **Farellones de Tara,** und kurz dahinter, bereits mit Blick auf die Lagunen des Salar de Aguas Calientes, bietet sich auf einer Fläche links von der Straße ein verblüffender Anblick: die **Moai de Tara,** auch bekannt als Monjes de la Pakana, bis zu 30 Meter hohe, völlig frei stehende, vom Wind verwitterte Felsfinger, nach den Steinfiguren der Osterinsel „Moais" genannt. Vorbei am vielfarbig schimmernden **Salar de Aguas Calientes** geht es weiter zum **Paso de Jama** in 4200 Metern Höhe; die argentinische Grenzstation (langwierige Formalitäten) liegt wenige Kilometer unterhalb des Passes.

Es folgt weiterhin die herrliche Landschaft des Altiplano. Sanft geht es bergab, bis nach 311 Kilometern das Städtchen Susques erreicht ist. Weiter geht es durch tolle Kaktusschluchten und quer über den Salzsee Salinas Grandes, wo man die primitive Technik des Salzabbaus besichtigen kann. Ab km 410, beim Örtchen Lipán, geht es steil bergab – von 4170 Metern Höhe führen atemberaubende Serpentinen hinunter nach **Purmamarca** auf 2250 Metern, das sind 1920 Meter Höhenunterschied auf einer Strecke von 37 Kilometern! Von Purmamarca geht es durch die **Quebrada de Humahuaca** in die argentinische Provinzhauptstadt **Jujuy** (km 514).

Über den Paso de Jama fahren **Busse** von San Pedro nach Jujuy, jedoch ohne Halt für einen Blick auf die Landschaft.

Antofagasta 74/A3

Die **größte Stadt des Nordens** – Antofagasta hat etwa 320.000 Einwohner – verdankt ihre Bedeutung dem **Hafen,** der auch heute noch einer der wichtigsten des Landes ist. Hier wird das Kupfer aus den beiden größten Minen in Chile verladen (Chuquicamata und La Escondida), dazu ist Antofagasta größter Import- und Exporthafen Boliviens.

Die Hauptstadt der Region Antofagasta zieht sich mehr als 20 Kilometer am Pazifik entlang. Sie ist wie Iquique

Antofagasta
0 200 m
©Reise Know-How 2013
Übernachtung
1 Hotel Antofagasta
3 Hotel Frontera
4 Hotel Colón
7 Hotel Diego de Almagro
10 Hotel Brasil
13 Hotel del Desierto
Sonstiges
2 PAL
6 LAN
Essen und Trinken
5 Dos Rombos
8 El Arriero
9 Casino de Bomberos
11 Pizzante
12 Casa Vecchia
Flughafen, La Portada, Panamericana
Fischmarkt
Regionalmuseum
Bahnhof
Regionalbusse
Stadttheater
Plaza Colón
Uhrturm
Kathedrale
Mercado Central
Playa Huáscar
Ruinas de Huanchaca
E. Ramírez
Iquique
Adamson
Caracoles
Av. Argentina
Covadonga
Riquelme
Serrano
Bolívar
Sucre
Av. Balmaceda
Washington
Isaac Arce
San Martín
Latorre
Baquedano
Maipú
Uribe
Condell
Arturo
Prat
Orella
Matta
J. Santos Ossa
14 de Febrero
21 de Mayo
Copiapó
Av. Bernardo O'Higgins
Coquimbo
14 de Julio
Esmeralda
Atacama
Curicó

eingezwängt auf der schmalen Küstenplattform zwischen dem Meer und der steil aufragenden Küstenkordillere. Sie ist eine **junge Stadt;** der erste Bewohner war angeblich *Juan López* aus Copiapó, der 1845 hierher kam, um an der Küste Guano und Kupfer zu gewinnen. Er blieb nicht lange allein, seit 1866 ist ein Dorf namens La Chimba überliefert. Von da an ging es bergauf, die Salpeterminen im Inland sowie deren Bahnverbindung mit der Hafenstadt sorgten dafür. 1907 wurden schon über 32.000 Einwohner gezählt, 1920 waren es bereits 65.000. „Von Antofagasta kann man sagen, daß ihm jegliche Schönheit mangelt“, schrieb 1923 *Otto Bürger.* Das stimmt nicht ganz, es gibt neben schäbigen Häuserblocks im Zentrum einige sehenswerte Bauten, die auch schon *Bürger* gekannt haben muss.

Sehenswertes

Das **Zentrum der Stadt** erstreckt sich um die schöne **Plaza Colón,** deren **Uhrturm** eine (stark) verkleinerte Nachbildung des Big Ben in London darstellt. Der palmenbestandene Platz lädt dazu ein, sich niederzulassen.

Die schönsten Bauten neben dem Uhrturm sind der **Musikpavillon,** die neogotische **Kathedrale** (erbaut 1906–1917) sowie das **Stadttheater.**

Im **Barrio Histórico** zwischen der Plaza und dem alten Hafen finden sich einige alte Bauten. Zunächst der **Bahnhof** (Bolívar Ecke Balmaceda), der 1887 erbaut und 1900 erweitert wurde. Leider stehen weder das schöne, gepflegte Gelände noch das Bahnhofsgebäude offiziell Besuchern offen. Fragen lohnt aber! Gegenüber dem Bahnhof ist das Gebäude, in dem früher das **Zollamt (Aduana)** untergebracht war (Balmaceda 2786). Gemeinsam mit der benachbarten früheren Gobernación Marítima (Hafenbehörde) beherbergen beide Gebäude das **Museo Regional,** das Mineralien und Fossilien der Region zeigt und von der präkolumbischen Kulturgeschichte berichtet, alles präsentiert anhand von ausgesuchten Fundstücken und schönen Dioramen. Das Obergeschoss ist der Kultur und Geschichte vom 17. Jahrhundert bis in unsere Zeit gewidmet (Di bis Fr 9–17 Uhr, Sa/So 11–14 Uhr, 1 Euro).

Von hier sind es nur wenige Schritte bis zum **Terminal Pesquero,** der Anlegestelle der Fischer, wo auch ein lebhafter Markt abgehalten wird. Hier kann man den Fischern bei der Arbeit und den Pelikanen beim Schnorren zusehen.

4 Kilometer südlich des Zentrums, am Ende der Av. Angamos, findet sich eine der interessantesten Sehenswürdigkeiten der Stadt: Auf dem Gelände der **Ruinas de Huanchaca,** den imposanten Industrieruinen einer Silberschmelze, entstand eine Art Kulturfabrik mit Amphitheater, Freiluftmuseum und dem 2010 eingeweihten **Museo Desierto de Atacama.** Die Schmelze gehörte einer bolivianischen Minengesellschaft. 1892 erbaut, stellte sie die Produktion bereits 20 Jahre später wieder ein. Die riesigen Anlagen mit Blick aufs Meer waren jahrzehntelang verlassen, bevor sie von der lokalen Universität übernommen wurden. Doch erst mit einer Spielkasino-Kette, die gegenüber ein Hotel errichtete, war ein Geldgeber für den Kulturpark gefunden. Das moderne, attraktiv gestaltete Museum widmet sich in verschiedenen Sälen der Geologie, dem Bergbau und den

astronomischen Observatorien. Zu den Highlights gehört der Prototyp eines Marsroboters, den die NASA in der Atacama-Wüste testete (Av. Angamos 01606, Di bis So 10–13 und 14.30–19 Uhr, 3 Euro, www.frh.cl). Das Museum erreicht man vom Zentrum aus Richtung Süden per Colectivo (Nr. 53, 303, 323, 333) oder Bus (102, 103, 104).

Praktische Tipps

Touristeninformation

- **Vorwahl von Antofagasta: 55**
- **Sernatur,** Prat 384, im Gebäude der Regionalverwaltung, Tel. 245 1818.
- **Conaf (Nationalparks),** Av. Argentina 2510, Tel. 238 3332.

Unterkunft

Hotel Frontera
Bolívar 558, Tel. 228 1219. Große Zimmer, sauber, freundlich, kein Frühstück. DZ ohne/mit Bad 33/43 Euro.

Hotel Brasil
J. S. Ossa 1978, Tel. 226 7268. Große Zimmer, akzeptabel und sauber, kein Frühstück. DZ ab 35 Euro.

Hotel Colón
San Martín 2434, Tel. 226 0872. Kleines, nettes Hotel nahe der Plaza. DZ mit Bad und Frühstück 58 Euro. www.hotelcolon.cl

Hotel Diego de Almagro
Condell 2624, Tel. 225 1721. Alteingesessenes Haus einer bewährten Hotelkette. DZ mit Bad ab 92 Euro. www.dahoteles.com

Hotel Antofagasta
Balmaceda 2575, Tel. 222 8811. Mit Garage und Pool, gute Sicht über Stadt und Hafen. DZ mit Bad ab 120 Euro. www.hotelantofagasta.cl

Hotel del Desierto
Av. Angamos 1455, Tel. 265 3000. Luxuriöses Kasino-Hotel mit Spa und allem Drum und Dran. Alle Zimmer mit Meerblick. DZ ab 175 Euro. www.enjoy.cl

Essen und Trinken

Am **Fischmarkt** und im **Mercado Central** (Maipú/Ecke Ossa) finden sich zahlreiche einfache Fischrestaurants, gut für den Mittagstisch. Ansonsten:

Casino de Bomberos
Sucre 763. Guter Mittagstisch.

El Arriero
Condell 2644. Große und gute Fleischportionen, aber nicht billig, abends unterhält Pianomusik.

Pizzante
Carrera 1857. Hier gibt es die beste Pizza der Stadt.

Casa Vecchia
O'Higgins 1456. Gutes, stilvolles italienisches Restaurant, nicht billig.

Dos Rombos
Latorre 2572. Zentrales, nettes Café.

Nachtleben

Das Nachtleben Antofagastas spielt sich außerhalb der Innenstadt **an der Playa Huáscar** ab. Dort findet sich eine Disco neben der nächsten, sie kosten alle ca. 10 Euro Eintritt. Man erreicht die Playa (kein Badestrand!), indem man der Küstenstraße nach Süden folgt (15 Minuten mit dem Auto).

Flugzeug

Der **Flughafen Cerro Moreno** liegt 20 km nördlich der Stadt, ein Taxi dorthin kostet ca. 10 Euro. Busse starten alle 2 Std. (ab 7.30 Uhr) von der Ecke San Martín und Prat.

- **LAN,** Arturo Prat 445 und Carrera 1447. Täglich mehrmals nach Santiago, Iquiqe und Arica.
- **Sky,** General Velásquez 890, local 3. 4x täglich nach Santiago.
- **PAL,** Sucre 375. 4x täglich nach Santiago.

Überlandbusse

Der neue **Busbahnhof** ist Pedro Aguirre Cerda 5770 Ecke Paihuano, nördlich des Zentrums, von dort zu erreichen mit den Kleinbussen 103 und 111 (ca. 0,60 Euro) oder per Taxi (ca. 5 Euro).

Fahrzeiten und Preise

- **Santiago,** 18 Std., 25–65 Euro
- **Arica,** 10 Std., 17–32 Euro
- **Iquique,** 7 Std., 10–28 Euro
- **Calama,** 3 Std., 8–13 Euro
- **Taltal,** 3 Std., 8–15 Euro
- **Copiapó,** 7 Std., 18–40 Euro
- **La Serena,** 12 Std., 25–50 Euro
- **La Portada,** 2 Euro
- **Mejillones,** 2 Euro

- In Latorre 2719 fahren Taxi-Colectivos und Kleinbusse nach **Mejillones.** Daneben weitere Anbieter.
- Riquelme 514/Ecke Latorre ist ein **kleiner Busbahnhof,** der von einigen Gesellschaften genutzt wird.

Mietwagen

- **Avis,** Baquedano 364, Tel. 256 3140.
- **Europcar,** P. Aguirre Cerda 13358-A, Parque Industrial La Portada, Tel. 221 4445. Büro im Hotel Antofagasta.
- **Hertz,** P. Aguirre Cerda 15030, Parque Industrial La Portada, Tel. 242 8042.

Sonstiges

- **Hauptpost,** Washington 2613, direkt an der Plaza Colón.
- **Telefonzentralen,** Baquedano 751, Uribe 645 und Condell 2527.
- **Wäscherei,** Ecke 14 de Febrero/Aconcagua.

Die Umgebung von Antofagasta

La Portada 74/A3

La Portada, das **Wahrzeichen der Stadt und Region Antofagasta,** ist ein hoch aus der Brandung des Pazifiks aufragendes **Felsentor.** Die Steilküste aus Muschelkalk ist hier ausgewaschen, La Portada ruht aber auf dem härteren Gestein des Küstenkliffs. Der Strand vor dem Felsentor ist ein toller Ort, um Seevögel zu beobachten. Hier nisten Tausende von Pelikanen.

La Portada liegt 16 Kilometer nördlich des Stadtzentrums und ist entweder zu erreichen mit den Kleinbussen nach Mejillones (s.o., ab Abzweig La Portada ca. 2 km zu Fuß) oder per Taxi. Es gibt ein in der Saison geöffnetes Restaurant.

[>] Die Salpeteranlagen von Chacabuco stehen unter Denkmalschutz

Salpeterstadt Chacabuco 74/B2

Die Straße von Antofagasta nach Calama wird von Dutzenden verlassenen Salpeterminen gesäumt. Das beeindruckendste **Zeugnis des einstigen Industriebooms** in der Atacamawüste ist die Salpeterstadt Chacabuco, 100 km von Antofagasta an der Gabelung der Straßen 5 (Panamericana) und 25 (Richtung Calama) gelegen. Die 1924 in Betrieb genommene Minenanlage war eine gigantische Fehlinvestition der britischen Firma Anglo Nitrate. Deutschland hatte während des Ersten Weltkriegs mit der industriellen Herstellung künstlichen Salpeters begonnen. Damit war Chiles Monopol auf den Rohstoff für Düngemittel und Sprengstoff gebrochen. Dennoch wurde Chacabuco kurzzeitig zur größten Salpeterstadt Chiles. Hier wurden pro Monat 15.000 Tonnen des Minerals gewonnen, und bis zu 7000 Arbeiter und ihre Familien lebten in den Barackensiedlungen. Es entstand eine komplette urbane Struktur mit Markthalle, Kirche, Krankenhaus, Hotel, Theater und Tanzsaal. Doch bald war die Produktion nicht mehr lukrativ, bereits 1938 wurde sie ganz eingestellt. Chacabuco verödete und wurde Opfer von Plünderungen. 1972 stellte die Regierung *Allende* die Anlage unter **Denkmalschutz.** 1973/74 nutzte die Militärjunta die Baracken als Lager für politische Gefangene, größtenteils Intellektuelle aus ganz Chile. Sie organisierten unter den widrigen Bedingungen eine Schule, eine Poliklinik und Theatergruppen und hinterließen so ebenfalls ihre Spuren.

In den 1990er Jahren wurden Teile der Anlage, u.a. mit Unterstützung des Goethe-Instituts, restauriert, insbesondere

chi11-027 ms

das Theater und der Tanzsaal. Heute kümmert sich eine Stiftung um Chacabuco. Die **Corporación Museo del Salitre Chacabuco** organisiert auch lohnenswerte Touren mit deutschsprachiger Führung. Dabei bekommt man einen lebendigen Eindruck vom Leben in der Wüstenstadt, und zum Abschluss wird auf der Dachterrasse des Theaters ein Mittagessen serviert (10 Euro inkl. Essen, Anmeldung mind. 2 Wochen vorher unter Tel. 55/241 2516, www.corporacionchacabuco.cl).

Die **Geisterstadt** kann auch ohne Führung besichtigt werden (geöffnet tgl. 9–18 Uhr, Eintritt 3 Euro, Sonnenschutz und Wasser nicht vergessen!). Zufahrt 4 km nördlich der erwähnten Straßengabel von der Ruta 5 aus.

Observatorium Cerro Paranal

130 Kilometer südlich von Antofagasta stehen auf dem 2600 Meter hohen Cerro Paranal vier riesige, silbern blitzende „UFOs“: Es sind die Kuppeln des Observatoriums der europäischen Astronomie-Organisation ESO (European Southern Observatory). Der Name der 2001 fertiggestellten Anlage, **Very Large Telescope** (VLT), lässt die Herzen von Hightech-Begeisterten ebenso höher schlagen wie die von Astronomen und Hobby-Sternguckern. Das VLT kombiniert vier Spiegel von je 8,2 Meter Durchmesser sowie drei kleinere und simuliert so die optische Auflösung eines 200-Meter-Teleskops – eine bis dahin unvorstellbare Beobachtungs-Reichweite und -Genauigkeit. Theoretisch kann man damit einen Mann auf dem Mond erkennen, doch die Astronomen sind vielmehr hinter fernen Galaxien und den Ursprüngen des Universums her (siehe bei „Umgebung von La Serena“). Und die technische Entwicklung geht weiter: Auf dem benachbarten **Cerro Armazones** soll das Extremely Large Telescope der ESO entstehen (E-ELT), mit einem Spiegeldurchmesser von 40 Metern das größte optische Teleskop weltweit.

Das VLT steht **jeden Samstag auch Touristen offen.** Die kostenlose, etwa zweistündige Führung beginnt um 10 und 14 Uhr, nach einem einführenden Film werden die Teleskope und der Kontrollraum besucht, man kann überall fotografieren oder filmen. Die Anfahrt (ca. 2 Stunden von Antofagasta, zunächst 24 Kilometer auf der Panamericana, dann über die Straße Richtung Paposo) muss selbst organisiert werden, nehmen Sie auch ausreichend Wasser und Verpflegung mit.

■ Eine **frühzeitige Voranmeldung** wird empfohlen, sie ist nur über die Website möglich: www.eso.org/public/about-eso/visitors/paranal. Nachfragen unter Tel. 55/271 6931, visits@eso.org.

Taltal

In dem kleinen Fischerort mit knapp 10.000 Einwohnern, lange Zeit von der Panamericana links liegen gelassen, hofft man neuerdings wieder auf den **Aufschwung:** Die Ruta 1, Küstenstraße nach Antofagasta, wurde durchgehend

[>] Cerro Paranal

asphaltiert – auch wenn sie teilweise durchs Inland führt –, und eine kanadische Minengesellschaft hat sich die Schürfrechte für ein Goldfeld in der Nähe gesichert. Bereits zur Zeit des Salpeterbooms war Taltal der drittgrößte Hafen des Nordens mit mehr als 20.000 Einwohnern.

Aus dieser Zeit stammen auch die **Sehenswürdigkeiten:** der Muelle Salitrero, der Salpeterpier von 1903, eine Dampflok, die zu Beginn des 20. Jahrhunderts die Salpeterzüge zog, die Kirche und das 1921 eröffnete Stadttheater, das längst nicht mehr bespielt wird. Taltal ist ein ruhiges Nest, vielleicht zu ruhig, vielleicht aber genau richtig, um den einen oder anderen Tag am Strand zu verbringen. Die **Playa Cifuncho** etwa, 41 Kilometer südlich von Taltal, gilt als einer der schönsten Strände Nordchiles.

Ganz in der Nähe lockt die **Quebrada San Ramón**, eine Wüstenschlucht voller Kakteen, zu einer Wanderung. Und in der **Reserva Nacional Paposo** 60 km nördlich von Taltal lässt der Küstennebel eine erstaunliche Vegation gedeihen.

- Übernachten kann man gut in der **Hostería Taltal,** Esmeraldas 671, direkt am Strand (Tel. 55/261 1173, DZ ohne Bad 24 Euro, mit Bad 43 Euro).
- Das beste Restaurant hat ebenfalls die Hostería Taltal, zu empfehlen ist der **Club Social Taltal** in historischer Atmosphäre.
- Gute **Busverbindungen** nach Antofagasta, auch direkte Busse nach Arica und Santiago.

chi13-013 eso

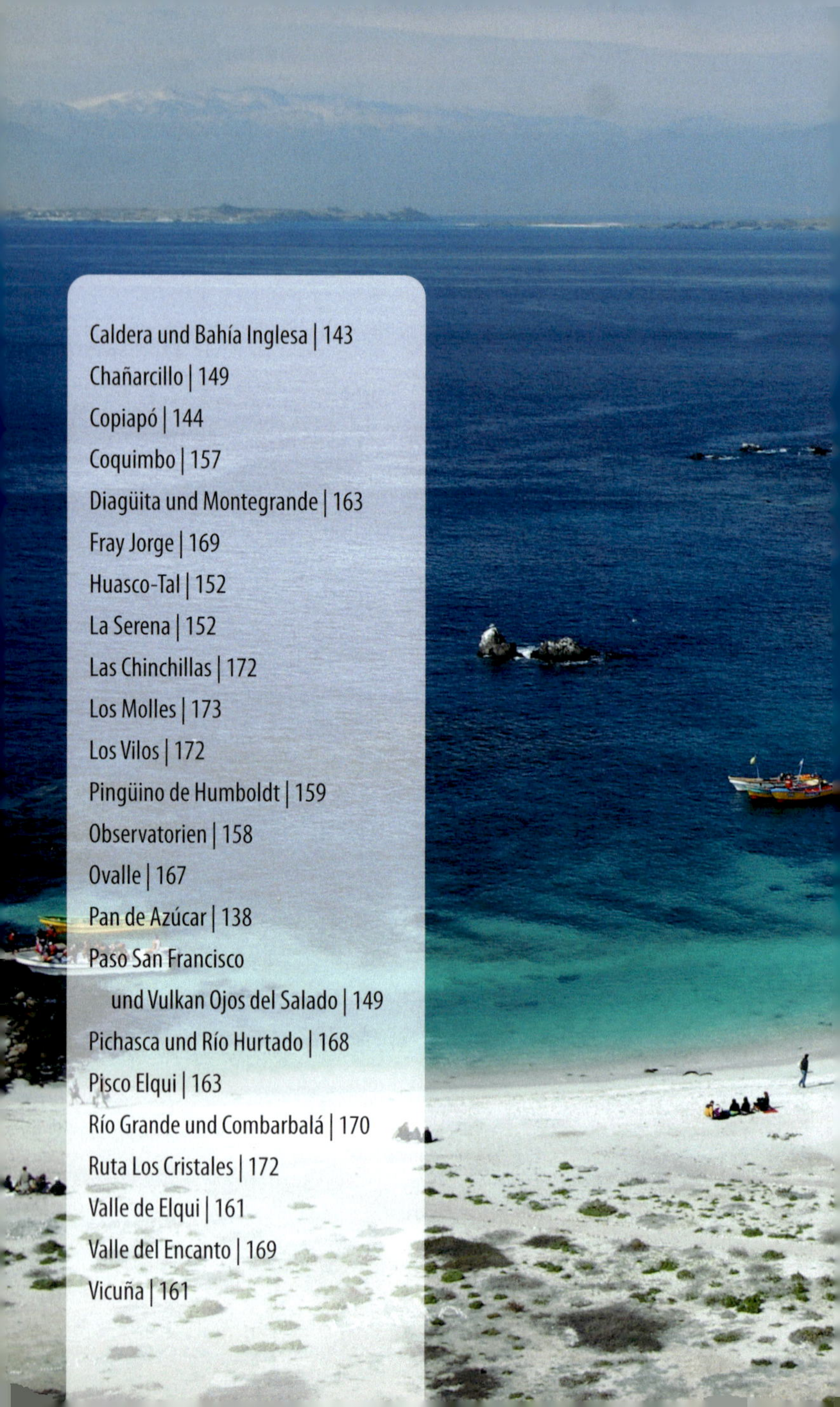

Caldera und Bahía Inglesa | 143
Chañarcillo | 149
Copiapó | 144
Coquimbo | 157
Diagüita und Montegrande | 163
Fray Jorge | 169
Huasco-Tal | 152
La Serena | 152
Las Chinchillas | 172
Los Molles | 173
Los Vilos | 172
Pingüino de Humboldt | 159
Observatorien | 158
Ovalle | 167
Pan de Azúcar | 138
Paso San Francisco
und Vulkan Ojos del Salado | 149
Pichasca und Río Hurtado | 168
Pisco Elqui | 163
Río Grande und Combarbalá | 170
Ruta Los Cristales | 172
Valle de Elqui | 161
Valle del Encanto | 169
Vicuña | 161

3 Der Kleine Norden

Im Kleinen Norden reihen sich staubtrockene Wüstengebiete, einsame Felsenstrände und zerklüftete Andenstränge aneinander, nur hin und wieder unterbrochen von grünen Flussoasen. Der Kleine Norden ist das Traumziel der Kakteenfreunde, der UFO-Gläubigen und nicht zuletzt der Sterngucker – einige der größten astronomischen Observatorien der Welt richten hier ihre Spiegel ins All.

‹ Karibikflair im Naturreservat Pingüino de Humboldt

NICHT VERPASSEN!

- **Pan de Azúcar:** Paradies für Kakteen- und Tierfreunde | 138
- **Laguna Verde:** zu Füßen des höchsten Vulkans | 150
- **Caldera – Huasco:** die malerische Küstenroute | 151
- **Isla Damas:** Pinguine, Delfine und Wale | 160
- **Pisco Elqui:** Schnaps, Poesie und Sterne | 163
- **Nationalpark Fray Jorge:** im Reich des Küstennebels | 169

Diese **Tipps** sind gelb hinterlegt.

Kakteenberge an der Ruta Antakari bei Vicuña

chi13-016 ms

VON PAN DE AZÚCAR BIS LOS MOLLES

Der Kleine Norden – **Norte Chico** – umfasst ein Gebiet, das sich über 1000 Kilometer Wüste und Halbwüste von Chañaral (auf Höhe des 26. Breitengrades) bis zum Tal des Río Aconcagua (33°) erstreckt. Touristische Höhepunkte sind die ausgedehnten Strände bei La Serena, die küstennahen Nationalparks, das mystische Valle del Elqui und der Altiplano östlich von Copiapó.

Administrativ umfasst der Kleine Norden die **Regionen Atacama** mit der Hauptstadt Copiapó und **Coquimbo** mit der Hauptstadt La Serena.

Nach Süden hin nehmen im Kleinen Norden die Niederschläge zu. Erscheint die Region um Copiapó noch als vollständige **Trockenwüste,** so ist das Kerngebiet eine **Halbwüste,** und je weiter südlich man kommt, desto größer die Fruchtbarkeit des Landes. Die Wüstengebiete durchziehen einige Flussläufe; in diesen Regionen wird intensive Landwirtschaft betrieben. Das bekannteste Flusstal ist das des **Río Elqui.**

Die Wüstengebiete des Kleinen Nordens waren lange als das **„Land der 10.000 Minen"** berühmt. In Copiapó zeugt davon ein eindrucksvolles mineralogisches Museum; nahe der Stadt entdeckten die spanischen Eroberer große Silbervorräte und ließen dort die drittgrößte Silbermine der Welt graben. Inzwischen werden vor allem am Andenrand zunehmend auch andere Mineralien gefördert.

Der klare Himmel über der Wüste begünstigt die **Himmelsbeobachtung:** Bei La Serena stehen einige der größten und wichtigsten Observatorien der Welt.

Vor Ankunft der ersten Spanier im Jahre 1535 war die Region Siedlungsgebiet vorwiegend der **Diaguita-Indianer** gewesen. Auch die Inka hatten ihren Machtbereich fast bis hierher ausgedehnt. Die Spanier suchten sich nicht den leichtesten Weg in die Region aus: **Diego de Almagros Expedition** kam über den Paso de San Francisco aus dem heutigen Argentinien; dieser ist mit 4727 Metern Höhe einer der höchsten Andenpässe überhaupt und selbst mit der Technik, die uns heute zur Verfügung steht, nicht leicht zu überqueren. Was sie auf chilenischer Seite sahen, begeisterte die Spanier nicht: Endlos dehnte sich die Wüste, nachts froren sie erbärmlich, tagsüber war es heiß, Nahrungsmittel und Wasser waren nur schwer zu finden. Nach ihrer Rückkehr nach Cuzco wollten die Spanier längere Zeit nichts mehr von dem Land wissen, erst *Pedro de Valdivia* durchquerte erneut die Wüste und gründete 1541 die Stadt La Serena.

Erst die **Silberfunde bei Copiapó** gaben dem Kleinen Norden Auftrieb – zumindest den Minenstädten, und auch dort blieben die Menschen nur so lange, wie sie Gewinn machten. *Charles Darwin* notierte im Jahr 1835 über Copiapó: „Es ist aber ein ungemütlicher Ort, und die Wohnungen sind ärmlich eingerichtet. Jeder scheint nur das eine Ziel vor Augen zu haben, Geld zu machen und dann so schnell als möglich auszuwandern. Alle Einwohner stehen mehr oder weniger direkt mit Bergwerken in Beziehung; und Minen und Erze sind die einzigen Gegenstände der Unterhaltung.“ Ende des 19. Jahrhunderts ging der Silberbergbau zurück, aber auch heute noch wird Silber gefördert, ebenso andere Bodenschätze wie z.B. Kupfer.

Parque Nacional Pan de Azúcar 140/B1

Etwa 120 Straßenkilometer südlich von Taltal, an der Grenze der Regionen Antofagasta und Atacama, erstreckt sich der Nationalpark Pan de Azúcar. Er umfasst 44.000 Hektar und ist – von Norden kommend – direkt von der Panamericana oder – von Süden her – über die Kleinstadt Chañaral zu erreichen. Eine **gute Schotterstraße** durchquert den Park von Nordosten bis Süden komplett.

Der populäre Park erstreckt sich entlang der Küste, er umfasst **Sandstrände, Wüstengebiete,** Teile der steil bis auf 900 m ansteigenden **Küstenkordillere** und die **Insel Pan de Azúcar.** Die Vegetation und die Tierwelt sind in dieser lebensfeindlich erscheinenden Wüstenregion erstaunlich: Kakteenfreunde können in höheren Lagen 20 unterschiedliche Arten ihrer Lieblinge bewundern – sie erhalten die nötige Feuchtigkeit zum Überleben durch die *camanchaca,* den aufsteigenden Küstennebel, der sich hier niederschlägt. Bei Wanderungen durch den Park trifft man mit Glück Guanakos und fast immer Füchse; auf der Insel Pan de Azúcar leben große Kolonien von Pelikanen, Kormoranen, Humboldtpinguinen und Robben. Die Insel selbst darf nicht betreten werden, aber **Ausflugsfahrten** (ca. 45 Euro für das komplette Boot mit max. 10 Personen) führen von Caleta Pan de Azúcar, der einzigen „Siedlung“ im Park, nah an sie heran.

Das **Informationsbüro** von Conaf befindet sich in Caleta Pan de Azúcar, hier erhält man Infomaterial zum Park (Eintritt 6 Euro). Auf mehreren kleinen

0 50 km
©Reise Know-How 2013
CHILE
ARGENTINIEN
Región de Atacama
Región de Coquimbo
Región de Valparaíso
Taltal
Agua Verde
Plato de Sopa
Vol. Antofalla 6100
Cifuncho
La Pólvora
Antofagasta de la Sierra
Planta Esmeralda
P. N. Pan de Azúcar
Cta. Pan de Azúcar
Diégo de Almagro
El Salvador
Chañaral
Potrerillos
149
La Gruta
Paso de San Francisco 4748
Nev. Ojos del Salado 6893
143
Caldera
Bahía Inglesa
144
Copiapó
Carrera Pinto
Co. Copiapó 6052
P. N. Nevado Tres Cruces
Palo Blanco
Barranquillas
Tierra Amarilla
Los Marayes
Fiambalá
La Guardia
Chaschuil
60
S. 140
Punta de Diáz
Tinogasta
Las Juntas
Miraflores
5
Huasco
Vallenar
Alto del Carmen
Jagué
Pituil
Vinchina
Cta. Sarco
Domeyko
San Félix
Conay
158
Observatorio Astronómico Las Campanas
Ea. de Maz
Chilecito
159
Cta. Chañaral
Villla Unión
Trapiche
Observatorio Astronómico La Silla
Las Breas
Sta. Clara
Chungungo
Baños del Toro
Malimán de Abajo
152
La Serena
161
Vicuña
163
Pisco Elqui
150
R. N. Ischigualasto
157
Coquimbo
Rodeo
Los Baldecitos
M.N. de Pichasca
Tongoy
Observatorio Astronómico Cerro Tololo
Pabellón
Paso del Agua Negra 4775
S. José de Jáchal
169
P. N. Fray Jorge
Río Limán
167
Ovalle
Monte Patria
173
Central Los Molles
San Augustin de Valle Fértil
Mogna
Termas de Socos
Castaño Viejo
Observatorio Astronómico Guatulame
San Marcos
Puchuzún
Talacasto
Cta. Morritos
Combarbalá
Pachaco
Calingasta
Canela Baja
San Juan
Zonda
Aberastain
Mincha
Illapel
S. 142
141
40
Salamanca
Los Berros Bajos
20
172
Los Vilos
Tilama
Encón
Pichidangui
Petorca
Co. Aconcagua 6962
Termas Villavicencio
Res. Telteca
Zapallar
La Ligua
Papudo
Putaendo
Uspallata
Nueva California
San Felipe
Paso del Bermejo 3863
7
Punta de Vacas
Mendoza
P. N. La Campana
Villa Nueva
Viña del Mar
Los Andes
Termas Cacheuta
Godoy Cruz
Valparaíso
Limache
P. Prov. Vol. Tupungato
Lujan de Cuyo
Colina
Farellones
Las Catitas
3

PAZIFISCHER
OZEAN
II Región de Antofagasta
III Región de Atacama
Cifuncho
C. Cristi
Mina Yaquie
Los Mar
Bahía Ballenita
Liamper
Punta Ballenita
1124
Qda. de la Cachir
Planta Esmeralda
139
Las Bombas
Rosario
Isla Pan de Azúcar
Caleta Pan de Azúcar
P. N. Pan de Azúcar
La Estre
Mina Dicho
La Suerte
Chañaral
El Carmen
Puerto de Barquito
71
1452
C13
Balneario Portofino
Manto Verde
Balneario Flamenco
1660
Portezuelo Varillas
Guamanga
Varilla
Bolaco
San Manuel
Balneario Obispito
Peña Blanca
Bahía Totoralillo
86
Sierra Pajonales
Mina Bella Ester
Balneario Ramada
160
El Morado
Galleguillos
Caldera
Punta Morro
Adrianitas
Bahía Inglesa
74
Area Marina Protegida
1146
Piedra Colgada
Centro histórico, Museo Mineralógico
Puerto Viejo
Caserón
Copiapó
Paipote
San Ramón
Llano de Martin
Tierra Amarilla
Barranquilla
Quebrada Seca
Travesía
Nantoco
Bahía Salado
Playa del Medio
Punta Cachas
550
C-35
Pabelló
Barros Luco
Río Copiapó
Playa del Medio
Chañarcillo
Elisa de Bordos
Fundo Castilla
Castilla
Primera mina de plata
Los Loros
Totorial
120
107
954
Hermo

Anschlusskarte nach Süden S. 142

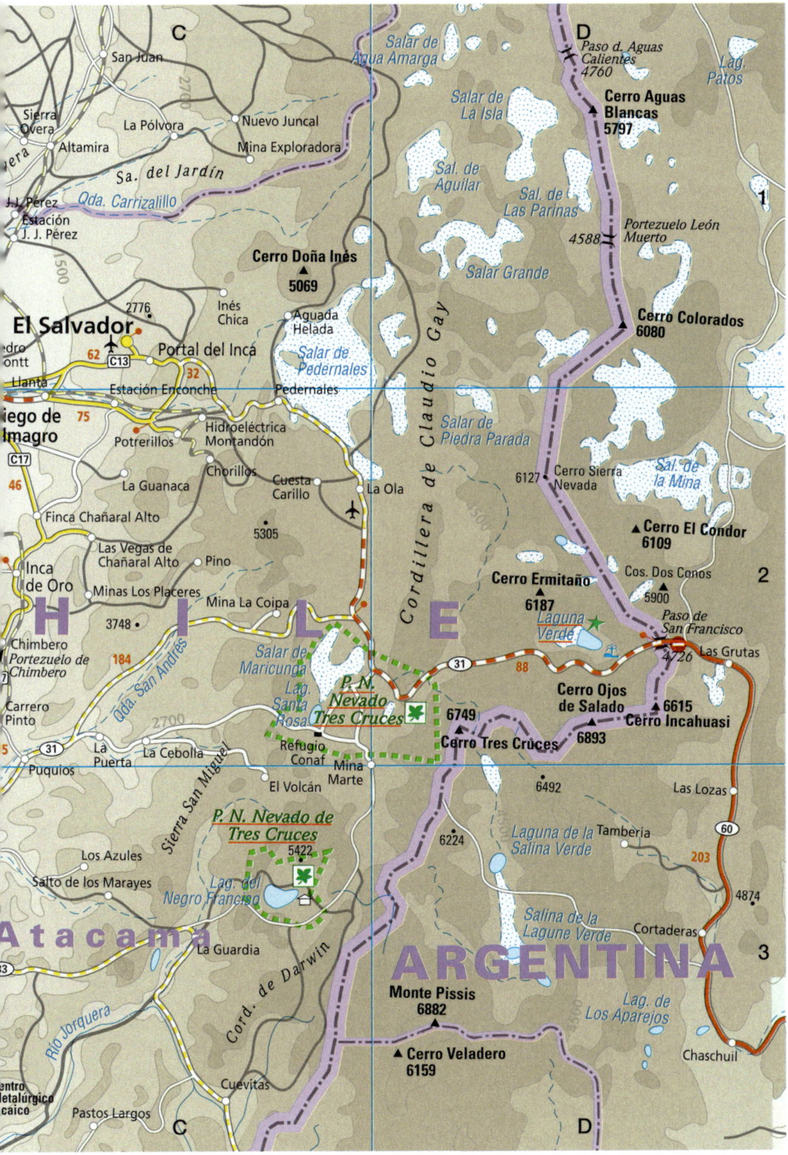

Atacama
R. N. Pingüino de Humboldt
I. Damas
I. Choros
Cabo Choros
Chañaral de Aceituno
Caleta Apolillada
Caleta Punta Choros
Choros Bajos
Caleta Chorreadero
Mina Los Cristales
Incahuasi
Punta Colorada
Observatorio Cerro la Silla
Cerro Vizcachas 2418
Los Morros
Tres Cruces
Las Breas
El Tofo
Cruz Grande
PAZIFISCHER OZEAN
Playa El Temblador
I. Pájaros
Los Hornos
La Higuera
El Barco
Minilla
Almirante Latorre
1915
Chacay Alto
Junta de Chingoles
La Laja
La Arena
El Corral
Río del Carmen
Pinto
El Nevado
Matancilla
Cord. de la Punilla
Sancarrón
Reserva Santa Gracia
Alaska
Condoriaco
Las Abandonadas
Cerro Manantiales 3745
Caserones
El Sauce
Viñita Baja
Cortadera
San Pablo
Teatinos
Bahía Coquimbo
La Serena Golf
La Compañía
El Islón
Centro histórico
La Serena
Coquimbo
Observatorio Mamalluca
Guanta
Los Llanos
5649
Mina el Indio
Cerro de las Tórtolas 6332
Mina Las Hediondas
Balala
La Herradura
Punto Saliente
Totoralillo
Mercado
Pan de Azúcar
El Mollaco
El Peñón
Talca
Valle de Elqui
Vicuña
Paihuano
Colorado
Juntas del Toro
El Carmen
Montegrande
Pisco Elqui
Pisqueras
Nueva Elqui
El Pidén
Emb. la Laguna
Paso Agua Negra 4779
Bahía Guanaqueros
Guanaqueros
Playa Blanca
Punta Lengua de Vaca
Puerto Aldea
Tongoy
Puerto Velero
Tambillo
Las Barrancas
Observatorio Cerro Mayu
Maitencillo
Observatorio Cerro Tololo
R. Claro o D.
Cochiguaz
Cerro Los Olivares 6250
Basílica
Andacollo
1595
Hurtado
Chanar
Monumento Natural Pichasca
R. Hurtado
Alcohuaz
Las Breas
San Agustín
Pabellón
Caleta Talcaruca
Pachingo
Pejerreyes
Samo Alto
Pichasca
Emb. Recoleta
Algarrobo
Coquimbo
Quebrada Seca
Parque Nac. Fray Jorge
Punilla
Cerrillos de Tamaya
Ovalle
La Torre
Sotaquí
Monte Patria
El Tome
El Ternero
Portezuelo de Doña Rosa 4250
Cordillera de Doña Rosa
Río Castaño Viejo
Barraza
La Chimba
Valle del Encanto
R. Limarí
Termas Socos
Emb. la Paloma
El Palqui
Rapel
Valdivia
Central Las Molles
Co. Los Patos 4867
Punta Limarí Sur
Las Mollacas (Coquimbo)
R. Rapel
Guatulame
San Carén
Lorenzo
Chañaral Alto
Punitaqui
762
Halcones
Peñablanca
Los Canelos
1451
Medialuna
La Laja
Los Molles
Panguecillo
4320
Mina Talca
Punta Talca
Tulahuén
Caleta Teniente
San Pedro de Quiles
Manquehua
La Ligua Bajo
Las Varillas
Soruco
Las Juntas
Chineo
Las Ramadas
Caleta Morritos
Espíritu Santo
Combarbalá
ARGENTINA
Punta Sierra
Las Palmas
Caleta Derrumbe
CHILE
Observatorio Cruz del Sur
Las Galenas
Las Trancas
Paso Azufre Sur
Cord. de la Totora
5264
5474
Poza Honda
Pama
Ramadilla
Canela Baja
Los Pozos
2090
4134
Angostura
Canela Alta
Matancilla
Pirca las Juntas
Río Blanco
Caleta Manso
Placilla
Farellón Sánchez
R. Carén
5983
Mincha
R. N. Las Chinchillas
Tunga
Huintil
Carén
Huentelauquén
Illapel

Campingplätzen kann man sein Zelt aufschlagen (pro Stellplatz 10 Euro), es gibt auch einige rustikale **Cabañas** für 2 bis 8 Personen. Alle Lebensmittel müssen mitgebracht werden; nur frischen Fisch kann man hier problemlos von den Fischern kaufen.

In dem staubigen Städtchen **Chañaral** (12.000 Ew.) gibt es außer einer hübschen Kirche (Plaza) und einem netten naturhistorischen Museum (Buin 818, Mo bis Fr geöffnet) nicht viel zu sehen. Hier leben vor allem Menschen, die in den umliegenden Minen und im Verladehafen beschäftigt sind. Am Strand, der über Jahrzehnte von zwei großen Kupferminen mit hochgiftigen Abwässern belastet worden war, baden wieder Leute, er wurde angeblich komplett entseucht. Es gibt ein paar akzeptable Unterkünfte und einfache Restaurants sowie regelmäßige Busverbindungen nach Norden und Süden entlang der Panamericana (Busterminal: Merino Jarpa, gegenüber der Municipalidad).

Praktische Tipps

Touristeninformation

- Das städtische **Touristenbüro** (Merino Jarpa 801, Tel. 52/253 5106) hält eine Wanderkarte des Nationalparks bereit und erteilt Informationen zu Touren, auch ins Landesinnere, beispielsweise zu alten Silberminen und einem kleinen Observatorium in Inca de Oro.
- **Conaf (Nationalpark),** Buin 462, Tel. 52/248 9671.

Unterkunft in Chañaral

- **Hostal Sutivan**
Comercio 365, Tel. 52/248 9123. 12 Euro p.P. Auch Internet und Nationalpark-Touren.
- **Hotel Carmona**
Costanera 402, Tel. 52/248 0522. Simple DZ mit Bad für ca. 40 Euro.
- **Hostal Pan de Azúcar**
Dr. Herrera 1527, Tel. 52/248 0754. Freundlicher Service, DZ mit Bad 30 Euro.
- **Hostería Chañaral**
Miller 268, Tel. 52/248 0055. Die beste Option im Ort, aber keine Ansprüche stellen ... DZ mit Bad 60 Euro.
- Mehrere Anbieter besorgen den Transport in den Park für ca. 15 Euro hin und zurück, u.a. **Chango Turismo,** Tel. 52/480232. Eine komplette Tagestour mit Nationalpark-Eintritt, Essen und Bootsfahrt kostet 30–40 Euro.

Caldera und Bahía Inglesa 140/B2

Badeort und wichtiger Hafen – die 14.000-Einwohner-Stadt **Caldera** erfüllt beide Funktionen gut. Gemeinsam mit dem 6 Kilometer südlich liegenden Bahía Inglesa formt sie eine Art Doppelstadt. Caldera ist der geschäftigere, industrielle Teil – der Hafen sorgt für Arbeitsplätze. Bahía Inglesa dagegen lebt vom Tourismus, die Strände gehören zu den schönsten in Chile.

Bahía ist ruhig und gediegen, durchsetzt mit Eigentumswohnungen, Ferien- und Apartmenthäusern, in denen Chilenen aus dem Norden und aus Santiago ihre Ferien verbringen. Dann ist der Ort überlaufen; ruhiger und billiger wird es ab März.

An der Plaza de Armas von Caldera steht die **Iglesia de San Vicente,** 1862 aus Holz und Stein errichtet und mit einem gotischen Turm bekrönt. Drei Blocks nach Nordwesten gelangt man zum lebhaften Fischereihafen, dort steht auch der riesenhafte **Bahnhof,** der Endstation der Linie von Copiapó nach Caldera war. Damals wurden hier die Erze aus den Minen um Copiapó verschifft, heute ist der Bahnhof ein Kulturzentrum. Beim Stadtbummel trifft man auch auf einige sehenswerte Bauten aus dem 19. Jahrhundert, sie bezeugen den Aufschwung, den die Hafenstadt damals nach dem Anschluss an die Eisenbahn erlebte. Zu besichtigen ist die **Casa Tornini,** das Wohnhaus italienischer Einwanderer, mit einem schönen Café (Gana 210, tgl. 9–13.30 und 16.30–20 Uhr).

■ Übernachten kann man in Caldera im **Hotel Montecarlo** (Carvallo 627, Tel. 52/231 5388, mit schönem Innenhof, sauber, freundlich, DZ mit Bad 67 Euro, www.hotel-montecarlo. cl) oder in Bahía Inglesa im **Hotel Rocas de Bahía** (Av. El Morro 888, Tel. 52/231 6005, großer 4-Sterne-Komplex am Strand, DZ 120 Euro, www.rocasdebahia.cl).

■ Gut essen lässt es sich in Caldera im **Nuevo Miramar,** Gana 090 (direkt am Pier, Meeresfrüchte und Fisch) oder in Bahía Inglesa im **Coral** (Costanera, ebenfalls Fisch und Meeresfrüchte, aber nicht billig). Modern und gut: **Domo Bahía Inglesa,** direkt am Strand.

■ Die **Busse** fahren in Caldera alle innerhalb des Blocks nordwestlich der Plaza ab. Es gibt ständige Verbindungen nach Copiapó (1 Std., 2 Euro) sowie Richtung Norden und Süden. Zwischen Caldera und Bahía Inglesa pendeln Colectivos, 1 Euro.

■ Zur Küstenstraße Caldera – Huasco siehe unten.

Copiapó 140/B3

Dass die Indianer den Ort „Copiapó“ (**Grünes Land**) nannten, ist zunächst wenig einleuchtend. Egal, aus welcher Himmelsrichtung man kommt, man nähert sich immer durch die Wüste. Aber es stimmt: Der Zusammenfluss einiger Bäche mit dem Río Copiapó südlich der Stadt hat zur Folge, dass die Gegend um die Hauptstadt der Region Atacama im Vergleich zu den Wüstengebieten drumherum recht grün ist.

Geschichte

Copiapó, das heute etwa 125.000 Einwohner zählt, ist das Zentrum einer Region, die seit mehreren hundert Jahren vom **Bergbau** geprägt ist. Die ersten Spanier kamen unter *Diego de Almagro* 1536, *Pedro de Valdivia* folgte 1540 und nahm das Tal offiziell in Besitz – bis dahin lebten Diaguita-Indianer hier. Bis die ersten Spanier sich hier dauerhaft niederließen, vergingen noch mehr als zwei Jahrhunderte. 1832 entdeckte der Maultiertreiber *Juan Godoy* im nahen Chañarcillo eine **Silbermine,** aus der das Edelmetall ungeahnt rein gewonnen werden konnte. Die bis dahin unbedeutende Siedlung Copiapó wuchs sofort. Zunächst unansehnlich, wie *Charles Darwin* bei seinem Besuch 1835 bemerkte, später entstanden einige schöne

[>] Die erste chilenische Eisenbahn fuhr von Copiapó nach Caldera

Patrizierhäuser, dazu wegweisende Bauten und Einrichtungen: Zwischen 1849 und 1852 wurde in die Hafenstadt Caldera eine der ersten Eisenbahnlinien Südamerikas gebaut, dann entstanden hier die ersten Telegrafen- und Telefonanlagen, außerdem das erste Gaswerk Chiles.

Auch ihre Sternstunde des Ruhmes verdankt die Stadt dem Bergbau: Bei der dramatischen **Befreiungsaktion für 33 verschüttete Bergleute** im Jahr 2010 schaute die ganze Welt auf Copiapó und die nahe Kupfermine San José (vgl. Exkurs „Die 33 Helden").

Sehenswertes

Dass Copiapó in der zweiten Hälfte des 19. Jahrhunderts eine der modernsten Städte des Kontinents war, glaubt man kaum, wenn man heute durch das Zentrum schlendert. Die **Plaza Prat** wurde im Silberboom mit 84 Pfefferbäumen *(Schinus molle)* bepflanzt – Schattenspender, die nur wenig Wasser brauchen und daher in den Wüstengebieten Chiles und Perus häufig anzutreffen sind. Der Brunnen mit den Figuren aus Carrara-Marmor stammt ebenfalls aus der großen Zeit der Stadt, ebenso das Gebäude der **Municipalidad** und die **Iglesia Catedral,** beide an der Plaza.

Einen Block nordöstlich von der Plaza steht das **Museo Mineralógico.** Neben streng wissenschaftlich geordneten Mineralien, die mehr den Fachmann ansprechen, gibt es eine Reihe schöner Stücke, die auch Laien begeistern: Meteoriten, gefunden in der Atacama-Wüste, Edelsteine, Silber und Arsen aus den Minen der Umgebung (Colipí Ecke Rodríguez, Mo bis Fr 10–13 und 15.30–19 Uhr, Sa 9–13 Uhr). Auf dem kleinen (Park)platz neben dem Museum findet

chi060 ms

hin und wieder ein **Kunsthandwerkermarkt** statt. Interessant ist weniger das Kunsthandwerk – das sieht aus wie in fast allen anderen Städten Nordchiles –, interessant sind vielmehr die Gesteinsproben und Fossilien, die hier verkauft werden: versteinerte Muscheln, Stücke versteinerter Baumstämme oder versteinerte Haifischzähne.

Sieben Blocks nordwestlich der Plaza verläuft die Alameda Matta, auf der schöne **Patrizierhäuser** aus der Zeit der Silberbarone stehen. Wenige sind restauriert, die meisten arg verfallen. Zu den besser erhaltenen gehört die Casa Habitación de Empleados del Ferrocarril, das Wohnheim der Eisenbahnangestellten an der Ecke Martínez.

Der Martínez stadtauswärts folgend erreicht man nach etwa 400 Metern das **Museo Ferroviario,** das Eisenbahnmuseum (Mo bis Fr 15–18 Uhr). Die drittälteste Lokomotive Südamerikas steht aber nicht hier; sie ist im Innenhof der **Bergbauschule** (Universidad de Atacama) ausgestellt. Man geht vom Museo Ferroviario die Straße Batallón Atacama entlang bis zur Av. Copayapu und trifft dort einen Block stadtauswärts auf die **Villa Viña de Cristo,** erbaut im Jahr

1860 im italienischen Stil für den Silberbaron *Apolinario Soto.* Nach rechts der Av. Copayapu folgend erreicht man das Universitätsgelände.

Über die Calle Juan Martínez und deren Verlängerung, die Calle Atacama, kommt man zum **Museo Regional,** wo eine Ausstellung an die Rettungsaktion der 33 Bergleute erinnert (siehe Exkurs); u.a. ist die originale Rettungskapsel zu besichtigen (Atacama 98, Mo bis Fr 9–17.45 Uhr, Sa 10–12.45 und 15–17.45 Uhr, So 10–12.45 Uhr).

Praktische Tipps

Touristeninformation

- **Vorwahl von Copiapó: 52**
- **Sernatur,** Los Carrera 691, direkt an der Plaza Prat, Tel. 223 1510.
- **Conaf (Nationalparks),** Juan Martínez 55, Tel. 221 3404 und 223 9067.

Unterkunft

- **La Casona**
O'Higgins 150, Tel. 221 7278. In einem alten renovierten Kolonialgebäude, Zimmer zum Patio, freundliche Besitzer, auch Exkursionen. DZ mit Bad 98 Euro. www.lacasonahotel.cl
- **Residencial Rocío**
Yerbas Buenas 581, Tel. 221 5360. Mit schönem Innenhof, abgewohnt. Ab 13 Euro p.P.
- **Residencial Nueva Chañarcillo**
Manuel Rodríguez 540, Tel. 221 2368. Sauber, ordentlich. DZ ab 25 Euro.
- **Hotel Palace**
Atacama 741, Tel. 221 2852. Schöne Zimmer, angenehmer Patio. DZ mit Bad und TV ca. 45 Euro.
- **Hotel Montecatini**
Infante 766, Tel. 221 1363. Ruhig, mit schönem Innenhof, Pool. **Ableger Montecatini II** in Atacama 374, Tel. 221 1516, DZ 65 Euro. www.hotelmontecatini.cl

Essen und Trinken

- **Puerto Viejo**
Atacama 99. Meeresfrüchte, eher teuer.
- **Don Elias**
Los Carrera 421. Chilenische Küche.
- **El Legado**
O'Higgins 12. Regionale Gerichte.
- **Café Colombia**
Colipí 484, in der Mall Plaza. Guter Kaffee, Fruchtsäfte und Eis.

Flugzeug

Der **Aeropuerto Chamonate** liegt 15 km westlich von Copiapó, direkt an der Panamericana.

- **LAN,** Colipí 484, in der Mall Plaza. Täglich Flüge nach Santiago.
- **Sky,** Colipí 526. 2x täglich nach Santiago.
- **PAL,** Colipí 484, in der Mall Plaza. 1x täglich nach Santiago.

Überlandbusse

Der **zentrale Terminal de Buses** ist auf der Calle Chacabuco 112, nur drei Blocks von der Plaza entfernt. Von hier starten Busse nach:

- **Santiago,** 11 Std., 30–57 Euro
- **La Serena,** 5 Std., 10–28 Euro
- **Arica,** 19 Std., 35–50 Euro
- **Iquique,** 13 Std., 30–50 Euro
- **Antofagasta,** 7–8 Std., 12–40 Euro

Die 33 Helden

Als am **5. August 2010** ein Bergsturz 33 Minenarbeiter in der Kupfer- und Goldgrube San José, 30 km von Copiapó entfernt, verschüttete, ahnte niemand, dass das **Grubenunglück** eine spektakuläre Rettungsaktion auslösen würde, die Chile wochenlang Spitzenplätze in den internationalen Schlagzeilen sicherte. Denn zunächst sah alles – nach dem schweren Erdbeben vom 27. Februar – nach einer zweiten Katastrophe aus: Man vermutete die *mineros* in 700 Metern Tiefe, niemand wusste, ob sie überlebt hatten, und wenn ja, wie lange sie unten aushalten konnten. Die Chancen sanken von Tag zu Tag. Zugleich wurde bekannt, dass es in der 120 Jahre alten Mine bereits früher zu Unfällen gekommen war und die privaten Betreiber die Sicherheitsauflagen der Behörden offenbar ignoriert hatten.

Erst nach 17 zermürbenden Tagen drangen zwei Sondierungs-Bohrungen in den Schacht vor, in dem man die Bergleute vermutete. Doch schließlich brachte ein Bohrkopf auf einem Zettel die überraschende, erlösende Nachricht nach oben: „Estamos bien en el refugio los 33" (Uns 33 geht es gut im Schutzraum). Staatspräsident *Sebastián Piñera* persönlich las die Nachricht den Angehörigen und Journalisten vor, die in dem neben der Mine errichteten **Camp Esperanza** (Hoffnung) warteten. Wie durch ein Wunder hatten die Bergleute überlebt, indem sie sich selbst organisiert, das Kühlwasser der Fahrzeuge getrunken und die minimalen Vorräte rationiert hatten: ein Löffel Fisch, einen halben Keks und eine halbe Tasse Milch alle 48 Stunden. Und das bei 80% Luftfeuchtigkeit, wenig Frischluft und der ungewissen Aussicht auf Rettung …

chi11-034 anc

Doch der schwierige Teil stand erst noch bevor: Die Bergleute konnten zwar über die engen **Sondierungsbohrungen** notdürftig versorgt werden, auch die Kommunikation wurde gesichert – doch wie sollte man sie herausholen? Die Regierung bot die besten Ingenieure des staatlichen Kupferkonzerns Codelco auf und setzte parallel drei Großbohrgeräte ein, die mit verschiedenen Techniken und auf verschiedenen Wegen ein ausreichend großes Bohrloch zu den Verschütteten legen sollten – eine enorme technische Herausforderung im Wettlauf gegen die Zeit. Ein deutsches Gerät vom Typ Schramm T-130 schaffte es als erstes. Am 13. Oktober, 69 Tage nach dem Unglück, war es schließlich soweit: Vor den Augen von 1700 Journalisten vor Ort und Millionen Fernsehzuschauern weltweit wurden die 33 Bergleute mit einer eigens konstruierten **Rettungskapsel** namens „Phönix 2" einer nach dem anderen wieder ans Tageslicht geholt. Präsident *Piñera* ließ es sich nicht nehmen, jeden einzelnen zu begrüßen. Die 33 *mineros* wurden als Helden gefeiert. Das kleine Chile hatte der Welt ein halbes Jahr nach dem Erdbeben ein Reality-Drama mit glücklichem Ende beschert.

Die Regierung kündigte zugleich härtere Bestimmungen für die Tausenden kleinen und mittleren Bergwerke an, in denen unter größtenteils prekären Bedingungen gefördert wird. Der Erfolg dieser Maßnahmen ist allerdings zweifelhaft: Allein in den ersten sechs Monaten nach der Rettung der 33 starben in Chile elf Bergleute bei Grubenunglücken.

- **Calama,** 10 Std., 15–45 Euro
- **Caldera,** 1 Std., 1,50 Euro

Mietwagen

- **Hertz,** Copayapu 173, Tel. 221 3522.
- **Avis,** Rómulo Peña 102, Tel. 252 4591.
- **Carmona,** Freire 268, Tel. 221 6030.
- **Rodaggio,** Colipí 127, Tel. 221 2153.

Tourveranstalter

- **Atacama Expeditions**
Rafael Zorraindo 170, Tel. 222 3640 oder 09/9891 8212. www.atacamaexpeditions.cl
- **Punta de Atacama**
Tel. 09/9051 3202. Einziger Anbieter für Touren zur Mine San José, wobei es dort nicht mehr viel zu sehen gibt. www.punadeatacama.com

Sonstiges

- **Post,** in der Intendencia Regional, Carrera 691.
- **Telefonzentralen,** z.B. Carrera Ecke Chacabuco, Colipí 500, Atacama Ecke Peru.
- **Wäschereien,** Mackenna 430, Maipu 771.

Die Umgebung von Copiapó

Chañarcillo 140/B3

Der Ort, dem Copiapó seinen Reichtum ursprünglich verdankte, ist heute eine **Ruinenstadt.** Am 16. Mai 1832 hatte *Juan Godoy* die Silberader entdeckt, und in der Blütezeit der Mine lebten bis zu 14.000 Menschen in dem dazugehörigen Dorf am Fuße der Mine. Heute ist die Gegend verlassen, das Dorf zerstört. Lediglich einige Ruinen sind noch zu erkennen, Reste von Häusern, der Polizeistation, des Krankenhauses und des Friedhofs. Genauso schnell wie ihr Aufstieg kam der Untergang der Mine – bereits 1875 waren die Silbervorkommen erschöpft, und die Mine wurde geflutet.

- **Anfahrt:** Man erreicht Chañarcillo über die Panamericana Richtung Süden. Bei km 59 führt nach Osten eine gut ausgebaute Schotterstraße, die die Panamericana mit der Straße im Tal des Río Copiapó verbindet. Bis zur Hälfte der Strecke ist diese Verbindung gut ausgebaut, also bis zur Mina Bandurrias und nach Chañarcillo; danach wird es holprig.

Zum Paso San Francisco und zum Vulkan Ojos del Salado 141/D2

Zwei Routen führen hinauf zum Paso San Francisco in 4727 Metern Höhe, **einem der höchsten Andenpässe überhaupt.** Sie treffen sich an zwei Punkten, sodass derjenige, der hinauf zur Passhöhe und wieder zurück nach Copiapó, aber nicht nach Argentinien will, eine wunderbare Rundfahrt machen kann. Wer nach Argentinien möchte, sollte die südliche Route durch das Paipote-Tal nehmen, sie ist um Einiges reizvoller, allerdings sehr sandig und mit normalem Pkw nicht zu schaffen.

25 Kilometer westlich von Copiapó zweigt von der Straße Richtung Diego de Almagro die geschotterte Ruta 31 Richtung Paso San Francisco und zum Salar

de Maricunga ab. Parallel zur **Quebrada de Paipote** steigt der Weg an. Nach 54 Kilometern folgt eine Gabelung. Hier muss man sich entscheiden: Nordroute oder Südroute? Beide Strecken führen um den **Salar de Maricunga** herum, die südlichste zahlreicher Salzebenen im Andenhochland. Bei der Fahrt über die Nordroute durch das Valle San Andrés genießt man vom Paso de Codocedo einen wunderbaren Blick auf die hohen Andengipfel.

Die Südroute folgt weiterhin der Quebrada de Paipote, vorbei an der blaugrün schimmernden **Laguna Santa Rosa** zu Füßen des Cerro Maricunga (4895 m) und am Salar de Maricunga. In der großen Salzebene zwischen zwei Strängen der Andenkordillere schützt der 1994 eingerichtete **Nationalpark Nevado Tres Cruces** auf 59.000 Hektar vor allem drei Flamingoarten und andere gefährdete Wasservögel, die in den Lagunen leben.

Östlich des Salar de Maricunga, nach 105 (Nordroute) bzw. 135 Kilometern (Südroute), treffen die beiden Wege wieder aufeinander – und von hier bis zum Paso San Francisco ist man umgeben von **Fünf- und Sechstausendern:** Nördlich der Straße eine Kette mit vier Fünf- und einem Sechstausender (Cerro Ermitaño, 6187 m), südlich der Straße sind fünf Sechstausender, darunter der Nevado Tres Cruces (6330 m) und der Nevado Ojos del Salado (6891 m). Höhepunkt der Fahrt ist die türkisfarbene, in weiße Salzkrusten eingebettete **Laguna Verde** auf 4325 Meter Höhe. Zwei Grenzpolizisten trotzen hier dem eisigen Wind und der Einsamkeit. Wer freundlich fragt, bekommt von ihnen den Schlüssel zu einer überdachten Thermalquelle direkt am Seeufer.

Rund 25 Kilometer vor der Lagune ragt rechter Hand das Massiv des **Nevado Ojos del Salado** auf, mit 6891 Metern

chi13-033 ms

höchster Vulkan der Erde und höchster Gipfel Chiles. Die offizielle Höhe des erloschenen Riesen wurde nach einer Vermessungs-Expedition im Jahr 2007 bestätigt; damit bleibt der Aconcagua in Argentinien mit 6959 Metern der höchste Berg Amerikas. Am Ojos del Salado stehen zwei Refugios bereit, eines auf 5100 Metern Höhe, das andere auf 5750 Metern.

■ Will man den Gipfel besteigen (vgl. „Outdoor/Bergsteigen"), braucht man eine **Erlaubnis der chilenischen Grenzbehörde DIFROL,** www.difrol.cl. Eine ausführliche Routenbeschreibung findet sich unter www.trekkingchile.com.

■ **271 Kilometer sind es von Copiapó über die Nordroute bis zum Paso San Francisco.** Man kann die Tour mit einem normalen Auto fahren, dabei kommt man streckenweise nur im ersten Gang vorwärts. Ein Fahrzeug mit mehr Hubraum und Bodenfreiheit (Pick-up, Jeep) wird daher empfohlen. Ausreichende Vorräte und warme Kleidung sind Pflicht, dazu ein voller Ersatzkanister und ein Ersatzreifen. Es gibt unterwegs keine Tankstelle. Auf argentinischer Seite kann man erst in Fiambalá tanken (etwa 500 km von Copiapó entfernt). Dort ist auch die argentinische Zollstation. Den Pass sollte man auch dabeihaben, wenn man nicht über die Grenze fahren möchte. Agenturen in Copiapó bieten die Route als Tagestour an.

Die Küstenstraße

Eine Route von besonderem landschaftlichen Reiz ist die erst kürzlich fertiggestellte Küstenstraße **von Caldera nach Huasco.** Südlich von Bahía Inglesa führt sie an einem Meeresschutzgebiet entlang, das sich durch besonderen Artenreichtum an mariner Fauna auszeichnet. Im Bereich der Mündung des Río Copiapó wurden in den Küstenfelsen sieben Millionen Jahre alte Fossilien von Walhaien und Delfinen, aber auch von Krokodilen gefunden. Die befestigte und gut befahrbare Erdpiste erschließt über 50 Sand- und Felsenstrände, einer einsamer und schöner als der andere. Sie berührt auch den kleinen **Nationalpark Llanos de Challe,** in dem zahlreiche Kakteen und Wüstenblumen gedeihen. Im Verlauf der Straße, die über weite Strecken direkt am Meer entlang führt, entsteht nach und nach eine bescheidene touristische Infrastruktur, wie an der beliebten **Playa La Virgen** ca. 40 km südlich von Caldera. Von Huasco geht es – wieder auf Asphalt – zurück zur Panamericana (Vallenar), vorbei an weitläufigen Olivenhainen, in denen die berühmten *Aceitunas de Huaso* gedeihen.

■ **Playa La Virgen:** bei Puerto Viejo, Zeltplatz ab 11 Euro p.P., Cabaña 2 Pers. ab 80 Euro, Tel. 09/9550 3185. www.playalavirgen.cl

■ **Piedras Bayas Basecamp:** 15 km von Puerto Viejo, 3 Kuppelzelte mit Sternenfenster, Bad und Terrasse, direkt am Felsenstrand, Kajakverleih, 2 Pers. ab 125 Euro, Tel. 09/9401 3922. www.basecamp.cl

☒ Die Laguna Verde
kurz vor dem San-Francisco-Pass

Oberes Huasco-Tal

Ein lohnender Abstecher führt von Vallenar flussaufwärts, vorbei am Santa-Juana-Stausee und durch Terrassen-Weinfelder in das verträumte Dorf **Alto del Carmen** (39 km). Hier wird der legendäre gleichnamige Pisco gebrannt; die Anlage kann in der Produktionssaison besichtigt werden (Feb. bis Mai, Mo bis Fr 9–12 u. 14–18 Uhr, Sa 9–12 Uhr).

Noch interessanter ist der Besuch der kleineren, handwerklichen **Pisco-Destille Horcón Quemado** im 25 Kilometer flussaufwärts gelegenen **San Félix;** selbstverständlich darf man den leckeren Tropfen auch probieren (Mo bis Sa während der Arbeitszeit).

La Serena 142/A1,2

La Serena ist so alt wie es aussieht – obwohl das, was alt aussieht, zum größten Teil nicht alt ist. Der Widerspruch löst sich schnell auf: La Serena wurde bereits 1544 gegründet, verdankt aber sein koloniales Gepräge mit andalusisch anmutenden Häusern nicht der Zeit der spanischen Eroberer, sondern dem Staatspräsidenten *Gabriel González Videla,* der in den 1950er Jahren im Zuge des „Plan Serena" seine Geburtsstadt zur **kolonialen „Mustersiedlung"** ausbauen ließ. Damals entstanden die meisten öffentlichen Bauten, die heute die Innenstadt zieren, im spanischen Kolonialstil. Nur eine Handvoll wirklich alter Gebäude ist erhalten, darunter einige aus dem 19. Jahrhundert, als La Serena von Silber- und Kupferbaronen bewohnt wurde.

La Serena hat rund 150.000 Einwohner und ist die **Hauptstadt der Region Coquimbo.** Sie liegt 470 Kilometer nördlich von Santiago nahe der Mündung des Río Elqui in den Pazifik. Mit ihrem Nachbarort Coquimbo ist die Stadt inzwischen fast zusammengewachsen; im Großraum der Hauptstadt leben heute etwa 320.000 Menschen.

Seit dem „Plan Serena" haben einige Jahrzehnte am andalusischen Charme der Innenstadt genagt. Die Behörden haben die Auflagen gelockert und schauen nicht so genau hin, wenn eine koloniale Fassade mit einer Leuchtreklame verschandelt wird. Der Müll auf den Straßen, die Wellblechzäune um unbebaute Flächen und die allgegenwärtigen Kabelstränge untergraben genauso wie anderswo in chilenischen Städten die Bemühungen um urbane Ästhetik.

Früher lebte die Stadt vorwiegend von den Kupfer- und Silberminen in der Region, heute vom Ackerbau im Valle del Elqui und immer mehr vom Tourismus. La Serena und Coquimbo machen langsam aber sicher Viña del Mar den Rang als größter Badeort in Chile streitig. Etwa 8 Kilometer **Sandstrand** liegen allein zwischen den beiden Städten. Der ist gesäumt von einer Promenade und die wiederum von Apartmenthäusern und Hotels – im Januar und Februar unterscheidet sich La Serena wenig von Benidorm, der Costa del Sol oder Rimini. Außerhalb der Saison (ab März) aber teilt man sich den Strand nur mit wenigen Menschen, und auf das Wetter ist auch dann noch Verlass. Vorsicht: **Nicht alle Strände eignen sich zum Baden,** an einigen ist die Strömung zu stark – auf Schilder und Fahnen achten! Alle sind per Bus oder Sammeltaxi zu erreichen.

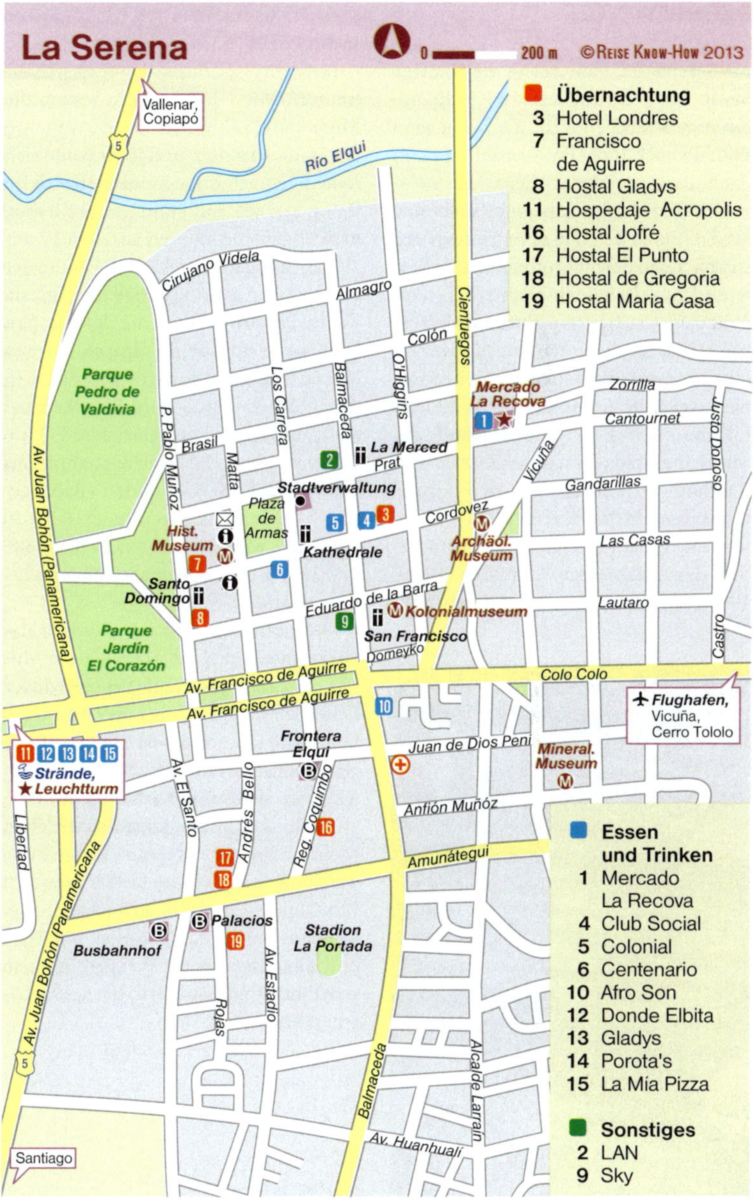
La Serena
0 200 m
©Reise Know-How 2013
Übernachtung
3 Hotel Londres
7 Francisco de Aguirre
8 Hostal Gladys
11 Hospedaje Acropolis
16 Hostal Jofré
17 Hostal El Punto
18 Hostal de Gregoria
19 Hostal Maria Casa
Essen und Trinken
1 Mercado La Recova
4 Club Social
5 Colonial
6 Centenario
10 Afro Son
12 Donde Elbita
13 Gladys
14 Porota's
15 La Mía Pizza
Sonstiges
2 LAN
9 Sky
Vallenar, Copiapó
Río Elqui
Cirujano Videla
Almagro
Colón
Cienfuegos
O'Higgins
Balmaceda
Los Carrera
Parque Pedro de Valdivia
P. Pablo Muñoz
Matta
Brasil
La Merced
Prat
Mercado La Recova
Zorrilla
Cantournet
Justo Donoso
Vicuña
Gandarillas
Stadtverwaltung
Plaza de Armas
Cordovez
Hist. Museum
Kathedrale
Archäol. Museum
Las Casas
Santo Domingo
Eduardo de la Barra
Kolonialmuseum
Lautaro
San Francisco
Domeyko
Castro
Parque Jardín El Corazón
Av. Juan Bohón (Panamericana)
Av. Francisco de Aguirre
Av. Francisco de Aguirre
Colo Colo
Flughafen, Vicuña, Cerro Tololo
Frontera Elqui
Juan de Dios Peni
Mineral. Museum
Strände, Leuchtturm
Av. El Santo
Andrés Bello
Reg. Coquimbo
Anfión Muñoz
Libertad
Amunátegui
Av. Juan Bohón (Panamericana)
Busbahnhof
Palacios
Stadion La Portada
Av. Estadio
Rojas
Balmaceda
Alcalde Larraín
Av. Huanhualí
Santiago

Sehenswertes

La Serena ist eine **recht weitläufige Stadt.** Das Zentrum liegt etwa 2 Kilometer vom Strand entfernt. Dort hat man deshalb auch nicht das Gefühl, in einer Stadt direkt am Meer zu sein.

Der Stadtrundgang beginnt am besten an der **Plaza de Armas** mit einem ansprechenden Springbrunnen in der Mitte und zahlreichen einheimischen Bäumen. Dort stehen die **Kathedrale** (erbaut 1844, der Turm stammt aus dem 20. Jahrhundert), direkt daneben ein Musterbeispiel des Kolonialstils der Videla-Epoche, nämlich das große **Gebäude der Municipalidad** und – gegenüber der Kathedrale – das **Museo Histórico Gabriel González Videla.** Es zeigt Möbel, Bilder und Dokumente nicht nur aus dem Leben des Präsidenten (Amtszeit 1946–1952), sondern auch aus anderen Epochen der Stadt (Matta 495, Mo bis Fr 10–18 Uhr, Sa 10–13 Uhr, Eintritt 1 Euro).

chil20 ms

La Serena ist Chiles Stadt für Kirchenfreunde. Mit den Eroberern kamen die Missionare, zahlreiche Orden waren in der Stadt vertreten, und jeder baute sich seinen Tempel. Insgesamt lassen sich im Rahmen eines Stadtbummels 29 Kirchen besichtigen, die meisten aus dem 17. bis 19. Jahrhundert. Direkt in der Nähe der Plaza stehen zwei wichtige: die **Iglesia Santo Domingo** und die **Iglesia San Francisco** mit dem angeschlossenen Museo Colonial de Arte Religioso, in dem religiöse Bilder und Plastiken aus den Kunstschulen von Cuzco und Quito zu sehen sind. Das meiste stammt aus dem 17. und 18. Jahrhundert (Balmaceda 640, Di und Do 10–13 und 16–18.30 Uhr). Die Kirche wurde zwischen 1585 und 1627 erbaut, später allerdings mehrfach verändert.

Das beste Museum der Stadt ist das 2012 um einen Neubau erweiterte **Museo Arqueológico** auf der Cordovez Ecke Cienfuegos (Di bis Fr 9.30– 17.50 Uhr, Sa 10–13 und 16–19 Uhr, So 10–13 Uhr, Eintritt 1 Euro). Es zeigt vor allem wundervolle **Keramikarbeiten der Diaguita-Indianer.** Die Diaguita siedelten von ca. 800 bis zu ihrer Vertreibung durch die Inka 1470 im Gebiet zwischen Río Copiapó und Río Aconcagua. Ihre Keramik zeigt kühne Formen, mit Tier- und Menschenköpfen, Krügen in Form von Enten und komplizierten geometrischen Mustern.

< Mercado La Recova

Nun weiß man auch, wo die Töpfer im **Mercado La Recova** ihre Vorbilder fanden. Auf dem stimmungsvollen Markt (Cantournet Ecke Cienfuegos) reiht sich in Innenhöfen und Säulengängen Stand an Stand, wie immer findet man neben viel Attraktivem auch tonnenweise Kitsch. Auf jeden Fall sollte man in La Serena die kandierten Papayas aus dem Elqui-Tal probieren. In der ersten Etage gibt es einige gute Restaurants, in denen man Fisch und frische Meeresfrüchte genießen kann.

Zum **Strand** hinunter führt vom Zentrum aus die statuengeschmückte Av. Francisco de Aguirre. Sie passiert den **Parque Jardín El Corazón,** mit einem kleinen japanischen Garten darin, und endet an dem großen **Leuchtturm** am Strand, einem der Wahrzeichen von La Serena. Hier beginnt das Badeparadies.

Praktische Tipps

Touristeninformation

- **Vorwahl von La Serena: 51**
- **Sernatur,** Matta 461, an der Westseite der Plaza, Tel. 222 5199, infocoquimbo@sernatur.cl.
- **Info-Kiosk im Busbahnhof.**

Unterkunft

Hostal Maria Casa

Las Rojas 18, Tel. 222 9282. Freundlich und hilfsbereit, WLAN. Saubere Zimmer ab 13 Euro p.P.

Hostal Gladys

Pedro Pablo Muñoz 570, Tel. 222 0324. Zentral, große Zimmer mit Digital-TV, Internet und Küchenbenutzung, Abholung vom Busbahnhof; Leserlob. DZ ohne Bad 25 Euro. gladyslaserena@chile.com

Hostal El Punto

Andrés Bello 979, Tel. 222 8474. Geschmackvoll eingerichtete, empfohlene Herberge der beiden Deutschen *Katja* und *Jens,* im Kolonialstil mit gefliesten Innenhöfen, Sonnenterrasse und vielen gemütlichen Ecken. 9 Zimmer mit Privatbad, WLAN und Kabel-TV, 6 Zimmer teilen sich 3 saubere Gemeinschaftsbäder. Gutes Frühstück, auch Mittagsmenüs und Kuchen. Vermittlung von Ausflügen, Wäscheservice, Parkplatz. EZ ab 20 Euro, DZ ab 25 Euro. www.hostalelpunto.cl

Hostal Jofré

Regimiento Coquimbo 964, Tel. 222 2335. 12 helle Zimmer um einen Innenhof, teilweise mit eigenem Bad, aufmerksamer Besitzer, Internet. Auch Exkursionen. DZ mit Bad und Frühstück 35 Euro. www.hostaljofre.com

Acropolis Hospedaje

Av. Francisco de Aguirre 0312, Tel. 221 9231. Einfaches Hostal auf dem Weg zum Strand. Alle Zimmer haben Privatbad und Kabel-TV. WLAN. DZ ab 35 Euro. www.acropolishospedaje.cl

Hostal de Gregoria

Andrés Bello 1067, Tel. 222 4400. Neues Backpakker-Hostal mit Sonnenterrasse, Patio und Garten, Zimmer für 1 bis 3 Pers., mit üppigem Müsli-Frühstück. EZ ab 14 Euro p.P., DZ mit Bad 37 Euro. www.hostaldegregoria.cl

Hotel Londres

Cordovez 550, Tel. 221 9066. Schön eingerichtetes Mittelklassehotel. Geräumige Zimmer mit Kabel-TV und Internetzugang. DZ mit Frühstück 63 Euro. www.hotellondres.cl

Francisco de Aguirre

Cordovez 210, Tel. 222 2991. Sehr gepflegt, gutes Restaurant. DZ mit Bad 120 Euro.

Essen und Trinken

- Preiswert und gut isst man im **Mercado La Recova** (siehe Stadtplan).

Club Social
Cordovez 516, 1° Piso. Gut und billig.
Donde Elbita und **Gladys**
Direkt nebeneinander am Strand, Av. del Mar km 7, gegenüber der Caleta de Pescadores. Frisches aus dem Pazifik, sehr beliebt.
Porota's
Av. del Mar 900-B, Tel. 221 0937. Fisch und Fleisch mit regionaler Note, Terrasse zum Strand.
La Mía Pizza
Av. del Mar 2100. Chilenisch-italienische Küche, das Essen ist gut und preiswert.
Afro Son
Balmaceda 824. Restaurant-Pub, wochenends Livemusik, sehr günstiger Mittagstisch.
Café Colonial
Balmaceda 475. Leckeres Essen, gute Sandwiches (auch vegetarisch) in gemütlicher Atmosphäre.
Centenario
Cordovez 391. Kneipen-Café, abends Live-Musik und Theater.

Flugzeug

Der **Flughafen La Florida** liegt östlich des Zentrums (per Taxi ca. 6 Euro).

LAN, Balmaceda/Prat, täglich Flüge von und nach Santiago.
Sky, Eduardo de la Barra 495. Täglich von und nach Santiago.

Überlandbusse

Der **Busbahnhof** liegt El Santo Ecke Amunátegui. Gute Verbindungen nach:

- **Santiago,** 6 Std., 10–23 Euro
- **Valparaíso/Viña del Mar,** 6 Std., 13–19 Euro
- **Copiapó,** 5 Std., 10–23 Euro
- **Antofagasta,** 12 Std., 14–50 Euro
- **Calama,** 16 Std., 20–55 Euro
- **Vicuña, Valle del Elqui,** 1 Std., 2 Euro

Autoverleih

Avis, Fco. de Aguirre 063, Tel. 254 5300.
First, Juan de Dios Pení 320, Tel. 254 5280.

Reisebüros

Die meisten Reisebüros bieten Ausflüge in die nähere Umgebung an: zum Observatorium Mamalluca (ca. 22 Euro), ins Valle de Elqui (ca. 30 Euro), zum Naturreservat Pingüino de Humboldt (ab 45 Euro) und zum Nationalpark Fray Jorge und Valle del Encanto (ca. 45 Euro). Einige **Agenturen:**

Turismo Delfines
Matta 655, Tel. 222 3624. Empfohlene Touren zur Isla Damas und zu anderen Zielen der Umgebung. www.turismodelfines.com
Talinay Adventure Expeditions
Prat 470, Tel. 221 8658. Ausflüge, Tauch-, Reit- und Kajaktouren, Trekking. www.talinaychile.com
Chile Safari
Tel. 09/8769 7686. Surf-, Bike- und sonstige Outdoor-Angebote. www.chilesafari.com

Sonstiges

Geldautomaten in den Banken auf der Calle Prat und im Mercado La Recova.
Post, Prat Ecke Matta, direkt an der Plaza.
Telefonzentralen, z.B. Cordovez 446 und O'Higgins 536 oder Prat 571.
Wäschereien, Carrera 654, Balmaceda Ecke Brasil.

Die Umgebung von La Serena

Coquimbo 142/A2

Coquimbo bedeutet in der Sprache der Diaguita-Indianer „ruhiges Wasser" – kein Wunder, dass in der geschützten Bucht ein Hafen angelegt wurde. Heute ist die südliche Nachbarin La Serenas eine **geschäftige Hafenstadt** mit 200.000 Einwohnern. Sie ist leicht per Bus oder Sammeltaxi zu erreichen.

Coquimbo erinnert wegen seiner Lage am Hang und seines abgeblätterten Charmes an Valparaíso. Die wenigen erhaltenen Holzvillen aus der Gründerzeit fristen ein trauriges Dasein. Auf dem höchsten Punkt über der Stadt ragt unübersehbar die **Cruz del Tercer Milenio** auf, ein riesiges Betonkreuz, das anlässlich des 2000. Jahrestages von *Christi* Geburt errichtet wurde und eher an ein gestrandetes UFO erinnert. Der Besuch der Plattformen in den 63 Meter hohen „Armen" des Kreuzes lohnt sich zum einen wegen des Ausblicks, zum anderen wegen des Kontrasts zwischen dem in Beton gegossenen bigotten Größenwahn und den simplen Hütten der Armensiedlungen ringsum.

Ein zweiter Blickfang macht seit 2006 dem Kreuz in Sachen Deplatziertheit den Rang streitig: die **Mezquita de Coquimbo.** Die Moschee mit ihrem 40 Meter hohen Minarett wurde teilweise vom marokkanischen Königshaus finanziert und war wie das Kreuz das Projekt eines später wegen Veruntreuung öffentlicher Gelder suspendierten Bürgermeisters.

Der **pittoreske Fischmarkt** von Coquimbo lohnt allemal einen Besuch. Wohl nirgends sonst in Chile findet man eine derartige Vielfalt an Pazifikgetier wie hier. Wer noch nie die enormen Thunfische, die vielarmigen Tintenfische oder den 2 Meter langen „Pez sol" (Sonnenfisch) gesehen hat, kann hier prächtige Exemplare bewundern. An den Ständen direkt am Hafen werden zu Spottpreisen Ceviche, Erizos und andere leckere Snacks angeboten, und in den Lokalen mit Hafenblick kann man sich das Festmahl des Meeres schmecken lassen. Lohnenswert ist auch eine Rundfahrt durch den Hafen (Abfahrt von der Av. Costanera).

■ Übernachten kann man im lebhaften **Hostal Nómade,** das zum Hostelling-Verband gehört: Regimiento Coquimbo 5, Barrio Inglés, Tel. 51/231 5665, ab 30 Euro. www.hostalnomade.cl

Die Strände

Wem der Sinn nach **Relaxen, Tauchen oder Surfen** an einsamen weißen Stränden steht, der sollte sich ein Fleckchen an der Küste südlich von Coquimbo suchen. Nur im Januar/Februar füllen sich die Pazifikorte mit argentinischen und chilenischen Urlaubern, ansonsten kann man ganz für sich sein. Vielerorts gibt es **Zeltplätze,** in einigen Orten auch **preiswerte Unterkünfte.** Die Palette reicht vom Südsee-Touch am Strand von **Totoralillo** (15 km südlich von Coquimbo) über die lebhafteren Fischerdörfer **Guanaqueros** (35 km) und **Tongoy** (48 km) bis hin zur mediterranen Luxus-Ferienburg von **Las Tacas** (19 km). Überall finden sich ausreichend Unterkünfte.

■ In Tongoy empfehlen Leser die schönen und ruhigen **Cabañas Anakena,** El Totoral 1, Tel. 51/239 1126, ab 58 Euro. www.cabanasanakena.cl

Die Observatorien

Der **Himmel über der Wüste** ist meistens **sehr klar,** und für den über der Wüste östlich und nördlich von La Serena, in Höhenlagen zwischen 2000 und 2500 Metern, gilt das in besonderem Maße. Das hat zwei Gründe: zum einen die Entfernung von den Städten, die ansonsten störende Lichteffekte auf den Nachthimmel zaubern, zum anderen die Inversionsschicht des Küstennebels, die auf etwa 1000 Metern Höhe alle störenden Staubpartikel festhält, die sonst die Lichtdurchlässigkeit der Atmosphäre einschränken würden. Deshalb ist es auch über der Wüste bei La Serena fast immer klar, an 350 Tagen und vor allem Nächten im Jahr trüben weder Staub noch Wolken den Himmel.

So muss es nicht wundern, dass **drei der wichtigsten Observatorien weltweit** in der Umgebung von La Serena errichtet wurden: Es sind Cerro Tololo (89 km südöstlich der Stadt), La Silla (150 km nordöstlich) und Las Campanas (156 km im Nordosten).

Cerro Tololo und Gemini 142/B2

Das Observatorium **Cerro Tololo** ist ein Gemeinschaftprojekt von US-amerikanischen und chilenischen Universitäten mit zwei großen 4-Meter- und mehreren kleinen Teleskopen auf 2200 Metern Höhe. Auf dem benachbarten **Cerro Pachón** ist zudem ein 8,1-Meter-Spiegelteleskop namens **Gemini** in Betrieb, das mit seinem „Zwillingsbruder“ auf der Insel Mauna Kea (Hawaii) zusammengeschaltet ist. Ein weiterer, 8,4 Meter großer Teleskopspiegel namens Large Synoptic Survey Telescope (LSST) soll bis 2012 installiert werden.

El Tololo kann jeden Samstag um 9 und 13 Uhr besucht werden, die **Führungen** sind kostenlos und dauern etwa 2 Stunden. Allerdings muss man sich langfristig vorher anmelden unter ctiorecp@ctio.noao.edu, Informationen unter Tel. 51/220 5200.

Las Campanas

Das kleinste der in der Umgebung von La Serena stehenden Observatorien kann immerhin zwei moderne 6,5-Meter-Teleskope (Magellan Project) vorweisen. Die Anlage gehört dem Carnegie-Institut und ist jeden Samstag von 14.30–17.30 Uhr zu besichtigen. Voranmeldung erforderlich unter Tel. 51/222 4680; www.lco.cl.

La Silla 142/B1

La Silla war das erste Observatorium der ESO (European Southern Observatory), einer Forschungsgemeinschaft aus acht europäischen Staaten. Hier stehen das mittlerweile vom VLT in Cerro Paranal überholte New Technology Telescope (NTT), dazu eine 15 Meter große Parabolantenne für Radioastronomie und

▷ Großer Tümmler im Naturreservat Pingüino de Humboldt

ein gutes Dutzend kleinerer Spiegelteleskope. Führungen (span./engl.) jeden Samstag außer Juli/Aug. um 13.30 Uhr, Dauer: ca. 3 Stunden. Voranmeldung erforderlich per E-Mail recepstg@eso.org; www.eso.cl.

In allen drei Fällen ist der **Aufwand für einen Besuch beträchtlich:** wochen- oder gar monatelange Voranmeldung, Transport auf eigene Kosten (keine öffentlichen Verkehrsmittel) usw. Einfacher kann man sich dem Thema Astronomie in touristischen Observatorien wie **Mamalluca** bei Vicuña nähern (s.u.). Der klare Himmel über der Wüste sorgt übrigens für erstaunliche Erscheinungen. So wollen viele Menschen in der Umgebung von La Serena, im Valle del Elqui und andernorts hier im Norden **UFOs,** spanisch *OVNI (Objeto volante no identificado),* gesehen haben. An der Panamericana finden sich hin und wieder sogar Schilder, die auf eine „UFO-Zone" oder einen „UFO-Landeplatz" hinweisen …

Reserva Natural Pingüino de Humboldt

142/A1

Die einsame Felsenküste nördlich von La Serena hält ein Kleinod für Tierfreunde bereit. Vor den kleinen Fischerorten **Punta de Choros** und **Caleta Chañaral** stehen drei Inseln unter Naturschutz: Auf ihnen leben Seelöwen, Pelikane und **Humboldt-Pinguine.** Den putzigen Vögeln stiehlt freilich eine Ko-

chi13-017 ms

lonie von **Großen Tümmlern** *(Tursiops truncatus)* die Show, die wahrscheinlich im El-Niño-Jahr 1978 mit einer warmen Meeresströmung gekommen und geblieben sind – einzigartig in ganz Chile! Die neugierigen Delfine mit den „Flaschennasen" begleiten mit Vorliebe die Boote, mit denen Fischer die Touristen zu den Inseln fahren. Betreten darf man nur die **Isla Damas**; hier kann man sogar zelten (Genehmigung bei Conaf in Punta de Choros). Das lohnt sich allemal: Durch flechtenbehangene Kakteenfelder steigt man auf eine Hügelkuppe, vom Leuchtturm oben reicht der Blick über die Insel und die Bucht bis zu den Anden, und an den **weißen Sandstränden** mit dem türkisfarbenen Meer fühlt man sich in die Karibik versetzt – nur die Wassertemperatur spielt nicht mit …

Ausgangspunkt für die etwa dreistündige **Bootstour** ist **Punta de Choros** (123 km von La Serena), ein staubiges Fischerdorf, das mit der Einrichtung des Schutzgebietes zu neuem Leben erwacht ist. Längst haben viele Fischer ihre Boote für Touristen umgerüstet. Das Programm ist bei allen gleich, schauen Sie sich das Gefährt aber nach Möglichkeit vorher an: Die großen Kunststoffboote mit flachem Kiel sind bei stärkerem Wellengang stabiler. Mit ca. 12 Euro pro Person ist die Tour überaus preiswert, zumal einiges geboten wird: Zunächst fährt man entlang der Küste der Isla Choros, wo es ganzjährig **Pinguine, Kormorane, Seetölpel, Seelöwen** und **Pelikane** aus nächster Nähe zu bestaunen gibt; mitunter auch die flinken *Chungungos* (Seeotter), die mit Vorliebe die Pinguineier aus den Felsennestern rauben. Unterwegs kommen mit etwas Glück **Delfine** ans Boot, schließlich wird an der Isla Damas für einen ca. einstündigen Spaziergang angelegt.

In Punta de Choros gibt es ein paar **Restaurants** und mehrere **Campingplätze,** jeweils auch mit Cabañas. Wegen der vielfältigen Unterwasserwelt hat sich die Isla Damas in den letzten Jahren zum Ziel für Tauchfahrten entwickelt; mehrere Anbieter vor Ort verleihen Ausrüstung und organisieren Touren.

Speziell auf **Walbeobachtung** haben sich einige ehemalige Fischer in **Chañaral de Aceituno** spezialisiert, einem Dorf 25 km nördlich von Punta de Choros. Hier besteht die größte Chance, im Sommer (ab Ende November) Buckelwale zu sehen.

■ **Unterkunft:** Empfehlenswert ist die Anlage **Memoruz** mit schönem Blick und nur wenigen Zeltstellplätzen an einem kleinen Strand. Tel. 09/9534 3644, Zelten 10 Euro p.P., Cabañas und Zimmer ab 70 Euro für 2 Pers., www.memoruz.cl. Gepflegter geht es in der **Lodge Punta de Domos** zu, einer neuen Anlage mit 5 zweistöckigen Kuppelzelten mit Bad; ab 100 Euro, Tel. 09/8984 3037, www.puntadedomos.cl.

■ Nach Punta de Choros fahren keine Busse. Wer keinen Mietwagen hat, kann bei einer Agentur in La Serena eine komplette **Tagestour** buchen, inkl. Transport, Bootsfahrt, evtl. Schnorcheltauchen und Mittagessen (ca. 45 Euro, u.a. Turismo Aventura Delfines, siehe La Serena).

■ **Tauchtouren** werden angeboten von Memoruz (s.o.) und Explorasub (Tel. 2813 2996, www.explorasub.cl).

■ **Walbeobachtung** u.a. mit **Patricio Ortiz,** Tel. 09/8580 8276, 125 Euro pro Boot (10 Pers.).

Das Valle de Elqui

Mehr als nur einen Tagesausflug lohnt das Tal des Río Elqui. Inmitten der Wüste, zwischen kahlen Bergen, erstreckt sich ein **subtropisches Paradies,** gespeist vom Wasser des schmalen Río Elqui. Hier gedeihen Trauben, Feigen, Papayas und andere Früchte – und ein **Mystizismus,** der Esoteriker, Sterngucker, Buddhisten und Hippies anzieht.

Vicuña 142/B2

Der **wichtigste Ort im Valle de Elqui** ist Vicuña, eine Kleinstadt mit 8000 Einwohnern, Geburtsort von *Gabriela Mistral* (vgl. „Kunst und Kultur/Literatur"). Deren Geburtshaus war eng und bescheiden, so klein, dass man daneben ein größeres Gebäude hinstellen musste, um der Literatur-Nobelpreisträgerin ein angemessenes **Museum** einzurichten. Dabei wurde zwar viel Geld und Beton verbaut, doch die Poesie ihrer Verse und der Mensch dahinter werden kaum sichtbar (Av. Gabriela Mistral 759, Jan./Feb. Mo bis Sa 10–17.45 Uhr, So 10–18 Uhr, sonst Mo bis Fr 10–17.45 Uhr, Sa 10.30–18 Uhr, So 10–13 Uhr, Eintritt 1 Euro).

Nur wenige Schritte daneben ist in einem alten Kolonialhaus ein privates historisches Museum eingerichtet. Ausgestellt werden in der **Casa de los Madariaga** nur Gegenstände der gleichnamigen Familie; einer der Nachkommen führt selbst und vermittelt einen lebendigen Einblick in die Lebensweise der einflussreichen Landbesitzer der vorletzten Jahrhundertwende (Av. Gabriela Mistral 683, tgl. 11–14 und 15–18 Uhr).

Für manche die wichtigste Sehenswürdigkeit ist die **Planta Capel.** Capel ist eine Genossenschaft, die aus den Trauben ihrer Mitglieder unterschiedliche Sorten **Pisco** brennt – vom einfachen mit 30–35% bis hin zum Spitzenprodukt mit 50% Alkohol. Im Valle del Elqui herrschen besondere klimatische Bedingungen, die für sehr süße Trauben sorgen – den nötigen Grundstoff für einen guten Pisco. Die Brennerei kann besichtigt werden: Führungen gibt es auf Spanisch und Englisch; sie dauern eine halbe Stunde (Mo bis So 10–18 Uhr, 2,50 Euro). Man erreicht die Destillerie (www.centroturisticocapel.cl) entweder nach einem 15- bis 20-minütigen Spaziergang oder per Taxi vom Busbahnhof aus (ca. 3 Euro).

Nicht nur nach ein paar Gläsern Pisco sieht man Sterne: Im **Observatorio Mamalluca** (9 km nordöstlich von Vicuña) ist dazu (gesündere) Gelegenheit. Die kommunale Anlage verfügt zwar nur über ein 12-Zoll-Teleskop und einige Lehrteleskope, dafür aber führen zwei Multimedia-Programme – eines wissenschaftlich, eines zum Weltbild der Andenvölker – in die Geheimnisse des Kosmos ein. Wechselnde Anfangszeiten (siehe Website, Preis: 7 Euro ohne Anfahrt). Voranmeldung erforderlich über das Mamalluca-Büro in Vicuña, Gabriela Mistral 260, tgl. geöffnet, Tel. 51/267 0330, www.munivicuna.cl/mamalluca.

Leser empfehlen – als Alternative zum teilweise recht überlaufenen Mamalluca – das neuere **Observatorio del Pangue,** 17 km südlich von Vicuña, welches u.a. mit einem stattlichen 25-Zoll-Fernrohr aufwartet. Hier gibt es zweistündige „Sterntouren" in Gruppen von max. 12 Personen, auch auf Englisch, ca. 26 Euro

chi13-001 ml

inkl. Transport. Anmeldung mind. 1 Tag vorher bei Astronómica del Sur, San Martín 233 in Vicuña, Tel. 51/241 2584, observatoriodelpangue.blogspot.com.

Auch in Vicuña selbst kann man in die Sterne schauen, insbesondere in die Sonne: Das **Observatorio Inti Runa** des deutschen Hobby-Astronomen *Karlheinz Grob* wartet mit professionellen Sonnenteleskopen auf (10 Euro, Chacabuco 240, Tel. 09/9968 8577, www.observatorios.cl).

Planta Capel: Pisco vom Feinsten

Unterkunft

Residencial La Moderna
G. Mistral 718. Sauber, freundlich, aber keinesfalls modern. DZ 20 Euro.

Hostal Valle Hermoso
G. Mistral 706, Tel. 51/241 1206. In einem alten Kolonialhaus, WLAN, Parkplatz, gutes Frühstück, liebevolle Betreuung durch die weltgewandte Besitzerin *Señora Lucía*, großes Leserlob. DZ mit Bad 40 Euro. www.hostalvallehermoso.com

Hostal Donde Rita
Condell 443, Tel. 51/241 9611. Klein, aber gemütlich: saubere Zimmer, hilfsbereite Besitzerin, üppiges Frühstück, Küchen-, Garten- und Poolbenutzung. DZ 41 Euro. www.hostaldonderita.com

Hotel Halley
G. Mistral 542, Tel. 51/241 2070. Altehrwürdiges Haus im Kolonialstil, renoviert, große Zimmer mit schmiedeeisernen Bettgestellen und Spitzendecken, schöner Innenhof und großer Garten mit Pool, freundlicher Service. DZ 65 Euro.
www.turismohalley.cl

■ **Hostería Vicuña**
Stgo. Aldea 101, Tel. 51/241 1301. Bestes Haus am Ort, auch gutes Essen. DZ 90 Euro. www.hosteriavicuna.cl

Essen und Trinken

■ **Café-Restaurant Alikanto**
G. Mistral 768, gegenüber vom Museum. Einfache, preiswerte Tagesmenüs (Hausmannskost) in einem gemütlichen Gastgarten.
■ **Las Tinajas del Elqui**
Chacabuco 899. Rustikaler Schick, mit schöner Terrasse und Pool, am Wochenende Live-Musik.
■ **Restaurant Solar Elqui**
In Villaseca, etwas außerhalb (hinter Pisco Capel), Reservierung unter Tel. 09/9498 7537. Hier wird alles in Solaröfen gegart! Schlichte Küche und nette Leute.

Sonstiges

■ Gute **Busverbindungen** von und nach La Serena (1 Std., 2–3 Euro).
■ In Vicuña besteht die letzte Möglichkeit im Valle de Elqui, das **Auto aufzutanken,** ebenso die Geldbörse (**Geldautomat** in Chacabuco 384).
■ Von Vicuña zweigt eine nur mit Geländewagen befahrbare, kurvenreiche Schotterpiste namens Ruta Antakari in südlicher Richtung ab und führt über den Tres-Cruces-Pass ins **Valle Hurtado** (43 km bis Hurtado, s.u.).

Diagüita und Montegrande 142/B2

5 km östlich von Vicuña liegt abseits der Straße das verträumte **Diagüita,** ein typisches Straßendorf mit bunten Adobehäusern, Werkstätten mit Repliken der Diagüita-Keramik und der Kleinbrauerei Guayacán, die auch besichtigt werden kann (www.guayacan.cl).

Hinter Rivadavia (18 km von Vicuña) wendet sich das Valle de Elqui nach Süden und wird enger und malerischer. Die Weinfelder ziehen sich dank Tröpfchenbewässerung an schwindelerregenden Steilhängen hinauf. Kurz vor Montegrande werden in dem Mini-Weingut **Cavas del Valle** vorzügliche organische Weine in Handarbeit hergestellt (Tel. 51/245 1352, www.cavasdelvalle.cl, charmante deutschsprachige Führung).

In **Montegrande** (36 km von Vicuña) lohnt es sich, der Dorfschule (heute Museum) einen Besuch abzustatten, in der *Gabriela Mistral* als Kind lebte: ja, lebte, denn ihre Schwester war hier Lehrerin. Das Mini-Klassenzimmer mit vier Holzpulten und Schiefertafel ist ebenso original erhalten wie das karge Wohn-/Schlafzimmer nebenan und das kuriose Postbüro. Am Ortsausgang kann zudem das Grab von *Gabriela Mistral* besichtigt werden. Ansonsten aber verblasst Montegrande neben dem Nachbarort 4 Kilometer talaufwärts: Pisco Elqui.

Pisco Elqui 142/B2

Das schmucke 1000-Seelen-Dorf hat sich in den letzten Jahren zum unbestrittenen **Magneten des Tals** gemausert. Beigetragen haben dazu nicht nur die sonnige Lage inmitten grüner Weinfelder, sondern auch erhebliche Investitionen in neue Hotels, Restaurants, Wellness-Angebote und andere Attraktionen. Die Schattenseiten dieser Entwicklung bleiben nicht aus: Das Wasser wird knapp, und an langen Wochenenden sowie im Januar/Februar verwandeln jugendliche Besucherscharen das sonst so ruhige Pisco Elqui in eine Partyzone. Dann hilft nur mitzufeiern oder in entlegenere Orte wie Alcohuaz oder Cochiguaz auszuweichen.

Seinen Namen bekam der Ort 1939 per Dekret, als Chile den Versuch der Peruaner abwehren wollte, „Pisco" als Warenzeichen schützen zu lassen. Gleich an der schattigen Plaza mit dem spitzen Kirchturm liegt denn auch die **Pisquería Mistral.** Die handwerklich betriebene Brennerei ist seit 1928 in Betrieb, Besuche Jan./Feb. täglich 11.30–19 Uhr, ansonsten Di bis So 10.30–18 Uhr, Führungen inkl. Verkostung jede volle Stunde, Eintritt 10 Euro. Die älteste Pisquería des Tals, **Los Nichos,** liegt 4 Kilometer außerhalb des Dorfes und kann ebenfalls besichtigt werden. Hier sind die Führungen persönlicher (auch auf Englisch), Eintritt nur 2 Euro.

In Pisco Elqui wie überhaupt im oberen Elqui-Tal ist das Wirken der **Esoteriker** nicht zu übersehen. Seit den

1980er Jahren haben sich in der Gegend Anhänger verschiedener Naturphilosophien und asiatischer Religionen angesiedelt und so lange von der „speziellen Energie" des Tals geraunt, bis sie zum touristischen Aushängeschild der Region wurde. Überall werden spirituelle Sitzungen, Therapien und esoterisches Kunsthandwerk angeboten.

So auch im **Pueblo Artesanal Horcón,** 10 Kilometer oberhalb des Dorfes. Wer mal etwas anderes als die immer gleichen Artesanía-Standards sucht, kann hier originelle Arbeiten aus Steinen und Halbedelsteinen, Makramee, Kalabassen u.a. erwerben.

Ein lohnenswerter Abstecher führt ins grüne **Tal des Río Cochiguaz** (gute Schotterstraße), wo sich besonders viele Esoterik-Kommunen und UFO-Gläubige niedergelassen haben. In Cochiguaz (11 km von Montegrande) gibt es das private **Observatorium Cancana** mit einem potenten 14-Zoll-Teleskop und diversen Sternentouren (9 Euro, Tel. 09/ 9047 3859, www.cancana.cl).

Zunehmend findet sich in Pisco Elqui auch ein professionelles **Wellness-Angebot** von Pilates über Yoga bis zu jeder Art von Massage: Shiatsu, Thai, Fußreflex etc. Überhaupt ist hier Entspannung angesagt: Tagsüber kann man im Fluss baden, reiten oder sich am Hotelpool sonnen, abends eine Reiki-Sitzung genießen und nachts den Sternenhimmel bewundern.

chi13-002 ml

Touristeninformation

- Aktuelle Informationen im **Tesoro de Elqui** (s.u.) sowie auf der mehrsprachigen Website **www.piscoelqui.com.**

☐ Eine Oase inmitten der kahlen Berge: das Valle de Elqui

Unterkunft

El Tesoro de Elqui
Calle Arturo Prat, Tel. 51/245 1069. Gastfreundliche Ferienanlage, geführt von zwei jungen Deutschen. 10 Lehmziegel-Cabañas mit Bad und Kochecke sowie zwei helle, schöne Apartments mit Talblick. Grüner Garten mit Hängematten, Pool mit Sonnenstühlen und ein nettes Café. Zum Angebot gehören auch Fußreflexmassagen, Reittouren und Ausflüge. Übernachtung im Mehrbettzimmer 16 Euro p.P., DZ mit Sternenfenster 45 Euro, Cabañas je nach Größe 55–70 Euro. www.tesoro-elqui.cl

Hotel Elqui
Calle O'Higgins (neben der Plaza), Tel. 51/245 1130. Einfach, abgewohnt, mit Pool, 13 Euro p.P.

Hostal Triskel
Calle Baquedano, Tel. 09/9419 8680. Mit großem Garten und Gemeinschaftsküche, Zimmer mit geteilten Bädern. 20 Euro p.P.
www.hostaltriskel.cl

Los Misterios de Elqui
Calle Arturo Prat, Tel. 51/245 1126. 6 solide, geräumige Bungalows mit schöner Aussicht und Pool, Restaurant. 2 Pers. 125 Euro, 4 Pers. 140 Euro.
www.misteriosdeelqui.cl

Elqui Domos
3,5 km Richtung Horcón, Tel. 09/7709 2879. Luxuriöse Kuppelzelte mit Privatbad und Sternenfenster direkt über dem Bett, dazu Jacuzzi, Pool, zwei Teleskope und jede Menge Sternenkunde. DZ ab 110 Euro, auch Cabañas. www.elquidomos.cl

Hotel El Galpón
1 km Richtung Montegrande, Tel. 51/2198 2554. Ruhige, gediegene Anlage mit 6 sehr schön dekorierten Zimmern und 6 einzelnen Cabañas. Pool, Restaurant und Massagen. DZ 90 Euro, Cabañas ab 105 Euro. www.elgalpon-elqui.cl

Refugios La Frontera
Alcohuaz, 14 km hinter Pisco Elqui, Tel. 09/9279 8109. 4 geräumige Ferienhäuser an lauschigen Weidenplätzen am Fluss (das beste ist Nr. 4!), eigener Minipool, Observatorium (Sternentouren) und Restaurant. „Cielo" mit Panoramablick. Ab 85 Euro für 2 Pers.

Casona Distante
Alcohuaz, Tel. 09/9226 5440. Behutsam restauriertes Gutshaus mit Talblick. Dunkle Zimmer, moderne Bäder, Pool, Reittouren, Fahrradverleih. DZ ab 91 Euro. www.casonadistante.cl

Casa del Agua
13 km Richtung Cochiguaz, Tel. 51/232 1371. Schmucke Bungalowanlage in üppigem Grün mit Swimmingpool, Flussbecken und Restaurant. 125 Euro für 2 Pers. casadelagua@gmail.com

Camping

Zelten kann man in Pisco Elqui auf zwei privaten Plätzen, der schönste ist **Refugio del Angel,** Tel. 245 1292, direkt am Fluss, unter schattigen Weiden, 8 Euro p.P. (im Sommer überfüllt). Weitere schöne Zeltplätze im Cochiguaz-Tal.

Essen und Trinken

Los Jugos
Direkt an der Plaza: Pizzas, Salate und – nomen est omen – Fruchtsäfte.

El Tesoro de Elqui
Café mit leckeren Kuchen, Torten und Hamburgern (s. Unterkunft).

El Durmiente Elquino
Calle O'Higgins. Gemütliches Restaurant im Adobe-Stil mit traditioneller Küche.

El Tesoro de Elqui
Internationale Küche, dazu leckere Kuchen und Torten (s. Unterkunft).

Hacienda Miraflores
1,5 km Richtung Horcón. Terrassen-Restaurant mit schönem Talblick, alles vom Grill, nicht billig.

Busse

Via Elqui (ab Busbahnhof) und Sol de Elqui (ab Plaza de Abasto) fahren mehrfach täglich von La Serena nach **Pisco Elqui,** 2½ Std., 5 Euro.

Tourveranstalter

- **Ausflüge** zu den versteckten Attraktionen des Valle de Elqui (zu Pferd, zu Fuß, per Fahrrad oder Auto) organisiert **Turismo Migrantes,** O'Higgins, Tel. 51/245 1917. www.turismomigrantes.cl
- Individuell maßgeschneiderte Touren bei **Turismo Dagaz,** Tel. 51/7399 4105. www.turismodagaz.com
- Ein motorradbegeisterter deutscher Fotograf verleiht im Tesoro de Elqui **Motorräder** (KTM-690 Enduro) für Touren mit oder ohne Führung. Ab 90 Euro pro Tag. www.elquienduro.com

Nach Argentinien

Folgt man bei **Rivadavia** nicht dem Río Elqui nach Süden, sondern dem Río Turbio nach Osten, gelangt man nach 170 Kilometern, vorbei am Embalse La Laguna (einem tiefblauen und eiskalten Stausee) und an spektakulär in allen Farben schillernden Bergen, zum **Paso del Agua Negra,** der Grenze zu Argentinien. Der Pass ist mit 4775 Metern der höchste befahrbare **Grenzpass** zwischen Chile und Argentinien und einer der höchsten weltweit.

Die Grenzformalitäten werden bereits in **Juntas de Toro** (92 km vor der Passhöhe) erledigt. Wer nur ein Stück Richtung Agua Negra weiterfahren will, kann an der Grenzstation seinen Pass hinterlegen – es lohnt sich! In Juntas del Toro endet der Asphaltbelag, und es geht auf Schotter weiter. Benzin gibt es zuletzt in Vicuña und mit Glück wieder in Las Flores (Argentinien, 90 km ab der Grenze).

Ovalle

142/A2

Ovalle ist das mittelgroße Zentrum (74.000 Einwohner) eines landwirtschaftlich stark genutzten Gebietes. Die Stadt ist touristisch nicht sehr interessant, sie wird meistens nur als Durchgangsort von Besuchern genutzt, die unterwegs ins Hurtado-Tal oder nach Combarbalá sind (s.u.).

Wer länger hier verweilen muss/will, sollte sich das **Museo del Limarí** nicht entgehen lassen. Es zeigt eine gute Auswahl von Keramikarbeiten der Diaguita-Indianer, aber auch ältere Fundstücke, wie die der Huentelauquén- und der Molle-Kulturen (Covarrubias Ecke Antofagasta, Di bis Fr 10–18 Uhr, Sa/So 10–14 Uhr, Eintritt 1 Euro).

Ansonsten locken noch die **Feria Modelo de Ovalle,** der Lebensmittel- und Kunsthandwerkermarkt, der Mo, Mi, Fr und Sa etwas außerhalb des Zentrums auf der Av. Benavente abgehalten wird, sowie das Alltagsleben auf der baumbestandenen Plaza de Armas.

Praktische Tipps

Touristeninformation

Ein Kiosk der Touristeninformation befindet sich an der Plaza de Armas.

Unterkunft

■Roxy
Libertad 155, Tel. 53/262 0080. Wohl die beste Wahl vor Ort, sauber, sehr freundlich, mit Patio und Restaurant. DZ mit Bad 37 Euro.

Essen und Trinken

■Club Social Arabe, Arauco 255.
■El Quijote, Arauco 294. Fisch und Meeresfrüchte.
■Alamar, Santiago 259. Fisch und Meeresfrüchte.

Busse

Fast alle Busunternehmen haben ihre Büros an der Calle Ariztía zwischen Socos und Independencia. Es bestehen gute Verbindungen nach **Santiago** (6–7 Std., 10–15 Euro) und **La Serena** (1–1½ Std.).

Die Umgebung von Ovalle

Pichasca und Río Hurtado 142/B2

48 Kilometer nordwestlich von Ovalle erstreckt sich das **Monumento Natural Pichasca,** ein Gebiet, in dem Archäologen nicht nur einen versteinerten Wald, sondern mit 10.000 Jahre alten Wandmalereien auch die ältesten Spuren menschlicher Besiedlung in der Region fanden. Verstreut liegende Stämme versteinerter Araukarien erinnern an Zeiten, in denen hier noch Wälder wuchsen, außerdem grub man hier Knochen verschiedener **Saurier** aus (z.B. vom *Tyrannosaurus Rex*).

chi122 ms

■**Busse** von Ovalle nach Pichasca und Hurtado passieren den Abzweig zum Dorf San Pedro; von dort sind es 2 km bis zum Parkeingang (Eintritt 2 Euro) und weitere 3 zu den interessanten Punkten.

Hinter Pichasca endet der Asphalt. Die kurvenvreiche Schotterstraße folgt dem **Río Hurtado** weiter in die Anden hinauf. Das grüne Tal inmitten der Halbwüste erlaubt einen Einblick in das traditionelle Leben der Bauern und Ziegenhirten. 77 km nordöstlich von Ovalle ist das Dorf **Hurtado** erreicht: ein paar bunte Adobehäuser, Schule und Internat, ein uriges Lokal und ein „Agrocamping" am Fluss (Busse zweimal tgl. von Ovalle). Über die steile Vierradpiste **Antakari** gelangt man über einen atemberaubenden Pass hinüber nach Vicuña (s.o.). Das Observatorium Cerro Tololo liegt wie ein gestrandetes Raumschiff auf einem Felsgipfel über der Kaktuswüste.

■3 km vor Hurtado liegt die geschmackvolle **Reiterlodge Hacienda Los Andes.** Auf dem 500 ha großen Gelände einer alten Hazienda bieten die deutschen Besitzer Gästezimmer im Kolonialstil, Wanderwege und einen Naturlehrpfad sowie ausgiebige Reittouren in die Anden an (Pakete ab 480 Euro für 4 Tage, siehe Outdoor-Kapitel). Jacuzzi, Sauna, Restaurant und ein privates Observatorium runden das Angebot ab. Die Übernachtung mit Frühstücksbuffet ist ab 40 Euro p.P. zu haben, alternativ kann man am Flussufer zelten. Tel. 53/269 1822. www.haciendalosandes.com

◁ Mitten durch die Kakteenwüste

Valle del Encanto 142/A2

Das „Zaubertal" ist ein eingeschnittenes Seitental des Río Limarí und liegt etwa 20 Kilometer südwestlich von Ovalle, etwas abseits der Ruta 45, die zur Panamericana führt. In der grünen Flussoase kann man campen, es gibt Wasser, aber sonst keine Versorgungsmöglichkeit (Eintritt 1 Euro).

Das Flusstal mit seinem **besonderen Mikroklima** war Siedlungsgebiet der **Molle-Indianer,** die hier etwa vom 2. bis 7. Jahrhundert lebten. Aus dieser Zeit stammen etwa 30 **Petroglyphen,** Steingravuren, die entweder in den Fels eingeritzt oder geschlagen wurden. Viele sind schwer zu erkennen, am besten noch die auf der Südseite des Baches: Hier sieht man menschliche Figuren und Masken wie von Kinderhand.

■Nur 1 km abseits der Panamericana, nahe des Abzweigs nach Ovalle (35 km von dort), liegt mitten im Grünen das **Thermalhotel Termas de Socos.** Die traditionelle Anlage ist gut gepflegt und besticht durch viele historische Details, vor allem aber durch ihre Ruhe und das freundliche Personal. Tagesgäste können hier in einem Wannenbad (6 Euro) Staub und Reisestress abwaschen und gut zu Mittag essen, die Übernachtung kostet ca. 90 Euro p.P. mit Vollpension. Tel. 53/2198 2505. www.termasocos.cl

Parque Nacional Fray Jorge 142/A2

Der Nationalpark schützt ca. 400 Hektar **küstennahen Feuchtwald,** eine zum Welt-Biosphärenreservat erklärte biologische Insel, da diese Nebelwälder sonst nur in den feuchten Regionen des chilenischen Südens vorkommen. Man weiß nicht genau, ob sie Reste großer Küstenwälder sind, die in früheren Zeiten abgeholzt worden sind, oder ob gravierende Klimaveränderungen in der Region zu ihrem Rückgang führten.

Erklären kann man hingegen, warum der Wald hier wächst. Durch die *camanchaca,* den vor allem am Nachmittag aufsteigenden **Küstennebel,** erhält die Region etwa zehnmal so viel Niederschlag wie die anderen Orte in der Umgebung. An die 1500 mm fallen hier im Jahr, genügend, um einen dichten grünen Laubwald, ja sogar Aufsitzerpflanzen *(Epiphyten)* in ihm zu versorgen.

Der Nationalpark liegt etwa 50 Kilometer westlich von Ovalle, direkt an der Mündung des **Río Limarí** in den Pazifik. Am km 389 der Panamericana zweigt eine gute Schotterpiste ab, die nach 32 Kilometern in den Park führt. Keine öffentlichen Busse verkehren hierher, und wegen Wassermangels darf man nicht zelten. Dafür gibt es einen Picknickplatz, an dem sich immer wieder neugierige Füchse sehen und füttern lassen.

Der Park ist **ganzjährig täglich geöffnet,** Einlass 9–16 Uhr, geschlossen wird um 18 Uhr. Der Eintritt beträgt 4 Euro, es gibt nur einen sehr kurzen Rundwanderweg (halbe Stunde).

Río Grande und Combarbalá 142/A3

Eine gute Alternative zur der zwar schnellen, aber eintönigen Autobahn in Richtung Los Vilos und Santiago bietet die hier beschriebene Route durch das Hinterland. Dabei kommt man durch ursprüngliche, vom Tourismus weitgehend unberührte Dörfer und Kleinstädte in Flussoasen, während hinter den kargen Wüstenhügeln die Schneegipfel der Hochanden einander ablösen.

Hinter **Monte Patria** (34 km landeinwärts von Ovalle) lockt zunächst ein Abstecher ins Tal des Río Grande. Auf den Feldern zwischen kargen Kakteenhügeln wachsen Trauben, Avocados und Orangen. Nach 43 Kilometern ist **Tulahuén** erreicht, ein einsames Bergdorf, in dem Lapislazuli aus den Minen talaufwärts verkauft wird. 2 Kilometer hinter dem Ort versteckt sich der **Bosque de Chañar,** ein Kleinod der Natur: Die gelbgrünen, verschlungenen Stämme des Chañar-Baums mit seinen knorrigen, dornigen Ästen bilden gemeinsam mit einigen Riesenkakteen einen kleinen Märchenwald des Nordens.

■ Eine wundervolle gastliche Oase ist der **Parque La Gallardina** 4 km vor der Ortschaft Carén. Hier gibt es einfache Zimmer (30 Euro p.P. mit Frühstück) mitten in einem bunten Blumengarten, einen idyllischen Picknickplatz am Fluss (Zelten möglich, 5 Euro p.P.) und ländliches Mittagessen. Tel. 53/272 6009. www.parquelagallardina.cl

75 Kilometer südlich von Monte Patria gelangt man nach **Combarbalá,** an sich ein Städtchen wie viele andere auch, aber mit zwei Attraktionen: Zum einen wird hier ein Speckstein namens **Combarbalita** abgebaut, der nur in der näheren Umgebung vorkommt. Der zwischen Schneeweiß, Rot, Rosa und Grau changierende „Nationalstein" Chiles wird in

▷ Sternenhimmel über den Anden im Observatorium Cruz del Sur

Dutzenden kleinen Werkstätten zu Kunsthandwerk verarbeitet, vom Eierbecher bis zum kompletten Springbrunnen. Viel Kitsch ist dabei (den gibt's landesweit auf den Artesanía-Märkten), aber auch künstlerisch wertvolle Stücke. Selbst wer keinen Platz mehr im Gepäck hat, mag vielleicht den Steinmetzen bei der Arbeit zuschauen. Mehrere Werkstätten finden sich in der Straße Alonso de Ercilla, zwei Blocks nördlich der Plaza de Armas.

Die zweite Attraktion ist das 2009 eingeweihte **touristische Observatorium Cruz del Sur,** wo Besucher mit vier 14- bzw. 16-Zoll-Teleskopen die Sterne und Planeten beobachten können – eine gute Alternative zu den teilweise recht überlaufenen Observatorien im Valle de Elqui. Erbaut auf einer Bergkuppe 3 Kilometer südlich des Städtchens, bietet die Anlage ein wundervolles Sternenpanorama über den Kakteenhügeln und der verschneiten Hochandenkette. Die liebevoll gestaltete Beobachtungstour mit kleinen Gruppen dauert 2 Stunden und kostet 6 Euro (ohne Transport), Karten gibt es im Barrio Artesanal am Südausgang des Städtchens; Tel. 53/274 1854, www.observatoriocruzdelsur.cl.

Unterkunft

■ **Hotel Yagnam,** Comercio 252, Tel. 53/274 1329. Einfach, mit WLAN und Terrasse; neuerer Ableger in Valdivia 465, Tel. 53/274 1561, mit Pool. DZ 50 Euro. www.hotelyagnam.cl

■ **Hostal Apuwara,** Alonso de Ercilla 179, Tel. 53/274 1690. Freundliches, sauberes Haus im Adobe-Stil mit schönem Innenhof, netten Details und Tourangeboten. DZ 44 Euro. www.apuwara.cl

chi13-018 ms

Reserva Nacional Las Chinchillas 142/A3

Von Combarbalá geht es auf kurvenreicher Asphaltstraße gen Süden, dabei überquert man zwei Passhöhen mit eindrucksvollen Ausblicken auf die Kaktuswüste und die Anden dahinter. Nach rund 90 Kilometern erreicht man die Reserva Las Chinchillas, in der die gleichnamigen Nagetiere ihr letztes Rückzugsgebiet in Chile gefunden haben. Ursprünglich lebten die **Chinchillas** zu Millionen im Norden und in der Zentralzone, doch wegen ihres dichten, weichen Fells wurden sie ab der zweiten Hälfte des 19. Jahrhunderts gnadenlos gejagt. Um 1900 sollen allein aus Chile ca. 500.000 Chinchilla-Felle jährlich exportiert worden sein – ein lukratives Geschäft für Trapper und Händler. Binnen weniger Jahrzehnte wurden die kleinen Nager quasi ausgerottet.

Das **liebevoll betreute Reservat** (Eintritt 4 Euro) lohnt den Abstecher allemal. Auf dem kleinen Campingplatz unter Pfefferbäumen (Zelten frei, WC und Duschen) sagen sich „Fuchs und Chinchilla" gute Nacht, instruktive Wanderwege führen an Riesen-Kakteen vorbei, und in einem „Nocturama" kann man sowohl Chinchillas als auch Degús, Darwinmäuse und Beuteltiere bewundern. Da die Chinchillas äußerst scheue Nachttiere sind, ist es kaum möglich, sie in freier Wildbahn zu sehen.

Nach 18 Kilometern erreicht man die wenig lohnenswerte Provinzhauptstadt Illapel. Von hier sind es 53 Kilometer zurück zur Panamericana bei Los Vilos.

Ruta Los Cristales

Wer Zeit und einen Wagen hat, kann – statt zurück zur Küste – **von Illapel weiter nach Süden** fahren und eine der schönsten und dabei unbekanntesten Routen des Kleinen Nordens erkunden (ca. 200 km bis San Felipe). Die Ruta Los Cristales war vor dem Bau der Panamericana 1950 die einzige Nord-Süd-Verbindung und folgte dem Verlauf des Inka-Trails. Sie führt – zunächst als gut befahrbare Erdpiste – durch einsame Kakteenschluchten, über schmale Eisenbrücken und enge, dunkle, zum Teil sogar kurvige Tunnel auf den **Paso Los Cristales.** Am Straßenrand türmen sich immer wieder Kristallbrocken, die aus den Quarzminen dieser Gegend stammen. In einem netten Café an der Straße bei **Quelén** kann man Erzbrocken und Quarze aller Farben und Größen käuflich erwerben. Hinter dem Tunnel Las Palmas geht es auf einer guten Asphaltstraße hinunter nach Cabildo und weiter in das verschlafene Städtchen **Putaendo** mit seinen bunten Lehmhäusern und seiner riesigen Backsteinkirche. Von hier sind es nur noch 15 Kilometer nach San Felipe und weitere 90 nach Santiago.

Los Vilos

Die Kleinstadt an der Panamericana (knapp 13.000 Einwohner) hat sich zu einem beliebten **Sommerbadeort** entwickelt – weniger schick und voll als La Serena oder Viña del Mar und recht nah an Santiago. Sonntag morgens findet direkt am Pazifik ein sehr lebhafter **Markt** statt, auf dem die Fischer ihre Produkte verkaufen. Damit ist der spröde Charme dieses leicht verlotterten Ortes auch schon beschrieben.

2 Kilometer südlich der Stadt befindet sich die **Quebrada de Quereo,** ein Ort, an dem Archäologen Reste prähistorischer Tiere sowie 14.000 Jahre alte Spuren menschlicher Besiedlung fanden. Zu besichtigen ist hier allerdings nichts, lohnender ist da schon ein Ausflug zur **Isla de los Lobos,** auf der etwa 1500 Robben und Seelöwen leben.

- Übernachten kann man mit Meerblick im traditionellen **Hotel Lord Willow,** Calle Hostería 1444, Tel. 53/254 1037, DZ mit Bad 42 Euro, www.hotellordwillow.cl, ohne Meerblick im **Hostal El Conquistador,** Caupolicán 210, Tel. 53/254 1663, gutes Frühstück, DZ ab 50 Euro.
- Es gibt jede Menge kleinerer **Restaurants** direkt am Strand und am Hafen.
- Los Vilos ist problemlos per Bus zu erreichen. Zwar fahren nur wenige **Busse** in den Ort, aber alle, die von Santiago nach Norden fahren (bzw. umgekehrt), passieren auf der Panamericana den Ort und können einen dort an der Zufahrt herauslassen bzw. aufnehmen (ca. 2–3 km vom Ortskern).

Los Molles

Wer eher Ruhe und einsame Strände sucht, sollte nach Pichidangui (37 km südlich von Los Vilos) oder nach Los Molles (47 km) ausweichen. Insbesondere die Feriensiedlung Los Molles wird vom Massentourismus weitgehend verschont, bietet dafür aber einen der außergewöhnlichsten Küstenstreifen weit und breit: Nördlich des Ortes erstreckt sich der **Parque Puquén,** ein privater Naturpark an der von vielfältigen Kakteen, Wüstenblumen und Sträuchern bewachsenen beeindruckenden Felsenküste. Von einem Aussichtspunkt kann man Seelöwen beobachten, die absolute Sensation jedoch ist der Puquén, eine Art **Brandungsgeysir:** Aus einer Felsspalte rund 60 Meter über dem Meer schießt mit großem Getöse die Gischt, die von der Brandung durch Kanäle im Fels nach oben gepresst wird. Das erinnert an die Fontäne eines Wals, und dafür steht wahrscheinlich auch der Name Puquén, der aus der frühzeitlichen Molle-Kultur stammt. Der Zugang zum Park liegt am Ende der Straße El Lucumo. Im Januar und Februar täglich geöffnet, sonst Di bis So, Eintritt 2 Euro, ca. 30 Min. Spaziergang zum Puquén.

- Das **Aparthotel Maimalicán** bietet akzeptable Unterkunft mit Meerblick. Tel. 33/279 2049, DZ ab 58 Euro.
- Das **Camping Chivato,** einer der besten Zeltplätze an der Küste, wartet auf mit separaten Stellplätzen unter Bäumen, sehr sauberen Wasch- und Duschräumen und direktem Zugang zum Strand, 15 Euro p.P. Auch ein Kuppelzelt für 4 Pers. für 58 Euro sowie gute Cabañas mit tollem Meerblick für 84 Euro. Zufahrt etwas südlich des Abzweigs Los Molles direkt von der Panamericana, km 186. Tel. 09/9727 2127, www.campingchivato.cl.
- Zwei **Tauchagenturen** im Ort laden zu Expeditionen zu Unterwasserhöhlen ein.
- Im **Restaurant El Pirata Suizo** speist man vorzüglich zu Mittag.
- **Busverbindungen:** Ähnlich wie Los Vilos (s.o.), ca. 1 km von der Panamericana ins Zentrum.

Altos de Lircay | 216

Badeorte im Norden | 201

Cartagena | 195

Chillán | 221

Concepción | 224

Constitución | 218

Costa del Carbón | 228

Curicó | 210

El Teniente und Sewell | 205

Kolonialdörfer und Weingüter | 218

La Campana | 202

Lago Vichuquén und Pazifikküste | 212

Loanco, Laguna Reloca u. Chanco | 220

Pelluhue und Curanipe | 221

Pichilemu und Cahuil | 209

Putú (Dünen) | 220

Radal-Siete Tazas | 211

Rancagua | 203

Río Los Cipreses | 207

Salto del Laja | 224

San Antonio | 196

Talca | 213

Termas de Chillán | 223

Valle de Colchagua | 207

Valle del Maule | 216

Valle Melado | 217

Valparaíso | 182

Viña del Mar | 196

chi13-020 ms

4 Mittel-chile

Die Zentralzone des Landes hat Badeorte am Pazifik sowie großartige Landschaften und tolle Outdoor-Szenarien im Landesinneren zu bieten, und das bei konstant sonnigem Klima. Im Zentraltal erstrecken sich koloniale Haziendas neben hochmodernen Weingütern, und die Huasos, Chiles Cowboys, sind hoch zu Ross ebenso geschickt wie am Steuer ihres Geländewagens. In den Anden laden Naturschutzgebiete Bergwanderer auf ihre einsamen Pfade ein.

‹ Aus dem Colchagua-Tal kommen die besten Weine des Landes

NICHT VERPASSEN!

Valparaíso:
über die bunten Hügel schlendern | 182

Cerro La Campana:
auf Anden und Pazifik blicken | 202

Valle de Colchagua: die besten chilenischen Weine probieren | 207

Pichilemu: auf hohen Wellen surfen – oder zusehen | 209

Naturreservat Altos de Lircay:
durch uralte Wälder wandern | 216

Termas de Chillán:
nach der Wanderung ein Bad genießen | 223

Diese **Tipps** sind gelb hinterlegt.

Auf dem Cerro Alegre in Valparaíso

chi13-019 ms

DIE KÜSTE UND DIE ZENTRALE EBENE

Mittelchile erstreckt sich vom Aconcagua-Tal nördlich von Santiago bis zum Río Bíobío, dem längsten Fluss des Landes. Es ist eine Zone des Übergangs: Während im nördlichen Teil noch die trockene Savannenvegetation mit Kakteen, Schirmakazien und Hartlaubgewächsen dominiert, tauchen weiter südlich immer mehr Südbuchenwälder auf, kreuzen wasserreiche Flüsse das Land von den Anden zum Pazifik. Die Zentralzone ist **leicht zu bereisen.** Die Hauptachse ist die Panamericana, von der immer wieder Stichstraßen nach Osten in die Anden und nach Westen zur Küste abzweigen. An einer durchgehenden Küstenstraße wird gebaut, hin und wieder muss man aber noch ins Inland ausweichen.

Mittelchile umfasst neben der **Hauptstadtregion Metropolitana** die **Regionen Valparaíso, O'Higgins, Maule und Biobío.** Geografisch gehören dazu das Küstengebiet nördlich von Viña del Mar bis zur Costa del Carbón südlich von Concepción, der Abschnitt im zentralen Längstal von Santiago bis nach Los Angeles – immer der Panamericana folgend – und in der Cordillera de los Andes die dünn besiedelten Abschnitte östlich der Panamericana.

Mittelchile ist die **am dichtesten besiedelte und wirtschaftlich wichtigste Region des Landes.** Hier liegen die bedeutsamsten Häfen, die größten Städte und die wichtigsten **Obst- und Weinanbaugebiete.** Pfirsiche und Nektarinen, Äpfel, Aprikosen und Trauben – im zentralen Längstal wachsen die Früchte, die Chile in den letzten Jahrzehnten zu einem der führenden Obstexportländer der Welt gemacht haben.

Die Hauptstadt und ihre unmittelbare Umgebung werden im ersten Kapitel des Buches beschrieben. Für **Touren in die Zentralanden** gilt: Höhenlagen über 2000 Meter sind erst ab Mitte Dezember schneefrei und viele Zeltplätze und Unterkünfte in den Anden erst von dann an in Betrieb.

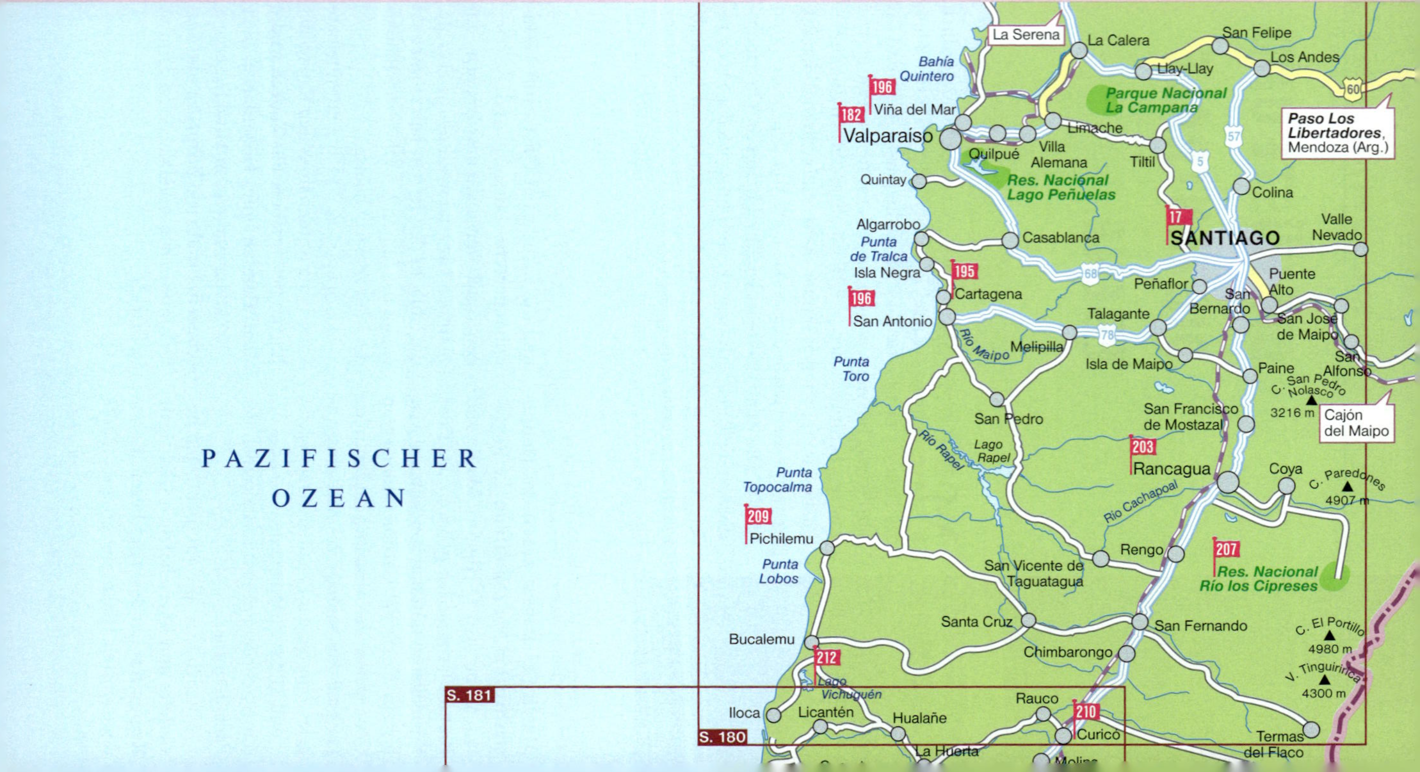
0
100 km
La Serena
La Calera
San Felipe
Los Andes
Llay-Llay
60
Parque Nacional La Campana
Paso Los Libertadores, Mendoza (Arg.)
Bahía Quintero
196
Viña del Mar
182
Valparaíso
Limache
Villa Alemana
Quilpué
Tiltil
57
5
Res. Nacional Lago Peñuelas
Quintay
Colina
17
SANTIAGO
Valle Nevado
Algarrobo
Casablanca
Punta de Tralca
Isla Negra
195
Cartagena
68
Peñaflor
Puente Alto
San Bernardo
196
San Antonio
Talagante
San José de Maipo
78
Río Maipo
Melipilla
Isla de Maipo
San Alfonso
Paine
C. San Pedro Nolasco
3216 m
Punta Toro
San Pedro
San Francisco de Mostazal
Cajón del Maipo
203
Lago Rapel
Río Rapel
Rancagua
Coya
C. Paredones
4907 m
Punta Topocalma
Río Cachapoal
209
Pichilemu
Rengo
207
Punta Lobos
San Vicente de Taguatagua
Res. Nacional Río los Cipreses
Santa Cruz
San Fernando
C. El Portillo
4980 m
Bucalemu
212
Chimbarongo
V. Tinguiririca
4300 m
Lago Vichuquén
Rauco
Iloca
Licantén
Hualañe
210
Curicó
Termas del Flaco
La Huerta
PAZIFISCHER OZEAN
S. 181
S. 180

Constitucíon
Bahía las Cañas
Talca
San Clemente
Parque Nacional Radal-Siete Tazas
Reserva Nacional Altos de Lircay
V. Descabezado Chico
3750 m
V. Descabezado Grande
3830 m
Malargüe (Arg.)
Paso Pehuenche
Laguna del Maule
Río Maule
San Javier
Lago Colbún
Río Melado
Res. Nacional Federico Albert
Chanco
Bahía Chanco
Curanipe
Linares
Cauquenes
CHILE
Cobquecura
Parral
San Gregorio
Nevados de Longaví
3242 m
Quirihue
Ninhue
San Carlos
Coelemu
Tomé
Río Itata
Chillán
Talcahuano
Quillón
Bulnes
Florida
Concepción
Golfo de Arauco
Nevado de Chillán
3212 m
Termas de Chillán
Reserva Nacional Ñuble
ARGENTINIEN
Coronel
Lota
Cabrero
Río Biobío
Salto del Laja
Arauco
La Laja
Huépil
Laguna de la Laja
Chos Malal
Antuco
Parque Nacional Laguna del Laja
Paso Pichachén
Curanilahue
Los Angeles
Lebu
Nacimiento
Sta. Bárbara
Parque Nacional Nahuelbuta
Mulchén
Río Biobío
Cañete
Angol
Temuco
213
211
216
220
221
224
160
115
5
152
148

A
B
1
2
3
Longotoma
Cabildo
La Vega
Alicahue
Bartolillo
La Mostaza
Paso del Rubio 3889
Pullally
La Ligua
El Manzano
Resguardo de los Patros
Papudo
Valparaíso
Colorado
PAZIFISCHER OZEAN
2000
Zapallar
Catapilco
Cerro Negro
El Tártaro
Putaendo
Centro de Esqui El Arpa
Cerro Aconcagua
Cachagua
Monumento Natural Isla Cachagua
El Cobre
Cerrillos
Jahuel
R. Colorado
6960
Maitencillo
La Laguna
El Melón
2329
Bahía Quintero
Horcón
Nogales
La Calera
San Felipe
Santa María
Puchuncaví
Catemu
San Esteban
El Corazón
Las Cuevas
Quintero
La Cruz
Panquehue
Río Colorado
Quillota
Hijuelas
Llaillay
Rinconada
Los Andes
Portillo
Viña del Mar
Concón
Limache
Calle Larga
Río Blanco
Paso Cristo Redentor
Museo Fonck
Túnel Chacabuco
Saladillo
Cerro Juncal
Valparaíso
P.N. La Campana
Olmué
Casas de Chacabuco
6072
Cerros y paseos, puerto, ascensores
Quilpué
Villa Alemana
Tiltil
La Disputada
Lag. Verde
Placilla
2207
Esmeralda
Termas de Colina
Reserva Río Olivares
La Retuca
R. N. Lago Peñuelas
Quintay
Lo Orozco
El Molino
Batuco
Colina
Santuario de la Naturaleza Yerba Loca
La Parva
El Yeco
Casablanca
Lampa
Viñas
Algarrobo
Curacaví
Farellones
El Colorado
El Quisco
San Jerómino
Pudahuel
Valle Nevado
Isla Negra
Túnel Zapata
Centro histórico, museos, Cerro San Cristóbal, Sanhattan
El Tabo
Museo Pablo Neruda
Túnel lo Prado
P.N. Aqua de Ramon
Las Cruces
Santa Inés
María Pinto
Los Maitenes
Cartagena
Maipú
SANTIAGO
San Antonio
Bollenar
Peñaflor
San Bernardo
Lagunillas
Rocas de Sto. Domingo
Pomaire
Puente Alto
L. Negra
Talagante
Viñas
San José de Maipo
Embalse El Yeso
Lo Gallardo
Pirque
Las Brisas
Melipilla
El Monte
Calera de Tango
Punta Toro
El Convento
Codigua
Alto Jahuel
Cajón del Maipo
R. N. El Yali
Pabellón
Isla de Maipo
Buin
R.N. Río Clarillo
M.N. El Morado
San Enrique
Metropolitana
Paine
San Gabriel
Lo Valdés
Bahía Navidad
Pintué
Túnel Angostura
Navidad
San Pedro
San Francisco de Mostazal
El Manzanillo
P. Barrancas
Rapel
Villa Alhué
R. Claro
Cerro Paredones
Puertecillo
Pueblo Hundido
Mina El Inglés
Graneros
Chapa Verde
4907
La Estafeta
Rapel Huapi
Codegua
R. Maipo
Topocalma
Litueche
R. N. El Morado
Sewell
Lago Rapel
Franque
Olivar Alto
Rancagua
El Teniente
La Estrella
San Rafael
El Manzano
Coya
Mina El Teniente
Las Damas
Emb. Rapel
P.N. Palmas de Cocalán
Doñihue
Machalí
Mina La Juanita
Coinco
Libertador O´Higgins
Las Cabras
Requínoa
Termas de Cauquenes
Las Pataguas
Coltauco
Quinta de Tilcoco
Marchihue
Alcones
Peumo
Pimpinela
Cerro Yeso
Pichilemu
Población
Pichidegua
Malloa
Rengo
4008
El Puesto
Peralillo
S. Vicente de Tagua Tagua
Pelequén
R.N. Río los Cipreses
Cahuil
Las Nieves
Abajo
Pumanque
Angostura
Hacienda Los Lingues
Bucalemu
Paredones
Palmilla
Placilla
Valle Colchagua
Nancagua
San Fernando
Cerro El Portillo
4986
R. N. Laguna Torca
Santa Cruz
Aguas Buenas
Termas El Sosneado
Nerquihue
Viñas
Puente Negro
S. Pedro de Alcántara
Auquinco
Llico
Lolol
Chépica
Chimbarongo
Volcán Tinguirrica
Lago Vichuquén
La Puntilla
Codegua
Río Tinguiririca
Río Atuel
Teno
Morza
La Rufina
4300
3600

☐ Anschlusskarte nach Süden S. 236/237

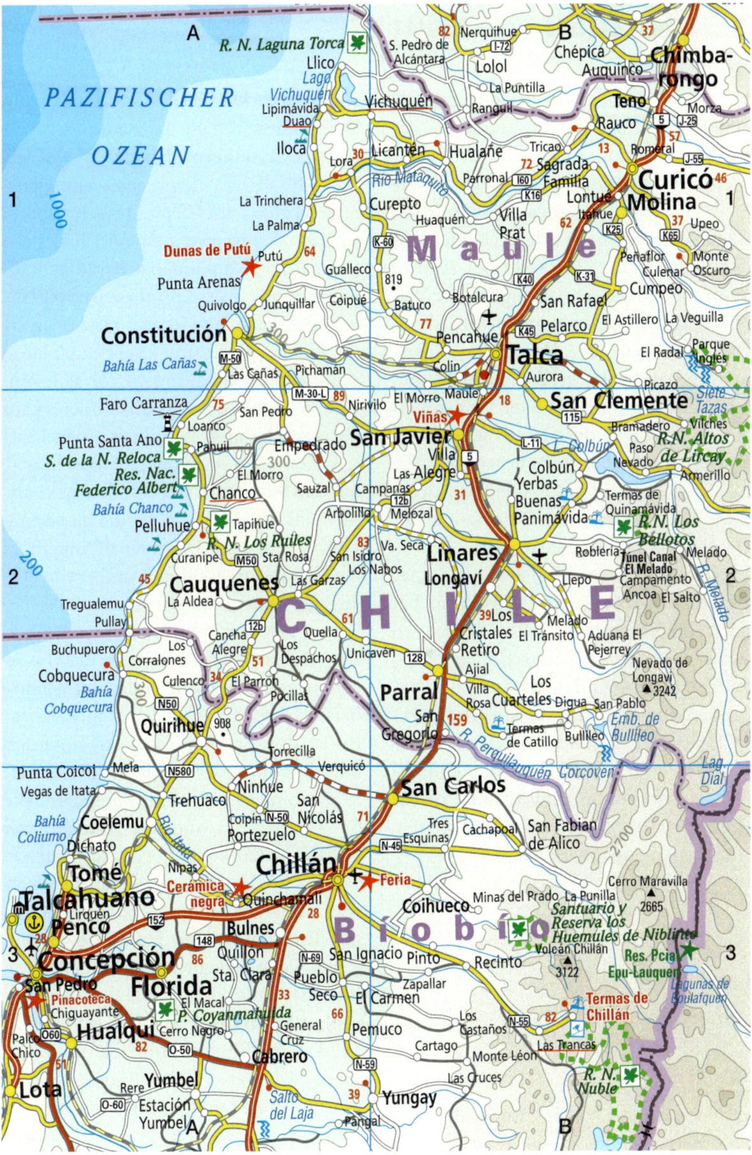

Valparaíso 180/A1

Valparaíso, Hauptstadt der gleichnamigen Region und oft kurz „Valpo“ genannt, ist weniger bekannt als **Parlamentssitz,** auch nicht als die viertgrößte Stadt des Landes – etwa 280.000 Menschen leben hier –, sondern vielmehr als **die Hafenstadt Chiles.** Dabei stimmt das nur bedingt, denn bezüglich der Warenmenge wurde Valparaíso vom südlicher gelegenen San Antonio längst überholt. In Valparaíso werden jährlich rund 10 Millionen Tonnen Güter umgeschlagen. Große Teile des Hafens wurden zu Beginn des Jahrhunderts privatisiert; die Konzession erwarb ein chilenisch-deutsches Konsortium mit Beteiligung der Hamburger Hafengesellschaft.

Hafenstädte haben ihren ganz **speziellen Charme** – und Valparaíso hat den ganz besonders. Die Stadt lebt am Wasser, sie zieht sich am schmalen Uferstreifen entlang und dann die steil aufragenden Hügel hinauf. Von überall sieht man den Hafen und die an der Mole wartenden Schiffe, und mit den Containern gehen Fracht und Träume in die weite Welt: nach Rotterdam, Yokohama, Antwerpen oder Shanghai.

⊡ Paseo Gervasoni

Geschichte

1536 entdeckte **Juan de Saavedra** die Bucht, die schon vor Jahrtausenden von Chango-Indianern bewohnt worden war. Sie sah verlockend aus – Honigpalmen wuchsen am Ufer –, deshalb nannte sie Saavedra nach seinem andalusischen Heimatdorf Valparaíso, „Paradies-Tal“. Es entstand ein erster improvisierter Hafen, nicht mehr als ein paar Häuser an einer kleinen Mole, und knappe 200 Jahre dümpelte die Siedlung so vor sich hin. Erst zu Beginn des 18. Jahrhunderts kam der **Aufschwung.** Er kam mit den Lastschiffen, die Waren aus Spanien brachten und Silber und Gold mit zurücknahmen, mit den Walfängern, die im Südpazifik ihrem Handwerk nachgingen; es kamen aber auch Piraten und Freibeuter auf der Suche nach reichen Prisen. Schließlich war Valparaíso der erste größere Hafen, in dem man nach der Umsegelung von Kap Hoorn oder der gefährlichen Durchquerung der Magellanstraße in Ruhe einige Tage verschnaufen konnte. So wundert es nicht, dass hier alle prominenten Forscher anlegten, die Südamerika umrundeten. *Adalbert von Chamisso* kam 1816, *Charles Darwin* 1833, und Mitte des 19. Jahrhunderts war Valparaíso längst zu einem **wichtigen internationalen Hafen** geworden. Regelmäßig verkehrten Güterschiffe von hier aus in alle wichtigen Häfen der Welt, und die Reederei Hamburg-Süd ließ 1873 sogar einen Schnelldampfer namens „Valparaíso“ bauen. Handelshäuser eröffneten in der Stadt ihre Kontore – in *Thomas Manns* „Buddenbrooks“ geht auch ein Familienprössling für einige Zeit hierhin –, viele der prunkvollen Gebäude in der Innenstadt entstanden, damals heute werden sie nach und nach restauriert.

Die goldene Zeit dauerte nur ein Jahrhundert. **1906** verwüstete ein **schweres Erdbeben** die Stadt – 6000 Menschen starben in den Trümmern. Kaum hatte sich Valparaíso erholt, folgte der nächste Rückschlag: 1914 wurde der **Panamakanal** eröffnet – und Valparaíso war damit schlagartig von den internationalen Handelsrouten abgenabelt. Und der chilenische Exportboom ging auch zu Ende: Da Salpetersäure inzwischen künstlich herzustellen war, wurde immer weniger Natursalpeter aus Valparaíso verschifft.

Erst in den **1980er Jahren** änderte sich das wieder. Chiles exportorientierte **Wirtschaft wuchs** und damit auch Valparaísos Hafen. Und es kamen die **Kreuzfahrtschiffe,** jedes Jahr mehr und größere. Rund 50 dieser schwimmenden Riesenhotels legen pro Saison hier an und bringen über 120.000 Touristen in die Stadt.

Sehenswertes

Die Stadt erstreckt sich in drei bis fünf parallelen Straßenzügen auf dem **„plan“,** einer schmalen Ebene entlang der Bucht, und zieht sich dann unregelmäßig die

chi123 ms

Valparaíso

Maritim-museum
C. Artillería
Artillería
Plaza Aduana
C. Arrayán
Cochrane
Blanco
C. Santo Domingo
Valdivia
Mercado Puerto
Muelle Prat
Matriz
Plaza Echaurren
Clave
Gohl
Serrano
Feria de Artesanía
Cordillera
Plaza Sotomayor
Monumento Héroes de Iquique
Puerto
PAZIFISCHER OZEAN
Av. Errázuriz
C. Cordillera
Prat
Av. José Tomás Ramos
El Peral
Palacio Baburizza
Edificio Turri
Bahía de Valparaíso
Concepción
Urriola
Papudo
Esmeralda
C. Alegre
C. Concepción
Concepción
Atkinson
San Pablo
Luterana
Monte Alegre
Templeman
Almirante Montt
Reina Victoria
Plaza Aníbal Pinto
Melgarejo
Bellavista
Av. Errázuriz
Blanco
Molina
Cumming
C. Panteón
Cementerio Católico
Salvador
Av. Brasil
Condell
E. Ramírez
Donoso
Edwards
Cementerio de Disidentes
Subida Ecuador
Stadt-verwaltung
Plaza de la Victoria
Huito
Carrera
C. Cárcel
Héctor Calvo
Espíritu Santo
C. Miraflores
Plaza Bismarck
Av. Ecuador
Museo a Cielo Abierto
Camila
Av. Yerbas Buenas
Ramos
C. Bellavista
Mackenna
Av. Alemania
Lastra
J.J. Perez
Florida
Bern.
Mariposa
Ferrari
C. La Florida
Pl. Mena
La Sebastiana (Casa Neruda)
Ricardo
Mena

0 200 m
©Reise Know-How 2013
Übernachtung
6 Casa Higueras
7 Zero Hotel
8 Hotel Latitud 33 Sur
9 Casa Aventura
12 Casa Thomas Somerscales
13 Acontraluz Hotel
17 Casa Kultour
19 Casa Liesel
24 Hotel Brighton
26 Hotel Manoir Atkinson
29 Hotel Ultramar
30 Camila 109
35 Hostal Caracol
36 B&B Puerto Natura
Essen und Trinken
1 Los Porteños
2 Bote Salvavidas
3 La Playa
4 La Colombina
5 Poblenou
10 Café La Belle Epoque
11 Turri
14 Malandrino
15 Epif
16 Vinilo, Amor Porteño
18 Le Filou de Montpellier
20 El Desayunador
21 Via Via
22 Color Café
23 La Concepción
25 Cinzano
27 Café del Poeta
28 Caruso
31 Pajarito
32 Casino Social J. Cruz
33 Corazón Contento
34 Fundación Valparaíso Café Gato Tuerto
37 Oda Pacífico
Viña del Mar
Paseo Wheelwright
Av. España
Av. Diego Portales
Muelle Barón
C. Barón
Barón
Francia
Lecheros
C. Lecheros
Av. Brasil
Yungay
Chacabuco
Av. Francia
Freire
12 de Febrero
Av. Argentina
Eusebio Lillo
C. Larraín
Larraín
Rawson
Av. Uruguay
Av. Pedro Montt
Parque Italia
Victoria
Plaza O'Higgins
Congreso Nacional
C. Rodríguez
Independencia
San Ignacio
Simón Bolívar
Morris
Retamo
Barroso
Juana Ross
Rancagua
Vergara
Cruz
Av. Colón
Polanco
Baquedano
Van Buren
Pocuro
Montaneda
C. Molino
Blas Cuevas
Parque El Litre
Orella
C. Monjas
Monjas
Cerro La Cruz
Av. Santos Ossa
Santiago
Casablanca
laza smeralda
C. La Cruz

steil aufragenden Hügel hinauf. 42 dieser besiedelten **Hügel** zählt man, und jeder hat sein eigenes Flair. Gewundene Treppen und krumme Stiegen führen hinauf und hinunter, uralte **Aufzüge** rattern auf steilen Schienen (siehe Exkurs), wie Schwalbennester kleben die verwinkelten Häuser an den unzugänglichsten Stellen. Viele bestehen nur aus einem Holzgerüst mit Lehmziegelwänden, Fassade und Dach sind aus bunt gestrichenem Wellblech. Die sozialen Unterschiede sind riesig: hier noble Villen, dort altersschwache Behausungen. Wie in keiner anderen Stadt Chiles definieren sich die Einwohner von Valparaíso über das Viertel (den Hügel), in dem sie aufgewachsen sind und leben. Nur der Blick auf Bucht und Hafen ist überall und immer wieder beeindruckend.

Die **Plaza Sotomayor** ist der beste Ausgangspunkt für einen Stadtrundgang. Das große Gebäude an der Südwestseite des Platzes ist das Hauptquartier der chilenischen Marine, 1910 erbaut und bis 1930 zunächst Sommersitz des chilenischen Staatspräsidenten. Heute können die Admiräle vom Balkon des Gebäudes auf ihre größten Helden blicken – auf das **Monumento de los Héroes de Iquique,** das Denkmal für die Helden der Seeschlacht von Iquique, auf *Arturo Prat, Carlos Condell* und andere. Von hier sind es nur einige Schritte zum **Muelle Prat,** dem zugänglichen Teil des Hafens von Valparaíso. Hier starten die lohnenswerten **Hafenrundfahrten** (ca. 3 Euro), bei denen man nicht nur die riesigen Frachter aus aller Welt, sondern auch das Panorama der Hügelstadt bewundern kann.

Drei Blocks nördlich der Plaza steht die alte Markthalle, der **Mercado Puerto,** der seit dem Erdbeben 2010 geschlossen ist. Einen Block östlich, an der Valdivia Ecke Errázuriz, kann man das mit 19 x 20 Metern **größte Graffiti Chiles** bewundern, ein 2010 gesprühtes, farbenfrohes Werk des Künstlertrios *Hesoe, Inti y Saile.*

Vom Mercado geht man zwei Blocks nach Westen, vorbei an der Plaza Echaurren, zur **Iglesia La Matriz,** der Hauptkirche der Stadt. 1842 auf den Grundmauern der ersten Kapelle Valparaísos aus dem Jahr 1559 erbaut, lag sie damals noch direkt am Meeresufer. Hier wurden alle auslaufenden Schiffe gesegnet. Erst ab 1900 wurde der gesamte „plan“, die Uferebene, auf der die großen Avenidas verlaufen und alle wichtigen Gebäude des heutigen Valparaíso stehen, künstlich aufgeschüttet.

Weiter nördlich liegt die **Plaza Aduana** mit dem Zollgebäude. Hier startet der **Ascensor Artillería** hinauf zum Cerro Artillería. Auch wer oben nicht das **Museo Naval y Marítimo** besuchen möchte (Di bis So 10–17.30 Uhr, 1,50 Euro), kann von hier den besten Blick über die Bucht und den Hafen genießen.

Zurück an der Plaza Sotomayor, führt gegenüber des Justizpalastes der **Ascensor El Peral** hinauf zum Cerro Alegre. Man steigt am Paseo Yugoslavo aus und genießt sofort wieder den Blick über Zentrum und Hafen. Hier oben thront auch der imposante, frisch restaurierte **Palacio Baburizza.** Einst Domizil des kroatischen Salpeterbarons und Kunstsammlers *Pascal Baburizza,* dient das 1916 im Art-Noveau-Stil erbaute Palais heute als **Kunstmuseum.** Gezeigt werden hauptsächlich realistische Gemälde aus der Gründerzeit von Valparaíso, aber auch wegen seiner verwinkelten Architektur lohnt das 2000 m² große Palais den Besuch (Di bis So 10–18 Uhr, 1,50 Euro).

Einmal auf dem Cerro Alegre, sollte man über die Straßen Montealegre oder Miramar den Hügel weiter erkunden. Der **Cerro Alegre** und der benachbarte Cerro Concepción gehören zum Weltkulturerbe-Bereich (s.u.). Hier wurden Fördermittel der Weltbank in die Restaurierung des historischen Stadtkerns gesteckt, hinzu kommen zahlreiche von privater Hand sanierte Hotels und Wohnhäuser. In **pittoresken Straßen** wie Lautaro Rosas, Abtao, Papudo und Templeman stößt man auf Schritt und Tritt auf architektonische Kleinode, gemütliche Cafés und Designerläden. Auch zwei Kirchen lohnen den Besuch: die anglikanische **Iglesia San Pablo (Saint Paul's),** die 1858 in neogotischem Stil ohne Turm erbaut wurde (Concepción Ecke Loti), und nahebei die **Iglesia Luterana,** die Ende des 19. Jahrhunderts fertiggestellt wurde (Papudo Ecke Beethoven). Schließlich gelangt man am Ende der Templeman zum **Paseo Gervasoni,** einem weiteren Aussichtsbalkon der Stadt.

Von hier kann man entweder mit dem **Ascensor Concepción** wieder hinunter zum „plan" fahren oder (falls dieser immer noch oder wieder mal repariert wird) hochlaufen zur Almirante Montt Ecke Urriola. Hier schlägt das Herz des **Boheme-Viertels Alegre – Concepción,** hier gibt es ein uriges Lokal am andern. Folgt man linker Hand (nach Südosten) der schmalen Gasse Dimalow, gelangt man zum bereits restaurierten **Ascensor Reina Victoria,** einem der steilsten Aufzüge der Stadt. Unten angelangt, hat man die Wahl: Die Straße Cumming hinauf gelangt man zum **Parque Cultural de Valparaíso,** besser bekannt als excárcel. Das ehemalige Stadtgefängnis wurde in ein modernes Kulturzentrum verwandelt, mit wechselnden Ausstellungen und künstlerischen Aktivitäten.

Gleich nebenan: der **Cementerio de Disidentes,** ein Friedhof mit fantastischem Ausblick und nicht etwa letzte Ruhestätte von politischen Dissidenten, sondern von Protestanten – hauptsächlich Briten und Deutsche, die hier ab 1825 separat von den katholischen Chilenen bestattet wurden.

Vom Aufzug Reina Victoria talwärts gelangt man wieder auf den „plan", zur **Plaza Aníbal Pinto** mit der urigsten Buchhandlung (Ivens) und der urigsten Kneipe (Cinzano) der Stadt. Folgt man von hier der Straße Cóndell ostwärts, erreicht man nach fünf Blocks die **Plaza de la Victoria** mit der Kathedrale. Einen Block südlich gelangt man auf den **Cerro Bellavista** – entweder mit dem **Ascencor Espíritu Santo** (2013 nicht in Betrieb) oder über eine Treppe. Hier befindet sich das **Museo a Cielo Abierto,** das „Museum unter freiem Himmel". Die meisten Wandgemälde entstanden zwischen 1969 und 1973 und wurden teilweise restauriert, es sind Arbeiten von Studenten nach Entwürfen von u.a. *Roberto Matta, Nemesio Antúnez* und *Eduardo Pérez.*

Die Treppe endet am Sitz der **Fundación Valparaíso,** der Kulturstiftung, die maßgeblich daran mitgewirkt hat, dass der historische Stadtkern Valparaísos von der UNESCO 2003 zum Kulturerbe der Menschheit erklärt wurde. Seither hat sie zahlreiche Projekte zur Sanierung der arg vom Zahn der Zeit angenagten Bausubstanz angeschoben, wobei sie mit

Die Aufzüge

30 Schrägaufzüge ratterten seit Mitte des 19. Jahrhunderts auf schwarzen Schienen die Hügel der Hafenstadt hinauf. 1855 wurde der erste gebaut. Es war der **„Ascensor Cordillera"**, dessen zwei Mahagoni-Kabinen damals noch per „Wasserkraft" bewegt wurden. Die talfahrende Kabine zog mit ihrem Gewicht die bergauffahrende Kabine an einem Drahtseil, das in der „Bergstation" über ein großes Führungsrad lief. War die Kabine nicht ausreichend voll besetzt, wurden einfach Wassertanks am Boden der Kabine gefüllt – und schon funktionierte die Schwerkraft.

Mitte der 80er Jahre des 19. Jahrhunderts wurden die meisten Ascensores in Betrieb genommen. Der steilste bewältigte eine Steigung von 70 Prozent! Sie funktionierten nun nicht mehr mit Schwerkraft, sondern wurden mit Dampfmaschinen betrieben. Ab 1906 wurden dann Elektromotoren eingesetzt – der erste kam aus Deutschland und betrieb den Ascensor am Cerro Barón.

Der jüngste der Aufzüge ist inzwischen auch schon fast 100 Jahre alt. Der **„Ascensor Polanco"**, 1916 erbaut, ist eine Besonderheit: Er ist der einzige nicht schräg nach oben führende Aufzug. Den Großteil seiner Strecke legt er innerhalb des Berges senkrecht nach oben fahrend zurück – also eher ein normaler Fahrstuhl als ein Schrägaufzug. Mit einer Einschränkung: Der Fahrstuhleinstieg ist mitten im Berg.

Der Zahn der Zeit hat den meisten Aufzügen arg zugesetzt. Im April 2013 funktionierten nur sieben. Der Stadt – Eigentümerin der meisten von ihnen – fehlt es an Mitteln für die Instandhaltung, zumal die Aufzüge angesichts der niedrigen Fahrpreise (max. 0,40 Euro) kaum rentabel sind. Immerhin gab es in letzter Zeit verstärkt Bemühungen, wenigstens die wichtigsten dieser originellen Transportmittel zu retten. Für Besucher sind sie eine große Attraktion, liefern sie doch immer wieder überraschende Ausblicke über die Stadt, den Hafen und die Bucht.

chi124 ms

gutem Beispiel voranging: Ihre blau-gelb gestrichene, komplett restaurierte Villa (Héctor Calvo 205) ist eines der schönsten Gebäude der Stadt.

Den Hügel weiter hinauf, über die steile Héctor Calvo, sind es etwa 10 Minuten Fußweg bis zu **La Sebastiana,** dem Haus von *Pablo Neruda* in Valparaíso (Ferrari 692, geöffnet Di bis So 10.30–18 Uhr, 6 Euro). Hier ist der Andrang nicht so groß wie in den Häusern in Santiago oder Isla Negra. Die Räume sind eingerichtet, wie *Neruda* sie verlassen hat: das übliche Sammelsurium von Kunst und Kitsch, auch hier wieder die exaltierte Architektur, enge Treppen, weite Blicke über die Bucht und den Hafen, dazu ein Schlafzimmer, das nur wenig zur Erholung einlädt.

An der Plaza Victoria beginnt die Avenida Pedro Montt. Sie führt nach Osten bis zur Av. Argentina. An der Kreuzung erhebt sich ein architektonisches Ungetüm: das Parlamentsgebäude. Der **Congreso Nacional** wurde hier 1990 eröffnet; angeblich wurde die Volksvertretung aus Gründen der Dezentralisierung nach Valparaíso verlegt. Kritiker allerdings behaupten, *Pinochet* habe den Neubau verfügt, weil er das Parlament nicht in der Hauptstadt haben wollte. Seither diskutiert man immer wieder über die Rückverlegung des Kongresses nach Santiago.

Am Nordende der Av. Argentina gelangt man, etwas versteckt unter den Autobahnbrücken hindurch, zum **Muelle Barón,** einer für Besucher freigegebenen Hafenmole mit ein paar dekorativen Kränen und einem Hafen für Sportboote. Hier können im Sommer auch Anfänger ein Kajak ausleihen oder auf einem Segelboot eine Runde in der Bucht drehen. Abends hat man einen tollen Blick auf die lichterübersäten Hügel der Stadt. Auch die großen Kreuzfahrtschiffe werden hier abgefertigt. Westlich des Muelle Barón zieht sich die neue Uferpromenade, der **Paseo Wheelwright,** bis zum Fischereihafen Caleta Portales.

Abschließend noch ein **Sicherheitshinweis:** Auf einigen Hügeln, z.B. am Cerro Cordillera und am Cerro Polanco, werden Touristen immer wieder Opfer von Entreißdiebstählen. Generell empfiehlt sich vor allem in den Gebieten westlich der Plaza Sotomayor der Rundgang in der Gruppe.

Praktische Tipps

Touristeninformation

- **Vorwahl von Valparaíso: 32**
- **Informationsbüro** in der Municipalidad, Condell 1490 Ecke Bellavista, Mo bis Fr 8.30–14 und 15–17 Uhr.
- **Weitere Informationsstellen** am Muelle Prat, im Institut DUOC an der Plaza Aníbal Pinto sowie im Neruda-Haus La Sebastiana.
- Eine Fülle von Informationen hält die Website **www.ciudaddevalparaiso.cl** bereit, auch auf Englisch.

Unterkunft

- **Casa Aventura**

Pasaje Gálvez 11, Cerro Concepción, Tel. 275 5963. Sehr einfache Zimmer mit Gemeinschaftsbädern und Küchenbenutzung. Der hilfsbereite deutsche Besitzer *Christian* bietet auch Stadtführungen und Ausflüge an. Ab 14 Euro p.P. www.casaventura.cl

Hostal Caracol
Héctor Calvo 371, Cerro Bellavista, Tel. 239 5817. Schön restauriertes Gebäude, Küchenbenutzung, WLAN. 13 Euro p.P. im Mehrbettzimmer, DZ 43 Euro. www.hostalcaracol.cl

Casa Kultour
Templeman 645, Cerro Alegre, Tel. 218 0124. Gemütliches, von einem deutsch-chilenischen Paar geführtes B&B. Privat- und Gemeinschaftsbäder, Küchenbenutzung und Waschgelegenheit, WLAN, herzhaftes Frühstück. Auch kulturell inspirierte Stadtführungen und Weintouren mit Besitzer *Oliver Schmitt.* Ab 25 Euro p.P., DZ mit Bad 41 Euro. valpokultour@gmail.com, valpokultour.blogspot.com

Casa Liesel
Almirante Montt 327, Cerro Alegre, Tel. 320 5428. Empfohlenes sauberes Hostal mit Gemeinschaftsbad, WLAN, ab 20 Euro p.P. www.casaliesel.cl

Camila 109
Camila 109, Cerro La Loma, Tel. 249 1746. Von Lesern empfohlenes Bed & Breakfast mit tollem Ausblick auf die Bucht und gutem Frühstück (bei schönem Wetter auf der Terrasse), herzliche Wirtsleute. DZ ab 58 Euro. www.camila109.cl

Hotel Brighton
Paseo Atkinson 151, Tel. 222 3513. Skurrile Holzvilla am Hang, mit Terrassencafé und kleinen Zimmern. DZ ab 60 Euro, teurer mit Meerblick. www.brighton.cl

Hotel Ultramar
Pérez 173, Cerro Cárcel, Tel. 221 0000. Pop-Art-Hotel mit farbenfreudigen Zimmern, guter Cafetería und aufmerksamer Leitung. DZ ab 100 Euro. www.hotelultramar.cl

Hotel Latitud 33 Sur
Pasaje Templeman 183, Tel. 211 7983. Originelles Konzepthotel mit Blick auf die Hügel, 10 etwas enge Zimmer, gutes Frühstück. DZ ab 100 Euro. www.hotellatitud33sur.cl

Hotel Manoir Atkinson
Paseo Atkinson 165, Cerro Concepción, Tel. 327 5425. Schönes Boutique-Hotel im viktorianischen Stil mit nur 7 Zimmern. Frühstück auf der Dachterrasse mit Blick auf die Bucht. Gutes Preis-Leistungsverhältnis, DZ ca. 100 Euro. www.hotelatkinson.cl

B&B Puerto Natura
Héctor Calvo 850, Cerro Bellavista, Tel. 211 2730. Familiär, nur 6 Zimmer mit Ausblick, grüner Terrassengarten, dazu Sauna, Massagen, Schlammbäder und alternative Therapien. DZ ab 110 Euro. www.puertonatura.cl

Hotel Acontraluz
San Enrique 473, Cerro Alegre, Tel. 211 1320. Geschmackvoll restauriertes Boutique-Hotel in warmen Holztönen, dekoriert mit Bildern lokaler Maler. Mit Solarheizung, Panoramaterrasse und Kellerbar, die freundlichen Besitzer bedienen persönlich. 13 unterschiedlich große Zimmer, teils mit Meer-, teils mit Hügelblick. DZ ab 134 Euro. www.hotelacontraluz.cl

Casa Thomas Somerscales
San Enrique 446, Cerro Alegre, Tel. 233 1006. Sehr schön restauriertes ehemaliges Wohnhaus des Malers *Th. Somerscales* (19. Jahrhundert), große Zimmer mit antiken Möbeln und Meerblick, teilweise mit Jacuzzi. DZ 120–185 Euro. www.hotelsomerscales.cl

Zero Hotel
Lautaro Rosas 343, Cerro Alegre, Tel. 211 3113. Boutique-Hotel in einer restaurierten Villa, mit schlichten, geräumigen und geschmackvollen Zimmern, Sonnenterrasse, Jacuzzi und Honesty Bar. DZ ab 195 Euro. www.zerohotel.com

Casa Higueras
Higuera 133, Cerro Alegre, Tel. 320 1379. Elegant dekoriertes Boutique-Hotel mit Panoramaterrasse, großem Garten unter Feigenbäumen, Pool, Jacuzzi, WLAN, Restaurant. DZ ab 185 Euro. www.hotelcasahigueras.cl

Möblierte Wohnungen und Zimmer für längere Aufenthalte (ab 1 Woche) vermittelt ContactChile, die Angebote können auf www.contactchile.de eingesehen und reserviert werden.

Essen und Trinken

Nordwestlich des Zentrums und des Hafens finden sich direkt an der Küste **an der Caleta Membrillo** (ca. 1 km Fußweg von der Plaza Sotomayor) einige gute Restaurants, die Fisch und Meeresfrüchte anbieten. Kein Wunder – hier legen die Fischerboote an. Außerdem zu empfehlen:

Bote Salvavidas
Muelle Prat, am Hafen. Klassisches Fischrestaurant, gut.

Los Porteños
Valdivia 169 und Cochrane 102. Fisch und Meeresfrüchte, preiswert und gut in zwei Lokalen im Hafenviertel.

Via Via
Almirante Montt 217, Cerro Alegre. Kleines Bistro mit gemütlichem Garten und günstigem Mittagsmenü.

Turri
Paseo Gervasoni, Cerro Concepción. Der Klassiker unter den Terrassen-Restaurants, nicht billig.

Le Filou de Montpellier
Almirante Montt 382, Cerro Concepción. Günstiges Mittagsmenü, oft voll.

La Colombina
Paseo Yugoslavo, Cerro Concepción. Geschmackvolle Einrichtung, sehr gutes Essen zu moderaten Preisen, Terrasse mit Hafenblick.

Caruso
Cumming 201, Cerro Cárcel. Schön restaurierte Bar mit netten Details und sehr gutem, preiswertem Essen, nur Sa/So geöffnet.

Malandrino
Almirante Montt 532, Cerro Alegre. Ein echter Italiener in Valparaíso, leckere Pizza aus dem Lehmofen, gemütliche Atmosphäre.

La Concepción
Papudo 541, Cerro Concepción. Erlesene Gerichte (Leserlob) auf schöner Terrasse mit Hafenblick, gehobene Preise.

Corazón Contento
Héctor Calvo 198, Cerro Bellavista. Solide chilenische Küche, Patio mit Lehmofen, Menü ab 10 Euro.

Oda Pacífico
Condor 35, Cerro Florida, Tel. 223 8836. Hochgelobtes Restaurant der Oberklasse mit großer Terrasse, gleich neben der Sebastiana.

Cafés, Kneipen, Nachtleben

El Desayunador
Almirante Montt 399, Cerro Alegre. Üppiges Frühstück in allen Varianten – und zu jeder Tageszeit!

Café del Poeta
Plaza Aníbal Pinto 1181. Romantisch-gemütliches Café mit Buchladen.

chi125 ms

Casa Proa, ein Haus wie ein Schiff

■ **La Belle Epoque**
Papudo 527, Cerro Concepción. Originelle Mischung aus Café, Kunstgalerie und Designerläden in mehreren Stockwerken.

■ **Epif**
Doctor Grossi 268, Cerro Alegre. Nettes vegetarisches Café.

■ **Gato Tuerto**
Héctor Calvo 205, Cerro Bellavista. Schönes Café mit Terrassenblick und WLAN.

■ **Color Café**
Papudo 526, Cerro Alegre. Ausstellungen, vegetarische Küche, guter Tee und Kaffee.

■ **Amor Porteño**
Almirante Montt 418, Cerro Alegre. Gemütliches Café mit Spitzenkaffee und hausgemachten Eissorten.

■ **Café Vinilo**
Almirante Montt 448, Cerro Alegre. Multikulturelle Kneipe, Kunsthandwerk.

■ **Poblenou**
Urriola 476, Cerro Alegre. Sympathische Kneipe, Tapas wie in Barcelona.

Die beliebteste **Ausgehmeile** Valparaísos ist die **Subida Ecuador.** Hier folgt Pub auf Pub, die meisten mit Diskothek bis zum frühen Morgen, natürlich auch einige Nachtclubs für sexhungrige Matrosen. Mehrere stimmungsvolle Bars und kleine gemütliche Kneipen finden sich einen Block weiter westlich in den ebenfalls steil nach oben führenden Gassen **Cumming** und **Almirante Montt.**

Nicht entgehen lassen sollte man sich auch folgende **Kneipen:**

■ **Casino Social J. Cruz**
Condell 1466 casa 11 (Hintergasse). Urige Hafenbar.

■ **Cinzano**
Plaza Aníbal Pinto. Typische, stimmungsvolle Tangobar mit Live-Musik und dem ortstypischen Gericht „Chorrillana".

■ **La Playa**
Cochrane nordwestlich der Plaza Sotomayor. Beliebte Studentenkneipe.

■ **Pajarito**
Salvador Donoso 1433, Nähe Plaza Victoria. Studentenkneipe mit Live-Musik.

Metro

Die moderne Metro Valparaísos ist eigentlich eine **S-Bahn** und verbindet Valparaíso und Viña del Mar sowie die „Schlafstädte" Quilpué, Villa Alemana und Limache. Die Züge verkehren an Wochentagen von ca. 6.30–23 Uhr, am Wochenende von ca. 8–22 Uhr, je nach Tageszeit alle 6–12 Minuten. Für die Strecke Puerto – Viña del Mar benötigt man 14 Min., ein Einzelticket kostet ca. 0,50 Euro.

Flugzeug

Valparaíso besitzt keinen eigenen Flughafen, der nächste befindet sich nördlich von Viña del Mar.

■ **LAN,** Esmeralda 1044.

Überlandbusse

Der zentrale **Busbahnhof** ist auf der Av. Pedro Montt, Ecke Rawson. Busse nach:

■ **Santiago,** alle 10–15 Min., trotzdem kann es So nachmittags Engpässe geben, 2 Std., 4–12 Euro
■ **Concepción,** 9 Std., 12–45 Euro
■ **Pucón,** 12 Std., 11–35 Euro
■ **La Serena,** 8 Std., 8–30 Euro
■ **Mendoza** (Argentinien), 7 Std., ca. 25 Euro, mit Anschluss nach Buenos Aires
■ **Córdoba** (Argentinien), 10 Std., ca. 35 Euro, mit Anschluss nach Buenos Aires

Die **Busse nach Viña del Mar** fahren ständig ab der Plaza Aduana, danach durch die Av. Errázuriz und halten dort an markierten Haltestellen (0,70

Euro). **Colectivo-Taxis** nehmen die selbe Strecke und kosten knapp das Doppelte.

Verschiffung von Fahrzeugen

■ Die beiden lange in der Hafenstadt ansässigen Deutschen **Enzo und Martina** wickeln die Verschiffung von Motorrädern und Jeeps ab, inkl. Unterkunft in ihrem Hostel. Tel. 228 8873. villakunterbuntvalpo.blogspot.com

Spanischkurse

■ **Natalis Language Center,** Plaza Justicia 45, of. 602. Tel. 225 4849. Kleingruppen, auch Einzelunterricht, empfohlen. Buchung von Kurs und Unterkunft auch über ContactChile (www.contactchile.de).

Stadtführungen

■ Nichts geht über einen Stadtbummel mit einem Kenner! Der „deutsche Pirat“ **Michael Arnold** unternimmt persönliche Führungen abseits ausgetretener Pfade. 20–30 Euro p.P., Tel. 09/9948 2504. www.myvalparaiso.cl.

Sonstiges

■ **Funktaxi,** Taxi Valparaíso, Tel. 225 3451 oder 221 4706.
■ **Geldautomaten** in den Banken, Supermärkten und Drogerien im Zentrum.
■ **Hauptpost,** Av. Prat 856.
■ **Telefonzentralen,** Esmeralda 1060, Pedro Montt 2023, Condell 1495 oder am Busbahnhof.
■ **Wäschereien:** Las Heras 554, Pedro Montt 2065.
■ **Buchhandlung:** Die **Librería Ivens** an der Plaza Aníbal Pinto führt touristische Literatur rund um Valparaíso und auch deutschsprachige Zeitungen.

Die Umgebung von Valparaíso

Richtung Süden bis nach Isla Negra 180/A1,2

Südlich von Valparaíso liegen einige beliebte Orte, die aber nicht direkt über eine Küstenstraße zu erreichen sind. Man muss die Stadt zunächst über die Autobahn Richtung Santiago verlassen. Auf der Höhe des **Lago Peñuelas** lädt gen Süden (rechts) eine Stichstraße zu einem Abstecher nach **Quintay** ein, einem Fischerdorf an der Felsenküste, 30 Kilometer vom Abzweig entfernt. In dem verträumten Ort kann man die Ruinen einer alten Walverarbeitungsfabrik besichtigen, zu einem Leuchtturm hinaufsteigen und auf Restaurantterrassen mit Pazifikblick leckere Meeresfrüchte genießen (Busse ab Santiago und Valparaíso).

Zurück auf der Autobahn nach Santiago, kommt man nach 18 Kilometern durch Casablanca (zu den Weingütern im Valle Casablanca siehe „Umgebung von Santiago“). 5 Kilometer weiter zweigt die Straße nach **Algarrobo** ab; bis in den Küstenort sind es weitere 30 Kilometer. Die Kleinstadt, deren wichtigste Gebäude – Kirche und Hafenanlagen – aus dem vorigen Jahrhundert stammen, ist ein beliebter Badeort mit guten Wassersportmöglichkeiten, auch wenn das Wasser nie allzu warm wird. Nördlich des Ortes erstreckt sich **San Alfonso del Mar,** ein riesiger Komplex mit Ferienwohnungen, der auf einen Guinness-Rekord verweisen kann: das **größte**

chi126 ms

Schwimmbad der Welt, eine 1013 Meter lange künstliche Meerwasser-Lagune. Die Anlage ist nicht öffentlich zugänglich, man kann aber vom Strand aus einen Blick darauf werfen.

Gut übernachten kann man im **Residencial Vera** (Alessandri 1521, Tel. 35/248 1131, www.residencialvera.cl, ab 17 Euro p.P.) und sehr schön im familiären **Hotel Medio Mundo** (Alessandri 1579, Tel. 35/248 1772, www.mediomundo.cl, DZ ab 83 Euro). Hier gibt es auch die erlesenste Küche der Stadt.

Am Strand von Algarrobo mit Blick auf den Ferienkomplex San Alfonso del Mar

Etwa 4 Kilometer südlich von Algarrobo liegt **El Quisco,** ein weiterer kleiner Badeort, im Sommer überlaufen und ordentlich teuer, außerhalb der Saison aber ruhig.

Isla Negra (Schwarze Insel) ist gar keine Insel, sondern ein Fischerdorf bei El Quisco, 80 Kilometer von Valparaíso entfernt. Gleichzeitig ist es ein Wallfahrtsort, denn in Isla Negra steht das größte und schönste der drei Häuser des Dichters **Pablo Neruda,** Anziehungspunkt für Literaturbegeisterte, für Liebespaare, die sich zu Tausenden auf dem Holzzaun des Hauses verewigt haben, und für spleenige Architekten. Hausherr *Neruda* hatte nicht nur eine überschäumende Sprache, sondern eine ebensolche Fantasie bei der Gestaltung seiner Häuser. Die **Architektur** folgte seinen plötzlichen Launen: Bald wurde hier ein

Fenster eingesetzt, bald da ein Raum erweitert und dort wieder eine Durchsicht zugemauert; dann musste woanders ein neuer Pavillon errichtet und ein Türmchen angebaut werden, das wieder mit dem Hauptgebäude durch eine Treppe oder einen Gang verbunden werden musste. *Neruda* beschäftigte einen Zimmermann wie andere Leute eine Putzfrau. So entstand ein phantasievolles Gebilde, halb Einfamilienhaus, halb Schlösschen, aus Naturstein und Holz gebaut, mit großen Fenstern, durch die man sieht, wie sich die Pazifikwellen schäumend auf den großen Steinen am Ufer brechen und die Strandspaziergänger in feine Gischtwolken hüllen. Im Garten ist der Dichter beigesetzt, sein Grabstein schaut auf das Meer.

Im **Innern des Hauses** findet sich ein atemberaubendes Sammelsurium: Muscheln aus aller Herren Länder, dazu Buddelschiffe und Galionsfiguren, die *Neruda* auch in Gedichten besang. Berührungsängste mit dem Kitsch hatte der Dichter nie. „In meinem Haus habe ich kleine und große Spielzeuge zusammengetragen, ohne die ich nicht leben könnte“, schreibt *Neruda* in seinen Memoiren „Ich bekenne, ich habe gelebt“.

Das Haus kann nur im Rahmen von **Führungen** (auch auf Englisch) besichtigt werden (geöffnet Di bis So von 10–18 Uhr, im Sommer bis 20 Uhr, Eintritt 8 Euro). An Wochenenden und im Hochsommer ist mit Wartezeiten zu rechnen, auch Einzelbesucher sollten sich anmelden (Tel. 35/246 1284).

■ Übernachten kann man schön im **Hotel La Candela,** Calle de la Hostería 67, Tel. 35/246 1254, dessen Besitzerin gern folkloristische Lieder zum Besten gibt. DZ ab 80 Euro. www.candela.cl

■ **Pullman-Bus** fährt alle 30 Min. vom Terminal de Buses Alameda in Santiago nach Isla Negra (8 Euro). Man kann das Neruda-Haus also auch problemlos in einem Tagesausflug von Santiago aus besuchen.

Cartagena 180/A2

Cartagena ist der **größte Badeort südlich von Valparaíso.** Seine Karriere startete im 19. Jahrhundert. Damals war der Ort sehr exklusiv, einigen alten Villen ist das noch heute anzusehen. Ab 1919 wurde das Seebad dann populär – die Eisenbahnlinie von Santiago war fertig gestellt worden. Heute kommen die meisten Besucher – Cartagena ist ein beliebtes Ziel der unteren Mittelschicht – mit dem Bus, die Fahrzeit von Santiago beträgt knappe 2½ Stunden. Im Sommer ist Cartagena von Touristen überlaufen.

■ **Mehrere preiswerte Hotels** an der Playa Chica, u.a. das **La Bahía** (mit gutem Restaurant, Tel. 35/245 0534, 16 Euro p.P.) und das **Biarritz** in ähnlicher Preislage.

■ Sehr gut ist laut Leserzuschrift das **Restaurant Baleares,** Los Suspiros 518, Tel. 35/245 0650. Es liegt direkt am Strand, es gibt riesengroße Portionen (v.a. Fisch), und auch einige preiswerte Zimmer werden vermietet.

■ 5 km nordöstlich von Cartagena liegt der kleine Ort **Lo Abarca** mit dem für seine herausragenden Weißweine ausgezeichneten Boutique-Weingut **Casa Marín.** Neben Führungen und Weinproben, die im Voraus reserviert werden müssen, wird auch Übernachtung und die Gelegenheit zu einem Mittagsessen im Familienkreis der Besitzer angeboten. Tel. 2334 2986. www.casamarin.cl

San Antonio 180/A2

San Antonio lohnt besonders den Besuch am Wochenende. Sonntag vormittags ist der **Fischmarkt** am Hafen überlaufen von Menschen. Die bestaunen die riesigen Berge an Meeresgetier, das hier frisch angelandet und an Ort und Stelle ausgenommen und gewaschen wird. In dicke Wollpullover und Regenjacken gehüllte Fischer stehen bis zum Rand ihrer Gummistiefel in frisch gefangenem Fisch. Ab und zu liegt auch ein Hai unter all dem *congrio* (Seeaal), *merluza* (Seehecht) oder *corvina* (Seebarsch). Frisch zubereitet kann man all die Meerestiere in einem der kleinen Restaurants direkt am Hafen genießen. Gleich daneben räkeln sich Seelöwen auf den Felsen, während Pelikane sich um die Fischabfälle zanken.

Der größte Hafen Chiles kann in einer etwa einstündigen **Bootsrundfahrt** erkundet werden (ca. 3 Euro).

- San Antonio besitzt sehr gute **Busverbindungen** nach Valparaíso und Santiago. Der Busbahnhof liegt etwa 1 km südlich des Fischereihafens.
- Abends bevölkern sich Hafen und Stadt mit allerlei zwielichtigen Gestalten und Prostituierten. **Von einer Übernachtung in San Antonio wird** daher **abgeraten.**

▷ Die Uferpromenade in Viña del Mar

Viña del Mar 180/A1

Viña del Mar, etwa genauso groß wie die Nachbarstadt Valparaíso, besitzt weder einen großen Hafen noch Industrie – dafür **Wohnpaläste, Parks,** ein **Spielkasino** und einen schönen **Sandstrand,** weswegen es von Beginn an **eines der beliebtesten Seebäder Chiles** war. Heute verbringen hier etwa eine Million Sommergäste aus Chile, aber auch aus anderen südamerikanischen Ländern (v.a. Argentinien), ihre Ferien. Bietet der Ort außerhalb der Saison das Bild einer normalen, für lateinamerikanische Verhältnisse schmucken Großstadt, so ändert sich das von Dezember bis Februar gewaltig: Dann platzt Viña, wie die Stadt meist kurz genannt wird, aus allen Nähten, und der Urlauber muss sein Zimmer lange vorbestellt haben und tief in die Tasche greifen.

Viña del Mar entstand erst vor etwa 120 Jahren aus einem großen Weingut *(viña).* In den letzten Jahrzehnten hat sich Viña del Mar von der reinen Sommerfrische zu einer modernen **Geschäftsstadt** entwickelt. Die gute Infrastruktur – kurze Verbindungen zur Hauptstadt und zu den wichtigsten Häfen des Landes – macht die sogenannte Gartenstadt auch für viele Firmen attraktiv. Heute leben hier rund 300.000 Menschen.

Sehenswertes

Das **Stadtzentrum** erstreckt sich um die Plaza José Francisco Vegara, südlich des meist trockenen Flussbetts des Marga Marga. Im Norden wird die Plaza von der Av. Arlegui, im Süden von der Av. Valparaíso begrenzt, diese beiden Achsen sind die wichtigsten Geschäftsstraßen der Stadt. Einen Block südlich der Av. Valparaíso verläuft die S-Bahnlinie, an den benachbarten Straßen stehen die ältesten Villen Viñas.

Wieder einen Block südlich erstreckt sich das Gelände der **Quinta Vergara,** eine wunderschöne Parkanlage, in der im ehemaligen Palacio der Familie Vergara heute das **Museo de Bellas Artes** (europäische und chilenische Kunst, Di bis So 10–13.30 und 15–17.30 Uhr, Eintritt 2 Euro) untergebracht ist. Nahebei liegt das Amphitheater, in dem jedes Jahr im Februar das **Festival Internacional de la Canción** stattfindet. Bei diesem Popmusik- und Schlagerfestival treten die wichtigsten und kitschigsten Latino-Sänger, aber auch internationale Größen wie *Sting* auf.

Nördlich des Flüsschens Marga Marga, in der Calle 4 Norte, etwa auf der Ecke 1 Oriente, steht eines der wichtigsten Museen Chiles: Das **Museo Arqueológico Fonck** zeigt hervorragenden Silberschmuck der Mapuche, ist aber vor allem auf Kultur und Geschichte der **Osterinsel** spezialisiert; nicht zufällig wird der Besucher von einem echten Moai empfangen. Hier finden sich mehr Kultur- und Kunstgegenstände von der Insel als im Museum dort. Auch besitzt es die wahrscheinlich größte Bibliothek mit Karten, Literatur und Dokumenten zur mysteriösen Insel (Di bis Sa 10–18 Uhr, So 10–14 Uhr, Eintritt 3 Euro).

Folgt man der Calle 4 Norte drei Blocks nach Osten, gelangt man zum **Palacio Rioja** (Quillota 214), dem Wohnhaus einer reichen Familie vom Beginn des 20. Jahrhunderts. Es ist heute als Museum eingerichtet, das veranschau-

chi13-021 ms

Viña del Mar
0
400 m
Übernachtung
5 Hotel Cantamar
6 Hotel Albamar
7 Hotel del Mar
10 Capric
11 Offenbacher Hof
12 Casa Olga
Essen und Trinken
1 La Dolce Vita
2 Armandita
3 Delicias del Mar
4 El Sibarítico
8 Divino Pecado
9 Cap Ducal
13 Journal
14 Margarita
15 Las Gaviotas
PAZIFISCHER OZEAN
Reñaca, Concón
Sonnenuhr
Playa Mirasol
Muelle Vergara
Playa Acapulco
Av. San Martín
Av. Peru
Casino
Plaza México
Puente Casino
Av. Marina
Castillo Wulff (Museum Salvador Reyes)
Blumenuhr
Av. España
Miramar
Valparaíso
RECREO
Agua Santa
Santiago
Estero Marga Marga
Av. Arlegui
Av. Valparaíso
Viana
Alvarez
Ecuador
Traslaviña
Villanelo
Echevers
Quinta
Errázuriz
Plaza Vergara
Plaza Sucre
Viña del Ma
Puente Liberta
Palacio Vergara (Museum der Schönen Künste)
Anfiteat
Quinta Vergar
Archäol. und hist. Museum
Avenida Libertad
Mall Mar Arauc
15 Norte
14 Norte
13 Norte
12 Norte
11 Norte
10 Norte
9 Norte
8 Norte
7 Norte
6 Norte
5 Norte
4 Norte
3 Nor
2 Norte
1 Norte
1 Poniente
2 Poniente
3 Poniente
4 Poniente
5 Poniente
6 Poniente

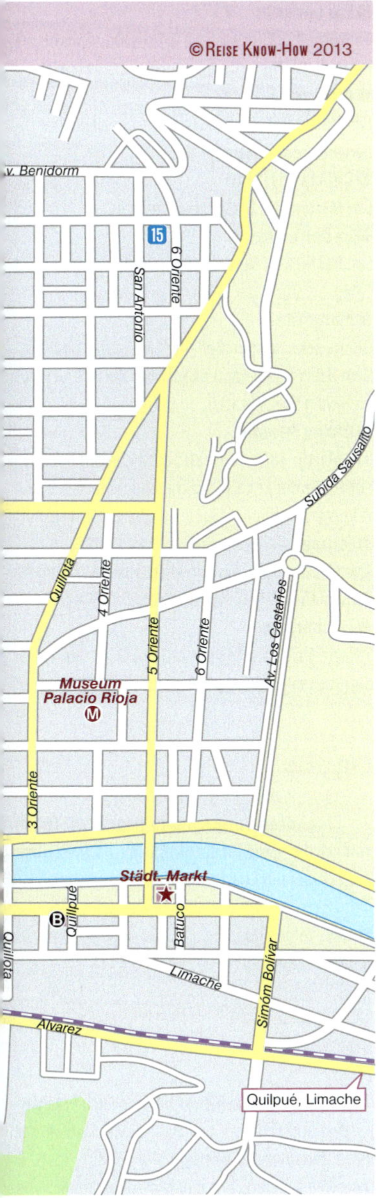

licht, wie gut die chilenische Oberschicht damals lebte (Di bis So 10–13.30 und 15–17.30 Uhr).

Wichtigste Landmarke am Pazifikufer ist der leicht bizarre Bau des **Castillo Wulff.** In dem 1906 errichteten Wohnschloss des deutschstämmigen Salpeterbarons *Gustavo Adolfo Wulff* ist heute die den Weltmeeren gewidmete Sammlung des Romanciers *Salvador Reyes* (1899–1970) untergebracht (Di bis So 10–13 und 15–17.30 Uhr).

Überquert man den Estero auf der nächsten Brücke und läuft weiter an der Strandpromenade entlang, passiert man die Parkanlage Plaza Colombia mit dem Spielkasino darin und erreicht dann die ersten größeren Strände: **Playa Acapulco** und **Playa Mirasol,** getrennt durch den **Muelle Vergara,** einen baufälligen Landungssteg. Die Apartmenthochhäuser reichen hier fast bis ans Wasser.

Anschließend passiert man die **Sonnenuhr,** eines der Wahrzeichen von Viña, dann folgen weitere Strände, die nach Norden zu sauberer werden: Die besten und beliebtesten sind die von Reñaca und Concón, beide per Auto oder Bus zu erreichen; die Busse Nr. 9 und 10 fahren halbstündig ab der Avenida Libertad zwischen der Calle 2 und der Calle 3 Norte bis Concón.

Praktische Tipps

Touristeninformation

- **Vorwahl von Viña del Mar: 32**
- **Sernatur,** Av. Valparaíso 507, of. 305, an der Plaza Vergara, Tel. 288 2285.
- **Conaf (Nationalparks),** 3 Norte 541, Tel. 232 0210.

Unterkunft

■ **Capric**
Dr. von Schroeders 39, Tel. 297 8295. Alle Zimmer mit Bad und TV, laut wegen der Straße. DZ ca. 40 Euro.

■ **Cantamar Hotel**
5 Norte 230, Tel. 247 1010. Modern, gut geführt, in Strandnähe, Leserempfehlung. DZ ab 50 Euro. www.cantamar.cl

■ **Offenbacher Hof**
Balmaceda 102, Cerro Castillo, Tel. 262 1483. Deutschsprachig, familiär, teilweise renovierte Zimmer mit schöner Aussicht, Terrasse. DZ mit Bad und sehr gutem Frühstück 66 Euro. www.offenbacher-hof.cl

■ **Casa Olga**
18 de Septiembre 31, Recreo, Tel. 318 2972. Hochgelobtes, familiäres B&B nahe der Uferstraße mit schönen Zimmern und freundlichen Besitzern. DZ 58 Euro. www.casa-olga.com

■ **Albamar**
San Martín 419, Tel. 297 5274. Preiswerte Mittelklasse neben dem Kasino, DZ je nach Größe 45–80 Euro. www.hotelalbamar.cl

■ **Hotel del Mar**
Av. Perú Ecke Los Héroes, Tel. 600/700 6000. Luxus auf der Seeseite des Kasinos. Mit beheiztem Panoramapool im 8. Stock, „Health Centre" und schicken Restaurants. DZ ab 190 Euro. www.hoteldelmar.cl

■ **Möblierte Apartments (auch Ferienwohnungen) und Zimmer für längere Aufenthalte** (ab 1 Woche) vermittelt ContactChile, die Angebote können auf der Website www.contactchile.de eingesehen und reserviert werden.

Essen und Trinken

■ **Cap Ducal**
Marina 51, wundervolle Lage, die mit bezahlt wird. Erlesene Fischspezialitäten.

■ **Las Gaviotas**
14 Norte 1248 (etwa Ecke 6 Oriente). Chilenische Küche, nicht teuer.

■ **Armandita**
San Martín 501. Große Portionen, vor allem Fleischgerichte, recht preiswert.

■ **Delicias del Mar**
San Martín 459. Fisch, Meeresfrüchte.

■ **La Dolce Vita**
San Martin 640. Nettes italienisches Restaurant und Café.

■ **Margarita**
Quinta Ecke Arlegui. Beliebtes Restaurant mit großem Balkon, lateinamerikanischer Küche und polynesischen Spezialitäten.

■ **Divino Pecado**
San Martín 180. Wahrhaft „göttliche Sünden" (so der Name des Lokals) mit italienischem Touch und seltenen Fischen.

■ **Journal**
Agua Santa 12. Preiswerte Mittagsmenüs, lebhafte Bar am Abend. Nebenan peruanisches Essen.

■ **El Sibarítico**
5 Norte 147. Sandwiches und Hot Dogs, angeblich die größten *completos* Chiles.

Flugzeug

Der **Flughafen Torquemada** liegt etwa 15 km nördlich der Stadt auf der Strecke nach Concón, hier fliegen aber nur Chartermaschinen.

■ **LAN,** Valparaíso 276.
■ **Sky,** Ecuador 78.

Überlandbusse

Der **zentrale Busbahnhof** befindet sich Ecke Valparaíso und Quilpué, nur zwei Blocks östlich der Plaza. Busse nach **Santiago** alle 15 Min., ca. 3–6 Euro. Alle anderen Ziele und Fahrzeiten ähnlich wie ab Valparaíso (s. dort). Die Busse nach **Valparaíso** fahren alle paar Minuten durch die Avenida Arlegui, sie tragen oft das Signet „Aduana" oder „Puerto" (0,70 Euro).

Sonstiges

- **Geldautomaten** in den Banken im Zentrum, z.B. auf der Av. Valparaíso.
- **Post** an der Plaza Vergara.
- **Telefonzentralen,** z.B. 14 Norte 1184, Av. Valparaíso 628.
- Zur **Metro** siehe bei Valparaíso.

Die Umgebung von Viña del Mar

Die Badeorte im Norden 180/A1

An der Küstenstraße nach Norden reiht sich ein Badeort an den nächsten. **Reñaca** und **Concón** sind quasi mit Viña del Mar zusammengewachsen, dann folgt ein rund 10 Kilometer langes Dünenband zwischen Concón und Ritoque.

- Leser empfehlen Ausritte in den wüstenhaften Dünen und am Strand mit der englischsprachigen **Agentur Ritoque Expediciones,** halber oder ganzer Tag ab Concón. www.ritoqueexpediciones.cl

Weiter nordwärts folgen Orte wie **Quintero** (35 km von Viña del Mar), ein Strandbad und wichtiger Jachthafen, und **Horcón** (40 km). In beiden Orten gibt es einfache Unterkünfte und vor allem Cabañas.

Weiter geht es ins sympathische **Maitencillo** (53 km) mit vollen Stränden im zentralen Teil des Ortes (gute Restaurants am Fischerhafen) und einsamen Felsenstränden weiter südlich. Vom Cerro Tacna schwingen sich Gleitschirmflieger in die Lüfte und schweben die Küste entlang – ein besonderes Erlebnis, das auch Unerfahrene als „Passagier" eines Tandemflugs genießen können.

- **Parapente Aventura,** Tel. 09/9547 5955, 15 Min. 50 Euro. www.parapente-aventura.cl
- Übernachten kann man sehr schön im familiären, idyllischen **Portal del Sol** direkt an der Steilküste. Tel. 32/277 0239, DZ ab 75 Euro. www.portaldelsol.cl

Über **Cachagua** (zahlreiche Ferienwohnungen, schöner Strand und eine Pinguininsel) gelangt man weiter nach **Zapallar** (68 km), ein distinguiertes Seebad mit italienischem Flair. Hier lässt es sich im **Restaurant Chiringuito** gut essen und von der Terrasse den Fischern und Tauchern zusehen.

- Leser empfehlen das familiäre **Restaurant Zapallar,** Januario Ovalle 137.
- Als gediegene Übernachtungsmöglichkeit bietet sich das **Hotel Isla Seca** an, Tel. 33/274 1224, DZ ab 150 Euro.

10 Kilometer weiter, immer entlang einer wilden Felsenküste, ist der vorerst letzte Badeort erreicht: In **Papudo** zeugen ein paar ältere Gebäude von den Gründerzeiten, mittlerweile machen sich auch hier Betonklötze mit Ferienwohnungen breit.

Alle Orte werden mehrfach täglich von **Bussen** aus Viña del Mar und Santiago angefahren.

Parque Nacional La Campana 180/A,B1

Der Nationalpark, der etwa 8000 Hektar umfasst, wurde 1967 eingerichtet, um große Bestände an **Roblewäldern** *(Nothofagus obliqua)* zu schützen. Es handelt sich um eine „biologische Insel", die mit Bäumen wie dem Roble Spezies beherbergt, die eigentlich für Südchile typisch sind und erst ein paar hundert Kilometer weiter südlich auftreten. Außerdem gedeiht hier die **Chilenische Palme** *(Jubaea chilensis)*. Sie wird bis zu 25 Meter hoch, ihr Stamm erreicht einen Durchmesser bis zu 1½ Metern. In vielen anderen Gebieten ist diese Palmenart nahezu ausgestorben, denn die Palme produziert einen beliebten Sirup (*miel de palma*, Palmenhonig), der nur gewonnen werden kann, wenn man dem Baum die Spitze abschlägt und die Rinde abzieht. Danach ist der Baum nicht mehr lebensfähig.

Der Nationalpark erstreckt sich etwa 40 Kilometer östlich von Viña del Mar und 110 Kilometer nordwestlich von Santiago in der Küstenkordillere. Im Zentrum ragt der 1910 Meter hohe Zacken des **Cerro La Campana** auf. Er ist in einer etwa siebenstündigen Wanderung vom Parkeingang in Granizo aus zu besteigen (Hin- und Rückweg). Der Weg führt steil bergan, der Ausblick von oben ist bei klarem Wetter spektakulär: auf der einen Seite der Pazifik, auf der anderen die Andenkette mit dem Massiv des Cerro Aconcagua.

Der Park – einer der schönsten Mittelchiles – wird vom Cerro La Campana in **zwei** ganz **unterschiedliche Hälften** geteilt: Auf der Süd- und Ostseite wächst dichter (Roble-)Wald, auf der Nordseite ist die Vegetation lichter, und die hohen Chile-Palmen und Säulenkakteen bestimmen das Bild. Die **Südseite** ist von Viña aus zu erreichen. Busse fahren etwa halbstündlich bis nach Olmué (knappe 2 Std., ca. 2 Euro), von dort geht es mit Colectivos nach Granizo, die letzten 2 bis 3 Kilometer bis zu den **Parkeingängen Granizo** und **Cajón Grande** muss man zu Fuß gehen.

Der Zugang zum **nördlichen Parkteil** erfolgt von Viña über La Calera oder von Santiago aus. Busse von dort nach Norden muss man in Ocoa, etwa 8 Kilometer vor Hijuelas, verlassen und die restlichen 12 Kilometer bis zum Parkeingang zu Fuß, per Autostopp oder mit dem Taxi zurücklegen.

In beiden Parkteilen gibt es **Campingplätze** ohne viel Komfort, der Eintritt kostet 3 Euro. **Beste Besuchszeit** sind Frühjahr und Herbst, im Sommer kann es besonders im Nordteil ordentlich heiß werden.

■ Bei **Villa Alemana,** auf halbem Weg zwischen Viña del Mar und Olmué, betreibt eine gastfreundliche deutsche Familie einen Öko-Bauernhof mit Pferden. **Campesano** liegt idyllisch in einem Tal der Küstenkordillere, mit Zugang zu einem weitläufigen Reservat mit Kakteen und Naturwald. Dies ist der richtige Ort, um einen oder mehrere Tage mit der Familie zu verbringen: Ausritte und Reitstunden, Tiere füttern (Hühner, Enten, Schafe, Kühe), Mittagessen vom Grill, Pool. Auch Unterkunft ab 22 Euro p.P. in der Mehrbetthütte, Zimmer im Haupthaus (65 Euro) und Cabañas bis 6 Pers. Bellavista 4104, Quebrada Escobares, Tel. 09/5626 8402. www.campesano.com

Rancagua 180/B3

Verlässt man Santiago de Chile auf der **Panamericana Richtung Süden** und hat man den Río Maipo überquert, an dem die Stadt endgültig ihre Grenze gefunden hat, gelangt man in den chilenischen „Obst- und Weingarten". Die **zentrale Ebene zwischen Küstenkordillere und den Andengipfeln** ist das wichtigste Anbaugebiet des Landes – stundenlang dasselbe Panorama: Obstplantage, Rebgarten, Obst und Wein, Wein und Obst, dahinter die Kette der Anden. Zwischendrin hässlich große Wellblechlagerhallen, denn irgendwo muss ja das **Obst** verpackt werden, das tonnenweise per Flugzeug in die Supermärkte der Nordhalbkugel gelangt. Versteckt, weitab der Straße, liegen die hochherrschaftlichen Landgüter der Plantagenbesitzer.

Ein wichtiges Zentrum dieses agrarisch geprägten Landes ist Rancagua, die **Hauptstadt der Region** mit dem langen Namen „Libertador General Bernardo O'Higgins", kurz O'Higgins. Die Region erhielt diesen Namen nicht, weil der Befreier *O'Higgins* hier seinen größten Sieg über die Spanier feiern konnte, nein: Sie war der Ort der größten **Niederlage.** Anfang Oktober 1814 wurden **O'Higgins** und seine 1700 Mann im heutigen Rancagua von etwa 4500 königstreuen Spaniern eingeschlossen und vernichtend geschlagen. *O'Higgins* entkam nach Mendoza in Argentinien. Doch gab der spanische Sieg dem Ende der Kolonialherrschaft nur einen kurzen Aufschub.

Heute hat das 1743 gegründete Rancagua über 210.000 Einwohner. Man lebt von der Versorgung der Landwirtschaft und des Bergbaus – nur 50 Kilometer von der Stadt entfernt liegt die große Kupfermine El Teniente.

Sehenswertes

Viel zu sehen gibt es nicht. Auf der zentralen, baumbestandenen **Plaza de los Héroes** grüßt natürlich *Bernardo O'Higgins* hoch zu Ross. Am Südende der Plaza steht die **Kathedrale,** die erst 1861 gebaut wurde. Von den wenigen Häusern in der Stadtmitte, die die Schlacht von 1814 überstanden, finden sich zwei in der Calle Estado (Ecke Ibieta), die am Südende der Plaza abzweigt: das **Museo Regional Histórico** (Estado 685) und die **Casa del Pilar de Esquina,** das „Haus mit der Ecksäule". Das weiß getünchte Lehmziegelhaus des Museo Regional ist das Musterbeispiel eines kolonialen Gebäudes der spanischen Ära. Zu sehen ist vorwiegend religiöse Kunst der Kolonialzeit, hinzu kommen Einrichtungsgegenstände und natürlich eine O'Higgins-Abteilung (Di bis Fr 10–18, Sa, So 9–13 Uhr). Die gegenüberliegende Casa del Pilar de Esquina hat dieselben Öffnungszeiten und wartet ebenfalls mit kolonialem Interieur auf.

An der Estado Ecke Cuevas steht die **Iglesia de la Merced.** Die Kirche aus dem frühen 18. Jahrhundert war in der Schlacht von Rancagua das Hauptquartier von *O'Higgins.*

Rodeo

Rancagua ist die Stadt der Rodeos. Jährlich Ende März/Anfang April, die genauen Termine schwanken von Jahr zu Jahr, finden hier die chilenischen Meisterschaften im Rodeo-Reiten statt, traditionell in einer halbmondförmigen Arena *(medialuna)*. Anders als beim bekannten nordamerikanischen Rodeo geht es darum, mit dem eigenen Pferd Geschicklichkeit und gute Dressur zu beweisen.

Für jede Übung werden Punkte vergeben. Es beginnt mit einer Dressurübung: Schrittgang mit losem Zügel, angaloppieren aus dem Stand mit anschließendem Galopp durch die gesamte Arena, und dieser Galopp muss mit einem direkten Stillstand und einer Wende auf den Hinterbeinen abschließen, der nächste Galopp muss direkt folgen. Wenn das Pferd richtig aufgedreht ist, muss es stillstehen. Stillstehen, während der Reiter absteigt, einige Schritte macht, wartet und wieder zum Pferd zurückkommt – die ganze Zeit stillstehen, ohne auch nur mit einem Huf zu zucken. Danach müssen je zwei Reiter versuchen, einen aufgeputschten Stier nur mit dem Pferd, ohne Peitsche oder Lasso, an einen bestimmten Punkt in der Arena zu treiben. Die beiden müssen schnell und sicher mit ihren Pferden umgehen und gut zusammenarbeiten: Während der eine den Stier nach vorne treibt, muss der andere versuchen, ihn schräg an den festgelegten Punkt an der halbmondförmigen Einzäunung zu drängen – alles im Galopp.

Dabei ist nicht egal, wie das passiert. Es gibt Punkte für **Stil und Aussehen:** Der breitkrempige Hut darf natürlich nicht runterfallen, das weiße Hemd und der Poncho dürfen nicht verdrecken, die Stiefel werden vorher gewienert und die Sporen poliert. Auch darf nicht zu brutal mit den Pferden oder dem Stier umgegangen werden – Eleganz wird mit Pluspunkten belohnt. Die Sieger sind Helden – bei lokalen Rodeos für den Tag in ihren Dörfern, beim landesweiten Rodeo von Rancagua in ganz Chile. Schließlich wird das Spektakel auch im Fernsehen übertragen – dann fehlt aber die **Atmosphäre:** Es fehlen die Zuschauer mit ihren breitkrempigen Hüten, die Huasos (vgl. Exkurs „Huasos y Rotos"), die stolz ihre Stiefel, Sporen und Ponchos zeigen, das Wetten am Rande, und es fehlen die aufgeregten Pferde ebenso wie die stolzen Besitzer.

chi11-037 ms

Praktische Tipps

Touristeninformation

- **Vorwahl von Rancagua: 72**
- **Sernatur,** Germán Riesco 277, Tel. 223 0413, zwei Blocks östlich der Plaza.
- **Informationskiosk** in der Fußgängerzone.
- **Conaf (Nationalparks),** Cuevas 480, Tel. 220 4600.

Unterkunft/Essen und Trinken

- **Hotel Palace**
Calvo 635, nahe Bahnhof, Tel. 222 4104. Einfach, winzige Zimmer. DZ ab 41 Euro.
- **Hotel Rancagua**
Av. San Martín 85, Tel. 223 2663. Ruhig und schön. DZ mit Bad ca. 63 Euro. www.hotelrancagua.cl
- **Hotel Turismo Santiago**
Av. Brasil 1036, Tel. 223 0860. Zentral, ruhig und freundlich. DZ ab 81 Euro.
h.santiago@entelchile.net
- Einige durchschnittliche Restaurants auf dem **Paseo Independencia** oder in der **Av. San Martín.** Ein Tipp ist das **Torino** (Manuel Montt 0160), hier kann man zum Sekt frische Austern schlürfen.

Überlandbusse

Der **Terminal de Buses Rodoviario** ist auf der Av. Viña del Mar, direkt gegenüber der Markthalle. Busse u.a. nach:

- **Santiago,** 70 Min., ca. 2 Euro
- **Chillán,** 4 Std., ca. 5 Euro
- **Los Angeles,** 5 Std., ca. 7 Euro
- **Puerto Montt,** 12 Std., ca. 15 Euro

Tur Bus hat einen eigenen Terminal an der O'Carrol Ecke Calvo.

Bahn

Der **Bahnhof** befindet sich an der Av. Viña del Mar zwischen O'Carrol und Pinto. Es gibt etwa zehn Nahverkehrszüge zwischen Rancagua und Santiago am Tag, außerdem hält der Fernzug von Santiago nach Chillán hier. Fahrpläne unter www.terrasur.cl.

Die Umgebung von Rancagua

El Teniente und Sewell 180/B3

Chile besitzt zwei rekordträchtige Kupferminen: Chuquicamata im Norden ist die größte überirdische (offene) **Mine** der Welt, El Teniente bei Rancagua die größte unterirdische – **2200 Kilometer Schächte** sollen **unter der Erde** entlangführen. Die Mine gehörte ursprünglich nordamerikanischen Eigentümern. Sie wurde wie alle anderen großen Bergwerke von der Unidad Popular verstaatlicht.

Die einzigartige Mine, die den **Cerro Negro** 55 Kilometer nordöstlich von Rancagua von innen aushöhlt, kann besichtigt werden. Dabei wird man durch die „unterirdische Stadt" geführt, sieht die Käfigfahrstühle und die gewaltigen Gesteinsmühlen. Die Hochöfen sind leider tabu; dafür führt die Tour auf über 2100 Meter Höhe in die **einstige Bergarbeiterstadt Sewell,** die unter Denkmalschutz steht und seit 2006 zum UNESCO-Welterbe gehört. Damit wurde der kulturgeschichtliche Wert dieser einzigartigen Siedlung gewürdigt, in der einst bis zu 15.000 Menschen wohnten.

Gegründet wurde das Camp 1905 von dem US-Amerikaner *William Braden*, dessen Braden Copper Co. die Schürfrechte für El Teniente erworben hatte. In Sewell gibt es keine Straßen, nur eine große, breite Treppe, welche die bunt gestrichenen Gebäude untereinander und mit der Eisenbahnstation verbindet. Hier war alles vorhanden: Läden, Schulen, Krankenhaus, Sportplätze und sogar ein beheiztes Schwimmbad. Lage und Ausstattung der Gebäude lassen klar die Klassentrennung in „Gringos" (US-Amerikaner), Angestellte und Arbeiter erkennen. Die Gringos brachten strenge puritanische Regeln mit: Alkohol war verboten, ebenso Lebensgemeinschaften ohne Trauschein. Zugleich garantierten sie eine gute Schulbildung und Versorgung; der Lebensstandard der Arbeiter war für chilenische Verhältnisse hoch. In den 1970er Jahren wurden die Bewohner wegen der hohen Versorgungskosten nach Coya und Rancagua umgesiedelt.

■ Die **Führung** (nur auf Spanisch) wird von der Agentur VTS organisiert und findet nur Sa/So statt. Von Santiago fährt der Bus um 9.15 Uhr ab Plaza Italia (Hotel Príncipe de Asturias), ab Rancagua um 10.30 Uhr vom Jumbo-Supermarkt. Die Tour durch El Teniente und Sewell kostet 42 Euro ab Rancagua und 50 Euro ab Santiago (Studenten 33/42 Euro), das Mittagessen in der Minenkantine 8 Euro extra. Um 18 Uhr ist man zurück in Rancagua, um 19.15 Uhr in Santiago. Tel. 72/295 2692. www.vts.cl

Im Colchagua-Tal – Seilbahn auf der Viña Santa Cruz

Weinprobe in der Viña Lapostolle

chi13-022 ms

Reserva Nacional Río Los Cipreses 180/B3

Das 37.000 Hektar große Naturschutzgebiet erstreckt sich vom Vorgebirge bis zu den fast 5000 Meter hohen Gipfeln der Anden. Es wartet mit schneebedeckten Gipfeln, sanft ausgeschliffenen Gletschertälern, türkisfarbenen Bergseen und Wasserfällen auf. In den wenigen vom früheren Raubbau verschonten Zypressenwäldern leben Füchse und Wildkatzen *(Colo Colo),* in den höheren Lagen Guanacos und jenseits der Baumgrenze, in großen Steinfeldern, Vizcachas. Am Himmel kreisen Kondore.

Das wunderbare Naturschutzgebiet hat nur einen großen Nachteil: Es ist **schwer zugänglich.** Die letzte Busstation ist Coya, von dort sind es noch 21 Kilometer bis zum Beginn der Schutzzone. Es gibt keinerlei öffentlichen Transport, mit Glück erwischt man einen Lift. Im Park existieren zwei Zeltplätze und verschiedene Wanderwege. Direkt am Eingang (Eintritt 3 Euro) gibt es in einem Bauernhof einen kleinen Laden.

■ Nähere **Informationen** bei Conaf unter Tel. 72/229 7505, rrcipres@conaf.cl bzw. im Büro in Rancagua (s. dort).

Valle de Colchagua 180/A3

Zwischen **San Fernando** (53 km südlich von Rancagua) und dem Provinzstädtchen **Santa Cruz** (40 km weiter westlich) erstreckt sich das **beste Weinan-**

chi11-005 ms

baugebiet des Landes. Die Mehrheit aller international preisgekrönten chilenischen Tropfen stammen aus dem Colchagua-Tal, wobei der Begriff „Tal" eher in die Irre führt: Es handelt sich um weitläufige Anbauflächen zu beiden Seiten des Río Tinguiririca, der eine flache Ebene aufgeschwemmt hat. Hier, im Herzen der Zentralzone, knallt die Sonne von November bis März unbarmherzig und garantiert kräftige, vollmundige, hochprozentige Weine.

Die meisten der rund 20 Weingüter können besichtigt werden. In den letzten Jahrzehnten haben die Viñas Millionen Dollar in touristische Infrastrukturmaßnahmen investiert. Dazu gehört u.a. die rustikale, teils als Museum gestaltete **Viña Viu Manent,** wo die Besucher mit Kutschen durch die Weingärten gefahren werden (mehrfach täglich, 26 Euro, Tel. 72/285 8751, www.viumanent.cl). Ein architektonisches Meisterwerk ist die moderne, in einen Hügel hineingebaute Bodega Clos Apalta der **Viña Lapostolle,** in der der Most ohne Pumpen, nur per Schwerkraft hinunter in den Weinkeller gelangt. Hier kann man in stimmungsvoller Atmosphäre die Spitzenweine „Clos Apalta" und „Bororo" verkosten (mehrfach täglich, 33 Euro, Tel. 72/295 3360, www.casalapostolle.com). Auch in der **Viña Montes,** berühmt für ihre Spitzenweine „Alpha" und „Alpha M", besichtigt man eine architektonisch ausgeklügelte Anlage und probiert erlesene Tropfen mit wunderbarer Aussicht auf die Weinfelder: Hier experimentierten die Winzer erstmals erfolgreich mit Hanglagen (mehrfach täglich, 20 Euro, Tel. 72/281 7815, www.monteswines.com). Im Terrassen-Café Alfredo direkt in der Viña Montes gibt es leckere Sandwiches, Salate und Quiches (Di geschl.).

In der **Viña Santa Cruz,** 25 Kilometer westlich von Santa Cruz, fährt man mit einer Kabinenseilbahn auf einen kleinen Hügel, wo in einem „Indianerdorf" die Traditionen und Bräuche von drei indigenen Kulturen vorgeführt werden: Eine Mapuche-Ruka, ein Aymara-Steinhaus und eine Schilfhütte der Rapa Nui wurden liebevoll nachgestaltet, hinzu kommen Kopien des Sonnentors von Tiwanaku und eines Moai von der Osterinsel. Ein Terrassenrestaurant, ein Observatorium und Verkostungen runden das Angebot ab (verschiedene Touren – auch per Fahrrad – ab 15 Euro, Tel. 72/235 4920, www.vinasantacruz.cl).

■ Wer kein Fahrzeug hat, organisiert die Besichtigung am einfachsten über eine Reiseagentur oder über die **Ruta del Vino del Valle de Colchagua,** Tel. 72/282 3199, www.rutadelvino.cl, die ihr Büro an der Plaza de Armas in Santa Cruz hat. Eine Halbtagestour mit Transfer und Besichtigung von zwei Weingütern inkl. Weinprobe kostet ca. 80 Euro p.P.

■ Der touristische **Schmalspurzug Tren del Vino,** der früher von San Fernando nach Santa Cruz durch die Weinfelder fuhr, ist infolge von Streckenschäden im Zuge des Erdbebens von 2010 weiterhin außer Betrieb. Auskunft über die Wiederaufnahme unter Tel. 2/2470 7403. www.trendelvino.cl

In Santa Cruz sollte man sich das **Museo de Colchagua** nicht entgehen lassen. Es zeigt die erstaunliche Sammlung von *Carlos Cardoen,* einer schillernden Persönlichkeit: Der aus dem Colchagua-Tal stammende *Cardoen* wurde mit Waffengeschäften reich und machte sich damit u.a. bei den USA unbeliebt. Zugleich gilt er als großer Kunstkenner und Mäzen seiner Heimatregion. Der Rundgang durch das Museum kommt einem Streifzug durch die Erd- und Menschheitsgeschichte gleich. Von versteinerten Seeammoniten bis zu den bunten Trachten der Huasos reicht die Spanne, dazwischen finden auch das Klavier von Staatsgründer *O'Higgins,* Naziwaffen und Pferdekutschen ihren Platz. Selbst der niedliche Bahnhof von Santa Cruz wurde komplett nachgebaut. Der Schwerpunkt liegt auf den präkolumbischen Kulturen Lateinamerikas, von denen *Cardoen* wertvolle Kunstgegenstände zusammengetragen hat (Errázuriz 145, ganz in der Nähe der Plaza, täglich 10–19 Uhr, 8 Euro).

Unterkunft/Essen und Trinken

Hostal Colchagua
Av. Errázuriz 428, Santa Cruz, Tel. 72/282 4560. Nette Unterkunft im Kolonialstil, mit Terrasse, Parkplatz und WLAN. DZ 53 Euro. www.hostalcolchagua.com

Posada Colchagua
Isla de Yaquil, 8 km von Santa Cruz, Tel. 72/293 3606. Im chilenischen Campo-Stil erbautes Gästehaus, bestes Preis-Leistungsverhältnis aller chilenischen Hotels laut TripAdvisor 2013. Nur 10 Zimmer, Pool. DZ 100 Euro. www.posadacolchagua.cl

B&B Santa Filomena de Cunaco
Cunaco, 10 km vor Santa Cruz, Tel. 72/285 8691. Nettes B&B mitten in Weinfeldern (etwas Straßenlärm). 4 geräumige Zimmer, sehr gute Betten, moderne Bäder, Heizung, Kaminzimmer, Pool und Terrasse. Die aufmerksame Wirtin *Elsa* serviert ein üppiges Frühstück. DZ 116 Euro.
www.santafilomenadecunaco.cl

Colchagua Camp
Bei El Arrayán, ca. 15 km von Santa Cruz, Tel. 09/9812 0068. Der neueste Schrei: bequeme Kuppelzelte mit Bad und Terrasse, Pool und Hot-Tub. 2 Pers. 167 Euro. www.colchaguacamp.cl

Viña La Playa
Bei Peralillo, 25 km von Santa Cruz, Tel. 2/2657 9991. Eines von mehreren Gästehäusern direkt auf den Weingütern: erstklassiges, von Lesern empfohlenes Hotel mit nur 11 Zimmern, Pool, Kinderspielplatz und Reitausflügen. DZ ab 164 Euro.
www.hotelvinalaplaya.cl

Hotel Santa Cruz Plaza
Plaza de Armas, Santa Cruz, Tel. 72/220 9600. Neubau im imitierten Kolonialstil mit allem Komfort, 113 überteuerte Zimmer. DZ ab 230 Euro.
www.hotelsantacruzplaza.cl

Restaurant El Candil
4 km von Santa Cruz Richtung Lolol, Tel. 09/9395 1576. Rustikales Ambiente, aufmerksamer Service, ansprechende Zubereitungen: Grillfleisch, Fisch und Meeresfrüchte, erschwingliche Preise.

Überlandbusse

Busse fahren vom Terminal Santiago (u.a. Andimar, Cruz Mar, Pullman del Sur, Tur-Bus) fast stündlich nach **Santa Cruz,** ca. 3 Std., 6–8 Euro.

Pichilemu und Cahuil 180/A3

Das Valle de Colchagua teilt sich bei Santa Cruz. Sowohl über die Straße nach Nordwesten via Marchihue, als auch nach Südwesten via Lolol gelangt man in das lebhafte Küstenstädtchen **Pichilemu** (ca. 90 km). Einst Seebad des chilenischen Landadels, kommt heute hier die **Surfelite** der Welt zusammen, um sich an Stränden wie Punta de Lobos (6 km südlich) in die bis zu zehn Meter hohen Wellen zu stürzen (s. „Outdoor"). Der flache, ungefährliche Badestrand im Ort selbst ist Anfängern vorbehalten, die bei einer der zahlreichen Surfschulen Unterricht nehmen (ab 17 Euro/2 Std.) und/

oder Ausrüstung leihen können. Der palmenbestandene **Parque Agustín Ross Edwards** mit seinem schönen Strandblick zeugt von der aristokratischen Vergangenheit des Städtchens. Hier steht das **erste Spielkasino des Landes,** ein denkmalgeschützter Bau von 1909, der heute als Kulturzentrum dient.

Wer nicht den Krabbenfischern oder Surfern zusehen will, kann in **Cahuil** (16 km südlich) dem archaischen Prozess der **Salzgewinnung „per Hand"** beiwohnen. Entlang der von den Gezeiten gespeisten salzhaltigen Laguna Cahuil wird auf Verdunstungsfeldern dem Wasser das Salz entzogen. Dazwischen schaufeln die selbst von Salz und Sonne gegerbten Arbeiter weiße Berge in große Säcke – und sind froh, wenn die Touristen mit ihren Fragen mal für Abwechslung sorgen … Auch sonst lohnt sich die Tour entlang des Flusses, auf dem Schwarzhalsschwäne und andere Wasservögel leben. Und natürlich wird überall Kunsthandwerk aus Salz angeboten.

■ **Übernachten** kann man in Pichilemu direkt am Strand in einem der beiden Ableger des zünftigen **Pichilemu Surf Hostal** (Díaz Lira 167, Tel. 09/9270 9555, 18 Euro p.P. im Mehrbettzimmer, DZ ab 50 Euro, Restaurant, www.pichilemusurfhostal.com) oder sehr komfortabel in der **Surf Lodge Punta Lobos** (6 km südlich, Tel. 09/8154 1106, DZ oder Cabaña für 2 Pers. ab 130 Euro, www.posadapuntadelobos.cl).

■ Von Lesern empfohlen wird das **Restaurant AdoBar** an der Strandpromenade.

■ Wer Surfen und Spanischlernen verbinden will, ist in der **Pichilemu Language School** richtig: Sprachunterricht in Kleingruppen ab 125 Euro pro Woche, auch Pakete mit Unterkunft und Surfstunden (Aníbal Pinto 21 depto. 3, Tel. 72/284 2488, www.studyspanishchile.com).

■ Es gibt gute **Busverbindungen von Santiago** (ca. 4½ Stunden).

Von Cahuil führt eine neu ausgebaute Küstenstraße nach Bucalemu und weiter zum Lago Vichuquén (siehe Umgebung von Curicó).

Curicó 181/B1

Auch um das 1743 gegründete Curicó (100.000 Einwohner) erstrecken sich einige namhafte Weingüter. Ansonsten hat die Stadt nicht viel zu bieten außer der schönen, palmenbestandenen Plaza, die von einem schmiedeeisernen Pavillon vom Beginn des 20. Jahrhunderts und der Backsteinkirche San Francisco geziert wird.

Vor allem locken die **Weingüter in der Umgebung,** z.B. die **Bodega Miguel Torres,** Ableger des berühmten spanischen Produzenten und Pioniers des modernen Weinbaus in Chile, 1 Kilometer südlich der Stadt direkt an der Panamericana. Gratis-Führungen (auch auf Englisch) Mo bis So stündlich von 10–17 Uhr, für die Verkostung wird ein Entgelt erhoben. Anmeldung empfohlen (Tel. 75/256 4100, www.migueltorres.cl). Die Viña hat auch ein viel gepriesenes Restaurant (Mittagessen täglich, Abendessen Fr). Die **Viña San Pedro** liegt ebenfalls an der Panamericana, 11 Kilometer südlich der Stadt. Ausführliche Führungen (Spanisch/Englisch) mit Weinprobe Di bis Sa jeweils um 11 Uhr, ab 15 Euro, Anmeldung unter Tel. 75/249 1517, www.sanpedro.cl.

■ Die Weingüter des Curicó-Beckens sind ebenfalls in einer **Ruta del Vino** zusammengeschlossen; Büro mit Weinverkauf und Tourangeboten in der Calle Prat 301a, Tel. 75/232 8972.
www.rutadelvinocurico.cl

Praktische Informationen

■ Übernachten kann man im **Hostal Los Viñedos** (2 km außerhalb, Ruta 5 sur km 194, Tel. 232 6785, neu, sauber, DZ ab 50 Euro, www.hostalvinedos.cl) oder im **Hotel Comercio** (Yungay 730, Tel. 220 1600, ruhig und gut, DZ mit Bad ab 80 Euro, www.hotelcomercio.cl).
■ Gut essen lässt es sich im **Terruño Express** (Yungay 615), typisch chilenisch im **Cantares** (Las Heras 266).
■ Der zentrale Busbahnhof ist in Prat Ecke Maipú, Tel. 250 1141. **Busse** nach Norden Richtung Santiago fahren jede halbe Stunde, nach Süden sind die Verbindungen ebenso dicht. Hier verkehren auch alle 15–30 Min. die Kleinbusse nach Molina, wo die Busse zu den Siete Tazas (s.u.) abfahren.
■ Curicós Bahnhof ist Maipú 567, fünf Blocks von der Plaza entfernt. **Züge** nach Santiago und Chillán.
■ Rafting-, Kayak-, Reit- und Trekkingtouren in der Umgebung organisiert **Chilean Adventures,** Tel. 09/9513 3193 oder 09/8447 5186. Die US-amerikanischen Besitzer betreiben auch die Hostería Los Queñes 42 km östlich von Curicó.
www.chileanadventures.com

Die Umgebung von Curicó

Parque Nacional Radal-Siete Tazas

Der Nationalpark Radal-Siete Tazas liegt etwa 75 Kilometer südöstlich von Curicó. Man verlässt die Panamericana bei Molina und erreicht nach etwa 50 Kilometern die Siedlung **Radal;** hier wird die Erdpiste denkbar schlecht, die letzten 10 Kilometer bis **Parque Inglés** (Conaf-Besucherzentrum, Eintritt 5 Euro) sind für Stadtautos nur mit Mühe befahrbar.

chi065 ms

☒ Die Wasserfallkaskaden der Siete Tazas

Das Naturschutzgebiet ist 7500 Hektar groß und zieht sich bis auf 2100 Meter hinauf. Gut wird hier die **unterschiedliche Vegetation,** abhängig von der Höhenlage, deutlich. Sie wechselt abrupt zwischen der mediterranen des zentralen Beckens und dem feuchten Regenwald des chilenischen Südens, der hier in Höhenlagen bereits vorkommt.

Als **Siete Tazas,** „sieben Tassen", werden sieben **Wasserbecken** bezeichnet, die **durch Wasserfälle verbunden** sind. Der höchste dieser „Kettenfälle" misst 30 Meter. Der größte Wasserfall innerhalb der Schutzzone ist der **Salto de la Leona,** der sich 50 Meter tief in eine Schlucht stürzt. Seit dem Erdbeben 2010 sucht sich das wenige Wasser des Spätsommers seinen Weg unterirdisch im Tal und kehrt erst im Mai mit dem Regen wieder zurück. Der Salto de la Leona ist davon nicht betroffen.

Wer dem Touristenauflauf an den Siete Tazas ausweichen will, hat oberhalb davon immer wieder Gelegenheit dazu. An zahlreichen dicht bewaldeten Stellen hat der **Río Claro,** der seinen Namen vollauf verdient hat, tiefgrün schimmernde Becken in den grauen Basalt geschürft, in denen man wunderbar schwimmen kann.

In den Ferienmonaten Januar/Februar sind die Siete Tazas und die Zeltplätze in Parque Inglés überlaufen, weiter oberhalb sind Bergwanderer jedoch bald unter sich. Ausführliche Beschreibungen exzellenter **Trekkingtouren** finden sich unter www.trekkingchile.com.

■ **Buses Hernández** (Tel. 75/249 3594) fährt im Jan./Feb. mindestens einmal täglich (am Wochenende mehrmals) von Molina bis Parque Inglés und zurück, die Abfahrtszeiten wechseln ständig. Das restliche Jahr über verkehren die Busse nur einmal täglich und nur bis Radal.

■ Übernachten kann man in Parque Inglés in der schlichten **Hostería Flor de la Canela,** Tel. 75/249 1613 (42 Euro pro Vierer-Zimmer mit Bad, ohne Frühstück, Restaurant nebenan), auf dem **Conaf-Zeltplatz** (13 Euro pro Stellplatz) oder in den **Cabañas Valle de las Catas,** 1 km oberhalb der Siete Tazas über eine Brücke, dann 2,5 km über Privatgelände, Tel. 09/9168 7820, Bungalows für 5–6 Pers. ab 70 Euro, Camping 20 Euro pro Zelt. www.sietetazas.cl.

Lago Vichuquén und Pazifikküste 181/A1

Ein beliebtes Ausflugsziel, auch für die Hauptstädter (ca. 4 Stunden von Santiago), ist der **Lago Vichuquén,** ein See in der Küstenkordillere 120 Kilometer westlich von Curicó. Hier treffen sich Segler und Motorbootfreunde, es gibt einen kleinen Jachthafen, ein paar Campingplätze, Cabañas und Hotels, z.B. das schöne La Hostería direkt am See (Tel. 09/6830 3000, DZ 108 Euro). Leider wurde die ursprüngliche Vegetation der umgebenden Berge weitgehend abgeholzt und durch Kiefernplantagen ersetzt. 5 Kilometer vor dem See liegt das verträumte, vom Erdbeben 2010 stark in Mitleidenschaft gezogene **Kolonialdorf Vichuquén,** dessen ziegelgedeckte Häuser an der Stelle einer indianischen Siedlung erbaut wurden. Über die Besiedlungsgeschichte kann man sich im instruktiven Historischen Museum des Ortes informieren (Di bis So 10–13 und 16–19 Uhr, Eintritt 3 Euro).

Von Vichuquén ist es nicht mehr weit zum Meer, entweder entlang des Sees und seines Abflusses nach **Llico** (beliebter Windsurf-Strand) oder über die Kordillere nach **Caleta Duao** und **Iloca** mit ihren langen, flachen Sandstränden. In Caleta Duao werden die Fischerboote mit Ochsenkarren aus dem Wasser gezogen, und die gierigen Möwen verdunkeln den Himmel, wenn die Fischer ihren Fang ausnehmen und direkt vom Boot weg verkaufen.

Dieser Küstenabschnitt wurde durch den Tsunami im Februar 2010 stark zerstört, man sieht die Spuren allerorten, aber auch den Wiederaufbau.

■ Mehrere Unterkünfte funktionieren wieder, u.a. die **Hostería Iloca,** Tel. 09/9917 1011, DZ ca. 80 Euro, www.hosteriailoca.cl, oder die netten, einfachen und sauberen **Cabañas Los Palafitos** mit Pool, Tel. 75/197 5245, 52 Euro bis 6 Pers., www.complejoturisticolospalafitos.cl.
■ **Busse** verkehren von Curicó bzw. auch direkt von Santiago nach Vichuquén und Iloca.

Über eine asphaltierte Straße entlang des Río Mataquito geht es zurück nach Curicó (135 km von Iloca).

Talca 181/B1

Der Hauptstadt der Region Maule sieht man ihre knapp über **200.000 Einwohner** nicht an. Das Zentrum wirkt kleinstädtisch-ländlich, nur wenige Hochhäuser durchbrechen die zweistöckigen Straßenfluchten. Die starken Zerstörungen durch das Erdbeben 2010 wurden weitgehend beseitigt und viele Häuser wieder aufgebaut. Die Stadt ist vor allem Dienstleistungszentrum für die Landwirtschaft ringsum. Aber es gibt auch zwei Universitäten, ein modernes Theater und eine Fußgängerzone (Straße 1 Sur zwischen 3 und 6 Oriente, wo Restaurants und Cafés ebenso für städtisches Flair sorgen wie auf der Kneipenmeile Isidoro del Solar, von den Einheimischen kurz „Diagonal" genannt.

Sehenswert ist wenig, hervorzuheben ist das **Museo O'Higginano y de Bellas Artes,** untergebracht in einem Kolonialhaus von 1762, in dem 1818 die chilenische Unabhängigkeitserklärung unterzeichnet wurde. Leider ist es wegen Erdbebenschäden geschlossen, ebenso wie die **Villa Cultural Huilquilemu,** 7 km außerhalb Talcas an der Straße nach San Clemente gelegen. Einst Hacienda einer reichen Familie, heute Museum, kann man hier die typische Adobe-Architektur mit Säulengängen um mehrere Innenhöfe bewundern. Hinzu kommt ein über 100 Jahre alter Landschaftspark mit riesigen Bäumen aus aller Welt (Wiedereröffnung voraussichtlich 2014).

Praktische Tipps

Touristeninformation

■ **Vorwahl von Talca: 71**
■ **Sernatur,** 1 Oriente 1150, im Postgebäude an der Plaza, Tel. 222 6940. Sehr hilfsbereit.
■ **Conaf (Nationalparks),** 4 Norte 1673, Tel. 223 4751.

Unterkunft

■ **Casa Chueca**
Viña Andrea s/n, Tel. 197 0096. Das vielleicht schönste Gästehaus ganz Chiles liegt ca. 6 km au-

ßerhalb von Talca am Río Lircay. Die wunderschön begrünte Anlage wartet auf mit Pool, Hängematten, WLAN und vegetarischer Küche. Insbesondere Familien mit Kindern wird hier viel geboten, vom Spielplatz neben der Terrasse über einen Streichelzoo (Ziegen, Ponys, Lamas), Kinder-Canopy bis hin zu einer Skaterbahn. Die österreichisch-deutschen Besitzer *Franz Schubert* und *Kathrein Splett* organisieren Trekking- und Reitausflüge in die Anden bzw. versorgen mit den nötigen Infos. Auch preiswerte Spanischkurse und Vermietung von Fahrzeugen und Wohnmobilen. Für die Gäste steht in den Anden die **Berghütte Lamalodge** zur Verfügung (15 Euro p.P.), von der man schöne Wanderungen unternehmen kann. Die Casa Chueca ist nur von Sept. bis April geöffnet und oft ausgebucht, Voranmeldung daher dringend empfohlen! Abholung (nach Anruf) von der Endstation der Stadtbuslinie Taxutal A (San Valentín), 10 Min. vom Busbahnhof. Übernachtung im Mehrbettzimmer ab 17 Euro p.P. mit Frühstück, DZ mit Bad ab 68 Euro. Zur Casa Chueca gehören auch die separaten **Suiten DiVino,** 2 luxuriöse Zimmer mit Whirlpool, Wohnküche und Sonnenterrasse. DZ 127 Euro.
www.trekkingchile.com/casachueca

■ **Hostal del Puente**
1 Sur 407, Tel. 222 0930. Zentral, familiäre Atmosphäre, Haus im Kolonialstil mit schönem Innenhof, alle Zimmer mit eigenem Bad. DZ 47 Euro.
hoteldelpuente@gmail.com

■ **B&B Stella Bordestero**
4 Poniente 1183, Tel. 223 6545. Cabañas am grünen Flussufer mit Garten und Pool, zentral gelegen. DZ 46 Euro. www.turismostella.cl

■ **Hotel Cordillera**
2 Sur 1360, Tel. 222 1817. Einfach, aber sauber. Sehr freundlich und hilfsbereit. DZ mit Bad 50 Euro, ohne Bad 42 Euro. www.cordillerahotel.cl

■ **Hotel Casino Talca**
Av. Circunvalación Oriente 1055, Tel. 252 8000. Neues Kasino-Hotel mit geräumigen hellen Zimmern mit Bergblick. DZ ab 130 Euro.
www.grancasinodetalca.cl

Essen und Trinken

Preiswertes Mittagessen bekommt man **an der Markthalle,** ansonsten:

■ **Pirandello**
5 Oriente 1186. Preiswertes Mittagessen, abends Pizzeria.

■ **Mediterano Restobar**
Isidoro del Solar 5 Ecke 1 Norte. Akzeptable Preise.

■ **Viejas Cochinas**
Ribera Poniente Río Claro. Üppige Portionen für wenig Geld, nett gelegen am Ufer des Río Claro, etwas außerhalb.

■ **Tierra y Fuego**
10 Oriente 1261. Gourmet-Restaurant, gehobene Preise.

■ **Tatoha/Entre Cuerdas**
2 Sur Ecke 1 Oriente. Zwei Studentenkneipen mit jungem Publikum.

■ **Cuete Rojo**
6 Oriente 1160. Sympathische kleine Kneipe, Sa mit Live-Musik.

■ **Bahía Juárez**
1 Poniente 1267. Geräumiger Pub mit Disco (ab 24 Uhr) und Karaoke-Bar.

■ **La Previa**
6 Oriente 1170. Gut besuchter Pub, Fr und Sa mit Live-Musik.

[>] In der Umgebung von Talca: Ausblick vom Cerro Peine

Überlandbusse

Der **Busbahnhof** ist an der 12 Oriente Ecke 2 Sur, der von Tur Bus und Pullman gleich dahinter in der 3 Sur. Talca liegt an der Panamericana und wird von **allen Nord-Süd-Linien** angefahren. Busse nach Norden Richtung Santiago fahren jede halbe Stunde (3 Std., 5–6 Euro), nach Süden sind die Verbindungen ebenso zahlreich. Auch nach Constitución fahren stündlich Busse (2 Std., 3 Euro).

Bahn

Der **Bahnhof** liegt 2 Sur/Ecke 11 Oriente. Täglich 4–7 Züge nach Santiago und Chillán. Zweimal täglich um 7.15 und 16.30 Uhr fährt ein traditionsreicher, aber komfortarmer **Schmalspurzug nach Constitución** (3½ Std., 2,50 Euro); die Fahrt durch das Tal des Río Maule ist landschaftlich sehr schön und eignet sich gut für einen Tagesausflug ans Meer. Frühzeitig erscheinen, es gibt keine Platzreservierung, und der Zug wird oft sehr voll! Infos unter Tel. 600-585 5000. www.terrasur.cl

Reiseveranstalter/Touren

■ **Costa y Cumbre Tours**
Tel. 09/9943 5766. Der kundige deutsche Tourguide *Frank Holl* hat alles im Programm, was die Region zu bieten hat: Nationalparks, Küste, Weingüter, Thermen etc. Hoch empfohlene Ausflüge und Trekkingtouren zu Geheimtipps wie den Arcoiris-Wasserfällen (s.u.). www.costaycumbretours.cl

Sonstiges

■ **Geldautomaten,** zahlreich in den Banken nahe der Plaza.
■ **Post,** 1 Oriente an der Plaza.
■ **Telefonzentralen,** z.B. 1 Sur 835 und 6 Oriente 1067.

chi066 ms

Die Umgebung von Talca

Reserva Nacional Altos de Lircay 181/B2

Das Naturreservat Altos de Lircay gehört zu den **schönsten Wandergebieten Chiles** und eröffnet zugleich den Zugang zu spektakulären **Bergtouren.** Es beeindruckt mit alten Südbuchenwäldern, verschiedenartigen Vegetationszonen und traumhaften Ausblicken auf die Hochkordillere. Der Parkeingang bei der Feriensiedlung **Vilches Alto** auf 1100 Meter Höhe, 66 Kilometer östlich von Talca, ist leicht mit Bussen zu erreichen (drei- bis fünfmal täglich, Buses Vilches, Fahrplan unter www.vilchesalto.com). Hier kann man einfache Wanderungen durch den Naturwald unternehmen, etwa zum Aussichtsfelsen **Piedra de Aguila** (ca. 40 Min.) oder zum Hochmoor **Majadilla** (2 Std.). Für Bergwanderer lohnt sich der Aufstieg auf den Aussichtsberg **Cerro Peine** (2448 m), der hin und zurück 6 bis 7 Stunden in Anspruch nimmt.

Mit dem Zelt im Gepäck sind weiter entfernte Attraktionen zu erreichen: die tief blaue **Laguna del Alto,** der „UFO-Landeplatz" **Enladrillado** über der Claro-Schlucht (auch an einem langen Tag zu schaffen) oder der Gipfel des Vulkans **Descabezado Grande** (3830 m), der hoch über einer Aschewüste thront (4–5 Tage). Eine Dreitageswanderung führt von Vilches in den benachbarten Nationalpark Radal Siete Tazas (s.o.). Genaue Beschreibungen dieser und weiterer Touren finden sich unter www. trekkingchile.com, ebenso die Wanderkarte Condor Circuit.

Passionierten Bergwanderern sei die erstklassige **Rundwanderung Circuito Los Cóndores** empfohlen, die ebenfalls in Altos de Lircay beginnt. Näheres im Outdoor-Kapitel.

- Vor dem Parkeingang in Vilches Alto kann man mit Hilfe von *Don Tito,* dem Besitzer eines kleinen Kiosk-Restaurants (linker Hand), eine **Reittour** organisieren.
- Es gibt ein paar einfache Unterkünfte, die beste ist vielleicht **Don Galo,** am Ex-Hotel 100 m links, Tel. 09/8315 6921). In der familiären Herberge mitten im Naturwald gibt es ein Restaurant mit Terrasse, tollem Bergblick und guter Hausmannskost (der Gastgeber kocht und serviert selbst), zwei schöne Zimmer mit Privatbad (2 Pers. 45 Euro) und eine einfache, geräumige Cabaña für 6 Pers. (55 Euro). www.dongaloalvear.blogspot.com
- Leser empfehlen das **Camping El Recodo,** einen Zeltplatz mit schönem Bergblick und Badestellen direkt am Río Lircay, auch 3 moderne Cabañas, 15 km vor dem Parkeingang in Vilches Bajo. Zelten 8 Euro p.P., Cabañas ab 50 Euro für 2 Pers. Tel. 09/ 8808 7377. www.campingelrecodo.cl

Valle del Maule 181/B2

Mindestens einen Tagesausflug ist der Oberlauf des Río Maule wert. Vorbei am Stausee Colbún geht es immer weiter in die Anden hinauf. Kurz vor der Maule-Brücke (69 km von Talca) führt links ein Abzweig in den Flecken **Armerillo.** Hier liegt der Eingang zum privaten Naturpark **Parque Tricahue,** mit Wanderwegen durch herrlichen Naturwald, die teilweise mit dem Schutzgebiet Altos de

Lircay verbinden. Ein einfacher dreistündiger Rundweg führt zu einem idyllischen Flüsschen und einem jahrhundertealten Coihue-Baum namens „El Tata“ (der Großvater). Eintritt 2,50 Euro, www.parquetricahue.cl.

Busverbindungen ein- bis zweimal täglich von Talca (1½ Std., 2 Euro).

Übernachten kann man im rustikalen **Refugio Tricahue,** mit 4 einfachen Zimmern und Gemeinschaftsküche sowie einer Cabaña mit Privatbad und Küche für 4 Pers., Sauna und kleinem Pool. Der belgische Besitzer *Dimitri* berät gern zu den Touren in der Umgebung. 10 Euro p.P im Viererzimmer (Stockbetten), DZ ab 24 Euro ohne Frühstück, Cabaña ab 40 Euro. Auch Zelten möglich, 6 Euro p.P. Kein Telefon. www.refugio-tricahue.cl

In Armerillo bietet ein einfaches **Restaurant** herzhafte Küche an.

Die Asphaltstraße führt weiter den Río Maule entlang. Bei km 92 geht es rechts ins Melado-Tal ab (s.u.). Bei km 106 ist die Grenzkontrolle; wer nicht nach Argentinien will, kann einfach durchfahren. Bei km 118 geht es über eine Hängebrücke zu den rustikalen **Thermen El Médano** mit warmen Becken neben dem Fluss (gratis, auch Cabañas). Ein kurzer Spaziergang führt zu einer Felswand mit Höhlen, in denen heißer Dampf austritt: Hier haben die Einheimischen mit Holzverschlägen Natursaunen geschaffen.

Bei km 126 liegen etwas abseits der Straße – und von dieser nicht einzusehen – die weitgehend unbekannten, aber spektakulären **Saltos de Arcoiris,** die Regenbogen-Wasserfälle. Völlig unberührt stürzen hier mehrere große und einige kleine Wasserfälle über riesige Basaltwände und – oft mit einem Regenbogen geschmückt – bis zu 100 Meter tief hinunter. Kleine Pfade führen bis an die Abbruchkanten (Vorsicht!), besser geht man mit einem Führer. Den Panoramablick auf die Fälle gewährt eine ca. zweistündige einfache Trekkingtour, die einige Kilometer unterhalb startet und auch für Familien geeignet ist.

Leider verkehren hierher keine öffentlichen Busse. **Costa y Cumbre Tours** in Talca (s. dort) organisiert Touren zu den Wasserfällen, inklusive Badespaß nahe der Abbruchkante – ein besonderes Erlebnis! www.costaycumbretours.cl

Die Straße führt weiter hinauf durch das breite Maule-Tal, vorbei an dem großen Bergsee **Laguna del Maule** und über den **Paso Pehuenche** (2553 m) hinüber nach Argentinien; nächste Stadt ist Malargüe, 315 km von Talca entfernt. Derzeit wird an der durchgehenden Asphaltierung der Strecke gearbeitet. Dann wird der Pass die einzige größere Verbindung beider Länder zwischen dem Paso Los Libertadores (bei Santiago) und Pino Hachado (bei Temuco) darstellen und schöne Rundtouren in den chilenisch-argentinischen Zentralanden ermöglichen.

Valle Melado 181/B2

Südlich des Maule-Flusses erstreckt sich das Valle Melado über ein Gebiet von 2500 Quadratkilometern – ein **Paradies für Wanderer und Reiter,** zumal das Pferd nach wie vor das natürliche Fortbewegungsmittel der hier lebenden Bergbauern und Viehhirten darstellt. Die touristisch bislang kaum erschlossene Vorkordilleren-Gegend wartet mit heißen Quellen auf, die aus schneebedeckten Vulkanen entspringen, mit Naturwäldern, Gletschern und versteckten Lagunen. Eine Wanderkarte gibt es bei Trekkingchile, Reittouren mit örtlichen Bergbauern können einfach und günstig über www.pferde.trekkingchile.com organisiert werden. Nähere Infos über die Casa Chueca in Talca (s. dort).

Kolonialdörfer und Weingüter

Talca ist ein idealer Ausgangspunkt, um Landluft zu schnuppern. Verträumte Dörfer mit Kopfsteinpflaster, schattigen Alleen und bunten Lehmhäusern atmen noch den Hauch der Zeiten, als die Spanier das fruchtbare Zentraltal besiedelten. Der spröde Charme von Orten wie **Yerbas Buenas** oder **Villa Alegre** (Busse von Talca), ihr träger Rhythmus und die zurückhaltende Freundlichkeit ihrer Bewohner erschließen sich erst auf den zweiten Blick. So sollte man sich Zeit lassen bei einem Besuch, die Augen offen halten und die kleinen Details genießen: eine alte Tür, einen schattigen Patio, ein zünftiges Mittagessen vom Lande.

Rings um Talca lohnen auch einige **Weingüter** den Besuch. Die Palette reicht von der traditionellen Viña Balduzzi in San Javier bis zur hochmodernen Viña Calina, einem Ableger des kalifornischen Weinproduzenten Kendall-Jackson mit hervorragenden Tropfen.

■ Die meisten Güter sind in der **Ruta del Vino Valle del Maule** zusammengeschlossen, die auch Besichtigungen anbietet. Sie hat ihr Büro im Hotel Casino, Av. Circunvalación Oriente 1055, Tel. 09/8157 9951. www.valledelmaule.cl

Die Küstenroute

Von Constitución verläuft der **südliche Küstenabschnitt in Mittelchile** über 330 Kilometer **bis nach Concepción.** Die Route, die beide Städte verbindet, führt **bis Cobquecura am Meer** entlang, dann ins Landesinnere, immer durch riesige Kiefernplantagen. Parallel zur Panamericana geht es weiter nach Süden, erst bei Tomé, wenige Kilometer vor der Doppelstadt Talcahuano/Concepción, erreicht man wieder den Pazifik. Die Route an der Küste entlang wird derzeit ausgebaut und asphaltiert.

Wer ruhig gen Süden reisen will, für den ist diese Strecke eine echte Alternative: Anders als entlang der Panamericana taucht man hier mehr in das **ländliche Chile** ein und sieht dessen beide Gesichter: das organisierte und funktionale in den großen Plantagen und Sägewerken, die im Viertelstundentakt von schweren, holzbeladenen Lastwagen beliefert werden, und das rückständig ländliche Chile, in dem Bauern mit Ochsenkarren ihre wenigen Güter transportieren oder mit von Ochsen gezogenen Pflügen die schwere Erde umgraben.

Constitución 181/A1

Die **Kleinstadt** mit 37.000 Einwohnern wurde bereits 1794 gegründet, erlebte aber erst Ende des 19. Jahrhunderts einen ersten Aufschwung, als die Oberschicht von Talca sie als günstig gelegenen **Badeort** entdeckte. Heute ist die Stadt sowohl Touristenort als auch **Industriestadt,** sie lebt von ihrem Hafen, der Fischerei und Fischverarbeitung sowie von einer Zellulosefabrik und zahlreichen Sägewerken.

Die mitten in der Stadt vor sich hin qualmende Zellulosefabrik – eine Umweltsünde der 1970er Jahre – erschwert die Vorstellung, dies könnte ein Erholungsort sein. Doch dann biegt man in die Uferpromenade ein, der Blick weitet sich und umfasst die **spektakulären Felsen,** die diese Küste einzigartig in ganz Chile machen: **schwarze Sandstrände,** abgeteilt durch riesige weißgraue Felsformationen mit fantasievollen Namen wie „Die Kirche", „Der Elefant" oder „Tor der Liebenden". Die Wellen branden an ihnen hoch, darüber kreischen Möwen und Pelikane, und durch die Felsenlücken und -höhlen schießt in ewiger Wiederkehr die Gischt.

Constitución wurde vom **Erdbeben** und dem folgenden Tsunami im Februar 2010 stark zerstört. Inzwischen wurde die Küstenpromenade komplett erneuert, und einige Restaurants servieren wieder Fisch und Meeresfrüchte.

Unterkunft

■ **Residencial Alameda**
Alameda 734, Tel. 71/267 1896. Familiär, freundlich und hilfsbereit, ab 18 Euro p.P.

■ **Hotel Herrera**
O'Higgins 240, Tel. 71/267 1885. Zentral, einfach, DZ 50 Euro.

■ **Cabañas Playa El Cable**
Playa El Cable, Tel. 71/267 0595. 5 km außerhalb am Ende der Küstenstraße, Cabañas (ohne Küche) mit Meerblick, Pool und Restaurant, DZ ab 55 Euro. www.playaelcable.cl

■ **Hostal Sweet Dreams**
Cruz 243, Tel. 71/267 2472. Familiäre Atmosphäre, Pool. DZ ca. 60 Euro.

Essen und Trinken

■ Gut und preiswert isst man an den Ständen in der **Markthalle** (Calle Vial/Ecke Oñederra), hier natürlich Fisch und Meeresfrüchte, ebenso in den wieder aufgebauten Restaurants am Strand neben der Mole.

■ **Padre Adán**
Echeverría, am Bahnhof. Beliebt, billig, typisch.

■ **Rapa Nui**
Cruz 402. Café an der Plaza de Armas.

Überlandbusse

Der **Busbahnhof** ist auf der Calle Rozas zwischen Echeverría und Bulnes. Von hier bestehen gute **Verbindungen** in die Provinzhauptstadt Talca (stündlich, 1½ Std., 3 Euro) und von dort über die Panamericana in alle Landesteile. Ebenfalls gute Verbindungen gibt es nach Cauquenes (1½ Std., 3 Euro) und Parral (2½ Std., 4 Euro).

Bahn

Zwischen Constitución und Talca verkehrt **die letzte Schmalspurbahn Chiles.** Sie folgt dem Lauf des Río Maule und ersetzt die dort nicht existierende Straße. Da kann es schon mal passieren, dass ein Bauer die Lok mit den zwei altersschwachen Waggons mitten auf dem Feld anhält, um mit seinen Hühnern für den Markt zuzusteigen – ein Erlebnis der besonderen Art! Ab Constitución täglich um 7 und 16.15 Uhr, 2,50 Euro, Infos unter Tel. 600-585 5000. www.terrasur.cl

Touren

■ **Maule Sorprendente**
Tel. 09/6668 8640. Strand- und Dünentouren mit dem Unimog. www.maulesorprendente.cl

chi067 ms

Die Dünen von Putú 181/A1

Eine der großen Attraktionen der Zentralküste ist weitgehend unbekannt: Rund 20 Kilometer nördlich von Constitución, über eine Asphaltstraße leicht erreichbar, erstreckt sich zwischen Straße und Küste ein 3 bis 5 Kilometer breites und ca. 20 Kilometer langes **Sanddünenfeld.** Bei einem Spaziergang hinüber zum völlig einsamen Strand fühlt man sich in die Sahara versetzt.

■ Übernachten kann man im netten **Hotel Los Caulles** direkt an der Plaza in Putú, Tel. 71/267 8015, DZ 41 Euro. www.loscaulles.cl

⌃ Unterwegs in den Dünen von Putú

Loanco, Laguna Reloca und Chanco 181/A2

Von Constitución aus nach Süden führt die Straße zunächst durch unansehnliche Kiefernplantagen in der Küstenkordillere. Bei km 43 lohnt sich der Abstecher zum beschaulichen Fischerdorf **Loanco** mit bizarren, von der Brandung umtosten Felsen, auf denen Hunderte Seelöwen leben.

Bei km 51 biegt eine Schotterpiste zur unter Naturschutz stehenden **Laguna Reloca** ab, die unter Ornithologen als Schatzkiste gilt: 130 Vogelarten wurden hier gezählt, darunter Schwarzhalsschwäne, mehrere Reiherarten und Flamingos.

10 Kilometer weiter südlich ist **Chanco** erreicht. Das zur „zona típica" deklarierte Städtchen kann mit zahlreichen Häusern aus der Kolonialzeit aufwarten

und ist durch seine handwerklichen Käsereien landesweit bekannt. In neuerer Zeit ist der Erdbeeranbau hinzugekommen – beides, *quesos* und *frutillas*, kann man überall probieren.

Pelluhue und Curanipe 181/A2

Ihren ganz eigenen Charme entfalten die beiden **Badeorte** Pelluhue und Curanipe, 75 bzw. 82 Kilometer südlich von Constitución, auch wenn hier die Spuren des Tsunami noch überall zu sehen sind. Lang gezogene, von Felsformationen unterbrochene **Strände** mit schwarzem Sand und wenig Menschen laden zu ein paar geruhsamen Tagen am Pazifik ein (direkte Busverbindungen von Santiago). In den hohen Röhrenwellen am Abschnitt zwischen Curanipe und Cobquecura (40 Kilometer weiter südlich) tummeln sich den Sommer über **Surfer und Windsurfer.**

■ Etliche Unterkünfte finden sich in beiden Orten, so etwa die **Cabañas Campomar,** eine schöne Anlage mit Blick aufs Meer, rustikalen Bungalows für 2 bis 6 Pers. (78–100 Euro), Internet, Pool; Tel. 73/254 1000, www.cabanascampomar.cl. Ganz für sich ist man in **Suhaila,** einer grünen Anlage mit drei einfachen Bungalows für 2–4 Pers. 10 Kilometer südlich von Curanipe (Pool, 2 Saunas und Hot Tub). Die deutschsprachigen Betreiber organisieren auch Kajak- und Reittouren. Das Beste ist der direkte Zugang zu einem der einsamsten und schönsten Strände Mittelchiles (kein Telefon, 2 Pers. ab 50 Euro, www. luzdeluna-suhaila.cl).

■ Die schönste Unterkunft weit und breit ist **La Joya del Mar** in Buchupureo, 36 km südlich von Curanipe. An der Mündung eines Flüsschens hat ein US-amerikanisches Paar drei moderne, überaus bequeme und geschmackvoll eingerichtete Ferienhäuser *(villas)* für 2–5 Pers. erbaut, alle mit Blick aufs Meer. Zu dem üppig begrünten Komplex gehören ein Pool und ein großzügig gestaltetes Restaurant mit ausgefeilten Meeresgerichten, die ihr Geld definitiv wert sind (Villa ab 150 Euro, Tel. 42/197 1733, www.lajoyadelmar.cl).

Die Küstenstraße ist **südlich von Cobquecura,** einem fast komplett vom Seebeben zerstörten Ort, noch nicht ausgebaut, man muss zurück ins Landesinnere. Nach 107 km ist Chillán erreicht.

Chillán 181/A3

Dass im Zentrum der **Geburtsstadt von Bernardo O'Higgins** vorwiegend moderne Gebäude zu finden sind – Musterbeispiel ist die aus Beton erbaute Kathedrale –, hat tragische Gründe: Im Januar 1939 wurde Chillán durch ein **Erdbeben** zu mehr als neun Zehnteln zerstört; in der Innenstadt blieb kein Stein auf dem andern, 15.000 Menschen verloren ihr Leben. Ein 36 Meter hohes Kreuz an der Plaza erinnert an das schreckliche Ereignis. Auch beim Erdbeben im Februar 2010 – Chillán lag weniger als 100 Kilometer vom Epizentrum entfernt – ist in der Stadt etliches kaputt gegangen. Darunter das Gefängnis, und 270 Häftlinge nutzten die Gelegenheit zur Flucht …

Chillán präsentiert sich als lebhafte Stadt mit knapp 150.000 Einwohnern. Vor allem um die zentrale Plaza und zwischen Plaza und **Mercado** (zwei Blocks südlich) drängen sich die Menschen durch die engen Straßen. Den Markt besucht man am besten um die

Mittagszeit; hier werden gute und preiswerte Menüs angeboten. Neben der Markthalle liegt die **Feria de Chillán** mit einem großen Angebot an kunsthandwerklichen Gegenständen.

Praktische Tipps

Touristeninformation

- **Vorwahl von Chillán: 42**
- **Sernatur**

18 de Septiembre 455, Tel. 222 3272.
- **Städtisches Infobüro**

18 de Septiembre 580; Kiosk am Busbahnhof.

chil3-023 ms

Unterkunft

- **Hostal Familiar Parrita**

Cocharcas 555, Tel. 222 2724. Sauber, Parkplätze. Mit Frühstück ca. 18 Euro p.P.
- **Hotel Claris**

18 de Septiembre 357, Tel. 222 1980. Freundlich, hilfsbereit und sauber. DZ ohne/mit Bad ab 17/33 Euro. www.clarishotel.cl
- **Libertador**

Libertad 85, Tel. 222 3255. Große Zimmer, okay. DZ mit Bad 58 Euro. www.hlbo.cl
- **Gran Hotel Isabel Riquelme**

Constitución 576, Tel. 243 4400. Sachlich, aber elegant, sehr unterschiedliche Zimmer. DZ mit Bad und Frühstücksbuffet ab 126 Euro. www.hotelisabelriquelme.cl
- **Viña Chillán**

Tres Esquinas (Panamericana km 425, Ausfahrt Bulnes, dann 7 km Richtung Yungay, Tel. 42/197 1573. Von Schweizern aufgebautes Öko-Weingut etwa 30 km südlich von Chillán, mit schönem Gästehaus mitten im Rebgarten. 6 geräumige Zimmer, Pool, Restaurant und viel ländliche Ruhe. DZ 65 Euro. www.vinachillan.cl

Essen und Trinken

Neben den **Essständen in der Markthalle** sind zu empfehlen:

- **Fuente Alemana**

Arauco 660. Gute Kuchen.
- **Centro Español**

Arauco 555. Sehr gut, stilvoll, nicht preiswert.
- **Club Comercial**

Aracuo 745. Vor allem zur Mittagszeit populär.

◁ Ausspannen in den Termas de Chillán

Überlandbusse

Chillán besitzt **drei Busbahnhöfe,** zwei überregionale und einen regionalen. Überregionale Linien fahren ab Constitución/Ecke Brasil und Av. O'Higgins 010. Busse nach Norden Richtung Santiago fahren etwa jede halbe Stunde, nach Süden sind die **Verbindungen** ebenso häufig. Einige Beispiele:

- **Santiago,** 5 Std., 8–16 Euro
- **Temuco,** 4–5 Std., 7–21 Euro
- **Puerto Montt,** 8 Std., 12–28 Euro
- **Talca,** 2½ Std., 4–12 Euro
- **Concepción,** 90 Min., 2 Euro
- **Regionale Ziele** werden vom Terminal de Buses Rurales angefahren (Aldea etwa Ecke Prat an der Feria de Chillán). Von hier fahren die Busse zu den Termas de Chillán.

Bahn

Chilláns Bahnhof ist Av. Brasil Ecke Av. Libertad. Von hier fahren Züge **nach Santiago** (ca. 2x täglich). Der Zugverkehr nach Temuco und Concepción ist bis auf Weiteres eingestellt.

Sonstiges

- **Geldautomaten** in den Banken und Supermärkten nahe der Plaza.
- **Post,** Libertad 505.
- **Telefonzentralen,** Arauco 625, 18 de Septiembre 746 und 490.
- **Schnellwäscherei,** Libertad 771.

Termas de Chillán 181/B3

Die Thermen von Chillán sind in Chile wohl bekannt, vor allem als attraktives **Skigebiet.** Im Winter lohnt der Besuch der Anlage 80 Kilometer südöstlich von Chillán mehr als im Sommer – Thermalquellen gibt es an vielen Orten und schönere dazu. Für Wintersportfreunde sind sie eine Alternative, auch weil die Skipässe hier preiswerter als in der Gegend von Santiago sind.

Zu erreichen sind die mitten in den bewaldeten Voranden gelegenen Thermen per Bus von Chillán.

Die Thermalhotels haben ihren stolzen Preis (s.u.). Preiswerter kommt man im 9 km vor den Thermen gelegenen Ferienort **Las Trancas.** Von hier können Trekkingfreunde Wanderungen in die dicht bewaldete Kordillere und auf die Gipfel des Chillán-Massivs unternehmen. Eine Tagestour führt von den Termas de Chillán zu heißen Naturquellen im Nachbartal **Aguas Calientes,** und an drei Tagen kann man von Las Trancas aus den vergletscherten **Nevado de Chillán** (3212 m) besteigen. Es gibt zwei öffentliche Thermalbecken unter freiem Himmel (Eintritt ca. 10 Euro). Im Herbst (Ende April bis Ende Mai) verfärben sich hier die Roble- und Raulí-Bäume zu einem fantastischen Feuerwerk aus Gelb- und Rottönen, sehr schön zu sehen etwa bei Las Trancas und bei den Thermen. Eine Wanderkarte gibt es unter www.trekkingchile.com/karten.

Unterkunft

- **Hostel Chil In**

Km 72, Camino a las Termas de Chillán, Tel. 42/224 7075. Gehört dem Jugendherbergsverband an, ab 28 Euro p.P. www.hostelling.cl

- **Ecobox Andino**

Camino a Shangri-La, Las Trancas, Tel. 42/242 3134. Originell zu Cabañas ausgebaute Container für 2–5

Pers., mit Holzstegen verbunden. Ruhig und familiär, Cabaña ab 85 Euro. www.ecoboxandino.cl

■ **Misión Imposible Lodge**

Camino a Shangri-La, Las Trancas, Tel. 09/9321 7567. Lebhafte, bei Skifahrern und Wanderern beliebte Herberge mit Restaurant, Pool, Hot Tubs, Kletterwand und Skiausleihe, Restaurant. DZ ab 125 Euro. www.misnowchile.com

■ **Cabañas Las Cabras**

Camino Los Radales, Las Trancas, Tel. 42/242 4376. Geräumige, gemütliche Ferienhäuser für 6–8 Pers., mit Terrasse, viel Auslauf und Pool. Cabaña ab 115 Euro. www.cabanaslascabras.cl

■ **Gran Hotel**

Termas de Chillán, Tel. 2/2233 1313. Großes Casino-Hotel mit schönen Zimmern, Blick auf Berge und Wald, solidem Service, Spa, Thermalbecken innen und außen, üppigen Menüs und Outdoor-Aktivitäten. DZ ab ca. 250 Euro mit Vollpension.

Salto del Laja 236/B1

Wer **mit dem Auto** nach Süden unterwegs ist, kann 70 Kilometer südlich von Chillán einen **Abstecher zum Salto del Laja** machen. Die Ausfahrt ist ausgeschildert, nach zwei Kilometern gelangt man an die Brücke über den Río Laja, von der aus der **größte Wasserfall Chiles** zu sehen ist: eine etwa 100 Meter breite Wasserwand, die 40–55 Meter tief in eine enge Schlucht stürzt. Ein Spaziergang (5 Min.) führt bis dicht an die Fälle (die im Hochsommer überlaufen sind, obwohl sie dann wenig Wasser führen).

■ Mehrere **Restaurants und Unterkünfte** wetteifern um die Gunst der Touristen, so z.B. das ehrwürdige **Hotel Salto del Laja,** schön auf einer Flussinsel gelegen, mit Badestellen und weitläufigem Naturpark. Tel. 43/232 1706, DZ ab 80 Euro. www.saltodellaja.cl

Concepción 236/B1

Mit seiner **Nachbar- und Hafenstadt Talcahuano** ist Concepción inzwischen fest zusammengewachsen. Das Ballungszentrum an der breiten und trägen **Mündung des Río Biobío** in den Pazifik zählt etwa 600.000 Einwohner und ist damit das nach Santiago **zweitgrößte industrielle Zentrum Chiles.** Dabei überlässt die Regionalhauptstadt Concepción (212.000 Einwohner) der Schwesterstadt Talcahuano am Pazifik (250.000 Einwohner) die Rolle der wirtschaftlichen Lokomotive.

Wohl zu Recht wird Concepción von den meisten Chile-Besuchern gemieden. In der Industriestadt gibt es nicht viel zu sehen – und noch weniger nach den Zerstörungen des Erdbebens vom Februar 2010, die allerorten noch präsent sind. Historisches ist trotz der langen Stadtgeschichte kaum erhalten. Das Zentrum präsentiert sich modern und funktional, eine **nüchterne Zweckstadt,** die das gar nicht verbergen will. Freilich geht es hier – wie überall in der Provinz – im Vergleich zu Santiago gemächlich zu, wie man beim Schlendern durch die Fußgängerzonen und über den Stadthügel Caracol bemerkt.

Geschichte

Die **erste chilenische Hauptstadt** (in der Zeit von 1565–1573) wurde bereits 1551 von *Pedro de Valdivia* gegründet. **Die Geschichte der Stadt ist eine der Zerstörung,** und das erklärt, warum es so wenige Baudenkmäler gibt. Seit ihrer Gründung bis Mitte des 19. Jahrhunderts wurde die Stadt wiederholt von Indianern überfallen, 1730 und 1751 von **Erdbeben** zerstört, allerdings immer wieder aufgebaut: Zu wichtig waren der natürliche Hafen bei Talcahuano und die strategisch günstige Lage an der Mündung des Río Biobío. Nach dem Erd- und Seebeben von 1751 verlegte man sogar die Stadt vom ursprünglichen Penco weiter ins Landesinnere an den heutigen Ort – weswegen die Einwohner bis heute Penquistas heißen.

1835 legte erneut ein schweres Beben die Stadt in Schutt und Asche. *Charles Darwin,* der Concepción Anfang März, also etwa 14 Tage später, besuchte, notierte: „Die Ruinen waren so durcheinandergemengt, und die ganze Szene besaß so wenig das Ansehen eines bewohnbaren Ortes, dass es kaum möglich war, sich den früheren Zustand vorzustellen." Wiederaufbau und neuerliche Zerstörung – das nächste Riesenbeben ereignete sich im Jahr 1939, als 15.000 Häuser zerstört wurden, es folgte das große Erdeben von 1960 mit Epizentrum in Valdivia (siehe dort). So war das große Beben vom 27. Februar 2010, dessen Epizentrum nur 90 Kilometer nördlich lag, nur ein weiteres in dieser langen Folge von Katastrophen. Schwerer als Concepción selbst, wo „nur" einige Neubauten einstürzten und Brücken über den Biobío stark beschädigt wurden, traf es die Küste durch den nachfolgenden **Tsunami:** In Talcahuano wurden riesige Schiffe auf das Ufer geschleudert, der Hafen und die große Werft weitgehend zerstört, ganze Küstenorte wie Dichato dem Erdboden gleichgemacht.

Sehenswertes

Die zentrale **Plaza Independencia** trägt ihren Namen zu Recht – hier wurde 1818 die chilenische Unabhängigkeit erklärt. Die Plaza ist ein ruhiger Ort mit altem Baumbestand, in seiner Mitte findet sich ein Brunnen, gekrönt von einer Figur der *Ceres,* der römischen Göttin des Ackerbaus.

Folgt man der Aníbal Pinto nach Südosten, gelangt man zum Parque Ecuador, einer ruhigen Parkanlage, hinter der sich der schöne, von Naturwald bewachsene Stadtberg **Cerro Caracol** anschließt.

Am südwestlichen Ende des Parks liegt die **Galería de la Historia,** in der in großen, sehr lebendig gestalteten Dioramen die Geschichte der Stadt und Region dargestellt wird. Man sieht, wie die Mapuche-Indianer einst hier lebten, die Ankunft der ersten Spanier, natürlich auch die Erklärung der Unabhängigkeit von 1818 und die verheerenden Zerstörungen, die das Beben von 1939 anrichtete (Av. Víctor Lamas/Ecke Lincoyán im Parque Ecuador; Mo 15–18.30 Uhr, Di bis Fr 10–13.30 und 15–18.30 Uhr, Sa/So 10–14 und 15–19 Uhr).

Von der Plaza Richtung Nordosten gelangt man zum Universitätsviertel. Attraktiv für den Besucher ist dort die **Pinacoteca de Concepción,** die größte Sammlung chilenischer Malerei im gesamten Land. Das auffälligste Einzelkunstwerk der Ausstellung stammt aber nicht von einem Chilenen, sondern von einem Mexikaner: Es ist das Wandgemälde „Presencia de América Latina" von *Jorge González Camarena* (Chacabuco/Ecke Larenas, Di bis Fr 10–18 Uhr, Sa 10–17 Uhr sowie So 11–14 Uhr).

Zwei Blocks nordwestlich der Plaza liegt die **Markthalle,** ein lebhaftes Sammelsurium unterschiedlichster Stände. Vom Fisch bis zum Kunsthandwerk wird hier und in den umliegenden Gassen alles angeboten – in der Halle gibt es auch gute und preiswerte Essstände.

Praktische Tipps

Touristeninformation

■ **Vorwahl von Concepción: 41**

■ **Sernatur,** an der Plaza, Aníbal Pinto 460, Tel. 274 1337.

■ **Conaf (Nationalparks),** Barros Arana 215, Tel. 262 4000.

Unterkunft

■ **Hostal San Martin**

San Martin 949, Tel. 298 1282. Familiäre Atmosphäre, sauber, Internet, Wäscheservice. DZ 65 Euro mit Frühstück. www.hostalsanmartin.cl

■ **Maquehue**

Barros Arana 786, Tel. 221 0261. Abgewohnt, zentrale Lage. DZ mit Bad ab 50 Euro. www.hotelmaquehue.cl

■ **Germania**

Anibal Pinto 295, Tel. 2274 7000. Solide Mittelklasse nahe der Plaza, geräumige Zimmer, sehr gutes

Frühstücksbufett (Leserlob), Restaurant Edelweiss. DZ ab 90 Euro. www.hotelgermania.cl

El Araucano

Caupolicán 521, Tel. 2274 0606. 4-Sterne-Haus an der Plaza mit gutem Restaurant. DZ ab 90 Euro. www.hotelaraucano.cl

Essen und Trinken

Die besten Tipps wurden bereits genannt: Für das billige Mittagessen gibt es den **Mercado** – Frischfisch und Meeresfrüchte –, für das gepflegte Abendessen das **Hotel El Araucano.** Ansonsten:

Surazo

Bahamondes 89. Gelobte Fusion-Küche mit Mapuche-Einfluss.

Rincón del Pancho

Cervantes 469. Gute Fleisch- und Nudelgerichte. Schön, freundlich, So geschlossen.

Nómade

O'Higgins 310. Raffinierte Fleischgerichte.

Le Chateau

Colo Colo 340. Französisches Restaurant, sehr gut, aber teuer, So geschlossen.

Barra Birra

Av. Prat 528. Große Bierauswahl.

Café Rometsch

Barros Arana 677. Der Klassiker für Kaffee und Kuchen.

Café Pablo Neruda

Diagonal Pedro Aguirre Cerda 1134. Günstige Mittagsmenüs, abends immer volle Kneipe.

Mal Paso

Ongolmo Ecke Maipú. Gemütliche Kneipe mit Snacks, Do Live-Jazz.

Flugzeug

Der **Flughafen Carriel Sur** liegt im Norden an der Hauptstraße nach Talcahuano. Transfer in die City mit Aerovan, Tel. 224 8776, oder Ejecuservice, Tel. 273 0707, ca. 8 Euro.

- **LAN,** O'Higgins 648. Mehrmals täglich nach Santiago.
- **Sky,** O'Higgins 537. 2x täglich nach Santiago.

Überlandbusse

Der **zentrale Busbahnhof** liegt Tehualda 860, neben dem Stadion. **Verbindungen** nach:

- **Santiago,** 6 Std., 10–36 Euro
- **Puerto Montt,** 9–10 Std., 13–25 Euro
- **Valparaíso,** 8 Std., 8–32 Euro
- **Pucón,** 5 Std., 9–15 Euro
- **Valdivia,** 6 Std., 12–21 Euro
- **Los Angeles,** 2 Std., 3 Euro
- **Chillán,** 2 Std., 3 Euro
- **Talca,** 4 Std., 5–7 Euro
- **Temuco,** 4 Std., 5–7 Euro

Busse nach Talcahuano fahren ab der Plaza Independencia im Zentrum; sie sind mit „Base Naval" gekennzeichnet (ca. 30 Min., ca. 0,70 Euro).

Die besten Verbindungen **Richtung Lota und in die anderen Orte südlich von Concepción** bietet J. Ewert, Av. Prat 535 (neben dem Bahnhof).

Bahn

Zwischen Talcahuano und Laja, immer am Ufer des Río Biobío entlang, verkehrt mehrmals täglich ein **Regionalzug.** Der Fernverkehr von Concepción nach Santiago ist bis auf Weiteres eingestellt.

Sonstiges

- **Geldautomaten,** zahlreich in den Banken nahe der Plaza.

■ **Post,** O'Higgins 799, Ecke Colo Colo.
■ **Telefonzentralen,** Colo Colo 487, Caupolicán 649, Barros Arana 541, O'Higgins 799.

Costa del Carbón 236/A,B1

Südlich von Concepción beginnt die sogenannte Costa del Carbón, die **Kohleküste.** Hier erstreckten sich große Kohlereviere. Der schwache Kohlepreis auf dem Weltmarkt und die hohen Produktionskosten haben zur Stilllegung der meisten Minen geführt; die Folge: Die Gegend leidet unter hoher Arbeitslosigkeit, staatliche Umstrukturierungsprogramme haben bislang nur wenig gefruchtet. Touristen bietet die Küste lange Strände, schöne Buchten und viel Ruhe, wobei auch hier der zerstörerische Tsunami vom 27. Februar 2010 gewütet hat.

Von Concepción kommend, durchquert man zunächst die Stadt **Coronel** (30 km), deren Einwohner größtenteils vom Fischfang, der Fischereiindustrie und der Holzverarbeitung und -verschiffung leben. Es folgt die **Playa Negra,** ein schmaler, meist leerer Strand mit schwarzem Sand, ein kurzes Stück weiter dann die besser besuchte **Playa Blanca.** An der Straße steht ein kleines Monument; es weist darauf hin, dass sich hier

die geografische Mitte Festlandchiles befindet: Von hier bis nach Arica ist es genauso weit wie nach Punta Arenas.

Am Ende der Playa Blanca beginnt die 50.000-Einwohner-Stadt **Lota,** einst die wichtigste Kohlestadt Chiles. Die großen staatlichen Minen liegen heute brach, seitdem die einheimische Kohle den Preisen der importierten nicht mehr standhalten kann. Die erste Attraktion Lotas sind die **Minen;** sie beginnen direkt am Meeresufer. Die eine, die im Pique Carlos ihren Anfang nimmt, geht auf knapp 500 Meter Tiefe und wurde dann unterirdisch etwa elf Kilometer weit bis Laraquete vorangetrieben. Die andere beginnt im Pique Alberto, geht hinab auf etwas mehr als 500 Meter und erstreckt sich fast einen Kilometer weit unter dem Pazifik. Der Schacht **Chiflón del Diablo** (ausgeschildert an der Straße von Concepción) kann täglich von 10–18 Uhr besichtigt werden, im Sommer von 9–19 Uhr. Die Tour kostet ca. 6 Euro. Man fährt mit Helm und Stirnlampe unter die Erde, wird von ehemaligen Bergarbeitern geführt, die jede Menge Anekdoten erzählen, und kann evtl. selbst ein Stück Kohle mit dem Presslufthammer herausbrechen (Mo bis So 10.30–19.30 Uhr, Tel. 41/287 0682, www.lotasorprendente.cl).

Die zweite Attraktion Lotas ist der **Parque de Lota** (Parque Isidora Cousiño), 1862–1872 von englischen Landschaftsgärtnern angelegt. Hier wachsen Pflanzen, die sonst in Chile nicht gedeihen, vor allem exotische Bäume aus eigentlich wärmeren Gefilden. Hier ein Brunnen, dort eine Statue, da eine elegante Parkbank oder ein kleiner Musikpavillon – das zeigt, dass sich Mitte und Ende des 19. Jahrhunderts mit Kohle viel Geld verdienen ließ (Eintritt 2,50 Euro).

Die Weiterfahrt ins 11 Kilometer entfernte **Laraquete** oder nach **Arauco** (25 km) lohnt nur, weil hier die Strände so richtig schön sind.

chi13-024 ms

■ In Lota kann man im freundlichen und sauberen **Residencial Rome** übernachten, Galvarino 233, Tel. 41/287 6257, DZ mit Bad 25 Euro.

■ In Arauco wird von Lesern das neue **Hotel Arriero** empfohlen, Cochrane 560, Tel. 41/255 1707, DZ mit Bad 64 Euro, www.hotelarriero.cl.

⊂ Seelöwen sieht man überall entlang der chilenischen Küste

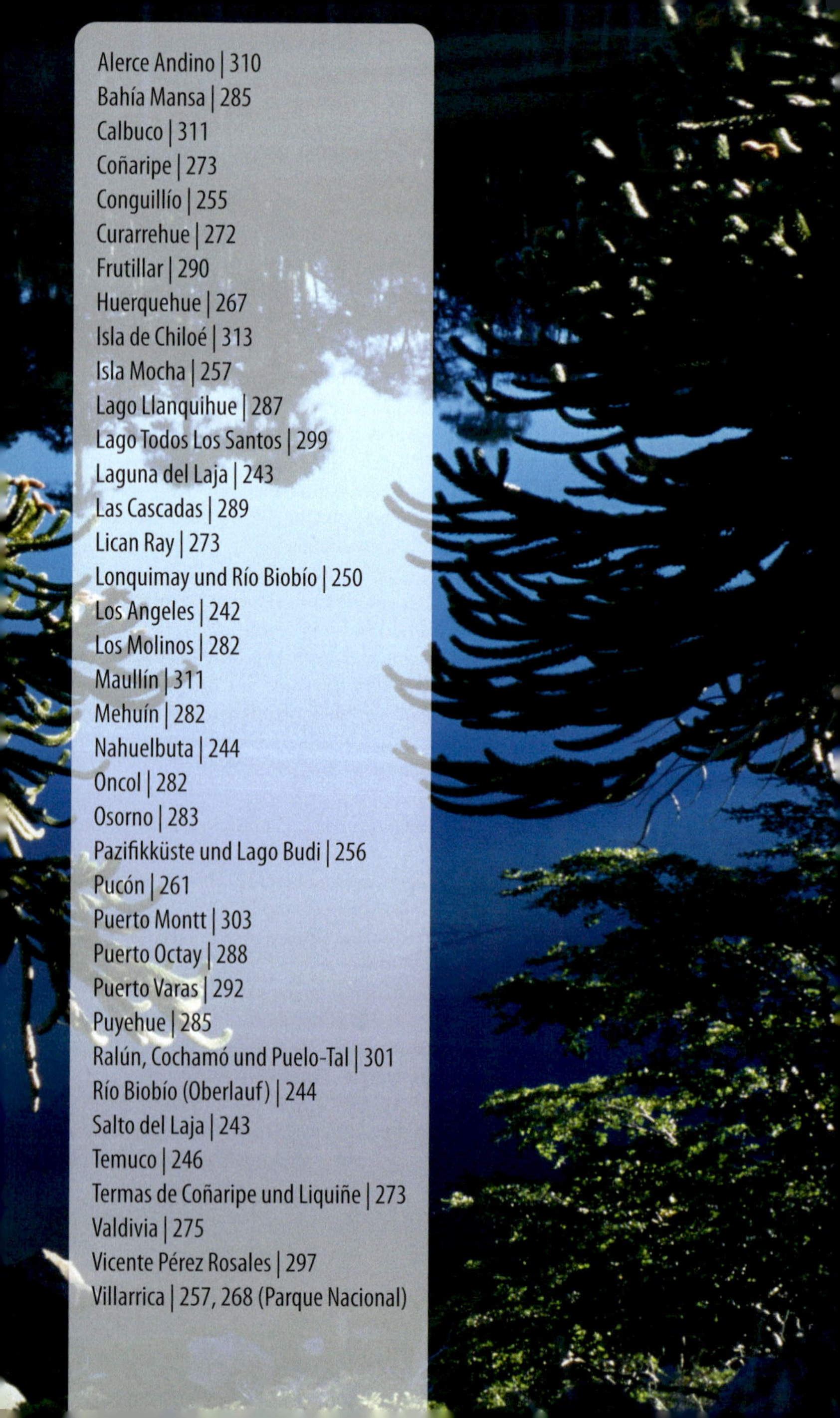

Alerce Andino | 310
Bahía Mansa | 285
Calbuco | 311
Coñaripe | 273
Conguillío | 255
Curarrehue | 272
Frutillar | 290
Huerquehue | 267
Isla de Chiloé | 313
Isla Mocha | 257
Lago Llanquihue | 287
Lago Todos Los Santos | 299
Laguna del Laja | 243
Las Cascadas | 289
Lican Ray | 273
Lonquimay und Río Biobío | 250
Los Angeles | 242
Los Molinos | 282
Maullín | 311
Mehuín | 282
Nahuelbuta | 244
Oncol | 282
Osorno | 283
Pazifikküste und Lago Budi | 256
Pucón | 261
Puerto Montt | 303
Puerto Octay | 288
Puerto Varas | 292
Puyehue | 285
Ralún, Cochamó und Puelo-Tal | 301
Río Biobío (Oberlauf) | 244
Salto del Laja | 243
Temuco | 246
Termas de Coñaripe und Liquiñe | 273
Valdivia | 275
Vicente Pérez Rosales | 297
Villarrica | 257, 268 (Parque Nacional)

chi13-025 ms

5 Der Kleine Süden

Riesige Araukarien, tiefblaue Seen und perfekte Vulkankegel mit Krägen aus Schnee – der Kleine Süden, auch „Chilenische Schweiz" genannt, ist mit gutem Grund eine der attraktivsten Regionen Chiles. Er ist zugleich das Stammland der Mapuche, jener wehrhaften Ureinwohner, die dem Vordringen der Spanier über 300 Jahre lang erfolgreich trotzten. Später kamen viele deutsche Einwanderer, die dem Landstrich ihren Stempel aufdrückten.

< Tausendjährige Araukarienbäume bestimmen das Bild in den Anden zwischen Los Angeles und Pucón

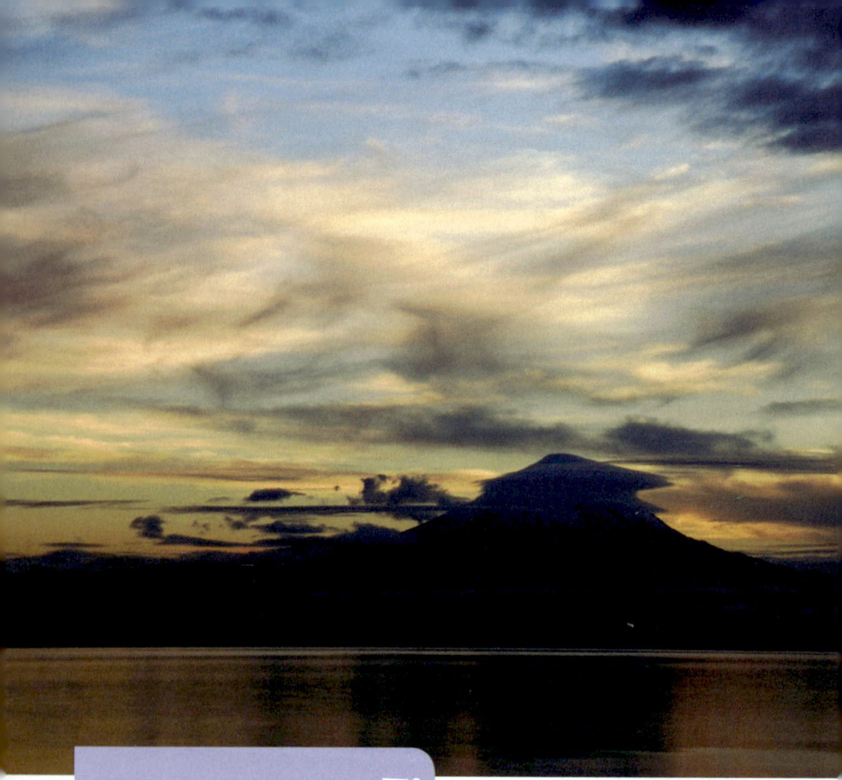

NICHT VERPASSEN!

Am Vulkan Lonquimay:
Araukarien auf Aschefeldern | 253

Nationalpark Conguillío:
am aktivsten Vulkan des Landes | 255

Pucón – Villarrica:
im Outdoor-Mekka Chiles | 261, 268

Valdivia:
deutsche Stadt am Fluss | 275

Lago Llanquihue:
Spiegel dreier Vulkane | 287

Nationalpark Vicente Pérez Rosales:
durch den üppigen Regenwald | 297

Diese **Tipps** sind gelb hinterlegt.

Der Lago Llanquihue, zweitgrößter See Chiles, mit dem Vulkan Osorno

chi11-006 ms

ARAUKANIEN UND DAS SEENGEBIET VON LOS ANGELES BIS PUERTO MONTT

Auch im Kleinen Süden ist die Reiseroute vorgegeben: Die verbindende Nord-Süd-Achse ist die Panamericana, und an bzw. nicht weit von ihr liegen auch die wichtigsten Städte: Los Angeles, Temuco, Valdivia, Osorno und Puerto Montt. Mancherorts folgen alternative Routen der Kette der zahlreichen Seen, andere führen in die Nationalparks und Schutzgebiete in den Anden oder an die einsamen Küsten.

Der Kleine Süden erstreckt sich von Los Angeles im Norden bis nach Puerto Montt im Süden und hat – administrativ betrachtet – Anteil an vier Regionen: der **Region Biobío** mit der Hauptstadt Concepción, der **Region La Araucanía** (Temuco), der **Region Los Ríos** (Valdivia) und der **Region Los Lagos** (Puerto Montt).

Parallel zur Panamericana verlaufen die Anden, an deren Rand die Seen der Region von Nord nach Süd wie blaue Perlen aufgereiht sind: **Lago Villarrica, Lago Panguipulli, Lago Ranco, Lago Llanquihue** und **Lago Todos Los Santos,** um nur die größten und wichtigsten zu nennen. Die meisten werden überragt von Vulkanen und sind umgeben von dichten Wäldern, in denen zwischen Los Angeles und Pucón ein ganz besonderer Baum wächst: das Wahrzeichen der Region, die **Araukarie.**

Der Kleine Süden ist für chilenische Verhältnisse recht **dicht besiedelt.** Die Hälfte der Bevölkerung lebt auf dem Land. Und zwar vom Getreideanbau, der Viehzucht und der Milchwirtschaft. Die Industrie in den Städten ist meist Leichtindustrie, vor allem landwirtschaftliche Produkte werden weiterverarbeitet. Der **Tourismus** wird immer bedeutender – nicht nur der internationale, sondern

0 50 km
©Reise Know-How 2013
Concepción
Lebu
244
Parque Nacional Nahuelbuta
Cañete
Angol
Coihue
242
Los Angeles
Concepción, Chillán
Mulchén
243
Parque Nacional Laguna del Laja
Laguna del Laja
5
Río Biobío
V. Callaqui 3164 m
Ralco
Reserva Nac. Ralco
Lago Lanalhue
Contulmo
Los Sauces
Collipulli
Traiguén
Victoria
Parque Nacional Tolhuaca
V. Tolhuaca 2806 m
V. Lonquimay 2890 m
Reserva Nac. Nalcas
40
ISLA MOCHA
Tirúa
Curacautín
250
Lonquimay
244
Reserva Nac. Alto Biobio
Lautaro
Las Lajas
Liucura
Paso Pino Hachado 1884 m
Carahue
246
Temuco
V. Llaima 3125 m
255
Parque Nacional Conguillío
Puerto Saavedra
Nueva Imperial
256
Lago Budi
Paso de Icalma 1298 m
Melipeuco
Cunco
Zapala
Pitrufquén
PAZIFISCHER OZEAN
Teodoro Schmidt
Lago Colico
267
Parque Nacional Huerquehue
Lago Villarrica
Lago Caburga
Toltén
257
Villarrica
261
S. 236
S. 238
Pucón
272
Aluminé
Loncoche
273
V. Villarrica 2847 m
268
Curarrehue
Rahué
282
Parque Nacional Villarrica
Mehuín
Lanco
Lican Ray
Lago Calafquén
Coñaripe
Lago Tromén
San José de Mariquina

CHILE
ARGENTINIEN
Parque Oncol
Niebla
Corral
275
Valdivia
Río Calle Calle
Mafil
Panguipulli
Lago Panguipulli
Puerto Fuy
Los Lagos
Lago Riñihue
Choshuenco
V. Choshuenco
2415 m
Reserva Costera Valdiviana
Paillaco
Lago Ranco
La Unión
Río Bueno
Río Bueno
Lago Ranco
Lago Maihue
Parque Nacional Lanín
Junín de los Andes
San Martin de Los Andes
Paso Hua Hum 659 m
285
Bahía Mansa
283
Osorno
5
285
Parque Nacional Puyehue
V. Puyehue
2240 m
Lago Puyehue
Entre Lagos
Villa Angostura
Río Limay
Paso Cardenal Samora 1308 m
288
Puerto Octay
Lago Rupanco
Purranque
298
299
V. Osorno
2660 m
Lago Todos Los Santos
Lago Nahuel Huapi
Peulla
Paso Pérez Rosales 1022 m
Comallo
Pilcaniyeu
290
Frutillar
289
287
Lago Llanquihue
Las Cascadas
300
Petrohué
297
M. Tronador
3451 m
Lago Frías
San Carlos de Bariloche
Parque Nac. Vicente Pérez Rosales
40
292
Puerto Varas
311
V. Calbuco
2015 m
Los Muermos
303
Puerto Montt
310
Parque Nacional Alerce Andino
301
Cochamó
311
Maullín
311
Calbuco
Seno de Reloncaví
Puelo
Bahía Maullín
Pargua
Parque Nacional Hornopirén
ISLA DE CHILOÉ
Puerto Natales
Hornopirén
7
Llanada Grande
Ancud
5
Chacao

CONCEPCIÓN
San Pedro
Pinacoteca
Florida
P. Coyanmahuida
Hualqui
Chiguayante
Coronel
Lota
Parque de Lota, Chiflón del Diablo
Isla Santa Maria
Puerto Sur
Golfo de Arauco
Punta Lavapié
Caleta Llico
Arauco
Laraquete
Santa Juana
Carampangue
Ramadillas
Yumbel
Cabrero
Laja
Los Angeles
Nacimiento
Curanilahue
Punta Carneros
Bahía de Carnero
Lebu
Los Álamos
Tres Pinos
Punta Morguilla
Ranquilco
Cañete
P. Nac. Nahuelbuta
Piedra del Aguila
Angol
Renaico
Mulchén
Collipulli
PAZIFISCHER OZEAN
Reduccion de Pangui
L. Lanalhue
Contulmo
Purén
Lumaco
Traiguén
Victoria
Capitán Pastene
L. Lleulleu
Quidico
Tirúa
R. N. Isla Mocha
Punta Arvejas
Isla Mocha
VIII Región del Biobío
IX Región de la Araucania
Galvarino
Lautaro
CHILE
Araucanía
Nueva Imperial
TEMUCO
Mercado
Museo Reg. de la Araucania
Carahue
Pto. Saavedra
L. Budi
Padre Las Casas
Teodoro Schmidt
Freire
Pitrufquén
Gorbea
Nueva Toltén
Villarrica

☐ Anschlusskarte nach Süden S. 238/239

XIV Región de los Ríos
PAZIFISCHER OZEAN
X Región de los Lagos
CHILE
Los Lagos
Valdivia
Osorno
Puerto Montt
Loncoche
Lanco
Panguipulli
Los Lagos
La Unión
Río Bueno
Purranque
Río Negro
Frutillar
Llanquihue
Pto. Varas
Calbuco
Ancud
Mercado Fluvial, Museo Histórico, Fuertes
Museo Colonial
Angelmó
Faro Corona
Sant. de la Naturaleza C. Anwandter
Parque Oncol
Area Costera Protegida Punta Curiñanco
Reserva Costera Valdiviana
Area Marina Protegida
Areas Indígenas Protegidas Mapu Lahual
Lago Llanquihue
Lago Ranco
L. Rupanco
L. Puyehue
Volcán Osorno
Volcán Calbuco
Bahía de Corral
Bahía San Pedro
Bahía Maullín
Seno Reloncaví

C
D
1
2
3
P.N. Villarrica
Vn. Villarica 2840
Coñaripe
Calafquén
Puesco
Portezuelo Tromen o Mamul Malal 1207
Volcán Lanín 3768
L. Quillén
Quillén
L. Tromen
Reserva
Mamuil Malal
Termas Coñaripe
Liquiñe
Paso Carirriñe
L. Huechulafquén
Neltume
Puerto Fuy
Vo. Choshuenco 2415
L. Pirihueico
Reserva Huilo-Huilo
Puerto Pirihueico
Nacional
L. Lolog
Lolog
Paso Huahum 659
Ríos
Ruta de los 7 Lagos
L. Lácar
Lanín
Pilolil
Sierra de Catán Lil
Las Colorades
La Negra
Ojo de Agua
Malleo
Catán Lil
Junín de los Andes
Neuquén
Cerro Negro 1406
Piedra del Águila
Río Limay
Quilquihué
San Martín de los Andes
Río Collón Cura
Sañico
Villa Rincón Chico
Cerrito Piñon
Quemquemtreu
Cerro Chapelco 2441
Hueinahue
L. Maihue
Lago Hermoso
Alicura
Corral de Piedra
Emb. d. Alicurá
Embalse Piedra del Águila
L. Huishué
Pichi Traful
Caleufú
Parque
L. Espejo
L. Traful
Traful
Volcán Puyehue 2240
Po. Cardenal A. Samoré 1305
Estancia Chacabuco
1646
Coquelén
Laguna Blanca
A. Comallo
Va. La Angostura
Corentoso
La Primavera
La Lipela
Anfiteatro
Cerro Alto
Par. Nac. Puyehue
Nahuel
L. Nahuel Huapi
Paso Coihue
San Pedro
1634
Cañadón Chileno
Los Cántaros
Comallo
L. Todos los Santos
Po. Pérez Rosales 1020
Lago Frías
Llao Llao
Nahuel Huapi
Dina Huapi
Los Juncos
Peulla
N. Vicente Rosales
San Carlos de Bariloche
Pilcaniyeu
Clemente Onelli
Cerro Blanco 2225
L. Mascardi
Cerro Tronador 3554
Huapi
Villa Mascardi
ARGENTINA
Pto. Los Reyes
Po. Río Manso 400
L. Manso
Cerro Anecón Gde. 2010
Las Bayas
Cord. del Viento
Ojo de Agua
Cerro Torrecillas 2164
Cerro Cap 1723
Mina Pico Quemado
Río Villegas
Cerro Carreras 2350
L. Tagua Tagua
Maldonado
El Foyel
Area Natural Protegida Río Azul Lago Escondido
Río Chico
Manuel Choique
Cerro d. l. Torre 2276
Norquinco
Llanada Grande
L. Azul
El Bolsón

auch der einheimische. Um Villarrica und Puerto Varas sind in den letzten Jahren die Grundstückspreise explodiert, auch zahlungskräftige Chilenen verbringen hier oder an anderen Seen ihren Sommerurlaub.

Der **Río Biobío** ist nicht nur der längste Fluss des Landes, er war auch jahrhundertelang die Grenze des Gebietes, das die Spanier erobern konnten. Weiter südlich lebten die **Mapuche,** die von den Spaniern Araukaner genannt wurden. Sie leisteten den spanischen Eroberungsversuchen bis ins 19. Jahrhundert erbitterten Widerstand. Die Spanier drängte es nach Süden: Hier gab es Gold, das Land war fruchtbar, und mit den Indianern waren auch potenzielle Arbeitskräfte vorhanden. Zwar hatten die Spanier das zentrale Gebiet der Mapuche schon Mitte des 16. Jahrhunderts mit städteähnlichen Festungen umgeben – 1550 hatten sie Concepción, 1552 Valdivia und Villarrica gegründet –, aber das Kerngebiet war nicht zu erobern gewesen. Krieger wie *Lautaro* und *Caupolicán* führten die Mapuche immer wieder siegreich gegen die Spanier an.

An den Mapuche waren bereits die Inka ein Jahrhundert zuvor gescheitert. Der Grund, warum sie sich so erfolgreich verteidigen konnten, lag in ihrer **Organisationsform.** Sie waren zu kleinen Dorfgemeinschaften zusammenge-

chi13-026 ms

schlossen und hatten kein zentralisiertes Herrschaftssystem. So mussten die Eindringlinge Dorf für Dorf erobern und nicht nur die obersten Herrscher besiegen. Die Spanier verzweifelten, immer wieder wurden ihre neu geschaffenen Stellungen überfallen und zerstört: „Keinem König soll es gelingen, diese freien Menschen niederzuzwingen", schrieb *Alonso de Ercilla y Zúñiga* (1535–1594) in seinem Heldenepos „La Araucana".

Was mit direkter Gewalt nicht klappte, funktionierte schließlich mit „Aufweichung": Immer wieder neue Eroberungsversuche der Spanier, das langsame Vordringen der ersten Siedler, die Arbeit von Missionaren, innere Zerwürfnisse unter den Gemeinschaften, von den Weißen eingeschleppte Krankheiten und nicht zuletzt der Alkohol ließen den Widerstand der Mapuche immer mehr schwinden, und Ende des 19. Jahrhunderts begann die chilenische Regierung, das Land weitflächig unter Siedlern aufzuteilen. So schrieb *Otto Bürger* 1923 über die Umgebung von Temuco, die zum Kerngebiet der Mapuche gehört: „1881 und 1882 wurde das noch größtenteils von Urwald bedeckte Gebiet des Río Cautín von der Regierung vermessen, in Parzellen, Hijuelas, von höchstens 500 Hektar geteilt und öffentlich an den Meistbietenden unter langfristigen Ratenzahlungen verkauft." Die Mapuche-Indianer wurden nach und nach in kleine Reservate vertrieben.

Der Río Bíobío war jahrhundertelang die Grenze zwischen Spaniern und Mapuche

Heute leben weniger als **500.000 Mapuche in Araukanien,** meistens von der Landwirtschaft und dem Verkauf von Kunsthandwerk, viele sind auch in die Städte abgewandert, wo sie meist einfache Arbeiten verrichten. Das Volk, dessen Verstand und Tapferkeit von allen Quellen des 16. bis 19. Jahrhunderts so gerühmt werden, gehört heute zu den ärmsten in Chile, zwei Drittel leben unter der Armutsgrenze. Es fehlt an Land, Bildung und technisch-handwerklichen Fertigkeiten. Das schürt natürlich **Konflikte:** Mapuche-Gemeinden besetzen immer wieder Privatland, um ihre älteren Ansprüche geltend zu machen, und radikale Gruppen schrecken auch nicht vor bewaffneten Überfällen und Brandanschlägen auf Landgüter und Forstunternehmen zurück. Der chilenische Staat reagiert mit Repression und zunehmender Präsenz von Polizeikräften in dem Gebiet. Die Bemühungen der Regierung, Land zurückzukaufen und an Ureinwohner-Gemeinden zu übergeben, waren bislang nicht wirklich erfolgreich: Da die Mapuche nicht in Land- oder Forstwirtschaft geschult sind, können sie die Ländereien kaum produktiv bewirtschaften und verpachten sie teilweise an die ursprünglichen Siedler zurück.

Die Siedler, die von der Mitte des 19. Jahrhunderts an kamen, um das Land zu roden und zu beackern, waren vor allem **Deutsche und Schweizer.** Die ersten Jahrzehnte waren von überaus harter Arbeit geprägt: „Auswandern heißt dulden, leiden, entsagen lernen. Hier ist das Land von Milch und Honig nicht. Im Schweiße seines Angesichtes muß man sein Brot erwerben", zitiert *Siegfried Benignus* einen Auswanderer im Jahr 1912. Anders als es Reisende aus dem späten

19. Jahrhundert oder dem frühen 20. für ihre Zeit berichten, ist der **deutsche Einfluss** heute in Südchile nicht mehr so stark spürbar. Natürlich finden sich noch Familien, die ihre deutsche Herkunft weder verleugnen wollen noch können, natürlich ist die Dichte der deutschen Schulen hier größer als in anderen Landesteilen, natürlich gibt es hier deutsche Clubs, „Kuchen" und „Torta Selva Negra". Aber die Torte heißt eben „Selva negra" und nicht Schwarzwälder Kirschtorte, denn Deutsch wird im Alltag kaum noch benutzt. An die Besiedlung erinnert mehr die Architektur der Häuser: Statt flacher Dächer und Patios, wie bei spanischen Kolonialbauten üblich, finden sich im Süden mehr Giebelhäuser mit Schindeldächern.

Los Angeles 236/B1

Viel zu sehen gibt es nicht in der Stadt, die rund 125.000 Einwohner hat und dank einiger Industrie auch schnell wächst. Dafür eignet sich Los Angeles gut als **Ausgangspunkt für den Besuch zweier Nationalparks** – des Nationalparks Laguna del Laja und des Nationalparks Nahuelbuta (s.u.). Dennoch, einen halben Tag kann man in der Stadt durchaus verbringen: Man flaniert die Calle Colón, die Hauptgeschäftsstraße, entlang und besucht das Museo Histórico und die Iglesia del Perpetuo Socorro, die beiden einzigen Bauwerke, die an die Kolonialzeit der Stadt erinnern. Sehenswert ist das **Museo de Alta Frontera** mit einer hervorragenden Sammlung von Mapuche-Kleidung und -Silberschmuck; es liegt direkt an der Plaza.

Praktische Tipps

Unterkunft

- **Hotel Océano**
Colo-Colo 327, Tel. 43/234 2432. Nett, sauber, zentral, WLAN. DZ mit Bad 41 Euro.
- **La Mona**
Gemütliche Gästezimmer mit eigenem Bad im Landhaus eines deutschen Ehepaares. Große Terrasse, Pool, Thermalbecken, leckere Hausmannskost mit Gemüse, Obst und Säften, alles aus eigenem Anbau; Internet. Die netten Gastgeber organisieren auch Ausflüge ins Umland. Nur von Nov. bis März geöffnet, Anmeldung nötig. Panamericana km 494, Ausfahrt El Olivo, 1 km Richtung Westen. Tel. 43/197 1234. Die Übernachtung mit Vollpension kostet 46 Euro p.P. www.turismolamona.com

Essen und Trinken

- **Julios Pizza,** Colón 542. Pizza.
- **Bavaria,** Colón 370-A. Fleisch und Sandwiches, große Portionen.
- **Prymos 2,** Colón 440. Nettes Café.

Busse

- Der **überregionale Busbahnhof** liegt weit außerhalb des Zentrums an der Av. Sor Vicenta 2051. **Gute Verbindungen** nach Norden Richtung Santiago und nach Süden.
- Der **Terminal Rural** für den Regionalverkehr liegt näher am Zentrum, in Villagrán 501. Hier starten die Busse u.a. Richtung Laguna del Laja und Alto Biobío.

Sonstiges

- **Post,** Caupolicán, an der Südseite der Plaza.
- **Telefonzentrale,** Colo Colo 481.
- **Wäscherei,** Almagro 748.
- **Tourveranstalter La Kumbre,** Tel. 09/6326 6463, Ausflüge und Wandertouren in den Anden mit dem erfahrenen Guide *Harold Wicki.* aventurakumbre@gmail.com

Die Umgebung von Los Angeles

Salto del Laja 236/B1

Etwa 25 Kilometer nördlich von Los Angeles stürzt der Río Laja über ein etwa 50 Meter hohes Felsplateau und bildet so den Salto del Laja, den **größten Wasserfall Chiles.** Ein fünfminütiger Spaziergang führt direkt an die Fälle (siehe „Umgebung von Chillán").

Parque Nacional Laguna del Laja 237/C1

90 Kilometer östlich der Panamericana und über eine gut ausgebaute Straße zu erreichen, erstreckt sich der 11.600 Hektar große Nationalpark Laguna del Laja. Er gehört zu den wenig bekannten Schutzgebieten Zentralchiles – zu Unrecht, bietet er doch abwechslungsreiche Naturszenarien: Lavawüsten und Naturwälder, Wasserfälle und Gletscher. All das wird überragt vom 2985 Meter hohen **Vulkan Antuco,** der bei einem Ausbruch einen Lavadamm aufschüttete und dabei den Río Laja zu einem Bergsee von 35 Kilometern Länge aufstaute – eben der Laguna del Laja. Der Park wurde eingerichtet, um die großen Bestände an **Zypressen und Araukarien** zu schützen, schließlich wachsen hier die nördlichsten dieser Urwaldriesen.

Mit viel Glück sieht man Füchse oder Vizcachas, den ebenfalls im Park lebenden Puma wird man jedoch nicht zu Gesicht bekommen. Wahrscheinlich aber Kondore, die in der angrenzenden höheren **Sierra Velluda** (3600 m) nisten.

Von Los Angeles fährt mehrmals täglich ein **Bus** über Antuco nach **Abanico,** von dort sind es noch 11 Kilometer bis zum Parkeingang (kein Bus), an dem Conaf ein Informationszentrum und einen kleinen Campingplatz unterhält. In den Park führen einige ausgewiesene **Trekking-Pfade** sowie eine akzeptable Schotterstraße, die den Vulkan am Seeufer entlang umrundet, bevor sie über den **Paso Pichachén** nach Argentinien hinüberführt (nächste Stadt: Chos Malal, ca. 130 km ab der Grenze; Grenzkontrolle in Los Barros). Die Straße säumen weiße Kreuze und Gedenkplaketten: Sie erinnern an die größte Katastrofe des chilenischen Heeres seit dem Pazifikkrieg. Im Mai 2005 kamen hier 45 Soldaten in einem Schneesturm ums Leben – hauptsächlich junge Rekruten, die von ihren Kommandeuren trotz Unwetterwarnung und völlig unzureichend gekleidet und ausgerüstet auf einen „Übungsmarsch" geschickt worden waren. Wer hier im Sommer unterwegs ist, kann sich die apokalyptische Szene nur schwer vorstellen.

Der **Vulkan Antuco** kann in einer Tagestour bestiegen werden; von oben bietet sich ein toller Rundblick über die von vulkanischen Kräften geformte Landschaft. Die Standardroute beginnt kurz vor dem See entlang des Skiliftes, ist aber sehr steil, felsig und ausgesetzt. Weniger mühselig ist der Aufstieg über den Gletscher auf der Südseite, vom Estero Aguada aus (Sector Los Barros). Insgesamt sollte man 8 Stunden einplanen. Zur Rundwanderung siehe Outdoor-Kapitel.

- Unterkunft bieten die **Cabañas Antucalhue** 2 km hinter Abanico, eine weitläufige Anlage mit Blick auf die Sierra Velluda, einfachen Cabañas für 4–10 Pers., Sauna, Hot Tubs und kleinem Pool. Der aufmerksame Wirt *Arturo* kocht auch sehr gut. EZ 25 Euro, 4-er Hütte ab 82 Euro, Frühstück 4 Euro extra. Tel. 09/6849 6340, www.antucalhue.cl.
- **Wild zelten** ist an verschiedenen Stellen im Park möglich.
- Die Besteigung des Antuco kann mit **La Kumbre** organisiert werden, Tel. 09/6326 6463.
- Eine **Wanderkarte** gibt es bei Trekkingchile, www.trekkingchile.com/karten.

Parque Nacional Nahuelbuta 236/B2

Der 6832 Hektar große Nationalpark wurde 1939 eingerichtet, um das letzte Refugium der **Araukarien** innerhalb der Küstenkordillere zu schützen. Einige dieser Baumriesen im Park sind mehr als 2000 Jahre alt und über 50 Meter hoch, und ihre Stämme haben einen Durchmesser von mehr als zwei Metern. Den besten Überblick über den Park hat man vom **Piedra de Aguila** (Adlerfelsen), einer Felskanzel, die auf 1379 Metern Höhe wirklich wie ein Raubvogelhorst über dem Park thront.

Der Nationalpark ist ohne Auto nur umständlich zu erreichen. Den besten Zugang bietet die Kleinstadt **Angol** (44.000 Einwohner). Dort ist auch ein Conaf-Büro (Prat/Ecke Chorrillos), und von dort fahren mehrmals wöchentlich Busse nach Vegas Blancas, das 7 Kilometer vom Parkeingang entfernt ist.

- Im Park gibt es einen **Campingplatz** von Conaf. In Angol übernachtet man am besten im **Hotel Duhatao,** Arturo Prat 420, Tel. 45/271 4320, DZ 80 Euro. www.hotelduhatao.cl

Der Oberlauf des Río Biobío 237/C1,2

Mit dem Mietwagen (auch mit dem Bus, dann aber mühsamer) lässt sich von Los Angeles ein sehr schöner Ausflug den Río Biobío hinauf unternehmen. In **Santa Bárbara** (42 km ab Los Angeles) gibt es einige Residenciales und Restaurants sowie die letzte Tankstelle. Ab hier folgt die Straße dem Verlauf des Río Biobío. Mal hoch über dem Fluss, meistens aber dicht daneben geht es durch eine wunderbare Wald- und Wiesenlandschaft, im Hintergrund taucht der schneebedeckte **Vulkan Callaqui** (3164 m) auf. Der Biobío, eingerahmt von Naturwald und einigen Kiefernplantagen, zwängt sich mal durch ein enges Felstal, mal plätschert er über ein breites Kiesbett.

[>] Am Krater des Vulkans Antuco

Nach 94 km ist **Ralco** erreicht. Der Ort, erst seit kurzem Hauptort der neu geschaffenen Gemeinde Alto Biobío, kann auf das modern eingerichtete, lohnenswerte **Pehuenche-Museum** verweisen (geöffnet Mo/Di 9–17 Uhr, Mi bis So 9–19 Uhr). Hier gibt es ein paar Läden und eine Station der Carabineros; zudem ist hier die Endstation der Busse, die dreimal täglich von Los Angeles kommen.

■ Übernachtung im **Residencial Las Montañas** mit Restaurant (okay, 10 Euro p.P.).
■ **Cabañas Alto BioBio,** akzeptable Bungalowanlage mit Pool, Tel. 43/197 4232, Cabañas ab 50 Euro für 3 Pers. www.cabanasdelaltobiobio.cl

Kurz hinter Ralco erreicht die ausgebaute Straße den **Embalse Pangue.** Der schmale Stausee liegt still inmitten der bewaldeten Bergrücken, nur gelegentliche, an Felsen gepinselte Losungen erinnern daran, dass das obere Biobío-Tal über ein Jahrzehnt lang **Schauplatz erbitterter Auseinandersetzungen** zwischen den Pehuenche-Ureinwohnern und Umweltschützern auf der einen und dem Energiekonzern Endesa und der Regierung auf der anderen Seite war. Das **Wasserkraftwerk Pangue** ebenso wie das **Kraftwerk Ralco** wenige Kilometer flussaufwärts decken den wachsenden Energiebedarf der chilenischen Wirtschaft, doch wurden bei ihrem Bau in den 1990er Jahren all die Fehler gemacht, die bei solchen Projekten gerne gemacht werden: fehlende Rücksicht auf die dort lebende Bevölkerung sowie Nichtbeachtung der ökologischen (und ökonomischen) Konsequenzen. So wurde mit den Gemeinden der **Pehuenche-Indianer** viel zu spät über deren Übersiedlung und einen Landaustausch verhandelt. Und obwohl Endesa die Gemeinden teilweise mit Strom versorgte, Gemeindezentren und touristische Projekte finanzierte, gehört die Gemeinde Alto Biobío nach wie vor zu den ärmsten des Landes.

chi11-035 ms

Bei den Carabineros in Ralco sollte man sich nach dem weiteren Straßenzustand hinter den Stauseen erkundigen. Theoretisch kann man am Biobío entlang weiter nach Süden fahren und über Lonquimay zum Quellgebiet des Biobío gelangen (s.u.). Für die Tour braucht man mindestens zwei Tage und ein geländegängiges Fahrzeug.

Ein landschaftliches Kleinod liegt am Oberlauf des Río Ralco, eines Nebenflusses des Biobío, versteckt: Die **Reserva Nacional Ralco** schützt ausgedehnte Araukarienbestände an der Nordostflanke des Vulkans Callaqui. In **Vegas de Ralco,** ca. 80 Kilometer hinter dem Städtchen Ralco, gibt es einen Posten der Park Ranger; bis hierher schafft es im Sommer ab und an auch ein Bus von Los Angeles. Zu den schönsten Wanderzielen gehören die von Araukarien flankierte, von Thermalquellen angewärmte Laguna La Mula und das Tal des Río Quillaicahue, das zu den Vulkangletschern führt. Hier begegnet man auf Schritt und Tritt den Pehuenche-Indianern.

Eine weitere Möglichkeit, in die Lebenswelt der Pehuenche einzutauchen, besteht im **Tal des Río Queuco,** das sich nordöstlich des Städtchens Ralco über rund 100 km hinauf zum Vulkan Copahue zieht. Die hiesigen Pehuenche-Gemeinden bieten über das **Netzwerk Trekaleyin** („Auf geht's!") Reit- und Trekkingtouren durch die Naturwälder und zu Sommerweiden an. Im Tal gibt es mehrere rustikale Thermalquellen (u.a. Nitrao, km 51, und Trapatrapa, km 56) sowie einfache Cabañas und Zeltplätze. Näheres unter www.trekaleyin. com (auf Spanisch). Einmal täglich schafft es ein klappriger Bus das Tal hinauf (16.30 Uhr ab Ralco).

Temuco 236/B3

„In Chile findet sich keine zweite Stadt, welche einen so raschen Aufstieg zu verzeichnen hätte wie Temuco", notierte *Otto Bürger* 1923, und selbst heute noch ist die erst 1881 auf einer Festung gegründete Stadt eine der am schnellsten wachsenden in ganz Chile. Etwa 250.000 Einwohner zählt die **Hauptstadt der Region La Araucanía** und ist damit die fünftgrößte Stadt des Landes.

Temuco ist das **industrielle und wirtschaftliche Zentrum** der Region; hier finden sich die einzigen größeren Betriebe in La Araucanía, und vorwiegend hier werden die Agrarprodukte der Region weiterverarbeitet. Gleichzeitig ist Temuco ein wichtiger Marktort.

Sehenswertes

Trotz der späten Gründung hielt man sich bei der Planung von Temuco an die kolonialspanischen Regeln. Die Stadt, deren Zentrum sich zwischen dem Río Cautín und dem Cerro Ñielol erstreckt, besitzt einen regelmäßigen Schachbrettgrundriss; das absolute Zentrum ist die baumbestandene **Plaza Aníbal Pinto,** an der auch klassisch die wichtigsten Gebäude versammelt sind: die moderne **Kathedrale** (schöne, schlichte Innenausstattung), deren Glockenturm ein Bürogebäude ist, die Regionalverwaltung ebenso wie die der Stadt. Die Kathedrale und die Verwaltungsbauten entstanden nach dem verheerenden Erdbeben von 1960 neu.

Drei Blocks nördlich der Plaza, inmitten eines lebhaften Geschäftszentrums, liegt der überdachte **Mercado Municipal** (zwischen Bulnes, Portales, Aldunate und Rodríguez), eine Mischung aus Versorgungsmarkt (Obst und Gemüse) und Touristenattraktion, mit der wahrscheinlich größten Dichte an Kunsthandwerksständen in Chile, dazu einer Anzahl von preiswerten Restaurants. Neben viel Standardkitsch finden sich auch typische Mapuche-Instrumente: *cultrún* (Trommel), *trutruca* (eine Art Alphorn), *trompe* (Maultrommel) und *pifilca* (eine kleine Flöte), dazu furchterregende Holzmasken.

Etwa acht Blocks westlich der Plaza, an der Av. Alemana Ecke Thiers, steht das **Museo Regional de la Araucanía.** Die frisch restaurierten Räume des alten Palais' zeigen die Geschichte der Region, die frühere Lebensweise der Mapuche-Indianer, ihre Textilarbeiten, Musikinstrumente und Waffen, die Eroberung der Region durch die Spanier und die Kolonisation durch die Deutschen (Av. Alemania 084, geöffnet Di bis Fr 9.30–17.30 Uhr, Sa 11–17 Uhr, So 11–14 Uhr, Eintritt 1 Euro). Im Museum gibt es auch einen kleinen Laden der **Fair-Trade-Stiftung Cholchol,** die mit Mapuche-Frauen arbeitet (s.u.). Hier kann man hochwertige Webarbeiten, Schmuck, Keramik, Taschen, T-Shirts und viele kleine originelle Souvenirs erwerben.

Nördlich der Innenstadt erstreckt sich das **Monumento Natural Cerro Ñielol,** ein 85 Hektar großer Park, die grüne Lunge der Stadt. Er steht unter Naturschutz, weil hier zahlreiche **Copihues** *(Lapageria rosea)* wachsen. **Chiles Nationalblume** blüht von März bis Juli.

Praktische Tipps

Touristeninformation

- **Vorwahl von Temuco: 45**
- **Sernatur,** Bulnes 586, an der Plaza, Tel. 231 2857, infoaraucania@sernatur.cl.
- **Conaf (Nationalparks),** Bilbao 931, 2. Stock, Tel. 229 8114.

Unterkunft

Hospedaje Aldunate
Aldunate 187, Tel. 227 0057. Einfach, mit Kochgelegenheit, WLAN. Ab 17 Euro p.P. mit Gemeinschaftsbad.

Posada Selva Negra
Trizano 110, Tel. 223 6913. Deutschsprachige Pension, Zimmer mit Kabel-TV und Zentralheizung, Parkplatz. DZ 47 Euro. www.hospedajeselvanegra.cl

La Casa de Juanita
Carrera 769, Tel. 09/9915 1885. 8 Zimmer mit Bad, Kabel-TV und WLAN, ruhig und zentral. Einfach, sauber, herzlich und familiär. DZ 58 Euro. www.hostalcasadejuanita.cl

Pewman Ruka
Francia 245, Tel. 259 4563. Neu und gepflegt, WLAN und Sat-TV im Zimmer, von Lesern empfohlen. DZ ca. 57 Euro. Reservierung angeraten. www.pewmanruka.cl

Hotel Turismo
Lynch 563, Tel. 295 1090. Restaurant, Parkplatz, Kabel-TV. DZ mit Frühstück 67 Euro. www.hotelturismotemuco.cl

Hotel Bayern
Prat 146, Tel. 227 6000. Ruhig und gepflegt, helle Zimmer. DZ mit Bad und Frühstücksbuffet ab 62 Euro. www.hotelbayern.cl

Hotel Dreams Araucania
Av. Alemania 0945, Tel. 600-626 0000. Das schicke Hotel der Casino-Kette markiert das High End in der Stadt. DZ ab 250 Euro. www.mundodreams.com

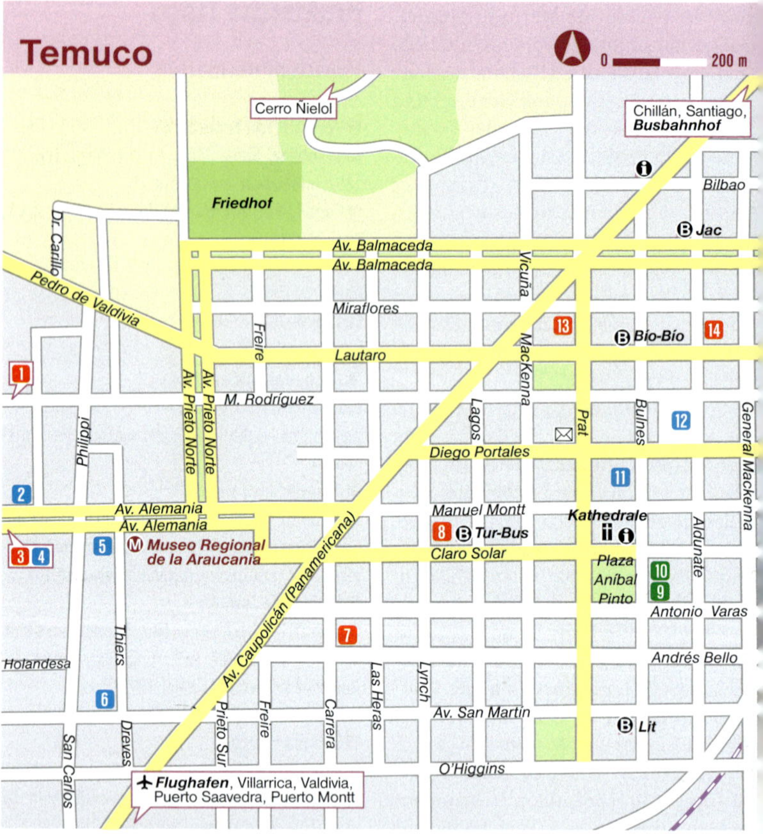

Essen und Trinken

Das billigste Essen bekommt man **an den Marktständen der Feria Libre** um den Bahnhof herum, die besten Fischgerichte in der überdachten Halle des **Mercado Central** (sehr gut: La Caleta und El Criollito, abends geschlossen). Ansonsten:

■ **Los Acacios**

Tucapel 1374. Lokaler Geheimtipp, keine Karte, dafür ein rustikales und preiswertes Tagesmenü.

■ **Kokaví**

M. Rodríguez 1310. Typische Mapuche-Gerichte.

■ **Oregon**

Recreo 530. Gute Karte, speziell der *rincón criollo* (chilenische Gerichte).

■ **Las Tranqueras**

Av. Alemania 0888. Alles vom Grill, auch gute Empanadas und Crepes.

■ **Lola**

Thiers Ecke San Martín. Fleisch und Fisch, nettes Ambiente.

Confitería Central
Bulnes 442. Traditionelles Café mit gutem Kaffee und Kuchen.

Nachtleben

Das Nachtleben von Temuco spielt sich in der **Av. Alemania und den Seitenstraßen** ab. Empfohlen werden bzw. seien u.a.:

Die Pinte
Recreo 691. Stimmungsvoller Pub, gute Häppchen und Drinks.

Boca de Lobos
Thiers 504 Ecke Av. Alemania. Studentisches Publikum, Terrasse.

Infame
Av. Alemania 0195. Gut besucht, Terrasse.

Flugzeug

Der **Flughafen Maquehue** liegt etwa 6 km südlich der Stadt. Taxis kosten ca. 5 Euro.

LAN, Bulnes 687. 2x täglich nach Santiago, 1x täglich nach Valdivia und Osorno.

Sky, Bulnes 677. 2x täglich nach Santiago.

Überlandbusse

Temuco verfügt über einen **weit außerhalb gelegenen Busbahnhof** (auf der Av. Caupolicán), die **Busgesellschaften** fahren teilweise auch ihre **Büros in der Stadt** an, sodass man dort zu- oder aussteigen kann:

Igi Llaima
Miraflores 1535. Chillán, Santiago, Concepción, Valdivia, Osorno und Puerto Montt sowie Junín de los Andes, San Martín de los Andes und Neuquén (alles Argentinien).

Tur-Bus
Lagos 549. Chillán, Santiago, Concepción und Los Angeles.

Buses Lit
San Martín 894. Chillán, Santiago, Concepción, Valdivia, Osorno und Puerto Montt.

Buses Bío-Bío
Lautaro 853. Chillán, Concepción, Valdivia, Osorno, Puerto Montt sowie Curacautín und Lonquimay.

■ **Buses Jac**
Balmaceda/Ecke Aldunate. Villarrica, Pucón, Lican Ray, Junín de los Andes und San Martín de los Andes (beides Argentinien).

Fahrzeiten und Preise

■ **Santiago,** 8 Std., 12–38 Euro
■ **Concepción,** 4–5 Std., 5–8 Euro
■ **Valdivia,** 3 Std., 5–8 Euro
■ **Osorno,** 3 Std., 5–8 Euro
■ **Puerto Varas/Puerto Montt,** 4–5 Std., 8–15 Euro
■ **Los Angeles,** 3 Std., 6–9 Euro
■ **Pucón,** 2 Std., 3–4 Euro
■ **Villarrica,** 1½ Std., 2–3 Euro
■ **Lican Ray,** 2 Std., 3–4 Euro

Vom **Terminal de Buses Rurales,** Av. Balmaceda/Ecke Pinto, bedienen verschiedene Unternehmen die Dörfer der Umgebung. **Nar-Bus** (Tel. 240 7740) schafft es zwar nicht in den Nationalpark Conguillío, aber immerhin in die Orte davor (Cherquenco, Melipeuco), **Erbuc** (Tel. 227 2204) fährt 3x täglich nach Curacautín im Cautín-Lonquimay-Tal, ebenso Buses Bío-Bío (s.o.).

Mietwagen

■ **Hertz,** Andrés Bello 792, Tel. 231 8585.
■ **Europcar,** Vicuña Mackenna 399 und am Flughafen, Tel. 233 8836.
■ **First Rent a Car,** Antonio Varas 1036, Tel. 223 3890.
■ **Rosselot,** Arturo Prat 1160, Tel. 274 9995.
■ **Verschae,** Lagos 521, Tel. 223 1788.

☒ Araukarienwälder am Vulkan Lonquimay

Autowerkstatt

■ **Servitren,** Av. Matta 545, an der Panamericana, neben der Esso-Tankstelle, Tel. 221 2775. Deutschsprachige Werkstatt, sehr hilfsbereit.

Sonstiges

■ **Wechselstuben,** mehrere auf der Bulnes.
■ **Post,** Prat Ecke Portales.
■ **Telefonzentrale,** Prat 565, Portales 841 und Caupolicán Ecke Av. Alemana.
■ **Wäscherei,** Manuel Montt 1099.

Die Umgebung von Temuco

Lonquimay und das Quellgebiet des Biobío

237/C2,3

Die im Folgenden beschriebene Rundfahrt (350 km) **von Temuco über Curacautín und Lonquimay nach Liucura, dann am Lago Icalma vorbei bis nach Melipeuco und über Cunco zurück nach Temuco** ist bequem mit einem normalen Pkw zu machen; wer viel Zeit hat, kann sie auch mit öffentlichen Verkehrsmitteln durchführen. Durchquert werden herausragend schöne Voranden- und Andenlandschaften, es geht vorbei an Araukarienwäldern, an Seen und wundervollen erloschenen und aktiven Vulkanen. Man nehme sich für diese Fahrt **mindestens zwei Tage Zeit;** Orte, an denen man länger bleiben möchte, findet man entlang der Route en masse.

Man kann die Tour auch gut mit dem Besuch des Nationalparks Conguillío verbinden (s.u.).

■ Wer länger unterwegs ist, sollte in Temuco ausreichend **Bargeld** besorgen. Der einzige Bankautomat auf der Strecke findet sich in Curacautín.

Man verlässt Temuco auf der Panamericana Richtung Norden, erreicht nach etwa 30 Kilometern die Abzweigung nach **Lautaro,** durchfährt den Ort und folgt weiterhin der Straße. 54 Kilometer trennen Lautaro von **Curacautín,** einer Kleinstadt mit 12.000 Einwohnern im Tal des Río Cautín. An der Hauptstraße, vier Blocks westlich der Plaza, liegt der Busbahnhof, von dem Busse über Lonquimay und den Paso de Pino Hachado (1884 m) hinüber nach Argentinien in die Stadt Zapala fahren. Es gibt direkte Busse nach Curacautín von Santiago aus (Tur-Bus) oder von Temuco (Erbuc oder Bio-Bío).

■ Übernachten kann man in Curacautín im **Hostal Epu Pewen,** Tel. 45/288 1793, ab 12 Euro p.P., DZ 37 Euro. epupewen.cl/hostal

■ 12 km hinter Curacautín, direkt am Río Cautín, liegt das viel gelobte **Gästehaus Andenrose,** vor dem die Fahne des Freistaates Bayern weht, Heimat des überaus gastfreundlichen Wirtes *Hans Schöndörfer.* Er kocht auch vorzüglich und versorgt seine Gäste mit nützlichen Tipps. Man kann mit ihm Jeeptouren in die umliegenden Nationalparks unternehmen oder im Kanadier den Río Cautín hinunterraften. Unterkunft in einfachen Zimmern mit Zentralheizung, DZ mit gutem Frühstück ab 60 Euro. Auch Zelten direkt am Fluss ist möglich (8 Euro p.P.). Puente Manchuria Sur, Tel. 09/9869 1700. www.andenrose.com

Einen Abstecher lohnt der verschwiegene kleine **Nationalpark Tolhuaca** westlich des gleichnamigen Vulkans. Der Zugang, 41 km nördlich von Curacautín, ist über eine Schotterpiste zu erreichen (kein öffentlicher Transport). Eine alternative Piste führt direkt von der Pan-

chi070 ms

americana in den Park (Abzweig 5 km nördlich von Victoria, dann 74 km). Der wenig besuchte Park lockt mit **versteckten Waldseen, Wasserfällen** und **Wanderwegen.** Ein rustikaler Zeltplatz an der Laguna Malleco lädt zum Bleiben ein.

Übernachten kann man in den **Termas de Tolhuaca,** einem altgedienten Thermalhotel 8 km vor dem Park, Tel. 45/288 1211, Übernachtung mit Thermennutzung und Vollpension 93 Euro p.P., www.termasdetolhuaca.cl; Tagesgäste zahlen für die Thermen 13 Euro.

Empfehlenswert ist auch die großzügige Anlage von **Del Bosque Nativo,** 7 km von Curacautín Richtung Tolhuaca, mit 7 komfortablen Cabañas und 6 Zimmern im Haupthaus (nur Nov. bis März), Pool und viel Platz, Tel. 45/197 6148, DZ 100 Euro, Cabaña für 3 Pers. ab 80 Euro. www.cabanasbosquenativo.cl

Wundervolle Araukarienwälder säumen die **Laguna Blanca,** malerisch am vergletscherten Südhang des Vulkans Tolhuaca gelegen. Die abenteuerliche Rüttelpiste dorthin ist allerdings nur mit einem Geländewagen und streckenweise nur im Schritttempo zu bewältigen. Sie führt an der Lagune und großen Lavafeldern vorbei auf einen 1800 m hohen Pass mit fantastischen Ausblicken auf die Vulkane Lonquimay und Tolhuaca. Das Gästehaus Andenrose bietet diesen ca. 5-stündigen Ausflug an (s.o.).

Von Curacautín führt eine Schotterpiste Richtung Südosten in den **Nationalpark Conguillío** (s.u.). Nach 32 Kilometern erreicht man die Eingangskontrolle, noch einmal 5 Kilometer ist das Besucherzentrum am Lago Conguillío entfernt. Die Straße führt einmal quer durch den Park und erreicht nach weiteren 40 Kilometern (vom Besucherzentrum) den südlichen Parkeingang bei Melipeuco.

Auf der Weiterfahrt von Curacautín nach Osten führt bei km 14 ein Weg zum **Salto del Indio,** einem spektakulären Wasserfall im Urwald, den man aus nächster Nähe erleben kann (Eintritt 3 Euro). Bei km 18 passiert man die ruhig am Río Cautín gelegenen **Termas de Manzanar,** ein traditionelles Thermalhotel mit Restaurant, Wannenbädern und Freibecken am grünen Flussufer (Tel. 45/288 1200, DZ ab 90 Euro, mit Jacuzzi 140 Euro, Tagesgäste zahlen 13 Euro, www.termasdemanzanar.cl).

Bei km 30 erreicht man das Dorf **Malalcahuello.** Hier liegt der Eingang zur nördlich angrenzenden Reserva Nacional Malalcahuello-Nalcas, in deren Zentrum der Vulkan Lonquimay aufragt.

Bei km 27 haben Schweizer ein **Gästehaus** im Stil einer Alpenhütte erbaut. **La Suizandina,** heute von einem Chilenen geleitet, bietet geschmackvoll eingerichtete Zimmer, Daunendecken und Zentralheizung sowie ein reichhaltiges Frühstück. Es gibt Doppel- (ab 69 Euro) und Dreierzimmer (ab 82 Euro) sowie Unterkunft in einer großen Cabaña mit Kochgelegenheit und Aufenthaltsraum (Viererzimmer ab 98 Euro) oder Übernachtung im Mehrbettzimmer für 22 Euro p.P. Wer will, kann auch zelten (10 Euro p.P.). Zum Service gehören weiterhin: gutes Essen, Fahrrad- und Skiverleih, Wäschewaschen, Büchertausch, Informationen zu Trekking- und Reittouren. Direkt hinter dem Haus beginnt ein Wanderweg, der zum Fuß des Vulkans Lonquimay führt (ca. 8 Std.). Tel. 45/197 3725, 09/9884 9541. www.suizandina.com

In Malalcahuello selbst ist das gute **Hostal La Casita de Nahuelcura** zu nennen, mit Kochgelegenheit oder Mahlzeiten, ab 10 Euro p.P., Tel. 45/197 0311. www.hosteriamalalcahuello.cl

■ Empfehlenswert ist auch das rustikale **Hotel Nalcas** mit Zimmern im Haupthaus und separaten Cabañas sowie herzlichen Besitzern, DZ 116 Euro, Cabañas ab 85 Euro (4 Pers.), Tel. 09/6842 3977. www.hotelnalcas.cl

■ Sehr schön isst man im **Restaurant Wenu Mapu** am km 89, kurz hinter Malalcahuello. Hier gibt es lokale, indianisch geprägte Gerichte zu erschwinglichen Preisen. www.wenumapu.cl

■ 1,5 Kilometer südlich des Dorfs liegt in grüner Umgebung das luxuriöse Thermalbad **Centro Termal Malalcahuello.** Es verfügt über ein großes überdachtes Thermalbecken (38°C), Sauna, Jacuzzi, Dampf-, Schlammbäder und alle denkbaren therapeutischen und Relax-Angebote sowie ein Restaurant. Unterkunft im gediegenen 4-Sterne-Hotel (DZ ab 140 Euro) oder in großen Blockhütten für 4–6 Pers. ab 220 Euro, Tagesgäste 15 Euro (nur Pool, keine Handtücher). Tel. 2/2415 8109, 197 3550. www.malalcahuello.cl

Kurz hinter Malalcahuello teilt sich die Straße, der linke (nördliche) Arm führt zur Cuesta Las Raíces und zur Reserva Nacional, der rechte (südliche) Arm zum Tunnel Las Raíces. Vom nördlichen Weg biegt man nach etwa 4 Kilometern nach links ab und kommt durch immer dichter werdenden Wald. Zunächst ist es Mischwald, dann werden es immer mehr Araukarien, und schließlich fährt man durch einen reinen **Araukarienwald.** Bis zu 50 Meter ragen die Baumriesen auf, doch nach weiteren ca. 4 Kilometern ist die dichte Vegetation plötzlich zu Ende, und man steht staunend vor einer Aschenwüste. Der Verantwortliche dafür ist nicht weit: Mittendrin ragt 2865 Meter hoch der **Vulkan Lonquimay** auf. Man fährt den Weg am Ostrand des Vulkans entlang (Vorsicht: tiefe Asche!) und gelangt zum Krater Navidad, aus dem der Lonquimay an Weihnachten 1988 zuletzt spuckte. Der Lonquimay kann problemlos an einem Tag bestiegen werden, wobei Ausdauer, Trittsicherheit, Bergerfahrung und Orientierungsvermögen nötig sind. Man steigt nach Sicht bergauf, mitunter erfolgt der Aufstieg nach dem Prinzip „zwei Schritt vor, einer zurück", da man über lose Asche läuft; auch im Sommer ist Vorsicht auf Schneefeldern geboten. Ausführliche Beschreibung unter www.trekkingchile.com, aktuelle Infos bei La Suizandina (s.o.).

Direkt am Araukarienwald liegt auch das **Skigebiet Corralco** mit fünf Liften (Tageskarte 30 Euro). Ein neues Berghotel soll noch in der Wintersaison 2013 eröffnet werden; aktuelle Informationen unter www.corralco.com.

Will man weiter in den Ort Lonquimay, hat man zwei Optionen; der schönere Weg geht über die **Cuesta Las Raíces.** Die Straße führt durch Araukarien- und Mischwälder, vorbei an Aschebergen, und von der Passhöhe hat man eine hervorragende Aussicht auf das Tal des Río Biobío bis weit hinüber nach Argentinien.

Der **Tunnel Las Raíces** führt durch diese Berge hindurch. Ihn erreicht man, folgt man der südlichen Abzweigung hinter Malalcahuello. Der Tunnel ist mit 4557 Metern Länge der **längste Tunnel Südamerikas,** 1930 gebaut als Eisenbahntunnel für die geplante, aber nie vollendete Strecke vom Pazifik (Lebu) zum Atlantik (Bahía Blanca). Vor einigen Jahren wurde der Schacht neu verkleidet, beleuchtet und asphaltiert (Maut etwa 1 Euro). Dahinter folgt die Straße dem Río Lonquimay bis hinunter in den Ort.

■ Wenige Kilometer nach dem Tunnel, kurz nach der Siedlung Sierra Nevada, betreibt die Deutsch-Chilenin *Uta Hashagen* eine Pferdezucht und bietet Ausritte in die Anden an. **Loncopatagonia,** km 104, Fundo La Puntilla, Tel. 09/9283 0846, www.loncopatagonia.galeon.com. Die Touren sind auch über Suizandina (s.o.) zu buchen.

Das **Städtchen Lonquimay** liegt bereits jenseits der hohen Andengipfel und ist damit eine Besonderheit in Chile. Normalerweise bilden die Andengipfel die Grenze. Da hier der Grenzverlauf aber durch die Wasserscheide hin zum Río Biobío gebildet wird, liegt Lonquimay etwa 30 Kilometer weiter östlich. Von Lonquimay bestehen Busverbindungen nach Curacautín, Liucura und hinüber nach Argentinien.

■ Übernachten kann man im **Hostal Donde Juancho,** O'Higgins 1130, an der Plaza, Tel. 45/289 1140, DZ ca. 44 Euro, www.dondejuancho.cl, zugleich ein gutes Restaurant.
■ Die **Hostería Follil-Pewenche** wird von Mapuche geleitet, bietet DZ mit Bad für 37 Euro, Schlafplätze in Schlafsälen für 16 Euro (alle Preise mit Frühstück), dazu ein preiswertes Restaurant. Ignacio Carrera Pinto 110, Tel. 45/289 1110.

Von Lonquimay kann man mit einem geländegängigen Fahrzeug immer flussabwärts dem Biobío folgen und gelangt so zu den Stauseen Ralco und Pangue (siehe Umgebung von Los Angeles). Die hier beschriebene Route führt hingegen **flussaufwärts am Río Biobío** entlang. Es geht vorbei an Wiesen, Weiden und Wäldern, immer hoch über dem Fluss, der hier nicht ahnen lässt, das er weiter abwärts einer der wasserreichsten von Chile ist. Nach 41 Kilometern ist das Dörfchen **Liucura** erreicht, mit drei Restaurants und der **Grenzstation** (geöffnet: im Sommer 24 Stunden, im Winter 8–20 Uhr). Hier wird der Verkehr über den Paso Pino Hachado abgefertigt, der 22 Kilometer östlich liegt und über den ein starker Warenverkehr zwischen Chile und Argentinien rollt. Die nächste größere Stadt auf argentinischer Seite ist Zapala.

Von Liucura sind es 34 Kilometer auf Schotter bis zum **Lago Icalma.** Die Araukarienbestände an seinem Ufer gehören zur **Reserva Nacional Lago Gualletué;** den namensgebenden **Gualletué-See,** in dem der Río Biobío entspringt, erreicht man über einen 7 Kilometer langen Abstecher nach Norden. Am Südufer des Lago Icalma liegt der gleichnamige Ort, er besteht aus einigen Campingplätzen und Residenciales sowie ebenfalls einer Grenzstation. Nach Süden führt eine gute Schotterstraße über den Paso Icalma – mit 1298 Metern einer der niedrigsten Andenpässe – nach Argentinien. Die Araukarien begleiten auf argentinischer Seite die Route bis zum **Lago Aluminé,** von dort führt eine karge, dennoch landschaftlich reizvolle Strecke südwärts nach Junín de los Andes.

Von Icalma sind es 51 Kilometer westwärts bis **Melipeuco.** Kurz vorher führt eine stellenweise schlechte Erdstraße nach Norden durch den Nationalpark Conguillío (s.u.) und weiter bis nach Curacautín. Melipeuco selbst besteht aus einigen Läden, einer zu groß geratenen Plaza, einer Tankstelle und mehreren Unterkünften.

Der Rückweg nach Temuco (91 km) ist ab Melipeuco wieder asphaltiert. Man kann aber auch hinter Cunco Richtung Süden zum Lago Villarrica abbiegen.

Parque Nacional Conguillío 237/C3

Einer der schönsten Nationalparks Chiles ist dieses 60.000 Hektar große Schutzgebiet, das auch **Las Paraguas,** die Regenschirme, genannt wird – die Silhouetten der Araukarien sehen so aus, und der Park wurde vorwiegend zu ihrem Schutz eingerichtet. Er umfasst eine Landschaft mit zahlreichen Lagunen und Seen, in seinem Zentrum erhebt sich majestätisch der ewig rauchende **Vulkan Llaima** (3125 m), einer der aktivsten Vulkane Chiles. Seit 1640 hat man 35 große Eruptionen verzeichnet, dazu Dutzende kleinere, die letzte große 2009. Durch Asche- und Lavafluss entstanden die Lagunen; so staute vor etwa 2000 Jahren ein Lavadamm den Río Truful-Truful zum **Lago Conguillío.** Das ist leicht vorstellbar, sieht man bei einer Fahrt in den Park die landebahnbreiten geronnenen Lavaflüsse. Es ist dieses **einzigartige Panorama** aus Araukarien- und Südbuchenwäldern – die sich im Herbst toll färben –, aus grauen Lavafeldern und smaragdgrünen Lagunen vor der Kulisse des schneebedeckten Vulkans, das den Conguillío-Park so reizvoll macht.

Der Park hat **zwei Zugänge.** Im Norden erreicht von Curacautín aus eine Schotterpiste den Eingang an der **Laguna Captrén** (34 km), von dort sind es noch sechs ausgesetzte Kilometer bis zum Lago Conguillío. Öffentliche Busse gibt es nicht, daher bleibt nur ein Mietwagen oder eine organisierte Tour. Die Gästehäuser Suizandina und Andenrose (s.o.) sowie Adela & Helmut (s.u.) bieten Transport und geführte Touren an. Der andere Zugang ist von Süden her: Bis Melipeuco (90 km ab Temuco) gelangt man noch mit Bussen, für die 9 Kilometer bis zum Parkeingang bzw. die 28 Kilometer bis zum Lago Conguillío muss man in Melipeuco ein Taxi chartern. Dabei bestimmt im Winter die Schneelage, wie weit man kommt.

■ Im Park gibt es zwei von Conaf betriebene **Campingplätze,** einen an der Laguna Captrén, den anderen am Südufer des Lago Conguillío mit wundervollem Blick auf die meist schneebedeckten Gipfel der **Sierra Nevada.** Beide kosten 14–20 Euro fürs Zelt und werden nur im Jan./Feb. bewirtschaftet.

■ Die Cabaña-Anlage **La Baita Conguillío** liegt etwas abseits im Südteil des Parks, ca. 10 km vom Besucherzentrum entfernt; mit Restaurant und Eco-Spa. DZ mit Frühstück 95 Euro, Bungalows für 4–9 Pers. 90–140 Euro. Nette Wirte, Ausflüge, Cafeteria, Lebensmittel. Tel. 45/258 1073, 09/9733 2442. www.labaitaconguillio.cl.

■ Die dritte Alternative ist die Anlage **Vista Hermosa** am Südrand des Parks, 10 km von Melipeuco; hier gibt es rustikale Zimmer (DZ 84 Euro mit Frühstück) sowie Cabañas für 6–8 Pers. (ab 73 Euro) und ein Restaurant; Pferdetouren; ganzjährig geöffnet. Tel. 45/258 1013. www.vistahermosaconguillio.cl

Im Park gibt es wunderschöne Wanderwege. Gute **Informationen** bieten das Centro de Visitantes im Park sowie das Conaf-Büro in Temuco. Der Aufstieg zur Sierra Nevada wird im Outdoor-Kapitel beschrieben, dazu und zur Route auf den Vulkan Llaima finden sich genauere Angaben und eine Wanderkarte unter www.trekkingchile.com. Die beste Besuchszeit ist von Dezember bis April.

■ Zwischen Temuco und dem Nationalpark liegt bei **Faja 16000,** 16 km vor **Cunco** etwas nördlich der Straße, die Hostería bzw. der **Hof** von *Adela* und

chi11-007 fn

Helmut Genkinger (www.adelayhelmut.com). Sie bieten einen 6-Personen-Schlafsaal (17 Euro p.P.) mit Bad, voll ausgestatteter Küche, Schließfächern, Decken und Gemeinschaftsraum, dazu ein Ferienhaus mit drei Apartments (42 Euro für 2 Personen), Mahlzeiten optional. Hinzu kommen maßgeschneiderte **Ausflüge** in den Nationalpark Conguillío (Tagestour ca. 75 Euro p.P.) und der Verleih von Mountainbikes und Pferden. Anreise per Bus von Temuco Richtung Cunco bis zur Faja 16000, dort werden die Gäste nach Voranmeldung unter Tel. 09/8258 2230 abgeholt. Auch Abholservice ab Temuco (30 Euro).

Pazifikküste und Lago Budi 236/A,B3

Einen guten Einblick in die **Lebensweise der Mapuche** bietet die Fahrt von Temuco zur Küste bei Puerto Saavedra (83 km auf Asphalt). Auf dem Weg dorthin, in **Rengalil** (16 km ab Temuco), setzt sich die **Fundación Cholchol**, eine gemeinnützige Stiftung, für die vielfach in prekären Verhältnissen lebenden Ureinwohner ein. Hier kann man Mapuche-Kunsthandwerk zu Fair-Trade-Preisen erwerben, ein Kräuter-Gewächshaus und ein Kulturzentrum mit einer typischen Ruka (Mapuche-Hütte) besichtigen (www.cholchol.org.).

In **Puerto Saavedra** laden lang gezogene Strände zu einer Pause im Reisestress ein.

■ Einige Cabañas und Zeltplätze stehen bereit. Leser empfehlen die **Hostería y Cabañas Maule,** Tel. 45/263 4013, Bungalows mit schöner Aussicht (2–

Herbstfarben im Nationalpark Conguillío

3 Pers.) ab 25 Euro, www.hosteriamaule.cl. Gut auch das **Hotel Boca Budi** 4 km südlich des Ortes mit Meerblick und beheiztem Meerwasserpool, Tel. 45/197 2989, DZ 57 Euro, www.bocabudi.cl.

Südlich von Puerto Saavedra liegt der **Lago Budi,** vom Meer nur durch einen schmalen Landstreifen getrennt. Hier siedeln mehrere Mapuche-Gemeinden, auf dem See leben Schwarzhalsschwäne und andere Wasservögel. Einen Einblick in die Welt der **Mapuche** bekommt man in mehreren von Ureinwohnern betriebenen Unterkünften am Südufer des Lago Budi (bei Llaguepulli); hier werden auch Ausflüge auf und am See angeboten. Eine Übersicht vermittelt www.lagobudi.cl.

Isla Mocha 236/A2

Die Isla Mocha ist ein absoluter Geheimtipp. Die 14 Kilometer lange und 6 Kilometer breite Insel, 34 Kilometer westlich des Fischerdorfs **Tirúa,** wartet mit tollen weißen Sandstränden auf. In der Mitte erhebt sich eine 300 Meter hohe Kordillere mit fast unberührten Naturwäldern, die unter Naturschutz stehen. Auf der einzigen Straße sind nicht mehr als eine Handvoll Autos unterwegs, die Bewohner nutzen vor allem Pferdekutschen.

Für die **Lafkenche** (Küsten-Mapuche) stellte die Insel das Nirwana der Verstorbenen dar. Sie wurde 1544 von den Spaniern entdeckt. Weder sie noch diverse Piraten hatten es leicht mit den Mochanos. *Francis Drake* wurde 1578 angegriffen, sein Gesicht zierte danach eine hübsche Narbe. Über 100 Schiffe sollen rund um das Eiland versunken sein. Bei Tauchausflügen können diese besichtigt werden. 1685 wurden die widerspenstigen Insulaner von den Spaniern kurzerhand deportiert. Ab 1833 wurde die Insel wieder besiedelt. Heute leben auf ihr etwa 650 Menschen, hauptsächlich vom Sammeln von Meeresfrüchten und Algen und der Viehzucht. Jede Familie bearbeitet ihr eigenes Stück Land und lebt im Einvernehmen mit der Natur. Das erklärt, warum ein großer Teil Naturwald verschont geblieben ist.

Tirúa wird von Bussen aus Concepción, Temuco und direkt aus Santiago angefahren. Dann geht es mit einem Kleinflugzeug (15 Min., 46 Euro p.P. hin und zurück) oder im Boot (mit den Fischern zu verhandeln, 3 Std., ca. 15 Euro) zur Insel. Pakete mit Flug, Unterkunft im DZ mit Bad (ca. 55 Euro p.P. mit Vollpension) oder Camping (8 Euro pro Zelt) bietet die rührige deutschsprachige **Familie Hahn-Bernhardt** an, Tel. 02/2588 4007, www.isla-mocha.cl. Wild zelten ist fast überall auf der Insel möglich. Infos zu Wanderwegen auf der Insel unter www.trekkingchile.com.

Villarrica 236/B3

„Villarrica heißt reicher Flecken", notierte *Otto Bürger* 1923 und mokierte sich über die Armut und die schlechten Hotels des Ortes. Er schrieb aber auch voller Emphase: „Villarrica! Wer hat, wie du, einen kristallklaren, riesigen See zum Spiegel? Ist umkränzt von anmutigen Hügelketten und jungfräulichen Wäldern? Und gekrönt, wie mit einem Diadem, durch das Eis- und Schneehaupt eines mächtigen Vulkans von wunderbar ebenmäßiger Schönheit?" Käme *Otto Bürger* heute wieder in den Ort, würde er sich wundern. Zwar ist die Armut im Stadtzentrum nicht mehr augenfällig, doch **unansehnlich ist der Ort wie eh und je.** Scheinbar planlos wird drauflos gebaut, neben einfachen Holzhäuschen stehen protzige Betonklötze. Und die Natur rings um den Villarrica-See ist längst nicht mehr so unberührt.

Schon 1552 gründeten die Spanier hier eine Stadt als **Handelsstation.** Diese wurde jahrzehntelang immer wieder von den Mapuche angegriffen und 1602 vollständig zerstört. Fast 300 Jahre siedelte hier niemand mehr. Deutsche bauten dann die ersten Häuser, der Boom kam aber erst mit dem Beginn des Tourismus in den 1980er Jahren. Heute werden für ufernahe Grundstücke Spitzenpreise gezahlt.

Zu sehen gibt es im Ort nicht viel. Bei schönem Wetter lohnt der Spaziergang auf der neuen **Uferpromenade** zwischen der Urrutia und dem Ortsausgang Richtung Pucón. Bei Regen kann man sich im **Museo Histórico-Arqueológico** Mapuche-Artefakte wie Musikinstrumente, Schmuck, Webarbeiten und eine traditionelle Hütte ansehen (Pedro de Valdivia Ecke Julio Zegers, Mo bis Fr 9–13 und 15–19.30 Uhr).

Ansonsten ist Villarrica zwar mit 31.000 Einwohnern deutlich größer und städtischer als das benachbarte Pucón, doch dieses liegt nicht nur näher an den Nationalparks und am Vulkan, sondern hat auch in Sachen Unterkunft und Tourveranstaltern deutlich mehr zu bieten (s.u.).

Praktische Tipps

Touristeninformation

- **Vorwahl von Villarrica: 45**
- **Touristeninformation,** Pedro de Valdivia 1070, Tel. 220 6619.

Unterkunft

- **Residencial Victoria**
Muñoz 530. Kochgelegenheit, freundlich. Etwa 10 Euro p.P.
- **La Torre Suiza**
Bilbao 969, Tel. 241 1213. Backpacker-Herberge unter schweizerischer Leitung mit Blick auf den Vulkan, gutem Frühstück, Garten, Küchenbenutzung, WLAN, Wäsche-Service und Fahrradverleih. 16 Euro p.P. im Mehrbettzimmer, DZ ab 30 Euro. www.torresuiza.com
- **Hilda's House**
Camilo Henriquez 162, Tel. 241 1267. Zentral, einfach, freundlich. DZ ab 36 Euro.
- **Yachting Hotel Kiel**
General Körner 153, Tel. 241 1631. Direkt am See, gepflegt, schön, freundlich, Restaurant mit Seeblick. DZ mit Bad ab 55 Euro. www.kielvillarrica.com
- **Hostería de la Colina**
Las Colinas 115, Tel. 241 1503. Schön gelegenes Familienhotel mit Blick auf See und Vulkan. US-Besitzer, schöner Garten mit Hot Tubs, gutes Essen. DZ ab 63 Euro. www.hosteriadelacolina.com
- **Hotel El Ciervo**
General Körner 241, Tel. 241 1215. Familiäres, stilvolles Hotel am See, schöne Zimmer, deutsches Frühstück, Pool. DZ ab 100 Euro. www.hotelelciervo.cl
- **Hotel Hue-Quimey**
Valentin Letelier 1030 B, Tel. 241 1462. Neues, freundliches Hotel mit See- und Vulkanblick, auch Ferienwohnung für 6 Pers. DZ ab 80 Euro. www.huequimey.cl

Übernachtung
1 Hilda's House
2 Yachting Hotel Kiel
3 Hotel El Ciervo
8 Residencial Victoria
11 Hotel Hue-Quimey
14 La Torre Suiza
15 Hostería de la Colina

Essen und Trinken
4 Café Sweet
5 Café Edelweiss
6 La Cava de Roble
7 Traveller's
9 Verde Pistaccio
10 El Rey de Marisco
12 Rostock
13 La Mesa del Mar
16 Tabor

Hotel y Cabañas El Parque
2,5 km außerhalb an der Straße nach Pucón, Tel. 241 1120. Direkt am See mit allem Komfort; Pool, Tennisplätze, gutes Restaurant. DZ ab 73 Euro, Cabaña für 4 Pers. ab 110 Euro. www.hotelelparque.cl

Parque Natural Dos Ríos
Schön gelegene, komfortable Ferienhäuser in einem privaten Naturpark mit Badestrand am Río Toltén, 13 km westlich von Villarrica, Tel. 9419 8064. Ideal für einen geruhsamen Familienurlaub auf dem Land. Das deutsche Ehepaar *Gamper* bietet Reitunterricht, Ausflüge (auch per Citroën-Ente: „Ducktours“) und ein gutes Landfrühstück. DZ mit Bad 55 Euro (nur Nebensaison), Cabañas für 6–8 Pers. (mit Zimmerservice) 110–145 Euro. Abholung von Villarrica. www.dosrios.de

Aurora Austral
20 km südlich von Villarrica, Tel. 09/8901 4518. Der rührige deutsche Auswanderer *Konrad Jakob* bietet auf seiner Huskyfarm mitten im schönsten Naturwald zahlreiche Möglichkeiten für Paare und Familien, die Erholung und Aktivurlaub zugleich suchen: Unterkunft in Ferienhäusern mit europäischem Standard und ländlich-herzhaftem Frühstück (ab 67 Euro für 2 Pers.), Ausritte und Geländewagentouren. Im Winter werden Hundeschlittentouren am Vulkan Villarrica organisiert (1–7 Tage), im Sommer ziehen die Huskys einen Trainingskarren. Abholservice von Villarrica. www.auroraaustral.com

Camping

Drei Zeltplätze am Südausgang des Ortes, hinter dem Stadion direkt am See, empfohlen sei **Camping du Lac,** 6 Euro p.P.

Essen und Trinken

El Rey de Marisco
Valentín Letelier 1030. Sehr guter Fisch und Meeresfrüchte.

La Mesa del Mar
Gerónimo de Alderete 835. Ebenfalls sehr gute Meeresgerichte.

Traveller's
Valentín Letelier 753. Asiatisch-international, Pub-Atmosphäre.

Tabor
S. Epulef 1187. Gediegene chilenische Küche.

La Cava de Roble
Camilo Henríquez Ecke Valentín Letelier. Fleisch und Wild zu reellen Preisen.

Café Edelweiss
Camilo Henriquez 387, Tel. 241 3647. Bestes Café der Stadt, gemütliche Ausstattung, leckere Kuchen und Torten, Eis und Schokovulkane, auch Pizzas und Sandwiches. Bar mit abendlicher Live-Musik (Fr/Sa) im Obergeschoss.

Café Sweet
C. Henríquez Ecke Urrutia. Kaffee und Kuchen in gemütlicher Atmosphäre.

Rostock
Pedro de Valdivia 741. Kleines Tagescafé mit Schwarzbrot (!), Brezeln, Croissants und Kuchen.

Verde Pistaccio
Urrutia Ecke J. Zegers. Nett gemachtes Tagescafé am Beginn der Promenade, leckere Pizzas und Fruchtsäfte.

Überlandbusse

Der zentrale **Busbahnhof** ist auf der Pedro de Valdivia 621; einige Unternehmen haben ihre Terminals nahebei, Tur-Bus z.B. auf der Anfión Muñoz 657. Vom Busbahnhof starten Busse u.a. nach:

- **Santiago,** 10 Std., 12–40 Euro
- **Valdivia,** 2 Std., 3–4 Euro
- **Los Angeles/Concepción,** 3 Std., 4–7 Euro
- **San Martín** (Argentinien),
5 Std., 15–20 Euro
- **Zapala** (Argentinien), 13 Std., ca. 30 Euro
- **Neuquén** (Argentinien), 16 Std., ca. 40 Euro

Vom zentralen Busbahnhof fährt alle halbe Stunde Vipuray mit Minibussen nach **Pucón** (30 Min., ca. 1 Euro) und **Lican Ray** (1 Euro). Buses Jac, Bilbao 610, fährt jede halbe Stunde nach Pucón und **Temuco** (90 Min., 1,50 Euro), fast stündlich auch nach Lican Ray und etwa ein halbes Dutzend Mal am Tag nach **Coñaripe** (1 Std., 1,50 Euro).

Reiseveranstalter/Touren

- Tourveranstalter in Villarrica bieten meist dasselbe Programm: **Tagesausflüge in den Nationalpark Villarrica, Besteigungen des Vulkans Villarrica** (30–40 Euro) oder **Rafting-Touren** (10–25 Euro). Alles ist auch in Pucón zu buchen (siehe dort).
- Reit- und Angeltouren, Tandem-Fallschirmspringen, Geländewagen-Ausflüge, Hundeschlittentouren und andere Angebote, die über den Standard hinaus gehen, können über **Novena Región** oder **Dos Ríos** gebucht werden (siehe Unterkunft).

Sonstiges

- **Post,** Urrutia Ecke Anfión Muñoz.
- **Telefonzentrale,** Henríquez 544, Henríquez Ecke Urrutia.
- **Wäschereien,** Urrutia 699, A. Matta 725.

Pucón 237/C3

Die Kleinstadt mit ihren 14.000 Einwohnern hat Villarrica längst den Rang abgelaufen. Hier ist eines der **Zentren des internationalen Tourismus in Chile,** hier finden sich die meisten Agenturen für Trekking, Bergsteigen und Rafting (vgl. auch das Outdoor-Kapitel). Aber auch zum Ausspannen kommen viele hierher, schließlich besitzt Pucón einen **attraktiven schwarzen Sandstrand,** und mit der Kulisse des Vulkans dahinter lässt sich gut baden. Wem das Seewasser zu kalt ist, der fährt einfach zu einem Thermalbad in der Umgebung.

Pucón verdankt seinen Aufschwung der einzigartigen Lage am Ostufer des **Lago Villarrica,** direkt zu Füßen des ewig rauchenden und nachts glühenden **Vulkans Villarrica** und in nächster Nähe zu einer Fülle von Naturwundern: verschwiegene Urwälder und glasklare Flüsse, dazu Dutzende Thermalquellen. Doch der Boom der letzten 20 Jahre hat Pucón nicht nur Gutes beschert. Was von März bis Dezember ein adrettes, beschauliches Städtchen ist, quillt im Hochsommer über von Urlaubermassen. Dann vermieten die Familien auch noch das Kinderzimmer, die Preise klettern in die Höhe und täglich 200 Leute auf den Vulkan, und in den Bars, am Strand und auf den Straßen tobt die Party bis zum Morgengrauen. Wer Ruhe und Entspannung sucht, sollte sich dann in die Umgebung absetzen.

Das enge **Stadtzentrum** besteht aus einem Dutzend Straßen. Die Plaza liegt etwas abseits am Nordende der Ansorena vor dem Gran Hotel, hinter dem sich der schönste Strand im Ort ausbreitet. Auf der zentralen Av. O'Higgins tummeln sich die meisten Agenturen, in der „Fressgasse" Fresia die meisten Restaurants. Im Zentrum haben sich Kaufhäuser, Banken und schicke Modeboutiquen angesiedelt. Doch anders als Villarrica hat Pucón dank klarer Bau- und Werbevorschriften ein schmuckes, einheitliches Stadtbild: So dürfen z.B. die Geschäfte nur mit Holzschildern werben.

■ **Übernachtung**
1 Refugio Península
6 Residencial Lincoyán
12 La Tetera
13 ¡école!
14 Gerónimo
17 Pucón Green Park
18 Casa Satya
19 Hostal El Refugio
20 Hospedaje Sonia
21 Casa Eliana
23 Camping Parque La Poza
24 Club Los Ulmos, Villarrica Park Lake
25 Antumalal

■ **Einkaufen/ Sonstiges**
2 Feria Artesanal
3 Sky
8 Supermarkt
9 TravelAid
22 Language Pucón

■ **Essen und Trinken**
4 Cassis
5 Bahía Perú
7 Biergarten Pucón
10 El Fogón
11 Coppa Kabana
12 Traveller Café
13 Presente
15 Chef Pato
16 Club 77

Praktische Tipps

Touristeninformation

- **Vorwahl von Pucón: 45**
- **Städtische Tourismusinformation,** im Eckbüro der Municipalidad in O'Higgins/Ecke Palguín. Hilfsbereites, englischsprachiges Personal, kostenloser Stadtplan und Liste von Hotels und günstigen Unterkünften. ofturismo@municipalidadpucon.cl
- Beim Ortseingang (Caupolicán/Ecke Brasil) unterhält die **Tourismuskammer** einen Informationskiosk. Leistungen ähnlich wie beim städtischen Büro, in der Hotelliste sind nur Mitglieder aufgeführt.
- **Conaf (Nationalparks),** Lincoyán 336.
- **TravelAid** besitzt ein breites Angebot an Straßen- und Wanderkarten von Chile und Patagonien, dazu hilfreiche Infos zu Wanderungen um Pucón. Buchungen für Navimag und andere Schiffe in den Süden, auch via Internet. Deutschsprachig. Ansorena 425, local 4, Tel. 244 4040, www.travelaid.cl.
- Die beste **Karte der Umgebung,** mit Wander- und Mountainbikerouten, vertreibt www.trekkingchile.com/karten.

Unterkunft

In Pucón gibt es **jede Menge privater Unterkunftsmöglichkeiten,** die 8–10 Euro p.P. kosten. Man achte auf Schilder in den Fenstern. Ein Beispiel ist die **Casa Eliana,** Pasaje Chile 225; mit Kochgelegenheit.

Die meisten Unterkünfte in Pucón (und überhaupt in Südchile) haben **Haupt- und Nebensaisonpreise,** der Unterschied beträgt 20–30%.

- **Hostal El Refugio**
Palguin 540, Tel. 244 1596. Heimeliges Holzhaus mit Garten, günstig, empfohlen. Ab 12 Euro p.P. im Mehrbettzimmer, DZ 27 Euro. www.hostalelrefugio.cl
- **Hospedaje Sonia**
Lincoyán 485, Tel. 244 1269. Einfache, saubere Backpacker-Unterkunft, Zweier- und Mehrbettzimmer, Gemeinschaftsbad, Küchenbenutzung. Kabel-TV und Heizung nur im Wohnzimmer. 12 Euro p.P. im Mehrbettzimmer, DZ mit Bad 24 Euro, jeweils ohne Frühstück.
- **¡école!**
Urrutia 592, Tel. 244 1675. Freundlich und gut geführt, mit sehr gutem Frühstück, gute Infoquelle für Tagestouren. Ab 12 Euro p.P., DZ mit Bad 50 Euro. www.ecole.cl
- **Residencial Lincoyán**
Lincoyán 323, Tel. 244 1144. Sauber und familiär, mit Restaurant. Ab 20 Euro p.P. mit Frühstück. www.lincoyan.cl
- **Refugio Península**
Holzapfel 11, Tel. 244 3398. Herberge des Hostelling-Verbands, sauberer, etwas dunkler Holzbau, enge Gemeinschaftszimmer, Wäscheservice, Internet. Ab 15 Euro p.P. www.refugiopeninsula.cl
- **La Tetera**
Urrutia 580, Tel. 246 4126. Gemütliche, saubere Herberge mit Zentralheizung und vielen netten Details. Gutes Frühstück inkl. (Müsli, selbst gebackenes Brot), Büchertausch, Tourangebote (Reiten, Fahrrad, Trekking etc.), Spanischkurse, gute Tipps zu Exkursionen. DZ ab 40 Euro, Reservierung empfohlen. www.tetera.cl
- **Casa Satya**
Blanco Encalada 190, Tel. 244 4093. Neues Hostel nahe des Turbus-Terminals, ruhig gelegen, Parkplatz, WLAN, Küchenbenutzung, Garten mit Grill, Exkursions- und Therapie-Angebote. DZ ab 40 Euro. www.casasatya.com
- **Gerónimo**
Gerónimo de Alderete 665, Tel. 244 3762. Familiäres Hotel mit Vulkanblick, alle Zimmer mit Bad, mit Parkplatz im Innenhof, von Lesern empfohlen. DZ 55–65 Euro. www.geronimo.cl
- **Club Los Ulmos**
6 km vor Pucón (Abzweig Curimanque), dann 3 km Richtung Vulkan, Tel. 09/9443 6073. Wunderschöne

chi071 ms

gepflegte Ferienanlage in einem weitläufigen Landschaftspark 15 Autominuten von Pucón. Betrieben wird diese Oase der Ruhe und Gastfreundlichkeit von dem deutschen Ehepaar *Christa* und *Eckart von Wedelstaedt*. Unterkunft in 2 Doppelzimmern und 4 geräumigen, komfortablen Ferienhäusern. Pool sowie Hausmannskost im Club-Restaurant. DZ ab 58 Euro, Cabaña je nach Größe 110–140 Euro (4–6 Pers.), alle Preise mit Frühstücksbuffet. www.clublosulmos.cl

Departamentos Los Refugios

Camino Volcán 380. Nette Apartments für 2–4 Pers. am Stadtrand, 10 Fußminuten ins Zentrum. Bequem eingerichtet, gut ausgestattete Küche, Sat-TV, WLAN, Schwimmbecken, Parkplatz, Reinigungsservice. Ideal für Familien mit Kindern und Reisende, die mehr Unabhängigkeit schätzen. Je nach Mietdauer ca. 60 Euro pro Tag. Reservierung über TravelAid (s.o.), Tel. 244 4040, www.travelaid.cl.

Pucón Green Park

Camino Internacional 4150, Tel. 246 7960. Große Anlage am grünen Stadtrand mit schönem Park und Pool. Gediegen dekorierte Zimmer und großzügig geschnittene Suiten, teils mit Vulkanblick, Restaurant, WLAN, Fahrradverleih. DZ 83–130 Euro je nach Saison. www.pucongreenpark.cl

Antumalal

Wunderschön in einem grünen Park gelegenes Verwöhnhotel im Bauhaus-Stil, holzgetäfelte Zimmer mit Kamin und Seeblick, Spa mit beheiztem Schwimmbad. DZ 190–250 Euro.
www.antumalal.com

Villarrica Park Lake

Camino Villarrica – Pucón km 13, Tel. 02/2207 7070 oder 45/245 0000. Luxusklasse, auf halbem Weg zwischen Villarrica und Pucón auf einem engen Grundstück an den See gebaut. 5-Sterne-Standard in nüchterner Architektur, ohne Badestrand und oh-

Pucón in der Nebensaison

ne den Vulkanblick, mit dem das Hotel wirbt. DZ ab 215 Euro.

Landhaus San Sebastián

18 km Richtung Caburgua, siehe „Umgebung von Pucón".

Ruka Rayén

23 km Richtung Curarrehue, Tel. 09/9876 4576. Ländliches Gästehaus einer Mapuche und eines Österreichers, einfach und freundlich, mit Küchenbenutzung, vegetarischen Menüs, Wäscheservice und Tourangeboten. Auch Zeltmöglichkeit (8 Euro p.P.). Bus nach Curarrehue, an der Kreuzung Palguín Bajo aussteigen, 1300 m zu Fuß. Ab 17 Euro p.P. www.kilaleufu.cl

Camping

Parque La Poza

Am Ortseingang von Villarrica kommend, Tel. 244 4982, www.campinglapoza.com, ca. 6 Euro p.P.

Essen und Trinken

Chef Pato

O'Higgins 630. Pizza & Pasta, Tellergerichte. Beliebter Treffpunkt.

Club 77

O'Higgins 635. Drei günstige Tagesmenüs: Fleisch, Fisch, vegetarisch.

El Fogón

O'Higgins 480. Gute Fleischgerichte.

La Tetera Traveller Café

Urrutia 580. Gemütlich, gutes Frühstück, Müsli, guter Kaffee und Tees, Fruchtsäfte, Salate, Mittags geschlossen.

Cassis

Fresia 223. Crepes, Fondue, Sandwiches. Beliebter Treffpunkt, recht teuer.

Bahía Perú

Urrutia 211. Preiswerte peruanische Küche, empfohlen.

Presente

Urrutia 592. Im Hostal ¡école!, sehr gute vegetarische Küche.

Coppa Kabana

Urrutia 407/Ecke Ansorena. Gute Sandwiches, preiswerte Kneipe.

Biergarten Pucón

Lincoyán 361. Bayerische Küche, dazu selbst gebrautes Weizenbier. Treffpunkt für Motorradfahrer – die Besitzer *Elke* und *Ulli* sind selbst leidenschaftliche Biker. www.biergarten.cl

Flugzeug

Der kleine **Flughafen** liegt am Ortsausgang Richtung Argentinien, 5 km vom Zentrum. **Sky und LAN** fliegen nur im Jan./Feb. direkt von Santiago.

Sky, Ansorena Ecke Geronimo de Alderete. Im Sommer Flüge nach Santiago. www.skyairline.cl

LAN, kein Büro in Pucón. www.lan.com

Überlandbusse

Pucón hat keinen zentralen Busbahnhof. **Tur-Bus** hat das größte Angebot, mit einem unübersehbaren Terminal ca. 10 Min. zu Fuß vom Zentrum entlang des Camino Internacional (Verlängerung der O'Higgins) auf der linken Seite. **Buses Jac** (Palguín/Uruguay) fährt im Sommer alle halbe Stunde nach Temuco, etwa einmal pro Stunde nach Caburgua, **Buses Caburgua** (gegenüber, Uruguay 540) dreimal täglich in den Huerquehue-Park, außerdem mehrfach am Tag zu den Thermen Huife und Los Pozones. **Buses Curarrehue** (Palguín 550) bedient die Strecke in den gleichnamigen Ort. **San Martín** (Colo Colo Ecke Uruguay) und **Igi Llaima** (Palguín/Uruguay) fahren auch nach Argentinien. Der **Pullman-Terminal** ist in Palguín 555. Tur-Bus und Jac haben ein zusätzliches Verkaufsbüro in O'Higgins 448 B. Die wichtigsten Ziele:

- **Santiago,** 10–11 Std., 15–40 Euro
- **Villarrica,** 30 Min., jede halbe Std., 1 Euro
- **Valdivia,** 3 Std., 4–7 Euro
- **Temuco,** 2 Std., 2–4 Euro
- **Puerto Montt,** 6 Std., 7–10 Euro

Mietwagen

- **Pucón Rent a Car**

Pedro de Valdivia 636, Ecke Arauco, Tel. 244 3052.

Reiseveranstalter/Touren

Pucón ist voll mit Reiseveranstaltern. Die meisten haben praktischerweise ihr **Büro auf der Av. O'Higgins,** sodass man zum Preis- und Angebotsvergleich nicht weit laufen muss. Außerdem stellt man schnell fest: Die Angebote sind doch sehr ähnlich. Teurere bieten oft ein bisschen mehr, und sei es „nur" die bessere Ausrüstung. Angeboten werden:

- **Wanderungen** in der vielfältigen Berglandschaft rund um Pucón. Höhepunkt ist die fünf- bis siebentägige Villarrica Traverse, die vom Vulkan gleichen Namens zum Fuß des Vulkans Lanín an der argentinischen Grenze führt. Ebenfalls sehr beliebt sind der Nationalpark Huerquehue (s.u. sowie im Outdoor-Kapitel) und das private Naturreservat El Cañi. Bei der Organisation der nötigen Transfers kann TravelAid (s.o.) helfen, ebenso mit Tourbeschreibungen, Wanderkarten, GPS-Routen bzw. der Ausleihe von GPS-Geräten. Auch Tageswanderungen mit deutschsprachigem Führer.
- **Reitausflüge** von halbtägigen Ausritten bis zu einwöchigen Wildnistouren. Zu empfehlen sind die Angebote von Campo Antilco mit deutschsprachiger Führung (12 km von Pucón, Tel. 09/9713 9758, www.antilco.com) und der Bacher-Alm (s.u.). Siehe auch die Angebote von Rancho de Caballos und Kila-Leufu weiter unten.
- **Rafting-Touren** auf dem Río Trancura, am Unterlauf für Anfänger, am Oberlauf für Mutigere; 25–40 Euro, abhängig von der Länge.
- **Hydrospeed,** Rafting ohne Boot: Der Oberkörper liegt auf einer Schale, Bauch und Beine direkt im Wasser. So geht es durch die Strudel, natürlich mit Gummianzug, Knieschützern und Helm – Adrenalin pur! Ab 30 Euro.
- **Besteigung des Villarrica** (s.a. „Outdoor/Bergsteigen") für ca. 70 Euro inkl. Equipment; am besten trägt man möglichst seine eigene Kleidung (v.a. Schuhe), sofern sie tauglich ist.
- **Kajakkurse und -touren** in den glasklaren Wildwasserflüssen Trancura und Liucura, die auch für Anfänger geeignet sind, etwa mit dem Spezial-Veranstalter Kayak Pucón (s.u.).
- **Canopy,** sich wie *Tarzan* von Baum zu Baum schwingen, aber nicht an Lianen, sondern an stabilen Stahlseilen. Mit viel Schwung und Mut lernt man so die Vogelperspektive im Naturwald kennen. Bei Pucón gibt es mehrere Canopy-Strecken, die längste (3700 m) ist die von Trancura, die beste heißt Bosque Aventura, für Kinder geeignet ist Arbol Loco; ab 20 Euro.
- **Nationalpark Huerquehue**

Geführte Touren mit Transport und Parkeintritt ca. 40 Euro.

- **Touren zu den Thermalbädern**

Ab 18 Euro p.P.

- **Mountain-Bike-Verleih**

Ab 2,50 Euro pro Stunde, 12–15 Euro am Tag.

- **Dampferfahrt** auf dem Lago Villarrica mit dem Dampfschiff „Vapor Chucao", gebaut 1905 in Hamburg und zum Ausflugsschiff umgerüstet. Einstündige Rundfahrten, auch Spezialtouren bei Sonnenuntergang, mit tollem Blick auf den Vulkan Villarrica. Normaltour 9 Euro. Muelle La Poza, Tel. 244 3386. www.vaporchucao.cl
- **Rundflüge**

Für alle, die die Seenlandschaft gern mal aus der Luft bewundern und ohne Kletterei in den glühenden Krater des Villarrica blicken wollen, organisiert die **Agentur Captura** Rundflüge mit einem verglasten Panorama-Helikopter (nur im Sommer, 1 Std. ca. 300 Euro p.P.) oder in einem Cessna-Flugzeug für max. 3 Pers. (385 Euro, ebenfalls 1 Std.). Tel. 09/9699 3686, info@captura.cl.

Einige Agenturen

Sol y Nieve
Lincoyán 361, Tel. 244 4761, www.solynievepucon.cl

Politur
O'Higgins 635, Tel. 244 1373, www.politur.com

Pucón Tours
O'Higgins 615, Tel. 244 4245, www.pucontours.cl

Informaciónes Pucón
O'Higgins 447, Tel. 244 9508, www.informacionespucon.com

Kayak Pucón
O'Higgins 211, Tel. 09/9716 2347, www.kayakpucon.net

Sonstiges

Geldautomaten in den Banken auf O'Higgins und Fresia, in großen Apotheken und etlichen Geschäften.

Post, Fresia 183.

Telefonzentralen, z.B. Ansorena 370, O'Higgins 480.

Internet, zahlreiche Anbieter entlang der O'Higgins, ca. 1,50 Euro pro Stunde, z.B. Unidad G, O'Higgins 425 local B. Viele Cafés in Pucón verfügen über WLAN (Trawén, La Tetera u.a.).

Spanisch-Unterricht, Language Pucón, Uruguay 235, Tel. 45/244 4967. Sympathische kleine Sprachschule. Von 2 Stunden Konversation bis zum mehrwöchigen Intensivkurs mit chilenischen Lehrerinnen. www.languagepucon.com

Wäschereien, Fresia 224, Colo Colo 475 und 478, Alderete 471.

Fahrrad, Reparaturen, Ersatzteile: Colo Colo 430.

Supermärkte Líder und Unimarc, an der Straße nach Argentinien nahe des Turbus-Terminals.

Die Umgebung von Pucón

Parque Nacional Huerquehue 237/C3

Etwa 35 Kilometer nordöstlich von Pucón erstreckt sich östlich des **Lago Caburgua** der 12.500 Hektar große Nationalpark Huerquehue. Er besteht aus ausgedehnten Wäldern von Araukarien und Südbuchen, dazwischen finden sich kleinere Flussläufe, Wasserfälle und schöne Lagunen. Conaf unterhält am Parkeingang (Eintritt 7,50 Euro) ein kleines Infozentrum, hier beginnt auch ein gut markierter **Wanderweg** zu den drei kleineren Seen, dem **Lago Chico,** dem **Lago Toro** und dem **Lago Verde.** Man steigt zunächst steil, dann gemächlich von 700 auf etwa 1300 Meter Höhe auf und genießt unterwegs – an klaren Tagen – immer wieder herausragende Ausblicke auf den Vulkan Villarrica. Mit viel Glück kreist auch ein Kondor über den Baumwipfeln. Für den 7 Kilometer langen Weg sollte man 5 bis 6 Stunden hin und zurück rechnen.

Buses Caburga fährt täglich um 8.30, 13 und 16 Uhr bis zum Parkeingang am Lago Tinquilco (3 Euro). Alternativ kann man ein **Taxi** mieten (ca. 25 Euro) oder einen Ausflug mit einem Veranstalter aus Pucón buchen.

Beim Parkeingang am Lago Tinquilco gibt es mehrere **Campingplätze** am See; 10–12 Euro pro Zelt.

Am Ende des Sees, beim Startpunkt des Wanderweges, steht das **Refugio Tinquilco,** eine gemütliche Berghütte mit Kojenbetten für etwa 19 Euro,

DZ ab 46 Euro (Sept. bis Mai), Tel. 09/9539 2728, www.tinquilco.cl.

Am Südende des Tinquilco-Sees offeriert die **Lodge Puerto Tinquilco** Zimmer und Cabañas sowie ein Restaurant mit Forellen aus eigener Aufzucht. Gute Basis zum Erkunden des Parks oder zum Baden und Rudern im See. DZ ca. 53 Euro, Cabañas ab 50 Euro für 2 Pers. Tel. 45/244 1480. www.parquehuerquehue.cl

Nach der Wanderung kann man am Ufer des **Lago Caburgua** einen Strandnachmittag einlegen. Bei der gleichnamigen Feriensiedlung am Südufer gibt es schöne Badestrände, zu empfehlen ist insbesondere die Playa Blanca, die ihrem Namen alle Ehre macht. Hier ist weit weniger Betrieb als in Pucón, und auch das Wasser ist etwas wärmer. Zwischen Caburgua und Pucón gibt es eine regelmäßige Busverbindung. Leser empfehlen das familiäre Hostal Las Cumbres de Caburgua (Tel. 09/9350 0488, gutes Essen, DZ ab 35 Euro).

Reittouren im Nationalpark Huerquehue und in angrenzenden Gebieten organisiert *Mathias Boss* von Campo Antilco. Die Touren dauern bis zu neun Tage; Näheres im Kapitel „Outdoor". Im Campo Antilco, in ländlicher Idylle 12 km außerhalb von Pucón am Río Liucura gelegen, kann man in einem kleinen Gästehaus und einer Cabaña auch übernachten (DZ 26 Euro, Cabaña für 3 Pers. 43 Euro). Tel. 09/9713 9758. www.antilco.com

Ein gastlicher Ort ist das von dem deutschen Ehepaar *Barth* betriebene **Landhaus San Sebastián** 18 Kilometer von Pucón auf halbem Weg zum Huerquehue-Park. Wer dem brodelnden Pucón die ländliche Ruhe vorzieht, ist hier richtig: ein Bauernhof mit Kühen, Enten und Schweinen, viel Land, einem kleinen Urwald und freiem Blick auf den Vulkan Villarrica. Das gepflegte, familiäre Gästehaus bietet neben Café und Restaurant (selbst gebackenes Brot und Kuchen, erstklassige Küche) Unterkunft im modernen DZ mit Privatbad (74 Euro p.P. mit sehr gutem Frühstück), außerdem gibt es zwei separate geräumige Suites (110 Euro). Auch Tagesausflüge zu Mapuche-Gemeinden, Thermalbädern und in die Nationalparks. Abholservice von Pucón. Tel. 45/197 2360. www.landhaus-pucon.de

Parque Nacional Villarrica 239/C1

Es ist leicht zu verstehen, warum der **Vulkan Villarrica** solch eine Faszination ausübt: Der ebenmäßige Konus mit dem umgelegten Schneekragen, die kleine

chi13-027 ms

Die Besteigung des Vulkans Villarrica gehört zu den Highlights des Südens

Rauchwolke, die sich fast immer aus ihm herauskringelt, lassen bei vielen – egal ob Bergsteiger oder nicht – den Wunsch entstehen, von oben in den glühenden Krater zu schauen.

Um die Umgebung des Vulkans und insbesondere die Wälder zu schützen, die sich bis auf 1500 Meter hochziehen, wurde bereits 1940 der 63.000 Hektar große **Nationalpark** eingerichtet. Die meisten Besucher haben ein klares Ziel: dem Krater möglichst nahe zu kommen. Eine Besteigung ist nur mit einer Agentur in Pucón oder Villarrica gestattet (siehe bei den Orten), es sei denn, man ist Mitglied eines Alpen- oder Bergvereins und hat die nötige Ausrüstung dabei (Steigeisen, Eispickel und Helm). Alle längeren Trekkingtouren sind nur mit ortskundiger Führung zu empfehlen (vgl. „Outdoor/Bergsteigen").

Die **Anfahrt** zum Vulkan ist einfach, allerdings nicht mit öffentlichen Verkehrsmitteln möglich: Man fährt Richtung Villarrica und biegt nach etwa einem Kilometer links ab. Bis Rucapillán, wo Conaf 2 Euro Eintritt kassiert, sind es 8 Kilometer auf einer asphaltierten Straße; bis zum Skizentrum folgen dann 8 Kilometer holprige Schotterpiste.

Geologisch Interessierte sollten die **Cuevas Volcánicas** besuchen. Ein 500 Meter langer, begehbarer und beleuchteter Lavatunnel führt direkt in den Vulkan hinein. Die **geführte Tour** dauert zusammen mit der Besichtigung des dazugehörigen Vulkanmuseums etwa 2 Stunden (Eintritt 25 Euro). Anfahrt: Gleich nach dem Conaf-Posten geht links eine Piste ab, die vorsichtig auch mit einem normalen Auto zu befahren ist. Mehrere Agenturen haben die Exkursion im Angebot (www.cuevasvolcanicas.cl). 500 Meter oberhalb des Eingangs zu den Höhlen beginnt ein ausgeschilderter Wanderweg zu kleinen Nebenkratern (ca. 3 Stunden hin und zurück) – eine gute Alternative für alle, die den Aufstieg zum Gipfel scheuen.

Der weitläufige Nationalpark hält weit mehr bereit als „nur“ den Vulkan Villarrica. Er schützt die südlichsten Araukarien-Bestände, zugleich findet sich hier – von Nord nach Süd gesehen – der erste vollständige **Bosque Valdiviano,** der Regenwald Südchiles. Trekking- und Reitrouten erschließen die Naturschönheiten des Parks. Die besten Ausgangspunkte sind der **Parkeingang Quetrupillán** und der **Rancho de Caballos** (s.u.; beide nur mit eigenem Fahrzeug zu erreichen) sowie der **Parkeingang Puesco** bzw. die **Laguna Quilleihue** am Ostrand, ca. 60 Kilometer von Pucón an der Straße nach Argentinien. Dort kann man sich von den Bussen nach San Martín de Los Andes (im Sommer einmal tgl.) absetzen lassen. Wanderkarten gibt es bei TravelAid in Pucón sowie unter www.trekkingchile.com/ karten.

Als **Ausgangspunkte für organisierte Reit- und Trekkingtouren** im Park bieten sich an:

- Die **Bacher-Alm,** die direkt an den Park grenzt. Hier kann man zelten (6 Euro p.P.) und zu Fuß oder mit Pferden die Araukarien- und Südbuchenwälder erkunden (halber Tag 38 Euro, Tagestour 62 Euro). Nov. bis April, Abholung von Pucón, deutschsprachig. Tel. 09/9875 0425. bacheralm@hotmail. com
- Der **Rancho de Caballos** der beiden Deutschen *Christa* und *Wolfgang,* 32 Kilometer südöstlich von Pucón. Auf der mitten im Naturwald gelegenen Reiterfarm, zu der ein esoterisch inspirierter Naturpark mit Wanderwegen und Wasserfällen gehört, gibt es Unterkunft in rustikalen Blockhütten (10 Euro p.P.), Restaurant bzw. Kochgelegenheit und Reittouren von 1 bis zu 9 Tagen (ab 25 Euro für eine Halbtagestour). Nov. bis März, Abholung von Pucón. Tel. 09/ 8346 1764. www.rancho-de-caballos.com
- Der Bauernhof **Kila-Leufu** der Mapuche-Familie *Martínez Epulef* in Palguín Bajo, 23 Kilometer östlich von Pucón, mit Reittouren in die Umgebung, Mountainbike-Verleih, Wanderungen. Unterkunft ab 17 Euro p.P., Camping 8 Euro p.P., jeweils mit Frühstück. Tel. 09/9148 0717. www.kilaleufu.cl

Die Thermalbäder

Vulkanisch aktive Regionen sind meist voll mit Thermalbädern – die Umgebung von Pucón und dem Vulkan Villarrica macht da keine Ausnahme. Über ein Dutzend Quellen – von der einfachen Naturtherme bis zum exklusiven Spa – finden sich in der weiteren Umgebung Pucóns, und fast jährlich kommen neue Anlagen hinzu.

Termas de Huife 237/C3

Die Termas de Huife liegen 30 Kilometer nordöstlich von Pucón im Tal des Río Liucura. Hier steht ein **Luxushotel,** dessen Pool für 17 Euro benutzt werden

chi072 ms

kann, ohne im Hotel übernachten zu müssen. Tel. 45/244 1222, DZ ab 210 Euro. www.termashuife.com

Termas Los Pozones und Termas Quimey-Co

Rustikaler geht es in diesen Naturthermen 3 km **oberhalb von Huife** zu. Hier kann man für 8 Euro zwischen mehreren großen, mit Feldsteinen gefügten Becken mit 35–40 Grad heißem Wasser wählen und zum Abkühlen in den Fluss nebenan steigen. Am Abend ist es hier besonders heimelig, weshalb ein Schild eigens auf die obersten Gebote hinweist: kein Sex, kein Alkohol, keine Drogen!

Einen Besuch lohnen auch die modernisierten **Termas de Quimey-Co** 5 Kilometer vor Huife, mit überdachtem Thermalbecken und Jacuzzis. Tagesgäste ab 17 Euro. www.termasquimeyco.com

■ Um 20 Uhr fährt ein spezieller **Thermenbus** von Pucón zu den Termas Quimey-Co, Huife und Los Pozones, gegen Mitternacht ist man zurück (8 Euro plus Eintritt; Infos bei den Agenturen in Pucón).

Parque Termal Menetúe

Diese schön mit Naturstein und -holz renovierte Anlage 30 Kilometer östlich von Pucón hat die **größte Auswahl an Wellness-Angeboten.** Vor allem an nasskalten Tagen sind die überdachten Becken ein Genuss (Eintritt 23 Euro), daneben gibt es zwei Freibecken, Sauna, Dampfbäder, Schlammpackungen, Massagen sowie ein preiswertes Restaurant. In Cabañas mit Blick auf einen See kann übernachtet werden, mit Vollpension 115 Euro p.P. inkl. Thermennutzung. www.menetue.com.

⌃ Die Termas Geométricas bei Coñaripe

Weitere Thermalbäder in der Nachbarschaft sind **Trancura** (abends Thermenbus der Agentur Trancura, 15 Euro mit Eintritt), **San Luis** und die kürzlich eröffneten **Montevivo.**

Termas Geométricas

An der Südostflanke des Vulkans Villarrica, versteckt sich diese einzigartige Thermalanlage. Der chilenische Stararchitekt *Germán del Sol* hat im **Cajón Negro,** einem engen Canyon mit schwarzen Felsen und üppig-grüner Vegetation, ein **originelles Konzept** verwirklicht: Rote Holzstege verbinden 16 weit auseinander liegende, mit Naturschiefer verkleidete Becken von 35 bis 39 Grad, dazwischen stürzen sich kalte Wasserfälle ins Tal. Das Ganze wurde überaus harmonisch in die Natur eingepasst, bis hin zu den Grasdächern der Umkleidekabinen und des Besucherzentrums (Kaffee und Snacks). Wenn dann noch der Regen rauscht, man im dampfenden Thermalbecken liegt und die Stege sich zwischen grünen Riesenfarnen verlieren, ist die Wohltat für alle Sinne perfekt. Im Januar/Februar und an Feiertagen ist mit starkem Besucherandrang zu rechnen.

Die **schönsten Naturthermen Chiles** sind **nur mit dem Auto zu erreichen.** Von Pucón muss man eine große Runde über Villarrica und Lican Ray nach Coñaripe fahren (76 km), dann noch 18 km bergauf über eine passable Erdstraße.

■ **Info:** geöffnet Jan./Feb. täglich 10–23 Uhr, ansonsten 11–20 Uhr. Eintritt bis 13 Uhr und nach 18 Uhr 23 Euro, sonst 28 Euro, Kinder zahlen die Hälfte. Ticketkiosk mit Rabatt am Abzweig in Coñaripe, Tel. 09/7477 1708. www. termasgeometricas.cl

Curarrehue

Der 2000-Seelen-Ort 36 Kilometer östlich von Pucón wäre nicht der Rede wert, böte er nicht die Gelegenheit, einen Einblick in die **Kultur der Mapuche-Indianer** zu bekommen. Die Mehrheit der Einwohner Curarrehues und des Umlandes sind Mapuche bzw. Pehuenche und lebt in sehr einfachen Verhältnissen. Am ehesten kommt man mit ihnen in Kontakt im **Centro Cultural Aldea Indígena Trawupeyüm** (in der Mapuchesprache „Wo wir uns treffen“). Hier gibt es ein kleines, instruktives Museum (geöffnet täglich 10–20 Uhr, April bis Nov. nur 10–17.30 Uhr), einen Laden mit authentischem Kunsthandwerk und vor allem ein unscheinbares, preiswertes Restaurant mit bemerkenswert kreativer Küche auf der Basis verfeinerter Mapuche-Rezepte mit einheimischen Ingredienzen. Wer noch nie gebratene *Piñones* (Araukarienfrüchte) oder Quinoa-Omelett gegessen hat, sollte sich hier ein Mittagessen gönnen (Tel. 45/197 1574).

■ **Buses Curarrehue** fährt stündlich von Pucón nach Curarrehue (ca. 45 Min., 1 Euro).

■ Leser empfehlen den **Circuito de Turismo Comunitario Ngen,** ein Projekt der Ureinwohner, um Besucher in ihre Lebenswelt einzuführen. So kann man u.a. Mapuche-Frauen bei der Arbeit mit Wolle zusehen, typische Gerichte probieren etc. Die Initiative hat ihre Basis in der **Hostería Ruka Ngen,** einem nagelneuen Gästehaus in Form einer großen Ruka nahe des Ortseingangs von Curarrehue, mit 20 einfachen, geschmackvollen Zimmern. DZ 52 Euro, Mahlzeiten 8 Euro. Tel. 09/8397 7772. www.turismorukangen.cl

Lican Ray 239/C1

Nicht mehr als ein Dorf im Winter (1700 Einwohner), quillt Lican Ray im Sommer über vor Touristen. Grund sind die beiden **schwarzsandigen Strände am Ufer des Lago Calafquén.** Hier faulenzt man mit Blick auf die Sierra de Quilchilca oder besucht die anderen Seen der Umgebung. Abends schlendert man über die einzige asphaltierte Straße des anspruchslosen Ortes. Hier liegen die meisten Bars und Restaurants, die jedoch nach Saisonende, ab Mitte März, alle ihre Fenster verrammeln. Dann werden in Lican Ray die Bürgersteige hochgeklappt.

■ Ständiger **Busverkehr** nach Villarrica und Coñaripe, seltener nach Panguipulli.

■ Es gibt zahlreiche einfache Quartiere, empfohlen werden die **Hospedaje Patagonia** (Urrutia 145, Tel. 45/243 1012, familiär, rustikal, in Seenähe, DZ 60 Euro), und das **Hostal Hofmann** (Camino a Coñaripe 100, Tel. 45/243 1109, mit schönen Zimmern mit Bad, grünem Garten mit Hängematte, sehr gutem Frühstück – Leserlob –, DZ 58 Euro).

Coñaripe 239/C1

Im Vergleich zu Lican Ray ist das 22 Kilometer östlich liegende Coñaripe noch bescheidener. Es besitzt ebenfalls einen schönen schwarzsandigen **Strand am Lago Calafquén.**

■ Übernachten kann man im sehr schlichten, freundlichen **Antulafquén** direkt an der Hauptstraße (ca. 10 Euro p.P.).

■ Regelmäßige **Busse** nach Lican Ray und Villarrica, seltener nach Panguipulli.

■ Zu den nahe gelegenen **Termas Geométricas** s.o.

Termas de Coñaripe und Liquiñe 239/C1

16 Kilometer südöstlich von Coñaripe liegen die großzügig angelegten, etwas nüchternen **Termas de Coñaripe** (Eintritt 13 Euro) mit einem überteuerten Hotel (DZ 130 Euro, Tel. 45/241 1111, www.termasconaripe.cl).

Weitere 12 Kilometer östlich wartet in einem weiten Andental der Ort **Liquiñe** mit einem halben Dutzend Thermalquellen und einfachen Unterkünften auf. Liquiñe ist bekannt für hochwertiges **Kunsthandwerk** aus dem rötlichen Holz des Raulí.

Entlang der Sieben Seen

Eine Route mit schönen Ausblicken führt von Liquiñe mitten durch den Urwald zum **Lago Neltume** und nach **Puerto Fuy** (38 km, s.u.). Reizvoll ist auch die gut ausgebaute Straße von Coñaripe um den **Lago Calafquén** herum nach Panguipulli (35 km, s.u.), mit Blick auf den Vulkan Villarrica.

Panguipulli 238/B1

Um die südlichen der sogenannten Sieben Seen zu erreichen, ist die Kleinstadt (16.000 Einwohner) am Ostufer des Lago Panguipulli der beste Ausgangspunkt. Sie ist viel **weniger vom Tourismus geprägt** als die meisten anderen Orte an den Seen. Dennoch ist man hier nicht falsch, ein Spaziergang am Seeufer lohnt sich, allein schon wegen des Blicks über den See hinweg auf den gegenüberliegenden **Vulkan Choshuenco,** der im Südosten 2415 Meter hoch aufragt. Nach Osten blickt man auf die **Sierra de Quilchilca** (1840 m).

■ Übernachten kann man im **Hotel Central** (P. de Valdivia 115, Tel. 09/9882 3955, gut und sauber, DZ mit Bad 25 Euro) oder im **Hostal España** (O'Higgins 790, Tel. 231 1166, alle Zimmer mit Bad, TV und Zentralheizung, DZ 40 Euro).

■ Gut zelten lässt es sich in **Puchaley Lafquén,** 1,5 km vom Busbahnhof Richtung See, Tel. 09/ 8319 4084, einem schattigen Zeltplatz mit Blick auf den See und Vulkan Villarrica, heißen Duschen, 6 Euro p.P.; einfache Cabañas ab 55 Euro (für 2 Pers.). www.puchaleylafquen.com

chi073 ms

■ Der Busbahnhof ist Gabriela Mistral Ecke Portales. Von hier gibt es regelmäßige **Busverbindungen** nach Santiago, Temuco, Villarrica, Valdivia, Osorno und Puerto Montt. Buses Lafit und Lipinza fahren im Sommer mehrmals täglich über Choshuenco nach Puerto Fuy (2 Std., 3 Euro).

Reserva Huilo-Huilo und Lago Pirihueico

239/C1

Auf der Fahrt entlang des Lago Panguipulli, des größten der Sieben Seen, eröffnen sich immer wieder neue Ausblicke auf den lang gestreckten Rinnensee mit dem vergletscherten **Doppelvulkan Choshuenco/Mocha** (2415 m) dahinter. Die Straße ist bis ca. km 30 asphaltiert, danach gut geschottert. Bergwanderer können die Besteigung des Vulkans versuchen, Ausgangspunkt ist **Enco,** 20 Kilometer südlich des Ortes Choshuenco (siehe Kapitel „Outdoor/Bergsteigen").

Bei km 56, kurz hinter dem Flecken Neltume, erreicht man den Eingang zur **Reserva Huilo-Huilo.** Dieser erst 2004 geschaffene private Naturpark schützt 60.000 Hektar Valdivianischen Regenwald und erschließt das Gelände mit Trekking- und Reitrouten, einem Canopy-Kurs und einer Snowboardpiste am Vulkan Mocho, auf der man selbst im Sommer fahren kann. Vom Besucherzentrum (Eintritt 3 Euro) führt ein kurzer Wanderweg (5 Min.) zum 37 Meter hohen **Wasserfall Huilo-Huilo,** den man sowohl von oben als auch vom Flussufer aus bewundern kann. Weitere 20 Min. durch schönsten Urwald sind es

◁ Originell: Lodge Montaña Mágica

zum ebenso eindrucksvollen **Salto del Puma.** Nähere Infos unter Tel. 2/2335 5938 sowie www.huilohuilo.com.

Wenige Kilometer weiter liegen mitten im Wald die beiden **originellsten Hotels Chiles:**

■ Die **Lodge Montaña Mágica** ahmt in ihrer Form einen Vulkankegel nach, an den Außenwänden strömt Wasser hinunter, innen ist sie rustikal, dabei nobel und mit schönen Details eingerichtet. Aufmerksamer Service, erlesenes Restaurant, 10 Zimmer, DZ 190 Euro.

■ Gleich nebenan stellt das **Hotel Nothofagus** mit 55 Zimmern, einer Präsidentensuite und Spa die Kegelform seines Nachbarn auf den Kopf und bezieht die Bäume in die Architektur mit ein. DZ ab 198 Euro, Tel. für beide Hotels 2335 5938 und 63/197 0122. www.huilohuilo.com

■ Preiswerter übernachtet man im neuen, gemütlichen **Hostal Bosque Encantado** direkt im Ort Neltume, das ebenfalls zu Huilo-Huilo gehört. 38 Euro p.P., Tel. 63/197 3634.

Nach 63 Kilometern ist **Puerto Fuy** erreicht, ein friedliches Örtchen am Lago Pirihueico. Von hier verkehrt eine Autofähre über den langen, schmalen, von dichtem Urwald umstandenen **Lago Pirihueico** mit der Möglichkeit, auf der anderen Seite nach **San Martín de los Andes** in Argentinien weiterzureisen. Diese Tour ist weitaus preiswerter als etwa die Andenquerung auf dem Lago Todos Los Santos und ebenfalls sehr reizvoll. Wer nicht mit dem Auto oder Fahrrad unterwegs ist, kann bis Puerto Fuy mit dem Bus fahren und versuchen, auf der Fähre eine Mitfahrgelegenheit vom Zielhafen Puerto Pirihueico nach San Martín (54 km) zu organisieren. Von Mo bis Sa verkehrt um 18.30 Uhr auch ein Bus von Pirihueico nach San Martín.

■ Die **Fähre „Hua Hum“** hat Platz für 22 Autos und braucht 1½ Std. über den See. In der Hauptsaison (Jan./Feb.) verkehrt sie täglich ab Puerto Fuy um 8, 13 und 18 Uhr, ab Pirihueico um 10, 15 und 20 Uhr; in der Nebensaison (März bis Dez.) ab Puerto Fuy um 13 und ab Pirihueico um 16 Uhr. Der Fahrplan kann sich kurzfristig ändern. Preis: Pick-up/Auto 27 Euro, Motorrad 8 Euro, Fahrrad 5 Euro, Personen ohne Fahrzeug 1,50 Euro. Autofahrer sollten sich im Hochsommer mehrere Stunden vor Abfahrt einfinden, da die Fähre oft voll ist. Infos und Reservierungen: Tel. 63/231 0436, www.barcazas.cl

In **Puerto Fuy** gibt es einen einfachen Zeltplatz direkt am See, simple Unterkünfte und Wanderwege durch den Naturwald.

■ Direkt am Ufer steht das **Hotel Marina del Fuy,** wahlweise mit Vulkan- oder Seeblick von den 11 wunderschönen Zimmern. Moderne Designermöbel in rustikalem Ambiente, erstklassige Pastagerichte im Restaurant, Kajak- und Ruderbootverleih. DZ ab 105 Euro, Tel. 63/267 2111.
www.marinadelfuy.com

Valdivia

238/A,B1

Valdivia, benannt nach dem spanischen Eroberer *Pedro de Valdivia* und **im Sommer 1552** von ihm **gegründet,** besticht nicht durch seine nüchternen Zweckbauten oder sein feuchtes Klima mit 160 Regentagen im Jahr, sondern allein durch die **schöne Lage** am Zusammenfluss von Rió Cau Cau und Río Cruces mit dem in einem weiten Schlenker um die Innenstadt fließenden Río Calle Calle, der nach den Einmündungen als Río Valdivia in den Pazifik mündet.

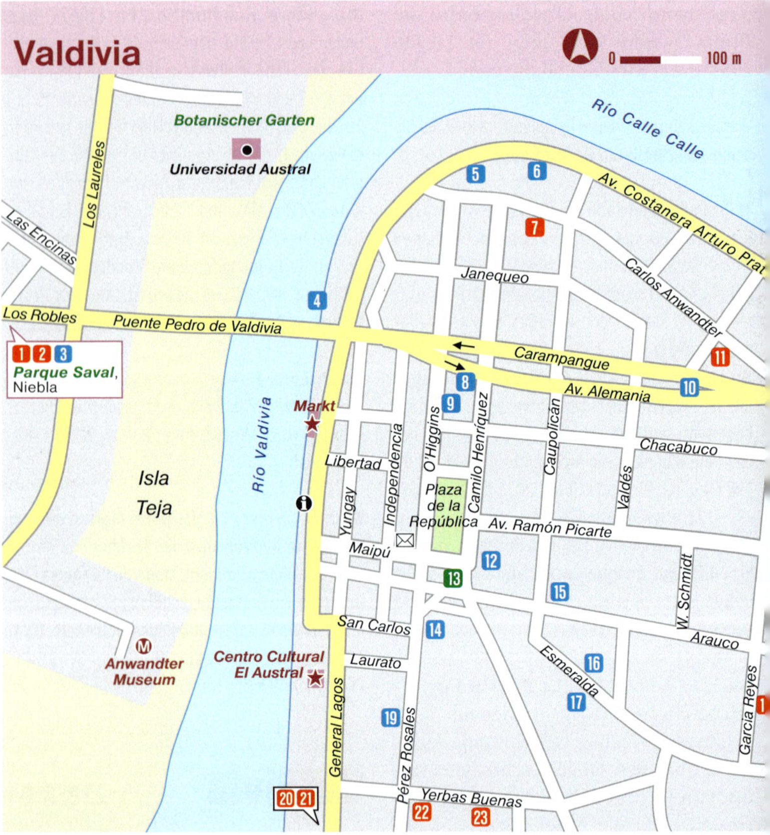

Geschichte

Valdivias Geschichte ist **im doppelten Sinne bewegt:** historisch und tektonisch. Die Hafenstadt lag zu günstig, als dass andere Mächte sie nicht einnehmen oder zerstören wollten: zuerst 1559 die Mapuche, dann holländische Korsaren (1600 und 1643), und später musste die Stadt mit Festungen gegen die Engländer gesichert werden. Im Unabhängigkeitskampf gegen die Spanier war sie lange umkämpft, bis sie *Lord Cochrane* 1820 einnehmen konnte. In der zweiten Hälfte des 19. Jahrhunderts begann dann die Blütephase, und zwar mit der **Einwanderung der Deutschen,** die hier eines ihrer Zentren fanden. Die recht gut ausgebildeten Handwerker wussten die Rohstoffe ihrer Umgebung zu nutzen: Sie schlugen den Wald, bauten Häuser, Schiffe und Eisenbahnschwellen aus

dem Holz, verkohlten es und nutzten die Holzkohle zum Betrieb eines Hochofens, gründeten Schnapsbrennereien und Brauereien.

Die natürliche Gefährdung von Stadt und Region kam 1960 besonders deutlich zum Ausdruck: Ein **Erd- und Seebeben** der Stärke 8,9 ließ die Stadt in kurzer Zeit um rund drei Meter absacken, dabei stürzten vier Fünftel aller Gebäude ein, darunter nahezu alle Industrieanlagen. Das Seebeben brachte eine Flutwelle mit sich, die die Schiffe auf den Strand schleuderte und die Landschaft flussaufwärts von Valdivia nachhaltig veränderte. So kommt es, dass heute nur noch wenige alte Häuser im Zentrum zu finden sind. Valdivia ist eine **lebhafte Industrie- und Handelsstadt** mit einer großen Universität und seit 2006 Hauptstadt der neu geschaffenen Región de Los Ríos.

Sehenswertes

Obwohl Valdivia **130.000 Einwohner** zählt, ist das Zentrum sehr überschaubar. Am Ufer des Río Valdivia liegt nicht nur der Flusshafen (Bootsausflüge s.u.), sondern auch der **Markt (Mercado fluvial),** auf dem es alle Arten von Fisch und Meeresfrüchten gibt – die Fischhändler müssen sich der aufdringlichen Seelöwen erwehren, die zu Dutzenden auf leichte Beute warten.

Geht man über die Brücke am Mercado fluvial, gelangt man auf die **Isla Teja.** Auf der hat die Universidad Austral ihren Sitz, ebenso der **Botanische Garten der Universität** und der **Parque Saval,** ein weiterer Landschaftspark, in dem man sogar campen darf.

Zum Pflichtprogramm gehört ein Besuch des **Museo Histórico y Arqueológico Mauricio van de Maele,** untergebracht im alten Wohnhaus von *Karl Anwandter,* des Patriarchen der deutschen Einwanderer (vgl. „Land und Leute/Die Deutschsprachigen in Chile"), ebenfalls auf der Isla Teja (nach der Brücke links, Dez. bis März täglich 10–20 Uhr, ansonsten Di bis So 10–13 und 14–18 Uhr). Das Museum besitzt eine Sammlung von

Mapuche-Kunst(handwerk), dazu eine große Abteilung, die sich der deutschen Einwanderung widmet (Möbel, Urkunden, Einrichtungsgegenstände).

An das Erd- und Seebeben von 1960 erinnert das **Museo-Archivo Valdivia 1960** auf der Insel Haverbeck im Río Valdivia, zu erreichen per Boot ab dem Flusshafen (12, 15 und 17.30 Uhr, 10 Euro, www.museo1960.cl).

Praktische Tipps

Touristeninformation

- **Vorwahl von Valdivia: 63**
- **Sernatur**

Av. Prat 555, direkt am Markt. Gut sortiertes städtisches Infobüro.

☐ Valdivia liegt wunderschön am Zusammenfluss von Río Cau Cau und Río Cruces

Unterkunft

- **Hospedaje Internacional**

García Reyes 660 interior, Tel. 221 2015. Die hilfsbereiten deutschsprachigen Besitzer bieten Unterkunft mit und ohne Bad, Küchenbenutzung, Frühstück, Waschmaschine, Informationen über Ausflüge, auch einige Cabañas. Ab 25 Euro p.P., DZ oder Cabañas für 2 Pers. 56 Euro. www.hostalinternacional.cl

- **Casa de Familia Leisi-Opitz**

Los Robles 841, Tel. 223 3082. Auf der Isla Teja nahe des Botanischen Gartens. Sehr freundlich, üppiges Frühstück. 26 Euro p.P.

- **Hospedaje Anwandter**

Anwandter 601, Tel. 221 8587. Gut, sauber. DZ ohne Bad 30 Euro, mit Bad 42 Euro. www.hostalanwandter.cl

- **Hostal Villa Paulina**

Yerbas Buenas 389, Tel. 221 2445. Sehr gemütlich, Garten und kleiner Pool. Unterschiedliche DZ mit Bad ca. 42 Euro.

chi074 ms

Cabañas Zu Hause
Bueras 219, Tel. 243 2770. Gemütliche Cabañas für 2–7 Pers., mit gutem Restaurant (s.u.), 40–70 Euro, nur Jan./Feb. www.zuhause.cl

Hostal Entre Ríos
Carlos Anwandter 337, Tel. 225 9310. Komfortable DZ ab 63 Euro. www.hostalentrerios.com

Albergo di Torlaschi
Yerbas Buenas 283, Tel. 222 4103. Ruhig, familiär, guter Service – von Lesern empfohlen. DZ 73 Euro, auch Apartments. www.hotelditorlaschi.cl

Hotel Naguilán
Gen. Lagos 1927, Tel. 221 2851. Boutique-Hotel am Río Valdivia, alle Zimmer mit Flussblick, Bootservice ins Zentrum, Restaurant. DZ ab 110 Euro. www.hotelnaguilan.com

Puerta del Sur
Los Lingues 950, Tel. 222 4500. Gepflegte 5-Sterne-Anlage auf der Isla Teja. DZ ab 160 Euro. www.hotelpuertadelsur.com

Essen und Trinken

Club de la Unión
Henríquez 540. Mehrgängige Menüs zu guten Preisen.

Camino de Luna
Romantisches, nicht billiges Flussrestaurant nördlich der Brücke.

Agridulce
Costanera Prat 327. Einfache Gerichte mit feiner Note, toller Flussblick.

Muga
Costanera Prat 233. Risottos, Steaks und leckere Nachspeisen, Leserempfehlung.

Zu Hause
Bueras 219. Schweizerische und chilenische Spezialitäten, mit Terrasse, von Lesern gelobt. Sa/So geschlossen.

Café Entre Lagos
Pérez Rosales 640. Elegantes österreichisches Café mit wundervollen Kuchen und Torten sowie Schokolade aus eigener Produktion.

☐ Biersäule mit deutschem Gerstensaft in der Cervecería Kunstmann

chi075 ms

■ **Café Haussmann**
O'Higgins 394. Urig-deutsche Mittags- und Kuchentradition.

■ **Saloon Pub** und **Pub en el Clavo**
Beide Alemania/Ecke Henríquez. Studententreffs, laut, gelegentlich Live-Musik.

■ **New Orleans** und **El Legado**
Esmeralda 682 und 657. Zwei lebhafte Kneipen im Bohèmeviertel.

■ **La Ultima Frontera**
V. Pérez Rosales 787. Alternative Café-Bar mit Internet und Esoterik-Geschäft, schöne Terrasse, leckere Sandwiches.

■ **Cava del Buho**
Av. Alemania 660. Einrichtung wie in einer Eulenhöhle, wunderbare Empanadas.

■ **Cervecería Kunstmann**
2 km camino a Niebla, Tel. 229 2969. Brauerei mit urig-deutschem Restaurant. Naturtrübes Bier zum Selberzapfen aus Biersäulen, Riesenportionen, Souvenirverkauf. www.lacerveceria.cl

Flugzeug

Der **Flughafen Pichoy** liegt 32 km nordöstlich der Stadt. Minibus-Service von Transfer Valdivia (5 Euro p.P., Tel. 222 5533).

■ **LAN,** Maipú 271. Täglich Flug nach Santiago.

Überlandbusse

Der **zentrale Busbahnhof** ist auf der Anfión Muñoz 360, fast an der Costanera. Busse nach:

■ **Santiago,** 12 Std., 14–43 Euro
■ **Temuco,** 3 Std., 4–7 Euro
■ **Osorno,** 1½ Std., 2–3 Euro
■ **Puerto Montt/Puerto Varas,** 3 Std., 4–7 Euro
■ **Villarrica,** 2–3 Std., 3–5 Euro
■ **Bariloche,** 8 Std., ca. 20 Euro, täglich

Mietwagen

■ **Autovald,** Pérez Rosales 660, Tel. 221 2786.
■ **Alyz,** Av España 603, Las Ánimas, Tel. 222 5063.
■ **Hertz,** Picarte 640, Tel. 221 8316.

Sonstiges

■ **Post,** O'Higgins 575, direkt an der Plaza.
■ **Telefonzentralen,** Arauco 601, O'Higgins 575, O'Higgins 386, San Carlos 107 und Picarte 461.
■ **Wäschereien,** Chacabuco 270, Walter Schmidt 305
■ **Ruderboote und Fahrräder** werden am Flussufer 100 m nördlich der Brücke zur Isla Teja verliehen (pro Stunde ca. 3–4 Euro).

Die Umgebung von Valdivia

Bootsausflüge

Von der Bootsanlegestelle *(muelle fluvial)* neben dem Markt lassen sich verschiedene Bootsausflüge machen. Die längeren führen zur einsamen, mit Naturwald bewachsenen Isla Mancera und nach Corral (s.u.), sie kosten inklusive einer Mahlzeit ca. 30 Euro und nehmen einen halben Tag in Anspruch. Wer nicht so viel Zeit auf dem Boot verbringen will, kann auch eine **einstündige Fahrt um die Isla Teja** machen (7 Euro). Man sieht in ihrem Verlauf **Schwarzhalsschwäne,** außerdem Seelöwen und

▷ Aussicht von der Festung in Niebla

Seehunde sowie viele Wasservögel, in erster Linie Pelikane.

Die schönste Bootstour führt den **Río Cruces** aufwärts durch das **Naturschutzgebiet Carlos Anwandter.** In der weitläufigen, vom Erd- und Seebeben 1960 eindrucksvoll geformten Flusslandschaft nisten rund 120 Vogelarten. Zum halbtägigen Tourprogramm (ca. 35 Euro mit Essen) gehört auch der Besuch des alten spanischen Forts San Luis de Alba.

Spanische Festungen 238/A,B1

Wo der Río Valdivia und der Río Tornagaleones gemeinsam in den Pazifik münden, liegen **drei Forts,** die von den Spaniern im **17. Jahrhundert** erbaut wurden und Valdivia gegen Piraten und Schiffe anderer Seemächte schützen sollten; zwei Jahrhunderte lang erfüllten sie ihre Aufgabe. Valdivia konnte von den chilenischen Befreiungstruppen erst 1820 eingenommen werden – *Lord Thomas Cochrane* eroberte damals die Festung Corral mit 300 Leuten, eine wagemutige Tat, hatten sich doch 700 Spanier mit 100 Kanonen dort verschanzt.

Die Festungen Corral (erbaut 1645), Castillo de Amargos und Niebla sowie die Festungen auf der Isla Mancera sind einfach **per Bus und Boot von Valdivia aus** zu erreichen. Man macht entweder einen organisierten Bootsausflug dorthin, fragt nach den regulären Booten, die nach Corral fahren (beides von der *muelle fluvial*), oder man nimmt einen Bus bis Niebla (an der Ecke Yungay und Chacabuco in Valdivia). Dort kreuzen stündlich Boote hinüber nach Corral, die Fahrt kostet insgesamt etwa 2 Euro.

Die **Festung in Niebla** selbst bietet nicht viel mehr als ein paar alte Kanonen, hat dafür aber den schönsten Blick auf die Flussmündung, und ganz in der Nähe liegt der erste Pazifikstrand.

chi127 ms

Die **Festung San Sebastián in Corral** ist die am besten erhaltene und restaurierte (täglich 10–19 Uhr, 1 Euro), bei Sonnenschein auch ein guter Platz für ein Picknick mit Blick auf die Bucht. Es gibt in Corral auch einige Residenciales; ein 40-minütiger Spazierweg führt immer die Küste entlang nach Norden zur Festung Castillo de Amargos.

■ Übernachten kann man in Niebla sehr angenehm in der **Ferienanlage Villa Santa Clara,** mit Cabañas in einem schönen Park, Kochgelegenheit und Wäscheservice. 58 Euro für 4 Pers. Abholservice vom Busbahnhof in Valdivia. Tel. 63/228 2018.

Los Molinos

Fährt man von Niebla aus weiter (Busse alle 20 Min.), gelangt man nach wenigen Kilometern ins Fischerdörfchen Los Molinos, ein **Paradies für alle Freunde frischer Meeresfrüchte** (zahlreiche, teilweise teure Restaurants und Stände direkt am Hafen; Leser empfahlen das Restaurant Fogón Marino).

■ Am Ende des Ortes gibt es den schönen **Campingplatz Vista Hermosa** mit Meeresblick, 10 Euro pro Nacht, warme Duschen.

Parque Oncol 238/B1

Mitten in der Küstenkordillere bei Valdivia liegt das **Naturreservat** Oncol, das auf 750 Hektar ein Stück urwüchsigen Valdivianischen Regenwald schützt. Es gibt Wanderwege zu Aussichtspunkten, eine Canopy-Strecke, einen Zeltplatz und Kajakverleih – eine schöne Tagestour von Valdivia aus.

■ **Anfahrt** per Boot und Kleinbus ab Valdivia (45 Min.) oder auf dem Landweg: 2 km Richtung Niebla, dann rechts ab, insgesamt 28 km.

■ **Eintritt** 4 Euro, **Camping** 16 Euro pro Zelt. **Infos** unter Tel. 63/227 8100, www.parqueoncol.cl.

Mehuín 238/B1

Wer sich in der Gegend ein paar **geruhsame Strandtage** gönnen will, sollte die Fahrt nach Mehuín nicht scheuen. Das beschauliche Fischerdorf 75 km nördlich von Valdivia (etwa stündlich direkte Busse, Fahrzeit 1½ Stunden) liegt an einer weit geschwungenen Bucht, an die sich im Norden eine imposante Steilküste anschließt. Natürlich gibt es im Ort leckeren Fisch und Meeresfrüchte zu essen.

■ Übernachten kann man im **Hotel Regenbogen del Mar** mit gutem Restaurant, Tel. 63/245 6352, DZ mit Frühstück ca. 75 Euro. www.hotelregenbogendelmar.com

Von Valdivia nach Osorno

Zwei Straßen führen von Valdivia ostwärts: die gut ausgebaute, asphaltierte, die bei Paillaco auf die Panamericana trifft – sie wird von allen Bussen Richtung Süden genommen –, und die geschotterte, die in Los Lagos mit der Panamericana verbindet; letztere ist zwar schlechter, führt aber entlang des Río Calle Calle und ist deshalb landschaftlich wesentlich schöner (einige Busse täglich). In **Los Lagos** kann man dann weiter Richtung Süden fahren oder nach Osten zum **Lago Riñihue,** dem südlichsten der Sieben Seen.

Von Los Lagos sind es 55 Kilometer (26 km von Paillaco) über die Panamericana bis **Río Bueno,** einer Kleinstadt von etwa 13.000 Einwohnern, in der eine spanische Festung von 1778 über dem Río Bueno und das Museo Arturo Moller Sandrock die Besichtigung lohnen. Das Museum zeigt Mapuche-Gegenstände und dokumentiert die deutsche Einwanderung (Pedro Lago 640).

■ Übernachten kann man im **Hotel Richmond,** Comercio 755, ca. 16 Euro p.P.; einen **Bus** nach Valdivia und Osorno bekommt man problemlos, ebenso nach Lago Ranco.

Lago Ranco heißt der Hauptort am Südufer des gleichnamigen, 41.000 Hektar großen Sees. Es handelt sich um einen einfachen Erholungsort, der sich gut als Ausgangspunkt für Touren um den See eignet. Bei der Touristeninformation, Av. Concepción, erhält man Anregungen. Ein 3 Kilometer langer Spazierweg führt hinauf zur **Piedra Mesa,** von der man einen schönen Blick über den See und seine Inseln genießt. Die größte in der Mitte ist die **Isla Huapi,** auf der eine große Mapuche-Gemeinde lebt.

■ Es stehen einige preiswerte Residenciales zur Verfügung, gut ist die **Hostería Casona Italiana,** Viña del Mar 367, unmittelbar am Seeufer, Cabañas für 2–6 Pers. 40–75 Euro, Tel. 63/249 1225.

Osorno

238/B2

Wirtschaftlich bedeutsam, touristisch kaum attraktiv – so kann man die etwa 130.000 Einwohner zählende Stadt Osorno in wenigen Worten charakterisieren. Es ist eine typische, recht wohlhabende **Industrie- und Handelsstadt** in einem agrarwirtschaftlich geprägten Umland mit einigen historischen Bauten und guten Einkaufsmöglichkeiten.

Geschichte

Bereits 1558 gründete der spanische Eroberer *García Hurtado de Mendoza* die Stadt. Sie wuchs schnell und hatte Ende des 16. Jahrhunderts etwa 1000 Einwohner – Spanier und Mestizen, die größtenteils von der Arbeit der Mapuche-Indianer in der Region lebten. Beim großen **Mapuche-Aufstand 1599** wurde die Stadt fast vollständig zerstört; erst 1796 kamen die Spanier zurück, und zu neuem Leben erwachte der Ort mit den deutschen Einwanderern, die sich Mitte des 19. Jahrhunderts ansiedelten.

Sehenswertes

Osorno ist **unansehnlich,** daran kann auch das neue, deplatziert wirkende Casino-Hotel am alten Bahnhof nichts ändern. Wer einen Tag bleiben muss, braucht aber nicht zu verzweifeln. Einiges gibt es doch zu sehen, alles in kurzer Entfernung von der zentralen **Plaza de Armas.** Direkt an ihrer Ostseite steht die wegen ihrer Betonkonstruktion auffällige **Kathedrale,** errichtet nach dem Erdbeben von 1960. Folgt man der Calle Mackenna nach Westen, gelangt man in den **Distrito Histórico:** Hier stehen einige wenige erhaltene Holzbauten aus der „Gründerzeit" von Osorno, sehenswerte Gebäude mit Balkonen und spitzen Giebeln. Ebenfalls auf der Mackenna, aber einen Block östlich der Plaza (Hausnummer 949) steht die **Casa Mohr Pérez,** das älteste erhaltene Haus deutscher Siedler (1876 errichtet).

Folgt man der Av. Matta von der Plaza aus nach Süden, gelangt man einen Block weiter (Matta 809) zum **Museo Histórico Municipal** (Mo bis Fr 9.30–18 Uhr, im Sommer auch Sa/So 14–19 Uhr). Das gut sortierte Museum zeigt Kunst und Kultur der Mapuche-Indianer, die frühe Siedlungsgeschichte der Stadt im 16. Jahrhundert und die Einwanderungsgeschichte der deutschen Siedler.

Osorno hat **zwei sehenswerte Friedhöfe,** den Cementerio Alemán und einen Cementerio Católico. Auf beiden sind viele kunstvolle Grabstätten deutscher Siedler zu finden. Der Grund für die Trennung im Tod: Die Siedler brachten, da sie aus völlig unterschiedlichen Teilen Deutschlands kamen, neben allerlei Handwerkskünsten auch ihre **religiösen Auseinandersetzungen** mit nach Chile. Es gab katholische und protestantische Gemeinden, die sich mancherorts, beispielsweise am Lago Llanquihue, spinnefeind waren.

Praktische Tipps

Touristeninformation

- **Vorwahl von Osorno: 64**
- **Sernatur,** im Gebäude der Gobernación Provincial an der Plaza de Armas.
- **Conaf (Nationalparks),** Martínez de Rozas 430.

Unterkunft

- **Residencial Ortega**
Colón 602, Tel. 223 2592. Einfach, sauber und gemütlich, WLAN. 15 Euro p.P. mit Frühstück.
- **Hotel Eduviges**
Eduvijes 856, Tel. 223 5023. Sauber, freundlich und gut. DZ mit Bad etwa 50 Euro.
www.hoteleduviges.cl
- **Hotel Rucaitue**
Freire 546, Tel. 223 9922. Parkplatz, WLAN, Zimmer mit TV und Bad. Sehr freundlich und gemütlich, empfohlen. DZ mit Frühstück 92 Euro.
www.hotelrucaitue.cl

Essen und Trinken

- **Club Alemán**
O'Higgins 563. V.a. chilenische Küche, einige deutsche Gerichte.
- **Club Arabe**
Prat 779. Vorderasiatische Küche.
- **La Paisana,** Freire 530. Arabische Küche.

Flugzeug

Der **Flughafen Carlos Hott Siebert** liegt 7 km östlich der Stadt. Ein Sammeltaxi kostet ca. 4 Euro, ein Taxi das Doppelte.

■ **LAN,** E. Ramírez 802. Täglich über Temuco nach Santiago.
■ **Sky,** Galería Centrosorno, Cochrane 651, local 109. Flüge ab Puerto Montt.

Überlandbusse

Osorno hat **zwei Busbahnhöfe,** einen für Kurz-, den anderen für Langstrecken.

Vom **Terminal Rural** (am Mercado Municipal, Prat/Ecke Errázuriz) fahren Busse nach:

■ **Bahía Mansa,** 90 Min., 2 Euro
■ **Lago Ranco,** 2 Std., 2 Euro
■ **Entre Lagos,** 45 Min., 1 Euro
■ **Puyehue,** 90 Min., alle 30 Min., 2 Euro
■ **Aguas Calientes,** 2 Std., alle 30 Min., 2 Euro

Der **zentrale Busbahnhof** ist Av. Errázuriz 1400, etwa Ecke Angulo. Von hier starten Busse nach Norden **bis Santiago** (ca. 11 Std.), nach **Puerto Varas** (90 Min.) und **Puerto Montt** (2 Std.) sowie nach Bariloche/Argentinien (8 Std.).

Sonstiges

■ **Hauptpost,** O'Higgins 645, an der Plaza.
■ **Telefonzentralen,** Ramírez 778, 816 und 1107 sowie O'Higgins 645.
■ **Wäscherei,** Prat 6778.
■ **Mietwagen, Econorent,** Freire 848, Tel. 223 5303.

Die Umgebung von Osorno

Bahía Mansa 238/A2

Die Küste zwischen Valdivia und dem Canal de Chacao ist wegen der dicht bewaldeten, zerklüfteten Küstenkordillere kaum erschlossen. Die einzige Zufahrtsstraße führt von Osorno direkt nach Westen an die Bahía Mansa (55 km, mehrmals täglich Busse). Bei Sonne kann das gleichnamige Fischerdorf an der grünen Steilküste sehr schön sein. Preiswert zu Mittag essen kann man in dem netten Restaurant Glorimar mit Blick auf die Bucht. Südlich schließt sich der Ort **Maicolpué** an, mit weißem Sandstrand und einfachen touristischen Angeboten. Hier endet die Straße; überquert man den Fluss, hat man Zugang zur **Red de Parques Mapu Lahual,** einem Park-Netzwerk der entlang der Küste ansässigen Huilliche-Indianer, mit Wanderwegen und einfachen Unterkünften. Nähere Informationen unter www.mapulahual.cl.

Kurz vor Bahía Mansa führt rechts eine Straße zum 3 km langen **Strand von Pucatrihue** hinunter – die Sommerfrische der Osorninos.

Parque Nacional Puyehue 239/C2

Dieser Nationalpark – einer der weniger bekannten des Seengebiets – machte im Juni 2011 weltweit von sich reden, als die Vulkankette Puyehue-Caulle nach über fünf Jahrzehnten Ruhe erstmals wieder ausbrach. Eine **gewaltige Aschewolke** verschüttete Straßen und Siedlungen, stark betroffen waren u.a. die argentinischen Städte Villa Angostura und Bariloche, die in der Hauptwindrichtung lagen. Die Asche wurde bis nach Südafrika, Australien und Neuseeland geweht, beeinträchtigte dort den Flugverkehr und kam nach zwei Wochen Erdumrundung wieder nach Chile. Anfang 2013 hatte sich die Lage am **Vulkan Puyehue,** mit 2236 m die höchste Erhebung im Park, wieder beruhigt.

Der Nationalpark Puyehue schützt ausgedehnte Gebiete des immergrünen Regenwaldes. Die auffälligsten Pflanzenarten sind der **Ulmo** *(Eucryphia cordifolia),* markant wegen seiner zahlreichen Stämme und der weißen Blüten, und die **Nalca-Pflanze** *(Gunnera chilensis),* eine Art Riesen-Rhabarber und ebenfalls essbar. In den höheren Lagen wachsen vor allem diverse **Südbuchen** *(Nothofagus).* Die Wälder sind reich an Unterholz, Tiere daher nur selten zu sehen. Es sollen Pumas und Pudus im Park leben, mit Glück sieht man einen Fuchs, oder es kreist ein Kondor über den Gipfeln.

Die meisten Besucher kommen nur in den Südteil des Parks, zu den leicht erreichbaren Thermen von Puyehue (die eigentlich außerhalb des Parks liegen) und denen von Aguas Calientes. Im wilden, kaum erschlossenen Nordostteil kann man auf Pfaden die Einsamkeit im Urwald und auf wüstenhaften Hochebenen erleben (vgl. „Outdoor/Trekking"). Die **beste Besuchszeit** ist Dezember bis März, dann ist es am wärmsten und es regnet weniger. Generell ist das Klima sehr feucht, 4200 mm Niederschlag werden jährlich gemessen. Im Winter wird bei Antillanca Ski gelaufen.

Der Park ist **recht einfach zu erreichen.** Busse fahren von Osorno (Terminal de Buses Rurales) zu den Termas de Puyehue, nach Aguas Calientes und nach Pajaritos, der chilenischen Zollstation an der Ruta 215, etwa 5 Kilometer hinter Anticura. Die Ruta 215 teilt den Park in eine Nord- und eine Südhälfte, sie führt über den **Paso Cardenal Samoré** (1308 m) hinüber nach Argentinien, in den Nationalpark Nahuel Huapi und weiter bis Bariloche.

Das **Besucherzentrum** von Conaf befindet sich **bei Aguas Calientes.** Zweitägige Wanderungen im Park führen zum Lago Paraíso (im Süden), zum Lago Constancia (im Osten) und zum Vulkan Puyehue, wo die Spuren der jüngsten Eruption eine neue Attraktion darstellen (siehe unter Anticura). Infos erhält man bei Conaf in Osorno, im Park und in der Hostería Anticura.

Die Punkte/Sektoren im Park

Termas de Puyehue

Kurz vor dem Eingang zum Nationalpark liegt an der Gabelung der Ruta 215 das große, elegante und teure (ab 215 Euro p.P.) Hotel Termas de Puyehue, dessen Bäder auch Tagesgästen offen stehen (ca. 50 Euro pro Tag mit Verpflegung). Preiswerter wohnt man im **Refugio del Lago** direkt am See (5 Zi., nur im Sommer, DZ 108 Euro), das zur selben Holding gehört (Tel. 600-293 6000 oder 64/233 1400, www.puyehue.cl).

Aguas Calientes

Hier ist man inmitten der Natur: Unmittelbar neben einem eiskalten Gebirgsbach dampfen die heißen Quellen (ca. 42°C), deren Wasser sowohl im **Freibad** (täglich von 8.30–19 Uhr, ca. 6 Euro) als auch in einem **Hallenbad** (täglich 8.30–20 Uhr, 16 Euro) genutzt wird. Von Aguas Calientes führen drei schöne markierte **Trekkingpfade** in den Wald. Der **Sendero El Pionero** ist nur 1800 Meter lang, steigt aber steil an und führt zu einem Aussichtspunkt (90 Minuten für Hin- und Rückweg) – die Panorama-Ansicht des Lago Puyehue, der Vulkane und des Golgol-Tals ist die Mühe wert. Der **Sendero Rápidos del Chanleufú** führt 1200 Meter entlang des Flusslaufs zu schönen Stromschnellen. Der dritte Weg ist der längste: Nach 11 km ist der **Lago Bertín** erreicht, an dem man in einem einfachen Refugio übernachten kann. Hin und zurück sollte man 5–6 Stunden einkalkulieren. Auch ein 800 Meter langer **Canopy-Rundkurs** durch Baumkronen und über reißende Bäche wartet auf Besucher (20 Euro p.P.).

In Aguas Calientes stehen **Campingplätze** zur Verfügung (25 Euro für den Platz, bis zum 8-Pers.-Zelt). Außerdem gibt es 28 komplett ausgestattete Cabañas, von der Vier- (150 Euro) bis zur Zehnbetthütte (340 Euro, Preise inkl. Eintritt in die Thermen) mit Kochgelegenheit (Lebensmittel am besten aus Osorno mitbringen; Restaurant vorhanden). Informationen zum Thermalbad, zu den Unterkünften und Aktivitäten unter Tel. 64/223 6988 und auf www.termasaguascalientes.cl.

Antillanca

Von Aguas Calientes führt die Schotterstraße 18 Kilometer durch dichten Wald weiter bis Antillanca, vorbei an den Lagunas El Encanto und Toro. Am Fuß des **Vulkans Casablanca** steht auf 1050 Metern Höhe das Hotel Antillanca (Tel. 64/261 2070, mit Sauna und Fitnessraum, DZ 65–170 Euro, je nach Saison; billiger im Refugio, DZ 45–75 Euro); von hier lassen sich auch Wanderungen auf den Vulkan Casablanca unternehmen (kein markierter Wanderweg). Antillanca ist vor allem als **Skigebiet** bekannt; hier gibt es fünf Lifte, die bis auf 1500 Meter Höhe hinaufführen.

Anticura

Hier gibt es einen einfachen **Campingplatz** (8 Euro pro Platz) und ein kleines Informationszentrum von Conaf. Verschiedene kürzere Wege führen zu Aussichtspunkten und Wasserfällen, z.B. zum Salto del Indio (30 Min.). 2 Kilometer westlich liegt **El Caulle** mit einem guten Restaurant und Reittouren (www.elcaulle.com). Von hier führt ein Pfad hoch zu einem Conaf-Refugio am Fuße des Vulkans Puyehue. Hier kann man sehr gut die Lavaflüsse der jüngsten Eruption beobachten, ebenso von dicken Ascheschichten bedeckte Wälder und Gletscher. Allerorten raucht es noch in dem 2,3 km breiten neuen Krater. Am km 90 der Ruta 215 (4 km vor der Grenze) steht zum Übernachten die gemütliche **Hostería Anticura** bereit, mit 10 Cabañas (ca. 58 Euro) und Zeltplatz sowie Exkursions-Angeboten zum Vulkankrater (Tel. 09/9104 8061, www.anticurachile.cl).

Lago Llanquihue

238/B2,3

„Die gewaltige Fläche des Llanquihuesees breitet sich vor uns im Sonnenglanze … Das vorwiegend liebliche Panorama erhält einen großartigen Zug durch die Nachbarschaft der Vulkane, vor allem durch den zu den östlichsten Gestaden abfallenden, sein weißes Bild weit auf seinen blauen Spiegel werfenden Osorno und die lotrecht ins Wasser der Ensenada (der tiefen Ostbucht) stürzenden Felswände des Pichijuan, eines dem Nordfuß des Calbuco vorgelagerten Bergrückens. Der Osorno … bringt die für den Vulkan so charakteristische Kegelform in idealer Weise zur Geltung.“ Soweit unser Berichterstatter *Otto Bürger* 1923, einige Fakten seien noch nachgeliefert: Der Lago Llanquihue ist nach dem Lago General Carrera mit 86.000 Hektar Fläche der **zweitgrößte See Chi-**

les. Er liegt 70 Meter über dem Meeresspiegel, seine größte Tiefe beträgt 350 Meter.

Der erste Europäer am Lago Llanquihue war **1552 Pedro de Valdivia,** besiedelt wurde das Mapuche-Gebiet (Llanquihue heißt einfach „tiefe Stelle") von Europäern erst Mitte des 19. Jahrhunderts. Es waren **Deutsche,** die hier den Wald rodeten und sich entlang des Sees ansiedelten. Die **wichtigsten Orte** stammen alle aus dieser Zeit: **Puerto Octay, Frutillar** und **Puerto Varas.**

Eine komplette **Reisekarte** des Lago Llanquihue und des Nationalparks Vicente Pérez Rosales mit Wanderkarten einzelner Gebiete gibt es bei Trekkingchile unter www.trekkingchile.com/karten.

Der Lago Llanquihue mit den Vulkanen Osorno und Calbuco

chi11-012 af

Puerto Octay 238/B2

Die Kleinstadt (3400 Einwohner) liegt ein wenig **abseits der üblichen Besucherroute** am Nordufer des Sees. Etliche Holzhäuser, an denen der Zahn der Zeit gnadenlos genagt hat, erinnern an die Gründerzeit der deutschen Einwanderer vor 150 Jahren, als der Ort als Hafen für die Dampfschifffahrt über den Llanquihue-See von Bedeutung war. Heute verrottet die Mole, und die üppigen Rosen- und Fuchsienbüsche in den Vorgärten können die baufälligen Fassaden nur schwer verbergen.

Von der Blütezeit Puerto Octays erzählt ein nettes kleines Museum in der **Casa de la Cultura** (Costanera Ecke Esperanza, täglich 10–13 und 14–17 Uhr, 1,50 Euro). Und im **Museo El Colono,** einer alten Scheune, sind diverse Landmaschinen aus der Zeit um 1900 ausgestellt (Independencia 591, Di bis So 9–13 und 15–19 Uhr). Einen schönen Blick über Stadt, See und Vulkan bietet der Aussichtspunkt am Ortsausgang Richtung Frutillar.

Nach Puerto Octay verkehren ständig **Busse** ab Osorno, seltener von Frutillar und Puerto Varas. Einmal am Tag fährt ein Bus nach Las Cascadas.

Puerto Octay ist ein **guter Ausgangspunkt** für den Nationalpark Vicente Pérez Rosales, z.B. für die Wanderung zum Refugio La Picada und über den Paso Desolación nach Petrohué, für die Besteigung des Vulkans Osorno von der Nordseite her oder für die Wanderung zu den heißen Quellen von Callao (siehe „Outdoor/Trekking").

■ Bester **Übernachtungstipp** ist das **Zapato Amarillo,** Tel. 64/221 0787, die beliebte Herberge von *Nadia* (Chilenin) und *Armin* (Schweizer), 2 Kilometer vor dem Ortseingang (Schild mit gelbem Wanderschuh), mit geschmackvoll eingerichteten Holzhäusern mit Grasdach. Übernachtung für 16 Euro im Mehrbettzimmer oder ab 47 Euro fürs DZ, jeweils mit Federbetten und gutem Frühstück (selbst gebackenes Brot). Das gastfreundliche und aufmerksame Paar bietet Küchenbenutzung, aber auch schweizerisch-chilenische Spezialitäten im Restaurant an. Dazu Fahrrad-, Kanu- und Segelbootverleih, Internet, viele Tipps, Karten sowie Transport zum Nationalpark und geführte Touren zum Lago Rupanco, zum Puntiagudo, auf den Vulkan Casablanca und auf den Vulkan Osorno mit Ausrüstung. www.zapatoamarillo.cl

■ Vor allem durch seine tolle Lage auf einer schmalen, bewaldeten Halbinsel im See (4 km von der Plaza entfernt) besticht das **Hotel Centinela,** Tel. 64/239 1326, ein altmodischer Holzbau von 1913 mit knarrenden Dielen, 12 holzgetäfelten Zimmern (See- oder Waldblick) und Schwimmbad. In der „Königssuite" soll 1931 der britische Kronprinz *Edward* abgestiegen sein. DZ 95–203 Euro, je nach Zimmer und Saison. Daneben gibt es nette Cabañas, 66–144 Euro für 2 Pers. www.hotelcentinela.cl

■ Gut **essen** kann man in Puerto Octay u.a. im Restaurant des Hotel Centinela (s.o., gute Menüs, nicht teuer), im Muñoz Gamero (Muñoz Gamero 107, Lachs und ländliche Küche) oder im Baviera (Wulf 582, Fleisch und Fisch, Kuchen und Torten).

■ Gute Kuchen und gepflegte Gerichte mit Blick auf die Vulkane und das bewaldete Tal des Río Rahue gibt es im **Café Hexe** am km 22 der Straße Osorno – Pto. Octay, So geschl., Tel. 64/224 8090.

■ Rustikal, gemütlich und deutsch geht es zu im **Espantapájaros** (dt.: Vogelscheuche), 4 km Richtung Frutillar, Tel. 65/233 0049. Spezialität des Hauses: Wildschwein am Spieß. Freies Buffet für 13 Euro. www.espantapajaros.cl

Las Cascadas 238/B3

Das Dorf (700 Einwohner) liegt inmitten einer alpinen Landschaft mit Weiden und Wäldern und immer wieder schönen Blicken auf den See und die Vulkane Osorno und Calbuco. Im Sommer kommen die Chilenen an die **Seestrände** und bevölkern die Cabañas und einfachen Unterkünfte. 3 Kilometer vom Ort entfernt schießt ein schöner Wasserfall durch einen grünen Canyon. Kürzlich wurde die Straße entlang des Llanquihue-Ostufers asphaltiert, sodass die komplette Umrundung des Sees möglich wird. Folgt man der Straße, gelangt man nach 22 km nach Ensenada (s.u.).

■ Einfach übernachten kann man in der **Hostería Irma,** 1 km Richtung Ensenada, ca. 12 Euro, auch Zeltmöglichkeit.

■ Ländlich-idyllisch geht es zu in der **Posada del Colono,** 3 km vor Las Cascadas, Tel. 09/9754 7464. 7 einfache, saubere Zimmer (auch für Behinderte)

in einem Kolonisten-Holzhaus mit Zentralheizung, Internet und Frühstück. Die Besitzerin *Marcela* spricht englisch. 26 Euro p.P.
www.laposadadelcolono.cl

■ Gehobenen Standard bietet die gemütliche **Bavaro Beach Lodge,** 1 km Richtung Ensenada, Tel. 09/9644 7800, geführt von dem Allgäuer *Hubert Reichart.* Direkt am Seeufer, mit schönen Zimmern im Haupthaus und zwei Cabañas, Bäder mit Luxusduschen oder Jacuzzi. Dazu ein Grill-Restaurant mit Hausmannskost (Wildschwein, Lamm, Lachs) und Tourangebote. DZ 80–100 Euro.
www.bavarobeach.cl

Frutillar 238/B3

Frutillar – „Erdbeerhausen" – hat ein Freilichtmuseum, und so sieht der Ort insgesamt auch ein wenig aus. Zumindest Frutillar Bajo, der Ortsteil direkt am Lago Llanquihue, ist eine Mustersiedlung mit schön restaurierten Gebäuden. Aus der Schule dringt der Gesang eines deutschen Kinderchores, an der gepflegten Uferpromenade stehen geraniengeschmückte Häuser, und deutschsprachige Schilder preisen deutsche Spezialitäten an: Kuchen, Strudel, Spätzle.

Frutillar Bajo lebt vom Tourismus, entlang der Uferstraße reihen sich Hotels, Restaurants und Andenkenläden aneinander. Die meisten Besucher kommen wegen des schönen Strandes, wo man bei gutem Wetter mit Blick auf den Vulkan Osorno baden kann. Bei Regen besucht man das **Museo Colonial.** Das zeigt freilich nicht, wie die deutschen Besiedlung wirklich war, sondern wie sie hätte sein sollen. Nichts wird erzählt vom harten Leben der ersten Kolonisten, von den schrecklichen Wintern, dem Urbarmachen des sumpfigen Landes, dem Hunger. Stattdessen gibt es gepflegte Gärten, eine Wassermühle, eine Schmiede (in der man sich ein Hufeisen schmieden lassen kann), eine Halle mit alten Kutschen und landwirtschaftlichem Gerät sowie ein hochherrschaftliches Haus, das liebevoll mit allerlei Gründerzeit-Mobiliar eingerichtet wurde. Hier findet man Musikinstrumente und Porzellan, aber auch die typisch deutschen bestickten Kissen mit Sinnsprüchen: „Gottes Ruh' und Frieden, sei diesem Haus beschieden." (Pérez Rosales Ecke Prat, im Sommer täglich 10–20 Uhr, sonst Di bis So 10–14 und 15–17 Uhr, Eintritt 3 Euro).

Die neueste Attraktion Frutillars steht wie ein fehlgelandetes UFO direkt an der Uferpromenade: Ja, das **Teatro del Lago** wurde quasi in den See hineingebaut. Das 2010 fertiggestellte, mit Naturholz und Kupfer verkleidete Kulturzentrum hat einen ultramodernen Konzertsaal für 1200 Besucher, hinzu kommen ein zum See hin verglastes Amphitheater mit Vulkanblick, Ausstellungsräume, ein Souvenirshop und ein Café. Hier finden das ganze Jahr über Konzerte und Veranstaltungen statt (Programm unter www.teatrodellago.cl). Das Theater ist auch Zentrum der seit 40 Jahren stattfindenden **Semanas Musicales de Frutillar.** Das Festival klassischer Musik in der letzten Januar- und der ersten Februarwoche ist das größte kulturelle Ereignis Südchiles und vereint junge Talente aus aller Welt (www.semanasmusicales.cl).

Touristeninformation

■ **Vorwahl von Frutillar: 65**

■ **Informationskiosk** direkt an der Plaza.

Unterkunft

■ **Casona del 32**
Caupolicán 28, Tel. 242 1369. Gemütliches altes Haus, deutschsprachig. DZ mit Bad und Frühstück ab 44 Euro.

■ **Hospedaje Frutillar**
Pérez Rosales 881, Tel. 242 1297. Familiäres Ambiente mit Blick auf den See, die freundliche Besitzerin *Mireya* bäckt tollen Kuchen (Leserlob). DZ ab 46 Euro. mireyavid@hotmail.com

■ **Hospedaje Trayén**
Av. Philippi 963, Tel. 242 1346. Schöne, saubere Zimmer mit Balkon und Seeblick, gutes Frühstück. DZ mit Bad ab 50 Euro.

■ **Hotel am See**
Av. Philippi 539, Tel. 242 1539. Deutschsprachiges Gästehaus, Wäscheservice, DZ mit Bad 70–100 Euro, die teureren mit Seeblick. www.hotelamsee.cl

■ **Hotel Elún**
Av. Philippi am Südende des Ortes, Tel. 242 0055. Schöne Zimmer mit Seeblick und Frühstück ans Bett. DZ ab 80 Euro. www.hotelelun.cl

■ **Amadeus**
Av. Philippi (Costanera), Tel. 242 1197. Klein, aber fein: 5 nach Opern benannte Zimmer, ab 80 Euro. www.amadeushotel.cl

■ **Casa de la Oma**
Camino a Tegualda km 14, Tel. 233 0022. Altes Kolonistenhaus im Hinterland von Frutillar inmitten grüner Wiesen. Hier kann man einfach ausspannen, spazieren gehen, reiten, Kühe melken usw. Es gibt auch eine Canopy-Strecke im Urwald. Geöffnet Sept. bis März. DZ 83 Euro. www.casadelaoma.cl

■ **Frau Holle**
Antonio Varas 54, Tel. 242 1345. Familiäres Ambiente, „märchenhafte" Zimmer mit Seeblick, WLAN, Wäscheservice. DZ ab 92 Euro.
www.frauholle-frutillar.cl

■ **Ayacara**
Av. Philippi 1215, Tel. 242 1550. Stilvoll zum Boutique-Hotel umfunktionierte alte Villa, mit vielen schönen Details und aufmerksamem Service. 8 Zimmer (einige mit Seeblick) mit modernen Bädern und WLAN, Spitzen-Restaurant. DZ ab 110 Euro. www.hotelayacara.cl

■ **Salzburg**
Camino playa Maqui s/n, Tel. 242 1589. 1,3 km außerhalb, viel Komfort, u.a. Sauna, und Hausbrauerei. DZ je nach Saison 85–100 Euro, Cabaña für 6 Pers. 120–160 Euro. www.salzburg.cl

Essen und Trinken

■ **Club Alemán**
Philippi 741. Gute Menüs, nicht ganz billig.

■ **Casino de Bomberos**
Philippi 1065. Preiswerte Menüs.

■ **Guten Appetit**
Balmaceda 98. Fleisch, Fisch und Sandwiches, mitunter überforderter Service.

■ **Café Capuccini**
Im Teatro del Lago, mit schönem Blick und guten Kuchen.

■ Weitere Restaurants und Cafés **in den Hotels** entlang der Uferstraße.

■ **Lavanda Casa de Té**
Camino a Quebrada Honda km 1,5, Tel. 09/9269 1684. Inmitten von Lavendelfeldern gelegenes stilvolles Teehaus (alles in Lilatönen) mit Kuchen und Sandwiches zu akzeptablen Preisen. Ca. 30 Min. zu Fuß vom Zentrum, für Autos werden 3 Euro Eintritt fällig. www.lavandacasadete.cl

■ **Se cocina**
Camino a Totoral km 2, Tel. 09/9757 7152. Hier kocht der Chef vor den Augen der Gäste! Dazu gibt es hausgebrautes Bier. Nov. bis Feb. täglich, sonst nur Sa/So, Voranmeldung erbeten.
www.secocina.cl

Busse

Von der Calle M. Montt fahren ständig **Kleinbusse** nach Puerto Varas und Puerto Montt. Von Frutillar

Alto gibt es darüber hinaus Verbindungen nach Osorno.

Sonstiges

- **Geldwechsel: Banco Estado,** Av. Philippi 231. Hier gibt es auch einen Geldautomaten.
- **Post,** Philippi Ecke Rodríguez.
- In Frutillar Bajo gibt es **keine Telefonzentrale.**
- Sehr schönes, lokal gefertigtes **Kunsthandwerk** gibt es in der Feria Artesanal an der Uferstraße, einen Block nördlich der Plaza.

Puerto Varas 238/B3

Als Puerto Varas – benannt nach dem Innenminister *Antonio Varas,* der Mitte des 19. Jahrhunderts die **deutsche Einwanderung** gefördert hatte – gegründet wurde, erlebte der Ort seine erste Blütezeit als wichtiger Hafen für landwirtschaftliche Güter am Lago Llanquihue. Heute lebt die rund 30.000 Einwohner zählende Stadt in erster Linie vom Tourismus.

Die Stadt zieht sich über mehrere Kilometer am Ufer des Llanquihue-Sees entlang. Die privilegierte Lage mit Blick auf den Vulkan Osorno, die **gemütliche Kleinstadt-Atmosphäre** und das adrette Stadtbild machen Puerto Varas im Vergleich zum benachbarten Puerto Montt zur besseren Wahl, wenn man ein paar Tage bleiben und das südliche Seengebiet erkunden will. Auch hat man hier die breitere Auswahl an schönen Unterkünften. Nach so viel Weißbrot und Nescafé tut es gut, sich an den kulinarischen Wohltaten der deutschen Einwanderer zu laben: Streuselkuchen, würzige Würste und naturtrübes Bier, das natürlich „Colonos de Llanquihue" (Llanquihue-Siedler) heißt. Im Januar und Februar freilich, während der Ferienzeit der Chilenen, verwandelt sich das sonst so friedliche Städtchen in ein zweites Viña del Mar: Dann stehen die Unterkunftswerber schon am Ortseingang, in den Straßen stauen sich die Autos, am Strand liegen die Urlauber dicht an dicht, und im Kasino klingeln die Kassen.

Die Innenstadt von Puerto Varas besitzt einige schöne Bauzeugen der Kolonialisierungsgeschichte. Der **Iglesia del Sagrado Corazón** an der San Francisco sieht man sehr gut an, woher die Siedler kamen: Sie ist angeblich die getreue Kopie einer Marienkirche aus dem Schwarzwald; Leser vermuten hingegen, dass hier der Limburger Dom Pate stand. Erbaut wurde sie jedenfalls 1915, im Stil des Monumentalbarock, komplett aus Holz und zwar nach Plänen von *Edmundo Niklitschek.*

Eine **schöne Aussicht** bietet sich von der Straße Mirador, drei Blocks vom Zentrum entfernt. Vom üppig-grünen **Cerro Philippi** (Zugang/-fahrt hinter dem Bahnhof) sieht man die Stadt und die Bucht, allerdings keinen Vulkan.

Auch an einem Regentag – und daran mangelt es nicht – muss man sich in Puerto Varas nicht langweilen. Da ist zunächst das **Museo Pablo Fierro,** eine skurrile alte Villa direkt am Seeufer, wo ein Maler und Restaurator seine Zeichnungen und Gemälde der südchilenischen Architektur ausstellt (Costanera, tgl. 10–14 und 16–21 Uhr, www.pablofierro.cl). Dann bietet sich etwa ein Ausflug nach **Nueva Braunau** ins **Museo Antonio Felmer** an (9 km entfernt, regelmäßige Busse). Hier hat der Enkel des Namensgebers eine beeindruckende

Übernachtung
- 2 Compás del Sur
- 3 Patagónico
- 4 Don Raúl
- 5 Hotel Wilder
- 6 Vicki Johnson's
- 10 Outsider
- 12 Casa Margouya
- 13 Licarayén
- 15 Colonos del Sur
- 18 El Greco
- 19 Casa Azul
- 20 Puelche
- 22 Puerto Chico, Casa Kalfu, Arrebol Patagonia

Einkaufen/ Sonstiges
- 9 El Mercado
- 17 Chile Spanish
- 21 Travel Art

Essen und Trinken
- 1 El Patio de mi casa
- 7 Café Danés
- 8 Club Alemán
- 11 Café Mamusia
- 14 Cassis
- 16 Las Buenas Brasas
- 23 Bravo Cabrera, Ibis

chi128 ms

Sammlung zu Lebenswelt und Alltag der Einwanderer zusammengetragen: Kleider, Geräte und Werkzeuge aller Art. Der Museumsgründer führt persönlich beim Rundgang alte Waffeleisen und Grammophone vor – viel lebendiger und anschaulicher als im „offiziellen" Einwanderungsmuseum in Frutillar (Jan./Feb. täglich 11–20 Uhr, sonst nur Sa/So 11–13 und 15–18 Uhr oder auf Anfrage, Eintritt 4 Euro, Tel. 65/233 0831, www.museoaleman.cl).

In der Nähe von Nueva Braunau liegt am Río Maullín das private Natur- und Tierschutzprojekt **Senda Nativa Romahue.** Hier werden geführte Wanderungen und Bootstouren durch den dichten Fluss-Urwald angeboten (halber Tag 59 Euro, ganzer Tag 85 Euro, jeweils inkl. Mittagessen), dazu Reit- und Angeltouren sowie Unterkunft in einem einfachen Holzhaus (35 Euro p.P.). Die herzlichen Besitzer *Susana* und *Silvio* pflegen auch verletzte Wildtiere – eine einmalige Gelegenheit, Pumas, Pudus und Wildkatzen zu sehen (14 km von Puerto Varas, Voranmeldung nötig, Tel. 9447 9986, www.romahue.cl).

Die Kirche von Puerto Varas

Touristeninformation

- **Vorwahl von Puerto Varas: 65**
- **Städtische Infobüros,** direkt an der Mole (Tel. 223 7956, gut organisiert, hilfsbereit) sowie Del Salvador 320, Tel. 236 1194, englischsprachig.
- **www.puertovaras.org**
- **Parque Pumalín,** Klenner 299, Tel. 225 0079. Informationszentrum des privaten Naturparks.

Unterkunft

Compás del Sur

Klenner 467, Tel. 223 2044. Unprätentiöse, familiäre Backpacker-Herberge in einer alten, charmanten Villa. Große Zimmer mit Gemeinschaftsbad, Küchenbenutzung, gute Betten, leckeres Frühstück, Internet, Wäscheservice, Garten und Grillplatz. Der herzliche Betreiber *Mauro* spricht deutsch und organisiert individuelle Touren. Übernachtung p.P. ab 15 Euro, Camping 12 Euro p.P. www.compasdelsur.cl

Don Raúl

Del Salvador 928, Tel. 231 0897. Sauber und freundlich, Kochgelegenheit, auch Camping möglich. Ab 13 Euro p.P.

Casa Azul

Manzanal 66 Ecke Rosario, Tel. 223 2904. Rustikales Holzhaus, Zimmer mit guten Betten, eigenem und geteiltem Bad sowie Zentralheizung. Große Wohnküche, Garten, Internet und Büchertausch. Informationen über Ausflüge und Touren (deutschsprachig). Ab 13 Euro p.P. www.casaazul.net

Casa Margouya

Santa Rosa 318, Tel. 223 7640. Backpacker-Herberge mit gutem Service und hilfsbereitem Personal. Exkursionen und Spanischunterricht. Ab 15 Euro p.P. www.margouya.com

Outsider

San Bernardo 318, Tel. 223 1056. Saubere und helle Herberge mitten im Zentrum mit überaus kenntnis- und hilfsbereiten Betreibern. Internet, Tourangebote. DZ mit Bad und gutem Frühstück ca. 30 Euro. Gute Trattoria im Erdgeschoss. www.turout.com

Hotel Wilder

Av. Gramado s/n, am Ortseingang, Tel. 223 3723. Gute Mittelklasse, geführt von einem jungen Deutsch-Chilenen. Viel Holztäfelung, geräumige Zimmer, gutes Frühstück. 10 Fußminuten ins Zentrum. DZ 66 Euro. www.hotelwilder.com

Licarayén

San José 114, Tel. 223 2305. Direkt am Ufer, fast alle Zimmer zum See, sehr schön. DZ je nach Standard 70–90 Euro. www.hotelicarayen.cl

Casa Kalfu

Tronador 1134, Tel. 275 1261. Boutique-Hotel mit 14 stilvollen Zimmern, einige mit Seeblick. DZ 77 Euro. www.casakalfu.cl

Puerto Chico

Av. Colonos 60 Ecke Costanera, Tel. 223 1000. 24 moderne, geschmackvolle, etwas enge Zimmer. DZ ab 80 Euro. www.puertochicohotel.cl

El Greco

Mirador 134, Tel. 223 3880. Großer Neubau komplett aus recyceltem Holz, mit Kunstgalerie. DZ ab 85 Euro. www.hotelelgreco.cl

Vicki Johnson's Guest House

O'Higgins 608, Tel. 223 1521. Gediegenes, ruhiges Bed & Breakfast in schön restaurierter Kolonistenvilla, mit Zentralheizung. DZ ab 90 Euro. www.vicki-johnson.com/guesthouse

Colonos del Sur

Del Salvador 24, Tel. 223 5555. Moderne Oberklasse am See, mit Schwimmbad und Spa. DZ ab 180 Euro. www.colonosdelsur.cl

Arrebol Patagonia

Camino a Ensenada km 2, Tel. 223 4339. Design-Hotel am Ortsausgang, 22 geräumige Zimmer mit Seeblick, erlesene Küche. DZ ab 145 Euro. www.arrebolpatagonia.com

Puelche

Imperial 695, Tel. 223 3600. Modernes, distinguiertes 4-Sterne-Hotel direkt am See, nur 21 Zimmer, Spa, Restaurant, guter Service. DZ je nach Saison 130–170 Euro. www.hotelpuelche.com

Patagónico

Klenner 349, Tel. 220 1000. Moderne und stilvolle 5-Sterne-Anlage mit 91 luxuriösen Zimmern, Seeblick und allem Komfort. DZ ca. 160 Euro. www.hotelpatagonico.cl

Essen und Trinken

Puerto Varas brüstet sich mit guten Gründen, die **kulinarische Hauptstadt Südchiles** zu sein. Die Auswahl ist riesig und reicht von chilenisch bis japanisch und von der urigen Markthalle bis zur Gourmet-Meile entlang der Costanera.

■ Zwei einfache **Fischrestaurants** gibt es im Untergeschoss der Markthalle: **Donde El Gordito** und **El Mercado.**

■ **Club Alemán**
San José 415. Solide deutsche und chilenische Küche, mittleres Preisniveau.

■ **El Patio de mi casa**
Decher 30, Tel. 223 1507. Typische chilenische Hausmannskost, etwas abseits.

■ **Café Mamusia**
San José 316. Preiswerte Mittagsmenüs und „onces alemanas" in familiärem Ambiente.

■ **Las Buenas Brasas**
San Pedro 543, Tel. 223 4554. Der Grillklassiker mit gutem Service im Zentrum.

■ **Bravo Cabrera**
Av. Pérez Rosales 1071, Tel. 223 3441. Gemütliches Uferlokal mit vorzüglichen Gerichten (Fisch, Pizzas, Salate etc.), dazu heimische Biere, Lounge-Musik und „buena onda".

■ **Da Alessandro**
Av. Costanera, Tel. 231 0583. Guter Italiener im Viertel Puerto Chico. www.dalessandro.cl

■ **Sabor a Chile**
Costanera Puerto Chico, Tel. 223 2425. Wie der Name schon sagt: Landesspezialitäten.

■ **Ibis**
Av. Pérez Rosales 1117, Tel. 223 5533. Grillfleisch, Fisch, Meeresfrüchte – alles vom Feinsten.
www.ibisrest.cl

■ **Balandra**
Del Salvador 024, im Hotel Colonos del Sur. Spitzenküche zu Spitzenpreisen.

■ **Café Danés**
Del Salvador 441. Kaffee und Kuchen.

■ **Cassis**
San Juan Ecke San José, direkt an der Plaza mit Blick auf den See. Tagescafé mit Sandwiches, Crepes, Salaten und Pizza.

Flugzeug

Flüge vom Flughafen Puerto Montt, ca. 30 Min. entfernt. Die Büros in Puerto Varas:

■ **LAN,** Gramados 560.
■ **Sky,** San Bernardo 430.

Regionalverkehr

Nach **Puerto Montt** verkehren alle 5 Min. **Kleinbusse,** die man auf der Costanera oder der San José anhalten kann. Fahrzeit: 20 Min., 1 Euro.

Überlandbusse

Puerto Varas hat keinen zentralen Busbahnhof. Die meisten **Unternehmen** haben eigene Terminals:

■ **Cruz del Sur**
San Francisco Ecke García Moreno, Ticketverkauf auch in W. Martínez 239 Ecke San Pedro, Tel. 223 1925. Busse nach Puerto Montt, Chiloé, Osorno, Temuco, Valdivia.

■ **Tur-Bus/Jac/Condor**
Gemeinsamer Terminal: Del Salvador 1093, Tel. 223 3787, Ticketverkauf auch in San Pedro 210 (Tur-Bus) bzw. W. Martínez 227 (Jac/ Condor). Santiago und Zwischenstationen.

■ **Pullman Bus**
Portales 318, Tel. 223 4612. Santiago, Viña del Mar.

■ **Buses Erwin**
San Pedro 210. Ensenada, Petrohué.

Fahrzeiten und Preise

■ **Santiago,** 13 Std., 20–55 Euro
■ **Osorno,** 1½ Std., 2–3 Euro
■ **Temuco,** 5 Std., 5–15 Euro
■ **Valdivia,** 3–4 Std., 5–9 Euro
■ **Bariloche** (Argentinien), 7 Std., 20 Euro

Reiseveranstalter/Touren

TurisTour
Del Salvador 72, Tel. 223 2811. Tagesausflüge in die Umgebung und Nationalparks, Bus-Boot-Reise Cruce Andino über Peulla nach Bariloche, auch Vermittlung von individuellen Touren, wie Besteigungen des Vulkans Osorno, Fischen, Reittouren etc.

Travel Art
Imperial 0661, Tel. 223 2198. Alle Arten von Touren im Seengebiet und in ganz Chile, Reservierungen, Gepäck-Transfer etc.; Fahrrad-Verleih. www.travelart.com

Outsider/Campo Aventura
San Bernardo 318, Tel. 223 2910. Vorwiegend geführte Reittouren, ausgehend vom Campo Aventura bei Cochamó, von einem Tag bis zu zwei Wochen ist alles im Programm. www.campoaventura.cl

AlSur Expediciones
Aconcagua Ecke Imperial, Tel. 223 2300. Anspruchsvolle Outdoor-Angebote im Seengebiet und in Nordpatagonien, z.B. spektakuläre Seekajaktouren durch die Fjorde. AlSur ist die offizielle Agentur für alle Touren und Unterkünfte im Parque Pumalín. www.alsurexpeditions.com

Secret Patagonia
San Pedro 311, Tel. 223 2921. Naturnaher Tourismus im Kletter- und Wanderparadies bei Cochamó und Puelo. www.secretpatagonia.cl

Cordillera Mística
San José 320, Tel. 223 3070. Klettertouren und Vulkanaufstiege, auch Ausrüstungsverleih. www.cordilleramistica.com

Tranco Expediciones
San Pedro 422, Tel. 231 1311. Vulkanaufstieg und Rafting, zweisprachige Führer.

Spanischkurse

Chile Spanish
Mirador 160-A, Tel. 09/8361 2500. Spanisch lernen wie in einer fröhlichen Familie, gemeinsam kochen und Ausflüge machen – das ist das Konzept der rührigen, aufmerksamen Gastgeber und Lehrer *Malva* und *Alex*. Ab 109 Euro pro Woche, wahlweise mit Unterkunft. www.chile-spanish.cl. Auch zu buchen über ContactChile (www.contactchile.de).

Sonstiges

- **Geldwechsel,** San Pedro 414, Del Salvador 297.
- **Post,** San José Ecke San Pedro.
- **Telefonzentralen,** San Pedro 309 und 537, Del Salvador 297-A.
- **Internetzugang** u.a. in Del Salvador 224, 257, 527.
- **Wäscherei,** San Pedro 26-A, W. Martinez 511.

Die Umgebung von Puerto Varas

Parque Nacional Vicente Pérez Rosales 239/C2,3

- Siehe hierzu auch im Kapitel „Outdoor/Trekking" den Callao-Trek.
- **Wanderkarte „Llanquihue"** unter www.trekkingchile.com/karten.

1926 gegründet, ist der Parque Nacional Vicente Pérez Rosales der **älteste Nationalpark in Chile** und mit einer Fläche von 251.000 Hektar auch einer der größten. Er ist gemeinsam mit dem Nationalpark Puyehue und den beiden ungleich größeren Parks Nahuel Huapi und Lanín auf argentinischer Seite Teil eines grenzüberschreitenden Systems von Parks zum **Schutz der Fauna und Flora Nordpatagoniens.**

Hier wachsen Südbuchen und Alercen, die Wälder sind dicht und reich an

Unterholz und bieten zahlreichen Tieren Lebensraum. Der Park schützt eine grandiose Landschaft: den **Vulkan Osorno** (2660 m) mit seinem ebenmäßigen Konus, den smaragdgrün schimmernden **Lago Todos Los Santos,** die **Wasserfälle des Río Petrohué,** alles umgeben von dichtem immergrünem Regenwald. Der höchste Gipfel im Park ist nicht der Osorno, sondern der 3451 Meter hohe **Cerro Tronador** auf der Grenze zu Argentinien. Nördlich des Sees grüßt die schroffe Felsenspitze des Vulkans Puntiagudo (2190 m).

Die vergleichsweise niedrigen **Andenpässe** kannten bereits die Mapuche, sie trieben intensiv Handel mit den indianischen Völkern am Osthang der Anden. Später nutzten sie auch die Jesuiten (von Chiloé kommend), dann die Gauchos mit ihrem Vieh – ihr Pfad liegt etwas südlich der Nationalparkgrenze und wird heute bei längeren Trekking- oder Pferdetouren genutzt (z.B. über Campo Aventura/Outsider in Puerto Varas).

Die beste **Besuchszeit** ist im **Januar und Februar.** Dann regnet es am wenigsten, allerdings sind dann auch die meisten Touristen unterwegs, und in manchen Jahren sind in Gewässernähe die *colihuachos* (eine Bremsenart) eine fast unerträgliche Plage (Ende Dez. bis ca. 20. Jan.).

Den Park erschließt die **Ruta 225** von Puerto Varas über Ensenada bis zum Flecken Petrohué, wo die Straße am Hafen endet. Bis hierher fahren Busse von Puerto Montt und Puerto Varas. Alle anderen Punkte im Nationalpark sind von hier aus nur per Boot oder zu Fuß (Pferd) zu erreichen. Hier befindet sich auch das **Besucherzentrum** von Conaf. Zum Vulkan Osorno gelangt man am besten von Ensenada aus. In **Ensenada** (km 47) gibt es ein paar Läden und Unterkünfte.

- Empfohlen wird das **B&B Casa Ko** am km 37 kurz vor Ensenada, ein gastliches Haus unter französischer Leitung mit rustikalen Zimmern, vielen gemütlichen Ecken, WLAN und guter Küche, auch Zeltmöglichkeit. Allerdings etwas abseits, 3 km bergauf, Transfer nach Vereinbarung. DZ ab 63 Euro, Tel. 09/7703 6477. www.casako.com
- In Ensenada selbst schläft man gut im **Hospedaje Ensenada,** einem rustikalen Holzhaus mit gepflegtem Garten und Zugang zum See (6 Zimmer ab 46 Euro, Tel. 65/221 2050, www.hospedajensenada.cl), oder im **Hotel Brisas del Lago** (Tel. 65/221 2012, DZ 58–75 Euro, Cabañas ab 50 Euro, www.brisasdellago.cl).
- Die gediegene **Yankee Way Lodge** am Ortseingang empfängt vor allem passionierte Angler und besticht durch ihre ausgesuchte Dekoration. DZ ab 170 Euro, auch Cabañas. Das dazugehörige Restaurant Latitud 42° gilt als das feinste in Südchile (Menü ca. 25 Euro). Tel. 65/221 2030. www.yankeewaylodge.com
- **Touren** auf die Vulkane Osorno und Calbuco sowie **Fahrradverleih** durch die deutschsprachige Agentur TerraSur, die in Ensenada ansässig ist. www.terrasurecoaventura.com

Vulkan Osorno 238/B2,3

Für viele ist der 2660 Meter hohe Vulkan Osorno der schönste in Chile. Ähnlich wie der Villarrica ist er ein **Vulkan wie aus dem Bilderbuch:** kegelförmig, mit einem Kragen aus Schnee und Eis. Seine Besteigung erfordert eine spezielle Ausrüstung mit Eiskrampen und -pickel, aber für geübte Kletterer ist sie nicht schwierig. Keinesfalls aber sollte man den Aufstieg auf eigene Faust versuchen, schon wegen der häufigen und schnellen Wetterumschwünge. Am Osorno sind bereits etliche Bergsteiger verunglückt, darunter mehrere Deutsche, die ihre Fähigkeiten über- und den Vulkan unterschätzten. Agenturen in Puerto Varas und Puerto Montt bieten **geführte Aufstiege** an; sie kosten als Tagestour, die um 5 Uhr beginnt, ca. 120 Euro p.P. inkl. Ausrüstung.

Die Fahrt an die Hänge des Vulkans lohnt auch für Nicht-Bergsteiger. Die Zufahrt ist mittlerweile asphaltiert (12 km von Ensenada), schon unterwegs tun sich tolle Ausblicke auf den gigantischen Llanquihue-See und auf den Vulkan Calbuco auf. Auf 1200 Meter Höhe gibt es ein kleines **Skigebiet** mit zwei Sesselliften und einer Cafeteria. Mit den Liften (16–25 Euro) kann man auch im Sommer bis zum Gletscher auf 1700 Meter Höhe fahren und die Aussicht genießen; auch eine Canopy-Strecke steht zur Verfügung (20 Euro), Trekkingtouren werden angeboten (Tel. 65/223 3445, www.volcanosorno.com).

Übernachtung ist im rustikalen **Refugio Teski Club** möglich (Stockbetten ohne Bettzeug, aber mit Frühstück für 17 Euro, WLAN, Tel. 65/256 6622, info @teski.cl).

Lago Todos Los Santos 239/C2,3

Der 17.500 Hektar große „Allerheiligensee“ schmiegt sich grün schimmernd und von dichtem Wald umgeben mit zahlreichen Seitenarmen an die steil aufragenden Berge. Keine Straße führt um

Bootsfahrt über den Lago Todos Los Santos

chi077 ms

den See. Der Katamaran „Lagos Andinos“ verkehrt von Petrohué nach Peulla und gehört zum **Cruce Andino** (früher: Cruce de Lagos), der Überquerung der Anden als **kombinierte Schiffs-/Busreise von Puerto Montt bzw. Puerto Varas nach Bariloche in Argentinien.** In der Sommersaison (Sept. bis April, täglich) wird sie als lange Tagestour angeboten, in den Wintermonaten (Mai bis August, täglich) übernachtet man in Peulla. Diese Reise kostet ca. 215 Euro p.P. (ohne Unterkunft), die Stationen sind: Puerto Montt bis Petrohué per Bus, von dort mit dem Boot bis Puella am Ostende des Lago Todos Los Santos. Weiter geht es per Bus über den Paso Pérez Rosales hinüber nach Argentinien. Von **Puerto Frías,** einer kleinen Anlegestelle am gleichnamigen See, fährt ein weiteres Boot nach **Puerto Alegre,** dort steigt man für 15 Minuten in den Bus nach **Puerto Blest.** Von dort geht es per Boot über den Lago Nahuel Huapi bis nach **Puerto Pañuelo** an der Halbinsel Llao-Llao, wo der letzte Bus nach Bariloche wartet.

Besonders der chilenische Abschnitt lohnt sich wegen des tollen Andenpanoramas, klares Wetter vorausgesetzt. Freilich muss man den Anblick mit 300 anderen Touristen teilen – im Sommer ist die Fahrt oft ausgebucht –, und der Eintagestrip ist sehr stressig: vier Busse und drei Boote in gut 14 Stunden! Es ist daher anzuraten, in Peulla zu übernachten und die Tour am nächsten Tag fortzusetzen (siehe Peulla) oder nach Petrohué/Puerto Varas zurückzukehren.

■ Der **Cruce Andino** kann bei den meisten Reiseagenturen gebucht werden. Nähere Informationen unter www.cruceandino.com.

Petrohué 238/B3

Die mitten im Naturwald gelegene Siedlung Petrohué ist der **zentrale Ausgangspunkt im Nationalpark.** 6 Kilometer vorher passiert man die **Saltos de Petrohué,** ein obligatorischer Stopp für die Touristenbusse: Ein kurzer Weg führt zu malerischen Kaskaden mit Vulkanblick (Eintritt 2 Euro). Von Petrohué fahren der Katamaran „Lagos Andinos“ sowie kleine Kutter für ca. 35 Euro p.P. nach Peulla (einfache Fahrt) und zur Isla Margarita (20 Euro p.P. hin und zurück), von hier starten ebenfalls Boote nach **Cayutué** (100 Euro pro Boot) und **Callao** (80 Euro pro Boot); hier ist das Informationszentrum von Conaf, hier kann übernachtet werden. Über den Bootstransport verhandelt man am besten mit den Fischern am Hafen bzw. vorab telefonisch mit *René Vargas,* 09/9150 0360.

Einige schöne **Wanderungen** starten in Petrohué, etwa der Aufstieg durch den Naturwald an den Hängen des Vulkans zum Paso Desolación. Auf der anderen Seite geht es hinunter zum ehem. Refugio La Picada (4–5 Stunden) und weiter zum Ostufer des Lago Llanquihue.

Leider sind in der Gegend um Petrohué im Januar die **colihuachos** (Pferdefliegen) sehr lästig. Die großen, schwerfälligen Brummer lassen sich zwar leicht fangen oder erschlagen, sie treten aber zu Dutzenden auf … Ihre Stiche sind ungefährlich. Tipp: Hell anziehen!

■ Conaf betreibt neben dem Besucherzentrum einen **Campingplatz** (15 Euro pro Stellplatz).
■ **Hospedaje Esmeralda,** auf der anderen Seite des Flusses, Tel. 09/7742 2932. Einfach, familiär, ca. 15 Euro p.P., auch Camping für 6 Euro, sowie Essen).

■ **Hotel Petrohué,** Tel. 65/221 2025. Luxuriöse Lodge, DZ 225 Euro, auch Cabañas. www.petrohue.com.

Peulla 239/C2

Der winzige Ort am Ostufer des Lago Todos Los Santos existiert nur wegen des **Hotels Peulla,** das vor über 100 Jahren von dem Schweizer Einwanderer *Ricardo Roth* errichtet wurde und die Ära des Tourismus in der Region einläutete. Seither mehrfach um- und ausgebaut, hat das Hotel, das heute von einem Enkel *Roths* geleitet wird, den etwas muffigen Charme eines Alpenhotels bewahrt. Einige der 70 Zimmer wurden modernisiert, doch auf den Fluren knarren die Dielen wie eh und je. Im Hotelrestaurant werden jeden Mittag die Touristenmassen des Cruce Andino verköstigt, abends ist es ruhiger. Drum herum gruppieren sich eine Handvoll Häuser, eine Grundschule, ein inoffizieller Zeltplatz und evtl. eine Privatunterkunft (am besten die Leute fragen). Direkt dahinter beginnt der dichte Urwald, eine Kurzwanderung führt zu Wasserfällen. Die Hotels organisieren Ausflüge in der Umgebung, auch mit Pferden.

■ **Hotel Peulla,** Tel. 65/221 2053, DZ ab 103 Euro. www.hotelpeulla.cl.
■ **Hotel Natura Patagonia,** Tel. 65/221 2045. Neuere exklusive Anlage, DZ 155 Euro. www.hotelnatura.cl

Cayutué 239/C3

Cayutué liegt am Ende des Südarmes des Lago Todos Los Santos und ist nur mit einem gecharterten Boot von Petrohué aus zu erreichen (ca. 100 Euro). Ein Wanderweg führt von hier nach **Ralún** am Nordende des Estero de Reloncaví. Dabei folgt man dem Pfad, den im 17. Jahrhundert die Jesuiten auf dem Weg von ihrer Missionszentrale in Bariloche zu den Vorposten auf Chiloé nahmen. Etwa eine Stunde geht man von Cayutué zum **gleichnamigen See** mitten im schönsten Naturwald, von dort sind es 3 bis 4 Stunden (ein Teil des Weges auf Schotterstraße) über einen niedrigen Pass nach Ralún, mit schönen Ausblicken auf den Reloncaví-Fjord (Transport und Übernachtung s.u.).

Ralún, Cochamó und das Puelo-Tal 239/C3

Einen ersten Eindruck von den Fjordlandschaften Nordpatagoniens vermittelt die Fahrt von Puerto Varas über Ensenada nach Ralún, Cochamó und Puelo. Die Route hat in Caleta Puelche Anschluss an die Carretera Austral und bietet damit in Kombination mit deren erstem Abschnitt (siehe „Der Große Süden/Von Puerto Montt bis Chaitén") die Möglichkeit, eine schöne **Rundtour** zu gestalten (je nach Abstechern 2 bis 4 Tage). Nach Ralún, Cochamó und Puelo fahren auch Busse (ab Puerto Varas).

Auf dem Weg von Ensenada nach Ralún (32 km) kommt man durch einen der schönsten **Ulmo-Wälder** Südchiles. Die knorrigen, im Hochsommer üppig weiß blühenden Bäume, die übrigens mit der deutschen Ulme nichts gemein haben, bestimmen von nun an das Bild entlang der Strecke. Kurz vor Ralún gibt es Naturthermen am anderen Ufer des Río Petrohué (ausgeschildert), zu denen man sich per Boot übersetzen lassen kann.

In **Ralún** mündet der Fluss in den langen, schmalen Pazifikarm namens Estero de Reloncaví. Mit Blick auf den Vulkan Yates kann man hier das Spiel der Gezeiten verfolgen: Kommt die Flut, bleiben die im Delta grasenden Kühe und Pferde seelenruhig auf kleinen Inseln oder sogar im flachen Wasser zurück. In Ralún gibt es mehrere einfache Residenciales (die Posada Campesino ist das beste, ca. 10 Euro) sowie zwei nette Cabaña-Anlagen (ab 40 Euro).

Hier endet der Asphaltbelag, die Schotterstraße folgt dem Ostufer des Fjords und erreicht nach 15 Kilometern das beschauliche Dorf **Cochamó** mit einer schönen Holzschindelkirche im Chiloé-Stil (einfache Residenciales und Cabañas). Wenige Kilometer dahinter mündet der Río Cochamó; direkt hinter der Brücke hat der Outdoor-Veranstalter Campo Aventura sein Basislager und eine rustikale Lodge (www.campoaventura.cl, s.a. „Outdoor/Trekking").

Vor der Brücke führt eine nur für Geländewagen befahrbare Piste ca. 20 Kilometer hinein ins **Valle Cochamó,** ein einsames, weitgehend unbekanntes und dabei spektakuläres Wander-, Reit- und Klettergebiet. Hier gibt es bis zu 1000 Meter hohe vertikale Granitwände, die von Kletterern gern mit dem Yosemite-Park in den USA verglichen werden, und Wanderwege durch uralte Wälder. Als Ausgangspunkt kann das rustikale **Refugio Cochamó** dienen (Übernachtung ab 18 Euro p.P.). Nähere Informationen hierzu und zu den Outdoor-Aktivitäten unter www.cochamo.com (auch auf Englisch) sowie im Outdoor-Kapitel.

chi13-028 ms

Nach weiteren 30 Kilometern ist der Flecken **Puelo** erreicht, ein guter Ausgangspunkt für Ausflüge und Angeltörns im Tal des gleichnamigen Flusses, mit Unterkünften, kleinen Läden und Tankstelle.

■ Wärmstens empfohlen wird das familiäre **Restaurant Tique** ca. 2 km hinter der Brücke über den Fluss. Für die Übernachtung stehen zwei originelle Kuppelzelte in einem Wäldchen bereit, über Holzstege erreichbar (2–5 Pers., ab 58 Euro inkl. Hottub). Die aufmerksamen, rührigen Besitzer *Magdalena* und *Victor* verwöhnen die Gäste mit gutem Essen, Bootstouren und vielen Tipps. Tel. 09/9549 1069. www.andespatagonia.cl

■ Zelten kann man im **Camping Río Puelo** ca. 500 m südlich des Abzweigs nach Tagua Tagua, mit heißen Duschen und Reittouren. www.cabalgatasriopuelo.cl

■ Ein wundervoller Ort der Ruhe ist **Cabañas Puelo-Haus,** zwei großzügige Blockhütten für bis zu 6 Pers. mit Terrasse und Flussblick. Der Besitzer ist ein Enkel des deutschen Patagonien-Forschers *Fritz (Federico) Reichert,* die Verwalterin versorgt mit Landeiern und *pan amasado.* Ab 67 Euro, Tel. 09/7768 6646.

Eine Stichstraße führt den glasklaren Fluss entlang zum **Lago Tagua Tagua** (etwa 10 km). Eine Fähre verkehrt zweimal täglich auf die andere Seite (hin 9 und 13 Uhr, zurück 12 und 16.30 Uhr, Autos 11 Euro, Fußgänger und Radfahrer 1,70 Euro). Vom anderen Seeufer kann man das weite **Tal des Río Puelo** hinauffahren oder -wandern. Die Straße endet derzeit in **Llanada Grande** (Unterkunft in der Posada Martín Pescador, www.ecotravel.cl), weiter geht es auf einem alten Reittrail zur **Grenzstation Segundo Corral.** Von dort sind es nur wenige Kilometer zur Grenze und zum Nationalpark Lago Puelo auf argentinischer Seite.

Zurück in Puelo, erreicht man nach weiteren 36, nur mühsam befahrbaren Kilometern entlang des Fjords die **Fährstation Caleta Puelche** an der Carretera Austral. Wer nicht die Carretera Austral weiterfährt, kann die Fähre über den Fjord nehmen und nach Puerto Montt zurückfahren.

◁ Der Río Puelo ist ein Anglerparadies

Puerto Montt 238/B3

Der erste Eindruck hängt vom Wetter ab: Wer über die Panamericana in die 200.000-Einwohner-Stadt, **Hauptstadt der Región de Los Lagos,** kommt, sieht zunächst nur wenig mehr als graue Häuserblocks. Bei Regen – und in Puerto Montt regnet es gern und ausgiebig – bleibt der Eindruck trist. Doch bei Sonnenschein weitet sich der Blick: Man sieht den Hafen, die verwinkelten Holzhäuser, deren Dächer und Wände in allen Regenbogenfarben blinken, die glitzernde **Bucht von Reloncaví** und dahinter den schneebedeckten Gipfel des Vulkans Calbuco. Insgesamt präsentiert sich Puerto Montt als eine wachsende Industriestadt, die in erster Linie von der **Lachs- und Muschelzucht** in der Region und von ihrem **Hafen** lebt. Hier legen nicht nur Fischerboote und die Fährschiffe an und ab, die durch Fjorde und Kanäle nach Patagonien fahren, hier liegen auch große, meistens ostasiatische Schiffe, die tonnenweise mit Holzschnitzeln beladen werden. Die riesigen Halden dieser **Holzchips** werden im Hafen von Angelmó in Lagerhallen versteckt, bis sie durch Saugrohre und Förderbänder auf die Schiffe gelangen, und große Lastwagen liefern pausenlos Nachschub – **geschredderter Wald für Zellulosefabriken.**

Von ihrem Hafen lebt die Stadt seit ihrer Gründung Mitte des 19. Jahrhunderts. Damals kamen **deutsche Aussiedler.** Sie erbauten die Stadt und nannten sie nach dem damaligen chilenischen Präsidenten *Manuel Montt,* der die Einwanderung nach Chile förderte. Deswegen entdeckt man in der Architektur der Stadt vieles, was an Mitteleuropa erinnert: Häuser mit spitzen Giebeln, mit Schindeldächern und Balkonen. Daneben und dazwischen sind in den letzten Jahren zunehmend Büroklötze und Malls entstanden.

Puerto Montt umarmt in weitem Bogen die Bucht. Die Stadt hat nur wenig Tiefe, zum Binnenland geht es recht steil hinauf, dort kleben die Häuser am Hang. Alles Wichtige liegt innerhalb von zwei, drei Blocks vom Ufer landeinwärts, allerdings sind es mehr als 2 Kilometer zwischen der Mole an der Plaza de Armas im Osten und dem Hafen Angelmó im Westen.

Sehenswertes

An der etwas dezentralen **Plaza de Armas** steht wie immer die **Kathedrale,** das älteste Gebäude der Stadt – ein ansehnlicher, restaurierter Alercebau im Parthenon-Stil mit Kupferkuppel und im Portikus der Grundstein der Stadt. Einen Block östlich der Plaza (Antonio Varas Ecke Quillota) stellt die **Casa de Arte Diego Rivera** nicht etwa Werke des mexikanischen Malers aus, sondern die regionaler Künstler; hinzu kommen wechselnde kulturelle Veranstaltungen. Auf dem Platz davor das bronzene Denkmal für die deutschen Einwanderer – eine Kolonisten-Familie, denen ein Einheimischer den Weg (in den Urwald?) zeigt.

Dahinter ragt in ironischem Kontrast die Fassade eines neuzeitigen Einkaufszentrums auf.

Mehr Sehenswürdigkeiten hat das Zentrum nicht zu bieten. Nach einem Blick von der **Mole** über die Pazifikbucht geht es auf der Uferpromenade nach Westen. Gegenüber der Straße Ancud kommt noch das **Museo Juan Pablo II** (Av. Diego Portales 991, Mo bis Fr 9–19 Uhr, Sa/So 10–18 Uhr), ein recht seltsames Vergnügen. Gut sind die Fotografien aus dem alten Puerto Montt, wenig liebevoll ist die naturhistorische Abteilung sortiert. Besonders herausgestellt wird die Papst-Abteilung; der Besucher hat den Eindruck, die Visite von *Johannes Paul II.* 1984 sei der Höhepunkt in der Stadtgeschichte gewesen. Sogar das Essgeschirr der LanChile, von dem der Papst bei seinem Flug nach Puerto Montt speiste, ist ausgestellt …!

Vorbei an den Hafenanlagen geht es nach **Angelmó.** Die Straße säumen Kunsthandwerkerstände, es gibt Berge von dicken, gestrickten Pullovern, Holzschnitzereien usw. Interessant sind die Stände, die auch Lebensmittel verkaufen: frischen Käse, Honig, seltsame Liköre, getrocknete Muscheln und Algen.

Den **Fischereihafen in Angelmó** sollte man um die Mittagszeit besuchen. In großen Töpfen schmort der **Curanto,** die für die Region typische dicke Suppe mit Fisch und Meeresfrüchten, Fleisch und Kartoffeln. Lachs grillt auf Holzkohle, Fische und Muscheln kochen und braten; Meeresfrüchte, von deren Existenz man nicht einmal ahnte, werden hier wohlschmeckend verarbeitet.

Angelmó vorgelagert ist die **Isla Tenglo,** per Boot ab der Mole Caleta Angelmó zu erreichen (ca. 2 Euro). Auf der Insel führt ein kurzer Spazierweg hinauf zum Mirador Cruz de Tenglo, von dem der Blick über die Stadt, den Hafen und die Bucht von Reloncaví geht.

Angelmó ist übrigens problemlos mit Colectivo-Taxis zu erreichen.

Praktische Tipps

Touristeninformation

- **Vorwahl von Puerto Montt: 65**
- **Sernatur,** im Edificio Gobernación Provincial, San Martín 80, Tel. 225 8087.

chi13-029 ms

Städtische Touristeninformation, zentraler Kiosk an der Südseite der Plaza de Armas.

Conaf (Nationalparks), Ochagavia 458, Tel. 248 6102.

Unterkunft

Wer mit einem Langstreckenbus ankommt, hat kaum eine Chance, nicht von jemandem angesprochen zu werden, der ein **Zimmer vermietet.** Hier kostet die Übernachtung mit Frühstück 8–10 Euro, in diesen Pensionen werden meistens nur ein oder zwei Zimmer vermietet. Ansonsten:

Casa Perla

Trigal 312, Tel. 226 2104. Einfaches Holzhaus mit familiärer Atmosphäre, nette und hilfsbereite Leute, Internet, Wäscheservice, Büchertausch, auch Exkursionsangebote (Kajaktouren) und Spanischunterricht. Übernachtung im Mehrbettzimmer mit gutem Frühstück ab 12 Euro. www.casaperla.com

Hospedaje Corina

Los Guindos 329, Tel. 227 3948. Von Lesern empfohlen, Zimmer mit Gemeinschafts- oder Privatbad, DZ 33/43 Euro. www.hospedajecorina.cl

Residencial Urmeneta

Urmeneta 290, Tel. 225 3262. Sauber und gemütlich, einige Räume nur mit Fenstern nach innen. DZ mit Bad 42 Euro, ohne 27 Euro.

Residencial La Nave

Ancud 103, Tel. 225 3740. Preiswert und sauber, aber laut und abgewohnt. DZ mit Bad 23 Euro.

Tren del Sur

Santa Teresa 643, Tel. 234 3939. Originelles Konzepthotel in einer mit viel Holz umgebauten Lagerhalle. Gemütliche Lounge-Bar, WLAN, 17 schön dekorierte, fensterlose Zimmer mit Bad (teils Jacuzzi). Der herzliche Wirt *Mario* organisiert auch Ausflüge. Mit exzellentem Restaurant Andén (s.u.). DZ ab 64 Euro. www.trendelsur.cl

Hotel O'Grimm

Gallardo 211, Tel. 225 2845. Geräumige moderne Zimmer, lebhafte Bar. DZ ab 78 Euro. www.ogrimm.com

Hotel Gran Pacífico

Urmeneta 719, Tel. 248 2100. Modern und gut, 48 Zimmer mit Meerblick, WLAN, Sauna. DZ 116 Euro. www.hotelgranpacifico.cl

Holiday Inn Express

Av. Costanera s/n, Tel. 256 6000. Im Komplex der Mall direkt am Ufer, geräumige Zimmer mit Blick auf die Bucht (Leserlob). DZ ab 120 Euro. www.hiexpress.com

Camping

Camping Anderson

Panitao, 12 km südlich von Puerto Montt, Tel. 09/ 9517 7222, camping@chiptravel.cl. Organische Farm mit Tieren, Gewächshaus und schönem Blick auf die Pazifikbucht und die gegenüberliegende Insel Maillén. Zeltstellen mit Schließfächern und heißen Duschen für 6 Euro p.P., auch eine Vierer-Cabaña für 23 Euro. Wer knapp bei Kasse ist, kann sich die Übernachtung auch durch Arbeit auf der Farm verdienen. Touren in die nähere Umgebung bringen das Leben der Einheimischen näher. Anfahrt mit Buses Bohle ab dem Terminal Puerto Montt Richtung Calbuco („por la costa", 1 Euro bis Panitao).

Essen und Trinken

Die **preiswertesten Restaurants** findet man **in Angelmó.** Es sind die winzigen Dinger in den Markthallen, in denen man dicht gedrängt auf wackeligen Bänken sitzt und frischen Fisch und Meeresfrüchte in großen Portionen vertilgt. Die Restaurants in den Pfahlbauten *(palafitos)* sind schon etwas teurer. Ansonsten:

☒ Am Hafen Angelmó in Puerto Montt

El Cuento del Mar
Angelmó 2476. Fisch, Meeresfrüchte und Langusten.

Andén
Santa Teresa 643, Tel. 234 3939. Im Hostal Tren del Sur, erstklassige kulinarische Kreationen zu fairen Preisen, Di bis Sa 19–23 Uhr.

Club Alemán
Varas 264. Gutes Restaurant, nicht nur deutsche Gerichte.

Tablón del Ancla
Varas 350 Ecke O'Higgins. Fleisch, Pommes, Bier – beliebt bei den Einheimischen.

Rincón Sureño
Talca 84. Für den Preis recht gute Mittags- und Abendmenüs.

Sanito
Copiapó 66, Tel. 225 9032. Vegetarische Sandwiches, Salate, Suppen. Preiswertes Mittagsmenü. www.sanito.cl

Embassy
Ancud 106. Gute Fischgerichte und Meeresfrüchte, teuer.

Club de Yates
Av. Juan Soler 200, Tel. 228 4000. Ausgefeilte Kreationen mit Fisch und Meeresfrüchten in einem Molenrestaurant mit Blick über die Bucht. Stattliche Preise! www.clubdeyates.cl

Color Café
Chillán 144 (fast Ecke A. Varas). Kleines, freundliches Café mit kleinen Speisen.

Flugzeug

Der **Flughafen El Tepual** liegt etwa 15 Kilometer nordwestlich der Stadt. Vom zentralen Busbahnhof an der Uferstraße fahren mehrmals am Tag Busse zum Flughafen (½ Std., ca. 2,50 Euro). Transfer ETM fährt mit Kleinbussen vom Flughafen zur Unterkunft und umgekehrt; 9 Euro, Tel. 229 4161, Schalter am Flughafen.

- **LAN,** O'Higgins 167. 3x täglich nach Santiago, 2x täglich nach Coyhaique (Balmaceda), täglich nach Punta Arenas.
- **Sky,** Benavente 405. Täglich in die Hauptstadt, nach Coyhaique und Punta Arenas.

Die **kleinen Fluggesellschaften** fliegen mit modernen neunsitzigen Cessnas ab dem **Aeródromo La Paloma,** ca. 2,5 km nordöstlich des Zentrums, Taxi dorthin ca. 5 Euro. Die Flüge sind stark wetterabhängig, mit Verspätungen ist zu rechnen.

Pewén
Tel. 222 4000. Täglich ein- bis zweimal nach Chaitén (one way 67 Euro, hin und zurück 125 Euro) und Melinka; Charterflüge zur Laguna San Rafael oder Rundflüge über die Vulkane. www.pewenchile.com

Aerocord
Tel. 226 2300. Ähnliches Angebot, die gleichen Preise wie Pewén. www.aerocord.cl

Cielo Mar Austral
Tel. 226 4010. Nach Chaitén, Melinka, Quellón.

Überlandbusse

Der **zentrale Busbahnhof** ist direkt an der Uferstraße, Portales Ecke Lota. Es ist ein hektischer Platz mit Schnellrestaurant, Telefonzentrale und einer unüberschaubaren Zahl an Busgesellschaften. Preisvergleiche lohnen sich. Busse u.a. nach:

- **Santiago,** 12–13 Std., 18–55 Euro
- **Valparaíso,** 14–15 Std., 25–48 Euro
- **Osorno,** 2 Std., 2 Euro
- **Temuco,** 5 Std., 5–15 Euro
- **Valdivia,** 3–4 Std., 3–9 Euro
- **Puerto Varas,** 30 Min., 1 Euro
- **Maullín,** 90 Min., 1,50 Euro
- **Calbuco,** 90 Min., 1,50 Euro
- **Ancud** (Chiloé), 2 Std., 3 Euro
- **Castro** (Chiloé), 3 Std., 6 Euro

- **Quellón** (Chiloé), 5 Std., 3–10 Euro
- **Hornopirén** (Carr. Austral), 3 Std., 7 Euro
- **Chaitén** (Carr. Austral), tgl. 7 Uhr (Kemel Bus), 11 Std., 23 Euro inkl. der Fähren
- **Coyhaique,** ca. 24 Std., 30 Euro
- **Punta Arenas,** ca. 36 Std., 50–70 Euro
- **Bariloche** (Argentinien), 7 Std., 20 Euro

Schiff/Fähre

Puerto Montt ist der beste Ausgangspunkt, um auf dem Seeweg **nach Patagonien** zu reisen. Von hier fahren Schiffe zu den Häfen auf Chiloé (Castro, Quellón), zu denen entlang der Carretera Austral (Chaitén, Puerto Chacabuco), zur Laguna San Rafael und bis ganz in den Süden nach Puerto Natales. Alle Fähren sollten frühzeitig gebucht werden. Zu früh wiederum ist schwierig, da die Fahrpläne oft erst kurz vor der Sommersaison bekannt gegeben werden. Insbesondere die Pläne von Naviera Austral, die die kürzeren Routen an der Carretera Austral bedient, ändern sich häufig, auch während einer Saison. Die einzelnen Reedereien, ihre Fahrtziele und Preise (Stand Sommer 2013):

Naviera Austral

Angelmó 1673, Tel. 227 0430. Do und Sa 23 Uhr nach Chaitén (8–12 Std., je nach Schiff) ab 27 Euro (nur Sitzplatz, oder ca. 50 Euro p.P. in einer Viererkabine), Auto 147 Euro, Fahrrad 16 Euro. Auch Tickets für die Fähren Hornopirén – Caleta Gonzalo, Quellón – Chaitén und Quellón – Chacabuco.
www.navieraustral.cl

Navimag

Angelmó 1735, Tel. 243 2360 und in Santiago 02/ 2442 3120. Samstags über Puerto Chacabuco zur Laguna San Rafael (ab 17 Uhr, Fahrzeit 24 Std. bis Chacabuco, insgesamt 5 Tage bis San Rafael hin und zurück; Preise San Rafael: Stockbett ab 280 Euro p.P. in der Nebensaison, im Sommer bis zu 600 Euro). Man kann auch in Chacabuco zu- bzw. auf der Rückfahrt aussteigen.

Freitags geht ein Schiff nach **Puerto Natales.** Es ist eine viertägige Reise vorbei an schneebedeckten Gipfeln, durch eisige Fjorde und enge Kanäle. Dabei muss der Golfo de Penas gekreuzt werden – diese mind. 12-stündige Strecke über den offenen Pazifik ist meistens sehr hart und lässt viele seekrank werden. Die Preise variieren je nach Kabine und Saison (Hochsaison Nov. bis März). Die billigsten Plätze – hier genießt man den Charme einer beengten Jugendherberge; ein Schlafsack ist nützlich! – gibt's ab 325 Euro. Die Zweierkabine kostet 750–850 Euro p.P., die Viererkabine ca. 500 Euro p.P. Alle Preise verstehen sich inkl. Mahlzeiten, Getränke kosten extra. Auch Transport von Autos und Fahrrädern.
www.navimag.com

Skorpios

Angelmó 1660, Tel. 227 5646 oder in Santiago 02/ 2477 1900. Kreuzfahrt mit der **„Skorpios II"** zur Laguna San Rafael, zu den Termas Quitralco und zur Insel Chiloé. Nur Sept. bis April, die Fahrt beginnt Sa und endet Do, die Zweibettkabine kostet 1000–1750 Euro p.P., abhängig von Saison und Kabine.
www.skorpios.cl

Mietwagen

Avis

Concepción 127 interior, Tel. 236 7840.

Europcar

Antonio Varas 162, Tel. 228 6277.

First

Manuel Rodriguez 272, Tel. 225 2036.

Reiseveranstalter/Touren

Andina del Sud

Antonio Varas 437, Tel. 222 8600. Tagesausflüge in die Umgebung und die Nationalparks, Cruce Andino, aber auch Vermittlung von individuellen Touren, wie Besteigungen des Vulkans Osorno, Fischen, Reittouren etc.

Darwin's Trails
Angelmó 2456, 2. Stock, Tel. 226 2099. Individuelle Tourvermittlung (Reiten, Vulkanbesteigungen, Trekking), Reservierungen aller Art.
www.darwinstrails.com

Kayak Austral
Trigal 312, Tel. 226 2104. In der Casa Perla angesiedelt, Seekajaktouren rund um Puerto Montt und in Chiloé.

Sonstiges

- **Geldwechsel,** Diego Portales 516.
- **Hauptpost,** Rancagua 126.
- **Telefonzentralen,** im Busbahnhof, Pedro Montt 126, Urmeneta 433, Chillán 98, Varas 529 (auch Internet).
- **Internet,** Angelmó 1724.
- **Wäschereien,** San Pedro 563, Urmeneta 1005, Egaña 82.

Die Umgebung von Puerto Montt

Parque Nacional Alerce Andino 238/B3

Der 40.000 Hektar große Park erstreckt sich östlich von Puerto Montt, entlang des Seno und des Estuario de Reloncaví. Er wurde 1982 eingerichtet, um die letzten Bestände von **Alercen** in dieser Region zu schützen. Diese Bäume werden uralt und riesengroß, die größten Alercen im Park sind 40 bis 50 Meter hoch bei einem Durchmesser von bis zu 4 Metern; sie werden auf ein Alter von bis zu 4200 Jahren geschätzt.

Höchster Gipfel ist der 1558 Meter hohe Cerro Cuadrado. **Beste Besuchszeit** ist in den Sommermonaten **Januar und Februar,** da es dann am wenigsten regnet. Insgesamt erhält die Region bis zu 4500 mm Niederschlag jedes Jahr; so muss man sich nicht wundern, dass hier dichter immergrüner Regenwald wächst.

Der Park ist zwar nicht gut erschlossen – Infos bei Conaf in Puerto Montt –, aber relativ leicht zu erreichen: **Busse** fahren von Puerto Montt nach **Correntoso** (28 km), dem Zugang zum nördlichen Parkteil, in dem man die Alerce-Wälder am besten sehen kann; am Parkeingang (Eintritt 3 Euro) gibt es einen Conaf-Campingplatz. 12 Kilometer weiter (Fahrweg) liegt das Refugio Lahuén, eine private Schutzhütte mit Zeltplatz am Lago Sargazo und Ausgangspunkt mehrerer Wanderwege. Der beste ist zweifellos der zum Lago Frías (4 Std., Refugio), führt er doch durch Bestände mit 3500 Jahre alten Alerce-Riesen.

Der Südteil des Parks liegt östlich von **Lenca** (32 km von Puerto Montt). Von dort sind es 7 Kilometer auf schlechter Piste (Bodenfreiheit!) bis zum Parkeingang am Río Chaica (Zeltplatz 2,5 km hinter dem Parkeingang, nur zu Fuß zu erreichen). Eine Tagestour führt durch dichten Urwald zum Lago Triángulo und zurück, allerdings sieht man dabei nur einen einzigen „Vorzeige-Alerce".

Alerce Mountain Lodge, Luxus-Refugio mit allem Komfort in unmittelbarer Nachbarschaft des Parks und an einer von Alercen umstandenen Lagune. 12 km von Lenca, Tel. 65/228 6969, 3 Tage/2 Nächte ca. 530 Euro p.P. alles inklusive.
www.mountainlodge.cl

■ **Agenturen in Puerto Montt** veranstalten Ausflüge in den Nationalpark.

Vulkan Calbuco 238/B3

Wunderbare Aussichten auf die Reloncaví-Bucht und die umliegenden Vulkane bietet der Aufstieg auf den Vulkan Calbuco (2002 m) in der **Reserva Nacional Llanquihue** – freilich braucht man dazu Glück mit dem wechselhaften Wetter. Der Zugang erfolgt über Correntoso (s.o.); kurz dahinter, an der Straße zum Lago Chapo, führt links eine Piste ins Tal des Río Blanco hinauf. An der Conaf-Station kann man zelten, weiter oben gibt es eine heruntergekommene Schutzhütte. Anfahrt und Vulkanbesteigung (technisch einfach) erfordern mindestens zwei Tage.

Calbuco 238/B3

Als die Mapuche um das Jahr 1600 die Stadt Osorno zerstörten, flohen einige wenige Überlebende nach Süden und gründeten dort eine neue Stadt, das heutige Calbuco. Zu großer Blüte gelangte der Ort nie, heute zählt er wenig mehr als 8000 Einwohner. Die Kleinstadt auf einer Insel, die durch einen Damm mit dem Festland verbunden ist, lebt vom Fischfang und eignet sich recht gut dazu, eine Zeit lang einfach mit Blick auf das Meer auszuspannen. Am Wochenende Mitte Januar zieht es Tausende Besucher nach Calbuco zum traditionellen **Curanto Gigante.** Dann werden mehrere Lkw-Ladungen Muscheln, Gemüse und Kartoffeln wie in grauer Vorzeit mit heißen Steinen in Erdgruben zu dem typischen südchilenischen Gericht gegart – erst Augen-, dann Gaumenschmaus!

■ Übernachten kann man im **Residencial Aguas Azules,** Oelckers 159, Tel. 65/246 1427, DZ ab 24 Euro.

■ **Busse** fahren stündlich von Puerto Montt aus in die 51 Kilometer südlich gelegene Stadt, sie brauchen etwa 1 Std. und kosten 2 Euro.

Maullín 238/A3

Maullín liegt an der Mündung des gleichnamigen Flusses in den Pazifik, am Ende eines eingeschnittenen Fjordes 70 Kilometer südwestlich von Puerto Montt und leicht von dort per Bus zu erreichen (ca. 1½ Std., 3 Euro). Der 3000-Seelen-Ort ist ein kleiner Fischereihafen mit etwas Tourismus. Dem Dorf vorgelagert sind die hübschen Örtchen **Pangal** und **Carelmapu,** in denen bescheidene Pensionen zur **Übernachtung** einladen.

■ **Pangal: Complejo Turístico Pangal,** Tel. 65/245 1244, Cabañas für 4 Pers. 60 Euro. www.balneariopangal.cl

■ **Carelmapu: Cabañas Tierra Verde,** Miramar s/n, Tel. 247 1259. Einfache Häuschen am Meer, 2 Pers. ab 40 Euro. www.tierraverdecarelmapu.cl

Carretera Austral

In Puerto Montt beginnt offiziell die Carretera Austral. Sie wird im Kapitel „Der Große Süden" beschrieben.

NICHT VERPASSEN!

- **Puñihuil:** die Eilande der Pinguine | 319
- **Parque Ahuenco:** urwüchsiger Naturpark am Meer | 320
- **Castro:** Stelzenhäuser im Wattenmeer | 321
- **Die Ostküste:** Schindelkirchen ohne einen Nagel | 324
- **Nationalpark Chiloé:** dichter Urwald, weite Strände | 327
- **Parque Tantauco:** das Kleinod des Präsidenten | 331

Diese **Tipps** sind gelb hinterlegt.

Folkloregruppe auf der Insel Cailín

chi13-030 ms

ISLA DE CHILOÉ

Der **Chiloé-Archipel** besteht aus der Hauptinsel Chiloé (9322 km² groß, ca. 180 km lang und 50 km breit) sowie mehreren Dutzend kleiner und kleinster Inseln, die alle vor der Ostseite, dem Fast-Binnenmeer südlich von Puerto Montt, liegen. An der **von Buchten und Fjorde zerfransten Ostküste** sind auch die meisten Städte und Dörfer zu finden; die dem offenen Pazifik zugewandte **Westseite der Insel ist weitgehend unberührte Wildnis.** Hier erstreckt sich der Nationalpark Chiloé.

„Diese Insel ist ungefähr neunzig Meilen lang, mit einer Breite von weniger als dreißig. Das Land ist hügelig, aber nicht bergig, und wird von einem großen Wald bedeckt, ausgenommen, wo rings um die mit Stroh gedeckten Hütten ein paar grüne Stellen abgeräumt sind. (…) Viele Arten schöner immergrüner Bäume und Pflanzen mit einem tropischen Charakter nehmen hier die Stelle der düsteren Buche der südlichen Ufer ein. Im Winter ist das Klima schaudervoll, und im Sommer ist es nur ein wenig besser. Ich glaube, es gibt innerhalb der gemäßigten Zonen wenige Teile der Erde, wo so viel Regen fällt. Die Winde sind sehr stürmisch, und der Himmel ist beinahe immer bewölkt."

Charles Darwin notierte diese Beschreibung im November 1834; er irrte dabei in einigen Details. Es gibt tatsächlich Orte auf der Welt, auch in den gemäßigten Zonen, wo es mehr regnet. Auf Chiloé fallen, und zwar gut **übers Jahr verteilt, 2200 bis 3000 mm Niederschlag,** während selbst auf dem chilenischen Festland manche Wetterstationen bis zu 4000 mm messen. Mit Regen sollte der Besucher der Insel aber immer rechnen – Januar und Februar sind die trockensten Monate. Dagegen sind die **Sonnentage** auf der nach Feuerland

Isla de Chiloé
0 10 km
©Reise Know-How 2013
Carelmapu
Pargua
Calbuco
ISLA POLUQUI
319 Península Lacuy
Bahía de Ancud
Fuerte Ahuí
Chacao
316
Quetalmahue
Ancud
319 Puñihuil
ISLA TABÓN
ISLA QUEULLÍN
Linao
Holzschindelkirchen
320 Chepu
Parque Ahuenco
Golfo de Ancud
Bahía Tongoy
Parque Nacional Chiloé
Quemchi
ISLA CAUCAHUE
Cordillera de Piuche
ISLAS CHAUQUES
PAZIFISCHER OZEAN
Tenaún
Dalcahue
Curaco de Vélez
ISLA LINLÍN
327
321
ISLA MEULÍN
CASTRO
Parque Nacional Chiloé
ISLA QUINCHAO
ISLA CAGUACHE
Rilán
ISLA QUEÑAC
Achao
326
Bahía Cucao
Lago Cucao
Chonchi
ISLA LEMUY
Cucao
ISLA CHAULINEC
Huillinco
Lago Tepuhueco
Lago Huillinco
ISLA TALCAN
Lago Natri
Cordillera de Pirulil
Queilén
Compu
ISLA TRANQUI
328
Quellón
Golfo Corcovado
330 ISLA CAILÍN
Río de la Zorra
Laguna Chaiguata
331 Parque Tantauco
ISLA LAITEC
ISLA DE SAN PEDRO
ISLA QUILÁN
Iñío
Punta Cogomó

zweitgrößten Insel Südamerikas **von besonderem Glanz:** Frei gefegt vom Wind blitzt der Himmel, die Sonne taucht das Meer in tiefes Blau und lässt die Farbenwelt der Wiesen explodieren, in den Wäldern glitzern Moose und Spinnweben, und die Fuchsiengewächse leuchten in knalligem Rot aus dem Unterholz.

Seit *Darwin* wurden ein paar mehr grüne Stellen „abgeräumt“; im besiedelten Nord- und Ostteil der Insel sind die Wälder sattgrünen Viehweiden und Feldern gewichen. Gern wird die sanfte Hügellandschaft Chiloés mit Irland verglichen. Wie Irland lockt Chiloé neben der Landschaft mit einer **ganz eigenen Kultur:** Wie nirgends sonst in Chile ist hier, in der jahrhundertelangen Abgeschiedenheit der Insel, eine einzigartige Symbiose aus kulturellen Elementen der Indianer, der spanischen Eroberer, der jesuitischen Missionare und der deutschen Einwanderer gewachsen. Davon künden die Holzschindelkirchen ebenso wie die fröhliche Akkordeonmusik, die Märchen voller Trolle und Feen wie die deftigen Gerichte.

■ **Die Zufahrt zur Insel erfolgt per Fähre.** Am Canal de Chacao, zwischen Pargua auf dem Festland (59 km von Puerto Montt entfernt) und Chacao an der Nordostspitze der Insel (27 km bis nach Ancud), besteht eine zügige Verbindung mit Roll-on-roll-off-Fähren, auf denen Autos, Busse und Laster Platz finden. Die Fähren verkehren alle 30 Min. (tgl. 6.30–24 Uhr, Fahrpläne unter www.busescruzdelsur.cl), die Überfahrt dauert ca. 30 Min. (1 Euro p.P., 17 Euro fürs Auto inkl. Insassen).

Geschichte

Als im Jahr 1567 *Martín Ruiz de Gamboa* die Insel für Spanien in Besitz nahm, war sie natürlich schon bewohnt: **Huilliche-Indianer** lebten hier, sie trieben Ackerbau und fischten in den küstennahen Gewässern. 1568 gründeten die Spanier ihre erste Stadt. Die eigentliche Kolonisierung begann aber mit den **Jesuiten,** die ab 1607 kamen. Sie brachten zwei Dinge mit: Zum einen den katholischen Glauben, der sich mit der reichen **Mythologie** der Inselbewohner vermischte: Götter und Göttinnen, Hexen und Zauberer leben in den Wäldern, darunter der *Trauco,* ein kleiner Unhold, der gern jungen Mädchen nachstellt. Zum anderen die Baukunst: 150 **Holzkirchen** wurden bis Ende des 19. Jahrhunderts erbaut, alle mit Alerceschindeln und/oder bunt bemaltem Blech verkleidet. Ein gutes Dutzend von ihnen steht unter Denkmalschutz, 16 Kirchen wurden in die UNESCO-Liste des Weltkulturerbes aufgenommen.

Aufmerksamkeit verdienen auch die **schindelgedeckten Holzhäuser** – es gibt etwa zehn verschiedene Arten, wie sich die Schindeln überlappen können – mit ihrer fantasievollen Bauweise, die hier einen Erker und dort ein Türmchen schuf, und der immer zweifarbigen Bemalung.

Schon die Huilliche-Indianer und die ersten Siedler lebten in ziemlicher **Armut;** 1646 baten die Spanier beispielsweise den Vizekönig um die Erlaubnis, die Insel wieder verlassen zu dürfen. *Darwin* schrieb über die Hauptstadt Castro: „Die Armut des Ortes kann man sich nach der Tatsache vorstellen, dass, obgleich ein paar hundert Einwohner hier sind, einer aus unserer Gesellschaft nicht imstande war, weder ein Pfund Zucker noch ein gewöhnliches Messer zu kaufen."

Die **Armut** bestand bis ins 20. Jahrhundert – und besteht immer noch. Viele Chiloten verlassen die Insel, sie suchen Arbeit in den Minen des Nordens oder auf den Estanzias in Patagonien. Die meisten der 150.000 Chiloten leben von der Fisch- und Muschelzucht, dem Fischfang und der Landwirtschaft. Wenn dann – wie 2008 im Zuge einer Fischvirus-Epidemie und der internationalen Wirtschaftskrise geschehen – Lachs- und Muschelfarmen reihenweise schließen bzw. Kurzarbeit verordnen, grassiert die **Arbeitslosigkeit.** Manche satteln auf Tourismus um, denn Chiloé wird für die Großstadt-Chilenen immer attraktiver – die suchen das „einfache, wahre Leben", oder zumindest das, was man romantisch verklärt darunter versteht.

Den Besucher fasziniert, mehr noch als die sanfte Landschaft mit den satten Farben, die **Ruhe der Menschen** hier. Viele Chiloten mögen den Mangel als Norm kennen, doch Stress kennen sie nicht. „Wer sich beeilt, verliert Zeit", so lautet ein Sprichwort in diesen Breiten, und es steckt eine tiefe Weisheit darin. Dafür funktionieren hier die nachbarschaftlichen Bande: Man hilft sich gegenseitig bei der Ernte, beim Hausbau oder auch mal beim Umzug mitsamt dem Haus, das auf Rollen und per Floß auf eine andere Insel verschifft wird. Dann kommt die Dorfgemeinschaft zur **Minga** zusammen, einer großen Solidaraktion, bei der alle mit anpacken und am Ende kräftig feiern.

Immer wieder mal sieht es so aus, als fände die jahrhundertelange Abgeschiedenheit Chiloés ein Ende: Es gibt Pläne, mit einer 2600 Meter langen **Brücke den Canal de Chacao** zu überspannen und die Insel ans Festland anzubinden. Das heftig umstrittene Vorhaben scheiterte bislang am Kostenfaktor, soll aber nach dem Willen der Regierung neu ausgeschrieben werden. Zumindest für einige Jahre bleibt Chiloé weiterhin eine echte Insel. Dafür ist sie seit Ende 2012 dank des neuen Flughafens in Castro erstmals per Linienflugzeug erreichbar.

Ancud

Die **zweitgrößte Stadt der Insel** (27.000 Einwohner) wurde 1767 als spanische Festung gegründet. Ancud lag strategisch günstig, schließlich war es der erste Hafen für die Schiffe, die um Kap Hoorn oder durch die Magellanstraße gesegelt waren und nun an der Westküste Südamerikas entlang nach Norden schipperten. Später wurde von hier aus die südpatagonische Küste „entdeckt".

Ancud liegt ganz im Norden der Insel Chiloé, am **Canal de Chacao,** durch eine vorragende Halbinsel vor dem offenen Pazifik geschützt. Das kleine Zentrum ist sehr übersichtlich. Richtige Sehenswürdigkeiten hat Ancud nur wenige, es sind vielmehr die Atmosphäre am **Fischereihafen** und die Attraktionen in der näheren Umgebung, die einen Aufenthalt unbedingt lohnen.

Zum Pflichtprogramm gehört das kürzlich restaurierte Regionalmuseum, kurz **Museo Chilote** oder – wegen seines

Anstrichs – auch Museo Azul genannt. Es vermittelt einen Überblick über die Kultur und Geschichte der Region, es zeigt die chilotischen Kirchen genauso wie Figuren aus der Mythologie der Indianer, deren frühe Siedlungen sowie Fotos aus dem 19. Jahrhundert (Libertad, direkt an der Plaza, Jan./Feb. täglich 11–19 Uhr, ansonsten Di bis Sa 9–13 und 14.30–19 Uhr, So 10–13 und 15–18 Uhr). Wer sich für die Holzschindelkirchen interessiert, ist in dem alten Kloster richtig, das der Stiftung **Amigos de las Iglesias de Chiloé** als Heim- und Werkstatt dient. Von hier aus wird die Restaurierung der über die Insel verteilten Welterbe-Kirchen geleitet; eine Ausstellung veranschaulicht diese Arbeit (Errázuriz 227, Mo bis Fr 9.30–12.30 und 15.30–18.30 Uhr).

Praktische Tipps

Touristeninformation

- **Vorwahl von Ancud: 65**
- **Sernatur,** Libertad 665, an der Plaza, Tel. 262 2800.

Unterkunft

- **Hospedaje Austral**

Aníbal Pinto 1318, Nähe Terminal Municipal, Tel. 262 4847. Wohnen bei einer fröhlichen chilotisch-kolumbianischen Familie: sauber, herzlich, hilfsbereit und preiswert. Mit WLAN, Wäscheservice und guten Tourinfos. 11 Euro im Mehrbettzimmer, EZ 13 Euro. www.ancudchiloechile.com

Curanto, der urige Eintopf im Erdloch

chi13-031 ms

Mundo Nuevo
Costanera 748, Tel. 262 8383. Von einem Schweizer geführtes Hostel an der Uferstraße nahe der Plaza. Alle Zimmer mit Meerblick, Doppelfenster und Solarheizung. Gutes Frühstück, komplett ausgerüstete Küche, Garten und Terrasse, WLAN, gute Tipps. Auch Vermittlung von Touren. 17 Euro p.P. im Mehrbettzimmer, DZ 52 Euro. www.newworld.cl

Vista al Mar
Av. Costanera 918, Tel. 262 2617. Gut, sauber, freundlich, wie der Name sagt: Meeresblick. Übernachtung mit Frühstück ab 16 Euro p.P. www.vistaalmar.cl

Residencial María Carolina
Almirante Latorre 558, Tel. 262 2458. Große Zimmer und Garten. Mit Frühstück ca. 20 Euro p.P.

Faros del Sur
Costanera Norte 320, Tel. 262 5799. Schöne Anlage an der urwüchsigen Steilküste am Nordrand der Stadt, 15 Min. zu Fuß vom Zentrum. Alle 12 Zimmer mit Blick über den Canal de Chacao hinüber aufs Festland. Mittlerer Standard, gemütlicher Aufenthaltsraum mit Kamin, Küchenbenutzung, WLAN. Auch separate Cabañas. Der aufmerksame, kundige Wirt *Marco* hat viele gute Tipps zu Touren in der Umgebung parat. DZ 58 Euro mit Bad und Frühstück. www.farosdelsur.cl

Hotel Galeón Azul
Libertad 751, Tel. 262 2567. Traditionelles Haus an der Plaza, das bessere Zeiten gesehen hat. DZ ab 75 Euro. www.hotelgaleonazul.cl

Don Lucas
Costanera 906, Tel. 262 0950. Neues Hotel am Hafen, gehobener Standard, mit WLAN, Kabel-TV, Parkplatz und Restaurant. DZ 75 Euro. www.hoteldonlucas.cl

Essen und Trinken

Einige **Restaurants** finden sich **in der Markthalle,** natürlich werden Fisch und Meeresfrüchte zubereitet.

El Cangrejo
Dieciocho 171 P. 2. Große Meerestier-Portionen; an den Wänden die Visitenkarten der Besucher.

La Pincoya
Prat 61, direkt am Ufer. Sehr gute Meeresfrüchte.

Polo Sur
Av. Costanera 630. Schickes, teures Fischlokal.

El Kurantón
Prat Ecke Bellavista. Hier gibt's den berühmten Curanto.

El Mundo de la Papa
Lord Cochrane 412. Nettes kleines Bistro – hier wird die Kartoffel-Tradition der Insel hochgehalten, mit Gerichten aus heimischen Sorten.

Überlandbusse

Der städtische **Busbahnhof** ist auf der Ecke Aníbal Pinto und Marcos Vera, etwa 15 Min. zu Fuß vom Zentrum. Colectivos dorthin kosten ca. 0,50 Euro. Näher am Zentrum liegt der Terminal von Cruz del Sur (Carrera 850). An beiden Bahnhöfen starten Busse nach:

- **Castro,** 1 Std., 1,50 Euro
- **Chonchi,** 1½ Std., 2 Euro
- **Quellón,** 3 Std., 5 Euro
- **Puerto Montt,** 2 Std. (inkl. Fähre), 3–4 Euro

Reiseveranstalter/Touren

Mehrere Anbieter für einfache Halbtages- oder Tagestouren, z.B. zu den Pinguinen in Puñihuil (ca. 30 Euro), **im Mercado Municipal,** Dieciocho Ecke Libertad; z.B. Aki Turismo Chiloé.

Austral Adventures
Costanera 904, Tel. 262 5977. Veranstalter eines Chiloé-erfahrenen US-Amerikaners, mit zahlreichen Angeboten zu Schiffstouren (1–6 Tage), Trekking-, Reit- und Kajaktouren.
www.austral-adventures.com

Sonstiges

- **Geldautomat,** BCI, Ramírez 257.
- **Post,** Pudeto Ecke Blanca Encalada.
- **Telefonzentralen,** Chacabuco 745 und 750, Pudeto 219 und 298.

Die Umgebung von Ancud

Península Lacuy

Ein lohnenswerter Ausflug führt auf die Halbinsel Lacuy, die die große geschützte Pazifikbucht vor Ancud formt, den Golfo de Quetalmahue. Die Straße führt immer an ihr entlang. Im Örtchen **Quetalmahue** (12 km von Ancud) gibt es zwei urige Restaurants, in denen man die ursprüngliche chilotische Küche pflegt: Hier gibt es frische Austern von der nahen Austernbank, hier wird der Curanto noch richtig im Erdloch zubereitet (ein Spektakel für sich!), hier dreht sich das Lamm am Spieß über dem Holzfeuer.

- **Restaurant Quetalmahue,** eine chilotische Familie kocht und bedient: einfach, aber gut und preiswert.
- **El Invunche de Guañaca,** rustikal, mit Meerblick und gegen Mittag immer gut besucht.

Eine passable Schotterpiste führt nun im Bogen über die hufeisenförmige Halbinsel. Sie teilt sich nach ca. 10 Kilometern: Links geht es zum **Faro Corona,** einem alten Leuchtturm an der Einfahrt zum Canal de Chacao (ca. 5 km). Geradeaus führt die Straße zum **Fuerte Ahuí** (5 km), den Ruinen eines spanischen Forts aus dem 18. Jahrhundert. Hier kann man auf dem grün überwucherten Festungswall zwischen alten Kanonen herumspazieren und den Blick auf das gegenüber liegende Ancud genießen. Gemeinsam mit weiteren Forts und Geschützbatterien bildete Ahuí das Verteidigungssystem für Ancud. Einige wurden kürzlich restauriert, sie können ebenso wie Ahuí mit einer Bootstour von Ancud aus besichtigt werden.

Pingüinera Puñihuil

An der Westküste Chiloés nisten von Oktober bis März mehrere Kolonien von **Magellan- und Humboldt-Pinguinen.** Am einfachsten sind sie zu sehen an der Küste von Puñihuil, 30 Kilometer von Ancud. Umgebaute Fischerboote fahren regelmäßig zu den vorgelagerten **Felseneilanden,** auf denen nicht nur Pinguine, sondern auch Seeotter, Kormorane und andere Wasservögel leben (7 Euro p.P., ca. 30 Min.). Conaf unterhält am Strand ein kleines Informationszentrum, ein nettes Restaurant lädt zum Essen ein.

Von Ancud verkehren **Busse** (Busgesellschaft Mar Brava vom Terminal nach Pumillahue, zwei- bis dreimal täglich). Etwa 2 bis 3 Kilometer vor **Pumillahue** steigt man am Piedra Run aus (der Busfahrer weiß wo) und läuft den Weg zum Strand hinunter (etwa 45 Min.). Organisierte Touren von Ancud siehe dort.

- Eine **Barkasse** für 8 Passagiere versucht von Dezember bis April, auf dem offenen Meer vor Puñihuil Blauwale zu sichten. Ca. 150 Euro. www.ballenasdchiloe.cl

Übernachten kann man in den eher simplen **Cabañas Pinguinland,** die mit einem tollen Blick über die Steilküste aufwarten. Tel. 09/9019 4273, Cabaña für 4 Pers. ca. 82 Euro.
www.pinguinland.net

Parque Ahuenco

Ein echter Tipp ist dieser private Naturpark, der seit 1994 rund 800 Hektar urwüchsiger Küstenlandschaft schützt. Ein Teilstück des Sendero de Chile erschließt den Park und führt auf schlammigen Pfaden durch eine abwechslungsreiche Farn- und Buschlandschaft mit dichten Tepa- und Canelo-Gehölzen, über Steilküsten und einsame Strände hin zu einer Pinguinkolonie auf dem **Islote Ahuenco,** einem Eiland, das nur bei Ebbe erreichbar ist (hin und zurück 5–6 Std.). Unterwegs gibt es einfache Schutzhütten und Zeltstellen, nähere Infos unter www.ahuenco.cl.

Der Park ist zugänglich von **Chepu** aus, einer Siedlung 45 Kilometer südwestlich von Ancud (Abzweig von der Panamericana bei km 25, dann gute Schotterstraße). Hier muss man mit einem Motorboot ca. 30 Min. den Río Chepu hinunterfahren, bis kurz vor der Mündung. An der Anlegestelle am Südufer des Flusses beginnt die Wanderung. Am besten organisiert man die Tour von Ancud aus, z.B. über die Hostería Faros del Sur (siehe dort, ca. 35 Euro p.P.).

Durch den Parque Ahuenco gelangt man auch in den Nordteil des Nationalparks Chiloé. In Zukunft soll der Sendero de Chile an der Küste entlang bis Cucao führen und beide Parkteile verbinden; aktuelle Informationen bei Conaf in Ancud.

Die schön am Río Chepu gelegene **Eco-Lodge Chepu** bietet Unterkunft im Mehrbettzimmer für 12 Euro (Schlafsack mitbringen) oder in Zweier-Cabañas für 58 Euro inkl. Frühstück. Direkt am Ufer gibt es einen idyllischen **Zeltplatz** mit Solarduschen (8 Euro p.P.). Die freundlichen Besitzer organisieren auch Kajaktouren und Wanderungen im Ahuenco-Park. Tel. 09/9379 2481. www.chepu.cl

Parque Mitológico Ecológico

Einen Abstecher lohnt diese skurrile Mischung aus Freiluftmuseum und Miniaturpark. Ein Fanatiker der **chilotischen Mythen** hat *Trauco, Invunche, Coo* und viele weitere Märchengestalten liebevoll aus Holz geschnitzt, bemalt und – versehen mit ironisch-philosophischen Sentenzen – im Naturwald hinter seinem Haus platziert. Er selbst führt hingebungsvoll durch das **Reich der Trolle und Feen,** in das sich auch ein paar Dinosaurier verirrt haben. Die gesamte Pflanzenwelt der Insel ist ebenfalls hier versammelt, und am Ende geht man über eine Miniaturversion der nicht gebauten Brücke vom Festland auf die Isla de Chiloé …

Info: Panamericana km 1092 (11 km von Ancud), Tel. 09/9834 0161, Jan./Feb. täglich geöffnet, Mittagspause 13–14 Uhr.

Castro

Castro (30.000 Einwohner) ist die älteste Stadt der Insel und die **Hauptstadt der Provinz Chiloé.** Erbaut auf einem schmalen Landstreifen am Fiordo de Castro, war bis vor Kurzem die Kathedrale das höchste Gebäude in dem ansonsten von niedrigen, bunt gestrichenen Holzhäusern geprägten Städtchen. Mittlerweile hat freilich der Fortschritt in Gestalt einer überdimensionierten Mall das Zentrum erreicht – nun bestimmt der Betonkoloss das Bild …

Das Zentrum ist sehr kompakt, es wird im Süden und Osten vom Meer begrenzt, das Ufer liegt nur drei Blocks von der Plaza entfernt. Wichtigste Sehenswürdigkeit und Wahrzeichen der Stadt ist die frisch restaurierte **Kathedrale,** das beeindruckendste Zeugnis der **Holzarchitektur** auf Chiloé. 1906 wurde sie mit Alerceholz gebaut, mit dünnem Blech verkleidet und fertig war die Kathedrale, deren Innenraum 1300 Quadratmeter groß ist und deren Türme eine beeindruckende Schieflage aufweisen.

Einen halben Block südlich der Plaza macht in der Calle Esmeralda das **Museo Regional de Castro** mit der Regionalgeschichte vertraut (Jan./Feb. Mo bis Sa 9–20 Uhr, So 10.30–13 Uhr, ansonsten Mo bis Sa 9–13 und 15–19 Uhr, So 10.30–13 Uhr). Auch der **Kunsthandwerkermarkt** an der Costanera lohnt für alle einen Besuch, die noch einen warmen Pullover, einen Poncho oder einen Korb brauchen. Oder man guckt sich die Holzschnitzereien und die getrockneten Algen an und geht in eines der einfachen Fischrestaurants zu einem zünftigen Mittagessen.

Bekannt ist Castro für seine **Palafitos,** bunt getünchte **Stelzenhäuser** oder **Pfahlbauten.** Sie sehen zur Straßenseite aus wie normale Häuser, sind aber zum Wasser auf Stelzen gebaut, damit die Fischer bei Flut mit ihren Booten direkt unter die Häuser fahren konnten. Bei Ebbe liegt der Strand unterhalb der Häuser trocken. Sie finden sich entlang der Wasserfront, und zwar an der Costanera Pedro Montt am Nordende der Stadt sowie am südwestlichen Ausgang der Stadt, an der Mündung des Río Gamboa. Geht man von der Plaza die Blanco Encalada immer westwärts, gelangt man zur Brücke über den Fluss, von wo man die Palafitos besonders gut sehen kann. Ursprünglich waren sie Hütten armer Leute, die sich im kostenlosen Niemandsland zwischen Ebbe und Flut ansiedelten. Die Armut sieht man vielen dieser dünnwandigen Bretterbuden bis heute an. Doch inzwischen haben findige Architekten und Unternehmer das Potenzial der Pfahlbauten erkannt und begonnen, sie zu attraktiven Boutique-Hotels und Cabañas umzubauen. Hier sitzen die Gäste mit einem Glas Wein in der Hand auf der Terrasse und sehen den Schwarzhalsschwänen in der Wattenbucht zu, während das Haus sanft mit den Wellen schaukelt …

Praktische Tipps

Touristeninformation

- **Vorwahl von Castro: 65**
- **Informationskiosk,** Plaza de Armas.
- **Conaf,** Gamboa 424, Informationen über den Nationalpark Chiloé.

Castro
0 200 m
©Reise Know-How 2013
Übernachtung
1 Alerce Nativo
2 Unicornio Azul
3 Hospedaje El Mirador
10 Hotel Esmeralda
11 Hostal Casa Blanca
12 Palafito Hostel
13 Palafito1326
Einkaufen
4 LAN
7 Kunsthandwerkermarkt, Fischmarkt
Essen und Trinken
5 Marion's Café Alemán
6 Restaurant Playa
8 Sacho
9 El Embrujo
Ancud, Dalcahue, Flughafen
Chonchi, Quellón
Palafitos
Serrat
Galvarino Riveros
Magallanes
Gabriela Mistral
Sargento Aldea
Los Carrera
Freire
O'Higgins
Ramírez
Sotomayor
Gamboa
Blanco Encalada
Chacabuco
San Martín
Esmeralda
Serrano
Thompson
Lillo
Costanera Pedro Montt
Barros Arana
Busbahnhof regional
Mall de Castro
Kathedrale
Conaf
Plaza de Armas
Regional-museum
Sammeltaxi nach Chonchi
Río Gamboa
Ernesto Riquelme
Fiordo de Castro

Unterkunft

- **Hostal Casa Blanca**
Los Carrera 308, Tel. 263 2726. Einfache EZ ab 30 Euro, bessere DZ mit Bad ab 58 Euro.
- **Hospedaje El Mirador**
Barros Arana 127, Tel. 263 3795. Sehr freundlich, hilfsbereit, Zimmer teils mit Blick auf den Hafen. DZ mit gutem Frühstück ab 50 Euro (ohne 34 Euro).
- **Palafito Hostel**
Ernesto Riquelme 1210, Tel. 253 1008. Helles, sympathisches Holzhaus auf Stelzen am Meer. 8 Zimmer, Gemeinschaftsküche und Aufenthaltsraum, WLAN. Bett im Viererzimmer 18 Euro, DZ ab 53 Euro. www.palafitohostel.com
- **Alerce Nativo**
O'Higgins 808, Tel. 263 2267. Preiswerte, aber laute DZ mit Bad ab 49 Euro. www.hotelalercenativo.cl
- **Hotel Esmeralda**
Esmeralda 266, Tel. 263 7900. Funktionales Stadthotel ohne Aussicht, dafür mit Parkplatz und Aufzug, DZ ab 58 Euro. www.hotelesmeralda.cl
- **Unicornio Azul**
Av. Pedro Montt 228, Tel. 263 2359. Das verwinkelte alte Holzhaus am Uferhang hat bessere Zeiten gesehen. Die meisten der geschmacksfernen Zimmer haben Meerblick und WLAN. DZ 75 Euro. www.hotelgaleonazul.cl/unicornio
- **Palafito 1326**
Ernesto Riquelme 1326, Tel. 253 0053. Die beste Option: Boutique-Hotel auf Stelzen im Palafito-Viertel Gamboa. 8 stilvolle Zimmer mit Zentralheizung und schicken Bädern; Terrassen mit Blick aufs Wattenmeer, viele schöne Details, gemütlicher Tagesraum mit Küche. Top Frühstück, nette Leitung, Ausflugsangebote. DZ ab 79 Euro. www.palafito1326.cl

Essen und Trinken

- Die **Palafito-Restaurants am Markt** bieten für wenig Geld ausgezeichnete Mahlzeiten, natürlich vor allem Fisch und Meeresfrüchte.
- **Marion's Café Alemán**
Serrano 325, Tel. 09/8352 4342. Kuchen, echter Kaffee, Sandwiches, Quiches, heiße Schokolade und Hefezopf gibt es in diesem urgemütlichen Café einer deutschen Einwanderin. Mo geschlossen.
- **Restaurant Playa**
Lillo 41, Tel. 263 5285. Curanto, für den mittelgroßen Geldbeutel.
- **El Embrujo**
Thompson 244, Tel. 253 3032. Erlesene Gerichte in üppigen Portionen, mittleres Preisniveau. www.elembrujo.cl
- **Sacho**
Thompson 213, Tel. 263 2079. Typische Gerichte, empfohlen.

Flugzeug

Der 2012 eingeweihte **Flughafen** von Castro liegt 20 km nördlich der Stadt bei Mocopulli. Kleinbusse besorgen den Transport von/nach Castro, Tel. 09/8899 4441, 7 Euro.

- **LAN,** O'Higgins 412. Mi, Fr, Sa, So von Santiago über Puerto Montt nach Castro (etwa 3 Std.) und zurück.

Überlandbusse

Castro hat zwei Busbahnhöfe. Der wichtigere ist der auf San Martín, direkt hinter der Kathedrale. Von hier starten Busse nach:

- **Ancud,** 1 Std., 1,50 Euro
- **Quellón,** 2 Std., 2 Euro
- **Puerto Montt,** 3 Std., 4–5 Euro
- **Santiago** und Zwischenstationen, 16–17 Std., 25–40 Euro

Vom **Terminal Municipal,** ebenfalls auf San Martín, aber zwei Blocks weiter nördlich (600er Block), starten Busse nach **Quellón, Chonchi, Cucao, Dalcahue** und **Quemchi.**

Reiseveranstalter/Touren

- **Turismo Pehuén**
Esmeralda 198, Tel. 263 5254. Kenntnisreiche Beratung, gute Touren in die Umgebung und zum Nationalpark. www.turismopehuen.cl
- **Chiloé Etnico**
Ernesto Riquelme 1228, Tel. 263 0951. Reit-, Fahrrad- und Trekkingtouren sowie Exkursionen zu Kirchen und Indianerdörfern mit dem erfahrenen, deutschsprachigen Guide *Juan Pablo Mansilla.* www.chiloetnico.cl

Marea Roja

In unregelmäßigen Abständen wird Chiloé von der gefürchteten Roten Flut, der Marea Roja, heimgesucht. Sie ist eine **Epidemie giftiger Mikroalgen** im Pazifik, die sich **in Muscheln** anreichern. Deren Genuss kann dann, wenn der Betreffende nicht sofort ärztlich behandelt wird, tödliche Folgen haben (Ersticken durch Muskellähmung). Das periodisch auftretende Phänomen war bislang nur in Südpatagonien registriert worden. Im Jahr 2002 (und seither immer wieder) mussten die Behörden erstmals im südlichen Teil Chiloés ein Fangverbot für Muscheln anordnen – mit katastrophalen Folgen für tausende kleine Fischer, die hauptsächlich vom Muschelhandel leben. Erkundigen Sie sich bei den örtlichen Touristeninformationen genau nach dem aktuellen Stand in Sachen Marea Roja, und essen Sie im Zweifelsfall (insbesondere in Billig-Restaurants) keine Schalentiere!

Sonstiges

- **Geldwechsel,** Chacabuco 286.
- **Post,** O'Higgins 388, an der Plaza de Armas.
- **Telefonzentralen,** O'Higgins 480 und 667 sowie Latorre 289.
- **Wäscherei,** Serrano 490.

Die Umgebung von Castro

Castro ist der beste Ausgangspunkt, um die **zerfranste Ostküste** Chiloés mit ihren zahlreichen Kanälen, vorgelagerten Inseln und Holzschindelkirchen zu erkunden. Zugleich gelangt man von hier in den urwüchsigen Nationalpark Chiloé an der Westküste.

Die Dörfer der Ostküste

Eine Rundtour erschließt einige der typischen chilotischen Fischerdörfer der Ostküste. Die Route ist mit öffentlichen Verkehrsmitteln nur in Teilen machbar, mit dem Mietwagen aber an einem Tag zu bewältigen.

Von Castro geht es zunächst nach **Dalcahue** (23 km) an einem Meeresarm zwischen der Hauptinsel und der Isla Quinchao. Der Name des Ortes („dalca" bezeichnet das traditionelle Ruderboot der chilotischen Indianer, „hue" bedeutet Ort) weist darauf hin, dass die kleine Gemeinde, die heute 5000 Einwohner zählt, bereits in präkolumbischer Zeit als Hafenort existierte. Später kamen die Jesuiten und erbauten ab 1750 eine der typischen Holzkirchen, die **Iglesia Parroquial Dalcahue.** Sie ist eine der größten der Insel, auffällig wegen ihrer Säulenvorhalle mit den neun Bögen. Im dreischiffigen Innenraum sind einige Heiligenfiguren zu bewundern, darunter eine Christusstatue mit beweglichen Armen, die durch Lederriemen mit dem Corpus verbunden sind.

Die meisten Besucher kommen allerdings wegen der **Feria Artesanal,** dem großen überdachten Kunsthandwerkermarkt direkt am Hafen, wo sich ein Stand mit bunten Wollsachen an den anderen reiht. Sonntags kommt auf der Uferstraße daneben noch der berühmte Wochenmarkt von Dalcahue hinzu. Dann werden überall Strickwaren, Körbe und Schnitzarbeiten, aber auch Gemüse, frischer Fisch und Muscheln verkauft. Ein Erlebnis für sich ist das Mittagessen in einer der lebhaften Cocinerías, der Garküchen in dem ovalen Gebäude am Hafen, das in der Form einem chilotischen Segelboot nachempfunden ist. Hier sitzt man dicht an dicht an schmalen Tresen, schaut den Köchinnen in die dampfenden Töpfe und lässt es sich schmecken.

In der zweiten Februarwoche findet eine Festwoche mit Folkloredarbietungen aller Art statt.

■ Nach Dalcahue fahren aus Castro regelmäßig **Busse und Colectivos** (1,50 Euro).

■ In der Nähe von Hafen und Kirche gibt es ein paar **einfache Unterkünfte.**

Von Dalcahue setzt eine Fähre zur **Isla Quinchao** über. Dort verkehren Colectivos ins 25 Kilometer entfernte **Achao** (3500 Einwohner), ebenfalls ein Missionszentrum der Jesuiten. Die erbauten auch die wichtigste Sehenswürdigkeit des Ortes, die **Iglesia de Santa María.** Über 30 Jahre lang, von 1735 bis 1767, arbeitete man an der Kirche, die mit ihrem 25 Meter hohen Turm vollständig aus dem Holz von Zypressen und Alercen errichtet wurde und ohne einen einzigen Nagel hält – stattdessen wurden Holzdübel verwendet. Jährlich Anfang Februar findet in Achao ein Folklorefest statt.

■ Es gibt einfache Unterkünfte, die beste ist die **Hostería La Nave,** Prat Ecke Aldea, Tel. 266 1219, DZ ca. 33 Euro.

Von Dalcahue geht es – von nun an auf Schotter – zunächst ostwärts. Bei km 57 (alle Angaben ab Castro) ist das Fischerdorf **San Juan** erreicht, mit einer stattlichen Holzschindelkirche vom Beginn des 19. Jahrhunderts. Sie gehört zu den von der UNESCO zum Weltkulturerbe deklarierten Kirchen Chiloés, ebenso wie die in **Tenaún** mit ihren blau leuchtenden Türmen (erbaut 1834, km 83) und der sehr schön in Naturholztönen restaurierten Kirche in **Colo** (Ende 18. Jh., km 95).

Die Straße folgt der Küste in einigem Abstand nordwärts, bei km 119 ist **Aucar** erreicht. Hier ist Zeit für einen Spaziergang: Über eine 560 Meter lange hölzerne Fußgängerbrücke erreicht man das Eiland Aucar mit einer hübschen hölzernen Kapelle mitten im Naturwald. Von der malerischen Brücke kann man den Möwen und Schwarzhalsschwänen zusehen.

Von Aucar sind es nur noch 6 Kilometer bis **Quemchi.** Wie vielerorts an der Ostküste nehmen die Bojen der Muschelzuchten weite Teile des Pazifikka-

chi11-008 ms

nals in Beschlag. In dem friedlichen Fischerdorf, wo bei Ebbe die Boote auf dem Strand Schlagseite bekommen, kann man sich in mehreren Restaurants an der Uferpromenade stärken; empfohlen sei das El Chejo mit sehr guten Empanadas. Über eine Asphaltstraße gelangt man direkt zur Panamericana und zurück nach Castro (70 km, auch Busverbindungen).

Chonchi

Der 4500-Seelen-Ort liegt knappe 25 Kilometer südlich von Castro, etwas abseits der Panamericana. Die Stadt erhebt sich an einem extremen Steilufer direkt am Meer und hat daher den passenden Beinamen „ciudad de tres pisos" (Stadt auf drei Etagen). Größte Sehenswürdigkeit ist die Weltkulturerbe-Kirche mit ihrem schönen dreistufigen Turm, gelb mit blauem Helm, der an schönen Tagen mit der Sonne und dem Himmel um die Wette strahlt. Mit dem Bau der Kirche wurde 1754 begonnen, erst 1859 wurde sie im neoklassizistischen Stil beendet.

Von Chonchi fahren Boote hinüber auf die **Isla Lemuy** mit mehreren kleinen Kirchen und Fischerorten. Hier geht die Zeit langsamer, hier zeigt sich Chiloé von seiner ursprünglichen, von der Moderne unberührten Seite.

- Von Castro verkehren regelmäßig **Busse und Colectivos** (1,50 Euro).
- Es gibt mehrere akzeptable Unterkünfte, darunter das **Esmeralda,** wo der Meerblick das Spartanische der Zimmer wettmacht. Mit Internet, Kochge-

Palafito (Stelzenhaus) in Castro

legenheit, Fahrrad- und Bootsverleih (ab 12 Euro p.P., auch teurere Zimmer mit Bad, Tel. 65/267 1328, grady@telsur.cl). Leser empfehlen auch das saubere, gastfreundliche **Hostal La Tortuga** direkt an der Plaza (ab 12 Euro p.P., Pedro Montt 241, Tel. 09/9098 2925, www.hostallatortuga.com).

Parque Nacional Chiloé

Der **Parque Nacional Chiloé** wurde 1982 eingerichtet und umfasst in zwei Sektoren mehr als 43.000 Hektar undurchdringlichen, verwachsenen Urwaldes mit jahrhundertealten Alercen, Robles und Tepa-Gehölzen, mit Lagunen und Bruchmooren. Vom Pazifik ist der Park durch hohe Dünen getrennt. Nur vereinzelt führen Wander- und Lehrpfade in die von Füchsen, Pudus und mehr als 100 Vogelarten besiedelte Wildnis hinein.

Der Park ist **ganzjährig geöffnet,** die beste Besuchszeit ist im Januar und Februar, weil es dann am wenigsten regnet. Wer längere Touren im Park plant, muss unbedingt wasserfeste Kleidung mit sich führen, ebenso ein gutes Zelt und ausreichend Lebensmittel.

Leichter zugänglich für Besucher ist der **südliche Teil** des Nationalparks. Man erreicht ihn über den Ort **Cucao,** 58 Kilometer von Castro entfernt. Die inzwischen durchgehend asphaltierte Straße führt malerisch an den lang gestreckten, durch einen Kanal verbundenen Seen Huillinco und Cucao entlang, jeder ist etwa 12 Kilometer lang.

- **Busse:** 3x bis 5x täglich zwischen Castro (Terminal Municipal) und Cucao (2 Euro).
- In Cucao gibt es einige schlichte **Residenciales,** die jeweils etwa 8 Euro verlangen, dazu private **Campingplätze.**
- Ein Kleinod der Gastlichkeit ist der **Parador Darwin,** direkt hinter der Brücke über den Fluss. Nur 4 schlichte, gemütliche Zimmer mit Gemeinschaftsbädern, „Kaiserfrühstück" und vielen guten Tipps von der sympathischen deutschen Gastgeberin *Susanne.* DZ 37 Euro, Tel. 09/9799 9923, paradordarwin@hotmail.com. In dem dazugehörigen rustikalen Restaurant gibt es hausgemachte Gerichte mit frischen lokalen Ingredienzen, dazu leckere Kuchen (u.a. der originelle Cochayuyo-Kuchen).
- Gut essen kann man auch im gastfreundlichen **Fogón de Cucao** auf halbem Weg zwischen Brücke und Nationalpark mit Blick auf den Lago Cucao; hier gibt es abends hin und wieder Live-Musik. Unterkunft in schönen Zimmern, teilweise mit Privatbad und Terrasse, DZ 31–54 Euro, Tel. 09/9946 5685, kein Internet.
- Im Stil der Stelzenhäuser präsentiert sich das neue **Hostel Palafito Cucao** am Ufer des gleichnamigen Sees. Backpackerzimmer (22 Euro p.P.), DZ 80 Euro, Tel. 065/297 1164.
www.hostelpalafitocucao.cl

1 km hinter Cucao liegt **Chanquín** mit dem Besucherzentrum des Nationalparks (Eintritt 1,50 Euro). Hier gibt es eine alte Goldwaschanlage zu sehen, man erfährt etwas zur Kultur der Indianer und zu Flora und Fauna im Park. Hier starten auch die angelegten Trekkingpfade in den Wald: Der **Sendero El Tepual** ist ein botanischer Lehrpfad, der auf 750 Metern die Flora des Waldes erklärt (ca. 45 Min.). Eine 20-minütige Wanderung (1,5 km) führt durch dichte Arrayán-Gehölze (die Chilenische Myrte ist gut an ihrer roten Rinde zu erkennen) zur **Playa de Cucao,** einem faszinierenden,

20 Kilometer langen Dünenstrand, der so flach ist, dass der Wind den Brandungsschaum in riesigen Flocken darüber wegtreibt.

Hartgesottene können sich an längere Trekkingtouren wagen, beispielsweise an den **Sendero Chanquín-Cole Cole,** der 20 Kilometer an der Küste entlangführt, vorbei an der Laguna Huelde (12 Std. hin und zurück). Für Ausritte im Park lassen sich Pferde mieten, die Preise liegen bei etwa 10 Euro pro Stunde, der ganze Tag kostet ca. 40–50 Euro.

■ Am Parkeingang stehen ein gut ausgestatteter **Campingplatz** von Conaf sowie einfache **Cabañas** zur Verfügung.

Quellón

„Voy pa' Quellón, voy pa' Quellón, en busca de un nuevo amor" (Ich fahr' nach Quellón und such mir eine neue Liebe) – so singt der schmählich Verlassene in einem in ganz Chile populären chilotischen Walzer. Vielleicht wollte der Sänger seinen Liebesschmerz auch im Alkohol ertränken, stand doch hier **eine der ersten Schnapsbrennereien Südamerikas.** Gegründet 1906, besaß sie in der Region 150.000 Hektar Urwald, der nach und nach zu Holzkohle verfeuert wurde. Man kann sich vorstellen, wie es damals hier zuging: Holzfäller und Köhler, Fischer und Abenteurer kamen hier zusammen und machten die Kneipen und Bordelle unsicher. Bis heute haftet Quellón, der **südlichsten Stadt der Insel Chiloé** mit 14.000 Einwohnern, etwas von diesem Far-West-Kolorit an. Die Alkoholfabrik gibt es längst nicht mehr, dennoch trifft man so manches Schnapsopfer, wenn man durch den von **hoher Arbeitslosigkeit** gebeutelten Ort schlendert. Im Hafen liegen Dutzende von Fischerbooten, Männer in Gummistiefeln wuchten Muschelsäcke auf wartende Pick-ups.

Sehenswert sind höchstens das kleine Museo Inchin Cuivi Ant („Unsere Vergangenheit" in der Huilliche-Sprache, Ladrilleros 225) sowie das winzige Historische Museum der Stadt, direkt an der Westseite der Plaza.

Seit Muschelfang und -zucht von der **Marea Roja** (siehe Exkurs) bedroht sind, hoffen die Einwohner auf die Entwicklung des Tourismus. Das Potenzial ist vorhanden, Quellón als Ausgangspunkt für den Parque Tantauco (s.u.), für die

chi11-009 ms

Walbeobachtung im Golfo Corcovado und für Touren in den patagonischen Kanälen zu positionieren.

Praktische Tipps

Touristeninformation

- **Vorwahl von Quellón: 65**
- **Informationskiosk,** Gómez García Ecke Santos Vargas.

Unterkunft/Camping

- **Hotel El Chico Leo**
Pedro Montt 325, Tel. 268 1567. Einfache Unterkunft mit Restaurant, 13 Euro p.P.
elchicoleo@telsur.cl
- **Hotel Tierra del Fuego**
Pedro Montt 545, Tel. 268 2079. Holzbau am Hafen. DZ 30 Euro.
- **Hotel Patagonia Insular**
Ladrilleros 1737, Tel. 268 1610. Mit Abstand die beste Option im Ort, abseits und ruhig. Großzügige Anlage mit Blick auf die Pazifikbucht. Nüchtern und glanzlos, aber guter Standard; sehr gutes Restaurant, WLAN. DZ ab 92 Euro.
www.hotelpatagoniainsular.cl
- **Camping Las Brisas**
Balneario Ruta de Lapas. Camping 5 Euro, auch Cabañas.

Am Dünenstrand von Cucao

Essen und Trinken

Gute Meeresfrüchte und frischen Fisch bekommt man im **Fogón Las Quilas,** La Paz 385, und im **El Corral,** 21 de Mayo 251. Leser empfehlen das **Restaurant Corcovado,** etwas abseits an der Punta de Lapa.

Busse

Sie fahren ab dem gemeinsamen Büro von Cruz del Sur und Transchiloé auf der Aguirre Cerda 52 und ab dem Büro von Buses Norte-Sur auf der Costanera Pedro Montt. Alle Gesellschaften bedienen **Castro** (2 Std., 3–4 Euro) und **Puerto Montt** (5 Std., ca. 8 Euro).

Schiff/Fähre

■ **Naviera Austral**
Pedro Montt 457, Tel. 268 2207. 2x pro Woche nach Chaitén, nur Jan./Feb., 5 Std., ca. 20 Euro p.P., Auto ca. 100 Euro. Ebenfalls 2x wöchentlich nach Chacabuco, mit Halt in acht kleinen Siedlungen auf Inseln und entlang der Küste. www.navieraustral.cl

Sonstiges

■ **Geldautomat,** Banco del Estado, Freire Ecke Ladrilleros.
■ **Telefonzentrale,** Ladrilleros 379.

Die Umgebung von Quellón

Isla Cailín

Einen **Einblick in die traditionelle chilotische Lebensweise** bekommt man bei einer organisierten Tagestour auf die Quellón gegenüber liegende Isla Cailín. Mit einer Barkasse geht es vorbei an Muschelzuchten zur Insel. Dort wird man schon an der Mole von einer Folkloregruppe empfangen. Mit den fröhlichen Klängen von Pericona und Trastrasera, typischen chilotischen Tänzen, begleitet sie die Besucher zu einem urigen Restaurant. Die Musiker legen die Instrumente beiseite und ziehen Schürzen an, um den Curanto im Erdloch zuzubereiten: Wer will, kann mit anpacken, wenn die frischen Muscheln säckeweise auf die heißen Steine geschüttet und mit Nalca-Blättern abgedeckt werden. Zwischendurch lädt der Küster in die Schindelkirche ein. Schließlich beginnt der Festschmaus!

Die Tour ist eine exzellente Möglichkeit, mit einfachen Chiloten in Kontakt zu kommen und sie in ihrer authentischen Umgebung zu erleben. Auf der Rückfahrt geht es noch zu **Kormoranfelsen** und **Seelöwenkolonien,** mit etwas Glück sieht man auch Delfine.

■ Im Sommer, nur auf Anfrage. Ca. 45 Euro p.P., Reservierungen über **Darwin Adventures,** Tel. 09/ 9530 4355, contact@darwinadventure.cl.

Parque Tantauco

Südwestlich von Quellón hat der Unternehmer und derzeitige Staatspräsident *Sebastián Piñera* im Jahr 2005 einen riesigen Landbesitz von 118.000 Hektar erworben und den privaten Naturpark Tantauco gegründet. Das weitflächig mit Urwald bedeckte Gebiet wurde mit **erstklassigen Wanderwegen** und einem Netz von **Schutzhütten** erschlossen, was eine Durchquerung von Nord nach Süd oder umgekehrt möglich macht (etwa 5 Tage).

Der **Zugang** erfolgt zum einen auf dem Landweg von Norden her, über eine gute Schotterstraße von der Panamericana zum Parkeingang am **Lago Yaldad** (Campingplatz, 35 km von Quellón), danach weitere 20 Kilometer auf einer Geländewagen-Piste zum ersten Refugio am **Lago Chaiguata;** bis hierher verkehren auch Busse von Quellón. Zum anderen auf dem Seeweg: Mit einer Barkasse fährt man von Quellón nach **Caleta Iñío** im Süden des Parks. Hier gibt es Unterkünfte und Zeltmöglichkeiten (Lebensmittel mitbringen).

- **Bus Quellón – Chaiguata:** Mo, Mi, Fr 10 Uhr, 3 Std., 13 Euro.
- **Barkasse Quellón – Iñío:** Mo, Mi, Fr 10 Uhr, zurück 15 Uhr, 2–3 Std., 31 Euro. Die Fahrpläne können sich je nach Wetterlage ändern. Reservierung empfohlen (s.u.)
- Der **Eintritt** in den Park kostet einmalig 10 Euro, die Zeltplätze 6 Euro p.P., die Refugios 8–12 Euro p.P.
- **Unterkunft in Iñío:** im Refugio (Schlafsaal 15 Euro p.P.); in Kuppelzelten (Schlafsack mitbringen, 12 Euro p.P.), in der Casa de Huéspedes (DZ 42–58 Euro). Alle diese Unterkünfte werden vom Parque Tantauco verwaltet. Hinzu kommen einfache Privatquartiere für ca. 30 Euro mit Vollpension.
- Die Parkverwaltung bietet auch günstige **Trekkingprogramme** an, z.B. die komplette Parkquerung (6 Tage/5 Nächte) mit Transport und Übernachtung in den Refugios (ohne Verpflegung) für 142 Euro.
- Aktuelle **Infos und Reservierungen** über das Parkbüro in Quellón (Av. La Paz 068, Tel. 65/277 3100), oder bei der Fundación Futuro in Santiago, Tel. 2422 7300, www.parquetantauco.cl.

Walbeobachtung

Einst lebten sie zahlreich vor der chilenischen Küste, dann wurden sie industriell dezimiert und vertrieben. Heute kehren die Wale langsam wieder zurück. **Im Golfo Corcovado** zwischen der Südspitze von Chiloé und dem Festland werden in den letzten Jahren immer mehr Buckel- und Blauwale gesichtet, letztere mit bis zu 33 Metern Länge die größten Meeressäuger. Bootsbesitzer in Quellón bieten evtl. Ausfahrten an (Preis Verhandlungssache), allerdings sind die Fischerboote nur bedingt dafür geeignet, etwa dem Schlag einer Walschwanzflosse standzuhalten … Zudem ist es nicht so einfach, die Tiere in dem riesigen Golf aufzuspüren. Eine Professionalisierung der Touren mit größeren Booten und geschulten Führern ist geplant.

- Bei der Organisation hilft **Darwin Adventures,** Tel. 09/9530 4355, contact@darwinadventure.cl.

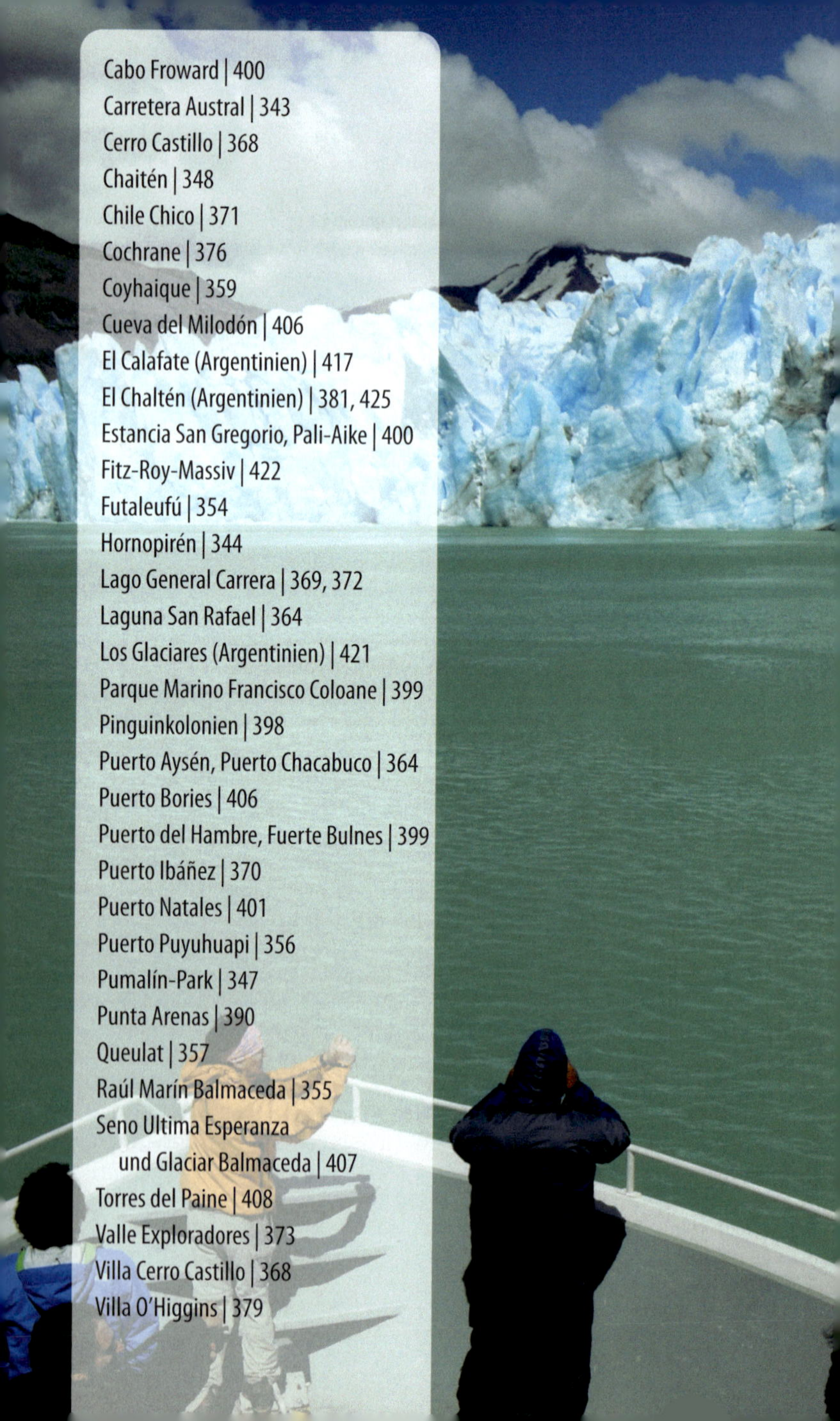

Cabo Froward | 400
Carretera Austral | 343
Cerro Castillo | 368
Chaitén | 348
Chile Chico | 371
Cochrane | 376
Coyhaique | 359
Cueva del Milodón | 406
El Calafate (Argentinien) | 417
El Chaltén (Argentinien) | 381, 425
Estancia San Gregorio, Pali-Aike | 400
Fitz-Roy-Massiv | 422
Futaleufú | 354
Hornopirén | 344
Lago General Carrera | 369, 372
Laguna San Rafael | 364
Los Glaciares (Argentinien) | 421
Parque Marino Francisco Coloane | 399
Pinguinkolonien | 398
Puerto Aysén, Puerto Chacabuco | 364
Puerto Bories | 406
Puerto del Hambre, Fuerte Bulnes | 399
Puerto Ibáñez | 370
Puerto Natales | 401
Puerto Puyuhuapi | 356
Pumalín-Park | 347
Punta Arenas | 390
Queulat | 357
Raúl Marín Balmaceda | 355
Seno Ultima Esperanza
und Glaciar Balmaceda | 407
Torres del Paine | 408
Valle Exploradores | 373
Villa Cerro Castillo | 368
Villa O'Higgins | 379

chi13-034 ms

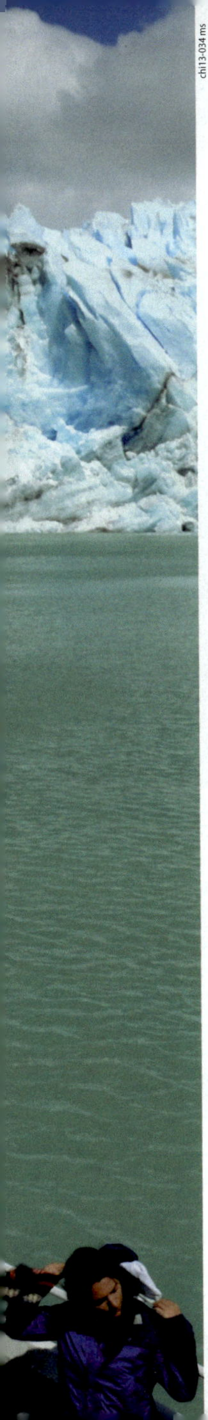

6 Der Große Süden

Der Große Süden ist auch der wilde Süden. Südlich von Puerto Montt beginnt das Gebiet der Gletscher, der Inseln und Fjorde, der langen Winter und des rauen Klimas – das chilenische Patagonien, das im Unterschied zum argentinischen Teil fast durchgehend von Urwald bewachsen ist. Dann die unüberwindbare Barriere des Patagonischen Inlandeises und schließlich die Region Magallanes mit dem Nationalpark Torres del Paine und Feuerland ganz im Süden.

Per Schiff zum O'Higgins-Gletscher am Südlichen Patagonischen Eisfeld

NICHT VERPASSEN!

- **Parque Pumalín:** der Modellpark des Millionärs | 347
- **Chaitén:** wie Phönix aus der Asche | 348
- **Nationalpark Queulat:** Hängegletscher im Regenwald | 357
- **Laguna San Rafael:** Eiswand im Pazifikfjord | 365
- **Lago General Carrera:** blaugrüne Krake vor dem Patagonischen Eis | 369
- **Tortel:** pittoreskes Urwalddorf ohne Straßen | 377

Diese **Tipps** sind gelb hinterlegt.

Die Carretera Austral – 1200 Kilometer durch die Wildnis

chi13-035 ms

PATAGONIEN ENTLANG DER CARRETERA AUSTRAL

Die 1200 Kilometer lange Carretera Austral (Südstraße), erst ab den 1970er Jahren durch die Wildnis geschlagen, ist Chiles schönste Route in die Einsamkeit und ein **Magnet für Abenteurer:** für Wanderer, die verschwiegene Naturparks erkunden, für Angler, die aus Fjorden und Seen große Lachse und Forellen ziehen, für Radfahrer, die mit dem Mountainbike die abenteuerliche Piste bezwingen wollen.

Hier dominiert dichter Urwald. Die vom Pazifik aufsteigende Feuchtigkeit regnet sich auf der Westseite der Kordillere ab, ideal für den kalten Regenwald, in dem Flechten und Farne mit Bambus- und Fuchsiengewächsen um die Wette wuchern und riesige Alercen seit Jahrhunderten ungestört zwischen den verschiedenen Südbuchenarten wachsen. Nur wenige Orte säumen die Fernstraße, meist kleine, einsame Nester. Wohl nirgendwo auf der Welt findet man in Privatwohnungen und Hotels so viele **großformatige Puzzles:** 5000 Teile, die zusammengesetzt einen schneebedeckten Berg und seine Spiegelung in einem See zeigen, sind keine Seltenheit – irgendwie muss man den langen Winter ja überstehen …

Drei Verwaltungsregionen haben Anteil am chilenischen Patagonien: Im Norden gehört ein Stück zur **Region Los Lagos,** der äußerste Süden, beginnend im kontinentalen Eisfeld und auch Feuerland und die chilenische Antarktis umfassend, gehört zur **Region Magallanes.** Der Teil dazwischen, der durch die Carretera Austral erschlossen und in diesem Kapitel behandelt wird, gehört **überwiegend zur Region Aysén,** offiziell Región Aysén del General Carlos Ibáñez del Campo. Der Name Aysén ist,

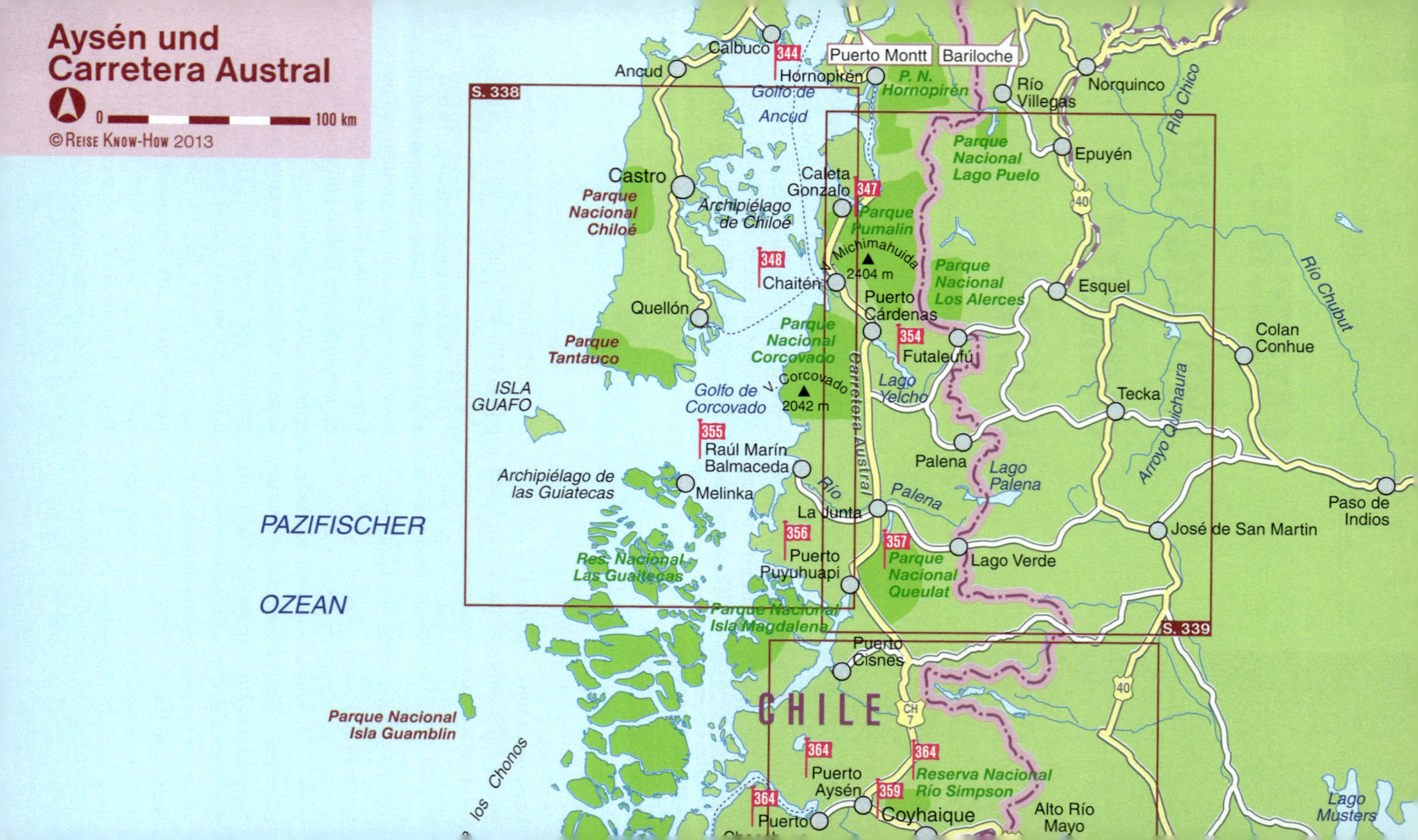

Aysén und Carretera Austral
0
100 km
©Reise Know-How 2013
S. 338
S. 339
Calbuco
Ancud
Puerto Montt
Bariloche
Hornopirén
P. N. Hornopirén
Río Villegas
Norquinco
Río Chico
Golfo de Ancud
Epuyén
Parque Nacional Lago Puelo
Castro
Parque Nacional Chiloé
Archipiélago de Chiloé
Caleta Gonzalo
Parque Pumalín
V. Michimahuida
2404 m
Parque Nacional Los Alerces
Esquel
Río Chubut
Chaitén
Quellón
Puerto Cárdenas
Futaleufú
Parque Nacional Corcovado
Parque Tantauco
Colan Conhue
Lago Yelcho
V. Corcovado
2042 m
Golfo de Corcovado
ISLA GUAFO
Carretera Austral
Tecka
Arroyo Quichaura
Palena
Lago Palena
Raúl Marín Balmaceda
Archipiélago de las Guiatecas
Melinka
Río Palena
La Junta
Paso de Indios
José de San Martin
Lago Verde
Puerto Puyuhuapi
Parque Nacional Queulat
Res. Nacional Las Guaitecas
PAZIFISCHER OZEAN
Parque Nacional Isla Magdalena
Puerto Cisnes
CHILE
Parque Nacional Isla Guamblin
los Chonos
Puerto Aysén
Reserva Nacional Río Simpson
Coyhaique
Alto Río Mayo
Lago Musters
Puerto
40
CH 7
344
347
348
354
355
356
357
359
364

ARGENTINIEN
Archipiélago
Golfo de Penas
368
Reserva Nacional Cerro Castillo
2600 m
C. Castillo
2675 m
370
Puerto Ibáñez
368
Villa Cerro Castillo
Lago Bueños Aires
369
Lago General Carrera
371
Chile Chico
Las Heras
Perito Moreno
C. San Valentin
4058 m
365
Laguna San Rafael
373
Puerto Tranquilo
Reserva Nacional Jeinimeni
Parque Nacional Laguna San Rafael
Reserva Nacional Tamango
S. 340
376
Cochrane
Paso Roballo
Campo de Hielo Norte
Río Baker
Lago Cochrane
Bajo de Los Caracoles
Monte San Lorenzo
3706 m
Carretera Austral
377
Tortel
Puerto Yungay
40
Parque Nacional Perito Moreno
379
Villa O'Higgins
Río Carbón
Las Horquetas
Parque Nacional Bernardo O´Higgins
Lago O'Higgins
Lago Cardiel
Lago San Martín
Campo de Hielo Sur
Monte Fitz Roy
3406 m
381
El Chaltén
Río Chico
Tres Lagos
288
Parque Nacional Los Glaciares
Lago Viedma
Puerto Natales

A
B
1
2
3
Golfo de Ancud
Chepu
Parque Ahuenco
Punta Ahuenco
Parq. Nac. Chiloé
Co. Cap Maldonado
820
Punta Tajamar
Linao
Lliuco
Aguas Buenas
Degán
Quemchi
I. Caucahue
Islas Aulin
Aucar
R. Butalcura
Butalcura
Quicaví
Tenaún
San Juan
Llaullao
San Pedro
Puchabrán
Dalcahue
Curaco de Vélez
I. Tac
Castro
Iglesias chilotas
Catedral
Achao
I. Quinchao
Punta Cuevas
Curahue
Aguantao
Nercon
Quinhao
Parq. Nac. Chiloé
Puqueldón
Andachildo
Huillinco
I. Lemuy
I. Quehue
Cucao
Chonchi
Detif
Bahía Cucao
Isla Grande
Punta Bonita
Ahoni
Aitui
Queilén
Compu
Punta Tablaruca
de Chiloé
Chadmo Central
Coinco
Isla Tranqui
Isla Tranqui
570
Punta Mirador
Yaldad
Quellón
L. Chaiguaco
Trincao
Quellón Viejo
I. Cailín
Punta Zorra
Parque Tantauco
I. Laitec
Punta Pabellón
Punta Yatac
Punta Tiques
I. San Pedro
Isla Quilán
Inio
Bahía Asasao
Punta Allatema
Golfo Corcovado
Is. Esmeralda
Punta Norte
CHILE
Punta Weather
Isla Guafo
Punta Caleta
Punta Sur
XI Región de Aysén
Boca del Guafo
Punta Puquitín
I. Gran Guaiteca
Melinka
Islas Bajas
I. Leucayec
Punta Ballena
I. Tuamapu
I. Llenihuenu
I. Arthur
I. Malleras
I. Midhurst
Archipiélago de las Guaitecas
I. Elvira
Isla Concoto
Can. Pérez Norte
Isla Mulchey
Islas Forsyth
Isla Chaffers
Isla Valverde
Isla García
I. Johnson
Isla Rojas
Isla Garrao
Canal Moraleda
I. Refugio
Isla Atilio
Gualaihue
Cta. Manzano
de Llancahue
Isla Llancahue
Pta. Chulao
Ayacara
Buill
Pta. Chumildén
Caleta Gonzalo
Canal Apiao
Canal Desertores
I. Desertores
I. Talcan
Los
Vol. Chaitén
Sta. Bárbara
Los Arrayanes
Ensenada Chaitén
Chaitén
C. Corcovado
2290
Volcán Corcovado
Punta Pucaihuén
Parque Nacional Corcovado
Volcán Nevado
2042
Punta Curahua
Bahía Tictoc
Puerto Escondido
Puerto Raúl Marín Balmaceda
Puerto Santo Domingo
R. Palena
Mte. Melimoyu
2400
Villa Melimoyu
Cordón Marchant
Canal Jacaf
Termas de Puyuhuapi
200
300
W15
W30
W35
W80
5
7
22
25
41
20
48
80
215

P. N. Hornopirén
L. de las Rocas
L. Interior
Parque Pumalín
L. Abascal
Termas Porcelana
Parque Pumalín
L. Rivadavia
Parque Nacional
L. Menéndez
L. Renihue
Po. Río Puelo 220
Lago Puelo
El Hoyo
Epuyén
L. Puelo
P. y N. Lago Puelo
Cerro Dos Picos 2515
L. Cholila
Cholila
R. F. Cerro Currumahuida
El Maitén
Cushamen
Río Chico
Tres Cerros 1080
Cerro Mojón 1701
Leleque
Río Chubut
Sierra Huacache
La Confluencia
Piedra Parada
Gualjaina
L. Futalaufquén
Los Alerces
Futalaufquén
L. Amutui Quimei
Esquel
Termas El Amarillo
Lagos
Trevelín
Futaleufú
L. Espolón
Las Salinas
Arroyo Pescado
Sierra de Tecka
R. Tecka
Languiñeo
Sa. de Languiñeo
Po. Futaleufú
R.N. Futaleufú
Cerro Cónico 2271
L. Yelcho
L. Lonconao
R. Futaleufú
Puente Ventisquero
Puerto Piedra
Rafting
Puente Futaleufú 335
Villa Santa Lucía
Puerto Ramírez
Cerro Cuche 2020
Tecka
Quichaura
Carrenleufú
El Corcovado
Po. Río Encuentro 425
Palena
Cerro Central 2070
R. Palena
El Azul
Elena
Sierra de Tepuel
Putrachoique
Villa Vanguardia
Cerro Barros Arena 2289
L. Palena
Valle Zancudo
R. N. Parque Palena
Lago Vintter
L. Gral. Vintter
ARGENTINA
Carretera Austral
R. Figueroa
La Junta
1764
1400
José de San Martín
Gobernador Costa
L. Rosselot
R.N. Lago Rosselot
Paso Las Pampas-Lago Verde
Lago Verde
Las Pampas
Río Pico
A. Cherque
Cerro Manoka Larga 2100
L. Verde
Parque Nac. Queulat
Ventisquero Colgante
R. N. Lago Carlota
Alto Río Cisnes
Estancia Shaman
A. Shaman
Estancia Don Guillermo
Nueva Lubecka

Puerto Cisnes
Villa Amengual
Cisne Medio
La Tapera
Cerro Mineral
2014
Río Frias
Aldea Apeleg
L. La Plata
Hosteria Huente Co
Cerro Catedral
2060
L. Fontana
L. Copa
P. N. Lago Las Torres
El Toqui
Lago Presidente Roosevelt
Mañihuales
L. Yulton
R. N. Mañihuales
Alto Río Senguer
Baño Nuevo
Ñirehuao
Puerto Aisén
Cerro Sancho
1823
Villa Ortega
Res. Nac. Coihaique
Coihaique Alto
Res. Nac. Río Simpson
Pto. Chacabuco
Lago Condor
Piedra del Indio
Coihaique
R. Chalia
Alto Río Mayo
Centro Río Mayo
Co. Mayo
1484
Lago Atravesado
L. Elizalde
Lago Ellis
Pampa del Chalia
El Blanco
Elizalde
L. La Paloma
Balmaceda
Estancia Valle Huemules
Lago Blanco
Res. Nac. Cerro Castillo
Volcán Hudson
2500
El Portezuelo
R. Guenguel
Loma Kensel
821
Villa Cerro Castillo
Las Manos de Cerro Castillo
Pampa
L. Lapparent
Ingeniero Pallavicini
R. Fénix Gde.
Pto. Ingeniero Ibáñez
2500
Pto. Levicán
Verdún
Bahía Murta
Lago Bayo
Puerto Cristal
Bahía Jara
Lago Buenos Aires
Los Antiguos
Chile Chico
Perito Moreno
Puerto Pto. Sánchez
R. Tranquilo
Fachinal
Ea. La Ascensión
Valle Exploradores
Catedrales de Mármol
L. General Carrera
Mallín Grande
Res. Nac. Lago Jeinemeni
Ea. Telken
L. Leones
Cerro Overo 1781
Puerto Guadal
Cruce El Maitén
L. Bertrand
Puerto Bertrand
R. Baker
R. Chacabuco
Va. Chacabuco
Mte. Zeballos
2726
C
D
1
2
3

6

so behauptet die Legende, eine Verballhornung. Die ersten Briten, die das Gebiet von Süden her erkundeten – sie kamen durch die Magellanstraße gesegelt – waren froh, endlich aus dem Eis herauszukommen: „ice end" …

Aysén hat **98.000 Einwohner,** die sich 108.000 Quadratkilometer teilen – das ist weniger als ein Mensch pro Quadratkilometer! Etwa die Hälfte der Menschen lebt noch dazu in der **Hauptstadt Coyhaique.** Insgesamt wohnen im Gebiet zwischen Puerto Montt und dem Inlandeis nicht mehr als 125.000 Menschen auf einer Fläche von 150.000 Quadratkilometern.

Geschichte

Bevor die ersten Weißen in das Gebiet kamen, lebten hier seit mehreren tausend Jahren **indianische Völker:** auf dem Festland die **Tehuelches,** die sich selbst *Tzónecas* nannten, was in ihrer Sprache einfach „Menschen" bedeutet. Sie waren Nomaden, jagten zuerst zu Fuß, nach Ankunft der Weißen zu Pferd, mit Pfeil, Bogen und Bolas (Wurfkugeln) Guanakos und Ñandus. Die **Kawéskar** – auch **Alakaluf** genannt – waren kurz gewachsene Kanunomaden, die sich vor allem vom Fisch- und Robbenfang in den Fjorden und Kanälen ernährten. Zwischen den zwei Völkern bestand kein Austausch.

Die **ersten Europäer** kamen Mitte des 16. Jahrhunderts. Dabei kam es zunächst nur zu sehr sporadischen Erkundungen der verworrenen Geografie der Fjorde und Kanäle. Die **Spanier** hatten kein besonders großes Interesse an den Menschen, die hier lebten. Sie wollten zum einen sicherstellen, dass sich an der Küste von „Trapanada", wie Aysén damals genannt wurde, keine englischen Piraten niederließen, zum anderen vermuteten sie die sagenumwobene „Stadt der Cäsaren" im patagonischen Urwald. Die Gier der Spanier nach Gold und anderen Edelmetallen ließ sie begierig alle Mythen aufgreifen – sei es den von El Dorado, dem „Goldenen Mann", oder sonst einen Hinweis auf den verborgenen Schatz irgendeines Herrschers.

Im späten 17. und auch im 18. Jahrhundert drangen **Forscher und Eroberer** immer weiter vor: *Bartolomé Díaz Gallardo* und *Antonio de la Vega* kamen im 17. Jahrhundert zum Campo de Hielo Norte, dem nördlichen Inlandeis (an der Laguna San Rafael), im 18. Jahrhundert dann **Jesuiten** von der Insel Chiloé. 1834 segelte die „Beagle" unter Kapitän *Fitz Roy* mit dem jungen *Charles Darwin* an Bord die gesamte patagonische Küste entlang; *Darwin* nannte die Region eine „grüne Einöde". Einige chilenische Expeditionen folgten; es ging darum, das Land zu kartografieren. *Enrique Simpson, Adolfo Rodríguez* und der Deutsche *Hans Steffen* erforschten in der Zeit von 1870 bis 1902 den Süden.

Die ersten spontanen Besiedlungsversuche waren nicht von viel Erfolg gekrönt. Bis zum Ende des 19. Jahrhunderts entstanden nur vier Siedlungen, die erste war Melinka auf dem Guaiteca-Archipel südlich von Chiloé, die 1859 von dem deutschen Auswanderer *Philipp Westhoff* gegründet wurde. Alle vier kamen kaum über den Status von kleinen Handelsstationen für Holz, Robben- und Otternfelle hinaus.

Erst im 20. Jahrhundert änderte sich das. **Große Gesellschaften erhielten**

umfangreiche Ländereien, um Aysén zu erschließen: Die Sociedad Industrial de Aysén, 1903 gegründet, bekam über 800.000 Hektar Land und wurde so zum größten Grundbesitzer der Region. Parallel wanderten Familien aus der chilenischen Zentralregion und dem Kleinen Süden ein, dazu Argentinier – alle hegten die Hoffnung, in Aysén Land für die Viehzucht zu bekommen. Die Regierung in Santiago unterstützte die Gesellschaften und die eingewanderten Familien und sorgte damit für einen ungeheuren **Raubbau an der Natur.** 1937 wurde das Gesetz über die Kolonisierung des Landes verabschiedet; es besagte, dass nur Land endgültig in Besitz übergehe, das vom Urwald „befreit“ sei. Daraufhin wurden in den 1940er Jahren mit Großfeuern mehr als 30.000 Quadratkilometer Urwald vernichtet (das entspricht ungefähr der Größe Nordrhein-Westfalens), die Folgen sind heute noch gut zu sehen. Auf den freigelegten Flächen wurde und wird Viehzucht betrieben.

chi11-022 ms

Gegenwart

Heute lebt die Region nicht mehr ausschließlich von der Viehzucht. In den Fjorden wird **Lachs** gezüchtet – auch nicht immer eine saubere Sache –, die Wälder werden teilweise als **Nutzwälder** gebraucht (großer Kahlschlag blieb bislang aus), und es gibt Pläne, die Flüsse zur Energiegewinnung zu nutzen. Auch der **Tourismus** ist in manchen Regionen ein bedeutender Wirtschaftsfaktor geworden.

Aysén ist heute nicht mehr so isoliert wie noch vor 40 Jahren. Seit den 1970er Jahren wurde an der Ruta 7 mit dem langen Namen „Carretera Longitudinal Austral Presidente Pinochet“, kurz **Carretera Austral,** gebaut. Sie führt, größtenteils als **Schotterpiste,** inzwischen **1200 Kilometer weit nach Süden, von Puerto Montt bis nach Villa O'Higgins,** durch dichte Wälder, vorbei an tiefblauen Seen, scharf eingeschnittenen Fjorden und schneebedeckten Gipfeln. Das Militär baute die Straße, Auftraggeber war Diktator *Pinochet.* Er wollte parallel zur Grenze zu Argentinien eine Nord-Süd-Straßenverbindung schaffen – vor allem aus militärischen Erwägungen. So frästen Rekruten-Bauarbeiter die Carretera Austral durch die Wildnis, immer den natürlichen Gegebenheiten folgend. Die Straße schlängelt sich an Fjorden und Seen entlang, begleitet den abenteuerlichen Verlauf wild schäumender Flüsse, klettert Berge hinauf und durchkreuzt Weidelandschaften, Sumpfgebiete und riesige Urwälder.

◁ Unterwegs im Parque Pumalín

Die Carretera Austral

Die Carretera Austral zu bereisen ist ein **Abenteuer** für sich. Man kann nicht einfach in Puerto Montt losfahren und die gesamte Strecke bereisen, denn **vier Meerengen müssen per Fähre gekreuzt werden:** zunächst der Reloncaví-Fjord, dann die Fjorde Comau und Reñihue zwischen Hornopirén und Caleta Gonzalo sowie, ganz im Süden, der Fiordo Mitchell, der die letzte Etappe nach Villa O'Higgins abteilt.

- **La Arena – Caleta Puelche:** Fähre über den Reloncaví-Fjord, Fahrtdauer 45 Min., ganzjährig tgl. etwa alle 45 Min. im Roll-on-roll-off-System (7.15–23.45 Uhr), Auto 16 Euro. Infos bei Transportes Austral in Puerto Montt, Tel. 65/227 0431. www.taustral.cl
- **Hornopirén – Caleta Gonzalo:** 2 Fähren mit einem kurzen Straßenstück dazwischen. Hornopirén – Leptepu, dann 10 km über Land zur zweiten Fähre Fiordo Largo – Caleta Gonzalo. Täglich einmal, im Sommer mitunter zweimal. Nähere Infos unter Hornopirén (s.u.).
- **Puerto Yungay – Río Bravo:** Fähre über den Mitchell-Fjord, 3x tgl., ca. 35 Min., s. dort.

Allein von Puerto Montt bis Chaitén muss man im Mietwagen ca. 12 Stunden kalkulieren. Alternativ dazu kann man seine Erkundungsfahrt auch erst in Chaitén, Chacabuco oder Coyhaique beginnen. Wie man per **Flugzeug, Schiff oder Bus** die einzelnen Orte erreicht, steht in den entsprechenden Kapiteln. Wer genügend Zeit mitbringt, kann die Carretera Austral auch per Bus bereisen, diese verkehren aber auf den südlichen Teilstrecken nur selten (mitunter nur zweimal wöchentlich). Auch die Linienbusse nutzen die o.g. Fähren. Alle Fahrpläne, ob für Busse oder Fähren, ändern sich schnell, man sollte dementsprechend Informationen immer vor Ort einholen bzw. nachprüfen.

Tipps für Fahrten auf der Carretera Austral

- Die Carretera Austral **mit dem Mietwagen** zu befahren, ist schon wegen der schlechten Busverbindungen die **beste Option.** Zudem kann man so an den schönsten Stellen stehen bleiben, an denen der Bus achtlos vorbeifährt. Als Mietstationen bieten sich Puerto Montt und Coyhaique an.
- Berücksichtigen Sie bei der Reiseplanung, dass das **Klima** auf dem Nordteil der Carretera Austral (von Puerto Montt bis Coyhaique) deutlich regnerischer ist als auf dem Südteil, wo rings um den Lago Carrera ein sonniges Mikroklima herrscht.
- Wenn Sie eine der o.g. **Autofähren** benutzen wollen, erkundigen Sie sich vorab nach den aktuellen Fahrplänen (diese ändern sich häufig) und versuchen Sie für die Fähre ab Hornopirén zu reservieren (siehe dort). Bei den anderen beiden Fähren gilt das Prinzip „Wer zuerst kommt, fährt zuerst".
- Nur in Coyhaique gibt es eine akzeptable **touristische Infrastruktur.** Geld wechseln ist überall sonst schwierig bis unmöglich, **Geldautomaten** gibt es nur in Futaleufú, Coyhaique, Puerto Aysén, Chile Chico und Cochrane.
- **Tankstellen** sind selten, deshalb besonders auf dem Südteil der Carretera jede Tankgelegenheit nutzen! Zur Not gibt es in den meisten kleinen Orten Benzin in Flaschen.
- Der größte Teil der Carretera ist nicht asphaltiert, die **Schotterpisten** sind streckenweise schmal und von sehr unterschiedlicher Qualität. Fahren Sie defensiv! Die engen Kurven sind oft nicht einsehbar, und an Steigungen lässt das „Waschbrett" (welliger Boden) das Fahrzeug schlingern. Bei Gegenverkehr abbremsen, Steinschlaggefahr!

■ Daher empfiehlt sich für die Carretera ein **geländegängiges Fahrzeug.** Die großen Autovermieter bieten dafür ohnehin nur Pick-ups oder Jeeps an bzw. übernehmen für andere Wagen auf der Carretera Austral keinen Versicherungsschutz.

Von Puerto Montt bis Chaitén

Man verlässt Puerto Montt auf der Uferstraße ostwärts und fährt immer entlang des **Seno de Reloncaví** nach Süden, vorbei am Nationalpark Alerce Andino, der oben unter „Die Umgebung von Puerto Montt" beschrieben wird. Die Ruta 7 erreicht nach 50 Kilometern **Caleta La Arena** (kleine Restaurants), von wo die Fähre über den Reloncaví-Fjord nach **Caleta Puelche** übersetzt (45 Min., 16 Euro pro Auto, Fahrplan s.o.). Danach geht es ein kurzes Stück weiter am Meer entlang, beim alten Holzhafen **Contao** zweigt die Straße ins Land ab und führt durch lichtes Waldgebiet nach Hornopirén (107 km von Puerto Montt). Wer Zeit mitbringt, sollte in Contao die längere, gut befahrbare Küstenstraße wählen. Sie führt durch verträumte Fischerdörfer mit vorgelagerten Inseln; sehenswert ist etwa der Sandstrand von **Hualaihué** mit seinen fossilen Muschelbänken. Die Route verbindet schließlich wieder mit der Route nach Hornopirén.

Hornopirén 339/C1

Der 5000-Einwohner-Ort, auf manchen Karten auch **Río Negro** genannt, liegt idyllisch am Nordende eines Pazifikkanals, umgeben von üppig bewachsenen Bergen mit einigen Schneespitzen. Ur-

chi13-036 ms

sprünglich eine Fischersiedlung, ist hier erst in den letzten Jahren eine bescheidene touristische Infrastruktur entstanden. Dabei gibt es in der näheren Umgebung einiges zu sehen! Östlich des Ortes lockt der nur wenig erschlossene **Parque Nacional Hornopirén** (Eintritt frei). Rund 12 Kilometer sind es bis zum Wohnhaus des Parkrangers. Ein gut ausgeschilderter Wanderweg führt durch einen Märchenwald mit flechtenbewachsenen Coihues und uralten Alercen zum **Lago Pinto Concha** (3–4 Std.). Hier steht eine verwahrloste Schutzhütte, besser ist auf jeden Fall ein Zelt. Bergsteiger können von hier aus den **Vulkan Yates** (2111 m) erklimmen. Es gibt zwei Thermalbäder: die rustikalen **Termas de Pichicolo,** 9 Kilometer vor Hornopirén direkt an der Carretera Austral (Eintritt ca. 13 Euro), und die **Termas de Llancahue** auf einer vorgelagerten Insel (s. Unterkunft). Auf dem geschützten **Canal Hornopirén** kann man schöne Kajaktouren unternehmen, z.B. über das Ecocamping El Cobre (s.u.). Wer mit der Fähre zum Parque Pumalín fahren will, muss in Hornopirén mindestens eine Nacht Zwischenstation einplanen.

Touristeninformation

- **Vorwahl von Hornopirén: 65**
- **Informationsbüro der Provinz,** direkt an der Plaza.

◁ Im Märchenwald des Nationalparks Hornopirén

Unterkunft/Essen und Trinken

Hotel Hornopirén
Carrera Pinto 388, Tel. 221 7256. Direkt am Fjord, einfach und abgewohnt, aber herzlich; geteilte Bäder. 22 Euro p.P. mit Frühstück.

Hostería Catalina
Am Ortseingang, Tel. 221 7359. Akzeptabler Standard, Restaurant. DZ mit Bad und Frühstück 50 Euro, auch Cabañas.
www.hosteriacatalina.cl

Cabañas Las Araucarias
Cahuelmo Ecke O'Higgins, Tel. 221 7320. Einfach, sauber, ruhig. 4–5 Pers. ab 60 Euro.
www.araucariahornopiren.cl

Cabañas Lahuán
Cahuelmó 40, Tel. 221 7239. Die beste Option im Ort. Großzügige, moderne, geschmackvolle Cabañas mit Blick auf die Bucht. 6–8 Pers. ab 100 Euro. Die Besitzer organisieren auch Bootstouren auf dem Fjord, z.B. zu den Termas Llancahue und den Géyseres de Porcelana.
www.turismolahuan.com

Ecocamping Patagonia El Cobre
1 km westlich der Mole am Ende der Uferstraße, Tel. 09/8227 5152. Einer der schönsten Zeltplätze in Patagonien, betrieben von einer herzlichen Familie. Mit Stellplätzen mitten im Naturwald, heißen Duschen, Grillplatz und einem urgemütlichen Café, in dem man am Feuer sitzen und in der Bibliothek schmökern kann, während vor den Fenstern die Delfine spielen ... Ein Lehrpfad führt zu schönen Aussichtspunkten, mit Kajaks kann man die Bucht erkunden oder längere Touren unternehmen. Zelten 6 Euro p.P. www.patagoniaelcobre.cl

Termas de Llancahue
Auf der gleichnamigen Insel. Thermalbad mit heißen Becken direkt am Strand, erreichbar in 45 Min. Fahrt im offenen Boot (im Sommer tgl. 15 Uhr hin, 19 Uhr zurück, 25 Euro p.P. inkl. Zutritt zu den Thermen, Kinder 50%). Übernachtung im Hotel, DZ mit Vollpension 95 Euro. Tel. 09/9642 4857.
www.termasdellancahue.cl

Douglas Tompkins

Der 1943 in New York geborene *Douglas Tompkins* gründete u.a. die Outdoor-Marke North Face und war Mitbesitzer der Modefirma Esprit. 1990 verkaufte er das Gros seiner Anteile für 125 Millionen Dollar. Seither widmet er sich ökologischen Initiativen. In den USA gründete er die **Stiftung Deep Ecology** mit Sitz in San Francisco, und in Chile (und später in Argentinien) begann er mit dem Kauf großer zusammenhängender Urwaldgebiete. Begünstigt wurde das von den chilenischen Gesetzen, die problemlos den Landerwerb durch Ausländer erlauben. Stück für Stück kaufte er zusammen, inzwischen ist sein **Landbesitz über 550.000 Hektar** groß und erstreckt sich über weite Teile Nordpatagoniens zwischen Hornopirén und Chaitén.

Schnell fand *Tompkins* bedeutende **Widersacher,** die nicht glauben konnten oder wollten, dass jemand Millionen Dollar investiert, um „lediglich" die Natur zu schützen. Die rechten, nationalistisch orientierten Parteien argwöhnten, dass er Festlandchile spalten und eine Art Enklave schaffen wolle. Schließlich seien nun große Teile des Grenzgebietes zu Argentinien in privater, ausländischer Hand. Der Universidad Católica de Valparaíso wurde untersagt, ihm 30.000 Hektar Land zu verkaufen, ein Gebiet, das *Tompkins'* Besitz in zwei Teile spaltet. Wilde Gerüchte kursieren immer wieder bzw. werden von interessierten Kreisen lanciert; vor allem wurde *Tompkins* vorgeworfen, er vertreibe die Siedler aus dem Gebiet.

chi13-037 ms

Tompkins selbst ließ seine Taten sprechen: Er schuf den **Naturpark Pumalín als Modell nachhaltigen Umweltschutzes.** Um seine lauteren Absichten zu untermauern, gründete er eine Stiftung, die den Park verwaltet und später als Eigentümerin übernehmen soll. Die territorialen Ansprüche der etwa ein Dutzend Siedlerfamilien, die im Park leben, hat *Tompkins* übrigens anerkannt, obwohl in den meisten Fällen keinerlei Rechtstitel vorlagen. *Tompkins* baute auch eine Schule, in der die Siedlerkinder unterrichtet werden, verbesserte die Häuser der Siedler und gab ihnen Arbeit in der organischen Landwirtschaft. Obwohl der Pumalín-Park längst direkt und indirekt die meisten Arbeitsplätze in der Gegend schafft, muss sich *Tompkins* immer wieder scharfer Attacken von Seiten nationalistischer Kleingeister erwehren. Neuester Stein des Anstoßes ist die geplante Landverbindung Hornopirén – Chaitén, welche die Lücke in der Carretera Austral schließen soll. Während *Tompkins* eine Streckenführung entlang der Fjordufer und der wenigen Siedlungen befürwortet, bestehen regierungsnahe politische Kräfte darauf, die Trasse mitten durch den – inzwischen offiziell zum Naturheiligtum deklarierten – Pumalín-Park zu schlagen. Diese Diskussion ist noch nicht ausgestanden.

■ Gut und überaus preiswert essen kann man in der **Markthalle (mercado),** O'Higgins Ecke Cordillera. Weitere einfache Restaurants im Ort.

Verkehrsverbindungen

■ **Kemel Bus** verkehrt Mo bis Sa viermal und So zweimal von und nach Puerto Montt (ca. 3 Std., 7 Euro).

■ **Bus nach Chaitén** tgl. 9.30 Uhr, ca. 18 Euro; der Buspreis schließt die Fähren mit ein.

■ **Doppelfähre Hornopirén – Caleta Gonzalo:** Zwei Fähren mit einem kurzen Straßenstück dazwischen. Zunächst von Hornopirén nach Leptepu durch den wunderschönen Comau-Fjord (ca. 4 Std.), dann 10 km Schotterstraße über die Halbinsel Huequi zur Rampe Fiordo Largo, von dort die zweite Fähre über den Reñihue-Fjord nach Caleta Gonzalo (30 Min.). Die Fähren verkehren ganzjährig und sind aufeinander abgestimmt, tgl. ab Hornopirén 10 Uhr, von Caleta Gonzalo zurück um 14 Uhr. Im Sommer mitunter zwei Verbindungen täglich. Der Preis für beide Fähren wird subventioniert: 12 Euro p.P., Auto 50 Euro. Die Reservierung für Fahrzeuge wird dringend empfohlen und ist im Jan./Feb. unabdingbar! Autofahrer müssen sich (trotz Reservierung) 1 Stunde vor Abfahrt an der Mole einfinden. Insgesamt sollte man für die Fähren 7 Stunden einkalkulieren. Infos/Reservierungen über Naviera Austral in Puerto Montt (Angelmó 1673, Tel. 227 0431, www.taustral.cl).

Sonstiges

■ Im Ort gibt es **zwei Geldautomaten** und einen **kleinen Supermarkt** (direkt an der Plaza), um sich für die Weiterfahrt nach Süden einzudecken.

◁ Der Autor und seine Frau mit Douglas Tompkins in El Amarillo

Parque Pumalín 339/C1

Caleta Gonzalo ist kein richtiger Ort, sondern lediglich die **Anlegestation** für die Fähre von und nach Fiordo Largo (mit Anschluss von/nach Hornopirén, s.o.). Gleichzeitig ist es das Tor zum **größten privaten Naturschutzgebiet der Welt,** dem Parque Pumalín („Ort, wo der Puma wohnt"), den der amerikanische Multimillionär *Douglas Tompkins* geschaffen hat (siehe Exkurs).

Pumalín gehört zu den schönsten Naturparks in ganz Chile und kann in Sachen Infrastruktur und Umweltschutz sowie als ökologisch-soziales Projekt als Vorbild gelten. Naturlehrpfade und Biogärten wurden angelegt, im Park gibt es zahlreiche Campingplätze, Cabañas, ein Besucherzentrum mit lokal produziertem, erlesenem Kunstgewerbe, ein schönes Café-Restaurant und **Trekkingpfade.** Einer beginnt an der Mole in Caleta Gonzalo und führt durch dichten Urwald über einen Fluss und einen Felsen hinauf zu einem Wasserfall (Rundweg 3 Stunden).

■ Der Pumalin-Park kostet **keinen Eintritt.**

■ Übernachtung in 7 kleinen, sehr geschmackvoll eingerichteten **Cabañas** mit Meerblick für 2–5 Pers. (ohne Küche; 2 Pers. 125 Euro, 4 Pers. 190 Euro) sowie in 2 etwas abseits gelegenen Cabañas mit Küche (Holzfeuer, dieselben Preise).

■ Zelten kann man in Caleta Gonzalo auf dem wohl schönsten **Campingplatz** in ganz Chile, nur zu Fuß über eine Hängebrücke erreichbar, mit viel Platz auf Wiesen mitten im Wald, Bädern mit kalten Duschen, Schutzhütten und Grillplätzen. 4 Euro p.P.

■ Sämtliche weiter unten im Text erwähnten Campingplätze des Parks kosten 8 Euro pro Zelt und setzen mit ihren zweckmäßigen, soliden, geschmackvollen und sauberen Einrichtungen Maßstäbe: Picknickbänke, Bäder mit kalten Duschen, Schutzdächer zum drunter Zelten usw.

■ Das **Restaurant** bietet Tagesmenüs und einfache Gerichte sowie Kaffee und Kuchen; hier kann man auch Fleisch und Brennholz kaufen und in einer der Grillhütten sein Abendessen selbst zubereiten.

■ Weitere Informationen und Reservierungen auf der Website **www.parquepumalin.cl.**

Mit Blick auf den **Vulkan Michinmahuida** (2400 m) geht es weiter nach Süden, bis kurz vor Chaitén immer quer durch den Parque Pumalín. Dies ist einer der schönsten Abschnitte der Carretera Austral: Die Piste fräst sich durch dichte Vegetation, Riesenfarne und enorme Nalcas säumen den Weg. Ist Regen gefallen, dampft der Urwald, und die Wolken hängen tief an den grünen Wänden ringsum. Plötzlich reißt es auf, und ein See oder ein Vulkan kommt in Sicht.

Bei km 12 beginnt der **Sendero Tronador,** ein Trekkingpfad, der zu einem verschwiegenen Waldsee mit Zeltmöglichkeit führt (bis dort ca. 2 Std.). Bei km 13 führt links der Straße der **Sendero Alerce** durch einen wunderschönen alten Alerce-Wald (30 Min.). Manche Bäume sind bis zu 3 Meter dick, der älteste wird auf 3000 Jahre geschätzt. 1 Kilometer weiter südlich gibt es einen kleinen Campingplatz, hier beginnt ein Wanderweg zu den **Cascadas Escondidas,** den versteckten Wasserfällen (2 Std. insgesamt). Am **Lago Negro** (km 20) und am **Lago Blanco** (km 23) gibt es wieder Zeltplätze, idyllischer ist der am Lago Blanco mit überdachten Stellen direkt am Ufer. Vom **Camping Michinmahuida** (km 28,5) führt ein Trekkingpfad zum Fuß des gleichamigen Vulkans (ca. 12 Std. insgesamt). Bei km 29 liegt, etwas abseits im Wald, das **Camping El Volcán** (alle Pumalín-Campingplätze 8 Euro pro Zelt) mit einem Lebensmittelkiosk und einem Lehrpfad. Dieses Teilstück der Carretera Austral war stark vom **Ausbruch des Vulkans Chaitén** im Mai 2008 betroffen (s. Exkurs weiter unten). Ganze Abschnitte mussten neu aufgeschüttet, Brücken repariert werden. Allerorten sieht man, wie Ascheschlamm-Lawinen die Flussbetten und große Waldstücke zerstörten. Doch schon wachsen wieder Nalcas („Riesen-Rhabarber") aus der dicken Ascheschicht …

■ **Aufstieg zum Vulkan Chaitén:** Bei km 34, etwa 200 m südlich der Brücke Los Gigios, führt links ein gut erkennbarer und teilweise markierter Weg hinauf zum Kraterrand. Dabei steigt man durch einen von einer Asche-Schlamm-Lawine zerstörten Wald – ein beeindruckendes Zeugnis der Kräfte der Natur. Unterwegs eröffnen sich schöne Blicke über den Pumalín-Park bis zum Meer. Nach 1½ bis 2 Stunden ist der Krater erreicht (765 m hoch), in dessen Zentrum zwei riesige Dome noch allerorten vor sich hinrauchen.

Nach 48 Kilometern gelangt man bei **Santa Bárbara** wieder ans Meer, und bei km 58 ist Chaitén erreicht.

Chaitén

338/B2

Das Städtchen an der gleichnamigen Pazifikbucht, umgeben von dicht bewaldeten Kuppen, ersteht derzeit neu, buchstäblich wie Phönix aus der Asche. Vom Ausbruch des Vulkans Chaitén im Mai

2008 komplett entvölkert und zu 40% zerstört, wird die Hauptstadt der Provinz Palena **nach und nach wieder aufgebaut** (s. Exkurs). Anfang 2013 lebten hier wieder rund 1500 der ursprünglich 5000 Einwohner. Chaitén ist das natürliche Tor zum Hauptabschnitt der Carretera Austral: Hier landen die Fährschiffe von Puerto Montt und Quellón/Chiloé an, und von hier gelangt man leicht zu den Attraktionen des Parque Pumalín und des Lago Yelcho.

Zugleich ist Chaitén ein beeindruckendes **Freiluftmuseum:** Im Süd- und Ostteil der Stadt kann man sich ein Bild machen von der Kraft der Naturgewalten: von Asche verschüttete Straßenzüge, mit Asche angefüllte Häuser, von Schlammlawinen zerstörte Gebäude. Der Río Blanco, der ursprünglich an der Stadt vorbeifloss, hat sich entlang eines Straßenzugs ein neues Bett gesucht und fließt nun quer durch die Stadt ins Meer. Er brachte so viel Asche mit, dass die Bucht verlandete: Die einstige Uferstraße ist nun mehrere hundert Meter vom Meer entfernt …

Bei gutem Wetter sieht man den **Vulkan** weiter kräftig rauchen. Der Kraterrand kann in einer einfachen Trekkingtour bestiegen werden (3 Std., s.o.).

Praktische Tipps

Touristeninformation

- **Vorwahl von Chaitén: 65**
- **Infokiosk** an der Uferstraße gegenüber vom Hotel Schilling (nur im Sommer), Tel. 09/9876 9190. infopalena@sernatur.cl

Unterkunft

- **Hospedaje Corcovado**

Av. Corcovado 408, Tel. 273 1076. 6 einfache Zimmer mit Bad, Restaurant. 16 Euro p.P. mit Frühstück.

- **Hostal Don Carlos**

Almirante Rivero 33, Tel. 273 1287. 16 einfache Zimmer, die größeren mit Bad, netter Aufenthaltsraum mit Bar. 18 Euro p.P., DZ 40/48 Euro.

- **Hotel Schilling**

Av. Corcovado 230, Tel. 273 1295. Eigentlich ein besseres Hostel, mit 10 abgewohnten Zimmern, guten Betten und Zentralheizung. Sehr gastfreundliche, alteingesessene Besitzerin *Señora Silvia*. DZ mit gutem Frühstück 66 Euro.

- **Cabañas Brisas del Mar**

Av. Corcovado 278, Tel. 273 1284. Recht enge Cabañas für 4–5 Pers., mit Gasheizung, ab 67 Euro. Unpersönlich, aber okay. cababrisas@telsur.cl

- **Cabañas Pudú**

Av. Corcovado 668, Tel. 273 1336. 6 praktische Cabañas für 4–6 Pers., mit Holzofen, ab 84 Euro mit Frühstück, nette Leute. puduchaiten@hotmail.com

- **Posada Kahuel**

4 km nördlich von Chaitén an der Carretera, Tel. 09/8156 6148. Die beste Option in Chaitén, 4 moderne Suiten für 2–4 Pers., sehr schöne Bäder, Zentralheizung, nette Wirtsleute, Essen auf Bestellung. DZ 75 Euro. horacio@kahuel.cl

Essen und Trinken

- Gut, schnell und sehr preiswert isst man in den **Garküchen Altamar** und **El Comedor** auf der Diego Portales.
- Einige rustikale Restaurants an der Uferstraße, z.B. das **Corcovado** (s.o.).
- Beste Adressen sind derzeit das **El Quijote** in der O'Higgins und das **Rincón Bohemio** am Ortsausgang hinter der Brücke (beide abends ein Pub).

Flugzeug

Der Flughafen ist zerstört. Die Kleinflugzeuge für 9 Passagiere landen derzeit provisorisch auf einem verbreiterten Stück der Carretera Austral in **Santa Bárbara,** 10 km nördlich. Dort gibt es keinen Warteraum und keine Toiletten. Ein neuer Flugplatz ist in Bau. Der Transfer von und nach Chaitén kann über einen der u.g. Tourveranstalter organisiert werden. Die **Fluggesellschaften** haben ihre Büros in Puerto Montt:

- **Pewén,** Tel. 222 4000. Täglich außer So 1x bis 2x von und nach Puerto Montt (68 Euro). www.pewenchile.com
- **Aerocord,** Tel. 226 2300. Ähnliches Angebot, dieselben Preise wie Pewén. www.aerocord.cl

Busse

Die meisten Busse fahren von dem kleinen Terminal in O'Higgins 67. 4x wöchentlich nach **La Junta** (5 Std., ca. 15 Euro; dort Anschluss nach Coyhaique), nur 2x wöchentlich (Mi, So 10 Uhr) fährt ein durchgehender Bus nach **Coyhaique** (12 Std., ca. 35 Euro). Täglich außer So nach **Futaleufú** (4 Std., ca. 12 Euro) und **Palena.** Täglich nach **Puerto Montt,** inkl. der Fährverbindung Caleta Gonzalo – Hornopirén (Kemel Bus, ab Chaitén 12 Uhr, 11 Std., 23 Euro). Wer nur nach Caleta Gonzalo oder an einen anderen Punkt im Pumalín-Park möchte, kann mit diesem Bus mitfahren und sich absetzen lassen.

Busreservierungen über die Agentur Chaitur neben dem Busterminal (s.u.).

Schiff/Fähre

In Chaitén legen Fähren **von und nach Puerto Montt sowie Quellón/Chiloé** an bzw. ab. Die Mole befindet sich ca. 500 m nördlich des Zentrums. Qualität und Fahrzeit der Fähren variieren gewaltig; die modernste und schnellste ist die „Don Baldo" mit 230 Sitzplätzen, sie braucht nur 8 Std. nach Puerto Montt. In der Saison (Jan./Feb.) sollte man frühzeitig buchen, insbesondere, wenn man mit dem Wagen übersetzen will.

- **Naviera Austral**
Corcovado 466, Tel. 65/226 2300 (P. Montt), 65/273 1011 (Chaitén). Fr und So 10 Uhr nach Puerto Montt (8–12 Std., 27 Euro p.P., Auto 147 Euro), Mo 10 Uhr nach Quellón/Chiloé, nur Jan./Feb., 5 Std., 27 Euro p.P., Auto 137 Euro. www.navieraustral.cl
www.navieraustral.cl

Reiseveranstalter/Touren

- **Turismo TriBal**
Tel. 09/7643 9155. *Pablo Triviño* ist ein umsichtiger, kundiger Führer, der viel über die bewegte jüngere Geschichte des Ortes erzählen kann. Er spricht passabel englisch und bietet Touren im Pumalín-Park, Aufstiege auf die Vulkane, Ausflüge zu Seelöwen-Kolonien und Seekajak-Touren an.
turismotribal@gmail.com
- **Chaitur**
O'Higgins 67, neben dem Busterminal, Tel. 09/7468 5608. Der kanadische Betreiber *Nicolas La Penna* lebt seit vielen Jahren in Chaitén, ist gut informiert und sehr hilfsbereit. Busreservierungen, Transport im eigenen Kleinbus und Touren zu Zielen in der Umgebung. www.chaitur.com
- **Pumalin Explorer**
Tel. 09/9690 1704. Englischsprachige Trekking-, Reit- und Angeltouren in der Umgebung.
www.pumalinexplorer.com

Sonstiges

- Im **Banco Estado** gibt es einen Geldautomaten.
- Mehrere Läden haben **Grundnahrungsmittel,** z.B. in der Todesco Ecke Portales.
- **Tankstelle** an der Uferstraße.

Ein Vulkan zerstört eine Stadt

Als am **2. Mai 2008** um 0.30 Uhr starke Erdstöße und eine Explosion die Einwohner von Chaitén weckten, ahnten sie nicht, dass dies der Anfang vom Ende ihres kleinen, bescheidenen Städtchens an der gleichnamigen Pazifikbucht sein würde. Im Dunkeln sahen sie das Leuchten und die Aschewolke einer Eruption und meinten zunächst, es handele sich um den Vulkan Michinmahuida, einen prominenten Kegel 35 Kilometer nordöstlich der Stadt. Doch bald stellte sich heraus, dass der **Vulkan Chaitén** ausgebrochen war, ein 1100 Meter hoher unscheinbarer Nachbar des Michinmahuida und nur 10 Kilometer von der Stadt entfernt. Von seiner Existenz hatten nicht nur die meisten Chaiteninos, sondern auch viele Vulkanologen nichts gewusst. Schließlich lag – wie man später berechnete – sein letzter Ausbruch rund 9000 Jahre zurück, und so galt er, wie Hunderte andere Vulkane in Chile, als erloschen.

Der Vulkan schleuderte seine Asche bis zu 20 Kilometer hoch, die enorme Rauchsäule wurde vom Wind westwärts getrieben und verdunkelte nach einigen Tagen sogar Buenos Aires. In der Umgebung des Vulkans ging ein **dichter Ascheregen** nieder, der das Atmen erschwerte. Chaitén selbst wurde binnen eines Tages von einer 20 Zentimeter dicken Ascheschicht überzogen. Daraufhin evakuierte die Regierung in einer Blitzaktion rund 7000 Bewohner im Umkreis von 50 Kilometern. Diese ließen ihr Hab und Gut zurück und konnten nur das Nötigste mitnehmen. Diejenigen, die nicht bei Verwandten weiter südlich in Futaleufú oder Palena unterkamen, wurden per Schiff ins 200 Kilometer nördlich gelegene Puerto Montt evakuiert. Tausende Nutztiere blieben auf dick mit Asche bedeckten Weiden ihrem Schicksal überlassen. Schließlich trat der Río Blanco, der direkt unterhalb des Vulkans entspringt, über die Ufer und überschwemmte große Teile der Stadt mit **Asche, Schlamm und Geröll.** Ganze Straßenzüge wurden verwüstet, Häuser weggespült oder unter Schlamm begraben, die Trinkwasser- und Stromversorgung komplett zerstört.

Nachdem der erste Schock überwunden war, stritt man monatelang erbittert über die Zukunft der Provinzhauptstadt. Auf der einen Seite die Zentralregierung, die vor der unkalkulierbaren Gefahr weiterer Eruptionen warnte und beschloss, Chaitén 10 Kilometer weiter nördlich in Santa Bárbara komplett neu aufzubauen. Auf der andere Seite viele ehemalige Bewohner Chaiténs, die nicht einfach alles aufgeben wollten, für den Wiederaufbau der Stadt plädierten und auf den unzerstörten Hafen als wichtigen Wirtschaftsfaktor verwiesen. Etliche Kleinunternehmer kehrten bereits nach wenigen Monaten zurück, befreiten die Straßen von der Asche, setzten ihre teilweise geplünderten Häuser wieder in Stand, versorgten sich mit Strom aus Generatoren und Wasser vom Berg und empfingen wieder Touristen. Ihr Standpunkt: Überall gibt es Gefahren, wir müssen eben mit dem Vulkan leben und ihn respektieren. Ihrem trotzigen Beharren ist es zu verdanken, dass die Regierung schließlich einlenkte, den Plan eines „neuen Chaitén" verwarf und 2011 den Wiederaufbau der nicht zerstörten Teile Chaiténs in Angriff nahm.

Von Chaitén nach Coyhaique

Hinter Chaitén geht es im Tal des Río Yelcho zügig voran. Die Straße ist zunächst geteert, die Asphaltierung wird derzeit bis Villa Santa Lucía vorangetrieben. Nach 25 Kilometern ist der Flecken **El Amarillo** erreicht; hier lohnt ein Halt an dem zu Pumalín gehörenden Almacén Puma Verde, einem stilvollen Gemischtwarenladen nebst Tankstelle, mit ungewohnt breitem Sortiment an Lebensmitteln, Campingbedarf und Werkzeug. Im Ort gibt es die hübsche Hospedaje Marcela (etwa 10 Euro p.P.).

Gleich hinter dem Ort geht es links ab ins **Tal des Río Amarillo,** das zum Südteil des Parque Pumalín gehört: ein wundervolles Tal mit Blick auf den Vulkan Michinmahuida und grüne Wiesen voller langschnäbeliger *bandurrias* (Ibisse). Entlang der 8 Kilometer langen Stichstraße gibt es vier Zeltplätze. Bei km 4,2 beginnt der lohnenswerte **Sendero Ranita de Darwin,** so genannt nach einem sehr seltenen endemischen Frosch. Der Trail führt ca. 2 Stunden lang durch schönsten Naturwald und vorbei an mehreren Aussichtspunkten. Vom herrlich gelegenen **Camping Ventisquero** (km 8,2) führt ein 10 Kilometer langer leichter Wanderweg zu einem Aussichtspunkt, von dem man die Gletscher des Michinmahuida bewundern kann.

Von El Amarillo führt ein weiterer Abstecher von 5 Kilometern zu den rustikalen **Termas El Amarillo,** wo bis zu 50 Grad heiße Becken vor sich hin dampfen (Eintritt 6 Euro).

- Auf dem Gelände kann man sehr schön **zelten** (9 Euro pro Zelt), die Installationen sind allerdings rudimentär (keine Duschen!).
- Urig übernachten kann man im **Bed & Breakfast Pumalin Explorer** direkt neben den Thermen und dem sprudelnden Flüsschen. Hier gibt es einen großen Wohn-Schlafraum für 4 Pers. mit Holzofen

chi13-038 ms

> Von einer Aschelawine zerstörter Wald am Vulkan Chaitén

und eigenem Bad, die Küche teilt man mit dem netten Besitzer. Das Beste ist die gemauerte Thermalwanne im Haus! 33 bzw. 44 Euro p.P. je nach Saison. Ganzjährig geöffnet, Tel. 09/9690 1704. www.pumalinexplorer.com

46 Kilometer südlich von Chaitén ist beim Zehnhäuserdorf **Puerto Cárdenas** der malerische **Lago Yelcho** erreicht, ein Gletschersee, der sich über 35 Kilometer nach Südosten erstreckt, ein Paradies für Sportangler. Angeblich stellte hier ein Angler einen Rekord auf: 17 Kilogramm wog der Lachs, den er mit seiner Fliege lockte.

■ Übernachtung in einem einfachen **Residencial** im Ort (ca. 8 Euro p.P.) oder in den bequemen **Cabañas Villa Gesell** (2–6 Pers., Seeblick, Tel. 67/221 4544, 2 Pers. 91 Euro, www.villagesellchile.com).

Eine kolossale Hängebrücke überspannt den **Río Yelcho,** den Abfluss des Sees. Rechter Hand erhebt sich eine imposante vergletscherte Bergkette, bei gutem Wetter sieht man auch den **Vulkan Cor-**

covado (2300 m), der als markanter Kegel mitten im (nicht erschlossenen) Nationalpark Corcovado aufragt. 14 Kilometer weiter überquert man eine Brücke, von der man den **Gletscher Ventisquero Yelcho** blau leuchten sieht (Parkplatz). Eine einfache, überaus lohnenswerte dreistündige Wanderung (hin und zurück) führt durch dichten Wald hinauf bis vor die Gletscherwand.

Kurz vor **Villa Santa Lucía** (78 km von Chaitén) zweigt nach Osten eine schmale Straße von der Carretera Austral ab. Sie führt hinunter zum **Lago Yelcho** und dann bei **Puerto Ramírez** (zwei Residenciales, ca. 10 Euro p.P.) weiter nordostwärts als Ruta 231 nach Futaleufú, Richtung Südosten als Ruta 235 nach Palena.

Der blau-grün schimmernde **Río Futaleufú** begeistert Rafter weltweit (vgl. „Outdoor/Rafting“) – 12 Kilometer hinter Puerto Ramírez überquert man die Brücke über den Fluss, die Endstelle der Rafting-Touren ist. Parallel zum Fluss und vorbei am Lago Lonconao führt die Straße nach Futaleufú (68 km ab Carretera Austral).

Futaleufú 339/C2

In dem **idyllischen 2000-Seelen-Dorf** nahe der Grenze lässt es sich aushalten. Es gibt eine schöne Plaza, ein paar gute Restaurants und viele Unterkünfte und Ausflugsangebote. In der Nähe lockt die Reserva Nacional Futaleufú. Am geruhsamen Flussstrand kann man mit den Einheimischen schwimmen gehen. Im Ort steht eine **Bank** mit Geldautomat zur Verfügung.

Unterkunft/Essen und Trinken

- **Hostal Sur Andes**
P. Aguirre Cerda 308, Tel. 65/272 1405. Gemütlich dekoriertes Hostel mit schönen Zimmern und guten Bädern. DZ 50 Euro p.P. www.surandeschile.cl
- **Posada La Gringa**
Sargento Aldea, Tel. 65/272 1260. Sehr schöne DZ mit Bad ab 75 Euro mit Frühstück.
- **Cabañas Veranada**
Sargento Aldea 480, Tel. 65/272 1266. Liebevoll eingerichtete Bungalows ab 60 Euro, Tourangebote; Leserempfehlung. www.turismofutaleufu.cl
- **Antigua Casona**
M. Rodríguez 215, Tel. 65/272 1311. Rustikal restauriertes Holzhaus an der Plaza, WLAN, 4 DZ mit Bad für 58 Euro. www.antiguacasona.cl
- **Lodge El Barranco**
O'Higgins 172, Tel. 65/272 1314. Bestes Hotel im Ort, mit 10 schönen Zimmern, Schwimmbad, Restaurant, Fahrrädern und Exkursionsangeboten. DZ 175 Euro. www.elbarrancochile.cl
- **Camping Los Coihues**
400 m Richtung Chaitén, Tel. 09/9608 9255. Von Lesern empfohlener Zeltplatz direkt am Fluss (7 Euro p.P.), warme Duschen und Strom; auch eine einfache Cabaña für bis zu 6 Pers. (zu zweit zahlt man 58 Euro). www.campingfutaleufu.cl
- **Cocinería Patagónica**
P. Aguirre Cerda 393. Uriges Restaurant, abends tritt der Besitzer als Bänkelsänger auf.

Busse

- **Busse** fahren fast täglich hinüber nach Trevelin in Argentinien. Dort bekommt man problemlos Anschluss nach Esquel.
- Täglich außer So Verbindung nach **Chaitén.**
- 3x wöchentlich fährt **Buses Daniela** (Tel. 67/223 1701) über La Junta nach **Coyhaique.**

Palena (64 km von der Carr. Austral) ist noch kleiner als Futaleufú, ansonsten aber mit dem „Nachbarort" vergleichbar: 1500 Menschen leben hier im Valle de California, begünstigt wie dort von einem besonderen Mikroklima, das selbst Zitrusfrüchte gedeihen lässt. In der Nähe gibt es die verschwiegene Reserva Nacional Lago Palena, nähere Infos dazu im Ort.

■ Übernachten kann man im sauberen, netten **Hostal El Paso,** Pudeto 661, Tel. 65/274 1226, 20 Euro p.P. mit üppigem Frühstück; auch gutes Mittag-und Abendessen.

■ **Busse** fahren nach Futaleufú und Chaitén, keine öffentlichen Verkehrsmittel nach Argentinien.

Von **Villa Santa Lucía** aus führt die Carretera Austral durch Wälder und Weiden gerade nach Süden. Sie erreicht nach 73 Kilometern die gesichtslose Siedlung **La Junta** (148 km von Chaitén), die ihren Namen dem Zusammenfluss der Flüsse Rosselot und Palena verdankt und erst mit dem Straßenbau in den 1980er Jahren zu Leben erwacht ist. Der Ort ist auch ein kleiner Verkehrsknotenpunkt: Nach Osten führt eine Straße über Lago Verde nach Argentinien, nach Westen eine Schotterpiste zum Pazifikhafen Raúl Marín Balmaceda (s.u.). La Junta ist eine wichtige Station für die Busse auf der Carretera Austral, mitunter machen diese hier eine längere Pause.

■ Wer hier übernachten muss, kann das gut und preiswert im **Residencial Copihue** (A. Varas 611, Tel. 67/231 4184, DZ ca. 32 Euro) oder sehr schön im **Hostal Espacio y Tiempo** (direkt an der Carretera Austral, Tel. 67/231 4141, DZ 95–125 Euro je nach Saison, www.espacioytiempo.cl).

■ **Busse** verkehren von La Junta mindestens 1x täglich nach Coyhaique und Chaitén, 3x wöchentlich nach Futaleufú und Puerto Cisnes, 4x wöchentlich nach Lago Verde und an den Fährtagen nach Raúl Marín Balmaceda.

Raúl Marín Balmaceda 338/B3

Das kleine **Hafendorf** an der Mündung des Río Palena lohnt einen Abstecher. Eine neue Straße führt von La Junta immer am Río Palena entlang, bei km 57 setzt eine Fähre über den Fluss (gratis, mehrmals tgl.), nach weiteren 10 km ist der Ort erreicht. Umgeben von schönstem Naturwald, vermittelt er einen rechten Eindruck von patagonischer Ursprünglichkeit. Ein Lehrpfad (Chucao) endet an einem weißen Sandstrand, auf den Dünen wachsen wilde Erdbeeren, im Meer springen die Delfine. Hier kommen die Fährschiffe von Quellón nach Chacabuco vorbei (2x wöchentlich), an diesen Tagen verkehrt auch ein Anschlussbus von/nach La Junta. Allerdings gibt es noch keine Fährrampe, sodass die Passagiere per Boot aus- und eingeschifft werden.

■ Übernachten kann man in einfachen Unterkünften, z.B. im **El Viajero,** Tel. 02/196 0967 (Sat-Tel.), 17 Euro p.P., oder im **Valle del Palena,** Tel. 09/6608 9536, turismovallepalena@hotmail.com, DZ mit Bad 50 Euro (auch Cabañas und Tourangebote).

■ Leser empfehlen die schön eingerichteten **Cabañas Fundo Los Leones,** mit Meerblick und hausgemachtem Frühstück. DZ 110 Euro. www.fundolosleones.com

chi080 ms

Puerto Puyuhuapi 339/C3

Südlich von La Junta beginnt der Nationalpark Queulat, der vor allem in seinem südlichen Teil erschlossen ist (s.u.). Zunächst gelangt man nach 47 Kilometern nach Puerto Puyuhuapi, ein **Pionierdorf wie aus dem Bilderbuch:** Eine Hand voll niedriger, holzverkleideter und -gedeckter Häuser verliert sich am Nordufer des Fjords. Erst 1935 wurde die Siedlung am Ende des Ventisquero-Fjords von vier sudetendeutschen Junggesellen gegründet, die als Vorhut einer größeren Gruppe von Auswanderwilligen kamen. Der Zweite Weltkrieg machte die Übersiedlungspläne zunichte; die vier Männer jedoch blieben, holten Arbeiter von der Insel Chiloé und bauten Farmen auf. Einer von ihnen, *Walter Hopperdietzel*, gründete eine **Teppichmanufaktur,** die heute noch existiert und zu besichtigen ist (Aysén s/n, Tel. 09/9359 9515, www.puyuhuapi.com).

Durch die Anbindung an die Carretera Austral hat sich Puyuhuapi von der Siedlerfarm zu einem „richtigen" Dorf gemausert. Es gibt einige adrette Hotels und Restaurants, von hier aus kann man den Parque Queulat erkunden. Einen Regentag verbringt man gut in den **Termas del Ventisquero.** Die Anlage 6 Kilometer südlich des Dorfes (Tel. 67/232 5228, www.termasventisqueropuyuhuapi.cl) hat drei unterschiedlich heiße Be-

Im Urwaldhafen Puerto Puyuhuapi

cken direkt am Fjord und verfügt über eine nette Cafeteria. Mit ca. 18 Euro Eintritt ist sie zwar nicht gerade billig, aber leichter erreichbar als die Termas de Puyuhuapi auf der anderen Seite des Fjords (s.u.).

Unterkunft

■ Preiswert im **Las Brisas,** O'Higgins 87, Tel. 67/232 5185; im **Valentina,** Otto Uebel 25, Tel. 67/232 5114; oder im **Ventisquero,** O'Higgins 39, Tel. 67/32 5130; alle 13 Euro p.P. mit Frühstück.

■ **Casa Ludwig**
Otto Uebel 202, Tel. 67/232 5220. Bester Tipp im Ort: ein gemütliches altes Kolonisten-Holzhaus, das von der Tochter eines der deutschen Einwanderer betrieben wird. *Luisa Ludwig* bietet nicht nur Unterkunft in diversen Kategorien an (DZ mit Gemeinschaftsbad 40 Euro, mit Privatbad 64 Euro), sie ist auch eine gute Quelle für Tourinformationen in der Gegend und kann anschaulich aus der Geschichte des Urwalddorfs erzählen. www.casaludwig.cl

■ **Hostería Alemana**
Otto Uebel 450, Tel. 67/232 5118. Schönes Holzhaus mit buntem Garten. DZ 55 Euro.
www.hosteriaalemana.cl

■ **Cabañas El Pangue**
Lago Risopatrón, 18 km nördlich von Puyuhuapi, Tel. 67/252 6906. Mitten im Naturwald am See liegt diese Ferienanlage mit Zimmern und geräumigen Bungalows für 1 bis 7 Personen, gutem Service und guter Küche, Clubhaus mit Kaminzimmer, beheiztem Swimmingpool und Sauna. Alle Arten von Ausflügen: Trekking, Reiten, Angeln, Kanu. DZ ab 68 Euro. www.elpangue.com

■ Zelten kann man auf dem **Campingplatz La Sirena** unmittelbar am Ufer mitten im Ort (überdachte Stellplätze und heiße Duschen) sowie auf dem wunderschön am Fjord gelegenen **Campingplatz Las Toninas** 17 km südlich von Puyuhuapi (5 Euro p.P.).

■ Das **Hotel Termas de Puyuhuapi** bietet dank seiner isolierten Lage – es ist nur per Boot zu erreichen – Urlaub in der Einsamkeit mit höchstem Komfort. Die Thermalquellen speisen mehrere Freibecken direkt am Fjord und ein überdachtes Spa. Die geschmackvollen Zimmer blicken alle auf den friedlichen Pazifikarm, in dem nicht selten Delfine spielen. Sehr gute Küche, eigene Lachsfarm. DZ 168/234 Euro je nach Saison, auch Komplettprogramme. Tel. 67/232 5103 oder 2/2225 6489.
www.patagonia-connection.com

Wer nur tagsüber in den **Thermen** bleiben möchte, kann mit dem hauseigenen Boot übersetzen, das vom Anlegesteg 17 km südlich von Puyuhuapi abfährt (im Sommer 3x tgl.). Anmeldung ist erforderlich, der Transport hin und zurück kostet 10 Euro p.P., der Eintritt zu den Thermalfreibecken und zum überdachten Spa 38 Euro. Auch Bootsführer in Puyuhuapi bieten die Überfahrt an.

Essen und Trinken

■ Empfehlenswert sind das **Café Rossbach** und das **Restaurant El Muelle.**

Busse

■ Bei der Polizeistation halten alle Busse der Nord-Süd-Verbindungen: mindestens 1x täglich nach **Coyhaique** und **La Junta,** 3x wöchentlich nach **Futaleufú** und **Puerto Cisnes,** 4x wöchentlich nach **Lago Verde.** Aktuelle Informationen in der Casa Ludwig.

Parque Nac. Queulat 339/C3

Der Nationalpark Queulat – eingerichtet 1983, mit 154.000 Hektar Fläche – umfasst **Urwälder** voller Farn- und Lianen-Gewächse, mit Bambus und Pangue-

Pflanzen. Letztere – auch Nalca genannt – sind eine Besonderheit. Sie ähneln unserem Rhabarber, ihr Stiel wird auch wie Rhabarber gekocht und gegessen. Die Blätter sind nur viel größer, sie erreichen durchaus Regenschirmformat. Der Park zieht sich in verschiedenen Höhenstufen vom Meer hinauf bis auf 2225 Meter.

20 Kilometer südlich von Puyuhuapi liegen das **Conaf-Infozentrum** und die Hauptattraktion des Parks (Eintritt 8 Euro): Man überquert eine wacklige Holzbrücke und erreicht auf einem 600 Meter langen Pfad die **Laguna Témpanos,** in der kleine Eisberge treiben. Oder man wandert direkt zum **Ventisquero Colgante,** dem „Hängenden Gletscher": Der Weg folgt meist durch Fuchsien und Bambusgehölz dem Flusslauf (1½ Std.). Drohend schiebt sich die Gletscherzunge über den Kamm zwischen zwei Bergen vorwärts. Jeden Moment scheint die Eismasse abzukippen, aber nur ein blauweißer Schmelzwasserfall und einzelne größere Eisbrocken stürzen in die Tiefe.

Andere Wanderwege führen weiter südlich in den Nationalpark, lohnenswert ist der **Sendero Bosque Encantado** nahe der Südgrenze des Parks (32 km von Puyuhuapi), der in 1½ Stunden Rundweg zu einer kleinen Gletscherlagune führt. Kurz bevor die Carretera am Portezuelo Queulat auf 500 Meter steil ansteigt, passiert man den **Padre-García-Wasserfall,** hinter der Anhöhe dann den **Salto del Cóndor.**

- **Informationen** im Conaf-Zentrum und in Puyuhuapi.
- In Puyuhuapi kann man einen **Kleinbus zum Parkeingang** am Hängegletscher chartern: **Juan Angulo,** Tel. 67/232 5130, oder **René Kavitzke,** Tel. 67/232 5119.
- Am Parkeingang zum Hängegletscher kann man gut **zelten** (10 Euro pro Zelt), ebenso am Lago Risopatrón im Nordteil des Parks.

Weiter auf der Carretera Austral

Hinter dem Queulat-Pass gabelt sich die Straße; nach Westen führt ein 35 Kilometer langer Abstecher nach **Puerto Cisnes** (2000 Einwohner), ein ruhiger Ort mit schönem Naturhafen am Canal de Puyuhuapi. Hier lassen sich gut Delfine und Seelöwen beobachten und Ausflüge mit Fischerbooten unternehmen.

- Unterkunft im einfachen **Hostal Michay** (Gabriela Mistral 112, Tel. 67/34 6462, 18 Euro p.P.).
- **Busse** verbinden Puerto Cisnes fast täglich mit Coyhaique.

Zurück auf der Carretera Austral zweigt 33 Kilometer weiter bei **Villa Amengual** (alte Schindelkirche) ostwärts die **Straße nach La Tapera** (49 km) ab. Sie erreicht hinter der Estancia Río Cisnes auf zunehmend schlechter werdender Straße die Grenze zu Argentinien (nur tagsüber passierbar). In Argentinien hat man über eine schlechte Schotterstraße Anschluss an die dortige Ruta 40.

Von Amengual weiter nach Süden passiert die Hauptstrecke einige Seen. Allmählich nähert man sich dem am dichtesten besiedelten Teil der Region Aysén, dem Gebiet um die Hauptstadt Coyhaique. Die **Abzweigung nach Puerto Aysén** (km 357) lässt man rechts liegen. Danach durchfährt man eines der Gebiete, in denen am besten zu sehen ist, was die Brandrodungen in den 1940er

Jahren angerichtet haben. Bei km 406 ab Chaitén ist Coyhaique erreicht.

Coyhaique 340/C2

„Koi-Aike" – „Land zwischen den Wassern" – nannten die indianischen Ureinwohner den Ort ganz passend, schließlich fließen hier der Río Simpson und der Río Coyhaique zu Füßen des imposanten Tafelberges Cerro Mackay zusammen. Die **Hauptstadt der Region Aysén** wurde 1929 als Servicestation für die Sociedad Industrial de Aysén, die größte „Entwicklungsgesellschaft" der Region, gegründet und ist bis heute die einzige wirkliche Stadt der Region (50.000 Einwohner) geblieben. Städtisches Gefühl vermitteln aber höchstens einige größere Supermärkte, ansonsten zeichnet sich der Ort durch viel Ruhe und seine **ungewöhnliche Plaza** aus, die im Unterschied zu denen in allen anderen chilenischen Städten fünfeckig ist.

Zu besichtigen gibt es in Coyhaique nicht viel, aber es ist vielleicht der richtige Ort, um nach oder vor einer Reise auf der Carretera Austral ein wenig zu verschnaufen und Pullover, Jeans und Shirts zu waschen. Schließlich gibt es hier Cafés und Restaurants und ein gutes Hotelangebot. Im **Museo Regional de la Patagonia** kann man alte Fotos aus der Pionierzeit bestaunen, zudem einige Einrichtungsgegenstände der ersten Siedler (Baquedano 310). Und in der Kleinbrauerei D'Olbek kann man zusehen, wie mit alten englischen Apparaturen das berühmte lokale Bier produziert wird (Baquedano 1899, www.dolbek.cl).

Bei schönem Wetter lohnt der Weg zum **Aussichtspunkt am Río Simpson** (José Miguel Carrera nach Westen, dann links). Folgt man der Straße, die über den Río Simpson zum Flughafen führt, kann man von der Brücke aus eine eigenartige Felsformation bewundern: Die **Piedra del Indio** über dem Fluss ist wie ein Indianerkopf geformt.

Praktische Tipps

Touristeninformation

- **Vorwahl von Coyhaique: 67**
- **Sernatur,** Bulnes 35, Tel. 224 0290. infoaisen@sernatur.cl
- **Cámara de Turismo,** Plaza de Armas/Dussen, Tel. 221 1253.
- **Conaf (Nationalparks),** Av. Ogana 1060, Tel. 223 1065.

Unterkunft

- **Hospedaje Natty**
Almirante Simpson 417, Tel. 223 1047. Leserempfehlung, Gemeinschaftsbad, Küchenbenutzung, WLAN; auch Zeltmöglichkeit. 13 Euro p.P., Frühstück extra (3 Euro).
- **Patagonia Hostel**
Lautaro 667, Tel. 09/6240 6974. Gemütliches, nett eingerichtetes Hostel der deutschen Betreiber *Sandra* und *Thomas*. Garten, Grillplatz, gutes Frühstück, Flughafentransfer, freies Internet (auch WLAN), Wäscheservice, Fahrradverleih und jede Menge Tourinfos und -angebote. 17 Euro p.P. im Mehrbettzimmer, DZ 47 Euro. www.patagonia-hostel.com
- **Residencial Mónica**
Eusebio Lillo 664, Tel. 223 4302. Familienunterkunft mit freundlichen und hilfsbereiten Eigentümern. DZ ohne/mit Bad ab 45 Euro.

Coyhaique
0 200 m
©Reise Know-How 2013
Pto. Chacabuco, Puyuhuapi
Pto. Chacabuco, Puyuhuapi
Río Simpson
Río Coyhaique
Norte-Sur
Ejército
Portales
Rodríguez
J. M. Carrera
Balmaceda
Ibáñez
Presidente
Riquelme
21 de Mayo
Moraleda
Av. Gral Baquedano
General Parra
Aussichtspunkt
Obispo Vielmo
Dussen
Bilbao
G. Mistral
18 de Septiembre
Magallanes
12 de Octubre
Arturo Prat
Horn
Plaza de Armas
Cruz
Bulnes
Sernatur
Condell
Montt
Eusebio Lillo
Av. General Baquedano
21 de Mayo
Almirante Barroso
Francisco Bilbao
Santiago Aldea
Pedro Aguirre Cerda
Ramón Freire
Presidente Errázuriz
Simón Bolívar
Eusebio Lillo
Lord Cochrane
Lautaro
Almirante Simpson
Serrano
Ignacio
Colón
Los Coigues
Av. Ogana
Los Mañios
Conaf
Flughafen Teniente Vidal
Flughafen Balmaceda, Cerro Castillo
Übernachtung
1 Camping La Alborada
2 Hostal Viento Sur
12 Hotel Nómades
19 El Reloj
20 Hostal Belisario Jara
21 Patagonia Hostel
22 Mónica
24 Natty
26 Hostal Las Salamandras, Cabañas Don Joaquín
Essen und Trinken
4 Dalí
6 El Mastique
7 Ricer
8 Mamma Gaucha
11 Casino de Bomberos
13 El Cuervo
15 Piel Roja
16 Cafetería Alemana
17 Café Confluencia
18 Café de Mayo
Einkaufen/Sonstiges
3 San Rafael
5 Cine Coihaique
6 Don Carlos
9 Kunstmarkt
10 Sky
14 LAN
23 Supermarkt
25 Supermarkt

Hostal Las Salamandras

Camino Teniente Vidal km 1, Tel. 221 1865. Nette Backpacker-Herberge, leider sehr abgelegen (ca. 30 Fußminuten) im Kiefernwald außerhalb der Stadt, mit Gästeküche, Terrasse und Hot-tub, einfachem Essen und Wäscheservice. Jede Menge Tourinfos und -angebote, Mehrbettzimmer 17 Euro p.P., DZ mit Bad 50 Euro. www.salamandras.cl

Hostal Viento Sur

Obispo Vielmo 71, Tel. 223 2707. Familiäre, gemütliche Herberge. DZ mit Kabel-TV für 61 Euro.

Hostal Belisario Jara

Bilbao 662, Tel. 223 4150. Sympathische Unterkunft mit 10 Zimmern, gutem Frühstück und vielen netten Details. DZ ab 102 Euro.
www.belisariojara.cl

El Reloj

Baquedano 828, Tel. 223 1108. Stilvolles Familienhotel mit erlesenem Restaurant El Ovejero. DZ mit Bad ca. 112 Euro.
www.elrelojhotel.cl

Cabañas Don Joaquín

Camino Teniente Vidal km 2, Tel. 221 4553. 4 große, 5 kleinere Bungalows im Wald, ruhig, teilweise mit Flussblick. Kabel-TV und WLAN. Do bis So Parrillada-Restaurant. Cabaña für 4 Pers. ab 125 Euro, Rabatt bei mehreren Tagen.
www.coyhaique.com

Hotel Nómades

Baquedano 84, Tel. 223 7777. Neues, todschickes Boutique-Hotel mit Flussblick und erlesenem Restaurant. DZ 150/180 Euro, in der Hochsaison mind. 2 Nächte. www.nomadeshotel.com

Camping

La Alborada

2 km in Richtung Puerto Aysén, windgeschützt, freundlich, warmes Wasser und Strom. 6 Euro p.P.

Essen und Trinken

Casino de Bomberos

General Parra 365. Gut und preisgünstig, hier essen die Einheimischen.

El Mastique

Bilbao 141. Gut und extrem günstig.

Ricer

Horn 48, direkt an der Plaza. Beliebter Treffpunkt, immer voll und recht teuer.

Mamma Gaucha

Horn 47. Pizza und Pasta mit regionalem Touch, sehr beliebt.

Cafetería Alemana

Condell 119. Guter Kuchen, kleine Gerichte.

Café Confluencia

21 de Mayo 548. Raucherlokal mit vegetarischem Angebot.

Café de Mayo

21 de Mayo 543. Sandwiches, Quiches, Salate, guter Kaffee und Internetzugang.

Dalí

Lautaro 82, Tel. 245422. Preisgekrönte Spitzenküche mit patagonischen Ingredienzen. Reservieren!

Piel Roja

Condell Ecke Moraleda. Pub mit Stil.

El Cuervo

Gral. Parra Ecke Moraleda. Beliebte Kneipe.

Flugzeug

Coyhaique hat **zwei Flughäfen:** Vom **Flughafen Balmaceda,** 55 Kilometer südöstlich der Stadt, starten die größeren Maschinen, vom stadtnahen **Flughafen Teniente Vidal** die kleineren. Ein Taxi-Colectivo zum kleinen Flughafen kostet ca. 4 Euro p.P., nach Balmaceda fahren Minibusse oder Colectivos (8 Euro p.P.), die man am besten über die Unterkunft bestellt.

chi143 ms

Die regionalen Fluglinien fliegen mit kleinen Maschinen in niedriger Höhe – ein Flug nach Cochrane, Villa O'Higgins oder zur Laguna San Rafael ist bei schönem Wetter ein **traumhaftes Erlebnis:** Man sieht das Patagonische Eisfeld, seine Gletscher und Gipfel, die Seen und Fjorde …

- **LAN,** Moraleda 402. Täglich von Balmaceda nach Puerto Montt und weiter nach Santiago.
- **Sky,** Arturo Prat 203, Tel. 224 0827. Täglich nach Puerto Montt und Santiago, Mo bis Sa nach Punta Arenas.
- **Línea Aérea San Rafael,** 18 de Septiembre 469, Tel. 223 3408. 2x pro Woche nach Melinka (36 Euro), Charterflüge nach Chile Chico, Cochrane, Villa O'Higgins oder zur Laguna San Rafael, Überflug 1850 Euro für 7 Passagiere (2 Std.).
- **Línea Aérea Don Carlos,** Subteniente Cruz 63, Tel. 223 1981. 2x pro Woche nach Villa O'Higgins (einfach 55 Euro). Spezialflüge für bis zu 4 Pers. z.B. nach Chile Chico (860 Euro) oder Überflug der Laguna San Rafael (nur bei schönem Wetter, 1475 Euro).

Überlandbusse

Der **zentrale Busbahnhof** ist Lautaro/Ecke Magellanes. Von hier starten die meisten Busse, aber nicht alle. Die Verbindungen nach Norden und Süden sind spärlich, insbesondere in der Nebensaison. Auch im Sommer werden viele Strecken nur einmal am Tag bedient, mitunter auch nur ein paar Mal pro Woche. Fahrpläne und Buslinien sind so wechselhaft wie das patagonische Wetter; aktuelle Informationen bekommt man im Terminal oder bei Sernatur. Frühzeitige Buchung wird empfohlen! Die wichtigsten Ziele und Frequenzen im Sommer:

Blick auf Coyhaique zu Füßen des Tafelbergs Cerro Mackay

- **Futaleufú,** 3x wöchentlich, 12 Std., ca. 28 Euro
- **La Junta,** tgl., 7 Std., 17 Euro
- **Puyuhuapi,** tgl., 6 Std., 13 Euro
- **Puerto Cisnes,** tgl., 6 Std., 13 Euro
- **Puerto Aysén/Puerto Chacabuco,** mehrfach tgl., 1 Std., 2 Euro
- **Puerto Ibáñez,** ab Arturo Prat, Nähe Lautaro, tgl. 17 Uhr, 2 Std., 8 Euro
- **Puerto Tranquilo,** tgl., 5 Std., 12 Euro
- **Chile Chico** (über Puerto Guadal), tgl., 9 Std., 22 Euro
- **Cochrane,** tgl., 8 Std., 16 Euro
- **Tortel,** 4x wöchentlich, 11 Std., 28 Euro
- **Villa O'Higgins,** 2x wöchentlich, 14 Std., 35 Euro
- **Osorno/Puerto Montt** (über Bariloche/Argentinien): tgl., 18–20 Std., ca. 40 Euro
- **Punta Arenas** (über Argentinien): 1x bis 2x wöchentlich, 20 Std., ca. 45 Euro

Mit Anschluss an die **Fähre** über den Lago Carrera nach Chile Chico fahren Kleinbusse nach **Puerto Ibáñez** (tgl., mehrere Anbieter), die man am besten am Vortag bestellt; man wird frühmorgens im Hotel abgeholt. Informationen bei Sotramin (s.u.).

Schiff/Fähre

- **Navimag,** Paseo Horn 47 D, Tel. 223 3306. Tickets für die Schiffe von Chacabuco nach Puerto Montt und zur Laguna San Rafael (s. Chacabuco). www.navimag.com
- **Sotramin,** Baquedano 1198, Tel. 223 7958. Fähre über den Lago Carrera. Online-Reservierung unter www.sotramin.cl

Mietwagen

- **Traeger,** Baquedano 457, Tel. 223 1648.
- **Automundo AVR,** Bilbao 510, Tel. 223 1621.
- **AGS,** Av. Ogana 1298, Tel. 223 1511.
- **Europcar,** Errázuriz 454, Tel. 225 5171.
- **Camello Patagón,** siehe Reiseagenturen.

Reiseagenturen

In Coyhaique bieten einige Agenturen **Ausflugsprogramme** in die Umgebung an. Viele sind spezialisiert auf Abenteuer- oder Naturtourismus, auf Fischen, Raften oder Reiten. Einige Adressen:

- **AktivoTOURS**
Lautaro 667, Tel. 09/9413 3026. Die deutschen Betreiber des Patagonia Hostels (s.o.) bieten attraktive Touren von 1 bis 21 Tagen per Kajak, zu Pferd oder zu Fuß entlang der Carretera Austral an. Auch Fahrradverleih, Mietwagen und Tagestouren. Buchen via Internet oder direkt vor Ort.
www.aktivotours.com
- **Geoturismo Patagonia**
José de Moraleda 480, Tel. 258 3173. Trekking- und Reittouren, Kajakschule, Ausflüge, Fahrradverleih.
www.geoturismopatagonia.cl
- **Camello Patagón**
Cóndell 149, Tel. 224 4327. Exkursionen, Angel- und Reittouren, auch Mietwagen.
www.camellopatagon.cl

Sonstiges

- **Geldautomaten,** mehrere auf der Calle Condell, auch im Banco de Chile an der Plaza de Armas. Letzte sichere Möglichkeit auf der Carretera Austral, um sich mit Bargeld einzudecken!
- **Post,** Cochrane 202.
- **Telefonzentralen,** z.B. Bolívar 191, 21 de Mayo 472 und Condell 162.
- Zahlreiche **Internet-Cafés,** z.B. auf der Arturo Prat.
- **Fahrradladen Figon,** Simpson 805, Tel. 223 4616. Ersatzteile, Reparaturen und Fahrradverleih (15 Euro pro Tag).
- **Wäschereien,** Bilbao Ecke 12 de Octubre und Bilbao 160.

Die Umgebung von Coyhaique

Reserva Nacional Coyhaique 340/C1,2

Ein Wanderung (1½ Std.) führt von Coyhaique (Ortsausgang Richtung Puerto Aysén, danach rechts über einen Schotterweg, Hinweisschild) in das 2150 Hektar große Schutzgebiet, in dem Südbuchen- und Kiefernwälder dominieren. Auf Höhenlagen bis 1000 Meter genießt man einen sehr guten Blick über die Stadt, das Tal des Río Simpson und die angrenzende Berg- und Tallandschaft. Zwei schöne **Wanderungen** im Park führen zu den beiden dunklen Lagunen Verde und Venus, eine weitere durch die Lengawälder auf den Cerro Cinchao (1361 m) mit schönem Ausblick (5–7 Std. hin und zurück). Der Park ist nichts Besonderes, am Wochenende aber ein beliebtes Ziel der Stadtbewohner. Mit einem Zelt kann man an der Laguna Verde übernachten.

Reserva Nacional Río Simpson 340/C2

Westlich der Stadt und leicht über die Straße nach Puerto Aysén zu erreichen (Busse passieren das Conaf-Besucherzentrum), erstreckt sich das Naturreservat über 41.000 Hektar. Bis auf 1900 Meter Höhe breitet sich eine **schöne Wald- und Berglandschaft** aus, mit Flusstälern, Wasserfällen und sogar einem Badestrand am kalten Río Simpson. Bester Zugang ist das Centro de Visitantes von Conaf bei km 37 an der Straße nach Puerto Aysén; dort ist auch ein kleines Museum. Nicht weit davon entfernt stürzt die Cascada La Virgen, ein kleiner Wasserfall, herab. Im Park gibt es **zwei Campingplätze** (bei km 24 und 32).

Die Seen Castor, Pólux und Frío

Nur mit dem eigenen bzw. gemieteten Fahrzeug ist diese 73 Kilometer lange Rundfahrt zu drei schönen **Bergseen** möglich. Man verlässt Coyhaique südwärts auf der asphaltierten Straße Richtung Balmaceda, biegt nach 16 Kilometern links auf eine Schotterstraße ein und gelangt erst zum Lago Frío, dann weiter durch das Tal zum Lago Pólux und Lago Castor. Alle drei Seen eignen sich **hervorragend zum Angeln,** zum Baden ist das Wasser zu kalt. Über die Straße von Coyhaique Alto nach Coyhaique erreicht man wieder die Stadt.

Puerto Aysén und Puerto Chacabuco 340/C1,2

Eine asphaltierte Straße verbindet Coyhaique mit Puerto Aysén (67 km) und Puerto Chacabuco (83 km).

Puerto Aysén, mit 22.000 Einwohnern der größere Ort, wurde 1914 als Hafen an der gemeinsamen Mündung der Flüsse Aysén und Palos in den Seno Aysén gegründet. Später verlandete der

Hafen, und heute legen die größeren Schiffe in Puerto Chacabuco (16 km westlich, 2500 Einwohner) an.

In Puerto Aysén kann man den Fischerbooten beim Anlanden zusehen. Eine Brücke führt über den Río Aysén, und schnell ist die wachsende Hafensiedlung **Puerto Chacabuco** erreicht. An der Mole starten die Schiffe zu ein- oder mehrtägigen Fahrten durch die wilde Welt der Fjorde, Meerbusen und Kanäle an der zerfransten Pazifikküste.

Unterkunft/Essen und Trinken

Hotel Moraleda
Puerto Chacabuco, O'Higgins 82, direkt am Hafen, Tel. 235 1155. Ca. 14 Euro p.P.

Hotel Plaza
Puerto Aysén, O'Higgins 613, Tel. 233 2784. Sauber, freundlich, Zimmer mit oder ohne Bad. Ab 20 Euro p.P. mit Frühstück.

Hotel Patagonia Green
Puerto Aysén, Tel. 233 6796. Neue Anlage mit gemütlichen Zimmern und Cabañas. DZ 90 Euro. www.patagoniagreen.cl

Hotel Loberías del Sur
Puerto Chacabuco, Carrera 50, Tel. 02/2231 1902. Großes Hotel mit Restaurant. DZ mit Bad ca. 225 Euro. Übernachtung auch in Kombination mit der Katamaran-Tour zur Laguna San Rafael (s.u.). www.loberiasdelsur.cl

Restaurant Isla Verde
Tte. Merino 810, an der Plaza von Aysén. Fisch und Meeresfrüchte.

Busse

- Die Buslinie **Chacabuco – Coyhaique** richtet sich nach den Fähren. Die Busse fahren pünktlich direkt bis zur Anlegestelle (1½ Std., 3 Euro).
- Zwischen **Puerto Aysén und Coyhaique** verkehren am Tag Dutzende von Bussen ab der Straße Sargento Aldea (1 Std., 2 Euro).

Schiff/Fähre

Von Puerto Chacabuco fahren Schiffe zur Laguna San Rafael und nach Puerto Montt. Alle Fähren sollten frühzeitig gebucht werden, am besten schon in den Büros der Reedereien in Santiago, Puerto Montt oder Coyhaique.

Navimag
Tel. 235 1111, zweimal wöchentlich nach **Puerto Montt,** 24 Std., 70–90 Euro p.P., je nach Komfort und Saison, Pkw 265 Euro, Fahrrad 58 Euro. www.navimag.com

- Reedereien der Schiffe zur **Laguna San Rafael** siehe unten.

Laguna San Rafael

Kilometerlange Fjorde, hoch aufragende schroffe Felsen, unberührte Urwälder, mit Schnee und Eis überzogene Berggipfel, dann hausgroße treibende Eisbrocken und schließlich die gigantische, 3 Kilometer breite und 60 Meter hohe blauweiße Eiswand – der Besuch der Laguna San Rafael mit dem San-Rafael-Gletscher gehört zweifellos zu den **Höhepunkten einer Südchile-Reise.**

Die Laguna San Rafael ist das **Herzstück des riesigen Nationalparks gleichen Namens,** der sich über 17.000 Quadratkilometer westlich des Lago General Carrera und der Carretera Austral bis zum Pazifik erstreckt. Hier mündet ein Ausläufer des Nördlichen Patagonischen Inlandeises, des etwa 3000 Quadratkilometer großen Campo de Hielo Norte. Und noch ein Rekord: Der San Rafael-Gletscher ist der äquatornächste Gletscher der Erde, der in einen Ozean mündet.

Die Laguna San Rafael bildet das Ende eines 120 Kilometer langen Fjords, des **Estero Elefantes.** Sie ist lediglich auf dem Seeweg erreichbar, ab Puerto Montt, Puerto Chacabuco oder Bahía Exploradores (s.u.). Die Passagiere der großen Schiffe werden in der Lagune auf Schlauchboote verfrachtet und nähern sich bis auf wenige hundert Meter der blauweißen Eiswand. Krachend brechen große Stücke aus dem Eis, tauchen tief in die eisigen Fluten ein und treiben dann friedlich auf der Wasserfläche. Gegen die Kälte hilft nicht nur eine dicke Jacke, sondern auch Whisky on the rocks – mit frisch gebrochenem Gletschereis.

Östlich des Gletschers erhebt sich der **Monte San Valentín,** mit 4058 Metern der höchste Berg der südlichen Anden. Er ist freilich nur selten zu sehen, wie überhaupt das regenreiche Klima den teuren Ausflug verleiden kann. Insbesondere bei den mehrtägigen Touren ist das Wetter kaum vorherzusehen, und so mancher hat schon drei Tage unter Deck verbracht und vom üppigen Grün der Kanäle nur wenig gesehen.

Wer auf seiner Reise ohnehin zum Perito-Moreno-Gletscher in Argentinien oder zum Grey-Gletscher im Torres-del-Paine-Nationalpark will, kann gut auf San Rafael verzichten.

Eisberg in der Laguna San Rafael

chi081 ms

Schiffstouren

Drei Gesellschaften fahren während der Saison zur Laguna San Rafael. Zwei starten in Puerto Montt, eine in Puerto Chacabuco. Die **Preise** sind **sehr unterschiedlich,** je nach Saison und Komfort. So kostet z.B. der billigste Platz bei Navimag von Puerto Montt zur Laguna und zurück 280 Euro (Nebensaison) für ein Stockbett in einer Gemeinschaftskabine, der teuerste liegt bei 1200 Euro für die Einzelkabine mit Außenfenster und Privatbad.

Die meisten Schiffe fahren nur **von Sept./Okt. bis März.** Erkundigen Sie sich genau, ob Verpflegung im Preis inbegriffen ist.

■ Catamaranes del Sur
Pedro de Valdivia Norte 0210, in Santiago, Tel. 2231 1902. Mit einem schnellen Katamaran von Puerto Chacabuco zur Laguna San Rafael und zurück als Tagestrip, 1x wöchentlich, 300 Euro. Auch Pakete von 2–5 Tagen mit Übernachtung im Hotel Loberías del Sur. www.catamaranesdelsur.cl

■ Navimag
Angelmó 1735, in Puerto Montt, Tel. 65/243 2360; Av. El Bosque Norte 0440, piso 11, in Santiago, Tel. 2442 3114. Ab Puerto Montt am Sa (vier Tage, siehe dort), ab Chacabuco am So (1½ Tage, ca. 450 Euro in der Hochsaison). www.navimag.com

■ Skorpios
Augusto Leguía Norte 0118, Las Condes, in Santiago, Tel. 2477 1900; Angelmó 1660, in Puerto Montt, Tel. 65/227 5646. Ab Puerto Montt jeden Sa, 6 Tage, je nach Saison und Kabine 1090–1755 Euro. www.skorpios.cl

Bootstouren

Seit Kurzem besteht die Möglichkeit, sich über die neue Straße im Valle Exploradores der Laguna San Rafael auf dem Landweg zu nähern. **Ab Bahía Exploradores** erreicht ein kleines Kabinen-Schlauchboot in 2½ Stunden den Gletscher. Die Tour beinhaltet Verpflegung und eine Wanderung und natürlich auch einen Whisky mit Gletschereis. Diese Exkursionen (1 bis 4 Tage, ggf. Zeltübernachtung am Gletscher) sind eine gute Alternative zur Massenabfertigung auf den Schiffstouren, sie haben nur zwei Nachteile: Man muss mindestens vier Leute zusammenbringen und selbst nach Bahía Exploradores anreisen (82 km westlich von Puerto Tranquilo, ca. 300 km von Coyhaique).

■ Destino Patagonia
Die Agentur hat ihren Sitz in Puerto Tranquilo (s.u.). Tel. 09/9158 6044, 09/8822 9491. Touren ab 217 Euro (1 Tag), Minimum 4 Pers., Transport ab Puerto Tranquilo separat möglich.
www.destinopatagonia.cl

Flüge zur Laguna

In Coyhaique kann man einen Charterflug zur Laguna San Rafael organisieren. Wenn mehrere Personen zusammenkommen, kann der Flug mit einer fünf- bis siebensitzigen Propellermaschine billiger werden als die Schiffsfahrt. Ein teurer Spaß bleibt es allemal: Der Überflug über den Gletscher (1½–2 Std.) ist ab ca. 1500 Euro für 4 Pers. zu haben. Adressen unter Coyhaique.

Von Coyhaique nach Villa O'Higgins

Vorbemerkung: Wer der **Carretera Austral nach Süden** folgen will, sollte **genügend Bargeld** mitnehmen. Südlich der Hauptstadt gibt es keine Wechselstuben mehr und nur noch wenige Geldautomaten.

Durch das **Tal des Río Simpson** folgt man der Carretera Austral südwärts. Sie ist bis Puerto Ibáñez asphaltiert bzw. betoniert. Im Flecken **El Blanco** (km 30) lohnt sich der Besuch des kleinen Museo del Mate, mit liebevoll präsentierten Exponaten der ersten Siedler. Bei km 40 zweigt die Straße zum Flughafen Balmaceda ab. Über Balmaceda kann man auch nach Argentinien einreisen, Schotterpisten gehen am Lago Blanco vorbei bis zur Ruta 40.

Auf dem Weg in den Süden passiert die Carretera Austral sumpfige Lagunen und Moorlandschaften und steigt dann am **Portezuelo Ibáñez** auf 1100 Meter an. Ab hier begleitet das großartige Panorama des **Cerro Castillo** (2313 m) die Weiterfahrt – ein bizarres Felsgewirr, das einem Fantasieschloss mit unzähligen Türmchen gleicht.

Reserva Nacional Cerro Castillo 340/C2

Noch vor dem Pass liegt bei **Las Horquetas** (75 km ab Coyhaique) der Zugang zu dem Naturschutzgebiet rund um das Castillo-Massiv. Es umfasst 109.000 Hektar vielfältiger Naturlandschaften, mit Lenga-Wäldern, tief eingeschnittenen Flüssen und schroffen Bergspitzen. Eine einsame, drei- bis viertägige Wanderung führt von Las Horquetas durch grüne Flusstäler hinauf zur **Laguna Castillo** (1700 m) und hinunter zum **Río Ibáñez.** Dabei bestehen gute Chancen, den vom Aussterben selten gewordenen *Huemul* zu sehen.

- Aktuelle **Informationen** bei Conaf in Coyhaique oder beim Parkwächter in Las Horquetas.
- Eine **Wanderkarte** bekommt man u.U. bei einer der Agenturen in Coyhaique.

Villa Cerro Castillo 340/C2

Die 500-Seelen-Siedlung zu Füßen des Cerro-Castillo-Massivs (95 km ab Coyhaique) hat sich in den letzten Jahren zu einem adretten **kleinen Touristenzentrum** entwickelt. Ein gut organisierter Infokiosk empfängt die Besucher, mehrere einfache Residenciales bieten Unterkunft, zwei Restaurants haben immer etwas zu essen – was für patagonische Dörfer nicht selbstverständlich ist. Zwar können die hübschen Straßenschilder die Armut mancher Hütte dahinter nicht verbergen, doch mittlerweile gibt es sogar Handyempfang, und man spürt, dass die Leute das Potenzial ihres Ortes erkannt haben.

Ein Wanderweg führt hinauf zur malerisch zu Füßen der „Schlosszacken" gelegenen **Laguna Castillo,** auch Reittouren werden angeboten. Am letzten Januar-Wochenende bietet das **Festival „Rescatando Tradiciones"** einen Einblick in den Alltag der hiesigen Landbevölkerung.

Nur 3,5 Kilometer hinter dem Dorf versteckt sich eine der großen kulturhistorischen Attraktionen Patagoniens: das **Naturdenkmal Manos de Cerro Castillo.** Unter einem Felsvorsprung haben sich 8000 bis 10.000 Jahre alte Felszeichnungen der Ureinwohner dieser Gegend erhalten. Sie haben eine Vielzahl von Händen im Stein verewigt, teilweise mit einer bemerkenswerten „Negativtechnik": Die Hand wurde auf den Felsen gelegt und dieser rundherum rot eingefärbt, sodass die Hand hell erscheint. Der Zugang ist ausgeschildert, etwa 1 Kilometer westlich von Cerro Castillo führt eine Erdpiste links von der Carretera Austral ab.

Unterkunft

Cabañas Don Niba
Los Pioneros 872, Tel. 09/9474 0408. Saubere und bequeme Cabañas und Zimmer, sehr gutes Frühstück, der Besitzer kann viele Geschichten erzählen. DZ ab 30 Euro.

Hospedaje Villarrica
O'Higgins 592, Tel. 09/6656 0173. Sauber und freundlich, gutes Essen. 17 Euro p.P. mit Frühstück, DZ mit Bad 42 Euro.

Residencial La Querencia
O'Higgins 522, Tel. 09/6659 2326 oder 09/6636 5424. 20 Euro p.P. mit Frühstück.

Turismo al Galope La Araucaria
Los Pioneros 962, Tel. 09/7661 1709. Schöner Zeltplatz am Südende des Dorfes, auch Kuppelzelte, Leserempfehlung. Ca. 10 Euro pro Zelt.

Zum Lago General Carrera 340/C2,3

9 Kilometer vor Villa Cerro Castillo (88 km ab Coyhaique) zweigt die Straße nach **Puerto Ibáñez** ab. 28 Kilometer sind es von hier bis in den Ort, der direkt am Nordufer des wundervollen Lago Carrera liegt.

Der blaugrüne **Lago General Carrera** ist mit 2240 km² der **größte See Chiles** und nach dem Titicaca der zweitgrößte

Blick über den Lago General Carrera auf den Monte San Valentín

chi082 ms

Südamerikas. Allein der Hauptstrang des Sees (ohne die Nebenarme) erstreckt sich über rund 180 Kilometer: ein See von Frankfurt bis Nürnberg! Er liegt direkt auf der Grenze zwischen Chile und Argentinien; der kleinere argentinische Teil heißt **Lago Buenos Aires.** Auf chilenischem Gebiet ist er von den hohen **Gipfeln der südlichen Anden** umgeben: u.a. vom Cerro Castillo im Norden und vom Cerro Jeinimeni (2600 m) im Süden; am Westufer schirmen die höchsten Gipfel, der Cerro Nyades (3078 m) und der **Monte San Valentín,** mit 4058 Metern der höchste Andengipfel im Süden, gemeinsam mit dem Nordpatagonischen Eisfeld das gesamte Becken des Carrera-Sees von den pazifischen Regenfronten ab. So erfreut sich die Region eines für Patagonien ungewöhnlich sonnigen und trockenen Mikroklimas. In Ibáñez und Chile Chico müssen die Felder künstlich bewässert werden, auf denen Obst und Gemüse wachsen, die sonst nur in Zentralchile gedeihen. Im Osten hingegen, auf der argentinischen Seite, ist der Lago Carrera ins Flachland hineingebettet. Von hier bis zum Atlantik zieht sich die patagonische Wüstensteppe.

Puerto Ibáñez 340/C2,3

Die Gemeinde am Carrera-See hat nur ca. 1000 Einwohner und ist vor allem als **Ablegestation für die Fähren** über den See bekannt. Dabei lohnt es sich durchaus, in Ibáñez zu verweilen und die nähere Umgebung zu erkunden. Nur 6 Kilometer vom Ort entfernt gelangt man zum **Wasserfall des Río Ibáñez,** einem echten Naturspektakel. Zahlreiche Zeugnisse der Tehuelche (Aonikenk) finden sich in Höhlen und auf einem antiken Friedhof. Das Ibáñez-Tal war einmal ein wichtiges Siedlungsgebiet der patagonischen Ureinwohner.

Zwischen Ibáñez und dem See erstreckt sich das bewaldete, hüglige „Kleine Seengebiet“ mit schönen **Wander-, Reit- und Angelmöglichkeiten.** In dieser Übergangszone von der bewaldeten Kordillere zur ariden Pampa kann der Blick weit schweifen, bekommt man ein Gefühl für die Weitläufigkeit der patagonischen Landschaft. Auf der Fahrt zur 30 Kilometer entfernten **Halbinsel Levicán** blickt man auf die Mündung des sedimentgrauen Río Ibáñez in den blaugrünen See, dahinter ragt steil der **Cerro Pirámide** auf. Ebenso lohnenswert ist die Fahrt oder Wanderung Richtung argentinische Grenze zur **Laguna Pollolla** (ca. 15 km), auf der Hunderte Schwarzhalsschwäne, Enten und mitunter auch Flamingos zu sehen sind; unterwegs trifft man nicht selten Guanacos.

Unterkunft

■ 2 akzeptable Residenciales im Ort, um die 10 Euro p.P.: **Ibáñez** an der Hauptstraße sowie **Don Francisco** in der San Salvador Ecke Lautaro.

■ **Cabañas Bordelago**
Luis Risopatrón 55 Ecke Costanera, Tel. 67/242 3284. 5 helle, geräumige, gut ausgestattete Bungalows für 2–6 Personen mit Küche, Holzofen und TV, dazu Grillhütte und Spielplatz. Cabañas je nach Größe 47–95 Euro. www.patagoniabordelago.cl

■ **Camping El Maitén**
Richtung Levicán km 10, Tel. 09/8152 7538. Zeltplatz mit sauberen Toiletten und Grillplatz, auch eine kleine Cabaña. Das freundliche deutsch-chilenische Besitzerpaar *Gerd* und *Lily* offeriert selbst gebrautes Bier und Kletterstrecken im Fels. 5 Euro p.P.

Fähren

Die **Fähre „La Tehuelche"** verkehrt ein- bis zweimal täglich von Ibáñez nach Chile Chico am Südufer des Lago Carrera (2 Std., 3 Euro p.P., Auto 29 Euro). Die Kleinbusse von Coyhaique treffen pünktlich zur Bootsabfahrt ein. Reservierung für Reisende mit Fahrzeug dringend empfohlen! Sotramin, Tel. 67/252 6992 (Ibáñez) oder 41 1003 (Chile Chico), www.sotramin.cl (s.a. Coyhaique).

Chile Chico 340/D3

3000 Menschen leben in dem staubigen Nest am Südufer des Sees. 1928, im Gründungsjahr, hatte man Größeres im Sinn – die Hauptstraße ist zwei Nummern zu groß geraten und wirkt recht verschlafen. Der Ort liegt etwa 5 Kilometer westlich der Grenze zu Argentinien, „Nachbarort" ist Los Antiguos. Chile Chico (Klein-Chile) heißt so, weil die ersten Siedler von dem Land im Norden als „Chile Grande" sprachen. **Wanderungen** am See entlang oder zur Cueva del Indio (vor Ort nach dem Weg fragen) lohnen sich für Tagesbesucher. Wer ein geländegängiges Fahrzeug dabeihat, sollte einen Ausflug in die **Reserva Nacional Lago Jeinimeni** wagen, u.a. ins Valle Lunar, das Mondtal mit bizarren Felsformationen, die denen im berühmten Mondtal bei San Pedro de Atacama nicht nachstehen (auch mit Tourveranstaltern vor Ort möglich).

Touristeninformation

- **Infostelle,** O'Higgins Ecke Lautaro.
- **Conaf (Nationalparks),** Blest Gana 21.

Unterkunft/Essen und Trinken

- **Hospedaje Don Luis**
Balmaceda 175, Tel. 09/8441 4970. Sauber und freundlich, es gibt auch Mahlzeiten (für 5 Euro). Übernachtung 12 Euro p.P., eine Cabaña für 5 Pers. 50 Euro.
- **Hospedaje Brisas del Lago**
Manuel Rodríguez 443, Tel. 67/241 1204. Einfach, sauber, freundlich. EZ 20 Euro, DZ 35 Euro (mit Frühstück).
- **Hostería de la Patagonia**
Camino Internacional km 1, Tel. 67/241 1337. Gemütliche, freundliche Herberge, die auch Pferde- und Trekking-Touren anbietet. Gute Küche. DZ ab 55 Euro. Auch Zelten ist möglich für 5 Euro (Duschen kostet extra). www.hosteriadelaptagonia.cl
- **Hotel Austral**
O'Higgins 501, Tel. 241 1815. Neu und empfehlenswert, DZ 58 Euro, auch Cabañas. jjdiazbar@yahoo.es
- **Restaurant El Fogón**
O'Higgins 419. Klassissche Fleischgerichte.
- **Café Refer**
Blest Gana 22-A. Auch Trekking-Touren.

Busse

- **Kleinbusse** fahren täglich am Südufer des Sees entlang **bis Puerto Guadal,** leider ohne direkte Anbindung an die Busse zwischen Coyhaique und Cochrane, die 10 km weiter südlich an der Kreuzung El Maitén vorbeikommen.
- Nur **Buses Ale,** Tel. 67/252 2242, fährt zweimal wöchentlich (zuletzt Mi bis Sa 10 Uhr) von Chile Chico bis **nach Cochrane** (6 Std., 22 Euro).
- Nach **Los Antiguos** auf der argentinischen Seite fährt Jorge Vargas, Tel. 09/9215 0890, Mo bis Sa 2x täglich, So 1x, ca. 6 Euro, direkt im Anschluss an die Fähre.

Sonstiges

■ Zu den **Fährverbindungen** nach Puerto Ibáñez siehe dort.
■ **Geldautomat, BancoEstado,** Pedro González 112, neben der Plaza.

Südufer des Lago General Carrera 340/C3

Die Straße, die von Chile Chico aus westwärts am Lago General Carrera entlangführt, gehört zu den **schönsten Routen in ganz Patagonien.** In teils abenteuerlichen Kurven geht es über 120 Kilometer am Steilufer des lang gestreckten Sees entlang, dabei eröffnen sich immer wieder tolle Blicke auf dessen blaugrüne Buchten mit den Gipfeln des Patagonischen Eisfelds dahinter.

Nach 112 Kilometern erreicht man den verschlafenen Flecken **Puerto Guadal,** der sich seiner schönen Lage am Carrera-Ufer nicht bewusst zu sein scheint, ja dem See quasi den Rücken zuwendet. Das Schönste im Ort ist immer noch der verwilderte Friedhof, wo die bunt bemalten Holzhäuschen alter Grabstellen mit dem tiefblauen See dahinter kontrastieren. Ein, zwei Residenciales bieten bescheidene Unterkunft, am Ortseingang von Chile Chico her kann man direkt am Ufer zelten. Ein funktionierendes Restaurant sucht man vergebens.

■ **Terra Luna Lodge**
In 1,5 km Entfernung von Puerto Guadal Richtung Chile Chico liegt traumhaft am grünen Steilufer des Lago Carrera **eines der schönsten Hotels Patagoniens.** Hier wohnt man in weit auseinander liegenden Cabañas und hat die Aussicht über den See und die vergletscherten Andengipfel dahinter für sich allein. Oder man bucht ein schön eingerichtetes Miniapartment im Haupthaus mit großer Terrasse, Restaurant mit guter Küche und Aufenthaltsraum. Terra Luna wirbt mit mehrtägigen Erlebnis- und Abenteuerprogrammen bis hin zur Besteigung des Monte San Valentín, aber auch Selbstfahrer können hier Station machen und z.B. in dem beheizten Holzzuber mit Seeblick entspannen. Übernachtung im DZ ab 78 Euro. Tel. in Santiago 2235 1519 oder 67/243 1263. www.terra-luna.cl

■ **Mirador de Playa Guadal**
Gleich daneben, 2 km von Guadal, und in ebenso schöner Umgebung liegen diese empfehlenswerten Cabañas für 2–8 Pers., mit gutem Restaurant. 2 Pers. ab 81 Euro. Tel. in Santiago 2813 7920. www.patagoniaplayaguadal.cl

10 km hinter Puerto Guadal stößt man wieder auf die Carretera Austral (s.u.).

Westufer des Lago General Carrera

Folgt man – statt bei Cerro Castillo nach Puerto Ibáñez abzubiegen – weiter der Carretera Austral, macht diese zunächst im Tal des Río Ibáñez einen Schlenker nach Westen (sehr gute Schotterpiste), dann geht es im Tal des **Río Murta** weiter nach Süden, teilweise durch gespenstische, abgestorbene Wälder. Im Jahr 1991 brach der nördlich der Straße gelegene **Vulkan Hudson** (2615 m) aus und überschüttete weite Teile Patagoniens mit einem Ascheregen.

Bei **Puerto Murta** (km 203, Hostería) erreicht die Schotterpiste den Lago General Carrera und schlängelt sich an seinem Westufer entlang.

Puerto Tranquilo 340/C3

In dieser unscheinbaren Siedlung am Seeufer (km 228) lohnt es sich zu verweilen. Es gibt eine Tankstelle, ein paar Lädchen und sogar Internet, und mit ein bisschen Glück bekommt man in einer der Hosterías etwas zu essen. Vor allem aber sollte man eine **Bootstour zu den Capillas de Mármol** buchen – ein absolutes Muss! Diese „Marmorkapellen" sind extravagante Felsformationen in Ufernähe, Felsenhöhlen aus hellem, vieladrigem Marmor, der den See in changierenden Farben reflektiert. Mit dem Boot kann man direkt in die Höhlen hineinfahren – ein wunderbares Erlebnis! Die Boote legen direkt in Tranquilo ab, an der Uferstraße gibt es mehrere Anbieter. Bei starkem Wind weichen die Boote zum Puerto Mármol aus, 5 Kilometer südlich des Ortes (Charter ca. 50 Euro für bis zu 8 Pers., im Hochsommer fahren ständig Boote, dann gibt es auch Einzelpreise, ca. 10 Euro).

Von Puerto Tranquilo gelangt man ins Exploradores-Tal (s.u.) und – schwieriger – zum **Lago Leones,** in den Gletscherzungen vom Patagonischen Eisfeld herabstoßen. Das östliche Seeufer mit dem Gletscherblick (Zelten möglich) erreicht man in einer Tageswanderung ab der Brücke über den **Río Leones,** 30 Kilometer südlich von Puerto Tranquilo; dort können bei den Siedlern auch Pferde ausgeliehen werden.

Hostería Costanera und **Hostería Carretera Austral,** beide direkt an der Straße, schlicht, ca. 10 Euro p.P.

Bellavista
Nettes Camping und Hostal, 10/14 Euro p.P.

Hostal El Puesto
Pedro Lagos 258, Tel. 09/6207 3794. Familiäres, komfortables Minihotel mit nur 3 Zimmern, gutem Essen und Tourangeboten (u.a. Kajak zu den Capillas de Mármol und Eistrekking auf dem Valentín-Gletscher). DZ ca. 80 Euro. www.elpuesto.cl

Camping Pudú
1 km südlich am Seeufer, Tel. 09/8920 5085. Empfohlener Zeltplatz mit Windschutzwänden, Tischen und Bänken sowie heißen Duschen, 8 Euro p.P. www.puduexcursiones.cl

Valle Exploradores

Westlich von Puerto Tranquilo führt eine Stichstraße zum Lago Tranquilo und ins Valle Exploradores. Diese Route am **Nordrand des Patagonischen Eisfelds,** die den Lago Carrera mit dem Pazifik verbindet, ohne nennenswerte Höhen zu überwinden, wurde erstmals von dem deutschen Forscher *August Grosse* (dem Gründer von Puyuhuapi) in den 1930er Jahren entdeckt. Es handelt sich um eins der landschaftlich vielfältigsten, beeindruckendsten Täler entlang der gesamten Carretera Austral, das zudem weitgehend unbekannt ist: Erst vor Kurzem wurde eine Schotterpiste in die Wildnis getrieben, die derzeit nach ca. 70 Kilometern am Río Exporadores endet. Es fehlen eine Brücke und das restliche Stück zur Bahía Exploradores am Elefanten-Fjord, um einen fast direkten Zugang zur Laguna San Rafael zu schaffen.

Bei km 2,6 passiert man einen typischen patagonischen Friedhof, es folgt ein Abschnitt mit Brandrodungen, schließlich gelangt man in das enge Exploradores-Tal mit seinen dicht bewaldeten Steilhängen. Hoch oben hängen Gletscher über, Kaskaden stürzen über hunderte Meter den Abhang herunter, unten windet sich grün schäumend der Fluss durchs Tal. Hier endet der Schutzschild des Eisfeldes, und die feuchte pazifische Witterung lässt den Wald immer dichter wuchern. Bei km 45 passiert man den verschwiegenen **Lago Bayo.** Kurz danach (km 53) führt ein Wanderpfad durch den zauberhaften **Regenwald mit Riesenfarnen und Schlingpflanzen** zu einem Aussichtspunkt (ca. 30 Min.) mit dem Panorama des Grosse-Gletschers, der sich als gigantische Schlange vom Patagonischen Eisfeld herabschiebt.

Die Straße endet derzeit nach 75 Kilometern am Río Exploradores; die Brücke ist noch in Bau. Auf der anderen Seite führt schon eine Piste wenige Kilometer weiter zur Bahía Exploradores, von der Boote zur Laguna San Rafael fahren.

- Zu den Touren zur Laguna San Rafael siehe oben den Abschnitt „Laguna San Rafael".
- Bei km 44 haben zwei unverwüstliche Deutsche, *Katrin* und *Thomas*, eine einfache, heimelige Herberge mitten in den Regenwald gebaut. **Campo Alacaluf** bietet ganzjährig (!) Unterkunft (DZ mit Gemeinschafts- bzw. Privatbad 47/70 Euro), Hausmannskost und Camping (7,50 Euro p.P.), dazu jede Menge gute Tipps, ein Naturlehrpfad und geführte Touren. Dank einer Wasserturbine gibt es Strom rund um die Uhr, und per Funk wird täglich die Mailbox campoalacaluf@yahoo.de abgerufen. www.campoalacaluf.cl

Weiter auf der Carretera Austral

Zurück auf der Carretera Austral geht es **weiter Richtung Süden.** Das Panorama bleibt zum Staunen: im Osten der riesige blaugrüne See, im Westen die schneebedeckten Gipfel, dazwischen das tiefe Grün von Wald und Wiesen. Dann überquert man auf einer malerischen **roten Hängebrücke** den Abfluss des Sees, durchquert die schmale Landenge zwischen dem Lago General Carrera und dem Lago Bertrand und erreicht den Abzweig nach Chile Chico, die **Kreuzung El Maitén.** Wer nicht weiter Richtung Süden fahren will, kann hier nach Osten abbiegen, in Chile Chico die Fähre zurück nach Puerto Ibáñez nehmen und so eine Rundtour gestalten (s.o.).

Auf dem Abschnitt zwischen Hängebrücke und Kreuzung haben sich mehrere **Hotels und Lodges** etabliert, zwei seien hier stellvertretend genannt:

- **Mallín Colorado Ecolodge**
Km 273, Tel. 09/7137 6242. 4 gemütliche, rustikale Cabañas mit tollem Seeblick, Essen gemeinsam mit der Familie, Ausflüge und Touren. Cabañas je nach Größe ab 85 Euro p.P. www.mallincolorado.com
- **Hacienda Tres Lagos**
Km 278, Tel. in Santiago 2333 4122 oder 67/241 1323. Exklusive, stilvolle Anlage am ruhigen Lago Negro; gediegene, geräumige Cabañas in modernem Design mit rustikalen Elementen, Restaurant, Clubhaus, herzlicher Service, Exkursionen. Cabaña für 2 Pers. ab 185 Euro. www.haciendatreslagos.cl

Bei der **Kreuzung El Maitén** verlässt die Carretera Austral den Lago Carrera und führt weiter gen Süden, vorbei an einem Seitenarm des **Lago Bertrand** und ins Dorf Puerto Bertrand (km 17).

Puerto Bertrand 340/C3

Der friedliche Flecken liegt am Südrand des türkisfarbenen Lago Bertrand genau an der Stelle, wo der **Río Baker** entspringt, Chiles wasserreichster Fluss und einer der schönsten obendrein. Die lokalen Pferdehalter, Bootsbesitzer und Tourguides arbeiten im Netzwerk „Red de Turismo Rural Río Baker" zusammen und bieten Boots- und Angeltouren an, Ausritte sowie Exkursionen zu den Gletschern Soler und Nef. Kontakt über die Unterkünfte.

■ **Hostería Río Baker,** Tel. 67/241 1499. Direkt am See, mit tollem Blick, Leserempfehlung. DZ mit Bad 75 Euro. Auch Boots- und Angeltörns. arcadsoto@gmail.com

■ Weitere **einfache Residenciales und Cabañas** im Ort, 12–15 Euro p.P., **Campingplatz** am See.

■ In Bertrand hat die **Agentur Agua y Hielo** ihr Basiscamp, Tel. 09/7605 3580. Sie organisiert verschiedene Kajaktouren in der Region, u.a. 4 Tage auf dem Río Baker bis Tortel. www.aguahielo.cl

Weiter südlich folgt die Carretera Austral dem zunächst ruhigen, später kraftvollen **Lauf des Río Baker.** Immer wieder leuchtet er grün schäumend durch den Wald, später kontrastiert er mit der braunen Steppe. Auf den ersten 5 Kilometern gibt es allein fünf **Fishing Lodges** – kein Wunder, sind doch die Gewässer der Gegend nicht nur von unberührter Schönheit (noch – siehe Exkurs), sondern auch voller Forellen. Nach 15 Kilometern geht es rechts ab zu den **Saltos del Baker:** In wilden Strudeln stürzt der Fluss kurz vor dem Zusammenfluss mit dem Río Nef über eine Stufe. Leider ist das Zugangstor (von da sind es ca. 600 Meter zu Fuß) mitunter geschlossen; fragen Sie am besten in Puerto Bertrand.

9 Kilometer weiter führt ein Abzweig ins **Valle Chacabuco** hinein. Im unteren Teil des malerischen Tals erstreckte sich

Río Baker in Gefahr

Wo ein wasserreicher Fluss ist, sind die **Energiekonzerne** nicht weit. So auch im Fall des Río Baker und des weiter südlich fließenden Río Pascua: Hier will der internationale Energiemulti Endesa gemeinsam mit dem chilenischen Kraftwerksbetreiber Colbún **vier große Staudämme** bauen und die Täler und Nebentäler des Baker und des Pascua aufstauen. Knapp 6000 Hektar sollen überflutet werden, insgesamt würden die **Kraftwerke** 2400 Megawatt erzeugen, die den wachsenden Energiebedarf der Industrie, vor allem aber der großen Minen sättigen sollen.

In der Region Aysén regt sich heftiger **Widerstand** gegen die Megaprojekte – „Patagonia sin represas" (Patagonien ohne Talsperren) ist das Motto. Regionale Politiker verweisen darauf, dass einmal mehr Santiago und die Zentralzone auf Kosten der Regionen versorgt werden sollen. Bereits in den 1990er Jahren hatte Endesa am Río Biobío zwei Talsperren gebaut und damit die Landschaft zerstört und die Ureinwohner der Gegend vertrieben. Umweltschützer protestieren gegen die Flutung einer der letzten unberührten Flusslandschaften Patagoniens; zudem würde die Stromtrasse eine gigantische Schneise durch das halbe Land schlagen.

Andererseits braucht die chilenische Wirtschaft mehr Energie, und der Strom aus diesen Kraftwerken wäre immerhin „sauber" und weit umweltfreundlicher als die Gas- oder Kohlekraftwerke, die immer noch gebaut werden. Und so treibt der Konzern namens Hidroaysén das rund 7 Mrd. Dollar teure Projekt weiter voran. 2011 nahm Hidroaysén eine wichtige Hürde: Staatliche Stellen segneten die vom Konzern vorgelegte Studie zu den Umweltfolgen des Projekts ab – und lösten landesweit heftige Proteste aus. Die Auseinandersetzungen gehen weiter.

bis 2004 eine der letzten großen zusammenhängenden Schaffarmen Chiles. Dann wurde die 69.000 Hektar große Hacienda von der Umweltstiftung Conservación Patagónica unter Leitung von *Kris McDivitt,* der Frau des nordamerikanischen Ökomagnaten *Douglas Tompkins,* aufgekauft. Die Schafe mussten weichen, und tausende Kilometer Zäune wurden abgebaut, um den Wildtieren der Region – darunter Huemule – freie Bahn zu schaffen. Für Besucher gibt es eine Lodge, erste Wanderwege und Zeltplätze. Zusammen mit den Naturreservaten Jeinimeni und Tamango soll hier ein großer Nationalpark entstehen, der wie Pumalín von sich reden machen wird. Nähere Informationen zu dem Projekt und zu Besuchsmöglichkeiten (auch auf Englisch) unter www.conservacionpatagonica.org.

Am Ende des Tals erreicht man nach 72 Kilometern den **Paso Roballos,** den letzten befahrbaren Grenzpass entlang der Carretera Austral, mit Anschluss an die argentinische Ruta 40. Für diesen Pass muss man sich zuvor bei der Polizei in Coyhaique (Baquedano 511) einen Salvoconducto besorgen.

Nach 345 Kilometern ab Coyhaique ist schließlich Cochrane erreicht.

Cochrane

Der Ort mit rund 4000 Einwohnern ist die letzte größere Siedlung an der Carretera Austral. Offiziell 1930 gegründet, gab es hier lange Zeit kaum mehr als eine Dorfschule und einen Krämerladen. Erst mit dem Bau der Carretera wurde Cochrane größer und zum Versorgungszentrum der Umgebung. Die **hübsche Plaza** mit dem eisernen Huemul in der Mitte und das gigantische COCHRANE-Schild à la Hollywood auf dem Aussichtspunkt (drei Blocks nördlich der Plaza) können freilich das vernachlässigte Stadtbild nicht aufwiegen.

Touristeninformation

- **Kiosk an der Plaza,** turismo@cochranepatagonia.cl

Unterkunft/Essen und Trinken

- **Residencial Sur Austral**
Prat 334, Tel. 67/252 2150. Ganz nett. Hier ist auch das Büro der Busse Don Carlos untergebracht. Ca. 20 Euro p.P. mit Frühstück.
- **Hotel Último Paraíso**
Lago Brown 455, Tel. 67/252 2361. Gute DZ 80 Euro. www.hotelultimoparaiso.cl
- **Hostería Wellmann**
Las Golondrinas 565, Tel. 67/252 2171. Die beste Option im Ort, dabei recht muffig. Nüchterne DZ 105 Euro.
- **Restaurant La Isla**
Arturo Prat 100, am Fluss neben den Cabañas Choikehuapi. Gutes Essen in relaxtem Ambiente.
- **Café Tamango**
An der Plaza, neben dem Banco Estado. Liebevolles Tagescafé mit Sandwiches, Salaten, Quiche, Kuchen und Säften. Auch Fahrradverleih.
- Das ebenfalls nette **Café Belén** an der Plaza veranstaltet auch Touren.

Busse

- Verbindungen in der Sommersaison täglich nach **Coyhaique** (ca. 8 Uhr, 7–8 Std., 22 Euro), tgl. außer Mo nach **Tortel** (9.30 Uhr, 3 Std., 10 Euro), 2x wö-

chentlich (zuletzt Mo und Do) nach **Villa O'Higgins** (8.30 Uhr, 7 Std., 22 Euro), 2x wöchentlich (zuletzt Do und So 10 Uhr, 22 Euro, 6 Std.) nach **Chile Chico.**
■ Aktuelle **Fahrpläne** unter:
www.cochranepatagonia.cl

Ausflug

4,4 km nordöstlich der Stadt ist der Eingang zur **Reserva Nacional Tamango,** malerisch am Steilufer von Río und Lago Cochrane gelegen und eins der letzten Refugien des stark dezimierten **Andenhirsches Huemul.** Mit etwas Glück sieht man vielleicht eines der scheuen Tiere (Eintritt 7 Euro). Direkt am Eingang kann man zelten (8 Euro pro Zelt), es gibt Schutzhütten, Dusche und WC. Mehrere Wanderwege erschließen den Park, beginnend mit dem **Sendero Los Carpinteros,** auf dem man nach ca. 1½ Stunden den tiefblauen Lago Cochrane erreicht. Vom Parkeingang fahren Motorboote den dunkelgrün schimmernden Fluss hinauf bis kurz vor den See, dort kann man einen Aussichtspunkt besteigen (ca. 2 Std., 42 Euro pro Boot, max. 8 Passagiere). Das koordiniert man am besten vorab über den Infokiosk in Cochrane. Ein Taxi bis zum Parkeingang kostet 7 Euro.

Sonstiges

Letzte Möglichkeit zum Nachtanken von Benzin und Bargeld: **Copec-Tankstelle** in Arturo Prat 275, **Geldautomat** im Banco Estado an der Plaza (akzeptiert aber nicht alle Karten).

Die letzten Kilometer der Carretera Austral

Die letzten 233 Kilometer der Schotterpiste durch den wilden Süden wurden erst nach 1994 gebaut. Vorbei an Seen, Sümpfen und durch dichte Urwälder geht es auf kurvenreicher Strecke, immer wieder mit prächtigen Ausblicken auf das nördliche Eisfeld, nach Puerto Yungay (133 km) am Mitchell-Fjord.

■ 45 km südlich von Cochrane betreibt das deutsch-chilenische Paar *Lilli* und *Rosendo* die von Lesern empfohlene **Farm Los Ñadis.** Abzweig an der Brücke Barrancoso, dann 10 km landeinwärts. Unterkunft 11 Euro p.P., Campen 6 Euro pro Zelt, Reittouren zu den Baker-Fällen. Kein Telefon.
lillischindele@yahoo.de

Tortel

Bei km 102 führt ein Abstecher nach Caleta Tortel. Eine erst kürzlich in den Urwald geschlagene Schotterpiste (22 km) endet oberhalb von Tortel, das mit einer Attraktion ohnegleichen aufwartet: In dem ärmlichen, aber überaus malerisch mitten im dichten Urwald an einem Meeresarm gelegenen Dorf gibt es nämlich keine Straßen – **hölzerne Stege ersetzen die Wege** (und vermeiden den Schlamm). Die zumeist aus widerstandsfähigem Zypressenholz gebauten Stege winden sich am Ufer entlang und treppauf, treppab in einem wirren Geflecht durchs Dorf. Auch die mit Schindeln verkleideten Holzhäuser, die Plaza, die Feuerwehr – alles steht auf Stelzen. Einst eine weitgehend abgeschnittene Holzfällersiedlung, hat sich der **Charme** von Tortel inzwischen herumgesprochen, und die Straße spült nun im Sommer zahlreiche Touristen in den Ort nahe der Mündung des Río Baker in den Pazifik. Bootsbesitzer bieten Ausflüge in die Umgebung sowie zu den Gletschern Jorge Montt und Steffen an: mit ca. 80 Euro p.P. (ohne Verpflegung) eine gute Alternative zu den teuren Touren zur Laguna San Rafael. Buchung über die Unterkünfte oder direkt am Hafen für den nächsten Tag. Tipp: Die kleinen Barkassen sind meist etwas teurer, aber dafür schneller.

■ Hilfreiche **Touristen-Information** direkt am Parkplatz.

■ Übernachten kann man in mehreren recht einfachen **Residenciales** (ca. 17–22 Euro p.P. mit Frühstück), etwa im zentralen **Costanera** (gemütlich, Gemeinschaftsbäder, Küchenbenutzung). Empfohlen wird das **Brisas del Sur** (auch Privatbad, allerdings 25 Min. Fußweg).

■ Die beste Option (und daher oft ausgebucht) ist die **Entre Hielos Lodge** mit 6 schönen Zimmern mit Blick auf die Bucht, herzlichem Service, Essen und Hot Tub. Tel. 2/196 0271, DZ ca. 110 Euro. www.entrehielostortel.cl.

Stege statt Straßen in Tortel

■ Hinter dem Strand (ca. 30 Min. Fußweg) kann man kostenlos **zelten,** allerdings ohne sanitäre Einrichtungen.
■ Es gibt eine Handvoll **Restaurants,** etwa **El Mirador** nahe der Municipalidad.
■ Das schnellste **Boot zu den Gletschern** hat die Lodge, Buchung dort (Näheres unter www.patagoniafjords.cl).

In **Puerto Yungay** (nur drei Häuser und die Rampe) setzt eine Fähre dreimal täglich über den Fjord nach **Río Bravo** über (10, 12 u. 17 Uhr, Dauer 35 Min., gratis, zurück um 11, 13 und 19 Uhr). Das Boot ist nur klein, fährt aber noch einmal, wenn Autos nicht mitkommen. In Río Bravo beginnt das letzte Teilstück der Carretera Austral nach Villa O'Higgins, einsame 100 Kilometer durch Sümpfe und Bambuswälder, mit Glück kreuzt ein *Huemul* die Straße.

chi13-039 ms

Villa O'Higgins

Als die Siedlung am Rand des Südlichen Eisfeldes **1966** gegründet wurde, standen dahinter **geopolitische Erwägungen:** Chile wollte in einer Gegend, in der die Grenzziehung mit Argentinien strittig war, Flagge zeigen. Bis 1999 blieb der Ort ein einsamer Vorposten mitten in der rauen patagonischen Wildnis, nur von wackeligen Kleinflugzeugen versorgt und mehrere Tagesritte von Cochrane entfernt. Doch seit der Anbindung an die Carretera Austral weht ein frischer Wind durchs Dorf, die 500 Einwohner träumen von Touristenscharen, und die Regierung investiert in Wohnungen, Straßen und die Schule.

Tatsächlich hat der letzte Ort der Carretera **einiges zu bieten:** Nahebei locken verschwiegene Angelseen, Urwälder und Gletscher. Bei schönem Wetter hat man von der Aussichtsterrasse am Südostrand des Ortes einen Überblick über die von Flüssen, Seen und schneebedeckten Kuppen geprägte Landschaft. Direkt hinter der Terrasse beginnen zwei Wanderwege: Der eine führt in ca. 1½ Stunden auf den 723 Meter hohen **Cerro Santiago,** mit noch schönerem Rundblick, der andere zunächst durch dichten

Wald, dann durch Brandrodungen zum **Mirador del Valle** („Talblick", 1 Std.). Von hier geht es weiter ins **Tal des Río Mosco** mit dem gleichnamigen Gletscher; unterwegs gibt es eine Schutzhütte (weitere 2 Std.).

Die Carretera Austral endet 7 Kilometer weiter südlich an einem Arm des weit verzweigten Lago O'Higgins. Im Sommer fährt die **„Quetru"** viermal wöchentlich (zuletzt Mo, Mi, Do und Sa um 8.30 Uhr, nur Nov. bis März) über den See erst nach **Candelario Mancilla** und dann zum 3 Kilometer breiten und 70 Meter hohen **O'Higgins-Gletscher,** der sich vom Südlichen Patagonischen Eis in den See schiebt. Das Schiff kommt bis auf wenige hundert Meter an die eindrucksvollen Eismassen heran, die anderen patagonischen Gletschern wie San Rafael kaum nachstehen.

■ Die **komplette Tour** dauert rund 12 Stunden. Bei widriger Witterung (starker Wind) verkehrt das Schiff nicht. Preis: 133 Euro. Hinzu kommen ggf. 6 Euro pro Strecke für den Bus vom Ort zum Hafen. Wer zum Gletscher fährt und auf der Rückfahrt in Candelario Mancilla aussteigt, um nach Argentinien weiterzureisen (s.u.), zahlt nur 108 Euro. Vorabbuchung wird empfohlen! Aktuelle Infos und Buchung über die Lodge Robinson Crusoe oder die Agentur Hielo Sur, die ihr Büro an der Hauptstraße hat (Tel. 67/243 1821, www.villaohiggins.com/hielosur).

Praktische Tipps

Touristeninformation

■ Freundliches **Infobüro** (mit Unterkunftsliste) im Museum Padre Antonio Ronchi an der Plaza.

■ Eine sehr gute **Wanderkarte** der Gegend gibt es in der Lodge Robinson Crusoe.

Unterkunft

■ **Hospedaje La Cascada**
Tel. 67/243 1833. Küchenbenutzung, warme Dusche, Internet, sehr freundlich. 13 Euro p.P. mit Frühstück.

■ **Hostal El Mosco**
Tel. 67/243 1819. Gemütliche Herberge mit Mehrbettzimmern (15 Euro p.P.) und DZ mit Privatbad (60 Euro), Internet, Küchenbenutzung. www.patagoniaelmosco.com

■ **Hospedaje Fitz Roy**
Tel. 09/8741 0389. Neue, sehr nette Unterkunft nahe der Polizeistation, nur 4 Zimmer (1 mit Privatbad), moderne Bäder und WLAN. DZ ab 50 Euro, Mahlzeiten 10 Euro. yaline31@hotmail.com

■ **Cabañas San Gabriel**
Tel. 67/243 1821. Geräumig, gemütlich. Cabañas für 2–7 Pers. 45–85 Euro.

■ **Lodge Robinson Crusoe**
Tel. 2/2334 1503. Brandneue, stilvolle Lodge mit 12 schön gemachten, etwas engen Zimmern, gemütlichem Tagesraum, Restaurant, Hot Tub und Tourangeboten. DZ 168 Euro. www.robinsoncrusoe.com

Camping

■ Zelten kann man auf der Wiese **neben dem Hostal El Mosco** (8 Euro p.P.) oder 1 km vor dem Ortseingang im **Ecocamping Tsonek** auf Holzplattformen im Wald, mit Küche und Dusche; hier werden auch Ausflüge angeboten (www.tsonek.cl).

Essen und Trinken

■ Zünftig und preiswert essen kann man im **Restaurant San Gabriel** neben den gleichnamigen Cabañas sowie im **Entre Patagones** am Ortseingang. Einige Unterkünfte bieten auch Essen an.

Verkehrsverbindungen

■ **Transporte Aéreo Don Carlos** fliegt Mo und Do von und nach **Coyhaique** (s. dort), lokale Siedler haben Vorrang.
■ **Busverbindungen** 2x pro Woche (zuletzt Fr und Mo, 8.30 Uhr) nach **Cochrane,** 7 Std., 22 Euro. Im Sommer fahren hin und wieder Kleinbusse nach **Tortel;** aktuelle Infos bei Hielo Sur (s.o.).

Sonstiges

■ Im Ort gibt es **Handy-Empfang** (Entel) und eine öffentliche, kostenlose **WLAN-Verbindung,** allerdings sehr langsam. **Internet-PCs** in der Bibliothek an der Plaza, gratis, aber ebenfalls langsam.
■ **Tankstelle** am Ortseingang links – hier gibt es das teuerste Benzin ganz Chiles …
■ **Kein Geldautomat** im Ort.

Nach El Chaltén (Argentinien)

Eine der schönsten Routen Patagoniens verbindet Villa O'Higgins mit dem argentinischen Touristenzentrum El Chaltén zu Füßen des Fitz-Roy-Massivs. Diese Verbindung ist erst seit wenigen Jahren offen und bislang weitgehend unbekannt. Sie erspart den großen Umweg über Chile Chico und die Ruta 40, ist allerdings **nur zu Fuß bzw. mit dem Fahrrad** möglich. Mit entsprechender Planung und Wetterglück kann man die ca. 130 km lange Route sogar an einem Tag schaffen. Die Etappen sind:

■ **Schiff „Quetru"** von Villa O'Higgins nach Candelario Mancilla, der chilenischen Polizeistation am Südufer des Lago O'Higgins. Das Schiff legt vor und nach der Fahrt zum O'Higgins-Gletscher hier an (Fahrplan s.o.) Preis für die reine Überfahrt (2½ Std. ohne Gletscher): 67 Euro. In C. Mancilla kann man bei *Don Ricardo,* dem einzigen Siedler dort, übernachten (sehr einfach, 13 Euro p.P., auch Mahlzeiten erhältlich) oder mit Seeblick zelten (4 Euro).
■ **Wanderung** zum Grenzpass La Divisoria (695 m) und weiter zum Lago del Desierto. Der anstrengende erste Abschnitt (18 km, ca. 450 m Höhenmeter bis zur Grenze, etwa 4 Std.) ist eine Schotterpiste, hier bietet *Don Ricardo* auch den Transport mit seinem Pick-up an (17 Euro p.P. inkl. Gepäck). *Ricardo* wartet meist am Schiff, man kann den Service aber vorab über Hielo Sur in Villa O'Higgins koordinieren. Vom Grenzpass hinunter führt ein nach Regenfällen streckenweise schlammiger Wanderweg durch dichten Lenga-Wald zum argentinischen Grenzposten am Nordufer des Lago del Desierto (4 km, 2 Std.). Hier kann man am Seeufer kostenlos zelten.
■ **Schiff „Huemul"** über den Lago del Desierto, im Sommer tgl. 11.30, 15 und 19 Uhr (45 Min., 22 Euro). Der See ist im Gegensatz zu seinem Namen dicht bewaldet und bietet bei klarem Wetter schöne Blicke auf den Monte Fitz Roy. Neben dem Anleger am Südufer gibt es einen netten Zeltplatz, eine halbstündige Wanderung führt zum Huemul-Gletscher.
■ **Bus nach El Chaltén** (40 km): Die Kleinbusse fahren koordiniert mit der Fähre um 12.30, 16 und 20 Uhr (1½ Std., 22 Euro).
■ Detaillierte **Informationen,** auch für die entgegengesetzte Richtung, unter www.villaohiggins.com/crossing (auch Engl.).

NICHT VERPASSEN!

Punta Arenas:
der Glanz des weißen Goldes | 390

Seno Otway & Isla Magdalena:
zu Besuch bei Pinguinen | 398

Seno Última Esperanza:
durch die Fjorde zu Gletschern | 407

Nationalpark Torres del Paine:
gezackte Felsenburg in der Pampa | 408

Glaciar Perito Moreno:
der König der patagonischen Gletscher | 422

Fitz-Roy-Massiv: Argentiniens Pendant zum Torres del Paine | 422

Diese **Tipps** sind gelb hinterlegt.

Lago Pehoé und die Cuernos del Paine, die „Hörner" des weltberühmten Bergmassivs

chi13-040 ms

PATAGONIEN: VON PUNTA ARENAS ZU DEN TORRES DEL PAINE

Patagonien – ein düsteres und wildes Land, schneebedeckte Berge und davor nichts als graue Steppe oder unzugänglicher Urwald. Abweisend, unpassierbar, unwirtlich, umgeben von einem tückischen Eismeer, das den besten Segler zur Verzweiflung trieb, so erschien der Süden des lateinamerikanischen Kontinents den spanischen Eroberern. Auch heute noch erfasst den Reisenden Ehrfurcht im Angesicht der unglaublichen Naturlandschaften.

Ein **ewig eiskalter Wind** wütet durch die Ebene, und die Magellanstraße mit ihren wechselnden Fallwinden war jahrhundertelang der Albtraum aller Seefahrer. Die Ebenen von Patagonien „können nur negativ beschrieben werden" notierte *Charles Darwin* im Bericht über seine Weltreise, „ohne Wohnstätten, ohne Wasser, ohne Bäume, ohne Berge tragen sie nur einige wenige zwerghafte Pflanzen." Aber *Darwin* weiter: „Warum haben denn nun, und das ist nicht bei mir allein der Fall, diese dürren Wüsten sich so einen festen Platz in meinem Gedächtnis errungen?" Wie *Darwin* waren auch andere von der Landschaft beeindruckt, Forscher und Schriftsteller – auch viele, die Patagonien gar nicht aus eigener Anschauung kannten. *Edgar Allen Poe, Jules Verne, Hermann Melville* und *Stefan Zweig* nutzten den Landstrich als Kulisse für ihre Romane und Abenteuergeschichten, sehr empfehlenswert ist auch *Bruce Chatwins* Reportageband „In Patagonien".

„Nirgendwo ist auch ein Ort" – treffend charakterisiert der Satz von *Paul Theroux* die unendlich weiten Ebenen, die den zentralen Teil Patagoniens ausmachen. Das **chilenische Patagonien** hat nur einen geringen Anteil an diesen weiten Ebenen. Es erstreckt sich über-

Magallanes und Feuerland

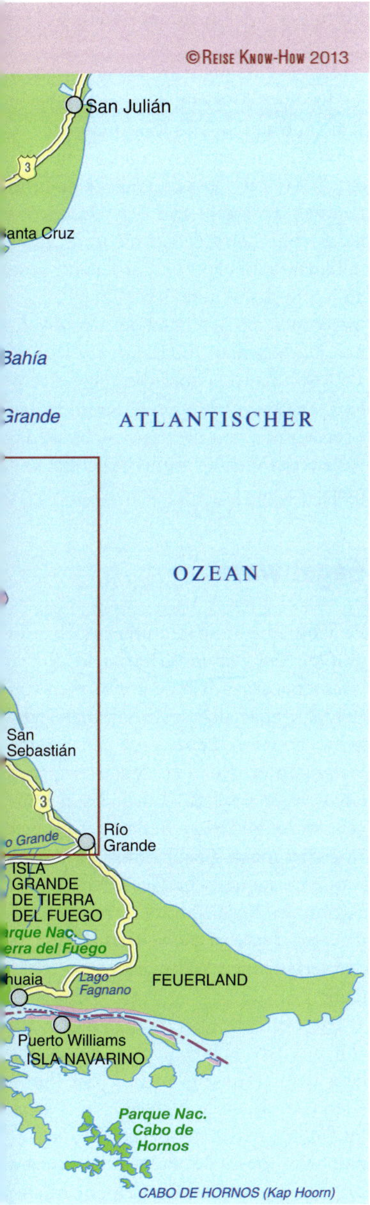

wiegend auf der Westseite der Anden, es ist vorwiegend eine Gebirgslandschaft, die auch die Región de Aysén einschließt und in ihrem Nordteil durch die Carretera Austral erschlossen wird. Der Süden des chilenischen Patagonien gehört zur **Región de Magallanes y de la Antárctica Chilena** mit der Hauptstadt Punta Arenas; nur nordöstlich von ihr, entlang der Magellanstraße, hat Chile größere Anteile an den Ebenen, auf denen Abertausende von Schafen weiden.

Zur Geschichte Patagoniens

Patagonien – diesen Namen trägt das Land seit der **Magellan-Expedition,** die im Jahr **1520** hier vorbeisegelte. Warum man es so nannte, ist umstritten, die meisten Historiker vermuten, dass man die Einwohner **„Patagones" (Großfüße)** nannte. Der ersten Überlieferung nach sollen es Riesen gewesen sein, als spätere Forscher dann aber genau Maß nahmen, stellte sich heraus, dass sie zwar groß, aber nicht riesig waren. So schrieb *Darwin:* „Ihre Größe erscheint uns wegen ihrer großen Guanako-Mäntel, ihres langen wallenden Haars und ihrer ganzen Erscheinung bedeutender, als sie wirklich ist: Im Mittel beträgt ihre Größe ungefähr sechs Fuß (1,80 m), einige Männer sind kleiner und nur wenige größer." Zu anderen Erklärungen, warum Patagonien so heißt, schlage man in *Bruce Chatwins* Reisebeschreibung nach.

Nach der Umsegelung durch *Magellan* passierte erst einmal jahrhundertelang wenig. Andere folgten ihm, sie durchquerten die Magellanstraße oder scheiterten in den zahllosen Kanälen. *Sir Francis Drake* und *Thomas Cavendish*

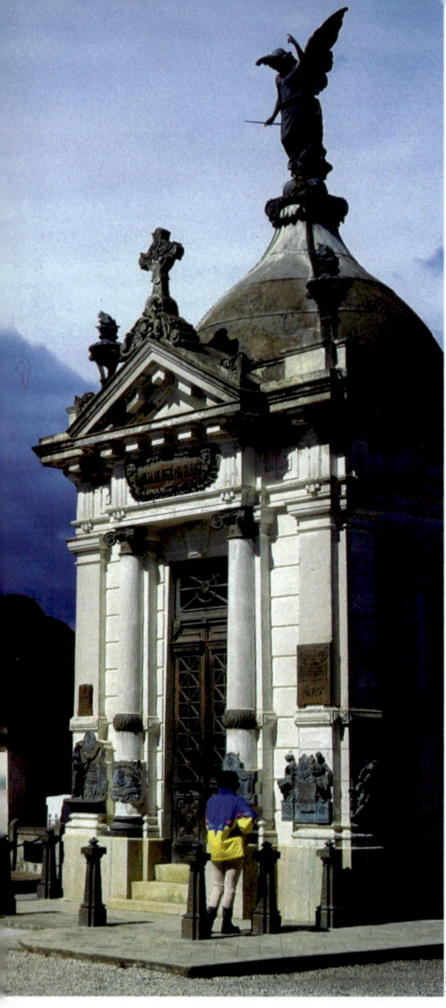

hießen die heldenhaften Seefahrer, deren Abenteuer oft verfilmt worden sind. Interessant war für alle nur die Wasserstraße, nicht das Binnenland, es blieb bis

Punta Arenas: solche Paläste bauten die Schafbarone ihren Toten

Mitte des 19. Jahrhunderts ein weißer Fleck auf der Landkarte.

Ab 1843 kamen dann die ersten Siedler. Es waren **Waliser,** die meisten ließen sich am Unterlauf des Río Chubut an der Ostküste (im heutigen Argentinien) nieder. Lebten die ersten Waliser noch in relativer Eintracht mit den Ureinwohnern – alte Fotos zeigen sie und Indios miteinander lebend und arbeitend –, so besiegelte die weitere Besiedlung Patagoniens doch das Schicksal der **Ureinwohner:** Die Selk'nam, die Haush, die Kawéskar, die Tehuelche und die Yaghan starben an eingeschleppten Krankheiten oder wurden von den Viehzüchtern des Südens des Viehdiebstahls bezichtigt und umgebracht.

Gegenwart

Patagonien lebt heute immer noch zum größten Teil von der **Schafzucht.** In der braunen, kargen Pampa nordöstlich von Punta Arenas sieht man kilometerweit keine anderen Lebewesen als Schafe. Statistisch ernährt ein Hektar zwar nur ein dreiviertel Schaf, doch an Land mangelte es im Süden zu Zeiten der großen Estanzias nicht. Zu Schleuderpreisen erwarben v.a. englische Gesellschaften zu Beginn des 20. Jahrhunderts riesige Ländereien. Heute ist die Schafzucht wegen der verfallenden Weltmarktpreise rückläufig.

Die beliebtesten Touristenziele im chilenischen Teil Patagoniens liegen entlang der Carretera Austral, bei Punta Arenas und Puerto Natales. Ein absoluter Höhepunkt ist der Besuch des **Nationalparks Torres del Paine;** viele nutzen die Gelegenheit auch zu einem **Abste-**

Der Große Süden: Patagonien

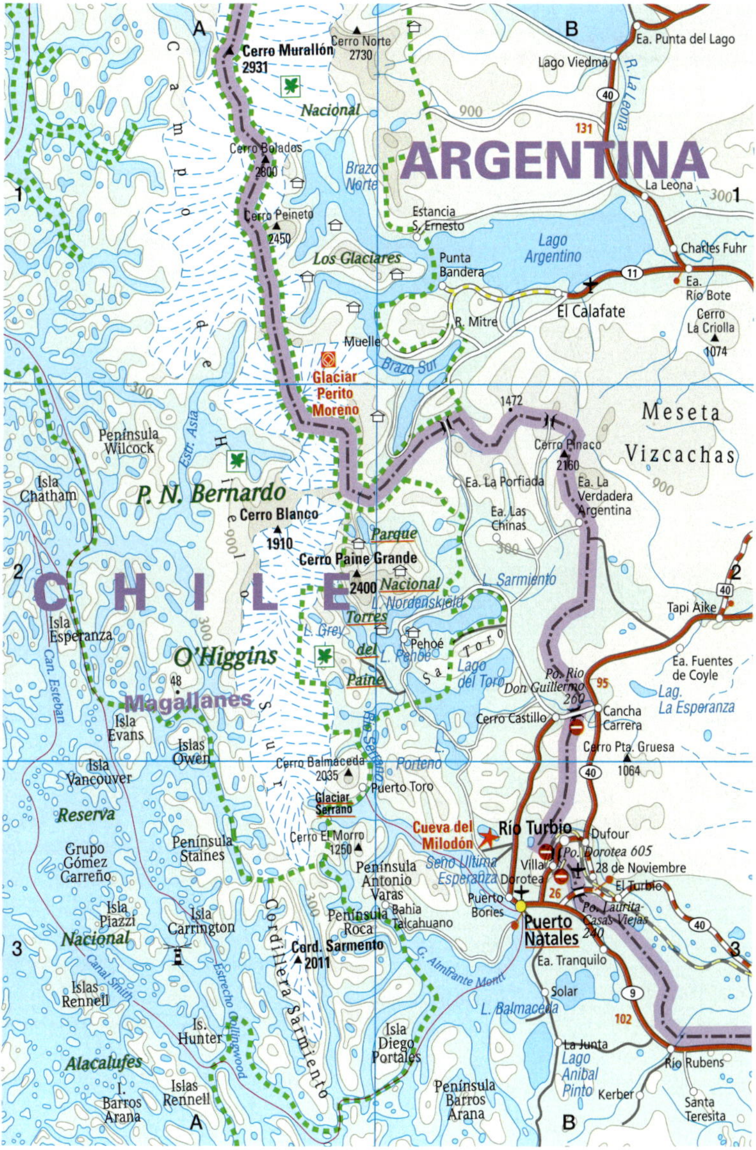

A
B
1
2
3
ARGENTINA
CHILE
Magallanes y la Antártica
Río Turbio
Dufour
Po. Dorotea 605
28 de Noviembre
El Turbio
Villa Dorotea
Cerro El Morro
1250
Cueva del Milodón
Península Antonio Varas
Seno Ultima Esperanza
Puerto Bories
Bahía Talcahuano
Puerto Natales
Po. Laurita-Casas Viejas 240
Península Roca
G. Almirante Montt
Ea. Tranquilo
Solar
L. Balmaceda
Isla Diego Portales
La Junta
Lago Aníbal Pinto
Kerber
Río Rubens
Santa Teresita
Península Barros Arana
823
Cerro La Silueta
1285
Mte. Phillipi
385
A. Chorr. Magán
Lag. Cóndor
Río Gallegos
El Zurdo
Bella Vista
Po. Río El Zurdo
Morro Chico
Gallegos Chico
L. Blanca
Villa Tehuelches
Dinamarqueros
Gamero
Lago Muñoz Gamero
Puerto Hewett
Cord. Pinto
Puerto Altamirano
Cruz del Sur
Río Verde
Seno Skyring
Is. Escarpada
Is. Larga
Ea. Rocallosa
Monte Muelo
1189
Gran. Campo Nevado
1585
Isla Grande
Parque Río Leon
Entre Ríos
Cabeza del Mar
Gdor. Phillipi
San Vicent
I. Isabel
M. Nac Los Pingüino
I. Magdalena
Reserva Forestal
Mte. Ladrillero
1665
1040
Isla Riesco
Ea. Invierno
Otway
Mina Peket
Kon Aiken
Terminal Cabo Negro
Pingüinera Seno Otway
Punta Sunshine
Palacio M. Braun, Cementerio
Pta. Canelo
R. F. Magallanes
Punta Arenas
Porver
Tres Morros
915
Santa Rita
Península de Brunswick
R. F. Lag. Parrillar
Guayrabo
Agua Fresca
Estrecho de Magallanes
Península Cordova
Parque Marino Francisco Coloane
Wale
Co. Moraine
1327
Isla
Mte. Tres Picos
1127
Isla Carlos III
Santa Inés
1341
Río Amarillo
Aeródo San Valer
Puerto del Hambre
Fuerte Bulnes
Paso del Hambre
Cerro Gra
462
Mte. Victoria
920
Cabo San Isidro
Cruz de los Mares
(Südl. Punkt Kontinentalamerikas)
Cabo Froward
Isla Dawson
300
900

☐ Anschlusskarte nach Süden S. 433

cher in den argentinischen Nationalpark Los Glaciares bei El Calafate. Deshalb werden am Ende dieses Kapitels El Calafate und der Nationalpark Los Glaciares mit dem Fitz Roy-Massiv ebenfalls abgehandelt.

Punta Arenas

388/B2,3

Auf 53 Grad, 10 Minuten südlicher Breite, direkt an der Magellanstraße und Feuerland gegenüber, liegt Punta Arenas, die **Hauptstadt der Región Magallanes.** Die **südlichste Kontinentalstadt der Welt** hat 125.000 Einwohner und ist die **schönste Stadt in Patagonien.** Am vermeintlichen Ende der Welt gelegen, verblüfft sie mit einer attraktiven Plaza, einem gepflegten Stadtzentrum, sehenswerten alten Gebäuden, einem hervorragenden Museum und einem **Friedhof,** der lediglich in Buenos Aires seinesgleichen findet.

Geschichte

Punta Arenas (Sandige Spitze), Mitte des 19. Jahrhunderts als **Militärstützpunkt und Strafkolonie** gegründet, entwickelte sich schnell zu einer wichtigen Hafenstadt. Denn bis zum Bau des Panama-Kanals (Eröffnung 1914) nahmen alle Schiffe die Route durch die 1520 von *Fernando Magellan* erstmalig entdeckte Ost-West-Passage. Nicht nur die Handelsschiffe, deren Güter für chilenische oder peruanische Häfen bestimmt wa-

Punta Arenas

Übernachtung

1 Hostal Sonia Kuscevic
3 Hotel Carpa Manzano
5 Hospedaje Magallanes
10 Backpacker's Paradise
11 Hospedaje La Estancia
12 Hospedaje Ayelén
13 Hotel Finis Terrae
14 Hotel Tierra del Fuego
17 Hotel Rey Don Felipe
18 Oro Fueguino
19 Hotel Plaza
20 Hotel José Nogueira
23 Hostal del Estrecho
32 Hotel Dreams del Estrecho

Essen und Trinken

2 La Tabla Restobar
4 Sabores del Mundo
6 Arco Iris
8 La Marmita
9 Café Inmigrante
15 La Chocolatta
24 Savoy
25 La Luna
26 La Cuisine, La Casona
27 Café Tapiz
30 Puerto Viejo
34 El Remezón

Einkaufen/Sonstiges

5 Aonikenk
7 Supermarkt
16 LAN
21 Comapa
22 DAP
28 Patagoni Alternativa
29 Sky
31 Yámana
33 Supermarkt
35 Mercado und Fischmarkt

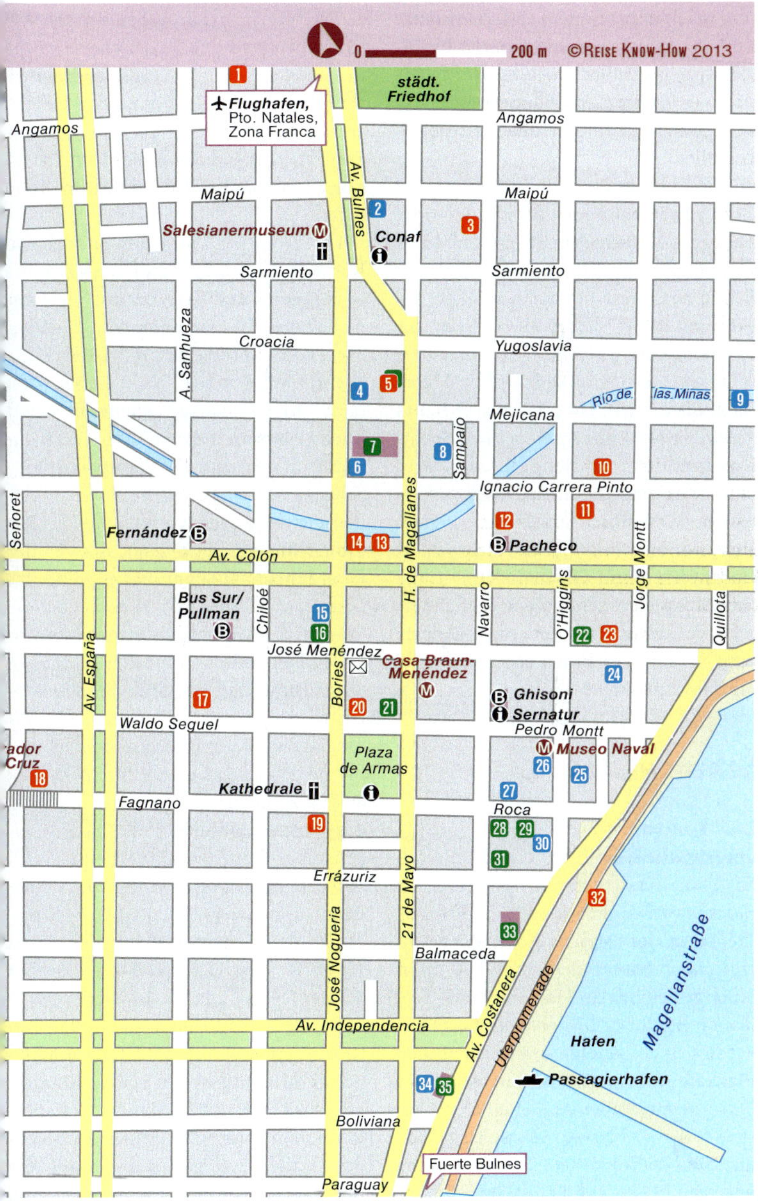
0 200 m
©Reise Know-How 2013
städt. Friedhof
Flughafen,
Pto. Natales,
Zona Franca
Angamos
Angamos
Av. Bulnes
Maipú
Maipú
Salesianermuseum
Conaf
Sarmiento
Sarmiento
Croacia
Yugoslavia
A. Sanhueza
Río de las Minas
Mejicana
Sampaio
Ignacio Carrera Pinto
Señoret
Fernández
Pacheco
Av. Colón
H. de Magallanes
Jorge Montt
Bus Sur/
Pullman
Chiloé
Navarro
O'Higgins
Quillota
José Menéndez
Casa Braun-
Menéndez
Av. España
Bories
Ghisoni
Sernatur
Waldo Seguel
Pedro Montt
Museo Naval
Plaza
de Armas
Kathedrale
Fagnano
Roca
Errázuriz
José Nogueria
21 de Mayo
Balmaceda
Magellanstraße
Av. Independencia
Av. Costanera
Uferpromenade
Hafen
Passagierhafen
Boliviana
Fuerte Bulnes
Paraguay
1
2
3
4
5
6
7
8
9
10
11
12
13
14
15
16
17
18
19
20
21
22
23
24
25
26
27
28
29
30
31
32
33
34
35

ren, machten hier einen Zwischenstopp, auch Auswandererschiffe, deren Passagiere eigentlich ihr Glück bei der Goldsuche in Kalifornien finden wollten, von denen aber ein Teil im chilenischen Süden blieb.

Denn hier gab es auch Gold – „weißes Gold": 1876 hatten die Einwanderer die Erlaubnis zur **Schafzucht** erhalten. Land war billig und reichlich vorhanden, das Klima bekam den Schafen, und so begann mit der Wolle der Aufschwung der Region: „Alles war Schaf", so lapidar beschreibt der Regionalhistoriker *Mateo Martinic* die goldenen Jahre von Punta Arenas. Die Besitzer der riesigen Schaf-Estanzias der Umgebung ließen sich repräsentative Häuser im Stadtzentrum erbauen. Vom Boom angezogen, kamen **Auswanderer aus ganz Europa** als Handwerker und Geschäftsleute in die Stadt. Man sieht das heute noch: Schweizerische, kroatische, englische und deutsche Namen finden sich überall auf Tür- und Reklameschildern.

Sehenswertes

Das **Zentrum** von Punta Arenas ist **übersichtlich;** am besten erschließt sich das vom Aussichtspunkt La Cruz, vier Blocks nordwestlich der Plaza über eine Treppe an der Fagnano Ecke Señoret zu erreichen. Hinter der Stadt mit ihren bunt gestrichenen Häusern und dem blauen Band der Magellanstraße zeichnet sich Feuerland ab. Auf der zentralen **Plaza de Armas** schreitet ein bronzener *Magellan* stolz über zwei ebenfalls bronzene Indianer hinweg. Sie repäsentieren die später ausgerotteten Stämme Ona und Aonikenk, und die beiden Schwänze der Meerjungfrau stehen für den Atlantischen und den Pazifischen Ozean, die von der Magellanstraße verbunden werden. Angeblich kehrt man nach Patagonien zurück, wenn man den großen Zeh eines der Indianer küsst – und so ist er ganz blank von den Lippen der Touristen …

Direkt an der Plaza stehen auch die **Kathedrale** und das **Stadtpalais von José Nogueira und Sara Braun,** heute ein Nobelhotel. *Mauricio Braun* und *Josefina Menéndez,* Sprosse der reichsten Viehzüchterfamilien der Stadt, ließen sich nach ihrer Hochzeit ebenfalls einen höchst repräsentativen Wohnsitz im Zentrum erbauen: Ihr Stadtpalais, Magallanes 949, einen halben Block von der Plaza entfernt, beherbergt heute das **Regionalmuseum** und zeigt, dass es der Oberschicht damals an nichts fehlte: Tapeten aus Frankreich schmücken die Wände, der Waschtisch ist mit Marmor aus Italien gedeckt, die lederbezogenen Sessel kamen aus England, die vergoldeten Kamingitter aus Flandern, und *Picassos* Vater *Ruíz Blasco* malte das Bild mit dem Gänsepaar im Salon. Nichts ist aus Patagonien, nicht einmal das Holz des Parkettfußbodens, alles wurde eigens über den Atlantik herbeigeschifft; auf dem Rückweg nahmen die Schiffe dann tonnenweise Schafwolle mit (geöffnet den Sommer über Mo bis Sa 10.30–17 Uhr, So 10.30–14 Uhr, im Winter Di bis So 10.30–14 Uhr).

Den frischen Wind der Magellanstraße kann man sich an der **Uferpromenade** um die Nase wehen lassen. Man erreicht sie, indem man die Av. Colón hinunterläuft. Von hier sieht man bereits den Hafen, wo vielleicht gerade ein Kreuzfahrtschiff festgemacht hat und

Hunderte Kormorane auf zwei alten Molen hocken. Die Uferpromenade erstreckt sich über 8 Kilometer, mit Radwegen, Aussichtspunkten und Schiffsbugs aus Beton, die an die frühen Seefahrer erinnern – ein netter Spaziergang. Auf der Pedro Montt Ecke O'Higgins hält das **Museo Naval y Marítimo** eine gute Sammlung zur Seefahrtsgeschichte bereit (geöffnet Di bis Sa 9.30–12.30 und 14–17 Uhr, im Jan./Feb. durchgehend).

Das **Museo Salesiano** zeigt Kultur, Geschichte und Natur Südpatagoniens – ein Sammelsurium ersten Ranges, teilweise hervorragend aufgearbeitet, teils mit Charme durcheinandergeworfen: Da stehen die Wanderschuhe von *Padre Agostini* neben dem Denkmal für den Ordensgründer, daneben ein ausgestopfter Pinguin. Schauend und schaudernd geht man von Raum zu Raum, überall starren ausgestopfte Kondore, Albatrosse im Sturzflug, Seelöwen und Nandus auf den Besucher herab, dazu gibt es eine große Sammlung fein säuberlich in Formalin eingelegter Abnormitäten aus dem Tierreich: ein Kalb mit zwei Köpfen, Enten mit drei oder vier Beinen usw. Gleichzeitig dokumentiert das Museum auch ungeschönt die Eroberung der Region durch die Weißen. Fotos zeigen, wie in weiße Hemden gehüllte Kanu-Nomadinnen unter den strengen Blicken einer Nonne Spitzendeckchen sticken oder sich ein Weißer stolz der Kamera präsentiert: im Arm die erhobene Waffe, den Fuß auf einem toten Indianer (Bulnes 374, geöffnet Di bis So 10–12.30 und 15–17.30 Uhr).

Zwei Blocks weiter stadtauswärts liegt der **Friedhof** der Stadt, zweifellos der schönste und interessanteste ganz Chiles; nicht von ungefähr wurde er zum **Nationaldenkmal** erklärt. Säulenförmig geschnittene Zypressen säumen die Alleen, in denen sich der verflossene Reichtum der Gründerzeit bewundern lässt. Nahe des Eingangs steht das haushohe Mausoleum der Familie *Braun-Menéndez,* ein fester Block aus schwarzem Marmor. Das Mausoleum für *José Menéndez* ist verspielter, es mischt barocke und Jugendstilformen. Schlicht sind die Gräber zahlreicher deutscher Einwanderer. Dass sie nicht zu den ganz Reichen gehörten, beweist die gemeinsame Grab-

chi084 ms

☒ Denkmal für Fernando de Magallanes – zu seinen Füßen Indianer

stelle unter einem Kreuz der „Deutschen Kranken Kasse". An die indianischen Ureinwohner erinnert ein schlichtes Denkmal.

Noch weiter außerhalb des Zentrums, in der Nähe der Laguna Tres Puentes, ist eine originalgetreue Replik der **„Nao Victoria"** zu bewundern, des Segelschiffs von *Fernando de Magallanes*. Die Nao, mit der *Magellan* 1520 die Meeresstraße entdeckte, war das einzige der Flotte von fünf Schiffen, das die dreijährige Weltumsegelung vollendete – ohne Magellan, der auf den Philippinen starb. Schwer vorstellbar, wie es die Seeleute jahrelang auf diesem nur 28 Meter langen Dreimaster aushalten konnten (7,5 km von der Plaza, tgl. 9–19 Uhr, 5 Euro; Taxi ca. 6 Euro hin und zurück, www.naovictoria.cl).

Praktische Tipps

Touristeninformation

- **Vorwahl von Punta Arenas: 61**
- **Sernatur,** Lautaro Navarro 999 Ecke Montt, Tel. 224 1330, infomagallanes@sernatur.cl. Gut sortiertes und freundliches Informationsbüro.
- **Infopavillon** auf der Plaza.
- **Conaf (Nationalparks),** Av. Bulnes 309, 4. Etage, Tel. 223 8570.

Unterkunft

- **Hospedaje Magallanes**

Magallanes 570, Tel. 222 8616. 4 Zimmer mit Gemeinschaftsbädern und ein 6er-Mehrbettzimmer mit Bad im Haus des deutsch-chilenischen Ehepaares *Sebastian Borgwardt* und *Marisol Cárcamo,* die auch die Reiseagentur Aonikenk betreiben (s.u.). Ruhig, sauber, familiär, hausgemachtes Frühstück mit Bohnenkaffee und selbst gebackenem Brot, Küchen- und Waschmaschinenbenutzung, Internet mit WLAN, gute Infos, Tourangebote für Gäste. 20 Euro p.P. DZ 53 Euro. www.aonikenk.com

- **Backpacker's Paradise**

Carrera Pinto 1022, Tel. 224 0104 oder 09/9187 0842. Übernachtung in Mehrbettzimmern, einfach, guter Treffpunkt. 10 Euro p.P.

- **Hostal La Estancia**

O'Higgins 765, Tel. 224 9130. Empfohlen, Küchenbenutzung, Internet. Ab 18 Euro im Mehrbettzimmer, DZ mit Bad und Frühstück 58/75 Euro.

- **Hostal Sonia Kuscevic**

Pje. Darwin 175, Tel. 224 8543. Familiär, gutes Frühstück, Leserempfehlung. DZ 50 Euro. www.hostalsk.cl

- **Hostal Ayelén**

Lautaro Navarro 763, Tel. 224 2413. Leserempfehlung: große Zimmer mit Kabel-TV und Zentralheizung, nette und hilfsbereite Gastwirte, ruhig. DZ ab 63 Euro. www.ayelenresidencial.cl

- **Hostal del Estrecho**

José Menéndez 1048, Tel. 224 1011. Das erste Hostel der Stadt (eröffnet 1987), mit sehr gutem Frühstück, Internet und WLAN. Kabel-TV und Zentralheizung in allen 14 Zimmern. DZ mit Bad ab 63 Euro. www.hostaldelestrecho.cl

- **Hostal Oro Fueguino**

Fagnano 356, Tel. 224 9401. Neu eingerichtetes, ruhig gelegenes Hostel mit 13 netten Zimmern mit Bad, Kabel-TV, Zentralheizung und WLAN. DZ ab 52 Euro. www.orofueguino.cl

- **Hotel Carpa Manzano**

Lautaro Navarro 336, Tel. 271 0744. Gut und freundlich. DZ mit Bad ab 66 Euro. www.hotelcarpamanzano.com

- **Hotel Plaza**

José Nogueira 1116, Tel. 224 1300. Gut, renoviert. DZ mit Bad ab 68 Euro. www.hotelplaza.cl

- **Hotel Rey Don Felipe**

Armando Sanhueza 965, Tel. 229 5000. Neues Hotel mit 45 modernen, eleganten, ruhigen Zimmern ohne Aussicht, WLAN, Gym und Restaurant. DZ ab 106 Euro. www.hotelreydonfelipe.com

Hotel Tierra del Fuego
Av. Colón 716, Tel. 222 6200. Klassisch-elegant, solider Service, gutes Restaurant. DZ ab 136 Euro. www.puntaarenas.com

Hotel Finis Terrae
Av. Colón 766, Tel. 222 8200. Moderne Oberklasse, mit Dachrestaurant/Bar. Zimmer ab 93 Euro. www.hotelfinisterrae.com

Hotel Dreams del Estrecho
O'Higgins 1235, Tel. 600-626 0000. Neues Wellnesshotel einer Kasinokette direkt am Ufer. Riesige luxuriöse Zimmer, die Hälfte mit Blick auf Hafen und Meer. Sehr gutes Restaurant. DZ ab 148 Euro. www.mundodreams.com

Hotel José Nogueira
Bories 959, Tel. 271 1000. Luxusherberge im altehrwürdigen Palacio Nogueira-Braun, 22 nobel ausgestattete Zimmer, Restaurant im Wintergarten. Hier nächtigte 2004 der spanische König. DZ 160 Euro. www.hotelnogueira.com

Essen und Trinken

La Marmita
Plaza Sampaio 678, Tel. 222 2056. Gerichte der chilenischen Küche, organische, regionale Produkte, auch vegetarisch. Nettes Ambiente, sehr freundlich.

La Tabla Restobar
Bulnes Ecke Maipú. Hausbrauerei, leckere „Tablas", Mittagsmenü.

Mercado Municipal
Costanera 1466, schräg gegenüber vom Hafen. Fischmarkt mit mehreren kleinen Restaurants.

Sabores del Mundo
Mejicana Ecke Bories. Fleisch, Fisch, Meeresfrüchte, Pasta – alles gut und preiswert.

La Cuisine
O'Higgins 1037, Tel. 222 8641. Französisches Bistro eines renommierten französischen Kochs, mit empfohlener patagonischer Küche.

El Remezón
21 de Mayo 1469. Lamm in allen Varianten, auch Guanaco, Ñandu, Centolla und Biber. Vorzüglich, aber die Portionen sind klein und teuer.

La Luna
O'Higgins 1017. Fleisch und Fisch, preiswert und gemütlich, aber langsamer Service.

Puerto Viejo
O'Higgins 1166, Tel. 222 5103. Lamm, Fisch und Meeresfrüchte, natürlich auch die regionale Spezialität *Centolla*.

Savoy
José Menéndez 1073, Tel. 224 7979. Hotel-Restaurant mit sehr guten Gerichten, besonders Centolla. Große Portionen, faire Preise.

Arco Iris
Bories 671. All-you-can-eat-Asiate, gut und preiswert, 12 Euro.

La Chocolatta
Bories 852. Gemütliche Kaffeestube mit leckerem Kuchen und regionaler Schokolade. Empfehlenswert.

Café Tapiz
Roca 912. Nostalgisch dekoriertes Tagescafé mit Kuchen und kleinen Gerichten, dazu gute Musik.

Café Inmigrante
Quillota 599. Kleine Kaffeestube einer kroatischen Einwandererfamilie. Leckere Kuchen, auch warme Speisen und gigantische Sandwiches.

La Casona
O'Higgins 1037. Pub im 80er-Jahre-Stil mit kubanischem Touch. Nettes Ambiente, gute Cocktails und Bierauswahl, sehr freundlich. Leserempfehlung!

Flugzeug

Der **Flughafen** mit dem langen Namen **Carlos Ibáñez del Campo** liegt 20 km nördlich der Stadt (Info-Tel. 223 8181). **Transfer Austral,** Tel. 228 2854, bietet für 6 Euro einen langwierigen Sammeltransfer zur bzw. von der Unterkunft. Ein Taxi kostet ca. 10 Euro.

■ **LAN,** Bories 884. Mehrmals täglich nach Santiago und Puerto Montt; im Sommer auch nach Port Stanley (Falkland-Inseln).
■ **Sky,** Roca 935. Mehrfach täglich nach Santiago u. Puerto Montt, Mo bis Sa nach Coyhaique. Im Sommer 2x bis 3x wöchentlich nach Puerto Natales.
■ **Aerovías DAP,** O'Higgins 891 Ecke J. Menéndez, Tel. 261 6100. Mo bis Fr 3x täglich, Sa 2x mit einer neunsitzigen Cessna über die Magellanstraße nach Porvenir (30 Euro); 6x wöchentlich mit einer Twin Otter (16 Passagiere) nach Puerto Williams (80 Euro), alle Preise one way; Charter-Überflüge zum Kap Hoorn, über die Torres del Paine und zur Isla Rey Jorge in der Antarktis. www.aeroviasdap.cl

Überlandbusse

Punta Arenas hat leider **keinen zentralen Busbahnhof.** Hier die Unternehmen nach Fahrtzielen sortiert:

■ **Puerto Natales:** 3 Std., ca. 7 Euro. **Buses Fernández,** Armando Sanhueza 745, Tel. 224 2313, www.busesfernandez.com, 8x täglich. **Bus Sur,** José Menéndez 565, Tel. 222 2938, www.bus-sur.cl, 4x täglich. **Buses Pacheco,** Av. Colón 900, Tel. 224 2174, www. busespacheco.com, 5x täglich.
■ **Río Grande und Ushuaia** (Argentinien): Über Punta Delgada, 8 Std. Río Grande, 13 Std. Ushuaia, 25–35 Euro; rechtzeitig vorbuchen! Täglich, z.T. im Wechsel: **Ghisoni/Tecni Austral,** L. Navarro 975, Tel. 261 3420, **Buses Pacheco** (s.o.), **Bus Sur** (s.o.), **Buses Barría,** Av. España 264, Tel. 224 0646, www.busesbarria.cl.
■ **Río Gallegos** (Argentinien): 6 Std., ca. 12 Euro, im täglichen Wechsel: **Buses Ghisoni** (s.o.), **Buses Pingüino,** Armando Sanhueza 745, Tel. 222 1812.
■ **Osorno und Puerto Montt:** ca. 30 Std. (2270 km bis Osorno!), 40–60 Euro. **Pullman,** Av. Colón 568, Tel. 222 3359, montags, www.pullman.cl; **Queilén/Ghisoni** (s.o.), freitags; **Turibus,** Armando Sanhueza 745, Tel. 222 7970, Di, Do, Sa.
■ **Santiago:** ca. 48 Std., 60–90 Euro, Mo und Fr. **Pullman** (s.o.), **Queilén** (s.o.).

Schiff/Fähre

■ **Barcaza Melinka/Crux Australis**
Juan Williams 06450, ca. 6 km vom Zentrum (Colectivos 15 u. 20), Tel. 221 8100. Fährschiff nach Porvenir (Feuerland) für Autos und Personen. Überfahrt 2–3 Std., Di bis Sa zu unterschiedlichen Zeiten, Fahrplan s. Website. 9 Euro p.P., Auto mit Insassen 58 Euro. www.tabsa.cl
■ **Ferry Bahía Azul**
Juan Williams 06450, Tel. 272 8100. Fracht- und Personenschiff nach Puerto Williams. Normalerweise Mi um 19 Uhr, Dauer 28 Std., 145–200 Euro (normaler Sitzplatz oder Schlafsessel, Mahlzeiten inbegriffen). Wenn Erdgas transportiert wird, werden keine Passagiere mitgenommen. Besser ein bis zwei Wochen im Voraus buchen. www.tabsa.cl
■ **Cruceros Australis**
Magallanes 990, Tel. 220 0200 (Comapa), oder Av. El Bosque Norte 0440, Tel. 2442 3115 (Santiago). Zwei „Abenteuerkreuzer" für 130 bis 200 Personen. Route: Punta Arenas – Magellanstraße – Canal Beagle – vorbei an mehreren Gletschern – Kap Hoorn – Ushuaia bzw. Ushuaia – Kap Hoorn – weitere Gletscher – Isla Magdalena (Pinguine) – Punta Arenas. Die Fahrt dauert bis Ushuaia vier Nächte bzw. von Ushuaia nach Punta Arenas drei Nächte. Preis p.P. Punta Arenas – Ushuaia je nach Saison und Klasse 870–3200 Euro. Näheres unter Feuerland. www.australis.com
■ **Navimag**
Magallanes 990, Tel. 220 0200 (Comapa). Von Puerto Natales 1x die Woche nach Puerto Montt (3 Tage, 280–800 Euro, s.a. Puerto Montt).
www.navimag.com

Mietwagen

■ **Adel Rent a Car**
Pedro Montt 962, Tel. 222 4819. Freundlich, hilfsbereit. www.adelrentacar.cl

■ **Europcar,** O'Higgins 964, Tel. 220 2720.

■ **International**
Waldo Seguel 443, Tel. 222 9729.

■ **Lubag,** O'Higgins 878, Tel. 271 0484.

Reiseveranstalter

Die meisten Tourveranstalter bieten dasselbe oder ein ähnliches Programm zu denselben oder sehr ähnlichen Preisen an. „Klassiker" sind **Ausflüge zu den Pinguinkolonien am Seno Otway** (ca. 20 Euro) und **auf der Isla Magdalena** (ca. 55 Euro), **zum Puerto Hambre** und dem **Fuerte Bulnes,** dazu kommen hochpreisige **Kreuzfahrten** und **Besuche des Nationalparks Torres del Paine.**

■ **Turismo Aonikenk**
Magallanes 570, Tel. 222 8616. Sehr empfehlenswerte, erfahrene Agentur unter deutscher Leitung, spezialisiert auf Abenteuer- und Naturreisen in Patagonien, u.a. Trekking im Torres del Paine, Isla Navarino, Cabo Froward, Feuerland. Gut informiert und hilfsbereit, auch bei Buchungen der diversen Schiffstouren ab Punta Arenas. Vermittelt derzeit Touren nur an Gäste des hauseigenen Bed & Breakfast Magallanes (s.o.). www.aonikenk.com

■ **Turismo Comapa**
Magallanes 990, Tel. 220 0200. Große, unpersönliche Agentur, offizieller Vertreter der Schiffstouren von Navimag und Cruceros Australis.
www.comapa.com

■ **Turismo Yámana**
Errázuriz 932, Tel. 224 0056. Spezialist für Trekking- und Kajaktouren. www.yamana.cl

■ **PatagoniAlternativa**
Roca 907, Tel. 222 5889. Günstige Tarife für alle Flüge, von Lesern empfohlen.
www.patagonialternativa.cl

Einkaufen

■ Im **Unimarc** auf der Magallanes Ecke Carrera Pinto oder in O'Higgins Ecke Balmaceda (Nähe Hafen) kann man sich gut für längere Touren eindecken, hier ist das Angebot besser als in Puerto Natales.

■ **Pachamama,** Magallanes 619, hat ein umfangreiches Angebot an Trockenfrüchten, ideal für Wanderungen.

■ **Zona Franca,** in der Freihandelszone kann man zollfrei einkaufen, gut z.B. für Campingausrüstung. 4 km nördlich des Zentrums, Sammeltaxis Nr. 15 und 20 ab Magallanes.

■ **Kunsthandwerk und Souvenirs** aller Art zu fairen Preisen hat **Rama,** Waldo Seguel 660, wenige Schritte von der Plaza. Eine gute, aber deutlich teurere Auswahl gibt es in dem Geschäft am Hafeneingang.

Sonstiges

■ **Geldautomaten** in den Banken in der Nähe der Plaza sowie im Unimarc (s.u.).

■ **Post,** Bories 911 Ecke Menéndez.

■ **Telefonzentralen,** z.B. Nogueira 1117, Lautaro Navarro 957 und Errázuriz 856.

■ Jede Menge **Internet-Cafés** in der Stadt, ansonsten haben die meisten Unterkünfte mittlerweile **WLAN.**

■ **Wäscherei,** O'Higgins 969.

■ **Fahrradreparatur, Bike Service,** Sarmiento 1132. Hat Spezialwerkzeug und kann auch Ersatzteile aus Santiago beziehen.

Die Umgebung von Punta Arenas

Pinguinkolonien 388/B2

Zwei große Pinguinkolonien können in der Nähe von Punta Arenas besucht werden: Auf der Isla Magdalena leben schätzungsweise 200.000 Magellan-Pinguine, am Seno Otway nisten etwa 11.000 Tiere in einer weiten Wiesenlandschaft. Die Pinguine leben **nur in den Sommermonaten** hier, Ende März ziehen sie sich in wärmere Gewässer zurück und kehren – ohne zwischendurch an Land zu gehen – erst Ende Oktober wieder. Pinguine trifft man überall vor der patagonischen Küste, egal ob am Pazifik oder am Atlantik. Es sind **Magellan-Pinguine** *(Spheniscus magellanicus)*, und sie sind leicht zu erkennen: Sie sind recht klein, etwa 70 Zentimeter, wiegen etwa 4 Kilo und haben als besondere Charakteristika den schwarz-weißen Kopf sowie einen schwarzen Streifen, der am oberen Rand ihrer Brust verläuft. Pinguine sind flugunfähige Vögel, sie legen zwei Eier, brüten in Kolonien und ernähren sich von Meerestieren. Die Jungtiere tragen zunächst graue Flaumfedern. Sie sind exzellente Schwimmer, an Land aber bewegen sie sich schwerfällig; ihr Schwerpunkt liegt in der Mitte des Körpers, dadurch wirkt ihr Gang „putzig".

Ihren **Namen** erhielten die Meeresvögel, so die Überlieferung, von walisischen Matrosen: Sie nannten die Tiere „pengwyn", ein Wort, das auf gälisch „weißer Kopf" bedeutet.

Die **Pinguinkolonie am Seno Otway** ist im Rahmen einer organisierten Tour oder mit einem Mietauto zu erreichen. Man verlässt Punta Arenas auf der Ruta 9 nach Norden und biegt nach 22 Kilometern nach Westen ab (ausgeschildert). Etwa 35 Kilometer weiter erreicht man die Otway-Bucht und die *Pingüinera* (Eintritt 9 Euro). Man kann dort nicht übernachten, es gibt aber einen kleinen Imbiss. Die **organisierten Touren** finden größtenteils nachmittags (16–20 Uhr) statt, da zu dieser Zeit die meisten Pinguine zu sehen sind – sie kommen vom Fischen zurück.

Die **Isla Magdalena** liegt **in der Magellanstraße,** nördlich von Punta Arenas, und ist allein schon wegen der enormen Zahl der Pinguine (die Angaben

chi085 ms

Magellanpinguin auf der Isla Magdalena

schwanken zwischen 150.000 und 400.000) ein Erlebnis der besonderen Art. Die Tiere stehen vor ihren Erdhöhlen oder in Gruppen am Strand und beäugen die Touristen eher neugierig denn scheu; ab Dezember sind auch die hellbraunen Jungtiere zu beobachten. Auf einem markierten Weg kann man sich ihnen teilweise bis auf Armlänge nähern. Möwen und Sturmvögel sowie ein **Leuchtturm** runden das Panorama ab. Die Fahrt dauert ca. 1½ Stunden, man bleibt 2 Stunden auf der Insel, insgesamt also 5 Stunden hin und zurück. Die „Melinka" fährt im Sommer normalerweise täglich um 16 Uhr (Änderungen möglich), Preis: 38 Euro, zu buchen bei jeder Reiseagentur.

Besser ist die Fahrt mit einem großen Motorschlauchboot zur **Isla Magdalena** und zu einer Seelöwenkolonie auf der **Isla Marta.** Die Boote fahren täglich (bei gutem Wetter), mitunter sogar zweimal. Zu buchen über eine Reiseagentur (s. Punta Arenas, ca. 65 Euro).

Zu den **Königspinguinen** auf Feuerland s. „Die Umgebung von Porvenir".

Wale im Parque Marino Francisco Coloane 388/A3

170 Kilometer südwestlich von Punta Arenas erstreckt sich rings um die **Isla Carlos III** in der Magellanstraße der **erste Meeres-Nationalpark Chiles.** Der Parque Marino Francisco Coloane wurde 2003 eingerichtet und verdankt seinen Namen dem im Jahr zuvor verstorbenen Schriftsteller *Francisco Coloane*, der in seinen Erzählungen die raue Schönheit Patagoniens und das harte Leben seiner Bewohner schilderte. Der Park soll in erster Linie die **Buckelwale** *(Megaptera novaeangliae)* schützen, die im Sommer hier zu Dutzenden gesichtet werden. Die bis zu 19 Meter langen und bis zu 48 Tonnen schweren Meeressäuger gelten als die „Springer" unter den Walen und sind daher besonders gut zu beobachten. Seit sie unter strengem Schutz stehen, erholen sich die Populationen in den patagonisch-antarktischen Gewässern langsam wieder.

Die Forschungs-Organisation **Whale Sound** organisiert von Mitte Dezember bis Ende April das **„Whale Watching"** mit einem Expeditionsboot und Motorschlauchbooten zur besseren Annäherung an die Wale. Auf der Insel unterhält sie ein streng ökologisches **Camp** mit großen, fest installierten Zelten. Die hoch gelobten Touren haben ihren stolzen **Preis:** 700 Euro kostet die kürzeste Variante (2 Tage) inkl. Übernachtung und Verpflegung; mit dem Geld werden auch die wissenschaftlichen Studien unterstützt. Die Anreise per Schiff dauert 7–10 Stunden und kann je nach Witterung die Seefestigkeit stark auf die Probe stellen …

■ **Infos und Fotos** unter www.whalesound.com, **Buchungen** über Reisebüros (z.B. Aonikenk in Punta Arenas).

Puerto del Hambre und Fuerte Bulnes 388/B3

Fährt man von Punta Arenas immer entlang der Magellanstraße nach Süden, zweigt nach 26 Kilometern eine schmale Seitenstraße westwärts zur **Reserva Fo-**

restal Laguna Parrillar ab. Mitten im südpatagonischen Wald liegt die Lagune, die das Süßwasserreservoir von Punta Arenas ist (gute Angelmöglichkeiten). Zurück an der Magellanstraße passiert man zunächst einen alten Pionierfriedhof, dann einen Monolithen, der darauf hinweist, dass hier die geografische Mitte Chiles ist: allerdings vom Südpol an gerechnet.

Nach links zweigt dann eine Erdstraße ab zum **Puerto del Hambre,** dem Hungerhafen. 1582 segelte *Pedro Sarmiento de Gamboa* mit 19 Schiffen aus Spanien los, insgesamt waren etwa 3000 Personen an Bord. Vier Schiffe mit 800 Personen kenterten bereits unterwegs, eine Epidemie forderte weitere 600 Todesopfer, und mit acht Schiffen erreichte er schließlich die östliche Einfahrt in die Magellanstraße. Dort gründete er 1583 in der Bahía Posesión eine Kolonie und wenige Wochen später mit 300 Menschen eine zweite hier, am Puerto del Hambre, die er Ciudad Rey Don Felipe nannte. Aus Rey Felipe wurde schnell der Hungerhafen, denn die Kolonisten verhungerten kläglich – Ruinenreste und ein Gedenkstein erinnern an die Spanier. Es gibt einen Campingplatz.

Wenige Kilometer weiter liegt **Fuerte Bulnes,** eine rekonstruierte Festung aus dem Jahr 1843, die die Chilenen an strategisch günstiger Stelle erbauten, um von hier aus die Meerenge zu überwachen und in Südpatagonien Präsenz zu zeigen. Doch es fehlte an Trinkwasser und Lebensmitteln, und so wurde das Fort bereits fünf Jahre darauf aufgegeben und nach Norden verlegt. Auf englischen Seekarten fand man einen „Sandy Point" und gründete dort 1848 Punta Arenas.

Zum Cabo Froward 388/B3

Wenige Kilometer südlich des Fuerte Bulnes endet die Straße. Von hier sind es noch ca. 32 Kilometer bis zum Cabo Froward, dem **südlichsten Punkt des amerikanischen Kontinents;** südlich davon liegt nur noch die Inselwelt Feuerlands. Den geografischen Extrempunkt kann man in einer fünftägigen, anspruchsvollen Trekkingtour durch die patagonische Wildnis erreichen. Näheres im Outdoor-Kapitel, Buchungen (ca. 525 Euro) über Turismo Aonikenk in Punta Arenas.

Estancia San Gregorio und Parque Nacional Pali-Aike 389/C1,2

Die Ruta 9 führt von Punta Arenas nach Norden. Bei Gobernador Philippi biegt rechts (nach Osten) die Ruta 255 ab, über die man nach 147 Kilometern die chilenisch-argentinische Grenze erreicht. Von dort aus sind es noch 54 Kilometer bis nach Río Gallegos. Unterwegs passiert man die **Estancia San Gregorio** (etwa 90 Kilometer hinter der Abzweigung), die 1862 gegründet wurde und in Blütezeiten 90.000 Hektar Land umfasste. Sie wird heute von einer Kooperative bewirtschaftet, wirkt aber mit den verlassenen Gebäuden der früheren Estancia (Kapelle, Läden, Unterkünfte) wie eine Geisterstadt.

Etwa 35 Kilometer weiter zweigt bei Punta Delgada eine Erdstraße zum **Parque Nacional Pali-Aike** ab, der weniger wegen der 5000 Hektar Steppenlandschaft interessant ist, sondern vielmehr wegen der archäologischen Ausgrabungen, die man hier machte. In der Cueva Fell (außerhalb des Parks und nicht öffentlich zugänglich) und in der Cueva Pali Aike (im Park) wurden fast 11.000 Jahre alte Höhlenzeichnungen gefunden, auch Überreste des Riesenfaultiers *(milodón)* und des südamerikanischen Pferdes *(onohippidium)*. Im Park sieht man zahlreiche Guanacos, und die Laguna Ana ist bei Vogelfreunden beliebt. Wer den Nationalpark besuchen will, muss von Punta Arenas aus eine Tour mit einem Reiseveranstalter buchen oder sich ein Auto leihen, denn es gibt keinen öffentlichen Transport dorthin.

Puerto Natales 388/A1

Puerto Natales ist eine **kleine Hafenstadt** mit etwa 25.000 Einwohnern. Sie ist der beste **Ausgangspunkt für einen Besuch des** großartigen **Nationalparks Torres del Paine** und daher Tummelplatz von Besuchern aus aller Welt. Der Ort liegt am Ufer des Fjords Ultima Esperanza, begrüßt wird man von der überdimensionalen Figur des Urtiers Mylodon (s. Cueva del Milodón). Der schönste Platz ist an der Einmündung der Calle Philippi in die Uferstraße, dort, wo die alte Mole vor sich hin verrottet: Sie dient Hunderten von **Kormoranen** als Sitzplatz, im Wasser paddeln **Schwarzhalsschwäne,** und im Hintergrund erhebt sich die großartige Kulisse der schneebedeckten Sarmiento-Kordillere. An den langen patagonischen Abenden gibt es hier die schönsten Sonnenuntergänge.

Im Ort selbst sollte man das **Museo Histórico** aufsuchen (Bulnes 285, Mo bis Fr 8–19 Uhr, im Sommer auch Sa 10–13 und 15–19 Uhr). Hier erfährt man alles Wissenswerte über die Stadt – über die ursprünglich hier lebenden Kawéskar und Tehuelche, über die Tierwelt und über den Kapitän *Hermann Eberhard,* der 1892 durch das Gewirr der Kanäle dampfte und Karten erstellte, um die Gegend für die Schafzucht zu erschließen. Er gründete dann auch die erste Schaffarm in Puerto Consuelo, 15 Kilometer vom heutigen Natales entfernt. Der Name des Meeresarms, „letzte Hoffnung", geht auf den Spanier *Juan Ladrilleros* zurück, der hier im 16. Jahrhundert im Insel- und Kanalgewirr verzweifelt die Magellanstraße suchte.

Praktische Tipps

Touristeninformation

- **Vorwahl von Puerto Natales: 61**
- **Sernatur,** Costanera Ecke Philippi, Tel. 241 2125. infonatales@sernatur.cl
- **Städtisches Infobüro,** Bulnes 285, im Historischen Museum, Tel. 241 1263. Sehr hilfsbereit.
- **Conaf (Nationalparks)**
Baquedano 847, Tel. 241 1438.
- **www.torresdelpaine.com,** hilfreiches Internet-Portal.

Unterkunft

Einige Unterkünfte schließen in der Zeit von April/Mai bis September.

Hospedaje Gloria
Esmeralda 440, Tel. 241 2540. Zentral, herzlich, von Lesern empfohlen. Internet-PC, reichliches Frühstück, DZ 25/33 Euro ohne/mit Bad. www.hospedajegloria.com

Casa de Familia Dickson
Bulnes 307, Tel. 241 1871. Einfach, sauber, freundlich, hilfsbereit. Gutes Frühstück, Kochgelegenheit, Wäscheservice, WLAN. 15 Euro p.P., DZ mit Bad 50 Euro.

Casa Cecilia
Tomás Rogers 60, Tel. 261 3560. Klassische Traveller-Unterkunft des hilfsbereiten Schweizers *Werner Ruf,* der auch Tickets für Touren und Busse verkauft sowie Equipment ausleiht. Zentrale Lage, nette Atmosphäre, Küchenbenutzung, gutes Frühstück mit selbst gebackenem Brot. DZ ohne/mit Bad 42/63 Euro. www.casaceciliahostal.com

Patagonia Adventure
Tomás Rogers 179, Tel. 241 1028. Freundlich und hilfsbereit, sauber, Equipment-Verleih und Café/Restaurant. 13 Euro p.P. im Schlafsaal, DZ 40 Euro. www.apatagonia.com

Hostal Las Carretas
Galvarino 745, Tel. 241 4584. Neues, liebevoll eingerichtetes Hostal, 5 Min. vom Zentrum, sauber und hilfsbereit, abwechslungsreiches Frühstück, Internet. DZ mit Bad ab 40 Euro. www.portalmagallanes.com/lascarretas

Hostal Dos Lagunas
Barros Arana 104, Tel. 241 4198 oder 09/8162 7755. Sauber, freundlich, hilfsbereit, Küche und Wäscheservice, WLAN. 17 Euro p.P. im Sechsbettzimmer mit Frühstück, DZ 41 Euro. www.hostaldoslagunas.com

Residencial Bernardita
O'Higgins 765, Tel. 241 1162. Einfache Zimmer mit Gemeinschaftsbad für 15 Euro p.P., Zimmer mit Privatbad, Zentralheizung und TV für 20 Euro p.P.; jeweils mit Frühstück. www.residencialbernardita.cl

Hostal de los Castillos
Bulnes 241, Tel. 241 3641. Liebevoll eingerichtete familiäre Herberge mit Zentralheizung und Cafeteria. DZ mit Bad 75 Euro. www.hostalcastillos.com

Erratic Rock II
Benjamin Zamora 732, Tel. 241 4317. Freundlich und hilfsbereit, Küchenbenutzung und WLAN. DZ mit Bad 75 Euro. www.erraticrock.com

Residencial Oasis
Señoret 332, Tel. 241 1675. Gemütlich, der Service ist freundlich und persönlich. DZ mit Bad 58 Euro. www.hostaloasis.cl

Hotel Charles Darwin
Bulnes 90, Tel. 241 4307. Solides, relativ neues Hotel, geräumige Zimmer, Lounge mit Meerblick, Restaurant. DZ 65–130 Euro je nach Saison. www.hotelcharlesdarwin.com

Aqua Terra
Bulnes 299, Tel. 241 2239. Nette Lodge mit alternativem Touch: Massagen, Reiki, Shiatsu-Zen, Bachblüten; Café und Bar. DZ ab 85 Euro. www.aquaterrapatagonia.com

Hotel Lady Florence Dixie
Bulnes 655, Tel. 241 1158. Gute Mittelklasse, etwas dunkel, bessere „Superior"-Zimmer. DZ ca. 85–125 Euro je nach Saison und Kategorie. www.chileanpatagonia.com/florence

Hotel Martín Gusinde
Bories 278, Tel. 271 2100. Modern und gut. DZ je nach Saison 75–150 Euro. www.hotelmartingusinde.com

Weskar Patagonian Lodge
Ruta 9 km 1, Tel. 241 4168, am Ortsrand mit tollem Blick über den Sund. 31 gemütliche Zimmer, einheimische Küche. DZ 95–185 Euro je nach Saison und Kategorie. www.weskar.cl

Hotel Indigo Patagonia
Ladrilleros 105, Tel. 261 3450. Originelles, dabei gemütliches Design-Hotel mit 29 unterschiedlichen Zimmern: zur Stadt mittelgroß, zum Meer klein und schmal. Schöne Aufenthaltsräume, Lounge Bar und sehr gutes **Restaurant Mamma Rosa** mit mittleren Preisen. Auf dem Dach: beheizter Pool und Jacuzzi mit Blick auf den Sund, Sauna und Massagen. DZ 100–245 Euro je nach Kategorie und Saison. www.indigopatagonia.com

■ Hotel Altiplánico Sur

Huerto 282, Tel. 241 2525. 3 km außerhalb des Ortes, mit Blick auf den Sund aus allen 22 spartanisch-schönen Zimmern. Schickes Design, gute Küche. DZ 185 Euro. www.altiplanico.cl

Camping

■ Josmar

Arturo Prat Ecke Esmeralda, Tel. 241 1685. Mit warmen Duschen, ca. 10 Euro pro Zelt.
Auch einfache Zimmer. www.josmar.cl

■ Übernachtung
1 Altiplánico Sur, Weskar Patagonian Lodge
3 Residencial Oasis
4 Casa Cecilia
6 Martín Gusinde
7 Hostal Dos Lagunas
10 Patagonia Adventure
18 Lady Florence Dixie
22 Erratic Rock II
23 Las Carretas
25 Residencial Bernardita
26 Camring Josmar
27 Gloria
28 Dickson
29 Aqua Terra
30 Hostal de los Castillos
32 Indigo
33 Charles Darwin

■ Essen und Trinken
2 Spacio Kau
5 Baguales Pub
8 La Aldea
9 Rústica
10 Oveja Negra
11 Última Esperanza
12 Afrigonia
13 El Living
14 La Mesita Grande
15 Angelica's
21 La Frontera
24 Base Camp
31 Patagonia Dulce
32 Mamma Rosa
34 Andrés

■ Sonstiges
16 Kunsthandwerksmarkt
17 Sky
19 Supermarkt
20 Supermarkt

Essen und Trinken

La Mesita Grande
Arturo Prat 196, an der Plaza. Alle sitzen an einem langen Tisch, die beste Pizza weit und breit (ab 5 Euro), lokales Bier.

El Living
Arturo Prat 156, an der Plaza. Café mit leckeren Kuchen, gutem Kaffee und Tee, vegetarische Gerichte, gute Musik.

Spacio Kau
Costanera Pedro Montt 161. Stimmungsvolles Lounge-Café mit elektronischer Musik und Blick aufs Meer, kleine Snacks.

Rústica
Tomás Rogers 131. Neu, modern-rustikales Ambiente, freundliche junge Inhaber, Pizza aus dem Steinofen, Fleischgerichte (u.a. Lamm), abends Live-Musik.

La Aldea
Barros Arana 132. Klein, geschmackvoll und gemütlich, erlesene Gerichte zu gehobenen Preisen, gute Weine.

Patagonia Dulce
Barros Arana 233. Hausgemachte Schokolade, Kuchen, Gourmet-Espresso.

Oveja Negra
Tomas Rogers 169. Café-Pub mit augezeichneter patagonischer Speisekarte.

La Ultima Esperanza
Eberhard 354. Guter Fisch, v.a. große Portionen Lachs.

Andrés
Ladrilleros 381, Tel. 241 2380. Sehr guter Fisch zu fairen Preisen, große Portionen.

La Frontera
Bulnes 819. Café und Restaurant, flink, familiär. Preiswerte Fisch- und Fleischgerichte sowie Salate.

Afrigonia
Eberhard 343, Tel. 241 2232. Mix aus afrikanischer und patagonischer Küche. Reservierung empfohlen.

Angelica's
Bulnes Ecke Prat. Chilenische Spezialitäten mit griechischem Touch, Leserempfehlung.

Radtour bei Puerto Natales – hoffentlich mit dem patagonischen Wind im Rücken ...

chi086 ms

Baguales Pub
Bories 430, direkt an der Plaza. Restaurant und Hausbrauerei mit dem besten Bier in Patagonien.

Base Camp
Baquedano 735. Pub mit einfachen Gerichten. Guide-Treffpunkt, Verleih von Trekking-Ausrüstung.

Flugzeug

Sky, Bulnes 692, local 4. Im Sommer 2x bis 3x wöchentlich Flüge direkt von Puerto Natales über Puerto Montt nach Santiago.

Überlandbusse

Puerto Natales hat zwar einen **Busbahnhof** (Rodoviario) an der Av. España Ecke Santiago Bueras, ca. 12 Blocks südöstlich der Plaza, er wird aber nur von wenigen Linien genutzt (Taxi vom Zentrum dorthin: 2 Euro). Die meisten Gesellschaften fahren von ihren Filialen im Zentrum ab. Wer ein Rückfahrticket Puerto Natales – El Calafate – Puerto Natales kauft, sollte es unbedingt in Calafate rückbestätigen – Überbuchungen kommen vor.

Buses Fernández
Esmeralda Ecke Ramirez, Tel. 241 1111. Punta Arenas (3 Std., 8 Euro).

Bus Sur
Baquedano 668, Tel. 261 4221. Punta Arenas (8 Euro), Río Gallegos (Argentinien, 5 Std., 20 Euro).

Buses Cootra
Rodoviario, Tel. 241 2785. El Calafate (6 Std., 20 Euro).

Buses Pacheco
Ramírez 224, Tel. 241 4513. Punta Arenas (8 Euro).

Turismo Zaahj
Arturo Prat 236, Tel. 241 2260. El Calafate (20 Euro).

Buses Gómez
Arturo Prat 236, Tel. 241 1971. Torres del Paine (25 Euro hin und zurück).

Buses JB
Arturo Prat 258, Tel. 241 0242. Torres del Paine (25 Euro hin und zurück).

Schiff

Navimag, Pedro Montt 308, Tel. 241 1642. Fährt montags nach Puerto Montt (s. dort; 3 Tage, 280–800 Euro). Frühzeitig buchen!

Das Luxusschiff **„Skorpios III"** fährt von Natales aus 4 Tage lang durch die Kanäle, u.a. in den Calvo-Fjord und zum Gletscher El Brujo. Preis je nach Saison und Kategorie 1090–1755 Euro. Tel. in Santiago 2231 1030, www.skorpios.cl.

Schiffstouren auf dem **Seno Ultima Esperanza** siehe unten.

Reiseveranstalter

Puerto Natales ist voll von Reiseveranstaltern. Die meisten bieten dieselben Touren an, sie lassen sich meist auch über die Unterkünfte buchen. Es sind **Ausflüge in den Nationalpark Torres del Paine** (Tagestour 33–36 Euro, ohne Essen und ohne Eintritte), **zur Cueva del Milodón oder Schiffsausflüge auf dem Seno Ultima Esperanza.** Einige verleihen auch Trekking-Equipment und vermieten Fahrräder. Wer für Touren im Nationalpark ein Hotel oder Refugio reservieren will, sollte dies nicht erst in Puerto Natales tun, sondern frühzeitig über eine Agentur. Zwei Veranstalter mit guter Reputation:

Erratic Rock
Baquedano 719, Tel. 241 0355. Hilfsbereit, alles für Backpacker, tägl. 15 Uhr Info-Runde zu Torres del Paine, Verleih sowie An- und Verkauf von Ausrüstung. www.erraticrock.com

Fortaleza Aventura
Tomás Rogers 235, Tel. 261 3395. Gute Infos, auch auf Englisch, verleiht Trekking-Utensilien. www.fortalezapatagonia.cl

Die **Refugios im Nationalpark Torres del Paine** können über die Unterkünfte oder direkt bei den Betreibern reserviert werden:

- **Fantástico Sur**
Esmeralda 661, Tel. 261 4184,
www.fantasticosur.com
- **Vértice Patagonia**
Ladrilleros 209, Tel. 241 2742,
www.verticepatagonia.cl

Sonstiges

- **Geldautomaten** in den Banken an der Calle Bulnes.
- **Post** an der Plaza de Armas.
- **Telefonzentrale,** Blanco Encalada 298.
- **Wäscherei,** Baquedano 642.
- **Einkaufen,** drei größere Supermärkte auf der Calle Bulnes, oberhalb von Blanco Encalada.
- **Ausrüstungsverleih,** Camping- und Trekking-Ausrüstung verleihen zahlreiche Agenturen und Unterkünfte (s.o.).
- **Oveja Negra,** Ausrüstung und Outdoorkleidung zu fairen Preisen, Karten und Souvenirs. Baquedano 396 Ecke Esmeralda.
- **Mietwagen: Motorcar,** Blanco Encalada 330, Tel. 241 3593; **Hertz,** Blanco Encalada 353, Tel. 241 4519; **Europcar,** Bulnes 100, Tel. 241 4475.

Weiterfahrt nach Argentinien

Die Weiterfahrt **nach El Calafate und zum Nationalpark Los Glaciares** in Argentinien (siehe am Ende des Kapitels) erfolgt entweder über den **Grenzübergang Dorotea** (den die Busse nehmen) oder (landschaftlich schöner) über den von **Cerro Castillo** (s.u.).

Über weitgehend asphaltierte Pisten geht es weiter, bis nach rund 4 Stunden **El Calafate** am südlichen Ufer des **Lago Argentino** erreicht ist.

Die Umgebung von Puerto Natales

Puerto Bories 387/B3

5 Kilometer nördlich von Puerto Natales liegt Puerto Bories, ein 1913 erbauter Komplex mit einem Schlachthof und riesigen Kühlhäusern, die das Fleisch der drei großen Schaf-Estanzias der Region verarbeiteten. Es gab Schafschuranlagen und Wollwäschereien, von hier aus wurden Wolle und gefrorenes Fleisch nach Europa verschifft. Aufgegeben in den 1970er Jahren, steht der **Frigorífico Bories** heute unter Denkmalschutz und kann teilweise besichtigt werden. In einem Teil der Anlage entstand 2011 das Luxushotel The Singular.

Cueva del Milodón 387/B3

1896 fand *Hermann Eberhard* 25 Kilometer nordwestlich von Puerto Natales in einer Höhle gut erhaltene Fell- und Knochenreste eines großen Tieres. Es war ein **Mylodon,** wie sich später herausstellte, ein etwa 3,5–4 Meter großes **Riesenfaultier,** eine Pflanzen fressende Tierart, die Ende des Pleistozäns ausgestorben ist. Am Eingang der 30 Meter hohen, 80 Meter breiten und etwa 200 Meter tiefen Höhle steht die Plastiknachbildung eines solchen Tieres. Die Höhle diente nicht nur dem Riesenfaultier als Unterschlupf, man fand hier auch Spuren prähistorischer Menschen.

Die Höhle wird von allen Tagestouren in den Nationalpark angefahren, sie ist auch per Fahrrad zu erreichen. Eintritt 8 Euro.

Seno Última Esperanza und Glaciar Balmaceda

387/A,B3

Eine bei gutem Wetter wunderschöne, bei windigem recht schaukelige Fahrt führt mit dem Schiff über die Meerenge Última Esperanza zu den **Gletschern Balmaceda und Serrano.** Unterwegs sieht man Kormorane und Schwarzhalsschwäne, Seelöwen und mit Glück auch Delfine. Der lang gezogene, tief eingeschnittene Fjord, an dessen Seiten die Berge teilweise lotrecht aufsteigen, erreicht den **Parque Nacional Bernardo O'Higgins.** Dieser Nationalpark ist mit mehr als 3,5 Millionen Hektar der größte Chiles, allerdings auch einer der unzugänglichsten. Unterhalb des steil bis auf 2035 Meter Höhe aufragenden **Monte Balmaceda,** von dem der gleichnamige Gletscher herabstößt, liegt die kleine Bootsanlegestelle **Puerto Toro.** Hier verlässt man das Schiff zu einer kleinen Wanderung hin zu dem Gletschersee, in den der Glaciar Serrano blaue Eisbrocken kalbt. Von hier aus hat man bei klarem Wetter einen wundervollen Blick auf die Granitzacken der Cuernos del Paine.

Turismo 21 de Mayo

Eberhard 560, Tel. 261 4420. Die Agentur fährt die Strecke mit drei kleinen Passagierschiffen von Sept. bis März täglich, ansonsten nur So bzw. bei entsprechender Nachfrage. Abfahrt 8 Uhr, Rückkehr 17.30 Uhr, 117 Euro p.P. Kaffee, Tee und Kuchen inklusive, ebenso ein zünftiges Mittagessen in der Estancia Perales auf dem Rückweg sowie der Eintritt in den Nationalpark.

Diese Tour kann auch mit der **Fahrt in den Nationalpark Torres del Paine** kombiniert werden. Dazu gehört ein Mittagessen in der Hostería Monte Balmaceda gegenüber vom Serrano-Gletscher, von dort aus geht es in Motorschlauchbooten weiter den Río Serrano hinauf bis zum Pueblito Serrano; anschließend Transfer zur Parkverwaltung. Die sehr empfehlenswerte Route kann auch in umgekehrter Richtung dienen, um den Park auf einem anderen Weg zu verlassen. Abfahrt mit dem Schiff in Natales um 8 Uhr, Ankunft gegen 16.30 Uhr im National-

chi087 ms

⊡ Cueva del Milodón – Nachbildung des Urtiers Mylodon in seiner Höhle

park. Umgekehrt geht es um 8 Uhr im Pueblito Serrano los, Ankunft um 17.30 Uhr in Natales. Preis: 158 Euro p.P. inkl. Verpflegung. Die Reservierung bei einem Reisebüro oder direkt bei 21 de Mayo wird empfohlen, da die Schlauchboote im Sommer oft ausgebucht sind. www.turismo21demayo.cl

Parque Nacional Torres del Paine

387/A,B2

Der Nationalpark – ein **Höhepunkt jeder Chile-Reise** – umfasst ein 242.000 Hektar großes Gebiet in den südchilenischen Anden mit **atemberaubender Landschaft:** Die windzerzauste patagonische Ebene trifft hier unvermittelt auf die Gipfel der Südkordillere, steil aufragende Berge, die sich wie eine uneinnehmbare Felsenburg mit granitenen Nadelspitzen emportürmen. Der höchste Gipfel ist der 3012 Meter hohe **Cerro Paine Grande,** umgeben von den Spitzen des Paine Chico (1720 m), der Torres del Paine (bis 2850 m) und der Cuernos del Paine (bis 2600 m). Im Park liegen zahlreiche blaugrüne **Gletscherseen.** In einem von ihnen, dem Lago Grey, treiben dicke weißblaue Eisblöcke aus der Wand des **Grey-Gletschers.** Rund 120 Vogelarten, darunter Kondore und Nandus, sind hier zu Hause, Guanacos trifft man auf Schritt und Tritt, Füchse und Pumas leben in den entlegeneren Regionen. Die Pflanzenwelt ist noch artenreicher – auch wenn man das den Bäumen, die sich zusammengekrümmt gegen den Wind stemmen, nicht unbedingt ansieht: Mehr als 200 verschiedene Arten sind im Park zu finden. 1959 wurde das Naturschutzgebiet eingerichtet, seit 1978 ist es als **Welt-Biosphärenreservat** von der UNESCO anerkannt. Vorher gehörte das Gelände zu Schaf-Estanzias; die Landbesitzer brannten den Urwald zum Teil nieder, um Weidefläche zu schaffen.

Heute muss der Park den wachsenden Besucherandrang verkraften: Rund 150.000 Touristen aus aller Welt strömen im Jahr hierher. Um dem gerecht zu werden, wurde in den letzten Jahren die Infrastruktur ausgebaut – Straßen verbessert, Wege und Zeltplätze angelegt, Hotels und Hütten gebaut. Doch der Andrang gefährdet das fragile Ökosystem: 2005 vernichtete ein **Brand,** von einem unachtsamen Touristen entfacht, Teile der Wälder und Steppenvegetation zwischen Laguna Azul und der Hostería Las Torres. Zur Jahreswende 2011/12 verursachten Touristen am Lago Grey einen noch verheerenderen Brand, der binnen weniger Tage – geschürt und weitergetragen von den starken patagonischen Winden – 17.000 Hektar im zentralen Teil des Parks abfackelte. Und während die Steppengräser und -büsche bald wieder neu treiben, sind rund 1000 Hektar ursprünglicher Wald unwiederbringlich vernichtet – die verkohlten Reste bieten etwa am Lago Pehoe ein trostloses Bild.

Im Zuge dieser Erfahrung hat die Regierung zum einen die Anzahl der Parkranger verdoppelt und eine ständige Brandschutz-Brigade installiert, zum anderen die **Regeln für den Aufenthalt im Park verschärft:**

☒ So sieht man das Panorama im Nationalpark Torres del Paine nur selten

■ **Zelten ist nur auf den offiziellen Campingplätzen erlaubt.**
■ **Lagerfeuer sind überall verboten,** Kocher dürfen nur auf Campingplätzen benutzt werden.
■ **Wandern** ist **nur auf markierten Wegen** und nur bis 18 Uhr erlaubt.
■ Zuwiderhandlungen ziehen Strafen und ggf. die Ausweisung aus dem Park nach sich.

Es bleibt die Pflicht jedes Einzelnen, die **Natur** zu **schützen** und möglichst keine Spuren zu hinterlassen!

Anfahrt und Reisezeit

Der Nationalpark Torres del Paine ist auf dem Landweg **über zwei Routen** zu erreichen. Die klassische ist die asphaltierte Straße über Cerro Castillo. Der Grenzort 59 Kilometer von Puerto Natales ist nicht mehr als eine Straßenkreuzung in der patagonischen Ebene: Darum gruppieren sich eine Tankstelle und ein paar Häuser.

■ Zu einer Pause lädt das **Café-Restaurant El Ovejero** ein, mit gutem Kaffee, leckeren Mittagsmenüs und gut sortiertem Souvenirladen. Auch Touren zu Schaf-Estanzias.
www.ovejeropatagonico.com

Von Cerro Castillo führt die Straße zum Nordufer des Lago Sarmiento. Dort teilt sich die Straße: Links geht es zum Parkeingang **Portería Sarmiento,** rechts zur **Portería Laguna Amarga** (jeweils 113 km von Natales). Die Wahl hängt einzig davon ab, welche Route man geplant hat. An beiden Punkten gilt es, sich anzumelden und den Parkeintritt zu entrichten (30 Euro für Ausländer).

chi088 ms

Torres del Paine

Übersichtskarten S. 384 und 387

©Reise Know-How 2013

Hotel
1 Las Torres, Ecocamp Patagonia
2 Pehoé
3 Explora
4 Lago Grey
5 Lago Tyndall
6 Cabañas del Paine
7 Río Serrano
8 Lago del Toro
9 Patagonia Camp
10 Mirador del Payne

Hütte, Refugio
1 Dickson
2 Las Torres
3 Grey
4 Los Cuernos
5 Mirador Pingo
6 Paine Grande
7 Laguna Verde

Campingplatz
1 Serón
2 Laguna Azul
3 Chileno
4 Las Torres
5 Japonés
6 Los Perros
7 Paso
8 Los Guardas
9 Británico
10 Italiano
11 Zapata
12 Paine Grande
13 Pingo
14 Las Carretas
15 Rio Serrano

★ Aussichtspunkt

Die alternative Route ist nur geschottert, aber gut zu befahren und führt ca. 20 Kilometer nördlich von Natales links ab, vorbei an der Mylodon-Höhle und zur **Portería Serrano** am Südrand des Parks (ca. 65 km, Registrierung wie oben). Landschaftlich ist sie attraktiver als die Route über Cerro Castillo, führt sie doch weniger durch die Pampa als vielmehr durch stark hügelige Landschaft mit schönen Blicken auf die Seen mit dem Paine-Massiv dahinter. Den Südteil des Parks erreicht man so wesentlich schneller.

Eisberge auf dem Lago Grey

chi089 ms

Auch wenn wir hier eine **Übersichtskarte** des Parks zeigen und die Wanderwege recht gut markiert sind – für Trekkingtouren sollte man auf jeden Fall eine aktuelle **Wanderkarte** erwerben. Darin sind Zeltplätze, Refugios und Hotels verzeichnet und natürlich die verschiedenen Wege mit ungefähren Gehzeiten. Im Handel in Punta Arenas und Puerto Natales sind mehrere Karten erhältlich, die beste von Trekkingchile, in Deutschland erhältlich unter www.trekkingchile.com/karten.

Die meisten Besucher strömen im patagonischen Sommer (Dez. bis März) in den Nationalpark. Dabei ist dieser auch im **Herbst,** wenn sich die Bäume teilweise verfärben, und im **Winter,** wenn die Berge verschneien, überaus reizvoll. Das Klima ist dann zwar kühler, aber nicht unbedingt rauer: Im Herbst lassen die starken Winde nach, und man kann sonnige, klare Tage mit fantastischem Bergpanorama erleben. Je nach Schneelage kann man einige Wanderungen auch im Winter unternehmen. Einzelne Unterkünfte haben auch im Winter geöffnet (s.u.).

Ausflüge im Park

Auch wer nicht mit Rucksack und Zelt losgehen mag, bekommt im Park viel zu sehen. Entweder steigt man in einem der Hotels oder Refugios ab und organisiert von dort aus **Tagesausflüge,** oder man bewegt sich mit dem **Mietwagen** im Park (oder beides). Agenturen in Puerto Natales bieten zudem Tagestouren im

Kleinbus an, auf denen man (gutes Wetter vorausgesetzt) **die wichtigsten Attraktionen** zu sehen bekommt. Eine Auswahl:

- **Nordostteil:** Rund um das Hotel und Refugio Las Torres locken der Aufstieg zu den Füßen der Torres (Teil der W-Wanderung, s.u.), die Wanderung am Nordufer des Lago Nordenskjöld zum Mirador Cuernos oder der Ausflug zum Wasserfall des Río Paine und zur verschwiegenen Laguna Azul mit tollem Blick auf das Gebirgspanorama und zahlreichen Wasservögeln. Wenig bekannt, aber überaus lohnend ist der Weg von der Portería Sarmiento zur Portería Laguna Amarga, mit schönen Ausblicken und vorbei an einem imposanten Felsmassiv mit ca. 10.000 Jahre alten Petroglyphen der Tehuelches.
- **Zentralteil:** Nahe des Fähranlegers Pudeto stürzt der Río Paine über eine Stufe (Salto Grande), mit dem Panorama der Cuernos dahinter – ein Muss! Von der anderen Seite des Lago Pehoé aus (Lodge Paine Grande) erreicht man leicht den Lago Grey mit den schwimmenden Eisbergen oder das Valle Francés (s. W-Wanderung).
- **Südteil:** Hier ist vor allem das Südufer des Lago Grey interessant, wo die Eisberge nahe des Strandes auflaufen. Von der Hostería Lago Grey startet auch die Bootstour zum Gletscher (s. Verkehrsmittel), und eine Wanderung führt durch alte Wälder ins Tal des Río Pingo.

Trekking und Bergsteigen

- **Siehe auch entsprechende Abschnitte im Outdoor-Kapitel!**

Für Trekking-Freunde ist der Torres del Paine ein Paradies – allerdings kein ganz ungefährliches. Man braucht eine **gute Ausrüstung** und sollte nie allein unterwegs sein. Das Wetter kann in Minutenschnelle umschlagen, von Sonnenschein

Im Reich des Puma

Wen auch immer man anspricht im Nationalpark: Tourguides, Fahrer, Parkranger – sie alle raunen voller Respekt vom Puma. **Chiles größtes Raubtier** beherrscht hier die Szenerie, auch wenn man es nur mit viel Glück zu Gesicht bekommt. Jeder hat eine Geschichte dazu auf Lager: wie einmal einer direkt vor dem Auto über die Straße lief, wie nachts ein Puma seine Kreise um das Camp zog, wie Filmteams von BBC und National Geographic mit Nachtsichtkameras wochenlang auf seinen Spuren unterwegs waren usw.

Als ob er wüsste, dass er hier besonderen Schutz genießt, streift der Puma des Nachts und in den Dämmerungsstunden furchtlos durch sein ausgedehntes Revier. Zwar darf der „König der Anden" in ganz Chile nicht gejagt werden, doch wie will man so ein Gesetz in der 4500 km langen Andenkette durchsetzen ... Das wissen auch die Viehzüchter, die dem „león" (Löwen), der ihre Lämmer und Kälber reißt, immer wieder nachstellen. Im Nationalpark aber steht nicht nur der Puma unter strengem **Naturschutz,** sondern auch seine Hauptnahrungsquelle: das Guanako. Und davon gibt es im Park mittlerweile mehr als genug, sodass der Puma die natürliche Bestandskontrolle übernimmt: Allein 40% der neu geborenen Guanakos werden im ersten Jahr von ihm gerissen.

Obwohl er nicht brüllt wie ein Löwe, sondern eher schnurrt wie eine Katze, flößt der Puma mit bis zu 2,40 m Körperlänge und dem Gewicht eines erwachsenen Mannes tatsächlich Respekt ein. Hinzu kommen seine **sportlichen Fähigkeiten:** Er springt bis 12 m weit und erreicht kurzzeitig eine Geschwindigkeit von 80 km/h. Zum Glück geht er dem Menschen im Allgemeinen aus dem Weg und greift nur an, wenn er sich oder seinen Nachwuchs bedroht fühlt.

direkt in Hagelschauer, und unvermittelte Kälteeinbrüche gibt es häufig. Zelte sollten sturmerprobt und absolut wasserdicht sein, die Kleidung selbstverständlich auch und natürlich warm (Handschuhe und Mütze sind selbst im Sommer keine schlechte Idee), und der Schlafsack sollte auch bei Minustemperaturen noch wärmen. Andererseits darf die Sonnencreme mit hohem Schutzfaktor nicht fehlen. Die Sonne scheint gar nicht so selten auf dieser, der wetterabgewandten Seite der Anden, und dann kann es im Sommer schnell 25 bis 30 Grad warm werden.

Es gibt zahlreiche kürzere und längere **Tages-** oder **Mehrtagestreks** sowie den **Paine-Rundweg,** eine Wanderung, die in 6 bis 10 Tagen einmal um das gesamte Massiv herumführt (siehe „Outdoor/Trekking"). **Kürzere Routen** finden sich reichlich. Ein sehr guter Ausgangspunkt ist z.B. die **Lodge de Montaña Paine Grande** am Nordwestufer des Lago Pehoé. Von dort führt eine achtstündige Wanderung (hin und zurück) zum Glaciar Grey oder eine ebenfalls achtstündige Wanderung (hin und zurück) durch das Tal des Río Francés hin zum Campamento Británico. 5 Std. sind es durch die windige Ebene von der Paine-Grande-Lodge zur Administración am Lago del Toro (Busstation). Andere gute Ausgangspunkte für Tages- oder Mehrtagestrips sind das Hotel Las Torres bzw. der Campingplatz oder das Refugio daneben (wunderschöne achtstündige Tour zu den Füßen der Torres und zurück).

☒ Mit dem Schiff zum Grey-Gletscher

Eine weitere Wanderung von 10 Stunden für Hin- und Rückweg führt zum Lago Pingo, dort gibt es eine unbewirtschaftete Schutzhütte.

Beliebt ist vor allem die **Wanderung in W-Form,** die die schönsten Highlights verbindet. Dafür sollte man mindestens vier, besser fünf Tage einplanen. Man fährt mit dem Bus bis Pudeto und dort mit dem Boot über den Lago Pehoé zur Lodge Paine Grande und wandert gleich los bis zum Refugio/Camping Grey (4 Std., 1. Tag). Am 2. Tag geht es zurück zur Lodge Paine Grande (4 Std.) und weiter, am Lago Skottsberg entlang mit tollen Aussichten auf die wilden Zacken der Cuernos, zum Campamento Italiano (2½ Std.). Am 3. Tag lässt man die Rucksäcke im Camp, wandert hinauf ins Valle del Francés und zurück (3–4 Std.), nimmt das Gepäck auf und wandert weiter zum Refugio/Camping Los Cuernos (1½ Std.). Am 4. Tag geht es weiter am Lago Nordenskjöld zum Refugio/Camping Las Torres (4 Std.). Am 5. Tag wandert man dann ohne Gepäck ins Valle Ascencio und hinauf zum Aussichtspunkt zu Füßen der Torres (8 Std.). Alternativ kann man an Tag 4, vom Camp Los Cuernos kommend, mit Gepäck bis zum Campamento Torres gehen (6 Std.). Am nächsten Morgen steigt man im Dunkeln ohne Gepäck zum Aussichtspunkt auf (1 Std.), um den Sonnenaufgang an den Torres zu erleben, holt dann das Gepäck (1 Std.), steigt zum Refugio Las Torres ab (3 Std.) und fährt mit dem Shuttle raus (s.u.).

Übrigens: Wer länger in den Park geht, sollte **Lebensmittel** mitnehmen. Allerdings kann man in den Refugios und Camps prinzipiell alles kaufen, wenn auch teurer als in Natales.

Verkehrsmittel

■ Die **Busse von Puerto Natales** fahren um 7 und 14.30 Uhr (alle Unternehmen, 25 Euro hin und zurück) auf einer festgelegten Strecke in und durch den Park: Sie kommen an der Guardería Laguna Amarga an (9.15 bzw. 16.45 Uhr), fahren nach der Anmeldung weiter bis zum Bootsanleger Pudeto (10.30/18 Uhr), von dort bis zur Parkverwaltung (*Administración*, ca. 11.30/18.30 Uhr). Rückfahrt ist ab Administración um 12.30/18.30 Uhr, ab Pudeto um 13/19 Uhr und ab Laguna Amarga um 14/19.30 Uhr. Alle Zeiten sind Zirkaangaben! Man kann unterwegs ein- oder aussteigen, die Busse halten auch auf Zuruf an der Strecke.

■ Zwischen Parkeingang Laguna Amarga und Hotel/Refugio Las Torres pendelt ein **Shuttle** (30 Min., 6 Euro), koordiniert mit den Bussen von/nach Puerto Natales.

■ **Über den Lago Pehoé** fährt im Sommer dreimal täglich ein **Boot** in jede Richtung. Vom See aus hat man einen tollen Blick auf das Paine-Massiv mit den Cuernos im Vordergrund. Zuletzt fuhr der Katamaran ab Pudeto um 9.30, 12 und 18 Uhr, die Überfahrt zur Lodge Paine Grande dauert eine halbe Stunde, das Boot fährt sofort wieder zurück; Preis: 20 Euro pro Strecke, 35 Euro hin und zurück.

■ Von der Hostería Grey am Südende des Lago Grey fährt dreimal täglich (9, 15 und 18 Uhr) ein Schiff zum **Glaciar Grey,** die Rundtour von 3 Stunden kostet 75 Euro, Reservierung empfohlen. Der Dampfer fährt dicht an die Eisberge und die Gletscherwände heran – ein eindrucksvolles Erlebnis! Man kann auch nur eine Richtung buchen und am Refugio Grey am Nordufer aus- bzw. zusteigen (60 Euro). Dabei verpasst man u.U. die Gletscherfront, fragen Sie vorher nach! Buchungen über Reisebüros oder die Hostería.

chi13-041 ms

Unterkunft

Zur Übernachtung im Park stehen zahlreiche Möglichkeiten zur Verfügung; die meisten sind in unserer Karte eingezeichnet.

Refugios

■ Diese **Hütten** werden von Konzessionären bewirtschaftet und bieten **Gemeinschafts-Schlafräume, heißes Wasser, Verpflegung und/oder Küchenbenutzung,** allerdings zu deftigen Preisen. Diese sind gestaffelt nach einfacher Schlafstätte (Schlafsack mitbringen), Bett mit Bettwäsche („cama armada") und Vollpension. In den Refugios Grey und Dickson bezahlt man 29 Euro p.P. für die Schlafstätte, 62 Euro fürs Bett und 95 Euro fürs Bett mit Vollpension. Die Hütten Torre Norte, Chileno und Cuernos kosten entsprechend 34/41/78 Euro, das neuere Torre Central ist noch etwas teurer. Neben dem Refugio Cuernos gibt es 8 Cabañas für 2 Pers. (116 Euro pro Cabaña bzw. 190 Euro mit Vollpension). In der Lodge de Montaña Paine Grande (100 Betten, www.verticepatagonia.cl) kostet die Nacht 37/51/95 Euro. Sämtliche Mahlzeiten können auch separat bezahlt werden. Die Refugios sind oft voll und sollten auch in der Nebensaison unbedingt mit mehreren Tagen Vorlauf reserviert werden, am besten über Fantástico Sur bzw. Vértice in Puerto Natales (s. dort). In den meisten Refugios kann man auch Schlafsack, Zelt und Matratze ausleihen, um im Camping nebenan zu zelten.

■ Die Paine Grande Lodge hat auch **im Herbst/Winter** geöffnet und ist dann deutlich preiswerter (allerdings gibt es dann keine Verpflegung), ebenso einige Hotels (s.u.). Das Refugio Torres bringt seine Gäste im Herbst in einem Teil des Hotels unter (zu Refugio-Preisen).

Hotels

■ **Hostería Lago Tyndall**
Tel. 61/261 4682. Bequeme Herberge am Río Serrano, mit Restaurant. DZ ab 130 Euro. Auch Cabañas, 4 Pers. 125 Euro. Nebenan ein neues Refugio für 38 Euro p.P. www.hosteriatyndall.com

■ **Hostería Lago del Toro**
Tel. 61/222 3351 oder 09/9678 9375. Rustikale Herberge am Río Serrano mit nur 12 Zimmern, familiäres Ambiente, Restaurant. Nov. bis März geöffnet. DZ 140 Euro. www.lagodeltoro.com

■ **Cabañas del Paine**
Tel. 61/273 0177 oder 224 1197. Am Río Serrano. Der Name trügt: keine Cabañas, sondern eine runderneuerte Hostería mit Restaurant und Tourprogrammen. Sept. bis April, DZ mit Bad je nach Saison 130/215 Euro. www.cabanasdelpaine.cl

■ **Hostería Lago Grey**
Tel. 61/241 0172 oder 71 22100. Am Südufer des Lago Grey, ganzjährig, akzeptabler Standard, Restaurant. DZ je nach Saison 117–240 Euro. Bootstour zum Grey-Gletscher 75 Euro. www.lagogrey.cl

■ **Hostería Mirador del Payne**
Tel. 61/222 6930 oder 222 8712. Ehemals Estancia Lazo, etwas abgelegen an der Laguna Verde mit Panoramablick auf den Park, Restaurant. Sept. bis April, DZ je nach Saison 145/190 Euro.
www.miradordelpayne.com

■ **Hotel Las Torres**
Tel. 61/261 7450, westlich der Laguna Amarga, rustikal, Restaurant/Bar, Internet, kleines Spa. Sept. bis April, DZ je nach Saison ab 160/230 Euro.
www.lastorres.com

■ **Hostería Pehóe**
Tel. in Santiago 2/2296 1238. Auf einer kleinen Insel im Lago Pehoé, per Brücke erreichbar, mit Blick auf die Cuernos, Okt. bis März, 15 neuere Zimmer („superior"), DZ ab 220 Euro. www.pehoe.cl

■ **Hotel Río Serrano**
Tel. 61/224 0528. 4-Sterne-Hotel am Río Serrano, 95 Zimmer, Restaurant, Komplettprogramme. Okt. bis April. DZ ab 210 Euro. www.hotelrioserrano.cl

■ **Ecocamp Patagonia**
Tel. in Santiago 2/2923 5950. Hinter den grünen, unauffällig in die Landschaft eingepassten und mit Laufstegen verbundenen Kuppelzelten des Ecocamp zu Füßen der Torres verbirgt sich nicht nur eine Unterkunft der besonderen Art, sondern ein einzigartiges Zentrum für Outdoor-Aktivitäten im Park. Das Camp verfolgt ein anspruchsvolles ökologisches Konzept: eigene Energieversorgung mit Wasserturbine und Sonnenpaneelen, sparsamster Energieverbrauch, Komposttoiletten etc. Unterkunft in heimeligen Standardzelten mit sehr schönen Gemeinschaftsbädern oder in geräumigen, fotogenen Suite-Zelten mit Bad und Heizung. Urgemütliche Aufenthaltszelte, sehr gute Küche und Bar und tolle Betreuung durch das aufmerksame Personal. Täglich werden verschiedene Ausflüge im ganzen Park angeboten: Trekking, Kleinbustouren, Mountainbike u.v.m. Komplettprogramme ab 4 Tagen inkl. Transport ab Punta Arenas für ca. 1100 Euro. www.ecocamp.travel

Camping

■ **Kostenfrei sind die Camps** Torres (im Valle Ascencio), Paso, Los Guardas, Italiano, Británico, Pingo, Zapata und Las Carretas.
■ Die Plätze Laguna Azul, Las Torres (am Hotel), Chileno, Serón, Paine Grande und Grey **kosten** ca. 10 Euro p.P. Das Camping Los Cuernos kostet 8 Euro p.P., die Zeltplätze Río Serrano (ruhig am Fluss, ebenfalls schöner Blick), Estancia Vista Paine (am Rand von Pueblito Serrano gelegen, auch Pferdetouren und Transfers im Park), Dickson und Los Perros jeweils 6 Euro p.P.

El Calafate (Argentinien) 387/B1

Der Ort wäre noch kleiner und auch gänzlich unbekannt, läge er nicht **am Rande des Nationalparks Los Glaciares** und würde über ihn nicht der beste Zugang zum Park führen. El Calafate hat seine touristische Infrastruktur in den letzten Jahren erheblich ausgebaut. Vom Luxushotel bis zur kleinen Herberge ist alles vorhanden. Nahezu alle 18.000 Einwohner leben direkt oder indirekt vom Tourismus. Der Ort selbst ist ohne Sehenswürdigkeiten, er ist lediglich das **infrastrukturelle Zentrum.**

El Calafate liegt **am Südufer des Lago Argentino.** Der typische Gletschersee der patagonischen Anden bedeckt mit seinem milchig-grünen Gletscherwasser eine Fläche von etwa 1600 km² und ist damit der größte See Argentiniens und der drittgrößte Südamerikas. Die **Laguna Nimes** bietet ein kleines Vogelschutzgebiet. Wer den Rundweg nördlich des Zentrums geht, sieht mit etwas Glück auch Flamingos.

Der **Name des Städtchens** stammt von der Strauchpflanze Calafate *(Berberis buxifolia)*, die bis zu 1,50 m hoch wird und recht hartschalige Blaubeeren von intensivem Geschmack trägt. Ihr Genuss hat – so sagt man – zwei Folgen: Zum einen sind sie verdauungsfördernd, zum anderen kehrt, wer sie isst, wieder nach Patagonien zurück … Ob das auch für die Calafate-Marmelade, das Calafate-Gelee und den Calafate-Likör gilt, den es in den Andenkenläden zu stolzen Preisen gibt? Versuchen kann man's ja …

Praktische Tipps

Touristeninformation

■ **Vorwahl von Calafate: 02902**

■ Sehr hilfreiche **Touristeninformation** im Busbahnhof, tgl. 8–20 Uhr, Tel. 49 1090. www.elcalafate.gob.ar

■ Ausführliche und aktuelle Informationen über Calafate und den Nationalpark Los Glaciares hält die exzellente Website **www.losglaciares.com** bereit (auch auf Englisch).

Jugendherbergen/Hostels

■ **Hostel Huemul**
Gobernador Moyano 1270, Tel. 49 2696. Freundlich und Küchenbenutzung, Internet gratis. Mit Frühstück ab 12 US$ p.P., DZ ab 32 US$. www.hosteltrail.com/hostelhuemul

■ **America del Sur Hostel**
Puerto Deseado 153, Tel. 49 3525. Hostel mit tollem Blick auf den Lago Argentino. DZ mit Frühstück 88 US$, Reservierung empfohlen, im Mehrbettzimmer ab 19 US$ p.P. www.americahostel.com.ar

Calafate Hostel
Gobernador Moyano 1226, Tel. 49 2450. Übernachtung mit Frühstück ab 22 US$ p.P., DZ ab 78 US$. www.calafatehostels.com

Hostal del Glaciar Pioneros
Los Pioneros 251, Tel. 49 1243. Das gute und freundliche Hostal verfügt über Mehrbettzimmer, aber auch DZ mit Bad (60 US$). Küchenbenutzung, Waschmöglichkeiten, eigene, sehr gute Touren in den Nationalpark, Abhol- und Bringservice zum Flughafen und Busbahnhof. Ab 16 US$ p.P. www.glaciar.com

Hostal del Glaciar Libertador
Av. Libertador 587, Tel. 49 1792. Ähnlich wie das vorgenannte, da unter der gleichen Leitung. DZ 75 US$, 17 US$ p.P., mit internationalem Jugendherbergsausweis 15% Rabatt.

Hospedaje del Norte
Los Gauchos 813, Tel. 49 1117. Gut und einfach, je nach Ausstattung DZ ab 35 US$. Frühstück kostet extra, die Küche kann benutzt werden.

Hospedaje de los Pinos
9 de Julio 358, Tel. 49 1271. Große, schöne Räume. Mehrbettzimmer ab 17 US$ p.P., DZ ab 50 US$.

Hotels

Residencial Los Lagos
25 de Mayo 220, Tel. 49 1170. Gemütlich und freundlich. DZ mit Bad und Frühstück 68 US$.

Posada Karut Josh
Calle 12 Nr. 1882, Tel. 49 6444. Schöne und geräumige Zimmer, mit hausgemachtem Frühstück. Ab 80 US$. www.posadakarutjosh.com.ar

Boutique Hotel La Cantera
Calle 306 Nr. 173, Tel. 49 5998. Relativ neues Hotel mit Blick auf Stadt und See, schöne, geräumige Zimmer mit Terrasse, tolles Frühstück (mit Sekt!), hilfsbereites Personal (Tourbuchungen etc.), abends kostenloser Transfer vom/zum Zentrum. Ab 85 US$. www.hotellacanteracalafate.com

Hostería Schilling
Gob Paradelo 141, Tel. 49 1453. Empfehlenswert, 90 US$. www.hosteriaschilling.com.ar

Cabaña Nevis
Libertador 1696, Tel. 49 3180. Hütten für bis zu 8 Pers. (ab 95 US$), einige mit Seeblick. www.cabanasnevis.com.ar

Hostería Kalkén
V. Feilberg 119, Tel. 49 1073. Sehr gutes Frühstück. DZ mit Bad 140 US$. www.hosteriakalken.com

Hostería Posta Sur
Puerto San Julián 190, Tel. 49 2406. Ab 115 US$. www.hosteriapostasur.com.ar

El Galpón del Glaciar
Ruta 11, 22 km außerhalb von Calafate auf dem Weg zum Perito Moreno, Tel. 49 1503. Estanzia mit Hotel am Ufer des Lago Argentino. Vogel- und Naturlehrpfad und Reitmöglichkeit. Ab 170 US$.
www.elgalpondelglaciar.com.ar

Luxushotels

Los Alamos
Guatti 1135, Tel. 49 1144. Ab 265 US$.
www.posadalosalamos.com

Kau Yatun
Est. 25 de Mayo, Tel. 49 1059. Estanzia-Aufenthalt der Extraklasse, ab 290 US$.
www.kauyatun.com

Patagonia Park Plaza
Straße 998 Nr. 50, Tel. 49 1777. Ab 240 US$.
www.patagoniapark.com.ar

Camping

Im Ort selbst gibt es **nahe der Tankstelle** an der Brücke über den Arroyo Calafate einen Campingplatz (8 US$ p.P., gute Duschen). Andere liegen außerhalb, an der Straße zum Nationalpark.

Essen und Trinken

An Restaurants herrscht in El Calafate kein Mangel. Frühstück und kleine Snacks bieten zahlreiche Cafés auf der Av. Libertador, darunter die **Confitería Casa Blanca** (1202) und **La Esquina** (1000).

Gute Restaurants für große Fleischportionen sind **Mi Viejo** (Av. Libertador 1111) und **La Tablita** auf der Ecke der Av. Libertador und der Coronel Rosales.

Don Diego de la Noche auf der Av. Libertador 1603 serviert Mariscos, Lamm und Forellen.

Wer es vegetarisch liebt, ist bei **Pura Vida** (Av. Libertador 1876) gut aufgehoben.

Wer mit Blick auf den Lago Argentino speisen möchte, sollte nach **Don Pichón** fragen.

Flugzeug

Der **Aeropuerto Internacional El Calafate** liegt 23 km östlich der Stadt. **Ves Patagonia** (Tel. 49 4355, www.vespatagonia.com) hat ein Büro am Flughafen und fährt für 10 US$ in die Stadt oder vom Hotel zum Flughafen. Flüge gehen nach Trelew, Puerto Natales (Chile), Buenos Aires, Ushuaia, Río Gallegos und Bariloche, nicht so häufig nach Perito Moreno und Río Grande.

Aerolíneas Argentinas, Av. Libertador 1361, Tel. 49 2815.

Lade, Mermoz 160, Tel. 49 1262.

Überlandbusse

Der **Busbahnhof** liegt oberhalb der Av. Libertador San Martín an der Av. Roca 1004 und ist über die Treppe gegenüber der Calle Espora zu erreichen. Tickets sollte man frühzeitig kaufen, da in der Hochsaison viele Busse, besonders nach den Wochenenden, ausgebucht sind. Ein neuer Busbahnhof ist beim alten Flughafen geplant.

Vom Busbahnhof fahren (mehrfach) täglich **Busse** nach Río Gallegos (35 US$, 4–5 Std.), Puerto Natales in Chile (30 US$, 5 Std.) und El Chaltén (30 US$, 3 Std.); „Los Glaciares" hat einen Anhänger für Fahrradtransport.

Reiseveranstalter

Die meisten Reiseveranstalter bieten dasselbe Programm an. Am besten informiert man sich in der sehr freundlichen Touristeninformation über die aktuellen Angebote oder bucht über die Unterkunft. Die Touren führen alle in den Nationalpark. Alle Preise verstehen sich pro Person ohne den Parkeintritt von 25 US$. Angeboten werden u.a.:

■ **Tagesfahrt zum Perito-Moreno-Gletscher** (im Kleinbus mit zweisprachigem Guide, ohne Essen, ca. 9 Std.): 36 US$.

■ **Safari Náutico,** empfehlenswerte Bootsfahrt über den Brazo Rico bis zur Gletscherwand (ca. 1 Std.), auch als Teil der Tagestour buchbar: 18 US$.

■ **Eistrekking auf dem Perito-Moreno-Gletscher** (6 Std.): 130 US$.

■ **Bootsfahrt zum Upsala-Gletscher:** 90 US$.

■ **Glaciarium:** Neues, sehr gut gemachtes Gletschermuseum auf dem Weg in den Nationalpark (7 km), wie ein Eisberg in die Pampa gebaut. Eine lohnenswerte Ergänzung zum Besuch des Moreno-Gletschers. Highlight ist die **GlacioBar,** in der alles aus Eis ist. Eintritt: Museum 20 US$, GlacioBar 13 US$, Transfer alle 30 Min. von/nach El Calafate: 5 US-$.

Drei Reiseveranstalter

■ **Chaltén Travel,** Av. Libertador 1174, Tel. 49 2212. Großes Tourangebot, dazu Service auf der Ruta 40 bis nach Los Antiguos. Nach den Einzelheiten fragen! www.chaltentravel.com

■ **Hielo y Aventura,** Av. Libertador 935, Tel. 49 2205. Empfehlenswert. www.hieloyaventura.com

■ Die **Jugendherberge Hostal del Glaciar** (s.o.) bietet sehr empfehlenswerte Touren zum Perito-Moreno-Gletscher an. Man fährt dabei nicht einfach mit dem Bus zum Gletscher, sondern nähert sich zu Fuß der Eismasse, am Seeufer entlang. Es besteht Gelegenheit zu Tierbeobachtungen, die Erläuterungen sind sehr gut, und am Gletscher selbst hat man schließlich über zwei Stunden zur eigenen Verfügung. Wer im Nationalpark übernachten möchte, kann ebenfalls mitfahren und dann einige Tage später wieder mit zurückkehren.

Sonstiges

■ Die **Banco de la Provincia de Santa Cruz** auf der Av. Libertador 1285 wechselt Bargeld (Geldautomat), ebenso **Casa de Cambio Thaler,** Av. Libertador 963. Schecks werden in den Jugendherbergen getauscht.

■ Die **Post** ist auf der Av. Libertador 1137.

■ Eine **Telefonzentrale** gibt es Espora Ecke Gregores.

Parque Nacional Los Glaciares 387/A,B1

Nicht umsonst ist der 600.000 Hektar große Nationalpark Los Glaciares einer der meistbesuchten in Argentinien. Hier liegen **spektakuläre Naturschönheiten,** 60 bis 100 Meter hohe Gletscher, von denen unter ohrenbetäubendem Dröhnen riesige Stücke abbrechen und wie kleine Eisberge im milchig-trüben Wasser der Gletscherseen schwimmen, steil aufragende Berge, deren wolkenverhangene Spitzen unbezwingbar erscheinen. Die bekanntesten Punkte im Park sind der **Perito-Moreno-Gletscher** im Süden sowie das **Fitz-Roy-Massiv** im Norden.

Die Gletscher

Die Gletscher im Nationalpark Los Glaciares sind Ausläufer des Patagonischen Inlandeises. Auf der Grenze zwischen Argentinien und Chile erstreckt sich die – **abgesehen von den Polregionen – größte zusammenhängende Eismasse der Erde: 22.000 km²** groß ist die Fläche, sie entspricht etwa der Größe Hessens. Der größte Einzelgletscher ist der **Upsala-Gletscher;** mit einer Ausdehnung von 595 km² gehört er auch zu den größten der Welt.

Mehr bestaunt wird aber der **Perito-Moreno-Gletscher,** dessen Eiswand, die sogenannte Gletscherzunge, sich 60 Meter hoch und 4 Kilometer breit aus dem Lago Argentino erhebt. Er ist nicht der größte, aber wohl der spektakulärste patagonische Gletscher, was nicht zuletzt seiner einzigartigen Lage geschuldet ist: Er schiebt sich bis auf wenige hundert Meter an die Halbinsel Magallanes heran, die mit einer Straße erschlossen ist und von der man den Gletscher aus allen Blickrichtungen bewundern kann. In den letzten Jahren wurde hier ein weitläufiges Netz aus Metallstegen angelegt, welche vom höchsten Punkt der Straße durch den Wald bis zum Seeufer gegenüber der Gletscherwand hinunterführen und fantastische Ausblicke bieten.

Der Perito Moreno ist auch insofern eine Besonderheit, als er zu den wenigen wachsenden Gletschern weltweit gehört. Während die meisten anderen Gletscher langsam abzutauen scheinen, wird der Perito-Moreno-Gletscher **jährlich langsam, aber sicher größer.** Gletscher sind nämlich Eisströme, die sich oberhalb der Schneegrenze bilden. Aus Schnee entwickelt sich das gepresste Gletschereis, das durch den andauernden **Prozess von Frieren und Tauen** beweglich wird und langsam, mit einer Geschwindigkeit von höchstens 1–2 Zentimetern pro Stunde, auf einer Wasserschicht ins Tal fließt. Am Ende bildet sich dann eine hohe **Gletscherzunge.** Dort taut das Eis ab, es bilden sich Risse, ab und an stürzt ein mächtiger Eisquader in den See.

Der Perito-Moreno-Gletscher fließt nun schneller nach, als er unten am Ende abtaut. Dadurch schiebt er sich langsam immer weiter vorwärts und schnürt dabei alle paar Jahre einen Teil des Lago Argentino, den **Brazo Rico,** vom Hauptsee ab. Der Wasserstand im Brazo Rico steigt, teilweise bis zu 18 Meter, und erhöht den Druck auf die vom Gletscher gebildete Staumauer. Irgendwann kann sie nicht mehr standhalten, und sie wird mit einer mächtigen Explosion weggesprengt. Das Schauspiel passiert alle paar Jahre, zuletzt im Juli 2008 und erstmals in einem Wintermonat. Das Wachstum des Perito Moreno hat sich verlangsamt; Experten machen dafür den Klimawandel verantwortlich.

Die Reisebüros in Calafate bieten **Touren** zum Perito Moreno und zu den anderen Gletschern an, sie können problemlos über die Unterkünfte gebucht werden (s.o.). Wer im Nationalpark bleiben will, kann dort campen. Die Eintrittsgebühr für den Park beträgt 25 US$ und wird nur im südlichen Teil erhoben, nicht am Fitz Roy (s.u.).

Am Fitz-Roy-Massiv

Der **Monte Fitz Roy,** benannt nach dem Kapitän von *Darwins* Forschungsschiff, ist mit seinen 3405 Metern zwar einer der niedrigeren Berge Argentiniens, dennoch ein Traumziel für Bergsteiger aus aller Welt. Schon aus großer Entfernung sieht man, wie seine spitzen Zacken, auf denen sich nicht einmal der Schnee zu halten scheint, aus der Ebene aufragen und näher kommen; der Bus fährt wie in einer langsamen Kamerafahrt direkt darauf zu.

Das Fitz-Roy-Massiv gehört zum **Nordteil des Parque Nacional Los Glaciares.** Nicht von ungefähr wird es gern mit dem chilenischen Nationalpark Torres del Paine verglichen: dichte Natur-

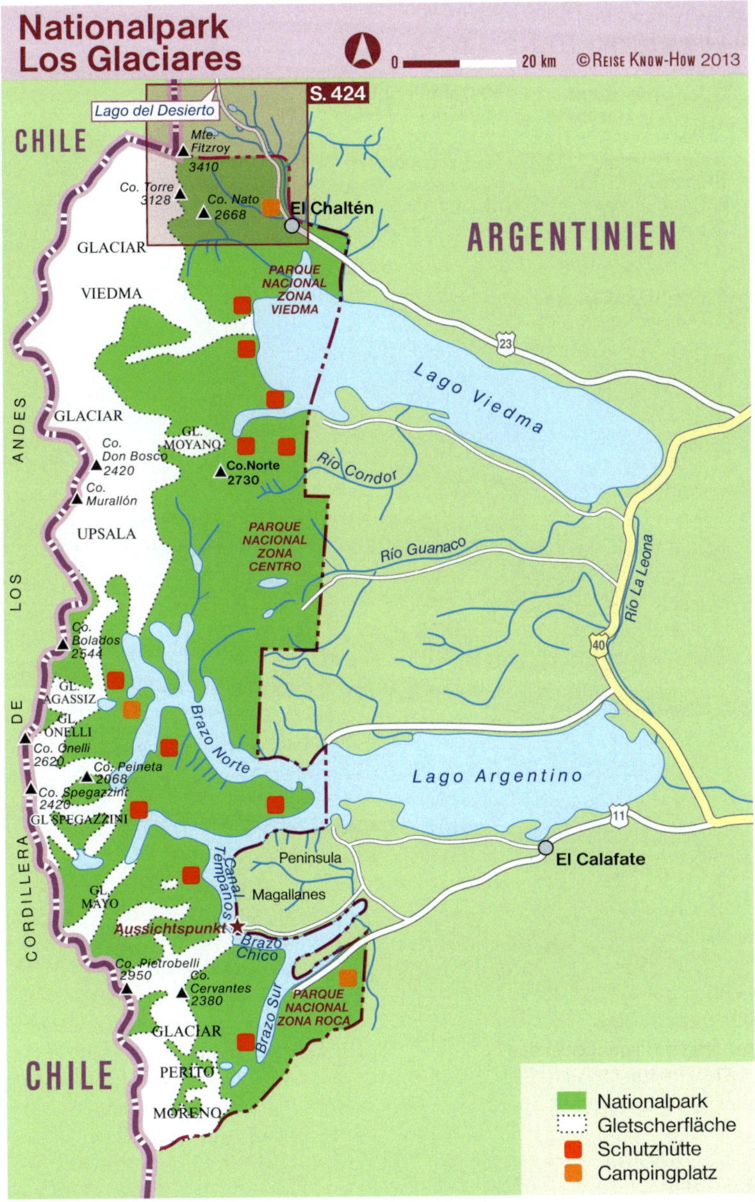
Nationalpark Los Glaciares
0
20 km
© Reise Know-How 2013
S. 424
Lago del Desierto
CHILE
Mte. Fitzroy 3410
Co. Torre 3128
Co. Nato 2668
El Chaltén
ARGENTINIEN
GLACIAR VIEDMA
PARQUE NACIONAL ZONA VIEDMA
23
Lago Viedma
GLACIAR UPSALA
GL. MOYANO
Co. Don Bosco 2420
Co. Murallón
Co.Norte 2730
Río Condor
PARQUE NACIONAL ZONA CENTRO
Río Guanaco
Río La Leona
40
CORDILLERA DE LOS ANDES
Co. Bolados 2544
GL. AGASSIZ
GL. ONELLI
Co. Onelli 2620
Co. Peineta 2068
Co. Spegazzini 2420
GL SPEGAZZINI
Brazo Norte
Lago Argentino
11
El Calafate
Peninsula
Magallanes
Canal Tempanos
GL. MAYO
Aussichtspunkt
Brazo Chico
Brazo Sur
Co. Pietrobelli 2950
Co. Cervantes 2380
PARQUE NACIONAL ZONA ROCA
GLACIAR PERITO MORENO
CHILE
Nationalpark
Gletscherfläche
Schutzhütte
Campingplatz

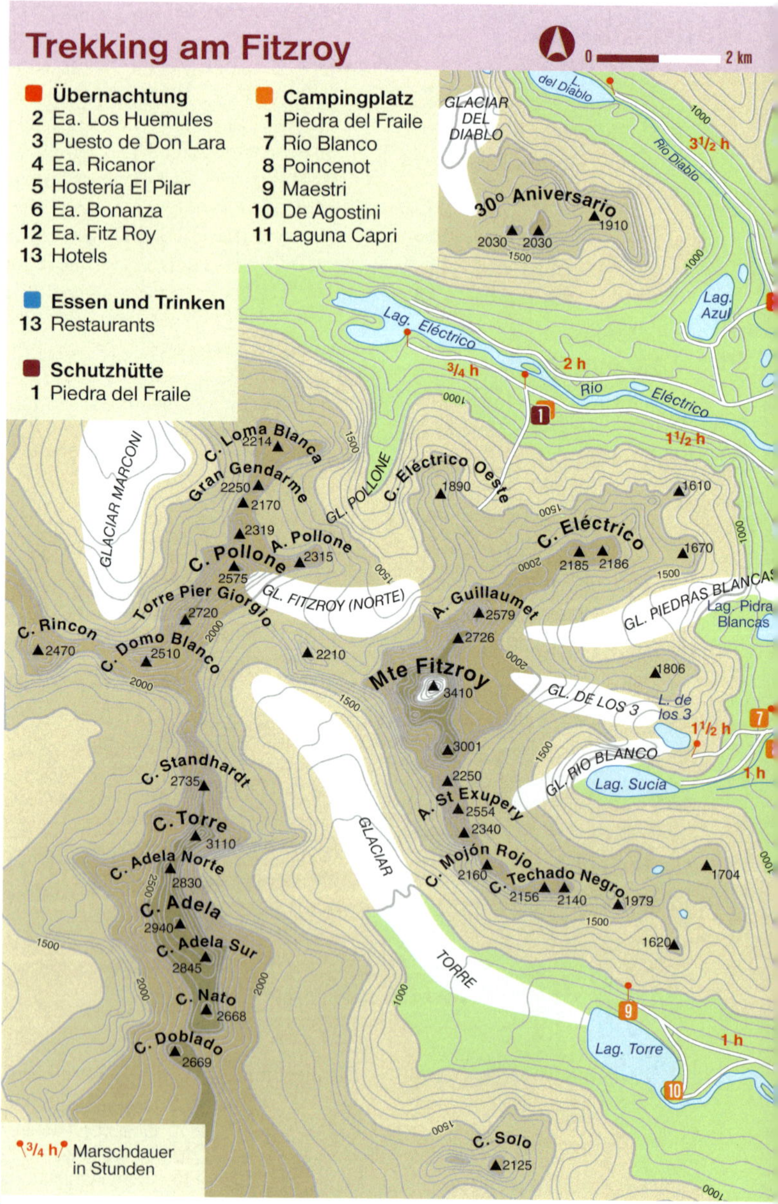
Trekking am Fitzroy
0 2 km
Übernachtung
2 Ea. Los Huemules
3 Puesto de Don Lara
4 Ea. Ricanor
5 Hostería El Pilar
6 Ea. Bonanza
12 Ea. Fitz Roy
13 Hotels
Campingplatz
1 Piedra del Fraile
7 Río Blanco
8 Poincenot
9 Maestri
10 De Agostini
11 Laguna Capri
Essen und Trinken
13 Restaurants
Schutzhütte
1 Piedra del Fraile
3/4 h Marschdauer in Stunden
L. del Diablo
GLACIAR DEL DIABLO
Río Diablo
3 1/2 h
30° Aniversario
1910
2030
2030
Lag. Azul
Lag. Eléctrico
3/4 h
2 h
Río Eléctrico
1 1/2 h
C. Loma Blanca
2214
Gran Gendarme
2250
2170
2319
GLACIAR MARCONI
GL. POLLONE
C. Eléctrico Oeste
1890
C. Eléctrico
2185
2186
1610
1670
A. Pollone
2315
C. Pollone
2575
Torre Pier Giorgio
2720
GL. FITZROY (NORTE)
A. Guillaumet
2579
2726
GL. PIEDRAS BLANCAS
Lag. Pidra Blancas
C. Rincon
2470
C. Domo Blanco
2510
2210
Mte Fitzroy
3410
1806
GL. DE LOS 3
L. de los 3
1 1/2 h
3001
GL. RIO BLANCO
Lag. Sucia
1 h
C. Standhardt
2735
2250
A. St Exupery
2554
2340
C. Torre
3110
GLACIAR TORRE
C. Adela Norte
2830
C. Mojón Rojo
2160
C. Techado Negro
2156
2140
1979
1704
C. Adela
2940
C. Adela Sur
2845
1620
C. Nato
2668
Lag. Torre
1 h
C. Doblado
2669
C. Solo
2125

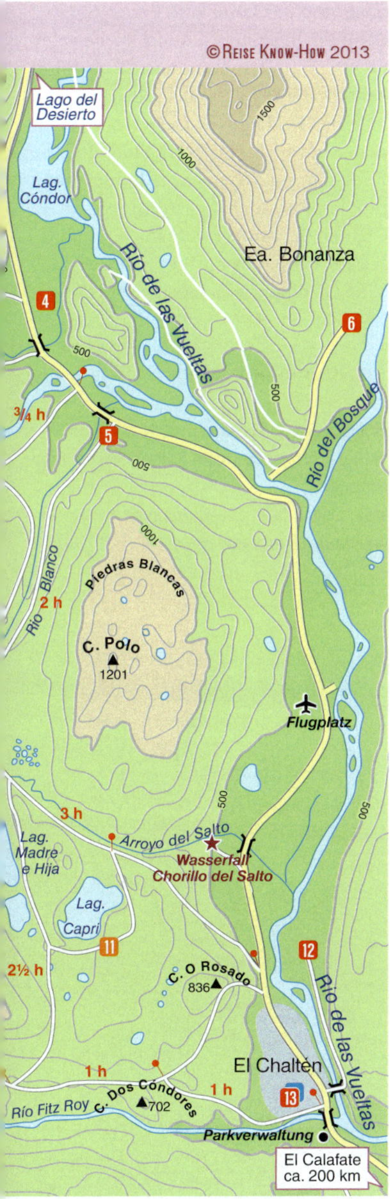

wälder, reißende Flüsse, Gletscherseen mit Eisbergen – und darüber immer die spitzen Granitnadeln des Bergmassivs. Ein Vorteil des relativ kompakten Gebiets: Mehrere **tolle Wanderungen** können als Tagestour von El Chaltén aus unternommen werden, etwa zur Laguna Torre zu Füßen des spektakulären Cerro Torre mit seinen Felsnadeln oder zur Laguna de los Tres mit ihrem ebenso atemberaubenden Panorama am Cerro Fitz Roy. Die Wege sind gut markiert, und es gibt eine Reihe schöner Zeltplätze, allerdings ohne größere Infrastruktur: Wasser aus dem Bach und Plumpsklo.

Nähere Informationen zum Wandern gibt es direkt bei den **Parkwächtern.** Ein Besuch in deren Büro am Eingang von El Chaltén ist Pflicht. Die Ranger sind sehr freundlich und hilfsbereit und geben Auskunft darüber, wie man sich verhalten muss; der Zutritt zu diesem Teil des Nationalparks ist kostenlos.

- Die **beste Wanderkarte** hat **Chaltén Outdoor Maps** publiziert, sie ist in zahlreichen Läden in El Calafate und El Chaltén erhältlich.
- **Transporte Las Lengas,** Viedma 95, Tel. (02 962) 49 3023, bietet mehrere Kombi-Touren mit Busfahrt und Wanderung an. www.transportelaslengas.com.ar
- Mehrtägige Trekkingtouren hat **Serac Expediciónes,** San Martín 175, Tel. 49 3371, im Angebot. www.serac.com.ar

El Chaltén

Die Siedlung El Chaltén – **„Feuerberg"**, so hieß ursprünglich der Cerro Fitz Roy in der Sprache der Tehuelche – wurde erst 1985 am Zusammenfluss von Río de las Vueltas und Río Fitz Roy gegründet, um die Gebietsansprüche Argentiniens im Grenzstreit mit Chile zu behaupten. Doch die malerische Lage in nächster Nähe zum Fitz-Roy-Gebiet sorgte dafür, dass der Ort binnen weniger Jahre zur **Boomtown des Naturtourismus** avancierte. Heute leben hier bereits rund 1500 Menschen, in erster Linie vom Tourismus. Entlang der langen Hauptstraße wechsen sich Hostels, Restaurants und Agenturen ab, mehr und mehr werden auch schicke Hotels gebaut, täglich bringen Busse von El Calafate neue Besucher in den Ort. Wer eine langwierige Suche vermeiden will, sollte die Unterkunft vorbuchen.

Direkt neben dem Büro der Parkverwaltung beginnt ein einfacher **Wanderweg zum Mirador Cóndores** (ca. 30 Min.), von dem man El Chaltén von oben und das komplette Bergpanorama dahinter bewundern kann. Neben den oben erwähnten Touren im Park lohnt bei schönem Wetter auch die Fahrt zum malerischen **Lago del Desierto,** 40 Kilometer nördlich von El Chaltén, und die Bootsfahrt auf dem See. Beides kann problemlos über die Agenturen in El Chaltén organisiert werden.

Zur Überquerung der Grenze nach Villa O'Higgins (Chile) siehe dort.

Touristeninformation

- **Vorwahl von El Chaltén: 02962**
- Hilfreiches **Infobüro** im Busterminal am Ortseingang.
- Umfangreiche Informationen auf **www.elchalten.com**

chi13-042 ms

■ El Chaltén hat noch kein Funknetz, Mobiltelefone funktionieren hier nicht. Dafür haben fast alle Unterkünfte **WLAN-Punkte.**

■ Ein einziger **Geldautomat** steht im Busterminal, man sollte sich nicht auf ihn verlassen und genügend Bargeld mitnehmen. Mit Kreditkarten kann in El Chaltén kaum bezahlt werden.

Unterkunft/Essen und Trinken

■ **Albergue Patagonia**
San Martín 493, Tel. 49 3019. Freundlich und sauber, das Personal gibt gute Tipps. Küchennutzung, Internet, Fahrradverleih. Übernachtung im Schlafsaal ab 18 US$ p.P., DZ ab 50 US$. Rabatt mit dem Jugendherbergsausweis.
www.patagoniahostel.com.ar

■ **B&B Nothofagus**
Hensen Ecke Riquelme, Tel. 49 3087. Nette Zimmer, Nichtraucher. DZ ab 50 US$ inkl. Frühstück, ohne eigenes Bad. www.nothofagusbb.com.ar

■ **Albergue Rancho Grande**
San Martín 724, Tel. 49 3005. Der Besitzer gibt gute Tipps, auch für Tagestouren am Fitz-Roy-Massiv. Ab 24 US$ p.P., DZ ab 75 US-$.
www.ranchograndehostel.com

■ **Hostería Koonek**
Lionel Terray 415, Tel. 49 3304. Ruhig und nett, alle Zimmer mit Bad, komplette Gästeküche und -grill, kein Aufenthaltsraum. DZ 80 US$.
www.hosteriakoonek.com.ar

■ **Hostería Confín Patagónico**
Lago del Desierto 436, Tel. 49 3094. Neue, intime Unterkunft mit nur 4 Zimmern und herzlichem Wirt *Jorge,* der viel über El Chaltén erzählen kann. DZ 80 US-$. www.elchalten.com/confinpatagonico

■ **Fitz Roy Inn**
San Martín 520, Tel. 49 3062. DZ ab 125 US-$.
www.caltur.com.ar

■ **La Casita,** San Martín 430. Hervorragendes Essen zu moderaten Preisen und mit guter Bedienung. Große Portionen gibt es im **Restaurant La Fuegia,** San Martín 493. Im **Estepa** an der Ecke Cerro Solo und Antonio Rojo ist nicht nur der Apfelkuchen unschlagbar.

Camping

Gute Campingplätze wie **Camping El Relincho,** www.elrelinchopatagonia.com.ar, oder **Camping El Refugio,** Tel. 49 3221, verlangen etwa 8 US$ p.P. Zum Camping El Refugio gehört auch ein kleines Hostal mit Kochmöglichkeit und schönem Aufenthaltsraum.

Verkehrsverbindungen

■ El Chaltén ist problemlos **per Bus von Calafate** aus zu erreichen (ca. 30 US$). Es fahren in den Sommermonaten täglich mehrere Busse, im Winter nur zwei in der Woche, dann haben viele Herbergen geschlossen.

■ **Fahrt von Chaltén/Calafate via Ruta 40 nach Perito Moreno und Bariloche: Chaltén Travel** fährt die Strecke in der Hochsaison an ungeraden Tagen. Vorbuchung empfehlenswert. Die Fahrt dauert ca. 13 Std. Chaltén Travel hält in Perito Moreno direkt vor dem Hotel Belgrano und nimmt auf Wunsch die Reservierung für die Übernachtung vor. Nach den Einzelheiten fragen!

■ **Transporte Las Lengas** bietet einen Shuttleservice direkt vom Flughafen in Calafate nach El Chaltén an. Büros im Flughafengebäude und in El Chaltén, Viedma 95, Tel. 49 3023.
www.transportelaslengas.com.ar

◁ El Chaltén, Mekka der Bergwanderer am Fitz-Roy-Massiv

Antarktis | 454
Cordillera Darwin
und Beagle-Kanal | 440
Estancia Harberton | 452
Estancia María Behety | 455
Geschichte Feuerlands | 434
Martial-Gletscher | 452
Porvenir | 436
Porvenir (Umgebung) | 438
Puerto Williams und Isla Navarino | 441
Reisezeit und Anreise | 435
Río Grande (Argentinien) | 454
Salesianer-Museum | 455
Tierra del Fuego (Parque Nacional) | 453
Ushuaia (Argentinien) | 444

chi13-043 ms

7 Feuerland

Tierra del Fuego, die Inselgruppe am Südzipfel des Kontinents, wartet mit Kontrasten auf. In ihrem Nordteil baumlose platte Pampa, in der die horizontalen Linien nur von gelegentlichen Schafherden unterbrochen werden. Im Südteil dagegen bewaldete Täler, lang ausgeschürfte Rinnenseen und von der Darwin-Kordillere ins Meer herabstoßende Gletscher. In den Fjorden und Kanälen leben, vom Menschen noch weitgehend unbehelligt, Albatrosse, Pinguine und Delfine.

◁ Auf der Insel Cabo de Hornos, dem sturmumtosten Südkap des amerikanischen Kontinents

NICHT VERPASSEN!

Porvenir: einmal den Fuß auf Feuerland setzen | 436

Lago Blanco: im Reich der Angler und der Biber | 439

Cordillera Darwin: einsame, eisige Landschaften | 440

Puerto Williams: im südlichsten Ort der Welt | 441

Ushuaia: Baustellen und Bretterbuden am Beagle-Kanal | 444

Nationalpark Tierra del Fuego: Naturwälder am Südrand Feuerlands | 453

Diese **Tipps** sind gelb hinterlegt.

Magellanpinguine auf dem Tucker-Eiland

chi13-044 ms

TIERRA DEL FUEGO

Tierra del Fuego, „Feuerland" – der Name allein löst Assoziationen aus: von sturmumtosten Inseln, von Kälte und ewiger Finsternis, nur vereinzelt erhellt von flackernden Feuern, die *Magellan* 1520 bei seiner Durchsegelung der Meerenge am Ufer sah und die ihn zur Namensgebung veranlassten.

„Ein einziger Blick auf eine solche Küste reicht hin, um einen Menschen vom Festland eine Woche lang von Schiffbrüchen, Gefahr und Tod träumen zu lassen; und mit diesem Blick sagten wir für immer Feuerland Lebewohl." So äußerte sich **Charles Darwin** im Juni 1834 erschreckt und zugleich begeistert über Feuerland nach seinem Aufenthalt dort.

Der **Archipel,** bestehend aus der Hauptinsel Feuerland und Dutzenden südlich vorgelagerten Inseln, ist der **südlichste Punkt der Erde, der nicht vom ewigen Eis überlagert ist.** Hier liegt die südlichste Stadt der Erde, das argentinische Ushuaia – das noch südlichere Puerto Williams ist nicht viel mehr als ein Militärstützpunkt –, hier gibt es im argentinischen Nationalpark Tierra del Fuego ein Restaurant, das sich selbst das südlichste nennt, hier verkünden stolz Schilder am Hafen des chilenischen Porvenir und des argentinischen Ushuaia, wie weit es bis zur Nordgrenze des jeweiligen Landes ist (in Chile 5299 Kilometer bis Arica, bis La Quiaca an der argentinisch-bolivianischen Grenze „nur" 4526 Kilometer), hier ist das Traumziel für alle Segler erreicht: **Kap Hoorn** (Chile), der südliche Abschluss der Inselgruppe, wo Atlantik und Pazifik aufeinander treffen.

Tierra del Fuego/Feuerland bezeichnet einmal den gesamten Archipel aus vielen kleinen Eilanden und einer großen Insel, zum anderen die Hauptinsel Feuerland, die die ersten Europäer zunächst für ein bis an den Südpol reichendes Festland hielten. Insgesamt ist der Archipel **73.500 km²** groß, die Isla Grande de Tierra de Fuego umfasst etwa 47.000 km². Zu Chile gehört der größere Teil des Archipels, etwas mehr als 52.000 km², der argentinische Teil ist aber dichter besiedelt. Etwa 130.000 Menschen leben auf dem Archipel, davon auf der chilenischen Seite nicht einmal 10.000.

Der **chilenische Teil** der Insel wirkt verschlafen. Einzige nennenswerte Siedlungen sind Porvenir und Puerto Williams. Auf **argentinischer Seite** lockte die Regierung mit Steuerfreiheit bei Investitionen einige internationale Unternehmen auf die Insel, darunter aus der Elektroindustrie. Dadurch prosperierten vor allem die Städte Ushuaia und Río Grande. Inzwischen ist die Boomzeit wieder vorbei, die Vergünstigungen wurden abgeschafft, und die Menschen müssen mit den Folgen leben, denn auf Feuerland ist das Leben teurer als im Rest Argentiniens.

Tierra del Fuego
(ARGENTINA)
CHILE
PAZIFISCHER OZEAN
Ushuaia
Río Grande
Museo Salesiano
Cabo Peñas
Secc. Russfin
Mte. Nose 822
L. Escondido
L. Lynch
Puerto Arturo
Pampa Guanacos
Estancia San Justo
Po. Río Bellavista
L. Blanco
Parque Karukinka
Ea. Vicuña
Seno Almirantazgo
Bahía Ainsworth
Río de la Turba
Estancia Marina
Ea. Río Apen
Estancia Hermanos
Estancia Viamonte
Estancia La Criolla
Ea. Astrid
Estancia Carmen
Cauchicol
L. Deseado
Sierra Beauvoir
Lago Chepelmut
Lago Yehuin
Lago Fagnano o Cami
P. Nac. Tierra del Fuego
Tolhuim
Co. Luis de Saboya 2100
Ventisquero Marinelli
Mte. Darwin 2488
Cerro Mayo 1792
Cordillera Darwin
Parque Nacional Alberto de Agostini
Cerro Italia 2350
Canal de Beagle
Cerro Cornú 1490
Cerro Quintana 1150
Puerto Almanza
Ea. Harberton
Lapataia
Isla Gordon
Puerto Navarino
Pla. Dumas
Caleta Wulaia
Puerto Williams 1195
Puerto Eugenia
Puerto Toro
Península Cloue
Isla Hoste
Cerro Aguja 1204
Canal Murray
Bahia Douglas
Isla Navarino
Kemoa
Península Pasteur
Península Rous
I. Berrand
Po. Goree
Monte Diadema 835
Península Hardy
I. Lennox
Bahía Nassau
I. Carolina
Islas Wollaston
I. Grevy
Isla Wollaston
Parque Nacional Cabo de Hornos
I. Jauréguiberry
I. Henderson
Bahía Beouchier
Falso Cabo de Hornos
I. L'Hermite
I. Deceit
Cabo de Hornos
1402
2000
700
570
300

Traditionell lebt die Insel von der **Viehwirtschaft,** den Schafen und der Wolle. Hinzu kommen die Fischerei und die Forstwirtschaft. Im Norden der Insel und in der Magellanstraße wird in relativ geringen Mengen Erdöl gefördert. Auch der Tourismus wird immer wichtiger.

Die Hauptinsel **Feuerland erinnert landschaftlich stark an Patagonien:** Im Norden erstreckt sich weites Tafelland, im Süden folgt der letzte Ausläufer der Kordillere, die hier noch einmal Höhen von etwa 2500 Metern erreicht. Diese Fortsetzung ist natürlich, schließlich entstand die Insel erst vor etwa 10.000 Jahren, als die Gletscher die Magellanstraße einschliffen und so die Südspitze des Kontinents vom Festland trennten. Auch der Beagle-Kanal war ursprünglich ein Gletschertal.

Das **Klima** ist ozeanisch und **kühl-gemäßigt;** die Temperaturen im Winter liegen oft bei -15°C, im Sommer bewegen sie sich zwischen 8° und 20°C.

Zur Geschichte Feuerlands

Um 30.000 v. Chr. wanderten die ersten Menschen über die Beringstraße nach Amerika (Alaska) ein. Sie zogen langsam südwärts und erreichten um 12.600 v. Chr. die Südspitze des Kontinents, wie man aus Ausgrabungen bei Pali Aike (Chile, nördlich von Punta Delgada an der Magellanstraße) und Los Toldos (Provinz Santa Cruz in Argentinien) weiß. Sie lebten dort als Jäger. Von etwa 10.400 v. Chr. stammen die ersten menschlichen Besiedlungsspuren, die man auf Feuerland fand. Diese Menschen überschritten wohl während der letzten Eiszeit die Magellanstraße.

Als die ersten Europäer kamen, gab es **verschiedene Gruppen von Ureinwohnern,** die größten waren die Selk'nam, die Haush, die Alakaluf und die Yámana.

- Die **Selk'nam,** die auch *Ona* genannt wurden, lebten im Norden der Hauptinsel. Im Süden reichte ihr Siedlungsgebiet bis zur Linie, die durch die Meerenge Canal Whiteside und den Lago Fagnano gebildet wird. Sie waren Jäger zu Fuß und lebten vorwiegend von Guanakos, aber auch von Wasservögeln, Meeressäugetieren und Muscheln.
- Die **Haush** hatten das kleinste Siedlungsgebiet. Es lag im äußersten Osten der Insel in dem Dreieck gegenüber den Islas de los Estados. Die Haush waren ebenfalls Jäger zu Fuß und unterschieden sich in ihrer Lebensform kaum von den Selk'nam. Die Haush bezeichneten sich selbst als *Manekenk.*
- Die **Alakaluf** lebten auf beiden Seiten der Magellanstraße. Auf Feuerland waren das die westlich von Ushuaia gelegene Halbinsel Brecknock sowie einige Inseln weiter westlich. Die Alakaluf waren Kanunomaden/-jäger, zogen mit ihren Booten umher und ernährten sich vorwiegend von Fischen.
- Am weitesten südlich lebten die **Yámana,** ebenfalls Kanunomaden, auch Yagan genannt. Sie hatten ihr Gebiet auf beiden Seiten des Beagle-Kanals, absolutes Zentrum war der Murray-Kanal. Sie jagten in erster Linie Seelöwen, deren Fleisch wegen des hohen Fettgehaltes eine wichtige Nahrungsquelle war. Auffällig war bei ihnen der weite Brustkorb im Verhältnis zu eher kurzen Gliedmaßen.

Im 17. Jahrhundert gab es ungefähr 10.000 Ureinwohner auf den Inseln, 1910 wurden nur noch etwa 350 Menschen gezählt. **In nur 50 Jahren** – erst um 1860 hatte die Besiedlung durch die Weißen begonnen – **waren die Ureinwohner faktisch ausgerottet worden.** Auslöser war neben der brutalen Landnahme – für einen toten Indianer wurde teilweise ein Pfund Sterling bezahlt – paradoxerweise das wohlmeinende Wirken des Salesianerordens, der ab 1886 begann, die Feuerländer in Missionen zu konzentrieren, um sie vor dem Zugriff der weißen Siedler zu schützen. In den Siedlungen breiteten sich eingeschleppte Krankheiten – Pocken, Masern, Tuberkulose – schnell aus und dezimierten die Fueguinos rapide. Hinzu kam das Überjagen der Meeressäuger durch die Weißen, wodurch den Eingeborenen die Lebensgrundlage genommen wurde.

Die europäischen Eroberer betrachteten die Eingeborenen als eine Art seltsamer Tiere – man verschleppte sie zu Studienzwecken und zur Belustigung des Publikums in Völkerschau-Austellungen nach Europa. Selbst *Darwin,* ansonsten in der Beurteilung der Menschen auf seiner Reise vorurteilsfrei, schrieb, als er auf die Feuerländer traf: „Ich hätte kaum geglaubt, wie groß die Verschiedenheit zwischen wilden und zivilisierten Menschen sei: Sie ist größer als zwischen einem wilden und einem domestizierten Tier."

Darwin schrieb auch über **Jemmy Button.** Den 14-jährigen Feuerländer hatte Kapitän *Robert Fitzroy* bei einer Reise einige Jahre zuvor gekidnappt, nach England verschleppt und ihm die Vorzüge einer „zivilisierten" Erziehung angedeihen lassen. Später dann war *Jemmy Button* mit *Darwin* und *Fitzroy* an Bord der „Beagle", blieb auf Feuerland zurück und fiel, wie die Europäer vermuteten, in die „Barbarei" zurück. Angeblich führte er später sogar Indianerangriffe gegen Europäer an.

Lediglich **Missionare** wie *Thomas Bridges* und sein Sohn *Lucas* nahmen die Indianer und ihre Kultur ernst. *Thomas Bridges* widmete sich unter anderem der Erforschung der Yámana-Sprache und stellte bis zu seinem Tod ein Wörterbuch zusammen, das 32.000 Worte der metaphernreichen Sprache erfasste. Der deutsche Missionar *Martin Gusinde* aus Breslau dokumentierte zwischen 1918 und 1924 mit rund 1000 Fotografien das Leben der letzten Feuerland-Indianer.

Die **ersten Europäer** waren nicht an den Inseln interessiert. Magellan wollte seine Passage finden, auch *Francis Drake* lockte 1578 nur die Durchfahrt. *Juan Ladrillero* hatte als einziger bereits um 1560 begonnen, sich auch mit der Lebensweise der Eingeborenen sowie Flora und Fauna zu beschäftigen. 1615 entdeckten zwei holländische Kapitäne, dass Feuerland eine Inselgruppe ist und kein, wie bis dahin angenommen, mit dem Südpol verbundenes Festland. *Willem Schouten* und *Jakob Le Maire* nannten den absolut südlichsten Punkt nach ihrem holländischen Heimathafen Kap Hoorn. Auf *Darwins* Reise um die Welt – mit der „Beagle", unter dem Kommando von Kapitän *Fitzroy* – wurde 1834 der Beagle-Kanal entdeckt.

Nach der Unabhängigkeit Chiles und Argentiniens begann der Streit der beiden Länder um Feuerland. Schließlich wurde 1881 die Isla Grande per Linealstrich auf der Landkarte geteilt. **Grenzkonflikte** gab es aber immer wieder, zuletzt um einige Inseln an der Einfahrt zum Beagle-Kanal (1979–1984).

Reisezeit und Anreise

Die **beste Reisezeit** für einen Besuch Feuerlands ist natürlich der kurze **Sommer,** aber auch im Herbst kann man sehr schöne Tage erleben.

Porvenir und Puerto Williams (von Punta Arenas aus) und Ushuaia (von Buenos Aires aus) werden von Flugzeugen angeflogen. **Fährschiffe** fahren von Punta Arenas nach Porvenir und Puerto Williams oder von Punta Delgada (168 km von Punta Arenas entfernt) nach Puerto Espora, der Fährstation an der Nordspitze von Feuerland. Von dort sind es 141 Kilometer bis nach Porvenir bzw. 148 Kilometer bis zur Grenze bei San Sebastián und weitere 333 Kilometer nach Ushuaia. Nur wenige **Busse** benutzen diese täglich zwischen 8.30 und 24 Uhr 20x verkehrende Fähre (3 Euro p.P., Pkw 23 Euro, Fahrrad 2 Euro, Fahrplan unter www.tabsa.cl). Mit eigenem Fahrzeug ist man auf jeden Fall beweglicher.

Porvenir

388/B3

„Punta Arenas gegenüber, an der Küste des Feuerlandes, liegt das kleine Porvenir (Zukunft) als Wintersitz von Goldwäschern und Schafzüchtern. Dort ist beinah jedes Haus eine Kneipe.“ So urteilte *Otto Bürger* 1926 über die damals südlichste Stadt Chiles. Die Zeit des **kurzen Goldrausches** ist längst vorbei, und die Zahl der Kneipen hat auch stark abgenommen, nur die großartige Zukunft ist bislang ausgeblieben. Zwar ist Porvenir die **größte chilenische Stadt auf Feuerland,** aber sie zählt nur wenig mehr als 5000 Einwohner. Die meisten sind **Nachfahren kroatischer Siedler,**

die im Zuge des erwähnten Goldrausches nach 1880 auf die Insel kamen.

Porvenir ist eine **hübsche, verschlafene Kleinstadt.** Sie liegt am Ostende der tief eingeschnittenen, gleichnamigen Bucht, gut geschützt vor den Winden der Magellanstraße.

Sehenswert ist das örtliche **Museum,** das im selben Gebäude wie die Touristeninformation untergebracht ist. Es zeigt archäologische Funde aus der Region, Materialien zur Kultur der Feuerland-Indianer sowie Ausstellungsstücke, die an die ersten Pioniere erinnern; eine große Abteilung widmet sich dem frühen chilenischen Kino; angeblich funktionierte hier das erste Kino in ganz Südamerika (Valdivieso 402, direkt an der Plaza, Mo bis Do 8–17 Uhr, Fr 8–16.30 Uhr, Nov. bis März auch Sa/So 10.30–13 und 15–17 Uhr).

chi13-045 ms

Praktische Tipps

Touristeninformation

- **Vorwahl von Porvenir: 61**
- **Städtisches Infobüro** an der Plaza.
- **Info-Kiosk** an der Uferstraße zwischen Santos Mardones und Muñoz Gamero.

Unterkunft/Essen und Trinken

- **Hotel España**
Croacia 698, Tel. 258 0160. Renoviert, neuer Trakt mit schönen Zimmern und Blick auf die Bucht, auch recht gutes Restaurant. DZ mit Heizung und Bad 50 Euro. www.hotelespana.cl
- **Hotel Rozas**
Bernardo Philippi 296, Tel. 258 0088. Mit gutem Restaurant. DZ mit Heizung und Bad ca. 54 Euro.
- **Barlovento**
John Williams 2, Tel. 258 1000. Neue Anlage mit 16 modernen, etwas nüchternen Zimmern, WLAN und Restaurant. DZ 108 Euro. www.hotelbarlovento.cl

Flugzeug

- **Aerovías DAP**
Av. Señoret s/n, Tel. 258 0089. 3x täglich nach Punta Arenas (siehe dort).

☐ Die Bahía Ainsworth mit der Cordillera Darwin dahinter

Überlandbusse

Buses Gelles
Dublé Almeyda 257, Tel. 258 0488. 2x wöchentlich nach Río Grande im argentinischen Teil Feuerlands, ca. 14 Euro. Von dort bestehen gute Verbindungen nach Ushuaia.

Fähre

Einmal täglich außer montags verkehrt zu wechselnden Uhrzeiten eine **Fähre nach Punta Arenas** von der Bahía Chilota, dem südlich des Ortes gelegenen Hafen (Minibusservice dorthin, 1,50 Euro). Die Fähre benötigt 2½ Std. für die Überfahrt, 9 Euro p.P., Pkw 58 Euro. Reservieren vorab in Punta Arenas (s. dort) oder in Porvenir im Kiosk an der Uferstraße, Tel. 258 0089.

Sonstiges

- **Geldautomat,** Philippi 263 (Banco Estado). Nicht darauf verlassen!
- **Post** an der Plaza.
- **Telefonzentrale,** Damián Riobó zwischen Valdivieso und Briceño.
- **Touren** veranstaltet **Turismo Porvenir,** Señoret s/n, Tel. 258 0089.

Die Umgebung von Porvenir

Der chilenische Teil Feuerlands lässt sich gut in einer **mehrtägigen Rundfahrt** erkunden. Dabei gibt es ein Problem: **Öffentliche Verkehrsmittel fehlen,** man benötigt also ein eigenes Fahrzeug (in Porvenir gibt es keine Autovermietung). Die Straßen sind recht gut. **Tanken** kann man nur in Porvenir, Cerro Sombrero und Cullen, also nur im Nordteil der Insel. Eine **Campingausrüstung** ist sinnvoll, denn Restaurants und Hotels sind dünn gesät.

In Porvenir wendet man sich nach Süden und erreicht bald die **Bahía Inútil.** Die „Nutzlose Bucht" erhielt ihren Namen von den Seefahrern, die auf der Suche nach der Ost-West-Passage jede Bucht weit hineinfahren mussten, da sich hier der Durchgang befinden konnte. Die Fahrt führt durch eine lichte Steppenlandschaft, nach 99 Kilometern ist **Onaisin** erreicht. Hier liegt der **Cementerio Inglés,** ein Friedhof für die vorwiegend schottischen (!) Aufseher auf den großen Schaf-Estancias.

15 Kilometer südlich von Onaisin hat sich vor wenigen Jahren eine kleine **Kolonie von Königspinguinen** angesiedelt – die einzige in ganz Südamerika! Ein paar Dutzend der stattlichen Vögel stehen am Strand und brüten im Frühsommer auf den Füßen ihre Eier aus. Eintritt zur Kolonie 15 Euro, Touren ab Punta Arenas für ca. 80 Euro inkl. Eintritt.

Bei km 150 ist **Cameron** erreicht. Der Ort entstand um die Wirtschaftsgebäude einer früheren Schaf-Estancia, und viel hat sich seit den Tagen der Sociedad Explotadora de Tierra de Fuego, die hier ab 1904 agierte, nicht verändert – nur die Schafe werden im Dezember längst mit elektrisch betriebenen Maschinen (im Akkord) geschoren. Benannt ist der Ort übrigens nach dem schottischen Verwalter der Estancia, die besichtigt werden kann. Folgt man weiter der Küstenstraße, gelangt man nach 76 Kilometern an ihr Ende: Das ist bei **Puerto Ar-**

turo, einer winzigen Siedlung. Kurz vorher passiert man den Río Cóndor; hier kann man in sehr schöner Umgebung campen. In Puerto Arturo beginnt der private **Naturpark Karukinka** (siehe Exkurs). Hier gibt es schöne Trekking- und MTB-Routen sowie eine Lodge am Lago Escondido und eine Hütte in Pampa Guanaco am Lago Blanco (s.u.).

■ Nähere Informationen und Reservierungen der Hütten im Büro der **Wildlife Conservation Society (WCS)** in Punta Arenas, Balmaceda 586, Tel. 61/ 261 3334, www.karukinkanatural.cl.

Die Hauptstraße führt von Cameron nach Südosten ins Land hinein. Nach 37 Kilometern (von Cameron) leitet ein kleiner Abzweig nach links zu einem denkmalgeschützten englischen **Goldschürfbagger** von 1904. Unterwegs sieht man häufig Guanacos in der offenen Steppe, es folgen vereinzelte Waldgebiete, dann ist nach 59 Kilometern (von Cameron) der Abzweig nach Süden erreicht. Weitere 35 Kilometer südlich teilt sich die Straße erneut, der östliche Arm führt zur **Estancia Vicuña.** Folgt man dem westlichen Arm, gelangt man in die ersten Wälder, zum **Lago Blanco,** einem der schönsten Seen auf Feuerland, mit tollen Aussichten über den See hinweg auf die Darwin-Kordillere. Sehenswert auch das **Valle de los Castores,** das Tal der Biber, das wie viele in Südfeuerland von der Nagewut der eingeführten Art gezeichnet ist.

■ Übernachten kann man am Lago Blanco einfach und gut in der **Jagd- und Angelhütte** der staatlichen Erdölgesellschaft Enap auf einer Insel (Okt. bis April, 20 Euro p.P., Tel. 61/221 1754, horacio.soto@terra.cl) oder exquisit in der ganz aus dem einhei-

Karukinka, ein modernes Feuerland-Märchen

Südöstlich von Puerto Arturo erstreckt sich der Naturpark Karukinka, dessen Geschichte wie ein modernes Märchen klingt. In den 1990er Jahren versuchte hier der nordamerikanische Holzmulti Trillium Corporation ein gigantisches Projekt zur Ausbeutung der Naturwälder Feuerlands zu installieren. Nach heftigen Protesten von Umweltschützern und jahrelangem juristischen Tauziehen gab die Firma schließlich auf – wohl weniger aufgrund der Proteste als vielmehr, weil das Vorhaben nicht so profitabel zu werden versprach wie ursprünglich erhofft.

2003 erwarb die US-amerikanische Investitionsbank **Goldman Sachs** im Rahmen einer Umschuldungsaktion die 272.000 Hektar Land, die Trillium auf Feuerland besessen hatte, und kündigte an, sie in einen Naturpark zu verwandeln. Nicht ganz uneigennützig, wie ein Banksprecher zugab, winkten Goldman Sachs doch Steuervorteile für ihr Umwelt-Engagement. Den bedrohten Wäldern konnten die Motive des Finanzriesen freilich egal sein. 2004 übergab die Bank die Ländereien in die Hände der **Wildlife Conservation Society (WCS),** die in über 50 Ländern aktiv ist und in Chile u.a. Projekte zum Schutz der Flamingos und der Blauwale unterstützt. Goldman Sachs unterstützt die WCS finanziell bei der **Schaffung eines Naturparks,** der die einzigartige Flora und Fauna der letzten zusammenhängenden Urwälder Feuerlands schützt. Nach dem Parque Pumalín, dem Projekt des amerikanischen Millionärs *Douglas Tompkins* in Nordpatagonien, entsteht damit am Südzipfel Amerikas ein weiterer privater Naturpark ähnlichen Ausmaßes. Aktuelle Informationen unter www.karukinkanatural.cl (span.) und www.wcs.org (engl.).

mischen Lenga-Holz erbauten **Hostería Las Lengas,** die natürlich auch Angeltouren anbietet (DZ 188 Euro, Tel. 61/222 6010, Mitte Okt. bis Ende April, www.hosterialaslengas.com).

■ Direkt am Ufer gibt es zudem einen einfachen **Zeltplatz** ohne jeden Komfort.

Vom Lago Blanco dringt eine neue Straße weiter südlich zum **Lago Deseado** vor und weiter zum **Lago Fagnano.** Hier baut das Militär derzeit an einer Verbindung über die Darwin-Kordillere nach Yendegaia am Beagle-Kanal.

Wer weiter nach Río Grande und Ushuaia (beide Argentinien) reisen will, kann den kleinen **Grenzübergang Río Bellavista** nutzen (nur im Sommer geöffnet). Von der Polizei- und Grenzstation Pampa Guanaco nahe dem Lago Blanco sind es rund 90 km bis Río Grande, allerdings sind die 15 km bis zur Grenze nur mit Geländefahrzeugen zu bewältigen. Außerdem benötigt man einen Salvoconducto (vorher in Punta Arenas besorgen: Policía Internacional, Errázuriz 977).

Die offizielle Route nach Argentinien macht einen weiten Umweg über San Sebastián (230 km bis Río Grande). Zurück auf der „Hauptstraße“ von Cameron, wendet man sich nach Osten, dann biegt die Straße nach Norden ab und verläuft parallel zur chilenisch-argentinischen Grenze, vorbei an Wiesen, Mooren, vereinzelten Wäldern und alten Estanzias, bis man schließlich auf die Ruta 257 trifft, die gen Westen nach Porvenir und nach Osten zum Grenzübergang ins argentinische Feuerland bei **San Sebastián** führt (130 km vom Lago Blanco). Beide Grenzorte, der chilenische und der argentinische, heißen San Sebastián, dazwischen liegen 14 km.

55 km sind es von San Sebastián nach Norden bis **Cullen** (Tankstelle), weitere 50 km bis **Cerro Sombrero,** einer Siedlung von 500 Menschen, die 1958 von der Ölgesellschaft, größer als je gebraucht, gebaut wurde. Von hier sind es 43 km bis **Puerto Espora,** wo im Dreiviertelstundentakt eine **Fähre** nach Punta Delgada an der schmalsten Stelle (Primera Angostura) **über die Magellanstraße** übersetzt (3 Euro p.P., Pkw 23 Euro, Fahrrad 2 Euro, Fahrplan unter www.tabsa.cl). Wer nicht hier übersetzt, gelangt auf einer recht guten Schotterstraße immer die Magellanstraße entlang zurück nach Porvenir (141 km).

Cordillera Darwin und Beagle-Kanal

433/A2

Die spektakulärsten Landschaften Feuerlands rund um die vergletscherte, von Fjorden und Kanälen zerfranste Darwin-Kordillere sind **nur vom Wasser aus zu erreichen.** Die Cordillera Darwin ist der einzige Andenstrang, der in Ost-West-Richtung verläuft. Obwohl relativ niedrig – höchster Berg ist der 2488 Meter hohe **Monte Darwin** –, ist die Kette angesichts des rauen Klimas dieser Breiten auch im Sommer bis weit nach unten verschneit. Oben hält sich ein zusammenhängendes dickes Eisfeld, von dem nach Norden und Süden blaue Gletscherzungen ins Meer hinabstoßen und ihre Eisbrocken in lang gestreckte Fjorde spucken.

Dank der Unwegsamkeit dieser Landschaft kann sich die südpatagonische **Tier- und Pflanzenwelt** vom Menschen weitgehend ungestört entfalten. An den Ufern ducken sich Lengas und Canelos unter dem Wind, mehrere Seelöwenarten leben an den Küsten, in den Kanälen tummeln sich Delfine und Wale, Albatrosse und Sturmvögel begleiten die Schiffe, und auf den Inseln nisten Wildenten und Magellangänse, Skuas, Kormorane und Pinguine. Nahe des Marinelli-Gletschers findet sich die einzige Kolonie von **See-Elefanten** im Südpazifik. Die bis zu drei Tonnen schweren Tiere ziehen hier ab Oktober ihren Nachwuchs auf.

Die schönsten Stellen besuchen die **Kreuzfahrtschiffe von Cruceros Australis** auf ihrer Tour von Punta Arenas bzw. Ushuaia aus. Abgesehen von der Fähre „Bahía Azul", die einmal pro Woche von Punta Arenas (s. dort) nach Puerto Williams verkehrt, aber nicht an die Gletscher heranfährt, sind die Australis-Schiffe das einzige reguläre touristische Angebot für diese Gegend. Es sind verhältnismäßig kleine, sehr schön eingerichtete Kreuzfahrtschiffe für 130 bis 200 Passagiere, mit bequemen Kabinen und exzellenter Küche. Auf zahlreichen Landgängen mit dem Schlauchboot besucht man Gletscher und Pinguininseln, unternimmt Spaziergänge durch den feuerländischen Wald und auf die Insel Kap Hoorn. Das Programm wird mit kundigen Vorträgen an Bord abgerundet, kann sowohl von Punta Arenas nach Ushuaia (vier Nächte) als auch von Ushuaia nach Punta Arenas (drei Nächte) gebucht werden und rechtfertigt seinen Preis durchaus (ab 870 Euro, all inclusive, www.australis.com). Alternativ kann man sich bei Reiseagenturen in Punta Arenas nach Spezialtouren erkundigen oder einen Segeltörn buchen (siehe Puerto Williams).

Puerto Williams und Isla Navarino

433/B2

Ein paar geschotterte Straßenzüge mit Betongehsteigen und blassen Häuserfassaden, Kirche und Schule, Hafenmole und Marinekaserne vor dem Panorama verschneiter Berge – überaus bescheiden präsentiert sich der **südlichste Ort der Welt,** Puerto Williams auf der Isla Navarino, die von der Hauptinsel Feuerlands durch den Beagle-Kanal getrennt wird. Seinen Namen verdankt das Städtchen dem Begründer des Fuerte Bulnes bei Punta Arenas, *Juan Williams,* seine Existenz einem Stützpunkt der Marine. Rund 2000 Einwohner zählt die „Hauptstadt" und einzige Siedlung der **Provincia Antárctica Chilena,** deren Gouverneur die größte Fläche, aber zugleich die wenigsten Bürger unter sich hat. Wer hier lebt, stammt entweder von der Insel, wurde entsandt oder ist auf Abenteuer und Einsamkeit versessen. Das Klima ist harsch, im Sommer erreichen die mittleren Höchsttemperaturen 13°C, im Winter gerade mal 5 Grad. In die nächste chilenische Stadt (Punta Arenas) verkehrt einmal in der Woche ein Schiff und einmal täglich ein wackliges Kleinflugzeug.

Wer einen schönen Tag erwischt, wird Puerto Williams ein gewisses Flair nicht abstreiten. Vor dem blank gefegten Himmel ragen die Zacken der **Dientes de Navarino** auf, und der Ort selbst kann durchaus mit ein paar Sehenswürdigkeiten aufwarten, sogar mit einem Nationaldenkmal: Oberhalb des Hafens ist der **Bug des Patrouillenbootes „Yelcho“** ausgestellt, welches 1916 die gescheiterte britische Expedition unter *Ernest Shackleton* aus der Antarktis rettete. Das hervorragend sortierte **Museo Martin Gusinde** ist nach dem deutschen Missionar und Ethnologen benannt, der von 1918 bis 1924 unter Feuerland-Indianern (Selk'nam und Yámana) lebte. Das Museum widmet sich der Naturgeschichte Feuerlands sowie der Ethnografie – *Martin Gusinde* selbst machte in den 1920er Jahren zahlreiche Fotos vom Alltagsleben der letzten Indianer.

Eine Gruppe von rund 100 Indianern, darunter noch eine „reine“ Yámana und wenige, die die Sprache sprechen, lebt in **Villa Ukika** am Ortsrand von Puerto Williams. In ihrem **Gemeinschaftszentrum** verkaufen sie Kunsthandwerk und CDs mit Yámana-Gesängen. Einen Besuch lohnt auch der kleine **Yachthafen.** Hier ankern im Sommer Hochseesegler aus aller Welt, magisch angezogen von der rauen Schönheit des Beagle-Kanals und von der Herausforderung, das Kap Hoorn zu umschiffen. Hier liegt auch die **„Micalvi“**, die **südlichste Bar der Welt** – ein ehemaliger Rheindampfer (!), der in den 1950er Jahren in Puerto Williams als Versorgungsschiff für abgelegene Siedlungen diente und 1962 im Hafen sank. Das Oberdeck und die Brücke ragen aus dem Wasser und wurden zum Jachtclub umfunktioniert.

Wenige Kilometer außerhalb des Ortes liegt der **Parque Etnobotánico Omora,** der auf 800 Hektar die subantarktische Vegetation schützt und mit Lehrpfaden erschließt. Hier gedeiht neben und an den drei Nothofagus-Arten *Coihue, Ñirre* und *Lenga* eine große Vielfalt an Moosen und Flechten – daher auch das Leitmotiv des enthusiastischen Parkdirektors *Ricardo Rossi:* „Tourismus mit Lupe“ (Kontakt über www.omora.org).

Naturfreunde finden südlich von Puerto Williams rund um die markanten Dientes (Zähne) de Navarino ein einsames **Trekkinggebiet** mit bewaldeten Hängen und Gletschertälern, das den Torres del Paine kaum nachsteht. Allerdings muss man sich auf Kälte, heftige Winde und Schneefall selbst im Sommer einstellen und entsprechend ausgerüstet sein.

Praktische Tipps

Touristeninformation

- **Vorwahl von Puerto Williams: 61**
- **Städtisches Informationsbüro** nahe dem Museum.

Unterkunft/Essen und Trinken

- **Alle Hotels servieren auch Mahlzeiten.**
- **Refugio Coirón**
  Maragaño Garay 168, Tel. 262 1227. Mit Küchenbenutzung, Gemeinschafts- oder Privatbad. Ab 16 Euro p.P., DZ 33/40 Euro. sursur.turismo@gmail.com
- **Hostal Cabo de Hornos**
  Maragaño Garay 146, Tel. 262 1067. Gemütliches Haus gleich neben dem Coirón, derselbe (freundliche) Betreiber, dieselben Preise. Zimmer mit WLAN, Kabel-TV und Privatbad. Auch Touren aller Art, Fahrradverleih.

chi091 ms

Hostal Akainij
Austral 22, Tel. 262 1173. Familiäre, gepflegte neue Herberge, Flughafentransfer inklusive, ganzjährig geöffnet. Die aufmerksamen Besitzer organisieren auch Touren. Ab 21 Euro p.P., DZ mit Bad 50 Euro, alle Preise mit Frühstück. www.turismoakainij.cl

Hostal Forjadores de Cabo de Hornos
Uspashun 058, Tel. 262 1140. Neue, familiäre Herberge, mit Internet und eigenem Kleinbus. Ab 18 Euro p.P. mit Bad und Frühstück.

Hotel Lakutaia
Ruta Aeropuerto s/n, Tel. 262 1721. Exklusiv, gutes Restaurant, geöffnet Sept. bis April. DZ mit Bad ca. 110 Euro. www.lakutaia.cl

Flugzeug

Aerovías DAP fliegt täglich außer So von und nach Punta Arenas. Der Flug ist bei gutem Wetter wundervoll (80 Euro) und sollte so früh wie möglich gebucht werden (siehe Punta Arenas).

Schiff/Fähre

Es bestehen nur **wenige Schiffsverbindungen.** Die Route von Punta Arenas nach Puerto Williams führt durch die Magellanstraße südwärts, dann durch die Kanäle Magdalena und Cockburn und zuletzt durch den Beagle-Kanal bis Puerto Williams, vorbei an unzähligen Inseln und den Gipfeln der Darwin-Kordillere.

Ferry „Bahía Azul"
Fracht- und Personenschiff, das von Punta Arenas nach Puerto Williams fährt. Mi ab Punta Arenas, Sa ab Puerto Williams, Dauer 34 Std. (siehe unter Punta Arenas).

Fernández Campbell
Direkte Verbindung von Ushuaia nach Puerto Williams mit einem argentinischen Katamaran für 8

Puerto Williams auf der Isla Navarino

Personen. Ganzjährig Fr, Sa und So ab Puerto Williams um 15 Uhr, ab Ushuaia um 10 Uhr. Fahrtdauer 30 Min., 80 Euro p.P. eine Strecke, 180 Euro hin und zurück. www.fernandezcampbell.com. Reservierung über Victory Cruises, Teniente Muñoz 118, Tel. 262 1010.

Ushuaia Boating

Schlauchboot von Ushuaia nach Puerto Navarino (chilenischer Polizeiposten gegenüber von Ushuaia), dann Bus-Transfer von/nach Puerto Williams (30 Min. Boot + 40 Min. Bus), wetterabhängig (!). Reservierung 24 Std. vorher in Ushuaia im Info-Büro am Muelle Turístico, Tel. +54-2901-1560 9030, oder in Puerto Williams über Victory Cruises (s.o.). Ca. 100 Euro. www.ushuaiaboating.com.ar.

Touren/Reiseveranstalter

Trekkingtouren zu den Dientes de Navarino koordiniert Turismo Aonikenk (siehe Punta Arenas). Touren in der Umgebung organisiert Sur Sur Turismo im Hostal Cabo de Hornos, sursur.turismo@gmail.com. Den Sommer über bieten etliche Hochseejachten von Puerto Williams aus **Segeltörns** durch den Beagle-Kanal, zum Kap Hoorn und zur Antarktis an. Kurzentschlossene können im Yachthafen fragen, besser bucht man allerdings im Voraus bei:

Sea, Ice & Mountains

Die Agentur des deutschen „Seebären" *Wolf Kloss* organisiert Touren mit zwei Jachten. Preise ab 1550 Euro für zwei Wochen zum Kap Hoorn oder 6850 Euro für den dreiwöchigen Antarktis-Trip. www.simexpeditions.com

Sonstiges

Telefon, Supermarkt und Post finden sich an der Straße Presidente Ibáñez.

Ushuaia (Argentinien)

433/B2

Zwischen „bunt, lebhaft und putzig" sowie „trist und heruntergekommen" schwanken die Urteile über die **südlichste Stadt der Welt.** Die Provinzhauptstadt mit heute 57.000 Einwohnern ist ein prosperierender Ort mit bunten Holzhäuschen, aber auch eine Stadt, in der gnadenlos schnell hässliche Provisorien hochgezogen wurden, und wo Baustellen und Bretterbuden das Bild bestimmen.

chi11-018 ms

Vor allem ist Ushuaia der **touristisch wichtigste Ort der Insel.** Hier gibt es die meisten Hotels, und von hier aus kann man die besten Ausflüge unternehmen. Die Lage der „Bucht, die nach Osten sieht", so die wörtliche Übersetzung des Indianerwortes Ushuaia, ist herausragend: Vor der Stadt das eisblaue Meer, dann mehrere Reihen bunt gestrichener Häuser, die im Sonnenlicht dekorativ herausgeputzt blinken, dahinter steigen steil die zwar nur etwa 1500 Meter hohen, aber auch im Sommer von einer dicken Schneeschicht bedeckten Berggipfel an. Am Hafen riecht es nach Fisch und Teer, mitunter wird ein Kreuzfahrtschiff mit frischem Bier beladen. Die Möwen kreischen, eine Katze schleicht um die Container, die Sonne strahlt, und der Wind bläst eiskalt durch die Reißverschlüsse. Verlaufen kann man sich in der Stadt nicht: Die Hauptstraße Av. San Martín verläuft einen Block parallel zum Ufer, insgesamt umfasst das **kleine Zentrum** etwa sechs Blocks vom Ufer landeinwärts und 13 Blocks senkrecht zum Uferverlauf. Eine zentrale Plaza gibt es nicht – und viel zu sehen auch nicht. Zwei Dinge aber sollte auch der eilige Besucher nicht versäumen: das Museo del Fin del Mundo und das Gefängnis.

☐ Im Hafen von Ushuaia

Sehenswertes

Museo del Fin del Mundo

Das „Museum des Endes der Welt“, in einem der ältesten Häuser der Stadt untergebracht, hat sehr beengte Räumlichkeiten, aber einen recht großen Fundus; deshalb und weil der Direktor auch den Einheimischen öfter etwas Neues bieten will, wechseln die Ausstellungen. Gezeigt wird die **Natur- und Kulturgeschichte des Archipels.** Unter den Exponaten sind ausgestopfte Tiere, frühe Fotografien, Kleidung aus der Sträflingskolonie, indianische Kultgegenstände und Teile von Schiffswracks. Im Museum gibt es eine kleine Präsenzbibliothek und einen gut sortierten Laden mit einer Literaturabteilung über Feuerland. Das Museum in der Maipú 173 direkt am Ufer ist täglich von 9–20 Uhr geöff-

net, Führungen um 14 und 17 Uhr, Eintritt 8 US$.

Presidio – Museo Marítimo de Ushuaia

Das **ehemalige Gefängnis** verweist auf ein düsteres Kapitel in der Geschichte Feuerlands: Sträflinge waren unter den ersten Bewohnern der Insel, neben den reichen Estanzieros und deren Untergebenen. Im Dezember 1902 waren die Häftlinge nach Ushuaia verlegt worden, „aus humanitären Gründen", wie es hieß – und ein gewisser Fortschritt war der „Wohnsitzwechsel" ja tatsächlich, waren die Sträflinge im 19. Jahrhundert doch noch weiter entfernt von jeder Zivilisation gefangen gehalten worden: auf den Islas de los Estados. Heute kann man sich in dem teilweise renovierten Gefängnisgebäude ein **Bild von den damaligen Haftbedingungen** machen. Die engen düsteren Zellen, denen auch der frische Anstrich keine Helligkeit verleiht, haben die wenigsten Häftlinge lebend wieder verlassen. Zumal sie harte Arbeit leisten mussten: Sie bauten die Zugtrasse von Ushuaia Richtung Nationalpark, auf der heute ein Touristenzug verkehrt. 1947 wurde das Presidio als Gefängnis aufgelöst, seitdem gehört das Gelände zum Militärstützpunkt. Teilweise in den Zellen selbst, teilweise in anderen Räumen erinnern **thematische Ausstellungen** an die Geschichte der Seefahrt in Feuerland und an Pioniere der geografischen Erkundung wie *Alberto Agostini, Otto Nordenskjöld* oder den „Feuerland-Flieger" *Gunther Plüschow.* Der Deutsche war als erster Flieger am 3. Dezember 1928 mit einer Heinkel HD24 in Ushuaia gelandet (http://pluschow-avion.blogspot.com. Der Zugang zum Presidio ist an der Ecke Yaganes und Gobernador Paz (tgl. geöffnet 9–20 Uhr, Führungen um 11.30, 16.30 und 18.30 Uhr, Eintritt 17 US$, www.museomaritimo.com).

Sehenswert ist auch das **private Museo de Maquetas Mundo Yámana** (Rivadavia 56, tgl. geöffnet 10–20 Uhr, Eintritt 6 US$), das sich mit der Geschichte der Ureinwohner beschäftigt und in Dioramen deren Leben vorstellt.

Feuerland: nur Himmel, Erde und Schafe

Praktische Tipps

Touristeninformation

- **Vorwahl von Ushuaia: 02901**
- Die sehr empfehlenswerte und hilfreiche **Touristeninformation** ist in der San Martín 674, geöffnet Mo bis Fr 9–22 Uhr, Sa/So 9–20 Uhr, Tel. 43 2000. Hier kann man sich den Stempel „Fin del mundo" in den Pass drucken lassen. Ein kleines Büro gibt es auch am Flughafen. Beide haben aktuelle Listen mit Unterkunftsmöglichkeiten. Diese stehen, ebenso wie sämtliche Bus-, Flug- und Schifffahrtspläne, auch unter **www.turismoushuaia.com.**

Unterkunft

Preiswerte Hotels zu finden ist nicht mehr ganz so einfach. Inzwischen haben die Ushuaier gemerkt, dass man auch gut mit Rucksacktouristen Geld verdienen kann. Wer mit dem Bus aus Punta Arenas ankommt, kann sicher sein, angesprochen zu werden. Im Folgenden **einige Empfehlungen:**

- **Amanecer de la Bahía**
Magellanes 594, Tel. 42 4405. Gemütlich und sauber, Küchenbenutzung, Wäscheservice, Tourorganisation. Übernachtung ab 15 US$ p.P., DZ ab 44 US$.
- **Antarctica Hostel**
Antártida Argentina 270, Tel. 43 5774. Küchenbenutzung, mit Frühstück, Garten, Wäscheservice, freier Internetzugang, Fahrradverleih. 20 US$ p.P. www.antarcticahostel.com
- **Albergue Los Cormoranes**
Kamshén 788, Tel. 42 3459. Abholung vom Busbahnhof oder Flughafen. Wäscheservice, Küchenbenutzung, freies Internet. 20 US$ p.P. mit Frühstück. www.loscormoranes.com
- **Freestyle Backpackers Hostal**
Gob. Paz 866, Tel. 43 2874. Freundlich, schöner Aufenthaltsraum mit grandioser Aussicht. Ab 20 US$ p.P. www.ushuaiafreestyle.com

Alojamiento Turístico Kaiken
Gob. Paz 7, Tel. 43 6756. Sauber, sehr gepflegtes Haus, gemütlich eingerichtet, Kochgelegenheit. Übernachtung ohne Frühstück ab 16 US$, mit Frühstück 18 US$.

Torre al Sur
Gob. Paz 1437, Tel. 43 0745. Jugendherberge mit Kochgelegenheit, Zwei- und Mehrbettzimmer, sauber, guter Treffpunkt. 18 US$ p.P. mit Frühstück. www.torrealsur.com.ar

Familia Velásquez
Juana Fadul 361, Tel. 42 1719. Sauber und okay. Mit Kochgelegenheit. Übernachtung ab 46 US$.

Hostal Los Calafates
Fagnano 456, Tel. 43 5515. Sehr freundlich, mit Küchenbenutzung. DZ mit Bad und Frühstück ab 65 US$. www.loscalafateshostal.com.ar

Yak Temi Hostal
San Martín 626, Tel. 43 7437. Mitten im Zentrum. DZ ab 60 US$. www.yaktemihostal.com.ar

Hostal de la Laguna
Las Lajas 1247, Tel. 44 3424. 78 US$.

Hostal Malvinas
Gob. Deloqui 615, Tel. 42 2626. 110 US$. www.hostalmalvinas.net

Hostería Mustapic
Piedrabuena 230, Tel. 42 1718. 105 US$. www.ushuaiamustapic.com

La Casa
Gob. Paz 1380, Tel. 42 3202. Sehr sauber, freundlicher Service, schöne Holzarchitektur und herrlicher Panoramablick über Beagle-Kanal, Stadt und Berge. DZ 100 US$.

Hotel Albatros
Maipú 505, Tel. 43 7300. Zimmer mit Blick auf den Beagle-Kanal, modernes Haus. DZ 200 US$. www.albatroshotel.com.ar

Cumbres del Martial
Luis Martial 3560, km 5 auf dem Weg zum Martial-Gletscher, Tel. 42 4779. DZ ab 245 US$. www.cumbresdelmartial.com.ar

Hotel del Glaciar
Luis Martial 2355, Tel. 43 0640. 4-Sterne-Hotel mit schönem Blick über Stadt und Bucht. DZ ab 200 US$. www.hoteldelglaciar.com

Las Hayas Resort
Luis Martial 1650, km 2,5 auf dem Weg zum Martial-Gletscher, Tel. 43 0710. DZ 310 US$. www.lashayashotel.com

Essen und Trinken

Man kann gut essen in Ushuaia, allerdings nicht so preiswert wie in anderen Teilen Argentiniens. Gute Restaurants sind:

- **Tante Sara 1 und 2**
San Martín 175 und 701. Gutes Frühstück.
- **Tía Elvira**
Av. Maipú 349. Häufig sehr voll, gute Fischgerichte.
- **La Terraza**
Gob. Deloqui 756. Gutes Asado mit Blick über die Stadt.
- **Cantina de Freddi,** San Martín 326.
- **Volver**
Maipú 37. Sehr schön, guter Fisch, exzellent wie fast überall sind die Königskrabben *(centolla)*.

Flugzeug

Der **Aeropuerto Internacional Malvinas Argentinas** liegt etwa 7 km vom Stadtzentrum entfernt, ein Taxi dorthin kostet etwa 8 US$. Die Flughafensteuer beträgt 20 US$.

Flüge gehen mehrmals täglich nach Buenos Aires, Comodoro Rivadavia, Calafate, Trelew, Río Gallegos und Río Grande. Mehrmals wöchentlich werden Bariloche, Córdoba, Esquel, Mendoza, Neuquén, Puerto Madryn und Punta Arenas (Chile) angeflogen. Die Preise differieren je nach Fluggesellschaft erheblich. Die Flüge sollte man möglichst frühzeitig buchen!

- **Aerolíneas Argentinas**
Av. Maipú 823, Tel. 43 6338.
- **Lade,** San Martín 542, Tel. 42 1123.

Überlandbusse

Ushuaia hat keinen Busbahnhof, die Busse halten an den Büros der Gesellschaften.

Durchgehende **Busse nach Porvenir und Punta Arenas** (beides Chile) gibt es nicht, einige Gesellschaften bieten Tickets an, mit denen man in Río Grande in einen chilenischen Bus umsteigen kann. Mehr Möglichkeiten gibt es in Río Grande, wohin sämtliche Busse verkehren. Von dort gelangt man nach Río Gallegos. Empfehlenswert ist es, sich rechtzeitig zu informieren.

- **Tecni Austral**
Roca 157, Tel. 43 1408. Mo und Fr nach Punta Arenas über Punta Delgada, 12 Std., 68 US$, 2x täglich nach Río Grande, 26 US$; nach Río Gallegos 12 Std., 85 US$.
- **Tolkeyen**
San Martín 1267, Tel. 43 7073. Di, Do, Sa nach Punta Arenas über Punta Delgada, dieselben Preise; 4x täglich nach Río Grande.
- **Líder**
Gob. Paz 921, Tel. 43 6421. 5x bis 6x täglich nach Río Grande, 28 US$.
- **Montiel**
Gob. Paz 605, Tel. 42 1366. 3x bis 4x täglich nach Río Grande, 28 US$.

Autoverleih

Für einen Kleinwagen sind ca. 80 US$ (400 Kilometer frei) pro Tag zu veranschlagen.

- **ABC Tagle,** San Martín 638, piso 1B, Tel. 42 2744.
- **Avis,** am Flughafen, Tel. 43 3323.
- **Dollar,** Belgrano 58, Tel. 43 7203.
- **Crossingpatagonia,** Maipú 857, Tel. 43 0786.
- **Localiza Rent a Car,** Sarmiento 81, Tel. 43 7780.

Reiseveranstalter

Die meisten Veranstalter bieten **dieselben Touren zu denselben Preisen** an. Es sind Schiffsausflüge auf dem Beagle-Kanal, Besuche der Estancia Harberton, der Pinguinkolonie und im Nationalpark sowie Ausflüge zu den Seen. Die aktuellen Ziele und Preise erhält man in der Touristeninformation. Lohnenswert sind die Schiffstouren auf dem Kanal, besonders mit dem kleinen Motorboot „Tres Marías" (Abfahrt 9.30 und 15 Uhr ab Hafenmole, 4½ Std., 45 US$) oder alternativ mit einem Segelboot (75 US$, 4 Std. mit Wanderung auf der Insel Bridges), und anstrengendere Ausflüge wie z.B. zu den Islas de los Estados sowie mehrtägige Trekking-Touren und Ausritte. Auch Kanu- und Kajakfahrten auf dem Beagle-Kanal kann man nur über Reiseveranstalter buchen.

Für Seefeste lohnt sich ein **Segeltörn auf dem Beagle-Kanal.** Empfehlenswert sind die Ausflüge in kleinen Gruppen von Tres Marías, www.tresmariasweb.com. Patagonia Explorer bietet eine vierstündige Tour (tägl. um 9.30 und 15 Uhr) mit Landgang auf der Insel Bridges. Die Fahrt ist allerdings stark vom Wetter abhängig und mit 45 US$ gut 10 Dollar teurer als die Ausflüge mit dem Motorboot. Tickets gibt's am Hafen an der Muelle Turístico.

Von Ushuaia starten auch die mehrtägigen, sehr teuren **Reisen Richtung Antarktis;** eine zwölftägige Tour kostet mindestens 4000 US$ p.P. und sollte am besten im Voraus über eine Reiseagentur gebucht werden. In Ushuaia bieten im Sommer mehrere Yachten Segeltörns um das Kap Hoorn oder sogar bis zur Antarktis an; nähere Informationen dazu bei den Veranstaltern oder direkt am Hafen.

Die meisten anderen Touren, insbesondere kurze Ausflüge in den Nationalpark, kann man genauso gut selbst organisieren. Die nötigen Infos bekommt man im Fremdenverkehrsamt.

Einige Reiseveranstalter

- **Antartur**
  25 de Mayo 296, Tel. 430 3290. Auch Trekkingtouren.
- **Rumbo Sur**
  San Martín 350, Tel. 42 2275, www.rumbosur.com.ar
- **Tiempo Libre**
  25 de Mayo 260, Tel. 42 1017, www.tiempolibreviajes.com.ar
- **Canal Fun & Nature**
  9 de Julio 118, Tel. 43 7395. Exkursionen und Trekking im Nationalpark, Kajaktouren, Reitausflüge, Rundfahrten zum Lago Fagnano – sehr empfehlenswert. www.canalfun.com
- **All Patagonia**
  Juana Fadul 60, Tel. 43 3622. Trekking- und Fahrradtouren. www.allpatagonia.com
- **Turismo de Campo**
  Fuegia Básquet 414, Tel. 43 7351. Reit-, Trekking- und Angeltouren, Segeltörn nach Puerto Williams/ Chile.

Sonstiges

- **Post:** San Martín Ecke Godoy.
- **Geldwechsel:** Im **Banco del Tierra del Fuego** können Bargeld und Schecks getauscht werden. Geldautomaten finden sich im Innenstadtbereich auf der Av. San Martín. Das **Casa de Cambio Thaler** ist San Martín 1229.
- Mehrere **Telefonzentralen** auf der San Martín bieten auch Internetservice (pro Stunde 6 US$).
- **Wäscherei:** Gut ist die **Lavanderia Los tres Angeles** (Manuel Rosas Ecke San Martin).
- Gut sortiert ist die **Buchhandlung Boutique del Libro** auf der Av. San Martín 209.
- Das **Kino** in der Marinebasis – derselbe Eingang wie zum Presidio, am Ostende der Gobernador Paz – zeigt täglich drei Filme, meist relativ neue Mainstream-Streifen (ausländische Filme mit Untertiteln), Eintritt je nach Uhrzeit 5–7 US$.

Ausflüge ab Ushuaia

Gletscher Martial

Der Gletscher selbst ist relativ unspektakulär. Da er aber an dem Berg liegt, der sich unmittelbar hinter Ushuaia erhebt, hat man von dort einen **wunderbaren Blick über die Stadt und den Beagle-Kanal.** Mit dem Bus vom Zentrum oder zu Fuß (7 km) ist die Talstation des Sesselliftes zu erreichen (täglich von 10–18.30 Uhr in Betrieb, 16 US$). Von der oberen Station des Liftes sind es zwei weitere Stunden Fußweg bis zum Gletscher. Von dem Parkplatz zum Glaciar Martial gibt es einen Wanderweg in die Stadt. Nach der Kurve kommt links eine kleine Brücke, und direkt davor führt ein schöner Weg nach unten.

Die Seen

Mit dem Bus kann man eine Rundreise zu den beiden Seen, dem **Lago Escondido** und dem 100 Kilometer langen und 10 Kilometer breiten **Lago Fagnano,** beide nördlich von Ushuaia, unternehmen. Die Strecke folgt der Straße nach Río Grande. Der Weg führt durch eine wald- und moorreiche Gegend, eine Berglandschaft, die immer wieder von kleineren Hochtälern unterbrochen wird. Am Lago Fagnano besteht die Möglichkeit, die Fahrt für eine Nacht zu unterbrechen: Hostería Kaikén, Tel. (02901) 49 2372, ab 125 US$, www.hosteriakaiken.com.ar.

Estancia Harberton 433/B2

Die **älteste Estanzia auf Feuerland** kann besucht werden. Der britische Missionar *Thomas Bridges* und später sein Sohn *Lucas* versuchten hier, die bedrohten Yahgan-Indianer Südfeuerlands zu schützen. Bridges verdanken wir das intensive Studium dieser Ureinwohner, die mit Kanus die Kanäle befuhren. In der Estanzia kann man interessante Fotos und Dokumente bewundern, darunter auch *Bridges'* Lebenswerk: ein Wörterbuch Yahgan (Yámana) – Englisch. Der heutige Eigentümer bietet **geführte**

Rundgänge durch die Anlagen und in die Umgebung (Waldlandschaft) an. Der Estanzia-Besuch kann durch die meisten Reisebüros in Ushuaia arrangiert werden (ca. 40 US$ und 7 US$ Eintritt); individuell geht es nur mit Auto. Man verlässt Ushuaia auf der Ruta 3 Richtung Río Grande und biegt nach ungefähr 40 Kilometern rechts ab auf die Ruta J. Vorbei am Lago Victoria geht es etwa 25 Kilometer durch dichten Wald, bis man die Estanzia am Beagle-Kanal erreicht. Viele Bootstouren auf dem Beagle-Kanal passieren ebenfalls die Estanzia.

Parque Nacional Tierra del Fuego

Nur 18 Kilometer westlich von Ushuaia liegt der **Nationalpark Feuerland,** der 1960 direkt an der Grenze zu Chile gegründet wurde. Er schützt eine Fläche von etwa 63.000 Hektar und ist für Besucher zumindest in seinem südlichen Teil gut erschlossen. Die Ruta 3 führt mitten in ihn hinein, bis an die **Bahía Lapataia,** wo ein großes Schild auf ihr Ende hinweist und verrät, dass es von hier 3063 Kilometer nach Buenos Aires sind.

Von Ushuaia ist der Park problemlos mit **Bussen** zu erreichen; sie fahren an der Ecke der Straßen Maipú und Juana Fadul los. Die Fahrt hin und zurück kostet 18 US$, sie endet an der Confitería/ Restaurant im Park.

Der Park kann ohne Führung erkundet werden. Mit etwas Proviant im Rucksack ist eine preiswerte **Tagestour** kein Problem. Es gibt zahlreiche, meist markierte Pfade. Die Karten, die man am Eingang (Eintritt 25 US$), bei der Parkverwaltung oder im Tourismusbüro in Ushuaia erhält, sind nicht besonders gut, reichen aber für kürzere Wanderungen völlig aus. In Ushuaia selbst gibt es bessere Karten zu kaufen. Längere Touren im Park sind nur mit Führer oder nach größerer Vorbereitung möglich.

Insgesamt gibt es im Park sechs **Campingplätze,** die meisten allerdings im südlichen Teil, im Norden existieren keine offiziellen Campingmöglichkeiten. Der Park zieht sich die chilenisch-argentinische Grenze bis weit nördlich des Lago Fagnano entlang.

Für einige Tage oder auch nur einen Tagesbesuch lohnt der Aufenthalt immer. Die **Landschaft** ist einfach **faszinierend.** Schroffe Klippen und bedrohlich wirkende Gletscher wechseln sich ab mit tiefem, undurchdringlich erscheinendem kalten Regenwald, es gibt idyllische Ecken wie die Bahía Lapataia, andererseits aber auch überschwemmte Waldgebiete, wo die Bäume verfaulen, langsam umfallen, abgenagt sind und tot in den Himmel ragen: das Werk von **Bibern,** die – irgendwann ausgesetzt – sich rasch vermehrten, da sie hier keine natürlichen Feinde haben. Mit Glück bekommt man Guanacos und Seelöwen zu Gesicht, nur ein wenig Geduld braucht man, um an der Küste Seevögel zu entdecken.

Am besten informiert man sich bei der Touristeninformation in **Ushuaia** sowie bei der Verwaltung des Nationalparks (ebenfalls dort, auf der Av. San Martín zwischen Patagonia und Sarmiento). Von Ushuaia aus werden auch Touren in den Park angeboten (vgl. „Reiseveranstalter").

☐ Unerbittlich fegt der Wind über Feuerland

In den Nationalpark fährt die **südlichste Eisenbahn der Welt,** die Dampfeisenbahn **„Tren del Fin del Mundo“.** Die Strecke der Schmalspurbahn, Anfang des 20. Jahrhunderts von Sträflingen gebaut, ist 6 Kilometer lang. Die Fahrt kostet 45 US$ und ist eher ein Freizeitspaß als eine echte Attraktion. Die Strecke wird viermal täglich bedient, der Spielzeug-Zug startet an der Fin-del-Mundo-Station 8 Kilometer östlich von Ushuaia (Ruta 3, km 8), die Fahrscheine erhält man bei der Station oder im Büro von Tranex Turismo im Hafen von Ushuaia, Tel. 43 7696, www.trendelfindelmundo.com.ar. Von hier fährt auch ein Kleinbus zur Station Fin del Mundo.

Antarktis

Von einer Reise in die Antarktis wird hier abgeraten. So folgen auch **keine praktische Tipps,** wo und wie man eine Reise dorthin buchen kann, auch wenn Punta Arenas (Chile) und Ushuaia (Argentinien) von vielen Kreuzfahrtschiffen als Ausgangshafen für Antarktis-Kreuzfahrten genutzt werden. Denn der sechste Kontinent ist **eines der sensibelsten Ökosysteme der Welt und leicht zu schädigen:** Moose, die niedergetreten werden, brauchen etwa zehn Jahre, um sich wieder aufzurichten; natürliche Abfälle, die sich im europäischen Klima rasch zersetzen würden, benötigen mehrere hundert Jahre, um zu verrotten; jeder Besucher schleppt fremde Samen ein, ohne es zu wollen, etc.

Über 30.000 Besucher werden zurzeit jährlich in der Antarktis gezählt – und nicht immer werden die gar nicht so strengen Umweltauflagen eingehalten.

Río Grande (Argentinien)

433/B1

Die etwa 70.000 Einwohner große Stadt an der Mündung des Río Grande in den Atlantik ist das **ökonomische Zentrum Feuerlands.** Die Stadt ist ein Ölhafen und besitzt eine kleine Raffinerie. Gleichzeitig ist sie das Zentrum der Schafzuchtregion in Nordfeuerland. Als solches wurde sie auch offiziell am 11. Juli 1927 vom Estanciero *José Menéndez* gegründet, obgleich hier schon seit Mitte der 90er Jahre des 19. Jahrhunderts eine Salesianermission bestand (s.u.). Touristisch ist der Ort nur als Durchgangsstation von Bedeutung.

Praktische Tipps

Touristeninformation

- **Vorwahl von Ró Grande: 02964**
- **Städtische Touristenauskunft** in der Rosales 350, Tel. 43 1324, geöffnet Mo bis Fr 9–17 Uhr.

Unterkunft

- **Hostel Argentino**
San Martín 64, Tel. 42 0964. Schönes Haus mit Küchenbenutzung. Ca. 22 US$ p.P. mit Frühstück. www.hostelargentino.com
- **Hospedaje Noal**
Rafael Obligado 557, Tel. 42 7516. 50 US$.
- **Hospedaje Rawson**
J. M. Estrada 756, Tel. 43 0352. Kleine DZ mit Bad 44 US$. www.hospedajerawson.com.ar

■ **Hotel Villa**
San Martín 281, Tel. 42 4998. 90 US$.
■ **Hotel Atlántida**
Belgrano 582, Tel. 43 1914. 100 US$. www.atlantidahotel.com.ar

Flugzeug

Vom **Flughafen** – 4 km außerhalb der Stadt und per Bus zu erreichen – gibt es mehrfach täglich **Flüge** nach Buenos Aires, Comodoro Rivadavia, Río Gallegos, Trelew und Ushuaia sowie mehrmals wöchentlich nach Bahía Blanca, Córdoba, Calafate, Neuquén, Puerto Madryn und Puerto Deseado.

■ **Aerolíneas Argentinas/Austral,** Av. San Martín 607, Tel. 43 0748.
■ **Lade,** Lasserre 429, Tel. 42 2968.

Überlandbusse

Río Grande hat **keinen Busbahnhof,** die Busse halten an den Büros der Gesellschaften (Tecni Austral, Moyano 516, Tel. 43 0610; Líder, Perito Moreno 635, Tel. 42 0003; Montiel, 25 de Mayo 712, Tel. 42 0997).

■ **Punta Arenas,** 9 Std., 40 US$.
■ **Ushuaia,** 2x täglich, 26 US$.

Autoverleih

■ **Crossing Patagonia,** Belgrano 423, Tel. 43 0816.
■ **Hertz,** San Martín 236, Tel. 42 6534.

Reiseveranstalter

■ **Estancias Fueguinas,** Perito Moreno 888, Tel. 42 3618. www.estanciasf.com
■ **Shelk'Nam Viajes,** Av. Belgrano 1122, Tel. 42 6278. www.shelknamviajes.com.ar

Sonstiges

■ **Post:** Rivadavia 968.
■ **Geldwechsel: Banco Tierra del Fuego,** San Martín 193, oder **Casa de Cambio Thaler,** Tomás Espora 631.

Ausflüge ab Río Grande

Salesianer-Museum 433/A1

Etwa 11 Kilometer nördlich der Stadt liegt die Salesianermission, 1893 von *Monseñor Fagnano* gegründet. Heute beherbergt sie eine agrotechnische Schule. In einem Gebäude, das 1897 von den Indígenas erbaut wurde, ist ein Museum zu besichtigen, das nicht besonders gut organisiert, aber sehr reichhaltig ist. Es zeigt historische Fotografien, Landmaschinen, archäologische Funde und indianische Kulturgegenstände.

Estancia María Behety

Die Estanzia 22 Kilometer westlich der Stadt besitzt die **größte Schafschuranlage der Welt.** Ein Besuch kann über Estancias Fueguinas (s.o.) organisiert werden; Tagesausflug ab 130 US$.

Bahía Tierras Blancas | 468
Besuchszeit | 464
Geografie, Flora und Fauna | 461
Geschichte | 463
Isla Robinson Crusoe:
San Juan Bautista | 465
Mirador de Selkirk | 468
Plazoleta El Yunque | 468
Puerto Inglés | 467

chi13-046 fs

8 Der Juan-Fernández-Archipel

Im Südpazifik, 700 Kilometer vor der chilenischen Küste, liegen die Juan-Fernández-Inseln, die mit Festlandchile kaum etwas eint außer der Staatszugehörigkeit. Auf dem Piraten-Archipel wurde einst Alexander Selkirk ausgesetzt, Vorbild für die weltberühmte Romanfigur Robinson Crusoe.

< Robinson-Crusoe-Feeling mitten im Pazifik

NICHT VERPASSEN!

- **San Juan Bautista:** einziges Dorf auf der Robinson-Insel | 465
- **Puerto Inglés:** hauste hier Alexander Selkirk? | 467
- **Plazoleta El Yunque:** Wanderung durch dichten Urwald | 468
- **Bahía Tierras Blancas:** zu Besuch bei den Pelzrobben | 468
- **Mirador de Selkirk:** den Horizont nach rettenden Schiffen absuchen | 468

Diese **Tipps** sind gelb hinterlegt.

Hummerfischer auf Juan Fernández

chi13-047 fs

ÜBERBLICK

Die Inselgruppe ist seit 1935 **Nationalpark,** und 1977 verlieh die UNESCO dem Archipel das Prädikat **Welt-Biosphären-Reservat** aufgrund der einzigartigen endemischen Vegetation und Tierwelt. Nationalpark und Biosphärenreservat umfassen fast die gesamte Inselgruppe, lediglich das Dorf San Juan Bautista und der Inselflughafen liegen außerhalb davon.

Bahía Cumberland, Archipel Juan Fernández, im Oktober 1704: In der kleinen Bucht liegt ein Segelschiff vor Anker. Ein englisches Schiff, das verrät die Flagge am Großmast, auch wenn der Name am Heck eher italienisch oder französisch klingt: „Cinque Ports". Die Segel sind teilweise schon gehisst, doch der Anker noch nicht gelichtet. Ein Beiboot wird zu Wasser gelassen, vier Männer darin, dazu einige Kisten Gepäck. Mit kräftigen Schlägen bringen die beiden Ruderer das Boot voran zur Küste. Niemand spricht. Knirschend läuft der Kahn auf dem Uferkies auf. Ein Mann springt hinaus, verächtlich winkt er zum Schiff hinüber. Die anderen laden das Gepäck aus: eine Seemannskiste, einen Kleidersack, Vorräte und Tabak, ein Gewehr mit Kugeln und Pulver, ein Beil, ein Messer, einen Feuerstein mit Stahl, einen Wasserkessel, ein paar Bücher, darunter die Bibel, einige nautische Instrumente. Erst als die drei Männer das Boot wieder ins Wasser schieben, hört der Mann an Land auf zu lachen. Er schaut unsicher, dann bestürzt, und als sich das Boot trotz seiner Bitten und Rufe weiter und weiter vom Ufer entfernt, lässt er sich auf einen Uferstein fallen. Dort sitzt er und sieht zu, wie das Segelschiff langsam am Horizont verschwindet.

Er hat es selbst so gewollt. Er hatte sich mit dem Kapitän der Cinque Ports gestritten, hatte verlangt, an Land gesetzt zu werden. Schnellstmöglich, da er dem Zustand des Schiffes, auf dem er Segelmeister (Navigationsoffizier) war, nicht mehr traute. Und Kapitän *Thomas Stradling* hatte nicht mehr getan, als diesem Wunsch zu entsprechen. So saß **Alexander Selkirk** nun an Land, aber eben nicht auf dem Festland in einem sicheren Hafen, sondern auf einer 48 Quadratkilometer großen, unbewohnten Insel, 670 Kilometer vom nächsten Festland entfernt.

Niemand würde sich Selkirks erinnern, hätte der nicht nach seiner Rückkehr, sieben Jahre später, in England einen bekannten Journalisten getroffen. Dieser ließ sich begierig die Geschichte des ausgesetzten Seemannes erzählen, veränderte sie, schrieb einen Roman und wurde damit weltberühmt – er schuf den Schiffbrüchigen schlechthin, eine Figur, die Eingang in das kollektive Kulturgedächtnis der Menschheit fand: **Alexander Selkirk war das Muster für Daniel Defoes Helden Robinson Crusoe.**

Seit 1966 heißt die Insel, auf der *Selkirk* mehr als vier Jahre mutterseelenallein lebte, „Robinson Crusoe". Vorher war sie einfach nach ihrer geografischen Lage benannt: „Más a Tierra" – „Näher am Festland" hieß die größte des aus drei Inseln bestehenden Archipels. Die beiden anderen Inseln sind „Alejandro Selkirk" (früher „Más a Fuera", „Weiter draußen") und „Santa Clara", ein unbewohnter Felsen im Meer.

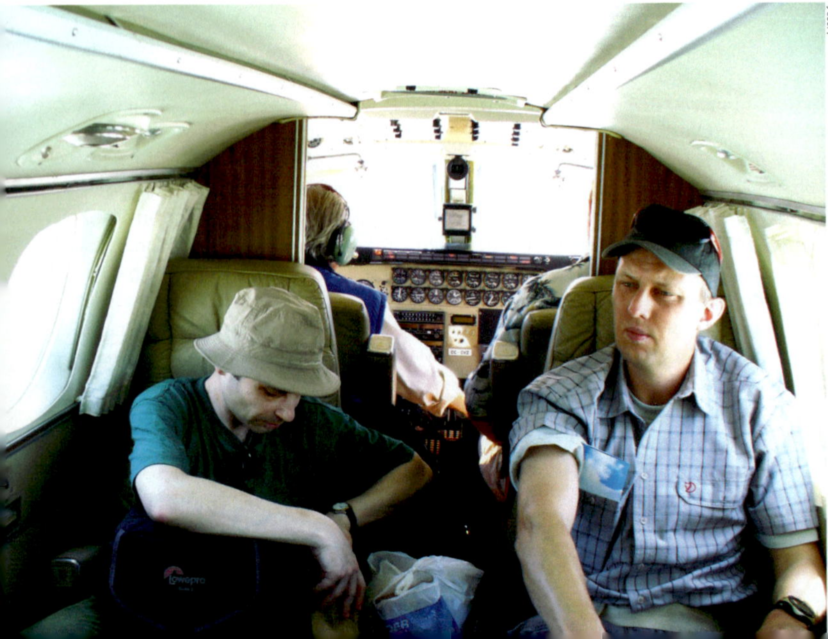

Unterwegs im Kleinflugzeug zum Juan-Fernández-Archipel

chi092 fs

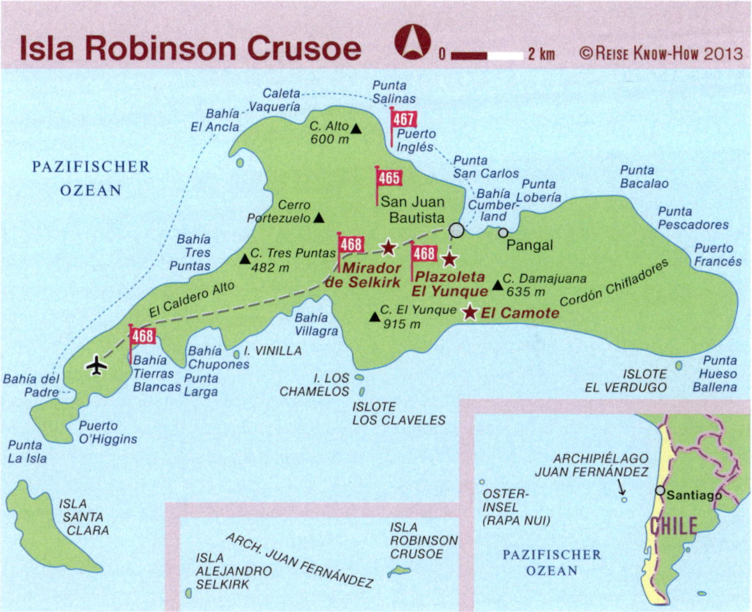

Geografie, Flora und Fauna

Der Juan-Fernández-Archipel liegt **670 Kilometer vom chilenischen Festland entfernt.** Er besteht aus **drei Inseln:**

- **Isla Robinson Crusoe, mit 48 km² Fläche die einzige bewohnte Insel;**
- **Isla Alejandro Selkirk,** 170 km weiter westlich, 49 km² groß;
- **Isla Santa Clara,** direkt an der Südwestspitze von Robinson Crusoe, nur 2 km² groß.

Der Archipel ist **vulkanischen Ursprungs.** Vor mehr als drei Millionen Jahren brach Hunderte Kilometer weiter westlich ein unterirdischer Vulkan aus, ein sogenannter Hot Spot, eine ortsfeste Wärmezone im unteren Erdmantel. Riesige Asche- und Lavamengen wurden hochgeschleudert, und aus der Tiefe des Ozeans wuchsen die drei Inseln.

Den vulkanischen Ursprung sieht man den Inseln gut an: Vom Meer aus wirkt Robinson Crusoe wie eine uneinnehmbare Festung. Mit dünnem Grün sind die steilen Berge bewachsen, schwer liegen dicke Wolken auf ihren Gipfeln, und die Täler sind tief eingeschnitten. Mehrere hundert Meter hohe, kahle Felsklippen fallen steil zum Wasser ab, das Gestein ist mehrfarbig, von Adern durchzogen und zerrissen. Der höchste Berg der Inselgruppe ist auf Alejandro Selkirk zu finden. Es ist der **Cerro Los Inocentes,** der 1650 Meter misst. Auf Robinson Crusoe ist **El Yunque** (915 m) der höchste Gipfel.

Alexander Selkirk – Vorbild für „Robinson Crusoe“

In Largo, einer schottischen Kleinstadt, wurde 1676 *Alexander Selkirk* geboren, der Mann, dessen Erlebnisse – literarisch verarbeitet und verändert und unzählige Male nacherzählt und verfilmt – zu einer der berühmtesten Abenteuergeschichten der Welt wurden: „Robinson Crusoe“.

Selkirk, siebter Sohn eines Schuhmachers, heuerte früh auf Schiffen an und ging 1703 als Segelmeister auf eines der beiden Boote des Freibeuters *William Dampier,* die **„Cinque Ports“ unter dem Kommando von Kapitän Stradling.** Schon früh kam es zwischen den beiden Männern zum **Streit:** Der Zustand des Schiffes war *Selkirk* nicht geheuer, er verlangte Reparaturen, die *Stradling* verweigerte. Nachdem sie Kap Hoorn glücklich umsegelt hatten, erreichte die kleine Flotte im **Oktober 1704** den Juan-Fernández-Archipel. Dort eskalierte die Auseinandersetzung zwischen den beiden Dickköpfen: *Selkirk* verlangte, „baldmöglichst an Land gesetzt zu werden“, und war erstaunt, als *Stradling* seinem Wunsch prompt entsprach.

Wasser gab es auf den Inseln genug, auch Nahrung war nach Anfangsschwierigkeiten leicht zu finden. Zunächst ernährte sich *Selkirk* von Fischen und Robben. Er baute eine gut getarnte Hütte, nicht als Versteck vor Menschenfressern wie bei *Robinson Crusoe,* vielmehr vor ungebetenen Rettern. Französische Seeleute durften ihn nicht entdecken, erst recht keine spanischen: Die hätten *Selkirk* nur an Bord genommen, um ihn in den peruanischen Minen als Sklaven zu verkaufen. Wahrscheinlich stand seine **Behausung auf der Plazoleta El Yunque,** einer kleinen Lichtung im unterholzreichen Wald etwa 4 Kilometer außerhalb des heutigen Dorfes.

Selkirks Tagesablauf war wohl geordnet. Er jagte Ziegen, die von den ersten Spaniern Ende des 16. Jahrhunderts ausgesetzt worden waren und sich rasch vermehrt hatten. Zunächst mit dem Gewehr, dann, nachdem ihm die Munition ausgegangen war, setzte er ihnen zu Fuß nach – ein beschwerliches Unterfangen. Nachdem er seine eigene Ziegenzucht begründet hatte, wurde das Leben einfacher. Aus Ziegenfellen nähte er sich Kleidung, er aß ihr Fleisch, dazu die im Geschmack an Kohl erinnernden Früchte einer wild wachsenden Palme. Zur festgelegten Stunde hielt er Andachtsübungen ab. Täglich stieg er hinauf zu seinem 565 Meter hohen Aussichtspunkt und suchte den Horizont ab.

Als sich am **31. Januar 1709** zwei Schiffe näherten, hatte sich *Selkirk* an die Einsamkeit gewöhnt. Er bewirtete die Abgesandten der englischen Segler „Duke“ und „Dutchess“ mit Ziegeneintopf, weigerte sich aber zunächst, mit aufs Schiff zu gehen. Überliefert ist, dass er Mühe hatte zu sprechen. Schließlich ließ sich *Selkirk* doch auf die „Duke“ bringen. Deren Kapitän *Woodes Rogers* reagierte kühl: *Selkirks* Erlebnisse wären zwar ungewöhnlich, aber nicht einzigartig; Zwangsaufenthalte ausgesetzter Seeleute wären mehrfach überliefert, und selbst auf Más a Tierra hätte es das vorher schon gegeben. Bereits 1681 hatte *William Dampiers* Flotte dort einen Indianer aus Mittelamerika namens *Will* zurückgelassen. Nicht absichtlich, der Mann wurde schlicht vergessen. Drei Jahre später nahm *Dampier* den Mann wieder auf. War er „Freitag“?

Öd und leer waren die neuen Inseln – Asche- und Lavawüsten. Aber mit Wind und Wetter kamen die ersten Siedler: Samen von Blumen und Bäumen, winzige Insekten und erste Seevögel, die vom Wind abgetrieben worden waren. Sie ließen sich hier nieder und veränderten sich – durch Anpassung an die neuen Gegebenheiten und Vererbung. So entstanden auf Juan Fernández zahlreiche **endemische Arten,** Pflanzen und Tiere, die nur auf diesen Inseln vorkommen. Von den 146 **Pflanzenarten** sind es immerhin 103, entfernte Verwandte von Gewächsen, die ansonsten auf Hawaii, in Neuseeland oder im chilenischen Süden vorkommen: Hier gedeihen Heide- und Steppenkräuter und auch immergrüner, nicht tropischer Regenwald.

Unter den **Tierarten** stechen zwei hervor: der **Picaflor de Juan Fernández,** eine auffällige Kolibriart *(Sephanoides fernandensis),* bei der das Männchen ein rot-oranges und das Weibchen ein metallisch blau-weiß-grünes Gefieder besitzt, sowie der **Lobo fino de Juan Fernández,** eine Pelzrobbenart, von der vor Jahrhunderten Schätzungen zufolge bis zu drei Millionen Tiere auf den Inseln gelebt haben sollen. Kapitän *Edward Cooke,* der *Selkirk* 1709 von der Insel rettete, berichtete später, dass die Robben und Seelöwen so zahlreich gewesen seien, „daß wir uns genötigt sahen, sie wegzutreiben, bevor wir landen konnten.“ Die Seeleute jagten diese Tiere gnadenlos, um aus ihrer dicken Fettschicht Öl zu gewinnen. Heute leben hier noch 10.000 bis 12.000 Robben, die meisten um die Insel Alejandro Selkirk.

Das UNESCO-Biosphärenreservat (seit 1977) **ist bedroht:** Eingeschleppte Pflanzen und Tiere verdrängen die einheimischen. So sind bereits heute 1500 Hektar Fläche, mehr als ein Sechstel des gesamten Nationalparks, nur von Brombeeren bewachsen, einer importierten Pflanzenart, die alles überwuchert und die anderen Arten verdrängt. Auch der Guave prophezeien Wissenschaftler in den nächsten Jahren eine große Ausbreitung auf der Insel. Ziegen, ursprünglich von den Piraten ebenso wie die Kaninchen als Fleischlieferanten ausgesetzt, sowie die Rinder der heutigen Bewohner sind eine der größten Plagen im Biosphärenreservat.

Die Küste ist sehr fischreich, auch weil der Pazifik hier schnell Tiefen von bis zu 4000 Metern erreicht. Gefischt wird vor allem der **Hummer** von Juan Fernández *(Jasus frontalis).*

Geschichte

Am 22. November 1574 entdeckte der spanische Seefahrer *Juan Fernández* die Inselgruppe, die in späteren Jahrhunderten immer wieder **Piraten und Freibeutern** unterschiedlichster Couleur als **Schlupfwinkel** diente. Hier versorgten sich spanische, vor allem aber französische und englische Schiffe mit Wasser und Proviant; sie, die im südlichen Pazifik unterwegs waren, um spanische Galeonen, beladen mit Gold und Silber aus Peru, zu kapern, konnten natürlich nicht in den Häfen an der spanisch-südamerikanischen Küste vor Anker gehen. Bis 1750 blieb die Inselgruppe unbewohnt – mit Ausnahme jener vier Jahre, in denen *Alexander Selkirk* hier lebte (s. Exkurs).

1750 gründeten Spanier **San Juan Bautista,** doch blieb die Siedlung nicht mehr als ein vorübergehend besetztes

Militärlager. Hier standen einige Hütten, dazu kamen bewohnte Höhlen, in denen von 1814 bis 1818 mehr als vierzig Verbannte lebten, die nach der Niederlage der chilenischen Truppen gegen die Spanier in der Schlacht von Rancagua hierhin verfrachtet worden waren.

Seit 1877 ist das Dorf dauerhaft bewohnt. 1915, im Ersten Weltkrieg, kam es in der Bahía Cumberland zu einer Schlacht zwischen den beiden englischen Kriegsschiffen „Glasgow" und „Orama" und der deutschen „Dresden", die sich vorher monatelang in den patagonischen Kanälen vor den Engländern versteckt hatte. Die „Dresden" versenkte sich während der Schlacht selber und liegt nun in 70 Metern Tiefe auf dem Grund der Bucht. 2006 bargen deutsche Archäologen die Schiffsglocke des Kreuzers. Sie ist im Militärhistorischen Museum der Bundeswehr in Dresden ausgestellt.

Besuchszeit

Beste Besuchszeit für die Inseln ist der **Sommer,** der **heiß und trocken** ist, das Winterhalbjahr ist regenreich. In San Juan Bautista fallen jährlich 1000 mm Niederschlag, davon mehr als zwei Drittel zwischen April und Oktober und nur ein Zehntel von Dezember bis Februar.

chi094 fs

Isla Robinson Crusoe: San Juan Bautista

Etwa **550 Menschen** leben heute auf der Isla Robinson Crusoe, **alle im einzigen Dorf der Insel.** In San Juan Bautista gibt es ein knappes Dutzend Straßen – in Trockenzeiten staubig, in regnerischen Zeiten matschig –, mehrere befestigte Bürgersteige, ein halbes Dutzend Autos, eine Wellblechturnhalle, einen Aschefußballplatz, ein Postamt, ein paar Satellitenschüsseln für Fernsehen und Telefon sowie eine Handvoll kleinerer Läden, Restaurants, Hotels und Pensionen. Doch die Bewohner beschreiben ihre Insel eher dadurch, dass sie auflisten, was alles fehlt: **„No hay – gibt es nicht"** ist die Standardformel, die sie immer wieder stolz verkünden: „No hay contaminación" – „Es gibt keine Umweltverschmutzung", keine Kriminalität, keine Drogen, aber auch keine weiterführende Schule, keine qualifizierten Arbeitsplätze, kein Kino und kein Theater – selbst die meisten Lebensmittel müssen vom Festland herangebracht werden.

Die meisten Dorfbewohner verdienen sich ihr Geld mit dem **Fischfang,** speziell dem Fang von Hummer. Für den hier vor der Küste gefangenen **Hummer** zahlen Feinschmecker und Restaurants auf dem Kontinent hohe Preise, 30 Euro pro Stück sind keine Seltenheit. Noch lebend und in Pappkartons verpackt, werden die Tiere nach Santiago geflogen, am Flughafen dort warten die Abnehmer schon.

Die zweite wichtige Einnahmequelle ist der **Tourismus** in den Sommermonaten. Das Gastgewerbe erlitt allerdings einen schweren Rückschlag, als am 27. Februar 2010 im fast 700 Kilometer entfernten Chile die Erde bebte. Eine gewaltige **Flutwelle** schob sich über den Pazifik und suchte die niedriger gelegenen Ortsteile von San Juan Bautista heim. Die Einwohner wurden im Schlaf überrascht: Dutzende verloren ihr Leben, viele ihr Haus, Hab und Gut. Inzwischen sind die Trümmer weitgehend beseitigt, doch es wird noch einige Zeit dauern, bis die zerstörten ufernahen Herbergen und Restaurants – teils an anderer Stelle – wieder aufgebaut werden. Um so wichtiger ist freilich, nicht deswegen auf einen Besuch der Insel zu verzichten – denn gerade dadurch kann den Menschen vor Ort am meisten geholfen werden.

San Juan Bautista ist mehr als übersichtlich, alles Wichtige spielt sich längs der Hauptstraße Alcalde Larraín und an der Mole ab, wo die geschäftigen Fischer ankommen.

Von der Alcalde Larraín zweigt ein Fußweg nach Westen (bergauf) ab. Dieser führt zu den **Cuevas de Los Patriotas,** den Höhlen, in denen die Verbannten nach der Schlacht von Rancagua lebten, sowie zum **Fuerte Santa Bárbara,** einem kleinen Fort, das Mitte des 18. Jahrhunderts von den Spaniern erbaut wurde. Am **Nordende der Bucht** sind oft Robben zu sehen.

◁ Blick auf San Juan Bautista

Praktische Tipps

Touristeninformation

■ Aktuelle Informationen erhält man bei der Buchung des Fluges durch die **Fluglinien.**

Unterkunft/Essen und Trinken

Die meisten Pensionen und Hotels vermieten die Zimmer **nur mit Halb- oder Vollpension** (HP/VP) – Halbpension ist meistens ausreichend. Mit mindestens 35 Euro p.P. und Nacht (mit HP) muss man rechnen, in der Saison (Dez. bis Feb.) eher mehr. Reservierung wird empfohlen.

■ **Petit Breuilh**
Tel. 09/9549 9033. Relativ neues Haus, bequeme Betten, hilfsbereite Besitzer (*Ramón* und *Gladys*), sehr gutes Essen, Abholung vom Landesteg. Ca. 50 Euro p.P. mit VP. crusoepetit@hotmail.com

■ **Posada del Pirata**
Tel. 09/9044 6404. Kleine familiäre Herberge mit nur 3 Zimmern, Wäscheservice. 50 Euro p.P. mit HP.

■ **Mirador Selkirk**
Tel. 32/275 1028. Die Frau eines Fischers, bekannt für ihre Langusten-Empanadas, betreibt dieses Hostel mit Terrasse und Aussicht über die Bucht. 41 Euro p.P./HP, 50 Euro p.P./VP.

■ **Oasis del Pacífico**
Tel. 09/8951 2364. Übernachtung im DZ ohne/mit Bad ab 38/60 Euro p.P. mit HP. Auch Tourangebote. hostal.oasisdelpacifico@gmail.com

■ **Lar del Selkirk**
Tel. 09/6855 1199. Familiäres Hostal. DZ und Dreier-Zimmer mit einem Gemeinschaftsbad. 58 Euro p.P. mit VP. lopezazul36@hotmail.com

■ **Mas a Tierra Ecolodge**
Tel. 09/5379 1915. Brandneues Mini-Hotel mit 4 Zimmern mit Privatbad und Restaurant. Ab 50 Euro p.P. mit Frühstück, 57 mit HP.
www.masatierraecolodge.com

■ **Refugio Náutico**
Tel. 09/7483 5014. Nach dem Tsunami neu errichtet, schön dekoriert, alle Zimmer mit Meerblick, Trekking- und Tauchtouren. 83 Euro p.P. mit Frühstück, 92 Euro mit HP. www.islarobinsoncrusoe.cl

■ **Crusoe Island Lodge**
Tel. in Santiago 2346 0103. Neues Boutique-Hotel mit 15 schönen Zimmern, Wellness-Angebot, Restaurant, eigener Motoryacht und Tauchtouren. Ab 120 Euro p.P. mit HP. www.crusoeislandlodge.com

■ **Kostenfrei zelten** kann man auf dem sehr einfachen Campingplatz von Conaf.

Flugzeug

Die Robinson-Crusoe-Insel ist nur per Flugzeug zu erreichen. In der Saison (Dez. bis Febr.) fliegen mindestens 3x pro Woche **zwei Fluggesellschaften vom kleinen Flughafen Tobalaba in Santiago mit fünf- bzw. neunsitzigen Maschinen.** Der Flug dauert ca. 2½ Std. und kostet mindestens 900 Euro hin und zurück. Außerhalb der Saison finden die Flüge nur unregelmäßig statt und fallen manchmal auch aus. Bei Regen und/oder zu viel Wind können die Maschinen grundsätzlich nicht starten und landen.

Der Flughafen liegt am südwestlichen Ende der Insel; um ins Dorf zu gelangen, muss man im Boot die halbe Insel umrunden (1 Std. Fahrt) oder eine fünfstündige Wanderung auf sich nehmen. Die Bootsfahrt ist im Flugpreis enthalten und findet mit einem offenen, gerade mal acht Meter langen und zwei Meter breiten Boot statt. Der Pazifik ist rau – wer leicht seekrank wird, sollte Vorsorge treffen …

Hier die Adressen der **Fluggesellschaften in Santiago:**

■ **Lassa**
Av. Larraín 7941 (im Aeródromo Tobalaba), Tel. 2273 5209. Flug Di und Fr, 915 Euro p.P. hin und zurück.
www.aerolassa.cl

■ **Aerolíneas Ata**
Av. Larraín 7941 (im Aeródromo Tobalaba) Tel. 2273 7185. Flug 3x die Woche, im Sommer öfter, je nach Nachfrage auch 2x täglich, 915 Euro p.P. hin und zurück. www.aerolineasata.cl

Schiff

■ Einmal monatlich fährt ein **Versorgungsschiff** nach Juan Fernández, meist um den 18. bis 20. des Monats. Es braucht zwei Tage und hat Platz für einige Passagiere (Insulaner haben Vorrang). Das Schiff bleibt etwa 4–5 Tage auf der Insel, dann geht's zurück. Preis hin und zurück: 255 Euro. **Transmarko,** Tel. 32/225 2083 sowie 09/9700 3339, ppinto@transmarko.cl.
■ **Schiffsausflüge um die Insel oder zu Zielen wie Puerto Inglés:** Zu Festpreisen fahren die Fischer Besucher zu einzelnen Zielen auf der Insel: So kostet ein Boot zur Bucht Puerto Inglés ca. 30 Euro für bis zu 8 Personen. Fragen Sie einfach beim Sindicato de Pescadores, das direkt am Ufer seinen Sitz hat. Auch Tagesausflüge auf den Pazifik mit den Hummerfischern sind möglich.

Sonstiges

■ Nehmen Sie genügend **Bargeld** mit auf die Insel. **Nur Pesos und US-Dollar werden akzeptiert. Es gibt keine Bank und keinen Geldautomaten!**
■ Das Telefonnetz (inkl. Internet) wird nach dem Tsunami erst wieder aufgebaut, derzeit funktionieren **nur Handys.**
■ **Exkursionen/Touren** organisieren die Unterkünfte vor Ort: Wanderungen, Bootstouren, Tauchgänge.

Die Umgebung von San Juan Bautista

Alle Ziele liegen innerhalb des Nationalparks Juan Fernández. Der **Eintritt** beträgt **5 Euro** und ist eine Woche gültig. Achtung, nirgendwo darf man ohne ausdrückliche Erlaubnis von Conaf campen! Weitere Wanderungen werden ausführlich und mit GPS-Daten auf der deutschsprachigen Website www.trekkingchile.com beschrieben.

Puerto Inglés

Zwanzig schwankende Minuten vorbei an steil abfallenden Klippen braucht das grün-weiß-rote Fischerboot – alle Fischerboote auf der Insel sind grün-weiß-rot – von San Juan Bautista bis Puerto Inglés, einer kleinen **Bucht westlich des Dorfes.** Wie ein schmales Tortenstück, ausgeschnitten aus einem Felsenkuchen, endet hier ein enges Tal. Manche Berghänge sind kahl und erodiert, andere mit einer dichten Grasschicht bedeckt, vereinzelt steht ein Baum am fast senkrecht aufragenden Hang. Die kahlen Felsen wechseln ihre Farbe mit dem Stand der Sonne – sie leuchten rot-orange im gleißenden Mittagslicht, am späten Nachmittag wechselt der Farbton von ocker- nach senfgelb. Ein kleiner Fluss mündet hier, sanft plätschern und dann wieder krachen die Wellen des Pazifik auf die schwarzen, großen, runden Kieselsteine am Strand. Eine Feuerstelle, ein paar verstreute Knochen, der Schädel einer Ziege, das Schulterblatt eines Rindes und dahinter der Eingang einer Höhle – hier soll *Alexander Selkirk* gehaust haben.

Puerto Inglés ist heute ein **beliebter Picknickplatz,** zu erreichen mit dem Boot (s.o.) oder zu Fuß über die Berge – das allerdings nur mit Führer, denn der Weg ist schwer zu finden.

Plazoleta El Yunque

Eine halbe Stunde Fußweg führt vorbei am kleinen Kraftwerk (den Weg rechts davon nehmen) zur Plazoleta El Yunque, einer **Lichtung im dichten Wald,** auf der sich nach 1915 ein Überlebender der „Dresden" als moderner Robinson niederließ. Die Fundamente seines damals gebauten Hauses sind heute noch zu sehen – viel spricht auch dafür, dass *Alexander Selkirk* hier seine eigentliche Behausung hatte. Von El Yunque führt eine etwa einstündige Rundwanderung durch dichte Vegetation mit Nalca-Pflanzen, Luma-Bäumen und Farnen.

Bahía Tierras Blancas

Etwa eine Stunde Fußweg vom Flughafen entfernt (fünf vom Dorf über den Mirador) findet sich in der Bahía Tierras Blancas die einzige große **Kolonie von Pelzrobben.** Sie sollte auf dem Landweg nicht besucht werden, um die Robben nicht zu belästigen. Besser fährt man per Boot mit einem der Fischer von San Juan Bautista.

Mirador de Selkirk

Der **Aussichtspunkt,** von dem *Alexander Selkirk* Tag für Tag den Horizont nach Schiffen absuchte, liegt 3 Kilometer vom Ort entfernt auf einem Bergrücken in 565 Meter Höhe. Ihn erreicht man auf einem schmalen Pfad, der am Westende der Calle La Pólvora beginnt. Es geht von dort etwa anderthalb Stunden steil bergauf. Conaf hat hier einen **Naturlehrpfad** angelegt – er zeigt die endemische Pflanzenwelt ebenso wie deren Gefährdung durch importierte Pflanzen oder durch Erosion. Die Begleitbroschüre mit ausführlichen Erläuterungen (nur Spanisch) ist bei Conaf erhältlich.

Oben angelangt, hat man den „Selkirk-Blick" – unwillkürlich sucht man den Horizont nach Schiffen ab. Zwei Metalltafeln erinnern an den schottischen Seemann.

Überquert man den Sattel, so gelangt man nach etwa 3½ Stunden weiterer Wanderung zum Flughafen.

▷ Beeindruckende Felslandschaften kennzeichnen den Archipel

chi093 fs

Allgemeine Reiseinformationen | 494
Archäologische Stätten
und Sehenswürdigkeiten | 503
Die Osterinsel heute | 484
Flora und Fauna | 486
Geografie und Klima | 485
Geschichte | 475
Hanga Roa | 498
Kultur der Osterinsel | 487

chi13-048 ms

9 Die Osterinsel

Weit draußen im Südpazifik, 3800 Kilometer vor der Küste, liegt die winzige Isla de Pasqua, die zu Chile gehört, aber fast nichts mit dem Festland gemeinsam hat. Riesige Steinfiguren, die Moai, künden von einer alten polynesischen Kultur, die bis heute Rätsel aufgibt.

< Rano Raraku: Moais „auf dem Weg" zur Küste

NICHT VERPASSEN!

Hanga Roa:
die „Hauptstadt“ der Insel | 498

Ahu Akivi:
nur diese Moai schauen aufs Meer | 504

Ahu Tongariki:
sie sind die schönsten Figuren | 506

Rano Raraku:
der „Produktionsort“ der Statuen | 507

Anakena:
Tropenfeeling
am weißen Sandstrand | 509

Diese **Tipps** sind gelb hinterlegt.

Die Rapa Nui bemühen sich heute, ihre Kultur zu bewahren

chi13-049 ms

RAPA NUI

Die Osterinsel – oder in der Sprache ihrer Bewohner Rapa Nui – liegt so isoliert wie kein anderer bewohnter Ort auf der Erde. Über ihre Besiedlung, Geschichte und Kultur streiten die Gelehrten, Einigkeit aber herrscht bei Wissenschaftlern wie Touristen in einem Punkt: Ein Besuch der winzigen Insel ist ein **unvergessliches Erlebnis!**

Als die kleine, aus drei Schiffen bestehende Flotte *Jacob Roggeveens* am Ostermontag des Jahres 1722 im Mar del Sud, der Südsee, auf eine Insel stieß, waren die Niederländer wohl ziemlich überrascht: Wochen für Wochen waren sie über den Pazifik gesegelt, an Land war fast nicht mehr zu denken. 3800 Kilometer waren sie von der chilenischen Küste entfernt, und dann, dann kam diese Insel in Sicht – und was für eine merkwürdige Insel: ein **winziges Eiland,** nicht mehr als ein Flecken auf dem riesigen Tischtuch des Pazifik, geformt wie ein Dreieck. Mit nur wenigen Einwohnern, die mühsam von der Fischerei und ein paar Früchten lebten. Keine Bäume, keine großen Sträucher, dafür aber **Steinfiguren,** kolossale Steinfiguren, drei Meter, vier Meter, manche gar über zehn Meter hoch, mit riesigen Köpfen, manche auch mit roten Kopfbedeckungen, mit spöttischem Blick, energischem Kinn und zusammengekniffenen Mündern. Die meisten waren umgestürzt, andere ragten drohend in den Himmel.

Weil gerade Ostern war, nannte *Roggeveen* die Insel „Paasch-Eiland", Osterinsel. Er hätte auch die Eingeborenen nach ihrem Namen für das Eiland fragen können, wahrscheinlich wäre die Insel dann als **Rapa Nui** bekannt geworden.

Ein passender Name wäre das gewesen, denn wie ein großer, weit entfernter, heller Flecken war dem Mann im Ausguck der Holländer das Land am Horizont erschienen – und genau das bedeutet der polynesische Name der Insel. Vielleicht hätten die Inselbewohner in ihrer Sprache Rapanui aber auch **„Te Pito o Te Henua“** geantwortet: „Nabel der Welt“ bedeutet das und bezeichnet ebenfalls die geografische Lage, denn keiner der Insulaner hatte geglaubt, dass außerhalb ihrer Insel und ihres Horizontes Land existierte. Auch wenn die alten Mythen davon erzählten, dass die Väter einst mit *Hotu Matua* über das Meer gekommen waren, sie selbst hatten nicht einmal genug Holz, um seetaugliche Kanus zu bauen.

Geschichte

Die Besiedlung

Fast 3800 Kilometer bis zur chilenischen Westküste, 1900 Kilometer bis zur nächsten bewohnten Insel, Pitcairn im Westen, und 3200 Kilometer bis zu den Marquesas-Inseln – **so isoliert wie die winzige Osterinsel liegt kein anderer bewohnter Ort auf der Erde.** Kein Wunder also, dass sich alle Archäologen zunächst die Frage stellten, woher die Inselbewohner gekommen waren.

Der Legende nach wurde die Insel von König Hotu Matua und seinen Gefolgsleuten besiedelt. Er landete am Strand Anakena an der Nordküste der Insel. „Matua" bedeutet auf Rapanui Vater, auf Polynesisch Stammvater. Eine zweite Gruppe Einwanderer folgte später, diesmal von Westen, sie wurde von *Tuu-ko-ihu* angeführt. Eine andere Legende berichtet von zwei Volksstämmen auf der Insel: den Langohren und den Kurzohren. Ein Krieg zwischen beiden Gruppen fand Ende des 17. Jahrhunderts (rekonstruierte Zeitrechnung) statt und bedeutete das Ende der hoch stehenden Zivilisation auf der Insel. Die Kurzohren siegten.

Der mündlichen Überlieferung ist nur bedingt zu trauen. Als Archäologen und Wissenschaftler im 20. Jahrhundert begannen, diese aufzuzeichnen, existierten die Überlieferungen in den unterschiedlichsten Varianten. Im Jahr 1877 lebten auf der Insel nur noch 111 Personen, von denen nur 36 echte Insulaner (seit mehr als einer Generation auf der Insel) waren; vieles von der oralen Tradition war unwiederbringlich verloren. So lässt sich aus Erzählungen nicht mehr genau entschlüsseln, wann *Hotu Matua* kam: Manche Wissenschaftler rechnen vom letzten bekannten *ariki* (Herrscher) etwa 20 bis 23 Generationen zurück und setzen damit die Ankunft des *Hotu Matua* auf die Zeit zwischen 1450 und 1500 an, andere Forscher zählen 57 oder 58 Generationen zurück und landen bei etwa 1150. Eine dritte Fraktion wiederum glaubt, dass *Hotu Matua* bereits um 450 auf der Insel landete. Uneinigkeit besteht auch darüber, ob *Tuu-ko-ihu* bereits mit *Hotu Matua,* der die Langohren mitbrachte, auf die Insel kam, oder erst Jahrhunderte später als Führer der Kurzohren. Oft werden die beiden Volksstämme auch als unterschiedliche Siedlergruppen von verschiedenen Kontinenten aufgefasst. Endgültig gelöst wird das wohl nicht werden.

Im **Streit der Wissenschaft** sind neben den absurdesten Vermutungen – die üblichen Außerirdischen *Dänikens* fehlen ebensowenig wie der Glaube, Nordgermanen seien im 11. Jahrhundert auf die Insel gelangt – **drei Theorien** besonders bekannt geworden.

Die berühmteste stammt von Thor Heyerdahl. Der norwegische Wissenschaftler schloss aus Berichten früherer Reisender, die von Einheimischen gehört hatten, sie seien aus einem Reich sechzig Tagesreisen weit im Osten gekommen, dass die Vorfahren der Siedler aus Südamerika, speziell aus Peru, gekommen waren. *Heyerdahl* setzte alles daran, seine Theorie zu beweisen. Belege waren: ähnliche Bauwerke, die Überlieferung und zuletzt seine spektakuläre Überfahrt im Jahr 1947 mit dem **Holzfloß „Kon Tiki“** von Callao, dem Hafen von Lima (Peru), zu den Marquesas-Inseln. Von dort führen Meeresströmungen wieder zurück zum südamerikanischen Kontinent und berühren dabei die Osterinsel. Nachdem *Heyerdahl* seine zunächst aufgestellte Theorie, die Insel sei direkt von Peru aus besiedelt worden, mehrfach geändert hatte, stellte er sie am Ende folgendermaßen dar: **In drei Schüben sei die Insel besiedelt worden,** zuerst von präinkaischen Völkern aus Südamerika, die die Steinpodeste – die Ahu – erbaut hätten, dann seien, wiederum aus Südamerika, Völker gekommen, die die Steinfiguren errichtet hätten, und zuletzt aus Polynesien die Kurzohren. *Heyerdahls* Reisen und seine Forschungen sind von ihm selbst in zwei Bänden dargestellt worden – „Kon-Tiki“ und „Aku Aku“.

chi146 ms

Gegen *Heyerdahls* Theorie von der Besiedlung aus dem Osten spricht vielerlei. Einige **wesentliche Einwände** seien hier genannt:

- **Falsche Vergleiche:** *Heyerdahl* verglich die Inkamauern von Cuzco mit der Konstruktion einzelner Ahu (Vinapu). Während die Mauern aber fugenlos aus großen Blöcken erbaut sind, wurden die Ahu nur mit Steinplatten verkleidet.
- **Genetische Untersuchungen** ergaben, dass die Osterinsulaner aus dem polynesischen Raum stammen.

Einige Moai, wie hier in Tongariki, wurden wieder aufgerichtet

- **Linguistische Analysen** ordnen das Rapanui eindeutig der polynesischen Sprachfamilie zu.
- Die **Fahrt der „Kon Tiki"** bewies nur den Verlauf der Meeresströmung und dass man mit Holzflößen große Entfernungen zurücklegen konnte, nicht aber die Besiedlung von Peru aus.

Andere Wissenschaftler, vor allem **William Mulloy,** ein US-amerikanischer Archäologe, der sich um die Erforschung der Osterinsel verdient gemacht hat, sowie dessen chilenischer Kollege **Gonzalo Figueroa** stellten die **Monobesiedlungs-These** auf. Sie besagt, dass die Osterinsel **um 400 bis 500 n. Chr. in einem Schub von Polynesien** aus besiedelt worden sei. *Mulloy* spricht von einer spektakulären Kulturentfaltung, die aus den bescheidenen polynesischen Anfängen ohne weitere Anregung von außen eine hochstehende Kultur habe entstehen lassen.

Die dritte Variante ist die These von der **Mehrfachbesiedlung von Polynesien** aus. *Heide-Margaret Esen-Baur* beschreibt sie wie folgt: „Im 5. Jahrhundert gelangte eine aus Ostpolynesien (wahrscheinlich von den Marquesas) stammende große Siedlergruppe zur Osterinsel, die sich bis etwa zum 14. Jahrhundert n. Chr. in Isolation entwickelte und in der Steinmetzkunst große Leistungen vollbrachte. Angeführt durch *Hotu Matua* gelangte um 1350 n. Chr. eine zweite, wahrscheinlich mehrere hundert Menschen umfassende Gruppe, wiederum aus Ostpolynesien (…), zur Osterinsel. Mit den frühen Siedlern lebten diese neuen Siedler zunächst friedlich zusammen. Die starke Tradition der Steinverarbeitung (…) stieß mit der Ideologie der Zweitsiedler, die im Vogelmann-Kult ihre Ausgestaltung hatte, zusammen. Es kam zunächst zu einer Fusion, vielleicht zu einer Synthese. Die Arbeit an den klassischen Kolossalfiguren wurde nun inselweit durchgeführt. Im Laufe der Zeit führte diese Aktivität (…) zu einem Konkurrenzkampf zwischen den ursprünglichen und den späteren Siedlern (…). Die gemeinsam entwickelte kulturelle Blüte, die kaum zwei Jahrhunderte andauerte, ging verloren. Es folgte eine Zeit erbittert geführter Kämpfe. Eine große Schlacht um 1680, in der die ältere der beiden Bevölkerungsgruppen (die Urbevölkerung) fast vollständig ausgerottet wurde, beendete die Kulturblüte schon vor der Entdeckung durch die Europäer." (Zit. aus dem Katalog zur Ausstellung „1500 Jahre Kultur der Osterinsel", Verlag Philipp von Zabern, Mainz 1989)

Diese Mehrfachbesiedlungstheorie weist am wenigsten Widersprüche auf. *Heyerdahl,* dessen unstrittiges Verdienst es ist, die Kultur der Osterinsel öffentlich gemacht zu haben (und der damit auch viel für die Insulaner im 20. Jahrhundert getan hat), hatte wahrscheinlich immer in die falsche Richtung geschaut: nach Osten, nach Südamerika, statt nach Polynesien. Unbestritten ist aber inzwischen, dass die Bevölkerung des amerikanischen Kontinents schon lange vor der „Entdeckung" durch die Europäer Kontakt zu und Austausch mit anderen Völkern hatte. Wahrscheinlich auch zu Polynesien, dafür sprechen Nutzpflanzen, die auf den polynesischen Inseln und auch auf dem südamerikanischen Kontinent kultiviert wurden, wie die Chilenische Palme *(jubaea chilensis)* und die Süßkartoffel.

Polynesien umfasst ein riesiges Dreieck im Südpazifik. Seine Nordspitze sind die hawaiischen Inseln, die Südwestspitze wird von Neuseeland gebildet, die

chi11-026 ms

Südostspitze von der Osterinsel und dem 450 Kilometer weiter westlich gelegenen Eiland Salas y Gómez. Besiedelt wurde die Region wahrscheinlich von Asien aus. Um etwa 1400 v. Chr. siedelten die ersten Polynesier auf Tonga, um 1100 v. Chr. auf Samoa. Kurz vor der Zeitenwende begann von Samoa aus der weitere Vorstoß der Polynesier. Um 300 n. Chr. gelangten sie auf die Marquesas, um 450 auf die Osterinsel, um 800 (oder früher) nach Hawaii und um 900 nach Neuseeland. Mit großen Doppelbooten, die reichlich Platz für Menschen und Vorräte boten, befuhren die Polynesier den Pazifik, einzelne Fahrten erfolgten wohl auf gut Glück, andere geplant auf der Suche nach neuen Inseln. Dabei entwickelten sie über die Jahrhunderte erstaunliche Navigationskünste. Sie orientierten sich an den Sternen und Meeresströmungen und hatten sogar primitive Seekarten.

Endgültig geklärt ist die Besiedlung der Osterinsel nicht, zumindest nicht bis ins letzte Detail. So findet sich im „Steinbruch" am Rano Raraku eine Figur, auf deren Bauch ein Schiff mit europäischer Besegelung und einem Anker in Form einer Schildkröte eingeritzt ist. Wann diese Ritzarbeit entstand, ist unklar. Einige Wissenschaftler vermuten, dass es nach der Ankunft der ersten Europäer war. Dagegen spricht für andere, dass sie erst bei Ausgrabungen im 20. Jahrhundert freigelegt wurde, sie also wesentlich früher entstanden sein müsste. Waren also vor *Roggeveen* bereits Europäer auf der Insel gewesen?

Schon lange vor der „Entdeckung" durch die Europäer hatten die polynesischen Völker Kontakt zu den südamerikanischen Ureinwohnern

Ökologisches Desaster und Untergang der Inselkultur

Während die Anfänge der Rapa-Nui-Kultur wohl nie genau geklärt werden können, ist man sich über die Gründe für ihren Niedergang relativ einig. Sie sind zuallererst in den natürlichen Lebensbedingungen auf der Insel zu suchen. **Vor Jahrhunderten** – so das Ergebnis archäologischer und botanischer Forschungen – muss die Insel ein **subtropisches Paradies** gewesen sein: Bäume und Büsche, Farne und Kräuter wucherten hier um die Wette, auch eine Palmenart, die heute nur noch auf dem chilenischen Festland vorkommt *(iubaea chilensis)*. Als *Jacob Roggeveen* 1722 auf der Insel landete, fand er eine unfruchtbare Steppe vor, außer Gräsern wuchsen nur einige Büsche, und keiner war mehr als drei Meter hoch. Wie kam es dazu? Wie kam es, dass *Roggeveen* und dessen Nachfolger nur etwa 2000 eher schlecht als recht lebende Eingeborene auf einer Insel antrafen, auf der nur wenige Jahrhunderte zuvor 7000 bis 10.000 Menschen gelebt und die wundervollen Moai, die riesigen Steinstatuen, geschaffen hatten?

Eine einfache, aber einleuchtende Theorie gibt eine klare Antwort: Die **Übernutzung der Natur** führte zum ökologischen Desaster und in der Folge auch zum kulturellen Niedergang. Die isolierte Lage – kein Austausch mit anderen Kulturen, kein Rückgriff auf andere natürliche Ressourcen als die eigenen – hatte auf der Osterinsel über Jahrhunderte eine idealtypische Situation wie im Labor entstehen lassen: Ursache und Wirkung hingen hier dicht zusammen und sind in der Rekonstruktion unmittelbar aufeinander beziehbar.

Modellhaft sieht das so aus: Zum Transport der Moai wurden die Bäume abgeholzt. Man knüpfte Taue aus den Fasern und baute hölzerne Schlitten, auf denen die Moai auf Holzschienen aus dem Steinbruch bis zu ihrem Bestimmungsort gezogen wurden. Zur gleichen Zeit hatten sich die als Haustiere mitgebrachten Ratten stark vermehrt – sie fraßen die Palmsamen, und so war Ende des 15. Jahrhunderts durch das unbe-

chi145 ml

Zeichen der Katastrophe: unvollendete Moais am Steinbruch Rano Raraku

wusste Zusammenspiel von Mensch und Ratte das Ende der Wälder gekommen: abgeholzt, um die Steinfiguren zu transportieren, um Boote zu bauen oder um Brennholz zu bekommen. Die Bodenerosion setzte verstärkt ein, die Felder wurden unfruchtbarer, die Nahrungsmittel knapper, mehrere Arten von Seevögeln starben aus.

Interessant ist auch: Archäologen fanden in Abfallhaufen auf der Insel, die zwischen 900 und 1300 angelegt worden waren, **Knochen des Gemeinen Delfins,** einer Tümmlerart, die weit draußen im Meer lebt und nicht von der Küste aus gefischt werden kann. Nach 1500 lassen sich solche Knochen nicht mehr finden – die logische Schlussfolgerung: Neue Boote wurden nicht mehr gebaut, die Fischerei auf dem offenen Meer kam wie alles andere zum Erliegen. Was folgte, ist gut in *Kevin Costners* Film „Rapa Nui" zu sehen: Stammesfehden, eventuell auch Kannibalismus; die Zahl der Menschen sank kontinuierlich, um 1700 lebte nur noch ein Bruchteil der früheren Bevölkerung auf der Insel, unter Bedingungen, die schlechter denn je waren. Eine Zivilisation war untergegangen.

Die Neuzeit

Kapitän **Jacob Roggeveen,** der im Auftrag der Westindischen Handelskompanie 1721 in den Niederlanden losgesegelt war, gilt allgemein als der **„Entdecker" der Osterinsel.** Am 6. April 1722, einem Ostermontag, landete er auf der Insel. *Roggeveen* und die Mannschaft seiner beiden Schiffe waren auf der Suche nach dem Südland, der „Terra australis incognita". 1687 hatte bereits der englische Freibeuter-Kapitän *Edward Davis* unter 27°20' südlicher Breite (nach seinen Berechnungen) Land gesehen. Er war nicht dort gelandet, vermutete aber, die Nordspitze des Südlandes entdeckt zu haben, und Landkarten zeigten dort lange Zeit immer wieder die sogenannte Terra Davis. Heute wird vermutet, dass *Davis'* Berechnungen einfach ungenau gewesen waren und er aus der Entfernung die Osterinsel gesehen hatte.

Drei Berichte gibt es über *Roggeveens* Reise: sein Logbuch, das allerdings erst 1838 veröffentlicht wurde, den Bericht eines unbekannten Mitfahrers (1728 erschienen) und den des Mecklenburgers *Carl Friedrich Behrens* (1737). Von diesem stammt die beste Beschreibung der Insel und ihrer Bewohner: Letztere seien ziemlich groß und stark gewesen, von bräunlicher Gesichtsfarbe und mit angenehmen Gesichtszügen. Die Körper seien tätowiert gewesen, die Ohrläppchen heruntergezogen bis auf die Schultern, durchbohrt und mit kleinen weißen Klötzchen verziert. Die Frauen hätten ihre Gesichter mit roter Farbe bestrichen, gekleidet seien sie in rote und weiße Decken gewesen, den Kopf schützte ein kleiner Hut vor der Sonne. Natürlich bemerkt Behrens auch die „Götzenbilder", die Moai, die noch aufgerichtet standen, viel erstaunlicher aber findet er die sexuelle Freizügigkeit der Frauen.

Erst knapp fünfzig Jahre später folgt der zweite Besuch von Europäern. Diesmal ist es eine spanische Expedition, die am 15. November 1770 die Osterinsel erreicht. **Felipe González nimmt die Insel für Spanien in Besitz** – er lässt die Insulaner ein Dokument unterzeichnen, immerhin der erste Hinweis auf eine Osterinsel-Schrift – und tauft die Insel auf den

Namen „San Carlos“, ein Name, der sich nicht durchsetzen wird. Auch die Spanier beobachten genau: Die meisten Insulaner leben in Höhlen, einige aber in Häusern, die in ihrer Form an Boote erinnern. Sie haben lediglich Messer als Waffen. Gärten sind angelegt, mit Zuckerrohr, Süßkartoffeln und anderen Kulturpflanzen. Einer der Spanier schreibt über die Ureinwohner: „Ihre Gesichter erinnern in nichts an das Aussehen von Indianern in Chile, Peru oder Neu-Spanien. Ihre Hautfarbe ist verschieden: Sie wechselt von Weiß über dunkelbraunen Teint bis zur rötlichen Nuance. Die Nasen sind nicht platt, sie haben auch keine dicken Lippen, dagegen besitzen sie weiches kastanienbraunes Haar. Nur einige haben schwarzes Haar, bei anderen haben die Haare einen rötlichen oder zimtfarbenen Farbton. Sie sind groß, gut und wohl proportioniert. Es gibt keinen Lahmen, keine Krüppel, keine Buckligen, auch keine mit krummen Beinen oder anderen Deformierungen des Körpers.“ Und er schreibt weiter: „Ich bin der Ansicht, dass sie aufgrund ihrer guten Auffassungsgabe und ihrer Intelligenz leicht für jede Religion, die man ihnen beibringt, zu bekehren sein werden.“

Der dritte europäische Besuch findet ab dem 11. März 1774 statt. Kapitän **James Cook** landet während seiner zweiten Erdumsegelung auf der Osterinsel. Mit ihm waren unter anderem **Reinhold Forster** und sein **Sohn Georg** unterwegs, beide als naturkundliche Gelehrte und Reiseaufzeichner, dann noch **William Hodges,** ein englischer Landschaftsmaler, dem wir auch die ersten realistischen Bilder von der Osterinsel verdanken. Er malte und zeichnete die Statuen sowie die Menschen auf der Insel, seine Skizzen und Porträts wurden später als Stiche oft reproduziert.

Der Bericht von *Reinhold* und *Georg Forster* ist aufschlussreich: Sie bemerken die zahlreichen umgeworfenen Statuen, und ihnen erscheint die Herkunft der Monumente rätselhaft, da sie auf ein Volk treffen, das in Armut lebt. Ihr Schluss: Die Einwohner müssten „ehemals weit zahlreicher, wohlhabender und glücklicher gewesen seyn“, und sie vermuten, dass eine Naturkatastrophe, vielleicht ein Vulkanausbruch, die blühende Zivilisation hat untergehen lassen. Interessant ist, dass im Bericht der *Forsters* die Insulaner nicht wie in allen Berichten zuvor als große und starke Menschen beschrieben werden. Die Deutschen sprechen von mageren Männern mit harten, steifen Muskeln und kleinen, zart gebauten Frauen. Möglicherweise war es erst zwischen 1770 und 1774 zu den großen kriegerischen Auseinandersetzungen auf der Insel gekommen.

1786 besucht eine französische Expedition die Insel, es folgen 1804 eine russische und 1816 eine weitere russische unter der Leitung von **Otto von Kotzebue,** an der auch der Dichter *Adalbert von Chamisso* teilnimmt. Bis Ende des 19. Jahrhunderts laufen mehr und mehr Schiffe die kleine Insel an, Forscher widmen sich Untersuchungen und sammeln Material für Museen in Europa: Das Zeitalter der wissenschaftlichen **Erforschung** der Insel beginnt – und das der **Ausbeutung.** Bis dahin hatten die Insulaner recht konfliktfrei mit den Besuchern gelebt, doch schon 1805 entführte der Kapitän des nordamerikanischen Robbenfängers „Nancy“ zwölf Männer und zehn Frauen von der Insel, 1811 die

Besatzung der „Pindos" weitere zehn Frauen. Das **größte Verbrechen** passierte **1862:** Peruanische Sklavenhändler verschleppten 1500 Menschen auf die Guano-Inseln vor Südamerikas Küste; der Inselkönig, die Priester, fast 1000 Menschen gingen an der Sklaverei zugrunde. Erst nachdem der Bischof von Tahiti bei den peruanischen Behörden interveniert hatte, wurden die Überlebenden zurückgeschickt – aber eine Pockenepidemie tötete die meisten, und nur 15 Menschen erreichten die Insel.

1870 kommt der Franzose **Jean-Baptiste Dutroux-Bornier** auf die Insel. Er tauscht gegen wertlosen Plunder Land von den Insulanern ein, vertreibt sie danach von „seinem" Land, verbrennt Häuser und vertreibt die Missionare. Im Dorf Hanga Roa sperrt er die Überlebenden ein – in das Gefängnis, das sie sich selbst bauen müssen. 1876 wird er von den Insulanern umgebracht.

Die europäischen Großmächte zeigen nur wenig Interesse an der Osterinsel. Chile nutzt das und schickt **1888** den **Marineoffizier Policarpo Toro** auf die Insel. Er überredet die Häuptlinge, einen Abtretungsvertrag zu unterschreiben – mitunter wird auch behauptet, die Unterschriften seien einfach gefälscht worden. Der Grund für Chiles Interesse war rein strategischer Art: ein Stützpunkt in der Südsee.

Die neue Regierung verpachtet fast die ganze Insel an die **englische Schafzuchtkompanie Williamson & Balfour.** Die Einheimischen sind land- und rechtelos, sie leben weiterhin hinter Mauern und Stacheldraht als wehrlose Arbeitssklaven. Bis in die 1960er Jahre geht das so, die Insulaner haben weder Wahlrecht noch eine Selbstverwaltung. Stattdessen werden sie von Santiago de Chile aus und von der chilenischen Marine regiert. Erst nachdem Mitte der 1960er Jahre auch die Weltöffentlichkeit von den Zuständen auf der Insel etwas erfährt, werden die Mauern niedergerissen, die Menschen kommen in den Besitz der uneingeschränkten chilenischen Staatsbürgerschaft, können sich frei bewegen und ihre **eigene Inselregierung** wählen. Die agiert aber mit **eingeschränkten Vollmachten** und muss sich arrangieren: mit der Marine, der der Küstenschutz in Chile untersteht, mit den Nationalparkbehörden, denn mehr als die halbe Insel ist Nationalpark, mit dem Gouverneur der Insel, der von der Regionalverwaltung in Valparaíso eingesetzt wird. **Echte Autonomie ist daher eine Forderung, Mitspracherecht** – selbst als die UNESCO die Insel zum Weltkulturerbe erklärte, wurden die Einwohner nicht gefragt – eine weitere, die **Begleichung der historischen Schuld Chiles** gegenüber den Rapanui eine dritte. Der Bürgermeister *Pedro Edmunds Paoa:* „Als die Insel 1888 zu Chile kam, hat man uns Schutz, Erziehung, Ausbildung usw. versprochen. Bis 1964 ist nichts passiert, nun wollen wir, dass die Versprechen endlich eingelöst werden." Ein erster Schritt ist die Verteilung von Land an die Inselbewohner, die 1997 begann; 5 Hektar bekam jede Familie. Das Land wurde dem Nationalpark abgezwackt, die Behörden versprechen sich davon eine Stärkung der Landwirtschaft und eine bessere Eigenversorgung mit lebensnotwendigen Gütern wie Früchten und Gemüse. Das war bislang nahezu unmöglich, da niemand genügend Land besaß, um Landwirtschaft zu betreiben.

Die Osterinsel heute

Wer heute die Osterinsel besucht, dem bietet sich ein Bild voller **Kontraste.** Auf der einen Seite präsentieren sich die Rapanui als stolze, **selbstbewusste Ethnie** mit einer starken Bindung an ihre Wurzeln und einer überaus lebendigen Kultur. Dies ist um so bemerkenswerter, als das Volk im 19. Jahrhundert stark dezimiert, ja fast ausgerottet worden war. Die Blumen im langen Haar der Frauen, die bunten Tücher als Kopfschmuck der Männer, die beschwörenden Gesänge, die ausgelassenen Tänze – dies alles ist nicht nur gern präsentierte Folklore, sondern Teil der **gelebten Alltagskultur.** In vielen Familien wird das wohltönende, vokalreiche Rapanui gesprochen. Die Bewohner der Osterinsel leben in einfachen Verhältnissen, aber Armut sieht man nicht. Sie zahlen keine Steuern und leben gern – wie andere Völker tropischer Breiten – in den Tag hinein: Das nächste Kreuzfahrtschiff kommt bestimmt.

Auf der anderen Seite stehen die **negativen Auswirkungen der Isolation.** Fast alle Dinge des täglichen Bedarfs, außer Obst, Gemüse und Fisch, müssen ebenso wie sämtliche Konsumgüter, Baumaterialien und Fahrzeuge vom „Conti“ (Kontinent) transportiert werden und sind entsprechend teuer. Die medizinische Versorgung ist notdürftig, die Schulausbildung lässt zu wünschen übrig. Obwohl heute fast täglich ein Flugzeug landet, obwohl zwei chilenische Fernsehkanäle, Internet und der stete Touristenstrom für Kontakt zur großen weiten Welt sorgen, ist der Horizont vieler Rapanui auf die Insel beschränkt; der Informationsdurst der westlichen Kultur ist ihnen fremd. Ob sich die autochthone Kultur und insbesondere die Sprache angesichts der Öffnung der Insel, des permanenten Zuzugs von Festlandchilenen und zunehmender Mischehen von Rapanui mit Chilenen oder Ausländern bewahren lässt, ist eher pessimistisch zu beurteilen. Heute verstehen zwar viele Kinder noch Rapanui, sprechen aber untereinander lieber spanisch.

Die große Mehrheit der Insulaner lebt vom **Tourismus** – die einen als Gastwirte, Tourveranstalter oder Kunsthandwerker, andere indirekt als Fischer, Landwirte oder Zimmerleute. Etwa 200 Menschen arbeiten bei der Inselverwaltung, der Post und der Polizei; bei der Marine sind vorwiegend Festlandchilenen. Hoch qualifizierte Arbeitsplätze sind rar auf der Osterinsel, es gibt auch keine weiterführende Schule. Wer studieren will, muss aufs Festland, wer sich operieren lassen muss oder der Tochter die Zähne richten will, ebenfalls.

Das **Verhältnis zu Chile** ist gespalten. Einerseits gehört man irgendwie dazu, andererseits ist man hier, fast 4000 Kilometer vom „Conti“, nicht nur geografisch weit weg. Die staatlichen Stellen in Santiago und der zuständigen Regionalhauptstadt Valparaíso reagieren mit bürokratischem Desinteresse, wenn es um die Belange der Rapanui geht. So verwundert es nicht, dass kaum einer der rund **3000 Rapanui** auf der Osterinsel (weitere 1500 leben auf dem Festland oder im Ausland) sich als Chilene fühlt. „Chile“

klingt in ihrem Mund immer wie ein fremdes Land, und den „chilenos“, die für länger auf die Insel kommen, begegnet man mit Distanz und Misstrauen.

Der **Widerstand gegen die Zentralregierung** erreichte 2010 einen neuen Höhepunkt, als einige radikale Gruppen staatliche bzw. vom Staat genutzte Grundstücke besetzten und ältere Rechte darauf einklagten. Auch ein kurz vor der Einweihung stehendes neues Hotel wurde monatelang besetzt. Erst nach langwierigen Verhandlungen und Auseinandersetzungen vor Gericht wurden die Besetzungen beendet.

Dennoch ist den meisten Rapanui bewusst, dass die Insel in vielfältiger Weise abhängig ist und ohne die Bindung an Chile keine Zukunft hat. Realistischer scheint eine Art **Autonomiestatus,** der den Inselbewohnern erlauben soll, ihre Angelegenheiten selbst zu bestimmen: die Verwendung der staatlichen Mittel, die Verteilung des Grundbesitzes, den Schutz des Kulturerbes, die nachhaltige Entwicklung des Tourismus. Ein eigener Abgeordneter, so hoffen die Rapanui, soll ihre Interessen im Parlament vertreten. Bis dahin ist es freilich ein langer Weg, denn dafür muss die Verfassung geändert werden.

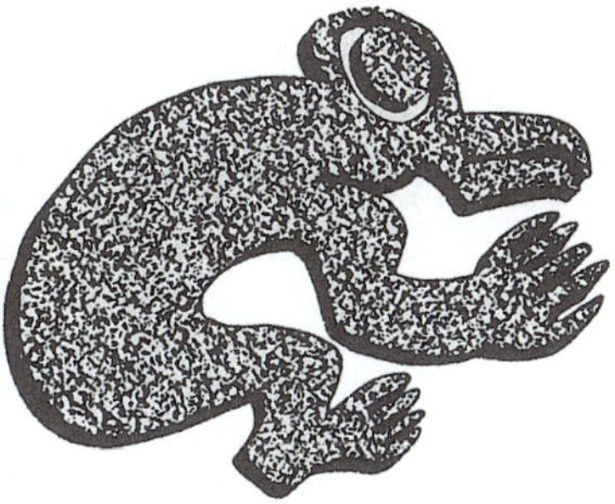

Geografie und Klima

Die Osterinsel liegt 27°09’ südlich des Äquators und 109°26’ westlich von Greenwich. **3762 Kilometer** trennen die Insel **von der chilenischen Westküste,** die nächste bewohnte Insel, Pitcairun, ist 1900 Kilometer westlich. Damit ist die Osterinsel die am weitesten von anderen bewohnten Punkten entfernte Insel, ja insgesamt die **isolierteste menschliche Ansiedlung.**

Die Insel hat in etwa die Form eines rechtwinkligen Dreiecks. Sie umfasst eine **Fläche von 166 Quadratkilometern,** die längste Küste, von Südwesten nach Nordosten, ist etwa 24 Kilometer lang. Die beiden anderen Küsten sind jeweils etwa 17 Kilometer lang, die größte Breite beträgt 12 Kilometer. Die Insel ist **vulkanischen Ursprungs,** sie besteht aus drei Vulkanen und zahlreichen Nebenvulkanen, die jeweils in den Ecken des Dreiecks ihren Krater haben: Der 352 Meter hohe **Poike** in der Nordostecke ist der älteste Vulkan, er wird auf etwa 2,5 Millionen Jahre geschätzt. An seinem Gipfel findet sich ein trockener Krater – etwa 80 Meter im Durchmesser und 7 Meter tief –, der heute von Wald bewachsen ist. Der schönste Vulkan (324 m) ist der **Rano Kau** in der Südwestecke der Insel. Sein Gestein wird auf etwa 1 Million Jahre datiert. Vom Gipfel fallen die Kraterwände steil, fast senkrecht, nach unten

☐ Motiv einer Felszeichnung

ab – fast 200 Meter liegen zwischen dem Gipfel und dem grün schimmernden Süßwassersee am Kraterboden. Die Außenwände sind zum Meer hin genauso steil – fast 300 Meter fällt die Klippe bei Orongo lotrecht zum Pazifik hinab. Mit knapp 250.000 Jahren ist der **Maunga Terevaka** (525 m) der jüngste Vulkan. Seine Lava verband die beiden anderen Vulkane, seine Lavaströme bedecken den größten Teil der Inseloberfläche.

Außer den Seen in den Kratern von Rano Kau, Rano Raraku und Rano Aroi gibt es **keine Gewässer** auf der Insel. Der Grund ist nicht fehlender Regen, sondern das poröse vulkanische Gestein, in dem das Wasser rasch versickert. Es trifft weiter unten auf undurchlässigeres Gestein und läuft unter der Erdoberfläche zum Meer hin ab. An manchen Stellen, meist dort, wo die Ahu stehen, tritt es dann im Küstenbereich wieder zutage. Als die ersten Europäer dort die Einheimischen Wasser schöpfen sahen, dachten sie, diese würden Salzwasser trinken. Es regnet reichlich auf der Insel, im Winterhalbjahr sanft und stetig, im Sommer kurz, aber heftig, insgesamt etwa 1300 mm im Jahr. Das gehört ebenso zum **subtropischen Klima** wie der stete Wind und die durchweg **angenehmen Temperaturen:** Die mittleren Tageshöchstwerte liegen im Sommer bei 28°C, im Winter bei 22°C, die Tiefsttemperaturen im Sommer bei 15°C, im Winter bei 14°C.

⌃ Kraterlandschaft auf dem Weg nach Orongo

Flora und Fauna

Pflanzen- und Tierwelt der Insel sind **artenarm,** zum Teil wegen der großen Isolation der Insel, zum Teil wegen des jahrhundertelangen Raubbaus an der Natur.

Die heute auf der Insel lebenden **Säugetierarten** (Pferd, Hund, Katze, Schaf, Ziege, Schwein, Ratte, Rind, Maus) wurden alle von den Europäern eingeführt. Zwei **Reptilienarten** kommen auf der Insel vor, nur wenige **Landvögel** (alle vom Menschen eingeführt) und ein paar **Seevogelarten.**

Die bescheidene **Flora** weist einige wenige endemische Arten auf, darunter **Farne** und den **Toromiro** *(Sophora toromiro),* einen kleinen Baum mit hartem und festem Holz, der allerdings heute in der Natur ausgestorben ist. *Thor Heyerdahl* nahm 1956 einige der letzten Samen dieses Baumes mit nach Europa. Dort wurde er in den Botanischen Gärten von Göteborg und Bonn erfolgreich nachgezüchtet, und 1995 wurden mit Hilfe der deutschen Regierung mehr als 150 dieser Bäume auf der Osterinsel ausgepflanzt und der Nationalparkbehörde Conaf in Pflege gegeben; es haben jedoch nur wenige überlebt. Heute ist die Insel vorwiegend von **Grasland** bedeckt, hinzu kommen **Eukalyptusplantagen.**

Zur Kultur der Osterinsel

Die Osterinsel hat faszinierende kulturelle Zeugnisse hervorgebracht. Auf der winzigen Insel entstanden fast 250 große **Tempelanlagen,** knapp 1000 monumentale **Steinfiguren,** Tausende **Felszeichnungen** und **Holzschnitzarbeiten** sowie eine **Schrift,** die bis heute nicht entschlüsselt ist. Im Folgenden werden einzelne Elemente dieser Kultur vorgestellt.

Ahu – Tempelanlagen

245 Ahu finden sich auf der Insel, **fast alle aufgereiht entlang der Küste** – mit wenigen Ausnahmen wie dem Ahu Akivi, der mitten im Land steht. Alle Ahu haben **Gemeinsamkeiten:** Es sind flache, abgestufte Plattformen, deren Begrenzungsmauer zum Meer hin fast immer steil und ohne Stufen abfällt, während sie an der Landseite leicht, entweder über Stufen oder eine flache, abschüssige Rampe, zu besteigen sind. Die Ahu bestehen aus einer Masse loser Steine, sie werden zusammengehalten durch massive, dicke Steinplatten. Im Innern der Plattformen wie auch in der Umgebung wurden Gräber gefunden – es handelt sich also auch um Begräbnisstätten. Zunächst wurden die Toten innerhalb der Ahu bestattet, erst in späteren Zeiten, nachdem die Moai umgestürzt worden waren, ging man wohl dazu über, auch um die Plattformen herum die Verstorbenen zu bestatten. Einigkeit herrscht in der Forschung darüber, dass die Ahu zunächst als Altäre dienten, später dann als Aufstellungsort für die Moai und zuletzt als Begräbnisstätten.

Alle Ahu bezeichnen Siedlungsplätze. Deshalb findet sich fast keiner im Binnenland, denn dort fehlte das Wasser, da die Niederschläge im porösen Lavagestein der Insel schnell versickern und erst an der Küste wieder austreten.

Wie eine solche Dorfanlage aussah, erkennt man am besten in **Tahai,** nördlich des Dorfes Hanga Roa: Vor dem Ahu ist eine Fläche mit großen runden Kieselsteinen gepflastert. Daneben führt eine Rampe ins Meer, die für die Kanus genutzt wurde. Vor dem Ahu findet sich ein großer offener Platz, hinter dem das eigentliche Dorf begann: Direkt gegenüber dem Ahu standen die Häuser der Häuptlinge und Priester, die ovalen Hare paenga. Dort lagen auch die Paina, runde, gepflasterte Zeremonienplätze. Weiter hinten folgten die anderen Gebäude – die Holzhäuser der einfachen Leute, bewohnte Höhlen, die Hühnerhäuser *(Hare moa)*, die Gärten und Felder mit den durch Mauern geschützten Pflanzanlagen *(Manavai)* sowie die Erdöfen *(Umu pae)*.

Die ersten Ahu trugen keine Steinfiguren (Moai). Doch waren in ihrer Nähe wohl die sehr frühen, etwas anders gearbeiteten Steinfiguren, oft aus roter Gesteinsschlacke, aufgestellt. Die Besonderheit der Ahu sind die mörtellos exakt zusammengefügten Fassaden.

Die Hare-Paenga-Wohnhäuser

Von den Hare-Paenga-Häusern sind **nur noch die Fundamente erhalten.** Man findet sie überall dort, wo auch Ahu stehen, besonders gut zu erkennen ist das restaurierte Fundament in Tahai. Wie hier besteht der Sockel eines Hare Paenga aus aneinander gereihten, 50–250 Zentimeter langen und 20–30 Zentimeter breiten Basaltsteinen, die bis zu 50 Zentimeter tief in der Erde stecken. Das Fundament bildet ein lang gezogenes Oval, ähnlich der Form eines gestreckten Bootes oder eines Kanus. In die Fundamentsteine bohrten die Insulaner in unregelmäßigen Abständen mehrere Zentimeter tiefe und breite Löcher, in die Äste und Zweige gesteckt wurden. Diese liefen dann, je nach Größe des Hauses, in etwa ein bis zwei Meter Höhe zusammen, wurden durch einen innen verlaufenden und abgestützten First noch zusätzlich gesichert und mit Gräsern und Schilf abgedeckt. In der Mitte der Längsseite war der Eingang, bei größeren Häusern gab es deren zwei. Die größten Häuser waren bis zu 100 Meter lang, in der Regel aber nur 10–15 Meter bei einer Breite von etwa 2 Metern. Sie wurden nur zum Schlafen benutzt. Das Innere der Häuser war mit Netzen vor Hühnern und Ratten gesichert, an den Eingängen standen hölzerne Figuren, die böse Geister abwehren sollten. Geschlafen wurde auf Matten.

Die Moai-Steinfiguren

Fast 1000 Kolossalfiguren stehen oder liegen verteilt auf der Insel, die meisten, fast 400, am inneren und äußeren Krater des Rano Raraku. Sie sehen sich ähnlich, sind aber alle verschieden. Auch die Größe differiert sehr: Die kleinsten messen etwa 2 Meter, der größte Moai, der nie fertig gestellt wurde und noch im Steinbruch „steckt", misst 21 Meter. Die allermeisten sind zwischen 5 und 7 Meter groß. Die **Ähnlichkeiten** betreffen die Form. Allen gemeinsam ist der **übergroße Kopf,** der meistens ein Drittel, teilweise auch die Hälfte der Gesamtgröße einer Figur erreicht, und der im Unterschied zum Körper der Figur sehr plastisch und detailliert ausgearbeitet ist: Die Nase ist lang und breit, mit konkavem Schwung und großen, stark betonten Nasenlöchern, die Ohren sind groß und lang, mitunter mit Schmuck verziert, die niedrige Stirn ist mit einer durchgehenden Augenbraue versehen, ein weit vorgeschobenes, breites und energisches Kinn sowie dünne, zusammengepresste Lippen, die mokant zu lächeln scheinen, komplettieren das Gesicht. Auch die Hinterköpfe sind gut ausgestaltet. Eher angedeutet sind dagegen die Arme. Sie liegen dicht am Körper an, sind leicht gebeugt und enden in feinen Händen mit langen zartgliedrigen Fingern, die wiederum sehr plastisch ausgestaltet sind. Die Hände liegen auf dem Unterleib auf, sie zeigen aufeinander, ohne sich zu berühren. Dazwischen ist der Knoten eines Lendenschurzes angedeutet. Die meisten Moai sind männlich, es gibt nur wenige weibliche mit deutlich herausgearbeiteter Brust und angedeuteter Vulva. Bei einigen ist auch der Rükken geschmückt: mit Kreisen, horizontalen Linien und Mustern, die wie Buchstaben verlaufen.

Obwohl die Steinmetzkunst in Polynesien verbreitet war, sind die Moai einzig auf der Osterinsel zu finden. Mit dem zusammengekniffenen Mund kann es eine besondere Bewandtnis haben: In verschiedenen polynesischen Kulturen wurde dem verstorbenen Stammeshäuptling die Zunge herausgeschnitten, welche dann sein Sohn, der Nachfolger mit der Häuptlingswürde, verspeisen musste, damit die Weisheit des Vaters auf ihn überginge. Dem Verstorbenen wurde anschließend der Mund zugenäht.

Wie die Moai hergestellt wurden, lässt sich leicht nachvollziehen, da am Hang des Rano Raraku (des Steinbruchs) Figuren in jedem Stadium der

☐ Die Moai des Ahu Akivi,
eine der wenigen Plattformen im Inselinnern

chi13-050 ms

Bearbeitung zu finden sind. An einer flachen Stelle wurden die Umrisse des auf dem Rücken liegenden Moai eingezeichnet. Man schlug zunächst die Figur in groben Zügen frei, wobei der Rücken durch einige schmale Grate mit dem Gestein verbunden blieb; danach wurde die komplette Vorderseite des Moai modelliert. War das vollbracht, schlug man die Steingrate ab und ließ die Figur langsam am Hang bergab gleiten bis in ein vorbereitetes Loch hinein, in dem sie aufrecht zu stehen kam. Erst dann wurde die Rückenpartie endgültig bearbeitet.

Gearbeitet wurde mit **Steinbeilen** *(toki)* aus härterem Basaltgestein. *Thor Heyerdahl* ließ bei seiner zweiten Expedition einige Insulaner probehalber mit solchem Gerät eine Figur aus dem Stein schlagen. Sie arbeiteten nur einige Tage und brachen dann ab, doch wenn man ihre Arbeitsleistung hochrechnet, kann man ermitteln, dass 20 bis 30 Männer für einen drei Meter großen Moai etwa ein Jahr brauchten.

Wie kamen nun die Figuren vom Steinbruch an ihren Bestimmungsort? 40–70 Tonnen wiegt ein durchschnittlicher Moai – für die Wiederaufstellung der Moai am Ahu Tongariki wurden japanische Spezialkräne benutzt. Der US-amerikanische Archäologe *William Mulloy* hat folgende Theorie entwickelt: Den Moai wurden an der Vorderseite Balken vorgespannt, dann wurden sie auf diese Balken wie auf einen Schlitten gekippt und anschließend mittels einer recht simplen Kombination aus Hub- und Zugtechnik langsam vorwärts gewippt. So hätten 90 Mann einen zehn Meter großen Moai innerhalb eines Tages etwa 100 Meter weit gewuchtet. An der vorgesehenen Stelle wurde die Figur dann Zentimeter für Zentimeter aufgerichtet, mit Seilzügen an der einen Seite und Hebeln auf der anderen, immer unterstützt und abgestützt durch angeschüttete Steinhaufen – auch das wurde bei einer Heyerdahl-Expedition eindrucksvoll belegt. Einer anderen Theorie zufolge wurden unter die Steinfiguren einfach Balken als Rollen gelegt und so die Figuren vorwärtsgerollt. Vielleicht standen sie dabei schon aufrecht, ein Stich von 1728 zu *Roggeveens* Landung auf der Insel zeigt eine solche Szene.

Erst den aufgestellten Figuren hauchte man Leben ein: Sie bekamen **leuchtende Augen aus Korallen.** Erst ein aufgerichteter Moai mit Augen hatte die **Mana,** die göttliche Kraft, welche die Nachfahren des Stammes beschützte. Das erklärt auch die Zerstörungswut während der späteren Kriege: Man stürzte die Moai des gegnerischen Stammes um, versuchte ihnen dabei den Hals zu brechen und entfernte die Augen. Nur Bruchstücke der Korallenaugen wurden gefunden, ein zerbrochenes Auge ist im Inselmuseum ausgestellt. Die Augen des Moai auf dem Ahu Ko Te Riku im Tahai-Komplex sind Nachbildungen.

Ein besonderer Moai ist die knieende Figur, die **Tuturi** genannt wird. Sie wurde in den 1950er Jahren von der Heyerdahl-Expedition freigelegt und ist zeitlich nur schwer einzuordnen. *Heyerdahl* hielt sie für älter als die anderen Figuren, andere Wissenschaftler schätzen sie jünger ein: Für sie war die Figur der Versuch, von der strengen Darstellungsweise abzugehen.

Bleibt zuletzt die wichtigste Frage: **Welche Funktion hatten die Moai?** Die Steinfiguren auf den Tempelanlagen markierten das Zentrum einer Gemein-

chi005 ml

de. Strukturell sind sie den Figuren auf einem Altar oder den Heldenbildern anderer Kulturen ähnlich, sie waren wahrscheinlich Standbilder verehrungswürdiger Ahnen, die ursprünglich sogar konkret benannt werden konnten. Im Wettstreit der Gemeinden wurden die Moai immer größer.

Die Moai sind gefährdet: Erosion setzt dem porösen Gestein aus Asche-Sedimenten und Lavabröckchen hart zu. Der Stein saugt sich bei Regen mit Wasser voll (mehr als ein Drittel Liter Wasser pro Liter Stein). Beim Abfließen nimmt das Wasser die Bindemittel mit. Der Stein wird poröser und poröser und zerbröselt langsam. Einige Statuen werden inzwischen mit Kieselsäure, die den Stein härtet, haltbar gemacht.

⌃ Am Krater Puna Pao – „Fabrik" der Pukao-Kopfbedeckungen

Die Pukao-Kopfbedeckungen

Pukao werden die **roten Turbane oder Haarschöpfe** aus roter Gesteinsschlacke genannt, die manche Moai auf dem Kopf tragen. In der Wissenschaft herrscht relative Einigkeit darüber, dass es sich um eine Art Haartracht handelt, wie sie noch zu Zeiten der Ankunft der ersten Europäer von den männlichen Inselbewohnern getragen wurde.

Die Pukao wurden aus der roten Schlacke des Kraters Puna Pau gefertigt. Was sie bedeuten, ist bis heute nicht klar, wie sie zu den Moai kamen, schon: Sie wurden einfach gerollt. Aber wie wurden den Moai die mehrtonnigen Kopfbedeckungen aufgesetzt? Manche Wissenschaftler tippen auf Rampen, die aufgeschüttet wurden, andere wie *Mulloy* glauben, dass die Pukao bereits den liegenden Moai aufgesetzt wurden und dann die komplette Statue aufgerichtet wurde. Die Pukao halten übrigens allein durch ihr Gewicht auf den Köpfen. Sie besitzen an der Unterseite eine Vertiefung, in die der Statuenkopf genau hineinpasst. An den Seiten stehen sie weit über.

Die Felsbilder – Petroglyphen

In Felsen geritzte Bilder finden sich weltweit, doch nur an wenigen Orten entstand auf solch engem Raum eine so große Anzahl hervorragend ausgearbeiteter Petroglyphen wie auf Rapa Nui. Wissenschaftler schätzen, dass auf der gesamten Insel etwa **6000 Petroglyphen** zu finden sind. Das wichtigste Zentrum dieser Arbeiten ist beim Zeremoniendorf **Orongo.** Dort sind vor allem Darstellungen des Vogelmannes zu finden (vgl. „Unterwegs auf der Osterinsel/Südküste"). Die Petroglyphen in Orongo unterscheiden sich wesentlich von den meisten anderen auf der Insel: Sie sind qualitativ besser, feiner gearbeitet und als **Basrelief** ausgestaltet. Während die meisten anderen Felszeichnungen nur in den Stein geritzt wurden, haben die Künstler hier den Stein abgetragen, und somit tritt die Figur (Zeichnung) erhaben vor. Man vermutet, dass die Orongo-Petroglyphen von einer festen Künstlergruppe geschaffen wurden – dafür spricht, dass sie ein hohes Maß an Gleichförmigkeit besitzen.

Die anderen Petroglyphen sind einfachere Felszeichnungen. Sie beziehen sich auf das **Sozialgefüge** der Stämme untereinander, auf Rituale, Mythen oder auch das **Alltagsleben.** Oft wurden Meerestiere dargestellt – Schildkröten, Haie, Tintenfische –, die überall in Polynesien in den Mythen eine wichtige Rolle spielen. Viele Darstellungen ähneln den Motiven auf den Rongorongo-Tafeln (s.u.) – manche Forscher sehen die Felszeichnungen als Vorläufer dieser Tafeln an.

Menschenbilder sind selten, was erstaunlich ist, weil sie auf anderen Inseln Polynesiens (Marquesas, Hawaii) sehr häufig zu finden sind. Es kommen nur einzelne Gesichter, Hände und Füße vor sowie zahlreiche Darstellungen der weiblichen Geschlechtsteile, die auf einen Fruchtbarkeitskult schließen lassen.

Die Rongorongo-Schrift

Auf **25 kleinen Holztafeln** – länger als 103 und breiter als 21 Zentimeter ist keine – verbirgt sich eines der größten Geheimnisse der Osterinsel-Kultur: die Rongorongo-Schrift, die bis heute nicht eindeutig entziffert ist. Den Wissenschaftlern stehen auch nicht viele Schriftzeichen zur Verfügung: Auf der größten Tafel sind 1825 Zeichen erhalten, auf einem Stab nur zwei. Viele „Kohau rongorongo" wurden von den ersten Missionaren verbrannt – heidnische Zeichen sollten vernichtet werden.

Erst Mitte des 20. Jahrhunderts wandte sich die Wissenschaft der Rongorongo-Schrift zu. Zu spät, denn niemand konnte mehr erklären, wie die Texte zu lesen seien. Schon Ende des 19. Jahrhunderts hatte sich niemand mehr exakt auf diese Kunst verstanden – dokumentiert ist, dass selbst Insulaner mit traditionellen Kenntnissen zwar den Inhalt einer solchen Tafel exakt **nacherzählen** konnten, aber nicht in der Lage waren, einzelne Zeichen mit Bedeutung zu füllen. Sie erzählten auswendig, und jede Tafel berichtet von einer ganz bestimmten Geschichte.

Man weiß zumindest, wie die **„Sprechenden Hölzer"** beschriftet wurden. Der Schreiber begann in der linken unteren Ecke, von dort wurden von links nach rechts die Zeichen eingeritzt. War die Zeile fertig, drehte der Schreiber die Tafel um und schnitzte nun erneut von links nach rechts. So verlaufen die Zeilen in Serpentinen und jede zweite Zeile steht auf dem Kopf – beim Lesen musste man die Tafel ständig drehen.

Viele Forscher haben sich an der **Entschlüsselung der Rongorongo-Schrift** versucht – bisher sind alle **gescheitert.** Die Schwierigkeit liegt darin, dass erstens so wenig Material vorliegt und dass zweitens die Sprache, in der die Texte abgefasst sind, nicht genau bekannt ist; es handelt sich vermutlich um ein altertümliches Rapanui, das noch dazu stark verschlüsselt ist durch religiösen Gebrauch.

Gewichtiger ist aber, dass zwar einzelnen Schriftzeichen Lautwerte zuzuordnen sind, andere aber **Ideogramme** sind, d.h. jeweils einen ganzen Begriff darstellen, dessen Bedeutung nur in Ausnahmefällen klar und eindeutig ist. Die Rongorongo-Schrift ist somit nicht wie unsere lateinische eine Buchstabenschrift, sondern besteht sowohl aus Lautkombinationen wie auch aus Silben, einzelnen Wörtern und Begriffen. Sie ist eher ein mnemotechnisches System, das als Gedächtnisstütze fungierte.

So muss man sich vielleicht damit abfinden, dass die Rongorongo-Schrift nie entschlüsselt wird. Vermutlich starben die letzten Schriftgelehrten, die das Geheimnis hätten lüften können, 1862, als die Insulaner zu Tausenden in die Sklaverei verschleppt wurden.

Übrigens: Kein einziges Original der 25 erhaltenen Schrifttafeln ist auf der Insel zu bewundern. Sie sind verstreut auf Museen in aller Welt, drei sind immerhin in Santiago de Chile.

Die Holzfigur Moai kavakava

Unter den Holzarbeiten der Osterinsulaner ist eine Figur besonders auffallend: der Moai kavakava, eine männliche, ausgemergelt anmutende Figur mit vorgewölbtem Brustkorb, bei der die Rippen deutlich sichtbar sind. Kavakava bedeutet auf Rapa Nui auch Rippen.

Die Figur des Moai kavakava wirkt wie ein **expressionistisches Kunstwerk.** Kopf und Körper sind mit ausdrucksstarken Details versehen, die den Moai oft aggressiv wirken lassen. Jede der Figuren besitzt eine lange, schmale und gebogene Nase mit gut ausgestalteten Nasenflügeln, oft wulstigen, leicht nach oben gezogenen Lippen, die geöffnet sind und den Blick auf eine starke Zahnreihe freigeben. Tränensäcke sind sichtbar, eingefallene Wangen, das Kinn ist stark betont, auch durch den Spitzbart, den jede der Figuren trägt. Die Ohren sind lang mit heruntergezogenen Ohrläppchen, sie reichen fast bis zur Schulter. Der Körper ist sehr mager, die Arme dünn, die Hände liegen auf halber Höhe der Oberschenkel an. Wie gesagt ist der Brustkorb betont, ebenso wie der Bauchnabel und der leicht erigierte Penis. Die

chi006 ms

Beine sind im Verhältnis zum Körper sehr kurz, die Füße klein und nur schwach ausgestaltet.

Die Holzfiguren sind als standardisierte **Ahnenbildnisse** zu deuten und sollten als Schutzgeister dienen.

Allgemeine Reiseinformationen

Anreise

Die **einzige Möglichkeit,** die Insel zu erreichen, ist **per Flugzeug,** und zwar **mit LAN.** Die chilenische Airline hat ein Monopol auf diese Strecke. Die Verbindung **Santiago – Osterinsel** wird je nach Saison mindestens sechsmal pro Woche bedient, zweimal pro Woche fliegt LAN weiter nach **Tahiti.** Im Sommer fliegt LAN auch von Lima (Peru) nach Rapa Nui (Mi und So). Der Hin- und Rückflug ab Santiago (internationaler Flughafen) ist in den letzten Jahren zwar preiswerter geworden, reißt aber mit 400 bis 600 Euro immer noch ein Loch in die Reisekasse. Eventuell kann man mit dem South America Airpass von LAN die Osterinsel günstig mit einbauen.

Der **Flughafen Mataveri** liegt am Südende von Hanga Roa, etwa 20 Minuten Fußweg zur Ortsmitte. Es gibt keinen Busservice, ein Taxi kostet rund 4 Euro. Die meisten Hotels und Pensionen empfangen ihre Gäste am Flughafen mit den typischen Blumengehängen und bringen sie zur Unterkunft.

■ **LAN,** Büro auf der Atamu Tekena Ecke Pont. Geöffnet Mo bis Fr 9–16.30 Uhr, Sa 9–12.30 Uhr.

Öffentliche Verkehrsmittel

Den öffentlichen Nahverkehr besorgen zahlreiche **Taxis,** die man überall anhalten kann. Standardtarif für jede beliebige Strecke innerhalb Hanga Roas: 1500 Pesos (ca. 2,50 Euro).

Auto, Motorrad und Fahrrad

Nicht nur die großen Hotels, nahezu jedes Restaurant, jedes Geschäft und jede Pension verleiht Autos, Motorräder und/

⌃ Tänzer auf dem Tapati-Festival

oder Fahrräder. Dabei muss man mit 45–60 Euro am Tag für einen **Suzuki-Jeep – das übliche Verkehrsmittel auf der Insel** – rechnen. Motorräder sind für 35–50 Euro zu haben, die Miete für Fahrräder (Mountain-Bike) beträgt 17–25 Euro. Die meisten Unternehmen finden sich auf der Atamu Tekena, so auch der empfehlenswerte Auto-, Motorrad- und Fahrrad-Verleih Insular (Tel. 210 0480).

Pferde

Für erfahrene Reiter – das Equipment ist meistens nicht besonders gut – bietet sich auch die Miete eines Pferdes an. Die nahe bei Hanga Roa gelegenen Sehenswürdigkeiten sind gut mit dem Pferd zu erreichen; die Mietgebühr für ein Pferd beläuft sich auf ca. 45–70 Euro inkl. Führer für einen halben Tag. Die größeren Hotels veranstalten auch **Reitausflüge,** ebenso die Tourveranstalter.

Nationalpark

Ein großer Teil der Insel gehört seit 1935 zum Nationalpark Rapa Nui. Ausländer zahlen ein **einmaliges Eintrittsgeld von 60 US$** (ca. 45 Euro), Chilenen nur 10.000 Pesos (ca. 17 Euro). Das Ticket ist fünf Tage gültig und erlaubt den Besuch sämtlicher archäologischer Stätten auf der Insel. Das Geld kommt dem Erhalt der Kulturdenkmäler zugute. Wer das Ticket in Form eines Armbandes am Flughafen erwirbt, spart 10 Dollar gegenüber dem Normalpreis, der in Orongo und Rano Raraku erhoben wird. **Einige Dinge sind verboten:**

- **Klettern Sie nicht auf die Ahu (Kultplattformen)!**
- **Berühren Sie nicht die Moai-Figuren!**
- **Stellen Sie sich nicht auf die Petroglyphen (gravierte Steinflächen)!**
- **Fahren Sie nicht mit dem Auto oder Motorrad an die archäologischen Stätten heran, sondern parken Sie auf den vorgesehenen Plätzen!**

Reiseveranstalter

Tourveranstalter sind fast so zahlreich wie Hotels und Pensionen. Hanga Roa lebt vom Fremdenverkehr, aber nicht jeder Fremdenführer weiß wirklich genau über die Geschichte der Insel und die Ausgrabungsstätten Bescheid. Zu empfehlen **für alle deutschsprachigen Reisenden** ist vor allem:

- **Rapa Nui Travel**

Tel. (+56-32) 210 0548. Die deutsch/rapanui geführte Agentur organisiert Gruppen- und Individualpakete, Unterkunft sowie Touren aller Art mit deutschsprachiger Führung (Standardexkursionen: halber Tag 23 Euro, ganzer Tag 35 Euro). Geschäftsführerin *Conny Martin* lebt seit 1990 auf der Osterinsel und ist überaus kenntnisreich und hilfsbereit (danke!). Für speziell archäologisch und kulturgeschichtlich Interessierte arbeitet sie auch mit dem kundigen Schweizer Reiseführer *Josef Schmid* zusammen. www.rapanuitravel.com

Tauchen

Tauchen in der exotischen Unterwasserwelt ist wegen der enormen Sichttiefe von bis zu 60 Metern, der vielfarbigen Fische, der Unterwasserhöhlen und der Korallenbänke ein **besonderes Erlebnis**

– allerdings muss das Wetter mitspielen, bei zu viel Wind fällt die Tour ins Wasser. Zwei erstklassige Agenturen bieten Tauchgänge und -kurse an, beide direkt am Fischerhafen; beide verlangen 50–60 Euro pro Tauchgang und 25–35 Euro für Schnorcheltouren:

Mike Rapu Diving
Tel. 255 1055, www.mikerapu.cl

Diving Center Orca
Tel. 255 0375, www.seemorca.cl

Sprache

Die Amtssprache auf der Insel ist **Spanisch,** was die meisten Osterinsulaner auch mehr oder weniger gut beherrschen. Untereinander sprechen sie vielfach **Rapanui,** eine polynesische Sprache, die keinerlei Ähnlichkeiten mit europäischen Sprachen hat. Viele sprechen auch etwas englisch.

Beste Reisezeit

Die Osterinsel hat **eigentlich immer Saison.** Kühler und feuchter ist es in den Monaten Mai bis Oktober, im August werden mit 12 bis 14°C (nachts) die tiefsten Temperaturen gemessen, im Januar und Februar Höchsttemperaturen von 29°C. Im Jahr scheint die Sonne ca. 2500 Stunden, das sind etwa 7 Stunden am Tag. Tropische Wirbelstürme gibt es hier nicht. Die Sonneneinstrahlung ist sehr intensiv, nicht wegen des Ozonlochs, sondern aufgrund der klaren Luft. Schützen Sie sich mit einem starken **Sonnenschutzmittel.**

chi13-051 ms

Eine besondere Touristenattraktion ist das alljährliche **Tapati-Fest,** bei dem die Insulaner traditionelle Bräuche, Spiele und Wettkämpfe wieder beleben (s.u.). In den zwei Wochen Anfang Februar (Haupturlaubszeit auf dem chilenischen Festland) füllt sich die Insel mit Besuchern, dann und generell in der Hochsaison von November bis Februar sollte man unbedingt frühzeitig eine Unterkunft buchen.

Empfehlenswert sind Aufenthalte von mindestens drei vollen Tagen auf der Insel, sonst ähnelt der Besuch eher einem Sprint durch ein Museum. Und: Die Osterinsel bietet, beispielsweise in Anakena, auch **hervorragende Bademöglichkeiten.** Wer sich eine Woche Zeit für die Insel nimmt, kann ihre spezielle Atmosphäre in Ruhe genießen und hat auch Zeit für Beobachtungen am Rande. In beiden Fällen empfehlen wir, mindestens eine **geführte Tagestour** zu den wichtigsten Stätten der Insel zu machen. Mehr als alle Literatur kann einem ein guter Guide die Mystik der Moais, die zauberhaften Geschichten hinter jedem Ahu, jeder Höhle nahebringen, kann einen auf unscheinbare, aber wichtige Details aufmerksam machen. Danach kann man immer noch die Insel auf eigene Faust weiter erkunden und die schönsten Stellen noch einmal aufsuchen, etwa zu Sonnenauf- oder -untergang. Man kann auf der Insel auch gut **wandern,** vorausgesetzt man führt ausreichend Trinkwasser mit sich. Verlaufen kann man sich nicht, in den Läden auf der Insel gibt es zudem Wanderkarten, ebenso unter www.trekkingchile.com/karten.

☒ Probates Fortbewegungsmittel auf der Insel

Gesundheit

Für die Osterinsel genügen in der Regel die normalen Vorkehrungen (siehe entsprechenden Abschnitt im Kapitel „Praktische Reisetipps A–Z“). Gelegentlich gibt es Fälle des **Dengue-Fiebers,** einer tropischen, von der Mücke *aedes aegypty* übertragenen Krankheit – zwar nur in der „klassischen“, nicht lebensgefährlichen Variante, aber immerhin verbunden mit hohem Fieber, Husten- und Brechreiz, Muskel- und Gelenkschmerzen. Der Erreger ist in den pazifischen Tropen weit verbreitet, auf der Osterinsel hingegen eher selten. Erkundigen Sie sich ggf. vor der Reise bei Sernatur oder LAN nach dem Stand der Dinge.

Kulturelle Veranstaltungen

Wichtigstes Kulturereignis ist das **Tapati-Festival Anfang Februar.** Auf die vielfältigen Darbietungen und Wettkämpfe bereiten sich die Familienclans und Folkloregruppen das ganze Jahr über vor. Zwei Wochen lang werden Körper bemalt, Kostüme gebastelt, rituelle Tänze und Gesänge aufgeführt. Bei einem Triathlon am Rano-Raraku-Krater werden die Besten im Bananenboot-Paddeln, Schilfmatten-Schwimmen und Laufen mit Bananenstauden ermittelt. Die Frauen demonstrieren die traditionelle Kochkunst und das Erzähl-Ritual mit Knotenschnüren. Am Ende wird der Hopu Manu, der beste Wettkämpfer, gekürt, und ein großer kollektiver Umu (Erdofengericht, s.u.) schließt die Feierlichkeiten ab.

Doch auch übers Jahr kann man in den Genuss der vielfältigen Kultur der Rapanui kommen. Mehrere **Folkloregruppen** treten mehrfach pro Woche in Restaurants auf; beeindruckend sind vor allem die zwei größten, Kari Kari und Maori Tupuna. Ende Juni, zum **Tag des St. Peter,** des Schutzheiligen der Fischer, wird ein großer Umu veranstaltet, zum **Jahrestag der Annexion** am 9. September ein Festumzug. Und was die Gospelmessen für Harlem sind, ist für die Osterinsel der Frühgottesdienst (So 9 Uhr in der Kirche), wenn die Insulaner die katholische Zeremonie mit traditionellen Rapanui-Gesängen untermalen.

Einkäufe

Beliebteste **Souvenirs** sind kleine Moai aus Stein oder die traditionellen Holzschnitzereien der Osterinsel, außerdem der fantasievolle Schmuck aus Muscheln, Seeschnecken, Federn, Samenkörnern oder Schildplatt: Ketten, Ohrgehänge, Kopfschmuck etc. Zahlreiche Souvenirgeschäfte auf der Atamu Tekena bieten diese Dinge an, auch an einigen Ahus sind Verkäufer zu finden. Die beste Auswahl hat die Markthalle auf der Atamu Tekena Ecke Tu'u Maheke; hier gibt es auch Obst und Gemüse zu kaufen. Ein weiterer Kunsthandwerksmarkt ist auf der Tu'u Koihu nahe der Kirche. Supermärkte finden sich ebenfalls auf der Atamu Tekena.

Empfohlene Literatur und ein Film

- *Thor Heyerdahl,* **Kon Tiki** (Ullstein, 2000), und **Aku Aku** (nur antiquarisch). Die Berichte über die beiden Expeditionen des populären norwegischen Archäologen, von ihm selbst verfasst.
- **1500 Jahre Kultur der Osterinsel – Schätze aus dem Land des Hotu Matua.** Katalog zur Ausstellung. Mainz 1989, Verlag Philipp von Zabern.
- *T. S. Barthel,* **Das 8. Land.** München 1974, Verlag Klaus Renner.
- *Horst Gatermann,* **Die Osterinsel.** Köln 1994, DuMont Verlag.
- *Peter Leopold, Ricardo Herrgott,* **Rapa Nui – die Osterinsel:** Alltag und Mythos des entlegensten Eilands der Welt. Wien 1994, Löwen Edition.
- *Peter Crawford,* **Nomaden des Windes – Paradies Polynesiens.** Köln 1995, vgs-Verlagsgesellschaft.
- **Rapa Nui, Spielfilm von Kevin Costner,** in dem das vermutliche Untergangsszenario der Osterinsel-Kultur, aber auch der Bau der Moai und der Vogelmann-Kult etc. dargestellt werden.

Unterwegs auf der Osterinsel

Hanga Roa

Der einzige Ort der Insel hat etwa **4000 Einwohner.** Die Siedlung am südlichen Teil der Westküste hat kein eigentliches Zentrum. Dort, wo in anderen Orten die Plaza wäre, findet sich hier ein großer Fußballplatz. Die **wichtigste Straße** ist die **Atamu Tekena,** die einen „Block" parallel zur Küstenstraße verläuft. Hier finden sich die meisten Geschäfte und Restaurants. Auf Straßennamen achtet man in Hanga Roa übrigens kaum, sie werden – wenn überhaupt – unscheinbar an die Bordsteine gepinselt; dennoch werden sie hier größtenteils angegeben. Wer ein Haus, eine Pension oder einen Laden sucht, fragt besser direkt danach, nicht nach der Straße. Der Ort dehnt sich jeweils über 2 Kilometer in Nord-Süd- und Ost-West-Richtung aus.

Hanga Roa atmet eine **eigenwillige Mischung** aus Hafen und Bauerndorf, aus polynesischem Laisser-faire und dem resignierten Versuch der (chilenischen) Behörden, ein Mindestmaß an Ordnung durchzusetzen. Mit wild wehendem Haar brummen Motorradfahrer die Straßen rauf und runter (Helme sind verpönt), dann wieder galoppiert ein stolzer Reiter herbei und macht sein sattelloses Ross am Supermarkt fest. Bei Schulschluss regelt ein einsamer Carabinero den „Verkehr", seine Trillerpfeife bleibt stumm, wenn die Mutter ihre drei Sprösslinge mit auf den Motorroller quetscht. Am besten setzt man sich in ein Straßencafé, trinkt einen tropischen Fruchtsaft und sieht dem gemächlichen Inselalltag zu.

Touristeninformation

- **Vorwahl: 32**
- **Sernatur,** Tu'u Maheke etwa Ecke Apina. Hier wird auch englisch gesprochen. Geöffnet Mo bis Fr 9–19 Uhr, Tel. 255 1933. ipascua@sernatur.cl
- Gute Infos im Internet auf **www.osterinsel.de** und **www.osterinsel.ch.**

Unterkunft

Die Unterkünfte auf Rapa Nui sind im Vergleich zum chilenischen Festland **sehr teuer.** Preise sind saisonabhängig und oft Verhandlungssache; über eine Agentur kann man u.U. bessere Konditionen bekommen als bei Direktbuchung. Etliche Herbergen haben Schalter am Flughafen, und in der Nebensaison (April bis Okt.) kann man dort kräftig handeln. Auch bei einfacheren Unterkünften ist meist der Transfer vom und zum Flughafen inklusive. Aufmerksame Gastgeber begrüßen die Besucher mit Blumengehängen und verabschieden sie mit Muschelketten. Solche Dinge machen ebenso den kleinen Unterschied aus, wie das **Frühstück** („americano" = tropisch-üppig oder „continental" = simpel), ein schöner Garten oder ein Pool. In der Mittelklasse gibt es ein recht breites Angebot, dagegen mangelt es an Backpacker-Herbergen, und die Hotels der Oberklasse lassen zum Teil zu wünschen übrig. Kleine, familiäre Gästehäuser sind im Zweifelsfall den großen, unpersönlichen Hotels vorzuziehen. Die meisten Unterkünfte organisieren Touren und verleihen Fahrzeuge. Fast alle der genannten Hotels und Pensionen sind im Ortsplan verzeichnet. Hausnummern gibt es nicht auf der Insel, daher werden nur die Straßennamen angegeben. Alle Preise mit Frühstück.

- **Residencial Kona Tau**
Avarei Pua, Tel. 210 0321. Gehört zum Jugendherbergsring Hostelling. Gemeinschaftsküche, Garten, einfache Dreier- oder Viererzimmer mit Privatbad für 28 Euro p.P., DZ 67 Euro. konatau@entelchile.net
- **Chez Cecilia**
Camino a Tahai, Tel. 210 0499. Weitläufige Anlage mit Meerblick, kleine, einfache Zimmer mit Bad. DZ 60 Euro, auch Camping für 8 Euro p.P. www.rapanuichezcecilia.com
- **Chez Erika**
Tuki Haka Hevari, Tel. 210 0474. Gästehaus mit Garten und Gemeinschaftsküche, einfache, nicht immer saubere Zimmer, alle mit Bad. DZ 40–60 Euro.

Hanga Roa
0 500 m
© Reise Know-How 2013
Übernachtung
1 Hotel Altiplánico
2 Hare Swiss
4 Mana Nui Inn
5 Chez Cecilia
9 Hotel O'tai
15 Hotel Taura'a
18 Chez Erika
19 Hotel Gomero
20 Hotel Uka
22 Hanga Roa
23 Camping Mihinoa
25 Residencial Kona Tau
26 Hotel Oceania Rapa Nui
27 Hotel Manutara
28 Hotel Iorana
Essen und Trinken
3 Umu Hatu
6 Au Bout du Monde
7 Taverne du Pecheur/ Merahi Ra'a/Mikafé
8 Ko Tinita
10 Pea
11 Te Moana
12 Ra'a
13 Aloha
14 Hetu'u
16 Kai Mana
17 Kana Hau
21 Te Ra'ai
Sonstiges
24 LAN
Ahu Tepeu
Anthropol. Museum Sebastián Englert
Ahu Tahai
Tahai
Friedhof
Freibad
Ahu Akivi
Petero
Atamu
Tuukoihu
Feria
Arapiki
Te Pito Te Henua
Ara Roa
Rakei
Puku
Ranqui Uka
Caleta Hanga Roa
Policarpo Toro
Markt
Av. Apina
Simón Paoa
Molina Luco
Tuki Haka Hevari
Av. Pont
Caleta Hanga Piko
Atamu Tekena
Ava Rei Pua
Tu'u Koihu
Av. Hotu Matua
Kai Tuoe
Anakena
Flughafen Mataveri
Manutara
Manukena
Pakarati
Hekii
Ahu Vinapu
Ana Kai Tangata
Conaf-Besucherzentrum, Rano Kau, Orongo

Hare Swiss
Tahai, Tel. 255 2221. Ein Schweizer und eine Rapa Nui betreiben diese drei neuen Bungalows mit Terrasse und Meerblick ca. 20 Fußminuten nördlich des Zentrums. Abwechslungsreiches Frühstück, Abholung vom Flughafen inkl., Leserempfehlung. DZ 98 Euro. www.hareswiss.com

Hotel Uka
Simón Paoa, Tel. 210 0593. Nette, ruhige, einfache Herberge, 10 Zimmer mit Bad, große Terrasse, Internet, Tourangebote, Autoverleih. DZ 109 Euro. www.hoteluka.com

Mana Nui Inn
Sector Tahai, Tel. 210 0811. Fünf Cabañas mit Terrassenblick aufs Meer und die Moais von Tahai, geschmackvoll eingerichtet, netter Service. Cabaña für 2 Pers. 90 Euro, 4 Pers. 183 Euro. Es gibt auch Zimmer für 1–3 Pers.: 60–125 Euro. www.mananui.cl

Hotel Oceania Rapa Nui
Tu'u Koihu, Tel. 210 0356. Schöne Anlage mit tropischem Garten und Pool, 25 Zimmer, Restaurant, Autoverleih, Touren, nette Betreiber. DZ ab 110 Euro inkl. Frühstück. www.oceaniarapanui.cl

Hotel Taura'a
Atamu Tekena, Tel. 210 0463. Gut ausgestattetes Hotel direkt an der Hauptstraße, nachts recht laut, tropisches Frühstück. DZ 115–150 Euro. www.tauraahotel.cl

Hotel Gomero
Tu'u Koihu, Tel. 210 0313. Sympathisches, familiäres Hotel mit herzlichen Gastwirten. Ruhige, schöne, geräumige Zimmer (Telefon, Minibar), grüner Palmengarten mit Pool, gutes Frühstück und exzellente Küche. Standard- und Superior-Zimmer, letztere mit Klimaanlage und eigener Terrasse. DZ 128/150 Euro. www.hotelgomero.com

Hotel O'tai
Te Pito o Te Henua, Tel. 210 0250. Grünes, ruhiges Hotel in zentraler Lage, geräumige Zimmer mit Klimaanlage und Blick auf den Palmengarten mit Pool und zwei von *Kevin Costner* verwendeten Blech-Moais. DZ 136 Euro. www.hotelotai.com

Hotel Manutara
Av. Hotu Matu'a, Tel. 210 0297. Etwas abseits, aber gut. Renovierte Zimmer mit TV um einen Palmenpool. DZ 98–125 Euro. www.hotelmanutara.cl

Hotel Iorana
Ana Magaro, Tel. 210 0608. Spartanische, grünarme, lieblose Anlage, aber direkt am Meer. Zu bevorzugen sind die neuen Zimmer mit Klimaanlage und Blick auf die Steilküste. DZ 165–190 Euro (ohne Flughafentransfer!). www.ioranahotel.cl

Hanga Roa Eco Village
Av. Pont, Tel. 2/2957 0300. Komplett modernisiertes Luxushotel mit 75 geräumigen Zimmern, Spa und Restaurant. DZ 200–250 Euro je nach Saison. www.hangaroa.cl

Hotel Altiplánico
Sector Hinere, Tel. 2/2212 3021. Designhotel der Altiplánico-Kette, mit elf von den Hare-Paenga-Häusern inspirierten Bungalows von rustikal-raffinierter Schlichtheit, aber ohne Klimaanlage. DZ ca. 304 Euro. www.altiplanico.cl

Camping

Camping Mihinoa
Av. Pont, Tel. 255 1593. Schöne Anlage direkt am Meer, von Lesern empfohlen. Freundliche Betreiber, neue Küche, warme Duschen. 8 Euro p.P., Ausleihe von Zelt, Isomatte und Schlafsack 9 Euro. www.mihinoa.com

Essen und Trinken

Die **Rapa-Nui-Küche** wäre ein Kapitel für sich. Leider servieren nur wenige Restaurants authentische Gerichte. Dazu gehören zuallererst Fisch und Meeresfrüchte in allen Varianten: vom *Ceviche* bis hin zum Seeaal, der in heißer Asche zubereitet wird. Die einst zahlreichen Langusten sind selten geworden, am häufigsten wird Thunfisch angeboten. Als Beilagen werden gern *Camote* (Süßkartoffeln) und *Taro,* eine leckere heimische Kartoffel, gereicht. Probieren sollte man auch das süße Bananenbrot *Po'e.*

Das **Traditionsgericht** der Insel ist der **Umu,** in Chile als *Curanto* bekannt. Mehr als nur ein Gericht, gehört der *Umu* zu vielen sozialen Anlässen dazu, vom Hochzeitsfest bis zur Trauerfeier. In einem Erdloch wird ein Feuer gemacht, welches eine Schicht Steine erhitzt. Darauf werden, eingewickelt in Bananenblätter, Fleisch, Fisch und Gemüse geschichtet, dann wird der Festschmaus mit Blättern und Erde abgedeckt und gart zwei Stunden. In der Hauptsaison werden häufig Umu für Touristen veranstaltet; fragen Sie Ihre Gastwirte danach.

■ **Pea**
Policarpo Toro. Uferlokal mit schönem Rundblick und akzeptabler Küche.

■ **Merahi Ra'a**
Am Fischerhafen. Etwas langsame, aber ausgezeichnete einheimische Küche.

■ **Ko Tinita**
Te Pito o Te Henua. Einfach und freundlich.

■ **Te Moana**
Atamu Tekena. Gemütliches Pub-Restaurant mit polynesischem Flair, gutes Essen.

■ **Hetu'u**
Atamu Tekena. Gute Rapa-Nui-Küche mit lokalen Produkten, akzeptable Preise.

■ **Umu Hatu**
Tahai. Exzellente lokale Gerichte sowie schöner Blick auf die Moais von Tahai, moderate Preise.

■ **Kana Hau**
Atamu Tekena. Nette Terrasse, gutes Essen.

■ **Aloha**
Atamu Tekena. Beliebter Pub.

■ **Ra'a**
Atamu Tekena. Nettes kleines Café mit Tagesgericht und Internet.

■ **Kai Mana**
Atamu Tekena. Gutes Essen zu fairen Preisen.

■ **Te Ra'ai Rapa Nui**
Kai Tuoe, etwas außerhalb. Gelobte Brasilianisch-Rapanui-Fusionsküche, Umu-Shows.

■ **Au Bout du monde**
Policarpo Toro, Tel. 255 2060. Belgisches Restaurant mit exzellentem Essen und gehobenen Preisen, Show der Folklore-Gruppe „Matato'a".

■ **Mikafé**
Am Hafen. Hausgemachtes Eis mit exotischen Geschmacksrichtungen.

Sonstiges

■ **Geld:** Neben chilenischen Pesos akzeptieren viele Lokale und Veranstalter auch Dollar, mitunter auch Euro, allerdings zu ungünstigen Kursen. Kleine Scheine bereithalten! Im **Banco Estado** (Tu'u Maheke, unterhalb der Markthalle) und im **Banco Santander** (Av. Pont, ganz in der Nähe) gibt es Redbanc-Geldautomaten, wo man rund um die Uhr mit der Maestro-/EC-Karte Pesos abheben kann. Ein dritter steht im Tankstellen-Geschäft (Av. Hotu Matua, geöffnet bis 20 Uhr), hier kann man auch Geld tauschen. **Kreditkarten** werden vereinzelt akzeptiert, vor allem in den größeren Hotels.

Die Osterinsel ist teurer als das chilenische Festland, allein schon aufgrund der langen Transportwege.

■ **Post:** Te Pito o Te Henua. Wer will, kann sich hier einen schönen Poststempel in seinen Reisepass drücken lassen.

■ **Telefonzentrale von Entel:** Gegenüber der Bank, leicht an der großen Satellitenschüssel zu erkennen. Entel unterhält auch das einzige **Mobilfunknetz** auf der Insel.

■ **Internet:** Generell sehr langsam; mehrere Anbieter auf den Hauptstraßen, auch im Café Ra'a sowie in einigen Hotels.

■ **Wäscherei:** Fast alle Unterkünfte bieten Wäscheservice an; ansonsten gibt es eine Wäscherei auf der Atamu Tekena.

■ **Zeitunterschied:** Auf der Osterinsel ist es zwei Stunden früher als auf dem chilenischen Festland.

■ Eine Art „Insel-Philosoph" ist **Lukas Pakarati:** Er weiß sehr spannend und kundig von Geschichte(n) und Kultur der Osterinsel zu erzählen (auf Spanisch). Daneben stellt er originalgetreue kleine Stein-Moais her, die er und seine Frau **Guga Ulloa** neben weiterem Kunsthandwerk am Anakena-Strand verkaufen. Auch der Guave-Likör der beiden ist zu empfehlen.

Archäologische Stätten und Sehenswürdigkeiten

Entlang der Westküste

Die Tour lässt sich am besten zu Fuß in einer mehrstündigen Wanderung, zu Pferd, per Fahrrad oder mit einem geländegängigen Wagen machen. Man kann sie auch mit der Tour durch das Inselinnere (s.u.) kombinieren.

Tahai – nur eine Viertelstunde Fußweg vom Zentrum von Hanga Roa entfernt befindet sich die rekonstruierte Zeremonialanlage Tahai. Sie besteht aus drei verschiedenen Ahu, insgesamt sieben Moai, Hausfundamenten, Kochstellen, Wohnhöhlen und Zeremonienplätzen. Ein Denkmal erinnert an den US-amerikanischen Archäologen *William Mulloy*, der hier begraben liegt.

Eindrucksvollster Ahu ist der **Ahu Vai Uri** mit seinen fünf sehr archaisch wirkenden Moai. Drei sind fast vollständig erhalten, einem fehlt der Kopf ganz, einem anderen zur Hälfte. Die Moai tragen keine Pukao, die größte Einzelstatue misst ca. 5 Meter. Vermutlich stammen sie alle aus dem 12. Jahrhundert.

Weiter nördlich, direkt neben der Hafeneinfahrt, steht der **Ahu Tahai,** gekrönt von einem einzelnen, sehr stark verwitterten Moai ohne Kopfschmuck. Tahai wurde vermutlich bereits im 7. Jahrhundert angelegt und gilt damit als einer der ältesten Ahu der Insel.

Der dritte Ahu an diesem Ort, der **Ahu Ko te Riku,** wurde auch im 12. Jahrhundert errichtet. Er trägt einen sehr gut erhaltenen Moai mit Pukao-Kopfschmuck. Es ist die einzige Statue, der man wieder (nachgebildete) Korallenaugen eingesetzt hat.

Tahai besucht man am besten am späten Nachmittag, kurz vor Sonnenuntergang. Denn der ist dort besonders schön, wenn sich die hoch aufragenden Moai gegen das Licht des bunten Abendhimmels abzeichnen. Fotografen sei auch der frühe Morgen empfohlen, wenn die ersten Sonnenstrahlen die Augen des Ko te Riku aufleuchten lassen.

Folgt man der Westküste weiter nach Norden, passiert man zunächst das **Museo Antropológico Sebastián Englert,** das nach einem deutschen Missionar benannt ist, der viele Jahre auf der Insel verbrachte und sich intensiv der Erforschung der Kultur widmete. Es besitzt keine spektakulären Ausstellungsstücke – wie erwähnt z.B. keine Rongorongo-Tafel –, erläutert aber sehr präzise die Beziehungen zwischen Rapa Nui und anderen polynesischen Inseln, berichtet Wissenswertes über Sprache und Kultur der Insulaner und zeigt Dokumente aus dem 19. Jahrhundert. Das Museum ist geöffnet Di bis Fr 9.30 –17.30 Uhr, Sa/So 9.30–12.30 Uhr, Eintritt 1,50 Euro.

Weiter nach Norden passiert man zunächst die beiden **Ahu bei Hanga Rao Rao,** dann sieht man schon den **Ahu Tepeu** am Ende der Küstenstraße, die nach Norden führt. Man findet dort einige umgestürzte Moai, die einst auf den Ahu standen, nahebei auch Fundamente von Hare-Paenga-Häusern.

Das Inselinnere

Die Küstenstraße biegt am Ahu Tepeu ins Landesinnere ein. Man passiert ein früheres Heiligtum des Gottes *Makemake* (Petroglyphen), dann kommt man zur **Ana Te Pahu,** einer großen Wohnhöhle. Man gelangt durch einen tropischen Garten in ihr Inneres. In windgeschützten Lagen gedeihen auf der Osterinsel Nutzpflanzen besonders gut; die Insulaner legten ihre Gärten daher in den Einsturzhöhlen (-kratern) an.

Wenige Kilometer weiter führt nach links ein Weg zum **Ahu Akivi,** auch als **Siete Moai** bekannt, einem der wenigen Ahu im Inselinnern. Diese sieben Moai sind die einzigen, die aufs Meer schauen, alle anderen Moai stehen direkt am Meeresufer und wenden der See ihren Rücken zu. Der Legende zufolge repräsentieren die Statuen die sieben Kundschafter, die im Auftrag von Hotu Matu'a als Vorhut auf die Insel kamen. Tatsächlich blicken sie in Richtung des Archipels, von dem Hotu Matu'a vermutlich stammte. Die Verlängerung dieser Linie deutet im Osten bei der Wintersonnenwende auf das Siebengestirn der Plejaden. Möglicherweise waren diese Sterne die Wegzeichen Hotu Matu'as. Die einst umgestürzten Siete Moai wurden von *Mulloy* und *Figueroa* wieder aufgestellt; manche Archäologen vermuten, dass diese Ahu-Anlage jünger ist als die Anlagen an der Küste: Erst nachdem dort alle Siedlungsplätze belegt waren, seien die Inselbewohner auch ins Landesinnere gezogen.

Biegt man auf dem weiteren Weg kurz vor Erreichen der Straße nach Hanga Roa rechts ab, gelangt man zum **Puna-Pau-Krater, dem Herstellungsort der Pukao.** Mehr als ein Dutzend roter Kopfbedeckungen liegen hier auf der grünen Wiese wie bestellt und nie abgeholt, einige fast 3 Meter hoch, mit einem Durchmesser von mehr als 2 Metern. Manche sind auch mit Petroglyphen geschmückt.

Die Südküste entlang

Auch die Südküste lässt sich gut per Jeep, Pferd oder Fahrrad erkunden. Entlang der Küste führt eine durchgehende Straße, sie zweigt bei Tongariki ins Landesinnere zur Nordküste ab. Bei Anakena endet die Küstenstraße, von dort verläuft die einzige Asphaltstraße quer über die Insel zurück nach Hanga Roa.

Das **Zeremoniendorf Orongo** ist die erste Station der Tour. Man kann mit dem Auto hinauf zum südlichen Kraterrand des Rano Kau fahren; schöner, wenn auch anstrengender, ist ein Aufstieg per pedes vorbei an der Conaf-Station durch die hüfthohen Guavenbüsche. Oben angekommen, tut sich ein herrliches Panorama auf: Links, 200 Meter tiefer, liegt der algenüberwucherte Kratersee des Rano Kau, rechts, etwa 300 Meter tiefer, breitet sich der endlose Pazifik aus, die Vogelinsel ist zu sehen und zwei weitere Felseilande. Hier oben weiß man sofort, was ein weiter Horizont bedeutet …!

Orongo besteht aus 53 kleinen rekonstruierten, **höhlenartigen Steinhäusern,** mit jeweils elliptischem Grundriss. Die Häuser haben eine Grundfläche von durchschnittlich 7 Metern Länge und 1,80 Meter Breite, sind aber nur rund 1,30 Meter hoch. Ihr Eingang ist eng: Es sind Kriechgänge mit einer Größe von ca. 60 x 55 Zentimetern. Die restaurierten Häuser unterscheiden sich deutlich von den Hare Paenga, haben sie doch eine feste Dachkonstruktion aus Steinen. Im Innern waren sie mit Zeichnungen geschmückt.

Im Mittelpunkt des Dorfes liegt das **Höhlenhaus des Vogelmannes** *(tangata manu)*. Um den Eingang des Hauses stehen mehrere Felsen mit Petroglyphen, dargestellt sind der Gott *Makemake* und der Vogelmann selbst, daneben Muster (Doppelovale), die entweder als Samenkörper oder als Vulven gedeutet, jedenfalls aber einem Fruchbarkeitskult zugeordnet werden. Direkt an der Steilküste selbst finden sich die schönsten Basreliefs des Vogelmannes (siehe Exkurs).

Direkt an der Südküste, am Ostrand des Kraters Rano Kau, liegen die beiden **Ahu Vinapu.** Beide sind sehr gut erhalten, lediglich die Moai sind umgestürzt, und ihre Pukao liegen dekorativ in der Wiese. **Vinapu I** ist ein besonderer Ahu. Er verblüfft durch seine fugen- und mörtellos zusammengesetzte Mauer aus exakt behauenen Steinen – sie erinnerte *Thor Heyerdahl* sofort an inkaische (in Cuzco) und präinkaische Bauwerke.

Entlang der **Südküste** finden sich die meisten archäologischen Stätten auf der Insel. Sie war am dichtesten besiedelt, und jede Gemeinde schuf sich ihre Ahus mit Moai. Folgt man der Küstenstraße, passiert man den **Ahu Vaihu** mit acht großen, umgestürzten Moai, dann folgt der **Ahu Akahanga,** bei dem selbst die Plattform zerstört ist. Hier finden sich einige der größten Moai – sie erreichen eine Größe von fast 7 Metern und besitzen eine Schulterbreite von über 3 Metern. Drei Kilometer weiter gelangt man zum **Ahu Hanga Tetenga,** dann zweigt

Der Vogelmann-Kult

Orongo entstand gemeinsam mit dem Vogelmann-Kult. In diesem Kult ist der **Makemake** der **oberste Gott,** der Schöpfer der Erde, der Sonne, des Mondes und der Menschen. Makemake belohnt das Gute, straft die Bösen, verlangt aber auch Menschenopfer, und der Vogelmann ist sein oberster Priester. Wissenschaftler nehmen an, dass im frühen 15. Jahrhundert eine Kriegerklasse *(matatoa)* die Macht auf der Insel von den bis dahin traditionell herrschenden Königen *(ariki mau)* übernahm. Sie bestimmte in einem komplizierten Ritual den Vogelmann, der dann für ein Jahr herrschte.

Die Krieger der verschiedenen Stämme, die für sich selbst oder ihren Stammesführer an diesem **Ritual** teilnahmen, traten gegeneinander auf der kleinen vorgelagerten Insel Motu Nui an: **Die Aufgabe lautete, ein Ei der Rauchseeschwalbe zu finden.** Dazu kletterten die Kombattanten die fast senkrecht zum Meer abfallenden Felsen hinab, schwammen hinüber zur Insel, suchten das Ei, legten es in ein Schilfkörbchen, das sie sich um den Hals (oder den Kopf) banden, schwammen zurück und kletterten die Klippen zum Dorf hinauf. Wer als erster ankam, wurde Vogelmann (oder bestimmte seinen Stammesführer zum Vogelmann), er regierte dann ein Jahr die Insel. Er entschied dann auch, wer dem Gott Makemake geopfert wurde – insofern ist klar, dass die Stämme erbittert miteinander wetteiferten.

chi012 ml

nach links, wegführend von der Küste, der **Camino de los Moai** (Weg der Moai) ab, der zum Steinbruch im Krater des Rano Raraku führt. Diese Strecke, auf der die Moai zur Küste transportiert wurden, und entlang derer etliche liegengeblieben sind, sollte man nicht befahren; für Autos gibt es eine gesonderte Piste zum Ranu Raraku.

Doch zunächst geht es noch einige Kilometer weiter bis zum **Ahu Tongariki, der schönsten und am besten rekonstruierten Anlage der Insel.** Der größte Ahu, der je auf der Insel gebaut wurde, war 1960 durch eine Flutwelle, ausgelöst durch das Seebeben vor Valdivia (vgl. dort), vollständig zerstört worden. Kein Stein blieb auf dem anderen, und in mühevoller Kleinstarbeit wurde unter Leitung des auf der Osterinsel ansässigen chilenischen Archäologen *Claudio Cristino* nach alten Fotos und anderen Vorlagen der Ahu wieder vollständig zusammengesetzt – ein gigantisches Puzzlespiel, mit Teilen, die bis zu 50 Tonnen (die Moai) wogen.

Tongariki bietet einen fantastischen Anblick: 15 Moai stehen auf der gigantischen Plattform, die über Generationen hinweg immer wieder erweitert wurde und in der ältere Moai-Figuren wieder als Material verbaut wurden. Hinter dem Ahu brandet das Meer, vor ihm öffnet sich weit der Platz, und die Moai schauen mit ernstem Blick zum Rano Raraku, wo sie aus dem Stein geschlagen wurden.

Der Rano Raraku diente als Steinbruch für die Moai-Figuren

Die „Moai-Fabrik“ am Rano Raraku

Der **Kraterrand** des Rano Raraku ist ein ganz besonderer Ort: **397 Moai** stehen hier, die meisten fertig und am Hang bereit zum Abtransport, einige noch nicht vollständig modelliert, wieder andere noch mit dem Fels verbunden. So auch der größte Moai, der auf der Insel gefunden wurde: 21,40 Meter misst die Statue, was der Höhe eines siebengeschossigen Hauses entspricht.

Die meisten Figuren stehen am unteren Rand des Berges; sie sind aus dem Fels geschlagen worden und wurden unten zur weiteren Bearbeitung abgestellt. Im Laufe der Jahrhunderte eingesackt, stecken sie zu etwa drei Fünfteln im Boden – trotzdem sind Kopf und Hals, die oben herausschauen, doppelt so groß wie ein Mensch.

Am äußeren Kraterrand steht eine besondere Figur: Der **Moai Tuturi,** der mit nach hinten geknickten Unterschenkeln auf dem Boden kniet, unterscheidet sich in seiner Form eindeutig von allen anderen Moai. Auch im Innern des Kraters finden sich Moai in allen Positionen. Hier genießt man den Blick auf den Kratersee, manchmal kommt eine Herde frei laufender Pferde, um aus dem See zu trinken.

Die Halbinsel Poike

Fährt man von Tongariki nach Norden, lässt man die Halbinsel Poike rechts (östlich) liegen. Auffällig ist, dass man auf dem sanft ansteigenden Vulkan Poike keine schwarzen Steine sieht; blickt man nach Westen in die Ebene, sind dort jedoch Tausende dieser Steine zu sehen. Die **Legende** besagt, dass die Langohren die Kurzohren gezwungen hätten, die Steine zu sammeln und ins Meer zu werfen. Die Kurzohren probten daraufhin den Aufstand, die Langohren flüchteten auf die höher gelegene Halbinsel Poike und hoben einen 3 Kilometer langen Graben aus (an dem heute die Straße parallel entlangführt). In diesem Graben stapelten sie Holz und anderes Brennbares, das sie anzünden wollten, sollten die Kurzohren einen Angriff wagen. Doch die Kurzohren fanden einen anderen Weg auf die Halbinsel, und ein Teil von ihnen schlich sich nachts hinter die Feinde. Am nächsten Morgen griffen die Kurzohren scheinbar von Westen an, die Langohren stellten sich vor den Graben und entzündeten das Feuer. In dem Moment stürmten die Kurzohren aus dem Hinterhalt und trieben ihre Feinde in die Flammen. Der Legende nach war das das Ende der Osterinsel-Kultur.

Es gibt auch eine rationale Erklärung, sowohl für das Fehlen der Steine als auch für den Graben: die **Entstehungsgeschichte der Insel.** Poike ist der älteste der drei Vulkane (2,5 Millionen Jahre), sein Lavagestein kann im Unterschied zu dem des Terevaka (knapp 250.000 Jahre) längst verwittert sein. Der Graben ist vermutlich eine ganz normale Senke, denn erst beim Ausbruch des Terevaka entstand die Insel in ihrer heutigen Form. Einen wahren Kern kann die Legende aber haben: Man fand auf dem Grabenboden große Aschemengen, deren Alter auf 300 bis 350 Jahre geschätzt wird. Zur Erinnerung: Der Untergang der Kultur wird auf etwa 1680 datiert.

Die Nordküste

An der Nordküste trifft man direkt auf den **Ahu Mahatua,** einen sogenannten **Ahu poe poe,** d.h. einen schiffsförmigen Zeremonialbau, der in seinem Innern eine oder mehrere Grabkammern enthält. Man vermutet, dass er erst im 17. oder gar im 18. Jahrhundert entstanden ist. Solche Begräbnisstätten sind vor allem an der Nordküste zu finden. Links neben dem Weg steht nur ein wenig weiter der **Stein Tu o Hiro,** in den man hineinblasen kann (wenn einem die europäische Nase nicht zu lang geraten ist), um einen weithin hörbaren dumpfen Ton zu erzeugen.

Es folgt die **Bahía La Perouse,** an der der zerstörte **Ahu Te Pito Kura** zu bewundern ist. Er besitzt wie Vinapu I exakt gearbeitete Steinquader. Neben dem nördlichen Ende liegt der wunderbar glatte, im Durchmesser etwa 80 Zentimeter große, fast kugelförmige **Stein Te Pito o Te Henua,** der „Nabel der Welt". Angeblich besitzt er magische Kräfte, er ist deshalb ein beliebtes Ziel esoterischer Reisen. Wissenschaftler bestreiten, dass der Stein etwas mit der Osterinsel-Kultur zu tun habe. Er sei vermutlich durch ein Seebeben hochgeschleudert worden. Dass er sich stärker als andere Steine erhitze, habe mit seiner größeren Dichte und dem hohen Erzanteil zu tun, dass er Kompassnadeln ablenke, ebenfalls. Auch sei die Kraft des Steines auf der Insel nicht seit Jahrhunderten überliefert, sagen sie, sondern schlicht eine Erfindung zur Tourismusförderung in den 1970er Jahren. Wer aber glauben möchte …

chi010 ml

Die **Bucht von Anakena** ist ein würdiger und schöner Schlusspunkt dieser Inseltour. Hier findet sich ein Palmenhain mit Picknickplatz, dazu ein wundervoller **weißer Sandstrand** und einer der schönsten restaurierten Ahu der Insel, der **Ahu Nau Nau.** Man beachte zunächst den Aufbau des Ahu – vor allem an der Rückseite sind ein älterer Moai-Kopf sowie Steine mit gut gearbeiteten Petroglyphen zu erkennen, die einfach als Baumaterial benutzt wurden. Von den sieben Moai sind fünf weitgehend erhalten, fünf tragen auch Pukao, die anderen beiden sind nur als Torso zu bewundern. Sehr deutlich erkennt man die fein gearbeiteten Hände, die Bauchnabel, das Rückenmuster, die Brustwarzen und den Schmuck am Ohr – fast zu deutlich, es geht das Gerücht um, die Figuren seien bei der Aufstellung 1979 nachgeschliffen worden … Dennoch, Anakena ist ein wunderbarer Platz, und wer hier **im südseewarmen Wasser badet,** kann sich gut vorstellen, dass an dieser Stelle – so wie es die Legende berichtet – König *Hotu Matua* an Land gegangen ist.

Über die asphaltierte Straße geht es zurück nach Hanga Roa. Unterwegs passiert man mitten auf der Insel **die Gebäude der früheren Schaffarmen** sowie einige größere **Eukalyptusplantagen.**

‹ „Te pito o Te Henua" – der „Nabel der Welt"

⌄ Tropisches Flair am Strand von Anakena

chi001 ms

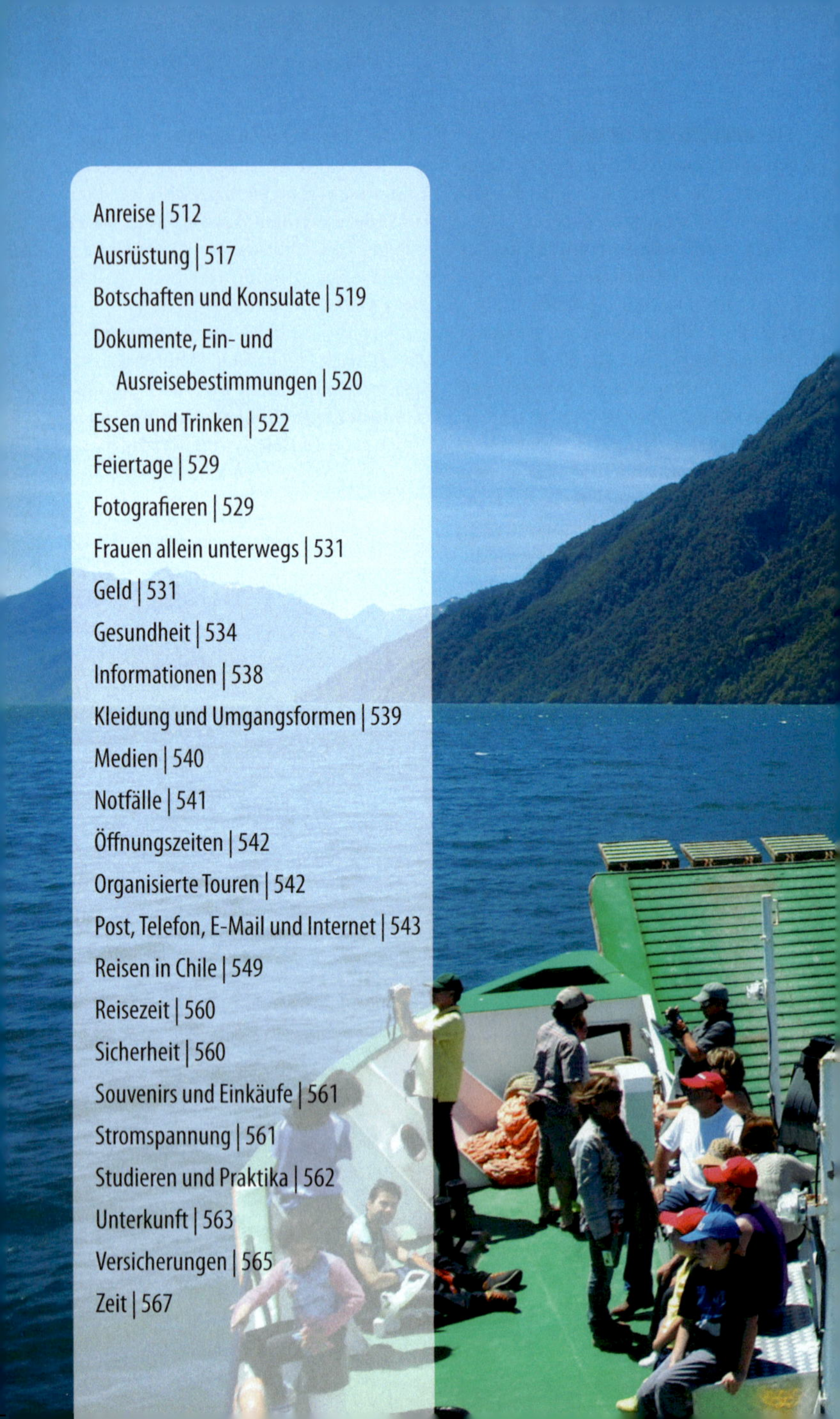

Anreise | 512
Ausrüstung | 517
Botschaften und Konsulate | 519
Dokumente, Ein- und Ausreisebestimmungen | 520
Essen und Trinken | 522
Feiertage | 529
Fotografieren | 529
Frauen allein unterwegs | 531
Geld | 531
Gesundheit | 534
Informationen | 538
Kleidung und Umgangsformen | 539
Medien | 540
Notfälle | 541
Öffnungszeiten | 542
Organisierte Touren | 542
Post, Telefon, E-Mail und Internet | 543
Reisen in Chile | 549
Reisezeit | 560
Sicherheit | 560
Souvenirs und Einkäufe | 561
Stromspannung | 561
Studieren und Praktika | 562
Unterkunft | 563
Versicherungen | 565
Zeit | 567

chi13-053 ms

10 Praktische Reisetipps A–Z

< Überfahrt mit der Fähre im Großen Süden

Anreise

Chile ist auf dem Landweg, per Flugzeug und mit dem Schiff zu erreichen. Der größte Verkehrsknotenpunkt ist **Santiago de Chile,** und die meisten europäischen Urlauber reisen über die chilenische Hauptstadt ein.

Mit dem Flugzeug

Der internationale Flughafen von Santiago de Chile heißt **Aeropuerto Arturo Merino Benítez** und wird von mehreren Airlines aus Europa angeflogen. Die Flüge ab Deutschland, Österreich und der Schweiz sind nicht nonstop, es gibt mindestens eine kurze Zwischenlandung. Aus dem deutschsprachigen Raum fliegt derzeit nur eine Gesellschaften **direkt** nach Santiago de Chile: die **chilenische LAN** von Frankfurt (über Madrid). Man legt rund **12.500 Kilometer** zurück, der Flug dauert **16 bis 17 Stunden.**

Zudem gibt es **Umsteigeverbindungen** mit Air Canada (von Frankfurt und München über Toronto), Air France (von vielen Flughäfen in D/A/CH über Paris), American Airlines (von Frankfurt über Dallas, Anschlussflüge von CH/A möglich), Delta Air Lines (von Berlin, Düsseldorf, Frankfurt, Stuttgart, München und Zürich über Atlanta), Iberia (von vielen Flughäfen in D/A/CH über Madrid), Lufthansa (von Frankfurt nach Sao Paulo oder Buenos Aires, von dort mit TAM oder Sky weiter nach Santiago), Swiss (von Zürich nach Sao Paulo, dann mit TAM nach Santiago) und TAM (von Frankfurt über Sao Paulo). Diese Flüge sind meist günstiger als die Direktflüge mit LAN, aber man muss – insbesondere bei den Verbindungen über Nordamerika – eine längere Flugdauer einkalkulieren.

Fluggesellschaften

Dies sind die wichtigsten Fluggesellschaften mit **Verbindungen von Mitteleuropa** nach Santiago de Chile:

- **Aerolíneas Argentinas** www.aerolineas.com
- **Air Canada,** www.aircanada.com
- **Air France,** www.airfrance.de
- **American Airlines,** www.aa.com
- **Delta Air Lines,** www.delta.com
- **Iberia,** www.iberia.de
- **LAN Chile,** www.lan.com
- **Lufthansa,** www.lufthansa.de
- **Swiss,** www.swiss.com
- **TAM,** www.tamairlines.com

Flugpreise

Je nach Fluggesellschaft, Jahreszeit und Aufenthaltsdauer in Chile bekommt man ein Economy-Ticket von Deutschland, Österreich und der Schweiz hin und zurück nach Santiago de Chile **ab 900 Euro** (inkl. aller Steuern, Gebühren und Entgelte). Am teuersten ist es in der Hauptsaison von November bis Februar, in der die Preise für Flüge über Weihnachten und Neujahr besonders hoch sind und bis zu 1800 Euro betragen können.

Preiswertere Flüge sind mit Jugend- und Studententickets (je nach Airline alle jungen Leute bis 29 Jahre und Studenten bis 34 Jahre) möglich. Außerhalb der Hauptsaison gibt es einen Hin- und

Kleines „Flug-Know-how“

Check-in

Nicht vergessen: Ohne einen **gültigen Reisepass** kommt man nicht an Bord eines Flugzeuges nach Chile. Das gilt auch für Kinder, die ein eigenes Dokument benötigen.

Bei den meisten internationalen Flügen muss man **zwei bis drei Stunden vor Abflug am Schalter der Airline eingecheckt** haben. Viele Airlines neigen zum Überbuchen, d.h. sie buchen mehr Passagiere ein, als Sitze im Flugzeug vorhanden sind, und wer zuletzt kommt, hat dann möglicherweise das Nachsehen.

Wenn ein vorheriges **Reservieren der Sitzplätze** nicht möglich war, hat man die Chance, einen Wunsch bezüglich des Sitzplatzes zu äußern.

Das Gepäck

In der **Economy Class** darf man in der Regel nur Gepäck **bis zu 20 kg pro Person** einchecken (steht auf dem Flugticket) und zusätzlich ein Handgepäck von 7 kg in die Kabine mitnehmen, welches eine bestimmte Größe von 55 x 40 x 23 cm nicht überschreiten darf. In der Business Class sind es meist 30 kg pro Person und zwei Handgepäckstücke, die insgesamt nicht mehr als 12 kg wiegen dürfen. Für Flüge über Nordamerika (USA, Kanada und Mexiko) gibt es bei den meisten Fluggesellschaften eine Sonderregelung, der zufolge man zwei Gepäckstücke bis jeweils 23 kg ohne Mehrkosten als Freigepäck aufgeben kann. Man sollte sich beim Kauf des Tickets über die Bestimmungen der Airline informieren.

Aus Sicherheitsgründen dürfen Taschenmesser, Nagelfeilen, Nagelscheren, sonstige Scheren und Ähnliches nicht mehr im Handgepäck untergebracht werden. Diese Gegenstände sollte man unbedingt im aufzugebenden Gepäck verstauen, sonst werden sie bei der Sicherheitskontrolle einfach weggeworfen. Darüber hinaus haben Feuerwerke, leicht entzündliche Gase (in Sprühdosen, Campinggas), entflammbare Stoffe (in Benzinfeuerzeugen, Feuerzeugfüllung) etc. nichts im Passagiergepäck zu suchen.

Flüssigkeiten oder vergleichbare Gegenstände in ähnlicher Konsistenz (z.B. Getränke, Gels, Sprays, Shampoos, Cremes, Zahnpasta, Suppen) dürfen nur in der Höchstmenge von jeweils 0,1 Liter als Handgepäck mit ins Flugzeug genommen werden. Die Flüssigkeiten müssen in einem durchsichtigen, wiederverschließbaren Plastikbeutel transportiert werden, der maximal einen Liter Fassungsvermögen hat.

Rückbestätigung

Bei den meisten Airlines ist heutzutage die **Bestätigung des Rückfluges** nicht mehr notwendig. Allerdings empfehlen alle Airlines, sich telefonisch oder im Internet zu erkundigen, ob sich an der Flugzeit nichts geändert hat.

Verlangt die Airline eine Rückbestätigung *(reconfirmation)* **bis 72 oder 48 Stunden vor dem Rückflug,** sollte man sie auf jeden Fall kurz anrufen, sonst kann es passieren, dass die Buchung im Computer der Airline gestrichen wird; der Flugtermin ist dahin. Das Ticket verfällt aber nicht dadurch, es sei denn, die Gültigkeitsdauer wird überschritten, aber unter Umständen ist in der Hochsaison nicht sofort ein Platz auf einem anderen Flieger frei.

Die **Rufnummer** kann man von Mitarbeitern der Airline bei der Ankunft, im Hotel, dem Telefonbuch oder auf der Website der Airline erfahren.

Buchtipps – Praxis-Ratgeber

- *Erich Witschi,* **Clever buchen – besser fliegen**
- *Frank Littek,* **Fliegen ohne Angst**

(beide Bände Reise Know-How Verlag)

Rückflug von Frankfurt nach Santiago de Chile ab etwa 800 Euro.

Kinder unter zwei Jahren fliegen ohne Sitzplatzanspruch für 10% des Erwachsenenpreises, ansonsten werden für ältere Kinder die regulären Preise je nach Airline um 25 bis 50% ermäßigt. Ab dem 12. Lebensjahr gilt der Erwachsenentarif oder ein besonderer Jugendtarif (s.o.).

Von Zeit zu Zeit offerieren die Fluggesellschaften **befristete Sonderangebote.** Dann kann man z.B. mit Iberia für rund 700 Euro von Deutschland, Österreich und der Schweiz über Madrid nach Santiago de Chile und zurück fliegen. Diese Tickets haben in der Regel eine befristete Gültigkeitsdauer.

In Deutschland gibt es ab Frankfurt die häufigsten Verbindungen nach Santiago de Chile. Tickets für Flüge von und nach anderen deutschen Flughäfen sind oft teurer. Da kann es attraktiver sein, mit einem **Rail-and-Fly-Ticket** per Bahn nach Frankfurt zu reisen (entweder im Flugpreis enthalten oder 30 bis 60 Euro extra). Man kann je nach Fluglinie auch einen preiswerten **Zubringerflug** der gleichen Airline von einem kleineren Flughafen in Deutschland buchen. Zudem gibt es **Fly-&-Drive-Angebote,** bei denen die Fahrt vom und zum Flughafen mit einem Mietwagen im Ticketpreis inbegriffen ist.

Reist man viel per Flugzeug, kann man als **Mitglied eines Vielflieger-Programms** auch indirekt sparen, z.B. im Verbund der www.star-alliance.com (Mitglieder u.a. Air Canada, Lufthansa), www.skyteam.com (Mitglieder u.a. Air France, Delta Air Lines) oder www.oneworld.com (Mitglieder u.a. American Airlines, Iberia, LAN). Die Mitgliedschaft ist kostenlos; die gesammelten Meilen bei Fluggesellschaften innerhalb eines Verbundes reichen dann vielleicht für einen Freiflug bei einer der Partnergesellschaften beim nächsten Flugurlaub. Bei Einlösung eines Gratisfluges ist langfristige Vorausplanung nötig.

Vergünstigte Spezialtarife und befristete Sonderangebote kann man nur bei wenigen Fluggesellschaften in ihren Büros oder direkt auf ihren Websites buchen. Und: Die günstigsten Flüge sind keineswegs immer online buchbar.

Last Minute

Last-Minute-Flüge werden von einigen Airlines mit deutlicher Ermäßigung ab etwa 14 Tage vor Abflug angeboten. Sie lassen sich nur bei Spezialisten buchen.

- **L'Tur,** www.ltur.com
- **Lastminute.com,** www.lastminute.de
- **5 vor Flug,** www.5vorflug.de
- **Restplatzbörse,** www.restplatzboerse.at

Klimabewusst fliegen

Mit einem Hin- und Rückflug von Europa nach Chile produziert ein einzelner Passagier je nach Berechnungsgrundlage 4 bis 9 Tonnen Kohlendioxid (CO_2) und trägt damit zur Klimaerwärmung bei. Sie können diesen Effekt ausgleichen, indem Sie freiwillig Projekte unterstützen, die den globalen CO_2-Ausstoß reduzieren oder vermeiden. Dazu gehören Solar-, Wasserkraft- und Biomasse-Anlagen ebenso wie Energiesparprojekte. In Deutschland stellt die Organisation **Atmosfair** entsprechende Klimaschutz-Zertifikate aus (www.atmosfair.de). Wer im Zuge der Chile-Reise lieber ein spezifisch chilenisches Projekt unterstützen will, sollte sich an die Stiftung **Trekkingchile** wenden. Sie finanziert mit Ihren Spendengeldern u.a. die Aufforstung mit Naturwaldbäumen in Chile (www.trekkingchile.com/fair-chile/de).

Auf dem Landweg

Für Reisende, die länger in Südamerika unterwegs sind, ergeben sich zahlreiche Möglichkeiten, auf dem Landweg nach Chile einzureisen.

Peru und Chile besitzen nur einen gemeinsamen Grenzübergang. Die letzte größere Stadt in Peru ist Tacna, von dort erreicht man über die **Panamericana** die chilenische Stadt Arica. Der nördlichste Ort Chiles ist Visviri, dort führt eine Straße hinüber in das benachbarte **Bolivien.** Hier passiert auch die Eisenbahnlinie vom Pazifikhafen Arica nach La Paz die Grenze, Personenzüge fahren allerdings nicht mehr.

Wer **per Bus aus Bolivien** kommt, benutzt den Grenzübergang Tambo Quemado im Nationalpark Lauca (4660 m) und gelangt von dort über die Ruta 11 nach Arica. Weiter südlich gibt es nur noch kleinere Grenzübergänge, die nicht von öffentlichen Verkehrsmitteln benutzt werden, so Colchane oder Ollagüe, vorbei an beeindruckenden Hochandengipfeln. In Chile führt die Straße von Colchane nach Iquique und von Ollagüe nach Calama. Kleinere Übergänge, die nicht von öffentlichen Verkehrsmitteln benutzt werden, gibt es noch nördlich von San Pedro de Atacama.

Die längste Grenze hat Chile mit **Argentinien,** und ausgenommen einiger weniger Übergänge auf Feuerland und in Patagonien überquert man bei jedem Grenzübertritt die Anden. Einige Pässe sind im Winter geschlossen – erkundigen Sie sich vorher!

Im Norden führen spektakuläre Passstraßen von Salta oder Jujuy nach San Pedro de Atacama. In bis zu 5000 Metern Höhe geht es vorbei an Salzseen und Hochwüsten. Die **Grenzpässe** sind je nach Strecke der **Paso de Jama** (4277 m, durchgehend asphaltiert) oder der **Paso Sico** (4079 m, Schotter). Bei Socompa führt eine Schotterstraße von Salta aus über die Grenze, der Pass ist 3859 Meter hoch. Früher passierten ihn auch Gütertransporte der chilenisch-argentinischen Eisenbahn. Von Tucumán und Catamarca (Argentinien) nach Copiapó gelangt man über den Grenzpass **San Francisco** (4748 m). Die höchstgelegene Grenzstation ist der Paso del Agua Negra auf 4779 Meter. Hier führt die Straße von San Juan nach La Serena vorbei.

Die meistbefahrene Passstraße ist die von Mendoza nach Santiago de Chile über den **Paso Los Libertadores,** welchen auch die internationalen Buslinien benutzen. Statt wie früher über den 3800 Meter hohen Paso de la Cumbre führt sie heute durchgehend asphaltiert einige hundert Meter tiefer durch einen Tunnel. Die beiden Pässe, die von Malargüe nach Curicó und Talca führen, sind

Buchtipp – Praxis-Ratgeber
- *Schier, Nertinger*
Panamericana – durch Südamerika
(Reise Know-How Verlag)

recht unbekannt: der **Paso Vergara** (2502 m) und weiter im Süden der **Paso Pehuenche** (2553 m).

Im chilenisch-argentinischen Seengebiet südlich von Temuco gibt es zahlreiche Grenzübergänge zwischen den beiden Ländern. Mit Bus, Auto und sogar Schiff kann man hier die Grenze überqueren. Von Zapala und Neuquén geht es nach Temuco über den 1884 Meter hohen Pino Hachado-Pass oder von San Martín de los Andes nach Pucón über den Tromén/Mamuil-Malal-Pass. Diese Route ist allerdings im Winter nicht immer befahrbar. Von San Martín de los Andes geht es über den Hua-Hum-Pass und per Fähre über den Pirihueico-See nach Valdivia. Der wichtigste Übergang im südlichen Seengebiet ist der Paso Cardenal Zamora zwischen Bariloche und Osorno. Eine beliebte Route namens Cruce Andino verbindet Bariloche über den Pérez-Rosales-Pass mit Puerto Montt, wobei mehrere Busse und Boote über die Andenseen zum Einsatz kommen.

In Patagonien verbinden einige Pässe die am Ostrand der Anden verlaufende argentinische Ruta 40 mit der chilenischen Carretera Austral (Ruta 7), unter anderem die Übergänge bei Futaleufú und Palena. Der wichtigste Übergang hier ist der Paso Coyhaique bei der gleichnamigen Regionshauptstadt. Ihn benutzen die Busse von Comodoro Rivadavia nach Coyhaique. Der letzte größere Übergang in dieser Region ist der Paso Río Jeinemeni bei Chile Chico am Lago General Carrera.

Durch die patagonischen Eisfelder bedingt, gibt es südlich des kleinen Paso Roballos über rund 450 km keine Straßenübergänge mehr. Um so mehr genutzt werden die beiden Grenzpässe zwischen Calafate und Puerto Natales (Busverkehr) – kein Wunder, verbindet die asphaltierte Straße doch zwei herausragende Sehenswürdigkeiten Patagoniens: den argentinischen Nationalpark Los Glaciares und das chilenische Schutzgebiet Torres del Paine. Von Río Gallegos nach Punta Arenas verläuft ebenfalls eine Asphaltstraße. Ein Abzweiger von dieser Straße führt zur Fähre, mit der man auf den chilenischen Teil **Feuerlands** übersetzen kann. Dort verbindet eine Straße die chilenische Stadt Porvenir mit den argentinischen Städten Río Grande und Ushuaia. Das chilenische Puerto Williams schließlich ist nur per Boot oder Flugzeug zu erreichen.

Mit dem Schiff

Eine Schiffsreise von Europa ist die **langsamste und teuerste Möglichkeit,** um nach Chile zu gelangen. Gleichzeitig ist sie ein Erlebnis für sich und vermittelt ein Gefühl für die riesigen Entfernungen und die Reisegeschwindigkeiten in der Zeit vor dem Flugtourismus.

Von Hamburg starten regelmäßig **Containerschiffe** nach Südamerika, in denen einige wenige Kabinen (auch die des Schiffseigners) für Touristen zur Verfügung stehen. Die Schiffe legen noch einmal in Antwerpen an, bevor sie den Atlantik kreuzen. Dann wird in der Karibik Station gemacht (Dom. Republik und Cartagena/Kolumbien), und durch den Panamakanal gelangt man in den Pazifik. Nach einer weiteren Station in Callao/Peru erreicht man schließlich den chilenischen Hafen **Valparaíso.** Die einfache Fahrt kostet inkl. Hafengebühren, Versicherung und Vollverpflegung rund 3000 Euro pro Person und dauert 28 Tage.

■ Die Reise kann gebucht werden über die **Hamburg-Süd Reiseagentur,** Domstr. 21, 20095 Hamburg, Tel. 040/3705 2491.
www.hamburgsued-frachtschiffreisen.de

Ausrüstung

Die meisten Airlines, mit Ausnahme der nordamerikanischen und der brasilianischen TAM, haben eine Freigepäckgrenze von 23 kg. Da wird's eventuell knapp, wenn man eine längere Chile-Reise vorhat. **Was also ist wirklich nötig?**

Das hängt davon ab, was man unternehmen und wohin man fahren will. Will man das ganze Land bereisen, braucht man neben Badesachen auch einen warmen Pullover, eine wind- und wetterfeste Jacke sowie gute Wander- oder Trekkingschuhe. Hat man darüber hinaus noch formelle Kontakte zu Behörden oder Firmen, oder will man in Santiago ein schickeres Restaurant oder ein Theater besuchen, empfiehlt sich die Mitnahme des einen oder anderen gepflegteren Kleidungsstückes, um nicht unangenehm als „Gringo" aufzufallen. Kleider machen Leute – das gilt besonders in Lateinamerika. Glücklicherweise kann man vieles im Land selbst besorgen, nur besonders große Menschen können mitunter Probleme mit der Beinlänge bei Hosen oder mit der Schuhgröße haben; ab 39/40 bei Frauen und ab 45 bei Männern wird es schwierig. In den **Sommermonaten** (Dezember bis Februar) empfiehlt sich die Mitnahme von leichter luftiger Kleidung, am besten aus Naturfasern wie Baumwolle und Leinen. Unbedingt erforderlich ist ein Sonnenschutz (Schirmmütze oder breitkrempiger Hut), an den Abenden benötigt man häufig eine Jacke oder einen Pullover. Im Süden Patagoniens und auf Feuerland sollte man immer einen Pullover und eine dickere wind- und regenfeste Jacke dabeihaben.

Das beste Gepäckstück für Individualreisende ist der **Rucksack,** auch weil es in Chile kaum Vorbehalte gegen Rucksacktouristen *(mochileros)* gibt. Was gehört nun da rein? Wer mit wenig Geld reist, der sollte einen **Schlafsack** einpacken. Denn je billiger die Hostels, desto dünner die Decken, und in manchen Refugios (z.B. im Nationalpark Torres del Paine) gehört ein Schlafsack zum Pflichtgepäck. Wer campt, hat sowieso einen dabei. Wie dick der Schlafsack sein sollte, hängt davon ab, wohin man will. In den Bergen und im Süden Patagoniens kann es selbst im Hochsommer nachts recht kalt werden, in den anderen Jahreszeiten erst recht. Je nach Reiseziel sollte man sich im Schlafsack auch bei Temperaturen bis -5°C wohl fühlen können (s.a. „Klima", Klimatabelle). Wer nur gelegentlich wandern und zelten will, der muss nicht die komplette Campingausrüstung mitbringen: Für beliebte Trekkinggebiete wie Torres del Paine kann man vor Ort alles leihen, vom Kocher über Wanderstiefel und Schlafsack bis zum Zelt.

An **Kleidung** braucht man auch für längere Aufenthalte nicht viel mitzunehmen, denn glücklicherweise gibt es in jeder Stadt *lavanderías* (Wäschereien), wo man seine Wäsche abgibt und diese we-

Ausrüstungsliste

Die folgende Liste enthält **das Wichtigste für Reisende,** die sich in Chile für ein paar Wochen aufhalten wollen, ohne ihre Ausrüstung ständig durch Neukäufe ergänzen zu müssen. Wer campen will, sollte zusätzlich noch bei „Unterkunft/Camping" nachschauen.

Angst, zu viel einzupacken, muss man nicht haben: In den meisten Hotels kann man eine Reisetasche oder auch zwei verstauen – oft auch für mehrere Wochen. Wer über Santiago ein- und auch ausreist, kann sich so in der Hauptstadt ein schönes Depot anlegen.

Mit den Gegenständen dieser Liste lassen sich **keine komplizierten Bergtouren** machen, diese erfordern ganz andere Ausrüstungen. Man sollte sich dafür speziell informieren, z.B. beim Deutschen Alpenverein (www.dav.de).

- Rucksack, Tagesrucksack
- wasser- und windabweisende, am besten nicht gefütterte Jacke
- lange Hosen
- Hemden
- T-Shirts
- Shorts
- ein leichter, eventuell ein warmer Pullover (jahreszeitbedingt)
- Trekkingschuhe (evtl. auch Sportschuhe), Stadtschuhe, Sandalen
- Badehose/-anzug/Bikini
- Badeschuhe/-latschen
- Unterwäsche
- Strümpfe/Wandersocken
- Kopfbedeckung als Sonnenschutz
- Sonnencreme mit hohem UV-Filter
- Sonnenbrille
- Frauen: Tampons (gibt es in Chile kaum)

Zusätzlich nützlich sind:

- Geldgürtel oder Bauchgurt-Tasche
- Kopien von Ausweispapieren und vom Flugticket
- Taschenlampe
- Taschenmesser mit diversen Zusatzfunktionen
- kleines Vorhängeschloss
- unzerbrechliche Wasserflasche
- Reisewecker
- Klappspiegel
- Handwaschmittel (Tube)
- Nähzeug
- Feuerzeug
- Kerze
- Tagebuch, Schreibzeug
- einige Passfotos

nige Stunden später getrocknet, gebügelt und gefaltet zurück bekommt. Das kostet pro Maschinenladung 6 bis 8 Euro.

Botschaften und Konsulate

Die Botschaften *(embajada)* und Konsulate *(consulado)* sind an allen gesetzlichen Feiertagen Chiles geschlossen.

In Deutschland

Alle nachfolgenden Botschaften und Konsulate sind gelistet auf der Website **www.echile.de.**

- **Botschaft von Chile,** Mohrenstr. 42, 10117 **Berlin,** Tel. 030/726 2035, www.echile.de; Konsularabteilung: ebenda, Tel. 030/7262 03901, consulado@echilealemania.de.
- **Generalkonsulate von Chile,** Hirschgraben 30, 22089 **Hamburg,** Tel. 040/457 585; Innere Wiener Str. 11a/III, 81667 **München,** Tel. 089/1894 4600; Humboldtstr. 94, 60318 **Frankfurt,** Tel. 069/55 0195.

In Österreich

- **Botschaft von Chile,** Lugeck 1/3/10, 1010 **Wien,** Tel. 01/512 9208, echile.austria@minrel.gov.cl.

In der Schweiz

- **Botschaft von Chile,** Eigerplatz 5, 3007 **Bern,** Tel. 031/370 0058, embajada@embachile.ch.

In Chile

Deutschland

- **Embajada de Alemania,** Las Hualtatas 5677, Vitacura, Santiago de Chile, Tel. 2/2463 2500, www.santiago.diplo.de; Konsularabteilung Di bis Fr 9–12 Uhr, Mi auch 14–16 Uhr, Mo geschlossen; Notruftelefon: 0056/9/9885 8600.

Alle Honorarkonsulate

(Consulado Honorario de Alemania)

- **Antofagasta,** Angamos 0610, Tel. 55/235 5608.
- **Arica,** Arturo Prat 391, piso 10, of. 101, Tel. 58/258 3740.
- **Concepción,** Diagonal Pedro Aguirre Cerda 1151, piso 2, Tel. 41/318 9532.
- **La Serena,** Matta 665, Tel. 51/221 1005.
- **Puerto Montt,** Chorrillos 1349, of. 306, Tel. 65/225 2828.
- **Punta Arenas,** Benjamin Dibasson 775, Tel. 61/232 1534.
- **Temuco,** Andrés Bello 824, of. 204, Tel. 45/227 2666 oder 229 4300.
- **Valdivia,** Av. Arauco 159, of. 201, Tel. 63/221 8821, 220 3791.
- **Viña del Mar,** 1 Norte 525, of. 208 (zwischen 1 und 2 Poniente), Tel. 32/269 5095.

Österreich

- **Embajada de Austria,** Barros Errázuriz 1968, piso 3, Santiago de Chile (Providencia), Tel. 2/2223 4774, www.aussenministerium.at/botschaft/santiago-de-chile.

Alle Honorarkonsulate

(Consulado Honorario de Austria)

- **Arica,** Sotomayor 169, Tel. 58/223 1274.
- **Valdivia,** Av. España 1000, Tel. 63/220 4021.
- **Valparaíso,** Santo Domingo 26, Tel. 32/225 1883.

Schweiz

■ **Embajada de Suiza,** Américo Vespucio Sur 100, piso 14, Santiago de Chile (Las Condes), Tel. 2/2928 0100, www.eda.admin.ch/eda/de/home/reps/sameri/vchl/embsdc.html.

Honorarkonsulat
(Consulado Honorario de Suiza)
■ **Temuco,** Panorama 166, Lomas del Carmen, Tel. 45/292 2210.

Dokumente, Ein- und Ausreisebestimmungen

Reisedokumente

Die Einreise nach Chile ist für Deutsche, Schweizer und Österreicher unproblematisch. Sie brauchen lediglich einen **Reisepass,** der noch mindestens drei Monate gültig sein sollte. **Ein Visum wird nicht benötigt.** Bei der Einreise erhält man eine **Tarjeta de Turismo (Touristenkarte),** die 90 Tage gültig ist und bei der Ausreise vorgelegt werden muss – das unscheinbare Papier daher sicher aufbewahren! Bei Verlust sollte man sich rechtzeitig vor der Ausreise um ein Duplikat bemühen (Policía Internacional in Santiago, San Antonio 580, oder bei einer Polizeidienststelle in den Regionen). Wer versucht, ohne Touristenkarte auszureisen, muss damit rechnen, seinen Flug zu verpassen bzw. an der Grenze lange aufgehalten zu werden.

Wer **länger als drei Monate** im Land bleiben will, kann die Touristenkarte am einfachsten und ohne Behördenkosten durch Aus- und Wiedereinreise (am selben Tag möglich) erneuern. Dieses beliebte (und legale) Verfahren kann theoretisch unbegrenzt wiederholt werden. Die Verlängerung auf dem Amtsweg ist nur ein Mal für weitere 90 Tage vorgesehen, muss bei der Ausländerbehörde *(Extranjería)* einer beliebigen Provinzregierung beantragt werden und kostet 100 US$ (ca. 75 Euro; Adresse in Santiago: San Antonio 580, piso 2, Mo bis Fr 8.30–14 Uhr, zwei Passbilder erforderlich, lange Wartezeiten!).

Wer zum Studium oder für ein Praktikum nach Chile reist, kann sich vorab bei einem chilenischen Konsulat um ein **Visa de estudiante** oder ein **Visa temporaria para practicantes** bemühen; Näheres unter www.echile.de und www.contactchile.de.

Minderjährige (unter 18 Jahren), die allein unterwegs sind, benötigen für Ein- und Ausreise eine Reiseerlaubnis in spanischer Sprache, die von beiden Elternteilen unterzeichnet sein muss.

Hinweis: Da sich die Einreisebestimmungen kurzfristig ändern können, raten wir, sich kurz vor Abreise beim Auswärtigen Amt oder bei der jeweiligen Botschaft zu informieren.

■ **Deutschland:** www.auswaertiges-amt.de und www.diplo.de/sicherreisen (Länder- und Reiseinformationen), Tel. 030/5000-0.
■ **Österreich:** www.bmaa.gv.at (Bürgerservice), Tel. 05/01150-4411 (05 muss immer vorgewählt werden).
■ **Schweiz:** www.dfae.admin.ch (Reisehinweise), Tel. 031/323 8484.

Staatsbürger von Nicht-EU-Staaten sollten sich grundsätzlich bei der entsprechenden Chilenischen Botschaft erkundigen, ob sie ein Visum zur Einreise benötigen.

Man sollte von den **wichtigsten Ausweispapieren eine Fotokopie** machen, die man an einem sicheren Ort hinterlegt. Theoretisch muss man seinen Pass immer mit sich führen, wer aber zudem noch einen Personalausweis dabei hat, sollte besser den Pass sicher deponieren und den Personalausweis bei kurzen Touren in die Stadt mitnehmen. Bei Verlust erhält man einen neuen Pass bei seiner zuständigen Botschaft.

Andere Dokumente

Zur Miete eines Leihwagens benötigt man den nationalen und (aus Versicherungsgründen) möglichst auch einen **Internationalen Führerschein.**

Zollvorschriften

Die Einfuhr von sog. **Gegenständen des persönlichen Bedarfs,** wie Kleidung, Schuhe, Wäsche und Toilettenartikel, ist zollfrei. Dazu zählen auch eine Foto- und/oder Videokamera, ein tragbares Fernseh- oder auch Tonbandgerät, iPod, Laptop, Tablet PC, Smartphone, Handy, Fernglas sowie Sportgeräte. Hinzu kommen bis zu 500 Zigaretten oder 50 Zigarren, 2½ Liter Wein oder ein Liter Hochprozentiges sowie Parfüm oder Duftwasser für den persönlichen Bedarf. Für die Einfuhr von Jagdwaffen bedarf es einer besonderen Genehmigung; Auskunft erteilen die Botschaften/Konsulate.

Achtung: Zahlreiche Lebensmittel dürfen nicht nach Chile eingeführt werden. Die chilenische Landwirtschaft versucht sich auf diese Weise gegen unerwünschte Schädlinge zu schützen. Verboten sind insbesondere frisches Obst und Gemüse, aber auch nicht pasteurisierter Käse, ungekochte Wurst oder Fleisch, Samen und Körner. **Erlaubt sind:** tiefgefrorene Lebensmittel, Getreideprodukte (wie z.B. Cornflakes, Haferflocken), Zucker und Schokolade, konserviertes oder eingelegtes Obst und Gemüse, Trockenfrüchte, Gewürze, Tee und Kaffee, Säfte, Öle, Kräuter. Milch-, Wurst- und Fleischprodukte müssen industriell gefertigt und verpackt sein und – wenn nicht gekocht – ein spezielles Zertifikat des Herkunftslandes aufweisen (z.B. bei Räucherschinken). Bei der Einreise muss man eine **eidesstattliche Erklärung** über die mitgeführten Produkte ausfüllen, das Formular wird bereits im Flugzeug verteilt. Am Flughafen Santiago und an den Grenzübergängen wird sämtliches Gepäck kontrolliert, in Santiago sogar mit einem Scanner wie beim Sicherheitscheck. Die Strafen sind hoch (mindestens 170 Euro), und obendrein wird man die beanstandeten Leckereien los. Informationen unter www.sag.cl, allerdings nur auf Spanisch.

Pkws, Wohnmobile und Motorräder können mit dem **„Carnet de Passage en Douanes“** vorübergehend nach Chile eingeführt werden. Dieses Carnet ist bei Ihrem Automobilclub (z.B. ADAC, ÖAMTC oder TCS) erhältlich.

Bei der Rückeinreise gibt es **auch auf europäischer Seite Freigrenzen, Verbote und Einschränkungen.** Folgende Freimengen darf man zollfrei einführen in die EU und die Schweiz:

- **Tabakwaren** (für Personen ab 17 Jahren): 200 Zigaretten oder 100 Zigarillos oder 50 Zigarren oder 250 g Tabak oder eine anteilige Zusammenstellung dieser Waren.
- **Alkohol** (für Personen ab 17 Jahren) in die EU: 1 l Spirituosen (über 22 Vol.-%) oder 2 l Spirituosen (unter 22 Vol.-%) oder eine anteilige Zusammenstellung dieser Waren, und 4 l nicht-schäumende Weine, und 16 l Bier; in die Schweiz: 2 l bis 15 Vol.-% und 1 l über 15 Vol.-%.
- **Andere Waren** (in die EU): 10 Liter Kraftstoff im Benzinkanister; für See- und Flugreisende bis zu einem Warenwert von insgesamt 430 Euro, über Land Reisende 300 Euro, alle Reisende unter 15 Jahren 175 Euro (bzw. 150 Euro in Österreich); (in die Schweiz): neu angeschaffte Waren für den Privatgebrauch bis zu einem Gesamtwert von 300 SFr. Bei Nahrungsmitteln gibt es innerhalb dieser Wertfreigrenze auch Mengenbeschränkungen.

Wird die Wertfreigrenze überschritten, sind **Einfuhrabgaben** auf den Gesamtwert der Ware zu zahlen und nicht nur auf den die Freigrenze übersteigenden Anteil. Die Berechnung erfolgt entweder pauschal oder nach dem Tarif jeder einzelnen Ware zuzüglich sonstiger Steuern.

Einfuhrbeschränkungen bestehen u.a. für Tiere, Pflanzen, Arzneimittel, Betäubungsmittel, Feuerwerkskörper, Lebensmittel, Raubkopien, verfassungswidrige Schriften, Pornografie, Waffen und Munition; in Österreich auch für Rohgold und in der Schweiz auch für CB-Funkgeräte.

Nähere Informationen

- **Deutschland:** www.zoll.de, oder beim Zoll-Infocenter, Tel. 069/4699 7600.
- **Österreich:** www.bmf.gv.at, oder beim Zollamt Klagenfurt-Villach, Tel. 01/51 433/564 053.
- **Schweiz:** www.ezv.admin.ch, oder bei der Zollkreisdirektion in Basel, Tel. 061/287 1111.

Essen und Trinken

Einwanderer – Spanier, Franzosen und auch Deutschsprachige – prägten die chilenische Küche. Die „Torta de Selva negra" oder der „Apfelkuchen" sind im chilenischen Süden beliebt als Nachspeise; der Hauptgang stammt oft vom Rind oder Huhn, aus dem Meer oder aus einem der zahlreichen Seen oder Flüsse. Meer- und Süßwasserfische, dazu Meeresfrüchte finden sich in herausragender Qualität.

Essen

Das **Frühstück** ist wie in den meisten südamerikanischen Ländern die unwichtigste Mahlzeit des Tages. Es besteht oft nur aus einer Tasse Kaffee oder Tee – bevorzugt Nescafé oder Beuteltee –, dazu gibt es ein wenig Toast mit Butter und Marmelade. Je weiter man nach Süden gelangt, desto besser wird es – im Seengebiet bekommt man häufig auch Wurst und Käse aufgetischt. Leider hat Chile keine Kaffeetradition. Oft gibt es nur Nescafé, nach einer italienischen Espressomaschine muss man außerhalb der großen Städte schon suchen.

Das **Mittagessen** – ein warmes Hauptgericht, oft mit Vorspeise und hinterher etwas Süßem und Kaffee – ist zwischen 13 und 15 Uhr an der Reihe. Nachmittags ab 17 Uhr gibt es die **„once"**, einen Snack zur Teestunde. Er hat seinen Namen angeblich vom spanischen Wort „aguardiente" – Branntwein –, einem Wort mit elf („once") Buchstaben. Da die tägliche Branntweinstunde nicht so

Mariscos y pescados – Meeresfrüchte und Fisch

- **albacora:** Schwertfisch
- **almejas:** Pfahlmuscheln
- **camarones:** Garnelen, Krabben
- **centolla:** Königskrabbe, Seespinne
- **ceviche:** roher Fisch oder Krabben, mit Zwiebeln und Chili, gebeizt in Limonensaft
- **cholgas:** Kammuscheln
- **choritos:** Miesmuscheln (*choro zapato:* Riesen-Miesmuschel)
- **chupe de mariscos:** dicke Suppe aus Meeresfrüchten, die mit Eiern, Milch und Chili zubereitet und dann mit Käse bestreut wird
- **cochayuyo:** Algenart – wird als Salat gegessen oder als Auflauf angerichtet, mit Butter, Sahne, Ei, Zwiebeln, Tomaten und Weißwein, dann mit Käse überbacken
- **congrio:** Seeaal (*caldillo de congrio:* Seeaalsuppe)
- **corvina:** Adlerfisch
- **curanto en olla:** Muscheleintopf aus mehreren Muschelsorten, dazu Schweinefleisch, Huhn und Wurst, das Ganze gekocht in Weißwein mit Knoblauch und Zitronensaft
- **erizos:** Seeigelzungen
- **gambas:** Garnelen, gut mit Knoblauch
- **jaiba:** Krebs, Krabbe
- **langosta:** Languste, Hummer – hervorragend auf dem Juan-Fernández-Archipel
- **locos:** Abalone, Meeresschneckenart; die wohlschmeckenden *locos* sollte man sich verkneifen, da sie vom Aussterben bedroht sind
- **machas:** eine Art kleiner Miesmuschel, gut mit Nudeln, aber auch mit Parmesan überbacken
- **merluza:** Seehecht
- **ostiones:** Kammmuscheln, auch oft mit Parmesan überbacken oder mit scharfer Soße
- **ostras:** Austern
- **paila marina:** Muschel- und Fischsuppe, meist im Tontopf, serviert mit allem, was das Meer zu bieten hat
- **pejerrey:** Königsfisch, oft paniert und dann in Öl gebraten
- **picoroco:** Felsenmuschel, sehr saftig und lecker
- **piure:** sehr jodhaltiges Weichtier
- **pulle:** Glasaal, auch *anguila* genannt; wird im Tontopf mit viel Knoblauch und scharfen Paprikaschoten gegart
- **reineta:** neben dem *congrio* beliebtester Speisefisch in Chile, platt wie eine Flunder

chi015 ms

gut angesehen war, verlegte man sich darauf, statt eines „aguardiente" einfach einen „once" zu bestellen.

Das **Abendessen** wiederum ist eine späte, umfangreiche Mahlzeit mit Vorspeise, Hauptgericht und Nachtisch.

Einige Spezialitäten

Die chilenische Küche ist eher **bodenständig,** reich an Fleisch und arm an kulinarischen Glanzlichtern. Ein paar lokale oder regionale Gerichte sind dennoch zu nennen.

Ob als Vorspeise oder Hauptgericht: Eine **cazuela** – würziger Eintopf aus Huhn- oder Rindfleisch, Zwiebeln, Knoblauch, Kartoffeln, Mais, Bohnen, Erbsen, Möhren, Kürbis und Reis – weckt die Lebensgeister! Zum Essen bzw. davor wird überall Brot gereicht, vom einfachen Weißbrot über das hausgemachte *pan amasado* bis hin zu *sopaipillas,* kleinen Kürbisküchlein, dazu ein leckerer **pebre,** eine Soße aus Chilipfeffer, Knoblauch und Koriander. Vollkornbrot findet man hingegen nur selten, am ehesten noch in den großen Supermärkten oder bei deutschstämmigen Bäckern in Südchile.

Asado wird sowohl das Essen als auch das gesellige Beisammensein genannt – vielleicht passt das englische Wort Barbecue am besten. Fleisch vom Schaf, Rind oder Spanferkel gart auf dem Grill oder über dem offenen Feuer. Zum Fleisch reicht man verschiedene Saucen – beliebt sind wiederum *pebre* (s.o.) oder *chancho en piedra* aus frischen, geschälten Tomaten, Knoblauch, Zwiebeln, Petersilie und Koriander. Ein richtiger asado dauert den ganzen Nachmittag und Abend und findet deshalb meistens am Wochenende statt.

Zwei kleinere Gerichte bestehen vorwiegend aus Mais. Für den **pastel de choclo** mischt man Rindfleisch, Huhn, Oliven, Rosinen, gekochte Eier und Zwiebeln und bedeckt die Zutaten mit einem Brei aus geriebenem und gekochtem Mais. Das Ganze backt man mit Zucker bestreut im Ofen – hört sich ein wenig seltsam an, ist aber nahrhaft und wohlschmeckend. Die vegetarische Variante **humita** ist ein Maisbrei mit Zwiebeln, Milch und unterschiedlichen Gewürzen, der in Maisblätter gewickelt und einfach in Wasser erhitzt wird.

Immer eine willkommene Zwischenmahlzeit sind die zahlreich angebotenen **empanadas.** Die Teigtaschen gibt es mit diversen Füllungen: als *empanadas de queso* mit Käse gefüllt und dann frittiert, als *empanadas de mariscos* mit Meeresfrüchten und aus dem Ofen oder als *empanadas de pino,* ebenfalls gebacken und mit einer Mischung aus Rindfleisch, Rosinen, Oliven, Zwiebeln und gekochtem Ei gefüllt.

Ein typisches Gericht in Südchile ist der **curanto.** Früher legte man erhitzte Steine in ein Erdloch, darüber schichtete man Meeresfrüchte sowie Schweine-, Rind- und Geflügelfleisch und Kartoffeln und Würste. Zugedeckt wurde das Ganze mit einem Blatt der Nalca-Pflanze, einer Art Rhabarber. Das ließ man dann gut zwei Stunden schmoren. Heute wird der curanto meist in riesigen Schmortöpfen zubereitet, oft in den Garküchen auf den Märkten, etwa in Ancud oder auf dem Markt von Angelmó, dem Fischerhafen von Puerto Montt.

Für starke Esser wurde das **„a lo pobre"** – wörtlich „nach Art der Armen" –

erfunden: ein *Lomo a lo pobre* ist ein mindestens 300 Gramm schweres Steak, serviert mit gerösteten Zwiebeln, zwei Spiegeleiern, einem Salatblatt und einem Berg Pommes frites.

Fast Food hat auch vor Chile nicht Halt gemacht. In jeder Stadt gibt es Originale und Imitate der großen internationalen Ketten. Der beliebteste aller chilenischen Fast-Food-Snacks ist der **completo** – ein bizarres Vergnügen: eine *vienesa* (Wiener Würstchen) im süßen Brötchen, überschüttet und zugeschmiert mit Mayonnaise, Ketchup, Senf, Avocadocreme *(palta)*, mitunter auch mit Gurkenscheiben und Sauerkraut.

Chile ist bekannt für seine **ausgezeichneten Fische und Meeresfrüchte.** Auf den Fischmärkten türmen sich *mariscos y pescados* in riesiger Auswahl, darunter auch Lachs aus den Zuchtnetzen in Patagonien.

Spezialitäten sind die *paila marina* oder *sopa de mariscos*, beides nahrhafte Eintöpfe mit ganzen Muscheln, keine dünnen Süppchen (s. Exkurs). Hervorragend isst man diese chilenische Hausmannskost in den kleinen Restaurants auf den Fischmärkten. Achten Sie darauf, dass alle Gerichte mit Meeresfrüchten gut gekocht sind. Wobei so ein richtiger *ceviche* (roher Fisch mit Zitrone und Zwiebeln) auch nicht zu verachten ist …

Als **Nachtisch** *(postre)* reicht man oft Eiscreme oder frische Früchte, gern auch *arroz con leche* (Milchreis), *flan* (Pudding), *tortas* und *kúchenes* – so lautet der Plural des chilenisierten deutschen Wortes Kuchen. Beliebt sind auch *alfajores*, Doppeldeckerkekse mit einer Füllung aus *manjar* (eine Art Karamel), teilweise mit Schokolade überzogen.

Trinken

Traditionell war Chile eher ein Wein- als ein Biertrinkerland. Doch auch hier hat die Globalisierung das ihre getan und das Konsumverhalten nachhaltig verändert. Heute trinken die Chilenen im Durchschnitt nur noch 13 Liter Wein (1985 waren es noch 37 Liter!), aber bereits 39 Liter **Bier** im Jahr (zum Vergleich Deutschland im Jahr 2010: 20 l Wein, 107 l Bier pro Kopf). Das Angebot hat sich in den vergangenen Jahren spürbar erweitert. Dem etwas eintönigen Lager-Bier der führenden Marken *Cristal, Becker* und *Escudo* machen neben den internationalen Exportmarken auch einheimische Brauereien Konkurrenz. Dazu gehört z.B. die *Cervecería Kunstmann* mit Bieren nach dem deutschen Reinheitsgebot. Und allerorten sind Kleinbrauereien aus dem Boden geschossen, die auch mit naturtrüben, charakterstarken Bieren aufwarten – zu nennen sind etwa die Marken *Kross, Tübinger* oder *Szot.*

Zu Recht international berühmt ist der chilenische **Wein** (vgl. „Weinbau in Chile"): sonnenverwöhnt und daher vollmundig und kräftig. Insbesondere die Rotweine verwöhnen Auge und Gaumen. Auch wenn die enorme Vielfalt des Angebots in den chilenischen Supermärkten und Weinhandlungen verwirren mag: Eigentlich kann man nichts falsch machen. Fast jeder auf Flaschen gezogene Wein (ab ca. 1000 Pesos oder 1,70 Euro) ist trinkbar, ab 1500 Pesos beginnt es zu schmecken, und ab 3000 Pesos (5 Euro) bekommt man bereits sehr gute, im Eichenfass gelagerte Tropfen (Reserva). Selbst Spitzenweine wie Montes Alpha, Casa Real (Santa Rita) oder

Weinbau in Chile

Seit Ende der 1990er Jahre schwärmen Weinkenner in aller Welt von den chilenischen Tropfen. Dabei kann der chilenische Weinbau auf eine inzwischen mehrere hundert Jahre alte Tradition zurückblicken.

Wein ist nicht leicht zu transportieren. Auf Schiffen nimmt er viel Platz ein, sein Gewicht ist beträchtlich. Der Anbau vor Ort ist leichter, und so wundert es wenig, dass die Spanier neben den Rindern und Pferden, den Schafen und Ziegen und den Olivenbäumen auch die ersten Weinreben mit in die Neue Welt nahmen. Da ohne den Wein keine Messe gefeiert werden konnte, war es der Pater *Francisco de Carabantes,* der **1548** die **ersten Reben** ins Land brachte. Drei Jahre später, 1551, legte der ehemalige Conquistador *Francisco de Aguirre* bei Copiapó einen Weinberg an. Andere Güter folgten rasch.

Man produzierte vorwiegend für den Bedarf im eigenen Land, denn Transporte in andere Kolonien scheiterten häufig: Chroniken berichten, dass der englische Freibeuter *Sir Francis Drake* 1578 ein spanisches Schiff kaperte, das mehr als 1700 Weinschläuche an Bord hatte – Wein, der nach Peru gebracht werden sollte. Außerdem verboten die Zollgesetze den spanischen Kolonien den Export ihrer Produkte; die spanische Krone schützte so die Produzenten im Mutterland vor unliebsamer Konkurrenz. Beispielsweise verbot der spanische König *Philipp II.* im 16. Jahrhundert den Ausbau der Rebflächen.

Erst im unabhängigen Chile ging es voran. Nach 1830 wurde eine erste nationale Agrarforschungsanstalt gegründet, die bald siebzig internationale Rebsorten anpflanzte. Doch bis Mitte des 19. Jahrhunderts war chilenischer Wein außerhalb des Landes weitgehend unbekannt, denn weder in Menge noch Qualität konnte er mit dem europäischer Güter mithalten. Aber langsam wuchs die Nachfrage nach edleren Tropfen. 1851 führte der chilenische Diplomat *Silvestre Ochogavía Echazarreta* aus Frankreich unter anderem Cabernet-, Pinot-, Merlot- und Rieslingreben ein – die Sorten, aus denen heute noch die Qualitätsweine Chiles gekeltert werden. Gleichzeitig kamen Weinspezialisten (Önologen) aus Frankreich ins Land.

Die großen, heute noch **bekannten Weingüter** gründeten sich fast alle in der zweiten Hälfte des 19. Jahrhunderts: Santa Teresa, Subercaseaux, Cousiño Macul, Santa Rita, Concha y Toro und Errázuriz Panquehue. Sie wurden schnell wirtschaftlich erfolgreich. Der Grund war nicht nur die Qualität des Weines, sondern vor allem ein kleines Insekt: die **Reblaus.** Ende des 19. Jahrhunderts zerstörte das nur 1,4 mm große Tier die meisten Reben in den europäischen und überseeischen Weinbaugebieten, in Chile aber ist es bis heute nicht aufgetreten. Deshalb wachsen hier noch die alten, wurzelechten Rebklone, die sonstwo auf der Welt nicht mehr angebaut werden können. Anderswo muss man veredelte Reben der Gattung „Vitis Vinifera" – nahezu alle weltweit angebauten Weinsorten gehören dazu – auf nordamerikanische Wurzelstöcke aufpfropfen. Erst die so veredelten Gewächse sind reblausresistent. Für manche Önologen ist das ein Manko: Sie meinen, dass Reben, die über „fremde" Wurzelstöcke ernährt werden, ihren geschmacklichen Charakter verändern, und bewerten allein schon deswegen die chilenischen „wurzelreinen" Weine höher.

▷ Weinfelder im Cochiguaz-Tal

Warum die Reblaus Chile bislang verschonte, ist nicht vollständig erforscht. Mitunter wird die isolierte geografische Lage angeführt, dann auch die Bewässerung der Weingärten: In Chile wurden die Pflanzungen früher größtenteils geflutet, und dank der Flutung kann sich die Reblaus nicht niederlassen.

Bis weit in die 1970er Jahre produzierte man lediglich für den Binnenmarkt, und die Winzer und Weinbauern hatten damit einen sicheren Absatzmarkt. Das änderte sich zu Beginn der 1980er Jahre. Überreiche Ernten ließen die Trauben- und Weinpreise verfallen. Statt mehr und noch mehr anzubauen, taten die großen Güter das einzig Richtige: Sie änderten ihre Strategie und versuchten, zukünftig **Klasse statt Masse** zu produzieren. Damals begannen viele Winzer mit der Kelterung des Rebensaftes in Edelstahltanks bei kontrollierten Temperaturen, um so auf die Schwefelung verzichten zu können. Außerdem senkten sie die Hektarerträge, und viele Winzer und Önologen gingen zur Weiterbildung ins Ausland.

Die Struktur des chilenischen Weinbaus machte den schnellen Umschwung möglich. Anders als beispielsweise an der Mosel, gibt es in Chile vorwiegend große Güter. Zehn **Kellereien** dominieren heute den chilenischen Weinmarkt: Concha y Toro, San Pedro, Santa Rita, Santa Carolina, Caliterra, Santa Emiliana, Cono Sur, Undurraga, Errázuriz und Carmen stellen mehr als die Hälfte aller chilenischen Weinexporte. Den Rest teilen sich um die hundert kleinere Güter, darunter auch chilenisch-europäische Jointventures. Vor allem französische Güter haben erkannt, welches Potential chilenische Weine haben. So hat sich *Lafite-Rothschild* bei der Bodega Los Vascos eingekauft, *Massenez* bei Santa Amalia und *Henri MaRíonnet* bei Terra Noble, um nur einige zu nennen.

Heute exportiert Chile jährlich rund 700 Millionen Liter Wein im Wert von 1,3 Mrd. Euro. Fast die Hälfte davon trinken die Europäer (46%). Die wichtigsten Abnehmer chilenischer Flaschenweine sind derzeit Großbritannien (16%), die USA (13%) und die Niederlande (7%), Deutsch-

chi014 ms

land liegt mit 5% auf dem 8. Platz (alle Zahlen von 2011). Chile nimmt weltweit die fünfte Stelle der Wein exportierenden Länder ein.

Die wichtigsten Rebsorten

Rotweine

■ **Cabernet-Sauvignon:** Die Rebsorte für Rotweine. In Chile wachsen noch wurzelechte Reben. Der Cabernet-Sauvignon braucht warmes Klima und niedrige Erträge. Er gibt fruchtige, konzentrierte, gerbstoffreiche Weine mit leichtem Beerenaroma, in Chile kommt ein Hauch von Eukalyptus hinzu. Herausragender Exportwein.

■ **Merlot:** Hat in jüngerer Zeit an Boden und Liebhabern gewonnen. Aus dieser Traube werden – verglichen mit dem Cabernet – leichtere, weniger säurehaltige Rotweine gewonnen.

chi017 ms

■ **Carmenère:** Die Traube hat das Potenzial zu schwergewichtigen, samtigen Weinen, mit denen Chile sich einen Namen machen möchte, ist es doch nach der Weinpest in Europa Mitte des 19. Jahrhunderts das einzige Land, wo die Stöcke überlebt haben: Erst vor kurzem entdeckte man, dass viele der importierten Merlotreben in Wahrheit Carmenère sind.

Weißweine

■ **Chardonnay:** Die populärste Weißweinrebe der Welt. Nicht so säurereich, meloniges Aroma, hochwertige Weine. In Chile wird der Chardonnay vor allem in den kühleren Regionen angebaut. Gute Exportweine.

■ **Sauvignon Blanc:** International nach den Chardonnay-Weinen die beliebsteste Weißweinsorte. Sie ergibt ertragreiche, in kühlen Lagen säurehaltige, in warmen Lagen alkoholreiche und wenig kantige Weißweine. In Chile populär, doch bislang wegen veralteter Reben nicht so gut.

■ **Moscatel de Alejandria:** Zuckerreiche, aber aromaschwache Trauben, die oft als Tafeltrauben oder zur Rosinenherstellung genutzt werden. Auch gut zum Piscobrennen, als Tafelwein eher langweilig.

■ **Riesling:** In Chile auch als Rhin bekannt, sehr aromatisch und säurehaltig, geschmacklich von leicht trocken bis edelsüß. Gute Qualitäten bei San Pedro, Santa Emiliana und Cánepa.

■ **Semillón:** Vorwiegend Inlandswein, säurearm, neutral, man kann damit nichts falsch machen, aber auch wenig wirklich richtig.

■ **Torontel:** Vorwiegend für Tischweine und zur Piscoherstellung, muskatwürzig und säurearm.

◁ Die besseren Tropfen reifen in französischer Eiche

Marqués de Casa Concha (Concha y Toro) kann man zu erschwinglichen Preisen kosten.

Stärkere Getränke sind meistens Mischungen, die auf **Pisco** basieren. Das ist ein starker klarer Traubenschnaps, der aus dem Valle del Elqui und anderen nordchilenischen Tälern stammt. Dieser klare Weinbrand wird aus säurearmen Muskatellertrauben gewonnen, die hervorragend in Hochtälern auf stark mineralischen Böden bei hoher Sonneneinstrahlung gedeihen. Die besseren Sorten, beispielsweise von Alto del Carmen, kann man gut pur als Digestif trinken, die billigeren sollte man zu *Pisco Sour* veredeln: mit Limonensaft, Puderzucker und Eischnee. In manchen Kneipen mischt man den Pisco einfach nur mit Zucker und Limone. Pisco Sour ist der beliebteste Aperitif des Landes. Auf den Markennamen Pisco erheben übrigens auch die Peruaner Anspruch – seit Langem geht der Streit, welches Land den besseren Pisco brennt …

Andere **Mixgetränke** sind: *Cola de mono* (Affenschwanz), eine Mischung aus Pisco, Milch, frisch gemahlenem Kaffee, Zucker, Zimt, Nelken, Vanille und einer Prise Muskat – schmeckt besser als es sich anhört. Die beliebte *Vaina* wird aus Portwein, Wermut, Kakao und Ei gemixt und mit Zimt bestreut. Bei jungen Chilenen beliebt ist auch der *Terremoto* (Erdbeben), ein Mix aus Weißwein und Ananas-Eis, der schnell zu Kopf steigt. *Chicha* ist angegorener Most, beliebt aus Äpfeln oder Trauben und ebenfalls in seiner Wirkung nicht zu unterschätzen. Gern trinkt man im Sommer auch *Borgoña*, eine Mischung aus Wein und Früchten wie Pfirsich und Erdbeere.

Übrigens: **Alkoholkonsum in der Öffentlichkeit (außerhalb von Bars und Restaurants) ist streng verboten!**

Alkoholfrei ist der *mote con huesillos*, ein Pfirsichsaft mit getrockneten Pfirsichen *(huesillos)* und gequollenen Weizenkörnern, fast schon eher ein Nachtisch als ein Getränk. An heißen Sommertagen wird die leckere Erfrischung an jeder Straßenecke angeboten.

Feiertage

Die rechts aufgelisteten kirchlichen und staatlichen Feiertage werden in Chile begangen. Um überlange Wochenenden (in Chile „sandwich“ genannt) zu vermeiden, werden einige Feiertage auf den Montag davor verlegt (in der Liste der Feiertage auf der nächsten Seite mit * gekennzeichnet).

Bis auf wenige Ausnahmen – Neujahr, 1. Mai, 18./19. September, Weihnachten – sind die großen Kaufhäuser und Supermärkte auch an Feiertagen geöffnet.

Fotografieren

Kameras und Kamerazubehör (z.B. Speicherchips) sind in Chile problemlos erhältlich, wenn auch in eingeschränkter Auswahl und zu höheren Preisen als in Europa. In den zahlreichen Internet-Cafés kann man Fotos herunterladen und versenden, die großen Fotoketten bieten Papierabzüge von allen gängigen Speichermedien an (auch das ist teurer als zu

Feiertage

■ **01.01.** *Año Nuevo* – Neujahr
■ **März/April:** Karfreitag und Ostersamstag
■ **01.05.** *Día de los Trabajadores* – Tag der Arbeit
■ **21.05.** *Glorias Navales – Combate Naval de Iquique* (Seeschlacht von Iquique)
■ **29.06.*** *San Pedro y San Pablo* – Peter und Paul
■ **16.07.** *Virgen del Carmen* – Jungfrau Carmen
■ **15.08.** *Asunción de la Virgen* – Mariä Himmelfahrt
■ **18.09:** *Dieciocho* – an diesem Tag feiern die Chilenen die Ausrufung der Unabhängigkeit im Jahr 1810, der Tag steht im Zentrum einer Festwoche, in der landauf, landab in Parks und auf Plätzen ausgelassen gefeiert wird. Auch der **19.09.** (Tag des Heeres) ist Feiertag, hinzu kommt Montag der 17. oder Freitag der 20., wenn der 18./19. auf Di/Mi bzw. Mi/Do fallen.
■ **12.10.*** *Día de la Hispanidad* – Entdeckung Amerikas, am 12. Oktober 1492 landete Columbus auf den karibischen Inseln.
■ **31.10.*** *Dia de las Iglesias Evangélicas y Protestantes* – Tag der evangelischen und protestantischen Kirchen.
■ **01.11.** *Todos los Santos* – Allerheiligen.
■ **08.12.** *Inmaculada Concepción* – Mariä Empfängnis.
■ **25.12.** *Navidad* – Weihnachten; in Chile ist nur der erste Weihnachtstag als Feiertag anerkannt.
■ **Silvester** ist kein Feiertag, die meisten Büros und Banken bleiben aber geschlossen.

Hause) und unterhalten Kamera-Reparaturdienste.

Ein paar **kleine Tipps** – geübte Fotografen werden das alles schon wissen: Die schlechteste Zeit zum Fotografieren ist die Mittagsstunde, vor allem an klaren Tagen. Dann ist die Sonneneinstrahlung zu hell, die Schatten sind zu stark, alle Feinheiten verwischen. Besser eignen sich die frühen Morgenstunden oder die am späten Nachmittag, wenn das Licht milder und weicher ist und die Farben besser zur Geltung kommen. Bei grellem Mittagslicht helfen – bei den größeren Kameras – ein UV- und ein Polarisationsfilter. Bei schwachem Licht (dunkle Wälder, Innenaufnahmen) sollte man zunächst versuchen, die Lichtempfindlichkeit der Kamera zu erhöhen (z.B. auf 400, 800 oder 1600 ASA), bevor man stimmungsvolle Aufnahmen mit dem Blitz „zerstört". Ggf. kann man auch ein Stativ verwenden, um die Verschlusszeiten zu verlängern.

Beim **Fotografieren von Personen** sollte man dieselbe Höflichkeit und Rücksichtnahme walten lassen, die man auch für sich selbst beanspruchen würde. Also – erst fragen, dann auslösen.

In Chile ist es, wie fast überall auf der Welt, verboten, **militärische und polizeiliche Einrichtungen** zu fotografieren. Darunter fallen auch die Polizeikontrollstellen an den Überlandstraßen.

Frauen allein unterwegs

Chile ist auch für allein reisende Frauen ein sicheres Reiseland. Natürlich ist der **Machismo** der Männer überall deutlich spürbar, und „natürlich" werden Frauen nach ihrem Aussehen beurteilt. Ebenso selbstverständlich definieren sich Männer hier stärker noch als in Europa über ihre vermeintlich spezifisch männlichen Fähigkeiten und Eigenschaften.

Aushalten muss frau das Hinterherpfeifen auf der Straße und mitunter die **Piropos,** harmlose Anzüglichkeiten, die im Vorübergehen zugerufen werden – ignorieren, auch wenn es schwerfällt, ist hier immer noch die beste Reaktion. Meistens werden allein reisende Frauen eher neugierig angesprochen – auch chilenische Frauen, die ohne ihre Familie unterwegs sind, stellen eine große Ausnahme dar.

Da ausländische Frauen besonders auffallen, sollten sie sich in der **Kleidung** zurückhalten. Ein BH ist „Pflicht", ansonsten gibt es aber kaum Kleiderregeln. Oben-ohne-Baden ist nicht erlaubt.

Geld

Offizielles Zahlungsmittel in Chile ist der **Chilenische Peso (CLP,** auch irreführend mit dem Dollarzeichen $ abgekürzt). Die Inflationsrate lag im Jahr 2012 bei 1,5%. Im Frühjahr 2013 bekam man für **1 Euro ca. 620 Pesos,** d.h. 100 Euro entsprachen 62.000 Pesos. Der Dollarkurs lag bei **1 US$ = 470 Pesos,** 1 SFr entsprach ca. 500 Pesos.

Als Frau allein in Chile – kein Problem!

Der **US-Dollar (US$)** ist die **Leitwährung** auf dem südamerikanischen Kontinent. Dollarnoten werden im ganzen Land in Wechselstuben getauscht, in hohem Maße auch Euro. Anders als z.B. in Argentinien kann man in Chile kaum mit Dollar bezahlen; lediglich große Hotels und Tourismusunternehmen akzeptieren Zahlungen mit der Devise.

Es gibt **Münzen** zu 1, 5, 10, 50, 100 und 500 Pesos sowie **Scheine** zu 1000, 2000, 5000, 10.000 und 20.000 Pesos. In den vergangenen Jahren wurden neue Banknoten eingeführt, sodass von den meisten alte und neue im Umlauf sind. Die Scheine zu 10.000 und 20.000 Pesos bekommt man nicht überall gewechselt, daher immer genügend Kleingeld dabeihaben!

Reisekasse

Am besten mischen Sie die Reisekasse: ein bisschen **Euro-Bargeld** zum Tauschen oder als Reserve für den Anfang, eine EC- bzw. **Maestro-Kontokarte** für das Abheben von Bargeld (Pesos) sowie ein oder zwei **Kreditkarten** fürs Bezahlen in Restaurants, Hotels und größeren Geschäften.

Die Euros tauschen Sie am einfachsten in einer **Wechselstube,** diese bieten bessere Kurse und schnelleren Service als Banken und sind zudem 9–19 Uhr geöffnet, meist auch Samstagvormittag. Wer schon vor der Reise bei seiner Hausbank chilenische Pesos erwirbt, muss mit extremen Umtauschverlusten rechnen. Auch die Wechselstuben am Flughafen Santiago haben deutlich schlechtere Kurse als die in der Stadt. Tauschen Sie nie bei Straßenhändlern! Das Risiko, Opfer eines Betrugs oder Diebstahls zu werden, ist hoch.

Beim Abheben von Pesos an den **Automaten** der Redbanc-Kette (mit der Geheimzahl) wird je nach Hausbank eine Gebühr fällig. Mit der Postbank Sparcard kann man zumindest zehnmal pro Jahr auch außerhalb der Euro-Länder kostenlos Bargeld an Automaten mit VISA- und Plus-Zeichen bekommen. Für Barabhebungen per Kreditkarte kann das Kreditkartenkonto je nach ausstellender Bank mit einer Gebühr von bis zu 5,5% belastet werden. Mit bestimmten VISA-Karten (z.B. der DBK-Bank) geht dies jedoch kostenlos. Für das bargeldlose Zahlen hingegen werden nur 1 bis 2% beim Auslandseinsatz berechnet. Am besten man erkundigt sich vor der Reise noch einmal nach den konkreten Kosten bei seiner die Karte ausgebenden Bank, um die Kosten möglichst gering zu halten.

Das **tägliche Abhebelimit** beträgt 300.000 Pesos (rund 500 Euro). Geldautomaten finden sich überall, nicht nur in Banken, sondern auch an Tankstellen, in Apotheken, Supermärkten und Kaufhäusern. Nicht immer funktioniert jeder Automat mit jeder Karte – versuchen Sie es im Problemfall bei Geräten anderer Banken. Auch in kleineren Städten und selbst auf der Osterinsel gibt es zumindest einen cajero automático, und in abgelegenen Touristenzielen wie San Pedro de Atacama wird im Sommer ein mobiler Geldautomat aufgestellt.

Eine Alternative zur Kontokarte ist die **Travelcash-Karte,** eine nicht ans Bankkonto gebundene Prepaid-Karte, erhältlich bei vielen Banken, mit der man an Automaten Bargeld ziehen kann. Sie hat zunehmend die aus der Mode gekommenen Reiseschecks ersetzt und ist speziell für Studenten geeignet – die Eltern können bei Bedarf zu Hause nachladen.

Kreditkarten (VISA oder MasterCard) sind nützlich bei größeren Beträgen: In den meisten Geschäften, an Tankstellen und in Restaurants kann man damit bezahlen, ebenso in besseren Hotels, bei Busfirmen oder Reiseveranstaltern, allerdings nicht in der kleinen Kneipe um die Ecke oder im letzten Dorf in der Atacama-Wüste. Mitunter wird Ihnen beim Kauf mit Bargeld statt mit Karte ein Rabatt eingeräumt. Und nicht zu vergessen: Die allermeisten Leihwagenfirmen verlangen eine Kreditkarte als Garantie.

Wenn alle Karten versagen oder gestohlen werden, können Sie sich problemlos **Geld nach Chile überweisen** lassen. Das dauert allerdings einige Tage, bedeutet saftige Gebühren, und Sie brauchen eine lokale Bank, die mit Ihrer Hausbank zusammenarbeitet, z.B. Citibank oder Santander (kooperiert mit der Deutschen Bank). Eine schnellere Möglichkeit bietet **Western Union** (www.westernunion.com). Der internationale Geldversand-Service wird in Deutschland u.a. von der Postbank vertreten. Der gewünschte Betrag wird dort auf den Namen des Empfängers in Euro eingezahlt (hohe Gebühren), der ihn auf der anderen Seite der Welt binnen weniger Minuten in Pesos in Empfang nehmen kann. In Chile kooperiert Western Union mit der Post *(Correos de Chile)*, darüber hinaus auch mit DHL, Tur-Bus und Chilexpress.

Chile kennt **keine Devisenbeschränkungen.** Pesos und andere Währungen dürfen unbeschränkt ein- und ausgeführt werden. Es empfiehlt sich aber, keine Pesos mit nach Europa zu nehmen, da außerhalb Chiles der Kurs sehr, sehr schlecht ist.

Fazit: Für einen normalen Chile-Urlaub genügen die Maestro-Karte, um Bargeld abzuheben, und eine Kreditkarte, um bequem in Hotels, Restaurants und Geschäften zu bezahlen und um z.B. einen Wagen zu mieten. So erspart man sich die lästige Tauscherei und das Risiko, mit größeren Bargeldbeträgen herumzureisen. Nur zur Sicherheit (falls eine Karte nicht funktioniert oder gestohlen wird) sollten Sie eine kleine Euro-Barreserve dabeihaben.

Wichtig: Vor der Fahrt in abgelegene Gebiete genügend Bargeld abheben! An der Carretera Austral, in den Nationalparks oder in der Atacamawüste kann man meist nur mit Pesos in bar bezahlen, und der nächste Geldautomat ist 150 Kilometer entfernt …

Siehe auch das Kapitel „Notfälle“ für den Fall von Diebstahl oder Verlust.

Reisekosten

Chile gehört nicht zu den Billigreiseländern in Lateinamerika. Vor allem Importwaren sind oft mindestens so teuer wie in Mitteleuropa. Lebensmittel kosten im Supermarkt etwa genauso viel, preiswerter sind sie auf Märkten. Einfache Unterkünfte sind preiswert (ab 8–10 Euro kann man einen Schlafplatz bekommen), Mittelklassehotels hingegen eher teurer als in europäischen Reiseländern. In manchen Nationalparks kann man frei campen, ansonsten aber sind Campingplätze nicht preiswerter als einfache Pensionen.

Ein einfaches Frühstück kostet 3 Euro, das Mittag- oder Abendessen je nach Qualität ab 5 Euro. In den meisten Restaurants gibt es ein preiswertes Mittagsmenü.

Die Fahrtkosten sind gering. Wer mit **öffentlichen Verkehrsmitteln** unterwegs ist, muss für den meist ausgezeichneten Service recht wenig bezahlen. Eine Busfahrt in Santiago ist für 80 Eurocent zu haben, und die etwa 30-stündige Busfahrt durch das halbe Land von Santiago nach Arica (ca. 2000 km!) kostet in der Luxusklasse „Salón Cama" inkl. Mahlzeiten gerade einmal 60 Euro. Teurer hingegen schlagen Schiffstouren im Süden des Landes zu Buche. Generell gilt: Alles, was abseits der normalen Reiseroute liegt, ist teurer. Tagestouren von San Pedro de Atacama sind beliebt und preiswert, Mehrtagestrips von Iquique in die Anden-Nationalparks haben hingegen ihren stolzen Preis.

Feilschen ist nicht selbstverständlich wie etwa in Bolivien oder Peru. Normalerweise gelten Fixpreise, aber v.a. auf Märkten, wo Kunsthandwerk verkauft wird, ist auch ein wenig Handeln angesagt – ein kleiner Preisnachlass *(descuento)* ist oft drin.

Trinkgelder *(propina)* werden gern gesehen: Für den Tütenpacker im Supermarkt, den informellen Parkplatzwächter oder den Tankwart je nach Ermessen 100 bis 500 Pesos (0,15–0,80 Euro). In Restaurants sind 10% üblich. Taxifahrer erwarten kein Trinkgeld.

Hinweis: Da die Leitwährung in Chile der US-Dollar ist und viele Preise in der Tourismusbranche auf Dollarbasis berechnet werden, sind die Euro-Preise in diesem Buch nur Näherungswerte.

Gesundheit

Glücklicherweise bedarf eine Reise nach Chile **keiner umfangreichen medizinischen Vorkehrungen,** und außer den international überall vorgeschriebenen Impfungen (Gelbfieber, wenn man aus Infektionsgebieten kommt) gibt es für Chile auch **keine obligatorischen Impfungen.** Meistens sind die hygienischen Verhältnisse gut, und wenn man auf einige Punkte achtet (s.u.), ist der Aufenthalt problemlos.

Das chilenische Gesundheitssystem ist recht gut, allerdings gibt es ein **starkes Gefälle in der Ärztedichte** zwischen den Städten und dem Landesinnern und in der Qualität zwischen Privatkliniken und öffentlichen Krankenhäusern. In den Großstädten, vor allem in Santiago, findet man deutschsprachige Allgemeinmediziner. Für Notfälle empfiehlt sich die **Deutsche Klinik** in der Hauptstadt (Clínica Alemana, Av. Vitacura 5951, Tel. 2/2210 1111, www.alemana.cl).

Die **Apotheken** *(farmacias)* haben nicht selten bis Mitternacht geöffnet, und fast alle Medikamente, die man in Europa bekommt, sind erhältlich; die meisten rezeptfrei und auch als einzelne

Reise-Gesundheitsinformationen
- Im Internet unter **www.crm.de**
- Siehe auch im **Anhang**

Tablette, denn in Chile ist wie überall in Lateinamerika die Selbstmedikation weit verbreitet. Wer allerdings spezielle Medikamente benötigt, sollte sich besser vor der Reise versorgen.

Vorbeugende Maßnahmen

Die meisten Reiseerkrankungen gründen auf eigenem Fehlverhalten, vor allem hinsichtlich **fehlender Hygiene bei Nahrungsmitteln** oder Trinkwasser. Befolgen Sie am besten einige grundsätzliche **Ratschläge:**

- Obwohl das Leitungswasser fast überall unbedenklich ist, ist man mit **Mineralwasser** auf der sicheren Seite; verzichten Sie ggf. auf Eiswürfel *(sin hielo)*.
- Nur **frisch zubereitete Speisen** essen, Fleisch, Fisch und Meeresfrüchte sollten gut durchgegart sein, Muscheln möglichst nicht roh essen.
- Obst und Kopfsalat gründlich **waschen,** ebenso die Hände vor dem Essen.

Besonders in den ersten Tagen sollten Sie Ihrem Magen nicht zu viel zumuten. Erwischt Sie trotz aller Vorsicht ein **Reisedurchfall,** probieren Sie zunächst harmlose Mittel, bevor Sie zur Chemie greifen, denn Medikamente wie Imodium oder Lopedium haben mitunter starke Nebenwirkungen – dennoch gehören sie in jede Reiseapotheke. Bei ganz leichtem Durchfall hilft vielleicht schon die bekannte „Cola-Salzstangen-Diät". Besser ist eine mit schwarzem Tee, Zwieback, Haferflocken, dazu viel Salz und Kohletabletten. Der Tee sollte bei starkem Flüssigkeitsverlust mit einem Teelöffel Salz und zehn Teelöffeln Zucker je Liter getrunken werden.

Impfungen

Wie gesagt: Besondere Impfungen sind für Chile nicht nötig. Die **Tetanus-Impfung** sollte alle zehn Jahre aufgefrischt werden. Sie ist gut verträglich und schützt vor dem weltweit verbreiteten Wundstarrkrampf, der durch verschmutzte Wunden hervorgerufen werden kann. Wer sich nicht sicher ist, wie lange seine letzte Tetanus-Impfung zurückliegt, sollte diese wiederholen und gleichzeitig auch seinen **Polio-Schutz** gegen Kinderlähmung (die nicht vom Lebensalter abhängig ist!) auffrischen.

Manche Ärzte empfehlen auch eine zusätzliche Impfung gegen **Tollwut,** besonders bei längerem Aufenthalt in sehr abgelegenen Gebieten. Die Immunität wird durch drei Impfungen in drei Wochen erreicht, die nach einem Jahr aufgefrischt werden müssen. Danach hält die Immunität zwei bis fünf Jahre an.

Auch gegen **Typhus** besteht eine Impfmöglichkeit. Diese Krankheit wird bei mangelhafter Hygiene durch Nahrung und Trinkwasser übertragen. Man kann sich durch eine Schluckimpfung oder durch eine Injektion dagegen für zwei bis drei Jahre immun machen.

Gegen **Cholera** kann man sich zwar auch impfen lassen, die meisten Mediziner raten aber davon ab. Die Choleragefahr ist in Chile extrem gering. Die Übertragung der Krankheit erfolgt durch das Trinken von kontaminiertem Wasser oder das Essen von kontaminierten Speisen. Also sind die vorbeugenden Maßnahmen klar (s.o.). Krankheitssymptome sind ein starker, schmerzloser, wässriger Durchfall ohne Fieber, aber einhergehend mit Erbrechen. Gefährlich sind die damit verbundene Schwächung und Dehydration (Wasserverlust) des Körpers.

Hepatitis A (Gelbsucht) ist ebenfalls in den Regionen verbreitet, wo die Hygiene mangelhaft ist. Sie wird über Nahrungsmittel, Trinkwasser oder durch Kontakt mit infizierten Personen übertragen. In Chile ist sie extrem selten. Man kann durch eine Blutuntersuchung feststellen lassen, ob man bereits Antikörper gegen eine Hepatitis A besitzt. Ist das der Fall, ist man mit hoher Wahrscheinlichkeit lebenslänglich immun.

Reiseapotheke

- persönlich benötigte Medikamente
- Tabletten gegen Reisekrankheit
- Tabletten gegen Magen- und Darmerkrankungen
- Schmerztabletten
- Insektenschutzmittel
- Sonnenschutzmittel
- (Wasser-) Desinfektionsmittel
- als Brillenträger: Ersatzbrille (analog im Falle von Kontaktlinsen)
- ggf. Kontaktlinsen
- Lippenschutzstift
- Nasentropfen *(gotas para la nariz)*
- Augentropfen *(gotas para los ojos)*
- Antibiotika
- Salben gegen Juckreiz und Hauterkrankungen, Wundsalben
- Kondome
- Antibabypillen
- Tampons
- Binden
- Pflaster
- Mullbinde; elastische Binde

Der Impfschutz gegen die Hepatitis A wird durch zwei Injektionen im Abstand von zwei bis vier Wochen gewährleistet. Diese sollten nach einem halben bis ganzen Jahr wiederholt werden, dann hält die Immunität etwa zehn Jahre vor.

Hauterkrankungen

Die im Urlaub wohl üblichste Hauterkrankung ist der **Sonnenbrand.** Im Gebirge und im Süden Patagoniens (wegen der dort dünneren Ozonschicht) ist die Gefahr besonders groß und wird, da es häufig recht kühl ist, leicht unterschätzt. Eine Sonnencreme mit Lichtschutzfaktor 50 gehört unbedingt ins Reisegepäck, ggf. für die Lippen und andere empfindliche Hautstellen eine Spezialcreme. Generell sollten Sie das Sonnenbaden zwischen 11 und 16 Uhr vermeiden.

Andere Hauterkrankungen sind die Folge von Insektenbissen/-stichen. Die Wahrscheinlichkeit, von einer der beiden chilenischen **Giftspinnen** – *araña del rincón* (Winkelspinne) und *araña del trigo* (Schwarze Witwe) – gebissen zu werden, ist gering, da sie scheu in dunklen Ecken bzw. auf offenen Feldern leben. Jedoch sollten Sie bei Symptomen wie Violett- bis Schwarzfärbung eines Bisses *(araña del rincón)* bzw. Krämpfen und Schmerzen *(araña del trigo)* schnell einen Arzt aufsuchen; in beiden Fällen besteht potenzielle Lebensgefahr.

> Tour auf den Altiplano (Paso de Jama)

Höhenkrankheit

Bereits ab 2600 Metern Höhe, meist aber erst ab 3500–4000 Metern, tritt die gefürchtete **puna** (Höhenkrankheit) auf. Solche Höhen werden leicht beim Überqueren der Andenpässe oder in einigen Nationalparks des Nordens erreicht. Die Höhenkrankeit befällt jeden, der sich zu schnell in große Höhen begibt und sich dort zu sehr anstrengt. Müdigkeit und Kopfweh sind die ersten harmlosen Symptome, die Sie nicht unterschätzen sollten; im schlimmsten Fall können Lungen- oder Hirnödeme entstehen und zum Tod führen. Also Vorsicht in den Anden, eine **gute Akklimatisation** ist bei Höhen über 3000 Meter wichtig. Bei ersten Zeichen von Unwohlsein schnell in niedrigere Regionen absteigen!

Hanta-Virus

Von dem in Chile und Argentinien verbreiteten Hanta-Virus werden im Jahr einige Dutzend Menschen infiziert. Er wird hauptsächlich **von Langschwanzmäusen übertragen.** Dabei genügt es, in Kontakt mit ihren Exkrementen zu kommen oder lediglich die Luft von Räumen einzuatmen, in denen infizierte Mäuse gehaust haben; auch ein Mäusebiss bzw. der direkte Kontakt mit einem Kadaver kann die Krankheit übertragen. Sie ist **potenziell tödlich** (Blockade der Lungenfunktion), vor allem wenn die ersten Symptome – Kopfschmerzen, Übelkeit, Fieber – nicht richtig diagnostiziert werden. Aber kein Grund zur Panik: Mit einfachen Maßnahmen kann man sich effektiv schüt-

chi018 ms

zen. Vor allem gilt es, längere Zeit unbenutzte, dunkle und schlecht gelüftete Räume zu meiden (z.B. Bungalows). Die Viren überleben außerhalb ihres Wirts bei Tageslicht nur wenige Minuten und sind leicht durch Desinfektionsmittel zerstörbar. Im Zweifelsfall lieber frühzeitig einen Arzt konsultieren!

AIDS

Natürlich ist AIDS (spanisch **SIDA**) auch in Chile eine Gefahr. Also: keinen ungeschützten Geschlechtsverkehr – Kondome *(condones)* sind in jeder Apotheke *(farmacia)* erhältlich.

Gesundheitsberatung und -information

- **Centrum für Reisemedizin,** Oberrather Str. 10, 40472 Düsseldorf, Tel. 0211/904 290, **www.crm.de.** Nach tel. Anforderung wird gegen Gebühr ein individueller „Reise-Gesundheitsbrief" zusammengestellt und zugeschickt, der genau auf die geplante Reise abgestimmt ist.

Informationen

In Europa

Für den deutschsprachigen Raum ist die **Wirtschaftsvertretung der Botschaft** die beste Auskunftsstelle. Sie übernimmt gleichzeitig die Aufgaben eines **Fremdenverkehrsbüros** (**ProChile,** Kleine Reichenstr. 1, 20457 Hamburg, Tel. 040/ 335 835, www.chileinfo.de).

In Chile

Sernatur heißt die **staatliche Informationsstelle für Touristen,** mit Büros in allen großen Städten (Adressen dort). In Chile hat zudem jede größere Stadt und jedes touristische Ziel ein unterschiedlich gut organisiertes Touristenbüro (siehe bei den praktischen Infos zu den einzelnen Städten).

Sonstige Adressen

- **Asociación Chilena de Albergues Turísticos Juveniles,** Hernando de Aguirre 201, of. 602, Providencia, Santiago; Jugendherbergsverband. www.hostelling.cl
- **Conaf,** Av. Bulnes 285, Santiago; Nationalpark-Verwaltung. www.conaf.cl
- **ContactChile,** Rafael Cañas 174, Providencia, Santiago, Mo bis Fr 9–17.30 Uhr, Sa 10–13.30 Uhr; Straßen- und Wanderkarten von ganz Chile, deutschsprachige Reiseberatung und Buchung von Mietwagen, Flügen, Hotels etc.; Vermittlung von Spanischkursen, Praktika und Working-Holiday-Stellen. www.contactchile.com
- **Club Alemán Andino,** Arrayán 2735, Santiago, Metrostation Tobalaba; Treffen Di und Do 20 Uhr; Bergwandern und Bergsteigen. www.dav.cl
- **Federación de Andinismo,** Almirante Simpson 77, Santiago; Bergsteigen. www.feach.cl

Im Internet

Im Internet finden sich **zahlreiche Websites** mit vielseitigen Informationen zu Chile – hier eine kleine Auswahl:

- **www.thisischile.cl**
Reisen, Studieren, Geschäfte machen, Leben in Chile (engl./span.).

- **www.chileinfo.de**
Offizielle Tourismus-Informationen (dt.).
- **http://chile.travel**
Offizielle Tourismus-Informationen (dt.).
- **www.contactchile.de**
Praktische Tipps und Tricks für Chile-Besucher, dazu Service-Angebote sowie ein hilfreiches Forum (dt.).
- **www.chileaktiv.com**
Umfangreiche Datenbank zu Reisezielen, Unterkünften und Tipps (dt.).
- **www.auswaertiges-amt.de**
Unter dem Stichwort „Chile" Informationen zu Land und Leuten und touristischen Belangen, Sicherheitshinweise etc.
- **www.startupchile.org**
Programm zur Förderung ausländischer Jungunternehmer in Chile (engl.).
- **www.emol.com**
Online-Portal von „El Mercurio", der größten Tageszeitung (span.).
- **www.ilovechile.cl**
Englischsprachige Nachrichten aus Chile, dazu ein wöchentliches Online-Magazin.
- **www.santiagotimes.cl**
Englischsprachige Online-Zeitung, übersetzt Beiträge der chilenischen Presse.

Kleidung und Umgangsformen

Die Wahl der Reisekleidung hängt natürlich von Reiseziel, -zeit und -vorhaben ab (vgl. „Ausrüstung").

Chilenen legen normalerweise viel Wert auf ein **gepflegtes Aussehen.** Man achtet auf seine Kleidung, trägt in den Städten keine Shorts, lediglich an den Badeorten der Pazifikküste. Angesagt ist gepflegte, aber nicht topmodische Kleidung. Extravaganzen sind selten, Geschäftsleute tragen die international üblichen grauen Anzüge. Kleider machen Leute, und für Chile gilt das besonders. Frau ist oft gut gestylt, Frisur und Make-Up sind wichtig, als hässlich gelten Achsel- und Beinbehaarung. All das gilt natürlich in erster Linie für die Hauptstadt, in der Provinz sind die Regeln weniger streng. Wer offizielle Termine wahrnehmen muss, sollte schon Anzug oder Kostüm/Kleid dabeihaben. Wichtig: Schuhe putzen!

Die normalen **Anredeformen** sind *Señor* und *Señora,* unverheiratete Frauen werden gern mit *Señorita* angesprochen. Man duzt sich schnell und ohne Absprache, im Zweifel ist das förmlichere „Sie" – „usted" nicht falsch. Zur Begrüßung heißt es bis 12 Uhr mittags „buenos días", danach „buenas tardes", nach Einbruch der Dunkelheit sagt man „buenas noches". Bekannte begrüßt man mit „hola", dann fragt man „qué tal" oder „cómo te va" (Wie geht es dir?). Eine ehrliche Antwort wird nicht unbedingt erwartet, höchstens eine allgemeine wie „bien, gracias" (danke, gut) oder „más o menos" (so naja) – letzteres bedarf schon einer Erklärung.

Selbst wenn man sich nicht kennt, **begrüßen** sich Mann und Frau mit einem Wangenkuss, Frauen untereinander auch, Männer wiederum mit Handschlag oder mit einem herzlichen Schulterklopfen. Männer grüßen immer erst

Buchtipp – Praxis-Ratgeber
- *Harald A. Friedl,* **Respektvoll reisen**
(Reise Know-How Verlag)

die Frauen. Eine respektvolle Anrede bei Männern ist „Don", gefolgt vom Vornamen, also z.B. Don Pablo. Wird man jemandem vorgestellt, heißt es „mucho gusto" oder „encantado" (sehr angenehm). Auch beim Abschied ist man wortreich. Man bedankt sich häufig mit „gracias por todo" und benutzt längere Abschiedsfloskeln wie „hasta luego, que le vaya bien" (Auf bald, möge es Ihnen gut gehen) oder aber auch eine kurzes „chau" (so die chilenische Schreibweise). Ein kurzes „adiós" hat eher die Bedeutung eines recht endgültigen Abschieds.

Pünktlichkeit ist keine lateinamerikanische Tugend, und obwohl die Chilenen als die Preußen des Kontinents gelten, hinkt der Vergleich doch gewaltig. Bei Verabredungen sollte man großzügig Toleranz einplanen und sich mit Geduld wappnen, 15–30 Minuten Verspätung gelten als normal. Bei Einladungen zu privaten Partys kommt kaum jemand vor Ablauf einer Stunde nach der offiziellen Anfangszeit.

Noch ein paar Tipps: In Chile ist es absolut unüblich, **im Restaurant** an einem bereits besetzten Tisch Platz zu nehmen, selbst wenn dort nur eine Person sitzt; man wartet, bis ein Tisch frei wird, Stühle darf man allerdings umstellen. **Trinkgelder** sind üblich, Kellner erwarten 10%. Das Trinkgeld lässt man einfach auf dem Tisch liegen. Die Rechnung getrennt zu bezahlen, kann den Kellner („señor" oder „señora/señorita") leicht überfordern.

Auch wenn es im Straßenverkehr nicht so wirkt, Chilenen sind geduldige und höfliche Menschen. **Schlangestehen** scheint niemanden zu stören, und für gewöhnlich gibt es auch nur wenige, die sich vordrängeln.

Bei **Adressen** sollte man sich unbedingt Hausnummer, Geschoss und Wohnung notieren. Denn nur bei Firmen steht neben der Klingel ein Name.

Medien

Wer Spanisch kann, wird keine Probleme haben, sich über das Weltgeschehen zu informieren. Die bestangesehene **Tageszeitung** Chiles ist **„El Mercurio"**, ein konservatives Blatt, das mit unterschiedlichen Lokalausgaben und Beilagen herausgegeben wird. Bereits 1827 in Valparaíso gegründet, ist es eine der ältesten Zeitungen des Kontinents. Einzige ernsthafte Konkurrenz zum Mercurio ist **„La Tercera"**, in der redaktionellen Linie jedoch nur wenig liberaler. Beide Zeitungen haben ausführliche internationale Rubriken und bringen auch detaillierte Angaben zum aktuellen Kulturprogramm (Beilagen freitags). Einen guten Überblick über das Geschehen in Chile bieten die englischsprachigen Online-Publikationen **„I Love Chile"** (www.ilovechile.cl) und **„Santiago Times"** (www.santiagotimes.cl). Einen Einblick in die chilenische Volksseele und Umgangssprache erlaubt das skurrile Boulevardblatt **„La Cuarta"**. Mehrere Gratiszeitungen werden an U-Bahn-Eingängen und Straßenkreuzungen verteilt, darunter **„publimetro"**. Bei den politisch-kulturellen Wochenzeitungen sind „Qué pasa" und „Ercilla" zu nennen. Wer genügend chilenisches Spanisch beherrscht, sollte sich das Satireblatt **„The Clinic"** gönnen. An einigen wenigen Kiosken wird die deutschsprachige Wochenzeitung **„Cóndor"** vertrieben, die vor allem über Belange der Deutschstämmigen in Chile berichtet.

Das chilenische **Fernsehen** wird geprägt von vier per Antenne zu empfangenden Kanälen, alle finanzieren sich durch Werbung, auch der staatliche Sender „Televisión Nacional". Vorwiegend werden US-amerikanische Serien und lateinamerikanische Telenovelas sowie Spiel- und Werbeshows gesendet, als Mittel zur Information ist das Fernsehen kaum brauchbar. Über Kabel- und Satellitennetze werden die wichtigsten internationalen Fernsehkanäle eingespeist, darunter auch Deutsche Welle.

Auch die **Radiosender** sind werbefinanziert. Sie spielen vor allem internationale und nationale Hits und beschränken sich bei Nachrichten auf Lokales; überregionale Nachrichten sind u.a. bei „Radio Cooperativa" zu hören.

An einigen Verkaufsstellen in Santiago sind auch **internationale Zeitungen und Zeitschriften** erhältlich – in den Provinzstädten ist das unmöglich.

Die beste Quelle für aktuelle Informationen über deutsche Politik oder die Bundesliga ist natürlich längst das **Internet,** wo man nicht nur die meisten Printmedien online verfolgen, sondern auch komplette Nachrichtensendungen abrufen kann.

Notfälle

Wichtige Notrufnummern

- **Krankenwagen** *(Ambulancia):* 131
- **Feuerwehr** *(Bomberos):* 132
- **Polizei** *(Carabineros):* 133
- **Kriminalpolizei** *(Investigaciones):* 134
- **Waldbrände** *(Conaf):* 130
- **Seerettungsdienst** *(Rescate Marítimo):* 137
- **Luftrettungsdienst** *(Rescate Aéreo):* 138
- **Bergrettungsdienst** *(Socorro Andino):* (2) 6994764

Verlust von Geldkarten

Bei Verlust oder Diebstahl der Kredit- oder Maestro-/EC-Karte sollten Sie diese umgehend sperren lassen. Für deutsche Maestro- und Kreditkarten gibt es die einheitliche **Sperrnummer 0049 116 116,** im Ausland zusätzlich 0049 30 4050 4050. Für österreichische und schweizerische Karten gelten:

- **Maestro-/EC-Karte:** (A-)Tel. 0043/1/204 8800, (CH-)Tel. 0041/44/271 2230, UBS: Tel. 0041/848/888 601, Credit Suisse: Tel. 0041/800/800 488
- **MasterCard:** Internationale Tel. 001/636/722 7111
- **VISA:** Tel. 0043/1/7111 1770, (CH-)Tel. 0041/58/958 8383.
- **American Express:** (A-)Tel. 0049/69/9797 1000, (CH-)Tel. 0041/44/659 6333.
- **Diners Club,** (A-)Tel. 0043/1/501 350, (CH-)Tel. 0041/58/750 8080

Ausweisverlust/ dringender Notfall

Wird der Reisepass oder Personalausweis im Ausland gestohlen, sollten Sie dies bei der örtlichen Polizei melden. Darüber hinaus müssen Sie sich an die nächste diplomatische Auslandsvertretung Ihres Landes wenden, um einen **Er-**

satz-Reiseausweis zur Ausreise zu bekommen (ohne kommen Sie nicht aus dem Land!).

Auch in **dringenden Notfällen,** z.B. medizinischer oder rechtlicher Art, bei der Vermisstensuche, für Hilfe bei Todesfällen, Häftlingsbetreuung o.Ä., sind die Auslandsvertretungen bemüht, vermittelnd zu helfen (Adressen siehe „Botschaften und Konsulate“).

Öffnungszeiten

In Chile gibt es kein Ladenschlussgesetz, und so differieren die Öffnungszeiten beträchtlich. Kleinere Lebensmittelläden öffnen meist gegen 9 Uhr, schließen gegen 13 Uhr für eine zweistündige Siesta und haben dann bis 20/21 Uhr geöffnet. Auch am Wochenende ist es in solchen Geschäften oft möglich, einzukaufen. Nicht-Lebensmittel-Geschäfte, besonders in den Fußgängerzonen der Städte, haben meist durchgehend Mo bis Fr von 10 bis 19 Uhr sowie Sa von 10 bis 14 Uhr geöffnet. Supermärkte haben auch an Sonn- und Feiertagen von 8/9 bis 22/23 Uhr geöffnet, Apotheken sogar oft bis 24 Uhr. Einkaufszentren und Kaufhäuser öffnen ebenfalls an den Wochenenden von ca. 10 bis 21 Uhr.

Banken und Behörden haben i.d.R. ab 9 Uhr geöffnet, Publikumsverkehr findet nur am Vormittag statt (bis 14 Uhr). **Wechselstuben** öffnen meist um 10 Uhr und schließen etwa um 18 Uhr, etliche sind auch am Samstagvormittag geöffnet.

Organisierte Touren

Chile ist einfach zu bereisen, aber auch hier bestätigt die Ausnahme die Regel: **Nicht überall hin gelangt man problemlos mit öffentlichen Verkehrsmitteln.** So wird die Carretera Austral nicht zu jeder Jahreszeit durchgängig von Bussen befahren, und die Nationalparks im Nordosten des Landes sind auch nur schwer zu erreichen. Nicht jedermann gefällt die Vorstellung, mit einem Leihwagen einsame Gegenden auf eigene Faust zu erkunden. Da lohnt ein Blick auf das Angebot von Reiseveranstaltern, zumal diese längst nicht mehr nur pauschale Gruppen-Bustouren organisieren, sondern eine Fülle von Spezialinteressen bedienen (Naturreisen, Trekking, Reiten etc.), teilweise auch in bequem kombinierbaren Modulen für sog. Selbstfahrer. In nahezu jedem größeren Ort gibt es einige Unternehmen, die auf Ausflüge in der Gegend spezialisiert sind. Sie werden, wenn vorhanden, im Rahmen der einzelnen Ortsbeschreibungen genannt, ansonsten helfen die Touristeninformationsstellen weiter. Oft bieten die Veranstalter ähnliche Pakete zu ähnlichen Preisen. Je kleiner die Reisegruppe, desto besser, dann lässt sich schneller einmal vom festgelegten Programm abweichen. Wichtig ist auch, dass man sich mit dem Führer gut verständigen kann.

☒ Unterwegs im Nationalpark Torres del Paine

Hier eine **Auswahl renommierter deutschsprachiger Reiseagenturen in Chile,** die fast überallhin Ausflüge und Programme vermitteln (die Liste enthält keine Wertung, andere Agenturen können ähnliche Leistungen offerieren):

- **Protours,** Imperial 0655, Puerto Varas, Tel. 65/277 2900. Flexible Gruppen- und Einzelpakete für Chile und Nachbarländer. www.protourschile.com
- **TravelArt,** Europa 2081, Santiago, Tel. 2/2378 3440. Gruppen- und Individualreisen in Chile und Nachbarländern, weitere Büros in Puerto Varas und Punta Arenas. www.travelart.com
- **Turismo Caminante,** Talca, Tel. 71/197 0097. Naturnahe Aktivreisen in Chile und Nachbarländern. www.trekkingchile.com

Natürlich haben auch die großen Reiseveranstalter in Deutschland, Österreich und der Schweiz Pauschalreisen nach Chile im Angebot. Hinzu kommen zahlreiche Spezialveranstalter für Natur-, Wander- und Bergsteigertouren.

Post, Telefon, E-Mail und Internet

Post

Die chilenische Post ist ein Kapitel für sich. Wenn man eine Sendung aus Europa dringend benötigt, braucht sie mehrere Wochen oder geht verschollen. Dann wiederum schaffen es DHL und Correos de Chile, Post aus Übersee binnen fünf Tagen auszuliefern. In der Gegenrichtung ist es ähnlich: Ein Brief nach Europa braucht fünf bis zehn Tage – Ausnahmen bestätigen die Regel, insbesondere bei Paketen. Briefkästen sind nicht üblich; geben Sie Ihren Brief oder Postkarte einfach im Postamt ab; am Schalter – und sonst fast nirgendwo – er-

chi13-054 ms

chil13-063 ms

halten Sie auf Nachfrage auch die wenig üblichen Briefmarken *(estampillas)*. Sendungen aus Chile werden immer als Luftpost nach Europa befördert, andersherum ist das nicht automatisch der Fall. Deshalb: alles aus Europa deutlich markiert „per Luftpost“ senden.

Ein Luftpostbrief kostet mit der staatlichen Post 390 Pesos (ca. 0,70 Euro). Wer sichergehen will, sollte seine Post als *certificado* (Einschreiben) verschicken (ca. 2 Euro). Bei schwereren Sendungen kassiert die Post ordentlich ab: Ein 3 Kilo schweres Paket kostet per Luftfracht ca. 40 Euro, die Option Seefracht wird von der Post nicht mehr angeboten.

Wer **Post empfangen** will, sollte sie am besten an die Adresse von Bekannten oder einer Unterkunft schicken. Die weitaus umständlichere Alternative: postlagernde Sendungen. Die Adresse dafür lautet: *Señor/a xxx, Poste restante* oder *Lista de Correos, Correo central,* Name der Stadt, Chile.

Größere Pakete aus dem Ausland müssen beim Postamt mitunter gegen Vorlage eines Ausweises oder Reisepasses abgeholt werden. Da immer mal Sendungen ihr Ziel nicht erreichen, sollte man Wertvolles nur per Einschreiben bzw. als versichertes Paket schicken.

Innerhalb Chiles kann man Pakete, aber auch Briefe von den Busgesellschaften (z.B. Tur-Bus) befördern lassen. Sie bieten einen schnellen und sicheren Service und haben ein weitläufiges Zweigstellen-Netz.

Internationale Kurierdienste in Santiago de Chile sind u.a.:

- **DHL Worldwide Express,** San Francisco 301, Tel. 2280 2000.
- **TNT Express Worldwide,** Santa Rosa 202, Tel. 2360 5100.
- **United Parcel Service (UPS),** Unión Americana 221, Tel. 2685 0700.

Telefonieren

Telefonieren ist zunehmend einfacher geworden in den letzten Jahren. In Zeiten von **Skype & Co.** reicht ein Konto bei einem Anbieter von Internet-Telefonie, um weltweit zu günstigen Tarifen erreichbar zu bleiben. Doch nicht immer hat man eine Internet-Verbindung parat. Und bei Anrufen per Festnetz oder Handy liegt der Teufel im Detail; schon mancher hat nach der Rückkehr nach Hause plötzlich horrende Telefonrechnungen vorgefunden, weil er das Kleingedruckte nicht gelesen hatte …

⌃ Handys – Gold wert

Drei Tipps für diejenigen, die viel mit der Heimat telefonieren müssen oder wollen:

- **Handy mitnehmen** und vor Ort einen Chip kaufen (s.u.).
- **Telefonzentralen:** Die gibt es in jeder Kleinstadt, man kann aus einer Telefonkabine für 0,30 bis 1 Euro pro Minute nach Hause anrufen bzw. sich für ein Bruchteil dessen zurückrufen lassen.
- **Calling Card:** Die erhalten Sie bei der Telekom in Deutschland oder einer Kreditkartengesellschaft. Sie rufen eine Servicenummer an, die das Gespräch vermittelt. Die Gebühren werden nach gesonderten Tarifen abgerechnet.

Auch in Chile gibt es an fast jedem Kiosk **Prepaid-Karten** zu kaufen. Diese können von jedem beliebigen Apparat aus für Orts-, Fern- und Mobilgespräche verwendet werden, ohne dass sie die Rechnung des jeweiligen Anschlusses belasten (nicht zu verwechseln mit Prepaid-Karten für Handys!). Nach Anwahl einer speziellen Nummer lässt man sich verbinden, das Telefonat wird automatisch von der Karte (bzw. von deren virtuellem Konto) abgebucht. Aber Vorsicht: Die Tarife scheinen zwar sehr günstig, plötzlich aber wird der Anschluss des Angerufenen belastet …

Spottbillig und technisch ausgereift ist die **Internet-Telefonie:** Viele Internet-Cafés bieten diesen Service an (meist per Skype). Ansonsten genügen ein Laptop oder Netbook, eine schnelle Internetverbindung, ein Headset und ein Konto bei einem Anbieter, um es irgendwo auf der Welt auf einem ganz normalen Telefon klingeln zu lassen (s.u.).

Klassische Ferngespräche (also solche per Festnetz) werden in Chile über ein gutes Dutzend sog. Carrier vermittelt. Die Tarife differieren beträchtlich; erkundigen Sie sich lieber, bevor Sie im Hotel einfach zum Hörer greifen. Wer einen Privatanschluss zur Verfügung hat, kann wählen, mit welcher Gesellschaft er seine Ferngespräche führt. Wählen Sie vor der internationalen Vorwahl oder der Ortskennzahl einfach den dreistelligen „Código“ des Carriers (siehe Liste auf der nächsten Seite). Für ein Ferngespräch innerhalb Chiles sieht das beispielsweise so aus: Código + Vorwahlnummer der Stadt + Telefonnummer des Teilnehmers. Bei internationalen Gesprächen muss man zwischen Código und der Landesvorwahl noch eine (und nur eine) 0 wählen.

Bei In- und Auslandsgesprächen sind R-Gespräche *(Llamada con cobro revertido)* sowie das Sprechen mit einer bestimmten Person *(Llamada de persona a persona)* möglich. Ist diese Person nicht zu erreichen, ist der Anruf gebührenfrei. Diese Gespräche gehen nur „via operadora“ – per Vermittlung. Bei Inlandsgesprächen muss man dafür nach dem Código der Telefongesellschaft eine 122 wählen, bei Auslandsgesprächen die 182.

Achtung: Im Zuge einer umfassenden **Netzreform** haben sich 2012/13 in fast allen Regionen des Landes die **Festnetznummern geändert:** Vor die bislang sechsstelligen Nummern in den Regionen ist eine 2 getreten (jetzt sieben Stellen ohne Vorwahl), ebenso vor die bis dahin siebenstelligen Nummern im Raum Santiago (jetzt acht Stellen). Diese Änderungen wurden von Oktober 2012 bis Juni 2013 schrittweise eingeführt und sind im vorliegenden Reiseführer berücksichtigt.

Im Schnitt hat jeder Chilene bereits mehr als ein **Handy:** Damit ist Chile

Vorwahlen

Telefonieren von Chile aus

- **nach Deutschland:** Código + 0 + 49 + Ortskennzahl (ohne 0) + Teilnehmer
- **nach Österreich:** Código + 0 + 43 + Ortskennzahl (ohne 0) + Teilnehmer
- **in die Schweiz:** Código + 0 + 41 + Ortskennzahl (ohne 0) + Teilnehmer

Telefongesellschaften und ihre „Códigos" (Auswahl)

VTR	111
Transam	113
Teléfonica del Sur	121
GTD Manquehue	122
Entel	123
AT&T	155
Telmex	171
Teléfonica	188

Internationale Vorwahlnummern

Chile	0056
Deutschland	0049
Österreich	0043
Schweiz	0041

Vorwahlen in Chile

Ancud	65
Antofagasta	55
Arica	58
Bahía Inglesa	52
Calama	55
Caldera	52
Castro	65
Chile Chico	67
Chillán	42
Chiloé (Isla de)	65
Cochrane	67
Concepción	41
Copiapó	52
Coquimbo	51
Coyhaique	67
Curicó	75
Frutillar	65
Futaleufú	65
Isla de Pascua/Hanga Roa	32
Isla Robinson Crusoe/Juan Fernández	32
Iquique	57
La Serena	51
Lican Ray	45
Los Angeles	43
Osorno	64
Ovalle	53
Panguipulli	63
Porvenir	61
Puerto Aysén	67
Puerto Chacabuco	67
Puerto Natales	61
Puerto Montt	65
Puerto Octay	64
Puerto Varas	65
Puerto Williams	61
Punta Arenas	61
Puyuhuapi	67
Pucón	45
Quellón	65
Rancagua	72
San Fernando	72
San Pedro de Atacama	55
Santiago	2
Talca	71
Temuco	45
Torres del Paine	61
Valdivia	63
Valle de Colchagua	72
Valle de Elqui	51
Valparaíso	32
Villa O'Higgins	67
Villarrica	45
Viña del Mar	32

- **Handys** (celular): 09 (vom Festnetz)
- Weitere Vorwahlnummern können Sie bei der **Auskunft (103)** erfragen; sie sind in diesem Buch auch bei den jeweiligen Stadtkapiteln angegeben.

führend in Lateinamerika, längst haben die Mobiltelefone die Festnetzanschlüsse überholt. Die Netze der drei Betreiber Movistar, Entel und Claro haben alle die einheitliche Vorwahl 09 (die bei Telefonaten zwischen zwei Handys entfällt), die Einwahl aus dem Ausland lautet 0056-9.

Die Mobilfunk-Nummerierung soll demnächst verändert werden. Bislang gab es achtstellige Handynummern, in Zukunft soll vor alle eine 9 treten. Bislang musste vom Festnetz aus 09 vorgewählt werden, dies soll in Zukunft entfallen. Erkundigen Sie sich ggf. im Internet nach der aktuell gültigen Regelung, z.B. im Chile-Forum www.contactchile.cl/de/forum.

Nur in den urbanen Zentren und entlang der Panamericana ist die Flächendeckung gesichert. Wenn Sie längere Zeit im Land bleiben, sollten Sie evtl. ein Mobiltelefon *(celular)* kaufen. Ausländer ohne Steuernummer – also die meisten Touristen – können nur **Prepaid-Handys** *(prepago)* erwerben. Diese haben höhere Tarife, und man kann nicht ohne Weiteres ins Ausland telefonieren, von dort aber Gespräche empfangen. Die drei genannten Anbieter weisen dabei kaum Unterschiede auf. Einfache Handys mit einer gewissen Anzahl an Freiminuten gibt es bereits ab 10.000 Pesos (ca. 17 Euro). Aufladen können Sie einfach an einem Kiosk, in der Apotheke oder im Supermarkt, auch Geldautomaten bieten diesen Service.

Sie können auch Ihr eigenes Handy nach Chile mitnehmen, allerdings funktioniert das Netz hier mit der Bandbreite GSM 1900 MHz und 3G 1900, sodass in Europa übliche GSM-900-MHz-Handys nicht genutzt werden können. **Triband-Handys** (die meisten Multimedia-Handys sind Triband) umschiffen diese Klippe. Alle europäischen Mobilfunkgesellschaften haben Roamingverträge mit chilenischen Partnern. Erkundigen Sie sich vorher bei Ihrem Anbieter, welcher der Roamingpartner den erträglichsten der meist stolzen Tarife hat, und stellen Sie diesen per manueller Netzauswahl ein. Nicht zu vergessen: die passiven Kosten, wenn Sie von zu Hause angerufen werden (Mailbox abstellen!). Der Anrufer zahlt nur die Gebühr ins heimische Mobilnetz, die teure Rufweiterleitung ins Ausland zahlt der Empfänger. Wesentlich preiswerter ist es, sich von vornherein auf **SMS** zu beschränken; der Empfang ist in der Regel kostenfrei. Tipp: Lassen Sie sich von allen wichtigen Personen eine SMS schreiben, sodass Sie während der Reise nicht zu wählen brauchen, sondern nur auf „Antworten“ drücken müssen.

Um Ihr Handy in Chile zu lokalen Tarifen zu nutzen, können Sie vor Ort den SIM-Chip gegen den eines chilenischen Netzbetreibers auswechseln: Dazu muss Ihr Handy entsperrt sein **(SIM-lock-frei).** Das kostet lediglich eine niedrige Grundgebühr, und Sie können Ihr Handy wie ein chilenisches Prepaid-Gerät verwenden. Gehen Sie in Chile einfach in eine Zweigstelle der genannten Netzbetreiber Movistar, Entel oder Claro und fragen Sie nach einer „tarjeta SIM“. Klingt kompliziert, ist aber die beste Variante, wenn Sie auch im Inland telefonieren wollen.

Schließlich ein Wort zu den chilenischen **Telefonsitten:** Diese erscheinen auf den ersten „Blick“ etwas unhöflich. Statt sich mit dem Namen zu melden, sagt man schlicht „¿Aló?“, dann fragt der

Anrufer nach dem gewünschten Gesprächspartner, und erst auf Nachfrage („¿de parte de quién?") nennt er seinen Namen. Auch ist es völlig üblich, bei Freunden und Bekannten noch nach 22 oder 23 Uhr anzurufen.

E-Mail und Internet

Wer am liebsten per E-Mail kommuniziert, ist in Chile gut aufgehoben. Weder in Santiago noch in kleineren Städten ist es ein Problem, ein **Internet-Café** zu finden. Die Preise bewegen sich um die 0,50 bis 1 Euro pro Stunde, je nach Lage und Service. Oft haben die privaten *Centros de Llamadas* einen Computer in der Ecke stehen, meist auch Hotels und sonstige Herbergen. In öffentlichen Gebäuden, Einkaufszentren, Unterkünften und Cafés gehören **WLAN-Punkte** inzwischen quasi zum Standard.

Wenn Sie Ihr Laptop oder Netbook auf die Reise mitnehmen und nicht von Hotspots abhängen möchten, können Sie sich vor Ort einen **Surfstick** fürs mobile Internet besorgen. Alle drei Mobilbetreiber bieten diesen Service im Prepaid-Modus. Die Sticks gibt es in Handyläden oder auch in den großen Kaufhäusern für 30 bis 50 Euro, darin ist bereits ein Startguthaben enthalten. Sie entscheiden vor jeder Sitzung, ob Sie eine Stunde, einen Tag oder länger surfen wollen, entsprechend werden die Gebühren von Ihrem Guthaben abgebucht. Nachladen können Sie per Kreditkarte.

LAN beherrscht den chilenischen Flugraum und hat das Monopol für Flüge auf die Osterinsel

Reisen in Chile

Mit dem Flugzeug

Da die **Entfernungen teilweise riesig** sind – von Arica bis Kap Hoorn sind es mehr als 4200 Kilometer Luftlinie –, ist ein Inlandsflug für Reisende mit begrenztem Zeitbudget oft die beste Alternative, um in den Großen Norden oder nach Patagonien zu gelangen. Die pazifischen Inseln sind für Normaltouristen ohnehin nur per Flugzeug zu erreichen.

Das **Inlandsflugnetz ist dicht,** und auch die Verbindungen in die Nachbarländer sind gut. Im Reiseteil wird bei jeder Stadt der dazugehörige Flughafen genannt, auch die Adresse der jeweiligen Stadtbüros der einzelnen Fluggesellschaften sowie die wichtigsten Verbindungen.

Den Markt dominiert die Gesellschaft LAN (früher LanChile), die im Inland unter dem Label **LanExpress** mit modernen Flugzeugen und gutem Service operiert. Eine weitere Gesellschaft, **Sky Airline,** fliegt landesweit die größeren Städte an. Daneben gibt es noch die kleine Airline **PAL** mit günstigen Flügen in den Norden sowie im Süden einige kleinere Anbieter, die regionale Linienflüge und Charterflüge unternehmen (z.B. **DAP** in Punta Arenas).

Allgemein gilt: **Je länger im Voraus gebucht wird, desto billiger** wird ein Flug. Zum Beispiel kostet bei LAN ein Flug Santiago – Punta Arenas – Santiago am Tag vorher gebucht leicht mal 400 Euro, bucht man ihn aber Wochen vorher mitunter oft nur um die 120 Euro. Einfache Flüge sind mitunter sogar teu-

rer als Rückflugtickets. Kurzfristige **Schnäppchen** finden sich regelmäßig (meistens dienstags) auf der Website von LAN **(www.lan.com)** unter „Specials", wo man online buchen und per Kreditkarte bezahlen kann. Achtung: Letzteres ist bei Sky und PAL für Ausländer nicht möglich. Hierbei hilft die deutschsprachige Agentur ContactChile in Santiago, www.contactchile.de.

Über den Wolken …

- **LAN** hat ein **Büro in Deutschland:** Liebfrauenstr. 1–3, 60313 Frankfurt/Main, Tel. 0800/560 0751. Das einheitliche **Service- und Buchungstelefon** von LAN **in ganz Chile** lautet: **600/526 2000.** Online-Buchungen unter www.lan.com. **Büros in Santiago** finden sich in: Huérfanos 926, Centro; Av. Providencia 2006 Ecke Pedro de Valdivia, Providencia; El Bosque Norte 0194, Las Condes; sowie in den großen Einkaufszentren. Die einzelnen Vor-Ort-Verbindungen und Büroanschriften werden in den entsprechenden Städtekapiteln genannt.
- **Sky Airline,** Huérfanos 815, Centro; El Bosque Norte 0117, Las Condes; einheitliches Buchungstelefon: 600/600 2828; www.skyairline.cl; Flüge von Santiago de Chile nach Arica, Iquique, Antofagasta, Calama, Copiapó, Concepción, Temuco, Pucón, Val-

chi13-055 ms

divia, Puerto Montt, Coyhaique (Balmaceda), Puerto Natales und Punta Arenas.

■ **PAL Airlines,** El Bosque Norte 0142, Tel. 2/2651 0600, www.palair.cl. Fliegt nur von Santiago nach Norden: Arica, Iquique, Calama, Antofagasta und Copiapó.

Auf der Strecke **zur Osterinsel** besitzt **LAN** das **Monopol.** Je nach verfügbarer Preisklasse berechnet LAN für einen Flug von Santiago zur Osterinsel und zurück ab etwa 450 Euro. In der Nebensaison gibt es diese Flüge günstiger. Dabei ist zu beachten, dass die Preise auf der LAN-Website für Deutschland oft deutlich höher sind, als die auf der chilenischen Version der Site, welche man direkt über www.lan.com/ es_cl/sitio_personas/index.html erreicht (span.).

Mit dem Überlandbus

Busse sind das wichtigste Verkehrsmittel in Chile. Zwischen den einzelnen Städten verkehren Überlandbusse. Sie sind meist sehr gut ausgestattet, erstaunlich pünktlich und überaus preiswert: 1000 Kilometer kosten je nach Unternehmen und Bustyp etwa 25 bis 60 Euro. Die meisten Städte haben einen **zentralen Busbahnhof,** wo alle Busse starten. Die Gesellschaften Tur-Bus und Pullman-Bus haben in etlichen Städten auch eigene, meist modernere Terminals. In der Hochsaison (Dezember bis Februar) und an langen Wochenenden sollten Sie sich für längere Strecken so früh wie möglich ein Ticket besorgen. Bislang bieten nur die beiden großen Busgesellschaften **Tur Bus** und **Pullman Bus** die Möglichkeit, das Ticket im Voraus per Internet zu kaufen (www.turbus.com, www.pullmanbus.com), ähnlich wie bei Fluglinien mit variablen Preisen: Je eher man bucht, desto billiger. Die Online-Buchung funktioniert allerdings nur mit einer chilenischen Steuernummer und Kreditkarte. Das Ticket kann dann kurz vor der Reise am Schalter abgeholt bzw. als e-ticket ausgedruckt werden. Bei der Vorabbuchung hilft die in Santiago ansässige deutschsprachige Agentur ContactChile, www.contactchile.de. Alternativ können Sie die Fahrkarte direkt in einem Bus-Büro kaufen. Mitunter haben die Gesellschaften neben dem Busbahnhof weitere Büros in den Stadtzentren oder in Metrostationen (Santiago).

Es gibt **unterschiedliche Bustypen** – unterschieden wird nach Bequemlichkeit: Den meisten Komfort bieten die **„Salón-Cama“-Busse** mit Schlafsitzen, in denen man die 14-Stunden-Fahrt von Santiago nach Puerto Montt bequem hinter sich bringt. Hier stehen nur drei statt der üblichen vier Sitze in einer Reihe, insgesamt hat der Bus nur 24 sehr bequeme Plätze. Tur Bus bietet sogar eine **Premium-Kategorie** an, in der man wie in der Business Class sitzt. Am billigsten sind die **„Pullman“- oder „Clase-Turista“-Busse** (44 Plätze). Hier lassen sich die Rücklehnen nur um einige Zentimeter verstellen, speziell für Menschen über 1,80 Meter ist eine längere Fahrt damit nicht sehr gemütlich … Mittleren Komfort zu mittleren Preisen bieten die **„Semi-Cama“-Busse,** auch „ejecutivo“ genannt (38 Plätze). Auf den Nebenstrecken verkehren oft nur ältere Busse, einen „Salón Cama“ sucht man hier vergeblich.

Auch bei langen Strecken braucht man sich um sein leibliches Wohl kaum Sorgen zu machen. Man darf Getränke und Essen mit an Bord nehmen, einige Busgesellschaften bieten auch einen bescheidenen **Getränke- und Essensservice** an. Auf manchen Langstrecken wiederum halten die Busse vor Restaurants, in denen man eine schnelle Mahlzeit zu sich nehmen kann. Zur Unterhaltung der Fahrgäste werden mitunter **Videofilme** gezeigt – nicht immer von ausgesuchter Qualität, meist US-amerikanische Dutzendware.

Chilenische Busse sind relativ **sicher** – Koffer und Rucksäcke werden meistens im Gepäckraum verstaut. Bestehen Sie auf einem Gepäckschein als Beleg. Achtung, bei Verlust erstatten die Gesellschaften lediglich eine Pauschale von ca. 150 Euro! Wertsachen sollte man daher im Handgepäck und nie unbeaufsichtigt (z.B. nicht in der Ablage über den Sitzen) lassen.

Je nach Streckenführung und Zwischenhalts kann die Fahrtzeit der Busse sehr differieren. Bei den einzelnen Stadtbeschreibungen werden die mittleren Fahrzeiten genannt.

Vier Tipps

- Nehmen Sie bei Nachtfahrten einen Pullover oder eine dünne Jacke mit in den Bus, denn oft ist die Klimaanlage zu stark eingestellt.
- Wenn zwei Busse parallel dieselbe Route fahren, nehmen Sie den teureren! Oft bedeutet teurer auch schneller (weniger Zwischenstopps) und leerer, und bei Nachtfahrten ist es schön, eine Sitzreihe für sich allein zu haben.
- Manche Busgesellschaften gewähren Studierenden einen Preisnachlass (Ausweis erforderlich).
- Wenn Sie zu viel Gepäck haben und einen Teil der Ausrüstung an einen bestimmten Ort vorausschicken wollen, gehen Sie nicht zur Post: Die Busgesellschaften bieten den besseren Service *(encomienda):* Paket oder Tasche packen, den eigenen Namen draufschreiben, bei der Busgesellschaft abgeben (5 Kilo von Puerto Montt nach Santiago kosten etwa 5 Euro) und dort wieder abholen; in der Regel ist die Sendung am nächsten Tag da. Die Busgesellschaften heben diese Pakete nur bis zu vier Wochen auf.

▷ Mit dem Leihwagen am Salar de Surire

Mit dem Mietwagen

In einem Land wie Chile, wo die schönsten Gegenden weitab urbaner Zentren liegen und mit öffentlichen Verkehrsmitteln nur sehr zeitaufwendig oder gar nicht erreichbar sind, ist ein Mietwagen eine **gute Alternative** zur organisierten Tour. Mit einem Leihfahrzeug ist man unabhängig von den auf Nebenstrecken nur selten verkehrenden Bussen, kann dort anhalten, wo diese vorbeirauschen und Attraktionen jenseits der Standardziele erkunden. Am teuersten sind die international agierenden Vermieter wie Hertz, Budget oder Avis, preiswerter meist die lokalen Anbieter, zumal die Preise dort mitunter Verhandlungssache sind. Für einen einfachen Kleinwagen muss man mit 30 bis 60 Euro pro Tag rechnen, geländegängige Pickups und Jeeps übersteigen leicht die 80-Euro-Marke. Für längerfristige Mieten gibt es Rabatt; Verleiher in der Provinz sind oft teurer als die in Santiago. Vergewissern Sie sich, dass in den Preisen die Mehrwertsteuer (IVA) eingeschlossen ist. Theoretisch benötigen Sie einen Internationalen Führerschein (in der Praxis reicht meist der nationale), dazu eine mit mindestens 500 Euro gedeckte Kreditkarte. Die meisten Verleiher vermieten ausschließlich an Kreditkartenbesitzer und an Personen älter als 21 Jahre.

Am besten leiht man den Wagen immer **ohne Kilometerbeschränkung,** auf Spanisch „kilometraje libre“ oder „ilimitado“. Die Strecken in Chile sind lang, und die zusätzlich gefahrenen Kilometer belasten schnell das Budget. Auch die **Versicherung** sollte im Preis inklusive sein; erkundigen Sie sich nach der Höhe der Selbstbeteiligung, also des Anteils, den Sie im Schadensfall selbst bezahlen müssen (zwischen 0 und 500 Euro).

chi11-010 ms

Grundsätzlich sind die Deckungsgrenzen der Fahrzeug-, besonders aber der Haftpflichtversicherung in Chile sehr knapp bemessen (Fahrzeug: ca. 13.000 Euro, Haftpflicht: ca. 26.000 Euro). Diese Summen können schnell überschritten werden, wenn Sie einen Unfall mit größeren Sach- oder Personenschäden verursachen. Erkundigen Sie sich daher bei Bedarf vor Ihrer Reise nach Möglichkeiten der Zusatzversicherung. ADAC und MasterCard bieten u.a. diesen Schutz, z.T. bereits inklusive für Mitglieder bzw. Karteninhaber.

Neuwagen werden fast nur von den großen Firmen angeboten, bei den kleineren Anbietern haben die Autos schon einige Schrammen oder kleinere Schönheitsfehler. Beim Verleih werden die gröbsten Mängel in eine Liste aufgenommen. Achten Sie bei der Übernahme unbedingt darauf, dass der Wagen technisch in Ordnung ist, dass **Bremsen und Beleuchtung funktionieren und das Reserverad genügend Luft hat.**

Einige **grundlegende Regeln für die Wagenmiete** in Chile:

- **Planen Sie möglichst im Voraus.** Wenn Sie in der Hochsaison (Dezember bis Februar) kurzfristig versuchen, vor Ort einen passenden Wagen zu mieten, müssen Sie sich möglicherweise mit einem der wenigen Fahrzeuge begnügen, die übrig sind, und zahlen mehr.
- **Lassen Sie sich gut beraten.** Nicht jeder Wagen ist für jede Route in Chile geeignet: Extreme Höhen wie auf dem Altiplano oder schlechte Schotterpisten können die Fahrt in einem unpassenden Wagen zur Tortur werden lassen, und so mancher hat sich schon über den Vierradantrieb gefreut, der ihn aus einer Furt oder aus dem weichen Kiesbett am Straßenrand geholt hat. Manche Vermieter erlauben für bestimmte Gegenden (etwa für die Carretera Austral) nur geländegängige Fahrzeuge. Leider kennen die Mietwagen-Pauschalanbieter in Deutschland kaum die Verhältnisse in Chile. Gute deutschsprachige Beratung und bequeme Vorabreservierung bietet die Agentur ContactChile mit Sitz in Santiago (www.contactchile.de).
- **Sparen Sie nicht an der falschen Stelle.** Sicher sind die Preisunterschiede groß und die Angebote lokaler Anbieter mitunter verlockend. Aber ist der Wagen auch gut gewartet, spricht der Verleiher wenigstens englisch, und garantiert er auch einen echten Pannendienst in der abgelegenen Hochwüste, in die Sie fahren möchten? Wer einen professionellen, zuverlässigen Service sucht, muss nicht unbedingt mehr zahlen: Agenturen können über Vorabbucher-Kontingente bei großen Anbietern günstigere Tarife erzielen als Sie bei der Direktmiete.
- Und noch ein Tipp: **Reifenpannen** bleiben angesichts der Schotterpisten nicht aus. Statt jedes Mal den Vermieter anzurufen, können Sie den Reifen in einer „Vulcanización" in quasi jedem Nest für 4–5 Euro flicken lassen.

Etwas umständlich ist es, mit einem Leihwagen die **Grenze nach Argentinien** zu **überqueren** (nach Peru und Bolivien ist es quasi unmöglich). Der chilenische Zoll verlangt entweder die elektronische Registrierung des Leihwagens, was nur die großen Firmen tun, oder eine **notariell beglaubigte Erklärung,** dass der Eigentümer des Wagens dem Fahrer die zeitweilige Ausfuhr erlaubt. Sie muss mindestens zwei Tage vorher beantragt und in ausreichender Kopienzahl (beglaubigt) ausgestellt werden; bei jedem Grenzübertritt wird eine Kopie abgegeben. Die Kosten für das notarielle Dokument und die nötige Auslandsversicherung können – je nach Verleiher – leicht mehr als 150 Euro extra betragen. Kleinere Firmen bieten diesen Service mitunter gar nicht.

Außerdem benötigen alle in Chile zugelassenen Fahrzeuge **für Argentinien** eine **obligatorische Haftpflichtversicherung.** Diese sollte in den vom Vermieter ausgestellten Versicherungspapieren enthalten sein; erkundigen Sie sich aber genau danach, um nicht an der Grenze umkehren zu müssen.

Die **Verkehrsregeln** in Chile entsprechen weitgehend den europäischen, allerdings werden sie weniger beachtet. Besonders in Santiago ist das Autofahren gewöhnungsbedürftig. Es wird links und rechts überholt, auch wer links blinkt, biegt plötzlich fröhlich rechts ab – mit Überraschungen sollte man immer rechnen. Immerhin: Wer aus Argentinien kommt, wird die chilenischen Autofahrer höflich und zuvorkommend finden. Lastwagenfahrer setzen übrigens den linken Blinker, wenn sie anzeigen wollen, dass überholt werden kann.

Allgemein gilt: **Am besten defensiv fahren** und nicht auf Rücksichtnahme setzen. Legen Sie sich bei Stadttouren die Route genau zurecht. Insbesondere Santiagos Straßen sind unübersichtlich, schlecht ausgeschildert und voller Löcher. Auf einigen großen Achsen wechselt zudem je nach Spitzenzeit die Fahrtrichtung. Solche Feinheiten „weiß" auch die beste Navigationssoftware nicht. Dennoch kann ein **Navigerät** gute Dienste leisten. Manche Autovermieter bieten diese an (gegen Aufpreis, versteht sich). Sie können auch das eigene Gerät mitbringen und sich vorab die entsprechende Chile-Karte dafür besorgen (Garmin-Software für Chile z.B. erhältlich bei www.trekkingchile.com/karten).

Nachts sollten Sie besondere Vorsicht walten lassen: Nicht alle Verkehrsteilnehmer sind gut beleuchtet. Auf **Schotterpisten** gelten einige Besonderheiten: Kommt ein Wagen entgegen, drückt man mit dem Daumen gegen die Windschutzscheibe, damit ein eventuell hoch gewirbelter Stein die Windschutzscheibe nicht vollständig zertrümmert, sondern nur ein kleines Loch hineinschlägt. Um überhaupt zu vermeiden, dass die Steine so weit hoch gewirbelt werden, sollte man dicht an den entgegenkommenden Fahrzeugen vorbeifahren.

Weitere wichtige Hinweise

- Auch wenn große Fernverkehrsstraßen wie die Panamericana in den letzten Jahren mit privatem Kapital ausgebaut wurden und werden (und an immer mehr Mautstellen abkassiert wird), genügen diese **Autobahnen** nicht dem europäischem Sicherheitsstandard. So muss man immer mit einem Pferdewagen, mit kreuzenden Fahrzeugen oder auch Menschen auf der Straße rechnen.
- **Benzin** gibt es in den Ausführungen 93, 95 und 97 Oktan, kostet **1,20–1,40 Euro pro Liter** (die Preise steigen mit der Entfernung von Santiago) und ist grundsätzlich **bleifrei.** Manche Geländewagen fahren mit Diesel (1–1,10 Euro). Preise vom Frühjahr 2013.
- In abgelegeneren Gegenden – die Wüsten im Norden, Carretera Austral – sollte man immer mit zweitem Reserverad und **Ersatzkanister** unterwegs sein und jede Tankgelegenheit nutzen.
- Die Höchstgeschwindigkeit in **Ortschaften** beträgt **60,** auf **Landstraßen 100,** auf den meisten **Autobahn-Abschnitten 120 km/h.** Es wird häufig kontrolliert.
- **Fahren unter Alkohol ist verboten;** die gesetzliche Höchstgrenze liegt bei 0,3 Promille, die Strafen sind drastisch. Alkoholisierte Fahrer sind bei Unfällen immer schuldig.
- Auf vielen Landstraßen finden sich **Kontrollstationen der Carabineros.** Man sollte sie langsam anfahren, Sichtkontakt mit dem Beamten aufnehmen und in Zweifelsfällen anhalten. Dort wer-

den mitunter Fahrzeugpapiere und Führerschein kontrolliert; in abgelegenen Gegenden empfiehlt es sich, die Carabineros nach dem weiteren Straßenzustand zu befragen.

- Mehrere zentrale Achsen Santiagos wurden zu **Stadtautobahnen** umgebaut, so die gesamte Panamericana (Ruta 5) im Stadtgebiet, der Außenring Avenida Vespucio und die Costanera Norte am bzw. unter dem Río Mapocho entlang. Auf diesen Straßen kassieren private Betreiber-Gesellschaften **Kilometer-Mauts** und zwar mit einem automatischen System: Über ein an der Windschutzscheibe befestigtes Gerät namens „TAG" wird der Nutzer registriert, dem dann eine monatliche Rechnung zugestellt wird. Erkundigen Sie sich bei Ihrem Autovermieter, ob der Wagen dafür ausgerüstet ist, und wie die Maut abgerechnet wird (meist pauschal).
- Lassen Sie beim **Parken** kein Gepäck sichtbar im Auto liegen, und versuchen Sie, den Wagen nachts sicher unterzustellen.

Mit dem Wohnmobil

Einige **wenige Verleiher** vermieten Camper und Wohnmobile, teilweise mit **Allradantrieb.** Der Spaß hat allerdings seinen Preis. Ein umgebauter Pick-up mit Kabine und zwei Schlafplätzen kostet am Tag je nach Standard und Mietdauer ab 130 Euro. Meist gibt es Kilometerbeschränkungen pro Tag, mitunter ist die Vollkaskoversicherung bereits im Preis enthalten. Mit dem Wohnmobil lassen sich die Carretera Austral, die Hochwüsten des Nordens und auch das Seengebiet hervorragend erkunden. Freilich dürfen Sie dabei keine spezielle Infrastruktur auf Zeltplätzen o.Ä. erwarten; in Chile steckt diese Branche noch in den Kinderschuhen. Dafür ist es fast überall möglich, sich an Straßen, Seen

chi138 ms

oder Stränden sowie in Nationalparks aufzustellen.

Camper und Wohnmobile für Chile (und Argentinien) bieten an:

- **ContactChile,** Rafael Cañas 174, Providencia, Santiago de Chile, Tel. (0056-2) 2264 1719. www.contactchile.de
- **Holiday Rent,** Los Leones 2300, Providencia, Santiago de Chile, Tel. (0056-2) 2258 2000. www.holidayrent.cl

Mit dem eigenen Auto

Pkws, Wohnmobile und Motorräder können mit dem **„Carnet de Passage en Douanes"** nach Chile eingeführt werden. Dieses Carnet ist bei den Automobilclubs zu bekommen.

Fahrzeug verladen und verschiffen

Sein eigenes Fahrzeug nach Südamerika zu transportieren ist unproblematischer, als man zunächst glaubt. Mehrere deutsche Seefrachtunternehmen bieten diesen Service an. Das Auto wird dabei als Stückgut verladen, der Preis ist von der Größe abhängig. Jeder Kubikmeter Auto kostet ungefähr 80 Euro; ein normaler Pkw ist etwa 12 bis 14 Kubikmeter groß (etwa 1000 Euro), ein VW-Bus etwa 16 (ca. 1300 Euro). Setzen Sie sich rechtzeitig vor dem geplanten Reisebeginn mit einer Spedition in Verbindung, allein der Schiffstransport nach Valparaiso dauert etwa 30 Tage. Weitere Auskünfte bei:

- **Firma Menzel,** Tel. 040/370 070.
- **Firma Niemann,** Tel. 040/3254 9715.
- **Schiffspassagen** nennt auch die **Deutsche Verkehrs-Zeitung,** DVZ-Verlag, Nordkanalstraße 36, 20097 Hamburg, Tel. 040/237 1401.

Autokauf vor Ort

Wer länger auf eigene Faust unterwegs sein will, für den kann sich der Kauf eines Fahrzeugs vor Ort lohnen. Gebrauchtwagen sind zwar generell teurer als in Deutschland, man kann sie jedoch nach der Reise mit geringem Verlust wieder verkaufen.

Voraussetzung für den Kauf ist zunächst eine Steuernummer **(Rol Único Tributario, RUT),** die auch Nicht-Residenten bei der örtlichen Steuerbehörde erhalten (*Servicio de Impuestos Internos;* fürs Zentrum von Santiago in Alonso Ovalle 680, für die östlichen Stadtbezirke in General del Canto 281; nur vormittags geöffnet). Dabei müssen Sie eine Adresse angeben, an die nach einigen Wochen die amtliche Bescheinigung geschickt wird; die Nummer selbst erhalten Sie sofort und können damit Geschäfte tätigen.

Angebote von Gebrauchtwagen finden sich vor allem am Wochenende im Mercurio, im Internet unter www.automoviles.elmercurio.com, viel genutzt wird auch die Seite www.chileautos.cl. Achten Sie beim **Kauf** von Privatpersonen auf Vollständigkeit und Gültigkeit der Papiere (s.u.)! Den Fahrzeugkauf lassen Käufer und Verkäufer von einem beliebigen **Notar** bestätigen, hier werden Gebühren und Steuern fällig. Danach muss der Wagen innerhalb von 30 Tagen beim **Registro Civil** der jeweiligen Ge-

◁ On the road im Nationalpark Fray Jorge

meinde umgemeldet werden. Die Kopie des Anmeldeformulars (eigentlich bereits die Kopie des Kaufvertrages) gilt als Besitzdokument, den endgültigen Halter-Ausweis *(padrón)* erhalten Sie per Post. Beim Kauf von einem Händler übernimmt dieser in der Regel den Papierkram.

Für jedes Fahrzeug ist eine **Mindesthaftpflichtversicherung** abzuschließen („Seguro obligatorio"). Sie ist vom 1. April bis zum nachfolgenden 31. März gültig, kostet etwa 15 Euro, wird von fast allen Versicherungsgesellschaften ausgestellt und deckt Schäden an Dritten bis zu 3000 Euro ab. Ratsam ist der Abschluss einer höheren Versicherung, was bei den meisten Gesellschaften auch möglich ist.

Zu den **Autopapieren,** die man immer mit sich führen muss, gehören neben *padrón* und Grundversicherung die behördliche Zulassung *(permiso de circulación),* die jedes Jahr im März bei den kommunalen Behörden erneuert werden muss, sowie die technische Überprüfung *(revisión técnica),* deren jährlicher Termin sich nach der letzten Ziffer des Kennzeichens richtet.

Mit der Eisenbahn

Trotz einiger Bemühungen in den letzten Jahren, die staatliche Eisenbahngesellschaft EFE zu modernisieren und wettbewerbsfähig zu machen, bietet das einst größte Schienennetz Südamerikas heute ein **trauriges Bild:** Die meisten Nebenstrecken wurden aufgegeben oder werden nur noch für den Güterverkehr genutzt, und auf den Hauptstrecken fahren nur noch wenige Züge.

Die Passagierzüge in Nordchile wurden inzwischen alle eingestellt. Die **Hauptstrecke in Chile** verband früher Santiago über Temuco mit Puerto Montt. Heute fährt der Zug nur noch bis Chillán. Die Weiterfahrt bis Temuco, Concepción und Puerto Montt ist schon seit Jahren wegen Streckenschäden nicht mehr möglich. Die Fahrpläne ändern sich oft, Verspätungen gehören zur Tagesordnung. Dabei könnten es die Züge mit bequemen Sitzen, Klapptisch und Stromanschluss hinsichtlich Komfort und auch Schnelligkeit (max. 160 km/h, 4½ Std. für die 410 km bis Chillán) mit den besten Bussen aufnehmen. Ein Vorteil auf der Fahrt ist zweifellos der Speisewagen. In der ersten Klasse *(preferente)* kann man seinen Sitz zum Schlafen weit zurückklappen. Immerhin sechsmal am Tag verkehrt der Schnellzug von Santiago nach Chillán mit Halt in allen größeren Städten.

Großer Beliebtheit erfreut sich der **Vorortzug Metrotren,** der ein- bis viermal stündlich Santiago mit Paine und – weniger häufig – mit Rancagua und San Fernando verbindet.

Eine pittoreske Fahrt verspricht auch die **Schmalspurbahn von Talca** an die Küste (Constitución), die letzte ihrer Art (siehe unter „Talca").

■ **Informationen** erhält man in der **Estación Central,** dem Zentralbahnhof von Santiago, Alameda 3170, www.terrasur.cl, Ticket-Telefon: 600-585 5000.

Mit dem Schiff

Im Süden des Landes, wo Straßen das zerklüftete Urwald- und Inselreich nur unzureichend erschließen können, werden Schiff und Boot zu prominenten Verkehrsmitteln. Der **wichtigste Ausgangshafen ist Puerto Montt,** von dort kann man per Schiff nach Chaitén, Puerto Chacabuco, Puerto Natales und zur Laguna San Rafael gelangen. Auch von Castro und Quellón auf der Insel Chiloé verkehren Fähren nach Chaitén. Alle Fahrten führen durch die beeindruckende Fjordlandschaft entlang der chilenischen Südküste; von Puerto Montt nach Chacabuco dauert die einfache Fahrt etwa 24 Stunden, bis nach Puerto Natales drei volle Tage. Details über Abfahrtszeiten und Preise stehen bei den praktischen Hinweisen zu Puerto Montt, der Insel Chiloé, der Laguna San Rafael und Chacabuco.

Die wichtigsten Reedereien in Santiago

- **Navimag,** El Bosque Norte 0440, Tel. 2/2442 3120. Personen- und Fahrzeugtransport ab Puerto Montt nach Puerto Chacabuco, Puerto Natales und zur Laguna San Rafael. www.navimag.cl
- **Catamaranes del Sur,** Pedro de Valdivia Norte 0210, Providencia, Tel. 2/2231 1902. Schneller Katamaran von Puerto Chacabuco zur Laguna San Rafael. www.catamaranesdelsur.cl
- **Skorpios,** Augusto Leguía Norte 0118, Tel. 2/2477 1900. Luxuriöse Kreuzfahrten von Puerto Montt zur Laguna San Rafael und von Puerto Natales zum Gletscher Pío XI. www.skorpios.cl
- **Cruceros Australis,** El Bosque Norte 0440, piso 11, Tel. 2/2442 3115. Abenteuer-Kreuzfahrten von Punta Arenas und Ushuaia nach Feuerland und zum Kap Hoorn. www.australis.com

Per Autostopp

Per Anhalter zu reisen ist in Chile **nicht so leicht.** Während die Nebenstrecken oft nur schwach befahren sind, sind die meisten Hauptstrecken zu Autobahnen ausgebaut, an denen man sich kaum aufstellen kann. In Patagonien oder den Wüsten im Norden kann es schon vorkommen, dass man sich wegen des fehlenden Verkehrs die Beine in den Bauch steht. Bester Standplatz: die Tankstellen an den Ausfallstraßen der Städte.

Mit dem Fahrrad

Für Fahrradtouren, wie man sie aus Mitteleuropa kennt, eignet sich Chile nur bedingt. Vielerorts gibt es zur Hauptachse, der Panamericana-Autobahn, keine echte Alternative. Nebenstrecken sind unzureichend asphaltiert oder gar nur geschottert, Fahrradwege gibt es fast nirgends. Wer dennoch das Land im Sattel bereisen möchte, braucht ein **robustes Mountainbike** mit breiten Reifen und viel Geduld mit den Chilenen, die an Radfahrer auf der Straße nicht gewöhnt sind. Da heißt es: Defensiv fahren und nicht auf Rücksichtnahme hoffen.

Besser als der Norden mit seinen staubigen Wüsten eignen sich die **Zentralzone** – vor allem an der Küste entlang –, das **Seengebiet** und **Patagonien** – hier besonders die Carretera Austral – für eine abenteuerliche Radtour. Je weiter südlich man kommt, desto schlechter und einsamer werden die Pisten, desto feuchter wird das Klima, und desto besser sollte man ausgerüstet sein.

LAN befördert kostenlos und ohne besondere Verpackung Räder – allerdings darf das Gesamtgewicht des Gepäcks die 20-Kilo-Grenze nicht überschreiten. Auch die **Überlandbusse** nehmen Räder mit, solange man den Lenker umdreht und das Vorderrad rausnimmt. Eventuell wird ein kleiner Aufpreis fällig.

Mit Stadtbus und Taxi

Das System der **Stadtbusse,** von den Chilenen *micros* genannt, wurde in Santiago 2007 gründlich reformiert und erneuert. Während in anderen Städten teilweise klappernde und stinkende Ungetüme unterwegs sind, verkehren in der Hauptstadt modernere Busse im Rahmen des privaten, von der Regierung koordinierten Verkehrsverbundes Transantiago (nähere Infos unter Santiago).

Taxis haben meistens Taxameter, die auch eingeschaltet werden. Generell ist Taxifahren relativ preisgünstig, ein Kilometer kostet etwa 75 bis 90 Eurocent. Leider versuchen Taxifahrer mitunter, Ausländern etwas mehr abzuknöpfen. Es ist daher grundsätzlich angeraten, den Fahrpreis im Voraus auszuhandeln, insbesondere bei längeren Strecken. Auf die Ortskenntnis der meisten Taxifahrer ist kein Verlass: Legen Sie sich die günstigste Fahrstrecke möglichst selbst zurecht. Im Zweifelsfall sind die geringfügig teureren, per Telefon zu bestellenden **Funktaxis** *(radiotaxi)* vorzuziehen, bieten sie doch komfortablere Wagen – und die Möglichkeit, die Zentrale nach dem Weg zu fragen …

Reisezeit

Chile hat das ganze Jahr über Saison. Je nach Reiseziel sollte man seinen Aufenthalt planen und dabei die auf der Südhalbkugel entgegengesetzten Jahreszeiten beachten. Im Großen Norden kann man ganzjährig unterwegs sein und sollte höchstens versuchen, die Sommermonate Januar und Februar (teilweise auch März) zu meiden, wenn der sog. bolivianische Winter auf dem Altiplano für Unwetter und Straßenschäden sorgt. Mittelchile um Santiago ist von September bis April gut zu erkunden, wobei es im Hochsommer recht heiß werden kann. Für den Süden ist der Südsommer (November bis März) die beste Jahreszeit – je weiter südlich, desto kürzer der Sommer. Die meisten Chilenen verbringen ihre Ferien in den Sommermonaten; die Schulferien dauern von Mitte Dezember bis Anfang März.

Sicherheit

Chile ist eines der sichersten Länder in Südamerika, gerade in ländlichen Regionen. Wie immer bestätigen Ausnahmen die Regel, deshalb sollte man eine natürliche Vorsicht walten lassen. Selbstverständlich gibt es in Großstädten wie Santiago oder Valparaiso in Bussen, in der U-Bahn oder auf der Straße **Taschendiebe,** die sich ihre Opfer sehr gut aussuchen und wissen, dass Gringos im Zweifel einiges an Bargeld oder eine teure Kamera mit sich herumtragen. Deshalb: Zeigen Sie Ihre Wertsachen nie offen, achten Sie in der U-Bahn und in Restaurants besonders gut auf Brief- und Handtasche, und verzichten Sie so weit wie möglich auf die Mitnahme von Wertsachen. Nehmen Sie auch nicht die gesamte Barschaft mit, und bewahren Sie ein wenig Kleingeld in der Hosentasche auf und den Rest im sicheren Geldgürtel unter der Kleidung. Sollten Sie Opfer einer der sehr seltenen **bewaffneten Überfälle** werden, ist es gefährlich, Widerstand zu leisten. Geben Sie besser Ihre Wertsachen ab, statt Ihre Gesundheit oder gar das Leben zu riskieren.

Die **größte Gefahr,** bestohlen zu werden, droht **in Großstädten, in Touristenzentren** und immer da, wo viele Leute aufeinandertreffen, also **auf Busbahnhöfen, Märkten** usw. Vermeiden Sie es, ohne ortskundige Begleitung in unbekannte Stadtrandbezirke zu fahren, und beachten Sie besondere Warnhinweise bei den einzelnen Städten.

Souvenirs und Einkäufe

Kunsthandwerk in jeder Form gehört zu den beliebtesten Mitbringseln aus Chile. **Es gibt fast alles** – Kitsch und Kunst paaren sich in wundersamsten Formen. Die größte Auswahl an typischen Produkten findet man in den Regionen selbst, so auf den Märkten in Temuco, Puerto Montt oder auf der Insel Chiloé. Überall gibt es feine oder grob gestrickte Wollwaren, im Norden kommen Fossiliensammler auf ihre Kosten, im Süden die Freunde von Holz-, Web- und Flechtarbeiten. Wer originelle Designs und anspruchsvolle Verarbeitung sucht, ist in den Künstlerläden und Boutiquen der Hauptstadt besser aufgehoben, etwa in den Vierteln Lastarria und Bellavista oder in Los Dominicos (siehe unter Santiago). Ein ganz besonderes Souvenir ist Schmuck aus oder mit **Lapislazuli,** einem blauen Halbedelstein, der nur in Chile und Afghanistan vorkommt. Dazu kommen **kulinarische Mitbringsel:** Pisco und Wein (obwohl viele Sorten inzwischen auch problemlos in Europa zu haben sind), Fisch und Muscheln in Konserve, Merkén (geräucherter Chilipfeffer) oder Olivenöl.

Kaktusholz ist übrigens nach dem Washingtoner Artenschutzabkommen geschützt. Daraus sind die sehr schönen **„palos de lluvia“** (rainsticks, Regenhölzer), die es auf vielen Kunsthandwerkermärkten gibt. Man sollte sie nicht kaufen, erstens aus Umweltschutzgründen, zweitens ist ihre Einfuhr nach Deutschland, Österreich oder in die Schweiz verboten.

Stromspannung

Die Stromspannung in Chile beträgt wie in Mitteleuropa **220 Volt/50 Hz.** Von den europäischen Steckern passen nur die flachen (ohne Nullleiter) in chilenische Steckdosen, für die dreipoligen braucht man einen **Adapter,** den man problemlos vor Ort in Fachgeschäften und Supermärkten bekommt.

Studieren und Praktika

In den vergangenen 10, 15 Jahren hat der lange Zeit recht abgeschiedene Hochschulbereich Chiles Anschluss an den internationalen **Austausch von Studenten und Lehrkräften** gefunden. Wenn auch in bescheidenem Maße im Vergleich zu europäischen Universitäten, so kommen doch Jahr für Jahr mehr ausländische Studenten nach Chile – viele davon aus Deutschland, Österreich oder der Schweiz. Sie werden angezogen vom guten Ruf der chilenischen Hochschulen und von der Möglichkeit, ein oder zwei Auslandssemester zu nutzen, um gut Spanisch zu lernen und das Land zu bereisen. Existiert ein Kooperationsabkommen der heimatlichen mit einer chilenischen Universität, so entfallen die Studiengebühren.

Auch für Studenten oder Absolventen, die **Berufserfahrung im Ausland** suchen, bietet Chile mit seiner boomenden Wirtschaft gute Möglichkeiten. Bei einem Praktikum in einer chilenischen Firma oder Institution bekommt man – Spanischkenntnisse vorausgesetzt – oft die Chance, an Projekten mitzuarbeiten und Verantwortung zu übernehmen. Und so manchem wurde danach ein Arbeitsvertrag angeboten …

- **Allgemeine Informationen** zum Thema Studieren in Chile auf der offiziellen Website www.thisischile.cl (engl./span.)
- **Praktische Unterstützung** für Studenten, etwa bei der Unterkunftssuche und bei Spanischkursen, bietet die deutschsprachige Agentur Contact-Chile; sie vermittelt auch Praktika und Work&Travel-Aufenthalte. www.contactchile.de

chi13-056 ms

Unterkunft

In fast allen touristisch interessanten Städten Chiles gibt es **gute Übernachtungsmöglichkeiten.** Dazu gehört in der Unterklasse ein breites Angebot an Hostales, Residenciales und Hosterías. Die Mittelklasse ist in der Regel nicht so gut ausgebaut, mancherorts mangelt es an soliden, auf die Bedürfnisse ausländischer Reisender eingestellten, bezahlbaren Hotels. Da ist oftmals ein gut geführtes Hostel die bessere Wahl. Hingegen finden sich Vier- oder Fünf-Sterne-Etablissements mittlerweile in allen größeren Städten und Touristenzentren.

Die in diesem Buch angegebenen **Preise** sind – soweit nicht anders vermerkt – gültig für **zwei Personen im Doppelzimmer,** fast immer mit Frühstück. Bei Hotels ab der Mittelklasse aufwärts hat man immer ein *Baño privado* (eigenes Bad), in der unteren Preisklasse kann es auch mit *Baño compartido* (Gemeinschaftsbad) sein. Einzelzimmer sind häufig im Verhältnis teurer, manchmal zahlt man für sie so viel wie für ein Doppelzimmer. Check-out ist normalerweise um 12 Uhr. Wer in etablierten Herbergen mit US-Dollars bezahlt, ist von der Mehrwertsteuer (IVA, 19%) befreit. Vielerorts wird diese Regel stillschweigend bei allen ausländischen Touristen angewandt – unabhängig vom Zahlungsmittel. Meist jedoch sind die Dollar-Tarife so „großzügig" kalkuliert, dass man trotz der Steuerbefreiung gegenüber den Peso-Preisen nichts spart.

⊲ Luxushotel The Aubrey in Santiago de Chile

Tipp: Stecken Sie in einer Touristeninformation oder in einer Unterkunft die Broschüre **„Hostels for Backpakkers"** ein. Diese jährlich aktualisierte Publikation listet Hostels, Herbergen etc. auf, die sich zur gemeinsamen Vermarktung zusammengeschlossen haben. Es sind nicht die billigsten Übernachtungsmöglichkeiten in den jeweiligen Orten (fast alle touristische Regionen werden abgedeckt), dafür ist man i.d.R. auf der sicheren Seite, was Sauberkeit, Service und Ausstattung der Häuser angeht, da sich die Häuser gegenseitig überprüfen. Informationen unter www.backpackers-chile.com oder www.minihostels.com.

Hotels

Eine einheitliche Klassifizierung der Hotels gibt es bislang nicht. Wenn Häuser mit Sternen werben, so sind die selbst vergeben und mehr eine preisliche als eine qualitative Festschreibung. Die Qualität ist oft sehr unterschiedlich. Vorbestellungen sind bei den guten, u.a. in diesem Handbuch empfohlenen Adressen angeraten. Insbesondere während der Hochsaison kann es in touristischen Hochburgen wie La Serena, Viña del Mar, Pucón, Puerto Varas, San Pedro de Atacama oder dem Nationalpark Torres del Paine zu Engpässen kommen.

Einfache Unterkünfte

Sie heißen **Residencial, Hostería** oder **Hospedaje,** sind einfache, mitunter etwas abgewohnte Unterkünfte. Die billigsten sind immer in der Nähe des Busbahnhofs zu finden, **allzu viel Komfort**

und Service sollte man dort in der Regel nicht erwarten. Hier gilt: herumschauen, Zimmer angucken, evtl. weitergehen. Mehr erwarten kann man von einem **Hostal (Hostel):** Dies ist meist eine auf die Bedürfnisse junger Leute abgestimmte, nicht selten auch von jungen Leuten geführte Herberge. Auch wenn sie vielleicht nur Gemeinschaftszimmer hat (sog. *dorms* für 4 bis 8 Personen), sind solche Dinge wie Küchenbenutzung, WLAN und gute Reisetipps meist selbstverständlich. **Casas de familia** findet man vorwiegend im Süden des Landes: Familien vermieten Zimmer und kümmern sich um ihre Gäste.

Jugendherbergen

Die wenigen Jugendherbergen in Chile haben in der Regel nur in den Sommermonaten Januar und Februar geöffnet und sind nicht unbedingt die preiswertesten Alternativen am Ort. Sie sind **gute Treffpunkte** für Alleinreisende, bieten Informationsmöglichkeiten, eine Kochgelegenheit und die Möglichkeit, Wäsche zu waschen. Übernachtet wird in Mehrbettzimmern.

Mit dem **internationalen Jugendherbergsausweis** aus Ihrem Heimatland schlafen Sie auch in den 14 chilenischen Jugendherbergen (www.hihostels.com) zum günstigeren Tarif, andernfalls müssen Sie eine Tagesmitgliedschaft erwerben (auch als Familie möglich).

Informationen

- **Deutschland:** www.jugendherberge.de, 12–20 Euro
- **Österreich:** www.oejhv.or.at, 10–20 Euro
- **Schweiz:** www.youthhostel.ch, 22–55 SFr

Camping

Campingplätze gibt es vergleichsweise wenig; die **Chilenen zelten vor allem im Sommer am Strand.** Dennoch finden sich nicht nur an der Küste, sondern auch an Seen, in Vorandentälern und in Nationalparks Zeltplätze. Die Preise haben in den vergangenen Jahren deutlich angezogen. Angesichts vieler billiger Unterkünfte ist Zelten oft nur für Paare oder Gruppen eine preiswerte Alternative, da meist pro Stellplatz bezahlt wird. Dabei verfügen sowohl die privaten als auch die von der Nationalparkbehörde Conaf verwalteten Plätze nur selten über einen dem Preis angemessenen Komfort. **„Wild" zelten** ist in den meisten Nationalparks erlaubt (mitunter eingeschränkt) und in entlegenen Gebieten meist kein Problem; man sollte jedoch, wenn möglich, den Eigentümer des Grundstücks um Erlaubnis bitten. Und natürlich: keine Spuren hinterlassen und alle Abfälle mitnehmen!

Die beste Campingsaison ist natürlich der Sommer. Vor allem für Patagonien und die Anden brauchen Sie eine **hochwertige Ausrüstung,** denn die dortigen Winde können schon heftig an den Zeltwänden zerren. Gute Campingutensilien sind teurer als in Europa, aber fast überall zu haben, ebenso wie die notwendigen Zubehörteile wie z.B. Gaskartuschen. In touristischen Zentren wie Puerto Natales kann man auch komplette Campingausrüstung und Trekkingzubehör leihen.

☒ Wild zelten ist in vielen Naturparks erlaubt

Versicherungen

Für alle Versicherungen gilt: Notfallnummern notieren und zusammen mit der Policenummer gut aufbewahren; bei Eintreten eines Versicherungsfalls so schnell wie möglich die entsprechende Gesellschaft verständigen.

Der **Abschluss einer Jahresversicherung** ist in der Regel kostengünstiger als mehrere Einzelversicherungen. Günstiger ist auch die **Versicherung als Familie** statt als Einzelpersonen. Hier sollte man nur die Definition von „Familie" genau prüfen.

Auslands-krankenversicherung

Die Kosten für eine Behandlung in Chile werden von den gesetzlichen Krankenversicherungen in Deutschland und Österreich nicht übernommen, daher ist der Abschluss einer privaten Auslandskrankenversicherung **unverzichtbar.** Dabei sind einige Punkte zu beachten: Zunächst sollte ein **Vollschutz ohne Summenbeschränkung** bestehen, im Falle einer schweren Krankheit oder eines Unfalls sollte der **Rücktransport** übernommen werden. Diese Zusatzversicherung bietet sich auch über einen **Au-**

chi139 ms

tomobilclub an, insbesondere wenn man bereits Mitglied ist.

Wichtig ist auch, dass im Krankheitsfall der **Versicherungsschutz** über die vorher festgelegte Zeit hinaus automatisch **verlängert** wird, wenn die Rückreise nicht möglich ist.

Schweizer sollten bei ihrer Krankenversicherungsgesellschaft nachfragen, ob die Auslandsdeckung auch für Chile gilt. Wenn nicht, können Sie sich bei Soliswiss (www.soliswiss.ch) über mögliche Krankenversicherer informieren.

Zur **Erstattung der Kosten** benötigen Sie ausführliche Quittungen (mit Datum, Namen, Bericht über Art und Umfang der Behandlung, Kosten der Behandlung und Medikamente).

Andere Versicherungen

Ob es sich lohnt, weitere Versicherungen abzuschließen, wie eine Reiserücktritts-, Reisegepäck-, Reisehaftpflicht- oder Reiseunfallversicherung, ist **individuell ab-**

Die Iglesia San Francisco aus dem Jahr 1586 – die älteste Kirche der Hauptstadt

chi13-057 ms

zuklären. Gerade diese Versicherungen enthalten viele Ausschlussklauseln, sodass sie nicht immer Sinn machen.

Die **Reiserücktrittsversicherung** für 35 bis 80 Euro lohnt bei Pauschalreisen und beim Langstreckenflug für den Fall, dass man vor der Abreise einen schweren Unfall hat, schwer erkrankt, schwanger wird, gekündigt wird oder nach Arbeitslosigkeit einen neuen Arbeitsplatz bekommt, die Wohnung abgebrannt ist u.Ä. Nicht gelten hingegen: Terroranschlag, Streik, Naturkatastrophe etc.

Die **Reisegepäckversicherung** lohnt sich seltener, da z.B. bei Flugreisen verlorenes Gepäck oft nur nach Kilopreis und auch sonst nur der Zeitwert nach Vorlage der Rechnung ersetzt wird. Wurde eine Wertsache nicht im Safe aufbewahrt, gibt es bei Diebstahl auch keinen Ersatz. Kameraausrüstung und Laptop dürfen beim Flug nicht als Gepäck aufgegeben worden sein. Gepäck im unbeaufsichtigt abgestellten Fahrzeug ist ebenfalls nicht versichert. Die Liste der Ausschlussgründe ist endlos … Überdies deckt häufig die Hausratversicherung schon Einbruch, Raub und Beschädigung von Eigentum auch im Ausland. Für den Fall, dass etwas passiert ist, muss der Versicherung als Schadensnachweis ein Polizeiprotokoll vorgelegt werden.

Zeit

Die Abweichung der chilenischen Ortszeit gegenüber der Mitteleuropäischen Zeit (MEZ) variiert mit der Sommer- bzw. Winterzeit. Von Ende Oktober bis Ende März, also **während der Hauptreisezeit,** beträgt der Unterschied **minus vier Stunden** im Vergleich zu Mitteleuropa (ist es in Deutschland 12 Uhr, ist es in Chile 8 Uhr). Vom vierten Samstag im April bis zum ersten Samstag im September beträgt der Zeitunterschied sechs Stunden. In den Wochen zwischen der Zeitumstellung in Europa und der in Chile Anfang September bis Ende Oktober sowie Ende März bis Ende April gibt es einen Unterschied von fünf Stunden. Die Umschalttage der chilenischen Sommer- und Winterzeit wurden in den letzten Jahren wiederholt modifiziert.

Bergsteigen | 581

Canyoning | 588

Kajak und Rafting | 598

Mountainbiking | 597

Paragliding | 604

Reiten | 592

Skifahren | 589

Sportangeln | 605

Surfen | 603

Trekking | 570

chi13-058 ms

11 Outdoor

von Dagmar Elsen
und Malte Sieber

< Sea-Kayaking in Patagonien

Einleitung

Wilde, vielseitige Landschaften machen Chile zu einem Paradies für Outdoor-Freunde. Einsame Bergszenerien und riesige Seen, naturbelassene Flüsse, Thermen und Wasserfälle, endlose Pazifikstrände, enorme Gletscher und die endlose Wüste bieten traumhafte Möglichkeiten für Aktivurlauber. Viele fahren gar ausschließlich aus diesem Grund nach Chile, zumal man den meisten Outdoor-Aktivitäten frönen kann, wenn in europäischen Gefilden grauer Winter herrscht. Die Anden locken zum Bergsteigen, Trekking, Mountain-Biking und Reiten. Auch Skifahren kann man hier gut, allerdings während der europäischen Sommermonate. Glasklare Wildwasserflüsse laden zum Kajakfahren und Rafting ein. Surfer und Windsurfer tummeln sich in den Pazifikwellen, Gleitschirmflieger suchen die Aufwinde der Kordilleren, Sportangler den dicken Fang in patagonischen Flüssen.

■ Als Outdoorführer empfehlenswert ist das englischsprachige Büchlein **„Chile Experience"** (Santiago de Chile, Turiscom; Bezug über www.trekkingchile.com/karten oder in chilenischen Buchläden).

Trekking

Bergwanderer, die den überlaufenen, idiotensicher ausgeschilderten Pfaden Mitteleuropas entfliehen wollen und Lust auf echtes Abenteuer haben, sind in Chile richtig. Selbst im dicht besiedelten Großraum Santiago stößt man in den Bergen noch auf **völlig unberührte Natur.** Um so wilder und einsamer wird es, je weiter südlich oder nördlich man kommt. Das heißt aber auch, dass die Natur nur bedingt mit Wegen erschlossen ist. Auf Markierungen darf man nur selten hoffen, auf Schilder kaum; vielfach ist man auf den Pfaden der Viehtreiber *(arrieros)* unterwegs. Daher ist es ratsam, niemals ohne handfeste Informationen, ordentliches **Kartenmaterial** (so vorhanden) und **GPS-Gerät** oder Kompass loszuziehen.

Ausnahmen bestätigen die Regel. Dazu gehören einige recht gut erschlossene Nationalparks, allen voran der Parque Nacional Torres del Paine mit einem gut gepflegten Wanderwegenetz.

Ausrüstung

Perfekt sitzende **Wanderschuhe** mit einem guten Profil sind das A und O fürs Trekking. Wasser abweisendes Goretex-Material ist von Vorteil. Bei den Socken ist an Ersatz zu denken. Die Hose sollte leicht und bequem sein und schnell trocknen. Den Oberkörper in **Zwiebelmanier** verpacken, also in Schichten, damit man sich den Verhältnissen entsprechend an- und ausziehen kann. Auf jeden Fall sollten ein warmer Pullover und/oder eine Jacke ins Gepäck; empfehlenswert ist **Fleece-Material.** Wichtig in Südchile sind witterungsfeste, regenundurchlässige **Schutzkleidung** und **wasserdichte Packsäcke.** Wer mehrere Tage auf Tour geht, benötigt einen warmen **Schlafsack** und eine **Unterlage.** Auch in den unteren Berggefilden wird es nachts empfindlich kalt.

Die Refugios in den Nationalparks sind, soweit vorhanden, sehr schlicht eingerichtet; Ausnahme sind die bewirtschafteten Hütten im Nationalpark Torres del Paine. In Patagonien und in den Hochanden ist ein **sturmfestes Zelt** unabdingbar. Bei mehrtägigen Touren muss neben der angemessenen **Kochausrüstung** auch ausreichend Verpflegung eingepackt werden. Fast nirgends in den Wandergebieten und Nationalparks kann man „mal schnell" Lebensmittel nachkaufen. Daher lieber etwas mehr Nahrung mitnehmen, als mindestens notwendig ist!

Zu **Agenturen** vgl. im nächsten Abschnitt „Bergsteigen".

Trekking-Routen

Die hier vorgestellten Trekking-Touren sind nur eine kleine Auswahl dessen, was Chile insgesamt bietet. Sie sind alle für sportliche Menschen mit guter Kondition und guter Gesundheit problemlos zu bewältigen. Die Auflistung erfolgt von Nord nach Süd.

Circuito Los Cóndores, Mittelchile

Wer Wildnis pur sucht, ist hier richtig: Verwunschene Landschaften wie in *Tolkiens* „Herr der Ringe" erwarten den Bergwanderer auf dem weitgehend unbekannten und dennoch **spektakulären Rundweg** Circuito Los Cóndores durch die Anden bei Talca, der von der Zeitschrift „National Geographic" unter die 50 größten Abenteuer der Welt gewählt wurde. Wem die acht- bis zehntägige Kondor-Rundwanderung zu lang oder zu anstrengend ist, kann sich auch ein Teilstück aussuchen.

Der Ausgangspunkt **Vilches** ist per Bus von Talca aus zu erreichen. Der erste Abschnitt führt durch das Naturreservat Altos de Lircay (siehe dort); die Park Ranger in Vilches helfen gern mit aktuellen Informationen. Der Pfad verläuft durch ausgedehnte Naturwälder hinab in die Schlucht des **Río Claro** und ins Tal des **Río Blanquillo.** An einem Extratag kann der 3830 Meter hohe Vulkanriese **Descabezado Grande** bestiegen werden – ein Erlebnis der besonderen Art, warten oben doch Büßereisfelder und ein mit Eis gefüllter riesiger Krater. Der Aufstieg durch wüstenartige Lavafelder setzt je nach Jahreszeit Erfahrung im Umgang mit Steigeisen und Pickel voraus. Schöne Camps an Wasserfällen und heißen Quellen entschädigen für die Anstrengungen. Wer nur bis zum Descabezado und wieder zurück geht, sollte vier bis fünf Tage einplanen.

Die Strecke führt weiter mit Blick auf den stark vergletscherten Vulkan Azufre, den mit 4100 Metern höchsten Punkt der Region, hinüber ins Tal des **Estero Volcán.** Auch an dessen Ufer warten heiße Quellen inmitten malerischer Natur. Als Tagestour kann ein Abstecher zum einsamen Waldsee **Laguna Mondaca** unternommen werden. Anschließend geht es über einen Pass und vorbei an der **Laguna Las Ánimas** hinab ins **Valle del Indio.** Wer will, kann hier nach Parque Inglés im Nationalpark Radal Siete Tazas absteigen (siehe unter Curicó). Wer den Rundkurs vollenden möchte, quert stattdessen den Oberlauf des Río Claro, steigt auf den 2000er Gebirgszug **Guamparo** und kehrt so zurück zum Ausgangspunkt Vilches.

Alternativ kann der Rundkurs auch in **Parque Inglés** begonnen werden, dem Eingang zum Nationalpark Radal Siete Tazas, den man mit öffentlichen Bussen ab Molina (bei Curicó) erreicht. Ohne ortskundige Begleitung ist die komplette, kaum markierte Rundstrecke nur geübten Wanderern mit gutem Orientierungsvermögen zu empfehlen. Eine große Hilfe können örtliche Führer sein, die sich leicht und preiswert in Talca organisieren lassen. Ebenso problemlos ist es, in Vilches oder Parque Inglés Pack- und/oder Reitpferde zu mieten. Tragetiere sind schon deshalb zu empfehlen, weil es auf der gesamten Strecke keine Versorgungsmöglichkeiten gibt und sämtliche Nahrungsmittel mitgeführt werden müssen – ebenso wie die komplette Campingausrüstung für die durchweg „natürlichen" Zeltplätze.

Unter **www.trekkingchile.com** sowie in der **Casa Chueca** (siehe Talca) gibt es mehr Informationen, eine Wanderkarte dieses Gebietes sowie Kontakte zu Bergführern und Agenturen.

Rund um den Vulkan Antuco, Mittelchile

Auf Höhe der Stadt **Los Angeles** erhebt sich in den Anden der ebene Kegel des Vulkans Antuco (2985 m), an dessen Nordostseite sich die **Laguna del Laja** schmiegt. Der gleichnamige Nationalpark ist über die Straße nach Antuco gut zu erreichen und bietet Trekkern einen schönen Rundwanderweg von zwei, maximal drei Tagen. Refugios gibt es nicht, lediglich ein Zeltplatz und Cabañas am Parkeingang.

chi028 ms

Gut 4 Kilometer vor dem Parkeingang beginnt an einer Ansammlung kleiner Häuser der Rundweg mit dem Namen Sierra Velluda – Meseta de los Zorpos. Nachdem man ein **Zypressenwäldchen** durchquert hat, geht es stetig nach oben über einen Grat. Der Blick schweift über die vergletscherten Gipfel der **Sierra Velluda** (3585 m). Ein weiterer Aufstieg auf ein Plateau steht bevor. Hat man das nach harter Arbeit geschafft, steht man auf 1500 Metern und sieht sich vor die nächste Herausforderung gestellt – das **Lavafeld** des Vulkan Antuco. Es zu überqueren ist anstrengender, als den Pfad zu nehmen, der um das Lavafeld herumführt. Dabei stößt man auf den Bach Estero Los Pangues, der den Wanderer fast bis zum Pass nach Los Barros begleitet. Vorher sieht man noch ein schönes Naturspektakel: **Zahllose Wasserfälle** stürzen mehrere Felswände hinunter und bilden einen Arm des Estero Los Pangues. Vom Pass auf 2050 Metern Höhe windet sich der Weg in das Tal des Estero El Aguado hinunter. In zwei Stunden hat man die Auen erreicht, die ideale Voraussetzungen zum Zelten bieten.

Die Rückrunde bis zur Skistation des Vulkans an dessen Nordflanke geht kontinuierlich an der Laguna del Laja entlang. Abgesehen von einigen wenigen Steilhängen des Vulkans ist der Marsch recht mühelos zu meistern. Vom **Skizentrum** geht es dann nur noch bergab bis zum Eingang des Nationalparks.

◁ Trekking vor der mächtigen Bergkulisse des Descabezado Grande (3830 m)

Sierra-Nevada-Trail, NP Conguillío, Kleiner Süden

Um den **Vulkan Llaima** (3125 m) herum erstreckt sich der Nationalpark Conguillío (s. Umgebung von Temuco) mit wunderbaren Araukarienbeständen, und dem Gebirgszug der Sierra Nevada – ein landschaftlich sehr reizvolles Gebiet. An der **Laguna Conguillío** beginnt der zweitägige, leichte Trail in die Sierra Nevada. Die Aufstiegs- entspricht der Abstiegsroute. Sie ist relativ einfach und hat nur zwei technisch etwas anspruchsvollere Passagen. Als Gepäck sind Kompass und Karte zu empfehlen. Wer den Gipfel besteigen will, sollte Vorkehrungen treffen, da die Route über einen Gletscher mit Spalten führt. Außerdem kann man bei schlechtem Wetter schnell die Orientierung verlieren. Das Laufpensum liegt (ohne Gipfelbesteigung) bei 5 Stunden am ersten und 3½ am zweiten Tag. Man kann den Trail also durchaus an einem Tag absolvieren, wenn man eine stramme Gangart einschlägt. Aber das wilde Zelten in der Sierra Nevada unterm Sternenhimmel lohnt sich durchaus. Und wer nicht im Camp am Parkeingang übernachtet, der muss die Anreise von Curacautín einkalkulieren.

Am südöstlichen Ende der Laguna Conguillío (Playa Linda) beginnt der **ausgeschilderte Weg.** Er führt stetig bergauf durch dichten Wald mit viel Bambus und Araukarien. Nach etwa drei Stunden hat man einen Kamm mit herrlichem Blick auf den Vulkan Llaima und die Laguna Conguillío erreicht. Der Weg führt den Kamm entlang weiter aufwärts, bis man mitten in der Sierra Nevada steht. Der Pfad geht noch etwas weiter bis zu einem Bach, an dem man gut sein Lager aufschlagen kann.

Der Aufstieg auf den Gipfel (2554 m) ist zwar etwas lang, aber technisch nicht allzu schwierig. Wer über eine entsprechend gute Kondition verfügt, kann den Aufstieg zum Nordgipfel in 5 bis 7 Stunden schaffen, während man den Südgipfel nach 3 bis 5 Stunden erreichen kann.

Rundwanderung im NP Huerquehue, Kleiner Süden

Ein idyllischer Wanderweg, der mehrere romantische Seen zum Ziel hat, führt quer durch den Nationalpark Huerquehue (s. Umgebung von Pucón). Für den leichten Trail sollte man drei bis vier Tage einplanen. Von **Pucón** sind es etwa 35 Kilometer bis zum Parkeingang am Lago Tinquilco (Busse). Hier gibt es Zeltplätze und Unterkünfte.

1. Tag: Vom Parkeingang führt ein Feldweg über Weideland und in einen dichten Wald mit Bambus und Tepabäumen. Unterwegs bieten sich Blicke auf den Lago Tinquilco und den schneebedeckten, rauchenden Vulkan Villarrica. Nach 2 Stunden hat man den ersten See, den Lago Chico, erreicht. Nicht weit dahinter (Abzweig rechts) liegt der Lago Toro, an dessen Ufern **Araukarien** wachsen. Wieder kurz darauf nach einem linken Abzweig präsentiert sich bereits der Lago Verde. Weiter bergauf geht es zur Laguna los Patos (4 Std. bis hierher). Bleiben noch etwa 2½ bis zum Refugio Reñahue, vorbei an weiteren Seen. Über einen **steilen Kamm** führt der Pfad noch weiter hinunter zum Bach Reñahue, hier ist ein Conaf-Posten mit Zeltmöglichkeit.

2. Tag: Zum Lago Pehuén und weiter zu den Termas de Río Blanco steht ein Pensum von 7 Stunden auf dem Programm. Am Nordufer führt der Weg flussaufwärts **über einen Sattel** auf einen Kamm. Den läuft man entlang bis zu einer Wegkreuzung. Hier muss man rechts zum Lago Pehuén abbiegen (3 Std.). Es folgt der Abstieg zum Estero de las Mercedes. Am südlichen Ufer verläuft der Weg **durch Regenwald** zu den Thermen. Der Campingplatz ist ebenso wie die Thermalquellen bewirtschaftet.

3. Tag: Es ist möglich, den Rundweg in drei Tagen zu absolvieren. Dann allerdings muss man sich auf gut 8 Stunden Wanderung **ohne Extratouren** am dritten Tag einstellen – also kein ausgiebiges Bad mehr morgens in den Thermen und kein Abstecher zur Laguna Angelina. Bis zum Estero de las Mercedes ist der Weg derselbe wie am Vortag. Dann muss man beim **Abzweig** zum Lago Pehuén geradeaus gehen durch einen Wald, an einer Farm vorbei und einen Kamm empor. Kurz vor dem Refugio Reñahue hat Brandrodung für ätzende Trostlosigkeit gesorgt. Bis zum Refugio sind es knapp 4 Stunden. Wer hier campen möchte, der kann sich von hier aus mit leichtem Gepäck zur Laguna Angelina aufmachen. Der Weg hin und zurück erfordert 2 Stunden Anstrengung. Wer zurück zum Lago Tinquilco möchte, läuft links den bekannten Weg zum Lago Huerquehue. Am Ende des Sees kann man eine andere Wegstrecke wählen als auf dem Hinweg, nämlich durch einen **herrlichen Araukarienwald** und dann am gesamten Ufer des Lago Toro entlang. Wenn man den Lago Chico erreicht hat, stößt man wieder auf den Weg zu Beginn hinab zum Lago Tinquilco.

Callao-Trek, Kleiner Süden

Die Wanderung zu den **heißen Quellen** von Callao führt tief hinein in den ältesten Nationalpark Chiles, den 1926 gegründeten **Parque Nacional Vicente Pérez Rosales** (s. dort). Sie kann mit der Wanderung zum Lago Rupanco kombiniert werden (s.u.). Zu erreichen ist der Ausgangpunkt **Petrohué** am **Lago Todos Los Santos** von Puerto Varas. Für die Übernachtung an den Thermen hat man drei Möglichkeiten: entweder im einfachen Conaf-Refugio (5 Euro), oder man zeltet dort, oder aber man sichert sich einen Schlafplatz in der komfortableren Blockhütte. Den Schlüssel für das Badehaus der heißen Quellen hat auch der Park Ranger. Seine Söhne lassen sich übrigens als Tour-Guides anheuern. Das ist durchaus von Vorteil, da die weiteren Wege nicht leicht zu finden sind (sogar eine Machete kommt zum Einsatz). Zwei empfehlenswerte Tagesausflüge gehen zur Laguna de los Quetros und auf den Cerro Cenizas. Für die gesamte Tour sollte man drei bis fünf Tage einplanen.

Von Petrohué startet die Tour zunächst mit dem **Motorboot** zur Bucht El Rincón (ca. 1 Std., ca. 70 Euro). Das Boot mit Fahrer kann man am Bootssteg von Petrohué heuern und auch vereinbaren, ob und wann man wieder abgeholt werden möchte. Der Pfad ist leicht zu finden. Sehr bald erreicht man den Río Sin Nombre, den namenlosen Fluss. Dessen Verlauf folgt man bis zum Ziel. Unterwegs führt ein lohnender Abstecher zu einem Wasserfall. Mehrfach müssen **Hängebrücken** bewältigt werden. Mitten im Regenwald finden sich nach 4 Stunden die **Termas de Callao,** wo eine schöne Herberge, ein einfaches Refugio und Möglichkeiten zum Zelten einen Aufenthalt erlauben.

chi11-013 ms

Callao-Trek im NP Vicente Pérez Rosales

Für den Abstecher zur **Laguna de los Quetros** im Nationalpark Puyehue und wieder zurück muss man mit einer Laufzeit von gut 7 Stunden rechnen. Der Pfad führt von El Callao weiter den Río Sin Nombre flussaufwärts. Dabei müssen **zahlreiche Bäche** überquert werden, was nur Probleme bereitet, wenn es viel geregnet hat. Wo das Flusstal scharf nach Osten abknickt, geht es sehr steil einen 800 Meter hohen Pass hinauf. Schließlich stößt man auf die verträumte Laguna de los Quetros. Hier lebt eine Bauernfamilie; wer möchte, kann zelten.

Eine zweite Wanderung führt auf den 1700 Meter hohen Berg Cenizas – Pensum: 7 Stunden, am besten mit Führer. Dabei geht es **extrem steil bergauf** und durch dichtesten **Urwald** – Machete nötig! Bei schönem Wetter wird die Anstrengung mit einem **traumhaften Panorama** belohnt: Man sieht die Vulkane Puntiagudo, Tronador, Osorno, Casa Blanca und Calbuco, außerdem die großen Seen und den Fjord von Reloncavi.

Für die Strecke zum Lago Rupanco ist man noch einmal rund 7 Stunden unterwegs. Bei Callao findet sich ein **mit Baumstämmen ausgelegter Pfad,** der auf einen Sattel und dann bergab in den Wald führt. Der Pfad, auf dem seit Jahrzehnten Reiter unterwegs sind, ist gut zu finden, da die Pferde im Laufe der Zeit die schlammige Erde immer tiefer nach unten getreten haben. In manchen Abschnitten steht man bis zur Hüfte in diesen „Kanälen“, die an eine Bobbahn erinnern. Nach 2 Stunden eröffnet sich zum ersten Mal ein Blick auf den Lago Rupanco, zu dem man nun hinunter muss. Am See links halten: Am Ufer entlang ist ein **Weg in den Fels gehauen.** Über Weideland und eine Fahrstraße gelangt man schließlich in die Siedlung Puerto Rico.

Valle Cochamó und Río Puelo, Kleiner Süden

Diese sechstägige Trekkingtour ist ein fantastisches Erlebnis in einer nahezu unberührten, eindrucksvollen und vielseitigen Landschaft an der chilenisch-argentischen Grenze. Sie ist zudem ein Beispiel für **sanften Tourismus,** den der Deutsche Entwicklungsdienst in dieser Region angeschoben hat. Die hier unter einfachsten Verhältnissen lebenden Bauern sind eingebunden, indem sie die Wanderer mit Essen und Proviant versorgen, sich um die Pferde kümmern und Schlaf- oder Zeltplätze gegen geringes Entgelt zur Verfügung stellen, zuweilen arbeiten sie auch als Guides.

Man sollte über **ausreichend Trekkingerfahrung** verfügen, sich vorher über den Zustand der Wege informieren und die Tour nicht außerhalb der Saison (November bis März) unternehmen. Des Weiteren empfiehlt sich die Miete von Packpferden mit Guide (25–35 Euro pro Tag), da die Wege schon ohne Rucksack beschwerlich sein können. Bei der Municipalidad Cochamó ist evtl. eine Karte mit Tourenbeschreibungen erhältlich.

Die **erste Etappe** beginnt in Cochamó am Campo Aventura (siehe unter „Reiten“) und geht über 4 bis 5 Stunden durch märchenhaften Regenwald bis zum Outdoorcamp La Junta, das zum Campo Aventura gehört. Entweder man schlägt dort sein Zelt auf, oder man fragt vorher im Campo Aventura, ob Betten im Blockhaus frei sind.

Für den **zweiten Tag** sind 6 Stunden Fußmarsch einzuplanen, in sehr dichter Vegetation mit vielen uralten Alercen. Das Gelände ist sehr steil, es sind vier Flüsse zu überqueren. Das Refugio El Arco liegt oberhalb des gleichnamigen Flusses an einem markanten Felsen.

Die **dritte Etappe** verläuft entlang des Lago Vidal Gormaz. Zunächst passiert man 1000 Jahre alte Alerce-Bäume, den Weg, der nicht immer leicht zu finden ist, kreuzen immer wieder Bach- und kleine Flussläufe. Die Ausblicke sind spektakulär. Bis zum Refugio Torrentoso am nördlichen Ende des Sees sind es 7 bis 8 Stunden.

Die folgende **vierte Etappe** ist einfach gestrickt. Man schafft es von Torrentoso bis zum Refugio Río Steffen lässig in 5 Stunden. Zwei Flüsse müssen dabei durchquert werden. Der nächste Tag, **Etappe fünf,** bedeutet 4 bis 5 Stunden Fußmarsch durch waldiges Gelände. Den Weg kreuzen der Río Steffen und der Río Palace. Zum Refugio El Manso muss man aufsteigen. (Beide Etappen kann man auch an einem Tag bewältigen.) **Tag sechs** zurück nach Cochamó ist mehr Reise- denn Wandertag. Die Strecke zwischen El Manso und dem Lago Tagua Tagua ist bis auf den Abstieg vom Refugio befestigte Straße, für die man sich am besten einen Fahrer sucht. Der See ist lang gestreckt, das Gelände unwegsam. Deshalb besteht hier Fährverkehr (ca. 1 Std., ca. 2 Euro). Von der Siedlung Río Puelo verkehrt dreimal am Tag ein Bus nach Cochamó (1½ Std.).

Die Tour kann mit einem **Abstecher** von Torrentoso nach El León und von dort nach El Bolsón (Argentinien) kombiniert werden (3 Tage), weiterhin von der Ortschaft Segundo Corral aus mit dem Circuito Los Glaciares (3 Tage).

Zum Lago Palena, Großer Süden

Dieser dreitägige Trek führt von dem Grenzort Palena durch die u.a. wegen ihrer besonderen Baumbestände gegründete **Reserva Nacional Lago Palena** und sollte nur von erfahrenen Trekkern unternommen werden. Zu erreichen ist der Trail von Palena aus über ca. 7 Kilometer befestigte Straße zum **Río El Tigre.** Am besten erkundigt man sich bei der Touristeninformation bzw. Municipalidad nach einer Fahrmöglichkeit. Bei der Municipalidad oder der Conaf-Station ist zudem eine Genehmigung einzuholen.

Der Trail führt zunächst am fischreichen Río Tigre entlang tief hinein ins **Valle Azul,** bis man an ein Haus gelangt. Entweder campt man hier oder fragt den Besitzer des Hauses, ob man bei ihm übernachten kann. Die Etappe zum Lago Palena beläuft sich auf etwa 8 Stunden. Die Passhöhe des Portezuelo Casanova liegt bei 1319 Metern. Vor und nach dem Pass durchquert man wunderschöne unberührte Wälder und leicht sumpfige Unterholzlandschaften mit immer neuen faszinierenden Blicken in und über den Nationalpark. Da es sich am Lago Palena um Grenzgebiet handelt, leben hier einige Carabineros in der völligen Einsamkeit. Sie freuen sich immer über Besucher, denn die sind eher selten. Am Lago Palena kann man zelten. Am Tag 3 schafft man es wieder bis zum Ausgangspunkt.

Torres del Paine, Großer Süden

Das berühmteste und landschaftlich wohl spektakulärste Wandergebiet ist der **Nationalpark Torres del Paine in Patagonien** (s. dort). Hier gibt es zahlreiche Routen, die man auch kombinieren kann. Der Park belohnt den Wanderer mit immer neuen atemberaubenden Blicken auf das Gebirgsmassiv, auf **Seen** in Azurblau und Smaragdgrün, auf blaue Gletscherwände. Man kreuzt oft und fast zum Anfassen nahe den Weg der **Guanacos,** sieht **Kondore** kreisen, hört Wildgänse schnattern und Uhus heulen.

Von Vorteil ist, dass der Park mit **Camps und Refugios** aufwarten kann. Allerdings sollte man die Plätze in den

Refugios immer vorreservieren und sicherheitshalber ein Zelt dabeihaben. Ausführliche Infos zu Unterkünften im Park im Reiseteil des Buches unter „Torres del Paine".

Hinweise: Nahrungsmittel sind in Puerto Natales preiswerter; im Park selbst kann man in den bewirtschafteten Refugios und auf den Campingplätzen das Meiste bekommen (und muss daher weniger tragen), es ist aber entsprechend teurer. Kartenmaterial gibt es online unter www.trekkingchile.com/karten sowie bei fast allen Agenturen in Puerto Natales. Die Nationalparkgebühren sind die höchsten in ganz Chile: 24 Euro für Ausländer.

Zu Füßen der Torres del Paine

chi103 ms

Circuito Paine

Beliebt ist der **fünf- bis achttägige Rundweg Circuito Paine.** Er ist anspruchsvoll und wegen der oft wechselnden Wind- und Wetterverhältnisse anstrengend. **Ausgangspunkt** ist die Kontrollstation der Park Ranger an der Laguna Amarga. Von hier führt ein Weg über die Brücke des Río Paine und über weite Wiesenfelder, bis man wieder auf den Río Paine trifft. Dann geht es durch den Paine-Canyon zum **Camp Serón** (5 Std.). Zweiter möglicher Ausgangspunkt ist das Refugio Las Torres bzw. der Zeltplatz daneben. Unterwegs bieten sich schöne Ausblicke auf den Río Paine und die Laguna Azul, schließlich trifft man auf den Weg von der Laguna Amarga. Vom Camp Serón geht es weiter, vorbei am Lago Paine zum Camp und Refugio Dickson (6 Std.), durch ein Waldstück mit vielen kleinen Bächen und die sumpfige Flusslandschaft des Río Paine. Bei gutem Wetter kann man die Gipfel des patagonischen Inlandeises und den Dickson-Gletscher sehen.

Der Weg folgt nun dem Río de los Perros weiter oben durch dichten **Regenwald.** In einer wilden Schlucht quert eine wackelige Hängebrücke den Fluss. Auf dem **Gletschersee** Los Perros treiben kleinere Eisberge, in der Nähe liegt im Wald das **Camp Los Perros** (4 Std.), ein guter Ort, um ggf. auf gutes Wetter für die Passüberquerung zu warten. Der Weg dorthin steigt an durch einen wunderschönen Märchenwald mit dick bemoosten Baumstämmen; schließlich wird die Route sehr schlammig.

Auf dem **Pass John Garner** (1241 m) weitet sich der Blick, und unten taucht der riesige Grey-Gletscher auf, dessen Eismassen sich vom Inlandeis über etwa

20 Kilometer ins Tal schieben. Auf Geröll und teilweise glitschigem Grund geht es 700 Höhenmeter hinunter zum **Camp Paso** (4 Std. von Los Perros). Es gibt hier kein Wasser! Also besser gleich weiter, immer durch dichten Urwald oberhalb des Gletschers, teilweise auch durch Reste eines Waldbrands. Felsabstürze müssen umgangen, ein Aufstieg per (installiertem) Seil erklommen werden. Unten sieht man den Gletscher in den Lago Grey vorstoßen und die Eisberge davontreiben.

Wer am Camp Los Guardas (2 Std.) noch Kraft hat, kann noch eine Stunde weiter laufen zum **Refugio und Camp Grey** am Seeufer. Ein Spaziergang führt von hier zu einer Aussichtsstelle auf die Gletscherwand.

Die Strecke zwischen dem Grey-Camp und dem Lago Pehoé ist eine leichte Übung (4 Std.). Erst geht es entlang des Sees mit wunderbaren Ausblicken, dann durch eine Hügellandschaft und ein felsiges Tal. Am Ufer des smaragdgrünen Lago Pehoé liegen das **Camp Pehoé** und das Refugio Paine Grande. Ein Boot setzt über nach Pudeto (im Sommer dreimal täglich), mit Anschluss an den Bus nach Puerto Natales. Alternativ kann man nach Südosten zum Lago del Toro wandern (Camp und Parkverwaltung, Busanbindung, 5 Std.).

Wer die Rundwanderung vollenden will, wandert vom Camp Pehoé am Nordufer des Lago Nordenskjöld entlang zum **Camp und Refugio Los Cuernos** (4 Std.) und weiter zum **Camp Las Torres** (4 Std.) – eine lohnenswerte Strecke, die zudem die Möglichkeit eröffnet, sie mit dem Abstecher ins Valle Francés (s.u.) und mit dem Aufstieg zu den Torres del Paine (s.u.) zu verbinden.

Zu den Torres del Paine

Einen Extra-Tag lohnt auf jeden Fall der **Aufstieg zu den Füßen der drei grandiosen Torres del Paine** (2600–2850 m). Die Tour beginnt beim Camp Las Torres und muss mit gut 8 Stunden hin und zurück eingeplant werden. Höhendifferenz: 900 Meter. Vom Camp führt ein breiter Weg südwestlich zum Río Ascensio. Gut 2 Stunden schraubt man sich, stets mit dem Blick auf den Lago Nordenskjöld im Rücken, ordentlich nach oben, bis man die Schlucht des Río Ascensio erreicht hat. Bis zum Camp Chileno geht es harmlos weiter mit schönen Blicken auf den Cerro Paine auf der einen und die Sierra del Toro auf der anderen Seite. Hinter dem Camp beginnt dichter Wald mit vielen Bächen. Der Weg schlängelt sich stetig nach oben zum Camp Torres. Hier trifft man auf Bergsteiger und Kletterer aus aller Welt, denn hier ist das Basislager für alpine und Klettertouren im Paine-Massiv. Über ein Geröllfeld geht es steil aufwärts zum Gebirgssee vor den drei Torres. Wenn man Glück hat, öffnet sich der Wolkenvorhang, der die meiste Zeit um die Spitzen der Türme wabert, und man kann die gigantischen Felsnadeln bestaunen.

Ins Valle Francés

Eine weitere Extra-Tour führt ins Valle Francés **unterhalb des gleichnamigen Gletschers.** Ausgangspunkt können die Camps Los Cuernos oder Pehoé sein. Bei dieser etwa siebenstündigen Wanderung (hin und zurück) passiert man die beiden Camps Italiano und Británico (Zeltmöglichkeit). Auf halbem Weg zum Camp Italiano, ungefähr am Lago Skottsberg, bietet sich eine herrliche

Aussicht auf die verschrobenen Paine-Hörner (2200–2600 m). Am Río del Francés geht es steil talaufwärts, mit gelegentlichem Blick auf den Gletscher. Weiter oben trifft man auf ein atemberaubendes **Naturschauspiel:** Der Río Francés schießt mit ungeheurer Wucht durch den Canyon. Bevor man das Camp Británico erreicht, sieht man noch die Zacken der beiden Cerros Hoja (2200 m) und Espada (2500 m). Am Talende liegt eine kleine Lagune, die Endstation der Trekkingtour ist.

Die W-Wanderung

Diese Tour ist eine **beliebte Alternative** für alle, die nicht die Zeit für die Rundwanderung haben. Sie berührt mit dem Grey-Gletscher, dem Valle Francés und den Torres drei der schönsten Ziele im Park und kann in vier bis fünf Tagen bewältigt werden. Ausgangspunkt sind das Camp Las Torres oder das Camp Pehoé (Beschreibung im Reiseteil).

Gletscher-Trekking

Die einzige Gelegenheit für Nicht-Bergsteiger in Chile, mit einem Gletscher auf Tuchfühlung zu gehen, bietet sich im **Nationalpark Torres del Paine.** Hier kommt man an den Grey-Gletscher gut heran und mit Steigeisen auf ihn hinauf – ein unvergleichliches Erlebnis: Erst auf diesen grenzenlos erscheinenden Eismassen bekommt man ein Gefühl dafür, dass Patagonien von einer Inlandseisdecke beherrscht wird, die 18.000 Quadratkilometer groß ist. Zum Vergleich: Die Gletscher in den europäischen Alpen kommen insgesamt auf 3500 Quadratkilometer.

Der **Grey-Gletscher** kann von der Ostseite her bestiegen werden. Es sei aber davor gewarnt, dies im Alleingang zu tun; eine geführte Tour kann z.B. über Bigfoot in Puerto Natales (Pedro Montt 161, Tel. 61/241 4611) gebucht werden. Auch einige Hotels im Park bieten diese Tour für ihre Gäste an. Kosten: ca. 120–170 Euro inkl. Transport, Ausrüstung und Verpflegung.

Zum Cabo Froward, Großer Süden

Der südlichste Punkt Kontinentalamerikas, das Kap Froward an der Magellanstraße, kann auf einer fünftägigen **Wildnis-Expedition** erreicht werden. Die Strecke führt durch Urwälder ohne Weg und Steg, Flüsse und Zypressensümpfe müssen durchquert werden – ein absolutes Abenteuer! Auf dem Weg entlang der Magellanstraße findet man außer einer verlassenen Walfängerbucht und einem einstigen Leuchtturm keine Zeichen der Zivilisation. Der starke patagonische Wind und das wechselhafte Wetter können die Tour körperlich anspruchsvoll machen. Am Abend sitzt man bei Mate ums Lagerfeuer.

Die Anfahrt erfolgt von Punta Arenas über die Straße zum Fuerte Bulnes bis zu deren Ende. Eine Wanderkarte der Gegend vertreibt Trekkingchile. Man sollte die Tour mit einem **ortskundigen Führer** unternehmen. Kosten: ca. 525 Euro, Buchung über Turismo Aonikenk in Punta Arenas (www.aonikenk.com).

Bergsteigen

Die **Andenkette,** das **Paine-Massiv** in Patagonien und der **Vulkangürtel** entlang des Pazifiks begründen den bergsteigerischen Reiz Chiles. **2085 Vulkane** werden hier gezählt, davon 55 aktive. Der **höchste Vulkan der Welt** ist der **Nevado Ojos del Salado (6891 m)** im Norden des Landes.

Informationen

Etliche Vulkane, v.a. in Nationalparks, dürfen nur bestiegen werden, wenn ein **lizensierter Bergführer** dabei ist oder man sich selbst entsprechend ausweisen kann; Informationen erteilt die Nationalparkbehörde Conaf, deren regionale Büros in den entsprechenden Kapiteln dieses Bandes aufgelistet werden. Für alle Berge im Grenzgebiet gilt noch eine weitere Besonderheit: Ausländer müssen bei der chilenischen Auslandsvertretung in Deutschland oder direkt bei der *Dirección de Fronteras y Límites del Estado* (DIFROL) in Santiago eine **Genehmigung** einholen: Teatinos 180, piso 7, Tel. 2/2827 5900, www.difrol.cl.

■ Ausführliche **Informationen zu Kletter- und Bergwandertouren** in ganz Chile enthält die deutschsprachige Website **www.trekkingchile.com.** Hier finden sich genaue Routenbeschreibungen mit GPS-Daten und Fotos sowie Kontakte zu Bergführern und Spezialagenturen, außerdem werden Karten angeboten.

Ausrüstung und Tipps

Eine gute Ausrüstung ist beim Bergsteigen mit das Wichtigste. In Nationalparks wird die Ausrüstung nicht zuletzt an den Rangerstationen **kontrolliert.** Neben der Standardausrüstung sollte man bei Bergtouren in Chile vor allem beachten, dass in den meisten Wander- und Klettergebieten keinerlei Infrastruktur vorhanden ist. Das bedeutet: alle Lebensmittel mitbringen, die Ausrüstung gut planen, sich auf Wetterumschwünge ein-

chi024 ms

▷ Blick auf den Vulkan Villarrica mit seiner ewigen Rauchfahne

chi104 ms

stellen. Da vielfach keine markierten Wege vorhanden sind, sollte man nicht ohne gute Karten und GPS-Gerät losziehen. Vorsicht auch mit der **Höhenkrankheit!** Schon ab 3000 Metern Höhe kann der Körper Probleme bereiten. Diese äußern sich in Kopfschmerzen, Atemnot, Übelkeit und Kreislaufversagen. Mate-Tee ist ein gutes Mittel dagegen. Wem es nicht schnell besser geht, der sollte die Tour unbedingt abbrechen und in tiefere Gefilde absteigen. Überschätzen Sie sich nicht: Jeder Körper reagiert anders, aber mit Höhenkrankheit ist nicht zu spaßen. Schlimmstenfalls kann sie zum Tod führen.

Adressen von **Oudoor-Ausrüstern** finden sich im Kapitel Santiago, Hinweise zum Thema **Kartenmaterial** im Anhang dieses Bandes.

Bergsteigern/-wanderern bietet sich in Chile ein breites Betätigungsfeld

Kosten

Für gute **Bergführer** in Chile muss man zwischen 100 und 150 Euro pro Tag veranschlagen. Hinzu kommen die Kosten für **Transport, Verpflegung, Ausrüstung** und **Übernachtung** sowie die **Nationalparkgebühren,** die zwischen 2 und 25 Euro liegen. Billiger wird es, wenn man sich Gruppen anschließt. Ein Beispiel: Die Tagestour auf den Vulkan Villarrica kostet ca. 75 Euro p.P. inkl. Transport und Gebühren für den Nationalpark, aber ohne Verpflegung. Bei einigen Agenturen ist ein Teil der Ausrüstung im Pauschalpreis enthalten. Für die Besteigung mancher Gipfel in den Nationalparks müssen Kletterer darauf gefasst sein, eine zusätzliche Gebühr berappen zu müssen. Für die Torres im Nationalpark Torres del Paine beispielsweise sind ca. 75 Euro p.P. fällig.

Führer und Agenturen

Für viele Vulkane gilt, wie eingangs schon erwähnt: **nicht ohne Bergsteigerlizenz oder einen Bergführer.** Das macht auch Sinn, denn die schneebedeckten Vulkane sind wegen ihrer Gletscherspalten besonders gefährlich. Hinzu kommen Wolkenbänder und rasche Wetterwechsel. Immer wieder ereignen sich Unfälle, teils mit tödlichem Ausgang. Wer kein Spanisch kann, findet in Chile immer deutsch- oder englischsprachige Agenturen, die entsprechende Guides beschäftigen (s.u.).

Einen erfolgreichen Aufstieg kann keine Agentur garantieren. Man muss immer damit rechnen, dass das Wetter nicht mitspielt und eine Expedition abgebrochen werden muss. Manchmal scheitert eine solche Tour auch an der schlechten Kondition eines Teilnehmers. In den seltensten Fällen wird beim Scheitern der Tour eine Ersatzbesteigung angeboten oder das Geld zurückerstattet.

- Gute **Beratung** und Anschluss an Bergtouren jeder Art bieten der **Club Alemán Andino** (Deutscher Andenverein) in Santiago, Arrayán 2735, Providencia, Tel. 2/2232 4338, www.dav.cl, und die **Federación de Andinismo de Chile (FEACH),** Almirante Simpson 77, Providencia, Tel. 2/2222 0888, www.feach.cl.
- Unter **www.trekkingchile.com** findet sich ein kostenlos nutzbares Verzeichnis von zertifizierten Bergführern, die man sich nach Regionen anzeigen lassen und direkt kontaktieren kann.
- **In Deutschland und Österreich** gibt es zahlreiche Spezialanbieter für Berg- und Wandertouren in Chile.

Anbieter in Chile

In Chile gibt es zahlreiche Anbieter für große Bergtouren. Eine kleine Auswahl deutsch- oder englischsprachiger Agenturen (weitere in den Regionalkapiteln):

- **Azimut 360,** Eliodoro Yañez 1437, Providencia, Santiago, Tel. 2/2235 1519, www.azimut360.com. Besteigungen und Expeditionen: Ojos del Salado, Aconcagua, San Valentín etc.
- **Cascada Expediciones,** Don Carlos 3219, Las Condes, Santiago, Tel. 2/2232 9878, www.cascada.travel. Trekking und Klettern in den Anden.
- **Cumbre Andina,** Moneda 772, Santiago, Tel. 2/2470 7460, www.cumbreandina.cl. Bergsteigen, Trekking, Reiten und Rafting.
- **Pared Sur Expediciones,** Juan Esteban Montero 5497, Las Condes, Santiago, Tel. 2/2207 3525, www.paredsur.cl. Trekking- und Mountainbike-Programme.
- **Turismo Caminante,** *Franz Schubert,* Casilla 143, Talca, Tel. 71/197 0097, www.trekkingchile.com. Sehr gute Berg- und Wandertouren in ganz Chile, deutschsprachige Leitung.
- **Turismo Aonikenk,** *Sebastian Borgwardt,* Magallanes 619, Punta Arenas, Tel. 61/222 8616, www.aonikenk.com. Trekking- und Bergtouren in Patagonien, deutschsprachig.

Berg- und Vulkanbesteigungen

Die nachfolgend beschriebenen Touren sind **von Nord nach Süd geordnet,** mit jeweils der nächsten großen Stadt als Referenz. Sie repräsentieren **unterschiedliche Schwierigkeitsgrade.** Informieren Sie sich vorher unbedingt über die aktuellen Bedingungen!

Vulkan Parinacota, 6342 m (Arica)

Im Lauca-Nationalpark im Dreiländereck Chile/Peru/Bolivien ragen mehrere über 6000 Meter hohe Vulkane in den Himmel empor. Genau auf der Grenze zu Bolivien liegen der Parinacota (6342 m) und sein etwas kleinerer Zwilling, der 6282 Meter hohe **Pomerape.** Für erfahrene Alpinisten stellt der Parinacota technisch keine Herausforderung dar. Dafür liegt er landschaftlich wunderschön am Lago Chungará. Vom Ausgangspunkt an den Lagunas de Cotacotani kann der Vulkan üblicherweise in zwei Tagen bestiegen werden.

Zu erreichen ist der Parinacota von Arica aus über die asphaltierte Nationalstraße 11 Richtung Bolivien (ca. 200 km). Kurz vor dem Lago Chungará führt eine Sandpiste Richtung Norden zu den Lagunas de Cotacotani. Am Fuß des Berges auf etwa 4700 Metern kann ein **Basislager** eingerichtet werden. Das Hochlager ist auf 5300 Metern im Südosten des Vulkans an einem markanten Gratrücken. Es gibt keine Hütten, es ist also ein Zelt erforderlich. Nach 6 Stunden hat man den Krater erreicht. Der eisbedeckte **Krater kann umrundet werden.** Dafür muss man eine Stunde einplanen.

Ojos del Salado, 6891 m (Copiapó)

Der **höchste Vulkan der Welt** liegt mitten in der lebensfeindlichen Atacama-Wüste an der Grenze zu Argentinien. Gefürchtet wird er wegen seiner Höhenstürme und der damit verbundenen Kälte. Erstmals bestiegen wurde er 1937. Eine gute Akklimatisierung ist unerlässlich, deshalb – und wegen möglicher Wettereinbrüche – sollte man ausrei-

chi11-011 ms

chend Zeit einplanen. Alpintechnisch gilt der Vulkan, abgesehen von einem Kletterstück auf den Gipfel, als einfach.

Von Copiapó aus ist die Basisstation des Ojos del Salado mit einem gelände- und höhentauglichen Fahrzeug über die Nationalstraße Richtung Argentinien zu erreichen. Dabei müssen die Cordillera de Domeyko überwunden und der Salzsee Salar de Maricunga umfahren werden. Bestiegen wird der Vulkan von Norden, von der **Laguna Verde** her (mögliches Basislager auf 4250 m). Hier gibt es eine heiße Mineralquelle und sogar ein kleines Badehaus. Das Refugio Atacama liegt auf 5200 Metern, das Refugio Tejos auf 5800 Metern. Bis maximal hierher kann man mit Allradantrieb und unter großer Mühe fahren. Die beiden Containerhütten bieten max. 15 Personen Platz. Die achtstündige **Route zum Gipfel** führt zunächst über den rechten Teil der Nordflanke. Nur die letzten Höhenmeter zum Kraterrand auf 6700 Metern gehen über den oberen Westgrat. Wer auf den eigentlichen Gipfel will, muss über schwefelgelbe Felsformationen teilweise mit Fixseil klettern.

Cerro Marmolejo, 6110 m (Santiago)

Der Zugang zum Marmolejo liegt ca. zwei Autostunden von Santiago entfernt am Ende des Maipo-Tales. Er zählt zu den leichtesten und ungefährlichsten Sechstausendern Südamerikas, sollte aber – wie alle Berge dieser Kategorie – nicht unterschätzt werden. Er hat eine **vergletscherte Gipfelstrecke.**

Über den Ort El Volcán geht es zum Refugio Lo Valdés, der bewirtschafteten Berghütte des Deutschen Andenvereins auf 1980 Metern Höhe. Für die Tour vom Refugio Lo Valdés bis zum Gipfel und zurück sollten **bis zu sechs Tage** eingeplant werden. Zum ersten Lager auf 3100 Metern geht es den Estero Marmolejo entlang, dann nördlich zum unteren Ende des gleichnamigen Gletschers zum zweiten Lager auf 4000 Metern und am Gletscher entlang zum dritten Lager auf 4900 Metern Höhe. Die Lager sind keine festen Stützpunkte; man benötigt ein windfestes Hochlagerzelt. Vom Camp 3 führt die Aufstiegsroute über die flache Westflanke des Marmolejo-Gletschers zum Gipfel.

Vulkan Villarrica, 2850 m (Pucón)

Der beliebteste Vulkan Chiles liegt im mittleren Seengebiet am gleichnamigen See unweit des Urlaubsortes Pucón. Seine Attraktivität liegt zum einen in der perfekten Kegelform mit dem Schneekragen und der ständigen Rauchfahne. Zum anderen kann er **auch von unerfahrenen Bergsteigern** an einem Tag bezwungen werden – gute Kondition vorausgesetzt. Zudem wird er deshalb gern bestiegen, weil man hier – einzigartig in Chile – die glühende Lava sehen kann: Wenn der Schwefeldampf nicht völlig die Sicht verhüllt, dann gibt der Vulkan den Blick frei in seinen Schlund, in dem das Magma brodelt.

Der Villarrica darf nur im Rahmen einer **organisierten Tour** bestiegen werden, es sei denn, man kann sich als Mit-

◁ Blick über die Lagunas de Cotacotani auf den Vulkan Parinacota

glied eines Bergsteigervereins ausweisen (z.B. DAV) und die nötige Ausrüstung vorweisen (Steigeisen und Pickel). Der Aufstieg dauert etwa 5 Stunden, der Abstieg rund 3 Stunden. Dabei sind rund 1500 Höhenmeter zu überwinden. Die Schneegrenze liegt im Sommer auf ca. 2300 Metern Höhe. Im Hochsommer ist der Villarrica allerdings sehr vereist. Trotzdem muss nicht mit Seil gegangen werden, es sei denn, das Wetter ist beim Abstieg schlecht.

Die Tour startet an der Skistation auf 1410 Metern Höhe. Bis dahin führt ein befahrbarer Weg. Zu Fuß braucht man vom Parkeingang etwa 1 Std. Ab der Skistation läuft man auf Lavagestein quasi auf der Skipiste Calafquén bis zum Cumbre Piramide; das erste Stück kann auch mit dem Skilift abgekürzt werden. Weiter geht es über die Piedra Negra (Schwarzer Stein) zur Piedra Blanca (Weißer Stein), die zumindest im Sommer gut sichtbar aus dem Schnee ragen. Die plateauartigen Steine bieten sich als Rastplatz an. Nach der Piedra Blanca kommt zunächst ein sehr flaches und ungefährliches Stück. Die letzten 500 Höhenmeter sind die schwierigsten, da recht steil und glatt. **Die Umrundung des Kraters ist möglich** und unbedingt zu empfehlen, der Rundblick ist traumhaft. Beim Abstieg kann man teilweise auf Schneebahnen rutschen.

Vulkane Mocho und Choshuenco, 2420 m (Panguipulli)

Die beiden schneebedeckten Vulkane El Mocho und Choshuenco westlich der Seen Panguipulli und Riñihue werden allzu gern verwechselt, da sie wie Geschwister nebeneinander stehen. Zudem sind sie gleich hoch, 2420 Meter, und haben zunächst denselben Aufstieg. Beginnend auf etwa 1000 Meter, dauert der Aufstieg insgesamt 5 Stunden, runter geht es in nur 2¼ Stunden. Die Bergtouren sind bei guter Kondition bestens zu bewältigen. Man sollte aber nicht unerfahren sein.

Zu erreichen sind die Schwesternvulkane von Panguipulli aus über Choshuenco nach **Enco.** Bis zu der Siedlung am Lago Riñihue gelangt man mit einem normalen Auto. Dann allerdings ist ein Allradfahrzeug vonnöten, um die etwa 10 Kilometer bis zu den Refugios des Club Andino und der Universidad Austral zurückzulegen. Je nach Zustand des Weges kann die Fahrt bis zu 2 Std. dauern. Es ist kein Verlass darauf, dass die Refugios geöffnet sind! Eine Rangerkontrolle gibt es nicht, obwohl die Vulkane im Naturschutzgebiet liegen.

Hinter den Refugios der Universität beginnt ein Weg durch dichten Wald, dessen Verlauf oft schwierig zu finden ist. Auf 1400 Metern ist die Baumgrenze, nach der es auf der Westseite **1000 Meter über Gletschereis zu den jeweiligen Gipfeln** geht, die durch die Eismassen faktisch miteinander verbunden sind. Zwischen den Gipfeln, die ca. einen Kilometer auseinanderliegen, gibt es auf 1950 Metern Höhe eine gletschergefüllte Senke, die sich Richtung Osten fortsetzt. Hier kann man sich entscheiden, ob man sich lieber den felsigen Gipfelauf-

[>] Am Kraterrand des Vulkans Villarrica

bau des Choshuenco oder den klassisch geformten Vulkan El Mocho vornimmt. Beim weiteren Aufstieg auf den Mocho geht es noch über ein Geröllfeld aus roter Lava, bis die Hangneigung von ca. 45° bis zum Gipfel einiges abverlangt.

Vulkan Osorno, 2652 m (Puerto Varas)

Der Vulkan am Lago Llanquihue besticht durch seine – von weitem betrachtet – ebenmäßige Schönheit. Von seinem Gipfel bietet sich ein fantastisches Panorama über die Seen der Umgebung. Der erloschene Vulkan ist zwar etwas niedriger als der Villarrica, doch der Aufstieg ist ungleich schwerer und wegen der **unzähligen tiefen Gletscherspalten** nur mit Seil zu bewältigen. Außerdem ist der Gipfel nur selten ganz frei von Wolken. Die Tour ist auch für Anfänger zu schaffen, erfordert aber eine sehr gute Kondition. Wie beim Villarrica ist auch beim Osorno der Alleingang verboten. Immer wieder kommt es zu Unfällen; 2007 verunglückte hier ein deutscher Tourist.

Auf der Südwestseite des Vulkans befinden sich auf 1500 Meter Höhe die **Skihütte Teski** und die Basisstation der Skilifte (asphaltierte Straße). Für den Aufstieg ab hier wie für den Abstieg müssen je 4 Stunden eingeplant werden. Nach 2 Stunden hat man die Gletschergrenze erreicht. Nach nochmals 2 Stunden steht man auf dem Gipfel.

chi11-024 ms

Canyoning

Für Westeuropäer schon seit Jahren ein Begriff, hat sich das Canyoning in Chile im Vergleich zu anderen Fun- und Extremsportarten bislang nicht wirklich etablieren können. Ein wesentlicher Grund liegt in der **Schwierigkeit, zu den Schluchten zu gelangen,** die obendrein für das Canyoning geeignet sein müssen. Das Gelände ist unwegsam, Urwald eben, und Pfade sind deswegen nur mit der Machete zu schlagen. Ein ziemlicher Aufwand, wenn man bedenkt, wie schnell der Wald wieder zuwächst. Dafür wird man nach dem Canyoning mit dem Gefühl belohnt, quasi eine Pioniertat vollbracht zu haben. Weder passiert es, dass Minuten später schon die nächste Gruppe im Canyon steht, noch begleiten johlende Schaulustige die Tour.

Ausrüstung und Anbieter

Die Liste der Anbieter hält sich in Grenzen. Empfehlenswert sind **drei Agenturen:**

- **Canyoning El Puma,** bei Pucón, www.canyoning-chile.cl.
- **Expediciones Petrohué,** im gleichnamigen Hotel in Petrohué, Tel. 65/221 2025. www.petrohue.com
- **Expediciones Chile,** in Futaleufú, Tel. 65/256 2639 oder 2/2570 9885. www.exchile.com

Dabei muss man mit 60–70 Euro für eine halbtägige Canyoning-Tour rechnen, mit etwas weniger als dem Doppelten für einen ganzen Tag. Verpflegung, Transfer, Ausrüstung und Guides sind in der Regel inklusive. Die **Ausrüstung** besteht aus **Sturzhelm, Neoprenanzug, Schwimmweste** und **Seilsicherung.** Gut sitzende **Wanderschuhe** sollte man selbst haben. Von Vorteil ist **Fleece-Unterwäsche,** die unter dem Neoprenanzug, auch wenn man vollkommen durchnässt ist, für Wärme sorgt.

Río León (Puerto Varas)

Der Río Leon mündet seitlich in den Lago de Todos los Santos. Von **Petrohué** startet ein Motorboot, die Überfahrt bis zur Flussmündung dauert 20 Minuten. Der Rio León wartet mit vielen kleinen Wasserfällen, Wasserbecken, Kletter- und Abseilstrecken und Rutschpartien auf. Highlight ist ein etwa 30 Meter hoher Wasserfall. Landschaftlich ist die Exkursion traumhaft schön, aber nichts für Angsthasen. Das Wasser ist kalt, so kalt, dass hin und wieder das Atmen schwer fällt. Erholsam ist nach der Tour das Picknick am Strand.

Lago Espolón (Futaleufú)

Die Gelves-Schlucht liegt etwa 8 Kilometer östlich von Futaleufú und mündet in den Espolón-See. Der **Gelves** ist ein wildromantischer Canyon mit mehreren Wasserfällen, Rutschpartien und Pools. Der längste Wasserfall mit ca. 45 Metern ist eine echte Herausforderung. Auf einem schönen Pfad geht es per pedes zum Canyon. Dort gibt es erst einmal eine Pause mit Picknick. Schließlich werden alle ausgerüstet, und es kann losgehen.

Skifahren

Skifans werden es wissen: Die chilenischen Skigebiete hoch oben in den Anden bei Santiago sind jedes Jahr **Anziehungspunkt für die Profis der westlichen Skiwelt.** In Chile können sie sich von Juni bis Oktober auf die kommende Abfahrtssaison vorbereiten. Die Skigebiete sind kleiner als in der Schweiz oder Österreich, dafür ist das Skilaufen hier ein Erlebnis der besonderen Art, des weichen Schnees und der gewaltigen Andenlandschaft wegen. Chile kann mit dem südlichsten Skigebiet der Welt aufwarten, wo man zudem mit Blick aufs Meer Ski fahren kann: in Patagonien vor den Toren von Punta Arenas. Darüber hinaus gibt es etliche Vulkane mit Skigebieten.

Informationen und Anbieter

- Das Fremdenverkehrsamt **Sernatur** gibt jährlich eine neu aufgelegte Broschüre zu den Skigebieten heraus.
- **www.skitotal.cl,** aktuelle Infos zu Transport, Tagespässen und Ausrüstungsverleih.
- **Skireisen** nach Chile und Argentinien werden von Tourismus Schiegg veranstaltet (Tel. 08362/9301-0, www.lateinamerika.de).
- Ein besonderes Vergnügen ist das **Heli-Skiing.** Dabei wird man vom Helikopter auf einem Gipfel abgesetzt und kann durch Tiefschnee hinunterwedeln: **Alfa Helicópteros** in Santiago, Aeródromo de Tobalaba, Av. Larraín 7941, Tel. 2/2273 9999, www.alfa-helicopteros.com; Kostenpunkt: ca. 130 Euro p.P.

Anfahrt und Kosten

Skifahren in Chile ist ein **teures Vergnügen;** je nach Skizentrum zahlt man für ein Tagesticket sogar mehr als in Europa. Unterkünfte sind kaum unter 70 Euro pro Person und Nacht zu bekommen, meist ist es sogar deutlich teurer. Wer so viel nicht ausgeben möchte, der kann aufgrund der Nähe zu Santiago problemlos dort übernachten und mit einem der Zubringerbusse oder mit einem Mietwagen pendeln (ca. 1 Std.). Die Zufahrten zu den Skigebieten werden von der Polizei streng überwacht; Schneeketten sind Pflicht (man kann sie an den Zufahrtsstraßen überall ausleihen, ca. 5 Euro). Die Strecke nach Farellones, Valle Nevado und La Parva kann nur bis 13 Uhr bergauf befahren werden, Rückfahrt ab 15 Uhr. An Wochenenden ist auf der schmalen, kurvenreichen Straße mit Staus zu rechnen.

Die **Tageskarte** in den Skigebieten bei Santiago kostet je nach Saison für Erwachsene 32 bis 45 Euro. In den übrigen Skigebieten ist es billiger. Auch an Wochentagen und außerhalb der Hochsaison (7. Juli bis 15. August) kann man mit Rabatten rechnen. In einigen Zentren gibt es auch Halbtagestickets.

- **Skibusse: Ski Total,** Av. Apoquindo 4900, Edificio Omnium, Tel. 2/2246 0156. 17 Euro hin und zurück, Portillo 33 Euro. www.skitotal.cl

Skizentren in den Anden

Valle Nevado

Das **modernste und beliebteste Skigebiet** wurde erst 1988 eröffnet und liegt

44 km östlich von Santiago. Es gibt neun Lifte und 34 Abfahrten aller Schwierigkeitsgrade (insgesamt 37 km). Hier tummelt sich die Weltelite. Die Pisten reichen bis auf die beachtliche Höhe von 3670 Metern. Auch Snowboardfahrer kommen hier auf ihre Kosten (Snow Park und Half Pipe). Luxushotels sind ebenso vorhanden wie Ferienwohnungen, Disco, Schwimmbad, Bars und Restaurants. Das Niveau ist etwa mit dem in St. Moritz zu vergleichen.

- **www.vallenevado.cl**

El Colorado – Farellones

Dies ist das **älteste und größte Skigebiet,** 32 Kilometer von Santiago. Es verfügt über 18 Lifte, 62 gut ausgebaute Pisten verschiedener Schwierigkeitsgrade (insgesamt 40 km, die längste ist 4,3 km lang) und geht bis auf eine Höhe von 3333 Metern. Der Ort ist relativ groß, hat viele kleine Hotels, in erster Linie aber Apartments und Ferienhäuser. Es gibt natürlich auch hier Ausrüstungsverleih und Skischulen für Gruppen- oder Einzelunterricht.

- **www.elcolorado.cl**

La Parva

In der Nähe von Farellones (38 km von Santiago) liegt La Parva, ein vergleichsweise **leichtes Skigebiet** mit 14 Liften und 30 Pisten (38 km, die längste 4 km). Die Pisten gehen bis auf 3630 Meter hinauf – mit großartigem Blick auf Santiago.

- **www.laparva.cl**

chi030 ms

Portillo

Eines der berühmtesten Skigebiete in den Anden liegt an der Straße nach Mendoza, kurz vor der Grenze zu Argentinien (164 km von Santiago): Portillo. Der Skiort auf 2855 Metern Höhe hat seine Glanzzeiten hinter sich und strahlt heute eher einen 1960er-Jahre-Charme aus. Mittelpunkt ist das Hotel Portillo, mit beheiztem Pool und wunderschön an der Laguna de Inca gelegen; daneben gibt es auch Cabañas. Zwölf Skilifte versorgen 20 Pisten zwischen 2880 und 3330 Metern Höhe.

- **www.skiportillo.com**

Die zwei südlichsten Skigebiete der Welt

El Fraile

El Fraile liegt 29 Kilometer von Coyhaique entfernt. Auf 1000 Metern Höhe gibt es am bewaldeten Hang **fünf Pisten in allen Schwierigkeitsgraden.** Es sind zwar nur zwei Lifte vorhanden, dafür ist der eine 930 Meter lang. Viel Service darf man nicht erwarten.

Cerro Mirador

Das **südlichste Skigebiet der Welt** liegt am Cerro Mirador, 8 Kilometer vor den Toren von Punta Arenas. Ein Schlepplift und ein Doppelsessellift mit einer Länge von 1200 Metern bedienen immerhin elf Pisten mit allerfeinstem Pulverschnee auf 600 Metern Höhe. Einzigartig: Von oben sieht man die Magellanstraße! Einige Pisten führen sehr eng durch bewaldete Hänge. Das Skizentrum verfügt über eine Skischule, Ausrüstungsläden und ein Restaurant.

Skifahren auf den Vulkanen

Vulkan Antuco

Das überschaubare Skigebiet im **Nationalpark Laguna de la Laja** weist mittelschwere Abfahrten und drei Lifte auf. Immerhin kann man im Skiclub Equipment ausleihen. Der Club betreibt ganzjährig eine gemütliche Hütte mit Schlafplätzen, Cafeteria und Restaurant.

Vulkan Chillán

Der Vulkan Chillán, etwa 80 Kilometer von der Stadt Chillán entfernt, ist wohl der am leichtesten zugängliche Vulkan und bietet an seinen bewaldeten Westhängen ein **Skigebiet** mit acht Schlepp-liften und einem 2½ Kilometer langen Doppelsessellift, der auf 2500 Meter hinaufgeht und der längste in ganz Südamerika sein soll. Die 28 Pisten sind miteinander verbunden, bieten verschiedene Schwierigkeitsgrade, inklusive Tiefschneefahren. Ein langer Skitag lässt sich wunderbar mit einem entspannenden Bad in einem der Thermalbäder abschließen. Die Unterkünfte am Skigebiet

◁ Skigebiet Valle Nevado bei Santiago de Chile

selbst sind luxuriös, preiswerter kann man in Las Trancas, 9 Kilometer vor dem Skizentrum, absteigen (mehrere Cabaña-Anlagen und Hosterías, s. dort).

Vulkan Villarrica

Der Vulkan Villarrica, am gleichnamigen See gelegen, bietet ein **kleines, kompaktes Skigebiet.** 13 Abfahrten mit sieben Liften weisen alle Schwierigkeitsgrade auf, es gibt Skischule, Skiverleih, Restaurant und Cafeteria. Hier kann man auch Langlauftouren unternehmen. An der einsamen Westflanke des Vulkans organisiert eine deutsche Huskyfarm traumhafte Hundeschlittentouren. Im nahen Pucón gibt es vielfältige Übernachtungsmöglichkeiten.

- **Skitouren:** verschiedene Agenturen, Adressen siehe unter Pucón.
- **Hundeschlitten:** Aurora Austral, www.auroraaustral.com

Vulkan Casablanca

Das **Skigebiet Antillanca** am Vulkan Casablanca im **Nationalpark Puyehue** hat mit seinen vier Schleppliften und zwölf Abfahrten der verschiedensten Schwierigkeitsgrade einiges zu bieten, dazu ein größeres Hotel, Restaurant, Café und Pistenservice.

Vulkane Lonquimay, Llaima und Osorno

Das Skifahren an diesen Vulkanen ist nur **guten Skifahrern** vorbehalten. Hier wird man, wenn überhaupt, nur mit einem oder zwei Liften befördert und das auf nur geringe Höhe. Wer höher hinaus will, muss selbst aufsteigen, mit Fellen unter den Skiern. Hier sind auch richtige **Skiwanderungen** möglich, die man jedoch ohne Ortskenntnisse nicht auf eigene Faust unternehmen sollte.

Reiten

Expeditionen hoch zu Ross sind nicht nur etwas für Pferdefreunde, sondern auch eine ideale Möglichkeit, tiefer in die **unberührten Landschaften** Chiles vorzudringen und Kontakt zur **lokalen Bevölkerung** zu bekommen, für die das Pferd vielfach das einzige Transportmittel ist. Die Palette reicht von Tagesritten bis zu 10-Tage-Treks. Neben den Angeboten professioneller Agenturen kann man eine Reittour vielerorts auch selbst organisieren. Pferde kann man in den Anden fast überall leihen; oft sind die Pferdebesitzer in ländlichen Gegenden durchaus aufgeschlossen, ihre Pferde zu verleihen und als Guide mitzugehen.

Vor einer Reittour muss man sich nicht scheuen, wenn man nicht Reiten gelernt hat. Die Pferde in Chile sind meist sehr umgänglich und gehen ohnehin anders als in Europa. Man reitet sie wie ein Cowboy mit einer Hand, und sie reagieren auf die leichteste Zügelführung sowie Zungenschnalzen. Wildes Umherschlagen mit den Zügeln, wie man es vielleicht aus Westernfilmen kennt, verbietet sich hier. Nicht zuletzt sind die Sättel in aller Regel sehr sicher und ausnehmend bequem.

chi031 de

Ausrüstung

Tagesritte erfordern keine besonderen Anforderungen an die Ausrüstung. Man sollte lediglich an festes Schuhwerk, eine **bequem sitzende lange Hose** und eventuell eine Regenjacke denken. In Nord- und in Mittelchile ist ein Sonnenhut dringend notwendig, ebenso ein dünnes langärmeliges Hemd.

Für mehrtägige Touren braucht man auf jeden Fall **widerstandsfähige Hosen,** feste **Wanderschuhe** (im Gebirge muss man hin und wieder absteigen und das Pferd führen), einen dicken **Pullover** sowie **regenfeste Oberbekleidung.** Von Vorteil ist auch ein **Regenhut.** Wenn die Tage in Patagonien frisch sind, dann freut man sich auch über ein Paar wärmende **Handschuhe** im Gepäck.

Üblicherweise bekommt jeder Teilnehmer eine große **regensichere Packtasche;** an die dort verpackten Dinge kommt man tagsüber nur schlecht heran, daher einen **Tagesrucksack** mitführen. Für die Übernachtungen in Blockhäusern oder in Zelten braucht einen warmen **Schlafsack** und eine **Unterlage.** Bei organisierten Touren wird beides meist zur Verfügung gestellt.

■ Die Website **www.pferde.trekkingchile.com** enthält umfassende Erläuterungen zum Thema Reiten in Chile, zu den Eigenarten der chilenischen Pferde sowie Links auf Anbieter von Pferdetouren, die Wert auf den Kontakt zur lokalen Bevölkerung legen.

Das Angebot an Reittouren ist groß

Reiterhöfe und Pferde-Trails

Das Angebot an Pferde-Exkursionen hat in den vergangenen Jahren in allen Landesteilen Chiles enorm zugenommen. Anbieter sind Pferdehöfe, Outdoor-Camps, Hotels sowie Reiseveranstalter. Erkundigen Sie sich vorher eingehend nach den Modalitäten, insbesondere auch der Verpflegung und Übernachtung. Die ausgewählten Reitregionen werden von Nord nach Süd vorgestellt.

Hacienda Los Andes (La Serena)

Inmitten einer Flussoase in der Wüstenkordillere des Kleinen Nordens liegt am **Río Hurtado** die Hacienda los Andes (2½ Stunden Autofahrt von La Serena). Unter deutscher Leitung wurde hier ein wunderschönes, 100 Jahre altes Hacienda-Anwesen im Kolonialstil neu aufgebaut. Im Angebot sind **ein- bis achttägige Reittouren,** wobei die längeren Trail-Offerten so angelegt sind, dass zwischendrin immer mal eine Nacht in den komfortablen Gästezimmern der Hacienda verbracht wird. Auf den Touren geht es durch grüne Täler und wilde Canyons mit Wildwestromantik, vorbei an verlassenen Goldminen und über felsige Kuppen, die von langarmigen Kakteen gesäumt werden. In der Gegend finden sich zahlreiche **Felsmalereien** der Molle-Indianer. Am Abend taucht die Sonne die Wüstenhänge in rote, braune, gelbe und blaue Farbschattierungen. Schließlich erstrahlt der klarste Sternenhimmel über dem Outdoor-Camp.

- **Hacienda Los Andes,** Hurtado, Tel. 53/269 1822. www.haciendalosandes.com

Cajón del Maipo (Santiago)

Bei Santiago gibt es sehr schöne Reittrails. Zwei empfehlenswerte Ausgangspunkte sind der **Cajón del Maipo** und der im Sommer völlig verschlafene Ort **Farellones,** der im Winter als Skizentrum zum Leben erwacht. Auf diesen Touren geht es oft sehr, sehr steil Serpentinen hinauf. Besonders am Abend leuchten die mineralhaltigen Felsen der Anden in immer neuen Farben. Die Landschaft wird sehr rau, vorherrschend sind Büsche, Weideland und Blumen. Die Bäche sind eiskalt vom Gletscherwasser, das aus den höheren Regionen herunterfließt. Es finden sich wunderschöne Lagunen in dieser majestätischen Landschaft.

- **Cascada Expediciones,** Don Carlos 3219, Las Condes, Santiago, Tel. 2/2232 9878. www.cascada.travel
- **Altue Active Travel,** Coyancura 2270 of. 801, Providencia, Santiago, Tel. 2/2333 1309. www.altue.com
- **Cabalgatas Santiago** La Reina, Santiago, Tel. 09/9533 4999. www.cabalgatasantiago.com
- **Cabalgatas Inti,** San Gabriel im Cajón del Maipo, Tel. 09/8555 6970. www.cabalgatasinti.cl

Valle Melado (Talca)

Die Anden in **Mittelchile** eignen sich aufgrund ihres beständigen, sonnigen Klimas und der Übergangslandschaft zwischen dem wüstenhaften Norden und dem grünen Süden hervorragend für Reittouren. Die Agentur Turismo Caminante unter deutsch-österreichischer Leitung bietet ein **mehrtägiges Pferdetrekking** im Melado-Tal an, dessen besondere Attraktivität neben der beeindruckenden, weitgehend einsamen Landschaft im Kontakt zu den wenigen Bergbauern liegt, die hier leben. Übernachtet wird in Berghütten wie der Lama-Lodge, die Pferde werden von lokalen Huasos (den chilenischen Cowboys) betreut, deren ganz eigene Lebenswelt man abends am Lagerfeuer und bei Mate-Tee näher kennen lernt. Immer wieder öffnen sich tolle Ausblicke auf Naturwälder und vergletscherte Gipfel, man überquert kristallklare Flüsse und weite Gebirgskämme. Wer ganz auf Abenteuer aus ist (und sparen will), kann sich die Reittour mit Hilfe der Website www.pferde.trekkingchile.com selbst organisieren, indem er Kontakt zu den Pferdebesitzern aufnimmt (Kosten: ca. 25 Euro pro Tag, plus Führer).

■ **Turismo Caminante,** Talca, Tel. 71/197 0097. www.trekkingchile.com

Campo Antilco (Pucón)

12 Kilometer außerhalb von Pucón hat der deutsche Pferde- und Kajaknarr *Mathias Boss* einen Reiterhof aufgebaut. Er bietet **halb- bis siebentägige Reitouren** durch die Gebiete einer Mapuche-Gemeinde und die Täler der Cerros de Quelhue, durch den Nationalpark Huerquehue und zum Río Blanco. Diese Touren eignen sich vorzüglich, um das ursprüngliche Leben der Leute auf dem Land kennen zu lernen. Die Touren werden begleitet und geführt von einem chilenischen *Arriero* (Cowboy) und einem deutsch oder englisch sprechenden Guide. Übernachtet wird in Zelten; Kochen, Zeltaufbau etc. erledigt die Gruppe gemeinsam. Jeder kümmert sich dabei im Rahmen seiner Möglichkeiten um sein Pferd. Der **Colonos-Trail** führt etwa in sechs Tagen durch unberührten Urwald mit tausendjährigen Araukarien und zu einsamen Bergseen. Zweimal wird an heißen Quellen übernachtet.

■ **Campo Antilco,** *Mathias Boss,* Tel. 09/9713 9758. www.antilco.com

Rancho de Caballos (Pucón)

Am Rande des Nationalparks Villarrica liegt der Rancho de Caballo, die „Pferderanch" der beiden Deutschen *Christa* und *Wolfgang.* Hier werden **ein- bis neuntägige Reittouren** „wie bei den Pionieren" angeboten, quer durch die Regenwälder des Nationalparks, vorbei an Wasserfällen und hinauf auf die schneebedeckten Vulkane. Eine sehr vielseitige Tour ist die zur **Laguna de los Patos.** Man erlebt die Landschaft um den Vulkan Quetrupillán mit der Laguna Azul, die die umliegenden Quellgebiete speist. Es geht durch dichten Urwald zu Hochgebirgsmooren, durch sanfte Hügellandschaften und über schroffe Felsformationen. Am Gebirgssee Laguna de los Patos wird ein Zeltcamp aufgeschlagen. Von hier aus geht es noch höher in die Anden, mit guten Chancen, Kondore zu sehen. Die Ranch selbst beherbergt Gäste in **Blockhäusern.** Ein eintägiger Trail per Pferd kostet inkl. Lunchpaket etwa 60 Euro.

■ **Rancho de Caballos,** Tel. 09/8346 1764. www.rancho-de-caballos.com

Campo Aventura Cochamó (Puerto Varas)

Im südlichen Seengebiet, 3 Kilometer entfernt von Cochamó und gut von Puerto Varas aus zu erreichen, liegt diese Ranch abseits der Zivilisation idyllisch am **Río Cochamó.** Die Basisstation ist eine einfache Lodge mit Komplettversorgung. Das Programm richtet sich auch an Familien mit Kindern und nicht nur an Pferdeabenteurer. Es gibt ein Restaurant mit guter, insbesondere vegetarischer Küche. Reittouren können individuell abgestimmt und auch mit Trekking, Kajak, Raften und Angeln kombiniert werden. Das Angebot reicht von einem bis neun Tagen.

Der **Pioneer-Trail** zum Beispiel dauert drei Tage und führt mitten hinein in die dicht bewaldete Kordillere: durch Dickicht, dunklen Urwald mit Flechten und Moosen, über wilde Felspassagen und Gräben. Manchmal sind die Wege so verschlammt, dass die Reiter absteigen müssen, damit sich die Pferde vorsichtig alleine einen Weg bahnen können. Ob die Sonne scheint oder der Regen sich über die Reiter ergießt – der Trail ist ein beeindruckendes Erlebnis, man glaubt jeden Moment, ein Kobold könnte um den nächsten Baum lugen. Hier oben ragen **3000 Jahre alte Alerce-Bäume** in den Himmel, manche 30 Meter hoch mit einem Umfang von 15 Metern, dazu 20 Meter hohe Ulmen, an denen sich Lianen abseilen, darunter Calafate-Sträucher sowie viele Farn- und Bambusarten. Übernachtet wird in einem rustikalen **Blockhaus** in der Wildnis, am Abend gibt es Asado vom Lamm – Huaso-Romantik pur. Kosten: ca. 300 Euro.

■ **Buchung** über Outsider in Puerto Varas, San Bernardo 318, Tel. 65/223 2910. www.campo-aventura.com

Reserva Llanquihue (Puerto Varas)

Ausschließlich **eintägige,** dafür landschaftlich fantastische **Pferdetouren für Nichtreiter** werden in der Reserva Nacional Llanquihue rund um den **Vulkan Calbuco** angeboten. Es handelt sich um fünf- bis achtstündige Trails mit Ausflugscharakter. Der Guide legt viel Wert darauf, den Teilnehmern die Flora und Fauna des valdivianischen Regenwaldes nahezubringen. Dabei passiert man Flüsse, hat herrliche Blicke auf die umliegenden Vulkane, reitet vorbei an traumhaften Wasserfällen und romantischen Lagunen. Es werden keine Lunchpakete mitgenommen, sondern Station gemacht bei Bergbauern, die die Gäste bewirten. Auch der Calbuco kann bestiegen werden.

■ **Buchung** über das Fremdenverkehrsamt Puerto Varas, Tel. 65/223 7956. www.puertovaras.org

Torres del Paine (Puerto Natales)

Eine Reittour im Nationalpark Torres del Paine zählt zu den **schönsten Outdoor-Erlebnissen in Chile.** Mit dem Pferd kann man abseits der Wanderpfade in die Landschaft des Parks vordringen. Die Estancia Lazo liegt sehr schön an der

Laguna Verde im westlichen Areal des Parks, mit tollem Blick auf das Paine-Massiv. Sie bietet komfortable Unterkunft in der Hostería Mirador del Payne sowie gute Pferde. Tagestouren können direkt organisiert werden (ca. 80 Euro), längere Touren mit entsprechendem Vorlauf (www.miradordelpayne.com).

■ **Chile Nativo,** Puerto Natales, Tel. 61/241 1835, 2/2717 5961. www.chilenativo.com

Mountainbiking

In der Sparte Mountain-Biking hat sich einiges getan. Die Chilenen selbst kommen langsam auf den Geschmack, mit dem Fahrrad auf Tour zu gehen. Dennoch ist Chile Lichtjahre von der Entwicklung in Europa oder den USA entfernt. Immerhin werden Mountain-Biker nicht mehr als verrückte Fremdlinge angesehen, die nichts Besseres zu tun haben, als mit ihrem galaktischen Drahtesel den patagonischen Stürmen oder der sengenden Hitze der Atacama-Wüste zu trotzen. Die Freaks, die früher fast ausschließlich individuell unterwegs waren, haben dazu beigetragen, den chilenischen Anbieter-Markt anzuschieben. Damit hat die **Bandbreite der Tourangebote zugenommen.** Dennoch gibt es kaum eigens für Mountain-Biker ausgewiesene Routen. Vielmehr entsprechen diese den Trekking- oder Offroad-Touren.

Vergleichsweise häufig sind Biker auf der **Carretera Austral** anzutreffen. Inzwischen wird diese Wildnisstraße nach und nach ausgebaut und teilweise sogar asphaltiert, was das Radfahren ungemein erleichtert. Auch wenn nun mehr motorisierte Fahrzeuge unterwegs sind, übersteigt die Verkehrsdichte an den meisten Abschnitten doch selten zehn Fahrzeuge pro Stunde.

Patagonien ist wegen der zahlreichen Strecken abseits der Hauptrouten beliebt. Das gilt zum Beispiel für die Gegend um Cochrane, für den Nationalpark Torres del Paine sowie für Feuerland. Für **Tagesrouten** in der patagonischen Wildnis ist **Futaleufú** ein echter Tipp. Hier gibt es landschaftlich wunderschöne Trails, die 4 bis 6 Stunden in Anspruch nehmen.

Ein **Kontrastprogramm** bieten die **Routen im Norden Chiles,** beispielsweise in der Region von San Pedro de Atacama mit dem Valle de la Luna sowie den angrenzenden Kordilleren mit den Geysiren von El Tatio.

Für **Tages- und einfachere Touren** empfiehlt sich die **Seenregion zwischen Temuco und Puerto Montt.** Hier ist das Straßennetz gut ausgebaut, und es finden sich viele wenig befahrene Routen, die zum Biken einladen.

Anbieter und Kosten

Mountain-Bikes für Tagestouren auszuleihen ist vielerorts kein Problem mehr; in den touristischen Zentren gibt es ausreichend Anbieter. Dabei sollte man keine allzu hohen Ansprüche an die Qualität der Gefährte stellen. Im Folgenden ein paar Anbieter von gut organisierten mehrtägigen Touren. Hinsichtlich der **Kosten** muss man durchschnittlich mit 40 Euro für eine Halbtagestour rechnen.

- **Pared Sur Expediciones,** Juan Esteban Montero 5497, Las Condes, Santiago, Tel. 2/2207 3525. Die Profi-Agentur für MTB-Touren in ganz Chile und auf der Osterinsel. www.paredsur.cl
- **Talinay Adventure Expeditions,** Prat 470, local 22, La Serena, Tel. 51/221 8658. Touren im Kleinen Norden. www.talinaychile.com
- **La Torre Suiza,** Francisco Bilbao 969, Villarrica, Tel. 45/241 1213. Guter Ausgangs- und Informationspunkt für Biketouren im Seengebiet. www.torresuiza.com
- **Turismo Yamana,** Errázuriz 932, Punta Arenas, Tel. 61/232 1172. Touren in Südpatagonien. www.yamana.cl

Kajak und Rafting

Beim Rafting und Kajakfahren auf chilenischen Wildwassern geht es meist richtig zur Sache. Einige Flüsse zählen sogar zu den Topdestinationen weltweit, sodass man hier auf die Weltelite im Kajak treffen kann. Doch keine Sorge – die Raftingveranstalter bieten Fahrten in verschiedenen Schwierigkeitsstufen an, unter denen immer auch sanftere Abfahrten sind. Wer dennoch Bedenken hat, der könnte Spaß am **Floating** haben. Floating hat eher was von einem netten Ausflug auf dem Wasser, bei dem man hin und wieder mit dem Paddel ein wenig aktiv ist, sich dann aber genüsslich treiben lassen und die Landschaft genießen kann. Meist besteht auch die Gelegenheit, unterwegs mal aus dem Gummiboot zu steigen, um eine Runde zu schwimmen.

Die Ausrüstung zum Rafting, Floating oder Kajakfahren wird üblicherweise gestellt. Dazu zählen auch **Helm, Neoprenanzug** und **Schwimmweste.** Unter den Neoprenanzug zieht man sinnvollerweise **Badesachen** an. Beim Rafting sollte man als Schutz vor Verletzungen und wegen des besseren Halts **Trekkingsandalen** oder Wanderschuhe tragen (sie trocknen ja wieder). Wer Spaß am Fotografieren hat, sollte außerdem an eine wasserdichte Kamera denken; es gibt günstige Einwegkameras.

Kajak- und Raftinggebiete

In Anbetracht der unzähligen Flüsse Chiles kann hier nur eine Auswahl aufgelistet werden (von Nord nach Süd). Die Klassifizierungen entsprechen denen der Internationalen Kajak-Föderation. Zur Orientierung wird die nächstliegende größere Stadt genannt.

Río Maipo (Santiago)

Wildwasserfahrten auf dem Río Maipo – im Naherholungsgebiet von Santiago – ist von San Gabriel bis San Alfonso **überaus schwer (V) bis zur Grenze der Befahrbarkeit (VI).** Die Agenturen setzen erst unterhalb der komplizierten Stellen ein (Grad III–IV). Leider ist das Wasser aufgrund der Gletschersedimente graubraun.

Río Tinguiririca (San Fernando)

Dieser glasklare Fluss, der in den Kordilleren zwischen Curicó und San Fernando entspringt und in den Lago Rapel fließt, zählt zu den wuchtigsten Flüssen und ist an seinem Oberlauf **mit sehr**

schwer (IV) und überaus schwer (V) zu bewerten.

Río Biobío (Concepción)

Über den Río Biobío können nur noch Legenden erzählt werden. Der **einst spektakulärste Wildwasserfluss** Chiles ist in solchem Ausmaß gestaut worden, dass die Stromschnellen der Vergangenheit angehören.

Río Trancura (Pucón)

Der Río Trancura, der in den Lago Villarrica mündet, ist **mittelschwer (II)** bis **überaus schwer (V).** Er sprudelt überaus attraktiv durch die Naturwälder östlich von Pucón und ist eines der beliebtesten Touristenziele der Gegend. Die Agenturen bieten Touren verschiedener Schwierigkeitsstufen an, auch Hydrospeed: Dabei liegt man mit dem Oberkörper auf einer Schale und mit dem Rest direkt im Wasser – sehr aufregend!

Río Fuy (Panguipulli)

Der Río Fuy ist unterhalb der bekannten Wasserfälle Huilo-Huilo wegen seiner vielen Abfälle sehr beliebt. Die ersten 6 Kilometer nach dem Einstieg sind **extremes Wildwasser.** Zwei Abfälle müssen mit dem Seil überwunden, teilweise das Kajak durch den Urwald getragen werden. Ab der Straße es leichter, **Schwierigkeitsgrad: IV abnehmend.**

Rafting im Río Trancura

chi033 de

Río Petrohué (Puerto Varas)

Am Río Petrohué, der dem Lago Todos Los Santos entspringt und in den Fjord von Reloncavi mündet, gelten die ersten drei Kilometer wegen der Wasserfälle als **überaus schwer (V).** Es geht **schwer (III)** weiter und wird gegen Ende **leicht (I)** – ideal zum Floating. Die Tagestour geht über 17 Kilometer mit tollem Blick auf die Vulkane Osorno und Calbuco. Zwischendurch gibt es sogar Gelegenheit zum Schwimmen.

Río Futaleufú (Chaitén)

Der Rio Futaleufú zwischen Futaleufú und dem Lago Yelcho inmitten der wilden patagonischen Landschaft ist das **Mekka der Weltelite.** Mit ungefähr 50 Kilometer Stromschnellen am Stück ist er nur im Sommer befahrbar. Der Schwierigkeitsgrad reicht von **leicht (I)** bis **überaus schwer (V).** In den letzten Jahren hat sich der „Futa" zu **dem Wildwasserspot schlechthin** entwickelt, es gibt Kajak- und Raftinglodges und mehrere Agenturen.

Río Palena (Chaitén)

Eine ruhige, idyllische Tour über eine Länge von nicht ganz 200 Kilometern bietet der Río Palena. Der Fluss ist **leicht (I) bis mittelschwer (II),** man kann zwischendurch vom Kajak aus Forellen fischen oder in Thermen im Urwald baden. Der Einstieg bietet sich bei Alto Palena an, dann kann man ab La Junta (Kreuzung Carretera Austral) **bis ins Meer fahren.**

Río Cisnes (Coyhaique)

Als **sehr schwer (V)** bis zur **Grenze der Befahrbarkeit (VI)** gilt der Río Cisnes von La Tapera an der argentinischen Grenze bis Puerto Cisnes am Kanal von Puyuhuapi. Der Fluss ist etwa 150 Kilometer lang und kann gut in Abschnitten befahren werden. Im Allgemeinen ist der Zugang von der Straße aus gut möglich.

Río Simpson (Coyhaique)

Ein gern befahrener Fluss ist der Río Simpson von Coyhaique flussabwärts **(schwer – III – bis sehr schwer – IV).** Deshalb eignet er sich auch ausgezeichnet für Rafting-Touren. Leider wird gerne verschwiegen, dass Coyhaique seine Abwässer in diesen Fluss leitet.

Río Baker (Cochrane)

Der Río Baker ist der wasserreichste Fluss Chiles, der auf seinen **200 Kilometern Länge** von Puerto Bertrand bis Caleta Tortel angeblich noch nie komplett befahren worden ist. Türkisfarben schlängelt er sich durch die wilde patagonische Steppe und den Urwald. Es gibt drei Fahretappen mit Schwierigkeiten **von I bis V.** Flussfans sollten sich beeilen: Der Río Baker soll demnächst aufgestaut werden.

▷ Kajakfahrer auf dem Río Cautín

Informationen und Agenturen

- „Einzelkämpfer" können sich beim **Deutschen Andenverein** (Club Alemán Andino, Arrayán 2735, Providencia, Santiago, Tel. 2/2232 4338, www.dav.cl) Tipps für Einstiegsmöglichkeiten holen.
- Kajaks ausleihen, ohne eine Tour buchen zu müssen, kann man u.a. in der **Casa Chueca** in Talca, Tel. 71/197 0096 (s. dort), bei **Campo Antilco** und **Kayak Pucón** in Pucón (s.u.), bei **Expediciones Chile** in Futaleufù, und in der **Casa Cecilia** in Puerto Natales (s. dort).

Empfehlenswert für Rafting- und Kajaktouren sind folgende, z.T. landesweit agierende **Anbieter:**

- **Altué Expediciones,** Coyancura 2270, of. 801, Santiago, Tel. 2/2333 1390. Río Maipo, Futaleufú. www.altue.com
- **Cascada Expediciones,** Don Carlos 3227 C, Las Condes, Santiago, Tel. 2/2923 5950. Río Maipo, Futaleufú. www.cascada.travel
- **Campo Antilco,** *Mathias Boss,* Pucón, Tel. 09/9713 9758. Río Liucura, Río Trancura u.a. www.antilco.com
- **Kayak Pucón,** O'Higgins 211, Pucón, Tel. 09/9716 2347. Río Trancura u.a. www.kayakpucon.net
- **Expediciones Chile,** Futaleufù, Tel. 65/256 2639, 2/2570 9885. Río Futaleufú, Palena. www.exchile.com
- **Patagonia Adventure Expeditions,** Cochrane, Tel. 09/8182 0608. Río Baker. www.adventurepatagonia.com
- **Bigfoot Patagonia,** Pedro Montt 161, Puerto Natales, Tel. 61/241 4611. Río Serrano, Torres del Paine, Fjorde. www.bigfootpatagonia.com

chi106 ms

Kosten

Die Preise für die Rafting- und Kajaktouren variieren sehr stark **je nach Länge, Aufwand und Komfort.** Eine einfache Raftingtour ohne Verpflegung kostet je nach Etappenlänge zwischen 15 und 35 Euro. Eine Rafting-Tagestour mit Verpflegung beläuft sich auf etwa 60 bis 80 Euro. Bei den mehrtägigen Touren sind Unterkunft in Zelten, Transfers und Verpflegung inklusive.

Sea-Kajaking

Als Alternative zum sportlich extremen Wildwasser-Kajaking bietet sich das sanftere Sea-Kajaking an. Man geht in sportlicher Form auf Entdeckungsreise und kann das auch getrost mit der ganzen Familie tun. Dafür eignen sich vor allem das Seengebiet und die geschützten Fjorde Patagoniens. Einige der oben genannten Agenturen bieten auch Sea-Kajaking an. Besonders empfehlenswert sind die Inselwelt von Chiloé, die Fjorde des Naturparks Pumalín und die Kanäle Südpatagoniens.

Ausrüster und Anbieter

- **AlSur Expeditions,** Aconcagua 8, Puerto Varas, Tel. 65/223 2300. Sechstägige Kajaktour im Pumalín-Park. www.alsurexpeditions.com
- **Altué Expediciones,** Adresse s.o. Eigenes Sea Kayak Center in Dalcahue auf Chiloé. www.seakayakchile.com
- **Yak Expediciónes,** Tel. 09/8332 0574. Empfohlene professionelle Touren im Raum Puerto Varas und in ganz Patagonien. www.yakexpediciones.cl

Surfen ist in Chile noch nicht allzu weit verbreitet

chi108 ms

Surfen

Surfen zählt in Chile nicht gerade zu den populären Sportarten. Aber – wo auf dieser Welt findet man keine Surfer? **Drei Dinge sollte man wissen:**

- In Chile kann man eigentlich überall surfen.
- Die **Wellen** sind überwiegend linksbrechend. Die besten Wellen gibt es von September bis November sowie im März und April.
- Das **Wasser** ist teilweise verdammt kalt – keine Chance ohne guten Thermoanzug!

Die **besten Reviere** für Wellenreiter finden sich bei Arica, Iquique, Ritoque, Pichilemu und Curanipe. Aktuelle Infos bieten die Websites **www.chilesurf.cl** und **www.surfchile.cl** (nur spanisch). **Wind- und Kitesurfer** kommen ebenso an der Pazifikküste auf ihre Kosten und können ihr Glück außerdem auf den unzähligen Seen und Stauseen im Land versuchen.

Surfreviere

Arica

Gleich südlich der Stadt Arica gibt es die **Playa Gringo.** Wie der Name schon sagt, surfen hier tatsächlich viele Ausländer. Die Wellen sind 4 Meter hoch, es gibt jede Menge gefährliche Felsen. Nördlich von Arica liegt **Chinchorro.** Auf sehr sandigem Grund gibt es hier die große Ausnahme – rechts- und linksbrechende Wellen. Hier werden gern Meisterschaften ausgetragen.

Iquique

Auch an der **Playa Las Urracas** direkt in Iquique werden Vorentscheidungen der Professional Surfers Association (PSA) veranstaltet – die Wellen sind dementsprechend gut. An der benachbarten **Playa Cavancha** trifft man eher die Bodyboarder. Ein echter Tipp ist die **Playa Yape,** etwa 40 Kilometer südlich von Iquique (nach dem Flughafen, keine öffentlichen Verkehrsmittel). Die Wellen steigen hier auf 6 Meter Höhe.

Ritoque

Einer der schönsten Surfstrände ist die 13 Kilometer lange **Playa Ritoque** nördlich von Viña del Mar mit ihren bis zu 7 Meter hohen Wellen. Besonders in der Sommerferienzeit tummelt sich hier alles, was Rang und Namen hat.

Pichilemu

Die **Hauptstadt der chilenischen Surfszene** ist der Badeort Pichilemu südwestlich von Santiago. Alljährlich werden hier die nationalen Surfmeisterschaften ausgetragen. Für die Anfänger gibt es die **Strände Las Terrazas** und **La Puntilla,** flache Strände mit 1 Kilometer langen Wellen. Schwieriger ist der Felsenstrand **El Infiernillo,** und nur Könnern ist die Landspitze **Punta de Lobos** vorbehalten, die in Kennerkreisen in einem Atemzug mit Australien oder Hawaii genannt wird. Hier muss man über Felsen klettern, einen Wildwasserkanal durchschwimmen, erneut Felsen erklimmen und sich schließlich in eine der bis zu 6 Meter hohen Wellen stürzen. In Pichilemu und direkt in Punta de Lobos gibt es mehrere Surfschulen und Ausrüstungsverleiher sowie zahlreiche Unterkünfte.

Curanipe und Pullay

Die Strände bei Curanipe sind beliebt, weil sich hier die Wellen am Stück 1 Kilometer lang brechen. Ein Insidertipp ist die **Playa Pullay,** etwa eine Autostunde südlich von Curanipe. Hier wird man mit 4 Meter hohen, Röhren bildenden Wellen belohnt. Einfache Unterkünfte gibt es in Curanipe und Pelluhue.

Ausrüster

Surfausrüster bzw. -schulen sind wegen der mangelnden Popularität der Sportart rar. Für eine Surfstunde (2 Zeitstunden) muss man mit 15 Euro rechnen. Die Tagesmiete für eine Surfausrüstung (Brett, Anzug und Sicherheitsleine) beläuft sich auf 10 bis 12 Euro. Surftouren inklusive Transport, Übernachtung im Zelt und Surflehrer kosten im Arrangement für zwei Tage ca. 80 Euro, je nachdem, wie viele Personen mit von der Partie sind. Zu empfehlende Surfer-Adressen sind:

- **Adrenalin,** Surfausrüster mit Lokalen in mehreren Malls, u.a. Parque Arauco und Alto Las Condes. www.adrenalin.cl
- **Windsurfing Chile,** Las Tranqueras 98, Las Condes, Santiago, Tel. 2/2211 1959. www.windsurfingchile.com
- **Vertical Store,** Arturo Prat 580, Iquique, Tel. 57/237 6031.
- **Escuela de Surf Manzana 54,** Costanera, Pichilemu. www.manzana54.cl

Paragliding

In Chile kann man wunderbar abheben und bis zu 200 Kilometer am Stück segeln. Von der **welthöchsten Sanddüne Alto Hospicio** bei Iquique aus ist im Tandem ein Weltrekord geflogen worden. Die Voraussetzungen zwischen Iquique und Antofagasta sind optimal: Parallel zur Küstenstraße steigen die Hänge der Kordillere steil an. Durch die extreme Trockenheit und die geringe Vegetation heizt sich der Untergrund sehr schnell auf, die Hitze wird sofort wieder abgegeben. Das Ergebnis ist eine **starke Thermik,** die die Himmelsstürmer bis zu **1000 Meter hoch** trägt, ihnen allerdings auch heftig zu schaffen macht. Als die besten Startplätze im Norden werden Punta Paquica (20 km nördlich von Tocopilla), Patillos (60 km südlich von Iquique) und La Portada (18 km nördlich von Antofagasta) gehandelt.

Weniger hoch hinaus geht es an der **Pazifikküste bei Viña del Mar.** Mirasol, Aguas Blancas und Maitencillo bieten ruhige Flüge, ideal für Anfänger. Man startet von 60 bis 100 Meter hohen Dünen oder Hängen und lässt sich gemächlich auf 200 bis 300 Meter tragen, bevor man sanft zum Strand hinunter- oder zum Ausgangspunkt zurücksegelt. Die Könner spielen mit dem gleichmäßigen Aufwind und segeln an der Küste entlang wie Albatrosse – **Soaring** heißt das Zauberwort.

Eine Herausforderung ganz anderer Art ist der Thermikflug bis auf 2000 Meter **über der Metropole Santiago.** Der Start von La Pirámide im Stadtviertel Vitacura ist allerdings nur etwas für Fortgeschrittene. Könner fliegen auch gern im **Santuario de la Naturaleza El Arrayán** am Nordostrand der Hauptstadt. Auch für Anfänger geeignet ist das Fluggebiet **Las Vizcachas** am Anfang des Cajón del Maipo südlich von Santiago. Hier steht das Outdoor-Zentrum Geo Expediciones zur Verfügung, in dem auch Tandemflüge angeboten werden.

Das mittlere Seengebiet ist für Paraglider weniger geeignet, da die windstillen Tage gezählt sind. Eine Ausnahme bildet das **Gebiet Antillanca** am Vulkan Casablanca im Nationalpark Puyehue. Das Mikroklima macht wunderschöne lange Flüge möglich. Wenn es der Wettergott gut meint, kann man sich auch den **Vulkan Osorno (2652 m)** am Lago Llanquihue hinunterschwingen.

Anbieter und Flugschulen

- **Altazor Skysports,** Philip Maltry, Iquique, Tel. 57/238 0110. www.altazor.cl
- **Parapente Chile,** *Juan Sikic,* Maitencillo, Tel. 2/2581 4595. www.parapente.cl
- **Geo Expediciones,** Las Vizcachas, Tel. 2/2871 2110. www.geoexpediciones.cl

Kosten

Von den Agenturen werden Flüge zumeist in den genannten Gebieten angeboten. Die Preise sind **abhängig vom Zielort und der Teilnehmerzahl.** Ein Grundkurs kostet ca. 400 Euro, ein Tandemflug ca. 40 bis 60 Euro. Der Tagessatz für eine Ausrüstung (Verleih nur an Piloten mit Fluglizenz) beläuft sich auf ca. 40 Euro.

Sportangeln

Neben Kanada und Neuseeland gilt Chile bei Fliegenfischern als Eldorado. Lachse und Forellen tummeln sich in Hülle und Fülle in den Flüssen und Seen, die insbesondere in Patagonien weitgehend unberührt sind. Vielerorts muss vom Boot aus geangelt werden, die Ufer der Flüsse sind selten zugänglich. Am häufigsten kommt in den chilenischen Gewässern die **Regenbogenforelle** vor, dicht gefolgt von der **Braunen Forelle.** Sie tummeln sich u.a. in den Seen Villarrica und Llanquihue sowie in den Flüssen Petrohué und Puelo. In Patagonien finden sich Forellen u.a. in den Seen südlich von Coyhaique sowie in den Flüssen Baker und Paloma. Auch in Feuerland kann man kapitale Exemplare fangen. Verschiedene **Lachs-Arten** wandern die Flüsse im Seengebiet und in Patagonien aufwärts.

- Eingehende **Infos** über das Sportangeln in Chile auf **www.gochile.cl**

Allgemeine Informationen

Da man im Prinzip überall im Seengebiet und in Patagonien angeln kann, ist es relativ einfach, an das nötige **Equipment** zu kommen. In allen touristisch erschlossenen Orten werden Boote und

chi11-038 ms

Ausrüstung (im Schnitt ca. 40 Euro am Tag) und/oder **Angeltouren** (60–80 Euro pro Tag) angeboten. Hotels, Cabaña-Besitzer etc. vermitteln gerne weiter, wenn sie nicht selbst die Möglichkeit offerieren. In den größeren Ferienzentren im Seengebiet und in Patagonien gibt es Geschäfte, die Ausrüstungen verkaufen/verleihen (s.u.).

Voraussetzung ist eine **Angellizenz** *(Carnet de Pesca)*. Sie kostet für Ausländer 13 Euro und kann bei den örtlichen Sernatur-Vertretungen, in Conaf-Büros oder direkt beim **Servicio Nacional de Pesca (Sernap)** besorgt werden. Verkaufsstellen unter www.sernap.cl.

Ausrüster in Santiago

- **Escamas,** Brasil 121, Santiago, Tel. 2/2671 0285.
- **Immaval,** Bulnes 137, Santiago, Tel. 2/2698 1748. www.immaval.cl

Im Río Futaleufú tummeln sich Lachse und Forellen

■ **Fly Shop,** Manquehue Norte 1260, Vitacura, Tel. 2/2201 8571.
■ **Reinares & Thöne,** Padre Hurtado Norte 1267, Vitacura, Tel. 2/2229 3539. www.reinares.cl

Agenturen

■ **Gray Fly Fishing,** San Francisco 447, Puerto Varas, Tel. 65/223 2496. Flüsse Puelo, Petrohué und Maullín. www.grayfly.com
■ **Expediciones Chile,** Futaleufù, Tel. 65/256 2639. Lago Yelcho und Río Futaleufú. www.exchile.com/flyfishing
■ **Expediciones Coyhaique Fly Fishing,** *Julio Meier,* Portales 195, Coyhaique, Tel. 67/223 1783. Angeltouren im Raum Coyhaique, Unterkunft in Fishing-Lodges. www.coyhaiqueflyfishing.com

Angel-Lodges

Es gibt zahlreiche Cabañas und Lodges, die sich auf Flugangler spezialisiert haben und komplette Pakete anbieten. Einige Empfehlungen:

■ **Cabañas Río Pescado,** am Lago Llanquihue, 26 km von Puerto Varas, Tel. 65/233 5394. Ferienanlage mit schönem Blick auf den Vulkan Osorno, Bootsverleih, Angeltouren. www.cabanasriopescado.cl
■ **Yan Kee Way Lodge,** Ensenada (Lago Llanquihue), Tel. 65/221 2030. Gilt als eine der besten Angellodges weltweit; entsprechend teuer. www.yankeewaylodge.com
■ **Fundo El Salto Lodge,** bei Petrohué, Tel. 09/9309 3685. Schön eingerichtete Cabaña, Flyfishing-Ausflüge mit Experten. www.fly-fish-chile.com
■ **Posada Puelo Lodge,** Am Río Puelo, Tel. 09/9265 0665. Exklusive Lodge fernab der Zivilisation. www.posadapuelo.cl
■ **Isla Monita Lodge,** Lago Yelcho, Tel. Stgo. 2/273 2198. Familiäre Lodge auf einer privaten Insel im Lago Yelcho. www.islamonita.cl
■ **Patagonian Base Camp,** am Río Palena bei La Junta, Tel. 2/2196 0031. Exklusive Fishing- und Reitlodge unter holländischer Leitung. www.patagonian-basecamp.com
■ **Picacho Lodge,** am Río Picacho bei Puerto Cisnes, Tel. Stgo. 2/2603 7211. Rustikale Lodge mitten in der patagonischen Wildnis. www.picacholodge.com
■ **Cabañas La Pasarela,** Coyhaique, km 2 camino a Puerto Aysén, Tel. 09/9818 7390. Bungalows und Angeltouren mit einem Kenner der Region. www.lapasarela.cl
■ **Campo Chileno,** am Lago Pólux bei Coyhaique, www.campochileno.com. Ranch eines Alaska-Anglers mit langjähriger Erfahrung in Patagonien.
■ **Patagonia Baker Lodge,** bei Puerto Bertrand, Tel. 67/241 1903. Angelhotel am Río Baker, direkt an der Carretera Austral. www.pbl.cl
■ **Cameron Lodge,** am Río Grande auf Feuerland, Tel. 61/261 7107. Einsame Angellodge in einem fischreichen Gebiet. www.magallanesflyfishing.com

Bevölkerung und Gesellschaft | 663
Geografie | 610
Geschichte | 627
Klima | 621
Kunst, Kultur, Medien | 674
Naturschutz und Umweltprobleme | 657
Pflanzen- und Tierwelt | 621
Politik | 642
Sport | 681
Wirtschaft | 650

chi13-059 ms

12 Land und Leute

< Am Strand von Pichilemu

Geografie

Lage und Größe

Benjamín Subercaseaux prägte 1940 das passende Wort: Der chilenische Forschungsreisende veröffentlichte damals sein Werk **„Chile oder Eine verrückte Geografie“.** Gemeint waren die Proportionen des rekordverdächtigen Landes: Mehr als 4300 Kilometer sind es vom Grenzposten bei Arica im Norden bis zur Südspitze Feuerlands, bei einer durchschnittlichen Breite von nur 180 Kilometern.

Chile kommt dem Südpol am nächsten: Kap Hoorn liegt 3200 Kilometer südlich des Kaps der Guten Hoffnung (Südafrika) und 1500 Kilometer südlich der Südspitze Neuseelands.

Chile erstreckt sich zwischen 67° und 76° westlicher Länge sowie zwischen 17°15’ und 56° südlicher Breite. Überträgt man die Nord-Süd-Ausdehnung koordinatengetreu auf die Nordhalbkugel, würde das etwa der Strecke von Helsingborg (Südschweden) bis nach Timbuktu (Mali) entsprechen. Kaum verwunderlich, dass das Land bei solch einer Ausdehnung auch eine besonders abwechslungsreiche Gestalt besitzt. Der Volksmund beschreibt das mit einer Legende: „Als Gott seine in sieben Tagen erschaffene Welt betrachtete, stellte er fest, dass noch einiges übrig geblieben war: Vulkane, Urwälder, Wüsten, Fjorde, Flüsse und Eis. Er gab den Engeln den Auftrag, alles das hinter einem langen Gebirge aufzuschütten. Das Gebirge waren die Anden – und so entstand Chile, das vielgestaltigste Land der Erde.“

Chile auf einen Blick

Staatsname

República de Chile

Staatsform

Präsidiale Republik

Staatsoberhaupt

Sebastián Piñera, Amtszeit 2010–2014

Staatsflagge

Oberes Viertel links blau mit einem weißen Stern in der Ecke, oberes rechtes Viertel weiß, untere Hälfte rot.

Staatssprache

Spanisch *(castellano)*

Grenzen

Chile grenzt im Osten an Argentinien, im Nordosten auch an Bolivien und im Norden an Peru. Im Westen besitzt das Land eine mehr als 7000 Kilometer lange Küste zum Pazifik, die in der Südhälfte in Fjorde und Buchten mit vorgelagerten Inseln ausfranst. Zu Chile gehören auch die küstennahe Insel Chiloé, der Juan-Fernández-Archipel (etwa 670 km vor der Küste) sowie die Osterinsel (3800 km).

Fläche

Mit **756.626 km²** ist Chile eines der kleineren Länder Südamerikas, aber immer noch mehr als doppelt so groß wie Deutschland. Zusätzlich erhebt Chile Anspruch auf einen Teil der Antarktis von 1.250.000 km².

Lage

Chile erstreckt sich zwischen 67° und 76° westlicher Länge sowie 17°15’ und 56° südlicher Breite. Die größte Nord-Süd-Ausdehnung beträgt mehr als 4300 km, die größte Ost-West-Ausdehnung etwa 400 km. An seiner schmalsten Stelle, bei Puerto Natales, ist das Land nur 16 km breit.

Höchster Berg
Nevado Ojos del Salado, 6891 m

Wichtigster Fluss
Río Biobío (256 km)

Demografie
- **16,6 Millionen** Einwohner (2012)
- **Mittlere Bevölkerungsdichte:** 22 Einwohner pro km^2 (Deutschland: 228 Einwohner pro km^2)
- **Bevölkerungswachstum:** 0,97%; die Geburtenrate beträgt 15 pro 1000 Einwohner, die Sterblichkeitsrate 5,5 pro 1000 Einwohner
- **Anzahl der Kinder pro Frau:** 1,9
- **Bevölkerung unter 15 Jahren:** 22%
- **Bevölkerung über 60 Jahren:** 13%
- **Indigene Bevölkerung:** 692.000 (4,6%), davon: 87% Mapuche, 7% Aymara, 3% Atacameños

Hauptstadt
Santiago de Chile (5,4 Mio. Einwohner)

Ainsworth-Bucht in Feuerland

Wichtigste Städte
- Antofagasta (500.000 Einwohner)
- Viña del Mar (330.000 Einwohner)
- Valparaíso (292.000 Einwohner)
- Temuco (269.000 Einwohner)

Lebenserwartung
79 Jahre; männlich 76 Jahre, weiblich 82 Jahre

Analphabetenrate: 3,8%

Religionen
70% Katholiken, 15,1% Protestanten; Minderheiten von Zeugen Jehovas, Mormonen und anderen

Währung
Chilenischer Peso (CLP): 1 US$ = ca. 470 Pesos, 1 Euro = ca. 620 Pesos (Stand: April 2013)

Bruttoinlandsprodukt
18.000 US$ pro Kopf (kaufkraft-korrigiert, 2011); reales Pro-Kopf-Einkommen: 15.000 US$ (2011).

Nationale Symbole
Die Nationalblume ist der rote Copihue, Nationalbaum die Araukarie, der Tanz die Cueca und das Nationalgetränk der Pisco.

chi11-015 ms

Oft wird Chile auch mit einer Insel verglichen. Das ist so falsch nicht, ist das Land doch stärker als jeder andere Festlandstaat der Erde von seinen Nachbarn getrennt. Im Westen der Pazifik, und im Osten trennt die bis zu 7000 Meter hohe Kette der Andengipfel Chile von den Nachbarn Argentinien und Bolivien. Diese Ostgrenze verläuft fast durchgängig über die Andengipfel und passt sich somit den natürlichen Bedingungen an. Lediglich im Norden besteht eine einfache, nicht von einer natürlichen Barriere gebildete Grenze nach Peru, und auf Feuerland wurde sie per Strich auf der Landkarte fixiert. Die Grenze südlich des Fitz-Roy-Massivs auf dem Patagonischen Inlandeis ist zwischen Chilenen und Argentiniern immer noch umstritten, genauso die Grenzziehung in der Antarktis: Die Nachbarn erheben Ansprüche auf teilweise dasselbe Stück vom rohstoffreichen Kuchen.

Geografische Gliederung

Chile wird traditionell in **fünf Teilräume** untergliedert. Es sind der **Große Norden, der Kleine Norden, die Zentralzone, der Kleine Süden und der Große Süden.** Jede dieser Teilzonen verfügt über spezifisch eigene klimatische und geografische Bedingungen. Senkrecht zu diesen fünf Teilzonen, nämlich durchgehend in Nord-Süd-Richtung, verlaufen die unterschiedlichen Großformen des Landes: die Hochkordillere der Anden (Cordillera de los Andes), die von Norden nach Süden an Höhe und Breite abnimmt, die Längssenke (Valle Longitudinal), die in Mittelchile südlich der Hauptstadt Santiago am deutlichsten ausgeprägt ist, sowie die Küstenkordillere (Cordillera de la Costa). Im Süden laufen Hochkordillere und Küstenkordillere zusammen, letztere zerflattert in Tausende kleine Inseln.

Der Große Norden

Der Große Norden umfasst die drei nördlichen **Regionen Arica-Parinacota, Tarapacá und Antofagasta** sowie die **Provinz Chañaral,** die zur Region Atacama gehört. Er nimmt ein knappes Viertel der Landesfläche ein. Der Große Norden besteht vorwiegend aus Wüsten, aus braun-grauen Stein- und Sandflächen, aus Dünen und steilen Anstiegen zu den mächtigen Gipfeln der Hochkordillere.

Geprägt wird der Große Norden von der **Atacama-Wüste,** die in ihrem Kernbereich die **trockenste Wüste der Erde** ist. Sie umfasst die östlichen Teile des Küstenberglandes sowie die anschließende, etwa 1000 Meter über dem Meeresspiegel liegende Senkzone, die auch **Pampa del Tamarugal** genannt wird. Hier wurden in den letzten Jahrzehnten keine Niederschläge gemessen, an manchen Wetterstationen sogar seit Beginn der Aufzeichnungen. Tagsüber kann es in der Atacama-Wüste sehr warm werden, nachts empfindlich kühl, und in den Wintermonaten (Mai bis Sept.) sinkt die Temperatur oft auf unter Null. Tagsüber wehen häufig starke Winde von Westen und Südwesten, die in den Wintermonaten stürmisch werden und große Mengen Staub und Sand mit sich führen. Die Atacama-Wüste darf nicht mit der Region namens Atacama verwechselt werden. Letztere hat trotz ihres Na-

mens nur einen geringen Anteil an der Kernwüste.

Dass die Atacama-Wüste in ihrem Kernbereich so trocken ist, hat zwei Ursachen: den Humboldt-Strom, der kaltes Wasser an die Küste bringt, sowie die steil aufragenden Küstengebirge. Die Steilwand, die beispielsweise bei Iquique gut 600 Meter direkt hinter dem schmalen Küstenstreifen aufragt, hält den dort aufsteigenden Küstennebel vom Landesinnern ab.

Östlich der Kernwüste ändern sich mit der Höhe langsam Klima und Vegetation. Zwischen 1500 und 2000 Meter Höhe fallen sporadische Winterregen, ab 3000 Meter Höhe verzeichnet man auch im Sommer Niederschläge. Hier erstrecken sich weitläufige Feuchtgebiete und grüne Hochmoore, die einer vielfältigen Tierwelt Lebensraum bieten. Die Andengipfel erreichen im Großen Norden leicht 6000 Meter, die Schneegrenze liegt bei etwa 5400 Meter.

Der **Große Norden ist nur dünn besiedelt.** Die wichtigsten Städte liegen an der Küste. Arica, Iquique und Antofagasta leben von ihren Häfen, der Fischereiindustrie und dem Bergbau. Im Landesinnern wurden besonders dort Städte gegründet, wo Bodenschätze gefördert werden, etwa in Calama. Die kleinen Dörfer im Hochland leben vorwiegend von der Landwirtschaft.

Der Kleine Norden

Der Kleine Norden umfasst den südlichen Teil der Region Atacama, die Region Coquimbo und einen Teil der Region Valparaíso, insgesamt etwas mehr als ein Siebtel der Landesfläche. Er reicht im

⌃ Laguna Miscanti bei San Pedro de Atacama

Süden bis zum Río Aconcagua, der 10 Kilometer nördlich von Viña del Mar in den Pazifik mündet. Von Norden nach Süden nehmen im Kleinen Norden die Niederschläge zu, und so kann man gut den Vegetations- und Landschaftswechsel beobachten. **Die Vollwüste wird allmählich zur Strauch- und Sukkulentenwüste,** später dann wird die Vegetation dichter. Um den Río Aconcagua ist die Pflanzenwelt bereits sehr reichhaltig. Dort herrscht schon das wechselfeucht-subtropische Klima Zentralchiles vor.

Wasserreiche Flüsse, die aus der Kordillere gespeist werden, bewässern große Teile des Landes und schaffen landwirtschaftlich stark genutzte Vegetationsoasen, wie beispielsweise das Valle de Elqui. Die Küste ist durchgehend reicher an Niederschlägen: Kondensierende Feuchtigkeit schafft Lebensräume für laubabwerfende und immergrüne Sträucher und Bäume – so im Nationalpark Fray Jorge, in dem Pflanzen gedeihen, die ansonsten Tausende Kilometer weiter südlich im Regenwald des Kleinen Südens vorkommen.

Der Kleine Norden ist traditionell eine **Bergbauzone.** Kupfer, Gold, Silber und andere Edelmetalle werden vorwiegend östlich von Copiapó in den Anden gefunden.

Die Zentralzone

Die Zentralzone, die etwa ein Siebtel des Landes ausmacht, ist **der am dichtesten besiedelte Teil Chiles.** Sie reicht im Süden bis etwa Concepción und umfasst die Regionen Valparaíso, Metropolitana (Hauptstadtregion Santiago), O'Higgins, Maule sowie Teile der Region Biobío.

Auch hier nehmen die Niederschläge von Norden nach Süden zu; sind es in Santiago noch etwa 300 mm pro Jahr, fallen in Concepción bereits 1300 mm jährlich. Das Klima ist mediterran mit langen, warmen Sommern und kurzen, milden Wintern.

In Mittelchile lässt sich die in Nord-Süd-Richtung verlaufende **Dreiteilung des Landes** am besten beobachten: direkt an die Küste anschließend das Mittelgebirge der Küstenkordillere, dann das weite, hier sehr fruchtbare Längstal, in dem vorwiegend Obst und Wein angebaut werden, und im Osten die Hochkordillere, die hier ihre höchste Erhebung hat, den **Aconcagua,** dessen Gipfel (6959 m) leider – so die meisten Chilenen – auf argentinischem Gebiet liegt.

Der Kleine Süden

Der Kleine Süden umfasst wiederum etwa ein Siebtel des Landes und reicht von Concepción bis nach Puerto Montt und zum Kanal Chacao, der die Insel Chiloé von Festlandchile trennt. Zu ihm gehören der südliche Teil der Region Biobío, die Regionen Araucanía und Los Ríos sowie der Nordteil der Region Los Lagos. Das **regenreiche Gebiet** mit großen Seen, den wichtigsten Flüssen des Landes und schneebedeckten Vulkanen in der Andenkette war jahrhundertelang das Siedlungsgebiet der Mapuche-Indianer, und der Río Biobío trennte bis etwa zur Mitte des 19. Jahrhunderts das Indianergebiet von dem der weißen Eroberer. Die Region ist **relativ dicht besiedelt** – Städte wie Valdivia, Temuco und Puerto Montt sind bedeutende Wirtschaftszentren. Bis Mitte des 19. Jahrhunderts war der Kleine Süden weitgehend von undurchdringlichem Urwald bewachsen. Im Längstal gediehen überwiegend Lorbeerbäume und die laubabwerfende Südbuche, an den feuchteren Andenhängen immergrüne Regenwälder. Heute wird der Wald wirtschaftlich genutzt – die einstige Artenvielfalt musste vielerorts Aufforstungen von Eukalyptus-Bäumen oder Kiefern weichen.

Der Große Süden

Fast ein Drittel des Landes nimmt der sogenannte Große Süden ein. Er reicht von Puerto Montt bis nach Feuerland und umfasst **Urwälder, Gletscher und Eisfelder, bizarre Gipfel, reißende Bäche, riesige Seen, tief eingeschnittene Fjorde und Tausende kleiner und kleinster Inseln.**

Der Große Süden umfasst den Südteil der Region Los Lagos sowie die Regionen Aysén und Magallanes. Er ist noch dünner besiedelt als der Große Norden. Lediglich zwei größere Städte finden sich hier: Coyhaique und Punta Arenas. Warum das so ist, leuchtet schnell ein: Zum einen sind die **klimatischen Bedingungen eher rau** – starke Westwinde bringen viel Schnee, Eis und einen langen Winter, obwohl es um den Lago General Carrera Mikroklimata gibt, die mild sind und an Mittelchile erinnern –, zum anderen ist die Region **schlecht erschlossen.** Lediglich die Carretera Austral führt über 1200 Kilometer durch die Urwälder nach Süden. Das Campo de Hielo Patagónico – das Patagonische Inlandseis – mit dem äquatornächsten Gletscher der Erde, der ins Meer mündet (San-Rafael-Gletscher), trennt danach die südlichste Region vom Rest Chiles: Magallanes ist nur per Schiff über den Pazifik, per Flugzeug oder über Land durch Argentinien zu erreichen.

Durch die Magellanstraße vom Kontinent getrennt ist der **Feuerland-Archipel,** der zur Hälfte zu Argentinien gehört. Einzige chilenische Siedlungen hier sind Porvenir und Puerto Williams.

Die Anden

Die Anden, das **„Rückgrat Südamerikas“,** durchziehen Chile auf voller Länge. Die Anden sind ein recht junges Gebirge. Sie entstanden größtenteils während des Tertiär und sind etwa so alt wie die europäischen Alpen. Allerdings ist die Gebirgsbildung hier noch nicht abgeschlossen – die zahlreichen, auch aktiven, **Vulkane** sprechen eine deutliche Sprache.

Vor allem im nördlichen Teil bestehen die Anden aus zwei parallel laufenden Gebirgssträngen. Einzelne Senken auf etwa 3000 Meter Höhe sind umgeben von Gipfeln, die leicht mehr als 5000 oder 6000 Meter erreichen: etwa der Vulkan Licancabur (5930 m), der Cerro Aucan (6180 m) und der Vulkan Llullaillaco (6723 m). Besonders sehenswert sind die Zwillings-Vulkane Pallachata (über 6000 m) an der chilenisch-bolivianischen Grenze im Nordosten des Landes. Weiter südlich, etwa auf der Höhe von Copiapó, ragt der **höchste Gipfel des Landes** auf: **der Nevado Ojos del Salado (6891 m).**

Von hier bis zum Río Maule nehmen die Anden fast die halbe Breite des Landes ein und erinnern mit ihren steilen Graten, Gletschern und von Eismassen

Vulkanismus und Erdbeben

Im Stadtmuseum von Santiago kann man es im Diorama bewundern, und *Heinrich von Kleist* hat es eindrucksvoll beschrieben – das **große Erdbeben,** das **am 13. Mai 1647** fast die komplette Innenstadt von Santiago zerstörte und dem ein Zehntel der Bevölkerung zum Opfer fiel. Eine Passage aus Kleists „Erdbeben in Chili": „Hier stürzte noch ein Haus zusammen, und jagte ihn, die Trümmer weit umherschleudernd, in eine Nebenstraße; hier leckte die Flamme schon, in Dampfwolken blitzend, aus allen Giebeln, und trieb ihn schreckenvoll in eine andere; hier wälzte sich, aus seinem Gestade gehoben, der Mapochofluß auf ihn heran, und riß ihn brüllend in eine dritte."

Chile ist erdbebengefährdet. Mehr als 500 Erschütterungen verzeichnen die Messungen jedes Jahr. Doch sind die **meisten Beben nicht gefährlich** und für Menschen gar nicht fühlbar. Durchschnittlich einmal im Jahr ist ein größeres dabei, und alle paar Jahrzehnte verzeichnet man eine richtige Naturkatastrophe, die letzte am 27. Februar 2010, als ein Beben der Stärke 8,8 die Zentralzone erschütterte und in Städten wie Talca und Concepción starke Zerstörungen anrichtete. Ganze Küstenstreifen wurden durch den nachfolgenden Tsunami verwüstet, die meisten der ca. 500 Todesopfer starben in den Fluten. 50 Jahre zuvor, am 22. Mai 1960, hatte ein noch schwereres Erd- und Seebeben mit der Stärke 8,9 (andere Quellen sprechen von 9,5) Valdivia und zahlreiche weitere Städte im Süden Chiles zerstört. Auch damals schoben sich riesige Flutwellen über den Pazifik und spülten etwa auf der Osterinsel (fast 4000 Kilometer entfernt) die größte Moai-Plattform mit bis zu 90 Tonnen schweren Steinfiguren, den Ahu Tongariki, einfach weg.

Solche Beben sind Jahrhundertkatastrophen – bei den leichteren sollte man **einige Tipps** befolgen:

- Suchen Sie in Gebäuden Schutz unter stabilen Möbeln oder unter den Türstürzen.
- Gehen Sie in dicht bebauten Gebieten (Innenstädten) nicht auf die Straße. Es besteht erhöhte Gefahr durch herabstürzende Gegenstände wie Straßenlaternen und Leuchtreklamen. Auch die Stromleitungen sind in Chile meist oberirdisch verlegt und eine Gefahr, auch wenn bei stärkeren Beben der Strom automatisch abgeschalt wird.
- Halten Sie sich im Freien von Gebäuden, Stromleitungen und Bäumen fern.
- Benutzen Sie mit dem Auto keine erhöhten Fahrspuren und Brücken, parken Sie Ihren Wagen an einem „sicheren" Platz, und bleiben Sie im Auto sitzen.

Wie entstehen nun **Erdbeben überhaupt?** Die beste Erklärung liefert die Plattentektonik. Die Erdoberfläche, die Lithosphäre, ist in sechs große und zahlreiche kleinere Platten aufgeteilt. Alle zusammen bilden ein kugelförmiges Mosaik – die Erdkugel. Diese Platten treiben auf dem geschmolzenen Gestein des Erdmantels, der Asthenosphäre. Die Grenzen dieser Platten stimmen aber nicht mit denen der Landmasse überein; so umfasst die Amerikanische Platte nicht nur den Doppelkontinent, sondern auch etwa die Hälfte des Atlantischen Ozeans. Wie ein Stück Holz, das, in einer Eisscholle festgefroren, sich mit dieser bewegt, so bewegt sich die Landmasse der Kontinente als Teil der driftenden Kontinentalplatten.

› Die Vulkane Villarrica und Lanín im Seengebiet

Diese Platten treiben nicht alle in dieselbe Richtung, sondern oftmals gegen- oder auseinander. Mitten im Pazifik findet sich eine Trennlinie, hervorgerufen durch intensive vulkanische Tätigkeit. Das dort austretende Basaltgestein, neuer Meeresboden, drückt die Pazifische Platte nach Westen und die Nazca-Platte, eine der kleineren Platten, nach Osten. Im Atlantik geschieht ähnliches – dort tritt ebenfalls Basaltgestein aus und drückt die Südamerika-Platte und mit ihr den Kontinent nach Westen.

Was nun passiert, ist klar: Zwei Platten treffen aufeinander, und wo das eintritt, bewegt sich die Erde. Treffen sie direkt aufeinander und tragen beide Landmassen, schieben sie sich gegenseitig in die Höhe. Es entstehen Faltengebirge wie die Alpen oder der Himalaya. Bewegen sich die Platten dicht aneinander vorbei, verhaken sich dabei und reißen sich wieder los, bricht die Erde oft in Beben – das Musterbeispiel ist die berühmte San-Andreas-Spalte in Kalifornien.

Komplizierter ist es jedoch, wenn wie an der südamerikanischen Pazifikküste eine ozeanische Platte, die Nazca-Platte, auf eine kontinenttragende trifft. „Subduktion" heißt der geologische Fachausdruck, und er bedeutet, dass sich eine Platte unter die andere schiebt. Die dünnere ozeanische sinkt wegen ihres höheren spezifischen Gewichtes ab und schiebt sich mit großem Druck unter die Festlandplatte bis hinab in die Asthenosphäre. Zunehmender Druck und Hitze bringen das Gestein zum Schmelzen, zugleich führt die Kollision der beiden Platten zu Stauchungen, Verformungen und Verkrustungen. Überall bricht die Erde auf, und entlang dieser tektonischen Bruchzonen dringt Magma nach oben. Daher sind auch große Teile der Anden aus vulkanischem Gestein aufgebaut.

chi039 ms

eingeschliffenen Tälern an die Alpen. Nach Süden sind die Höhen abnehmend, die Pässe liegen oft bei unter 2000 Metern.

Bis zur Bucht von Reloncaví ändert sich das Bild der Anden erneut. Niedrige Passhöhen, dazwischen stehen einzelne isolierte Vulkane – der Geologe bezeichnet sie als junge Basalt- und Andesitkegel. Oft sind sie perfekt geformt: Villarrica und Osorno sind mit ihrer Kegelform und dem Schneekragen Vulkane wie aus dem Bilderbuch.

In **Patagonien** nimmt die Höhe der Anden immer weiter ab, auch wenn einzelne Gipfel noch herausragen, so der Cerro San Valentín (4058 m), der Cerro Arenales (3437 m), der Fitz Roy (3406 m) oder der Cerro Paine Grande (2400 m). Die Täler sind tiefer eingeschnitten und werden zu richtigen Quertälern, die das ganze Gebirge durchschneiden. Das größte ist das des Río Simpson bei Coyhaique, aber auch am Lago General Carrera ist eine Andenquerung ohne Pass möglich.

Gewässer

Chile lässt sich einfach in **zwei Zonen** einteilen: eine nördliche, sehr niederschlagsarme und eine südliche, niederschlagsreiche. Die ungefähre Grenze bildet ein Fluss: der Río Biobío.

Nordchile (von 18° bis 30° südlicher Breite – von Arica bis La Serena) erhält Feuchtigkeit v.a. aus den Schmelzwassern der Anden. Das meiste Wasser verdunstet jedoch schnell oder versickert im Boden. Lediglich am Andenrand, in bereits größeren Höhenlagen (um 2000 m), finden sich einzelne Lagunen, so beispielsweise in der Gegend von San Pedro de Atacama. Nur ein Fluss durchquert die große Wüste im Norden des Landes, alle anderen versiegen mittendrin, hinterlassen dabei aber teilweise tief eingeschnittene Schluchten (Quebradas). Der **Río Loa** entspringt am Vulkan Miño (5611 m) und mündet nach 440 Kilometern bei El Loa ins Meer, nicht als breiter Fluss, eher als dünnes, brackiges Rinnsal. Größer ist erst der **Río Elqui,** der bei La Serena in den Pazifik mündet: Er bewässert das fruchtbare Valle de Elqui, eine Landwirtschaftsregion inmitten der Wüste.

Mittelchile bis zum Río Biobío ist niederschlagsreicher als der Norden und erhält zudem mehr Wasser aus den zentralen Anden. Beispielsweise entspringt in der Nähe von Portillo (direkt an der Straße nach Argentinien) der **Río Aconcagua,** der nördlich von Viña del Mar in den Pazifik fließt. Der **Río Maipo** – seine Mündung liegt bei San Antonio – entspringt beim gleichnamigen Vulkan (5323 m) südöstlich von Santiago. Einer seiner größten Nebenflüsse ist der **Río Mapocho,** der durch Santiago fließt. Bei La Boca, ungefähr 40 Kilometer südlich von San Antonio, mündet der **Río Rapel** ins Meer, der an seinem Unterlauf zu einem riesigen See, dem Lago Rapel, gestaut wird.

Der **Río Maule** ist der größte Fluss der Zentralzone. Er entspringt im Bergsee Laguna del Maule und fließt – sieht man von dem einen oder anderen Stausee ab – in direkter Linie durch das Land, bis er nach knapp 200 Kilometern bei Constitución ins Meer mündet.

Im **wasserreicheren Süden** gibt es mehrere bedeutende Flüsse. Der wichtigste ist der **Río Biobío,** der in den Anden im Lago Gualletué entspringt und mehrfach gestaut wird. Der wasserreichste Fluss Chiles, der am Unterlauf bis zu 3 Kilometer breit wird, war auch in der Geschichte des Landes bedeutsam: Bis Mitte des 19. Jahrhunderts bildete er die Grenze zum Indianergebiet. Einer seiner Nebenflüsse ist der **Río Laja,** der etwa 30 Kilometer nördlich von Los Angeles die größten Wasserfälle Chiles bildet.

Weiter südlich ist das Land von zahlreichen Flüssen durchzogen. Nennenswert sind der Río Toltén (Mündung bei Nueva Toltén), der Río Cruces (bei Valdivia) und der Río Maulín (bei Maulín).

In Patagonien sind die wichtigsten Ströme der **Río Futaleufú,** der den Lago Yelcho speist und dann als Río Yelcho ins Meer fließt, der **Río Palena** und der **Río Baker.** Nur ein chilenischer Fluss mündet in den Atlantik: der **Río Grande,** der im chilenischen Teil Feuerlands entspringt und im argentinischen Teil der Insel, bei Río Grande, seine Mündung hat.

Die **größten Seen Chiles** sind in Patagonien zu finden. Der größte, der **Lago General Carrera,** gehört in seinem Ostteil zu Argentinien und heißt dort Lago Buenos Aires. Er ist mit einer Fläche von mehr als 184.000 Hektar nach dem Titicaca-See (Bolivien/Peru) der zweitgrößte See Südamerikas. Andere große Seen im chilenisch-argentinischen Grenzgebiet in Patagonien sind der **Lago Cochrane** (Lago Pueyrredón in Argentinien) und der **Lago O'Higgins** (Lago San Martín). Im Kleinen Süden heißt eine Region nicht ohne Grund *Los Lagos* („Die Seen") – hier finden sich die meisten größeren Seen des Landes, darunter: Villarrica, Calafquén, Panguipulli, Ranco, Puyehue, Rupanco, Todos Los Santos und Llanquihue. Der größte dieser Seen ist der **Lago Llanquihue** mit einer Fläche von 86.000 Hektar.

Die Inseln

Chile besitzt eine Reihe großer Inseln. Die meisten werden im Reiseteil vorgestellt: Es sind **Feuerland** und seine Nachbarinseln, die **Insel Chiloé** mit Nachbarinseln, der **Juan-Fernández-Archipel** mit der Hauptinsel Robinson Crusoe sowie die **Osterinsel.**

chi013 ml

> Die Osterinsel fasziniert mit ihren geheimnisvollen Steinfiguren (Moai)

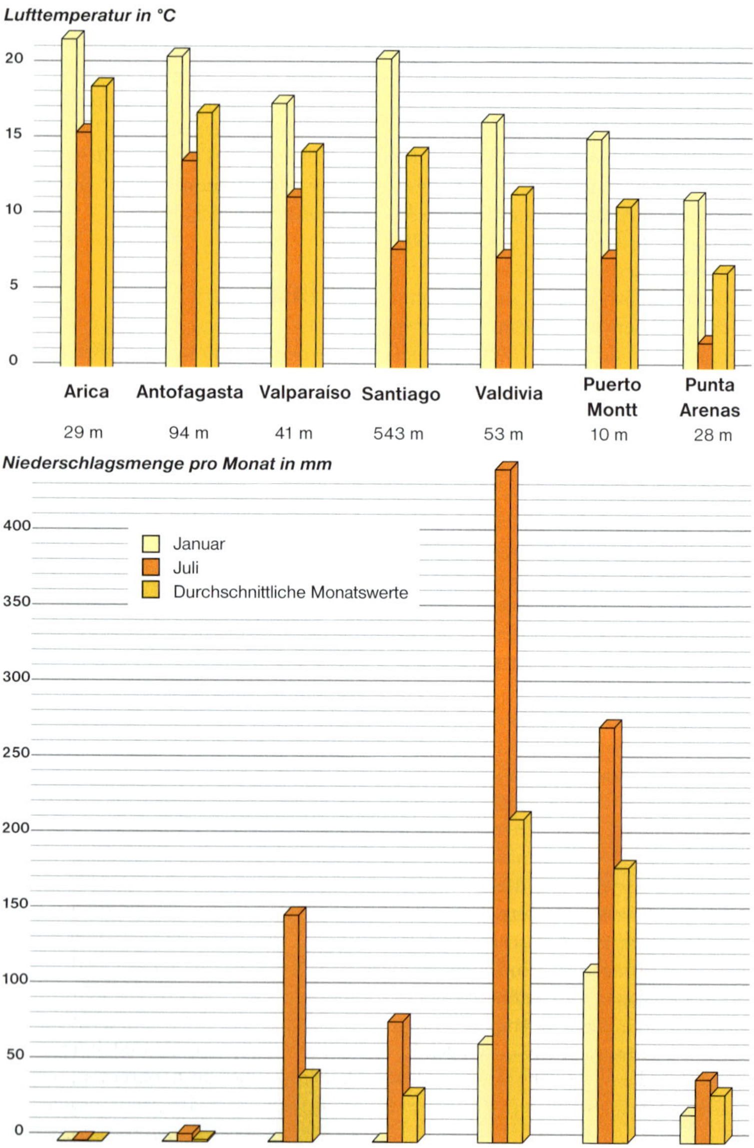
Lufttemperatur in °C
20
15
10
5
0
Arica
29 m
Antofagasta
94 m
Valparaíso
41 m
Santiago
543 m
Valdivia
53 m
Puerto Montt
10 m
Punta Arenas
28 m
Niederschlagsmenge pro Monat in mm
400
350
300
250
200
150
100
50
0
Januar
Juli
Durchschnittliche Monatswerte

Südlich von 46° südlicher Breite zerfranst die chilenische Küste in **Abertausende kleiner und kleinster Inseln.** Nördlich von Chiloé finden sich hingegen nur noch einzelne Inselchen. So z.B. das Eiland **Mocha** auf 38°21' südlicher Breite und 73°58' westlicher Länge, ein Stück Land von gerade mal 4 Kilometern Länge und 6 Kilometern Breite. Näher am Land liegen die Inseln **Santa María** und **Quiriquina,** beide in der Bucht von Concepción/Talcahuano.

Weit – etwa 900 Kilometer – vor der Küste, ungefähr auf der Höhe von Copiapó, finden sich unter 26°19' südlicher Breite und 80°80' westlicher Länge die drei Inseln der Gruppe der **Desventurados:** San Ambrosio, San Félix und Gonzales. San Félix ist etwa 3 km^2 groß und damit die größte der drei unbewohnten Guano-Inseln. Noch weiter von der Küste entfernt liegt die unbewohnte Insel **Salas y Gómez** (26°27' südlicher Breite, 125°28' westlicher Länge). Sie ist ein Klacks im Ozean – 1200 Meter lang und 150 Meter an der breitesten Stelle breit.

Klima

Aufgrund der riesigen Nord-Süd-Ausdehnung und der starken Differenzierung in der Höhe besitzt Chile eine **Fülle unterschiedlicher Klimata** mit entsprechenden Extremen. Trotzdem unterliegen weite Teile des Landes – von den Extremen in der Wüste abgesehen – dem mäßigenden Einfluss des Meeres und der Binnengewässer.

Grob gesagt gilt: **Nordchile** besitzt subtropisches Wüstenklima, Mittelchile ein warm gemäßigtes Winterregenklima und insgesamt mediterrane Verhältnisse. In **Südchile** ist das Klima kühl und niederschlagsreich, auf Feuerland herrscht subantarktisches Klima.

Für die Küsten im Norden ist der **Humboldt-Strom** wetterbestimmend. Er bringt kaltes Wasser mit sich, daher sind Küstennebel vorherrschend, und es fällt nur wenig Niederschlag.

Pflanzen- und Tierwelt

Aufgrund der enormen Nord-Süd-Ausdehnung des Landes und der großen klimatischen Differenzen hat sich in Chile eine **sehr artenreiche und je nach Landesteil unterschiedliche Tier- und Pflanzenwelt** entwickelt. Da die Andenkette das Land nach Osten zum nächsten Nachbarn Argentinien abschließt, finden sich in Chile auch heute noch zahlreiche Arten, die ansonsten eher in Neuseeland oder auf den pazifischen Inseln vorkommen.

Menschliche Eingriffe – das Land wird seit der Kolonialzeit intensiv landwirtschaftlich genutzt – haben besonders in Zentral- und Südchile den Charakter der Landschaft nachhaltig verändert. Wo noch bis vor 100 oder auch 50 Jahren im dichten Urwald Pumas und Andenhirsche umherstreiften, erstrecken sich heute vielerorts ausgedehnte Weiden, wachsen Kiefernschonungen, und Stauseen haben enge Flusstäler überflutet.

Man unterscheidet in Chile **vier Naturräume** – eine Einteilung, die weitgehend der geografischen folgt: Wüste und Altiplano im Norden, die sich etwa bis 29° südlicher Breite (nördlich von La Serena) erstrecken; die anschließende Strauchsteppe – sie reicht bis zum Río Maule auf 35° bis 36° südlicher Breite; die südlich folgenden lichten Südbuchenhaine, die alsbald von dichten Urwäldern abgelöst werden (bis etwa zum Río Baker auf 47° südlicher Breite) und später dann in den antarktischen Südbuchenwald südlich vom Río Baker bis nach Feuerland übergehen. Als vierten eigenständigen Naturraum bezeichnet man die pazifischen Inseln, besonders den Juan-Fernández-Archipel. Die Osterinsel bietet eine Natur, die gänzlich von der des Kontinents verschieden ist.

Wüste und Altiplano im Norden

Vegetationsarm, aber nicht vegetationslos ist die Wüste im Norden. Selbst außerhalb der Oasen, in denen zahlreiche Nutzpflanzen angebaut werden und an deren Rändern oft Opuntien und andere Kakteen wachsen, gedeihen einige seltene Pflanzen: so finden sich in der Pampa de Tamarugal, südöstlich von Iquique, Mimosaceenbäume, sogenannte **Tamarugos** *(Prosopis tamarugo)*, ansonsten wachsen Kakteen häufig an der Kante, an der der aufsteigende Seenebel auf das Hochplateau trifft, oder am Rand der Anden oberhalb von 2000 Metern, wo sie bereits mit dem Schmelzwasser, das von den Andengipfeln kommt, gewässert werden. Die Altiplano oder Puna genannte Hochebene ab 3500 Meter Höhe ist artenreicher. Auffälligste Pflanze hier ist die Polsterpflanze, die **Yareta**

Mähnenrobbe oder Südamerikanischer Seelöwe (Otaria flavescens)

chi036 ms

oder *Llareta* genannt wird, erst ab Höhen von 4000 Meter gedeiht und im Jahr angeblich nicht mehr als einen Millimeter wächst. Ihre dunkelgrünen Dolden erscheinen weich wie Moos, sind aber in Wirklichkeit steinhart.

Vor allem auf dem Altiplano ist die Tierwelt relativ artenreich. Vicuñas und Guanacos kommen hier wild vor, ihre Verwandten Lama und Alpaka werden als Nutztiere gehalten (vgl. Exkurs weiter unten). In den felsigeren Regionen leben *Vizcachas*, die mit den *Chinchillas* verwandt sind. Man findet sie meist erst oberhalb von 2000 Metern. Die Nager werden bis zu 30 Zentimeter lang und sind leicht an ihrem charakteristischen langen Schwanz und der mehr springenden als laufenden Art der Fortbewegung zu erkennen. Die Chinchillas selbst sind wegen der Pelzjagd fast ausgestorben. Wildenten, Flamingos und Kondore sind v.a. in den größten Höhenlagen zu finden (ab 4000 m).

An der Küste finden sich nicht nur die meisten Vogelarten – Pelikane, Möwen und die *jotes* genannten Geier, schwarz mit rotem, nacktem Kopf –, sondern auch die gesamte Palette der Meeresbewohner: Der Humboldt-Strom bringt kaltes, nährstoffreiches Wasser, in dem wie fast überall in Chile *Congrio* (Seeaal), *Corvina* (Adlerfisch) sowie große Mengen an Muscheln gedeihen. Stellenweise kann man Pinguine, Delfine und Wale beobachten.

Die Strauchsteppe

Diese Region ist die am dichtesten besiedelte Chiles, und so ist hier **nur wenig** von der **Ursprungsvegetation** erhalten. Weizen, Gerste, Mais, Kartoffeln, die Futterpflanze Alfalfa und, in den klimatisch günstigen Gebieten, Obst und Wein werden vorwiegend gepflanzt. Hauptarten der Strauchsteppe waren ursprünglich der *Espino (Acacia caven)*, ein dorniges Mimosenbäumchen, und ein Wolfsmilchstrauch, der *Colihuai (Colliguaya odorifera)* genannt wird.

Einheimische Baumarten sind im Norden der *Algarrobo*, der bis zu 8 Meter hoch wird und lange biegsame Äste mit starken Dornen besitzt, weiter südlich die chilenische Palme *(Jubaea chilensis)* und noch weiter südlich der *Canelo* (fälschlich „Zimtbaum" genannt, *Drimys winteri*), der bis zu 20 Meter hoch wird. Er hat sein Hauptverbreitungsgebiet aber erst in Araukanien. Typisch für die Zentralzone sind weiterhin die Laubbäume *Litre* und *Quillay*.

Auch hier leben die meisten **Tierarten** an und von der See: Seeschwalben und Kormorane sind die auffälligsten Vertreter der Vogelwelt. Wild lebende Landtiere sind in der dicht besiedelten Region nur selten zu finden: Mit sehr viel Glück erspäht man am Andenrand die Raubkatze *colo-colo*, eher schon einen Fuchs oder einen schrillen Schwarm von *loros* (Papageien). Oberhalb der Baumgrenze ziehen Kondore gemächlich ihre Kreise.

In den nördlichen Teilen des Gebietes findet man Stinktiere, Beutelratten und einige ungiftige Schlangenarten.

Die Urwälder des Südens

Auf der Höhe des Río Maule wird die **Vegetation dichter.** Hier begannen ursprünglich ausgedehnte, aber lichte Südbuchenhaine, dann der immergrüne Urwald bis zum Río Baker. In dieser Zone haben menschliche Eingriffe die natürliche Vegetation am stärksten verändert, so die Landnahme durch die Kolonisten, die Rodung der Wälder für die Viehzucht oder die Aufforstung mit gigantischen Kiefernplantagen.

In Schutzgebieten finden sich noch **ausgedehnte Waldgebiete** mit Alercen und Araukarien, mit Roble, Raulí und Coihue, der „wilde chilenische Wald“, über den *Pablo Neruda* schrieb: „Die Füße versinken im toten Laub, ein brüchiger Zweig knackt, die riesigen Araukarien recken ihre krause Gestalt, ein Vogel des kalten Urwaldes kommt geflogen, flattert, lässt sich im schattigen Gezweig nieder.“

Der „wilde chilenische Wald“ machte es den Eroberern nicht leicht. Sie kamen und staunten, mühten sich durch das Dickicht und suchten Namen für die unbekannten Bäume. Teilweise nahmen sie die Bezeichnungen der Indianer, teilweise die europäischer Bäume, denen die chilenischen ähnlich sahen, die aber botanisch wenig miteinander gemein haben. So entstand eine ziemliche **Begriffsverwirrung:** Als „Andenlärchen“, „Zimtbäume“ oder „Ulmen“ bezeichnen wir endemische Bäume, die nur in Chile bzw. Südamerika existieren, und das spanische Wort für die europäische Eiche *(roble)* hat sich sogar in Chile als (botanisch falsche) Bezeichnung für einen Baum der Nothofagus-Familie eingebürgert. Letztere wiederum wird im Deutschen unter dem Sammelbegriff „Südbuche“ geführt, obwohl unsere Buche mit dieser Gruppe nicht verwandt ist (siehe Tabelle unten).

Die Urwälder des Südens lassen sich am leichtesten als **immergrüne, kalte Regenwälder** charakterisieren, mitunter werden sie auch als „Valdivianischer Regenwald“ bezeichnet. Sie erstrecken sich bis in die patagonische Inselwelt hinein. Auf Feuerland finden sich mehr und mehr Wälder, die nicht immergrün sind,

Pflanzennamen

Chilenischer Name	Deutscher Fantasiename	Botanischer Name
Alerce	Andenlärche	Fitzroya cupressoides
Algarrobo	Johannisbrotbaum	Prosopis chilensis
Canelo	Zimtbaum	Drimys winteri
Coihue	Südbuche	Nothofagus dombeyi
Laurel	Lorbeer	Laurelia sempervirens
Lenga	Südbuche	Nothofagus pumilio
Ñirre	Südbuche	Nothofagus antarctica
Raulí	Südbuche	Nothofagus alpina oder N. procera
Roble	Eiche (eigentl. Südbuche)	Nothofagus gluca oder N. obliqua
Ulmo	Ulme	Eucryphia cordifolia

sondern in den Herbstmonaten golden und rot glühen. Unter Naturschutz stehen die prächtigsten Baumarten des Regenwaldes: die riesenhaften, bis zu 4 Meter dicken und 70 Meter hohen, leider fast ausgestorbenen **Alercen,** deren hartes Holz von den Siedlern als Baumaterial für Dachschindeln geschätzt wurde, und die **Araukarien,** die wie die Alercen weit über 1000 Jahre alt werden können. Der artenreiche Wald im Süden besitzt oft ein **dichtes Unterholz** aus Farnen, Fuchsienarten, Bambus und den typischen Nalca-Pflanzen, deren Blätter wie Riesen-Rhabarber aussehen.

Der Süden ist die tierreichste Region des Landes. Hier leben die größten und die kleinsten Vögel – Kondore und **Kolibris,** letztere häufiger zu sehen. **Kondore** wurden im 19. Jahrhundert gnadenlos von den Grundbesitzern gejagt und getötet: Angeblich richteten sie große Schäden unter den Weidetieren an, dabei sind die stolzen Gleitflieger keine Raubvögel, sondern Aasfresser. Andere Vogelarten sind Schwarzhalsschwäne, Flamingos, Adler, Papageien und, ganz im Süden, Albatrosse und Pinguine.

Kleintiere wie Hasen und Wildkatzen bevölkern die dichten Wälder, Füchse streifen durchs Gelände, ungiftige Schlangen- und andere Reptilienarten sind ebenso zu finden wie zahlreiche Insekten. Ganz selten ist der **Pudu,** ein Zwerghirsch, der vorwiegend in der Region zwischen Chillán und Chiloé vorkommt. Selten geworden ist auch der stattliche Andenhirsch **Huemul,** der am ehesten noch in Schutzgebieten südlich von Coyhaique zu beobachten ist.

König der Tiere ist der **Puma,** auch *león,* Löwe, genannt. Er kommt im gesamten Andengebiet vor. Der Puma kann über einen Meter lang werden, in der Höhe bis zu 60 Zentimeter. Er ist dunkelgelb, am Bauch etwas rötlich, auf dem Rücken am hellsten. Menschen brauchen den Puma nicht zu fürchten, es sei denn, er wird in die Enge getrieben oder ist verletzt.

Vor der Küste leben nicht nur zahlreiche Fisch- und Krustentiere, darunter die *centolla* (Königskrabbe), sondern auch viele verschiedene Säugetierarten. Die Mähnenrobbe, *lobo del mar,* ist nicht so selten, viel seltener wird man einen See-Elefanten zu Gesicht bekommen. Delfine sind häufiger; sie sieht man oft von Booten bei der Fahrt durch die chilenische Fjordlandschaft im Süden oder auch bei der Überfahrt vom Festland nach Chiloé oder Feuerland. Die größten Säugetiere, die **Barten- oder Buckel-**

chi110 ms

Junger Humboldt-Pinguin (Spheniscus humboldti)

Llamas, Alpacas, Guanacos und Vicuñas

Bevor die spanischen Eroberer in die Andenländer kamen, gab es dort keine großen Säugetiere – weder Pferde noch Schafe, Rinder oder Schweine. Die Spanier fanden lediglich einige seltsame Kamelarten vor: Lamas, Alpacas, Guanacos und Vicuñas. Alle vier sind Fluchttiere, das heißt sie flüchten vor drohender Gefahr und haben nur wenige Möglichkeiten, sich selbst zu verteidigen. Lediglich mit Tritten, kurzen Bissen oder mit ihrem berühmten Spucken. *Carl Martin* schrieb 1923 in seiner Landeskunde Chiles über die Guanacos: „Sie beißen, und vor allem spucken sie abscheulich. Ehe man sich's versieht, hat das alberne Tier einen mit einer bedeutenden Ladung von lauem Wasser, Schleim und halbverdautem Futter übergossen (...)."

Lamas, chilenisch *Llamas,* kommen nur im Norden des Landes vor. Sie sind Nutztiere der Bewohner des Altiplano, der sich von Peru und Bolivien bis nach Nordchile und Nordargentinien erstreckt. Sie dienen als genügsame Lasttiere sowie als Milch- und Wollieferanten, wobei ihre Wolle recht grob ist. Auch das Fell wird genutzt. Lamas sind gelbbraun bis schwarzbraun, mitunter auch weiß oder gescheckt.

Alpacas sind wie die Lamas Haustiere. Sie sind kleiner und pummeliger, haben längeres und feineres Fell als die Lamas und sind weißlich-gelb, schwarzbraun oder schwarz. Sie dienen in erster Linie als Lieferanten für feine Wolle. Ihr Fleisch gilt mancherorts als Delikatesse.

Vicuñas bieten die feinste Wolle. Sie haben ein gelblich-goldbraunes, kurzhaariges Fell. Im Inka-Reich war ihr Besitz nur den Herrschern vorbehalten, heute braucht man dafür nur das nötige Kleingeld: Einige exklusive Modefirmen lassen Vicuña-Garn verweben, und der Meterpreis für das Gewebe liegt zwischen 1100 und 2200 Euro; dafür sind solche Stoffe fein wie Seide. Das Problem dabei: Die ausschließlich wild lebenden Vicuñas lassen sich nur schwer einfangen und scheren, deshalb wurden sie oft einfach gejagt. Waren sie in den 1950er Jahren in Chile schon fast ausgestorben, sind es heute dank staatlicher Schutzmaßnahmen wieder etwa 200.000 Tiere. Dabei erlaubt man den Aymara-Indianern, die Tiere zusammenzutreiben, zu scheren und die Wolle zu vermarkten.

Guanacos sind die größten der Andenkamele und die einzigen, die auch weiter südlich anzutreffen sind. Während in den Hochanden der Zentralzone nur vereinzelte Populationen überleben, haben sich die Bestände in Südpatagonien dank des Schutzprogramms so weit erholt, dass man sie etwa im Nationalpark Torres del Paine oder auf Feuerland auf Schritt und Tritt antrifft. Die Tiere haben langes und dichtes Fell, in einer fahlen rot-braunen Farbe. Wie das Vicuña ist das Guanaco nicht als Haustier domestiziert.

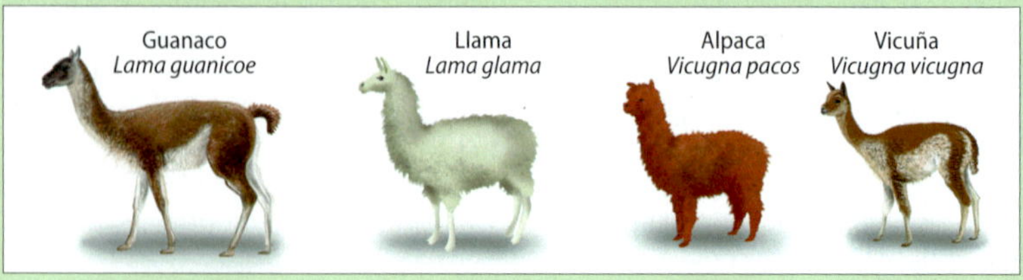

wale, trifft man nur mit viel Glück, am ehesten noch im Golfo Corcovado südlich von Chiloé, in den westpatagonischen Kanälen und bei Schiffsfahrten rund um Feuerland. Ende des 19. Jahrhunderts lebten sie überall im Pazifik, heute sind sie stark dezimiert.

Geschichte

Die **präkolumbische Geschichte** Chiles lässt sich vor allem aus archäologischen Fundstücken rekonstruieren. Um 30.000 v.Chr. überquerten die ersten Menschen die Beringstraße zwischen Russland und Alaska. Sie wanderten langsam südwärts und erreichten, wie man aus Ausgrabungsfunden weiß, um 10.000 v.Chr. schließlich Feuerland. Daher schließt man, dass die ersten Menschen um etwa 13.000 v.Chr. das Gebiet des heutigen Chile erreichten.

Sie siedelten zunächst in den Oasen der Hochwüste im Atacama-Gebiet. Weiter südlich fand man etwa 11.000 Jahre alte Spuren von Andenhirsch- und Mastodontenjägern, und in Patagonien wurden Funde gemacht, die auf hier lebende Tehuelche-Indianer vor knapp 11.000 Jahren verweisen.

Im Norden entwickelte sich in den folgenden Jahrtausenden die **Chinchorro-Kultur,** die spektakuläre Zeugnisse hinterließ: die ältesten **Mumien** der Welt, die man mit komplizierten Messungen (Radiokarbon-/C-14-Methode) auf ein Alter von 7810 (+/-180) Jahre datierte. Einige dieser Mumien sind heute im Archäologischen Museum im Valle de Azapa bei Arica zu bewundern.

Die Urbevölkerung

Zur Zeit der Eroberung durch die Inka und später durch die Spanier lebten auf dem heutigen Gebiet Chiles **verschiedene Völker.** Nur die wichtigsten seien hier genannt: Im Norden waren es die Atacameños, die Changos und die Diaguitas, südlich des Río Maule die Mapuche, auf dem patagonischen Festland die Tehuelche, in den Fjorden Patagoniens die Alakaluf, im südlichen Feuerland die Yamaná (Yahgan), und auf der Insel selbst lebten die Ona (Sélk'nam) als nomadisierende Jäger. **Die meisten Völker lebten nomadisch oder halbnomadisch.** Zwischen 1000 v.Chr. und ungefähr 100 n.Chr. verändert sich der Norden: Halbnomadische Völker ziehen von Argentinien aus über die Anden und lassen sich als Ackerbauern, Viehzüchter (Zähmung von Lamas) und Töpfer nieder. Die höchstentwickelte dieser Kulturen ist die der **Diaguita,** eines Indianerstammes, der auch in Nordwestargentinien vertreten war. Die Diaguita besaßen eine wundervolle Keramiktechnik. Sie töpferten extrem dünnwandige Schalen mit geometrischen Mustern – Meisterstücke sind heute u.a. im Museo Antropológico in La Serena zu bewundern. Die Diaguita unterhielten bereits Handelsbeziehungen zu den Inka.

Ab Mitte des 15. Jahrhunderts rückten die **Inka** mehr und mehr nach Süden vor. Bis etwa 1490 hatten sie unter ihrem Herrscher *Tupac Yupanqui* ihr Reich weit nach Süden ausgedehnt: Südlich von Santiago verlief damals die Grenze; sie hatten die Diaguita verdrängt und im Süden auch die Mapuche bis südlich vom Río Maule.

Die **Mapuche (Araukaner)** waren vermutlich im 12. und 13. Jahrhundert aus der ostpatagonischen Steppe ins Gebiet des heutigen Chile gekommen. Als Nomaden lebten sie zunächst von der Jagd und der Sammelwirtschaft (mehr über die Mapuche eingangs des Kapitels „Der Kleine Süden“).

Auf Feuerland lebten die **Ona,** die sich selbst **Sélk'nam** nannten und mit den Tehuelches verwandt sind. Sie waren ein mit Pfeil und Bogen jagendes Volk; ursprünglich zog es den Guanaco-Herden hinterher, denn das Tier lieferte alles für den Lebensunterhalt: Fleisch, Fell für Kleidung und den Zeltbau, die Knochen wurden als Werkzeug und die Sehnen als Faden genutzt.

Das heute chilenische Gebiet Feuerlands war der Lebensraum der **Yámana** und der **Alakaluf.** Sie waren Wassernomaden, sammelten Muscheln und jagten von ihren Kanus, auf denen sie sogar Feuer transportierten, hauptsächlich Robben, Pinguine und Fische mit Speeren, Harpunen und Netzen.

Auf dem „Sprung“ in die Neue Welt (Illustration vom Anfang des 16. Jh.)

Die Ankunft der Spanier

Am 12. Oktober 1492 landete **Cristóbal Colón** alias *Christoph Columbus* auf San Salvador, einer kleinen Insel der Bahamas, am 27. Oktober auf Kuba, und am 6. Dezember ging er auf Hispaniola an Land, jener Insel, die heute zwischen Haiti und der Dominikanischen Republik geteilt ist. Damit war für die Europäer eine **„Neue Welt“** entdeckt worden. Sie wurde später nach dem Entdecker und Geografen *Amerigo Vespucci* benannt. **Der deutsche Kartograf Martin Waldseemüller führte den Namen „Amerika“ 1507 ein.** *Vespucci* selbst hatte den neuen Erdteil immer als *Nuevo Mundo,* als „Neue Welt“, bezeichnet.

Nach *Columbus*' Rückkehr setzte ein Entdecker- und Erobererboom ein. In den ersten beiden Jahrzehnten des 16. Jahrhunderts rüsteten Spanier und Portugiesen zahlreiche Expeditionen in die Neue Welt aus. Insbesondere Spanien drängte auf weitere Ausdehnung seines Reiches. Ziel war es, eine **Seepassage um den neuen Kontinent von Osten nach Westen zu finden.** Denn die Neue Welt bedeutete den Spaniern zunächst nichts. Ihnen ging es um den **Seeweg nach Indien,** zu den Molukken, den sagenumwobenen Gewürzinseln. Die Entdekkung des neuen Kontinents war bislang ein kommerzieller Misserfolg gewesen. Man wusste aber, dass sich hinter dem riesigen neuen Kontinent ein neues Meer erstreckte; schließlich hatte 1513 *Vasco Núñez de Balbao* die Landenge von Panama durchquert und als erster Europäer den Pazifik gesehen.

Der Portugiese **Fernando de Magallanes** segelte 1519 unter spanischer Flagge los. Er durchforschte wochenlang den

Río de la Plata, da er dort die ersehnte Ost-West-Passage vermutete. Fast besessen setzte er seine Fahrt nach Süden fort und ließ jede Bucht erkunden, immer auf der Suche nach der Durchfahrt. Schließlich fand er sie, und im November 1520 durchsegelte er die Meerenge, die das Festland von Feuerland trennt: die **Magellan-Straße** – die Ost-West-Passage war gefunden.

Die spanische Eroberung

Doch inzwischen war die Schiffspassage in den Pazifik nicht mehr so wichtig: Erstens war der Seeweg sehr viel länger als erwartet, und zweitens waren die Spanier in Mittelamerika inzwischen auf Wichtigeres gestoßen: **Gold. Hernán Cortés** hatte 1519/20 das Aztekenreich in Mexiko unterworfen und riesige Schätze nach Spanien gebracht. Ihm folgten andere Eroberer nach.

Der wichtigste war **Francisco Pizarro,** der 1531 im Nordwesten Perus landete. Er lockte den Inkaherrscher **Atahualpa** in einen Hinterhalt, verlangte ein Lösegeld und tötete den Inka am 29. August 1533 trotz erfolgter Lösegeldzahlung. Damit war das Inkareich geschlagen. Die Spanier beherrschten theoretisch sogar die Nordprovinzen des heutigen Chile, obwohl ihnen das Ausmaß ihrer Eroberung längst nicht klar war.

Diego de Almagro, ein Mitstreiter *Pizarros,* war der erste, der sich 1536 gen Süden wandte. Er stieß westlich der Hauptanden durch das heutige Bolivien und Nordargentinien vor, querte unter großen Strapazen die Anden über den Paso San Francisco und gelangte auf chilenischer Seite bis ins Aconcagua-Becken. Aber *Almagro* hatte sich von Chile mehr versprochen – statt der erhofften Goldschätze gab es nur Wüste, und so kehrte er 1537 nach Peru zurück. Dort wurde er 1538 von *Pizarro* hingerichtet, weil er Gebietsansprüche gegen diesen mit Waffengewalt durchsetzen wollte.

Zwei Jahre später, 1540, zog *Pizarros* Feldmeister **Pedro de Valdivia** nach Süden. Begleitet wurde er zunächst angeblich von nur elf Gefolgsleuten, doch nach und nach schlossen sich mehr als einhundert abenteuerlustige Europäer an. Rund tausend Indianer verstärkten die Expedition. Recht unbedrängt zogen sie nach Süden, denn im Gegensatz zu seinem Vorgänger soll *Valdivia* einen anderen Typus Kolonisator verkörpert haben: In der Rückschau wird er weniger als brutaler Eroberer, nur an Gold und Beute interessiert, vielmehr als Städtegründer und Bewirtschafter des Landes gesehen. Viel zitiert wird sein Lob des Landes: „Das Leben in diesem Land ist mit nichts zu vergleichen. Nur vier Monate herrscht Winter … und der Sommer ist so mild, mit solch angenehmem Wind, daß man den ganzen Tag in der Sonne sein kann, ohne Schaden zu nehmen. Es gibt Gras in Hülle und Fülle, jede Art Vieh und Pflanzen kann hier gedeihen; sehr schönes Holz zum Bau von Häusern ist reichlich vorhanden, ebenso viel Brennmaterial zum Heizen und Betreiben der reichen Minen. Das Land scheint wahrlich von Gott gesegnet zu sein."

Pedro de Valdivia gründet die ersten Städte in Chile: am 12. Februar 1541 Santiago de Chile, das er Santiago de la Nueva Extremadura (nach seiner spanischen Heimatprovinz) nannte, 1544 La Serena und im selben Jahr an der Stelle, an der sich 1536 bereits ein Stützpunkt *de Almagros* befand, die Hafenstadt Valparaíso. Diese Siedlungen waren kleine Nester; Santiago war der Hauptstützpunkt, die beiden anderen Städte wurden nur zur Sicherung der Herrschaft im Zentraltal gegründet. Denn nach und nach, in kleinen Schritten, eroberten die Spanier das Land; sie vertrieben die hier lebenden Araukaner (Mapuche), mussten sich aber immer wieder deren massiver Gegenwehr stellen: So gab es bereits am 11. September 1541 den ersten Mapuche-Angriff auf die Siedlung Santiago. Die Mapuche waren ein unangenehmer Gegner, denn sie waren nicht so hochgradig organisiert wie die Inka. Deren hierarchisch beschaffenes Gemeinwesen war der größte Schwachpunkt gewesen: Mit der Ermordung des Herrschers und der Eroberung der Hauptstadt war das gesamte Reich zusammengebrochen. Gegen die Mapuche hingegen mussten jede Siedlung und jeder Meter Land erobert und befestigt werden.

1550 war der Río Biobío erreicht. An dessen Mündung in den Pazifik gründete *Valdivia* die Stadt Concepción, die er sicher befestigte und zur Hauptstadt seines Generalkapitanats machte. Hier stoppte der Vormarsch Richtung Süden, der **Widerstand der Mapuche** wurde im zentralen Längstal zu groß. So entschlossen sich die Spanier, entlang der Küste weiter nach Süden vorzudringen. Sie gründeten im Jahr 1552 die Stadt Valdivia, im selben Jahr am Andenrand Villarrica und umgaben das zentrale Gebiet der Araukaner zwischen dem Río Biobío, dem Lago Villarrica im Süden und der Andenkette mit drei Forts (Arauco, Angol und Tucapel).

Als *Pedro de Valdivia* im Frühjahr 1553 von Concepción nach Süden zog, kam es beim Fort Tucapel zur Schlacht mit den Araukanern: Die Spanier wurden aufgerieben, und angeblich band man *Valdivia* an einen Baum und zwang ihn, flüssiges Gold zu trinken – die Gier nach dem Edelmetall schien zumindest für die Mapuche doch eines der Hauptmotive *Valdivias* gewesen zu sein.

Anführer der Mapuche war **Lautaro;** er zog mit seinen Truppen nordwärts, um auch Santiago einzunehmen, wurde aber in der Nacht vor dem Angriff ermordet. So blieb die Stadt verschont, und die Nachfolger *Valdivias* konnten unter der Führung von *García Hurtado de Mendoza* die Araukaner besiegen: Deren Anführer **Caupolicán** wurde 1558 von den Spaniern getötet. Im selben Jahr gründeten sie eine neue Stadt im Süden: Osorno. Damit endete zunächst die Kolonisation des südlichen Chile – abgesehen von der 1567 erfolgten Gründung der Stadt Castro auf der Insel Chiloé. Die Spanier wandten sich nun ostwärts, die Westprovinzen des heutigen Argentinien wurden von Chile aus besiedelt.

Die spanische Herrschaft war keineswegs sicher, nur innerhalb der Orte und im Land unmittelbar drumherum herrschten sie wirklich. Denn dort waren je etwa fünfzig, bis an die Zähne bewaffnete Spanier stationiert, dort saßen die spanischen Herren, denen das Land in der Umgebung zugesprochen worden war. Sie lebten nicht auf ihren Gütern, diese wurden von den unterworfenen Indianern bewirtschaftet. Die Spanier bedienten sich dazu der **Encomienda,** einer Art Lehenssystem, das (theoretisch) so funktionierte: Der König „anempfahl" (spanisch *encomendar*) einem seiner Konquistadoren ein Stück Land mit den dort lebenden Indianern. Dieser Eroberer sollte nun als Schutzherr *(encomendero)* für die Verteidigung, die Sicherheit, die politische und religiöse Unterweisung seiner Anvertrauten sorgen. Dafür musste er natürlich belohnt werden. Er durfte im Namen des Königs von den ihm anvertrauten Indianern Zahlungen verlangen: Sklavenarbeit, Nahrungsmittel, Gold. Dem Encomendero gehörte das Land nicht – es blieb Eigentum der Krone –, er hatte nur ein **lebenslanges Nutzungsrecht,** das später auch erblich wurde. *Eduardo Galeano* schreibt dazu: „Von 1536 an wurden die Indianer im Encomienda-Verhältnis (d.h. als Anvertraute) zusammen mit ihrer Nachkommenschaft für die Dauer von zwei Lebensaltern, nämlich dem des Encomendero und dem seines unmittelbaren Erben, zugeteilt; von 1629 an wurde das System auf drei und von 1704 an auf vier Lebensalter ausgedehnt. Im 18. Jahrhundert sicherten die Indianer bereits, soweit sie am Leben blieben, ein bequemes Leben für vier Generationen."

Diese Form der Sklaverei hatte Folgen für die gesamte wirtschaftliche Entwicklung in den Kolonien: Da die Großgrundbesitzer nichts mit der Produktion zu tun hatten, wurde das Land de facto nicht kolonisiert. Überschüsse ließen sich leicht erwirtschaften, es gab genug **billige Arbeitskräfte und genug verfügbares Land.** So bildete sich in den Städten nach und nach eine im Wortsinn begüterte Oberschicht mit verfeinertem, am europäischen Vorbild orientiertem Lebensstil heraus, während auf dem Land altertümliche Herrschaftsverhältnisse zementiert wurden – in der Tendenz ist das bis heute spürbar.

Die Kolonialzeit

Chile war eine der ärmsten Provinzen in der Neuen Welt: Hier fanden sich nur wenig wertvolle und leicht abbaubare Bodenschätze. Nicht Gold und Silber exportierten die neuen Herren, statt dessen Weizen, Kupfer, Leder, Holz, Obst und Wein, das meiste in die Minenstädte im heutigen Bolivien oder Peru. Hindernisse für eine günstige Entwicklung Chiles waren die isolierte Lage und die Handelsbeschränkungen der spanischen Krone. Bereits 1503 hatte diese verfügt, dass aller **Südamerika-Handel** einen **bestimmten Handelsweg** einhalten musste: Von den spanischen Häfen wurden die Waren zum Karibikhafen Cartagena (Kolumbien) verschifft, dort ausgeladen und über die Landenge von Panama transportiert, dort erneut auf Schiffe geladen und die Pazifikküste entlang über Callao, den Hafen von Lima, bis nach Valparaíso geschippert. Gegen den Humboldt-Strom kreuzend, brauchten die Schiffe von Callao bis nach Valparaíso bis zu drei Monate. Unterwegs wurden sie häufig Opfer von **englischen Freibeutern,** die auch ganze Hafenstädte überfielen und ausraubten; der berühmteste der Piraten war Ende des 16. Jahrhunderts *Francis Drake.*

1543 hatte Spanien das **Vizekönigreich Peru** gegründet. Es umfasste mit Ausnahme von Venezuela das gesamte spanische Südamerika, dazu noch das heutige Panama. Sitz des Königreiches und des Vizekönigs wurde die peruanische Stadt Lima. Eine gewisse Eigenständigkeit erhielt das chilenische Gebiet, als 1567 in Concepción eine königliche *Audiencia* eingesetzt wurde, die im Jahr 1609 nach Santiago verlegt wurde. Zwar unterstand das gesamte Chile immer noch dem Vizekönig in Lima, hatte aber eine eingeschränkte Selbstverwaltung, so eine eigene Gerichtsbarkeit.

Ende des 17. Jahrhunderts kamen die ersten **Jesuiten** ins Land. Sie waren bis zu ihrer Vertreibung aus den spanischen Kolonien 1767 vor allem auf der Insel Chiloé aktiv.

1778 wurde Chile ein selbstständiges **Generalkapitanat** und damit unabhängig vom Vizekönigreich Peru. Gleichzeitig wurden einige Handelsbeschränkungen aufgehoben. Chile entwickelte sich, neue Städte wurden gegründet: Um 1800 lebten etwa 500.000 Menschen im Land, darunter nur 15.000 Spanier, die in den Städten wohnten. Santiago war mit 40.000 Einwohnern bereits die größte Stadt.

Das Streben nach Unabhängigkeit

Die Unabhängigkeitsbewegung in den südamerikanischen Kolonien entstand nicht zufällig und auch nicht plötzlich. Sie war vielmehr das **Ergebnis eines länger andauernden Prozesses. Vier Faktoren** waren dabei wichtig:

- das zunehmende **britische Wirtschaftsinteresse** an den südamerikanischen Ländern bei gleichzeitiger politischer Schwäche Spaniens;
- die Veränderung der europäischen Gesellschaft durch den **Aufstieg des Bürgertums;** die Güterproduktion wuchs, und neue Märkte mussten erschlossen werden;
- die **Oberschichten Lateinamerikas** strebten ebenfalls nach freien Handels- und Konsummöglichkeiten;
- **kulturelle Wandlungen** durch die Ideen der Aufklärung, die in Lateinamerika vor allem durch die Freimaurerlogen und Geheimgesellschaften verbreitet wurden.

Zudem gab es Beispiele: 1776 hatten die nordamerikanischen Kolonien ihre Unabhängigkeit gegen die britischen Kolonialherren erkämpft. Auch die Ergebnisse der Französischen Revolution wurden in Santiago natürlich bemerkt.

Anfang des 19. Jahrhunderts wurden die spanischen Kolonien in innereuropäische Konflikte hineingezogen. Spanien hatte seit 1796 einen Bündnisvertrag mit Frankreich und wurde 1803 von *Napoleon* zur Hilfe gegen England gerufen. Die Engländer, inzwischen eine wichtige Seemacht, begannen spanische Schiffe zu kapern, worauf **Spanien im Dezember 1804 England den Krieg erklärte.** Der wurde am 21. Oktober 1805 in der **Seeschlacht von Trafalgar** entschieden – die spanische Flotte ging unter, Spaniens Seemacht war gebrochen.

Als *Napoleon* 1808 Spanien besetzte, der spanische König abdankte und *Napoleon* seinen Bruder *Josef (José) Bonaparte* zum König machte, bildeten sich in den Städten sowohl im Mutterland als auch in den Kolonien *juntas,* die im Namen der Krone weiter regierten. Am **18. September 1810** – heute Nationalfeiertag – konstituierte sich in Santiago die **erste Nationalregierung,** gewählt von einer vom Gouverneur einberufenen Bürgerversammlung *(cabildo abierto).* Von den mehr als 40.000 Einwohnern Santiagos nahmen an dieser Versammlung 350 ausgesuchte Bürger teil. Die dort bestätigte Junta bekannte sich zur spanischen Krone, allerdings mit der Einschränkung, französische Ansprüche

auf Chile bei einer Niederlage Spaniens gegen *Napoleon* zurückzuweisen. Gleichzeitig stellte die Junta ein eigenes Heer auf und beschloss Gesetze über Handelsfreiheit. 1811 rief sie den ersten Nationalkongress aus, und 1812 legte sie unter Führung der drei Brüder *José Miguel, Juan José* und *Luis Carrera* eine neue Verfassung vor: Zwar blieb der spanische König formal Staatsoberhaupt, er sollte jedoch umgekehrt Chiles Verfassung, in der festgeschrieben war, dass die Regierung vom Volk gewählt werde, und Chiles Souveränität anerkennen.

Spanien konnte solch eine Verfassung natürlich nicht akzeptieren. Von Peru aus kontrollierte die Kolonialmacht immer noch weite Teile des Kontinents. Spanische Truppen fassten im Süden, in der Festung Valdivia, wieder Fuß und begannen von dort, Chile zurückzuerobern. **José Miguel Carrera** und **Bernardo O'Higgins** führten die chilenischen Truppen, und *O'Higgins* gelang es zunächst, die spanischen Eindringlinge zu besiegen. In Rancagua wurden die Chilenen dann aber am 1. Oktober 1814 vernichtend geschlagen; O'Higgins und Carrera mussten nach Mendoza in Argentinien fliehen. Dort trafen sie auf **José de San Martín,** den argentinischen Freiheitskämpfer. Gemeinsam stellte man ein Heer auf. Der Plan: Mit argentinischer Hilfe wollte man die Spanier zunächst aus Chile und schließlich aus dem gesamten Süden des Kontinents vertreiben.

Anfang 1817 war es soweit: Mit etwa 5000 Männern, 10.000 Pferden und Mauleseln überquerte das Heer von *San Martín* und *O'Higgins* die Hochanden, über 4000 Meter hohe Pässe, vollgepackt

⌃ Seeheld Arturo Prat und Staatsgründer Bernardo O'Higgins werden bis heute verehrt

mit Waffen und tragbaren Brücken, um die engen Schluchten zu überwinden. Am 12. Februar 1817 schlugen Chilenen und Argentinier die zahlenmäßig überlegenen Spanier bei Chacabuco, drei Tage später waren sie in Santiago de Chile. **Am 12. Februar 1818 erklärte Chile seine Unabhängigkeit.** Knappe zwei Monate später fand die letzte Schlacht gegen die Spanier statt: Bei Maipú wurde am 5. April 1818 die chilenische Unabhängigkeit endgültig erkämpft. Die chilenische Flotte unter Führung des englischen Admirals *Thomas Cochrane* eroberte 1820 Valdivia von den Spaniern, und sechs Jahre später wurden die Spanier auch von ihrem letzten Stützpunkt auf Chiloé vertrieben.

San Martín von Süden und *Simón Bolívar* von Norden her vollendeten unterdessen die Befreiung Südamerikas.

Das 19. Jahrhundert – zwischen konservativ-autoritärer und liberaler Politik

Mit dem Ausrufen der Unabhängigkeit war *Bernardo O'Higgins* zum **„director supremo"** ernannt worden. Er genoss weitgehende Machtbefugnisse und setzte zahlreiche Reformen durch: So schaffte er die Adelstitel und das Majorat (Erbfolgeregelung) ab, förderte den kleinen Landbesitz und verbesserte die Grundbildung (Einrichtung von Volksschulen) und das Gesundheitssystem. Vor allem die ländlichen Großgrundbesitzer wehrte sich gegen die Reformen, und so musste *O'Higgins* bereits 1823 zurücktreten und ins Exil nach Peru gehen. Dort starb er 1842 in Lima. Erst im Jahr 1869 wurde sein Leichnam nach Chile überführt, und heute gibt es keine Stadt im Land, die nicht ihre O'Higgins-Straße besitzt.

Nach kurzem Bürgerkrieg zwischen den liberalen, reformfreudigen und den konservativen Kräften – die Liberalen wurden *pipiolos* („Anfänger", „kleine Wichte"), die Konservativen *pelucones* („Perückenträger") genannt; Träger des Liberalismus waren vor allem die Stadtbewohner und die intellektuelle Elite, während die Konservativen unter dem ländlichen Großgrundbesitz zu finden waren – **setzten sich die Konservativen durch.** Sie schufen 1833 eine neue Verfassung, die komplett auf den Präsidenten zugeschnitten war: Er besaß umfangreiche Rechte, an erster Stelle jenes, alle Gesetze mit seinem Veto blockieren zu können. Die Verfassung war das Werk eines Mannes, der zwar zweimal kurzfristig Minister war, aber ansonsten still aus dem Hintergrund die Fäden zog: **Diego Portales.** Sein Credo: „Natürlich müssen wir das republikanische System übernehmen, aber in welcher Form? Ich befürworte eine starke Zentralregierung von tüchtigen und patriotisch gesinnten Männern, die die Bürger in ihrem Streben nach Recht und Ordnung unterstützen. Wenn eine wahrhaft sittliche Gesinnung erreicht ist, kommt die Zeit für eine wirklich liberale Regierung, welche die Ideale von Freiheit verwirklicht und alle Bürger teilhaben läßt."

Trotz (oder wegen) dieser wenig demokratischen Ansichten machte Portales Chile zu einem funktionierenden Gemeinwesen, das fest und hierarchisch strukturiert war: **agrarisch ausgerich-**

tet, die Oberschicht fest im Sattel. Sie bestand weitgehend aus Großgrundbesitzern – meist Nachfahren spanischer Einwanderer. Die wichtigsten Präsidenten dieser Zeit waren: *Manuel Bulnes* (1841–51) und *Antonio Varas* und *Manuel Montt,* die gemeinsam von 1851–1861 herrschten. Nach ihrer Doppelpräsidentschaft verschob sich allmählich das politische Gewicht hin zu den Liberalen, die im Zuge des Handelsaufschwungs an Macht und Einfluss gewannen. Denn seit Mitte des 19. Jahrhunderts hatte sich Chile sukzessive geändert: Der Kupferexport war enorm gesteigert worden, 1860 betrug er 55% der Gesamtexporte des Landes. Valparaíso wurde zur wichtigsten Hafenstadt an der südamerikanischen Pazifikküste, im Norden des Landes wurden Guano und Salpeter gefördert, britische Kapitalgesellschaften investierten in den Ausbau der Minen und der Infrastruktur – Chile boomte.

Territoriale Ausdehnung

Betrachtet man alte Karten, fällt auf, dass Chile bis zur zweiten Hälfte des 19. Jahrhunderts nur ungefähr zwei Drittel seiner heutigen Größe besaß. Im Süden gab es zwischen dem Río Biobío und etwa dem Lago Llanquihue, der Stadt Temuco und den Gipfeln der Anden das freie Mapuche-Gebiet, und im Norden endete das chilenische Territorium südlich von Antofagasta. Den nördlichen Küstenabschnitt bis Arica teilten sich Bolivien und Peru.

Schon von 1862 bis 1866 hatte Chile mit Spanien erneut Krieg geführt. Damals ging es um die Ausbeutung der **Guano-Inseln** vor der Küste. 1878 entbrannte dann der Streit mit den nördlichen Nachbarn um die Schürfrechte an den **Salpetervorkommen** der Atacama-Wüste. Chile besetzte das bolivianische Antofagasta und erklärte Bolivien und Peru den Krieg. Die „Guerra del Pacífico" – in Europa als „Salpeterkrieg" bekannt – endete mit dem Triumph der Chilenen: Zwar verlor der heute als Seeheld gefeierte Hauptmann **Arturo Prat** die Seeschlacht bei Iquique am 21. Mai 1879, aber die Chilenen gewannen den Krieg. Bolivien verlor dabei seinen Zugang zum Meer. Die Gewinn bringende Ausbeutung des Salpeters übernahmen allerdings vorwiegend britische Gesellschaften – während des Krieges hatten sie billig die meisten Minen erwerben können.

Im Süden hatten sich die **Mapuche** 1881 letztmalig gegen die Kolonisierungspolitik der Chilenen erhoben. Das Militär schlug den Aufstand blutig nieder – das Mapuche-Land wurde zum Staatseigentum erklärt, in Parzellen aufgeteilt und an neue Siedler verkauft. Die Mapuche wurden in Reservate oder in die Anden verdrängt.

Das frühe 20. Jahrhundert

Zu Beginn des 20. Jahrhunderts **änderte sich die politische Struktur Chiles** erneut: Der Präsident verlor de facto an Macht, statt dessen wurden die Parteien wichtiger. In den Salpeterlagerstätten und Kupferminen **organisierten sich erstmals die Arbeiter;** 1912 wurde die Sozialistische Arbeiterpartei gegründet. Streiks wurden allerdings blutig niedergeschlagen – 1907 richtete das Militär in

Iquique unter streikenden Minenarbeitern und deren Familien ein furchtbares Massaker an, über 2000 Menschen starben im Kugelhagel.

Nach dem Ersten Weltkrieg schlitterte Chile langsam in die Wirtschaftskrise. Die Einkünfte aus den Salpeterminen wurden immer geringer – Stickstoff ließ sich inzwischen auch aus Luft gewinnen – und die Steuereinnahmen sanken bedrohlich, zumal man versäumt hatte, die Gewinne aus dem Salpetergeschäft zu investieren. 1924 setzte das Militär den Präsidenten *Arturo Alessandri Palma* ab, der erstmals ein **Sozialversicherungssystem** in Chile eingeführt hatte. In den 1930er bis 1950er Jahren wechselten sich linke und konservative Regierungen ab, in den Kriegsjahren erlebte Chiles Wirtschaft dank des erhöhten **Kupferbedarfs** auf dem Weltmarkt einen deutlichen Aufschwung. Die **USA** hatten inzwischen als stärkste Wirtschaftsmacht in Chile England abgelöst, US-amerikanischen Firmen gehörten bei Kriegsende die meisten Kupferminen im Land. Im Zweiten Weltkrieg trat Chile auf Druck der USA den Alliierten bei, beteiligte sich jedoch nicht aktiv am Kriegsgeschehen. 1949 wurde das Frauenstimmrecht eingeführt.

Die kurze christdemokratische Herrschaft

1959 siegte in Kuba die Revolution – ein Sieg, der Ausstrahlungskraft in ganz Lateinamerika entwickelte und auch die Linke in Chile stärkte. Die USA fürchteten einen „Dominoeffekt" – dass ein Land nach dem anderen in Lateinamerika „umkippen" könnte –, und verstärkten ihren Einfluss auf dem Kontinent. Bei den Präsidentschaftswahlen im Jahr

chi13-060 ms

1964 unterstützten die USA die **Christdemokratische Partei Chiles (DC).** Sie verstand sich als Vertreterin eines gemäßigten **christlichen Sozialismus,** war aber **streng antikommunistisch** und hatte ihre Anhänger vorwiegend in der Mittelschicht und auch der Arbeiterklasse. Die DC gewann denn auch unter Führung von *Eduardo Frei Montalva* gegen den Kandidaten des Linksbündnisses, *Salvador Allende. Pablo Neruda* schrieb in seinen Memoiren, dass die antikommunistische Propaganda „haarsträubend" gewesen sei: „Die Nonnen würden erschossen, die Kinder von fidel-ähnlichen Bärtigen auf Bajonette gespießt und nach Sibirien verschleppt. Später wurde durch Erklärungen vor der Sonderkommission des nordamerikanischen Senats bekannt, dass die CIA für diese schaurige Schreckenskampagne 20 Millionen Dollar ausgegeben hatte."

Der christdemokratische Slogan lautete „Revolution in Freiheit" und propagierte damit eine nicht-marxistische Entwicklung für Chile. *Frei* begann die **„Chilenisierung"** *(Chilenisación),* eine Teilnationalisierung der Minen und die Enteignung größerer Latifundien. Insgesamt wurden mehr als 3,4 Millionen Hektar Land enteignet und an über 1000 Bauerngenossenschaften verteilt. *Frei* setzte sich zwischen die Stühle: Linken Kritikern war er nicht revolutionär genug, während die Rechten ihn als Wegbereiter des Kommunismus sahen.

◁ 1970 kam die Unidad Popular mit Salvador Allende an die Macht

Der Sieg der Unidad Popular

Am 4. September 1970 gewann die **Vereinigte Linke,** die Unidad Popular (UP), mit dem zum dritten Mal antretenden Kandidaten **Salvador Allende** (vgl. Exkurs) die Präsidentschaftswahlen – denkbar knapp mit 36,6% der Stimmen, gefolgt vom Rechtskandidaten *Jorge Alessandri* (35,3%) und dem Christdemokraten *Radomiro Tomic* (28,1%). Vier Wochen später wählte das chilenische Parlament, in dem die UP-Parteien nicht die Mehrheit hatten, *Allende* zum Präsidenten. **Erstmalig auf der Welt übernahm ein Marxist im Rahmen freier Wahlen die Regierungsgewalt.**

Allendes erste Maßnahmen waren populär und bezeichnend für die weitere Politik: Er löste sein Wahlversprechen ein, dass jedes chilenische Kind Schuhe tragen und kostenlos Milch in der Schule erhalten sollte. Die Mindestlöhne wurden sofort um 35–60% erhöht, die Preise für Grundnahrungsmittel ebenso wie die Mieten eingefroren, die Gesundheitsfürsorge wurde unentgeltlich. Die unter *Frei* begonnene **Landreform** wurde vorangetrieben, Banken und Teile der Industrie wurden enteignet. **1971 wurden die Kupferminen verstaatlicht** – übrigens mit der Zustimmung aller Parteien im Parlament. Die US-amerikanischen Konzerne erhielten keine Entschädigung – der US-Außenminister *Kissinger* sprach damals erstmals von einem eventuellen Eingreifen der Vereinigten Staaten. Die USA strichen sofort alle Hilfs- und Kreditprogramme und froren Kredite ein. Gleichzeitig begann ein internationaler Kapitalabzug, und mit Un-

Salvador Allende (1908–1973)

Salvador Allende Gossens wird am 26. Juli 1908 in Valparaíso geboren. **Er stammt aus einer bürgerlichen Familie** und kann nach dem Besuch der Oberschule in Valparaíso Medizin studieren. Bereits während der Studienzeit engagiert er sich politisch, wird mehrfach inhaftiert und zeitweilig von der Universität verbannt.

1933 ist Allende **Mitbegründer der Sozialistischen Partei Chiles,** 1937 wird er Parlamentsabgeordneter und 1939–42 Gesundheitsminister in der Volksfrontregierung von *Pedro Aguirre Cerda.* Ansonsten arbeitet er als Arzt für verschiedene Gesundheitsorganisationen, unterrichtet an der Universität und äußert sich immer wieder zu (gesundheits)politischen Themen. 1943 wird er Generalsekretär der Sozialistischen Partei. Dreimal – 1952, 1958 und 1964 – scheitert er als Vertreter linker Bündnisse bei den Präsidentschaftswahlen. Die Linksbündnisse werden aber von Wahl zu Wahl größer und bedeutsamer – auch die Stimmenzahlen steigen.

Am 4. September 1970 gewinnt die Unidad Popular, eine Listenverbindung von Kommunisten, Sozialisten, Liberalen und linken Christdemokraten, erstmals die relative Mehrheit im Land. Am 3. November zieht Allende als **weltweit erster frei gewählter marxistischer Präsident** in den Regierungspalast Moneda ein.

Nur drei Jahre kann Allende sein Regierungsamt ausüben. **Am 11. September 1973 putschen die Militärs unter Führung von Augusto Pinochet. Allende begeht Selbstmord,** als das Militär den Palast stürmt. Er erschießt sich mit einer Maschinenpistole, die er vom kubanischen Revolutionsführer *Fidel Castro* geschenkt bekommen hatte. Die Militärs lassen ihn in Valparaíso begraben – nur seine Frau darf ihm das letzte Geleit geben. Erst im September 1990 erhielt der Präsident sein Staatsbegräbnis. Seitdem ist sein Grab auf dem Cementerio General, dem Hauptfriedhof Santiagos, zu finden.

Hier ein kurzer **Auszug aus seiner letzten Rundfunkrede** vom 11. September 1973: „Meine Worte sind nicht von Bitternis geprägt, sondern von Enttäuschung; sie sind auch eine moralische Züchtigung derjenigen, die den Eid, den sie geleistet haben, gebrochen haben: Soldaten Chiles, amtierende Oberbefehlshaber. ... Ich werde nicht zurücktreten. In eine historische Situation gestellt, werde ich meine Loyalität gegenüber dem Volk mit dem Leben bezahlen. ... Sie haben die Gewalt, sie können zur Sklaverei zurückkehren, aber man kann weder durch Verbrechen noch durch Gewalt die gesellschaftlichen Prozesse aufhalten. Die Geschichte lehrt uns, es sind die Völker, die sie machen. ... Es werden andere Chilenen kommen. In diesen düsteren und bitteren Augenblicken, in denen sich der Verrat durchsetzt, sollen Sie wissen, dass sich früher oder später, sehr bald, erneut die großen Straßen auftun werden, auf denen der würdige Mensch dem Aufbau einer besseren Gesellschaft entgegengeht. Es lebe Chile! Es lebe das Volk! Es leben die Werktätigen! Das sind meine letzten Worte, und ich habe die Gewissheit, dass dieses Opfer zumindestens eine moralische Lektion sein wird, die den Treuebruch, die Feigheit und den Verrat verurteilt."

terstützung von CIA und dem Industriekonzern ITT wurde wild gegen den Kupferpreis an den internationalen Börsen spekuliert. Die **CIA** wühlte im Untergrund – in den drei Jahren der Allende-Regierung setzten die USA mehr als 8 Millionen Dollar zur **Destabilisierung** ein. Die Devisenbestände des Landes gingen zu Ende, die Investitionen stockten und blieben zuletzt gänzlich aus.

Das Klima im Land radikalisierte sich: Streiks der Lastwagenfahrer verschärften die Lieferengpässe, der Schwarzmarkt und die Inflation wuchsen, auch die Parlamentswahlen von 1973 brachten keine Klärung. Am 22. August 1973 sprach das Parlament *Allende* das Misstrauen aus. Doch der musste nicht zurücktreten und tat es auch nicht.

Der Putsch

Am **11. September 1973** putschte schließlich das Militär. Es besetzte im Morgengrauen die strategisch wichtigsten Punkte: Wasser- und Elektrizitätswerke, Flugplätze, Straßen und Häfen, Grenzposten und Rundfunkstationen. An der Spitze des Militärs stand der Oberbefehlshaber des Heeres, **General Augusto Pinochet** (vgl. Exkurs). In den Städten wurde nur wenig Widerstand geübt. Nur in einzelnen Fabriken verschanzten sich die Arbeiter, die größten Kämpfe fanden am Regierungspalast La Moneda im Zentrum der Hauptstadt Santiago statt. *Allende* hatte sich dort mit Mitarbeitern verschanzt. Über Rundfunk lehnte er die Forderung der Putschisten ab, zurückzutreten und den Palast zu übergeben. Um 9 Uhr morgens wurde die Moneda von Panzern umstellt. Flieger griffen den Präsidentenpalast an, dann wurde er gestürmt. *Salvador Allende* forderte seine Gefolgsleute auf, sich zu ergeben, und beging Selbstmord – was viele Freunde und politische Gefolgsleute lange bezweifelten, heute aber erwiesen ist.

Eine **Militärjunta** übernahm die Macht und leitete **grenzenlosen Terror** ein. Zehntausende wurden verhaftet, in Stadien interniert und gefoltert, Tausende ohne Verfahren verurteilt und getötet und in Massengräbern verscharrt. Auch der bekannteste Liedermacher Chiles, *Victor Jara,* wurde im Estadio Chile in der Hauptstadt zuerst gefoltert und dann ermordet. In der Wüste im Norden und auf den Inseln vor Patagonien wurden Konzentrationslager eingerichtet. Nach späteren unabhängigen Untersuchungen wurden 2279 Menschen von den Militärs ermordet, über 27.000 gefoltert (s.u.). Hunderttausende Chilenen mussten ins Exil gehen.

Die Militärdiktatur

Viele demokratische Politiker aus dem rechten Spektrum hatten erwartet, dass das Militär nur die Regierung stürzen und sich danach wieder in die Kasernen zurückziehen würde. Doch *Pinochet* hatte andere Pläne: Bis 1990 blieb er im Amt, er regierte mit Dekreten, verbannte die linken Parteien, löste das Parlament auf und unterdrückte alle Oppositionspolitik. **Folter, Mord und Repression** waren an der Tagesordnung, und nicht nur im Inland: Am 21. Dezember 1976 ermordeten der chilenische Geheimdienst DINA *(Dirección de Inteligencia Nacional)* und die US-amerikanische

Augusto Pinochet (1915–2006)

Das **Bild des finsteren Putschisten-Generals mit der Sonnenbrille** ging nach dem 11. September 1973 um die Welt und wurde im Ausland bald zum **Symbol für blutige Diktaturen schlechthin.** Dass *Pinochet* von einem nicht unwesentlichen Teil der Bevölkerung als Retter vor der „marxistischen Gefahr" begrüßt und noch lange nach dem Ende der Diktatur als erfolgreicher Reformator der Wirtschaft gefeiert wurde, ist international kaum bekannt.

Augusto Pinochet Ugarte wird am 25. November 1915 in Valparaíso geboren. Seine Familie gehört dem **unteren Mittelstand** an, er schlägt nach dem Schulabschluss die Militärlaufbahn ein. 1936 wird er bereits Leutnant im Heer, 1953 Major. 1954 geht er als Lehrer an die Kriegsakademie und noch im selben Jahr ins Verteidigungsministerium. Im Jahr 1956 ist Pinochet dann für kurze Zeit Militärattaché in Washington. Die Verbindung zu den USA lässt er auch in den folgenden Jahren nicht abreißen.

In der Zeit der Allende-Regierung macht Pinochet weiter **Karriere.** Er wird Stabschef des regierungsloyalen Heereskommandanten *Carlos Prats* und, als dieser im August 1973 zurücktritt, von *Allende* selbst zu dessen Nachfolger ernannt. Nur drei Wochen später, am 11. September 1973, führt er die Putschisten gegen die Allende-Regierung an.

Bis dahin war Pinochet, wie es der Tradition des chilenischen Militärs entsprach, nie politisch in Erscheinung getreten. Doch nach dem Putsch verfolgt er ganz konkrete Ziele: **Nationalismus, Disziplin, Marktwirtschaft.** Als Führer der Militärjunta lässt er sich 1981 zum Präsidenten wählen (bis 1989). 1986 entgeht er nur knapp einem Attentat und verhängt sofort wieder den Ausnahmezustand, der bereits von September 1973 bis zum Juni 1985 gegolten hatte.

Nach seiner Abdankung als Präsident im Jahr 1990 besteht Pinochet darauf, Oberbefehlshaber der Streitkräfte zu bleiben – ohne den Verteidigungsminister der neuen Regierung als Vorgesetzten zu akzeptieren.

Erst 1998 tritt Pinochet als Oberster Befehlshaber des Heeres ab und nimmt wie selbstverständlich, ungeachtet von massiven Protesten im Land, einen Posten als **Senator** ein. In der von ihm 1989 auf den Weg gebrachten Verfassung wird Staatspräsidenten, die länger als sechs Jahre im Amt waren, ein Senatorenposten auf Lebenszeit eingeräumt.

Die Reise in eine Londoner Spezialklinik wird ihm 1998 zum Verhängnis: Auf den internationalen Haftbefehl eines spanischen Richters hin, der Menschenrechtsklagen gegen Pinochet untersucht, wird er am Krankenbett unter **Arrest** gestellt. Sämtliche Instanzen bis zum House of Lords werden bemüht, und nur knapp entgeht der Ex-Diktator der Auslieferung.

Nach der Rückkehr Pinochets nach Chile gelingt es dem mutigen Richter *Juan Guzmán,* der einige der schwerwiegendsten Fälle von Morden an Diktaturgegnern untersucht, die parlamentarische Immunität des Senators aufzuheben und offiziell **Anklage** gegen Pinochet zu erheben. Der Prozess wird zwar letztlich wegen „Altersdemenz" eingestellt, doch der Nimbus des Unberührbaren ist dahin. In der Folgezeit muss sich der gebrechliche Ex-Diktator immer neuen Anklagen stellen und wird zwischenzeitlich unter Hausarrest gestellt. Als schließlich 2004 ruchbar wird, dass Pinochet mehrere Millionen Dollar über eine amerikanische Bank beiseite geschafft hatte, ist das Ansehen des angeblichen Saubermanns selbst bei seinen ehemaligen Mitstreitern ramponiert. Pinochet stirbt am 10. Dezember 2006 im Alter von 91 Jahren.

CIA gemeinsam den früheren Außenminister der Unidad Popular *Orlando Letelier* in einem Washingtoner Diplomatenviertel.

Die Militärjunta änderte sofort die Wirtschaftspolitik: Neoliberale Wirtschaftswissenschaftler (die sog. Chicago Boys) berieten die Junta. Die Verstaatlichungen wurden – mit Ausnahme der Kupferminen – zurückgenommen. Bis 1979 wurden ein Fünftel der Staatsangestellten entlassen und die Staatsausgaben insgesamt um die Hälfte gekürzt, vor allem bei den Sozialleistungen.

Im Jahr 1980 ließen sich die Militärs eine **neue Verfassung** maßschneidern, die per inszenierter Volksabstimmung mit Zwei-Drittel-Mehrheit angenommen wurde. Zuvor waren die Wähler massiv eingeschüchtert worden. Wer sich öffentlich gegen die neue Verfassung aussprach, musste mit seiner Verhaftung rechnen. *Pinochet* legalisierte mit dieser neuen Verfassung seine Herrschaft: Er war nun bis 1989 Staatsoberhaupt.

Trotz verschärfter Repression kam es in den Jahren der Diktatur immer wieder zu **Protesten der Bevölkerung:** Während der Wirtschaftskrise 1982 zogen Tausende von Chilenen mit „Hungermärschen" durch die Städte, 1983 riefen die Gewerkschaften zu nationalen Protesttagen auf, immer wieder wurden Attentate auf prominente Militärs verübt. *Pinochet* selbst entging 1986 nur knapp einem Anschlag der kommunistischen Widerstandsbewegung. Ab 1987 nahmen die ersten politischen Parteien langsam wieder die Arbeit auf.

Rückkehr zur Demokratie

1988 versuchte Pinochet erneut, seine Alleinherrschaft zu verlängern: Doch bei der Volksabstimmung darüber, ob er weitere acht Jahre im Amt bleiben darf, musste er erstmals eine Niederlage einstecken. 54% der Wähler stimmten mit „Nein". Bei den daraufhin angesetzten Wahlen im Dezember 1989 setzte sich der Kandidat des Mitte-Links-Blocks *Concertación de Partidos por la Democracia,* der Christdemokrat **Patricio Aylwin,** mit 55% gegen den Kandidaten der Rechten, *Hernán Büchi,* den auch *Pinochet* unterstützte, durch. Im März **1990** übernahm *Aylwin* die Regierung, Pinochet blieb Oberbefehlshaber des Heeres.

Aylwin agierte geschickt: Sein Ziel war die *convivencia democrática,* das demokratische Zusammenleben. Bereits 1978 hatten sich die Militärs eine Amnestie spendiert – dennoch fielen nicht alle Verbrechen der Diktatur darunter. 1993 wurden erstmals Offiziere wegen Menschenrechtsverletzungen zur Verantwortung gezogen. Ein Großteil der fast 250.000 während der Diktatur exilierten Chilenen kehrte in die Heimat zurück. Wirtschaftspolitisch war die Armutsbekämpfung *Aylwins* wichtigstes Ziel; neue Arbeitsplätze senkten die Quote um fast ein Viertel. 1994 galten etwa 3 Millionen Chilenen als arm (Haushalte mit weniger als 250 Dollar im Monat).

Unter *Aylwins* Nachfolgern **Eduardo Frei Ruiz-Tagle** (1994–2000) und **Ricardo Lagos** (2000–2006) gelang es, die *transición,* den Übergang von der Militärherrschaft zur vollständigen Demokratie, zu vollenden. Beide rüttelten nicht am bestehenden neoliberalen

Wirtschaftsmodell, sondern versuchten, dessen negative Effekte sozial abzufedern. Sie setzten zudem auf die weitere internationale Öffnung Chiles und den Ausbau von Autobahnen, Häfen, Bahnlinien und Kraftwerken.

2006 kam mit der Sozialistin **Michelle Bachelet** die erste Frau auf den Präsidentensessel. Ihre Wahl war eine Sensation: eine linke, geschiedene, alleinstehende Mutter und Atheistin an der Spitze eines konservativ-katholisch, patriarchal geprägten Landes. So blies der Politikerin, die im Exil in der DDR Medizin studiert hatte, denn auch entsprechender Gegenwind ins Gesicht. Sozialer Protest, Bildungskrise, Energiekrise – wichtige Fortschritte wie die Rentenreform oder die Verdoppelung der Kindergarten- und Krippenplätze gingen darüber unter. Dennoch erreichte ihre Popularität in Umfragen gegen Ende ihrer Amtszeit sensationelle 84 Prozent.

Aber amtierende Präsidenten können in Chile nicht direkt wiedergewählt werden, und so kam es **2010** erstmals seit 20 Jahren wieder zu einem Machtwechsel: Die rechte *Coalición por el Cambio* hatte den Großunternehmer **Sebastián Piñera** (vgl. Exkurs) ins Rennen geschickt, und der gewann knapp (51,6%) die Stichwahl gegen Ex-Präsident *Eduardo Frei*. 20 Jahre lang hatte der Mitte-Links-Block *Concertación* erfolgreich regiert, nun war das Bündnis ausgezehrt, der gemeinsame Nenner – der Kampf gegen Pinochet und die Rückkehr zur Demokratie – aufgebraucht, und die Wähler votierten für den an *Barack Obama* angelehnten Wechsel-Diskurs *Piñeras*. Seine Amtsübernahme im März 2010 war überschattet von den Folgen des schweren Erdbebens in Zentralchile wenige Tage zuvor am 27. Februar, und so musste sein Regierungsprogramm zunächst zurückstehen hinter den wichtigeren Aufgaben des Wiederaufbaus. Trotz erfolgreicher Wirtschaftspolitik ist der Präsident wenig beliebt bei den Chilenen, seine Umfragewerte sanken zwischenzeitlich auf 25%. Dazu trug u.a. das glücklose Agieren der Regierung im Zuge der Studentenproteste 2011/12 und im Konflikt mit den Mapuche-Ureinwohnern bei. Im Dezember 2013 stehen die nächsten Wahlen an.

Politik

Verfassung und Regierungsform

Gemäß der Verfassung von 1981 ist Chile eine **präsidiale Republik mit einem Zweikammerparlament.** Die damals – zu Zeiten der Militärdiktatur – in einer Volksabstimmung angenommene Verfassung wurde federführend von den Militärs ausgearbeit. Sie enthielt mehrere Paragrafen, die nicht mit den Prinzipien freiheitlicher Demokratien übereinstimmten. Diese wurden seit 1989 nach und nach eliminiert bzw. abgewandelt. Erst 2005 wurden die nicht gewählten Senatoren abgeschafft und dem Präsidenten das Recht zurückgegeben, die Chefs der Streitkräfte zu berufen und abzusetzen.

[>] Präsident Piñera beim Staatsbesuch 2010 in Berlin

Das Zweikammerparlament, das seit 1990 in Valparaíso tagt, besteht aus **Abgeordnetenkammer (Cámara de Diputados) und Senat (Senado).** Die 120 Mitglieder der Abgeordnetenkammer werden für je vier Jahre gewählt, die 38 Senatoren für acht Jahre.

Der **Staatspräsident** wird direkt vom Volk gewählt und bleibt vier Jahre im Amt. Die unmittelbare Wiederwahl des Präsidenten ist nicht zulässig. Derzeitiger Präsident ist *Sebastián Piñera* (s.o.) von der rechten Parteienkoalition. Diese stellt derzeit 58 Abgeordnete und 16 Senatoren und hat damit in keiner der beiden Kammern die Mehrheit.

2012 wurde das **Wahlrecht** reformiert: Die bislang gültige Wahlpflicht für alle Registrierten wurde aufgehoben. Alle Chilenen über 18 können wählen, die Teilnahme an Wahlen ist freiwillig.

Legislative (Gesetzgebung), **Exekutive** (Regierung) und **Judikative** (Rechtsprechung) **sind nach der Verfassung getrennt,** und laut Verfassung herrscht auch ein Gleichgewicht zwischen den drei Gewalten. Beide Parlamentskammern wie auch der Präsident haben das Recht, Gesetzesinitiativen einzubringen, diese brauchen dann die Zustimmung beider Kammern. Die **oberste Gerichtsbarkeit** wird vom 21-köpfigen Obersten Gerichtshof ausgeübt, dem alle anderen Gerichte des Landes unterstellt sind. Die Richter dort werden vom Präsidenten ernannt und vom Senat bestätigt, ebenso die der 17 Berufungsgerichte. Mit dem Militärputsch war die unabhängige Gerichtsbarkeit nahezu vollständig zum Erliegen gekommen, und auch in den Jahren der Demokratie verweigerte sich der Oberste Gerichtshof zunächst, Verstöße

chi11-002 pc

Sebastián Piñera

von **Petra Albütz**

13. Oktober 2010. Die ganze Welt ist live dabei, als die Rettungskapsel einen verschütteten Kumpel nach dem anderen aus der Unglücksmine im Norden Chiles an die Erdoberfläche zurückbringt. Wer begrüßt jeden einzelnen der 33 Bergleute persönlich? *Sebastián Piñera,* seit Anfang des Jahres Staatspräsident und treibende Kraft hinter dem ehrgeizigen Rettungsplan, für den keine Kosten gescheut wurden. Er sonnt sich in seinem Erfolg, während ihn Kritiker als „Empfangschef am Minenausgang" belächeln. Einmal mehr scheiden sich die Geister im Urteil über das Staatsoberhaupt.

Der **Unternehmer und Politiker** *Piñera,* Jahrgang 1949, ist ein bunter Hund in Chile. Zunächst baute er mit der Einführung von Kreditkarten ein Wirtschaftsimperium auf, das er im Laufe der Zeit um Fluggesellschaften, Fernsehkanäle und ganze Industriezweige erweiterte. Sein Privatvermögen wird auf 2,4 Mrd. US-Dollar geschätzt. Parallel zu diesem kometenhaften Aufstieg zeigte er Berufung für den Staatsdienst: Von 1990 bis 1998 war er Senator, danach führte er die rechtsliberale Partei *Renovación Nacional* aus dem Schattendasein und stand zwei Präsidentschaftskampagnen durch. Das Präsidentenamt war das einzige, das dem ehrgeizigen, stets lächelnden Wirtschaftsboss noch fehlte.

Sein Programm ist denn auch ganz darauf ausgerichtet, die ohnehin stark neoliberal geprägte Wirtschaft des Landes durch eine weitere **Stärkung des Privatsektors** anzukurbeln. Das Pro-Kopf-Einkommen soll bis 2014 um 30% auf 22.000 US-Dollar steigen, die extreme Armut ausgerottet und der Staatssektor vollkommen modernisiert werden. Neue Allianzen zwischen Staat und privatem Sektor sollen die Sozialleistungen verbessern und mehr als eine Million Arbeitsplätze schaffen. Kritiker bezweifeln die soziale Nachhaltigkeit solcher Maßnahmen, während Befürworter das privatwirtschaftliche Management des Staates begrüßen. Doch *Piñera* ist auch in seinem eigenen Lager nicht unumstritten: Den wirklich Konservativen macht er zu viele Zugeständnisse an die politische Mitte.

Dabei hat *Piñera* den Wahlsieg weniger wegen seines Wahlprogramms errungen als vielmehr kraft seiner **schillernden Persönlichkeit.** Vielen gilt er als eine Art chilenischer *Berlusconi.* Selbstverständlich weist *Piñera* solche Vergleiche mit Hinweisen auf seine katholische Erziehung, seine langjährige Ehe und seine vier Kinder weit von sich – was aber nicht jeden überzeugt, der beobachtet hat, wie sich *Piñera* nach der Regierungsübernahme nur zögerlich von den Aktien seiner Unternehmen, seines Fernsehsenders und seines Fußballclubs trennte. Wie *Berlusconi* zeigt *Piñera* ein unfehlbares Gespür für den großen Auftritt – und für das Fettnäpfchen. Bei einer Europareise zog er bei jeder passenden und unpassenden Gelegenheit stolz den Zettel aus dem Jackett, den die Bergarbeiter aus der Tiefe geschickt hatten. Und beim Staatsbesuch in Berlin schrieb er salopp „Deutschland, Deutschland über alles" ins Gästebuch des Bundespräsidenten. So oder so, über fehlende Unterhaltung können sich die Chilenen bei ihrem Präsidenten nicht beklagen.

gegen die Menschenrechte aus der Zeit der Militärdiktatur zu verfolgen. Mittlerweile ist eine neue, unabhängigere Generation von Richtern in obere Positionen nachgerückt. Im Zuge einer umfassenden Justizreform wurden vor wenigen Jahren erstmals Staatsanwaltschaften und mündliche öffentliche Verfahren eingeführt – teilweise nach deutschem Vorbild. In der Verfassung ist die Autonomie der Zentralbank verankert.

Insgesamt ist es Chile binnen 20 Jahren nach Ende der Diktatur gelungen, die **Demokratie** wieder auf feste Füße zu stellen. Einer Studie der Konrad-Adenauer-Stiftung von 2006 zufolge ist Chile im lateinamerikanischen Vergleich führend in der Entwicklung der Demokratie. Dabei wurden Indikatoren wie die Achtung politischer Rechte, die Effizienz politischer Institutionen, Armut, Bildung und wirtschaftliche Eckdaten verglichen.

Verwaltung

Chile ist in **14 Regionen und die Hauptstadtregion Santiago** *(Región Metropolitana)* untergliedert (siehe Tabelle auf der nächsten Seite). Erst 2006 wurden zwei neue Regionen geschaffen (Arica-Parinacota und Los Ríos) und gleichzeitig die bisherige Durchnummerierung mit römischen Zahlen offiziell abgeschafft. Man trifft sie (z.B. III. Región Atacama) allerdings noch häufig an. Die Region Magallanes umfasst neben dem äußersten Süden des Landes auch den Teil der Antarktis, auf den Chile Anspruch erhebt. Die bewohnten Inseln im Pazifik – Osterinsel und Robinson Crusoe – gehören offiziell zur Region Valparaíso, und besonders auf der Osterinsel herrscht Unmut darüber, dass für die Insel wichtige Entscheidungen 3800 km weiter östlich getroffen werden …

Die einzelnen Regionen sind in **Provinzen** untergliedert, diese wiederum in **Gemeinden.** Auf kommunaler Ebene werden Gemeinderäte und Bürgermeister frei gewählt, die Regional- und Provinzgouverneure werden hingegen von der Zentralregierung eingesetzt.

Traditionell ist Chile ein **stark zentralistisch regiertes Land.** Die Regionalverwaltungen genießen bloß eingeschränkte Autonomie, alle wichtigen Entscheidungen werden in der Hauptstadt gefällt.

Parteien und Gewerkschaften

Nach einigen Kräfteverschiebungen während der Diktatur – erst Mitte der 1980er Jahre konnten einige Parteien wieder aktiv werden – hat sich ein übersichtliches Parteienspektrum herausgebildet. Insgesamt gibt es sieben relevante politische Parteien. Im Parlament stehen sich **zwei große Blöcke, jeweils Parteienbündnisse,** gegenüber: die *Concertación de los Partidos por la Democracia* und die *Alianza por Chile.*

Die **Concertación,** die die vier Präsidenten nach Ende der Diktatur stellte, versammelt ein breites politisches Spektrum. Im politischen Zentrum ist die Christdemokratische Partei (*Partido Demócrata Cristiano,* PDC) angesiedelt, mit ihren mitunter stark von Mitte rechts bis Mitte links auseinander driftenden Flügeln. Der *Partido por la Democracia*

Die Regionen

	Fläche in km² / Flächenanteil	Bevölkerungsdichte Einwohner / Ew pro km²
XIV Region Arica-Parinacota: Hauptstadt Arica		
	16.873 / 2,2%	214.000 / 12,6
I Region Tarapacá: Iquique		
	42.226 / 5,5%	298.000/ 7,1
II Region Antofagasta: Antofagasta		
	126.049 / 16,7%	543.000 / 4,3
III Region Atacama: Copiapó		
	75.176 / 9,9%	291.000 / 3,4
IV Region Coquimbo: La Serena		
	40.580 / 5,4%	705.000 / 17,4
V Region Valparaíso: Valparaíso		
	16.396 / 2,2%	1.724.000 / 105,1
RM Hauptstadtregion (Región Metropolitana): Santiago de Chile		
	15.403 / 2,0%	6.684.000 / 434,0
VI Region Libertador General Bernardo O'Higgins: Rancagua		
	16.387 / 2,2%	873.000 / 53,3
VII Region Maule: Talca		
	30.296 / 4,0%	964.000 / 31,8
VIII Region Biobío: Concepción		
	37.063 / 4,9%	1.965.000 / 53,0
IX Region la Araucanía: Temuco		
	31.842 / 4,2%	907.000 / 28,5
XV Region Los Ríos: Valdivia		
	18.429 / 2,4%	364.000 / 19,8
X Region Los Lagos: Puerto Montt		
	48.584 / 6,4%	785.000 / 16,1
XI Region Aysén del General Carlos Ibáñez del Campo: Coyhaique		
	108.494 / 14,3%	98.000 / 0,9
XII Region Magallanes y Antártica Chilena: Punta Arenas		
	132.297 / 17,5%	159.000 / 1,2
Gesamt	756.096 / 100%	16.572.000 / 21,9

Einwohnerzahlen: Volkszählung 2012, Quelle: INE

(PPD) steht links der Christdemokraten, genau wie der *Partido Socialista* (PS). Hinzu kommt der kleinere, ebenfalls eher sozialdemokratisch ausgerichtete *Partido Radical Socialdemócrata* (PRSD). Insgesamt strebt die Concertación eine sozial ausgerichtete Marktwirtschaft an. Wie lange das als Anti-Pinochet-Bündnis gebildete Konglomerat noch hält, ist ungewiss. Nach dem Ende ihrer Regierungszeit 2010 haben die Parteien noch nicht zu einer klaren, koordinierten Oppositionspolitik gefunden.

Wie die Concertación ist auch das derzeitige Regierungsbündnis **Alianza por Chile** (die im Wahlkampf als *Coalición por el Cambio* antrat) eher Resultat einer Zweckehe denn einer Liebesheirat. Die *Unión Demócrata Independiente* (UDI) und die *Renovación Nacional* (RN) setzen in unterschiedlichem Maße auf konservative und neoliberale Werte und das Wirken des freien Marktes, wobei insbesondere die Rechtsaußen-Partei UDI als Auffangbecken ehemaliger Pinochet-Mitstreiter und -Anhänger sowie Opus-Dei-Ideologen fungiert. Zuletzt hat sie ihrer gemäßigteren Schwesterpartei RN mit einem gezielt unpolitischen, populistischen Diskurs den Rang als stärkste Regierungspartei abgelaufen.

Der **Partido Comunista** (PC) hat nicht an seine große Zeit vor der Militärregierung anknüpfen können. Anfang der 1970er Jahre war die Kommunistische Partei Chiles mit mehr als 200.000 Mitgliedern die drittgrößte der westlichen Welt. Heute kann sie sich nur schwer von ideologischen Altlasten lösen und mobilisiert nur noch wenige Anhänger. Immerhin: Obwohl das Wahlsystem die kleinen Parteien benachteiligt, konnte der PC 2010 dank eines Wahlpaktes mit der Concertación erstmals wieder drei Abgeordnete ins Parlament schicken.

Ähnlich ergeht es den einst sehr starken **Gewerkschaften:** Von der Militärregierung verboten, gehörten sie dennoch zu den Trägern der Protestbewegung. Im Zuge der Rückkehr zu Demokratie und neoliberaler Wirtschaftspolitik schwand das Interesse der Chilenen an gewerkschaftlicher Aktivität. Heute gibt es noch etwa 50 nationale Einzelgewerkschaften, zusammengefasst in mehreren größeren Dachverbänden. Deren größter ist die *Central Unitaria de Trabajadores de Chile* (CUT), die 1988 neu gegründet wurde.

Die beiden größten **Unternehmerverbände,** die *Confederación de la Producción y el Comercio* (CPC) und die *Sociedad de Fomento Fabril* (Sofofa), sind sehr konservativ orientiert.

Insgesamt hat die **politische Beteiligung der Bevölkerung** seit dem Ende der Diktatur stark abgenommen. So erklärten 2010 in einer repräsentativen Umfrage drei Viertel der Befragten, sich wenig oder gar nicht für Politik zu interessieren. Damit bilden die Chilenen das Schlusslicht in Sachen politisches Interesse in ganz Amerika. Anders als zu Beginn der 1970er Jahre setzt man heute eher auf individuellen und familiären Fortschritt denn auf gesellschaftlichen.

Außenpolitik

Die chilenische Außenpolitik bestimmen **zwei Faktoren:** das Bemühen um ein gutes Verhältnis zu den internationalen Wirtschaftspartnern (vor allem in Europa, Ostasien und Nordamerika) und die Notwendigkeit, sich in der lateinamerikanischen Staatengemeinschaft sowohl territorial als auch politisch zu behaupten.

Dabei gibt es mit den unmittelbaren Nachbarn nach wie vor Querelen. Mit **Peru** streitet man inzwischen vor dem Internationalen Gerichtshof in Den Haag über die Grenzziehung innerhalb der 200-Meilen-Zone im Pazifik, und mit **Bolivien** unterhält man nicht einmal diplomatische Beziehungen auf Botschafterebene. Hintergrund ist der Konflikt um den Zugang Boliviens zum Meer, den das Land im Pazifikkrieg vor über 120 Jahren an Chile verlor. Bolivien drängt auf die Abtretung eines „Korridors" zum Pazifik entlang der Grenze zwischen Peru und Chile, doch die chilenische Regierung will sich darauf nicht einlassen und bietet Bolivien lediglich einen Freihafen an.

Auch mit **Argentinien** bestehen noch Streitigkeiten. Erst 1994 wurde der Konflikt um die Laguna del Desierto in Patagonien, etwas nördlich des Fitz-Roy-Massivs, beigelegt, ein internationales Schiedsgericht hatte vermittelt. 1984 hatte der Papst im Streit um drei Inseln im Beagle-Kanal (Süd-Feuerland) eingegriffen und diese Inseln Chile zugesprochen. Offen sind noch ein Gletschergebiet südlich des Fitz Roy und große Teile der Antarktis. Chile erhebt seit 1940 Anspruch auf einen Teil der Antarktis zwischen 53° und 90° westlicher Länge, ein Gebiet, das auch Argentinien für sich reklamiert, nämlich zwischen 25° und 74° West, ebenso Großbritannien.

Chile ist **Mitglied** der Vereinten Nationen (UN) und zahlreicher ihrer Unterorganisationen, der Organisation Amerikanischer Staaten (OAS), des Internationalen Währungsfonds und der Weltbank. Nach dem Ende der Diktatur hat Chile seine Isolation in der internationalen Politik aufgebrochen und ist zunehmend aktiv geworden. Deutlichstes Zeichen dafür ist vielleicht die Entsendung chilenischer Polizei- und Militärkontingente im Rahmen von UN-Friedenseinsätzen in Afghanistan und Haiti. Seit 1996 ist Chile dem Mercado Común del Cono Sur **(Mercosur)** assoziiert, dem gemeinsamen Markt, dem Argentinien, Brasilien, Paraguay, Uruguay und Venezuela angehören. 2010 wurde Chile als erstes südamerikanisches Land in die Organisation für wirtschaftliche Zusammenarbeit und Entwicklung **(OECD)** aufgenommen, der die meisten entwickelten Länder angehören.

Menschenrechte

Die Aufarbeitung der Verbrechen gegen die Menschenrechte während der Diktatur ist bis heute noch nicht abgeschlossen, hat aber in den letzten Jahren an öffentlicher Aufmerksamkeit eingebüßt. Lange Zeit war es dem Militär gelungen, diesbezügliche Diskussionen durch die **Amnestie-Gesetzgebung** zu verhindern. Anstöße zu vielen Verfahren kamen oft von außen – zuletzt von den spanischen Untersuchungsbehörden (s. Exkurs zu *Pinochet*).

In Chile sind die **Gerichte** inzwischen dazu übergegangen, die Amnestiegesetze so auszulegen, dass sie die Menschenrechtsverbrechen zumindest untersuchen und sich um Wahrheitsfindung be-

[>] Einsamer Grenzposten an der Laguna Verde

mühen können. In etlichen Fällen konnten so immerhin der Tathergang geklärt und die Täter benannt werden – auch wenn die Verfahren dann ohne Verurteilung eingestellt werden mussten. In einigen wenigen Fällen, die nicht von den Amnestiegesetzen abgedeckt wurden, wurden auch hohe Militärs zu Haftstrafen verurteilt, darunter z.B. der ehemalige Geheimdienstchef *Manuel Contreras.* Bis heute weiß man wenig oder gar nichts über das Schicksal hunderter Opfer der Militärs: Wurden sie irgendwo verscharrt? Oder von Hubschraubern ins Meer geworfen, wie die Luftwaffe zugab? Den Familien geht es weniger um die Bestrafung der Täter, als vielmehr darum, die Wahrheit zu erfahren und ihre Angehörigen gebührend bestatten zu können. Ein von Präsident *Lagos* einberufener **Runder Tisch der Menschenrechte** bemühte sich, den Verbleib der Opfer aufzuklären – mit eher bescheidenem Erfolg, obwohl Mitwissern und Mittätern Anonymität zugesichert wurde. 2004 legte die **Kommission zu Politischer Gefangenschaft und Folter** ihren Bericht vor. Darin wird die Leidensgeschichte zehntausender Opfer dokumentiert; insgesamt stehen auf der Kommissionsliste 27.253 Namen „anerkannter Folteropfer". Der Staat zahlt ihnen eine lebenslange Rente von monatlich rund 150 Euro.

Die Jahresberichte von **amnesty international** sprechen auch heute noch von Menschenrechtsverletzungen in Chile und erwähnen insbesondere Misshandlungen in Gefängnissen sowie Polizeiaktionen gegen Landbesetzungen von Mapuche-Indianern.

Auf die **Colonia Dignidad** wird im entsprechenden Exkurs unter „Bevölkerung und Gesellschaft" eingegangen.

chi042 ms

Das Militär

Nach wie vor ist das Militär ein **gewichtiger (innen)politischer Faktor.** Schon vor dem Pinochet-Putsch mischte sich das Militär immer wieder gewaltsam in die Politik ein; Bürgerkriege und mehr als ein knappes Dutzend Putsche kamen in den Jahrzehnten nach der Befreiung von der spanischen Herrschaft zusammen. Nach der Diktatur gelang es den Regierungen von *Aylwin, Frei* und *Lagos,* das Verhältnis zwischen Politik und Militär schrittweise zu normalisieren. Die aus Spitzenpositionen ausscheidenden Pinochet-Zöglinge wurden durch moderatere Generäle ersetzt. Seit der Verfassungsreform von 2005 werden die Chefs der Teilstreitkräfte wieder vom Präsidenten berufen.

In Chile besteht **allgemeine Wehrpflicht** für Männer ab dem 19. Lebensjahr. Zwei Jahre Dienst im Heer, bei der Marine oder der Luftwaffe sind Pflicht, die große Mehrheit der Rekruten meldet sich jedoch freiwillig. Die Gesamtstärke der Streitkräfte liegt bei etwa 60.000 Mann, davon gehört der größte Teil dem Heer an. Die paramilitärisch ausgerüsteten **Carabineros** umfassen ebenfalls etwa 60.000 Mann.

Der **Militäretat** ist mit 8,8 Mrd. US-Dollar (2013) der dritthöchste aller lateinamerikanischen Staaten (nach Brasilien und Kolumbien). Gemessen am Bruttoinlandsprodukt liegt Chile mit Militärausgaben von 4,3% sogar an zweiter Stelle in Lateinamerika. Das hängt vor allem mit zwei Gesetzen zusammen, die noch von *Pinochet* stammen: Erstens darf der Militäretat nicht unter den von 1989 sinken, zweitens besitzt das Militär eine weitgehende Finanzautonomie: 10% der Erlöse der staatlichen Kupferminen fallen ihm direkt zu, ohne dass es über deren Verwendung Rechenschaft ablegen muss. Außerdem besitzt das Militär eigene Ländereien und weitreichende Befugnisse und Mitspracherechte.

Wirtschaft

Chiles Wirtschaftspolitik spaltet: Auf der einen Seite gibt es Bewunderung und Lob für die soliden Wachstumsziffern, auf der anderen Seite herrscht Besorgnis über die Kosten des Modells Chile: über den Raubbau an der Natur und über die anhaltende **Armut,** die sich nicht verstecken lässt. Während die glitzernden Hochhäuser in der Metropole Santiago wachsen, ist auf der anderen Seite die große Zahl derer nicht zu übersehen, die außerhalb der formalen Wirtschaft gerade mal mit Mindestlöhnen oder weniger überleben müssen. Der UN-Organisation CEPAL zufolge ist jeder zehnte Chilene arm, 3,1% der Bevölkerung werden als „extrem arm" eingestuft (Zahlen von 2011). Andere Studien, die eine realistischere Armutsgrenze zugrunde legen, sprechen von vier Millionen Armen, was etwa 25% der Bevölkerung entspricht. Immerhin ist es den Regierungen der Concertación gelungen, mit gezielten Sozialprogrammen Tausenden Chilenen den Sprung über die Armutsgrenze zu ermöglichen und den Anteil der Armen von fast 40% Anfang der 1990er Jahre auf offizielle 14% zu senken. Dabei bleibt die untere Mittelschicht besonders anfällig für Wirtschaftskrisen wie die von 2008/09 oder

Naturkatastrophen. So drückte das Erdbeben vom Februar 2010 eine halbe Million Menschen unter die Armutsgrenze.

Armut heißt dabei nicht unbedingt, dass ein Zehntel aller Chilenen auf der Straße lebt oder nichts besitzt. Sie bedeutet aber, dass **in einem relativ reichen Land bestimmte Gruppen von Bildungschancen und sozialem Aufstieg abgeschnitten sind.** Im Andenhochland in Nordchile hungern die Kinder der Aymara-Indianer nicht unbedingt, denn die Lama-Zucht wirft für den Eigenbedarf genügend ab, aber die Hoffnung auf ein besseres Leben existiert kaum. Und: Es gibt eine neue Armut, eine, die früher nicht bekannt war. Der Politikwissenschaftler *Elmar Römpczyk,* der für die Friedrich-Ebert-Stiftung lange in Chile war, schrieb dazu: „Durch den Modernisierungsprozess gibt es verarmte Mittelschichtsegmente, Rationalisierungsopfer, Privatisierungsopfer. Und es gibt strukturelle Folgen der Armut in Form einer immer weiter um sich greifenden Umweltzerstörung; durch das Anschwellen des informellen Sektors und durch die Erleichterung, die Armut für die Beibehaltung traditioneller gesellschaftlicher Funktionen bedeutet: die Armen beseitigen den Dreck der Reichen; die Armen arbeiten im Dienstleistungsbereich bis spät in die Nacht, an Sonn- und Feiertagen etc., die Reichen müssen nicht ihre Herrenklasse-Attitüde aufgeben."

Die Weltbank, die ansonsten die chilenische Wirtschaftspolitik sehr lobt, vergibt schlechte Noten, wenn es um die **Verteilung des Einkommens** in Chile geht. Die Einkommen klaffen stark auseinander: Vom Nationaleinkommen besitzen die reichsten 20% der Bevölkerung etwa 62%, die ärmsten 20% der Bevölkerung gerade mal 3%.

Dabei gehört Chile zu den wirtschaftlich **stabilsten und dynamischsten Ländern Südamerikas** und wird von Experten gern als Muster-Schwellenland gepriesen. Von Mitte der 1980er Jahre bis 1997 wuchs das Bruttoinlandsprodukt um durchschnittlich 7% jährlich. Nach einer Flaute Ende der 1990er, bedingt durch die weltweiten Börsenkrisen, hat sich das **Wachstum** immerhin wieder bei 4 bis 6% eingepegelt (mit Ausnahme des Krisenjahrs 2009). In Lateinamerika ist Chile mit einem **Bruttoinlandsprodukt (BIP)** von 249 Mrd. US-Dollar nach Brasilien, Mexiko, Argentinien, Venezuela und Kolumbien die sechstgrößte Volkswirtschaft, beim BIP pro Kopf der Bevölkerung liegt Chile mit rund 15.000 US-Dollar sogar in der Spitzengruppe. Zum Vergleich: Das Pro-Kopf-Produkt Deutschlands beträgt mit rund 44.000 Dollar fast das Dreifache. Legt man allerdings die **Kaufkraft** zugrunde, ist der Unterschied nicht mehr ganz so groß: Jedem Chilenen stehen danach im Schnitt rund 18.000 Dollar im Jahr zur Verfügung, jedem Deutschen 38.000 Dollar (alle Zahlen von 2011).

Nach Pinochets Putsch wurde die chilenische Wirtschaft total umgekrempelt. Im Zeichen des **Neoliberalismus** wurde der Glaube an den internationalen Markt zum alles beherrschenden Prinzip. Die Staatsbetriebe wurden mit Ausnahme des Kupferkonzerns Codelco privatisiert – heute beschäftigt der Staat nur noch 7–8% aller Lohnabhängigen, die anderen lateinamerikanischen Staaten haben im Schnitt doppelt so viele Bedienstete. Gleichzeitig zog sich der Staat aus der Sozialpolitik zurück – die Renten- und Krankenversicherungen wurden teilweise von privaten Unternehmen übernommen.

Grundprinzipien der Wirtschaftsordnung wie die **Garantie des Privateigentums sowie die Unternehmerfreiheit sind in der Verfassung festgeschrieben,** und Leitlinie der Politik auch der demokratischen Nachfolger *Pinochets* war die politische Absicherung der nationalen und internationalen Rahmenbedingungen für chilenische und internationale Investitionen im In- und Ausland. Chile ist für seine klaren, investorenfreundlichen Regeln ebenso bekannt wie für die solide Verwaltung der Staatsfinanzen. Der Risikofaktor, in Chile zu investieren, wird international mit AA+ bewertet; damit steht Chile in Lateinamerika am besten da.

Land- und Forstwirtschaft, Fischerei

Im Vergleich zu anderen lateinamerikanischen Ländern besitzt die Landwirtschaft in Chile eine nicht so große Bedeutung. Der Grund sind die geografischen und klimatischen Besonderheiten des Landes, die **nur auf einem Drittel der Landesfläche** (35%) eine **landwirtschaftliche Nutzung** zulassen. Nur 3% werden für den Ackerbau genutzt, 17% als Weideland. In den ausgedehnten Wüstengebieten im Norden und in den vereisten oder unzugänglichen Regionen des Südens ist Landwirtschaft unmöglich, lediglich in einzelnen Oasengebieten des Nordens – beispielsweise im Valle de Elqui – ist der Anbau von Obst und Gemüse, hier vor allem Wein, möglich. Insgesamt tragen Land- und Forstwirtschaft und Fischerei gerade mal 3% zum Bruttoinlandsprodukt bei, obwohl hier über 13% aller Erwerbstätigen beschäftigt sind. Die Betriebsstruktur ist durch zahlreiche **Klein- und Kleinstbetriebe** gekennzeichnet, deren durchschnittliche Größe gerade mal 1,7 Hektar erreicht.

Hauptanbaugebiete sind Mittelchile und der Kleine Süden, die wichtigsten Exportprodukte der klassischen Landwirtschaft sind Frischobst und Frischgemüse, dazu Tafeltrauben und Wein. Zu den Shooting Stars beim Export gehören in diesem Jahrzehnt auch Oliven, Nüsse und Avocados sowie Obst wie Kirschen, Pflaumen und Blaubeeren.

Die **Forstwirtschaft** hat sich zu einem der wichtigsten Exportzweige entwickelt. Dabei wird vor allem Zellstoff und Rohholz exportiert, hauptsächlich nach China und in die USA. Chile besitzt vor allem im Süden günstige Bodenverhältnisse und Witterungsbedingungen, so dass die Kiefer in Chile etwa dreimal so schnell wie in den USA wächst. So setzt die Forstwirtschaft auf **Monokulturen mit Kiefern oder Eukalyptus,** mit den entsprechenden Konsequenzen für Umwelt und Landschaft: Die Pflanzungen sind keine Wälder, wie die Forstkonzerne es gern glauben machen, sondern eingezäunte Plantagen mit Bäumen in Reih und Glied. Diese werden, wenn sie die entsprechende Größe erreicht haben, großflächig geschlagen. 2011 exportierte Chile Holzprodukte im Wert von 6 Mrd. Dollar, Tendenz steigend.

Ebenso wie die Forstwirtschaft ist die **Fischerei** im letzten Jahrzehnt mehr und mehr expandiert. Das nährstoffreiche Wasser des Humboldt-Stroms beschert einen großen Reichtum an Fischen und machte Chile zur größten Fischereination Lateinamerikas. Die Bestände sind inzwischen aber weitgehend **überfischt,** und küstennah wird kaum noch etwas gefangen. Hauptabnehmerland ist Japan, ostasiatische Industrieschiffe kreuzen teilweise direkt an der Grenze der chilenischen Hoheitsgewässer und kaufen ganze Fänge der chilenischen Fischereiflotten auf. Im Jahr 2000 unterzeichneten die südamerikanischen Pazifik-Anrainerstaaten den **Galápagos-Vertrag,** der die Zusammenarbeit beim Schutz der Fisch-Ressourcen regeln und den Raubbau innerhalb einer 200-Meilen-Zone vor der Küste eindämmen soll. Doch Abkommen wie diese können nur schwer kontrolliert werden.

Die mageren Fangquoten werden zumindest teilweise durch die **Fischzucht** wett gemacht. Chilenische und internationale Konzerne haben die Produktion von Lachsen und Forellen als lukratives Geschäft entdeckt.

Chile ist inzwischen nach Norwegen der **zweitgrößte Lachsexporteur der Welt;** tiefgekühlt gelangt der Edelfisch auf die Tische nordamerikanischer und japanischer Verbraucher. Doch während sich die Unternehmen jahrelang über Rekorderlöse freuten (2011: 3 Mrd. Dollar), sahen Umweltschützer die Ausbreitung der „schwimmenden Käfige" in Pazifikbuchten und -fjorden mit Sorge, vor allem wegen der Folgen für das natürliche Gleichgewicht in den Gewässern. 2008/09 sorgte schließlich ein eingeschleppter Virus für ein verheerendes Lachssterben in den Intensivhaltungen – und für zahlreiche Konkurse und Massenentlassungen in den ohnehin strukturschwachen Gegenden Südchiles. Einmal mehr zeigte sich: Lachszucht und Fischerei sind wie die Forstwirtschaft Beispiele für Wirtschaftszweige, deren Gedeihen auf dem Verbrauch oder der Schädigung von Ressourcen beruht.

Industrie, Bergbau und Energie

Chile gehört zu den stärker industrialisierten Ländern Südamerikas. Schwerpunkte sind der Bergbau, die Nahrungs- und Genussmittelindustrie sowie die chemische Industrie. Rund 30% des chilenischen Bruttoinlandsprodukts erwirtschaftet die **Industrieproduktion,** 23% der Beschäftigten arbeiten hier.

Wichtigster Bereich ist der **Bergbau,** der 12% zum BIP beiträgt. Chile verfügt über bedeutende Erzlagerstätten vorwiegend im Norden des Landes. **Kupfer** ist unangefochten der größte Einzelposten in der Ausfuhrstatistik des Landes. 2011 fuhr das „rote Gold" dank des hohen Weltmarktpreises mit 44 Mrd. Dollar über 53% der gesamten Exporterlöse ein. Chile stellt mit rund 5,3 Mio. Tonnen Kupfer rund 32% der Weltproduktion. Damit ist das Land mit großem Abstand vor China und Peru (je ca. 8%) der größte Kupferproduzent. Ein Drittel des chilenischen Kupfers wird vom staatlichen Konzern Codelco gefördert. Daneben ist der Kupferbergbau auch interessant für ausländische Konzerne. Hohe Investitionen kommen vor allem aus den USA und Kanada. Schon vor einigen Jahren hat die private Förderstätte Escondida dem großen staatlichen Tagebau Chuquicamata den Rang als (dem Produktionsvolumen nach) größte Kupfermine der Welt abgelaufen: Escondida förderte 2011 rund 800 Mio. Tonnen Reinkupfer, Chuquicamata rund 600 Mio. Weitere Milliardenprojekte im Norden des Landes, wie Collahuasi oder El Abra, erschließen ebenfalls neue Lagerstätten.

Andere Bergbauprodukte von hohem Wert sind die Minerale Molybdän, Rhenium und Lithium, Jod, Eisen, Silber, Gold, Mangan, Borax, Schwefel, Phosphat und verschiedene Salze. Die Kohleminen im Süden des Landes sind zwar reich, die Förderung ist aber wegen der niedrigen Weltmarktpreise unwirtschaftlich geworden, und viele Minen wurden geschlossen.

Chiles **Energiebedarf** wird heute durch Erdöl (44%), Brennholz (20%), Kohle (17%), Erdgas (10%) und Wasserkraft (8%) gedeckt. Da die eigenen Erdöl- und Erdgasreserven auf den extremen Süden begrenzt sind und sich erschöpfen, importiert man Flüssiggas per Schiff aus der Karibik. Außerdem setzt man mehr und mehr auf Wasserkraft. Zurzeit wird nur ein kleiner Teil dieses Potenzials genutzt, damit werden aber rund 50% des Stroms erzeugt. So werden – neben der Rückkehr zu Kohlekraftwerken – neue Staudammprojekte vorangetrieben. Nach dem Bau großer Kraftwerke am Río Biobío – gegen die Proteste von Umweltschützern und unter Vertreibung der Ureinwohner – wird derzeit heftig über geplante Stauseen an den patagonischen Flüssen Baker und Pascua diskutiert.

Auf **Kernenergie** hat Chile bislang verzichtet. Die **Nutzung erneuerbarer Energien,** von denen Chile eine Menge hat (Sonne, Wind, Erdwärme), steckt noch in den Kinderschuhen. Lediglich im Kleinen Norden und in Patagonien sind vereinzelte Windparks im Einsatz.

Chiles Exportschlager: Rohkupfer

chi111 ms

Erwerbsstruktur

Wie in ganz Lateinamerika sind auch in Chile die Grenzen zwischen Arbeit, Gelegenheitstätigkeiten, Familienarbeit und Arbeitslosigkeit fließend. Den statistischen Daten zur Erwerbsstruktur ist nur bedingt zu trauen. Dennoch die offiziellen Zahlen: Ende 2012 betrug die **Arbeitslosenrate** rund 6%. Etwa 45% der Bevölkerung stehen im Erwerbsleben – die niedrige Quote hat zwei Gründe: zum einen den geringen Anteil an Frauenerwerbstätigkeit, zum anderen den relativ hohen Anteil von Kindern und Jugendlichen an der chilenischen Bevölkerung. **Handel und Dienstleistungen** sowie das produzierende Gewerbe halten sich mit je 25% der Beschäftigten die Waage als größte Arbeitgeber.

Außenhandel

Chiles Außenhandelsbilanz ist in der Regel positiv, dank der massiven Ausfuhr von Kupfer, Zellulose und landwirtschaftlichen Produkten. Die Exporterlöse sind in hohem Maße **abhängig von der Preisentwicklung auf den internationalen Märkten;** verfallen die Preise für Rohstoffe, dann sinken Chiles Einnahmen dramatisch. So geschehen mit dem **Kupferpreis,** der nach einem Hoch 1995 zunächst kontinuierlich fiel, 2001 vorübergehend sogar unter die 60-Cent-Marke (pro Pfund), womit viele kleinere und ältere Minen unter ihren Produktionskosten ankamen. Die chilenischen Kupferkonzerne versuchten zunächst, die Verluste durch höhere Exportvolumen wettzumachen, drosselten dann aber die Produktion, um den Weltmarktpreis zu stützen. Was auch gelang: Seit 2003 schraubte sich der Weltmarktpreis für das rote Metall in ungeahnte Höhen. Der Aufschwung und die verstärkte Nachfrage auf wichtigen Zielmärkten wie USA und China katapultierten den Kupferpreis in den Jahren 2006 und 2007 zwischenzeitlich über die 400-Cent-Grenze. Doch dann brach der Preis für das rote Metall im Zuge der Weltwirtschaftskrise binnen weniger Monate auf ein Drittel ein (ca. 140 Cent pro brit. Pfund Ende 2008) – und zog die Exportbilanz mit hinunter. 2010/11 kletterte der Kupferpreis wieder auf über 400 Cent – und Chile verbuchte einen Exportrekord von rund 81 Mrd. Dollar. Allein der Bergbau war daran mit über 60% beteiligt.

Die **Weltmarktorientierung** macht es schwierig, für Chiles Außenhandel verlässliche Prognosen abzugeben. Zudem wurden erst in den 1990er Jahren verstärkt Kapital- und Konsumgüter nach Chile importiert. Auch hier in den letzten Jahren mit rasanter Tendenz: Von 2003 bis 2011 verdreifachten sich die **Einfuhren** auf 69 Mrd. Dollar.

Chile hat die offenste Wirtschaftsform Lateinamerikas. Es gibt außer bei Gebrauchtwagen keinerlei Einschränkungen beim **Import** von Gütern und Dienstleistungen. Importiert werden vor allem Konsumgüter, Kapitalgüter und Halbwaren, besonders beachtlich ist die Zunahme bei Lebensmittelimporten, Metallprodukten, Maschinen, Chemikalien sowie den Konsumgütern allgemein. 2011 stammten die meisten Importe aus den USA (20%), gefolgt von China (17%) und den Ländern des Mercosur (21%). Innerhalb der EU ist Deutschland der wichtigste Handelspartner.

chi043 ms

Die chilenische Wirtschaftspolitik hat den **Export** in den letzten Jahren zielstrebig gefördert. Dabei werden Exporthilfen vor allem für sogenannte nicht-traditionelle Produkte gewährt, d.h. solche, die nicht wie Kupfer, Gold und Silber sowie Zellstoff, Papier, Frischobst und Fischmehl zu den klassischen Exportschlagern gehören. Gefördert werden u.a. Agrarprodukte wie Wein und Lachs, aber z.B. auch Blaubeeren, Pilze oder Schnittblumen. Ziel ist es, die einseitige Abhängigkeit des Landes von der Kupferausfuhr zu mindern und die Exporte zu diversifizieren.

Diversifiziert wurden auch die **Zielmärkte** für chilenische Produkte. In den letzten zwei Jahrzehnten hat Chile mehrere Freihandelsabkommen unterzeichnet, darunter mit der NAFTA-Region (USA, Kanada und Mexiko) und mit der Europäischen Union. Zielstrebig wird auch der Fernost-Markt erschlossen: Mit China, Japan und Südkorea bestehen entweder Freihandelsverträge oder Zollerleichterungen. Größter Exportmarkt für chilenische Produkte ist Ostasien (Japan, China, Südkorea) mit 40% aller Exporte (Zahlen von 2011), gefolgt von der EU (19%) und Nordamerika (13%). Die wichtigsten Abnehmerländer im Einzelnen: China (23%), Japan (11%) und die USA (11%). Deutschland liegt mit einem Volumen von rund 1,2 Mrd. Euro an 17. Stelle.

Mapuche-Hütte bei Lonquimay – die Ureinwohner gehören zu den Ärmsten in Chile

Informeller Sektor

Wie in allen Ländern Lateinamerikas spielt auch in Chile der sogenannte informelle Sektor eine **wichtige Rolle.** Es entwickeln sich vorwiegend Dienstleistungen, die nicht in den offiziellen Statistiken auftauchen. In Klein- und Kleinstunternehmen, oft Ein-Mann-Betrieben, wird gekauft und verkauft, ohne Steuern zu zahlen, ohne Sozial- oder Rentenversicherung. An den Busbahnhöfen in Santiago und der Provinz verkaufen die einen Sonnenbrillen oder Cola-Dosen, die anderen Sandwiches. Ein fast „klassischer Beruf" im informellen Sektor ist der des Schuhputzers, wieder andere erledigen Botengänge, stehen vor Ämtern und Behörden Schlange oder arbeiten als Dienstboten für Geschäftsleute. Die Fußgängerzonen und Bürgersteige werden von „fliegenden" Händlern bevölkert, die alle Arten von Raubkopien anpreisen (und sich bei Annäherung eines Polizisten in Luft auflösen): Musik-CDs, DVDs, Computerprogramme, alles zu Spottpreisen – und zum großen Ärger der Hersteller.

In manchen Ländern trägt der informelle Sektor inzwischen mehr zum Bruttosozialprodukt bei als die konventionellen Wirtschaftsbereiche. Das ist für Chile wenig wahrscheinlich, konkrete Zahlen aber sind aus diesem Bereich nicht zu bekommen.

Tourismus

Auch im Tourismus sind viele Arbeitsverhältnisse informell. Nicht jede *Casa de Familia* ist bei den zuständigen Behörden angemeldet, viele vermieten in der Saison das eine oder andere leer stehende Zimmer. So sind Statistiken über den Tourismus immer mit Mängeln behaftet, dennoch liegen einige Zahlen vor: **2012** besuchten **fast 3,5 Mio. ausländische Touristen** Chile, die für Deviseneinkünfte von mehr als 1,7 Mrd. Euro sorgten. Die meisten Besucher stammen aus amerikanischen Ländern, die größte Gruppe sind die Argentinier (1,4 Mio.), gefolgt von Brasilianern (377.000), Bolivianern (355.000), Peruanern (338.000) und US-Amerikanern (181.000), wobei von den Lateinamerikanern viele auf Arbeitssuche nach Chile kommen. Die meisten der 375.000 europäischen Besucher stammen aus Deutschland (72.000), Spanien (64.000), Frankreich (63.000) und Großbritannien (50.000). Die chilenischen Behörden setzen auf den Ausbau eines hochpreisigen Tourismus, im Ausland wird offensiv um Investoren für schicke, große Hotelanlagen geworben.

Naturschutz und Umweltprobleme

Umwelt und Wirtschaft

Als „Tiger Lateinamerikas" sieht sich Chile gern und präsentiert voller Stolz die Spitzenplätze in den Wirtschaftsrankings des Kontinents. Tatsächlich ist das Land dabei, in absehbarer Zeit den Sprung vom Schwellenland zum entwickelten Land zu schaffen. Doch wie sieht die **ökologische Bilanz** des chilenischen Wachstums aus?

Traditionell basiert die Wirtschaft des Landes auf der **Ausbeutung natürlicher Ressourcen,** angefangen mit dem Salpeter über Kupfer bis hin zu Holz und Fisch. Umweltschutz spielte dabei bis zum Ende des 20. Jahrhunderts kaum eine Rolle. Die giftigen Rückstände des Bergbaus wurden in die Wüste oder ins Meer verkippt, Urwälder zu Holzchips verarbeitet und durch schnell wachsende Plantagen ersetzt, der Pazifik im industriellen Maßstab abgefischt. Erst in den letzten 15, 20 Jahren ist das Bewusstsein gewachsen, dass dieser Raubbau an den Ressourcen nicht nur die Umwelt schädigt und die Lebensbedingungen der Menschen beeinträchtigt, sondern auf lange Sicht auch die Grundlagen der Wirtschaft gefährdet.

So sind **„grüne" Ideen** inzwischen auch in Chile salonfähig und haben Regierung und Wirtschaftslenker wenn nicht zum Um- so doch zum Nachdenken gebracht. Einiges wurde erreicht: Größere Investitionsvorhaben müssen inzwischen relativ strenge Umweltauflagen erfüllen, einige Megaprojekte wie die Abholzung der Naturwälder auf Feuerland oder ein Kohlekraftwerk nahe eines Naturschutzgebiets bei La Serena konnten sogar ganz gestoppt werden. Mehr und mehr Kläranlagen werden gebaut, immer mehr Abluftfilter kommen in der Industrie zum Einsatz. Doch nach wie vor ist man schnell dabei, Umweltaspekte hintanzustellen, wenn es um die wirtschaftliche Entwicklung geht.

Beispiel Río Cruces bei Valdivia: Eine große Zellulosefabrik wurde gebaut und schuf viele Arbeitsplätze. Doch erst als die Schwarzhalsschwäne im Naturreservat flussabwärts zu Hunderten verendeten, wurde der Konzern gezwungen, die Produktion zu drosseln und seine giftigen Abwässer nicht mehr in den Fluss zu leiten.

Beispiel Río Baker in der Region Aysén: Hier und am Río Pascua, zwei wasserreichen Flüssen in Patagonien, wollen die Energiekonzerne Colbún und Endesa mehrere große Staudämme errichten und die gewonnene Energie über eine 2000 Kilometer lange Fernleitung nach Santiago transportieren. Umweltschützer warnen vor den Folgen dieses Eingriffs in einen der letzten unberührten Naturräume Chiles. Doch die Konzerne

chi107 ms

> Araukarienwald am Vulkan Lonquimay

können auf den Rückhalt der Zentralregierung hoffen, für die der wachsende Energiebedarf des Landes Priorität hat.

Und nach wie vor ist Chile weit entfernt von einer nachhaltigen Nutzung seiner Naturschätze. **Beispiel Forstwirtschaft:** 15 Jahre brauchte ein Gesetzentwurf zum Schutz des Naturwaldes im Parlament, wo sich Politiker und Lobbyisten gegenseitig blockierten, bevor 2007 endlich ein Kompromiss verabschiedet wurde. Das Gesetz schuf u.a. wirtschaftliche Anreize, Naturwälder nicht einfach abzuholzen, sondern nachhaltig zu bewirtschaften und einheimische Arten nachzupflanzen. Bis dahin wurden nur die Aufforstung mit schnell wachsenden Exoten wie Kiefer oder Eukalyptus vom Staat gefördert. Doch die Plantagen zerstören die Artenvielfalt des Urwalds und laugen den Boden aus.

Dabei gibt es gerade beim Thema Naturwald **positive Ansätze:**

In einer langjährigen Kooperation des Deutschen Entwicklungsdienstes mit der Forstbehörde Conaf zeigten deutsche Forstexperten den kleinen Waldbauern, wie sie ihr Stück Naturwald

nachhaltig bewirtschaften können. Leider ist das Projekt inzwischen ausgelaufen – Chile gilt nicht mehr als Entwicklungsland.

Dank der Unterstützung nordamerikanischer Umweltschutzorganisationen wie Forest Ethics wächst der Druck auf chilenische Holzkonzerne, ihre Produkte nach dem internationalen Zertifizierungs-Standard FSC herzustellen. Dieses Zertifikat erhalten nur Unternehmen, die eine nachhaltige Bewirtschaftung von Naturwald nachweisen können.

Das **Beispiel Douglas Tompkins** macht Schule: Der nordamerikanische Ökomillionär kaufte in Patagonien rund 450.000 Hektar Naturwald und schuf damit den privaten Naturpark Pumalín (Näheres siehe dort). Andere zogen nach: Die Investmentbank Goldman Sachs übergab riesige Flächen der letzten Feuerland-Wälder an die Wildlife Conservation Society (siehe Feuerland), und der Unternehmer und aktuelle Präsident *Sebastián Piñera* erwarb ausgedehnte Naturwälder am Südzipfel der Insel Chiloé für das Schutzprojekt Tantauco (siehe Quellón).

chi112 ms

Umweltprobleme

Wer nur ein paar Tage in **Santiago** bleibt, sieht die Anden mitunter nur hinter einem Dunstschleier: Die **Luftverschmutzung** macht der Stadt an manchen Tagen zu schaffen. Dennoch ist es in den letzten 15 Jahren gelungen, die Luft Santiagos nachhaltig zu verbessern – und das trotz starken Wirtschaftswachstums und eines jährlich um zehn Prozent wachsenden Fuhrparks. Dabei wird die Luftverschmutzung durch Industrieabgase und Straßenverkehr noch durch die Kessellage der Hauptstadt verschärft. Bergketten auf allen Seiten verhindern vor allem im Winter den Luftaustausch. Inversionswetterlage heißt das, wenn die braun-graue Luft stündlich dicker und dicker wird, je länger kein Wind weht oder es nicht regnet.

Noch Mitte der 1990er Jahre wurde an 80 Tagen im Jahr **Smogalarm** ausgerufen. 2012 waren es noch 19, davon nur drei Tage mit der zweiten, höheren Alarmstufe „preemergencia". Einiges wurde getan: Ältere Busse wurden aus dem Verkehr gezogen, neue Busse und

◁ Im Naturreservat Altos de Lircay

Nutzfahrzeuge erfüllen europäische oder US-amerikanische Abgasnormen. Abgasintensive Industrien werden stärker kontrolliert und bei Smogalarm stillgelegt. Dann gilt auch ein Fahrverbot für einen Teil der Autos ohne Katalysator; ohnehin werden seit 1992 nur noch Neuwagen mit Kat verkauft.

Weitere Vorschläge gibt es viele, besonders die Comisión Nacional del Medio Ambiente (Nationale Umweltkommission) ist rührig, kann aber nur Anregungen machen. Nicht alles ist politisch durchsetzbar, aber hierin liegt sowieso das Problem der chilenischen Umweltpolitik: **Wirtschaftswachstum genießt Vorrang,** sei es bei der Frage der Luft- und Wasserverschmutzung durch die Kupfergewinnung, der Überfischung der Meere, der Wasserverschmutzung durch die Lachszucht, des Dünger- und Pestizideinsatzes beim Obstanbau oder der Waldwirtschaft/-abholzung.

Nationalparks und andere Schutzzonen

Chile besitzt eine **Fülle unterschiedlicher Naturschutzgebiete.** Die meisten liegen im Bereich der Andenkordillere. In 36 Nationalparks *(Parques nacionales),* 49 Reservaten *(Reservas nacionales)* und 15 Naturmonumenten *(Monumentos naturales)* stehen insgesamt etwa 14,6 Millionen Hektar Land unter **Naturschutz,** das sind **etwa 19% der gesamten Staatsfläche.** Noch ist die chilenische **Forstbehörde Conaf** *(Corporación Nacional Forestal),* die zum Ministerium für Landwirtschaft gehört, für die Schutzzonen zuständig. Die Einrichtung einer eigenständigen Naturschutzbehörde wird seit Längerem diskutiert.

Nachfolgend werden in aller Kürze **die wichtigsten und bekanntesten Nationalparks** vorgestellt. Mehr zu diesen Parks (und auch zu vielen anderen) ist den Reiserouten zu entnehmen.

In den nördlichsten Regionen Arica und Tarapacá liegen an der chilenisch-bolivianischen Grenze drei Schutzgebiete, die direkt aneinander grenzen: der **Parque Nacional Lauca, die Reserva Nacional Las Vicuñas** und das **Monumento Natural Salar de Surire.** Weitere Schutzgebiete folgen nur wenige Kilometer weiter südlich: die Nationalparks **Volcán Isluga** und **Salar del Huasco.** Alle fünf Schutzgebiete liegen im Andenhochland – sie erstrecken sich auf Höhen oberhalb von 3000 Metern und beeindrucken mit Vulkanlandschaften, Hochwüsten, Salzlagunen und Seen (darunter der Lago Chungará, einer der höchsten Seen der Erde), Geysiren, hochandiner Tier- und Pflanzenwelt mit Lamas, Vicuñas und Llareta-Pflanzen sowie kleinen Indianerdörfern mit wundervollen Kolonialkirchen.

In der Region Antofagasta ist die **Reserva Nacional Los Flamencos,** in der Umgebung von San Pedro de Atacama, das bedeutendste Schutzgebiet. Auf den Salzseen und Lagunen kann man mehrere Flamingoarten beobachten.

Die wichtigsten Schutzgebiete der Region Atacama sind der **Küsten-Nationalpark Pan de Azúcar,** wo die vom Meer aufsteigende Feuchtigkeit eine spezielle Vegetation gedeihen lässt, und der **Parque Nacional Nevado Tres Cruces** im Andenhochland bei Copiapó.

In der Region Coquimbo liegen die wichtigsten Schutzzonen am Meer: Im

Parque Nacional Bosque Fray Jorge wächst dank des Küstennebels ein feuchter Regenwald, wie man ihn eigentlich erst Hunderte Kilometer weiter südlich findet, und die **Reserva Nacional Pingüino de Humboldt** schützt drei Inseln vor der Küste nördlich von La Serena, auf denen Pinguine und Seelöwen leben.

Zwei Inseln gehören zu den Nationalparks der Region Valparaíso: die **Osterinsel** und der **Archipel Juan Fernández,** der von der UNESCO als Welt-Biosphärenreservat anerkannt wurde. Auf dem Festland liegen – verkehrsgünstig nah bei Santiago – mehrere Naturschutzgebiete, u.a. der **Parque Nacional La Campana** mit großem Roble- und Palmenbestand. Zur Región Metropolitana gehören die **Reserva Nacional Río Clarillo,** 45 Kilometer südöstlich von Santiago, die einen guten Querschnitt durch die Andenvegetation bietet, und das **Monumento Natural El Morado,** rund 70 Kilometer östlich von Santiago, mit einem schönen Gletscher.

Die Region O'Higgins besitzt die **Reserva Nacional Río Los Cipreses,** die weitläufige Andengebiete schützt und Heimat zahlreicher Tiere ist, darunter Guanacos, Vizcachas und Füchse.

In den Anden der Region Maule liegen der **Nationalpark Radal-Siete Tazas** (bei Curicó) und das **Naturreservat Altos de Lircay** (bei Talca) mit fantastischen Berglandschaften und ersten Urwäldern. Beide sind leicht zu erreichen und bilden zusammen eins der besten Trekkinggebiete Chiles.

Am besten von Los Angeles aus ist der **Nationalpark Laguna del Laja** in der Region Biobío zu erreichen. Hier bestehen gute Wandermöglichkeiten entlang von Wasserfällen, Vulkanen und Seen.

Die Region Araucanía hat einige der schönsten und abenteuerlichsten Nationalparks in Chile zu bieten. Im **Nationalpark Nahuelbuta,** nordwestlich von Angol, finden sich riesige Bestände von Araukarien, von Lenga, Roble und Coigüe, mithin fast die gesamte Palette des chilenischen Regenwaldes. Araukarien in großen Beständen kann man auch im **Nationalpark Conguillío** bewundern – vor der imposanten Kulisse des Vulkans Llaima, der sich mitten im Park 3125 Meter hoch erhebt. Der Zugang erfolgt am besten von Temuco aus. Nur wenig südlich erstreckt sich der kleine, aber feine **Nationalpark Huerquehue.** Ihn erreicht man am einfachsten von Pucón aus, ebenso wie den **Nationalpark Villarrica** mit ausgezeichneten Wandermöglichkeiten – einer der Höhepunkte ist die geführte Besteigung des aktiven Vulkans Villarrica (2840 m) mit Blick in den Krater, in dem die Lava kocht.

In der Region Los Lagos gehen zwei Nationalparks ineinander über: **Puyehue** und **Vicente Pérez Rosales;** letzterer wurde bereits 1926 als erster chilenischer Nationalpark eingerichtet. Sie liegen östlich der Seen Puyehue, Rupanco und Llanquihue; im Pérez-Rosales-Park erstreckt sich der Lago Todos Los Santos, über den man per Boot und Bus in den angrenzenden argentinischen Nationalpark Nahuel Huapi gelangen kann. Größere Bestände der gigantischen Alercen findet man im **Nationalpark Alerce Andino,** etwa 50 Kilometer östlich von Puerto Montt. Nur gelegentlich trifft man Wanderer im dicht bewaldeten, dünenbesetzten **Nationalpark Chiloé** an der Westküste der gleichnamigen Insel. Kaum erschlossen sind die Märchenwälder des **Nationalparks Hornopirén** nahe der gleichnamigen Ortschaft an der Carretera Austral. Südlich davon erstreckt sich der private **Naturpark Pumalín,** dessen ausgedehnte Urwälder, stille Fjorde und Alerceriesen die umständliche Anreise (per Fähre von Hornopirén oder auf dem Landweg von Chaitén) allemal lohnen.

In der Region Aysén liegen einige sehr große Naturschutzgebiete, die meisten allerdings weitab und nur schwer zu besuchen. Zugänglich über die Carretera Austral sind u.a. der **Nationalpark Queulat** und die **Reserva Nacional Cerro Castillo,** beide wild und einsam und nur etwas für Abenteuerlustige! Einer der Höhepunkte der Region Aysén ist der **Nationalpark Laguna San Rafael.** Die Lagune (eigentlich das Ende eines Pazifikfjords), in die der gleichnamige Gletscher mündet, ist nur per Schiff oder mit Kleinflugzeug zu erreichen.

Der bekannteste und schönste Park der Region Magallanes ist der Nationalpark **Torres del Paine,** wildromantisch und mit wunderbaren Trekkingmöglichkeiten, viel geliebt und daher auch viel besucht.

Völlig unzugänglich und nur vom Schiff aus zu bewundern ist hingegen das mit 3,5 Millionen Hektar größte Schutzgebiet Chiles, der **Nationalpark Bernardo O'Higgins,** das weite Teile der zerklüfteten Fjord- und Insellandschaft der Region Magallanes umfasst.

Informationen sowie die eine oder andere Karte von den Nationalparks und Naturreservaten erhält man bei der für den Schutz zuständigen **Forstbehörde Conaf** im zentralen Büro in Santiago, Paseo Bulnes 265 (Metro Moneda), sowie in den Conaf-Provinzbüros, die unter den jeweiligen Städten gelistet werden. Einen guten Überblick mit Fotos und groben Karten gibt die **Broschüre „Parques Nacionales“** (auf Spanisch), die als Teil des Führers „Chiletur Copec“ erscheint und auch einzeln an den Copec-Tankstellen erhältlich ist.

Bevölkerung und Gesellschaft

Chile hat **17 Millionen Einwohner** und ist damit von der Einwohnerzahl her das fünftgrößte Land Südamerikas. Durchschnittlich leben 22 Chilenen auf jedem Quadratkilometer, in Wirklichkeit aber ist die Bevölkerung sehr ungleich verteilt: In der Hauptstadtregion Santiago leben 434 Menschen auf jedem Quadratkilometer, in den nördlichen und südlichen Randregionen weniger als zehn, in der Region Aysén sogar weniger als ein Mensch. 90% aller Chilenen leben zwischen La Serena und Puerto Montt, zwei Fünftel gar in der Hauptstadtregion.

Das Bevölkerungswachstum liegt zurzeit bei 0,97% und damit unter dem lateinamerikanischen Durchschnitt. Im Vergleich zu den mitteleuropäischen Ländern ist **Chile ein sehr junges Land.** Die Alterspyramide hat eine breite Basis, anders als z.B. in Deutschland, wo sich der Überhang an 20- bis 65-Jährigen als deutlicher „Bauch“ in der Pyramide abzeichnet. Die durchschnittliche Familiengröße wird heute auf vier Personen geschätzt. Die Lebenserwartung beträgt 79 Jahre. Sie lag 1970 noch bei 62 Jahren und ist heute erheblich höher als in den Nachbarländern.

Volksgruppen/ Indigene Völker

Die Zusammensetzung der chilenischen Bevölkerung ist ethnisch und kulturell weitaus homogener als die anderer Andenstaaten. Bei der Volkszählung 2012 gaben 692.000 Menschen an, einer von **acht indigenen Ethnien** anzugehören. Chile ist lange Jahre ein Einwandererland gewesen, und die indianische Urbevölkerung wurde im Zuge der Landnahme durch die Kolonisatoren vertrieben oder ausgerottet. Die heutigen Chilenen sind vorwiegend Nachfahren eingewanderter Spanier, Franzosen, Italiener, Serben, Kroaten und deutschsprachiger Nationen. Viele würden sich nicht als Mestizen bezeichnen, auch wenn der indianische Anteil nicht zu übersehen ist.

Größere indianische Gruppen leben nur noch im Süden und Norden des Landes, im Süden etwa 600.000 **Mapuche-Indianer,** im Norden etwa 50.000 **Aymaras** und 20.000 **Atacameños.** Mapuches und Aymaras sprechen neben dem Spanischen noch ihre eigenen Sprachen. Auf der Osterinsel leben 5000 Nachfahren der Rapa Nui, der polynesischen Urbevölkerung der kleinen Insel.

Religionen

Der überwiegende Teil der Chilenen (70%) gehört der **römisch-katholischen Kirche** an. Bis 1925 war diese auch Staatskirche, dann wurden Staat und Kirche getrennt. Eine wachsende Minderheit (ca. 15%) gehört protestantischen Glaubensrichtungen an; in den letzten Jahrzehnten ist Chile wie viele lateinamerikanische Länder zum begehrten Missionsziel anglikanischer Sekten aus Nordamerika geworden. Kleine Minderheiten bilden die Zeugen Jehovas und die Mormonen (je 1%), 8 Prozent gehören keiner Religion an.

Der chilenische Staat erhebt **keine Kirchensteuer,** daher sind die Gemeinden und Kirchen auf andere Einkünfte angewiesen. Die katholische Kirche ist die reichste des Landes, da sie große Ländereien besitzt.

Die katholische Kirche gehörte lange zu den größten Kritikern der Militärjunta. Kirchliche Einrichtungen dienten als Sammelbecken für die politische Opposition, mutige Priester halfen Verfolgten und prangerten Verbrechen der Diktatur an. Ab 1983 wurden aber verstärkt konservative Kleriker vom Vatikan zu Bischöfen ernannt. Heute ist die **Rolle der Kirche eher zwiespältig.** Auf der einen Seite bemühen sich engagierte Padres um die Armen und Kranken, auf der anderen greift der konservative Klerus in die Politik ein, um liberale Entwicklungen zu bremsen. Da kommt es schon mal vor, dass Abgeordnete vor der Abstimmung über das Scheidungsgesetz vom Erzbischof öffentlich an ihren katholischen Glauben „erinnert" werden, oder die Katholiken von ihrem Kardinal aufgefordert werden, bei Wahlen nur solchen Kandidaten ihre Stimme zu geben, die sich gegen Abtreibung und Ehescheidung aussprechen.

Bildung

Die Statistiken sprechen eine deutliche Sprache: Nur **4% Analphabeten** gibt es, zwölf Schuljahre sind obligatorisch. Das hört sich erst einmal gut an, und zweifellos wurde seit 1990 einiges unternommen, um das Bildungssystem zu verbessern. Die Lehrergehälter wurden angehoben, um den Beruf attraktiver zu machen. Verstärkt wurde in die oft prekär ausgestatteten Landschulen investiert, Stipendien ermöglichen leistungsstarken Schülern aus einfachen Verhältnissen den Zugang zur Universität.

Dennoch sind die **mangelhafte Qualität** der Schulbildung und die ungleichen Bildungschancen die Achillesferse des Modells Chile. Die Realität in dem Indianerdorf auf dem Altiplano, wo in der Dorfschule 50 Kinder aller Altersgruppen von zwei Lehrerinnen unterrichtet werden, und wo es selbst an Papier und Stiften mangelt, steht in krassem Kontrast zu der hauptstädtischen Privatschule mit Computerkabinett, Theatersaal und Sportstadion.

So ist das **Bildungswesen sehr gespalten.** In Santiago und anderen großen Städten genießt die Mittelschicht alle Bildungschancen – vorausgesetzt, man greift tief in die Tasche. Eine gute Schulbildung ist praktisch nur an teuren Privatanstalten zu bekommen, wo die Eltern leicht bis zu 500 Euro monatlich an Schulgeld bezahlen. Bei den Universitäten sieht es ähnlich aus: Hier genießen zwar nach wie vor die großen staatlichen bzw. korporativen Hochschulen den besten Ruf (Universidad de Chile und Universidad Católica), doch wer hier studieren will, muss nicht nur gute Leistungen aufweisen, sondern ebenso wie an den zahlreichen Privatuniversitäten reichlich Kapital in seine berufliche Zukunft investieren.

Der Staat hat sich in den letzten Jahren mehr und mehr aus der Hochschulbildung zurückgezogen; in Santiago und anderen großen Städten bieten unzählige private Hochschulen oder Berufsakademien heute mehr oder weniger gute und teure Weiterbildungsprogramme an. Das „Geschäft mit der Bildung" war denn auch Gegenstand der heftigen Studentenproteste in den Jahren 2011/12, mit z.T. monatelangen Uni-Besetzungen und Demonstrationen. Eine **akademische Ausbildung** genießt hohes Prestige; so hat sich die Zahl der Chilenen mit Hoch- oder Fachschulabschluss in den letzten zehn Jahren auf über 2,2 Millionen verdoppelt – in manchen Branchen weit mehr, als der Markt aufnehmen kann. Auf der anderen Seite mangelt es an qualifizierten Facharbeitern. Es gibt kaum eine verankerte Berufsausbildung für Handwerker. Handwerker müssen keinerlei Gesellen- oder gar Meisterprüfung ablegen, wenn sie sich mit einem Betrieb niederlassen wollen.

Soziales

Chile hatte lange Zeit eines der besten Sozialversicherungssysteme Lateinamerikas. **1981 privatisierte** die Militärregierung nahezu sämtliche **Sozialversicherungen** wie Arbeitslosenunterstützung, Krankenkassen sowie Renten- und Pensionskassen. Die Mitgliedschaft in einer der privaten Vorsorgegesellschaften (*Administradoras de Fondos Previsionales,* AFP) ist seither obligatorisch für jeden Arbeitnehmer. Die AFP arbeiten wie normale Kapitalgesellschaften oder Banken: Sie legen das Geld der bei ihnen Versicherten an und verzinsen diese Beiträge. Daraus werden dann im Idealfall die Renten ausgezahlt. Dieser Versiche-

Huasos und Rotos

Zwei Typen, wie sie unterschiedlicher nicht sein könnten, stehen in der Literatur, der Folklore und den volkstümlichen Erzählungen **stellvertretend für den chilenischen Charakter:** Es sind der Roto und der Huaso.

Der **Huaso,** der oft mit dem argentinischen Gaucho verglichen wird, ist im Kern etwas vollständig anderes. Er war ursprünglich der Pächter von Randgebieten großer Haciendas, wandelte sich später und gilt heute als der typische, leicht konservative chilenische Landbewohner. Er führt anders als der Gaucho kein Vagabundenleben, sondern war von Beginn an den großen Haciendas zugehörig, sorgte dort für das Vieh, schützte den Gutsbesitzer vor Viehdieben und kümmerte sich um die Zäune. So entwickelte sich eine sesshafte, nicht nomadische Kultur, die dennoch Elemente der Eigenständigkeit des Gauchos aufweist. Heute hat sich die Bezeichnung „Huaso" auf alle auf dem Land lebenden Reitersmänner übertragen. Besonders oft sieht man echte Huasos bei Rodeos (das wichtigste findet in Rancagua statt), Pferderennen oder anderen Festen auf dem Land: Sie tragen stolz ihre großen, breitkrempigen und meist schwarzen Hüte, die kurze mehrreihige Jacke mit silbernen Knöpfen, eine Weste und meistens noch einen kurzen Poncho, die „chamanta". Auffällig sind die hölzernen Steigbügel, in denen die oft etwas hochhackigen, mit großen silbernen Sporen verzierten Stiefel stecken.

Der **Roto** ist von ganz anderem Schlag. *Daniel Riquelme* (1857–1912) beschrieb ihn erstmals in seinen Berichten vom Salpeterkrieg. Der Name „Roto" leitet sich vom spanischen Wort für liederlich und zerlumpt ab. Der Roto ist leichtlebig, verwegen und heldenhaft, von großer körperlicher Kraft und ebensolchem Mut. Rotos erstürmten im Salpeterkrieg den Morro, den Felsen von Arica, nachdem sie sich mit einem Cocktail aus hochprozentigem Alkohol und Schießpulver Mut angesoffen hatten. Kennzeichnend ist auch eine große Autonomie; der Roto verdingt sich als Bergmann in den Salpeterminen, als Landarbeiter oder als Gelegenheitsarbeiter in der Stadt. Seine Lebensform ist ungebunden, gleichzeitig ist er unstet und unzuverlässig bis ins Betrügerische – Witz und Verlogenheit liegen dicht beisammen, Ehrlichkeit und Hilfsbereitschaft können schnell in Betrug und Diebstahl umschlagen.

chi113 ms

rungsform ist der Solidaritätsgedanke gänzlich fremd. Theoretisch können solche privaten Versicherungsunternehmen den Staatshaushalt zwar entlasten, ein Problem gibt es jedoch: Verspekuliert sich eine Kapitalgesellschaft und ist nicht mehr in der Lage, die Renten der Versicherten aufzubringen, muss der Staat die Verluste ausgleichen. Er bzw. die Steuerzahler haften also für eventuelle Verluste, während die möglichen Gewinne privatisiert werden.

Das **Gesundheitssystem** ist recht gut ausgebaut, doch bestehen wie im Bildungssystem auch hier große Unterschiede zwischen Stadt und Land sowie Arm und Reich. Denn auch hier gilt: Wer gut verdient, kann sich eine teurere Absicherung bei einer der privaten Krankenkassen *(Isapres)* leisten. Alle anderen müssen im Krankheitsfall entweder hohe Zuzahlungen oder die prekären Bedingungen staatlicher Krankenhäuser in Kauf nehmen.

Verstädterung

Chile hat in den letzten Jahrzehnten einen gewaltigen Verstädterungsprozess erlebt. 1930 lebten 37% der damals 4,3 Millionen Chilenen in Städten, 1960 waren es bereits 67% von 7,3 Millionen Menschen, und heute sind es **87% von 17 Millionen.** Dabei nimmt die Hauptstadt Santiago noch eine Sonderstellung ein – kein anderer Ort im Land wuchs in einem derartigen Tempo.

Landflucht ist der Hauptgrund für das schnelle Wachstum der städtischen Siedlungen. Familien oder Einzelpersonen ohne eigenes Land und Zukunftsperspektive wandern in die Großstädte – oftmals in mehreren Etappen: zunächst in die nächste Provinzstadt, dann weiter in die nächste größere Stadt, und schließlich gelangen sie in die Hauptstadt. Denn dort gibt es Arbeit – sei es als Hausmädchen in einem Oberschichtshaushalt, sei es als Verkäufer auf der Straße, als Handlanger auf dem Markt, als Schuhputzer oder Zeitungsverkäufer.

Die **Städte ändern** so **ihr Gesicht.** Die Außenbezirke werden immer mehr zu Mischungen aus geplanten Großsiedlungen des sozialen Wohnungsbaus, abgeschlossenen Wohnvierteln der Reichen und wild wachsenden Elendsvierteln, die spontan entstehen. Diese provisorischen Unterkünfte werden später legalisiert und ausgebaut.

Sozialstruktur und Alltagsleben

Die Gesellschaft wird von **starken sozialen Kontrasten** geprägt, auch wenn die Regierungsprogramme der letzten beiden Jahrzehnte Früchte getragen und die Zahl der Armen deutlich gesenkt haben. Offiziellen Zahlen zufolge leben 2,5 Millionen Chilenen (15%) unter der **Armutsgrenze,** 1990 waren es noch 39%. Die Armutsgrenze wird freilich sehr niedrig angesetzt: rund 120 Euro monatlich. Etwa 3% der Bevölkerung (in den o.g. Zahlen enthalten) werden als extrem arm *(indigente)* eingestuft; sie haben weniger als monatlich 60 Euro zum Leben. Auf der anderen Seite steht eine kleine, mächtige und reiche Oberschicht. Für lateinamerikanische Verhältnisse besitzt Chile eine **ausgeprägte und große Mit-**

telschicht. Das durchschnittliche Monatseinkommen eines Haushalts liegt bei 800.000 Pesos (ca. 1300 Euro), allerdings müssen 70% der Bevölkerung mit weniger auskommen.

Die Mittelschicht ist sehr heterogen, sie umfasst Handwerker ebenso wie kleine Unternehmer, leitende Angestellte und Freiberufler wie Rechtsanwälte, Künstler, Journalisten etc. So unterschiedlich wie ihre Berufe sind ihre Ziele: Die einen haben den chilenischen „arribismo" verinnerlicht, eine strikte **Aufsteigermentalität.** Ihr Ziel ist es, aufzusteigen, sich oben zu halten und noch mehr Geld zu verdienen. Am wirtschaftlichen Erfolg bemisst sich der persönliche, und Teilen der Mittelschicht ist es auch gelungen, die Oberschicht – die traditionellen Eliten – von deren Machtpositionen zu verdrängen. Gleichzeitig finden sich in der Mittelschicht auch herausragende **Intellektuelle,** die unter persönlichem Verzicht ihren Lebenszielen nachgehen, die Träger politischer und sozialer Ideen sowie der chilenischen Kultur insgesamt sind. Die chilenische Mittelschicht ist stark auf das Ausland fixiert, und die Bewunderung für den US-amerikanischen oder europäischen Lebensstil ist groß. Sie fürchtet nur eines – den Abstieg in die Unterschicht.

Die Grenzen zwischen den sozialen Schichten sind in den letzten 20 Jahren poröser geworden. Dennoch vollzieht sich **sozialer Aufstieg** nicht immer nach nachvollziehbaren Kriterien. Das Leistungskriterium gilt nur für die einfachen Leute; Spitzenpositionen werden in Chile oft nicht nach Leistung, sondern nach anderen „Verdiensten" vergeben; Arbeit gehört nicht unbedingt dazu. Wichtiger ist die **gesellschaftliche Stellung** der Familie ebenso wie Protektion oder der beeinflusste Zufall, die Wahl der richtigen Freunde usw. Die Zugehörigkeit zu einer bestimmten Klasse, die richtigen Einladungen, das richtige Umfeld – all das ist für die Karriere entscheidend. So muss es auch nicht wundern, dass in den wichtigsten Tageszeitungen die „Sociedad" (Gesellschaft) überschriebenen Seiten einen breiten Stellenwert einnehmen. Hier wird ausführlich berichtet, wer auf welcher Hochzeit der Oberschicht mit wem tanzte, wer Gast bei welchem Empfang war und welcher Sohn welcher namhaften Familie seinen wievielten Geburtstag feierte.

Familie, Mann und Frau

Familie ist in Lateinamerika immer **mehr als Mann, Frau und Kinder.** Sie umfasst die Großeltern, die Onkel und Tanten, die Cousinen und Cousins, sie ist ein kompliziertes Geflecht von Beziehungen, das intensiv gepflegt und auch zum gesellschaftlichen Aufstieg genutzt wird. Die Großfamilie spannt das soziale Netz, das der Staat nicht bietet: Wird der Vetter arbeitslos, verhilft man ihm zu einem Job, kann der Neffe sich das Studium nicht leisten, legen alle zusammen.

In der Familie sind die **Rollen streng verteilt:** Der Mann hat außerhalb der vier Wände zu bestimmen, er ist der Wortführer bei den „großen" Themen, die Frau hingegen, die Mutter, ist – zwar nicht direkt, sondern mitunter versteckt – die letzte Instanz bei allen die Familie betreffenden Fragen.

So ist das **Frauenbild recht festgefügt:** Die Frau ist zuständig für den familiären Halt, sie muss die Mutterrolle erfüllen und auch die der Geliebten des Mannes. Perfekt im Haushalt und bei der Kindererziehung, dazu gepflegt und schön, modisch up to date, gleichzeitig wenig fordernd und zurückhaltend – so wünscht sich der chilenische Mann seine Frau. Ob er sie auch so bekommt, ist zweifelhaft. Denn längst hat die Emanzipation auch in Chile Fuß gefasst. Gerade Frauen aus der Mittelschicht sind meist voll berufstätig – zu Hause kümmert sich die *nana* um die Kinder –, sie machen Karriere und engagieren sich politisch: Auch der Kampf gegen die Diktatur der Militärs wurde ganz wesentlich von Frauen getragen. Dabei haben sie zwar gleichberechtigten Zugang zu Ausbildung und Studium, ziehen im Berufsleben aber den Kürzeren: Chilenische Frauen verdienen für vergleichbare Arbeit im Schnitt nur 60 Prozent des Gehalts der Männer, und nur wenigen gelingt es, die Phalanx der Männer in den Führungsebenen in Wirtschaft und Politik zu durchbrechen.

Das Männerbild bzw. das Selbstverständnis des Mannes lässt sich mit einem Wort charakterisieren: **Machismo,** die Betonung der Männlichkeit, abgeleitet vom spanischen Wort *macho,* welches das männliche Tier bezeichnet. „Bien macho" muss man sein, kräftig, mutig, sexuell potent. Soweit die Theorie, aber die Praxis? Hier brechen die Rollenklischees auf, der Machismo zieht sich zurück ins Private, aber auch nur, bis endlich die Frau des Herzens erobert ist. Chile ist ein gut funktionierendes Land, in dem auch mann in erster Linie zu funktionieren hat und erst in zweiter Linie den Visionär, den Unbeugsamen gibt. Das Land ist in Lateinamerika berühmt für seine **effektive Verwaltung.** Träger von Aktenkoffern und Befehlsempfänger, die gründlich und pünktlich ihre Arbeit verrichten, sind hier wichtiger als Kämpfernaturen. Im Berufsleben ist der Macho daher wenig gefragt.

Chile war bis vor kurzem das einzige Land des christlichen Kulturkreises, in dem **Scheidung** offiziell nicht möglich war. Stattdessen pflegte man die Ehe mit juristischen Tricks zu annullieren. Im Jahr 2004 gelang es der Regierungskoalition nach zwölfjährigem Tauziehen mit den konservativen Kräften, ein Scheidungsgesetz durchzuboxen, das Trennung und Unterhalt regelt.

Verhältnis zu Ausländern

Die Chilenen zeigen ein aufrichtiges, dabei unaufdringliches **Interesse an Besuchern aus Europa.** Es speist sich zum einen aus den europäischen Wurzeln der Einwanderer, die das chilenische Volk geformt haben, zum anderen aus der geografischen Abgeschiedenheit des Landes. Die meisten Chilenen können sich eine Flugreise nicht leisten und kennen andere Länder oder gar Kontinente nur aus dem Fernsehen. Um so größer ist ihre Neugier und auch Bewunderung dessen, was Länder wie Deutschland oder die Schweiz in Sachen Lebensstandard erreicht haben.

Wer blond, groß oder blauäugig ist oder sich durch seinen Akzent als Europäer zu erkennen gibt, kann daher fast immer auf die liebenswürdige Gastfreundschaft der Chilenen setzen. Als **gringo** bezeichnete man in Lateinamerika ursprünglich die US-Amerikaner, heute wird der (meist freundlich gemeinte) Begriff gern auch auf Nord- und Mitteleuropäer angewendet. Schnell kommt man ins Gespräch, und ebenso schnell wird man auf einen Tee oder gar zum *Asado* (Grillnachmittag) eingeladen. Schlagen Sie solche Einladungen nicht aus: Sie würden nicht nur die Gastgeber verstimmen, sondern auch eine Chance verpassen, die Lebensweise der Chilenen kennen zu lernen.

Neugier und Freundlichkeit sind übrigens nicht zu verwechseln mit bedingungsloser Bewunderung. Wer sich anders kleidet, (als Mann) längere Haare trägt oder sonstwie aus dem Rahmen fällt, kann zwar auf einen gewissen **„Gringo-Bonus"** hoffen, aber auch schnell ausgegrenzt werden. Toleranz und Respekt gehören nicht unbedingt zu den Stärken der Chilenen, was Ausländer durchaus zu spüren bekommen, die sich in Chile niederlassen.

Die Gastfreundlichkeit erstreckt sich übrigens nicht gleichermaßen auf alle Ausländer. Insbesondere gegenüber Menschen aus den Nachbarstaaten hegt man in Chile Vorbehalte, die leicht in Chauvinismus und offene Diskriminierung umschlagen. Gespeist wird diese Kehrseite des allgegenwärtigen Patriotismus durch die traditionelle **Rivalität mit Argentinien** und die Tatsache, dass viele Peruaner und Bolivianer als **Wirtschaftsimmigranten** nach Chile kommen und sich als billige Arbeitskräfte verdingen.

Zumindest auf dem Papier haben sie alle die gleichen Chancen. Wer eine geregelte Arbeit findet, bekommt ein Visum, nach zwei Jahren kann man eine permanente Aufenthaltserlaubnis beantragen, und wer fünf Jahre mit einem Visum im Lande gelebt hat, kann an sämtlichen Wahlen teilnehmen. Ja, er kann Stadtrat, Bürgermeister und sogar Parlamentsabgeordneter werden, ohne die chilenische Staatsbürgerschaft annehmen zu müssen. Als Einwanderungsland zeigt sich Chile großzügig in der **Übertragung von Bürgerrechten.** Nicht von ungefähr konnte hier in den 1960er Jahren der Sohn eines Einwanderers Präsident werden (*Eduardo Frei Montalva,* sein Vater war aus der Schweiz gekommen). Für das Präsidentenamt und den Senat muss man allerdings Chilene sein.

Die Deutschsprachigen in Chile

„Wir werden ebenso ehrliche und arbeitsame Chilenen sein, wie nur der beste von ihnen zu sein vermag. In die Reihen unserer neuen Landsleute eingetreten, werden wir unser Adoptiv-Vaterland gegen jeden fremden Angriff mit der Entschlossenheit und Tatkraft des Mannes zu verteidigen wissen, der sein Vaterland, seine Familie und seine Interessen verteidigt." Von *Carl(os) Anwandter* stammen diese Sätze, die man als „Gelöbnis der deutschen Einwanderer" noch häufig im Süden Chiles in Holz geschnitzt an den Hauswänden alter Einwandererfamilien findet.

Carlos Anwandter war eine der wichtigsten Persönlichkeiten während der deutschsprachigen Einwanderung. Er war in Deutschland Apotheker und Bürgermeister von Calau (in der Niederlausitz, Brandenburg) gewesen, dazu Mitglied des Preußischen Landtags und der Nationalversammlung in der Frankfurter Paulskirche von 1848. Wie viele andere war er enttäuscht vom Wiederer-

chi11-016 ms

starken des preußischen Obrigkeitsstaates nach der gescheiterten Revolution und suchte als Demokrat und Idealist die Freiheit fernab der Alten Welt. Er wurde schnell zum Sprecher der deutschsprachigen Einwanderer, die anfangs mit großen wirtschaftlichen und juristischen Schwierigkeiten zu kämpfen hatten.

Mitte des 19. Jahrhunderts, vor allem zwischen 1849 und 1866, kam die erste Welle deutschsprachiger Siedler nach Chile. Der erste war bereits unter den spanischen Eroberern gewesen: **Bartholomäus Blümlein** (oder *Blumen*), der bald seinen Namen hispanisierte und sich *Bartolomé Flores* nannte. Der Nürnberger gehörte mit zu den Stadtgründern Santiagos. Später kamen vor allem reisende deutsche Gelehrte *(Adalbert von Chamisso, Georg Forster, Eduard Poeppig)* und Missionare. Auch unter den Jesuiten, die bis 1677 in Südamerika wirkten, waren viele Deutschstämmige.

Nach der Unabhängigkeit wurde Chile als **Handelspartner deutscher Unternehmen** interessant. Wohl nicht zufällig erzählt *Thomas Mann* in seinen „Buddenbrooks" davon, dass die Familie ein Handelskontor in Valparaíso unterhielt. Den unmittelbaren Anstoß zur systematischen deutschen Einwanderung gab **Bernhard Philippi,** der ab Mitte der 30er Jahre des 19. Jahrhunderts die Region östlich von Osorno und Valdivia erforschte. Er war einer der ersten Europäer am Llanquihue-See und von der dortigen Landschaft so begeistert, dass er der chilenischen Regierung unter *Manuel Bulnes* vorschlug, die Region mit Deutschen zu kolonisieren.

Einwanderer-Museum in Nueva Braunau

Colonia Dignidad

Die „Kolonie der Würde" wurde 1961 von dem deutsche Laienprediger **Paul Schäfer** gegründet. Schäfer wanderte damals mit seiner etwa 200 Mitglieder starken sektenähnlichen Gemeinde aus Deutschland aus, weil gegen ihn ein Verfahren wegen sexuellen Missbrauchs von Minderjährigen eingeleitet worden war. Rund 350 Kilometer südlich von Santiago, 50 Kilometer südöstlich der Stadt Parral, kaufte Schäfer Land, gründete dort die Colonia Dignidad und errichtete unter dem Deckmantel sozialer Wohltätigkeit und selbst organisierter Lebensweise ein Regime brutaler Unterdrückung und Entmündigung, lange Jahre unbeachtet von den Behörden bzw. sogar mit deren Protektion. Die Menschen lebten eingesperrt hinter Stacheldraht in völliger Unterwerfung, vollständig kontrolliert, isoliert von ihren Familien, getrennt nach Geschlechtern, die männlichen Kinder und Jugendlichen regelmäßig von *Paul Schäfer* sexuell missbraucht.

Mitte der 1970er Jahre häuften sich Berichte, dass Dutzende Gegner der Militärregierung auf dem Dignidad-Gelände gefoltert, einige auch ermordet worden waren. *Pinochet,* der deutschstämmige Polizeichef *Rodolfo Stange* und der Geheimdienstchef *Manuel Contreras* waren offenbar enge Freunde der Kolonie, und selbst der bundesdeutsche Botschafter in Santiago, *Erich Strätling,* berichtete nach Bonn, dass die Colonia keineswegs ein **Folterzentrum** sei. Bei manchen Politikern in Deutschland genoss sie sogar hohe Sympathien.

Patricio Aylwyn, der erste Präsident nach der Pinochet-Diktatur, beschnitt 1991 die Rechte der Kolonie. Die Gemeinnützigkeit wurde aberkannt, ebenso die Steuerfreiheit. Unter diesem Deckmantel hatte die Kolonieführung jahrzehntelang **schmutzige Geschäfte** gemacht und ein Vermögen angehäuft: Der Wert der Güter auf dem 15.000-Hektar-Grundstück wird auf 150 Mio. Euro geschätzt.

In den 1990er Jahren gelang es Kolonie-Opfern und ihren Anwälten, den Schutzwall um die Sekte aufzubrechen. Paul Schäfer entzog sich den Haftbefehlen und tauchte jahrelang ab. Vergeblich durchkämmte die Polizei mehrfach das weitläufige Gelände der Colonia, die sich offiziell ganz harmlos „Villa Baviera" nannte. Gefunden wurden hingegen die berüchtigten unterirdischen Folterzellen und ein Waffenarsenal. 2005 wurde der damals 83-jährige Schäfer in Argentinien gefasst und nach Chile abgeschoben, wo er in Abwesenheit wegen Kindesmissbrauch verurteilt worden war. Er starb 2010 im Gefängnis in Santiago.

2013 wurden mehrere Mitglieder der Führungsriege der Kolonie in oberster Instanz verurteilt, fünf von ihnen kamen hinter Gitter. Einer der engsten Vertrauten Schäfers, der Arzt *Hartmut Hopp,* floh 2011 vor der chilenischen Justiz und ließ sich, bislang unbehelligt, in Deutschland nieder.

Nach Schäfers Verhaftung veröffentlichten die verbliebenen rund 200 Kolonie-Mitglieder in der chilenischen Presse einen offenen Brief mit einem Schuldbekenntnis. **Villa Baviera** ist inzwischen der Öffentlichkeit zugänglich und wirbt mit touristischen Angeboten. Die Bewohner versuchen, sich neu zu ortientieren – kein leichtes Unterfangen nach jahrzehntelanger Isolierung und Gehirnwäsche. Schäfer hatte die Familien auseinandergerissen und Ehen verboten; es fehlt quasi eine ganze Generation von unter 40-Jährigen. Viele der Älteren sprechen nicht einmal spanisch und wissen nur wenig über Chile. Und so lange die alte Führungsriege noch Einfluss hat (ihr gehören etliche Firmen der Kolonie), wird eine Öffnung der Sekte und die Aufarbeitung ihrer Verbrechen kaum möglich sein.

1848 ernannte *Bulnes Philippi* zum Beauftragten für die deutsche Kolonisation und schickte ihn nach Europa, um dort 150 bis 200 katholische Familien anzuwerben. Doch *Philippi* warb vorwiegend Protestanten an – die katholische Kirche hatte sich gegen die Kolonisation gewandt – und wurde deshalb seines Amtes enthoben. Dass er mehrheitlich Protestanten rekrutiert hatte, war einer der Gründe, warum die deutsche Kolonie trotz ihre geringen Größe so einflussreich wurde und kulturell autonom blieb: Sie lebte in bewusstem Gegensatz zu ihrer katholisch-spanischen Umgebung, dazu kamen ein hohes Bildungsniveau und eine hohe Organisationsstruktur mit verschiedensten Vereinen, Schulen, Kirchengemeinden und Clubs.

Die Deutschen im Süden waren wirtschaftlich sehr erfolgreich: Es gab genügend Land, das sich gerodet gut für Ackerbau und Viehzucht eignete, fähige Handwerker fanden in den Städten ihr Auskommen, und mit Hilfe deutscher Technik entstanden auch die ersten größeren Unternehmen. In Valdivia gründeten noch vor 1890 Deutsche die **erste Brauerei Südamerikas.**

Mit deutscher Hilfe wurde auch das **chilenische Militär** organisiert. 1888 durfte *Krupp* erstmalig Waffen aus Essen nach Valparaíso liefern, chilenische Offiziere wurden an deutschen Militärakademien geschult. Preußische Generäle reformierten das chilenische Heer, wo bis heute die preußischen militärischen Tugenden hochgehalten werden und deutsche Uniformen in Gebrauch sind.

Zu Beginn des 20. Jahrhunderts wandelte sich nach und nach das politische Bewusstsein der Deutschen in Chile: Waren die meisten der ersten Einwanderer noch liberale Demokraten wie *Carl Anwandter,* so entwickelten sich die nachfolgenden Generationen mehr und mehr zu Monarchisten, die fest hinter der aggressiven deutschen Außen- und Wirtschaftspolitik unter Kaiser *Wilhelm II.* standen. Nationalismus war auch nach dem Ersten Weltkrieg weit verbreitet, und so gab es nach der Machtübernahme der **Nationalsozialisten in Deutschland auch in Chile zunächst eher Beifall** als laut geäußertes Unbehagen. Allerdings nahm der Deutsch-Chilenische-Bund (DCB) ab 1938 keine reichsdeutschen Mitglieder mehr auf und ließ nur noch in Chile geborene Deutschstämmige für den Vorstand zu. Offenbar wollte man sich von Hitler-Deutschland nicht vollständig vereinnahmen lassen, zudem war mit der Wahl einer linken Volksfront-Regierung in Chile im Dezember 1938 die Stimmung umgekippt.

Der Schachzug des DCB sicherte den deutsch-chilenischen Institutionen das Überleben, als Chile auf Drängen der USA den Alliierten beitrat und reichsdeutsche Firmen und Institutionen auf die schwarze Liste kamen. Spätestens nach dem Zusammenbruch Hitler-Deutschlands hatten deutsche Nachnamen keinen guten Klang mehr, und die Deutschstämmigen beeilten sich, ihr Chilenentum zu betonen. So brachen die jahrzehntelang abgeschotteten deutschen Zirkel auf, und die Deutschstämmigen assimilierten sich mehr und mehr in der chilenischen Gesellschaft. Heute tragen viele deutsche Vereine nur noch den Namen, längst wird dort ausschießlich Spanisch gesprochen.

Etwa 13.000 Menschen, v.a. Juden, konnten sich **während der Nazi-Zeit nach Chile retten.** Zwischen ihnen und den alteingesessenen Deutschen gab es allerdings fast keine Kontakte; die deutschen Vereine und Schulen blieben den deutschen Juden versperrt.

Nach dem Zweiten Weltkrieg suchten ehemalige **Nazi-Funktionäre** auch in Chile ein Versteck. Zwar waren es nicht so viele wie in anderen Ländern Lateinamerikas – beispielsweise in Argentinien oder Brasilien –, Aufsehen erregten einige Fälle aber doch. So lehnte 1961 die chilenische Justiz die Auslieferung von *Walter Rauff* nach Deutschland ab – *Rauff* war der Erfinder der mobilen Gaskammern.

Die letzte Etappe der deutsch-chilenischen Migration begann mit dem Putsch der Militärs unter *Pinochet.* Mehrere zehntausend Chilenen suchten und fanden in den beiden deutschen Staaten politisches Asyl. Ab Mitte der 1980er Jahre kehrten sie mehr und mehr nach Chile zurück, teilweise mit ihren deutschen Familien.

Die Deutschsprachigen in Chile gehörten im 20. Jahrhundert mehrheitlich zu den **konservativen politischen Kräften,** was alte Ausgaben der deutschsprachigen Zeitung „Condor" verdeutlichen. Nach dem Putsch 1973 war eine Zensur für das Blatt nicht nötig, denn offensiv wurde in Artikeln und Kommentaren der Staatsstreich gewürdigt, was wohl auch der Lesermeinung entsprach.

Kunst, Kultur, Medien

Bildende Kunst

1849 wurde in Santiago die **„Academia de Pintura"**, die erste Kunstakademie des Landes, gegründet. Man orientierte sich lange an **europäischen Vorbildern** und schuf Bilder im Stile des europäischen Realismus, ehe man sich ganz langsam, im Zuge auch der Auflösung der europäischen Malerschulen, eigenen Formen zuwandte.

Wichtige Impulse lieferten Künstler wie *Juan Francisco Gonzales* (1853–1933), der als erster *antiacadémico* bezeichnet wird – er schuf mit raschem Pinselstrich und lichten Farben Bilder ohne die strengen Konturen der akademischen Malerei –, oder auch *Pablo Burchard* (1873–1964). Beide setzten auf andere Lehrmeister: Einflüsse der französischen Impressionisten, im Falle *Burchards* z.B. *Pierre Bonnards* mit seinem Spiel von Farben, Luft und Licht, sind nicht zu leugnen. Dritter herausragender Künstler dieser Zeit war der auch als Diplomat und Schriftsteller berühmt gewordene **Ramón Subercaseaux** (1854–1936). Statt festgelegter Sujets malten diese drei das „wirkliche Leben", den Alltag, meist allerdings poetisch überhöht. Später kamen dann Künstler hinzu, die soziale Aspekte in ihre Bilder aufnahmen: Das Elend der Stadtbevölkerung wurde eines der wichtigsten Themen der Malerei des frühen 20. Jahrhunderts.

Die auch **international angesehensten Künstler des 20. Jahrhunderts** sind der auf Kuba geborene *Mario Carreño* (1913–99) mit seinen episch angelegten Bildern, *Nemesio Antúnez* (1918–93), der lange Jahre das Museo de Bellas Artes in Santiago leitete und die Welt der „kleinen Dinge" im Alltag eindringlich zeigt, sowie der bekannteste chilenische Maler, **Roberto Matta** (1911–2002), der die meiste Zeit in Paris lebte und mit seinen abstrakten surrealistischen Bildern weltweit hohe Reputation genoss.

Die heutige Kunstszene Chiles ist im Ausland bislang nicht sehr bekannt – das mag auch mit den lähmenden Jahren der Diktatur zusammenhängen. Das heißt freilich nicht, dass es an nachrückenden Talenten mangelt. Bei einem Gang durch die Museen (u.a. Museo de Arte Contemporáneo und MAVI in Santiago, siehe dort) und Kunstgalerien (z.B. im Viertel Alonso de Córdoba im Stadtteil Vitacura) kann man sich ein Bild von der florierenden und experimentierfreudigen Kunstszene des Landes machen.

Theater und Film

Die Theaterszene Santiagos und erst recht die der anderen Städte Chiles kann nicht mit deutschen Maßstäben gemessen werden. Es gibt **nur wenige subventionierte Bühnen.** Außer dem Nationaltheater und Nationalballett sind alle Bühnen auf private Finanzierung angewiesen, und so besitzen nur die wenigsten Theater ein festes Ensemble und die wenigsten Ensembles ein eigenes Theater. Mit großem Engagement und (finanziellem) Risiko agieren die privaten Bühnen und Gruppen. Dabei ist die chilenische Theaterszene sehr agil. Das **Teatro Nacional,** das in den 1950er/-60er Jahren zu den fortschrittlichsten Bühnen Südamerikas gehörte, bietet heute schauspielerisch gutklassige, wenn auch harmlose Inszenierungen. Eine andere führende Bühne ist das **Teatro de la Universidad Católica,** das vom sozialkritischen Stück bis zu Kindertheater eine breite Palette bietet.

Entscheidende Impulse kommen eher von unabhängigen Theatergruppen. So experimentierte der **Gran Circo Teatro** des an AIDS gestorbenen Regisseurs *Andrés Pérez* erfolgreich mit Elementen des Zirkus und des Straßentheaters. International bekannt wurde **La Troppa** mit einer ausgefeilten Ästhetik, die Darsteller und Marionetten mischt. Gruppen wie **La Puerta** wenden sich, ebenfalls auf hohem künstlerischem Niveau, immer wieder zeitkritischen Themen und zeitgenössischen Stücken zu. Zu den produktivsten **Regisseuren** gehören derzeit *Luis Ureta, Alfredo Castro, Rodrigo Pérez* und *Alejandro Goic.* Gutklassige Inszenierungen sind fast immer zu finden in der „Kulturfabrik" Matucana 100 (www.m100.cl) sowie im Teatro Centro Mori, im Ladrón de Bicicletas oder im Lastarria 90 (alle in der Hauptstadt).

Der chilenische **Film** ist in den letzten zehn bis 15 Jahren aus seinem Dornröschenschlaf erwacht. Ein gutes Dutzend Spielfilme kommt pro Jahr ins Kino, teils vom Staat gefördert, teils unter Beteiligung internationaler Produzenten. Nicht nur im Inland erfolgreich sind dabei mit Humor erzählte soziale oder Beziehungs-dramen wie „La Buena Vida" von *Andrés Wood* (2008), der international mehrere Preise bekam. Bereits in „Machuca" (2004) gelang es *Wood* mit großem Publikumserfolg, die Brüche in der jüngeren Geschichte Chiles zu thematisieren: Aus der Perspektive eines Halbwüchsigen erzählt er von den sozialen Experimenten und Konfrontationen in der Unidad-Popular-Zeit und derem abrupten Ende durch den Putsch.

Heute zeigt der chilenische Film zwei Tendenzen: einerseits die kommerzielle Ausbeutung erprobter Formate (Beziehungskomödien im Stil der TV-Serien), andererseits das unprätentiöse Experimentieren mit neuen Themenfeldern und Stilen. Filme wie „En la cama", „La nana", „La vida de los peces" oder „Joven y alocada" zeichnen ein intimes Bild des heutigen Chile. Zum traditionellen Filmfestival von Viña del Mar (Oktober) haben sich weitere gesellt, so das von Valdivia und zwei Kurz- bzw. Dokumentarfilmfeste in Santiago.

Literatur

Viele chilenische Schriftsteller sind weltweit bekannt geworden – drei überstrahlen aber alle anderen: *Gabriela Mistral* und *Pablo Neruda,* die beiden Nobelpreisträger Chiles, und *Isabel Allende,* die erfolgreichste Schriftstellerin der Gegenwart.

Gabriela Mistral kennt in Chile zwar jeder, ihre Verse werden hingegen kaum noch gelesen. Die 1889 in Vicuña im Valle de Elqui geborene Dichterin war Lehrerin, später Schulleiterin und Diplomatin. Ihre empfindsame Lyrik ist geprägt von Humanismus und Christentum, von vergeistigter Liebe und tiefer Sensibilität. 1914 entstanden ihre „Sonetos de la Muerte", Sonette über den Tod, mit denen sie ihren Schmerz über den Selbstmord ihres Verlobten bekämpfte. In deutscher Sprache sind nicht viele ihrer Werke erschienen. *Gabriela Mistral* erhielt 1945 den Nobelpreis; sie starb 1957 in Hempstead (New York, USA).

Anders als die schwermütige Lyrik *Mistrals* finden die Verse **Pablo Nerudas** bis heute begeisterte Leser. Insbesondere seine schwärmenden Liebes- und Naturgedichte werden immer wieder neu entdeckt. *Neruda* wurde 1904 als Sohn eines Eisenbahners unter dem Namen *Neftalí Reyes Basolto* in Parral geboren. Unter dem Pseudonym *Pablo Neruda* veröffentlichte er seine ersten Gedichte und gewann als 16-Jähriger seinen ersten Dichterwettbewerb. Er studierte Französisch und schrieb Gedichte, wurde mit 24 Jahren Konsul, schrieb Gedichte, trat der Kommunistischen Partei bei, schrieb Gedichte, vertrat als Konsul Chile in vielen Ländern der Erde, schrieb Gedichte, heiratete mehrfach und ließ sich mehrfach scheiden, schrieb Gedichte, sammelte Schnecken, Muscheln, Galionsfiguren alter Schiffe, Gläser und Flaschen, schrieb Gedichte und zuletzt seine Memoiren „Confieso que he vivido" („Ich bekenne, ich habe gelebt").

Nerudas Lyrik unterscheidet sich vollständig von der *Gabriela Mistrals.* Deren Schlichtheit kontrastiert mit seiner Wort- und Sprachgewalt, seinen surrealistischen Bildern, der metaphernreichen, überbordenden, gefühlsbeladenen und auf der Grenze zum Kitsch balancierenden Sprache. *Neruda* machte sich als Dichter der Unterdrückten Freunde und Feinde. Sein „Canto General" (Der Große Gesang) beschreibt als Versepos die Geschichte Lateinamerikas als Geschichte der Unterdrückten, er ist ein Lobgesang auf die Ureinwohner, auf die Bauern im Hochland und die Arbeiter in den Salpeterminen. Als kommunistischer Senator vertrat er die Minenarbeiter im Großen Norden, als Kommunist musste er 1948 fluchtartig sein Land verlassen, als Kommunist sollte er 1969 Präsidentschaftskandidat seiner Partei werden. Doch verzichteten er und seine Partei auf eine eigene Kandidatur zugunsten des gemeinsamen Kandidaten der Unidad Popular, des Neruda-Freundes *Salvador Allende.* 1971 erhielt *Neruda* den Nobelpreis für Literatur. Am 23. September 1973 starb der Dichter, zwölf Tage nach dem Putsch gegen seine Unidad-Popular-Regierung. *Nerudas* Herz setzte aus; General *Augusto Pinochet* ordnete heuchlerisch eine dreitägige Staatstrauer an, während gleichzeitig Militärs die Häuser *Nerudas* in Valparaíso, Isla Negra und Santiago verwüsteten. Von *Neruda* ist das Gesamtwerk auf Deutsch erschienen, die meisten Bände bei dtv; besonders empfehlenswert sind „Liebesgedichte“ (span./deutsch, dtv) mit den berühmten „20 Poemas de amor y una canción desesperada“ („20 Liebesgedichte und ein Lied der Verzweiflung“), „Der Große Gesang“ (dtv) und die Memoiren „Ich bekenne, ich habe gelebt“ (dtv). Die besten Biografien über *Neruda* stammen von *Volodia Teitelboim* und *Jorge Edwards.*

Neben *Neruda* und *Mistral* hatten es andere Autoren schwer. Dabei gab es schon zu Zeiten der spanischen Eroberer Glanzstücke: **Alonso de Ercilla y Zúñiga** (1533–1594) schuf das aus 37 Gesängen bestehende Werk „La Araucana“, das den Widerstand der Mapuche gegen die Spanier besang. Eine eigenständige chilenische Literatur bildete sich aber erst Mitte des 19. Jahrhunderts heraus, 1842 wurde in Santiago die **Sociedad Literaria** gegründet, der *Andrés Bello,* erster Rektor der Universidad de Chile, vorstand. Wichtige Autoren der damaligen Zeit waren *José Victorino Lastarria, Salvador Sanfuentes* und *Alberto Blest Gana.*

Vicente Huidobro (1893–1948) war einer der wichtigsten Autoren des frühen 20. Jahrhunderts. Der Lyriker war Mitbegründer des „Creacionismo“, einer Variante des Surrealismus, die ein lyrisches Kunstwerk als eigenständige Schöpfung *(creación)* ohne notwendige Verbindung zur realen Welt auffasste.

Vollständig anders war die Arbeitsweise des ehemaligen Anstreichers, Bauarbeiters, Buchdruckers und späteren Romanciers und Professors **Manuel Rojas** (1876–1973), der in seinem „Hijo de Ladrón“ („Der Sohn des Diebes“, Suhrkamp-TB) mit innerem Monolog, Rückblenden und zahlreichen Perspektivwechseln eindrucksvoll das Leben der Vagabunden, Tagelöhner, Arbeitslosen und kleinen Gauner in Chile und Argentinien beschreibt – ein Standardwerke der chilenischen Literatur.

Wichtig für die chilenische Literatur, auch als Lehrer bei Schreibseminaren, ist weiterhin **José Donoso,** 1924 in Santiago geboren, wo er auch 1996, nach langen Jahren des Exils, starb. Sein wohl wichtigstes Werk ist „Casa del Campo“ („Das Landhaus“, Hoffmann und Campe sowie Serie Piper).

Die international berühmteste Autorin der Gegenwart ist zweifellos **Isabel Allende** (*1942), die Nichte von *Salvador Allende.* Sie landete mit „La Casa de los Espíritus“ („Das Geisterhaus“, Suhrkamp-TB) einen absoluten Welterfolg in der Tradition des „magischen Realismus“. Auch folgende Werke wie „Von Liebe und Schatten“, „Eva Luna“ und „Paula“ (alle Suhrkamp) wurden internationale Erfolge. Mit der Realität des heutigen Chile haben ihre Bücher freilich nur wenig zu tun. Das liegt daran, dass *Allende* nach dem Putsch zunächst ins Exil nach Venezuela ging und seit Ende der 1980er Jahre in Kalifornien lebt. Zudem hat sich *Allende* in den letzten Jahren zunehmend historischen Sujets (z.B. „Retrato en Sepia", dt. „Porträt in Sepia", 2000) und fantastischen Jugendromanen gewidmet.

Auch andere Autoren ihrer Generation sind in Chile und im Ausland erfolgreich. So beispielsweise **Antonio Skármeta** (*1940), der lange im Exil in Berlin lebte und 2000 als chilenischer Botschafter dorthin zurückkehrte. Sein bekanntestes Buch „Mit brennender Geduld" (Serie Piper) wurde zweimal erfolgreich verfilmt (zuletzt als „Il Postino"). Es erzählt die Geschichte des Briefträgers von *Pablo Neruda* und dessen Liebe zu Beatriz, alles vor dem Hintergrund des politischen Lebens im Chile der späten 1960er Jahre. **Ariel Dorfman** (*1942) ist als Autor des (von *Roman Polanski* verfilmten) Theaterstückes „Der Tod und das Mädchen" bekannt geworden, in Deutschland sind Erzählungen unter dem Titel „Der Tyrann geht vorüber" bei Lamuv in Göttingen erschienen. Ein weiterer, mehr in seiner deutschen Wahlheimat als in Chile bekannter Autor ist **Luis Sepúlveda** (*1949) mit seinen kurzen Romanen „Der Alte, der Liebesromane las" und „Die Welt am Ende der Welt" (Fischer Taschenbuch).

In seiner Heimat verkannt, dafür im Ausland umso erfolgreicher war **Roberto Bolaño** (1953–2003). Er machte sich mit surrealistischen, ausgeklügelten und satirischen Werken wie „Los Detectives Salvajes" (dt. „Die wilden Detektive") oder „Estrella Distante" („Stern in der Ferne") einen Namen. *Bolaño,* der aus dem Exil in Spanien nicht nach Chile zurückging, war ein scharfzüngiger Kritiker der Kunst- und Literaturszene seiner Heimat. Als er 2003 erst 50-jährig in Barcelona an einem Leberleiden starb, hinterließ er eine Reihe unvollendeter Werke, die inzwischen postum erschienen sind, darunter der Roman „2666".

Musik

Santiago ist das **Zentrum der klassischen Musik in Chile.** Vier Orchester werden hier dauerhaft unterhalten, dazu kommen das städtische und das Nationalballett. Am Teatro Municipal werden regelmäßig Opern inszeniert.

Berühmtester Interpret klassischer Musik war **Claudio Arrau** (1903–91), der sich als Pianist vor allem mit seinen Einspielungen der Werke von *Chopin, Brahms, Liszt* und *Beethoven* internationalen Ruf erwarb. In seine Fußstapfen treten heute Pianisten wie *Alfred Perl* und *Roberto Bravo.*

Im Ausland bekannt ist die populäre chilenische Musik, und zwar weniger Rock oder Jazz als vielmehr die Folkmusik, die als Neue Gesangsbewegung oder **„Nueva Canción Chilena"** in die Welt getragen wurde. Zwei Einzelkünstler und eine Gruppe waren daran maßgebend beteiligt: *Violeta Parra, Víctor Jara* und die Gruppe *Inti-Illimani.*

Violeta Parra wurde 1917 geboren und beging 1967 Selbstmord, geplagt von Depressionen und persönlichen Problemen. Sie gilt als Begründerin der Gesangsbewegung, die in den 1960er und 1970er Jahren international populär

Violeta Parra: Gracias a la Vida

Ich danke dem Leben, das mir so viel gegeben hat.
Es gab mir zwei Augen, und wenn ich sie öffne,
kann ich Schwarz und Weiß unterscheiden,
kann den Himmelsgrund voller Sterne sehen
und erkenne in der Menge den Mann, den ich liebe.

Ich danke dem Leben, das mir so viel gegeben hat.
Es gab mir das Gehör, um alles aufzunehmen,
Nacht und Tag, Grillen und Kanarienvögel,
Hämmer, Turbinen, Hundegebell, Regentropfen
und die zärtliche Stimme meines Geliebten.

Ich danke dem Leben, das mir so viel gegeben hat.
Es gab mir die Stimme und das Alphabet
und damit die Worte, die ich denke und sage,
Mutter und Freund, Bruder und Licht,
das mir den Weg leuchtet zur Seele meines Liebsten.

Ich danke dem Leben, das mir so viel gegeben hat.
Es gab mir das Gehen meiner müden Füße,
mit denen ich durch Städte gelaufen bin, durch Regenpfützen
an Meeresstränden, durch Wüsten, über Berge, durch Ebenen
und in dein Haus, deine Straße und deinen Hof.

Ich danke dem Leben, das mir so viel gegeben hat.
Es gab mir das Herz, das schneller schlägt,
wenn ich sehe, was der menschliche Geist vermag,
wenn ich das Gute sehe, so weit weg vom Bösen,
wenn ich auf den Grund deiner klaren Augen sehe.

Ich danke dem Leben, das mir so viel gegeben hat.
Es gab mir das Lachen und es gab mir das Weinen.
So kann ich Glück und Leid unterscheiden,
die beiden Dinge, aus denen sich mein Lied formt,
und euer Lied, welches dasselbe ist.
Und das Lied von allen, das mein eigenes ist.

Redaktionell überarbeitete Übersetzung
von *Verena Staggl*, www.verena-staggl.com

chi029 anc

wurde und deren wichtigste Vertreter nach dem Militärputsch ermordet wurden oder im Ausland Asyl suchen mussten. Ihr wichtigstes Lied wurde von zahlreichen Interpreten weltweit gesungen: *Joan Baez* in den USA und *Mercedes Sosa* in Argentinien machten auch außerhalb von Chile ihr „Gracias a la Vida" („Dank an das Leben") berühmt.

1965 eröffneten *Isabel* und *Angel Parra,* zwei Kinder der Sängerin, in Santiago eine *peña,* eine Musikkneipe. Hier begann eigentlich die Geschichte der Nueva Canción Chilena, denn die Parra-Geschwister stellten ihr Lokal jungen, unbekannten Künstlern zur Verfügung. Man hörte aufmerksam die nordamerikanische Folklore und besann sich gleichzeitig auf die traditionellen Instrumente der Andenländer, auf die kurzen, klagenden und jubilierenden Flöten, die *quena* und die *zampoña,* auf den *charango,* ein Saiteninstrument, dessen Klangkörper ein Gürteltierpanzer ist.

Inti-Illimani war eine der Gruppen, die mit diesen traditionellen Instrumenten Musik auf die Bühne brachten. Die Gruppe existiert heute noch, inzwischen hat sie sich aber von der reinen Folkore verabschiedet und mehr Jazz-Elemente in ihre Musik integriert. Wie die „Intis" verstanden sich auch andere Gruppen, beispielsweise *Quilapayún,* als explizit politische Künstler, sie unterstützten die Unidad Popular und deren Präsidenten *Salvador Allende* mit ihren Auftritten und wirkten nach dem Sieg der Unidad Popular als „kulturelle Botschafter" des „neuen Chile" mit Auftritten bei Festivals im Ausland.

Das rettete manchen Musikern das Leben. Denn etliche befanden sich zum Zeitpunkt des Putsches im September 1973 außerhalb von Chile, Inti-Illimani beispielsweise auf einer Europa-Tournee. Andere jedoch nicht. Der wahrscheinlich berühmteste Künstler der Nueva Canción Chilena wurde von den Militärs grausam ermordet. Soldaten verhafteten **Víctor Jara** (1938–73), brachten ihn mit Tausenden anderer Gefangener ins Estadio Chile, folterten und schlugen ihn. Als er auf die Aufforderung eines Wachposten zu singen die Hymne der Unidad Popular anstimmte („Venceremos" – „Wir werden siegen"), brach man ihm die Hände und erschoss ihn schließlich. *Víctor Jara* ist unvergessen, viele seiner Lieder werden bis heute in immer neuen Versionen gesungen.

Heute versuchen viele Gruppen an die Nueva Canción Chilena anzuknüpfen. Wer im Veranstaltungsplan Konzerte von altgedienten Bands wie *Los Jaivas, Congreso* oder *Illapu* findet, sollte sie sich nicht entgehen lassen. Neue Künstlergenerationen integrieren diese Wurzeln in ihre Musik. Dazu gehören die rockigen Klänge von Bands wie *Los Tres* oder *La Ley,* der Latino-Rock eines *Joe Vasconcellos* oder solistisch erfolgreiche Sänger wie *Manuel García, Francisca Valenzuela* oder *Anita Tijoux.* Die Rockszene bestimmen momentan junge Bands wie *Los Bunkers, Chancho en Piedra* oder *La Floripondio.*

Medien

Den sehr kleinen Zeitungsmarkt kontrollieren seit eh und je zwei große Konzerne in Santiago: Auf der einen Seite der **Mercurio-Konzern** mit seinem rechtslastigen Flaggschiff „El Mercurio" (überregional und in mehreren Regionalausgaben), den „Últimas Noticias" und der Abendzeitung „La Segunda", auf der anderen Seite die ebenfalls von konservativen Kräften kontrollierte **Copesa-Gruppe** mit „La Tercera", dem Boulevardblatt „La Cuarta", der Gratiszeitung „La Hora" und dem Wochenmagazin „Qué pasa". Parteiunabhängigen und kritischen Journalismus findet man am ehesten noch in einigen Wochenblättern und in dem Satiremagazin „The Clinic" (siehe auch „Praktische Reisetipps A–Z/Medien"). Ein Pressegesetz erschwert die juristische Verfolgung kritischer Journalisten.

In Chile gibt es etwa **400 Radiosender,** allerdings strahlen nur wenige ein landesweites Programm aus. Die meisten sind winzige Stationen, die kleine oder mittelgroße Städte mit Programm und lokaler Werbung versorgen.

Das **Fernsehen** wird von einem staatlichen (TVN), einem korporativen (Canal 13, gehört der katholischen Kirche) und zwei privaten Kanälen dominiert (Chilevisión und Mega). Es ist werbefinanziert und profitorientiert und konkurriert daher heftig um Zuschauer. Garanten für die Publikumsgunst sind Telenovelas (tägliche Seifenopern). Jede Sendestation hat mehrere davon im Programm, und die Hauptdarsteller sind als Stars berühmt. Hinzu kommen auch hier Reality-Shows nach bekanntem Muster und vor allem Spiel- und Unterhaltungsshows wie der legendäre „Sábado Gigante" (jeden Samstagabend).

Sport

Abgesehen von gelegentlichen Ausnahmesportlern – hier mal ein Turner, dort eine Schwimmerin – gewinnt Chile bei internationalen Wettkämpfen kaum mal einen Blumentopf. Das liegt u.a. auch daran, dass außer Fußball keine Sportart systematisch als Breitensport gefördert wird und Talente entweder gar nicht entdeckt werden oder nur schwer geeignete Bedingungen finden.

Immerhin: **Tennis** hat einen enormen Aufschwung erlebt, seit sich *Marcelo Rios* („El Chino") eine Zeit lang in den Top Ten der Weltrangliste festspielen konnte und 1998 sogar als erster Südamerikaner die Nummer 1 war. Vorläufiger Höhepunkt dieses Booms waren die Triumphe von *Nicolás Massú* und *Fernando González* bei den Olympischen Spielen in Athen 2004: Sie gewannen sowohl im Einzel (Gold für *Massú* und Bronze für *González*) als auch im Doppel und holten damit die ersten Goldmedaillen überhaupt für Chile.

Dennoch: Die wichtigste Sportart ist **Fußball,** obwohl auch hier große internationale Erfolge selten sind. Umso mehr steht das ganze Land Kopf, wenn die Nationalmannschaft einmal – wie zuletzt bei der WM 2010 – ins Achtelfinale vordringt. Die wichtigsten Vereine sind Universidad de Chile, Universidad Católica und Colo-Colo, alle aus Santiago. Eine Begegnung dieser Clubs ist für viele Menschen eine lebenswichtige Angelegenheit und lohnt schon des Spektakels wegen einen Besuch.

Autoren | 708
Danksagung | 708
Landkarten | 689
Literatur | 687
Register | 700
Reise-Gesundheitsinformationen | 690
Sprache | 684

chi13-061 ms

13 Anhang

< Auf dem Kunsthandwerksmarkt Angelmó in Puerto Montt

Sprache

In Chile wird nahezu ausschließlich Spanisch (castellano) gesprochen. Man kann sich als Reisender zwar auch **mit Englisch durchschlagen,** aber einige Spanischsprachkenntnisse sind sehr nützlich. Das Castellano in Chile weist in Aussprache und Wortschatz einige markante Unterschiede zum iberischen Spanisch auf. In der „Kauderwelsch"-Reihe von Reise Know-How gibt es den Sprechführer **„Spanisch für Chile – Wort für Wort",** der sowohl für Anfänger als auch für Spanisch Sprechende, die mehr über die Spezifika des chilenischen Spanisch erfahren wollen, nützlich ist. Die folgende **Sprechhilfe** macht nur mit Grundsätzlichem vertraut.

Die deutschen Einwanderer, die im 19. Jahrhundert nach Chile kamen, haben das Castellano um einige Besonderheiten bereichert. Hier einige **Wörter, die ihre deutsche Herkunft nicht verleugnen können:**

- **el berlín** – der Berliner (Krapfen)
- **la escalopa kaiser** – Wiener Schnitzel
- **la kermesse** – Kirmes
- **el kinder** – Kindergarten
- **el kitsch** – Kitsch
- **el kuchen** – Kuchen
- **el otto/la ottita** – der/die Deutsche (gemeint ist der/die „typische Deutsche")
- **el schop** – gezapftes Bier
- **el strudel** – Apfelstrudel
- **la vienesa** – Wiener Würstchen

Regeln zur Aussprache

- **c** wie „k" vor a, o, u und Mitlauten: cama, „kama" (Bett); costa „kosta" (Küste); stimmlos wie „ß" vor e, i: cerca „ßerka" (nahe); cero „ßero" (null)
- **cc** wie „kß": occidental „okßidental" (westlich)
- **ch** wie stimmloses „tsch" in „watscheln": cheque „tscheke" (Scheck); chistoso „chißtosso" (witzig)
- **g** wie „g" vor a, o, u und vor Mitlauten: gallo „gaijo" (Hahn); gobierno „gobijerno" (Regierung); vor e, i wie „ch" in „Bauch": gente „chente" (Leute)
- **gu** wie „g", vor e und i ist das u stumm: agua „agua" (Wasser), guerra „gerra" (Krieg), guía „giia" (Führer)
- **h** ist stumm: habitación „abitasion" (Zimmer)
- **j** wie „ch" in Bach: jugar „chugar" (spielen)
- **ll** wie „j" in ja: lleno „jeno" (voll)
- **ñ** wie „nj" in Anja: cariño „karinjo" (Zuneigung)
- **qu** (nur vor e und i) wie „k" gesprochen, u ist stumm: que „kee" (was); quiero „kieero" (ich will)
- **r** Zungenspitzen-r: claro „klaaro" (klar)
- **rr** stark gerollt: perro „perro" (Hund)
- **s** stimmlos wie „ß": mesa „meßa" (Tisch); vor stimmhaften Konsonanten wie „s" in Vase: mismo „miesmo" (selbst)
- **v** wie „w" in Wind: visa „wisa" (Visum)
- **x** wie „ks" in Keks: éxito „eksito" (Erfolg)
- **y** wie „j" in jetzt: yo „ijo" (ich)
- **z** stimmlos wie „ß": zapato „sapato" (Schuh)

Der bestimmte Artikel

Einzahl

männlich: **el** hombre (der Mann)
weiblich: **la** mujer (die Frau)
sächlich: **lo** mismo (das Gleiche)

Mehrzahl

männlich: **los** hombres (die Männer)
weiblich: **las** mujeres (die Frauen)
sächlich: **los** mismos (die Gleichen)

Der unbestimmte Artikel

Einzahl/Mehrzahl
männlich: **un/unos** hombre/s
(ein Mann/einige Männer)
weiblich: **una/s** mujer/es
(eine Frau/einige Frauen)

Bei Worten, die mit Selbstlaut enden, erfolgt die Mehrzahlbildung durch Anhängen eines „s". Bei Wörtern, die mit Mitlaut enden, erfolgt die Mehrzahlbildung durch Anhängen eines „es".

Eigenschaftswörter

Eigenschaftswörter richten sich in Geschlecht und Zahl nach dem Hauptwort, auf das sie sich beziehen. Sie stehen anders als im Deutschen fast immer hinter dem Hauptwort und haben die Endungen:

Einzahl weiblich: **-a**
(la montaña alta, der hohe Berg)
Mehrzahl weiblich: **-as**
(las camisas nuevas, die neuen Hemden)

Einzahl männlich: **-o**
(el hombre alto, der große Mann)
Mehrzahl männlich: **-os**
(los libros nuevos, die neuen Bücher)

Enden Eigenschaftswörter auf -e oder einen Mitlaut, wird in der Mehrzahl beider Geschlechter immer -es angehängt.

Persönliche Fürwörter

yo/ich – **tú**/du – **él**/er – **ella**/sie – **Usted**/Sie (höfliche Anrede, Einzahl) – **nosotros**/wir (männlich) – **nosotras**/wir (weiblich) – **ustedes**/ihr – **ellos**/sie (männliche Mehrzahl) – **ellas**/sie (weibliche Mehrzahl) – **Ustedes**/Sie (höfliche Anrede, Mehrzahl)

Wendungen, die weiterhelfen

Estoy buscando … / Ich suche …
Estoy buscando un banco. / Ich suche eine Bank.
Hay …? / Gibt es …?
Hay algo para comer? / Gibt es etwas zu essen?
Donde hay …? / Wo gibt es …?
Donde hay un médico? / Wo gibt es einen Arzt?
Donde está …? / Wo ist …?
Donde está la librería? / Wo ist die Buchhandlung?
Tiene (Usted) …? / Haben Sie …?
Tiene Usted sencillo? / Haben Sie Kleingeld?
Puedo tener … ? / Kann ich … haben?
Quiero …/Quisiera … /
Ich will …/Ich möchte gern …
Cuánto es (cuesta, vale) …? / Wieviel kostet …?
Por favor/Gracias / Bitte/Danke
Buenos días! / Guten Tag!
Hasta luego! / Bis bald!
Qué es esto? / Was ist das?
Cómo? / Wie bitte?
Cómo se dice (en español)? /
Wie sagt man (auf Spanisch)?

Fragewörter

cuándo? / wann?
por qué? / warum?
qué? / was?
cuál? / welche(r)?
quién? / wer?
cómo? / wie?
cuánto? / wieviel?
cuántos? (m) / wie viele?
cuántas? (w) / wie viele?
dónde? / wo?

Bindewörter

y / und
o / oder
pero / aber
aunque / obwohl
porque / weil
si / ob, wenn, falls
cuando / als, wann
como / wie, da
que / dass
que / welche (r, s)

Wichtige Eigenschaftswörter

cerca(no) / nah – lejos / weit
bajo / niedrig – alto / hoch
grande / groß – pequeño / klein
largo / lang – corto / kurz
claro / hell – oscuro / dunkel
frío / kalt – caliente / warm, heiß
bueno / gut – malo / schlecht
mucho / viel – poco / wenig
viejo / alt – joven / jung
barato / billlig – caro / teuer
rápido / schnell – lento / langsam

Zahlen

0 / cero
1 / un, uno, una
2 / dos
3 / tres
4 / cuatro
5 / cinco
6 / séis
7 / siete
8 / ocho
9 / nueve
10 / diez
11 / once
12 / doce
13 / trece
14 / catorce
15 / quince
16 / dieciséis
17 / diecisiete
18 / dieciocho
19 / diecinueve
20 / veinte, 21 / veintiuno ...
30 / treinta
40 / cuarenta
50 / cincuenta
60 / sesenta
70 / setenta
80 / ochenta
90 / noventa
100 / cien, 101 cientouno ...
200 / doscientos
500 / quinientos
1000 / mil
1.000.000 / un millón
1.000.000.000 / mil millónes

Zeitangaben

hoy / heute
ayer / gestern
antes de ayer / vorgestern
mañana / morgen
pasado mañana / übermorgen
ahora / jetzt
enseguida / sofort
al tiro / gleich
pronto / bald
a veces / manchmal
muchas veces / oft
temprano / früh
tarde / spät
siempre / immer

nunca / nie
jamás / niemals
todavía / noch
ya / schon

Wochentage

lunes / Montag
martes / Dienstag
miércoles / Mittwoch
jueves / Donnerstag
viernes / Freitag
sábado / Samstag
domingo / Sonntag
fin de semana / Wochenende

Monate

enero / Januar
febrero / Februar
marzo / März
abril / April
mayo / Mai
junio / Juni
julio / Juli
agosto / August
se(p)tiembre / September
octubre / Oktober
noviembre / November
diciembre / Dezember

Buchtipp

■ **Spanisch für Chile – Wort für Wort,** Kauderwelsch, Band 101, Reise Know-How Verlag, Bielefeld. Das chilenische Spanisch zum Einsteigen und Auffrischen – Verständigung leicht gemacht. AusspracheTrainer auf Audio-CD erhältlich.

Literatur

Hier nur eine Auflistung von **Sachbüchern.** Belletristik wird im Kapitel „Land und Leute“ empfohlen.

Geschichte, Politik und Wirtschaft

■ *Farias, Victor*
Die Nazis in Chile. Philo 2002

■ *Fröschle, Hartmut* (Hrsg.)
Die Deutschen in Lateinamerika – Schicksal und Leistung. Tübingen und Basel, Horst Erdmann Verlag 1979

■ *Heller, Friedrich Paul*
Colonia Dignidad – Von der Psychosekte zum Folterlager. Stuttgart, Schmetterling Verlag 1993

■ *Imbusch, Peter/Nolte, Detlef/Messner, Dirk*
Chile heute: Politik, Wirtschaft, Kultur. Vervuert 2004

■ *Mayer, Karoline* und
Krumpen von Herder, Angela
Das Geheimnis ist immer die Liebe. In den Slums von Chile. Herder 2006

■ *Nohlen, Dieter*
Chile – Das sozialistische Experiment. Hoffmann und Campe, Hamburg 1973

■ *Rinke, Stefan*
Kleine Geschichte Chiles. Beck 2007

■ *Römpczyk, Elmar*
Chile – Modell auf Ton. Horlemann 1994

■ *Schnellenkamp, Kurt*
Geboren im Schatten der Angst. Ich überlebte die Colonia Dignidad. Herbig 2007

■ *Schramm, Gotthold* (Hrsg.)
Flucht vor der Junta. Die DDR und der 11. September. Edition Ost 2005

■ *Vedder, Efraín* und *Lenz, Ingo*
Weg vom Leben. 35 Jahre Gefangenschaft in der deutschen Sekte Colonia Dignidad. Ullstein Tb 2007
■ *Wessel, Günther*
Die Allendes. Mit brennender Geduld für eine bessere Welt. Frankfurt am Main, Campus-Verlag 2002

Kultur

■ *1500 Jahre Kultur der Osterinsel – Schätze aus dem Land des Hotu Matua*
Katalog zur Ausstellung. Mainz, Verlag Philipp von Zabern 1989
■ *Berndt, Karla* und *Heitfeld, Birgit*
Die chilenische Küche. Umschau Buchverlag 2006
■ *Eitel, Wolfgang* (Hrsg.)
Lateinamerikanische Literatur der Gegenwart. Stuttgart, Kröner 1978
■ *Kießling, Wolfgang*
Exil in Lateinamerika. Kunst und Literatur im antifaschistischen Exil 1933–45, Bd. 4. Leipzig, Reclam 1980
■ *Reichardt, Dieter* (Hrsg.)
Autorenlexikon Lateinamerika. Frankfurt/Main, Suhrkamp 1999
■ *Schreiner, Claus*
Musica Latina – Musikfolklore zwischen Kuba und Feuerland. Frankfurt, Fischer 1982

Geografie, Reisebeschreibungen und Allgemeines

■ *Bednarz, Klaus*
Am Ende der Welt. Rowohlt Tb 2005
■ *Bürger, Otto*
Acht Lehr- und Wanderjahre in Chile. Leipzig, Dieterische Verlagsbuchhandlung 1923; Chile – Als Land der Verheißung und Erfüllung für deutsche Auswanderer. Leipzig, Dieterische Verlagsbuchhandlung 1926
■ *Buscaini, Gino* und *Metzeltin, Silvia*
Patagonien. Traumland für Bergsteiger und Reisende. GeraNova Bruckmann 1990
■ *Chatwin, Bruce*
In Patagonien. Reise in ein fernes Land. Reinbeck bei Hamburg, Rororo 1990
■ *Chatwin, Bruce/Theroux, Paul*
Wiedersehen mit Patagonien. München/Wien, Carl Hanser 1992
■ *Cozzi, Guido* und *Asal, Susanne*
Chile. Jenseits des Ozeans. Bucher 2002
■ *Darwin, Charles*
Die Fahrt der Beagle. Mare Buchverlag 2006
■ *Dorfman, Ariel*
Das Gedächtnis der Wüste. Meine Reise durch den Norden Chiles. Frederking & Thaler 2005
■ *Pauly, Stephanie*
Aufbruch in ein neues Leben. Rapa Nui – eine Liebe auf der Osterinsel. Hoffmann und Campe 2002
■ *Volkmer, Dietrich*
Viertausend Kilometer Einsamkeit. Rapa Nui – Osterinsel. Books on demand 2007
■ *Wiedmann, Thomas*
Chile pur. Mit dem Rucksack zwischen Eisbergen und Regenwald. Traveldiary.de 2006
■ *Wheeler, Sara*
Unterwegs in einem schmalen Land. Heyne 1996, National Geographic 2002

Reiseführer, Bildbände

■ *Heckmann, Dirk*
Carretera Austral: Die Traumstraße im Süden Chiles. Conrad Stein 2009; Torres del Paine Circuito: Der Weg ist das Ziel. Conrad Stein 2010
■ *Stadler, Hubert* und *Asal, Susanne*
Chile. Bucher 2004; Patagonien. Bucher 2006
■ *Stadler, Hubert* und *Neumann-Adrian, Michael*
Feuerland, Kap Hoorn. Bucher 1993

Landkarten

Eine hervorragende Landkarte im Maßstab 1:1,6 Millionen hat **Reise Know-How** im Programm. Ihre Merkmale sind u.a.: klassifiziertes Straßennetz, ausführlicher Ortsindex, einprägsame Symbole für Sehenswürdigkeiten, Strände, Orientierungspunkte usw., Entfernungsangaben, GPS-Tauglichkeit, Höhenschichten und -linien.

Gut ist auch der Atlas des chilenischen Reiseführers der Tankstellenkette **Copec,** der jährlich neu als Einzelheft erscheint und landesweit an den Tankstellen oder auch in Buchhandlungen erhältlich ist. Diese Karten eignen sich allerdings nur als Straßenkarten und zur groben Orientierung.

Unter Ägide der Stiftung **Trekkingchile** und des Autors dieses Bandes erscheinen nach und nach Wander- und Detailkarten zu den wichtigsten Touristenzielen Chiles (ca. 9 Euro). Die Publikationen können bestellt werden unter www.trekkingchile.com/karten; der Verlag unterhält ein Auslieferungslager in Deutschland.

Darüber hinaus gibt es eine Serie von sehr guten Straßenkarten von **Editorial Compass.** Sie decken im Maßstab 1:400.000 alle Regionen Chiles ab (ca. 11 Euro) und können unter www.mapascompass.cl online eingesehen werden. Zu beziehen im chilenischen Buchhandel sowie in Deutschland über www.trekkingchile.com (s.o.).

Sehr detaillierte Karten gibt es im **Instituto Geográfico Militar** (Adresse: Dieciocho 369, Tel. 2/2696 7278, Santiago, Metrostation Toesca; www.igm.cl). Dort bekommt man auch einzelne Kartenblätter im Maßstab 1:50.000, die allerdings nur bedingt zum Wandern geeignet sind, denn es fehlen Routen. Chile-Fans können hier auch eine sehr schön gezeichnete Chile-Karte (1:1 Mio.) kaufen (ca. 70 Euro), mit der sich zu Hause problemlos die Wohnzimmerwand tapezieren lässt.

Reise-Gesundheits-informationen

Stand: April 2013 /

Die nachstehenden Angaben dienen der Orientierung, was für eine geplante Reise in das Land an Gesundheitsvorsorgemaßnahmen zu berücksichtigen ist. Die Informationen wurden uns freundlicherweise vom Centrum für Reisemedizin zur Verfügung gestellt. Auf der Homepage **www.crm.de** werden diese Informationen stetig aktualisiert. Es lohnt sich, dort vor Antritt der Reise noch einmal nachzuschauen.

Klima

Im Norden Wüsten- und Steppenklima; in Zentralchile mildes, mediterranes Winterregenklima; im Süden feucht-gemäßigtes Seeklima; durchschnittliche Juni-Temperatur in Santiago 8°C, durchschnittliche Januar-Temperatur 21°C.

Impfungen

Einreise-Impfvorschriften

Für die Einreise besteht zurzeit keine Impfpflicht.

Empfohlener Impfschutz

- **Generell: Standardimpfungen** nach dem deutschen Impfkalender, speziell Tetanus, Diphtherie, außerdem Hepatitis A.
- **Im Falle einer Reise durch das Landesinnere unter einfachen Bedingungen** (Rucksack-/Trekking-/Individualreise) mit einfachen Quartieren/Hotels, bei Camping-Reisen und Langzeitaufenthalten, bei einer praktischen Tätigkeit im Gesundheits- oder Sozialwesen und wenn enge Kontakte zur einheimischen Bevölkerung wahrscheinlich sind, ist zudem ein Impfschutz gegen **Typhus** und **Hepatitis B** zu erwägen, bei vorhersehbarem Umgang mit Tieren auch gegen **Tollwut.**

Wichtiger Hinweis: Welche Impfungen letztendlich vorzunehmen sind, ist abhängig vom aktuellen Infektionsrisiko vor Ort, von der Art und Dauer der geplanten Reise, vom Gesundheitszustand sowie dem eventuell noch vorhandenen Impfschutz des Reisenden.

Da im Einzelfall unterschiedlichste Aspekte zu berücksichtigen sind, empfiehlt es sich immer, rechtzeitig (etwa 4 bis 6 Wochen) vor der Reise eine **persönliche Reise-Gesundheits-Beratung** bei einem reisemedizinisch erfahrenen Arzt oder Apotheker in Anspruch zu nehmen.

Malaria

Das Land ist malariafrei.

Ratschläge zur Reiseapotheke

- Vergessen Sie nicht, eine kleinere oder größere Reiseapotheke mitzunehmen (wenigstens Medikamente gegen Durchfall, Fieber und Schmerzen sowie Verbandstoff, Pflaster und Wunddesinfektion), damit Sie für kleinere Notfälle gerüstet sind.
- Nicht vergessen: Medikamente, die der Reisende ständig einnehmen muss!
- Wenn Sie spezielle Fragen zur Reiseapotheke haben, wenden Sie sich am besten an eine Apotheke mit reisemedizinisch qualifizierten Mitarbeitern.

Die Angaben wurden nach bestem Wissen und sorgfältiger Recherche zusammengestellt. Eine Gewähr oder Haftung kann nicht übernommen werden.

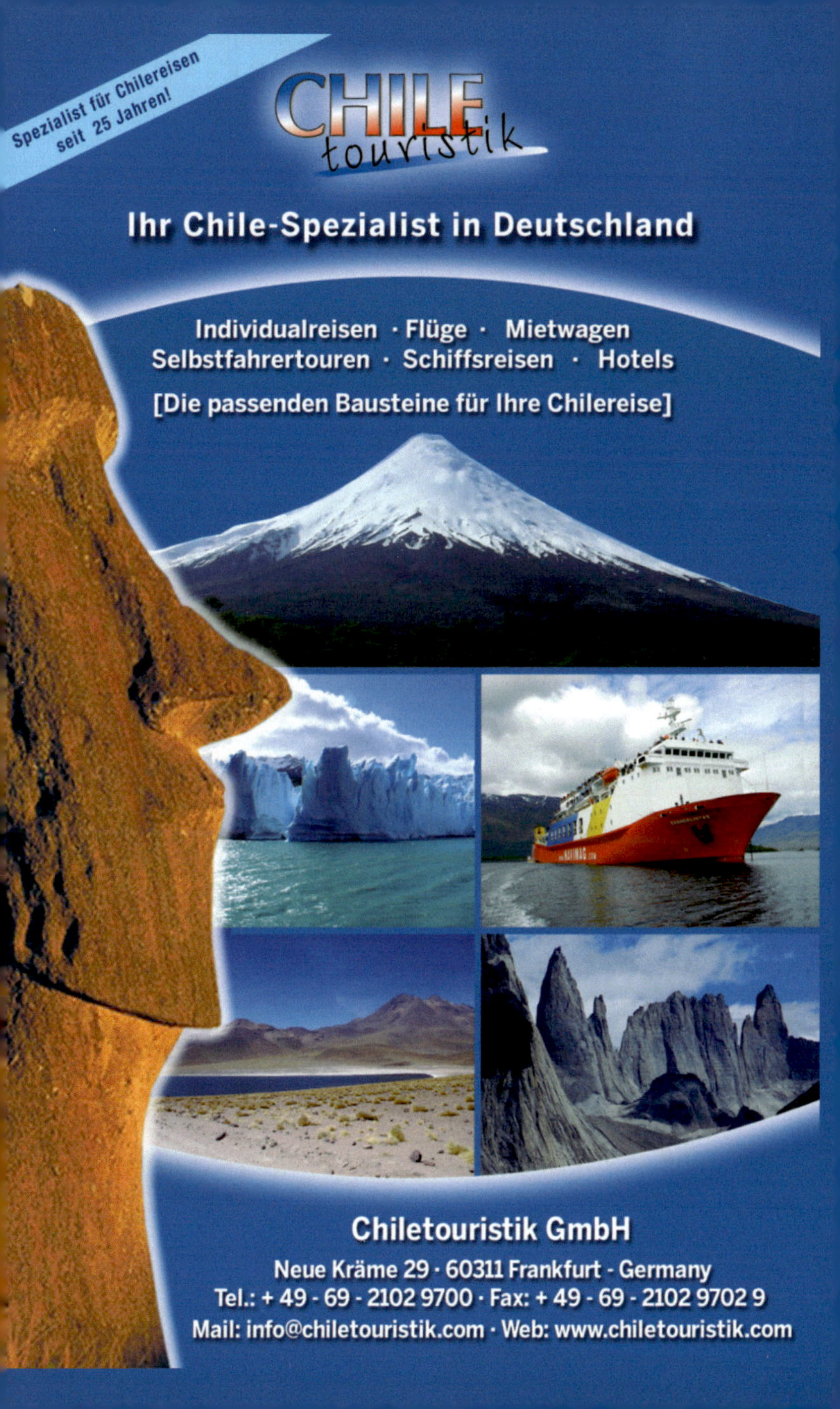

Spezialist für Chilereisen seit 25 Jahren!
CHILE touristik
Ihr Chile-Spezialist in Deutschland
Individualreisen · Flüge · Mietwagen
Selbstfahrertouren · Schiffsreisen · Hotels
[Die passenden Bausteine für Ihre Chilereise]
Chiletouristik GmbH
Neue Kräme 29 · 60311 Frankfurt - Germany
Tel.: + 49 - 69 - 2102 9700 · Fax: + 49 - 69 - 2102 9702 9
Mail: info@chiletouristik.com · Web: www.chiletouristik.com

Chile hautnah erleben
Mietwagen • Unterkünfte • Inlandflüge • Work & Travel
Ihr deutschsprachiger Planungspartner vor Ort!
CONTACT CHILE
Tendemos puentes hacia Chile
CERTIFIED MEMBER OF Fair Chile
www.ContactChile.de • info@ContactChile.cl
Rafael Cañas 174 • Providencia • Santiago de Chile
Tel. (+49-30) 6920 5373